주관 및 시행처 한국산업인력공단

2025

무료 동영상 강의 제공
데이터이지 검색!

유튜브 선생님에게 배우는

유선배

빅데이터 신설 국가기술 자격시험

예제 파일 및 실습 자료 제공

저자 ― 정준영

저자직강 무료강의!

Business Intelligence Specialist

경영정보시각화능력
|실기(Tableau)| 합격노트

1권 | 핵심 기능 파헤치기, 공개문제 파헤치기

- 따라 하기 쉽게 풀어쓴 상세한 설명
- 2024년 기출복원문제 1회분 수록
- 시행처 공개문제 2회분과 실전 모의고사 6회분 수록
- 저자 직강 유튜브 무료 동영상 강의 제공

시대에듀

PROFILE

저자_정준영

[경력사항]
- 국민대 비즈니스IT전공 석사
- 前) 알티캐스트 근무
- 前) 에어딥 근무
- 경영정보시각화능력 자격 보유

[프로젝트]
신한은행 BI 프로젝트 참여
우체국 분석 및 시각화 프로젝트 참여
하나은행 BI 프로젝트 참여
현대해상 BI 프로젝트 참여

[출간도서]
『실전 빅데이터 분석 : 기초편』
『실무 예제로 끝내는 R 데이터 분석』
『실전 금융산업 빅데이터 분석』

▶ 유튜브 : 데이터이지(Dataeasy)
blog 네이버 블로그 : JAY DATA & GRAPH

편 집 진 행 | 노윤재 · 호은지
표지디자인 | 김도연
본문디자인 | 고현준 · 김혜지

유튜브 선생님에게 배우는

유·선·배 경영정보시각화능력 실기(Tableau) 합격노트

저자 직강 무료 동영상 강의 제공

빠른 합격을 위한 맞춤 학습 전략을
무료로 경험해 보세요.

| 혼자 하기 어려운 공부, 도움이 필요할 때 | 체계적인 커리큘럼으로 공부하고 싶을 때 | 온라인 강의를 무료로 듣고 싶을 때 |

 정준영 선생님의 쉽고 친절한 강의,
지금 바로 확인하세요!

 데이터이지(Dataeasy)

2025 시대에듀 유선배
경영정보시각화능력 실기(Tableau) 합격노트

Always with you

사람의 인연은 길에서 우연하게 만나거나 함께 살아가는 것만을 의미하지는 않습니다.
책을 펴내는 출판사와 그 책을 읽는 독자의 만남도 소중한 인연입니다.
시대에듀는 항상 독자의 마음을 헤아리기 위해 노력하고 있습니다. 늘 독자와 함께하겠습니다.

자격증·공무원·금융/보험·면허증·언어/외국어·검정고시/독학사·기업체/취업
이 시대의 모든 합격! 시대에듀에서 합격하세요!
www.youtube.com ➜ '데이터이지(Dataeasy)' 검색 ➜ 구독

PREFACE 머리말

지난 10년간 금융, 제조, 통신 등 다양한 산업 분야의 대기업 현장에서 데이터 분석 및 시각화 프로젝트를 수행해 왔습니다. 이 과정에서 현업이 필요로 하는 인사이트를 직접 설계하고 구현한 경험을 바탕으로, 이 책을 집필하였습니다. 단순히 시험 합격을 위한 접근을 넘어서, 실제 현장에서 요구되는 통찰력과 Tableau 활용 능력까지 함께 담아내고자 노력하였습니다.

이 책은 2025년 경영정보시각화능력 실기시험을 준비하는 수험생은 물론, 실제 비즈니스 환경에서 데이터 시각화 역량을 필요로 하는 실무자를 위한 실전형 교재입니다. 특히, 본서에는 경영정보시각화능력 제1회 실기시험의 출제경향과 문제 유형을 철저히 분석하여, 해당 특징을 반영한 모의고사 6회분의 문제를 직접 구성하였습니다. 반복 학습을 통해 수험생이 실제 시험 환경에 보다 효과적으로 대비할 수 있도록 하였습니다.

이 책이 여러분의 합격은 물론, 실무에서 데이터 시각화 역량을 자신 있게 발휘할 수 있는 든든한 기반이 되기를 바랍니다.

저자 **정준영**

이 책의 구성과 특징

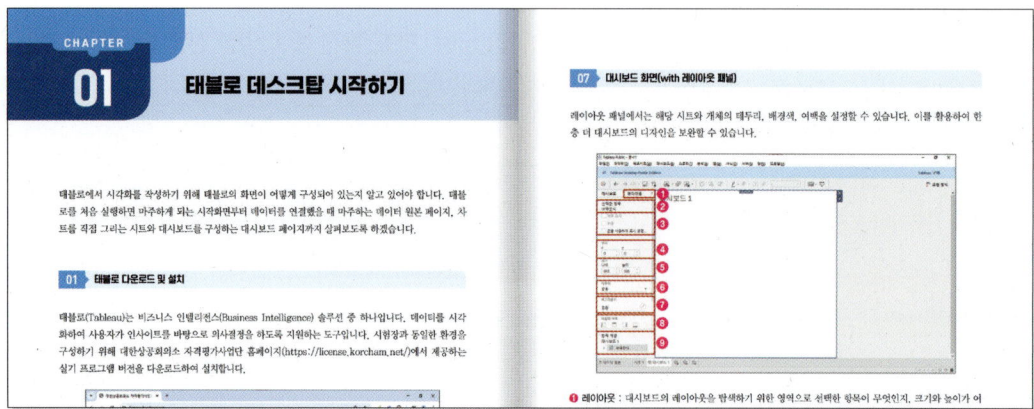

▶ 기본기를 다지기 위하여 초보자도 이해할 수 있도록 핵심 기능의 기초부터 차근차근 수록했습니다.

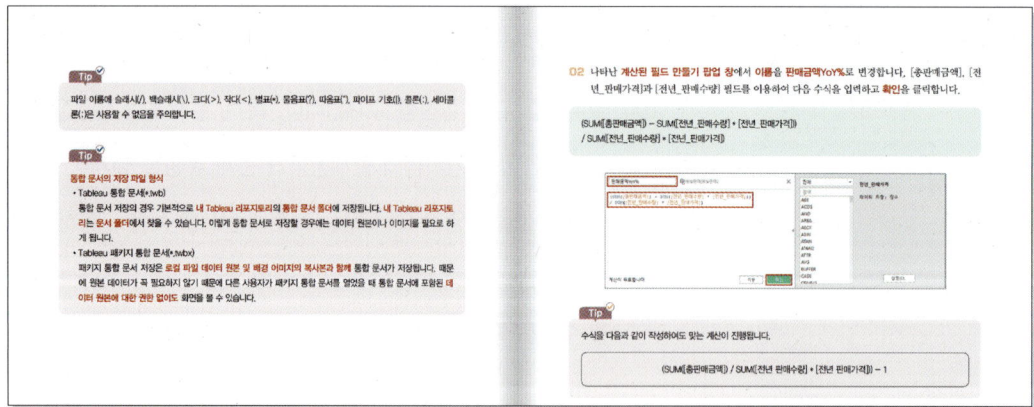

▶ 저자의 노하우가 담긴 Tip을 통해 실습 중 막히는 부분 없이 기능을 완벽히 익혀 내 것으로 만들고, 추가적인 궁금증까지 해결할 수 있습니다.

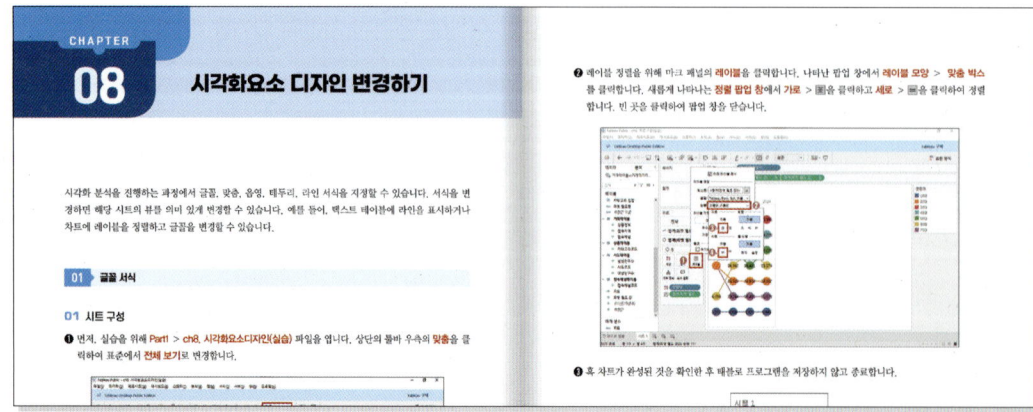

▶ 본격적인 문제 풀이에 앞서 다양한 시각화로 보고서 화면을 완성하는 방법을 단계적으로 수록하여 각 단계에 맞는 집중 학습을 할 수 있습니다.

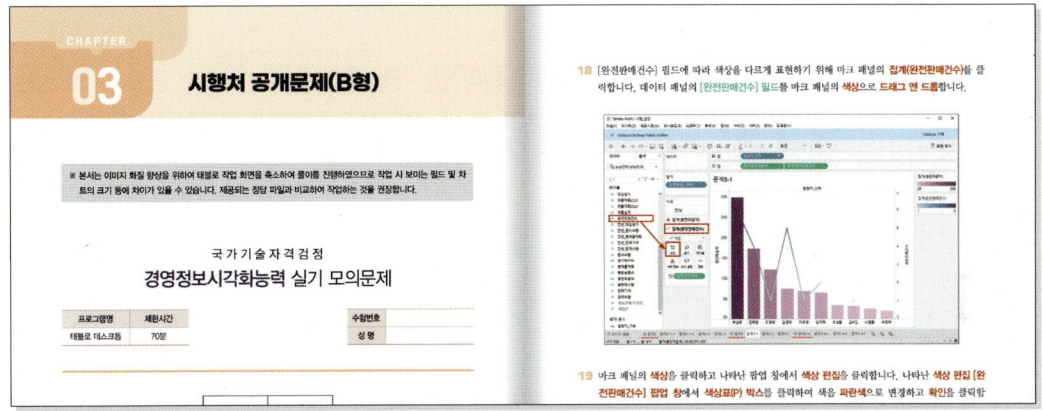

▶ 시행처 공개문제 2회분을 풀이하며 출제경향을 파악하고 이론에서 학습한 내용을 점검할 수 있습니다.

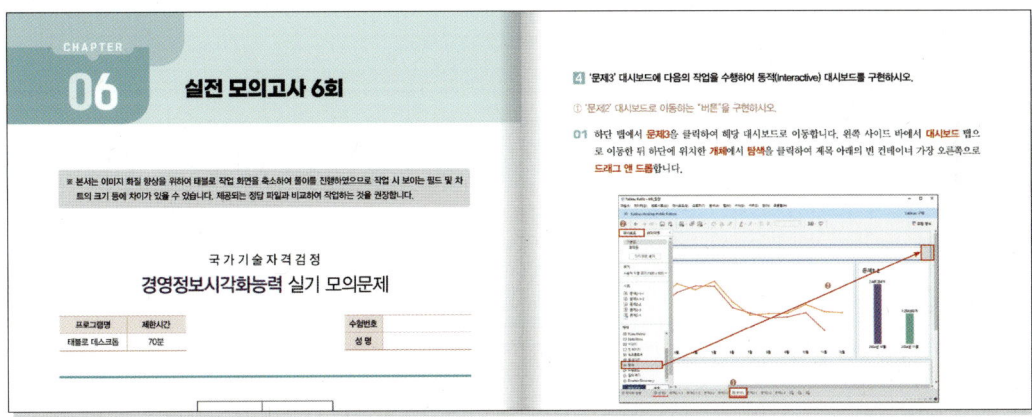

▶ 변별력 있는 실기 문제도 잘 해결해 나갈 수 있는지 확인하기 위해 최신 유형을 분석하여 실전 모의고사 6회분을 상세한 설명과 함께 수록했습니다.

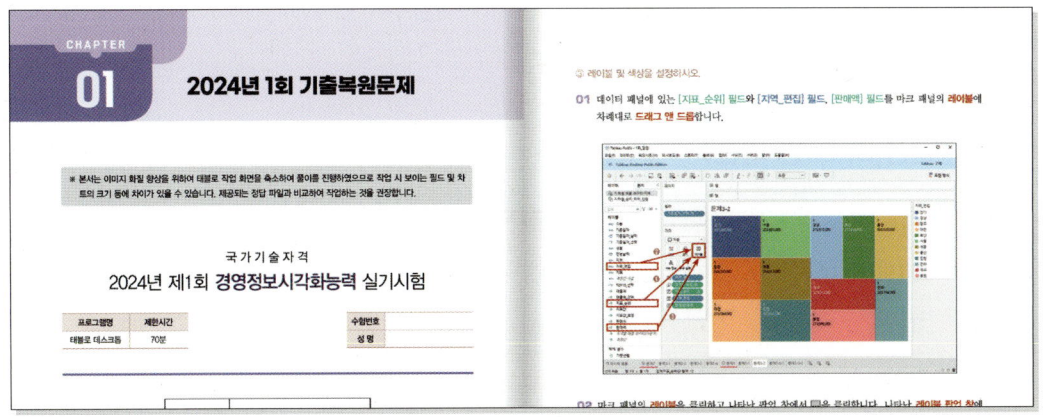

▶ 높아진 난도와 공개되지 않는 기출문제로 어려움을 겪고 있는 수험생들을 위해 2024년 1회 기출복원문제를 수록하였습니다. 놓치는 부분 없이 꼼꼼하게 학습하여 경영정보시각화능력 실기시험의 핵심을 잡아보시기 바랍니다.

시험안내

경영정보시각화능력이란?

4차 산업혁명, 디지털 전환 등으로 인해 데이터에서 의미 있는 정보를 도출하는 능력이 중요해지고 있는 시점에서, 경영 관련 의사결정을 위해 기업 내외부의 정보를 시각적 요소들을 사용하여 효과적으로 전달하는 능력을 평가하는 국가기술자격시험이다.

취득방법

구분	내용
응시자격	제한 없음
합격기준	100점 만점에 70점 이상
검정방법	컴퓨터작업형(3~5문제)

시험정보

구분	내용
시험과목	경영정보시각화 디자인 실무
시험시간	70분

시험일정(2025년 기준)

회별	검정방법	원서접수	시험일자	합격자 발표일자
제1회	필기	04.03.~04.09.	04.26.	05.27.
제1회	실기	06.05.~06.11.	06.28.	08.26.
제2회	필기	08.21.~08.27.	09.13.	10.14.
제2회	실기	10.09.~10.15.	11.01.	12.30.

이 책의 목차

1권

PART 1 | 핵심 기능 파헤치기

- CHAPTER 01 태블로 데스크탑 시작하기 · · · · · · · · · · · 3
- CHAPTER 02 데이터 불러오기 및 문서 저장하기 · · · · · · · · · · · 12
- CHAPTER 03 데이터 가공하기 · · · · · · · · · · · 19
- CHAPTER 04 데이터 계산하기 · · · · · · · · · · · 34
- CHAPTER 05 함수 사용하기 · · · · · · · · · · · 51
- CHAPTER 06 차트 구성하기 · · · · · · · · · · · 104
- CHAPTER 07 테이블 구성하기 · · · · · · · · · · · 143
- CHAPTER 08 시각화요소 디자인 변경하기 · · · · · · · · · · · 149
- CHAPTER 09 레이아웃 구성하기 · · · · · · · · · · · 165
- CHAPTER 10 대화식 화면 구성하기 · · · · · · · · · · · 178

PART 2 | 공개문제 파헤치기

- CHAPTER 01 경영정보시각화능력 실기시험 유의사항 · · · · · · · · · · · 223
- CHAPTER 02 시행처 공개문제(A형) · · · · · · · · · · · 227
- CHAPTER 03 시행처 공개문제(B형) · · · · · · · · · · · 332

2권

PART 3 | 모의고사 파헤치기

- CHAPTER 01 실전 모의고사 1회 · · · · · · · · · · · 3
- CHAPTER 02 실전 모의고사 2회 · · · · · · · · · · · 55
- CHAPTER 03 실전 모의고사 3회 · · · · · · · · · · · 127
- CHAPTER 04 실전 모의고사 4회 · · · · · · · · · · · 202
- CHAPTER 05 실전 모의고사 5회 · · · · · · · · · · · 269
- CHAPTER 06 실전 모의고사 6회 · · · · · · · · · · · 338

PART 4 | 기출문제 파헤치기

- CHAPTER 01 2024년 1회 기출복원문제 · · · · · · · · · · · 407

예제 파일 및 실습 자료 다운로드받는 방법

1

www.sdedu.co.kr/book에 접속 후 화면 상단에 있는 「프로그램」을 누릅니다.

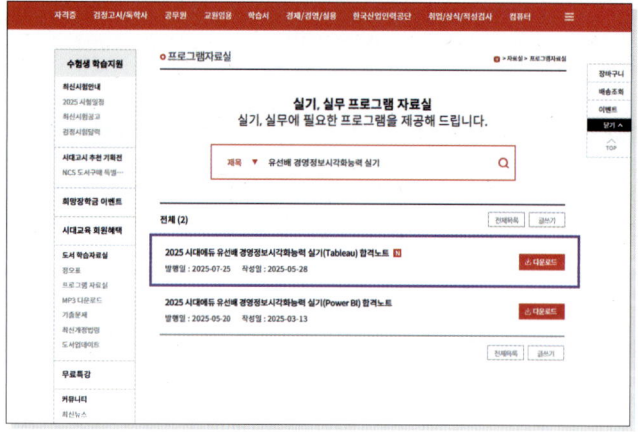

2

검색창에 「유선배 경영정보시각화능력 실기」를 검색하고 「2025 시대에듀 유선배 경영정보시각화능력 실기(Tableau) 합격노트」를 클릭합니다.

3

첨부파일을 다운로드받습니다.

PART 1
핵심 기능 파헤치기

CHAPTER 01 태블로 데스크탑 시작하기
CHAPTER 02 데이터 불러오기 및 문서 저장하기
CHAPTER 03 데이터 가공하기
CHAPTER 04 데이터 계산하기
CHAPTER 05 함수 사용하기
CHAPTER 06 차트 구성하기
CHAPTER 07 테이블 구성하기
CHAPTER 08 시각화요소 디자인 변경하기
CHAPTER 09 레이아웃 구성하기
CHAPTER 10 대화식 화면 구성하기

유선배 경영정보시각화능력 실기(Tableau) 합격노트
이 시대의 모든 합격! 무료 동영상 강의와 함께 합격하세요!
www.youtube.com ➜ '데이터이지(Dataeasy)' 검색 ➜ 구독

CHAPTER 01 태블로 데스크탑 시작하기

태블로에서 시각화를 작성하기 위해 태블로의 화면이 어떻게 구성되어 있는지 알고 있어야 합니다. 태블로를 처음 실행하면 마주하게 되는 시작화면부터 데이터를 연결했을 때 마주하는 데이터 원본 페이지, 차트를 직접 그리는 시트와 대시보드를 구성하는 대시보드 페이지까지 살펴보도록 하겠습니다.

01 태블로 다운로드 및 설치

태블로(Tableau)는 비즈니스 인텔리전스(Business Intelligence) 솔루션 중 하나입니다. 데이터를 시각화하여 사용자가 인사이트를 바탕으로 의사결정을 하도록 지원하는 도구입니다. 시험장과 동일한 환경을 구성하기 위해 대한상공회의소 자격평가사업단 홈페이지(https://license.korcham.net/)에서 제공하는 실기 프로그램 버전을 다운로드하여 설치합니다.

❶ 대한상공회의소 자격평가시험단 홈페이지에 접속하여 상단에 있는 **종목소개 > 사무정보 > 경영정보시각화능력**을 클릭합니다.

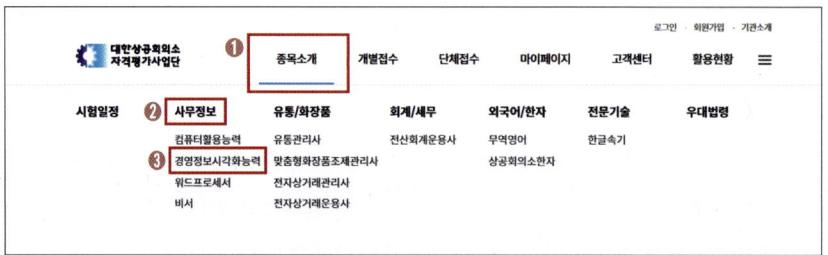

❷ 경영정보시각화능력 국가기술자격 시험안내 페이지에서 **관련자료**를 클릭하고 **2025년 경영정보시각화능력 실기 프로그램 버전 안내(재공지)**를 클릭합니다.

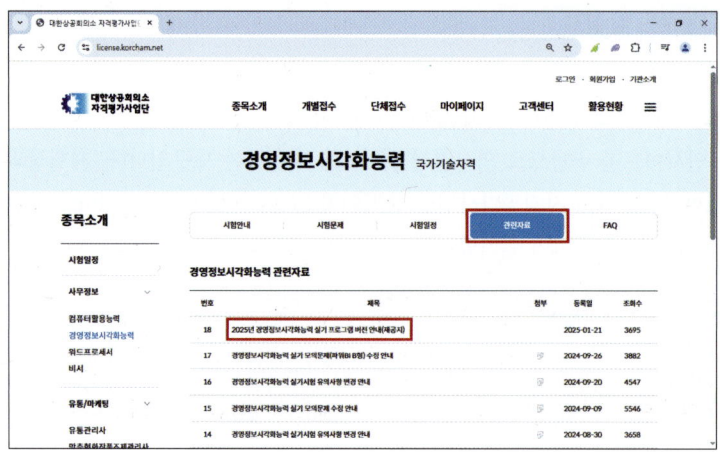

❸ 2025년 경영정보시각화능력 실기 프로그램 버전인 **태블로 데스크탑 퍼블릭 에디션 : 버전 2024.3.0**의 **다운로드 경로**를 클릭하여 프로그램을 다운로드합니다.

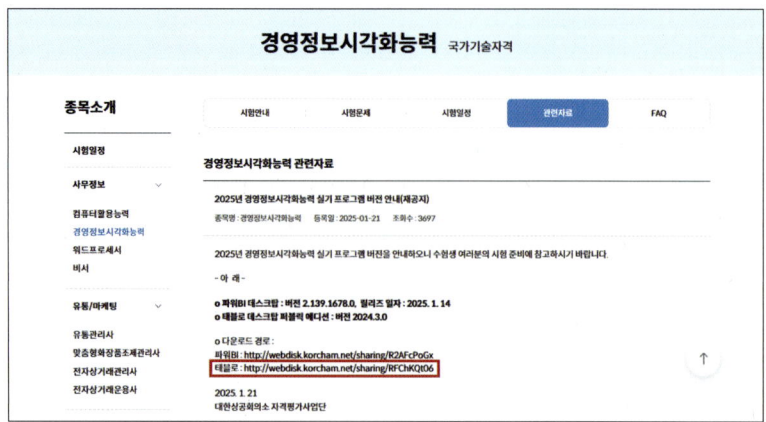

❹ 다운로드 경로를 클릭하여 나타난 페이지 중앙의 **다운로드**를 클릭합니다. 경우에 따라 **안전하지 않은 다운로드가 차단됨** 팝업이 나타나면 **계속**을 클릭하여 다운로드합니다.

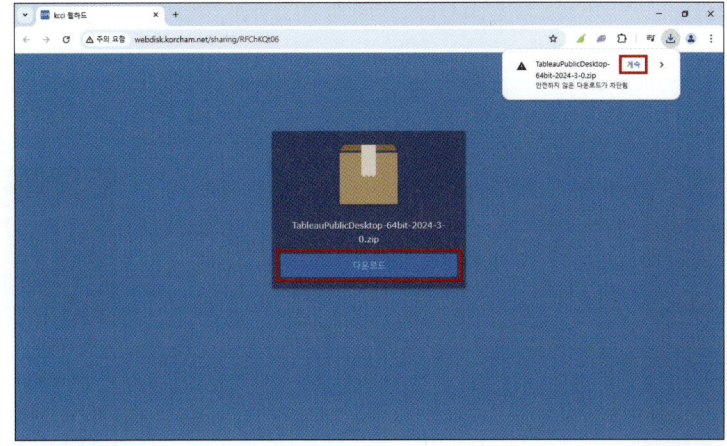

❺ 다운로드 받은 **설치 파일**을 클릭한 후 **마우스 우클릭**하여 나타난 팝업 메뉴에서 **압축 풀기**를 클릭하여 압축을 해제합니다.

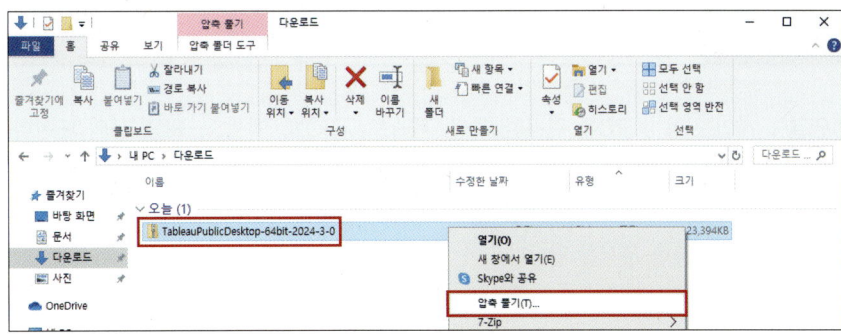

❻ 압축 해제한 폴더 내에 있는 **Tableau Public 설치 파일**을 실행하고 **동의함**을 클릭합니다. 활성화된 **설치** 버튼을 클릭하여 설치를 진행합니다.

02 시작화면

태블로를 시작하면 처음 마주하는 화면입니다. 데이터를 연결하는 화면부터 시작되며, 연결, 열기, 검색까지 총 3개의 패널로 구성되어 있습니다.

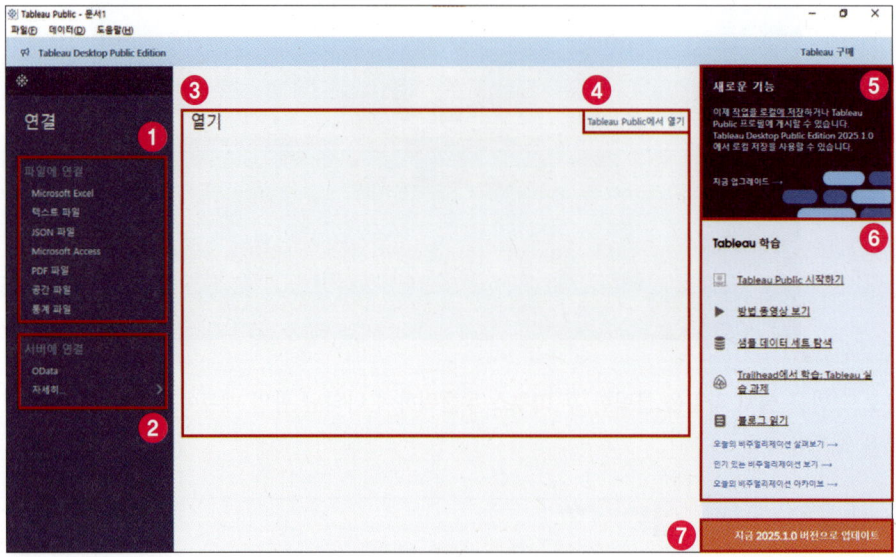

- ❶ 파일에 연결 : 개인 사용자 PC에 위치한 엑셀, 텍스트, JSON, 엑세스, PDF 등의 데이터를 연결합니다.
- ❷ 서버에 연결 : Odata(Open data Protocol)이나 Google Drive에 데이터를 연결합니다.
- ❸ 열기 : 기존에 열었던 통합 문서를 엽니다.
- ❹ Tableau Public에서 열기 : 온라인에서 데이터 시각화를 탐색, 생성 및 공유할 수 있는 플랫폼인 태블로 퍼블릭에 저장된 통합 문서를 엽니다.
- ❺ 새로운 기능 : 최신 버전의 주요 특징을 소개합니다.
- ❻ Tableau 학습 : Tableau의 기본 기능을 이해하고 샘플 데이터를 접할 수 있습니다.
- ❼ 업데이트 : 업데이트 가능한 버전이 나타날 경우 나타나며, 클릭 시 Tableau Public의 신규 버전을 설치할 수 있습니다.

03 데이터 원본 페이지

시작 화면에서 데이터를 연결한 후 마주할 수 있는 두 번째 화면은 바로 데이터 원본 페이지입니다. 통합 문서의 시트나 대시보드에서 하단에 있는 데이터 원본 탭을 클릭할 경우 데이터 원본 페이지로 이동할 수 있습니다.

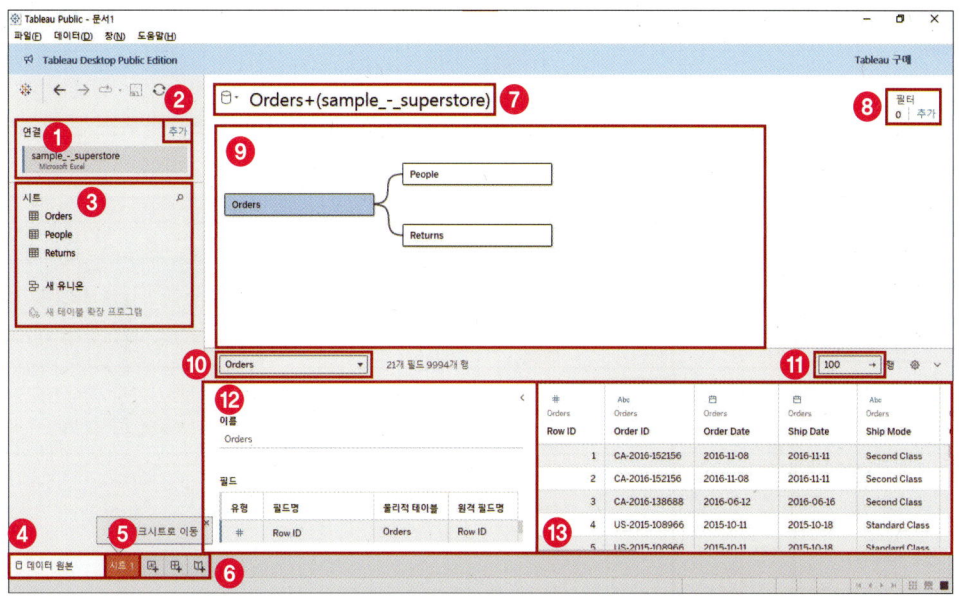

❶ **연결** : 시작 화면에서 연결한 데이터 원본이 파일인 경우 어떤 종류의 데이터이며, 파일명이 무엇인지 알 수 있습니다. 관계형 데이터베이스인 경우에는 서버와 데이터베이스 종류를 알 수 있습니다.

❷ **추가** : 새로운 데이터를 연결할 경우 추가를 클릭하여 데이터 원본을 추가할 수 있습니다.

❸ **시트** : 연결한 데이터 원본이 파일인 경우 파일의 워크시트가 표시되고, 관계형 데이터베이스인 경우 스키마와 데이터베이스를 표시합니다.

❹ **데이터 원본** : 데이터 원본 페이지에서는 데이터 원본 탭이 활성화되어 있는데, 다른 탭에서 데이터 원본 탭을 클릭하면 현재 보이는 데이터 원본 페이지로 이동합니다.

❺ **시트** : 시트 탭을 클릭하면 시트 화면으로 이동합니다.

❻ **탭** : 탭은 시트, 대시보드, 스토리로 나열되어 있으며, 나열되어 있는 해당 탭을 클릭하면 새 시트(📊), 새 대시보드(🔲), 새 스토리(📖)로 이동합니다.

❼ **데이터 원본 이름** : 태블로에 연결한 데이터 원본의 명칭을 편집할 수 있습니다.

❽ **데이터 원본 필터** : 데이터 원본 필터는 데이터를 불러오는 과정에서 사용하는 필터이기 때문에 태블로에서 분석을 진행하기에 앞서 데이터 양을 조정할 수 있습니다.

❾ **캔버스** : 데이터를 불러와서 단독 데이터를 사용하거나 논리적 또는 물리적 관계를 형성하여 활용할 수 있습니다.

❿ **데이터명** : 현재 보고 있는 데이터명이 무엇인지 나타납니다.

⓫ **데이터 표시 행 수** : 현재 보고 있는 데이터의 표시 행 수를 제어할 수 있습니다.

⓬ **메타 데이터 그리드** : 데이터 원본의 필드가 행으로 표시되어 원본의 구조를 분석하고 필드를 관리할 수 있습니다.

⓭ **데이터 그리드** : 데이터 원본 내 데이터셋 1,000줄을 기본적으로 제공합니다. 논리적 관계를 형성할 경우 선택한 테이블 데이터를 표시하고 물리적 관계를 형성할 경우 병합된 데이터를 표시합니다.

04 시트 화면(with 데이터 패널)

태블로에 데이터를 연결한 후 데이터 원본 페이지에서 시트 탭을 클릭하여 이동하면 마주볼 수 있는 화면입니다. 데이터를 연결한 후 실제 화면을 구성하기 위해서 가장 많이 사용할 화면입니다.

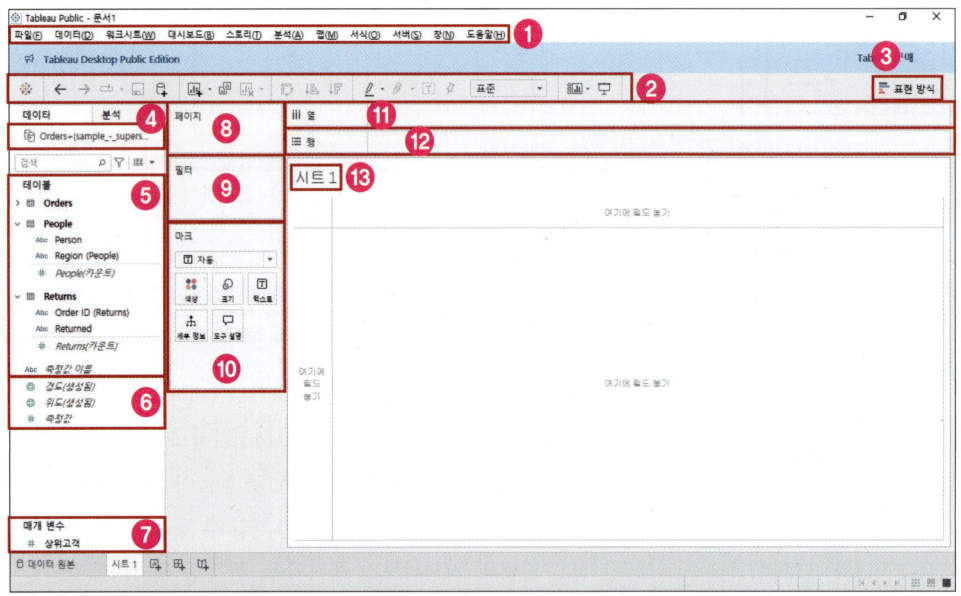

❶ 메뉴 탭 : 태블로 내에 워크시트와 대시보드를 제어하기 위한 메뉴 목록입니다.
❷ 툴바 : 전체 기능 중 주요 기능을 툴바로 정리하여 간단하게 활용할 수 있습니다.
❸ 표시 방식 : 데이터의 필드 유형에 가장 적합한 시각화를 추천하고 쉽게 표현할 수 있게 합니다.
❹ 데이터 원본 : 연결한 데이터 원본의 연결 상태와 데이터 원본 이름이 나타납니다.
❺ 차원 : 이름, 날짜, 지역명 등의 정성적인 값을 포함하는 필드이며, 데이터의 세부 정보를 나누어 표시합니다. 태블로에서는 파란색 아이콘으로 표시됩니다.
❻ 측정값 : 사전에 구축된 템플릿을 활용하여 빠르게 분석을 시작하도록 합니다. 태블로에서는 녹색 아이콘으로 표시됩니다.
❼ 매개 변수 : 태블로에 대한 소개와 리소스를 더 알아볼 수 있도록 합니다.
❽ 페이지 : 특정 필드로 데이터의 변화를 쉽게 파악할 수 있도록 일련의 페이지를 구성할 수 있습니다.
❾ 필터 : 포함할 데이터나 제외할 데이터를 지정할 수 있습니다.
❿ 마크 : 마크 패널에 여러 속성을 끌어 놓으면 시각화에 다양한 정보가 표현됩니다. 특히, 색상, 크기, 모양, 텍스트를 추가하여 시각화를 다채롭게 분석할 수 있습니다.
⓫ 열 : 열은 테이블의 열을 만들며, 필드를 원하는 개수만큼 배치할 수 있습니다.
⓬ 행 : 행은 테이블의 행을 만들며, 필드를 원하는 개수만큼 배치할 수 있습니다.
⓭ 시트 제목 : 작성하는 시트의 제목으로 특별한 설정이 없을 경우 시트명과 동일하게 나타납니다.

05 시트 화면(with 분석 패널)

시트 탭으로 이동하여 다양한 시각화 분석을 진행하는 동안 보조 도구로 활용할 수 있는 분석 패널입니다. 시트에서 분석 활동을 진행할 경우 특정 상황에 맞춰서 이용 가능한 분석 기능들이 활성화됩니다.

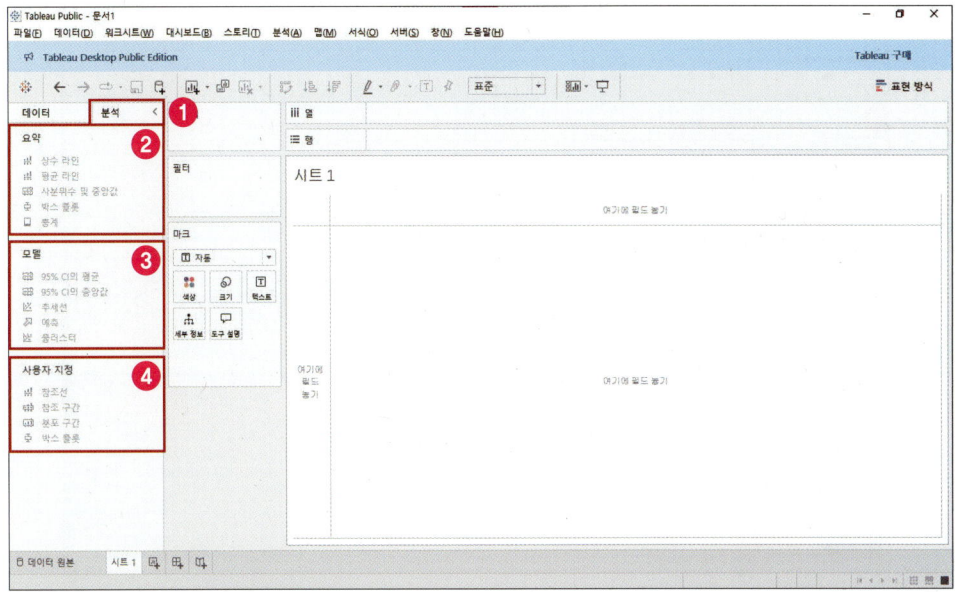

❶ **분석 패널** : 데이터 패널에서 행과 열 또는 마크 등 다양한 공간에 차원 또는 측정값을 배치한 경우 분석 패널에 특정 기능들이 활성화됩니다.

❷ **요약** : 상수라인, 평균 라인, 사분위수 및 중앙값, 박스 플롯, 총계를 표현합니다.

❸ **모델** : 신뢰 구간 분포에서 모집단 평균 95%에 속하는 영역을 음영으로 표시하거나 모집단 중앙값 95%에 속하는 영역을 음영으로 표시합니다. 추세선을 나타내거나 시계열 예측이 가능하며, 비지도 학습의 대표적인 모델 중 하나인 클러스터도 수행할 수 있습니다.

❹ **사용자 지정** : 참조선, 참조 구간, 분포 구간, 박스 플롯을 사용자가 지정할 수 있는 형태로 설정합니다.

06 대시보드 화면(with 대시보드 패널)

앞서 시트 탭에서 다양한 시각화를 구성하였다면, 하나의 화면 안에서 표현할 수 있도록 구성하기 위해 대시보드 탭으로 이동해야 합니다. 하단에 새 대시보드 탭을 클릭하면 시트를 배치할 수 있는 대시보드 패널이 나타납니다.

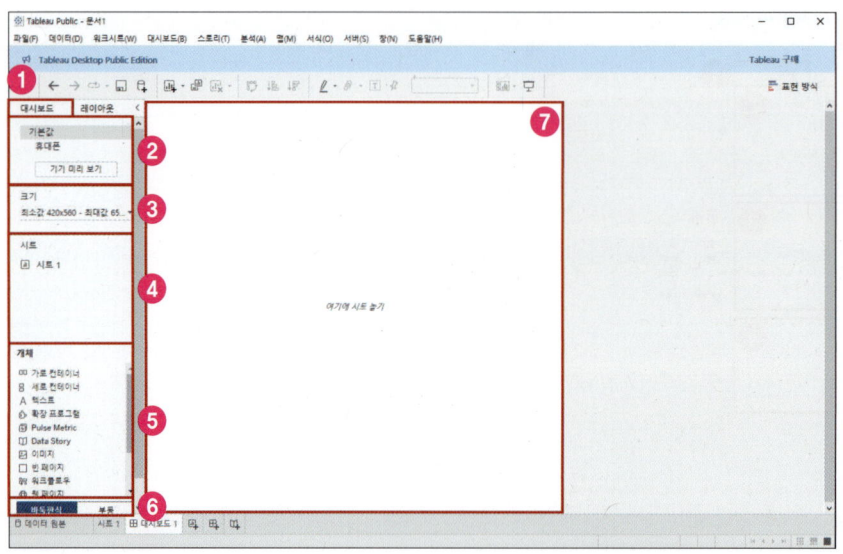

❶ **대시보드** : 대시보드를 구성하기 위한 영역으로, 장치별 대시보드 레이아웃을 정의하거나 사전에 정의한 장치별 미리보기를 할 수 있습니다. 대시보드의 레이아웃 크기를 조정하고 작업했던 시트를 활용하여 배치하는 등 다양한 개체를 활용하여 풍성하게 대시보드를 구성할 수 있습니다.

❷ **기기 미리 보기** : 장치별 대시보드 레이아웃을 설정한 후 해당 기기로 접속했을 경우 나타나는 레이아웃을 미리 확인할 수 있습니다.

❸ **크기** : 대시보드 레이아웃 크기를 지정할 수 있습니다. 고정된 크기의 경우 사용자의 화면 사이즈와 무관하게 대시보드 크기를 결정할 수 있으나, 자동으로 설정할 경우 사용자의 화면 사이즈에 따라 자동으로 바뀔 수 있도록 구성할 수 있습니다. 범위로 설정하게 된다면 사용자의 화면 사이즈와 설정한 범위에 따라 대시보드의 최소 사이즈와 최대 사이즈를 결정할 수 있습니다.

❹ **시트** : 시트에서 구성했던 다양한 콘텐츠 목록이 나타납니다. 특정 시트를 클릭하여 대시보드 캔버스로 드래그하여 대시보드를 구성할 수 있습니다.

❺ **개체** : 가로/세로 컨테이너, 텍스트, 확장 프로그램, Pluse Metric, Data Story, 이미지, 빈 페이지, 워크플로우, 웹 페이지, 탐색, 다운로드, 필터 추가, Einstein Discovery 등의 개체를 활용하여 대시보드를 구성할 수 있습니다.

❻ **바둑판식/부동** : 대시보드 구성 시 시트 또는 개체를 바둑판식으로 배치할지 자유롭게 부동으로 띄워서 구성할지 결정할 수 있습니다.

❼ **캔버스** : 시트 및 개체를 활용하여 대시보드를 구성합니다.

07 대시보드 화면(with 레이아웃 패널)

레이아웃 패널에서는 해당 시트와 개체의 테두리, 배경색, 여백을 설정할 수 있습니다. 이를 활용하여 한 층 더 대시보드의 디자인을 보완할 수 있습니다.

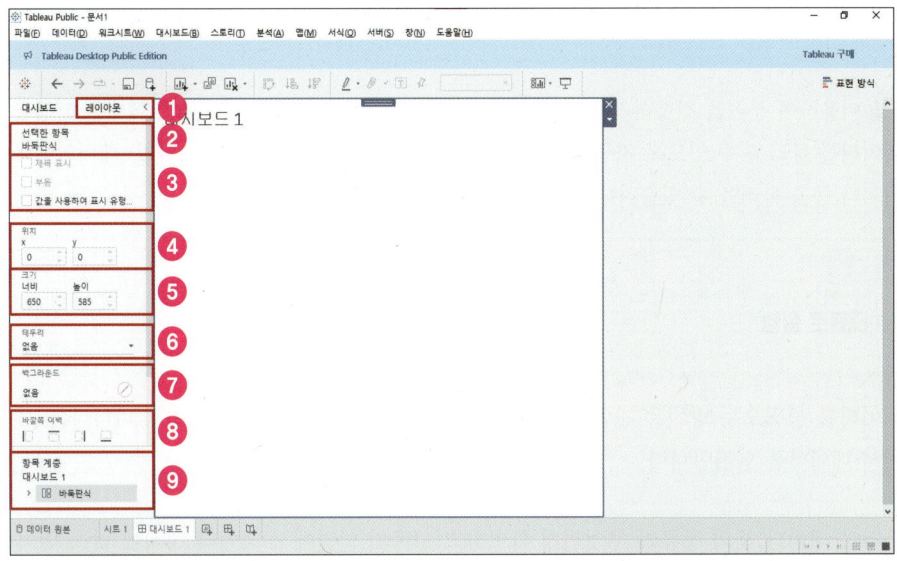

❶ 레이아웃 : 대시보드의 레이아웃을 탐색하기 위한 영역으로 선택한 항목이 무엇인지, 크기와 높이가 어떻게 되는지 확인하고, 백그라운드나 테두리, 여백을 설정할 수 있습니다.

❷ 선택한 항목 : 대시보드에서 작성한 여러 개체 중 선택한 항목에 대해 나타냅니다.

❸ 선택한 항목 옵션 : 제목 표시, 부동, 값을 사용하여 표시 유형 제어를 선택/선택 해제할 수 있습니다.

❹ 위치 : 선택한 항목의 x축과 y축의 위치를 표현합니다. 바둑판식으로 표현할 경우 사용할 수 없으나, 부동으로 대시보드에 배치할 경우 x축과 y축에 입력하여 위치를 조정할 수 있습니다.

❺ 크기 : 선택한 항목의 너비와 높이를 나타냅니다.

❻ 테두리 : 선택한 항목의 테두리 색과 모양을 지정합니다.

❼ 백그라운드 : 선택한 항목의 백그라운드 색상을 지정합니다.

❽ 바깥쪽 여백과 안쪽 여백 : 선택한 항목의 바깥쪽 여백과 안쪽 여백을 지정합니다.

❾ 항목 계층 : 대시보드를 작성하는 과정에서 개체를 계층화하고 그룹화하여 빠르게 변경할 수 있습니다.

CHAPTER

02

데이터 불러오기 및
문서 저장하기

시각화를 이용하여 분석을 진행하기에 앞서 데이터를 먼저 연결해야 합니다. 태블로에서는 다양한 위치에 있는 데이터를 불러올 수 있도록 지원합니다. 예를 들어 스프레드시트나 텍스트 파일, 데이터베이스에 저장된 데이터 등을 불러올 수 있습니다.

01 태블로 실행

01 데이터를 불러오는 방법은 간단합니다. 먼저, 태블로를 실행한 후 가장 먼저 나타나는 시작 화면에서 데이터를 연결합니다.

02 불러올 데이터 셋의 종류가 무엇인지 확인하고 왼쪽의 연결에서 데이터 형식에 맞춰 데이터를 불러옵니다. 만약, 연결하는 데이터가 로컬 환경(개인 PC)에 파일로 관리되고 있을 경우에는 **파일에 연결**에서 해당 데이터 셋의 종류에 맞춰 **Microsoft Excel, 텍스트 파일, JSON 파일, Microsoft Access, PDF 파일, 공간 파일, 통계 파일** 중 선택할 수 있습니다.

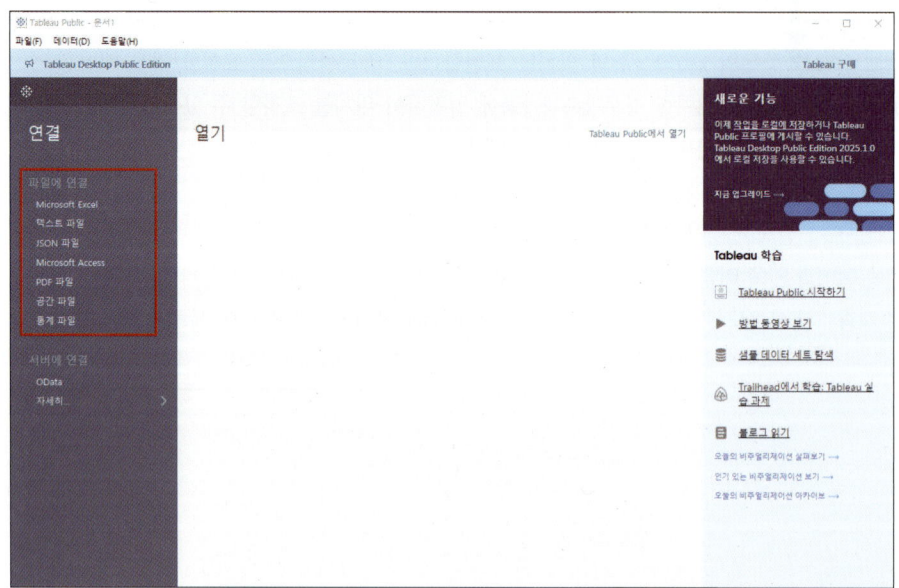

Tableau Server나 Tableau Online을 이용하고 있는 경우 데이터 검색 > Tableau Server를 클릭하여 데이터를 조회할 수 있습니다.

03 만약 데이터베이스에서 데이터를 불러오고 싶은 경우에는 해당하는 데이터베이스의 종류에 맞춰 데이터베이스 커넥터를 사용해야 합니다. 이때에는 서버에 연결 > 자세히...를 클릭하여 연결 가능한 데이터베이스를 선택합니다. 창을 닫고 싶다면 다시 자세히...를 클릭하면 됩니다.

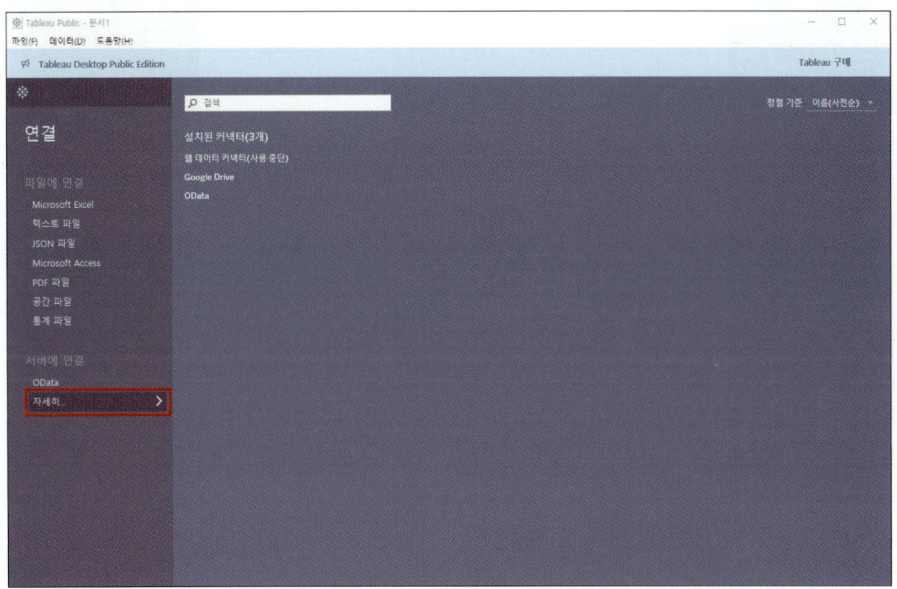

02 데이터 셋 준비

태블로를 이용한 시각화를 위해서는 데이터가 필요하며, 데이터를 불러오기 위해 필요한 데이터 셋을 다운받아야 합니다. 태블로에서는 자체적으로 실습을 하기 위한 샘플 데이터를 제공하고 있습니다. 실습을 위해 먼저 시작 화면의 **Tableau 학습** > **샘플 데이터 세트 탐색**을 클릭하여 **태블로 퍼블릭 사이트**에 접속한 후 하단의 **뉴욕시의 Airbnb 목록** 우측의 **데이터 집합(xlsx)** 파일을 클릭하여 **다운로드**받습니다. 다운로드받은 airbnb.xlsx는 **바탕 화면**에 저장하여 사용합니다.

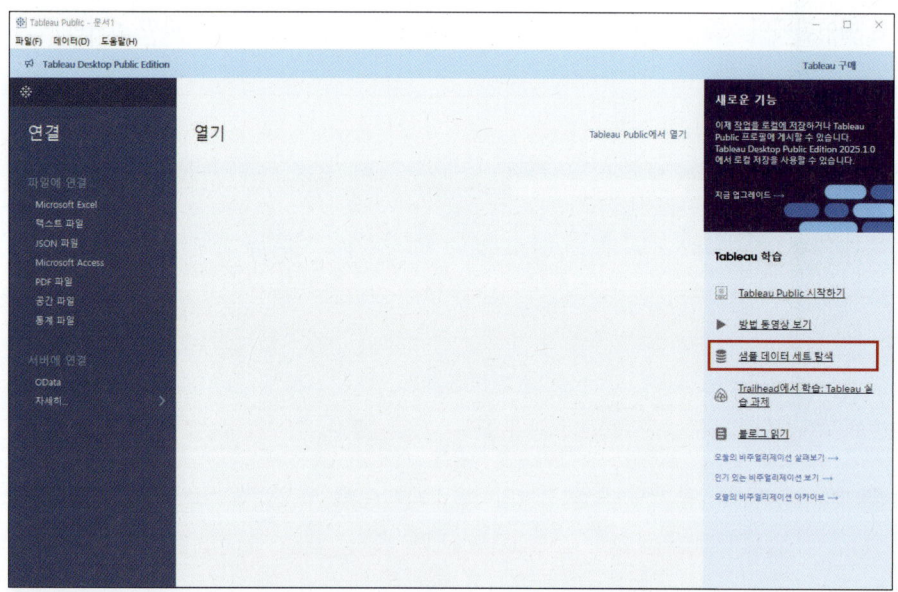

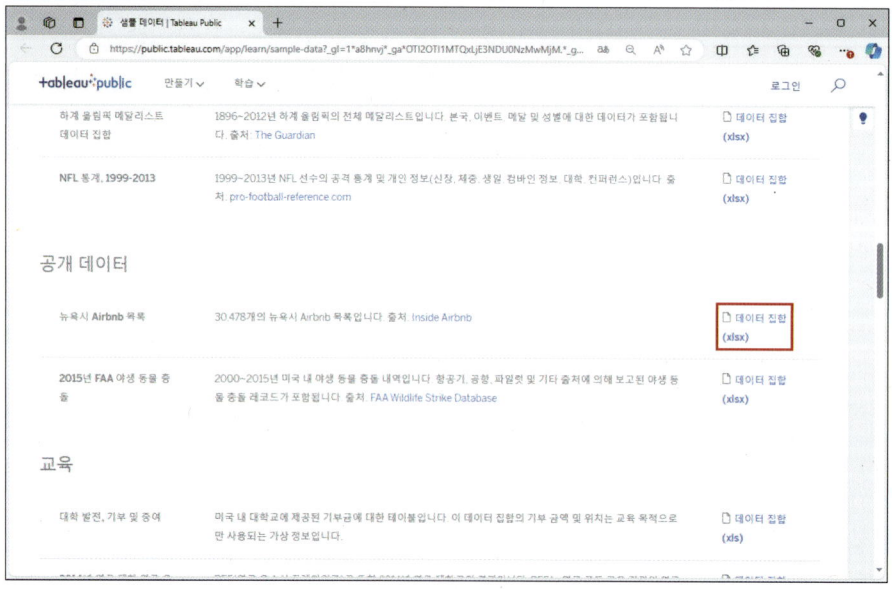

03 데이터 연결

01 다운받은 airbnb.xlsx을 연결하기 위해 다시 태블로 시작 화면으로 돌아온 뒤 **연결 > 파일에 연결 > Microsoft Excel**을 클릭합니다.

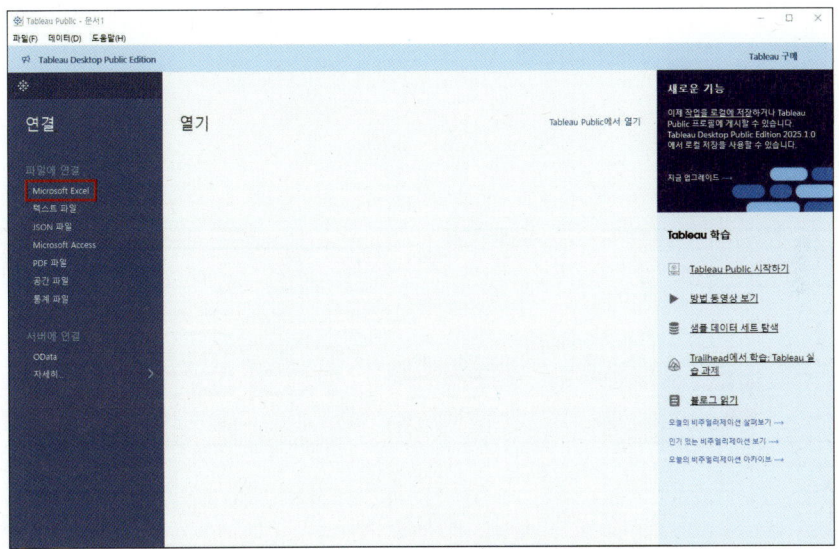

만약 다운로드한 파일의 형식이 csv인 경우에는 **텍스트 파일**을 클릭해야 합니다.

02 나타난 **열기 팝업 창**에서 **내 PC > 바탕 화면 > airbnb.xlsx**를 **더블클릭**하거나 파일을 **선택**하고 **열기(O)**를 클릭합니다.

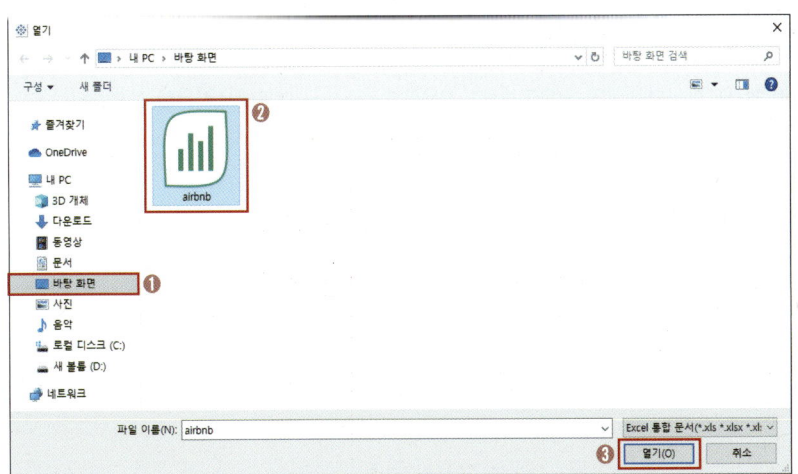

03 데이터를 불러오면 **데이터 원본 페이지**로 이동하면서, 연결한 **airbnb 데이터**에 대한 **정보**가 나타납니다.

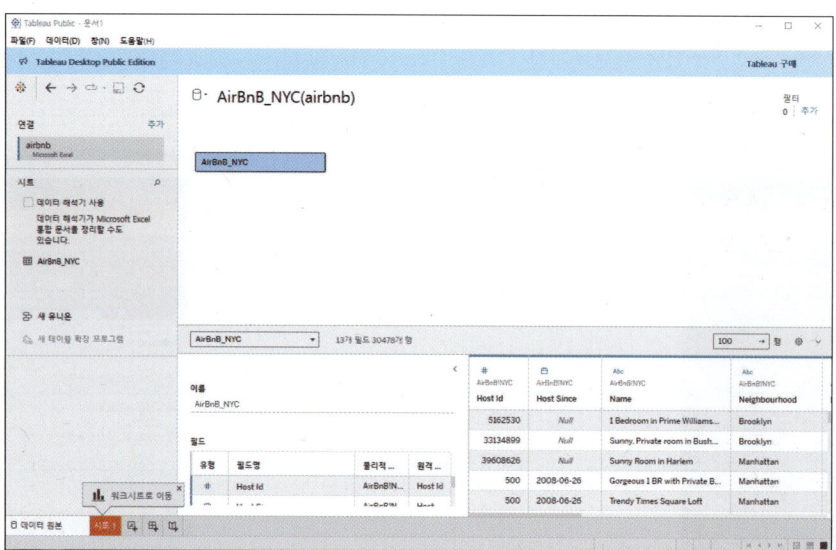

> **Tip** ✓
>
> - 연결 우측의 **추가**를 클릭하면 연결 추가 창이 팝업되며 추가로 데이터 가져오기를 진행할 수 있습니다. 이를 통해 더 많은 데이터를 추가하거나 다른 데이터베이스에 연결하게 됩니다. 이렇게 다양한 원천의 데이터를 수집하여 통합된 분석을 진행할 수 있습니다.
>
>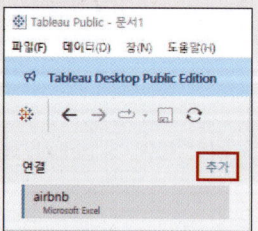
>
> - 엑셀 내 다양한 시트가 존재할 경우에는 **시트**에 해당 시트 목록이 나타납니다. 필요한 시트를 캔버스로 불러와서 조인 또는 유니온을 하여 데이터를 활용할 수 있습니다. 분석할 데이터 원본을 최적화하기 위해 데이터 해석기를 사용하라는 메시지가 나타납니다. 데이터 해석기 사용은 Excel, csv, PDF에서 사용할 수 있습니다.
>
>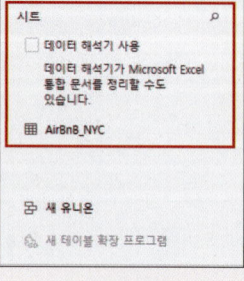

16 PART 1 | 핵심 기능 파헤치기

04 통합 문서 저장

01 작업한 파일을 저장하기 위해 **파일(F) > 저장(S)**을 클릭합니다.

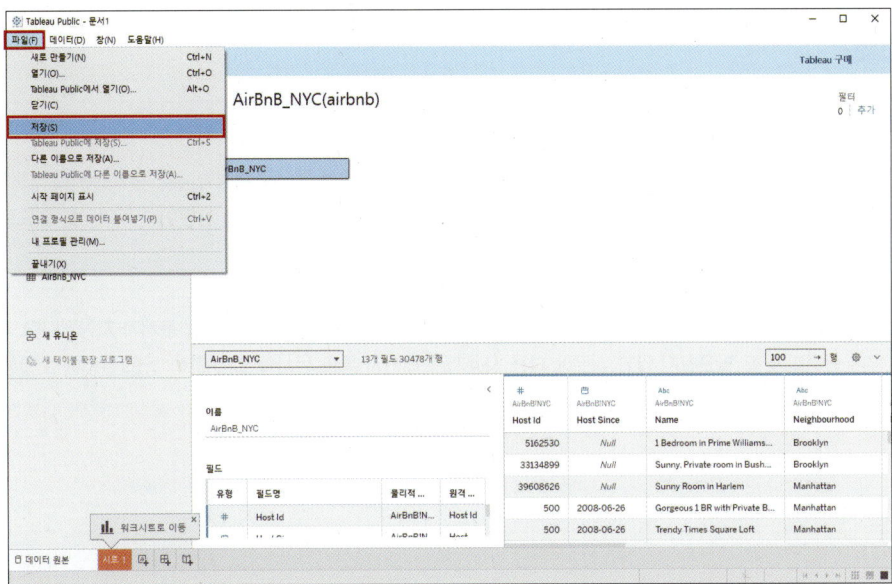

02 저장한 이력이 없는 경우에는 **다른 이름으로 저장 팝업 창**이 나타납니다. 기본적으로 바탕 화면에 저장하도록 선택되어 있으며, **파일 이름(N)**과 **파일 형식(T)**을 지정할 수 있고, **저장(S)**을 클릭하면 완료됩니다.

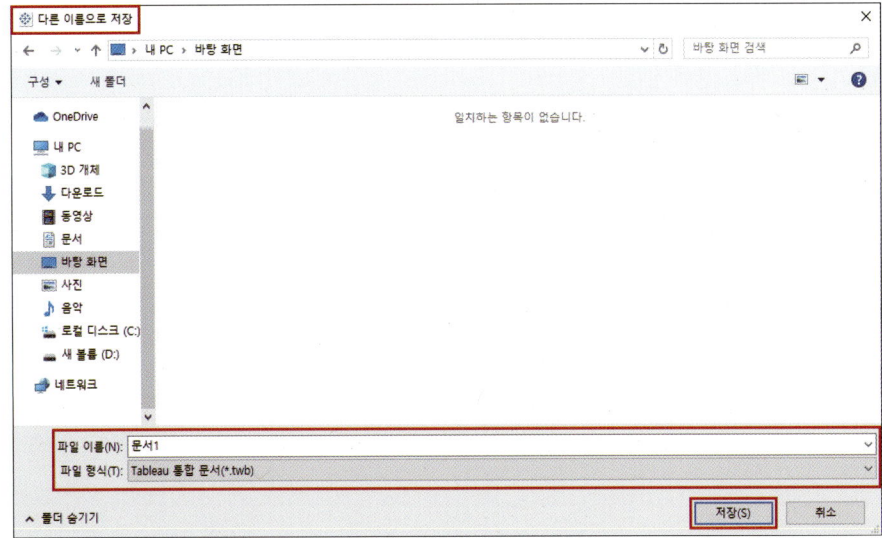

CHAPTER 02 | 데이터 불러오기 및 문서 저장하기 **17**

파일 이름에 슬래시(/), 백슬래시(\), 크다(>), 작다(<), 별표(*), 물음표(?), 따옴표("), 파이프 기호(|), 콜론(:), 세미콜론(;)은 사용할 수 없음을 주의합니다.

통합 문서의 저장 파일 형식
- Tableau 통합 문서(*.twb)
  통합 문서 저장의 경우 기본적으로 **내 Tableau 리포지토리의 통합 문서 폴더**에 저장됩니다. **내 Tableau 리포지토리는 문서 폴더**에서 찾을 수 있습니다. 이렇게 통합 문서로 저장할 경우에는 데이터 원본이나 이미지를 필요로 하게 됩니다.
- Tableau 패키지 통합 문서(*.twbx)
  패키지 통합 문서 저장은 **로컬 파일 데이터 원본 및 배경 이미지의 복사본과 함께** 통합 문서가 저장됩니다. 따라서 원본 데이터가 꼭 필요하지 않기 때문에 다른 사용자가 패키지 통합 문서를 열었을 때 통합 문서에 포함된 **데이터 원본에 대한 권한 없이도** 화면을 볼 수 있습니다.

CHAPTER 03 데이터 가공하기

태블로에서 불러온 데이터를 바로 활용할 수 있으면 좋겠지만 경우에 따라서 해당 데이터 셋을 활용하기 어려울 때도 있습니다. 만약 1회성 분석을 하거나 데이터 탐색을 한다면 몇 가지 데이터만 연결해서 인사이트를 얻을 수 있습니다. 그러나 여러 번 반복해서 분석하는 경우라면 적절한 형태의 데이터 셋을 구성해야만 합니다.

적절한 데이터 셋을 구성하기 위해서는 분석의 목적이 무엇인지 명확하게 해야 합니다. 광범위한 질문에 대답할 수 있는 데이터 셋을 구성하기 위해 필요한 정보를 많이 담으면 데이터가 방대해지기 때문에, 목적에 맞게 필요한 다양한 데이터 셋을 하나로 결합하거나 구조를 변경해야 합니다. 이때 데이터를 가공하는 방법에는 유니온, 피벗, 조인이 있습니다.

01 유니온

동일한 열 구조를 갖고 있는 두 개 이상의 데이터를 하나로 병합하기 위해 사용하는 가공 방법입니다. 데이터를 유니온할 경우 수동이나 와일드카드를 사용하여 진행할 수 있습니다.

01 데이터 불러오기

❶ 시각화에 필요한 데이터를 사용하기 위해서는 **시대에듀 도서 홈페이지**(https://www.sdedu.co.kr/book/) > **프로그램**에서 유선배 경영정보시각화능력 실기를 검색합니다. **2025 시대에듀 유선배 경영정보시각화능력 실기(Tableau) 합격노트**를 클릭하고 첨부된 **유선배 경영정보시각화능력 실기(Tableau) 실습 자료** 파일을 **바탕 화면**에 다운로드받습니다.

❷ 태블로 테스크탑을 새로 실행합니다. 실행한 태블로 시작화면의 **연결** > **파일에 연결** > **Microsoft Excel**을 클릭합니다.

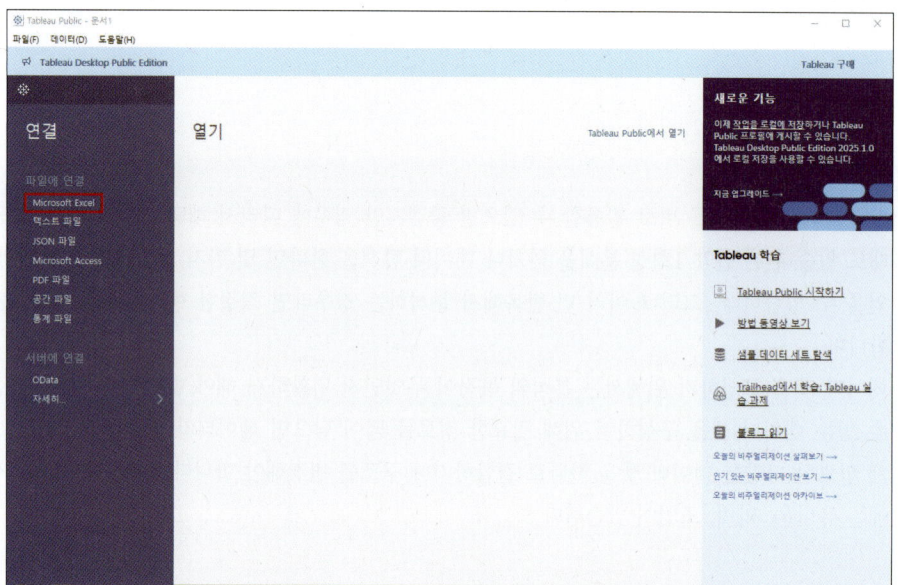

❸ 나타난 **열기 팝업 창**에서 **바탕 화면** > **유선배 경영정보시각화능력 실기(Tableau) 실습 자료** > **Part1 _자료** > **거래데이터셋.xlsx**를 선택하고 **열기(O)**를 클릭하여 데이터를 불러옵니다.

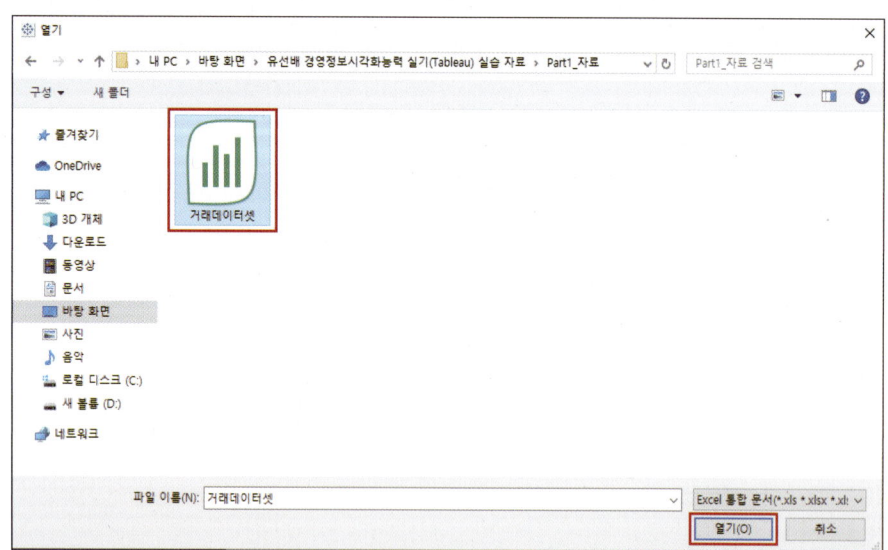

❹ 불러온 데이터 **거래데이터셋.xlsx**의 원본 파일은 2021년부터 2024년까지의 거래테이블과 시도테이블, 상품테이블, 접속채널테이블로 구성되어 있습니다. 요약하여 정리하면 다음 이미지와 같습니다.

2021년

접속일자	접속채널	접속지역	상품정보
2021-11-20	3	3	15
2021-11-20	2	7	34
2021-11-20	2	3	20
2021-11-20	3	2	23
2021-11-20	1	3	24
2021-11-20	1	11	29
2021-11-20	1	8	19
2021-11-21	2	3	18

2022년

접속일자	접속채널	접속지역	상품정보
2022-01-01	2	1	29
2022-01-01	2	2	19
2022-01-01	2	4	19
2022-01-01	3	4	34
2022-01-02	3	16	13
2022-01-02	2	8	22
2022-01-02	3	16	25
2022-01-02	2	1	22

2023년

접속일자	접속채널	접속지역	상품정보
2023-01-01	1	4	28
2023-01-01	3	2	25
2023-01-01	1	7	13
2023-01-01	3	15	12
2023-01-02	3	10	16
2023-01-02	1	6	28
2023-01-02	3	9	12
2023-01-02	3	17	22

2024년

접속일자	접속채널	접속지역	상품정보
2024-01-01	3	11	34
2024-01-01	3	3	22
2024-01-01	2	13	32
2024-01-02	2	17	11
2024-01-02	3	8	15
2024-01-03	2	10	27
2024-01-03	1	11	29
2024-01-04	2	17	14

❺ 단독 테이블을 활용하면 전년도와 비교 분석하기 어렵습니다. 그래서 하나의 데이터 셋으로 유니온을 해야 합니다. 2021년부터 2024년까지의 거래테이블을 하나의 데이터 셋으로 **유니온**하면 모든 테이블의 모든 행을 포함하는 **단일 테이블**이 만들어집니다. 요약하여 정리하면 다음 이미지와 같습니다.

유니온

접속일자	접속채널	접속지역	상품정보
2021-11-20	3	3	15
2021-11-20	2	7	34
2021-11-20	2	3	20
2021-11-20	3	2	23
2021-11-20	1	3	24
2021-11-20	1	11	29
2021-11-20	1	8	19
2021-11-21	2	3	18
2022-01-01	2	1	29
2022-01-01	2	2	19
2022-01-01	2	4	19
2022-01-01	3	4	34
2022-01-02	3	16	13
2022-01-02	2	8	22
2022-01-02	3	16	25
2022-01-02	2	1	22
2023-01-01	1	4	28
2023-01-01	3	2	25
2023-01-01	1	7	13
2023-01-01	3	15	12
2023-01-02	3	10	16
2023-01-02	1	6	28
2023-01-02	3	9	12
2023-01-02	3	17	22
2024-01-01	3	11	34
2024-01-01	3	3	22
2024-01-01	2	13	32
2024-01-02	2	17	11
2024-01-02	3	8	15
2024-01-03	2	10	27
2024-01-03	1	11	29
2024-01-04	2	17	14

02 데이터 유니온하기

❶ 불러온 데이터는 데이터 원본 페이지에서 시트 탭의 **새 유니온**을 캔버스로 **드래그 앤 드롭**하여 유니온 할 수 있습니다.

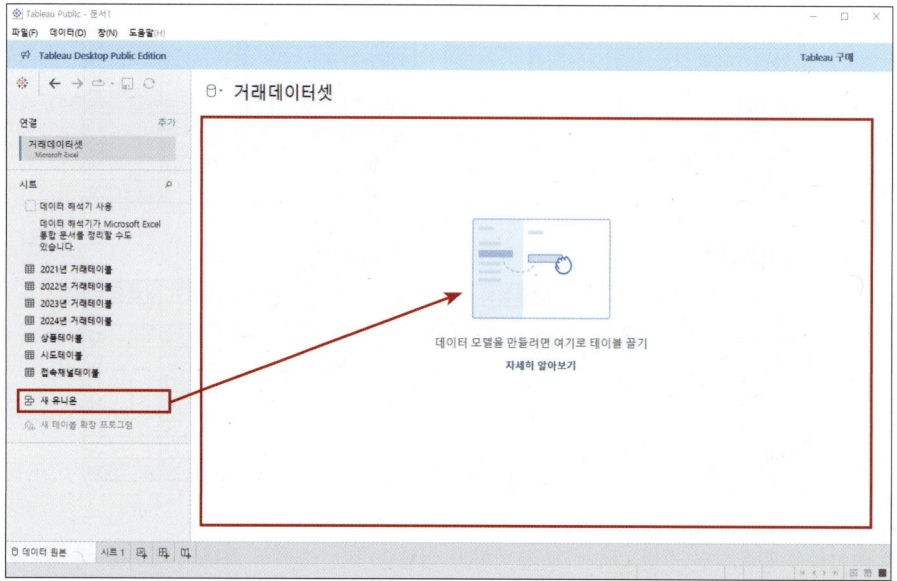

❷ 새 유니온을 드래그 앤 드롭해서 캔버스로 옮기면 나타나는 **유니온 팝업 창**에는 **특정(수동)**과 **와일드카드(자동)**가 있습니다. **특정(수동)**을 선택하면 시트에서 필요한 데이터를 직접 드래그 앤 드롭하여 유니온 할 수 있습니다. 반면 **와일드카드(자동)**를 선택하면 특정 패턴에 맞춰 데이터를 유니온할 수 있습니다.

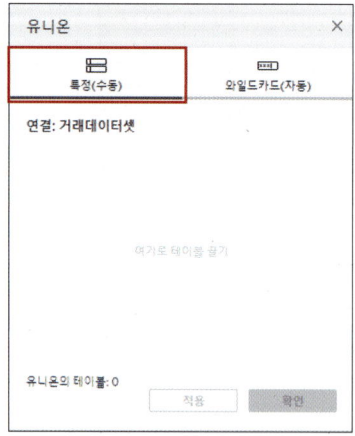 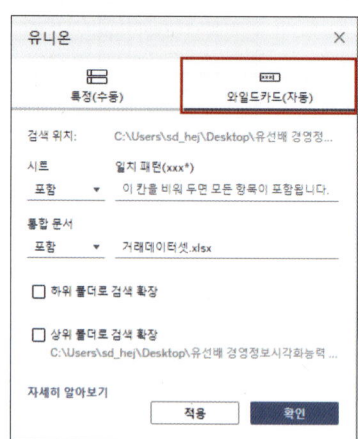

❸ 거래데이터셋.xlsx는 두 가지 방법 모두를 사용하여 유니온할 수 있습니다. 먼저 **특정(수동)** 탭에 **2021년 거래테이블, 2022년 거래테이블, 2023년 거래테이블, 2024년 거래테이블**까지 총 4개의 데이터셋을 **하나씩 드래그 앤 드롭**하고 **확인**을 클릭할 수 있습니다.

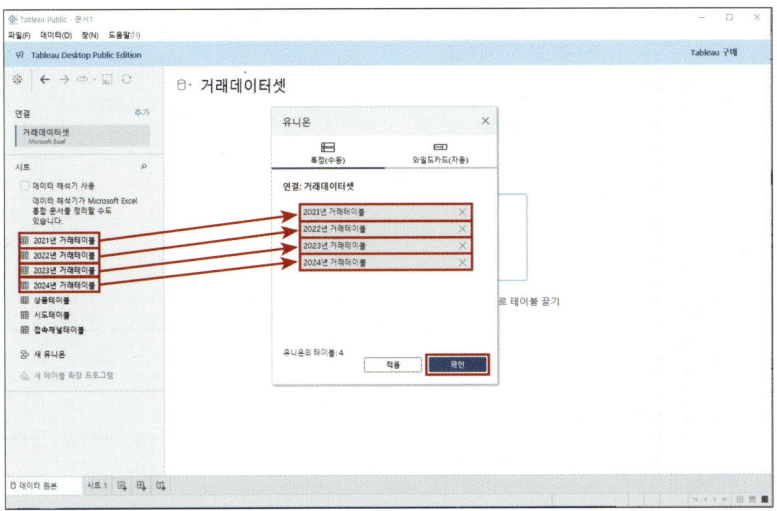

2021년 거래테이블을 선택한 후 Shift를 누른 상태로 2024년 거래테이블을 선택하여 한 번에 드래그 앤 드롭하는 것도 가능합니다.

❹ 두 번째로 와일드카드(자동)를 사용하여 유니온하기에 앞서, 4개의 테이블의 이름에는 '년 거래테이블'이라는 동일한 말이 반복됩니다. 이런 경우에는 패턴에 맞는 시트 또는 통합 문서를 불러와서 유니온할 수 있습니다. 따라서 **와일드카드(자동)** 탭을 선택하고 거래데이터셋에 포함된 거래테이블을 불러오기 위해 **일치 패턴(xxx*)** 에 ***년 거래테이블**을 입력하고 **확인**을 클릭할 수 있습니다.

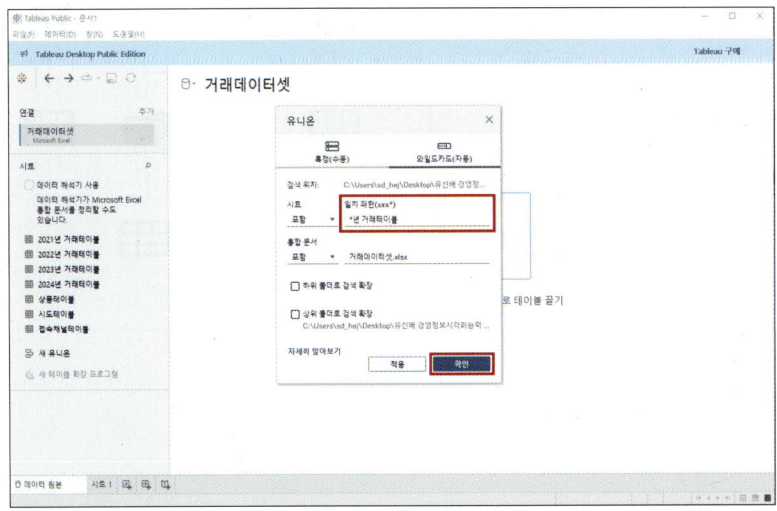

❺ 특정(수동) 또는 와일드카드(자동) 중 편한 방법으로 유니온을 진행하여 확인을 클릭하면 2021년부터 2024년까지 거래테이블이 하나로 합쳐진 유니온 테이블이 완성됩니다.

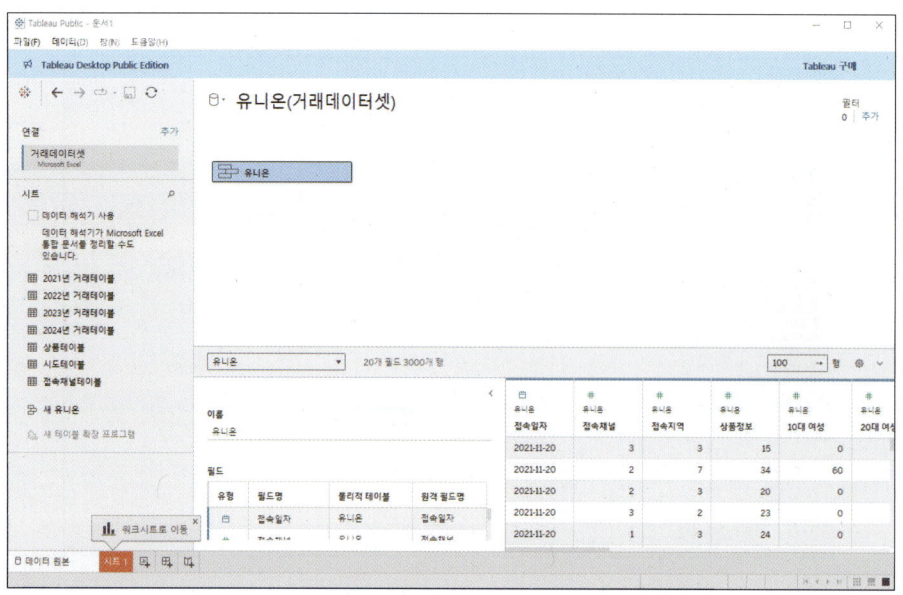

와일드카드(자동)으로 유니온을 했을 때 검색을 확장하여 더 많은 데이터를 가져올 수 있습니다. 태블로에서 와일드카드(자동)으로 검색할 때는 현재 폴더에 있는 데이터를 수집해서 유니온하기 때문에, 하위 폴더로 검색 확장 또는 상위 폴더로 검색 확장을 선택하여 검색 범위를 넓힐 수 있습니다.

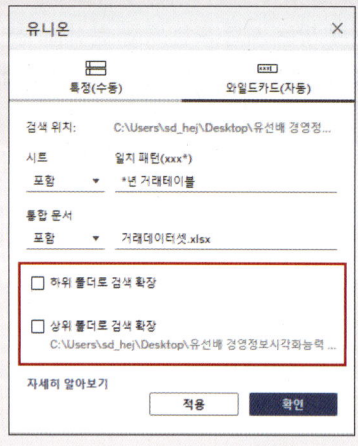
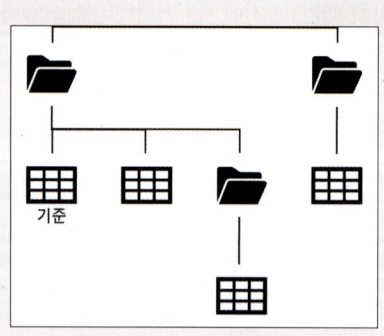

03 유니온 이름 바꾸기

❶ 캔버스에 위치한 **논리적 테이블 유니온**을 **더블클릭**합니다.

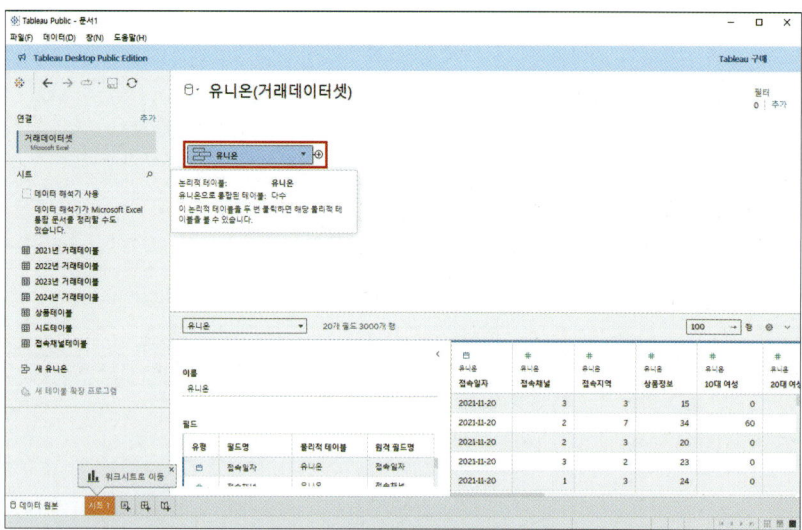

❷ 물리적 계층 캔버스에서 **물리적 테이블 유니온**을 **더블클릭**합니다.

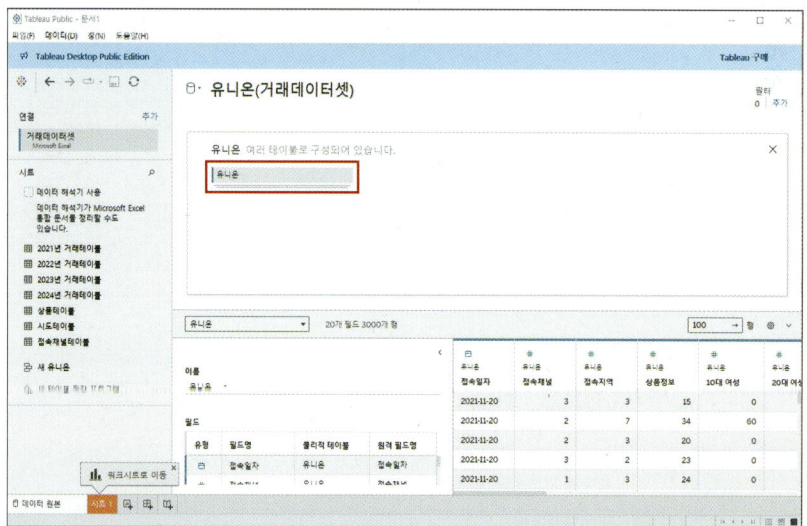

> **Tip**
>
> **논리적 테이블과 물리적 테이블 구분하기**
> - 논리적 테이블
> - 물리적 테이블

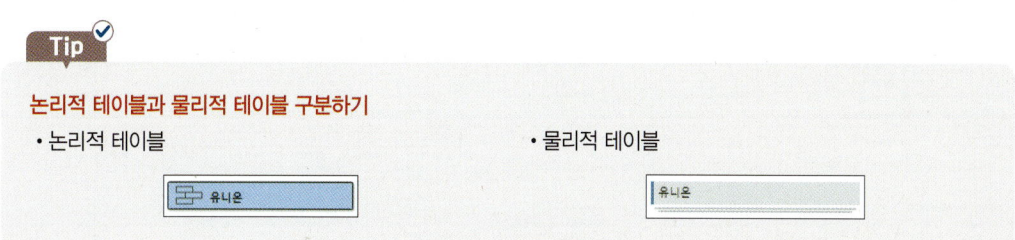

CHAPTER 03 | 데이터 가공하기 25

❸ 유니온의 **새 이름**을 유니온 대신 **거래테이블**로 입력하여 변경하고 **Enter**를 누릅니다.

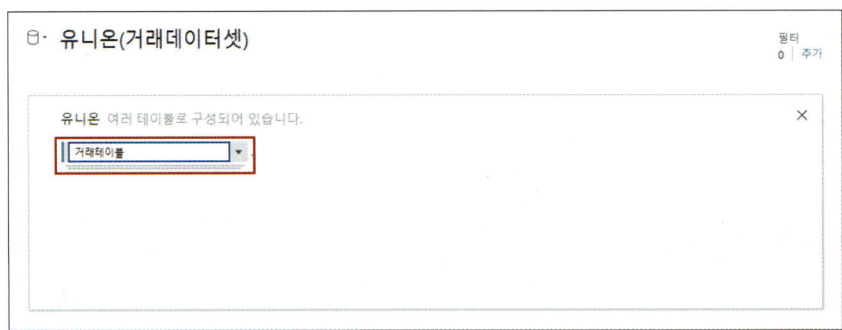

이름을 입력하고 난 뒤에는 캔버스의 빈 곳을 클릭하거나 Enter를 눌러 마무리합니다.

Tip

유니온을 진행하는 과정에서 특정(수동)으로 진행할 시 아래의 이미지와 같이 유니온이 몇 개 테이블로 구성되어 있는지 설명해 줍니다. Chapter 03은 유니온을 와일드카드(자동)으로 진행하여 여러 테이블로 구성되어 있다는 문구로 표시되었음을 유의합니다.

❹ 물리적 테이블 이름을 **유니온**에서 **거래테이블**로 변경하면 상단의 **데이터 원본 이름**과 **메타 데이터 그리드**, 데이터 그리드의 **물리적 테이블 이름**이 함께 변경됩니다.

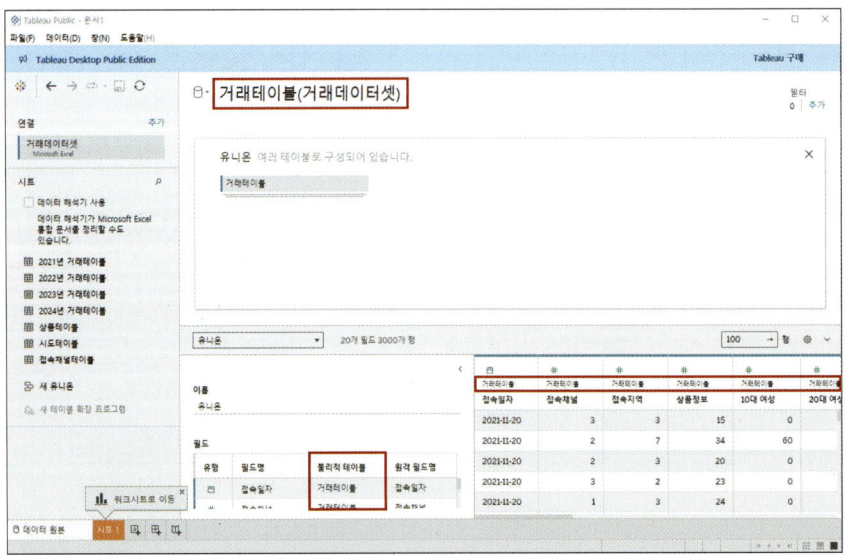

02 피벗

교차표(Crosstab) 형식으로 저장된 데이터를 불러와서 시각화할 경우, 태블로 내에서 분석하기 어려운 경우가 있습니다. 이때, 교차표를 바로 사용하기보다는 열을 행으로 전환하는 피벗(Pivot) 기능을 활용하는 것이 편리합니다. 피벗을 사용할 경우에는 2개 이상의 열을 선택해야 진행할 수 있습니다. 피벗에 더 많은 데이터를 추가하고 싶은 경우, 다른 열을 선택하고 피벗에 데이터 추가 기능을 사용하면 해당 열도 피벗된 결과로 데이터를 불러올 수 있습니다.

01 대상 선택

❶ 피벗을 사용할 경우에는 2개 이상의 필드를 선택해야 합니다. 연속된 데이터 필드를 선택하기 위해 첫 번째 필드인 [10대 여성] 필드의 머리글을 먼저 클릭합니다.

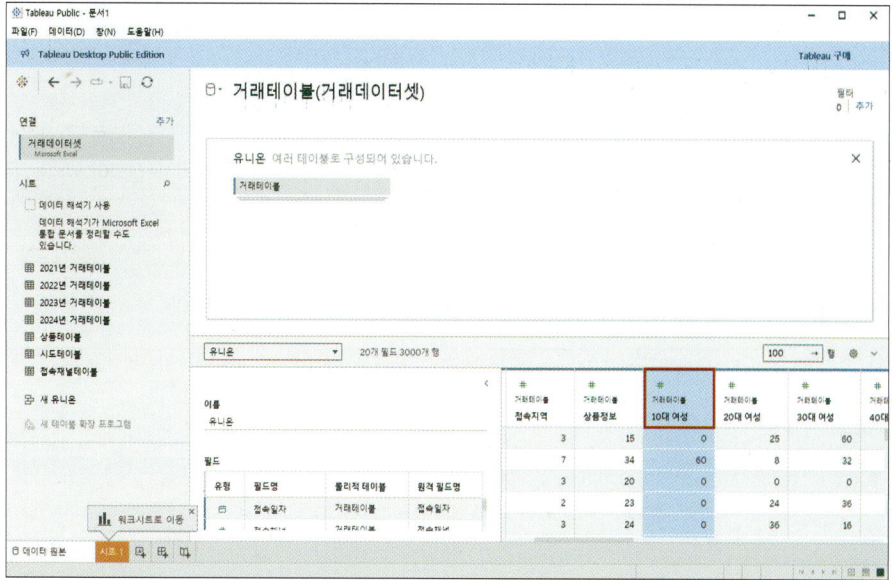

 Tip

피벗을 진행하며 필드를 선택하거나 마우스 우클릭을 해야할 때에는 값을 선택하지 않고 상단의 필드 머리글을 클릭하여 진행해야 합니다.

❷ [10대 여성] 필드가 선택된 채로 데이터 그리드의 오른쪽으로 이동하면 나타나는 [70대 남성] 필드의 머리글을 Shift를 누른 상태에서 클릭하면 [10대 여성]부터 [70대 여성] 필드, [10대 남성]부터 [70대 남성] 필드까지 총 14개의 필드가 선택됩니다.

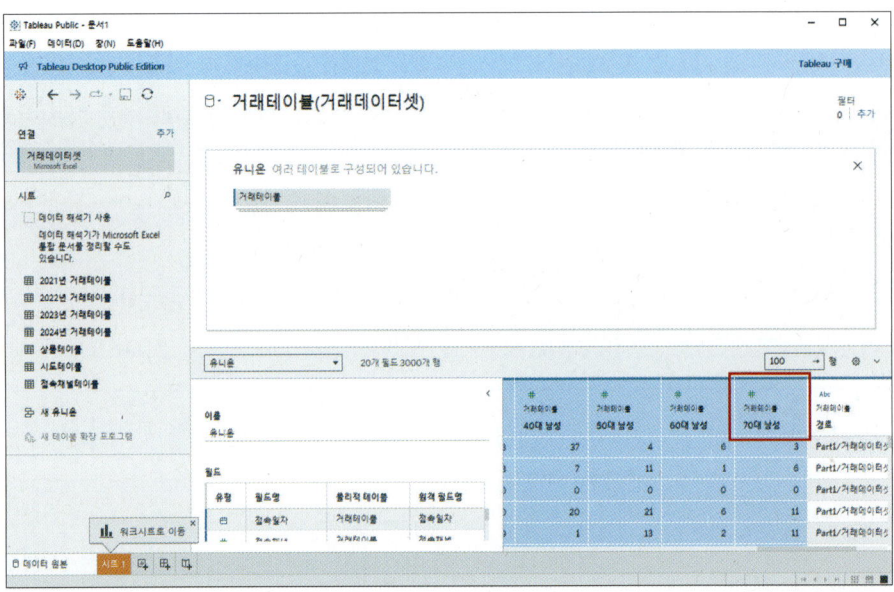

02 데이터 피벗하기

❶ 음영으로 선택된 필드의 머리글을 마우스 우클릭하고 피벗을 클릭하면 피벗이 진행됩니다.

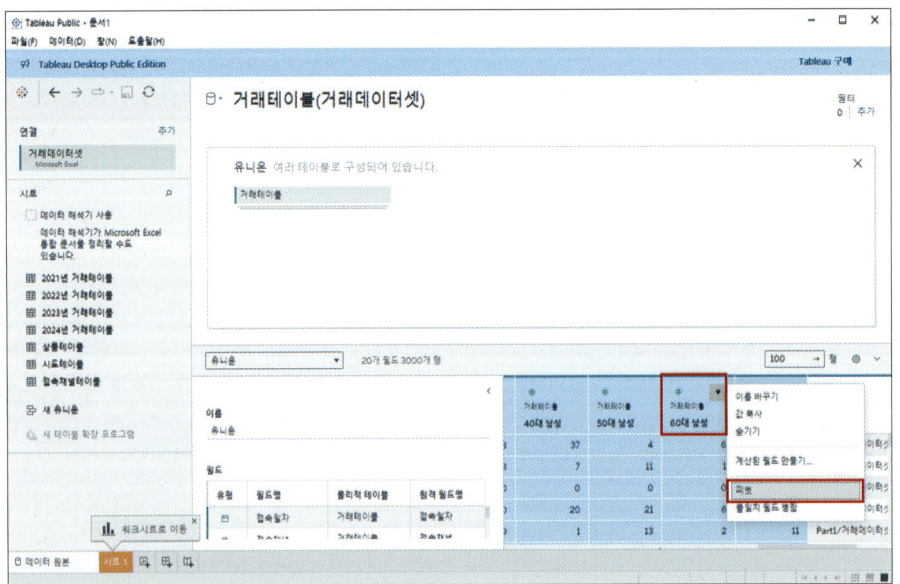

음영 처리된 필드 중 아무 필드에서나 머리글을 마우스 우클릭하여도 피벗이 가능합니다.

❷ 피벗을 수행하면 [**피벗 필드명**] 필드와 [**피벗 필드 값**] 필드가 생성됩니다. 앞서 선택했던 **필드들의 이름**이 **피벗 필드명**에 담기게 되고 선택했던 **필드의 값**들이 **피벗 필드 값**에 담기게 됩니다.

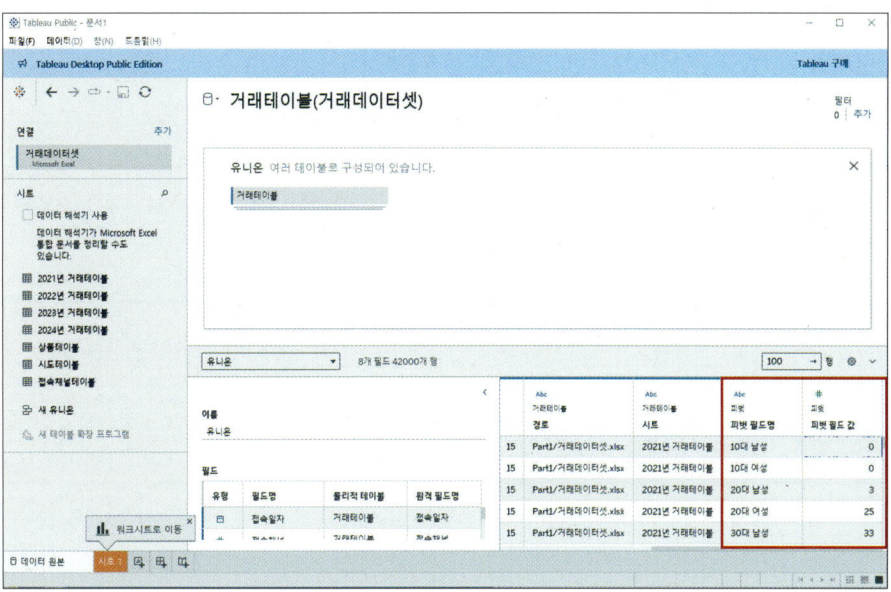

이미 피벗한 필드 외에 피벗에 추가로 필드를 넣고 싶은 경우, **해당 필드의 머리글을 선택**하고 **마우스 우클릭**했을 때 나타나는 **팝업 메뉴**에서 **피벗에 데이터 추가**를 클릭하면 **피벗 필드명**과 **피벗 필드 값**에 추가됩니다.

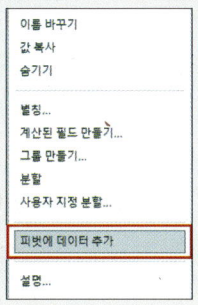

| 03 | 조인

원하는 분석을 수행하기 위해 여러 위치에 있는 데이터를 수집하고 이를 결합할 수 있습니다. 데이터를 결합하여 분석할 경우, 데이터 구조와 분석 요건에 따라 다양한 형태로 결합이 가능합니다. 태블로 서버에 게시한 데이터의 경우에는 조인에 사용할 수 없기 때문에 원본 게시 전 데이터 원본에서 필요한 데이터를 조인해야 합니다. 조인할 때 사용했던 필드의 데이터 유형이 변경된다면 조인이 끊어집니다.

01 조인하기

❶ 앞서 진행했던 데이터를 살펴보면 [접속채널], [접속지역], [상품정보] 필드는 **숫자 코드**로 데이터가 적혀있습니다. 이러한 데이터로는 속성값이 무엇인지 알 수 없기 때문에 단독으로 사용하기 어렵습니다. 이때 사용하는 것이 조인입니다. 실제 우리가 사용하는 거래데이터셋에는 2021년부터 2024년까지의 거래테이블도 있고 상품, 시도, 접속채널에 대한 테이블도 있습니다.

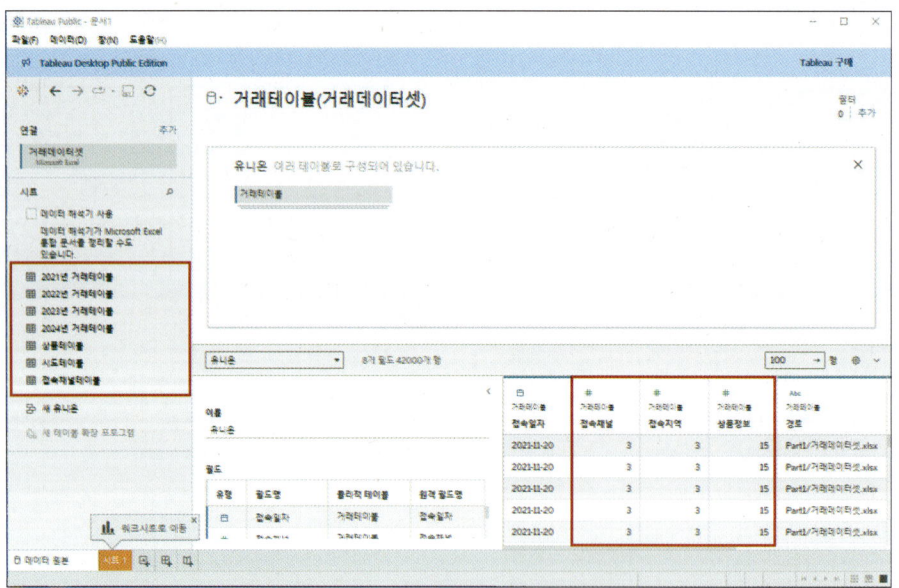

30 PART 1 | 핵심 기능 파헤치기

❷ 좌측 연결 패널에 있는 **시트 > 상품테이블**을 **드래그**하여 열어 놓은 **물리적 계층 캔버스의 빈 곳에 드롭**합니다. 이때 나타나는 조인 팝업 창에서 조인의 형태를 결정하고 데이터 원본과 상품테이블을 조인할 키를 선택합니다.

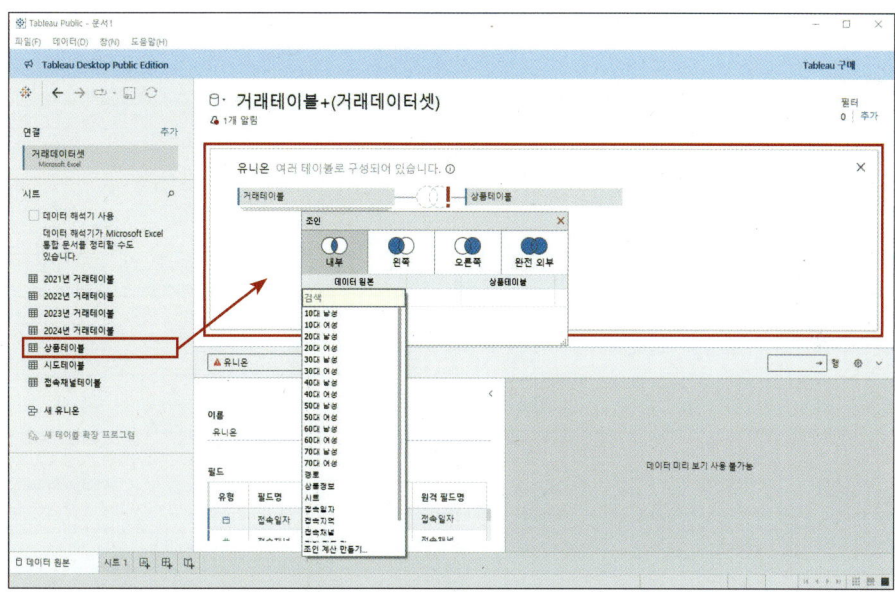

❸ 데이터 원본이 되는 거래테이블에 있는 모든 상품 정보가 매핑될 수 있도록 **왼쪽**을 선택합니다.

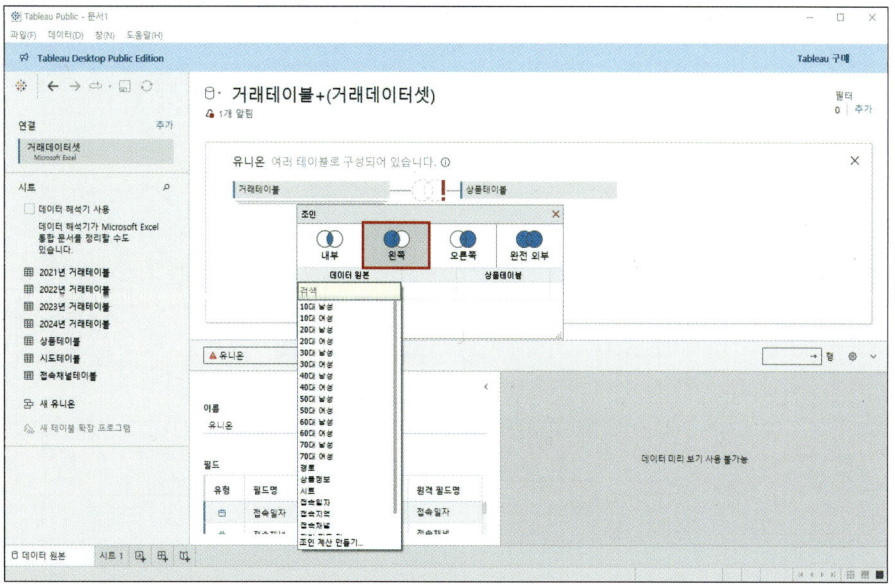

CHAPTER 03 | 데이터 가공하기 **31**

❹ 데이터 원본에는 거래테이블에 있는 **상품정보**를 선택하고, 상품테이블에는 **카테고리코드**를 선택하여 하나의 테이블을 만들기 위해 필드를 조인합니다. 조인 팝업 창의 우측 상단 ☒를 클릭하여 팝업 창을 닫습니다.

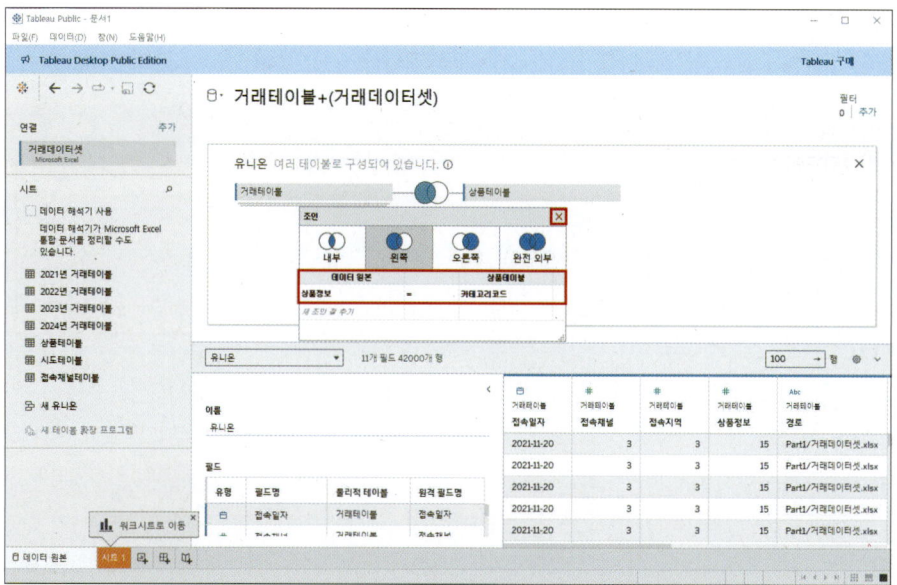

❺ 같은 방식으로 **시도테이블**을 **드래그**해서 **물리적 계층 캔버스의 빈 곳**에 **드롭**한 후에 조인 방식을 선택하고 조인할 필드를 선택하면 여러 개의 테이블을 거래테이블에 붙여서 사용할 수 있습니다. **조인**은 **왼쪽**, **데이터 원본**은 **접속지역**, **시도테이블**은 **시도코드**를 선택합니다. 조인 팝업 창의 우측 상단 ☒를 클릭하여 팝업 창을 닫습니다. 다음 실습을 준비하기 위해 작업하던 태블로 프로그램을 저장하지 않고 종료합니다.

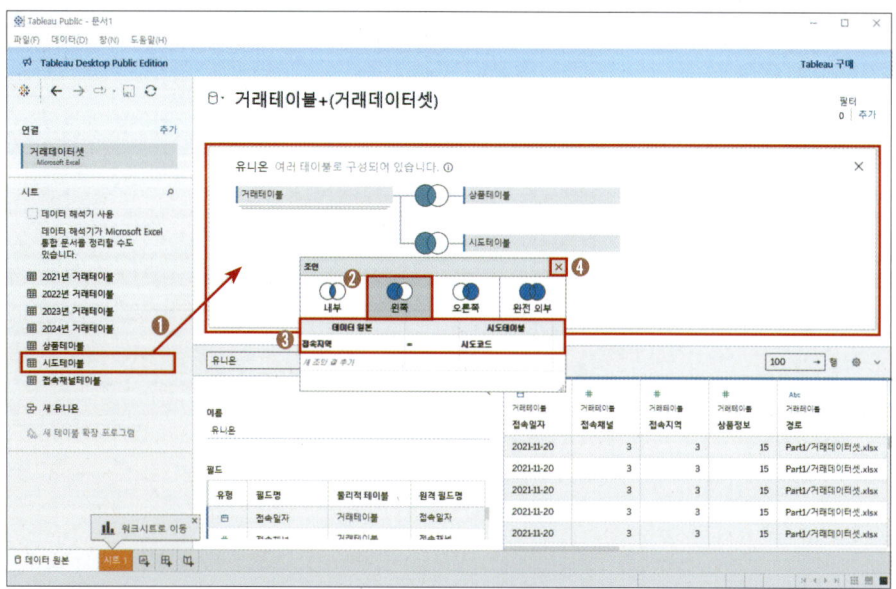

태블로의 조인 유형
- 내부 조인을 사용하여 테이블을 결합할 경우에는 두 테이블에 모두 일치하는 항목이 있는 경우에 사용합니다. 만약 둘 중 하나라도 없는 경우에는 데이터가 삭제됩니다.
- 왼쪽이나 오른쪽 조인의 경우에는 왼쪽 테이블 또는 오른쪽 테이블의 모든 값과 나머지 테이블의 일치 항목을 표현하고, 불일치 항목이 있을 경우에는 데이터 그리드에 NULL 값이 표시됩니다.
- 완전 외부 조인일 경우에는 두 테이블의 모든 값을 표현하고 한 테이블의 값이 다른 테이블에 일치하지 않을 경우 데이터 그리드에 NULL 값이 표시됩니다.

CHAPTER 04 데이터 계산하기

데이터를 결합하거나 구조를 변경하여 태블로에서 활용 가능한 데이터 셋을 준비했다면 태블로 내에서 다양한 표현을 하기 위해 데이터를 조작하는 방법을 익혀두어야 합니다. 이때, 우리가 사용할 수 있는 기능은 새로운 필드를 생성하거나 특정 조건을 입력받아서 처리하는 등이 있으며, 대시보드 사용자가 직접 상호 작용을 하여 분석 결과를 얻을 수 있습니다. 태블로에서 사용할 수 있는 다양한 기능에는 계산된 필드 만들기, 계층 만들기, 집합 만들기, 매개 변수 만들기가 있습니다.

01 계산된 필드 만들기

01 [연령대] 필드 만들기

❶ 먼저, 실습을 위해 **Part1 > ch4-1. 계산된필드만들기(실습)** 파일을 엽니다. 하단 탭에서 **시트 1**로 **이동**합니다.

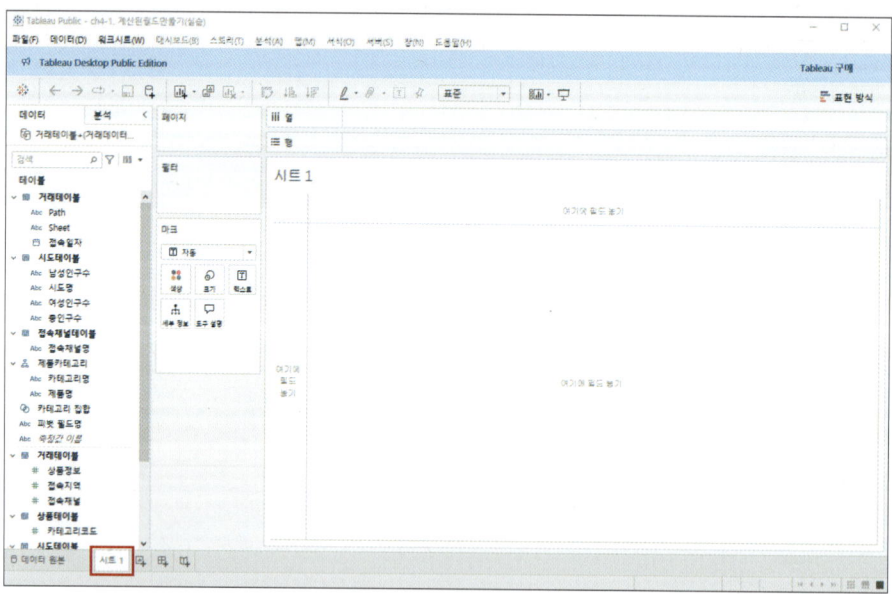

❷ 데이터 패널의 [피벗 필드명] 필드를 클릭하고 행 패널에 드래그 앤 드롭합니다. [피벗 필드명] 필드 안에는 10대 남성부터 70대 여성까지 담겨 있습니다. 연령대와 성별이 있는 [피벗 필드명] 필드를 [연령대] 필드와 [성별] 필드로 나눠 사용하겠습니다.

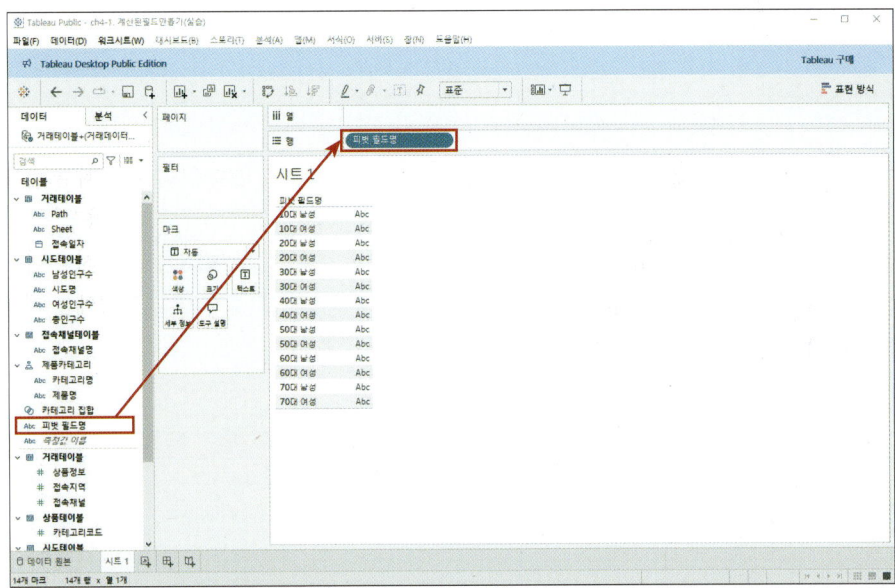

❸ 연령대 필드를 생성하기 위해 데이터 패널 상단의 ▼을 클릭합니다. 이때 나타나는 팝업 메뉴에서 계산된 필드 만들기를 클릭합니다.

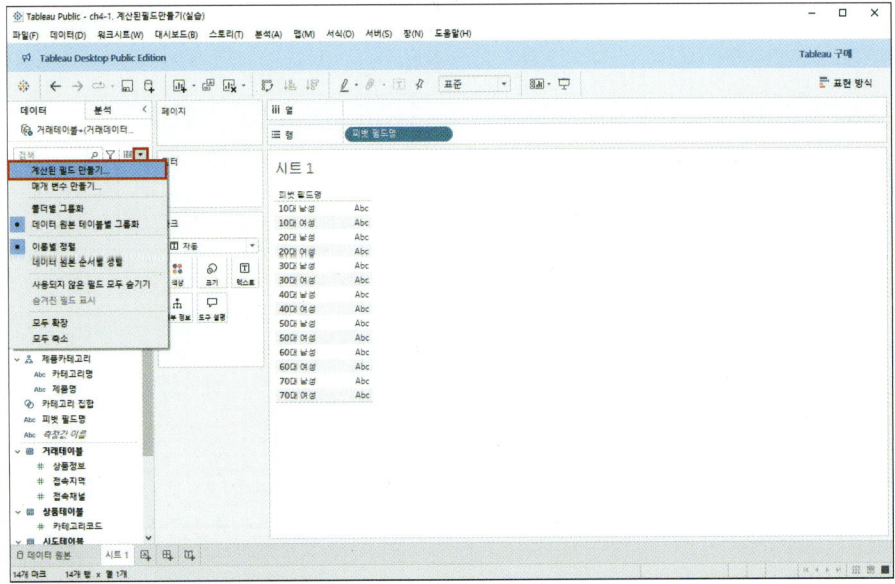

❹ 나타난 **계산된 필드 만들기 팝업 창**에서 계산된 필드 **이름**을 **연령대**로 변경합니다. 피벗 필드명에 담긴 데이터의 패턴을 봤을 때 공백(' ')을 기준으로 앞에는 연령대, 뒤에는 성별이 있는 것을 이해할 수 있습니다. **SPLIT 함수**를 사용하여 공백을 기준으로 첫 번째 오는 값만 반환합니다. 다음 수식을 입력하고 **확인**을 클릭합니다.

SPLIT([피벗 필드명], ' ', 1)

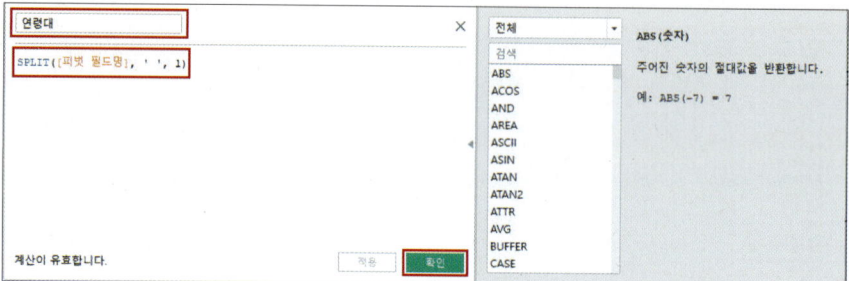

Tip

- 수식은 소문자를 사용하여도 입력이 가능합니다.
- 수식을 작성하는 과정에서 유사하거나 추천할만한 수식이 하단에 목록으로 뜨므로 이를 클릭하거나 Enter를 눌러 수식을 작성할 수도 있습니다.
- 계산된 필드를 만들 때 계산식이 틀릴 경우 해당 값에 **밑줄**이 그어지며 하단에 **계산에 오류 있음**을 알려줍니다. **계산에 오류 있음**을 클릭하여 어떤 부분에서 문제가 발생했는지 확인할 수 있습니다.
- 계산된 필드 만들기 팝업 창에서 ▶을 클릭하면 오른쪽에 펼쳐진 함수 정보들을 활용하여 잘못된 함수 사용법을 확인하고 수정할 수 있습니다.

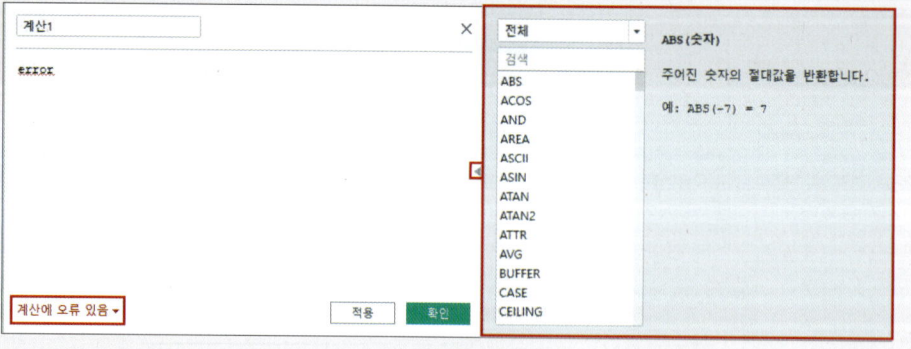

02 [성별] 필드 만들기

❶ [성별] 필드를 생성하기 위해 데이터 패널 상단의 ▼을 클릭합니다. 이때 나타나는 팝업 메뉴에서 **계산된 필드 만들기**를 클릭합니다.

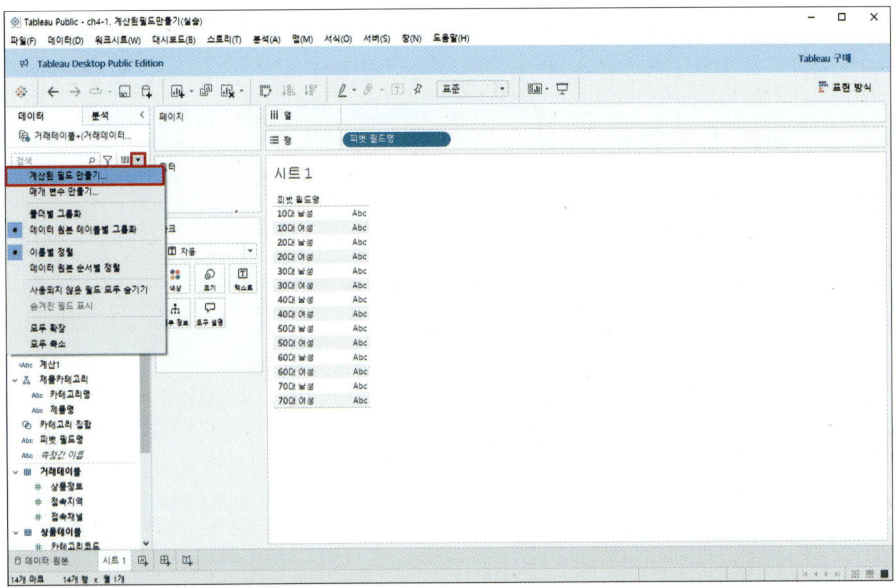

❷ [피벗 필드명] 필드에 담긴 공백(' ')을 기준으로 뒤가 성별이기 때문에 **SPLIT 함수**를 사용하여 공백 기준으로 두 번째 오는 값만 반환합니다. 다음 수식을 입력하고 **확인**을 클릭합니다.

> SPLIT([피벗 필드명], ' ', 2)

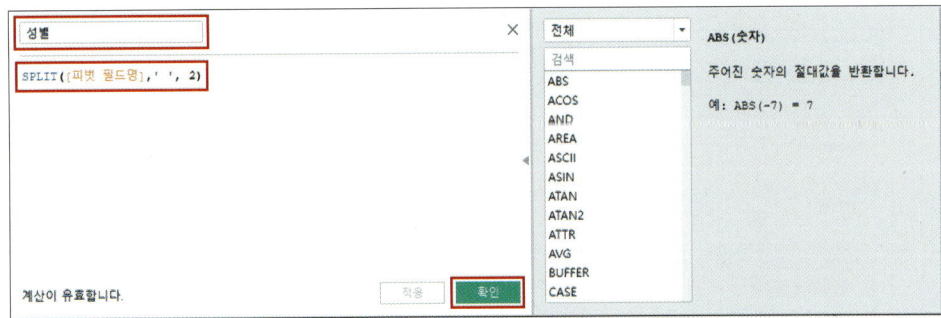

CHAPTER 04 | 데이터 계산하기 **37**

❸ 새롭게 생성한 [성별], [연령대] 필드의 값을 확인하기 위해 [성별], [연령대] 필드를 선택하고 **행 패널**에 차례대로 **드래그 앤 드롭**합니다. 작업한 대로 잘 계산된 것을 확인한 후 태블로 프로그램을 저장하지 않고 종료합니다.

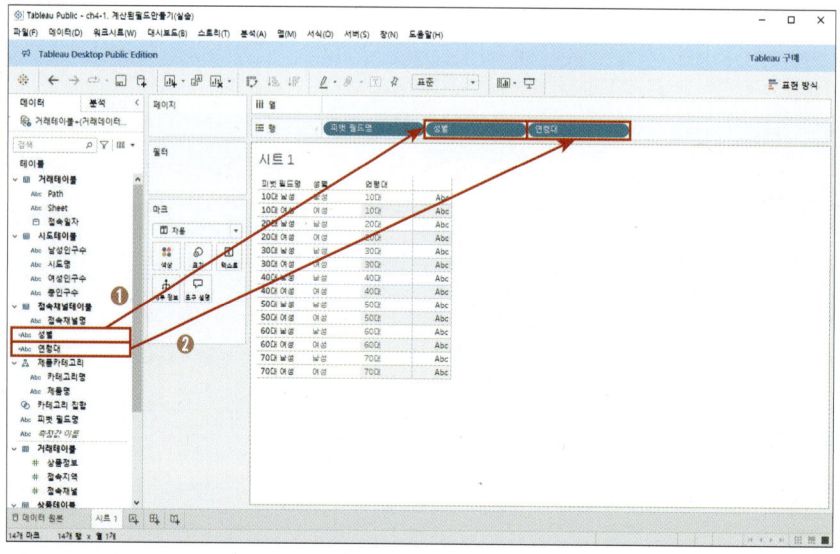

02 계층 만들기

01 상품 계층 만들기

❶ 먼저, 실습을 위해 Part1 > **ch4-2. 계층만들기(실습)** 파일을 엽니다. 데이터 패널의 [제품명] 필드를 선택하고 [카테고리명] 필드 위로 **드래그 앤 드롭**합니다.

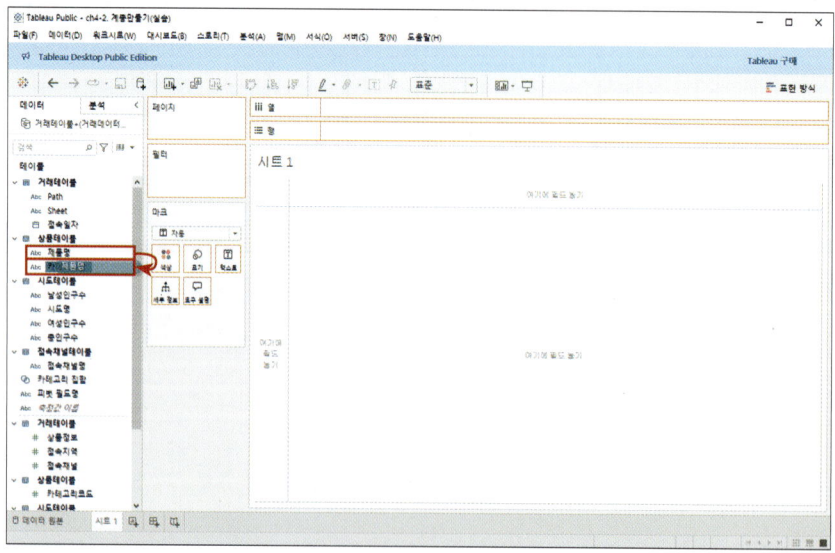

❷ 나타난 **계층 만들기 팝업 창**에서 이름을 **제품카테고리**로 변경하고 **확인**을 클릭합니다.

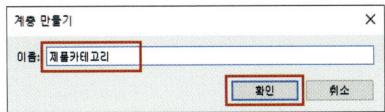

❸ 데이터 패널에 카테고리명과 제품명이 **하나의 계층**으로 완성된 결과를 확인할 수 있습니다.

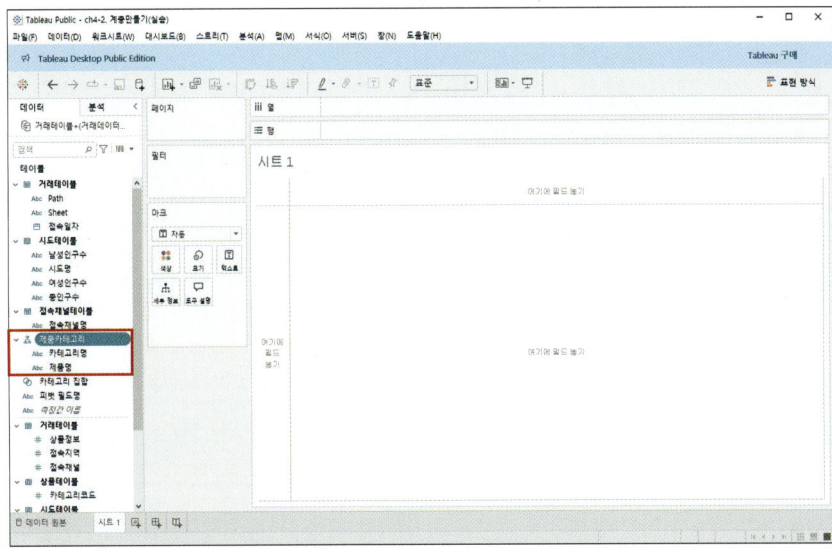

❹ 계층의 **순서**를 바꾸려면 데이터 패널의 계층에 포함된 필드를 선택하고 위 또는 아래로 **드래그**합니다. 나타나는 검은 실선 위에 **드롭**하면 순서가 바뀝니다.

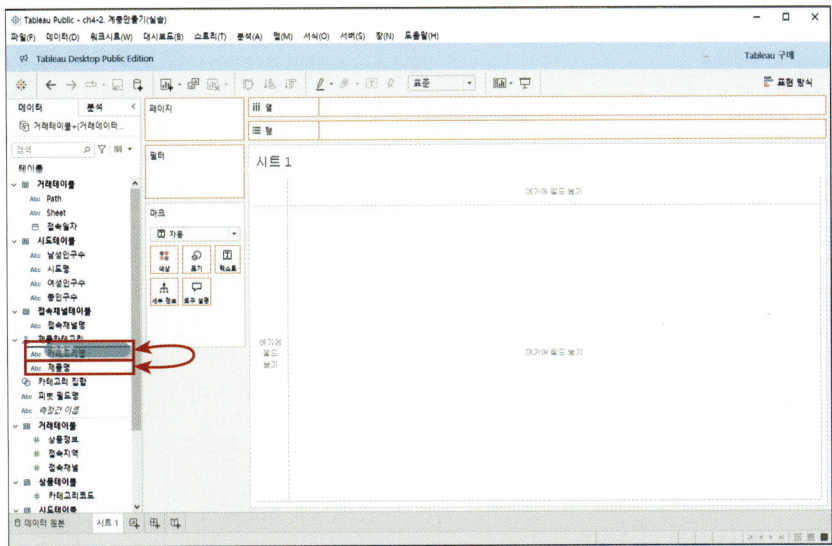

02 계층 드릴업 또는 드릴다운하기

❶ 계층을 만든 필드는 **드릴업**이나 **드릴다운**이 가능합니다. 드릴업이나 드릴다운을 하기 위해 데이터 패널의 [**카테고리명**] **필드**를 선택하여 **열 패널**로 **드래그 앤 드롭**합니다.

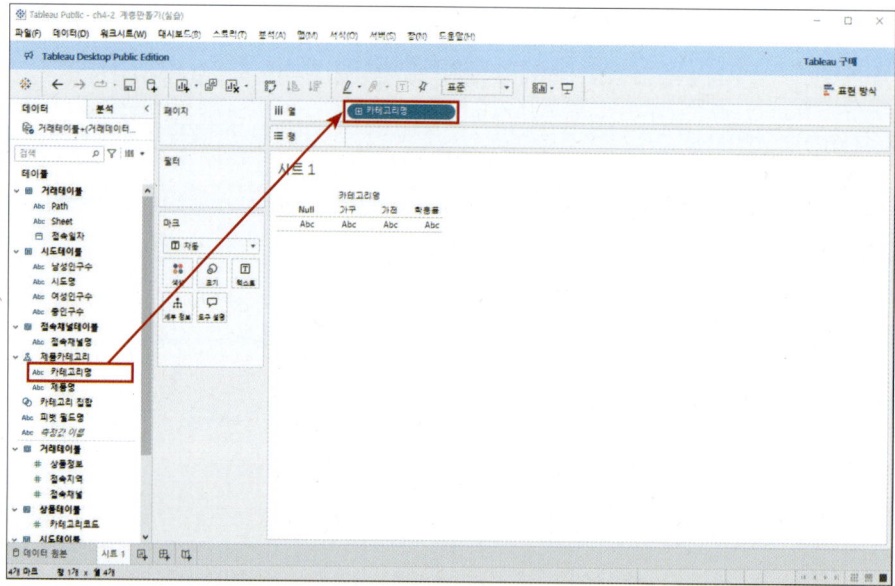

❷ 카테고리코드처럼 두 개 이상의 필드를 계층으로 구성할 경우 [카테고리명] 필드나 [제품명] 필드처럼 **계층에 해당하는 필드**를 선택하여 **행 또는 열 패널**에 **드래그 앤 드롭**하면 ⊞가 필드에 나타나게 됩니다. 이때 ⊞를 **클릭**하면 **드릴다운**하여 데이터를 더 구체화할 수 있으며, 카테고리명에서 제품명까지 확장하여 분석을 진행할 수 있습니다.

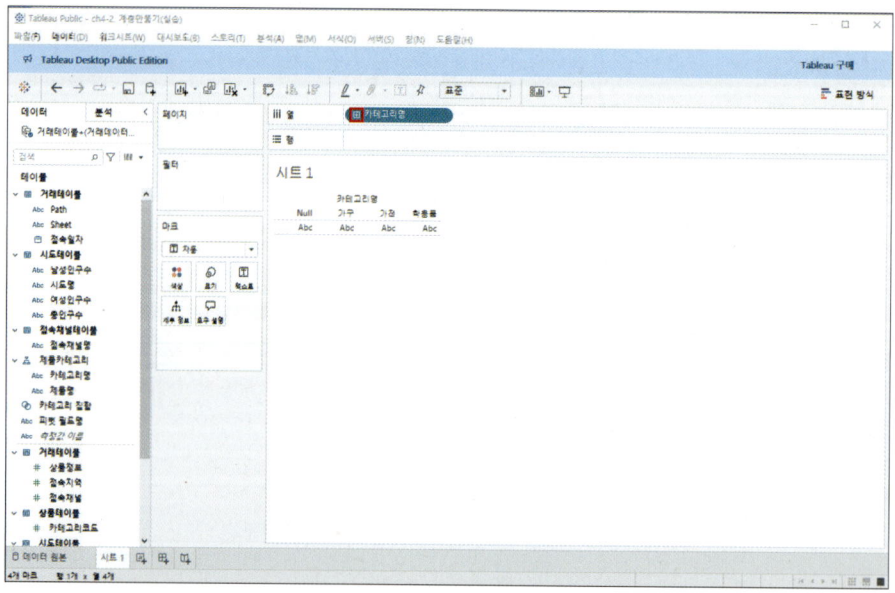

❸ 드릴다운을 한 계층 필드는 ⊟로 바뀝니다. 이때 ⊟를 클릭하면 **드릴업**되며 카테고리명으로 축소하여 분석을 진행할 수 있습니다.

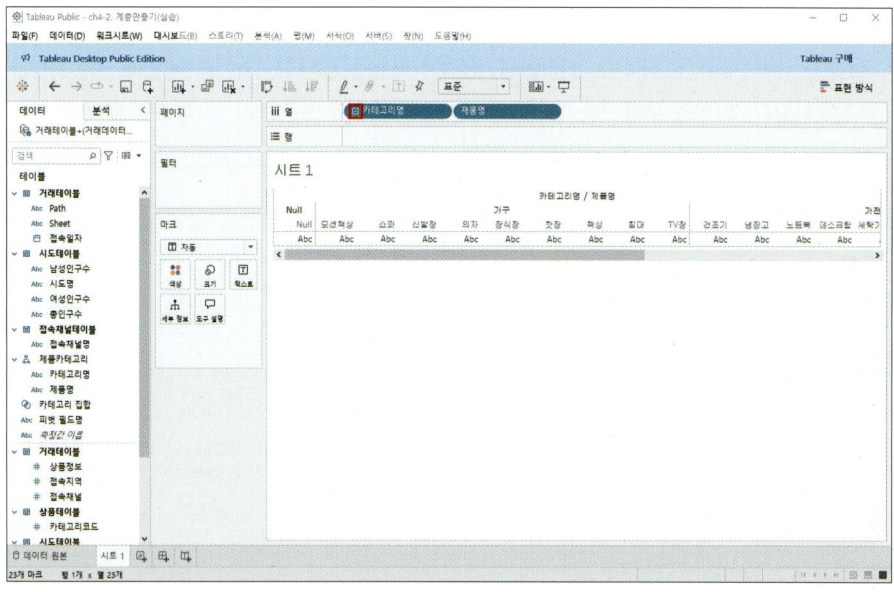

03 계층 제거하기

❶ 생성한 계층을 제거하기 위해서 앞서 생성했던 계층인 **[제품카테고리]** 필드를 **마우스 우클릭**합니다. 나타나는 팝업 메뉴에서 **계층 제거**를 선택하면 계층을 제거할 수 있습니다. 작업이 모두 진행되었다면 태블로 프로그램을 저장하지 않고 종료합니다.

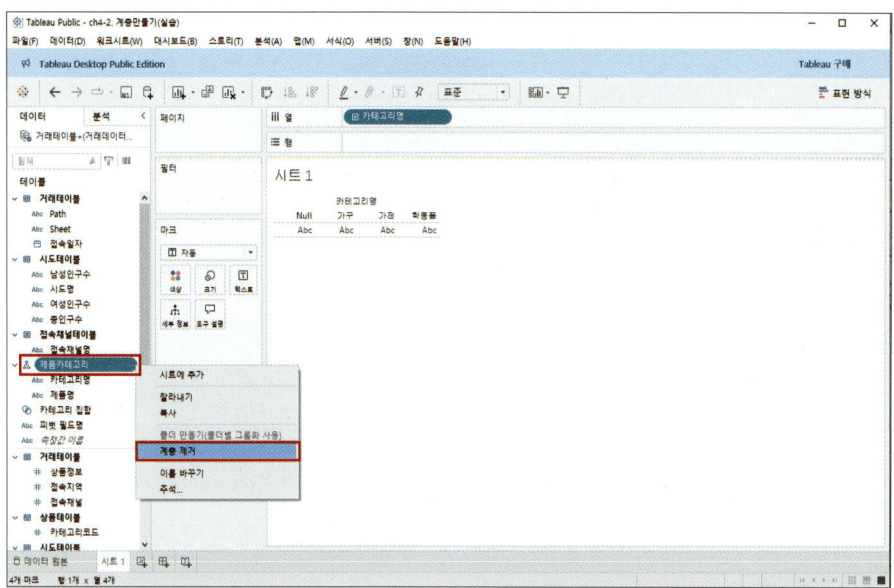

CHAPTER 04 | 데이터 계산하기 **41**

03 집합 만들기

01 카테고리 집합 만들기

❶ 먼저, 실습을 위해 Part1 > ch4-3. 집합만들기(실습) 파일을 엽니다. 데이터 패널에 있는 [카테고리명] 필드를 선택합니다. 마우스 우클릭을 한 후 나타난 팝업 메뉴에서 만들기 > 집합을 클릭합니다.

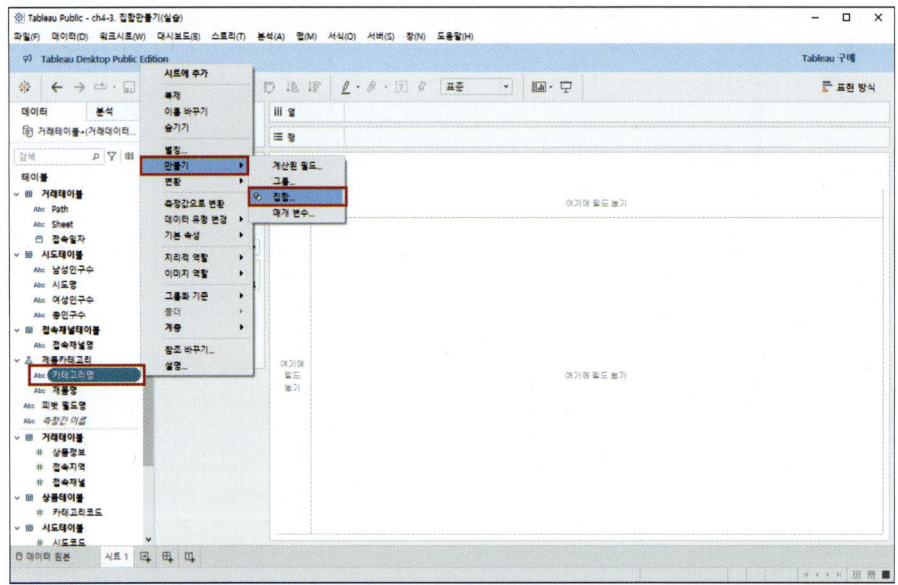

❷ 나타난 집합 만들기 팝업 창에서 이름을 카테고리 집합으로 변경하고 확인을 클릭합니다.

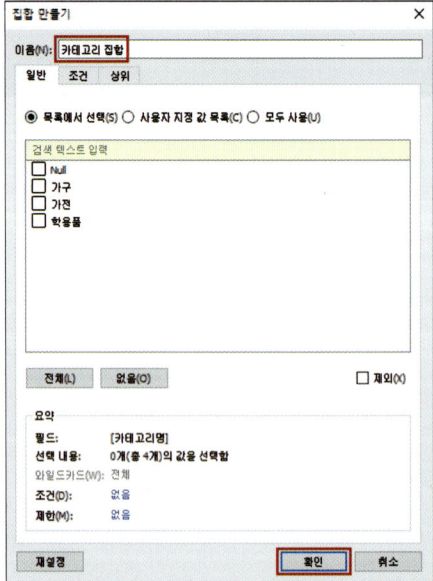

❸ 만든 집합을 확인하기 위해 데이터 패널에 있는 **[카테고리명]** 필드와 **카테고리 집합**을 차례대로 **행 패널**에 **드래그 앤 드롭**합니다. 앞서 집합 만들기 팝업 창의 목록에서 아무것도 선택하지 않고 생성하였기 때문에 카테고리 집합에는 전부 OUT이라고 표현되는 것을 볼 수 있습니다.

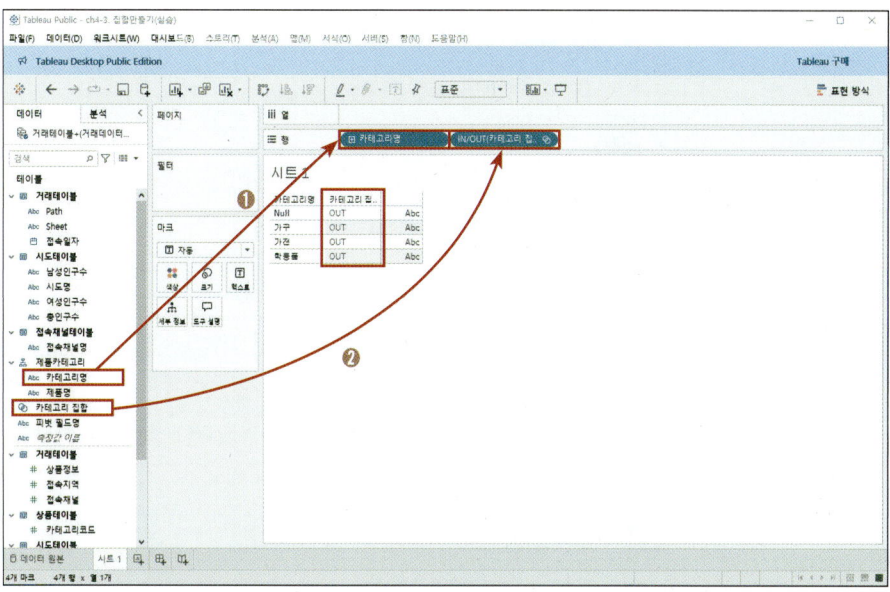

02 집합 편집하기

❶ 기존에 만들었던 카테고리 집합을 수정하기 위해 데이터 패널에 있는 **카테고리 집합**을 선택합니다. **마우스 우클릭**하여 나타나는 팝업 메뉴에서 **집합 편집**을 클릭합니다.

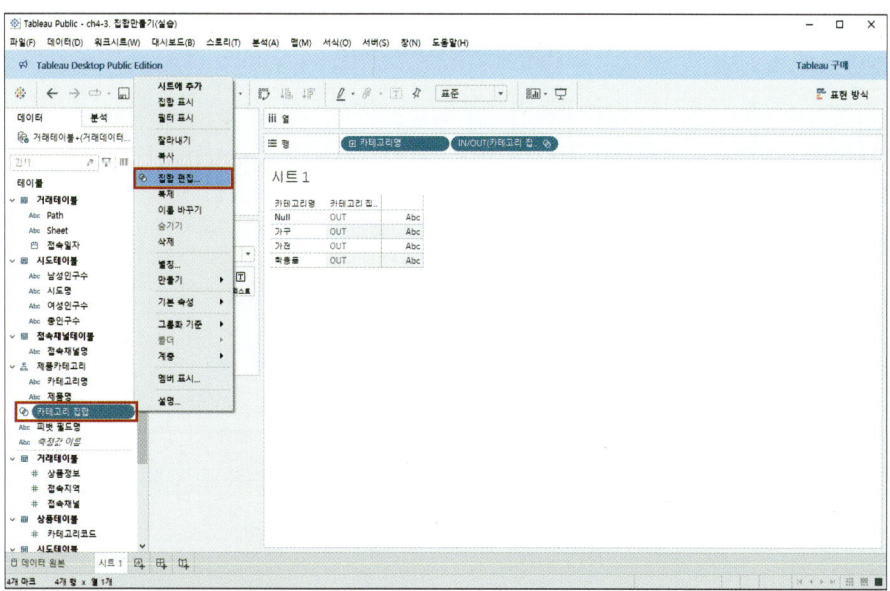

❷ 나타난 **집합 편집 팝업 창**에서 **이름**을 **수정**하거나 집합에 포함할 **카테고리 값**을 선택할 수 있습니다. 이때, **가구**를 체크하고 **확인**을 클릭합니다.

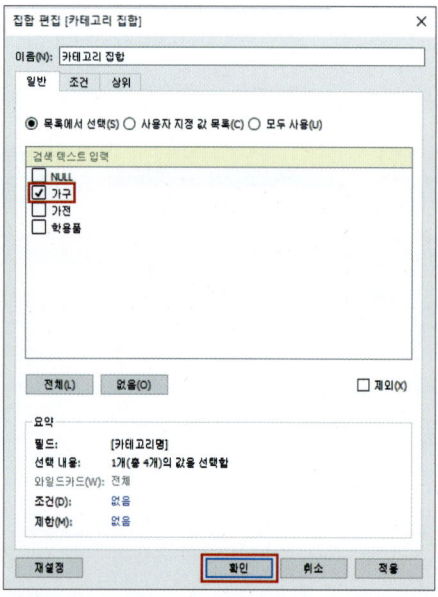

❸ 집합 편집을 통해 가구를 카테고리의 집합으로 포함하도록 변경한 결과, 시트의 카테고리 집합에 **가구**만 **IN**으로 변경된 것을 확인할 수 있습니다. 작업이 모두 진행되었다면 태블로 프로그램을 저장하지 않고 종료합니다.

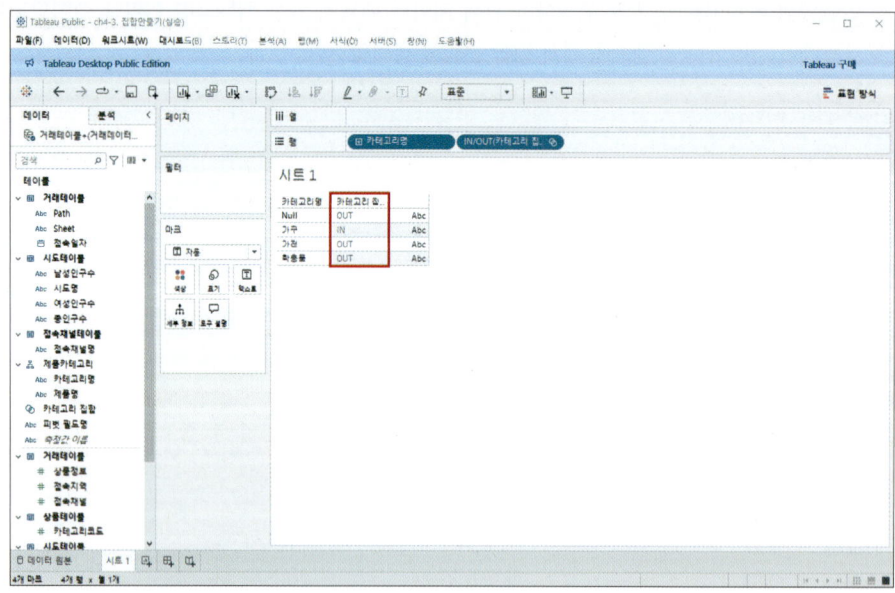

04 매개 변수 만들기

01 매개 변수 만들기

❶ 먼저, 실습을 위해 Part1 > ch4-4. 매개변수만들기(실습) 파일을 엽니다. 매개 변수를 생성하기 위해 데이터 패널 상단의 ▼을 클릭합니다. 나타난 팝업 메뉴에서 **매개 변수 만들기**를 클릭합니다.

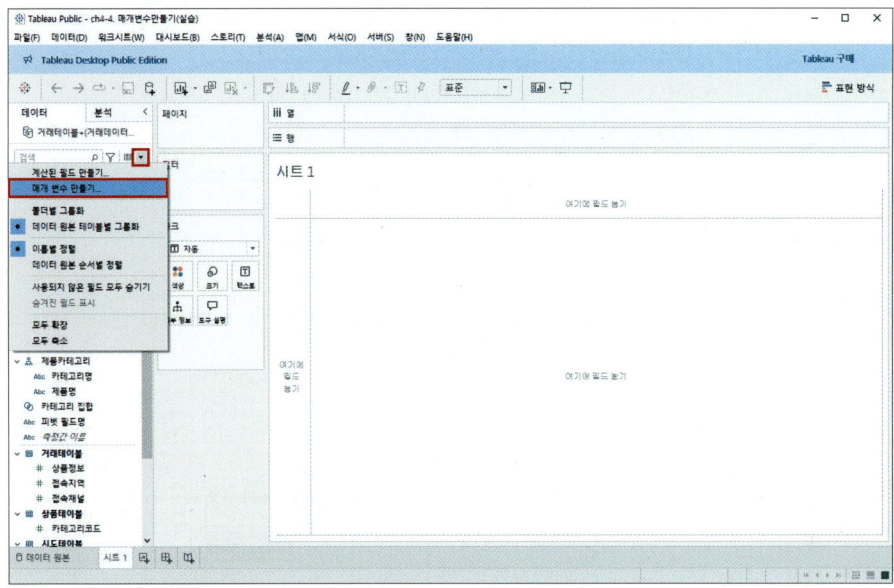

❷ 나타난 **매개 변수 만들기 팝업 창**에서 매개 변수의 **이름**을 **설정**하거나 매개 변수의 **속성**을 **지정**할 수 있습니다. **데이터 유형**을 클릭하면 실수, 정수, 문자열, 부울, 날짜, 날짜/시간, 공간 중 하나를 선택할 수 있습니다. 매개 변수가 **허용 가능한 값**을 지정하여 불특정 다수가 오게 설정하거나 특정 조건의 값들만 올 수 있게 설정할 수 있습니다.

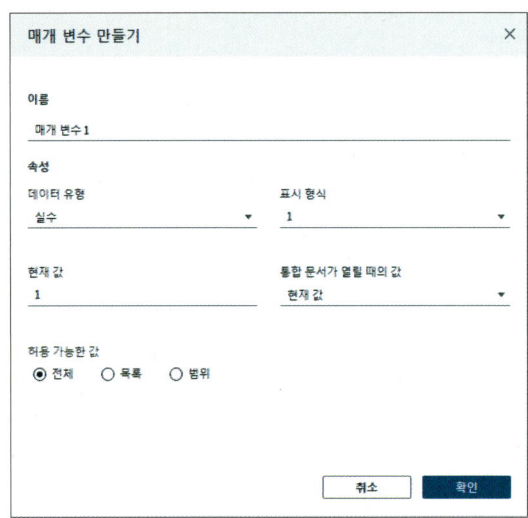

❸ 여러 개의 지표를 선택할 수 있도록 매개 변수를 만들기 위해 **이름**을 **지표**로 변경하고 **속성**에서 **데이터 유형**을 **문자열**로 선택합니다. 이때, **허용 가능한 값**을 모든 값이 올 수는 없도록 **목록**으로 선택합니다. 아래의 **값 > 추가하려면 클릭**을 클릭하여 **남성인구수**를 입력한 후 Enter를 누릅니다. 이후 아래 칸에 **여성인구수**를 입력한 후 Enter를 눌러 입력을 마치고 **확인**을 클릭합니다.

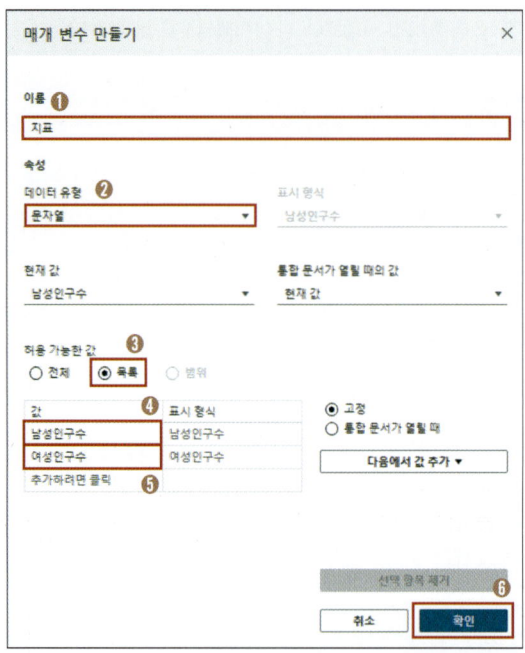

❹ 데이터 패널 하단에 새롭게 생성된 [지표] 매개 변수를 마우스 우클릭합니다. 이때 나타나는 팝업 메뉴에서 **매개 변수 표시**를 클릭합니다.

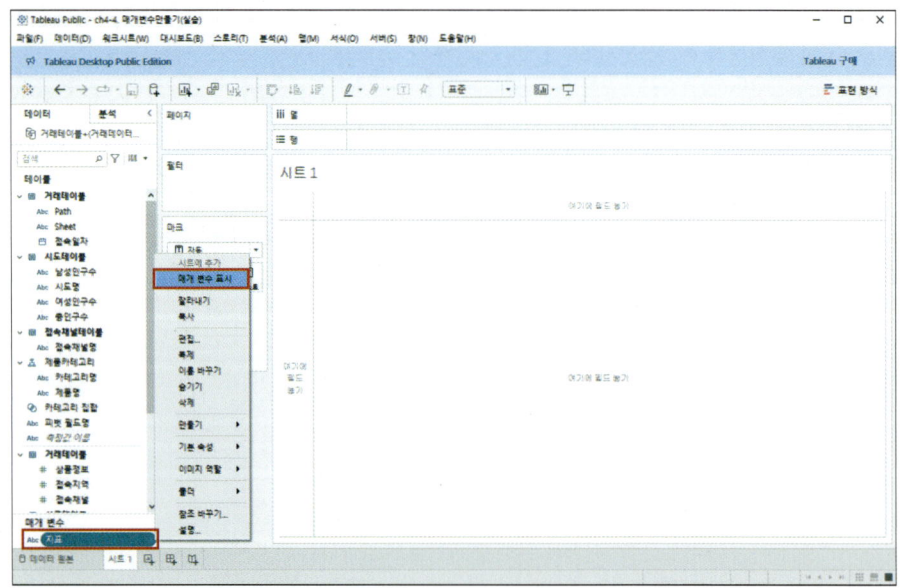

❺ 표현된 [지표] 매개 변수가 **시트 오른쪽**에 나타납니다.

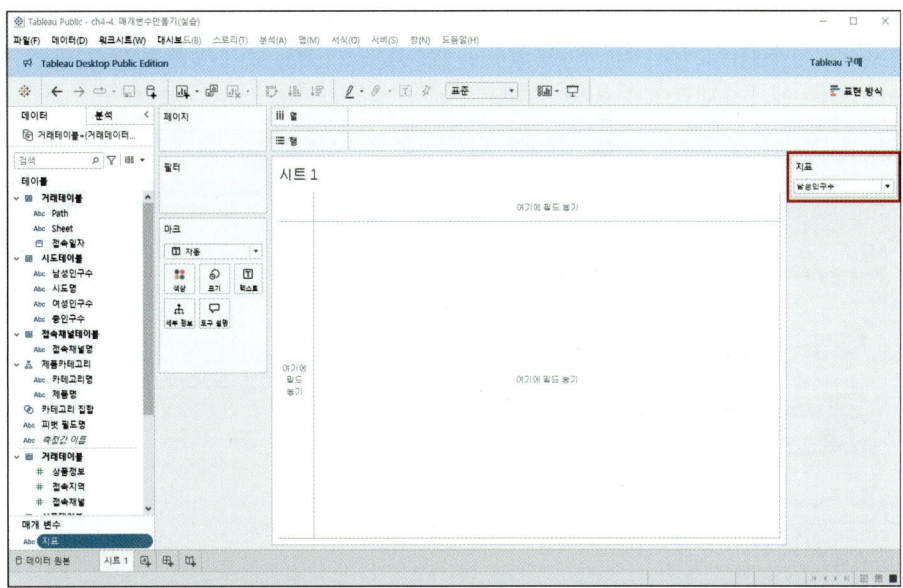

❻ 이렇게 생성한 매개 변수는 클릭하면 다른 지표를 선택할 수 있습니다. 다만, **단독으로 활용**이 **불가능** 합니다. 실제 우리가 만든 [지표] 매개 변수를 클릭해서 '남성인구수'를 '여성인구수'로 바꾸더라도 시트에는 아무런 변화가 없습니다. 단독으로는 활용하기 어렵기 때문에 매개 변수를 활용하여 계산된 필드를 생성한다면 이를 활용해 다이나믹한 대시보드를 구성할 수 있습니다.

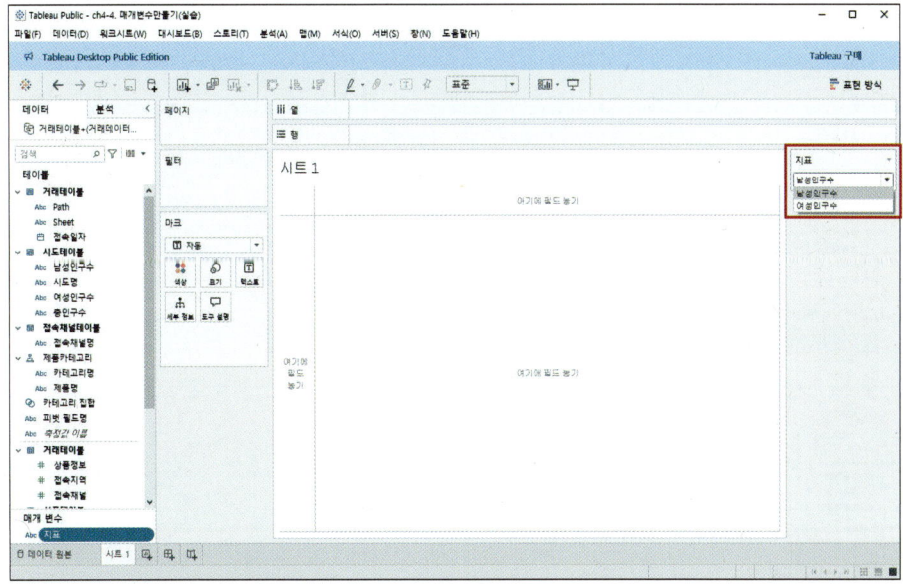

02 매개 변수 사용하기

❶ 먼저 매개 변수를 사용하기 전에 데이터 패널에 있는 **[남성인구수]**와 **[여성인구수]** 필드가 **문자열 차원**으로 있기 때문에 **측정값**으로 바꿔주어야 합니다. **[남성인구수]** 필드 앞에 Abc 를 클릭합니다. 이때 나타나는 팝업 메뉴에서 **숫자(정수)**를 클릭합니다.

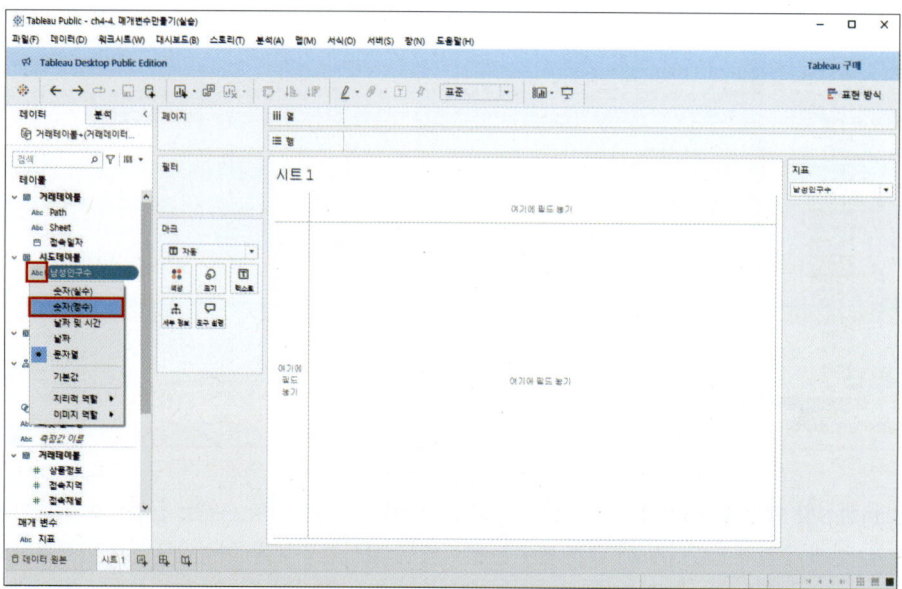

❷ **[여성인구수]** 필드 앞에 Abc 을 클릭합니다. 이때 나타나는 팝업 메뉴에서 **숫자(정수)**를 클릭합니다.

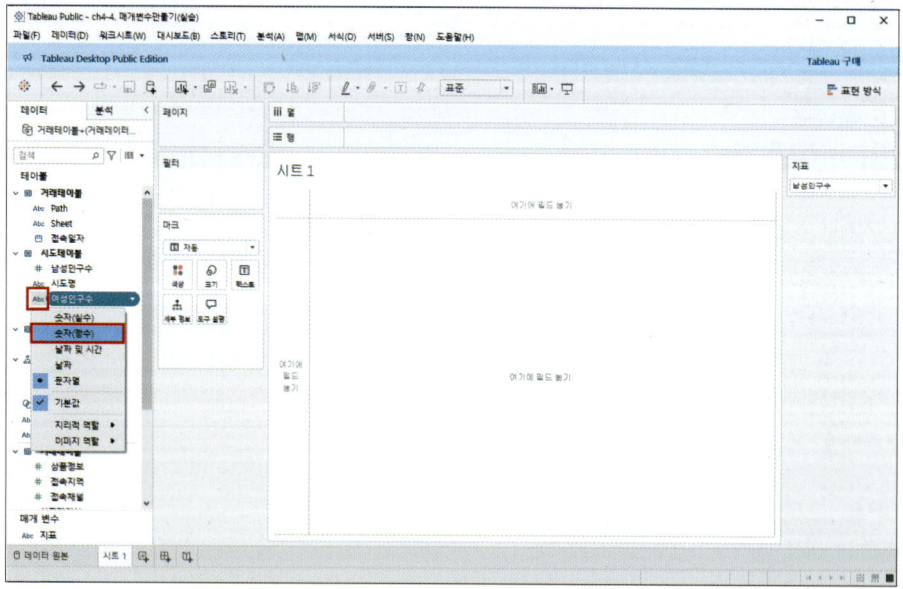

❸ 데이터 유형을 변경한 [남성인구수] 필드와 [여성인구수] 필드를 Ctrl을 눌러 동시에 선택한 후 [측정값 이름] 필드 아래쪽으로 드래그 하면 데이터 패널 우측에 차원 측정값이라는 문구가 뜹니다. 측정값 쪽에 위치할 수 있게 중앙의 노란 선보다 아래쪽으로 드롭하면 측정값으로 위치가 변경됩니다.

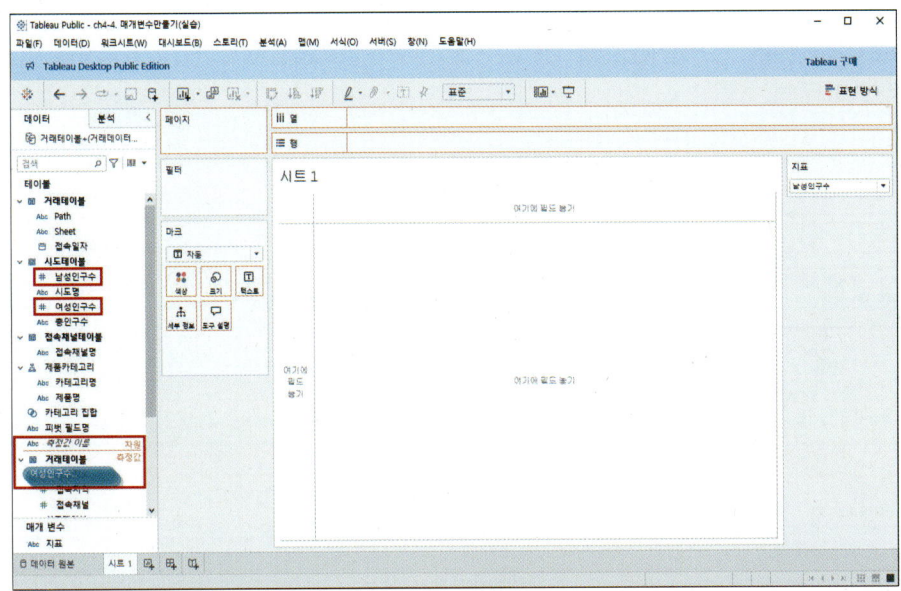

❹ 매개 변수는 단독으로 사용하기 어렵기 때문에 계산된 필드가 필요합니다. [지표] 필드를 만들기 위해 데이터 패널 상단의 ▼을 클릭하고 나타난 팝업 창에서 **계산된 필드 만들기**를 클릭합니다.

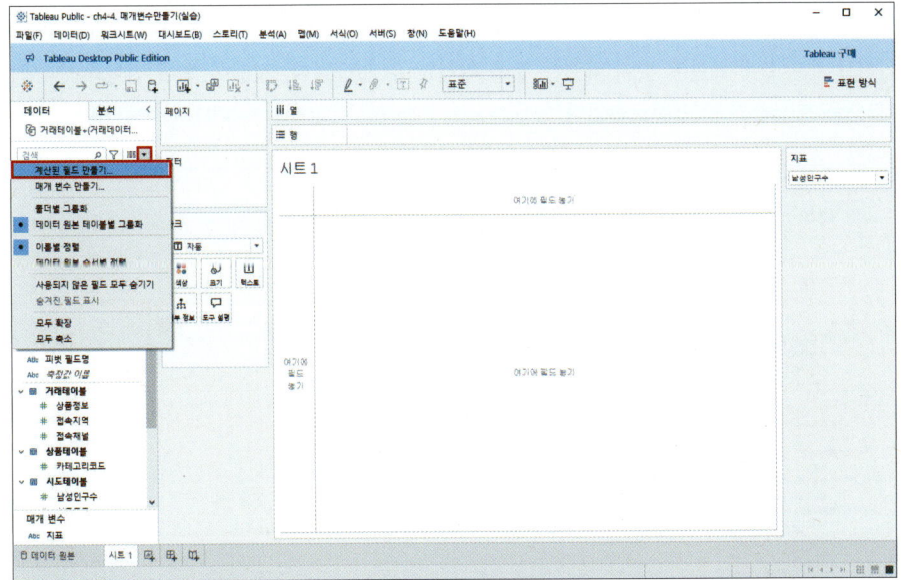

CHAPTER 04 | 데이터 계산하기　49

❺ 계산된 필드의 **이름**을 **지표**로 입력합니다. [지표] 매개 변수가 남성인구수일 때 [남성인구수] 필드가 나타나고 [지표] 매개 변수가 여성인구수일 때 [여성인구수] 필드가 나타나도록 다음 수식을 입력하고 **확인**을 클릭합니다.

```
IF [지표]='남성인구수' THEN [남성인구수]
ELSE [여성인구수]
END
```

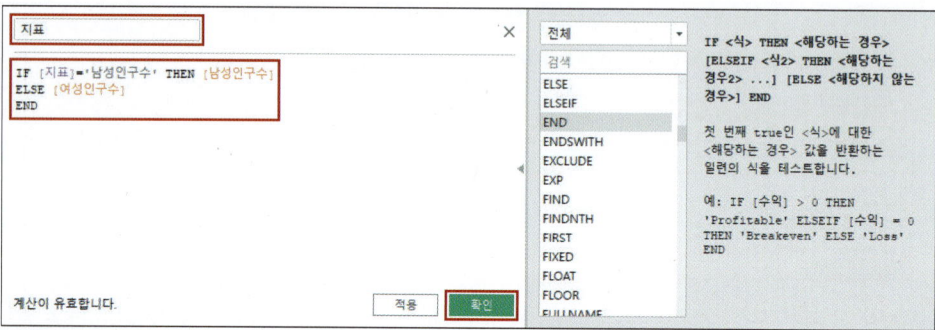

수식 입력 시 줄넘김은 Enter를 눌러 진행할 수 있습니다.

❻ 데이터 패널에 새롭게 생성한 계산된 필드인 [지표] 필드를 선택하고 마크 패널에 있는 **텍스트로 드래그 앤 드롭**합니다. 시트 오른쪽에 표현한 [지표] 매개 변수를 남성인구수에서 여성인구수로 **변경**하는 순간 시트 캔버스에 표현된 값이 바뀌는 것을 확인할 수 있습니다. 작업이 모두 진행되었다면 태블로 프로그램을 저장하지 않고 종료합니다.

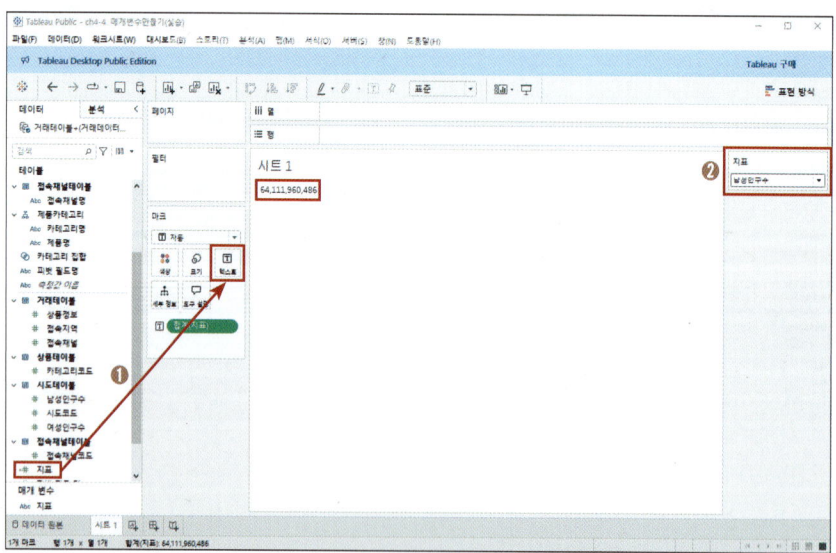

CHAPTER 05 함수 사용하기

우리가 보유한 데이터를 직접 활용할 수 있으면 좋으나 일반적으로 불러온 데이터를 활용하여 대시보드를 구축하기에는 한계가 있습니다. 태블로에서 대시보드를 표현하기 위한 다양한 기능을 종합적으로 활용하기 위해서는 먼저 함수를 이해해야 합니다. 함수는 데이터를 분할하거나 집계하기 위한 목적으로 사용하며, 경우에 따라 데이터 유형을 변형하거나 필터링하는 목적으로도 사용할 수 있습니다. 함수를 사용하여 계산된 필드를 생성하면 기존에 있는 필드를 변경하지 않은 상태에서 보다 강력한 시각화를 만드는 데 사용할 수 있습니다.

01 숫자/집계/통계 함수

01 SUM, AVG, MIN, MAX

❶ 먼저, 실습을 위해 Part1 > ch5. 함수사용(실습) 파일을 엽니다. 10대 남성의 접속자 수 합계를 구해보겠습니다. 합계를 계산하기 위해서 데이터 패널의 [10대 남성] 필드를 마우스 우클릭한 후 나타난 팝업 메뉴에서 만들기 > 계산된 필드를 클릭합니다.

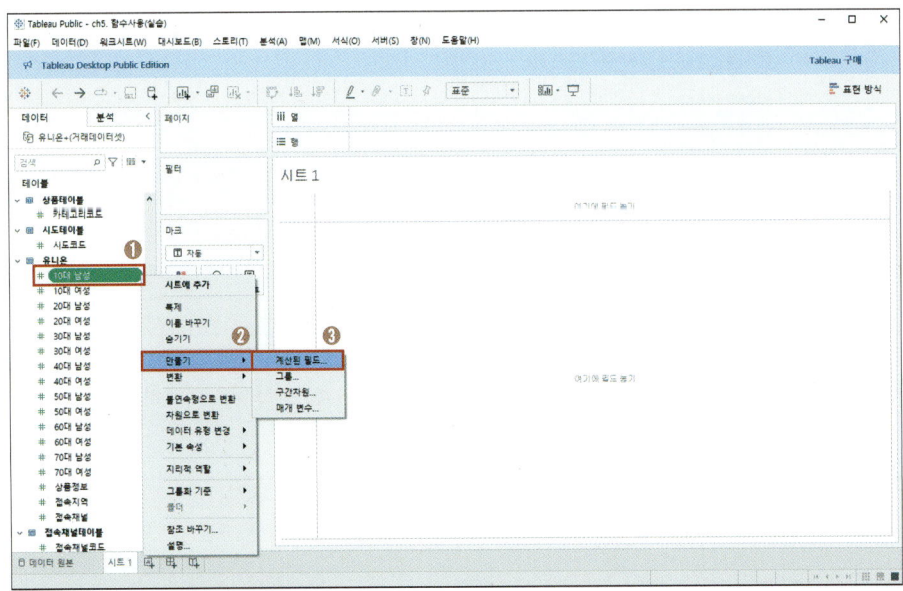

❷ 계산된 필드의 **이름**을 **10대 남성 접속자 합계**로 변경합니다. **SUM 함수**를 이용하여 다음 수식을 입력하고 **확인**을 클릭합니다.

SUM([10대 남성])

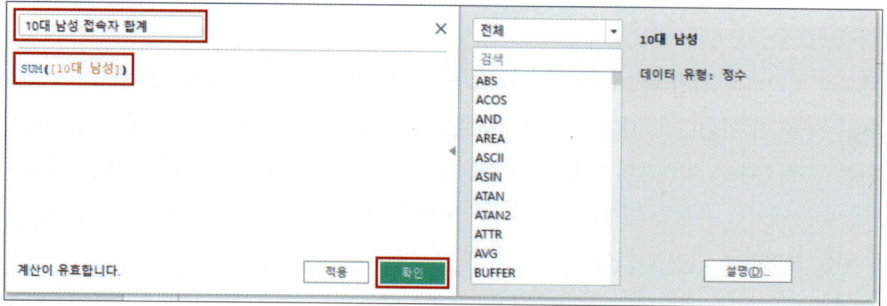

❸ 10대 남성의 접속자 수 평균을 구해보겠습니다. 평균을 계산하기 위해서 데이터 패널의 **[10대 남성] 필드**를 **마우스 우클릭**한 후 나타난 팝업 메뉴에서 **만들기 > 계산된 필드**를 클릭합니다.

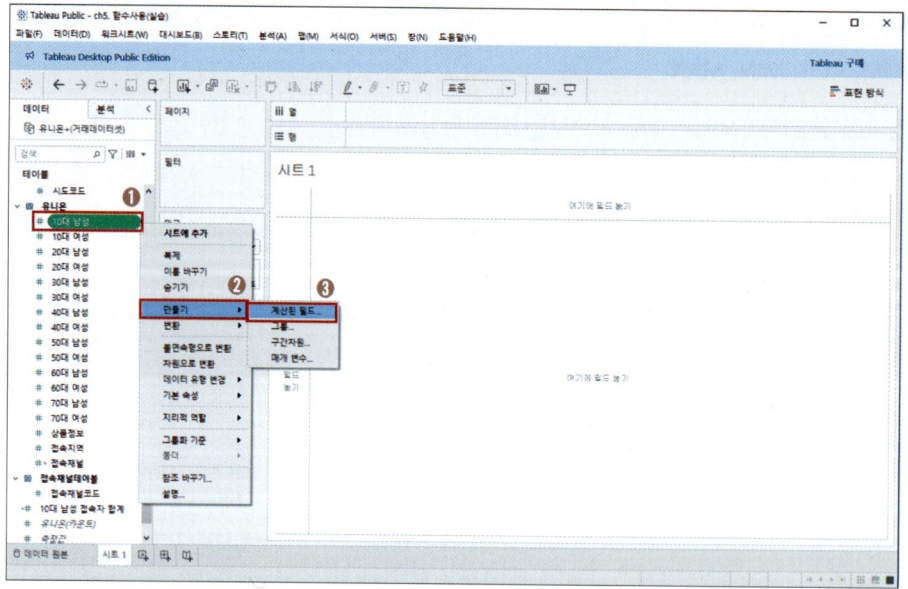

❹ 계산된 필드의 **이름**을 **10대 남성 접속자 평균**으로 변경합니다. **AVG 함수**를 이용하여 다음 수식을 입력하고 **확인**을 클릭합니다.

AVG([10대 남성])

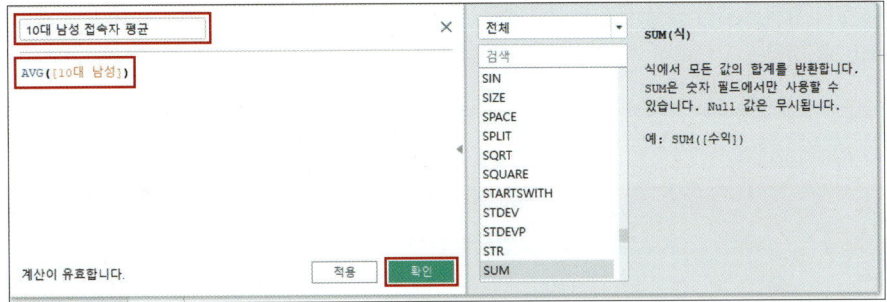

❺ 10대 남성의 최소 접속자 수를 구해보겠습니다. 최소 접속자 수를 계산하기 위해서 데이터 패널의 [10대 남성] 필드를 **마우스 우클릭**한 후 나타난 팝업 메뉴에서 **만들기 > 계산된 필드**를 클릭합니다.

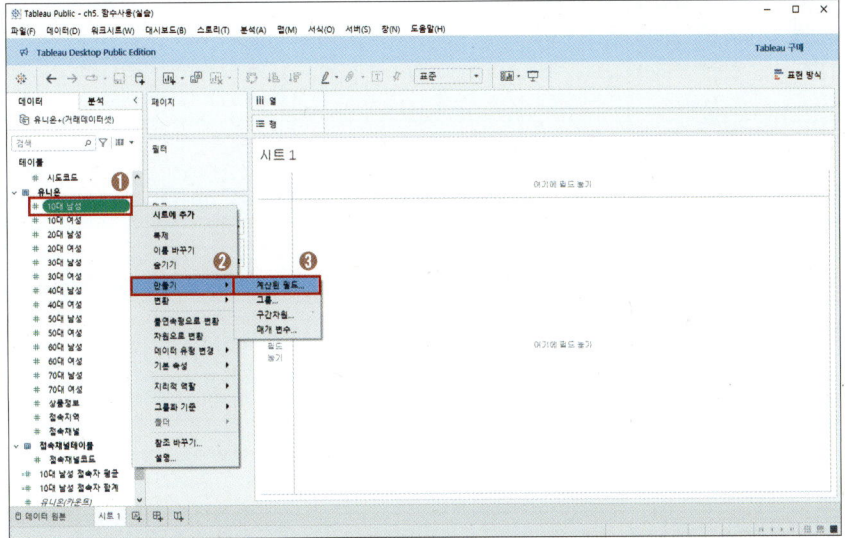

❻ 계산된 필드의 **이름**을 **10대 남성 접속자 최소**로 변경합니다. **MIN 함수**를 이용하여 다음 수식을 입력하고 **확인**을 클릭합니다.

MIN([10대 남성])

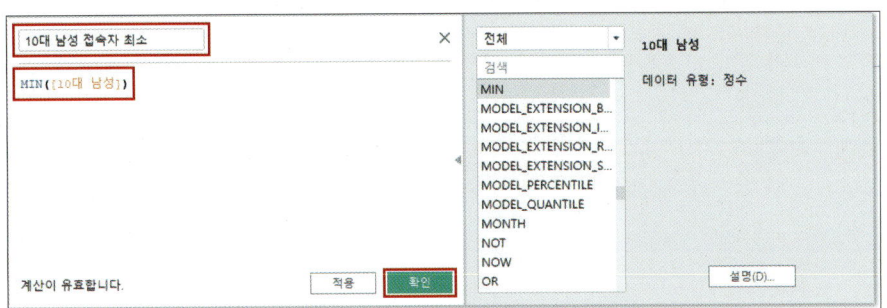

❼ 10대 남성의 최대 접속자 수를 구해보겠습니다. 최대 접속자 수를 계산하기 위해서 데이터 패널의 [10대 남성] 필드를 마우스 우클릭한 후 나타난 팝업 메뉴에서 만들기 > 계산된 필드를 클릭합니다.

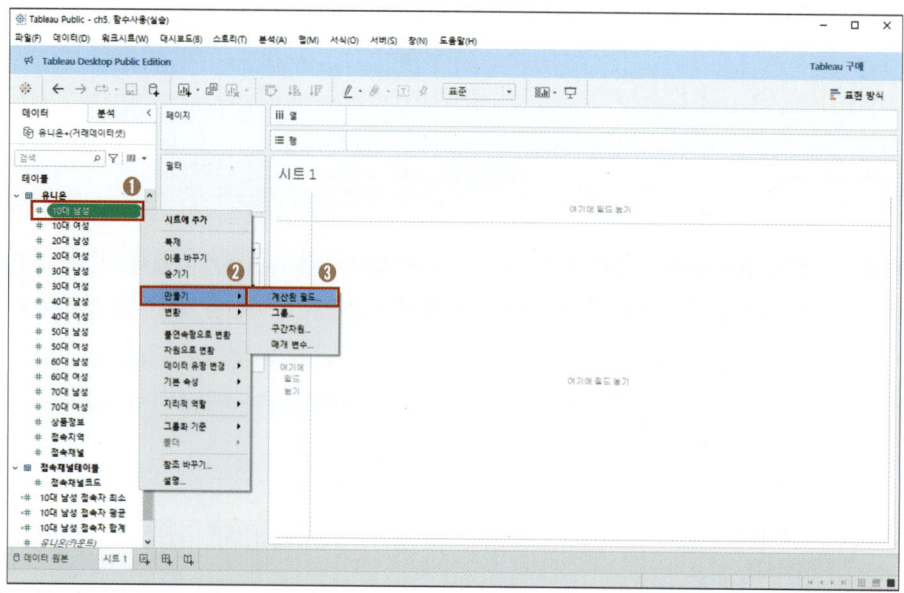

❽ 계산된 필드의 이름을 10대 남성 접속자 최대로 변경합니다. MAX 함수를 이용하여 다음 수식을 입력하고 확인을 클릭합니다.

MAX([10대 남성])

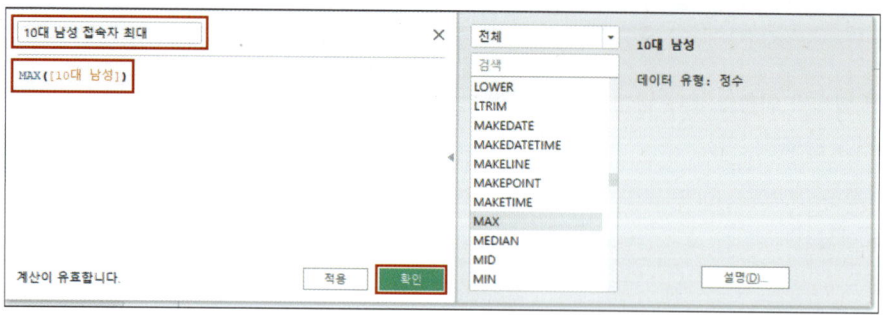

❾ 계산된 필드 만들기를 이용해서 생성한 [10대 남성 접속자 최대], [10대 남성 접속자 최소], [10대 남성 접속자 평균], [10대 남성 접속자 합계] 필드를 Ctrl을 눌러 모두 선택한 후 **열 패널**로 **드래그 앤 드롭**하면 계산된 값을 확인할 수 있습니다.

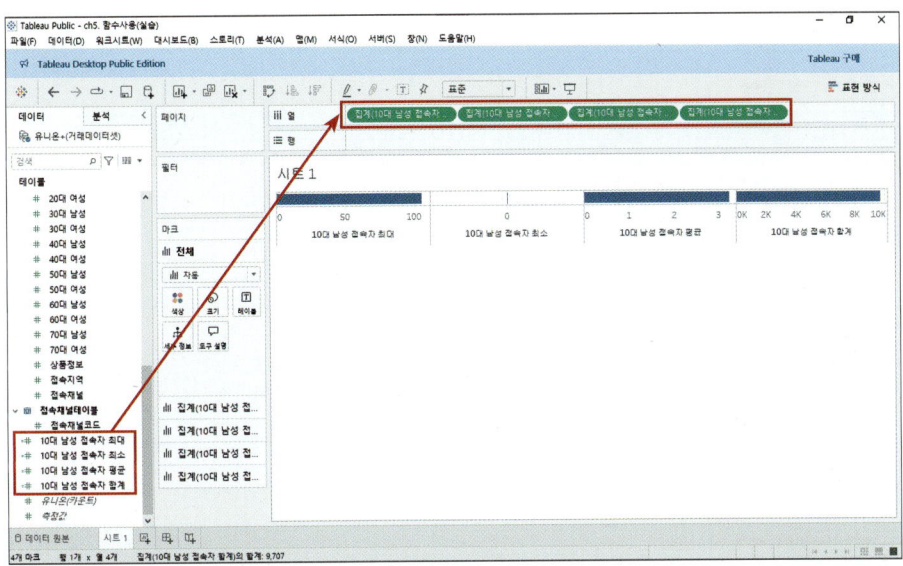

❿ 마크 패널의 **전체**가 선택된 상태에서 **레이블**을 클릭하여 나타나는 팝업 창의 **마크 레이블 표시를 체크**하면 막대 높이에 레이블이 표시되어 직관적으로 비교할 수 있습니다.

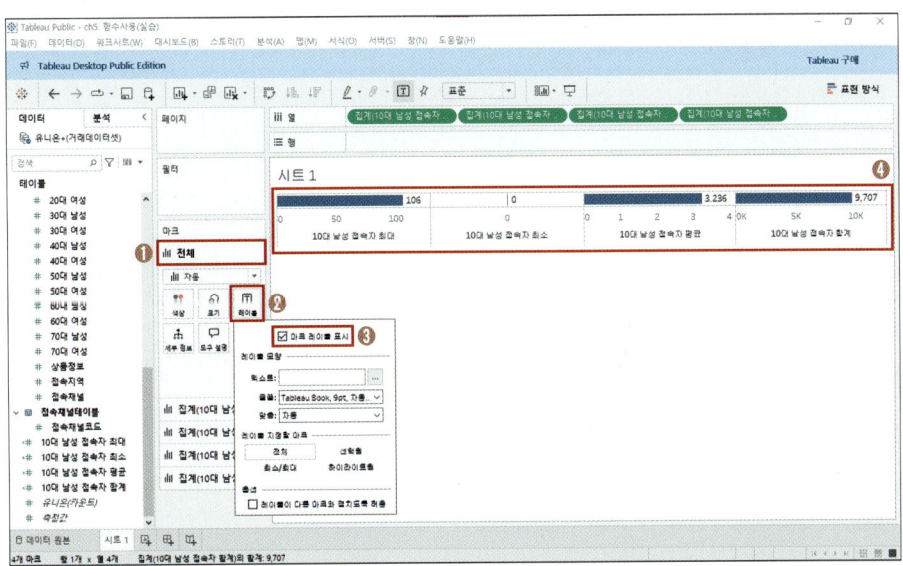

CHAPTER 05 | 함수 사용하기 55

02 CEILING, FLOOR, ROUND

❶ 하단 탭에서 📊을 클릭해 **시트 2**를 생성합니다. **시트 2**에서 소수점이 있는 평균값을 활용하여 올림을 구해보겠습니다. 먼저, 데이터 패널의 **[10대 남성 접속자 평균]** 필드를 **마우스 우클릭**하여 나타난 팝업 메뉴에서 **만들기 > 계산된 필드**를 클릭합니다.

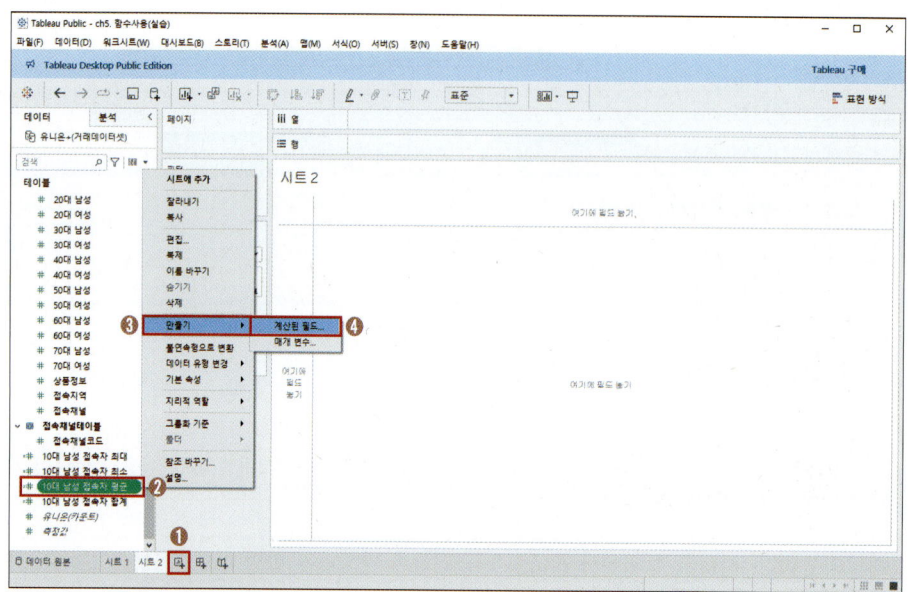

❷ 계산된 필드의 **이름**을 10대_남성_접속자_평균_올림으로 변경합니다. **CEILING 함수**를 이용하여 다음 수식을 입력하고 **확인**을 클릭합니다.

CEILING([10대 남성 접속자 평균])

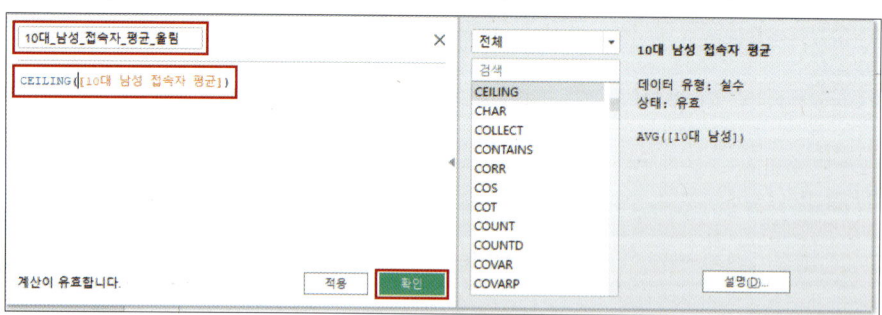

❸ 소수점이 있는 평균값을 활용하여 내림을 구해보겠습니다. 먼저, 데이터 패널의 **[10대 남성 접속자 평균]** 필드를 **마우스 우클릭**하여 나타난 팝업 메뉴에서 **만들기 > 계산된 필드**를 클릭합니다.

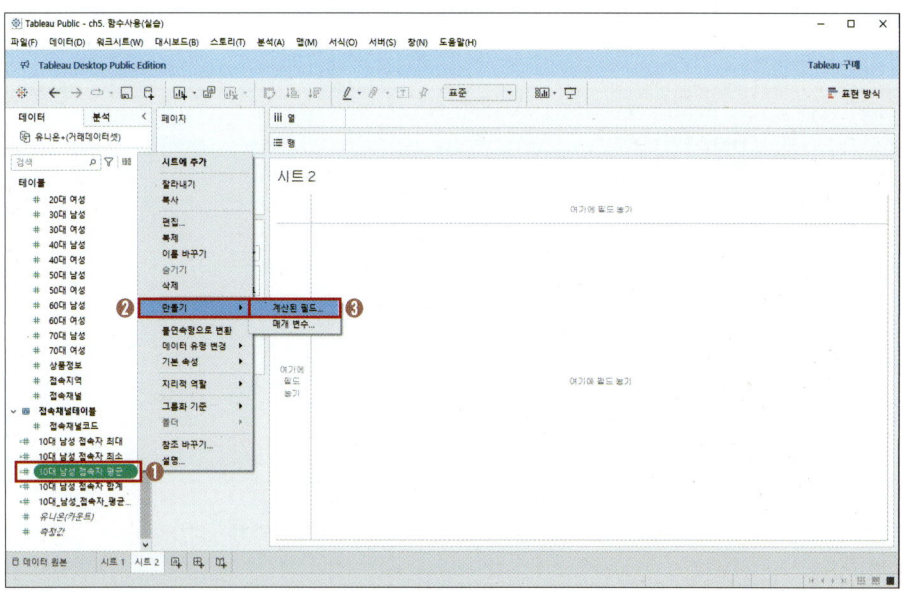

❹ 계산된 필드의 **이름**을 **10대_남성_접속자_평균_내림**으로 변경합니다. **FLOOR 함수**를 이용하여 다음 수식을 입력하고 **확인**을 클릭합니다.

FLOOR([10대 남성 접속자 평균])

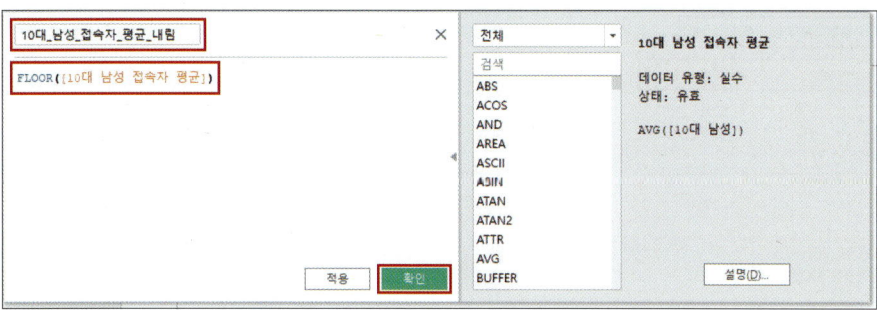

❺ 소수점이 있는 평균값을 활용하여 반올림을 구해보겠습니다. 먼저, 데이터 패널의 [10대 남성 접속자 평균] 필드를 마우스 우클릭하여 나타난 팝업 메뉴에서 만들기 > 계산된 필드를 클릭합니다.

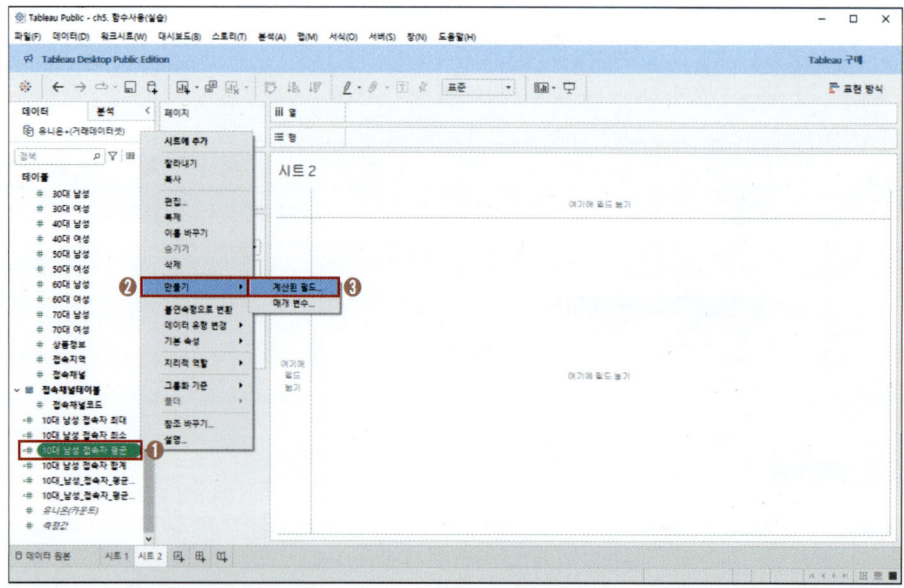

❻ 계산된 필드의 이름을 10대_남성_접속자_평균_반올림2자리로 변경합니다. ROUND 함수를 이용하여 다음 수식을 입력하고 확인을 클릭합니다.

ROUND([10대 남성 접속자 평균], 2)

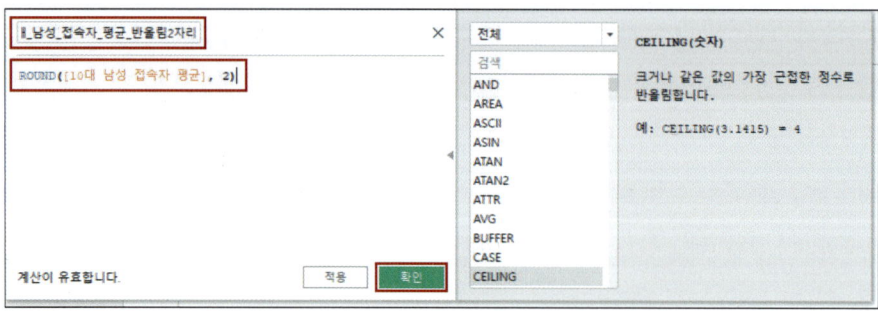

❼ 작업의 편의를 위해 데이터 패널의 측정값 유니온의 ▼을 클릭하면 ▶로 바뀌며 축소됩니다. [10대 남성 접속자 평균], [10대_남성_접속자_평균_내림], [10대_남성_접속자_평균_반올림2자리], [10대_남성_접속자_평균_올림] 필드를 비교하기 위해 데이터 패널의 [측정값] 필드를 열 패널에 드래그 앤 드롭하고, 가로 막대 차트 형태로 비교하기 위해 [측정값 이름] 필드는 행 패널에 드래그 앤 드롭합니다.

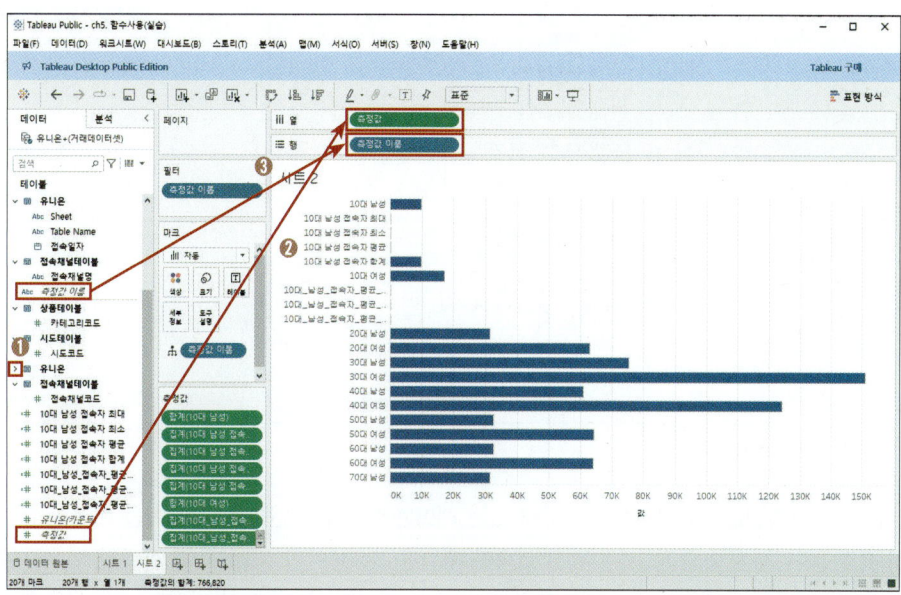

❽ 이전에 만든 측정값이 전부 나타났기 때문에 필터에서 불필요한 값들을 제거하고 10대 남성 접속자 평균, 10대_남성_접속자_평균_내림, 10대_남성_접속자_평균_반올림2자리, 10대_남성_접속자_평균_올림을 남겨줍니다. 필터 패널에 추가된 측정값 이름을 더블클릭하고 나타난 필터 [측정값 이름] 팝업 창에서 네 개의 측정값만 남기고 모두 체크 해제한 후 확인을 누릅니다.

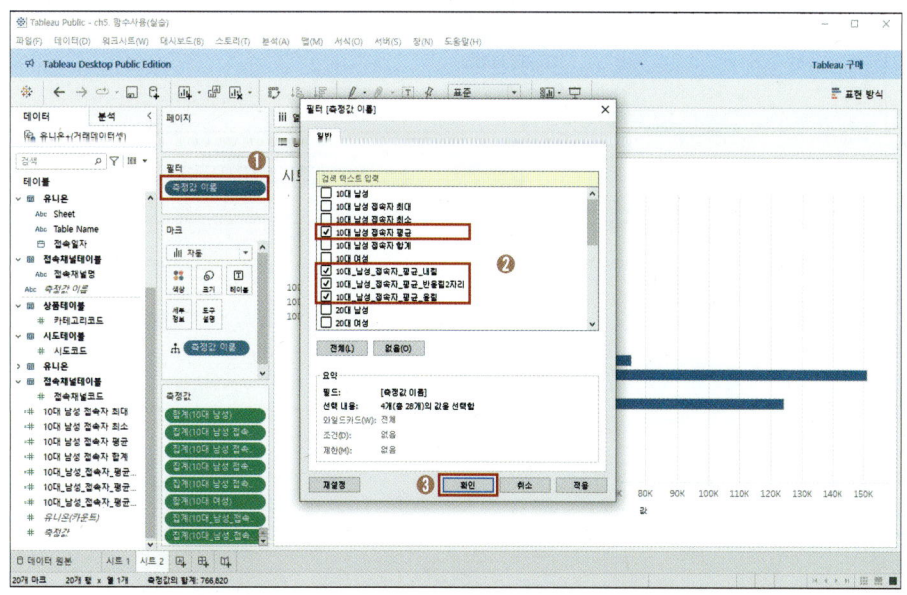

측정값이 많이 체크되어 있을 때는 **없음(O)**을 눌러 모두 체크 해제한 후 필요한 측정값만 체크하면 편리합니다.

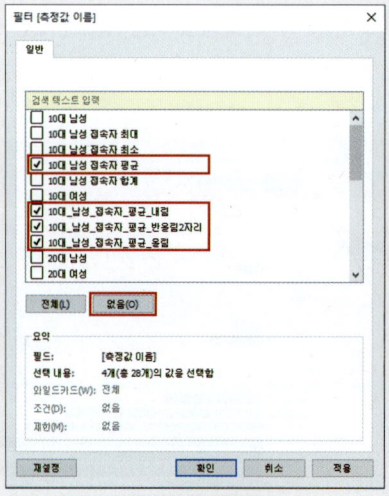

❾ 데이터 패널의 [측정값] 필드를 마크 패널에 있는 **레이블**에 **드래그 앤 드롭**해 수치를 비교할 수 있습니다. 소숫점 3자리까지 표현된 10대 남성 접속자 평균은 3.236이며, CEILING 함수를 이용했던 10대_남성_접속자_평균_올림은 4.000으로 올림이 된 것을 확인할 수 있습니다. 반면, FLOOR 함수를 이용했던 10대_남성_접속자_평균_내림은 3.000으로 내림이 된 것을 확인할 수 있으며, ROUND 함수를 이용해서 소숫점 2자리까지 표시했던 10대_남성_접속자_평균_반올림2자리는 3.240으로 표현된 것을 확인할 수 있습니다. 작업이 모두 진행되었다면 태블로 프로그램을 저장하지 않고 종료합니다.

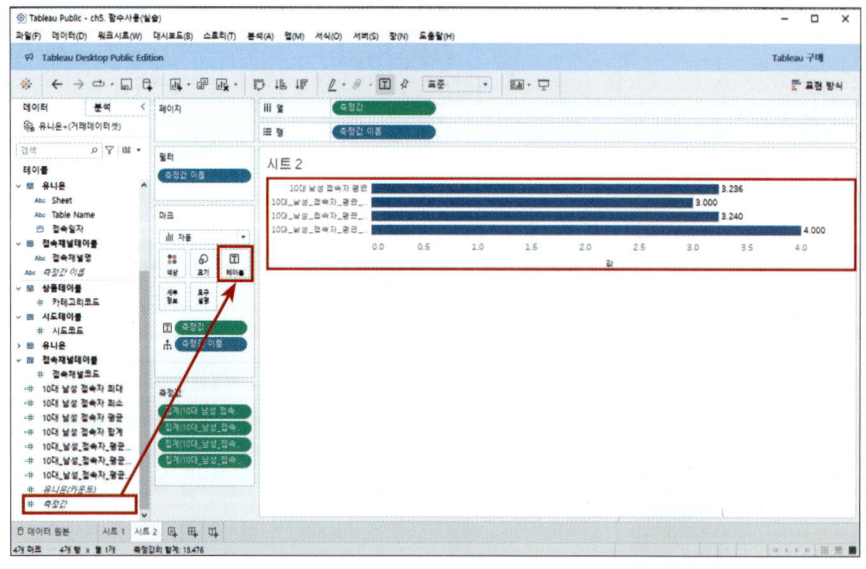

> **Tip**
>
> 실습 파일을 종료하고 다시 여는 과정이 복잡하다면 을 클릭하여 새 시트를 열거나 상단 왼쪽에 위치한 ←을 연달아 클릭하여 작업 내용을 모두 취소하는 방법도 가능합니다.

03 COUNT, COUNTD

❶ 먼저, 실습을 위해 **Part1 > ch5. 함수사용(실습)** 파일을 엽니다. 제품명에 담긴 건수가 얼마나 되는지 구해보겠습니다. 데이터 패널의 **[제품명] 필드**를 **마우스 우클릭**하여 나타난 팝업 메뉴에서 **만들기 > 계산된 필드**를 클릭합니다.

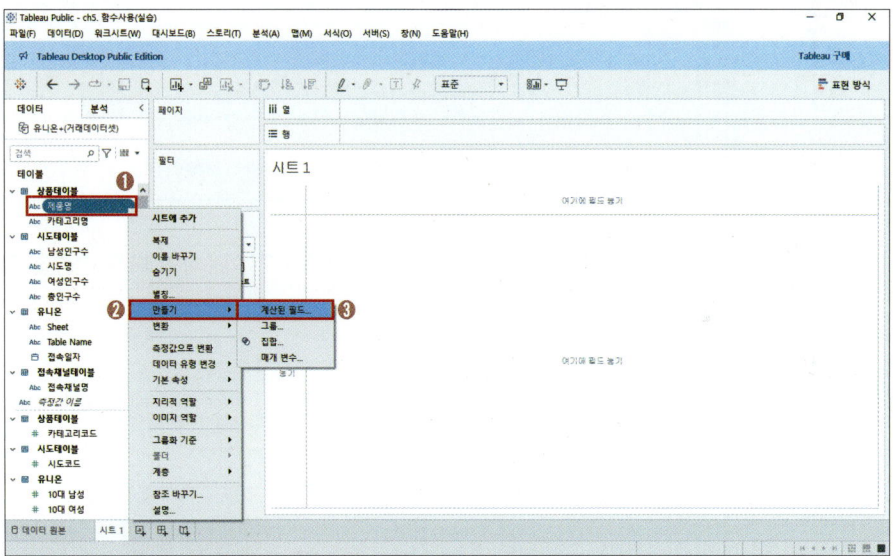

❷ 계산된 필드의 **이름**을 **제품명수**로 변경합니다. **COUNT 함수**를 이용하여 다음 수식을 입력하고 **확인**을 클릭합니다.

> COUNT([제품명])

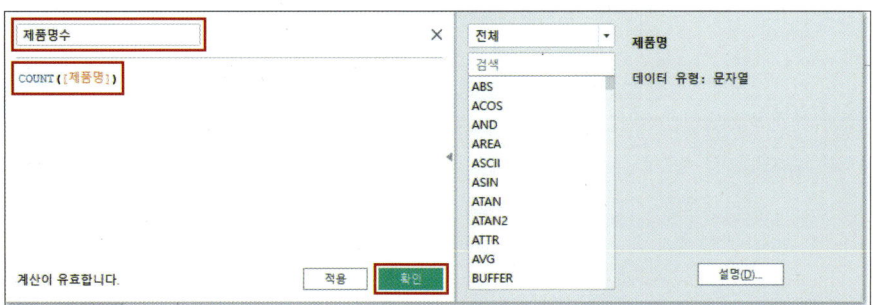

❸ 제품명에 담긴 고유 항목 건수가 얼마나 되는지 구해보겠습니다. 데이터 패널의 [제품명] 필드를 **마우스 우클릭**하여 나타난 팝업 메뉴에서 **만들기 > 계산된 필드**를 클릭합니다.

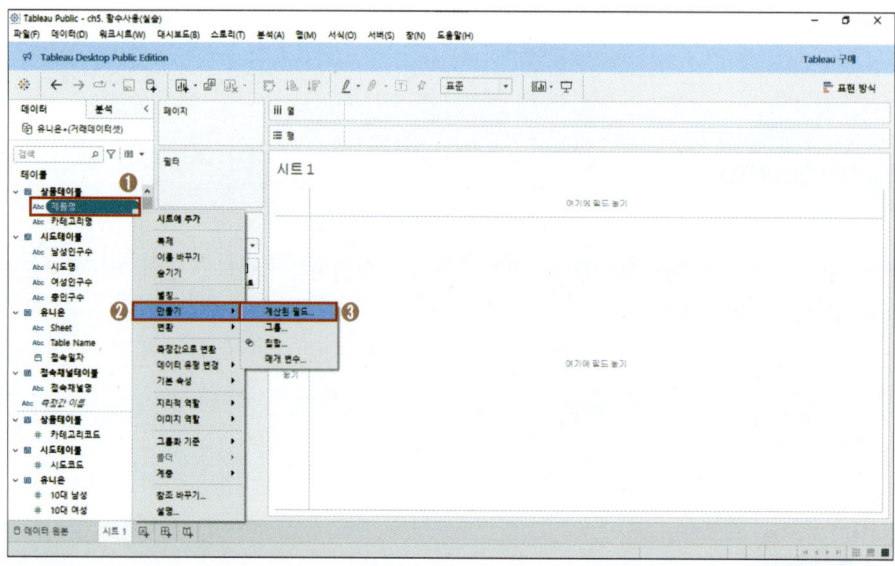

❹ 계산된 필드의 **이름**을 **제품명고유수**로 변경합니다. **COUNTD 함수**를 이용하여 다음 수식을 입력하고 **확인**을 클릭합니다.

COUNTD([제품명])

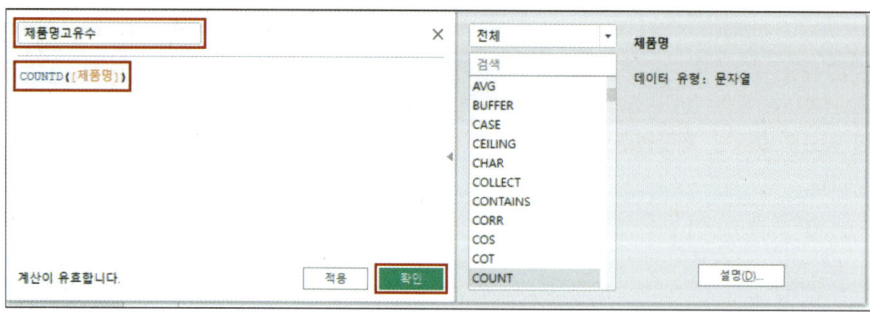

❺ 작업의 편의를 위해 데이터 패널의 측정값 유니온의 ▽을 클릭하면 ▷로 바뀌며 축소됩니다. 제품명수와 제품명고유수를 비교하기 위해 데이터 패널의 [측정값 이름] 필드를 행 패널에 드래그 앤 드롭하고, [측정값] 필드는 마크 패널의 텍스트로 드래그 앤 드롭하여 측정값 리스트를 텍스트 테이블 형태로 표현해 줍니다.

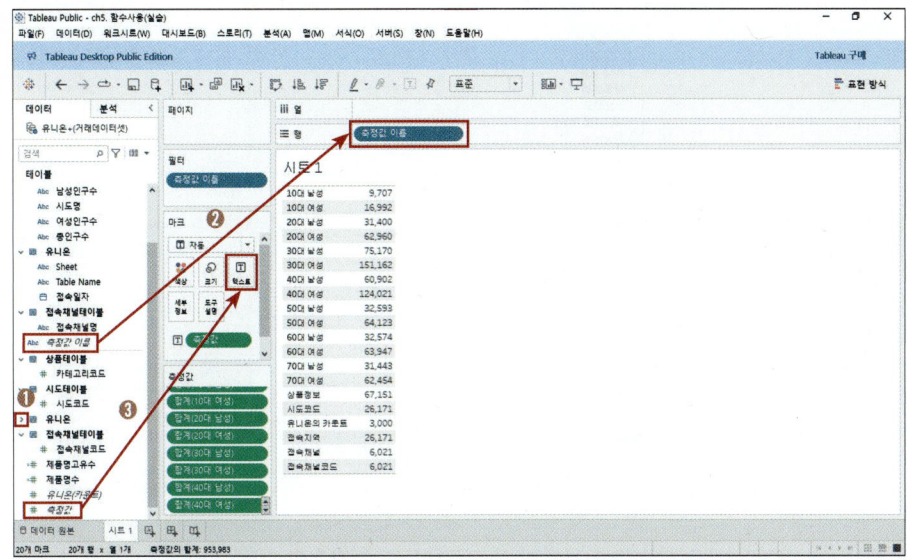

❻ 기존에 있던 측정값과 새로 생성한 계산된 필드까지 모두 불필요하게 노출되어 있으므로 필터 패널에 추가된 측정값 이름을 더블클릭합니다. 나타난 필터 [측정값 이름] 팝업 창에서 제품명고유수와 제품명수를 제외한 나머지는 체크 해제하고 확인을 누릅니다.

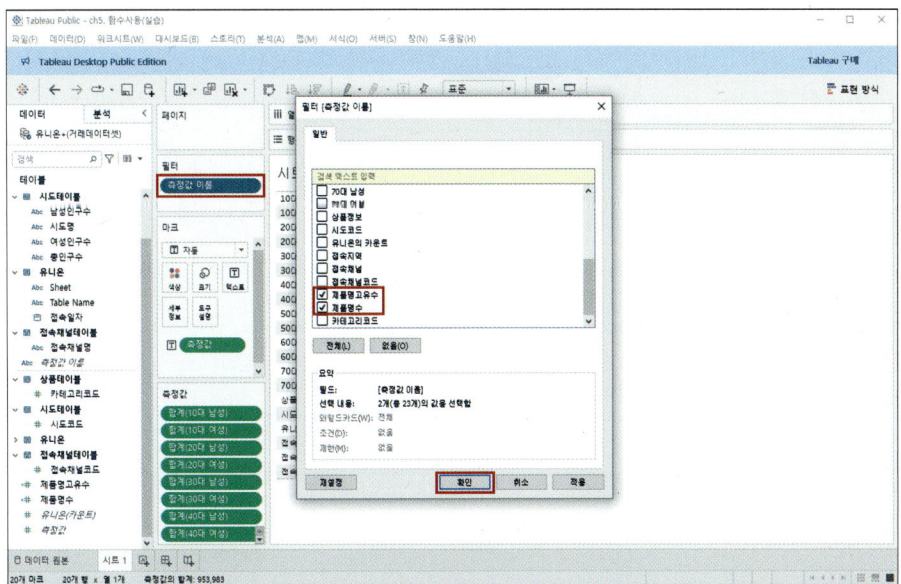

> **Tip** ✓
> 측정값이 많이 체크되어 있을 때는 **없음(O)**을 눌러 모두 체크 해제한 후 필요한 측정값만 체크하면 편리합니다.

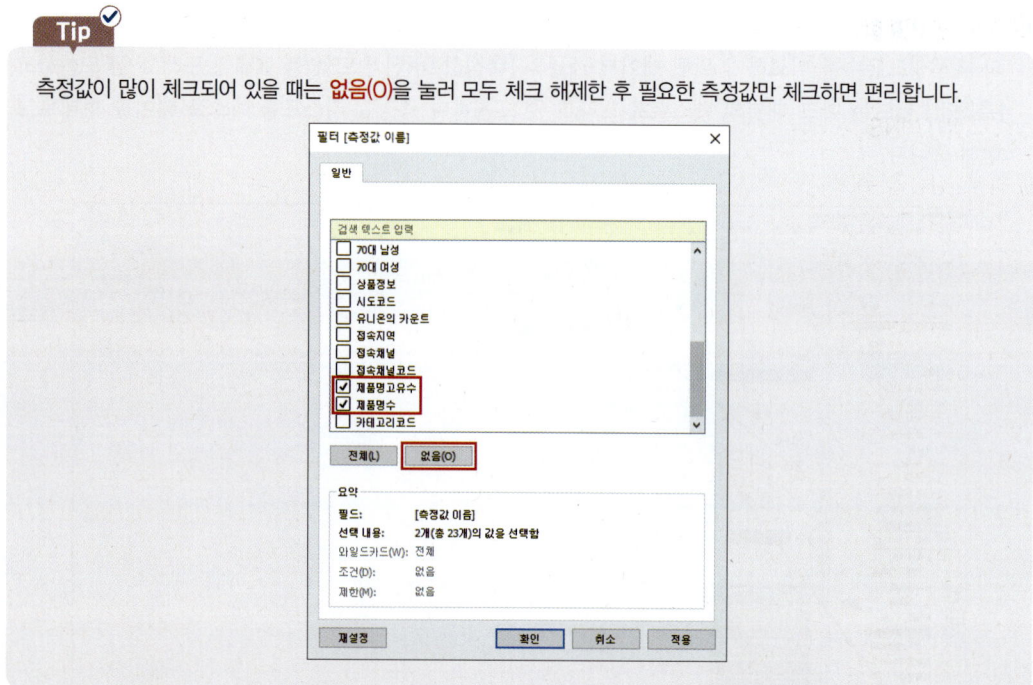

❼ 제품명고유수는 COUNTD 함수를 사용하여 필드 값의 고유 건수인 22를 나타내는 것을 확인할 수 있으며, 제품명수는 COUNT 함수를 사용하였기 때문에 전체 행수인 2,763이 나타나는 것을 확인할 수 있습니다. 작업이 모두 진행되었다면 태블로 프로그램을 저장하지 않고 종료합니다.

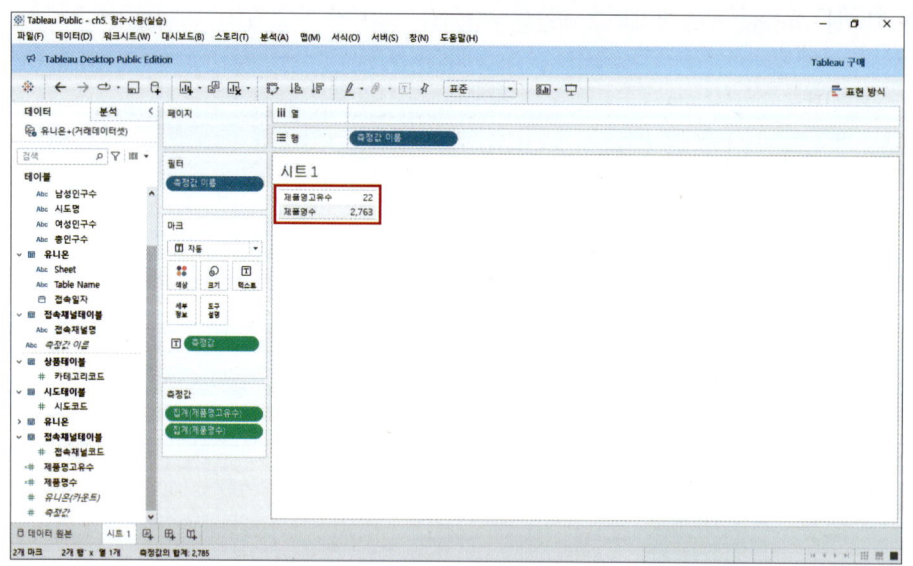

02 문자열 함수

01 CONTAINS

❶ 먼저, 실습을 위해 **Part1 > ch5. 함수사용(실습)** 파일을 엽니다. 부분 문자열이 포함되어 있을 때 참/거짓을 반환하는 CONTAINS 함수를 이용하려고 합니다. [시도명] 필드에 담긴 여러 시도 이름들이 어떻게 담겨 있는지 확인하기 위해 데이터 패널의 **[시도명] 필드**를 **행 패널**로 **드래그 앤 드롭**합니다.

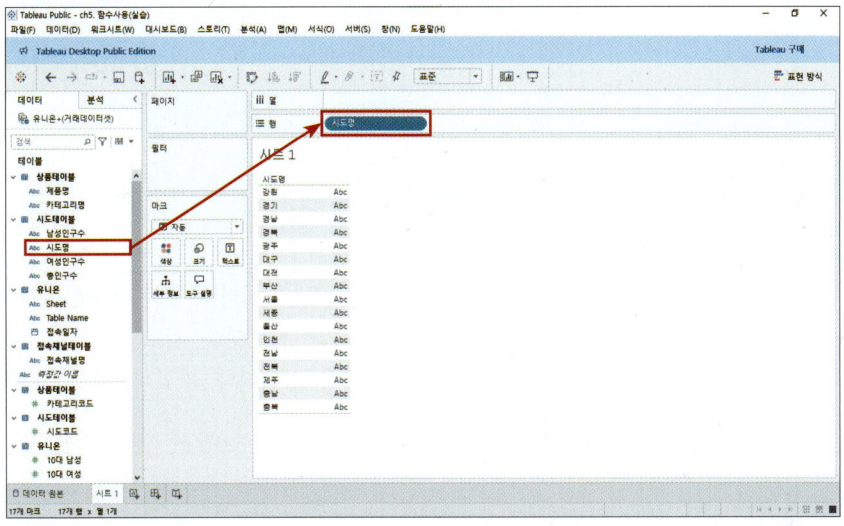

❷ [시도명] 필드 중 북이라는 키워드가 담긴 제품 이름을 찾기 위해서 CONTAINS 함수를 사용할 수 있습니다. 데이터 패널에 있는 **[시도명] 필드**를 **마우스 우클릭**하여 나타난 팝업 메뉴에서 **만들기 > 계산된 필드**를 선택합니다.

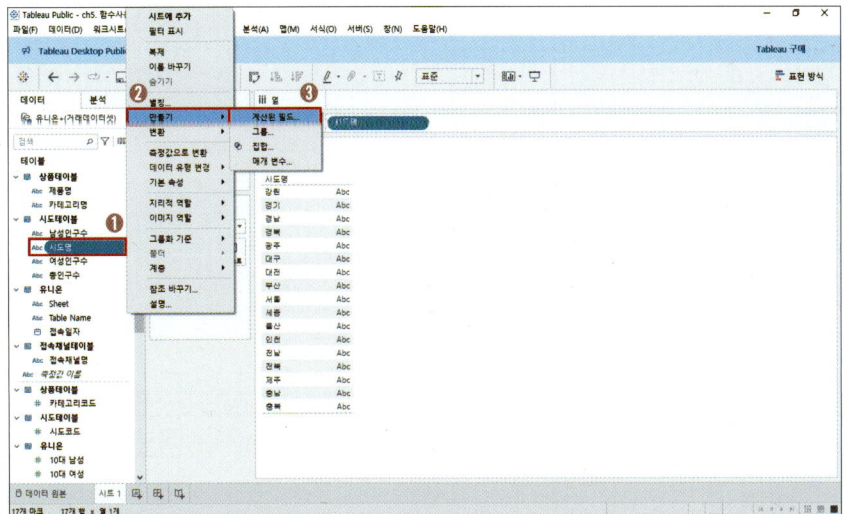

CHAPTER 05 | 함수 사용하기　65

❸ 계산된 필드의 **이름**을 **북포함시도**로 변경합니다. **CONTAINS 함수**를 이용하여 다음 수식을 입력하고 **확인**을 클릭합니다.

CONTAINS([시도명], '북')

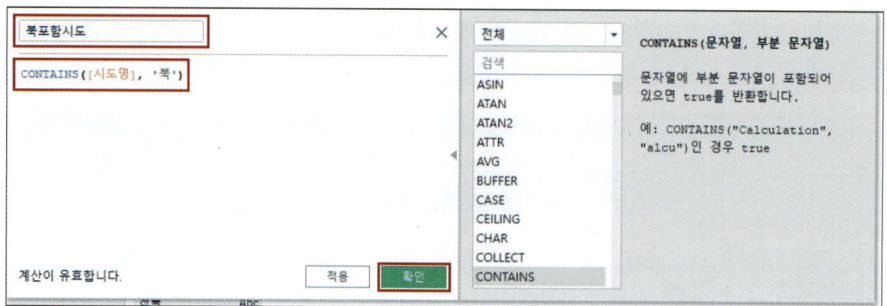

❹ 계산된 [북포함시도] 필드가 제대로 나타나는지 확인하기 위해 데이터 패널의 계산된 **[북포함시도] 필드**를 행 패널에 추가된 **시도명 오른쪽 빈 공간**으로 **드래그 앤 드롭**합니다. 시도명에 북이라는 키워드가 담긴 제품 이름의 경우에는 참으로 출력되는 것을 확인할 수 있습니다. 작업이 모두 진행되었다면 태블로 프로그램을 저장하지 않고 종료합니다.

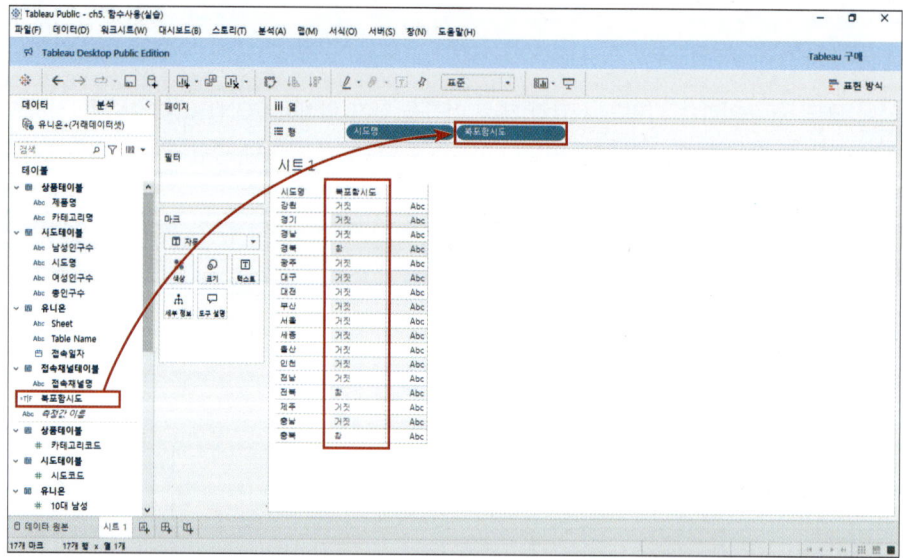

02 LEFT, MID, RIGHT

❶ 먼저, 실습을 위해 **Part1 > ch5. 함수사용(실습)** 파일을 엽니다. 첫 번째 문자부터 지정한 수만큼의 문자를 반환하는 LEFT 함수를 이용하려고 합니다. [Table Name] 필드에 테이블명이 어떻게 담겨 있는지 확인하기 위해 데이터 패널의 [Table Name] 필드를 **행 패널로 드래그 앤 드롭**합니다.

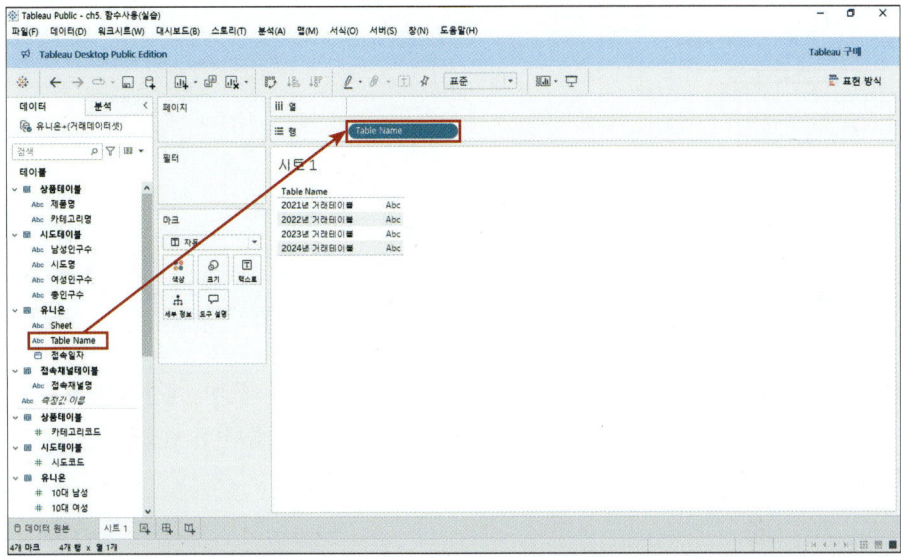

❷ [Table Name] 필드에는 년도와 거래테이블이 포함되어 있습니다. 맨 앞에 네 글자만 잘라서 년도의 숫자만 분리하기 위해 데이터 패널에 있는 [Table Name] 필드를 **마우스 우클릭**하여 나타난 팝업 메뉴에서 **만들기 > 계산된 필드**를 선택합니다.

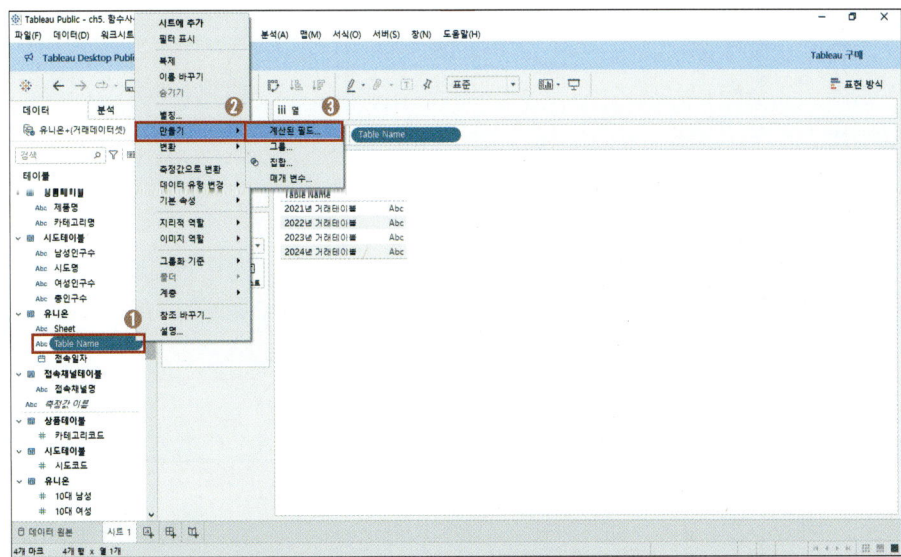

❸ 계산된 필드의 **이름**을 **년도구분**으로 변경합니다. **LEFT 함수**를 이용하여 다음 수식을 입력하고 **확인**을 클릭합니다.

> LEFT([Table Name], 4)

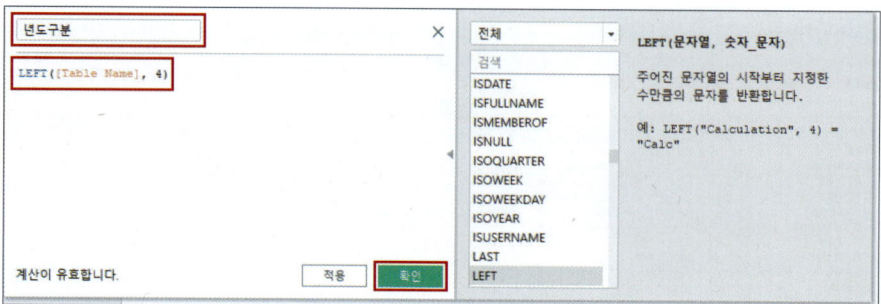

❹ 계산된 [년도구분] 필드가 제대로 나타나는지 확인하기 위해 데이터 패널의 계산된 **[년도구분]** 필드를 행 패널에 추가된 Table Name **오른쪽 빈 공간**으로 **드래그 앤 드롭**해줍니다. 년도구분에 Table Name 의 앞 네 글자가 담긴 것을 확인할 수 있습니다.

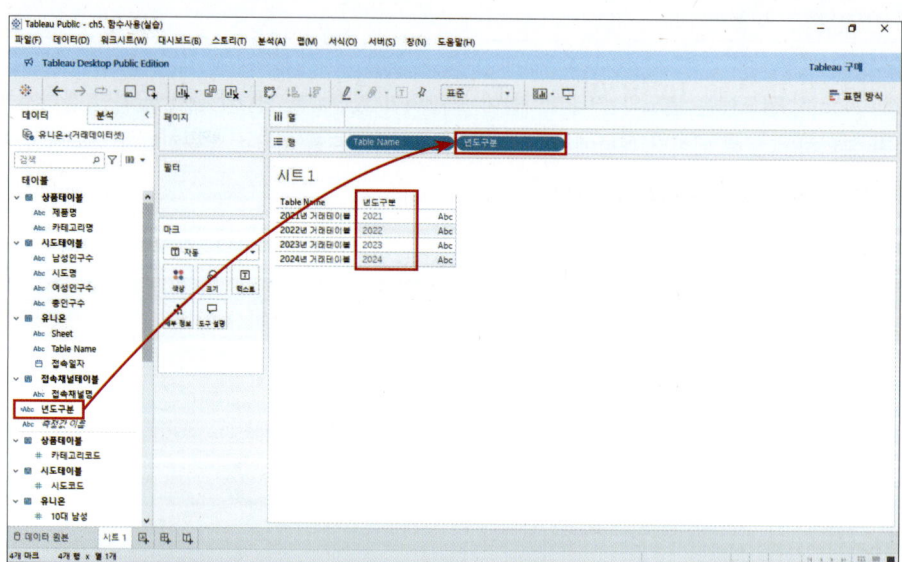

❺ 지정한 위치의 문자부터 지정한 수만큼의 문자를 반환하는 MID 함수를 이용하려고 합니다. [Table Name] 필드에는 년도와 거래테이블이 포함되어 있습니다. 년도의 숫자 뒤에 있는 년만 분리하기 위해 데이터 패널에 있는 **[Table Name] 필드**를 **마우스 우클릭**하여 나타난 팝업 메뉴에서 **만들기 > 계산된 필드**를 선택합니다.

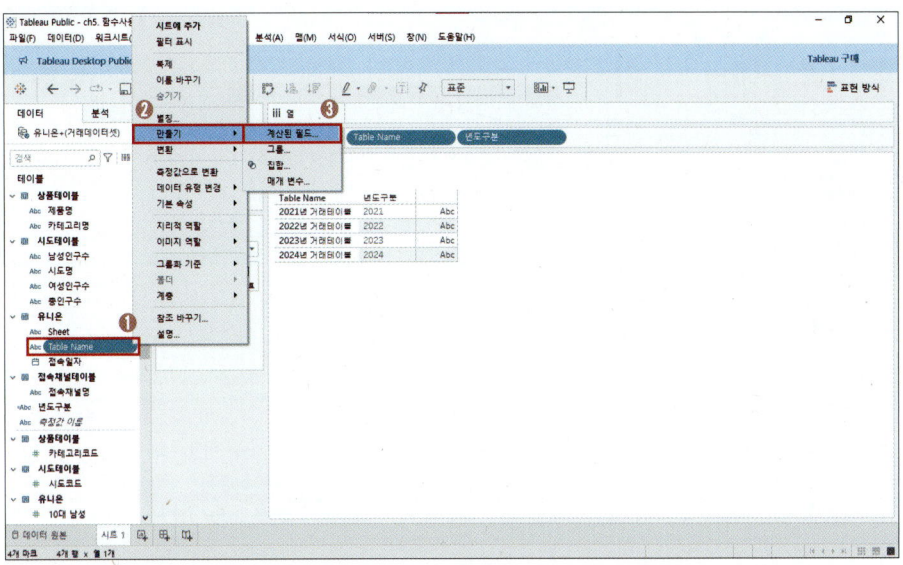

❻ 계산된 필드의 **이름**을 **년**으로 변경합니다. **MID 함수**를 이용하여 다음 수식을 입력하고 **확인**을 클릭합니다.

MID([Table Name], 5, 1)

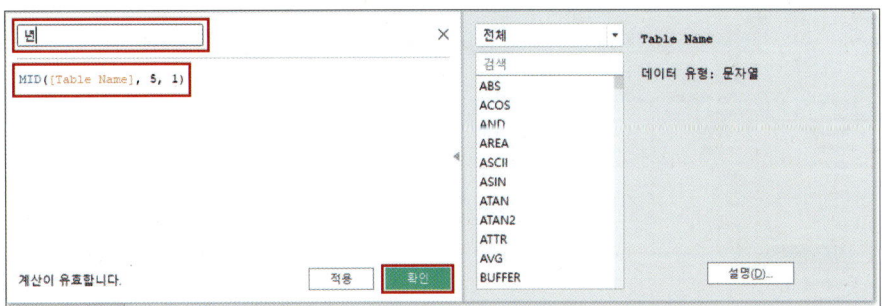

❼ 계산된 [년] 필드가 제대로 나타나는지 확인하기 위해 데이터 패널의 [년] 필드를 행 패널에 추가된 년 도구분 **오른쪽 빈 공간**으로 **드래그 앤 드롭**합니다. 년에 Table Name의 년이란 글자가 담긴 것을 확인할 수 있습니다.

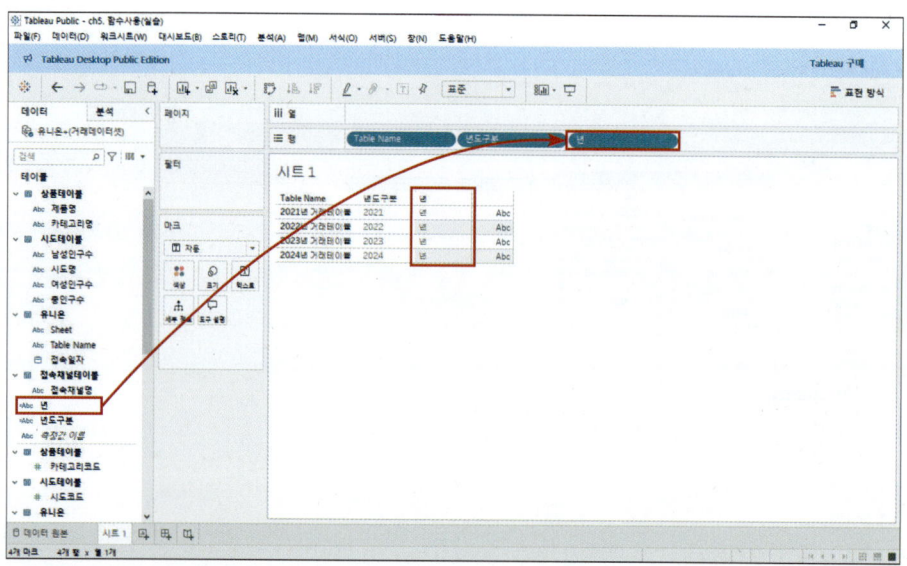

❽ 마지막 문자부터 지정한 수만큼의 문자를 반환하는 RIGHT 함수를 이용하려고 합니다. [Table Name] 필드에는 마지막에 거래테이블이라는 단어가 포함되어 있습니다. 맨 마지막 다섯 글자만 잘라서 고유 번호로 식별하기 위해 데이터 패널에 있는 [Table Name] 필드를 **마우스 우클릭**하여 나타난 팝업 메뉴에서 **만들기 > 계산된 필드**를 선택합니다.

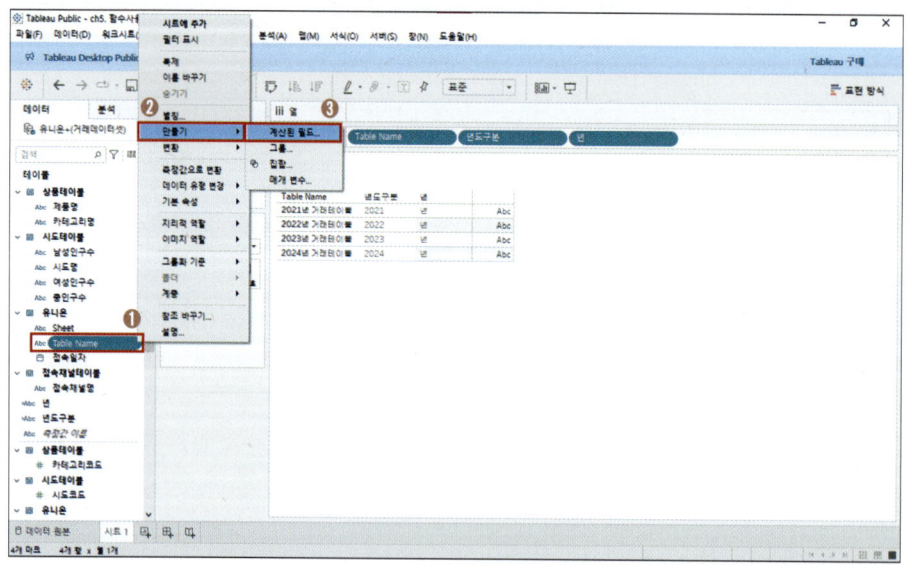

❾ 계산된 필드의 **이름**을 **테이블**로 변경합니다. **RIGHT 함수**를 이용하여 다음 수식을 입력하고 **확인**을 클릭합니다.

RIGHT([Table Name], 5)

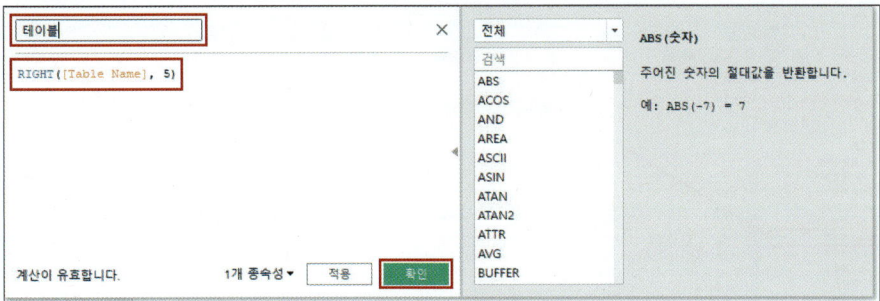

❿ 계산된 [테이블] 필드가 제대로 나타나는지 확인하기 위해 데이터 패널의 **[테이블] 필드**를 행 패널에 추가된 **년 오른쪽 빈 공간**으로 **드래그 앤 드롭**합니다. 테이블에 Table Name의 거래테이블이란 글자가 담긴 것을 확인할 수 있습니다. 작업이 모두 진행되었다면 태블로 프로그램을 저장하지 않고 종료합니다.

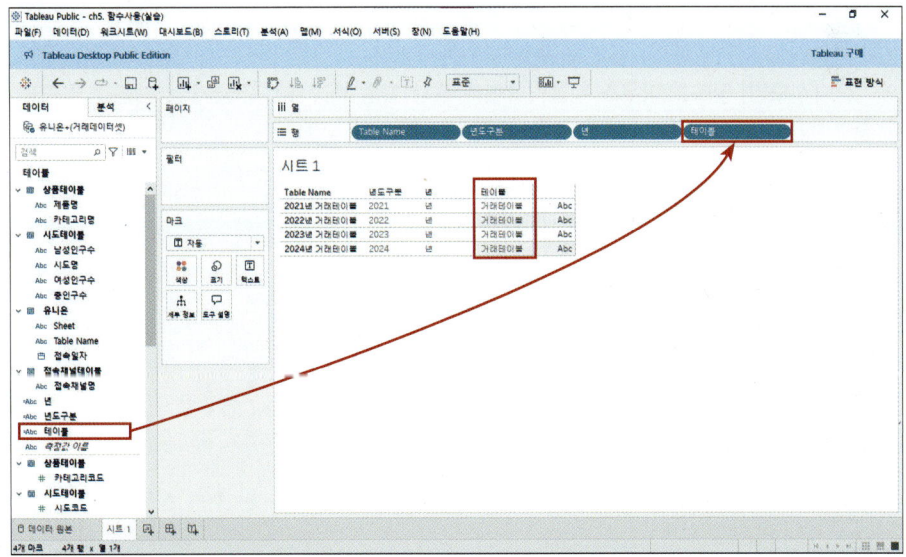

03 REPLACE

❶ 먼저, 실습을 위해 **Part1 > ch5. 함수사용(실습)** 파일을 엽니다. 부분 문자열을 대체 문자열로 변경하여 문자열을 반환하는 REPLACE 함수를 이용하려고 합니다. [시도명] 필드에 시도 이름이 어떻게 담겨 있는지 확인하기 위해 데이터 패널의 **[시도명] 필드**를 **행 패널**로 **드래그 앤 드롭**합니다.

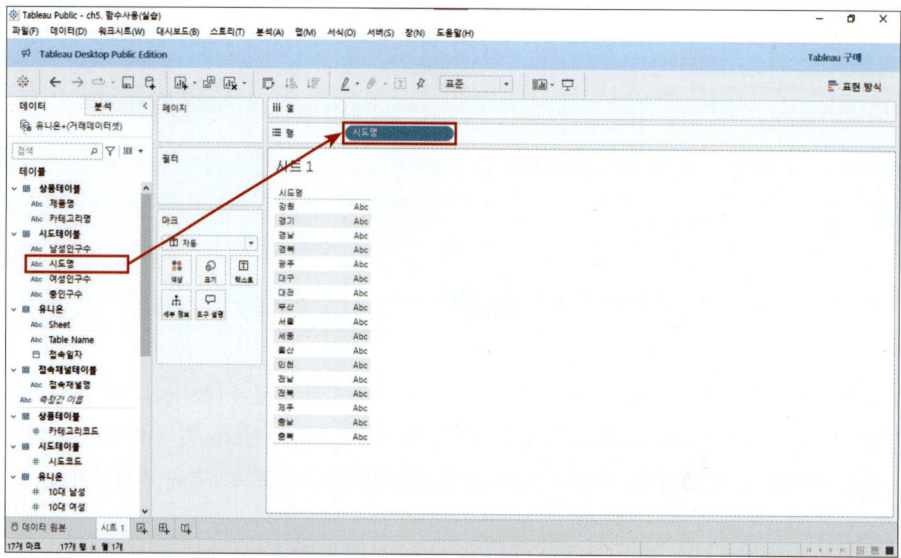

❷ [시도명] 필드에는 시도 이름이 한글로 표시되어 있습니다. 경기를 경기도로 변경하기 위해서 데이터 패널에 있는 **[시도명] 필드**를 **마우스 우클릭**하여 나타난 팝업 메뉴에서 **만들기 > 계산된 필드**를 선택합니다.

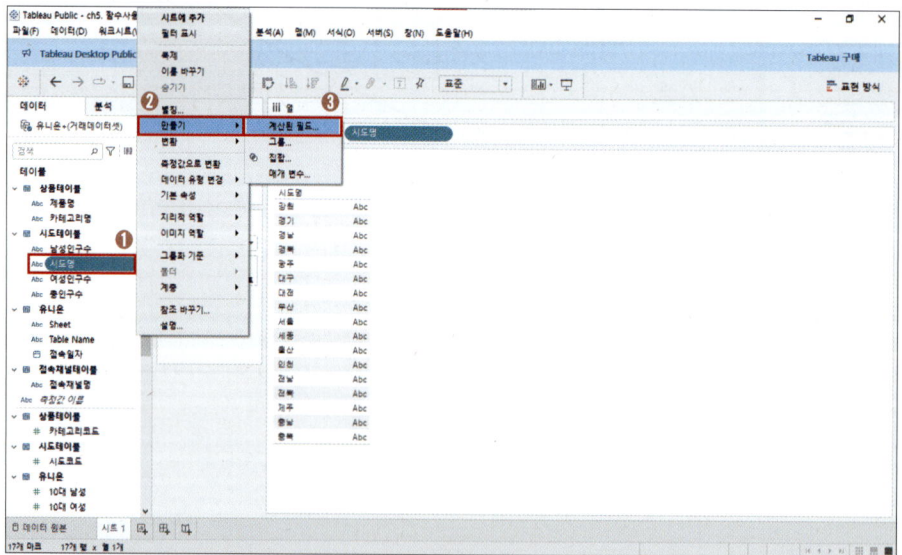

❸ 계산된 필드의 **이름**을 **신시도명**으로 변경합니다. **REPLACE 함수**를 이용하여 다음 수식을 입력하고 **확인**을 클릭합니다.

REPLACE([시도명], '경기', '경기도')

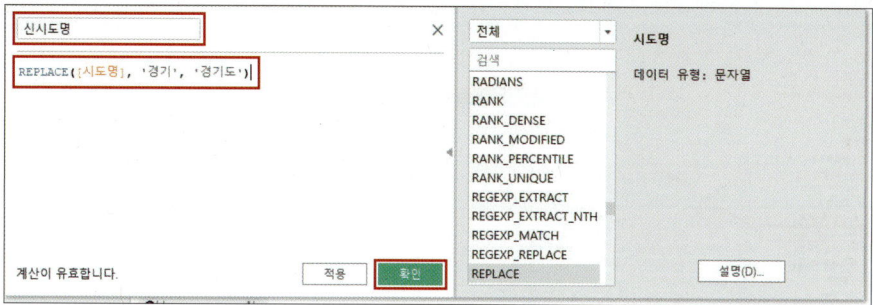

❹ 계산된 [신시도명] 필드가 제대로 나타나는지 확인하기 위해 데이터 패널의 [**신시도명**] **필드**를 행 패널에 추가된 **시도명 오른쪽 빈 공간**으로 **드래그 앤 드롭**합니다. 시도명에 경기라고 담겼던 시도 이름이 경기도로 변경된 것을 확인할 수 있습니다. 작업이 모두 진행되었다면 태블로 프로그램을 저장하지 않고 종료합니다.

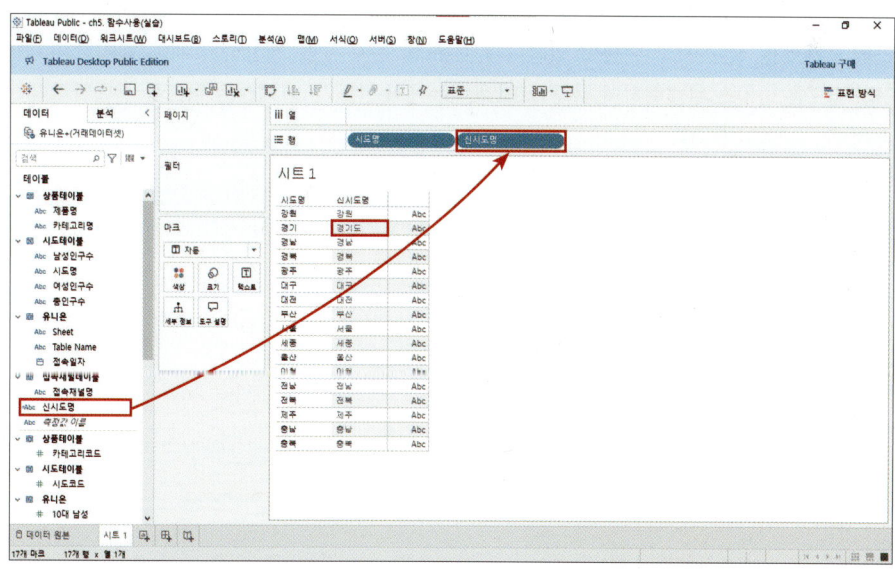

CHAPTER 05 | 함수 사용하기   **73**

04 LEN

❶ 먼저, 실습을 위해 Part1 > ch5. 함수사용(실습) 파일을 엽니다. 문자열의 문자수를 반환하는 LEN 함수를 이용하려고 합니다. [시도명] 필드에 담긴 필드 값의 문자수를 확인하기 위해 데이터 패널의 [시도명] 필드를 행 패널에 드래그 앤 드롭합니다.

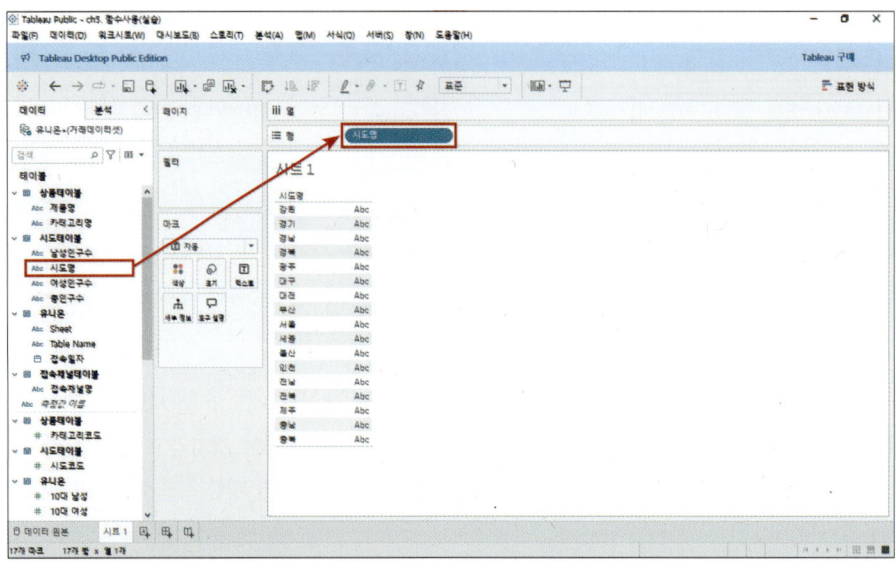

❷ [시도명] 필드에는 국내 시도 이름이 있습니다. 시도의 문자 수를 계산하기 위해 데이터 패널에 있는 [시도명] 필드를 마우스 우클릭하여 나타난 팝업 메뉴에서 만들기 > 계산된 필드를 선택합니다.

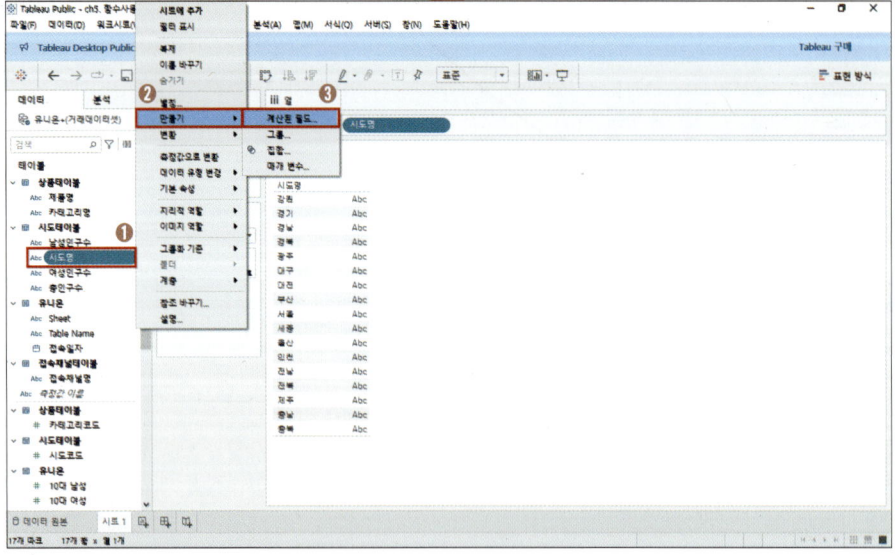

❸ 계산된 필드의 **이름**을 **시도명_글자수**로 변경합니다. **LEN 함수**를 이용하여 다음 수식을 입력하고 **확인**을 클릭합니다.

> LEN([시도명])

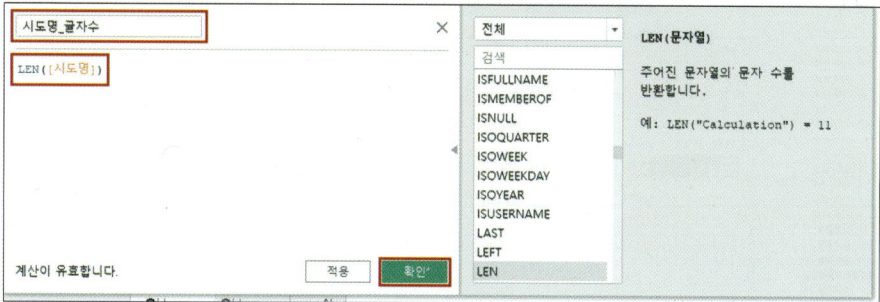

❹ 계산된 [시도명_글자수] 필드가 제대로 나타나는지 확인하기 위해 데이터 패널의 계산된 [**시도명_글자수**] 필드를 마크 패널의 **텍스트**로 **드래그 앤 드롭**합니다.

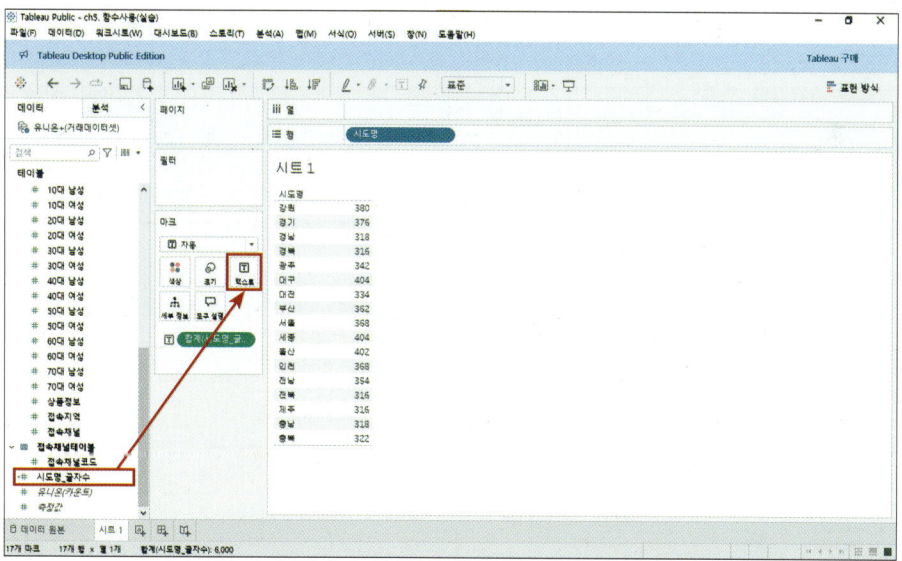

Tip

측정값의 경우 태블로의 패널에 드래그 앤 드롭하면 자동으로 합계(측정값)가 표현됩니다. 계산된 필드로 만들어진 측정값 역시 자동으로 합계(측정값)가 표현되기 때문에 해당 내용에서 시도명에 해당하는 행의 시도명_글자수인 2가 아니라 다른 글자 수가 나타납니다. 이때, 합계(측정값)를 마우스 우클릭하여 평균, 최대, 최소 혹은 차원으로 변경해주면 시도명_글자수에 2가 나타나게 됩니다.

❺ 마크 패널에 텍스트로 추가된 **합계(시도명_글자수)**를 **마우스 우클릭**하여 **차원**으로 변경합니다.

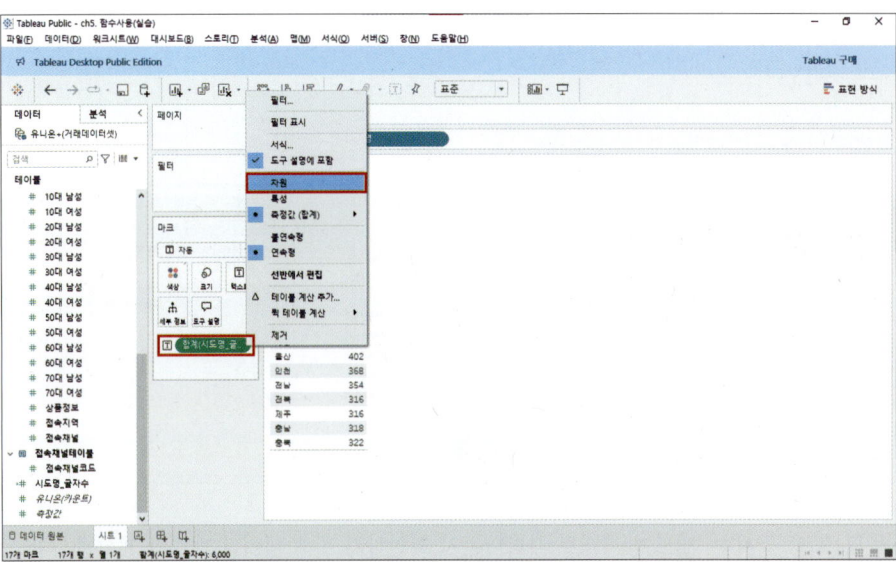

❻ [시도명_글자수]가 측정값(합계)에서 차원으로 변경되면 해당 시도명의 필드 값별로 글자 수가 어떻게 되는지 확인할 수 있습니다. 작업이 모두 진행되었다면 태블로 프로그램을 저장하지 않고 종료합니다.

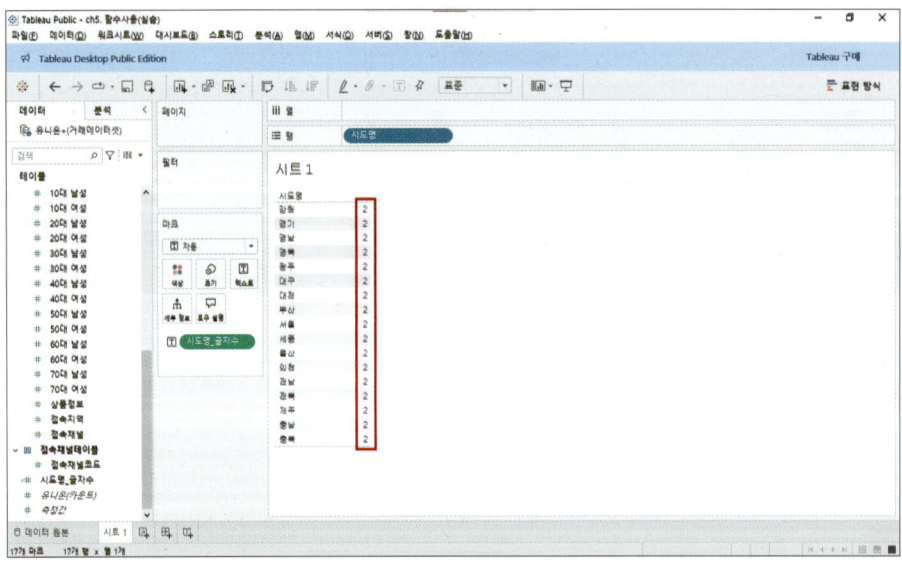

03 논리 함수

01 IF, ELSEIF, ELSE, END

❶ 먼저, 실습을 위해 **Part1 > ch5. 함수사용(실습)** 파일을 엽니다. 조건에 따라 결과를 반환하기 위해 IF 함수를 이용하려고 합니다. [시도명] 필드에 필드 값이 어떻게 담겨 있는지 확인하기 위해 데이터 패널에서 **[시도명] 필드**를 **행 패널**로 **드래그 앤 드롭**합니다.

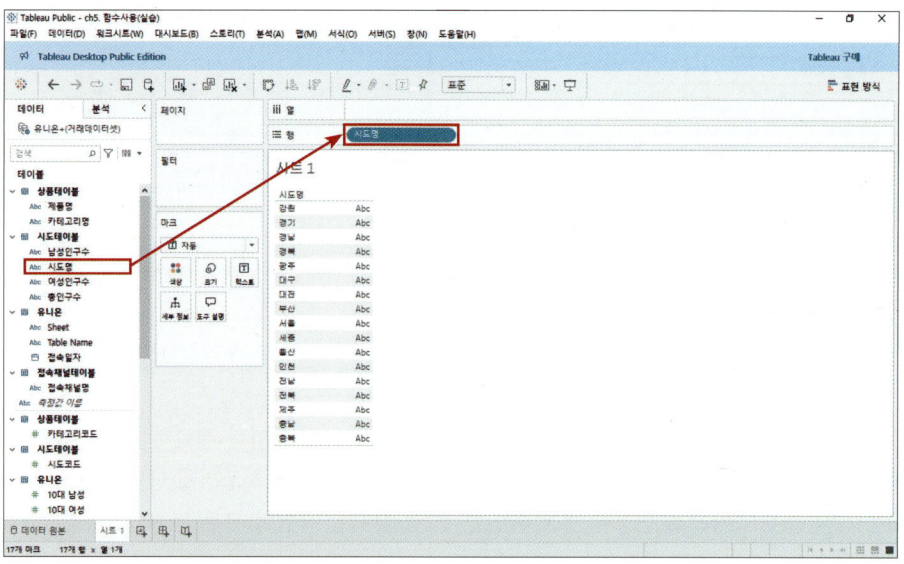

❷ [시도명] 필드에는 국내 시도 이름이 있습니다. 시도의 충남과 충북을 충청으로 변환하기 위해서 데이터 패널에 있는 **[시도명] 필드**를 **마우스 우클릭**하여 나타난 팝업 메뉴에서 **만들기 > 계산된 필드**를 선택합니다.

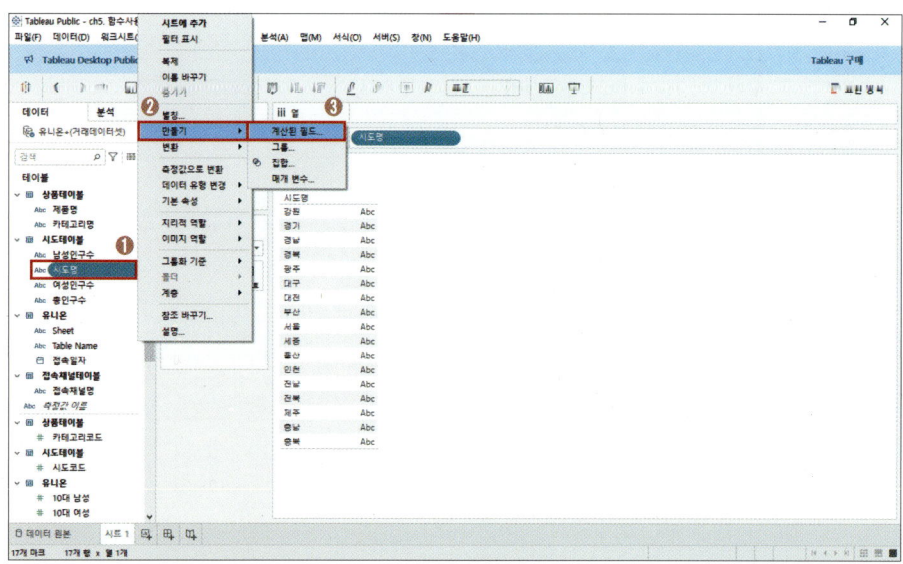

❸ 계산된 필드의 **이름**을 **통합_시도명**으로 변경합니다. **IF, ELSEIF, THEN, ELSE, END 함수**를 이용하여 다음 수식을 입력하고 **확인**을 클릭합니다.

> IF [시도명]='충남' THEN '충청'
> ELSEIF [시도명]='충북' THEN '충청'
> ELSE [시도명]
> END

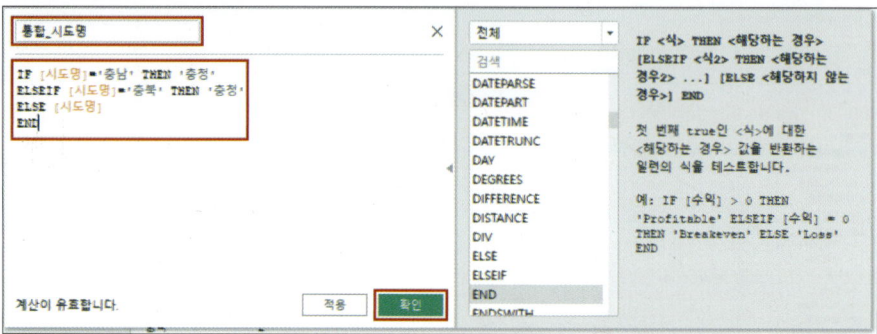

❹ 계산된 [통합_시도명] 필드가 제대로 나타나는지 확인하기 위해 데이터 패널의 **[통합_시도명] 필드**를 행 패널에 추가된 **시도명 오른쪽 빈 공간**으로 **드래그 앤 드롭**합니다. 시도명에 충남과 충북으로 담겼던 시도 이름이 모두 충청으로 변경된 것을 확인할 수 있습니다. 작업이 모두 진행되었다면 태블로 프로그램을 저장하지 않고 종료합니다.

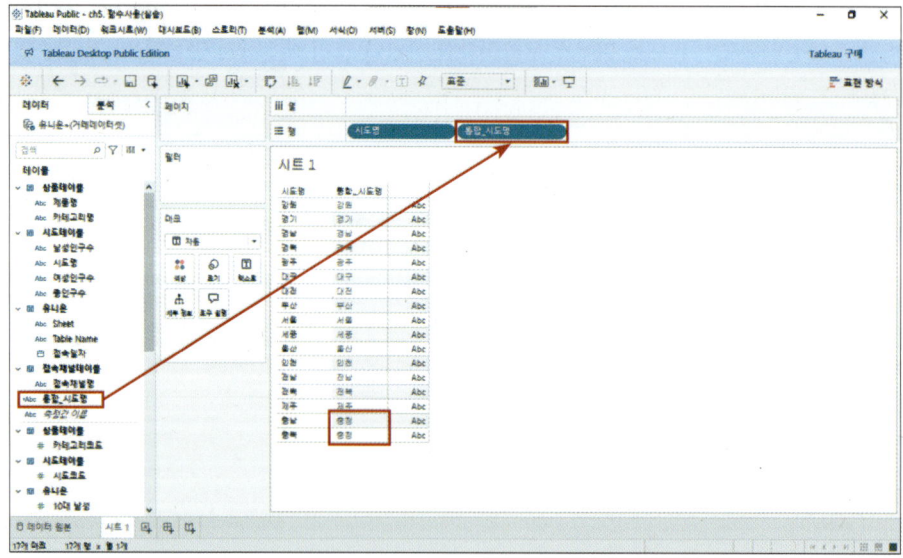

02 AND, OR, NOT

❶ 먼저, 실습을 위해 **Part1 > ch5. 함수사용(실습)** 파일을 엽니다. 조건급을 반환하기 위해 AND 함수를 이용하려고 합니다. 카테고리명별로 20대 남성의 접속자 수 합계가 어떻게 되는지 확인하기 위해 [카테고리명] 필드를 **행 패널**로 **드래그 앤 드롭**하고 [20대 남성] 필드를 마크 패널의 **텍스트**로 **드래그 앤 드롭**합니다.

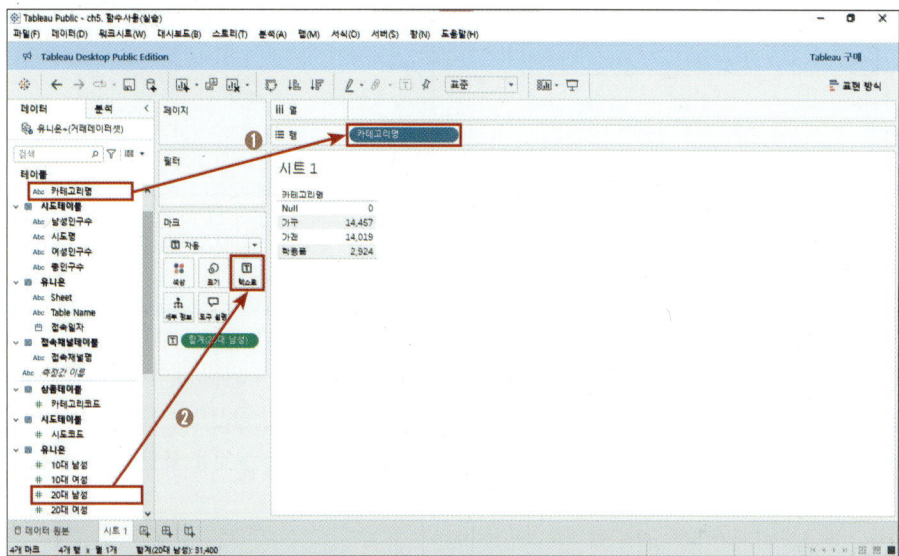

❷ 범주별 매출액 합계 중 1만 명 이상이고 1만 5천 명 이하인 범주가 무엇인지 확인하기 위해 데이터 패널에 있는 [20대 남성] 필드를 **마우스 우클릭**하여 나타난 팝업 메뉴에서 **만들기 > 계산된 필드**를 선택합니다.

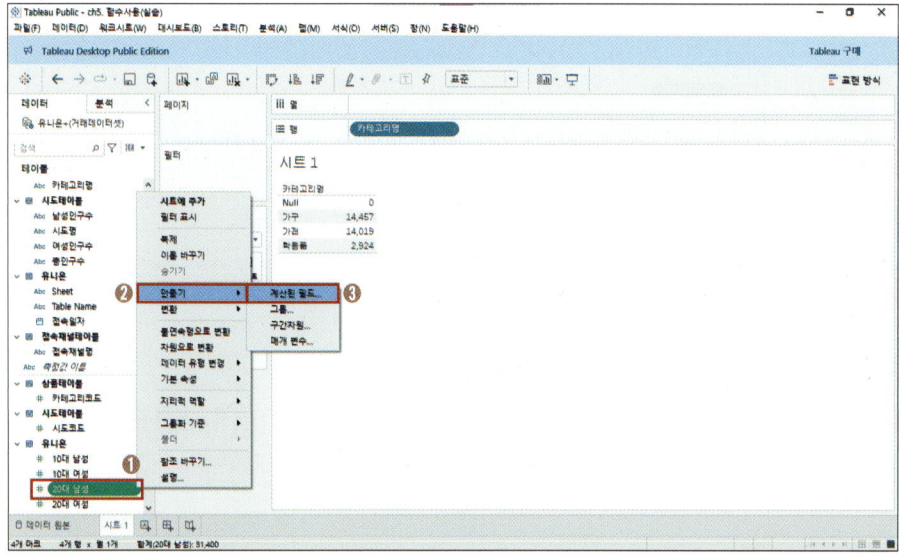

CHAPTER 05 | 함수 사용하기 79

❸ 계산된 필드의 **이름**을 **만명이상 1만5천명이하**로 변경합니다. **SUM, AND 함수**를 이용하여 다음 수식을 입력하고 **확인**을 클릭합니다.

> SUM([20대 남성])>=10000 AND SUM([20대 남성])<=15000

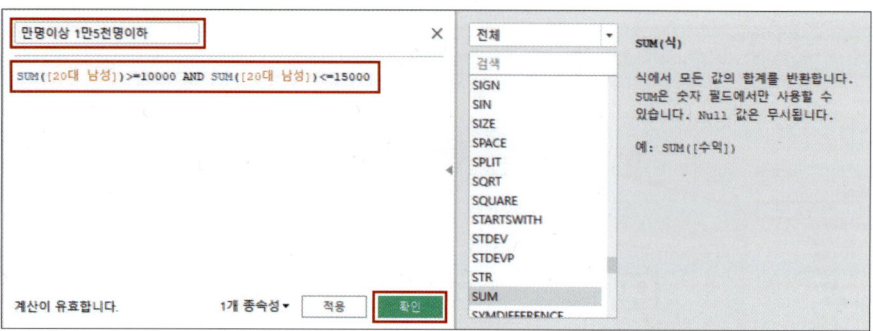

❹ 계산된 [만명이상 1만5천명이하] 필드가 제대로 나타나는지 확인하기 위해 데이터 패널의 계산된 **[만명이상 1만5천명이하]** 필드를 행 패널에 추가된 **카테고리명 오른쪽 빈 공간**으로 **드래그 앤 드롭**합니다. 만 명 이상 1만 5천 명 이하에 부합하는 가구와 가전이 참으로 나타나는 것을 확인할 수 있습니다.

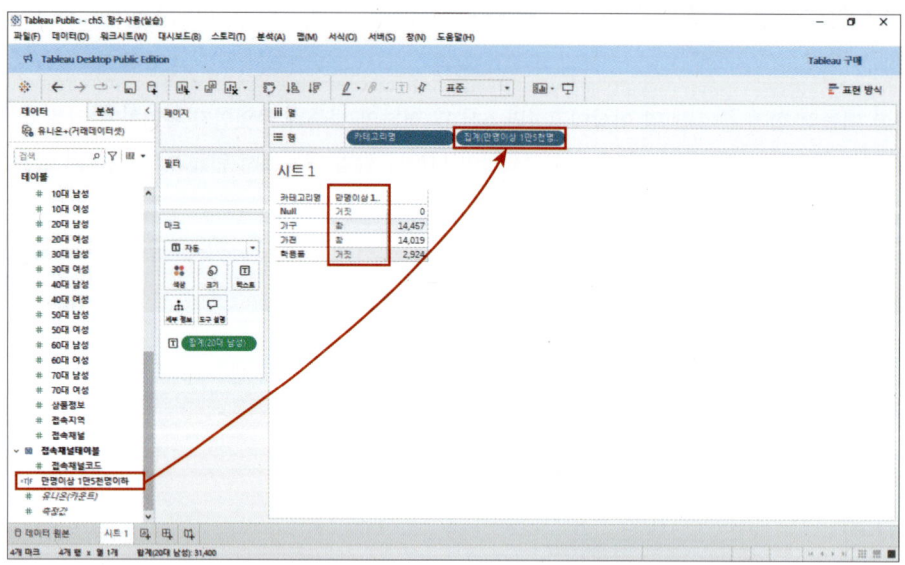

행 패널에 추가된 **집계(만명이상 1만5천명이하)**는 AND, OR, NOT으로 도출된 결과가 T/F인 부울값으로 반환되기 때문에 조건을 잘 설정해서 필터에 가져다 두면 해당 값만 필터링해서 확인할 수 있습니다.

❺ 조건합을 반환하기 위해 OR 함수를 이용하려고 합니다. 카테고리명별로 20대 남성의 접속자 수 합계가 어떻게 되는지 확인하기 위해 데이터 패널에 있는 [20대 남성] 필드를 **마우스 우클릭**하여 나타난 팝업 메뉴에서 **만들기** > **계산된 필드**를 선택합니다.

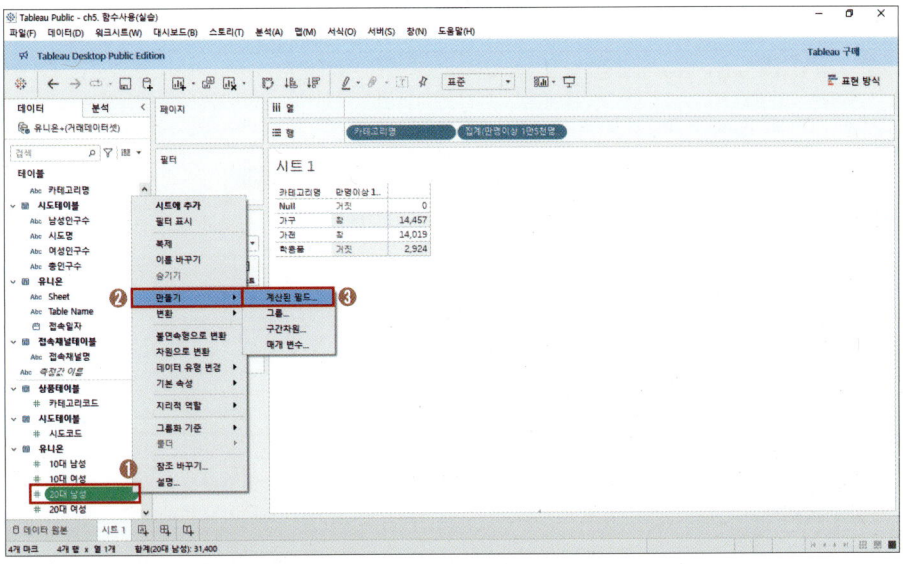

❻ 계산된 필드의 **이름**을 **1만명이하 1만5천명이상**으로 변경합니다. **SUM, OR 함수**를 이용하여 다음 수식을 입력하고 **확인**을 클릭합니다.

SUM([20대 남성])<=10000 OR SUM([20대 남성])>=15000

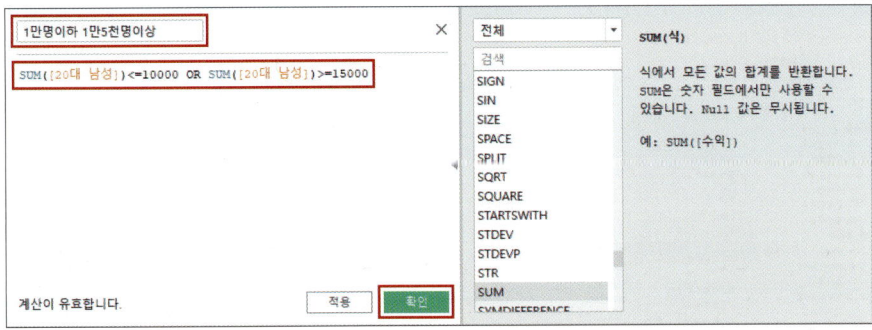

CHAPTER 05 | 함수 사용하기 **81**

❼ 계산된 [1만명이하 1만5천명이상] 필드가 제대로 나타나는지 확인하기 위해 데이터 패널의 계산된 [1만명이하 1만5천명이상] 필드를 행 패널에 추가된 집계(만명이상 1만5천명이하) **오른쪽 빈 공간**으로 **드래그 앤 드롭**합니다. 1만 명 이하 1만 5천명 이상에 부합하는 NULL과 학용품이 참으로 나타나는 것을 확인할 수 있습니다.

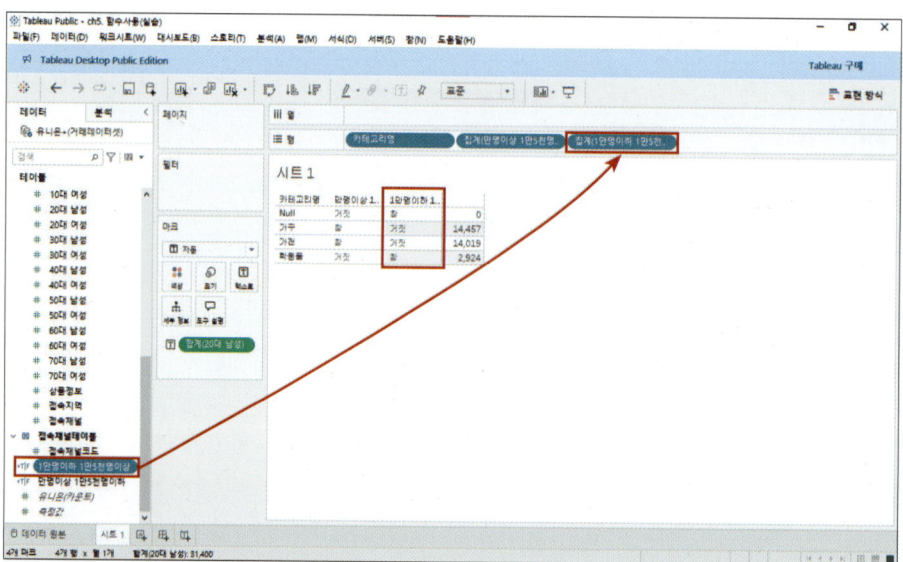

❽ 조건의 부정을 반환하기 위해 NOT 함수를 이용하려고 합니다. 카테고리명별로 20대 남성의 접속자 수 합계가 어떻게 되는지 확인하기 위해 데이터 패널에 있는 [20대 남성] 필드를 **마우스 우클릭**하여 나타난 팝업 메뉴에서 **만들기 > 계산된 필드**를 선택합니다.

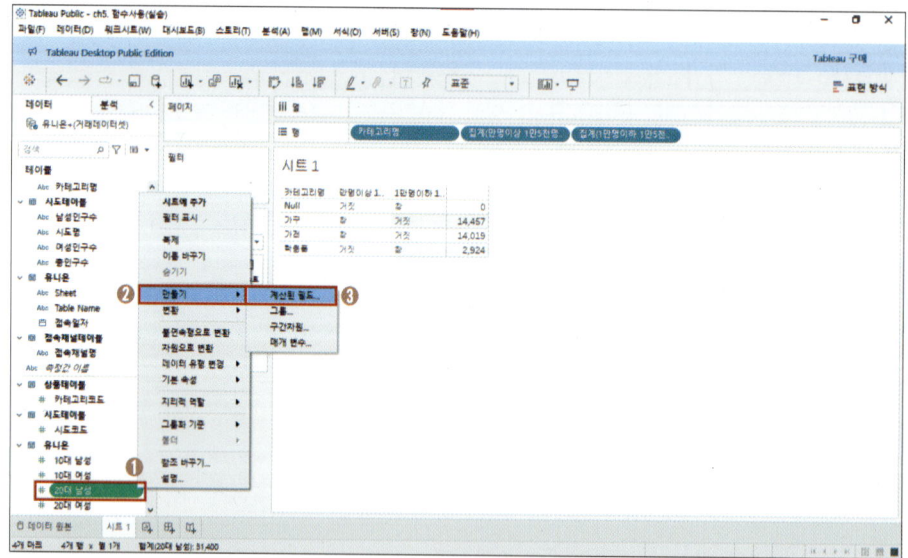

❾ 계산된 필드의 **이름**을 **1만명미만 1만5천명초과**로 변경합니다. **NOT, SUM, AND 함수**를 이용하여 다음 수식을 입력하고 **확인**을 클릭합니다.

NOT(SUM([20대 남성])>=10000 AND SUM([20대 남성])<=15000)

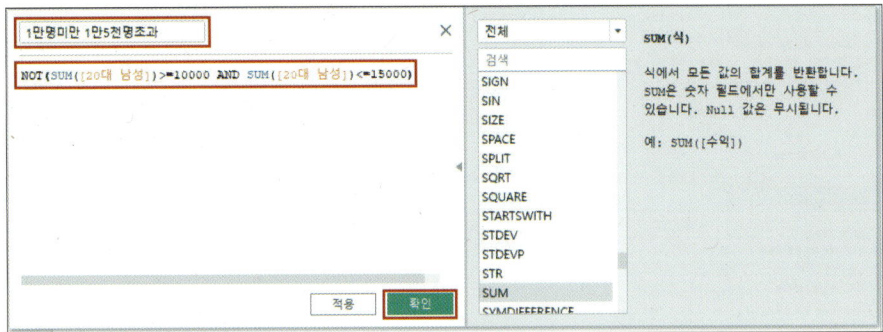

❿ 계산된 [1만명미만 1만5천명초과] 필드가 제대로 나타나는지 확인하기 위해 데이터 패널의 계산된 **[1만명미만 1만5천명초과]** 필드를 ·행 패널에 추가된 **집계(1만명이하 1만5천명이상) 오른쪽 빈 공간**으로 **드래그 앤 드롭**합니다. 1만 명 미만 1만 5천 명 초과에 부합하는 NULL과 학용품이 참으로 나타나는 것을 확인할 수 있습니다. 작업이 모두 진행되었다면 태블로 프로그램을 저장하지 않고 종료합니다.

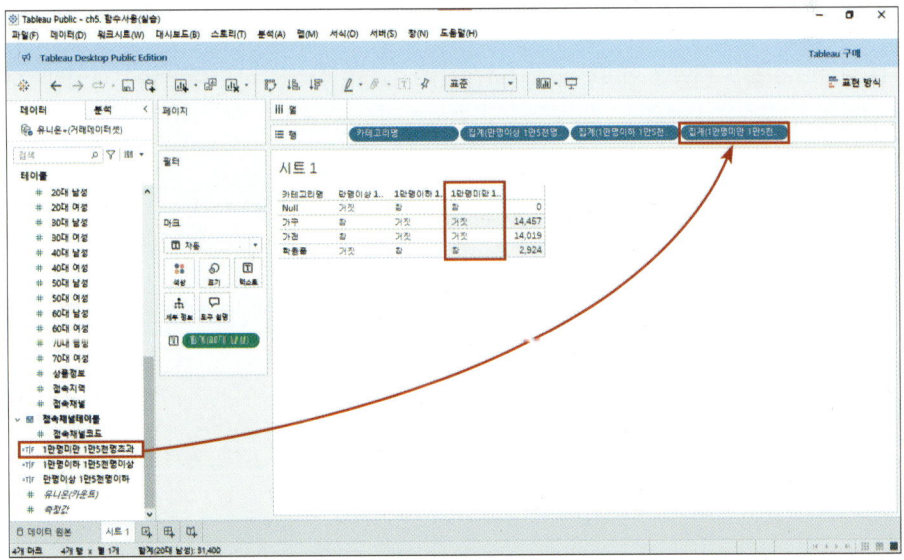

04 날짜 및 시간 함수(1)

01 DATEADD, DATEDIFF

❶ 먼저, 실습을 위해 **Part1 > ch5. 함수사용(실습)** 파일을 엽니다. 전일 날짜를 반환하기 위해 먼저 데이터 패널 상단의 ▼을 누른 뒤 **계산된 필드 만들기**를 클릭합니다.

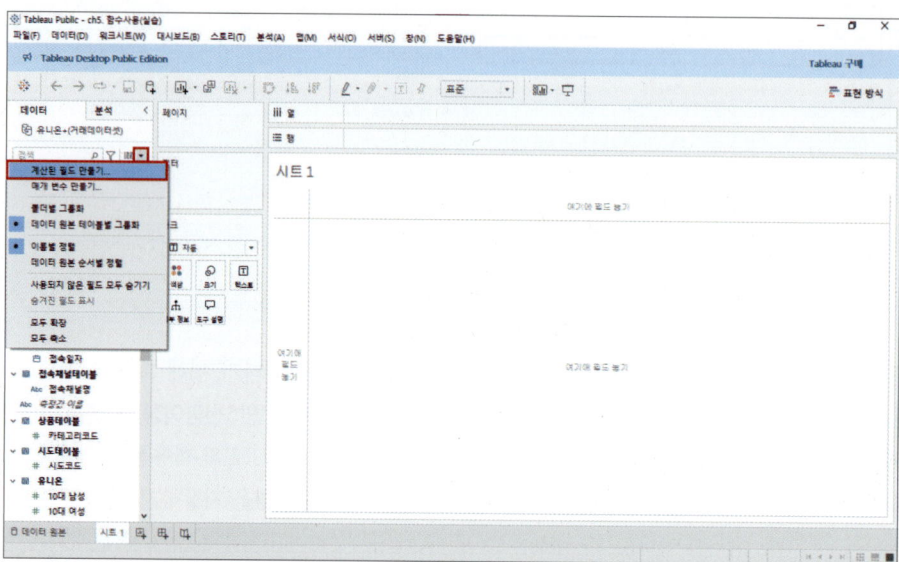

❷ 계산된 필드의 **이름**을 **전일**로 입력합니다. **DATEADD, DATE 함수**를 이용하여 1995년 8월 15일의 하루 전날을 계산하기 위해 다음 수식을 입력하고 **확인**을 클릭합니다.

DATEADD('day', -1, DATE("1995-08-15"))

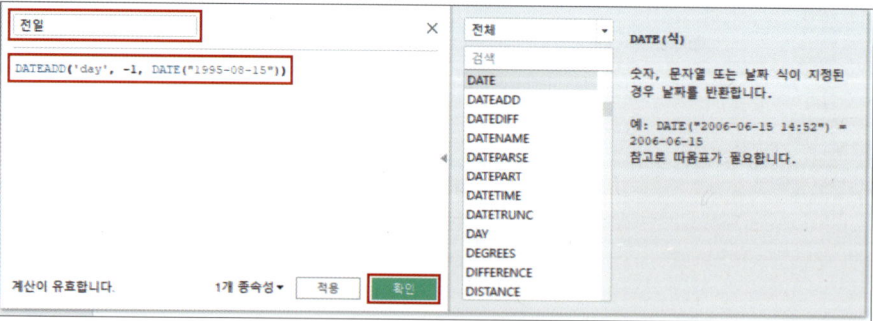

> **Tip** ✓
>
> 1995-08-15만을 입력하면 문자열로 인식하기 때문에 DATE 함수를 이용해서 날짜에 해당하는 문자를 감싸고 사용해야 합니다.

❸ 1995년 08월 15일의 하루 전 날을 확인하기 위해 데이터 패널에 있는 **[전일] 필드**를 마크 패널의 **텍스트**로 **드래그 앤 드롭**합니다.

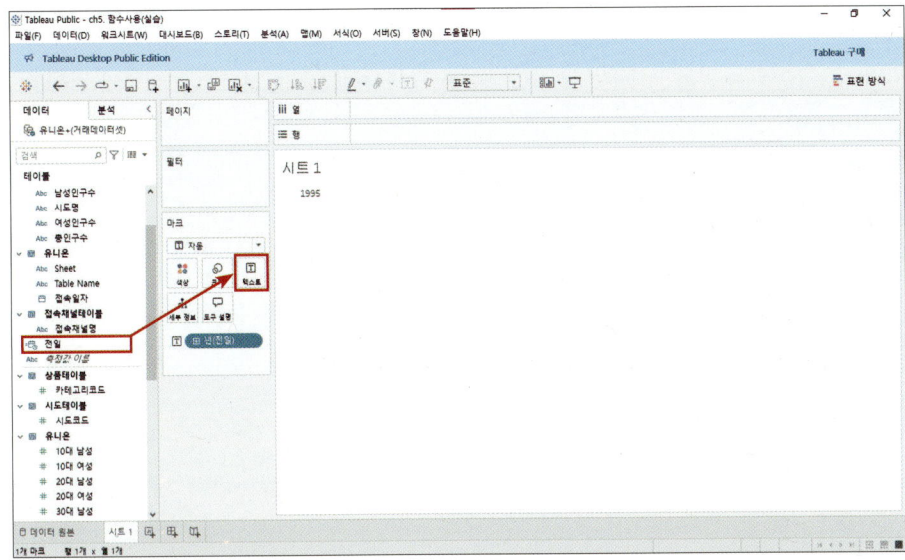

❹ [전일] 필드가 표시될 때 년도만 표시되므로 일자까지 표현하기 위해 마크 패널에 텍스트로 추가된 **년(전일)**을 **마우스 우클릭**하여 나타난 팝업 메뉴에서 아래쪽에 있는 **연속형 일(2015년 5월 8일)**을 선택합니다. 시트에 1995년 8월 15일의 전날인 1995년 8월 14일이 나타나는 것을 확인할 수 있습니다.

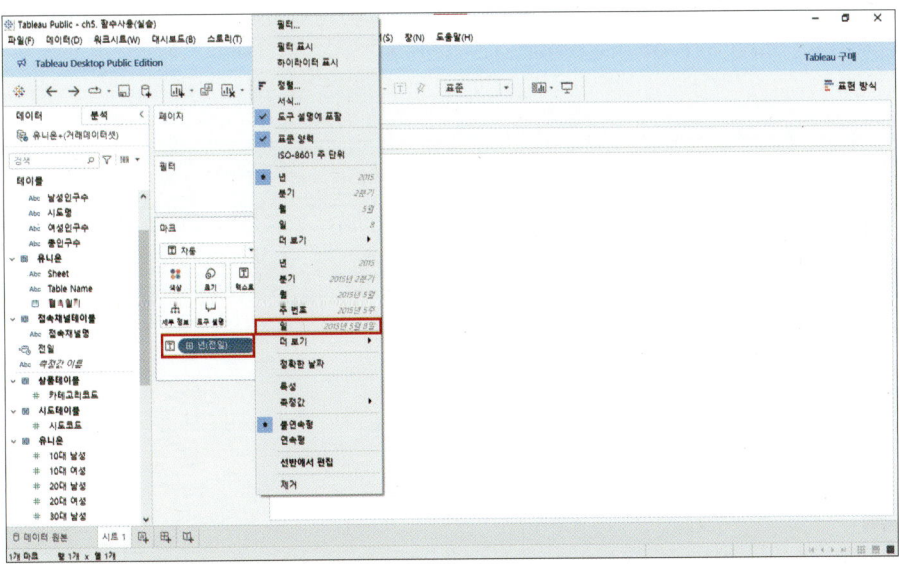

❺ 두 날짜 사이의 일 수를 반환하기 위해 먼저 데이터 패널 상단의 ▼을 누른 뒤 **계산된 필드 만들기**를 클릭합니다.

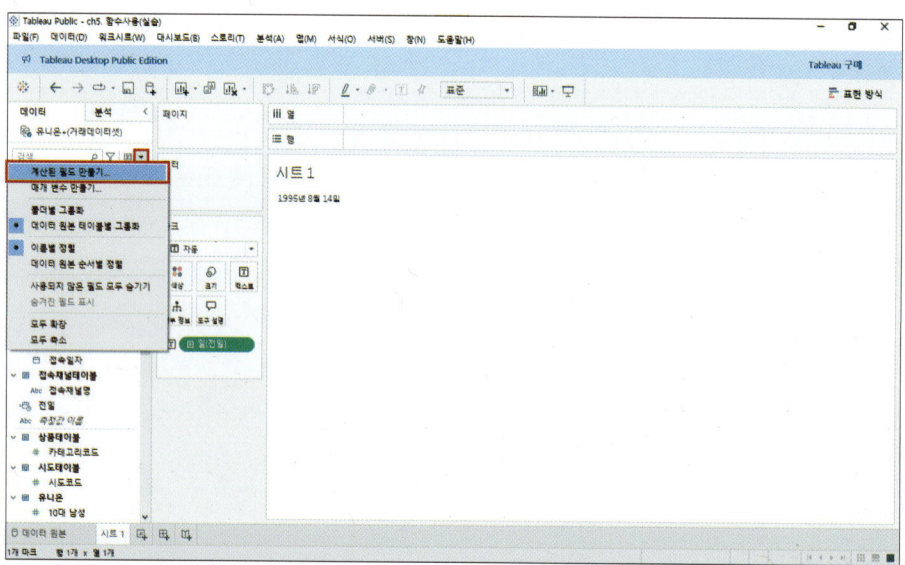

❻ 계산된 필드의 **이름**을 **두날짜비교**로 입력합니다. 두 날짜 사이의 간격을 반환하기 위해 **DATEDIFF, DATE 함수**를 이용하여 다음 수식을 입력하고 **확인**을 클릭합니다. 시작 날짜인 1000년 1월 1일과 끝 날짜인 1000년 10월 15일이 며칠이나 떨어져 있는지 확인합니다.

DATEDIFF('day', DATE("1000-01-01"), DATE("1000-10-15"))

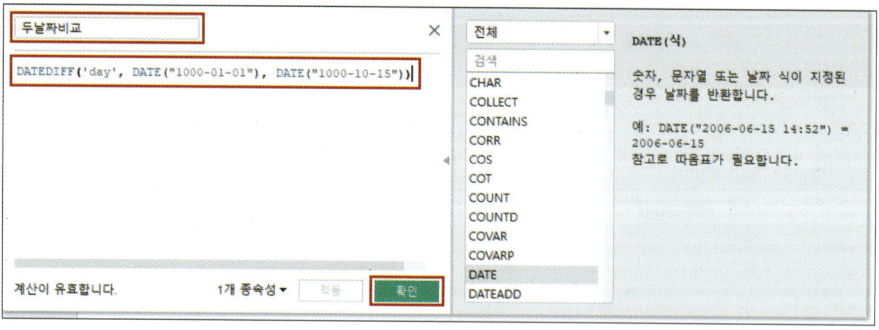

- 날짜 함수를 사용할 때 날짜 부분에는 'day', 'week', 'month', 'quater', 'year'를 활용할 수 있습니다.
- 1000-01-01, 1000-10-15만을 입력하면 문자열로 인식하기 때문에 DATE 함수를 이용해서 각각 날짜에 해당하는 문자를 감싸고 사용해야 합니다.

❼ 데이터 패널의 [두날짜비교] 필드를 마크 패널의 **텍스트**로 **드래그 앤 드롭**합니다. 드래그 앤 드롭하면 기본적으로 합계로 계산되므로 실제 두 날짜 사이의 간격인 287일보다 상당히 큰 숫자가 나타나게 됩니다.

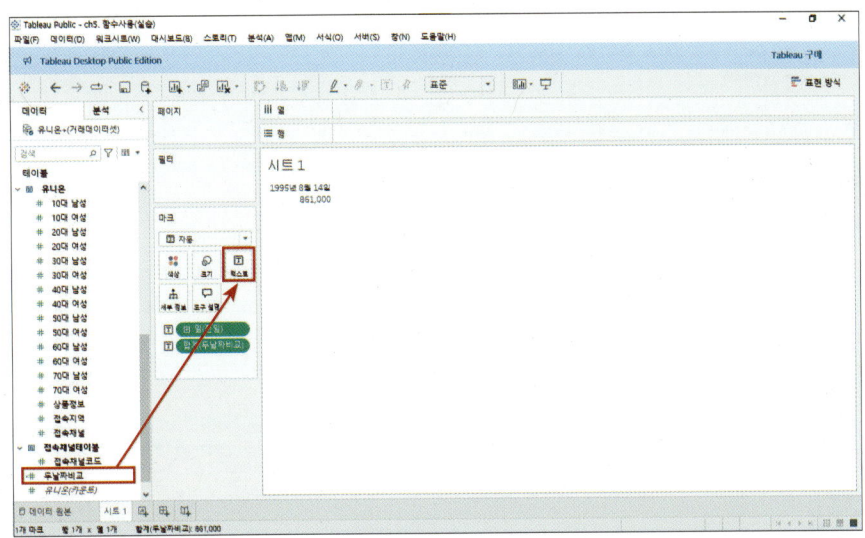

두 날짜 간의 간격을 반환할 때 개별 행마다 반복해서 계산이 되기 때문에 행 수만큼 날짜 간격이 합계로 반환되어 큰 값이 나타나게 됩니다.

❽ 마크 패널에 텍스트로 추가된 **합계(두날짜비교)**를 마우스 우클릭하여 나타난 팝업 메뉴에서 **차원**을 클릭합니다. 시트에 287로 변경되며 1000년 1월 1일과 1000년 10월 15일 사이의 간격이 287일인 것을 확인할 수 있습니다. 작업이 모두 진행되었다면 태블로 프로그램을 저장하지 않고 종료합니다.

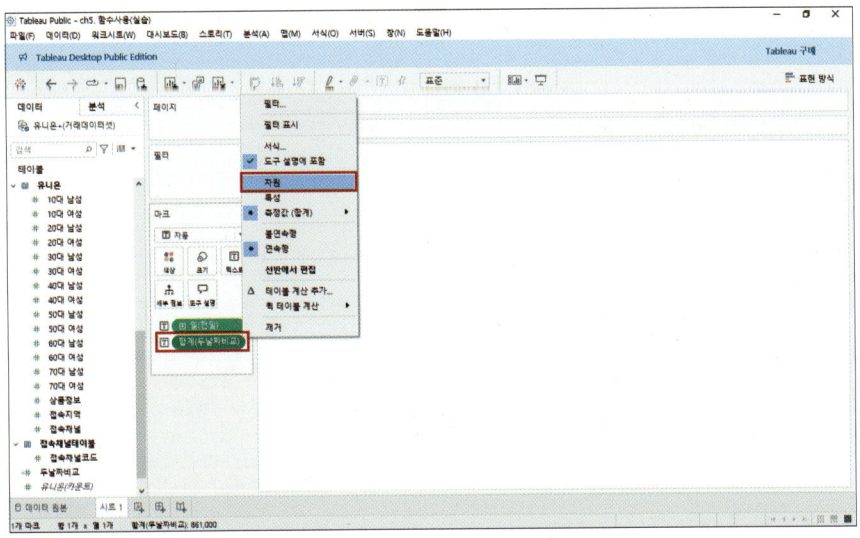

CHAPTER 05 | 함수 사용하기 **87**

02 DATEPARSE

❶ 먼저, 실습을 위해 **Part1 > ch5. 함수사용(실습)** 파일을 엽니다. 문자열로 들어온 날짜 데이터를 날짜 형식으로 반환하기 위해 먼저 데이터 패널 상단의 ▼을 누른 뒤 **계산된 필드 만들기**를 클릭합니다.

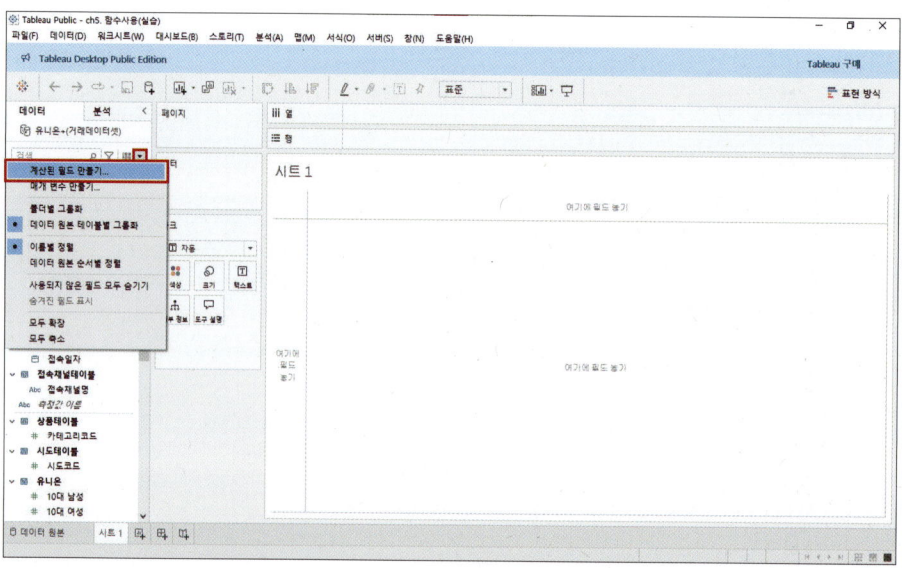

❷ 계산된 필드의 **이름**을 **기준날짜**로 입력합니다. 20250101을 문자열로 입력하기 위해 '**20250101**'을 입력하고 **확인**을 클릭합니다.

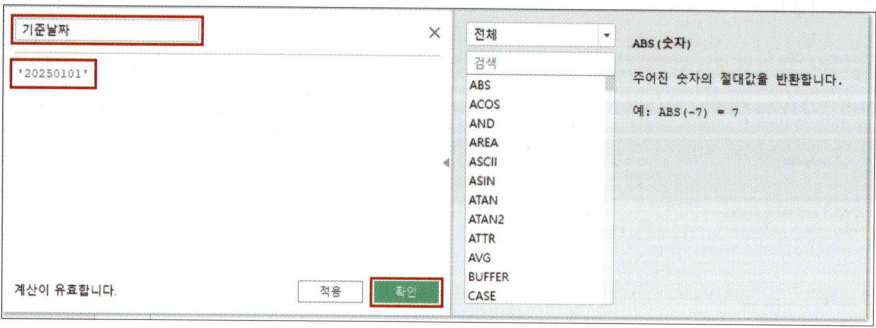

❸ 문자열로 만든 [기준날짜] 필드를 날짜 형식에 맞추어 변경하기 위해 데이터 패널 상단의 ▼을 클릭하고 나타난 팝업 메뉴에서 **계산된 필드 만들기**를 클릭합니다. 계산된 필드의 **이름**을 **날짜형식변경**으로 입력하고 **DATEPARSE 함수**를 이용하여 다음 수식을 입력한 후 **확인**을 클릭합니다.

DATEPARSE('yyyyMMdd', [기준날짜])

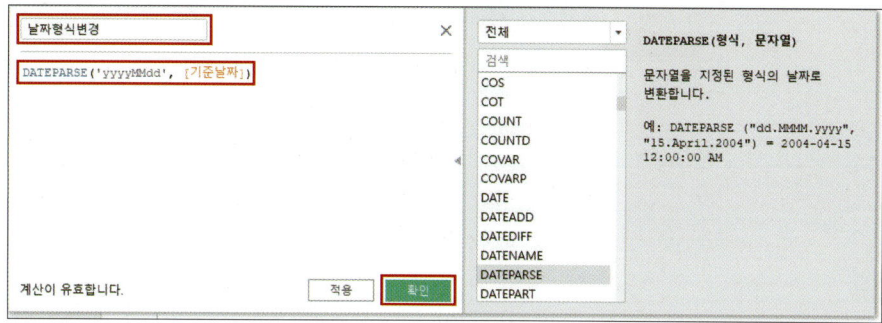

❹ 날짜형식으로 변경이 됐는지 확인하기 위해 문자열로 표현된 데이터 패널의 [기준날짜] 필드를 **행 패널**로 **드래그 앤 드롭**합니다. 날짜형식으로 변경한 [날짜형식변경] 필드는 마크 패널의 **텍스트**로 **드래그 앤 드롭**합니다. 이때, 날짜는 년도만 표시되기 때문에 마크 패널에 텍스트로 추가된 **년(날짜형식변경)**을 마우스 우클릭하여 나타난 팝업 메뉴에서 **연속형 일(2015년 5월 8일)**을 선택합니다. 두 필드를 살펴보면 문자열로 표현된 기준날짜는 띄어쓰기없이 숫자만 표시되고 있는 반면 날짜형식변경은 중간에 년, 월, 일이 표시된 것을 확인할 수 있습니다. 작업이 모두 진행되었다면 태블로 프로그램을 저장하지 않고 종료합니다.

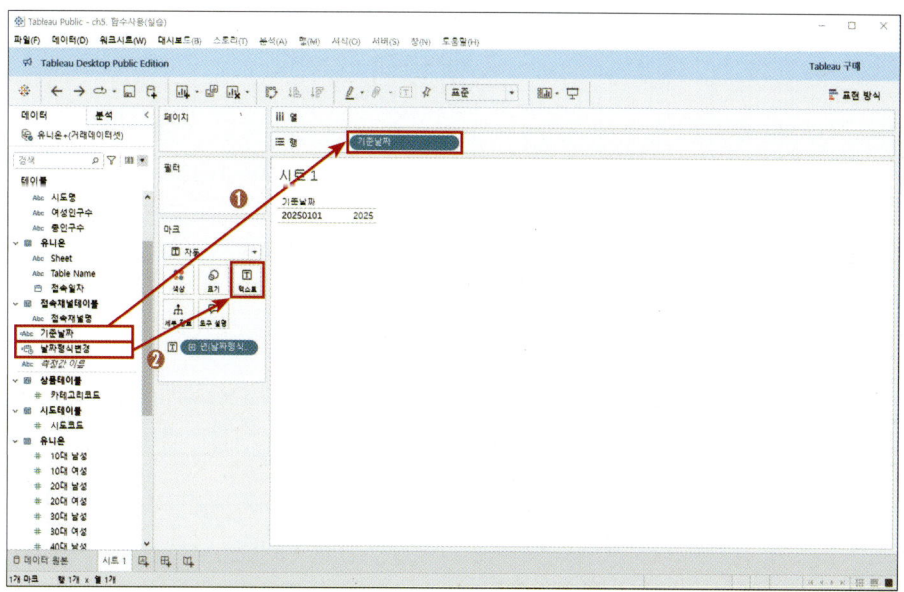

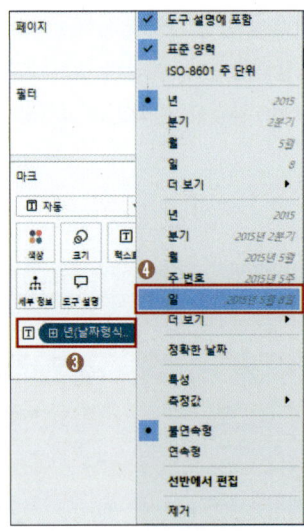

> **Tip** ✓

- 문자열로 들어온 날짜 데이터의 표현 방식에 따라 DATEPARSE 함수의 형식을 지정합니다. 2025-01-01로 들어온 경우 'yyyy-MM-dd'로 형식을 지정하면 날짜 데이터로 변환됩니다. 25년 2월 8일로 들어온 경우 'yy년 M월 d일'로 형식을 지정합니다. 날짜 형식을 정확하게 매핑하기 위해 문자열에 담긴 공백 또는 하이픈 등의 기호가 반드시 포함되어 있어야 하며, 정확한 날짜 필드 기호와 조합해야 합니다.
- 날짜 필드 기호

날짜 부분	예제 문자열	형식
두 글자 연도	25	yy
네 글자 연도	2025	yyyy
한 글자 월	3	M
두 글자 월	03	MM
영문 세 글자 월	Mar	MMM
영문 월	March	MMMM
한 글자 일	5	d
두 글자 일	05	dd
한 글자 시간	7	h
두 글자 시간	07	hh
24시간	17	HH
한 글자 분	1	m
두 글자 분	05	mm
한 글자 초	5	s
두 글자 초	05	ss

03 DATEPART, YEAR, QUARTER, MONTH, WEEK, DAY

❶ 먼저, 실습을 위해 **Part1 > ch5. 함수사용(실습)** 파일을 엽니다. 주어진 날짜가 몇 월 달인지를 정수로 계산하기 위해 먼저 데이터 패널 상단의 ▼을 누른 후 **계산된 필드 만들기**를 클릭합니다.

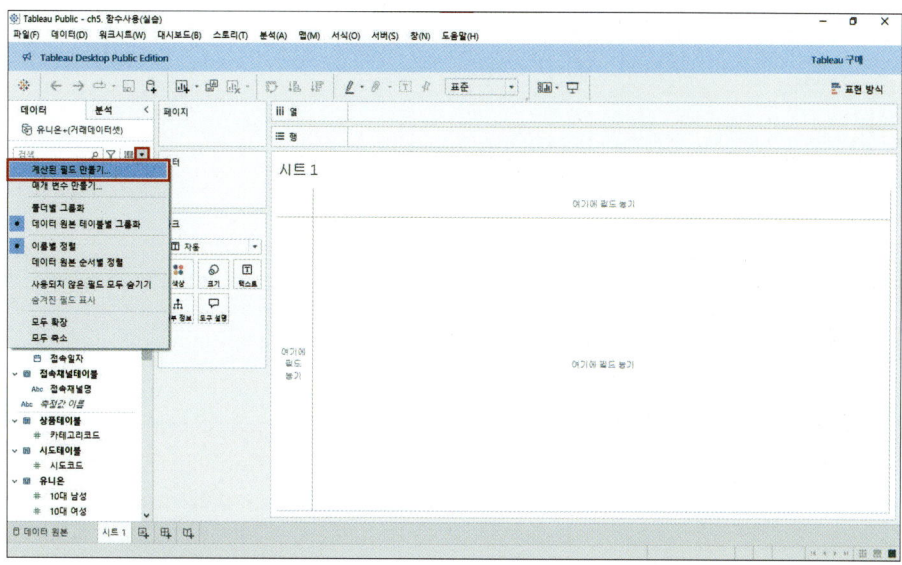

❷ 계산된 필드의 **이름**을 **해당월**로 입력합니다. **DATEPART 함수**를 이용하여 다음 수식을 입력하고 **확인**을 클릭합니다. 이때, MONTH 함수를 이용해도 동일한 결과가 나타납니다.

DATEPART('month', [접속일자])

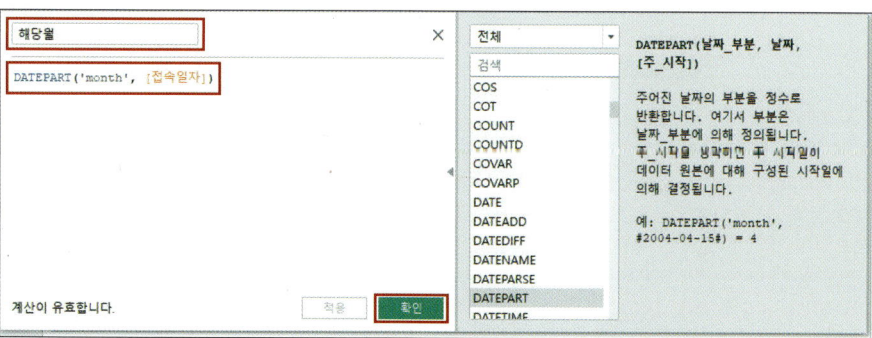

> **Tip** ✅
>
> DATEPART의 날짜 부분에 따라 동일한 의미를 갖고 있는 함수가 있습니다. 먼저, DATEPART의 날짜 부분에 'year'를 입력할 경우 YEAR 함수와 동일한 결과를 반환합니다. 'quarter'를 입력할 경우에는 QUARTER 함수와 동일한 결과를 반환하며, 'month'라고 입력하는 경우 MONTH 함수와 동일한 결과를 반환합니다. 마지막으로 'day'를 입력할 경우 DAY 함수와 동일한 결과를 반환합니다.

❸ [해당월] 필드가 잘 나타나는지 확인하기 위해서 데이터 패널의 **[해당월] 필드**를 마크 패널의 **텍스트**에 **드래그 앤 드롭**합니다.

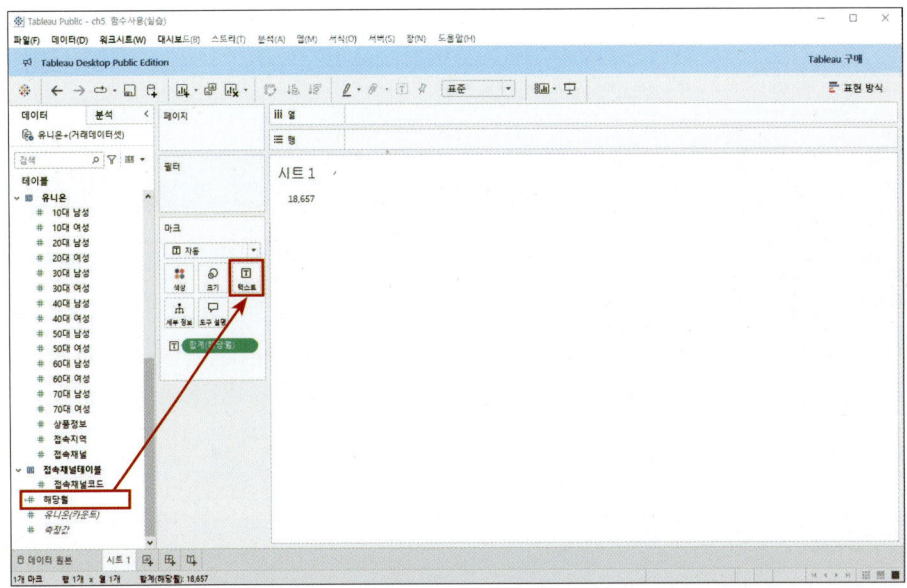

❹ 드래그 앤 드롭하면 기본적으로 합계로 계산되므로 마크 패널에 텍스트로 추가된 **합계(해당월)**를 **마우스 우클릭**하여 **차원**으로 변경합니다. 시트에 12개월의 숫자가 잘 나타나는 것을 확인할 수 있습니다. 작업이 모두 진행되었다면 태블로 프로그램을 저장하지 않고 종료합니다.

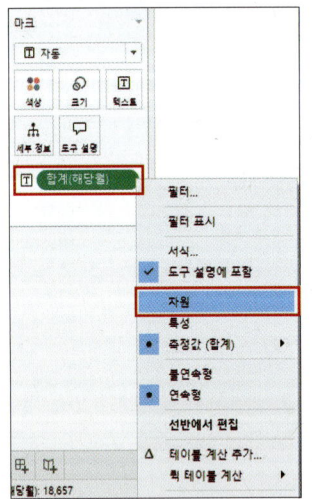

05 날짜 및 시간 함수(2)

01 NOW, TODAY

❶ 먼저, 실습을 위해 **Part1 > ch5. 함수사용(실습)** 파일을 엽니다. 현재 날짜 및 시간을 반환하기 위해 먼저 데이터 패널 상단의 ▼을 누른 후 **계산된 필드 만들기**를 클릭합니다.

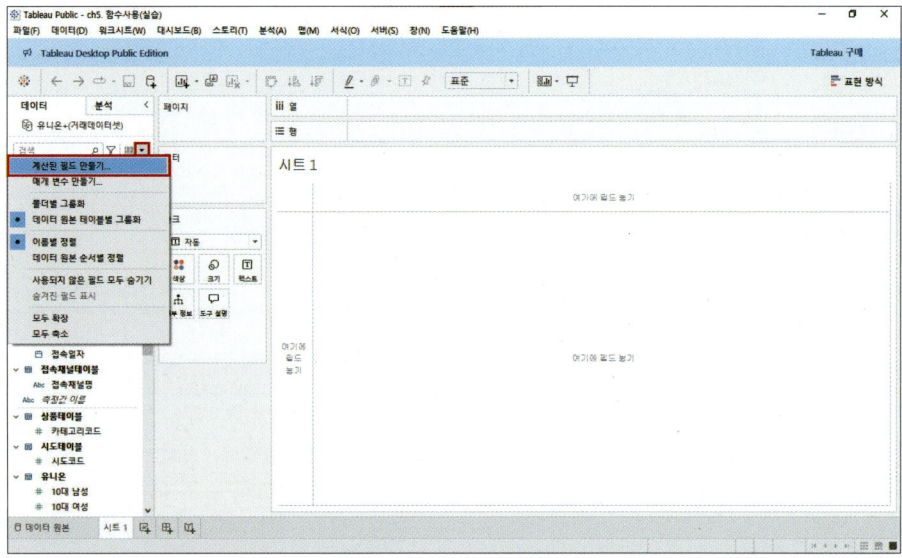

❷ 계산된 필드의 **이름**을 **현재시간**으로 입력합니다. **NOW 함수**를 이용하여 다음 수식을 입력하고 **확인**을 클릭합니다.

NOW( )

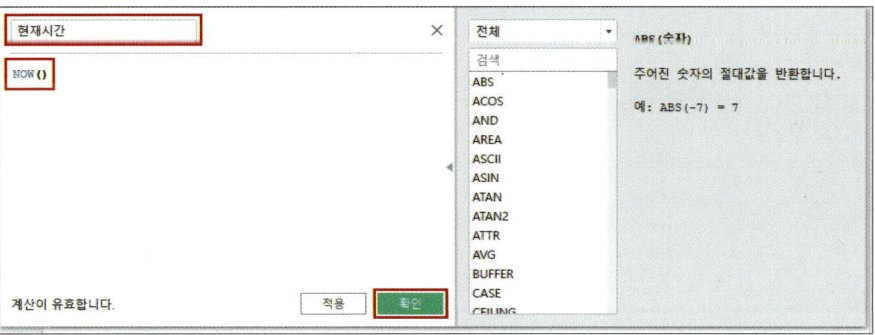

❸ 데이터 패널에서 계산된 **[현재시간]** 필드가 잘 나타났는지 확인하기 위해 마크 패널의 **텍스트**에 **드래그 앤 드롭**합니다.

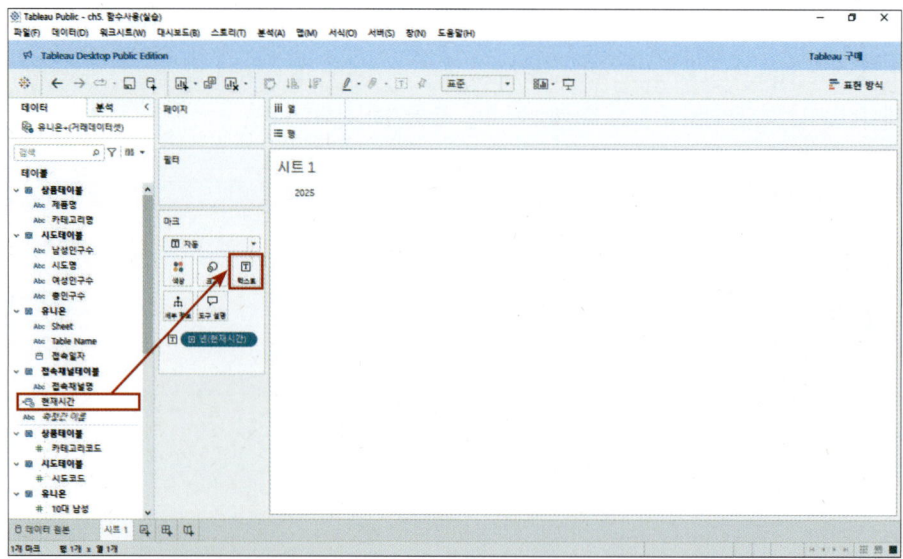

❹ 계산된 [현재시간] 필드는 오늘 날짜와 시간이 표시되는 필드이기 때문에, 정확하게 확인하기 위해 마크 패널에 텍스트로 추가된 **년(현재시간)**을 **마우스 우클릭**하여 나타나는 팝업 메뉴에서 **정확한 날짜**를 선택합니다.

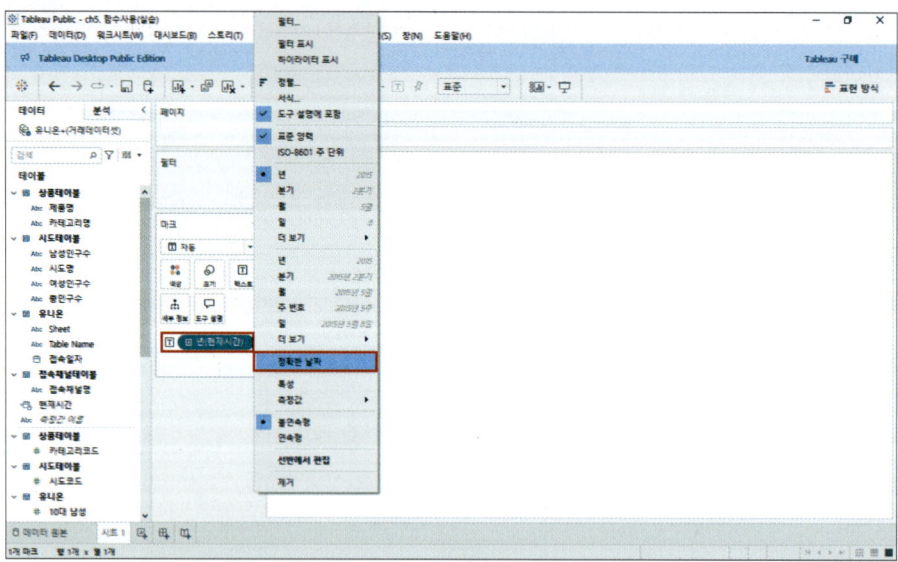

❺ 정확한 날짜를 표시한 현재시간은 실제 실습을 진행하고 있는 시간에 맞춰 연도, 월, 일, 시, 분, 초까지 표현하고 있는 것을 확인할 수 있습니다.

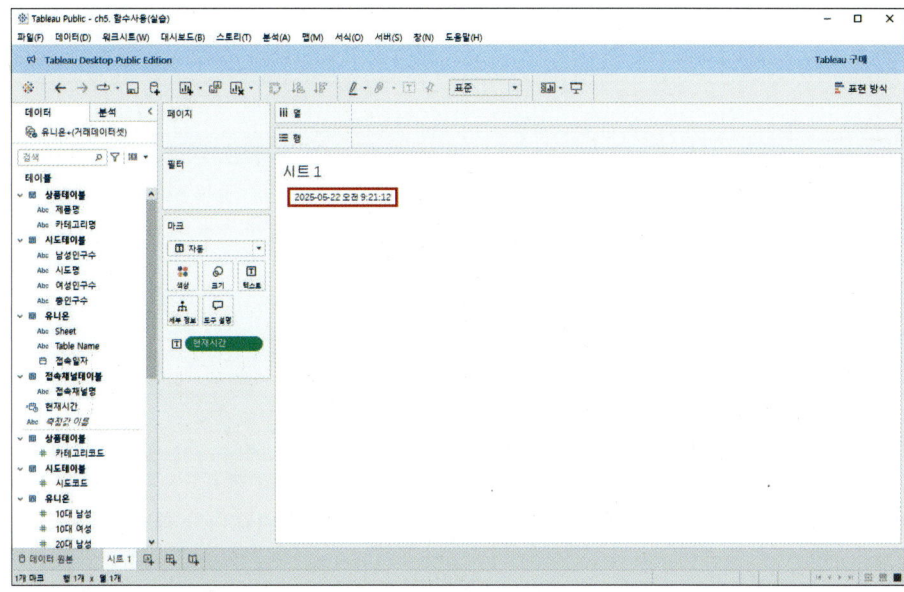

❻ 현재 날짜를 반환하기 위해 먼저 데이터 패널 상단의 ▼을 누른 후 **계산된 필드 만들기**를 클릭합니다.

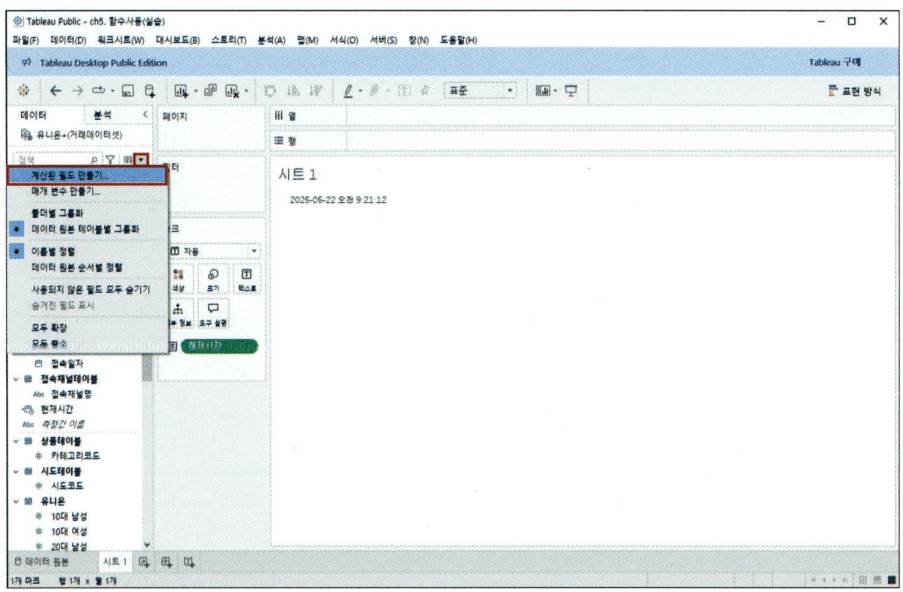

❼ 계산된 필드의 **이름**을 **현재날짜**로 입력합니다. **TODAY 함수**를 이용하여 다음 수식을 입력하고 **확인**을 클릭합니다.

> TODAY( )

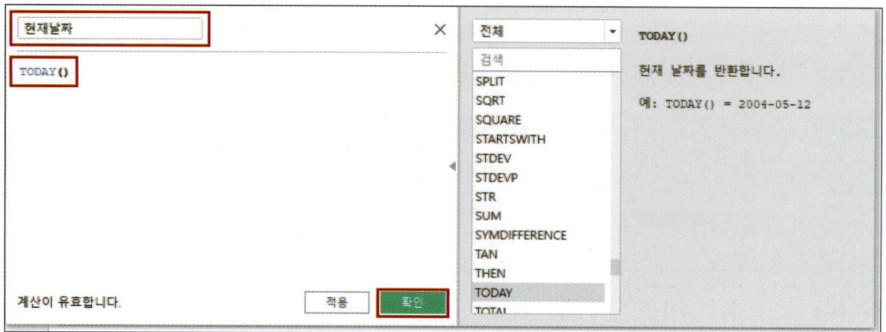

❽ 데이터 패널에서 계산된 [**현재날짜**] 필드가 잘 나타났는지 확인하기 위해 마크 패널의 **텍스트**에 **드래그 앤 드롭**합니다.

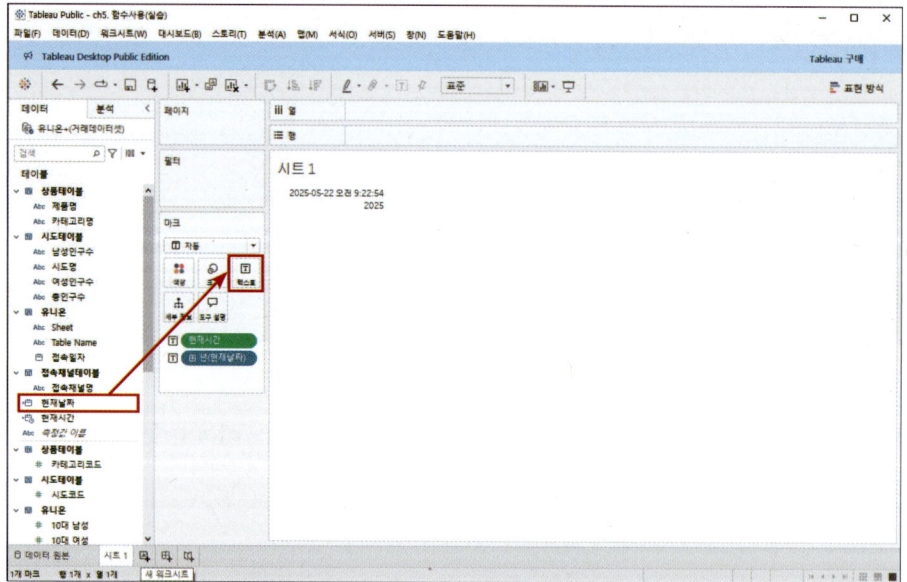

❾ 계산된 [현재날짜] 필드는 오늘 날짜가 표시되는 필드이기 때문에 정확하게 확인하기 위해 마크 패널에 텍스트로 추가된 **년(현재날짜)**을 **마우스 우클릭**하여 나타나는 팝업 메뉴에서 **정확한 날짜**를 선택합니다.

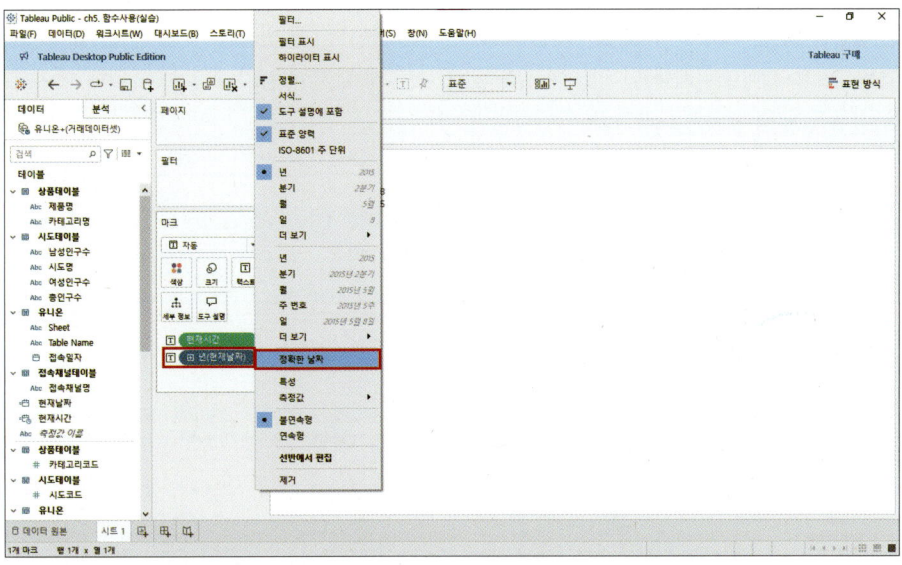

❿ 정확한 날짜를 표시한 현재날짜는 실제 실습을 진행하고 있는 시간에 맞춰 연도, 월, 일까지 표현하고 있는 것을 확인할 수 있습니다. NOW 함수를 이용하여 계산된 [현재시간] 필드와 TODAY 함수를 이용하여 계산된 [현재날짜] 필드의 차이를 확인할 수 있습니다. 작업이 모두 진행되었다면 태블로 프로그램을 저장하지 않고 종료합니다.

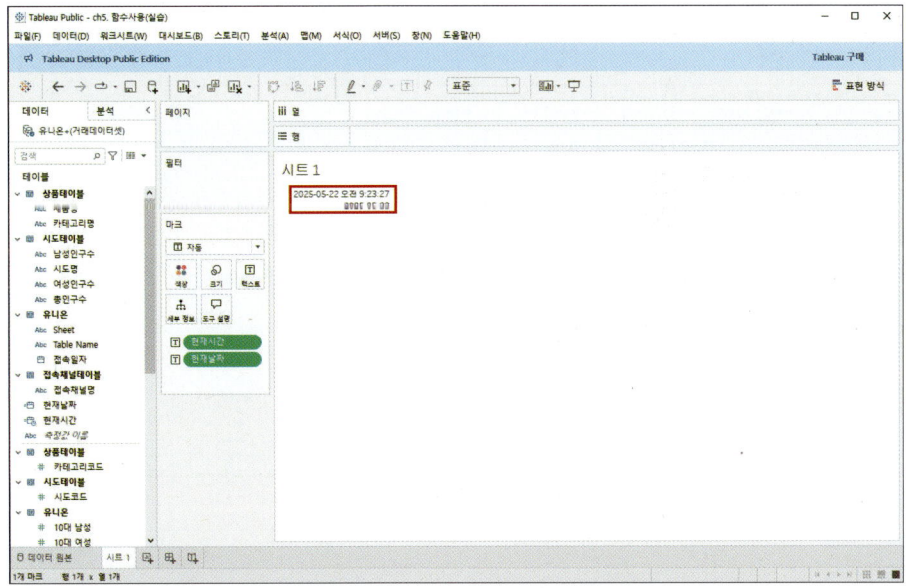

06 ▶ 테이블 조작/계산 함수

01 INDEX

❶ 먼저, 실습을 위해 **Part1 > ch5. 함수사용(실습)** 파일을 엽니다. 행 번호를 계산하기 위해 INDEX 함수를 이용하려고 합니다. [제품명] 필드에 필드 값이 어떻게 담겨 있는지 확인하기 위해 데이터 패널의 **[제품명] 필드를 행 패널로 드래그 앤 드롭**합니다.

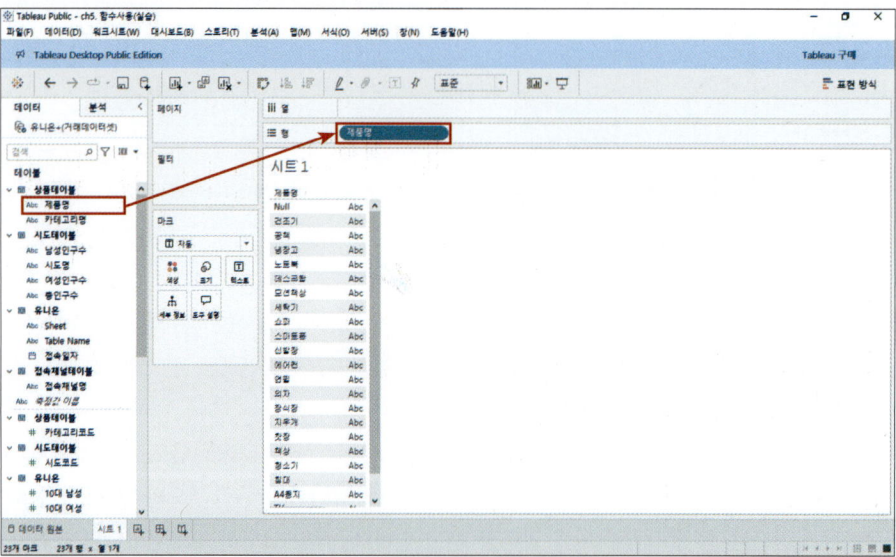

❷ [제품명] 필드는 카테고리명의 하위 범주로 다양한 제품명이 있습니다. 현재 나열된 [제품명] 필드 값의 행 번호를 계산하기 위해서 데이터 패널 상단의 ▼을 누른 뒤 **계산된 필드 만들기**를 클릭합니다.

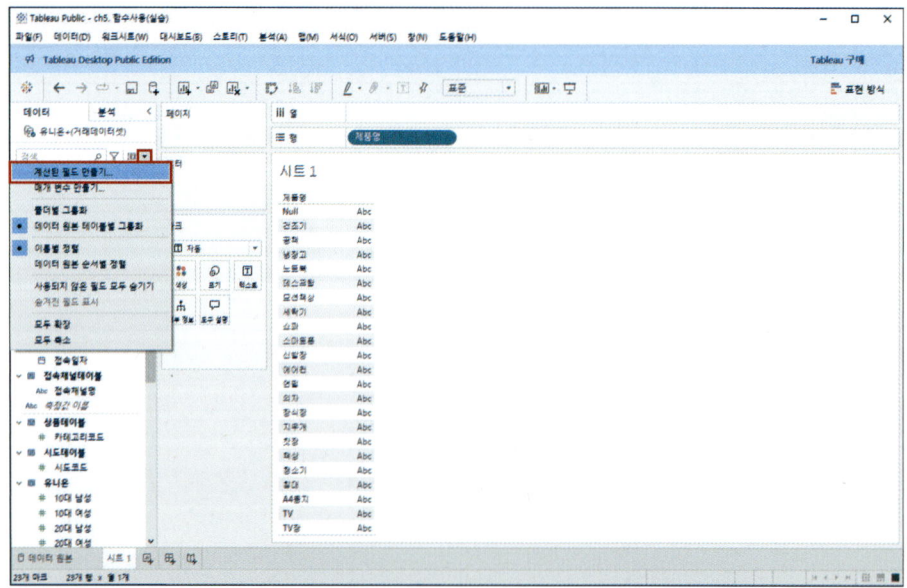

❸ 계산된 필드의 **이름**을 **구분**으로 입력합니다. **INDEX 함수**를 이용하여 다음 수식을 입력하고 **확인**을 클릭합니다.

> INDEX( )

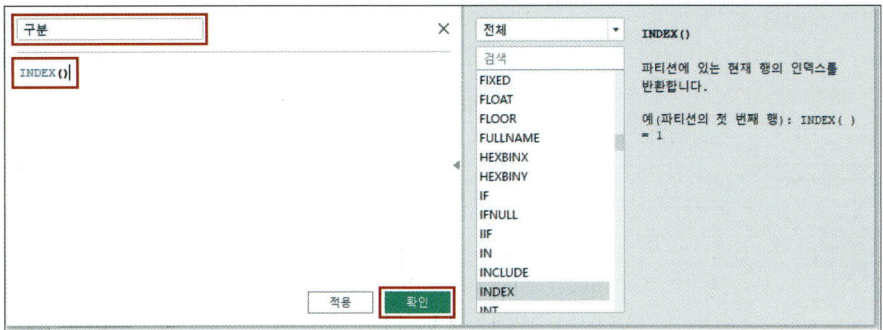

❹ 계산된 [구분] 필드가 제대로 나타나는지 확인하기 위해 데이터 패널의 **[구분] 필드**를 마크 패널의 **텍스트로 드래그 앤 드롭**합니다. 제품명에 따라 위에서부터 순차적으로 인덱스 번호가 표시된 것을 확인할 수 있습니다. 작업이 모두 진행되었다면 태블로 프로그램을 저장하지 않고 종료합니다.

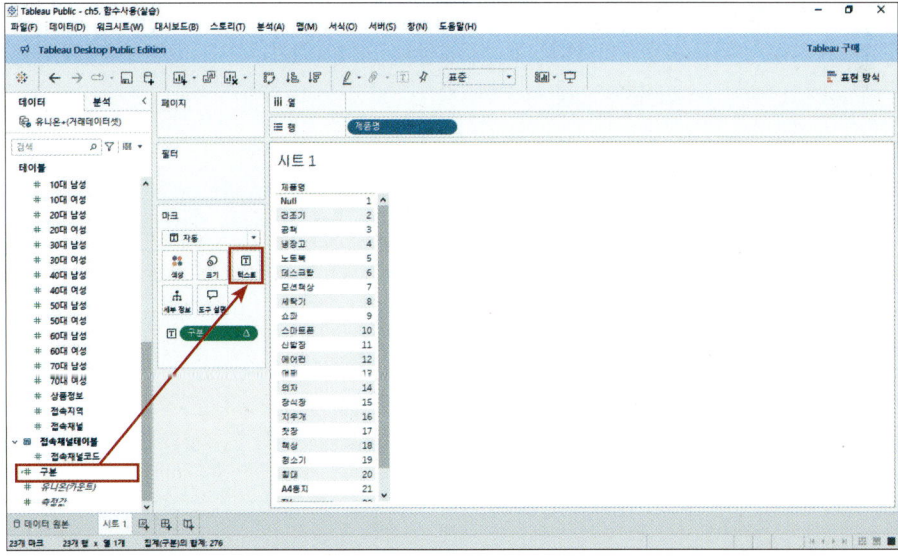

02 RANK, RANK_UNIQUE

❶ 먼저, 실습을 위해 **Part1 > ch5. 함수사용(실습)** 파일을 엽니다. 특정 측정값에 따라 순위를 계산하기 위해 RANK 함수를 이용하려고 합니다. [제품명] 필드 값이 어떻게 담겨 있는지 확인하기 위해 데이터 패널의 [제품명] 필드를 **행 패널**에 **드래그 앤 드롭**합니다.

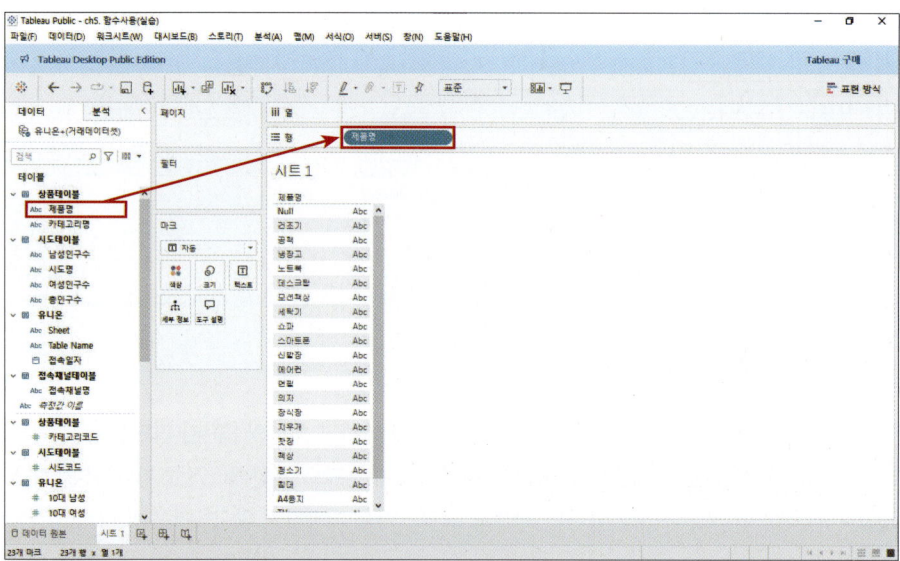

❷ 특정 필드에 따른 순위를 표현하기 위해 데이터 패널의 [20대 남성] 필드를 **마우스 우클릭**하여 나타난 팝업 메뉴에서 **만들기 > 계산된 필드**를 선택합니다.

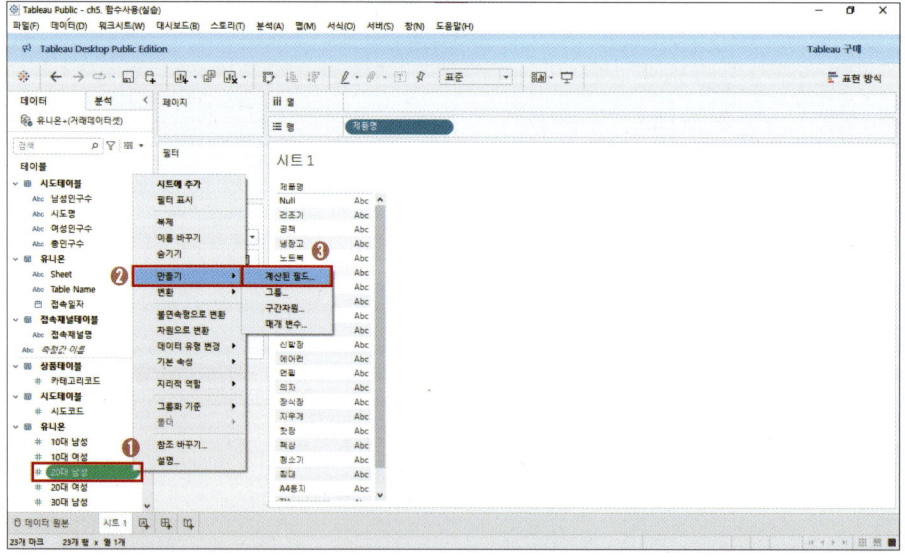

❸ 계산된 필드의 **이름**을 **접속자수_순위**로 입력합니다. 20대 남성의 제품 순위를 알아보기 위해 **RANK, SUM 함수**를 이용하여 다음 수식을 입력하고 **확인**을 클릭합니다.

RANK(SUM([20대 남성]))

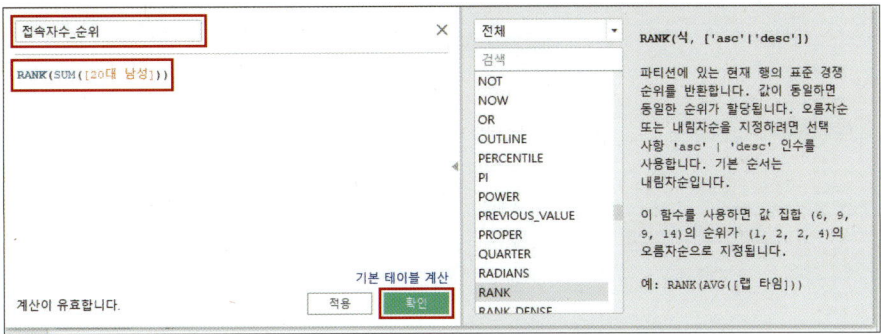

RANK 함수를 사용할 경우 측정값을 집계해서 사용해야 하기 때문에 SUM, AVG, MIN, MAX 등의 함수를 활용하여 집계를 한 후 순위를 반환할 수 있습니다.

❹ 계산된 [접속자수_순위] 필드가 제대로 나타나는지 확인하기 위해 데이터 패널의 계산된 [접속자수_순위] 필드를 마크 패널의 **텍스트**로 **드래그 앤 드롭**합니다. 20대 남성의 각 제품에 대한 순위가 순차적으로 나타나는 것을 확인할 수 있습니다.

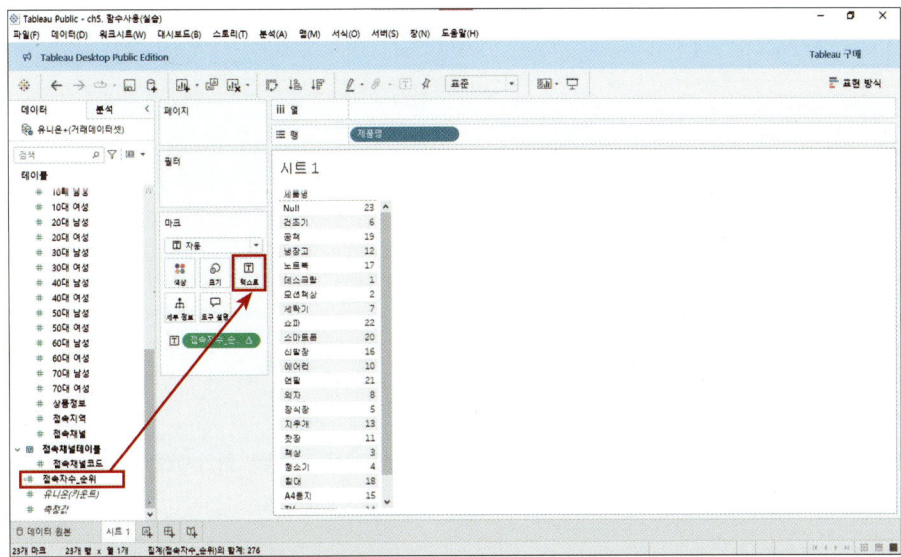

❺ 특정 측정값에 따라 고유한 순위를 계산하기 위해 RANK_UNIQUE 함수를 이용하려고 합니다. 특정 측정값에 따라 고유한 순위를 표현하기 위해 데이터 패널의 [20대 남성] 필드를 마우스 우클릭하여 나타나는 팝업 메뉴에서 **만들기 > 계산된 필드**를 클릭합니다.

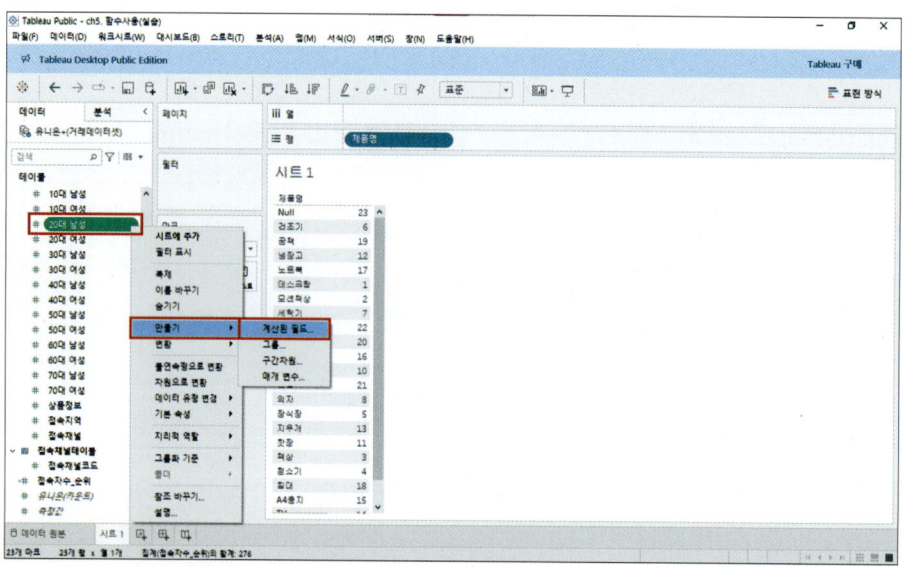

❻ 계산된 필드의 **이름**을 **접속자수_고유순위**로 입력합니다. 20대 남성의 제품 고유순위를 알아보기 위해 **RANK_UNIQUE, SUM 함수**를 이용하여 다음 수식을 입력하고 **확인**을 클릭합니다.

RANK_UNIQUE(SUM([20대 남성]))

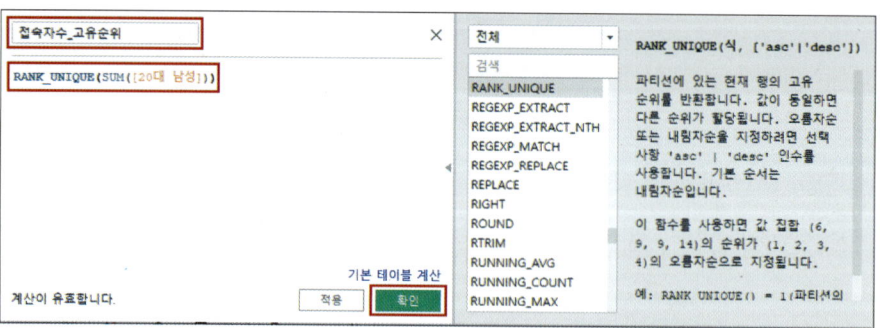

RANK_UNIQUE 함수를 사용할 경우 RANK 함수처럼 측정값을 집계해서 사용해야 하기 때문에 SUM, AVG, MIN, MAX 등의 함수를 활용하여 집계를 한 후 순위를 반환할 수 있습니다.

❼ 계산된 [접속자수_고유순위] 필드가 제대로 나타나는지 확인하기 위해 데이터 패널의 계산된 **[접속자수_고유순위]** 필드를 마크 패널의 **텍스트**로 **드래그 앤 드롭**합니다. 기존에 RANK 함수를 이용하여 만들었던 [접속자수_순위] 필드와 비교했을 때 차이가 없는데, 순위를 측정하는 필드가 동일할 경우 정렬 순서에 따라 다른 순위를 부여합니다.

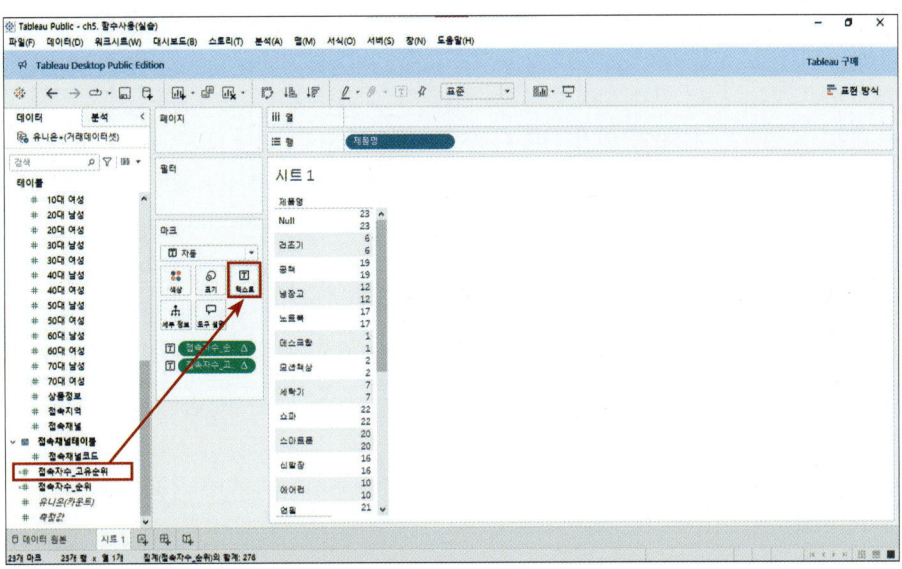

CHAPTER

06 차트 구성하기

태블로는 데이터로부터 인사이트를 얻기 위해 다양한 관점으로 분석합니다. 또한, 각 데이터마다 적합한 차트가 존재하기 때문에 각 차트를 생성하는 방법을 익혀야 합니다. 예를 들어 월별 계약 건수가 증가하는지 혹은 감소하는지 보여주기 위해서는 라인 차트나 영역 차트를 이용한 시각화 방법이 합리적입니다. 또한, 어떤 조직 혹은 직원의 계약 건수 간의 차이가 존재하는지 혹은 큰 차이 없이 비슷하게 계약을 하는지 확인하기 위해서는 막대 차트나 버블 차트 등을 이용한 시각화 방법이 합리적입니다. 이처럼 데이터에 따라서 인사이트를 표현하고 다른 사용자에게 어떻게 전달할지에 따라 필요한 다양한 시각화 방법을 익혀보도록 하겠습니다.

01 라인 차트

시간의 변화에 따라 추세를 확인하거나 미래 값을 예측하기 위해 사용하는 시각화로 마크 패널에서 표현 방식을 라인으로 했을 때 나타납니다.

01 연도별

❶ 먼저, 실습을 위해 **Part1 > ch6. 차트구성(실습)** 파일을 엽니다. 라인 차트를 생성하기 위해 데이터 패널에서 **[접속일자] 필드**를 클릭하고 **열 패널**로 **드래그 앤 드롭**합니다.

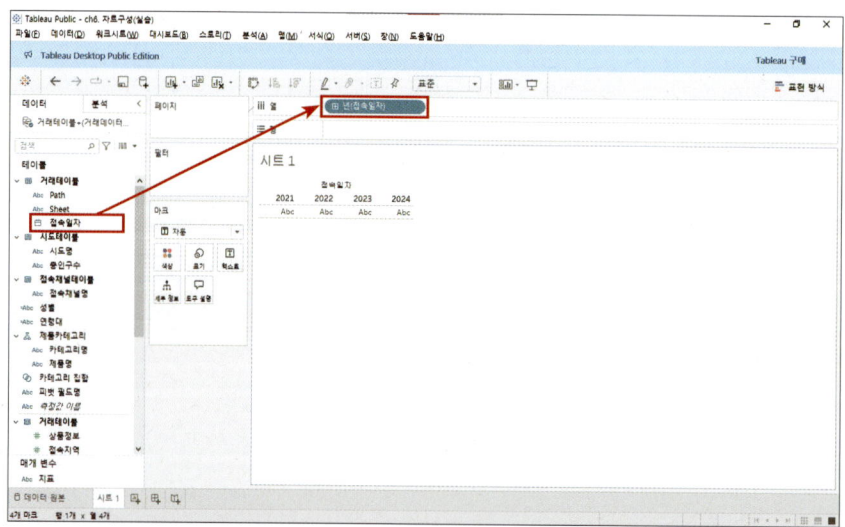

❷ 라인 차트를 완성하기 위해 데이터 패널에서 [피벗 필드 값] 필드를 클릭하고 **행 패널로 드래그 앤 드롭**합니다. 연도별 라인 차트가 완성됩니다.

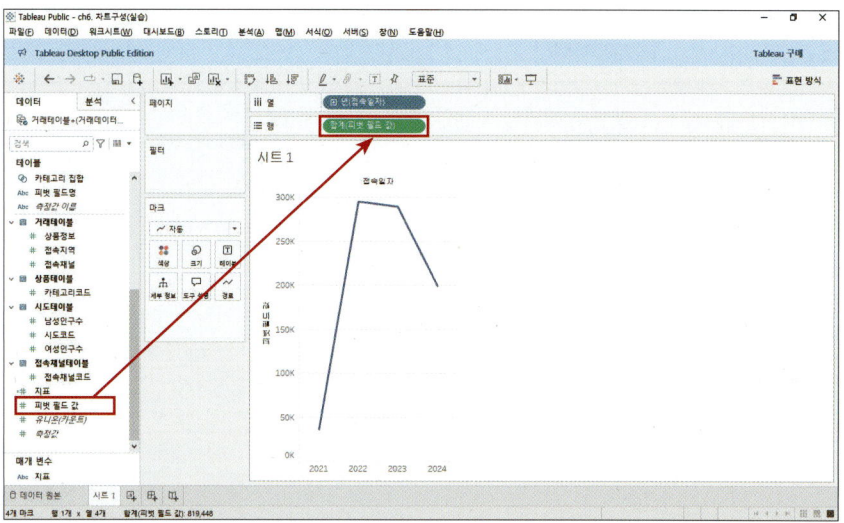

- 태블로에서 차트를 작성할 때 열과 행 패널에 **차원**을 먼저 넣으면 표현 방식을 변경하지 않더라도 텍스트 테이블 또는 크로스탭이 자동으로 생성됩니다.

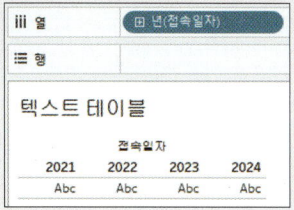 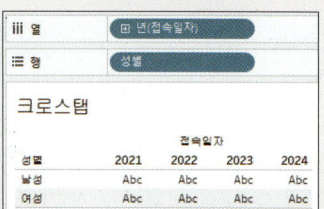

- **날짜가 아닌 차원**을 배치하고 **측정값**을 함께 배치할 경우 표현 방식을 변경하지 않더라도 막대 그래프가 자동으로 생성됩니다.

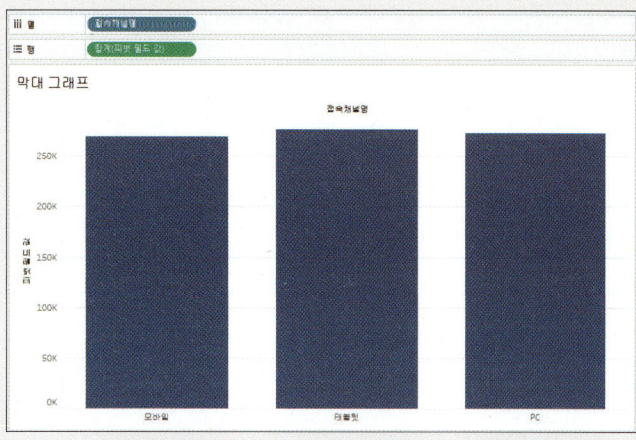

- 날짜 차원을 배치하고 측정값을 함께 배치할 경우 표현 방식을 변경하지 않더라도 라인 그래프가 자동으로 생성됩니다.

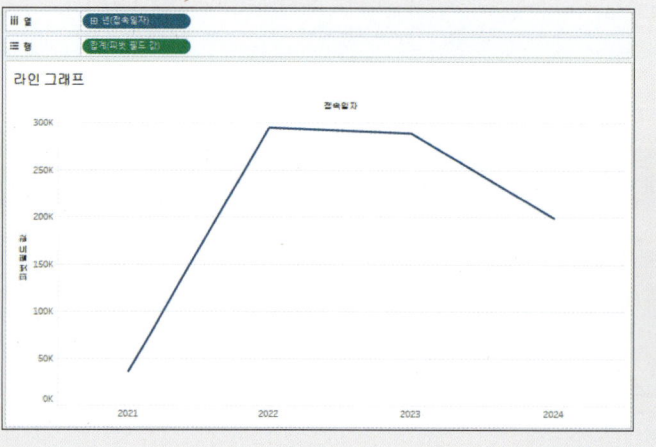

02 월별

❶ 태블로에서 날짜 데이터를 사용하면 년도를 먼저 표시합니다. 열 패널에 추가된 년(접속일자)을 마우스 우클릭합니다. 나타난 팝업 메뉴에서 아래쪽에 있는 연속형 월(월 2015년 5월)을 클릭합니다.

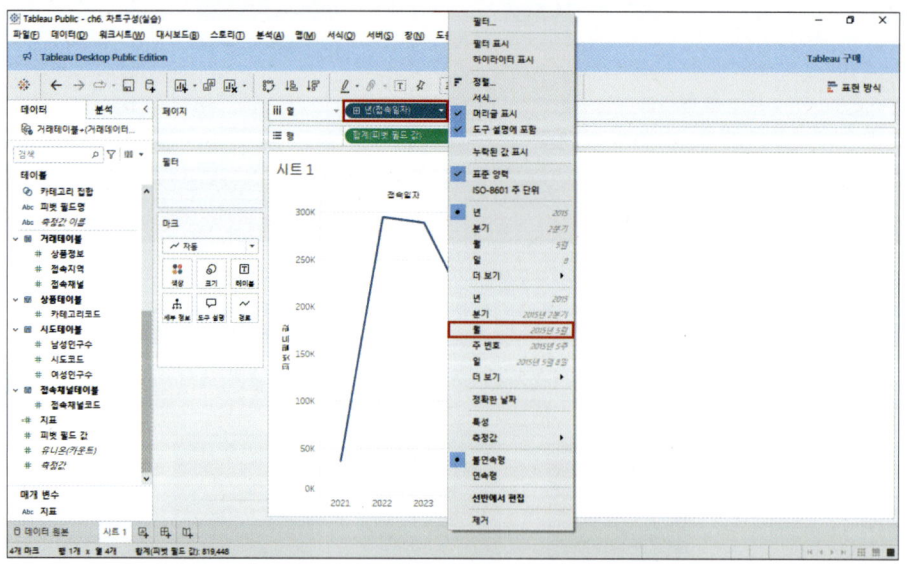

❷ 월별 트랜드를 파악하기 좋은 형태로 시각화가 완성됩니다. 작업이 모두 진행되었다면 태블로 프로그램을 저장하지 않고 종료합니다.

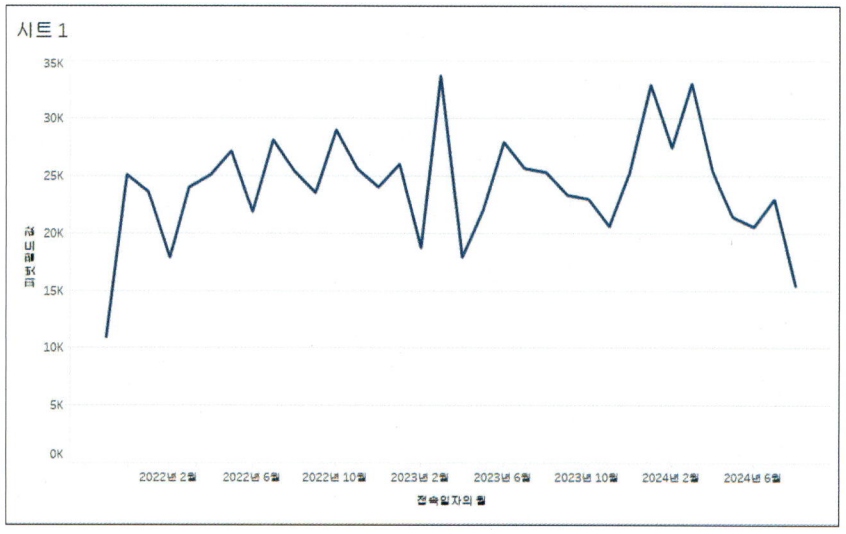

Tip

실습 파일을 종료하고 다시 여는 과정이 복잡하다면 을 클릭하여 새 시트를 열거나 상단 왼쪽에 위치한 ←을 연달아 클릭하여 작업 내용을 모두 취소하는 방법도 가능합니다.

02 영역 차트

라인 차트처럼 시간의 변화에 따라 추세를 확인하거나 미래 값을 예측하기 위해 사용하는 시각화 방법 중 하나입니다. 라인 차트와는 다르게 라인과 축 사이 공간에 색상이 채워져 있습니다.

01 연도별

❶ 먼저, 실습을 위해 Part1 > ch6. 차트구성(실습) 파일을 엽니다. 영역 차트 역시 라인과 유사하게 표현할 수 있습니다. 데이터 패널에서 날짜 필드인 [접속일자] 필드를 클릭하고 열 패널로 드래그 앤 드롭합니다.

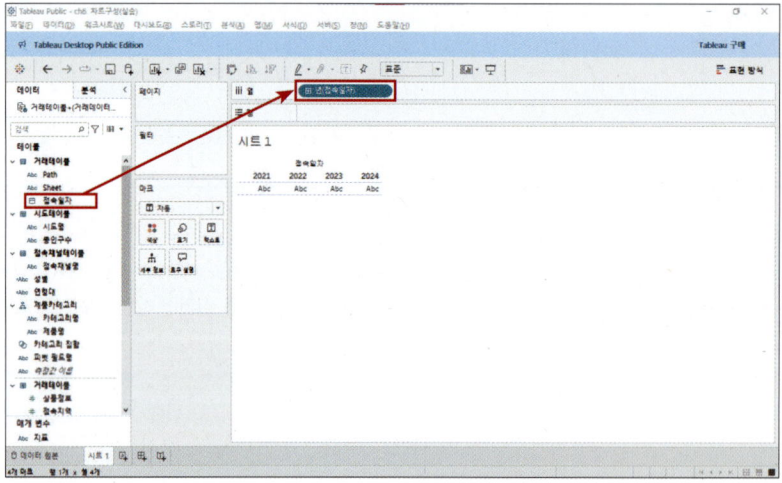

❷ 데이터 패널에서 [피벗 필드 값] 필드를 클릭하고 행 패널로 드래그 앤 드롭합니다. 앞서 만들었던 연도별 라인 차트가 완성됩니다.

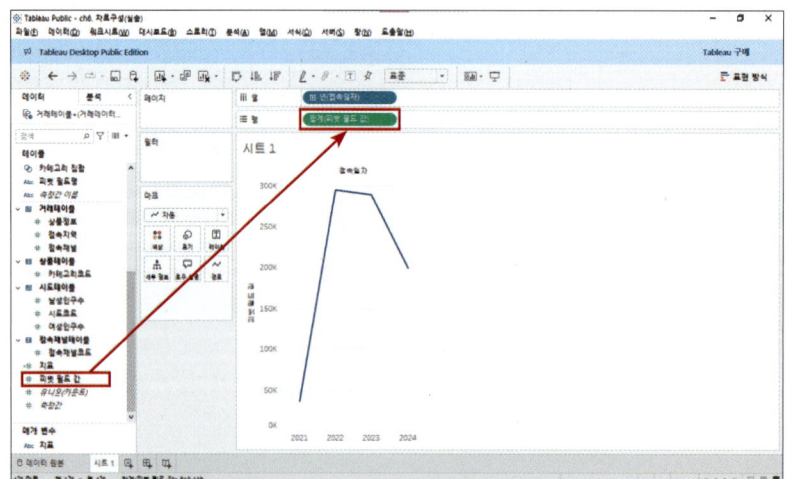

❸ 라인 차트로 표현된 연도별 실적을 영역 차트로 변경하기 위해 마크 패널의 **표현 방식**을 자동에서 **영역**으로 변경합니다.

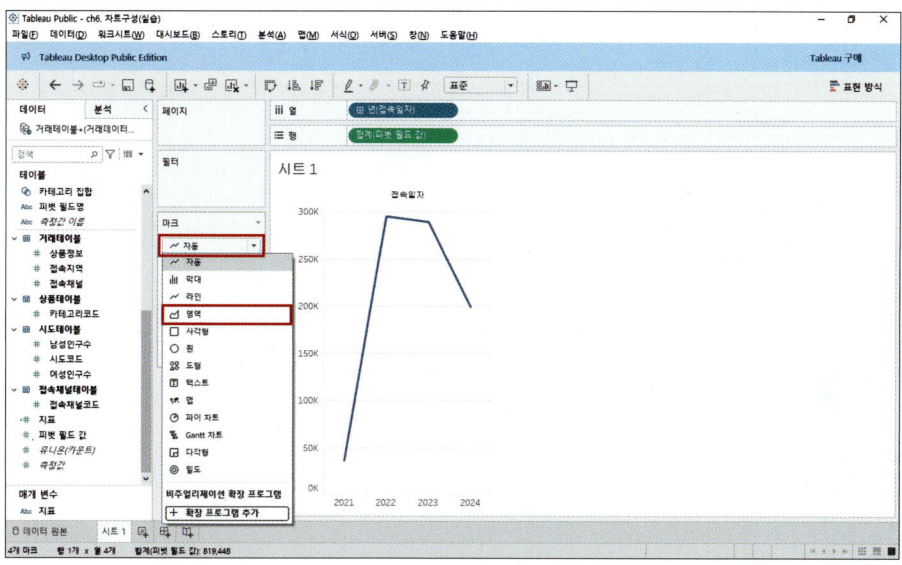

❹ 라인과 축 사이 공간에 색상이 채워지며 영역 차트가 완성됩니다. 작업이 모두 진행되었다면 태블로 프로그램을 저장하지 않고 종료합니다.

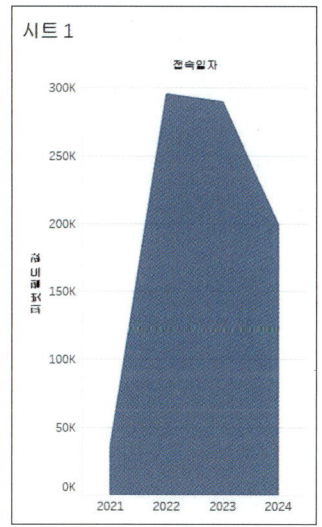

마크 패널의 **표현 방식**을 라인에서 **영역**으로 변경하고 차트를 구성해도 동일한 결과가 나타납니다.

02 월별

❶ 먼저, 실습을 위해 Part1 > ch6. 차트구성(실습) 파일을 엽니다. 월별 실적을 영역 차트로 표현하기 위해 마크 패널의 표현 방식을 먼저 변경해보도록 하겠습니다. 마크 패널의 **표현 방식**을 자동에서 **영역**으로 변경합니다.

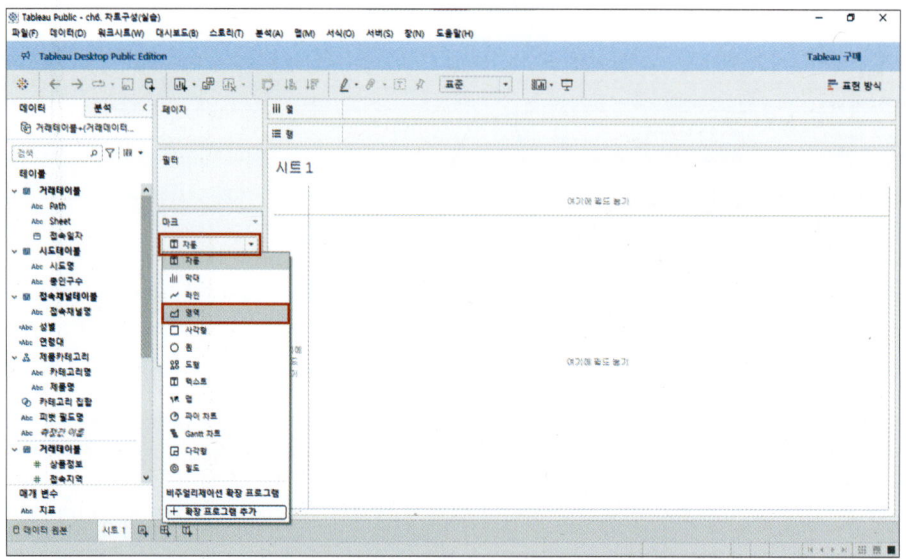

❷ 데이터 패널에서 [접속일자] 필드를 클릭하여 열 패널로 드래그 앤 드롭합니다. 시트에는 영역으로 표현했기 때문에 실선이 하나 그려지는 것을 확인할 수 있습니다.

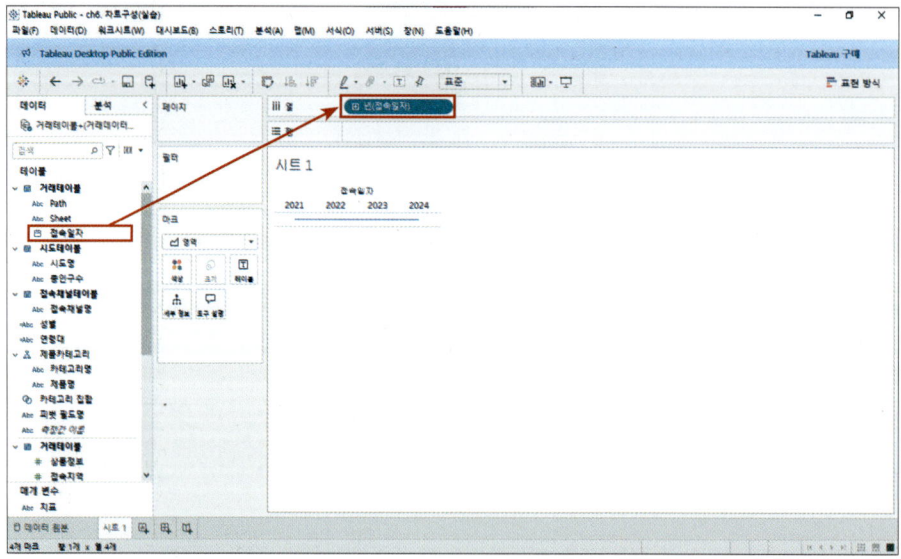

❸ 열 패널에 추가된 **년(접속일자)**을 **마우스 우클릭**합니다. 나타난 팝업 메뉴에서 아래쪽에 있는 **연속형 월 (월 2015년 5월)**을 선택합니다.

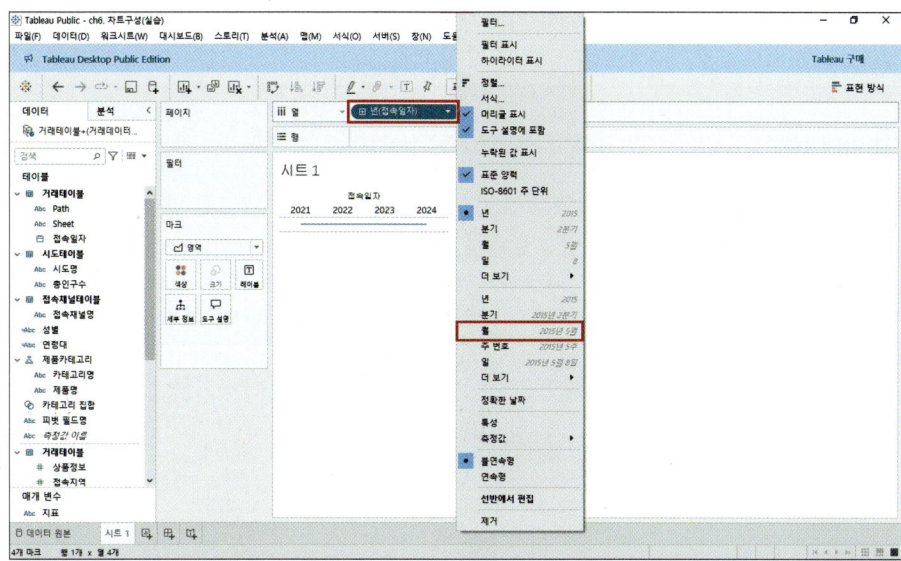

❹ 월별 실적을 표현하기 위해 데이터 패널에 있는 **[피벗 필드 값]** 필드를 클릭하여 **행 패널**로 **드래그 앤 드롭**합니다. 월별 실적 영역 차트가 완성됩니다. 작업이 모두 진행되었다면 태블로 프로그램을 저장하지 않고 종료합니다.

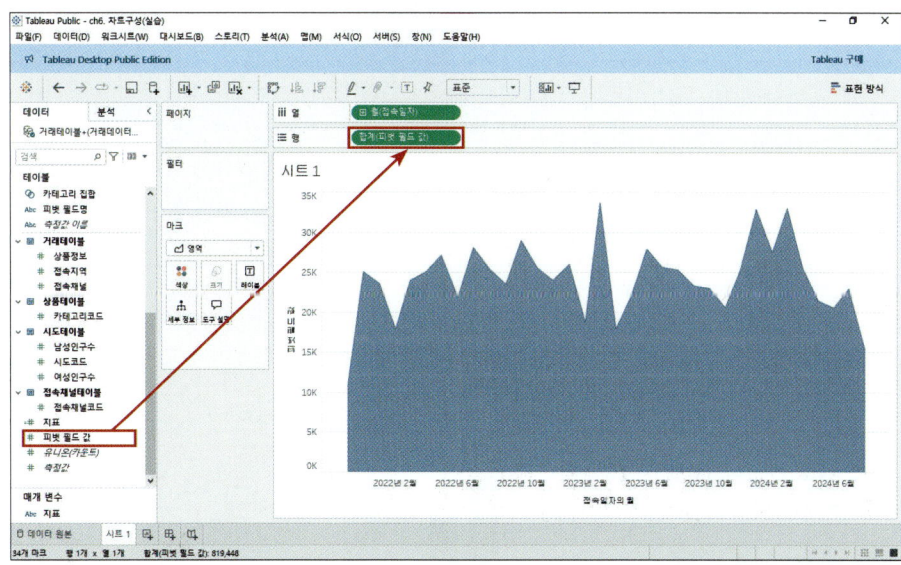

03 막대 차트

막대 차트는 여러 범주의 데이터를 비교하기 위해 사용합니다. 마크 패널에서 표현 방식을 막대로 설정할 수 있으며, 가로 형태나 세로 형태로도 구성할 수 있습니다.

01 세로 막대 차트

❶ 먼저, 실습을 위해 Part1 > **ch6. 차트구성(실습)** 파일을 엽니다. 막대 차트를 만들기 위해 데이터 패널에서 **[연령대]** 필드를 선택하고 **열 패널**로 **드래그 앤 드롭**합니다. 이어서 **[피벗 필드 값]** 필드를 선택하고 **행 패널**에 **드래그 앤 드롭**합니다.

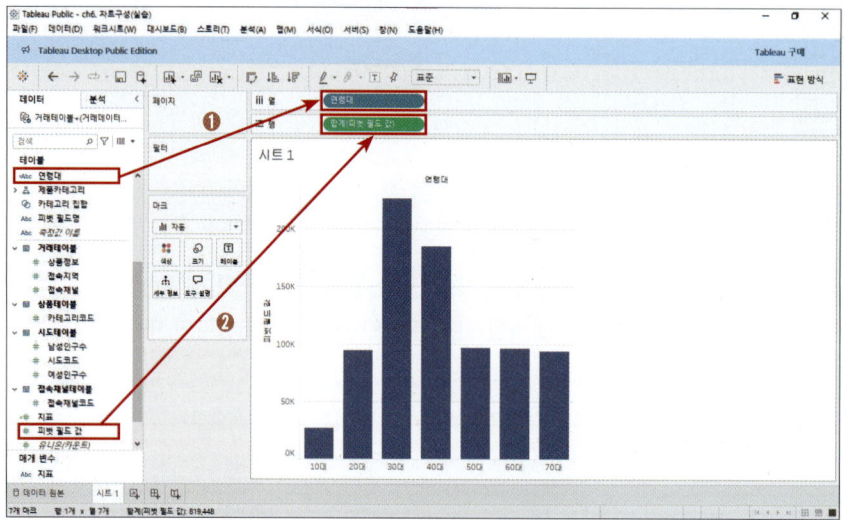

❷ 막대에 레이블을 넣기 위해 데이터 패널에서 **[피벗 필드 값]** 필드를 클릭하여 마크 패널의 **레이블**에 **드래그 앤 드롭**합니다. 세로 막대 차트가 완성되었다면 태블로 프로그램을 저장하지 않고 종료합니다.

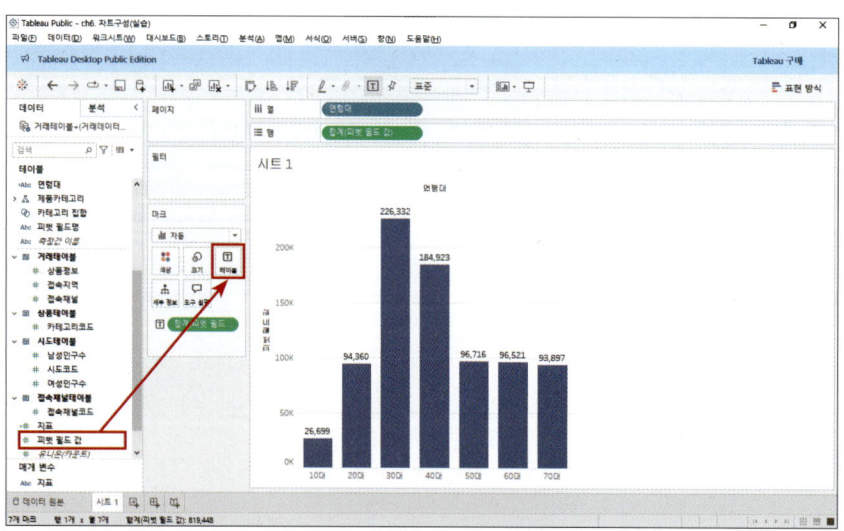

02 가로 막대 차트

❶ 먼저, 실습을 위해 **Part1 > ch6. 차트구성(실습)** 파일을 엽니다. 범주의 레이블이 긴 경우에는 세로 막대로 표현할 경우 글자가 부분적으로 잘리게 됩니다. 따라서 가로 막대로 표현하기 위해 데이터 패널에서 **[연령대] 필드**를 **행 패널로 드래그 앤 드롭**하고 **[피벗 필드 값] 필드**는 **열 패널로 드래그 앤 드롭**합니다.

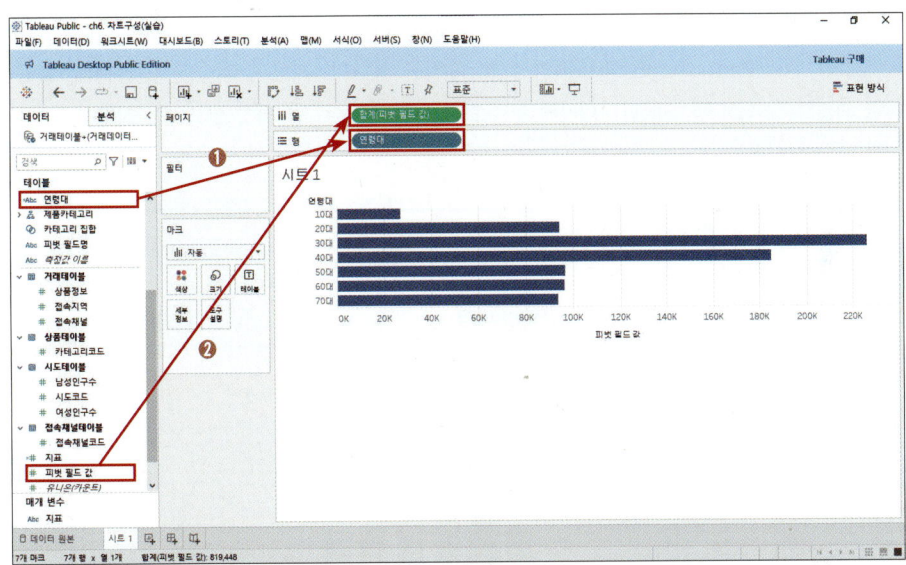

❷ 가로 막대 차트에 레이블을 넣기 위해 데이터 패널에서 **[피벗 필드 값] 필드**를 클릭하여 마크 패널의 **레이블로 드래그 앤 드롭**합니다. 가로 막대 차트가 완성되었다면 태블로 프로그램을 저장하지 않고 종료합니다.

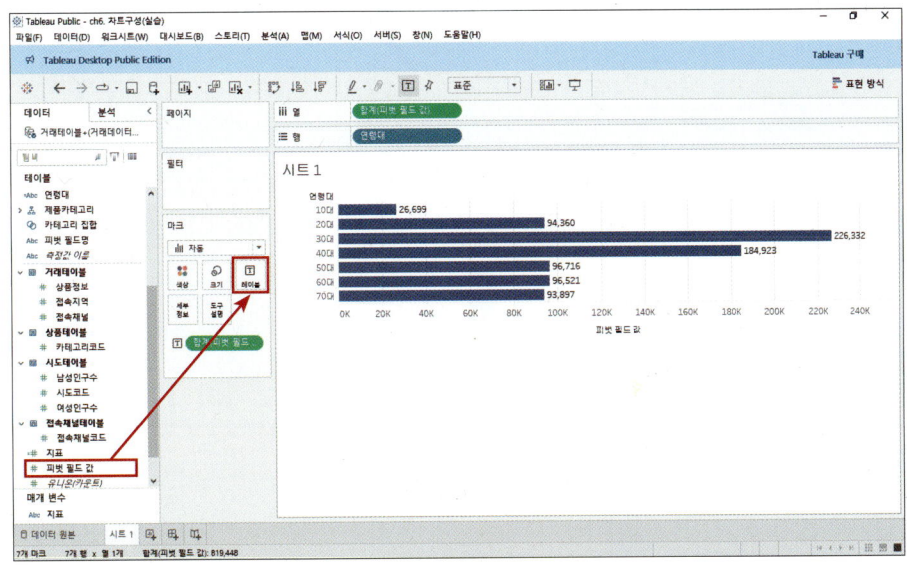

04 누적 막대 차트

막대 차트의 유형 중 하나이며, 해당 막대의 구성이 어떻게 되는지 살펴볼 수 있다는 특징을 갖는 시각화 방법입니다.

01 세로 누적 막대 차트

❶ 먼저, 실습을 위해 Part1 > ch6. 차트구성(실습) 파일을 엽니다. 데이터 패널에서 [연령대] 필드를 클릭하고 열 패널로 드래그 앤 드롭합니다. 막대 차트를 완성하기 위해 [피벗 필드 값] 필드를 행 패널로 드래그 앤 드롭합니다.

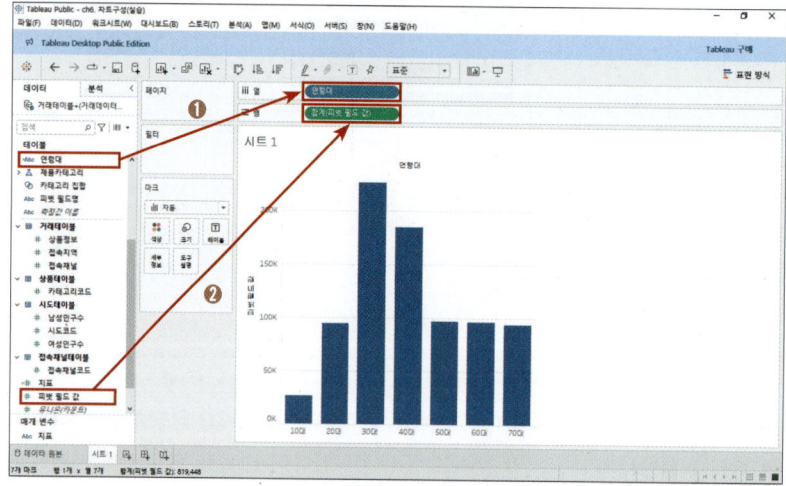

❷ 누적 막대 차트를 만들기 위해 데이터 패널에서 [성별] 필드를 클릭하여 마크 패널의 색상으로 드래그 앤 드롭합니다. 세로 누적 막대 차트가 완성되었다면 태블로 프로그램을 저장하지 않고 종료합니다.

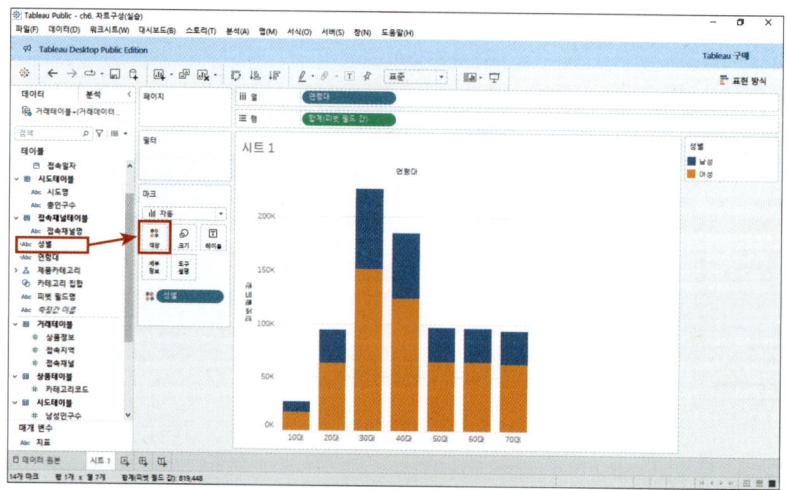

02 가로 누적 막대 차트

❶ 먼저, 실습을 위해 Part1 > ch6. 차트구성(실습) 파일을 엽니다. 데이터 패널에서 [연령대] 필드를 행 패널로 드래그 앤 드롭하고 [피벗 필드 값] 필드를 열 패널로 드래그 앤 드롭합니다.

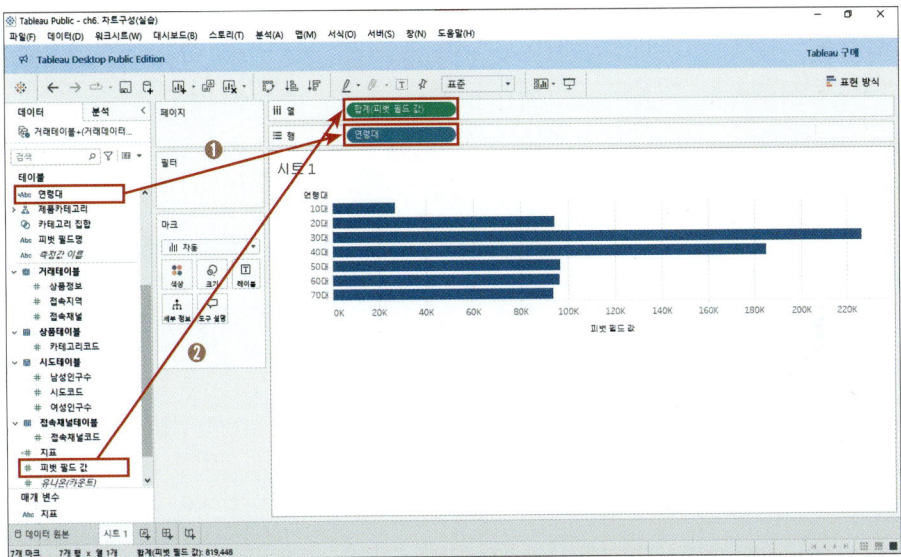

❷ 데이터 패널에서 [성별] 필드를 마크 패널의 색상으로 드래그 앤 드롭합니다. 가로 누적 막대 차트가 완성되었다면 태블로 프로그램을 저장하지 않고 종료합니다.

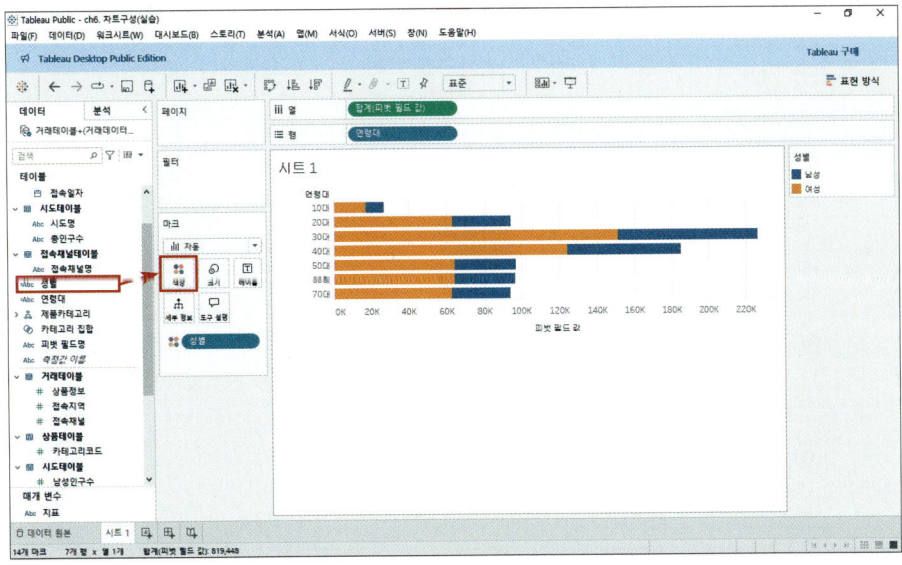

05 파이 차트

전체 중에서 구성 비율을 파악하기 위한 시각화 방법입니다.

01 차트 구성

❶ 먼저, 실습을 위해 Part1 > ch6. 차트구성(실습) 파일을 엽니다. 파이 차트를 만들기 위해 마크 패널의 **표현 방식**을 자동에서 **파이 차트**로 변경합니다.

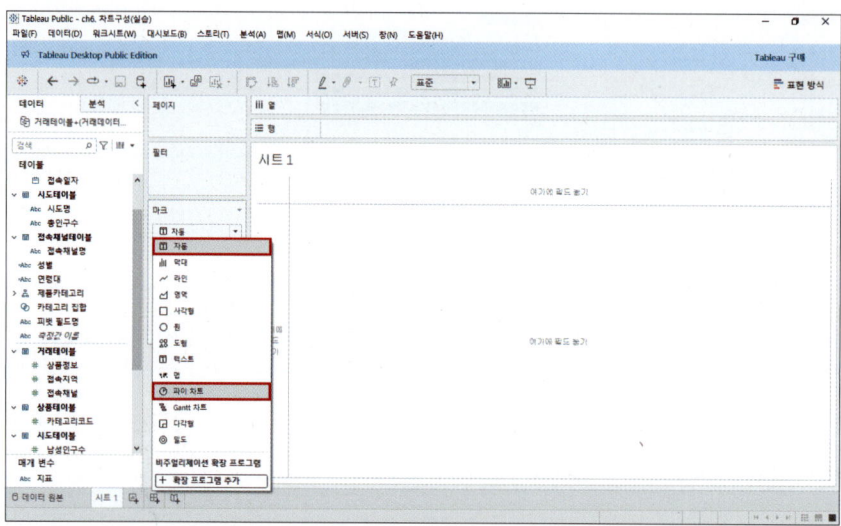

❷ 데이터 패널에서 [성별] 필드를 마크 패널의 **색상**으로 **드래그 앤 드롭**합니다. 반반으로 나눠진 파이 차트가 나타나는 것을 볼 수 있습니다.

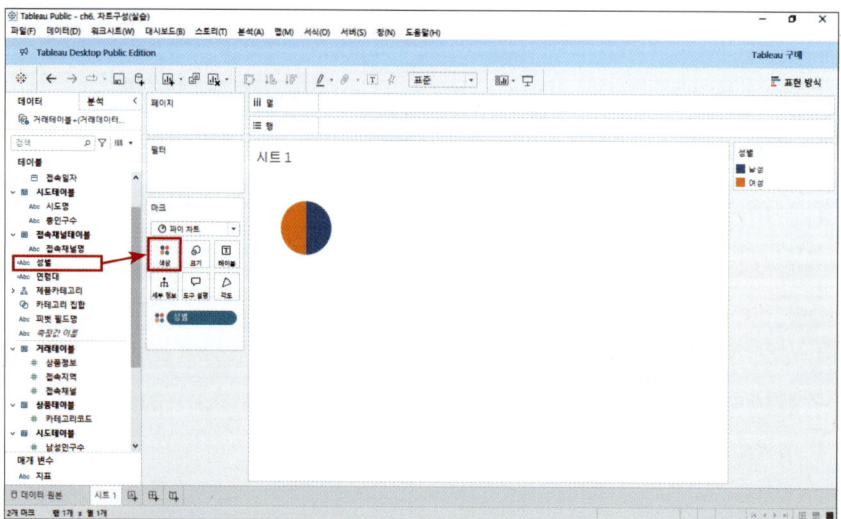

❸ 데이터 패널에서 [피벗 필드 값] 필드를 클릭하여 마크 패널의 **각도**로 **드래그 앤 드롭**합니다. 반반 나눠진 파이 차트가 피벗 필드 값에 따라 각도가 조절된 것을 볼 수 있습니다.

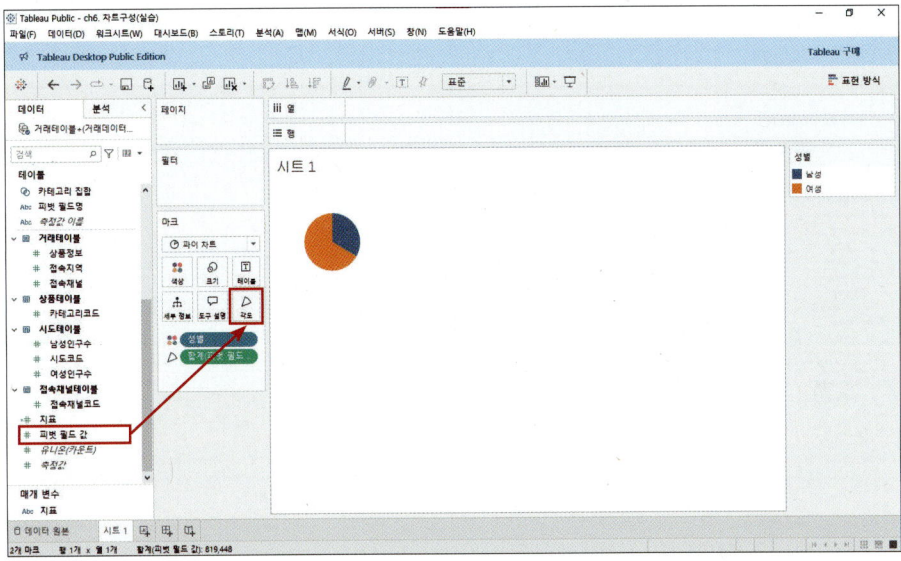

02 구성비 표현

❶ 구성비를 표현하기 위해 데이터 패널에서 [피벗 필드 값] 필드를 마크 패널의 **레이블**에 **드래그 앤 드롭**합니다.

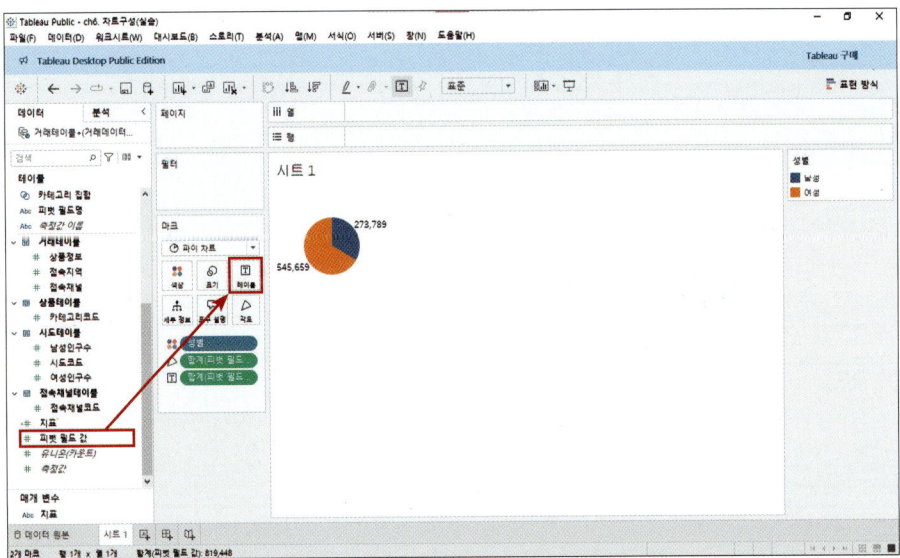

❷ 구성비를 계산하기 위해서 퀵 테이블 계산을 이용해야 합니다. 마크 패널에 레이블로 추가된 **합계(피벗 필드 값)**를 **마우스 우클릭**합니다. 나타난 팝업 메뉴에서 **퀵 테이블 계산 > 구성 비율**을 클릭합니다.

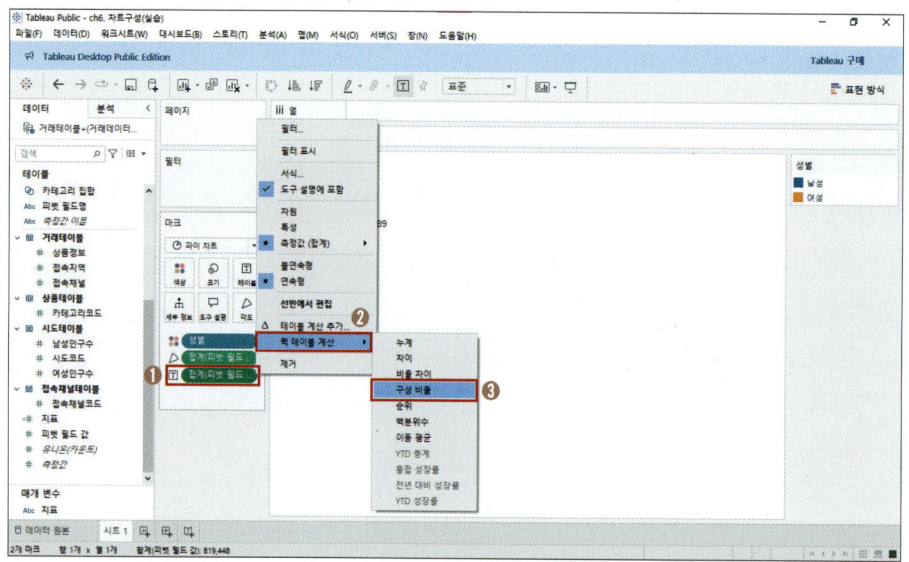

❸ 같은 값을 레이블로 올릴 수 없기 때문에 먼저 구성비를 계산하고 다시 지표를 생성해 주어야 합니다. 데이터 패널에 [피벗 필드 값] 필드를 클릭하여 마크 패널의 **레이블**로 **드래그 앤 드롭**합니다. 파이 차트가 완성되었다면 태블로 프로그램을 저장하지 않고 종료합니다.

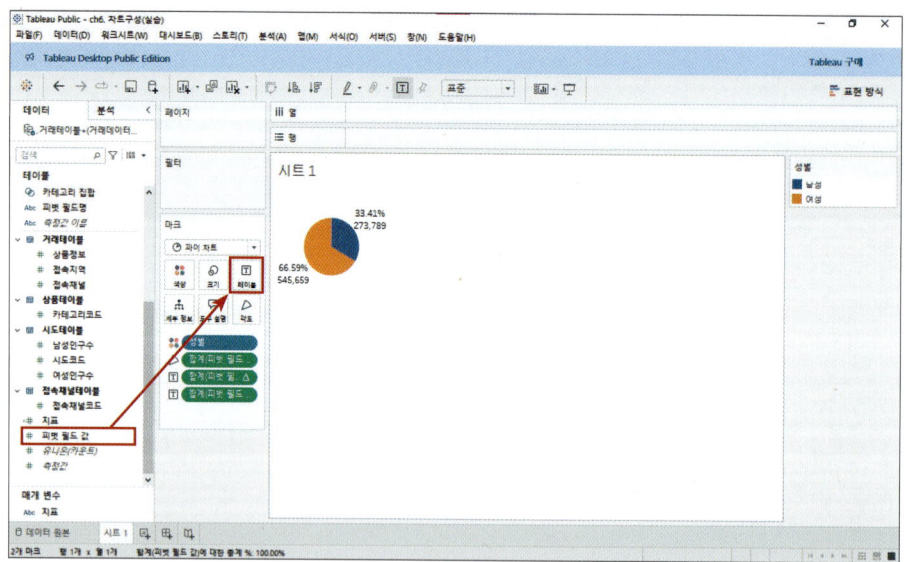

06 도넛 차트

파이 차트와 동일하게 전체 구성을 파악하기 위한 시각화 방법입니다. 태블로에서 표현 방식을 바꾸어 만들 수 있는 것은 아니며, 이중 축을 활용하여 시각화가 가능합니다.

01 차트 구성

❶ 먼저, 실습을 위해 Part1 > ch6. 차트구성(실습) 파일을 엽니다. 도넛 차트를 구성하기 위해 마크 패널의 표현 방식을 자동에서 파이 차트로 변경합니다.

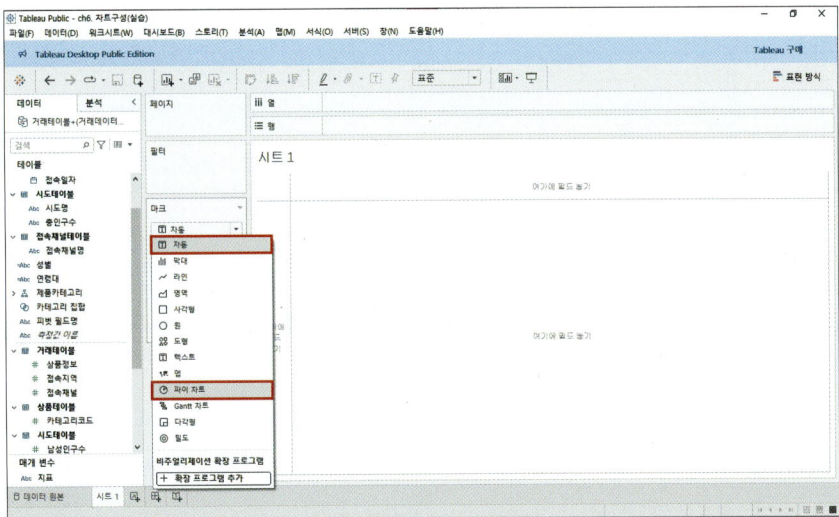

❷ 열 패널의 빈 공간을 더블클릭합니다. 커서가 깜빡이는 곳에 0을 입력하고 Enter를 누릅니다.

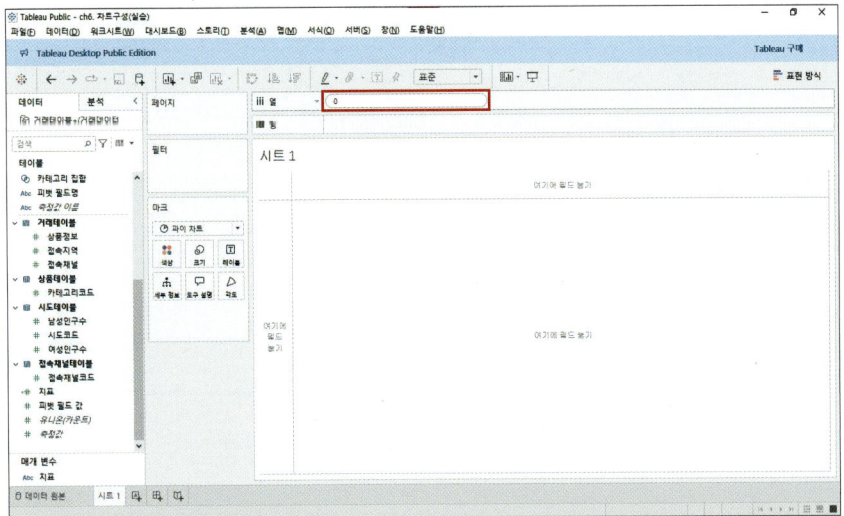

❸ 같은 방식으로 한 번 더 열 패널의 합계(0) 오른쪽 빈 공간을 더블클릭하고 깜빡이는 커서가 보일 때 0 을 입력하고 Enter를 누릅니다.

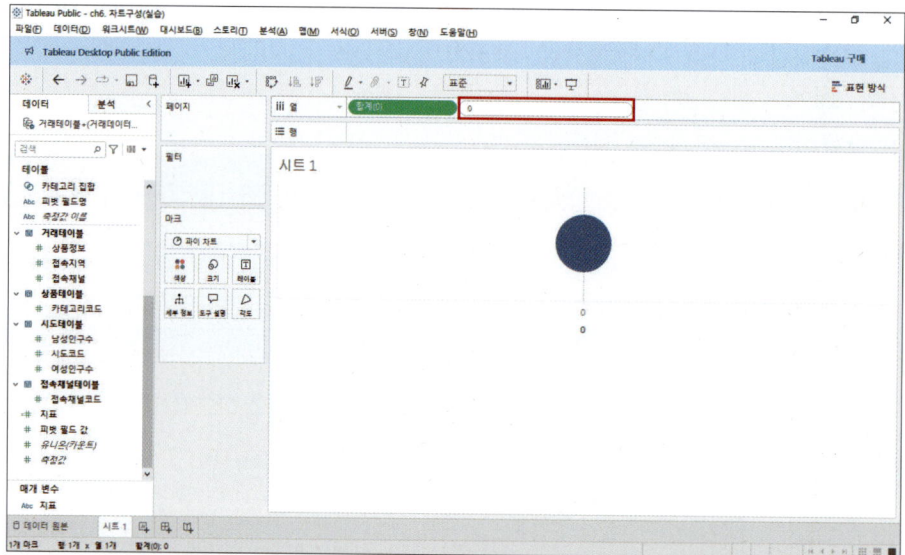

❹ 열 패널에 추가된 두 번째 합계(0)를 마우스 우클릭합니다. 나타난 팝업 메뉴에서 이중 축을 클릭합니다.

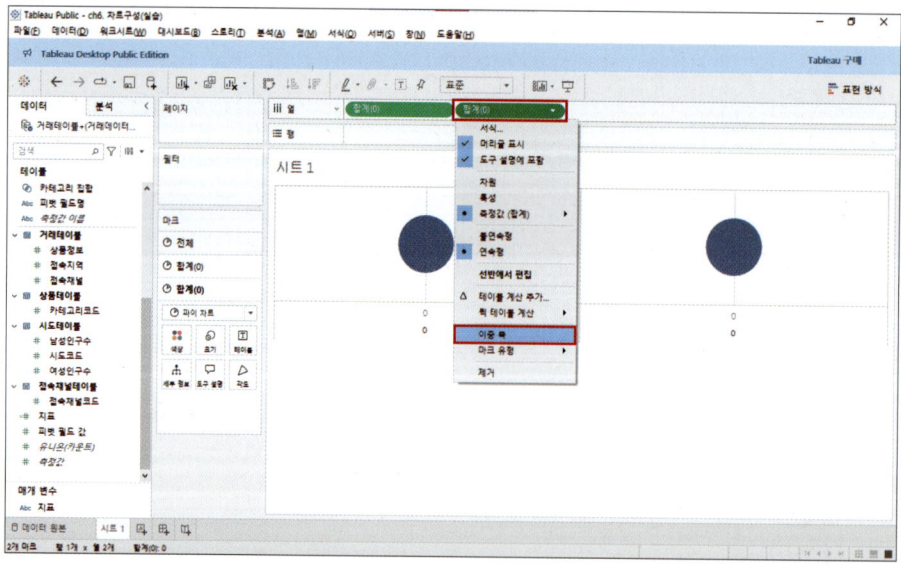

❺ 이중 축을 실행하면 측정값 이름이 자동으로 색상에 담깁니다. 따라서 마크 패널의 **전체**에 색상으로 추가된 **측정값 이름**을 **마우스 우클릭**한 후 **제거**를 클릭합니다.

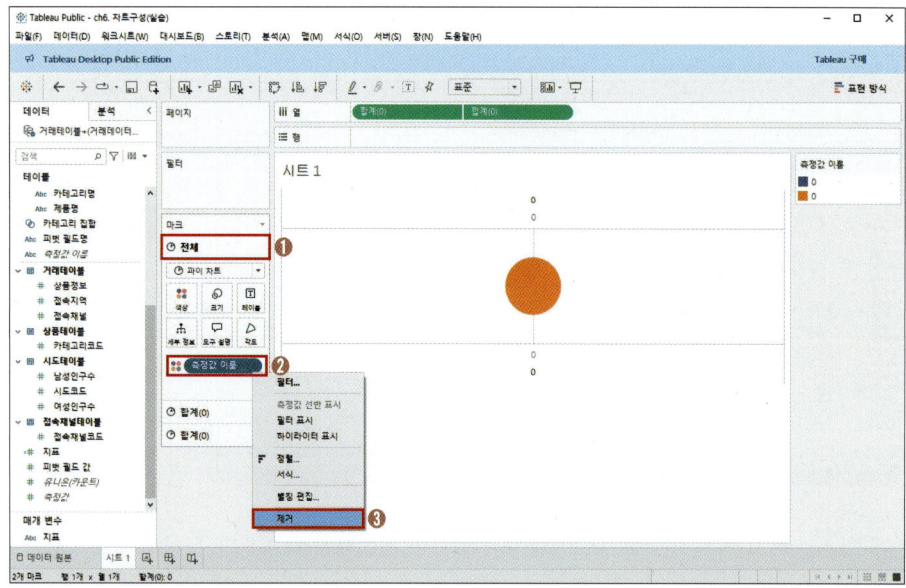

❻ 마크 패널에서 **첫 번째 합계(0)**를 클릭하고 **파이 차트**를 구성합니다. 데이터 패널에서 [성별] 필드는 마크 패널의 **색상**으로 **드래그 앤 드롭**하고 [피벗 필드 값] 필드는 **각도**로 **드래그 앤 드롭**합니다.

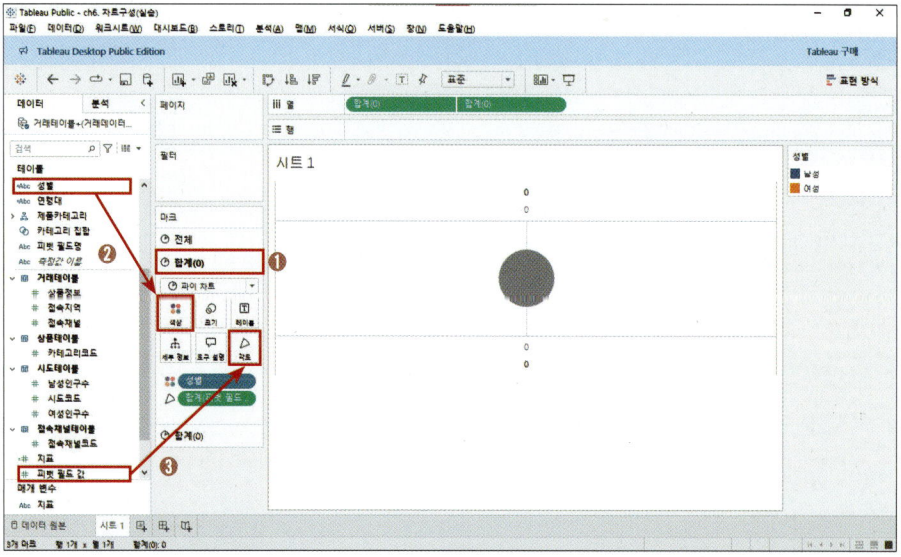

CHAPTER 06 | 차트 구성하기 **121**

❼ 도넛 차트를 만들기 위해서 마크 패널의 두 번째 합계(0)를 수정해야 합니다. 마크 패널의 **두 번째 합계(0)**를 클릭하고 **색상**을 클릭합니다. 나타난 팝업 창에서 배경 색과 동일하게 **흰색**을 클릭합니다. 빈 곳을 클릭하여 색상 팝업 창을 닫습니다.

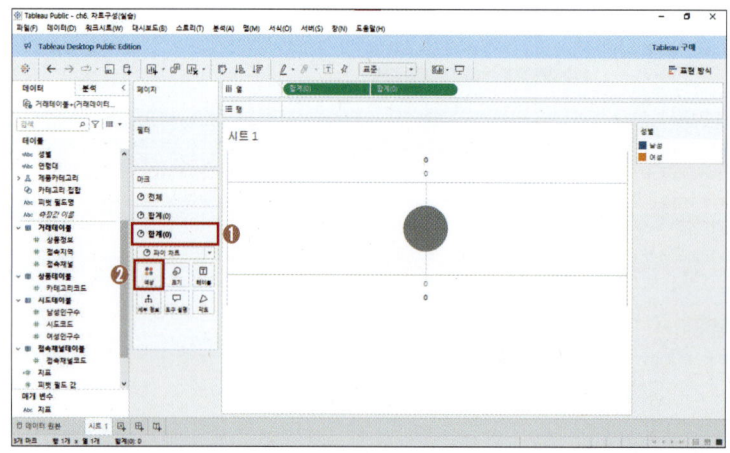
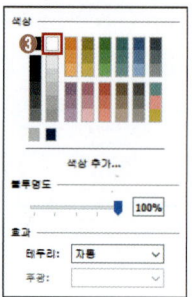

❽ 첫 번째 합계(0)에서 파이 차트를 구성했고 두 번째 합계(0)에서 배경색과 동일하게 구성했기 때문에 두 원의 크기 차이를 활용하여 도넛 차트를 완성할 수 있습니다. 마크 패널의 **두 번째 합계(0)**가 선택되어 있는 상태에서 **크기**를 클릭합니다. 나타난 팝업 창에서 슬라이더를 왼쪽으로 끌어오면 **두 번째 합계(0)**의 **원 크기**가 좀 더 **작게** 줄어들면서 가운데에 구멍이 뚫린 도넛 차트가 완성됩니다.

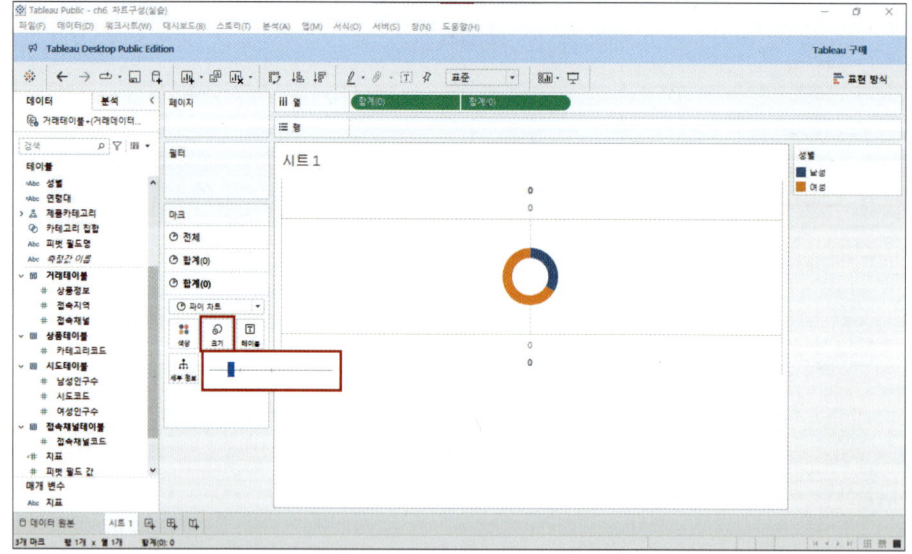

두 번째 합계(0)를 얼마나 작게 줄이느냐에 따라서 도넛 차트의 너비를 조절할 수 있습니다.

02 도넛 처리

❶ 깔끔하게 도넛을 처리하기 위해 **상단 가로축**을 **마우스 우클릭**합니다. 나타난 팝업 메뉴에서 **머리글 표시**를 클릭하여 **체크 해제**합니다. 같은 방식으로 **하단의 가로축** 역시 **마우스 우클릭**하여 나타난 팝업 메뉴에서 **머리글 표시**를 클릭하고 **체크 해제**합니다.

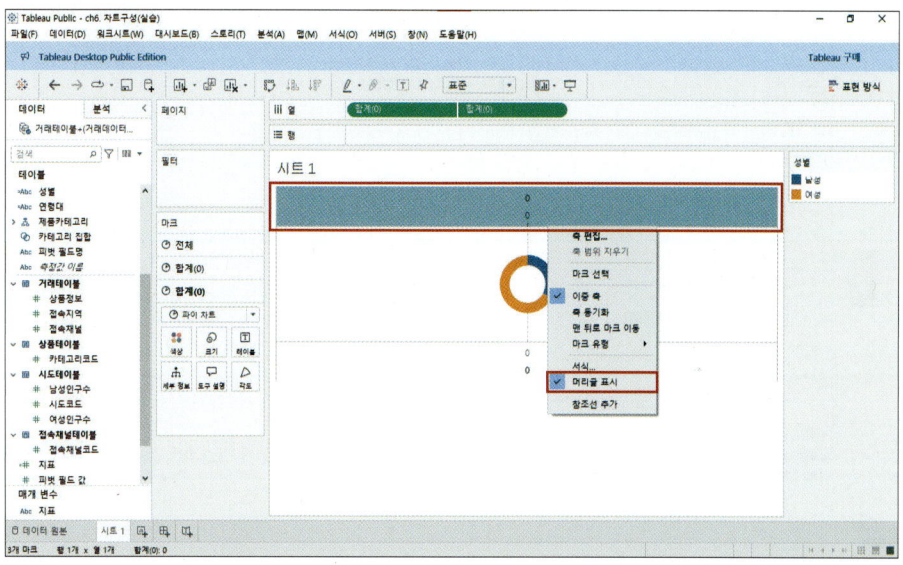

❷ 시트의 도넛 차트 사각형 상자 안 빈 공간을 **마우스 우클릭**합니다. 나타난 팝업 메뉴에서 **서식**을 클릭합니다.

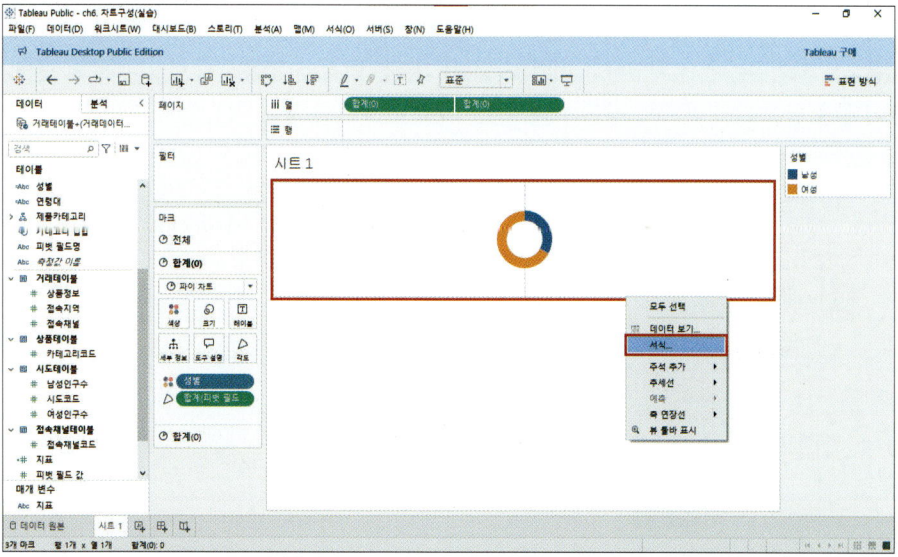

CHAPTER 06 | 차트 구성하기   123

❸ 나타난 **서식 창**의 상단에서 田을 클릭하여 **테두리 서식**으로 들어갑니다. 먼저, **시트** 탭의 **행 구분선** > **패널 박스**를 클릭하여 **없음**을 클릭합니다. 서식 창의 빈 곳을 클릭하여 팝업 창을 닫은 뒤, **열 구분선** > **패널 박스** > **없음**을 클릭합니다. 서식 창의 빈 곳을 클릭하여 팝업 창을 닫으면 열 구분선과 행 구분선의 패널, 머리글이 모두 없음으로 변경된 것을 확인할 수 있습니다.

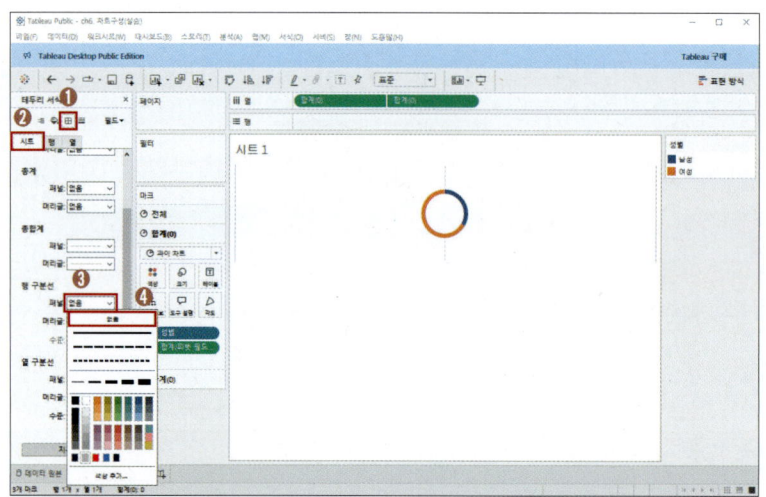

 Tip

구분선을 지정할 때 머리글을 우선 지정하면 머리글에만 적용되고 패널에 우선 지정하면 머리글은 자동으로 반영됩니다.

❹ 서식 창의 상단에서 ☰을 클릭하면 **라인 서식**으로 이동합니다. 여기서 **시트** 탭의 **라인** > **격자선 박스**가 **없음**으로 되어있는 것을 확인하고 **라인** > **영(0) 기준선 박스** > **없음**을 클릭합니다. 빈 곳을 클릭하여 팝업 창을 닫고 서식 창 우측 상단의 ☒를 클릭하여 서식 창을 닫습니다.

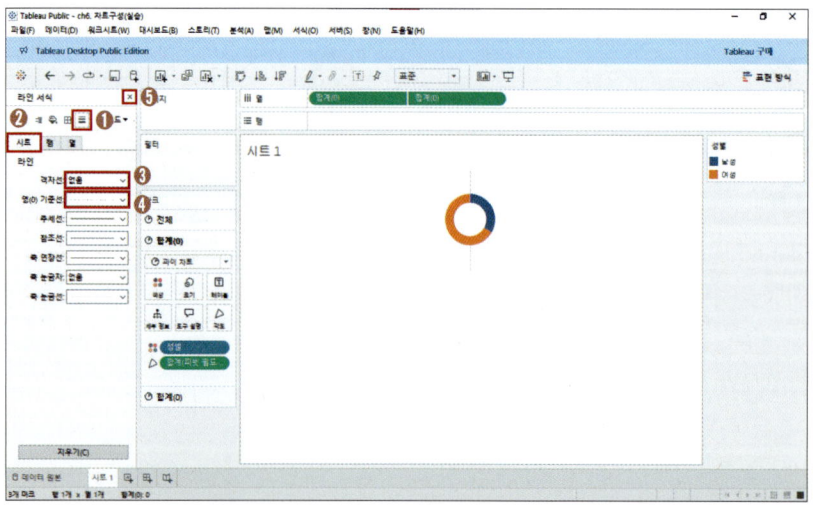

❺ 레이블을 표시하기 위해 마크 패널에서 파이 차트를 구성했던 **첫 번째 합계(0)**를 클릭합니다. 데이터 패널에서 **[피벗 필드 값]** 필드를 클릭하고 마크 패널의 **레이블**로 **드래그 앤 드롭**합니다.

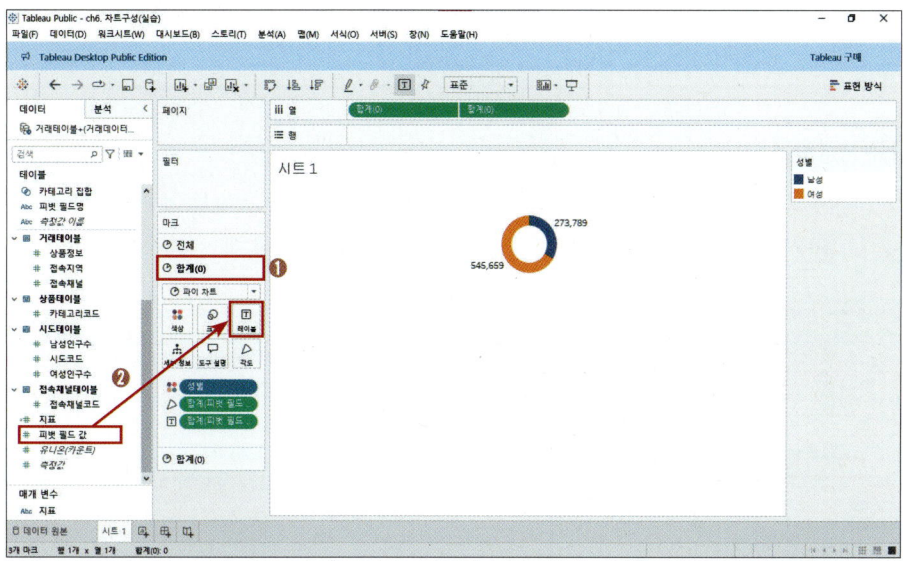

❻ 전체거래수를 표시하기 위해 마크 패널의 **두 번째 합계(0)**를 클릭합니다. 데이터 패널에서 **[피벗 필드 값]** 필드를 클릭하고 마크 패널의 **레이블**로 **드래그 앤 드롭**합니다. 도넛 가운데에 전체거래수가 표시되는 것을 확인할 수 있습니다. 도넛 차트가 완성되었다면 태블로 프로그램을 저장하지 않고 종료합니다.

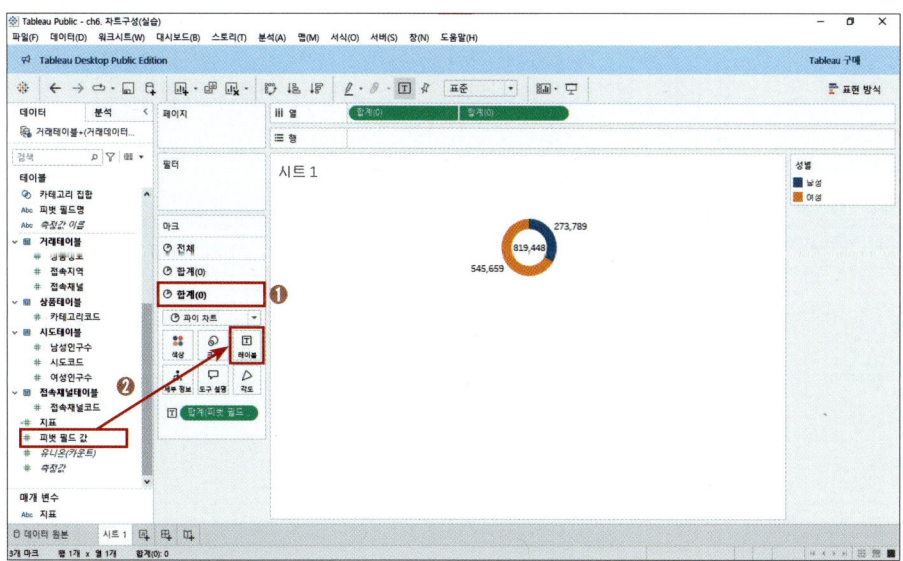

07 불릿 차트

불릿 차트는 막대 그래프의 변형된 차트로 주로 성과를 비교할 때 사용합니다. 실제 성과와 목표 성과를 비교하여 직관적으로 분석이 가능합니다.

01 지표 생성하기

❶ 먼저, 실습을 위해 **Part1 > ch6. 차트구성(실습)** 파일을 엽니다. 목표 지표를 생성하기 위해 데이터 패널 상단의 ▼을 클릭합니다. 나타난 팝업 메뉴에서 **매개 변수 만들기**를 클릭합니다.

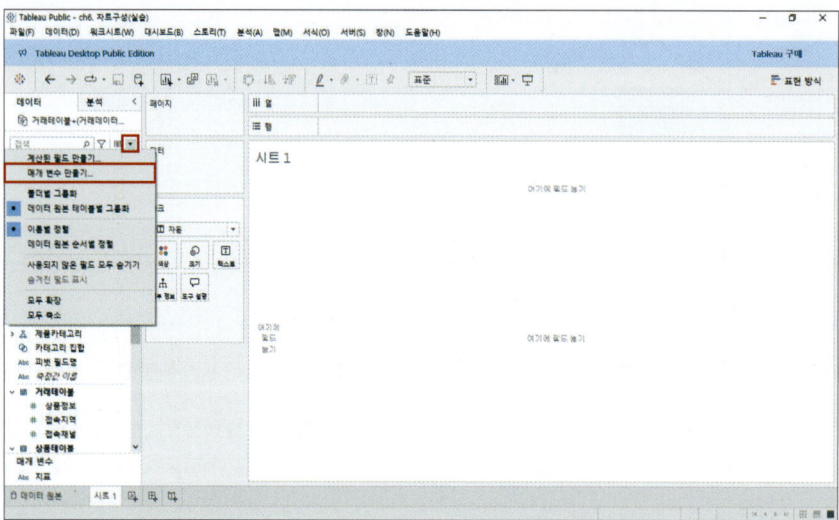

❷ 나타난 **매개 변수 만들기 팝업 창**에서 **이름**을 **목표값**으로 정의하고 **데이터 유형**을 **실수**로 설정합니다. **현재 값**에는 **750000**으로 입력한 후 **확인**을 클릭합니다.

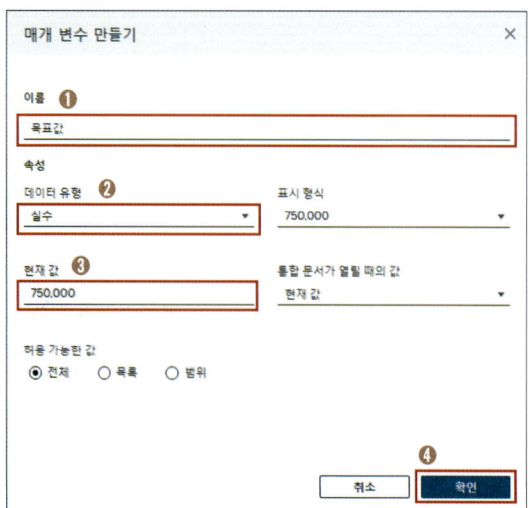

02 불릿 차트 구성

❶ 데이터 패널에 있는 [피벗 필드 값] 필드를 클릭하고 열 패널에 드래그 앤 드롭합니다.

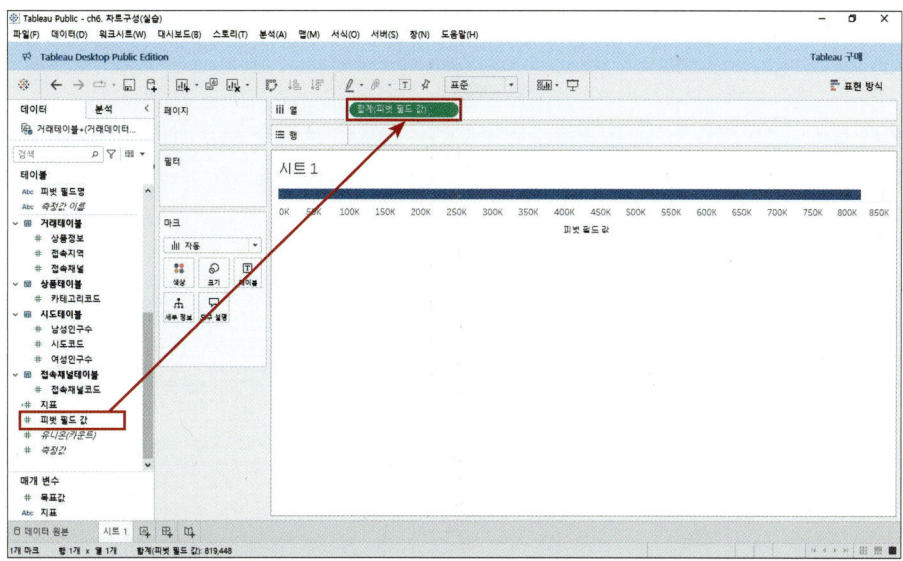

❷ 사이드 바에 있는 분석 패널을 클릭합니다. 평균 라인을 클릭하고 시트의 캔버스로 드래그합니다. 나타난 참조선 추가 팝업 창에서 테이블에 드롭합니다.

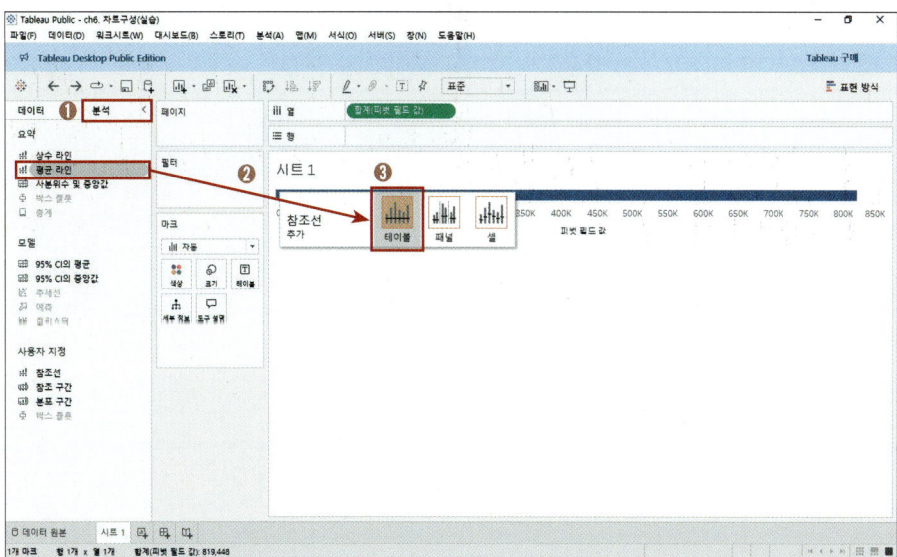

❸ 평균 라인이 나타나면 오른쪽에 생성된 **평균**을 **클릭**합니다. 이때, 나타나는 팝업 창에서 **편집**을 클릭하여 생성했던 지표로 변경할 수 있습니다.

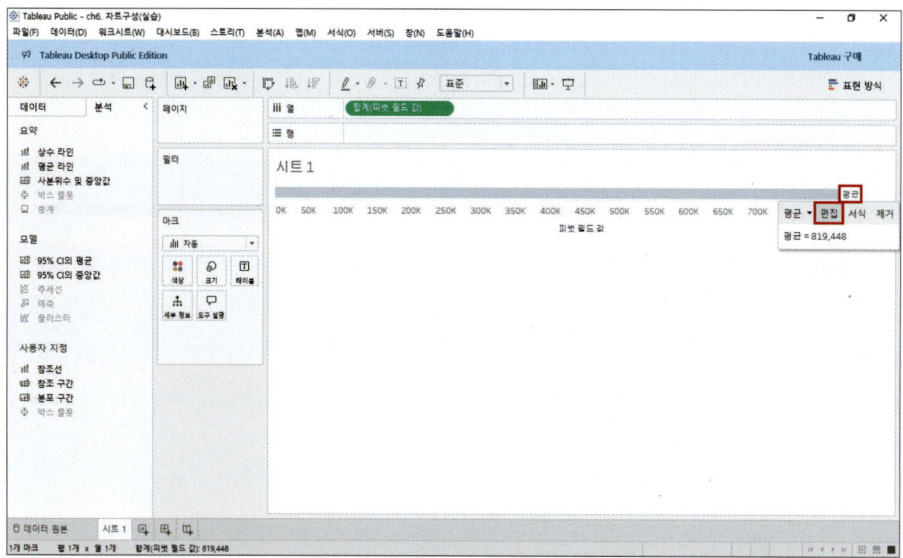

❹ 나타난 **참조선, 구간 또는 플롯 편집 팝업 창**에서 **라인 > 값 박스**를 클릭하여 합계(피벗 필드 값)에서 **목표값**으로 변경합니다.

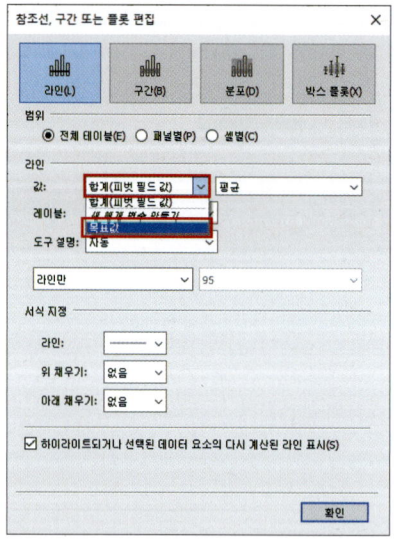

- 레이블을 계산으로 설정할 경우 값에서 사용했던 함수 또는 매개 변수의 이름이 나타납니다.
- 레이블을 값으로 설정할 경우 함수로 집계된 결과 또는 매개 변수에 입력된 값이 표현됩니다.

❺ 불릿 차트의 목표값 선 색을 변경하기 위해 **서식 지정**에서 **라인 박스**를 클릭합니다. 나타난 팝업 창에서 **색상 추가**를 클릭하여 **색상**을 변경합니다.

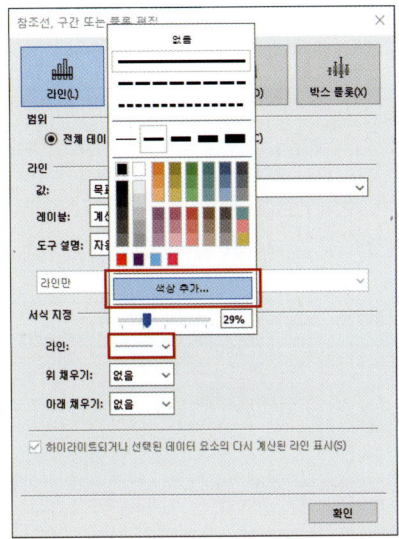

❻ 나타난 **색 선택 팝업 창**에서 **HTML(H)** 옆에 색상 코드 **#FF0000**을 입력하고 **확인**을 클릭합니다. 참조선, 구간 또는 플롯 편집 팝업 창에서도 확인을 클릭하고 시트의 빈 곳을 클릭합니다. 불릿 차트가 완성된 것을 확인한 후 태블로 프로그램을 저장하지 않고 종료합니다.

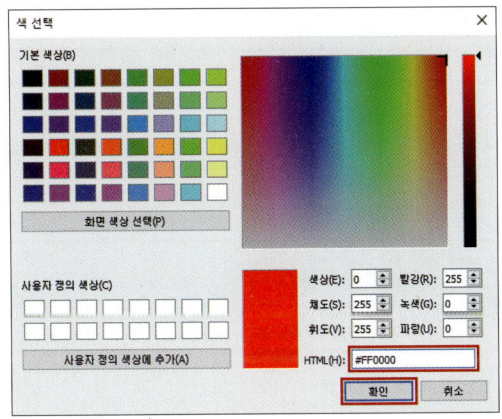

08 혹 차트

혹 차트는 혹처럼 생긴 원을 선으로 연결하여 순위의 변화를 직관적으로 확인할 수 있는 시각화 방법입니다.

01 차트 구성

❶ 먼저, 실습을 위해 Part1 > ch6. 차트구성(실습) 파일을 엽니다. 연도별 실적 혹 차트를 구성하기 위해 데이터 패널에 있는 [접속일자] 필드를 클릭하고 열 패널로 드래그 앤 드롭합니다.

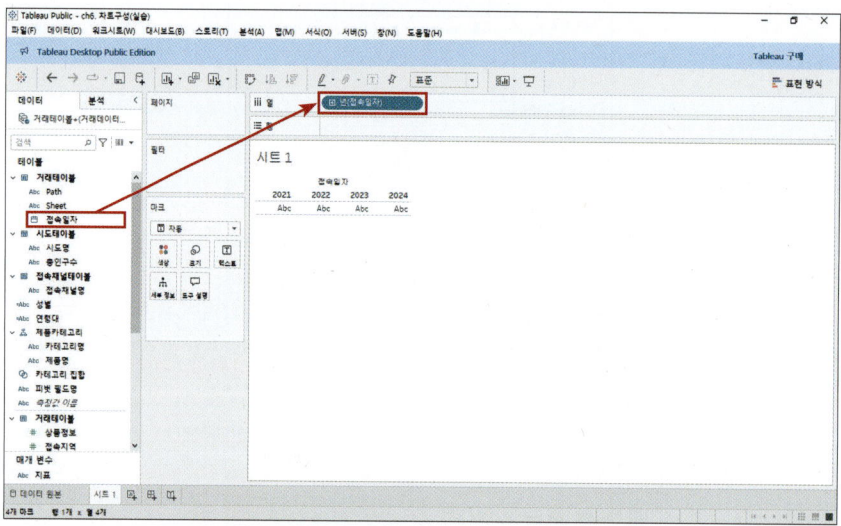

❷ 연도별 실적을 나타내기 위해 데이터 패널에 있는 [피벗 필드 값] 필드를 클릭하고 행 패널로 드래그 앤 드롭합니다.

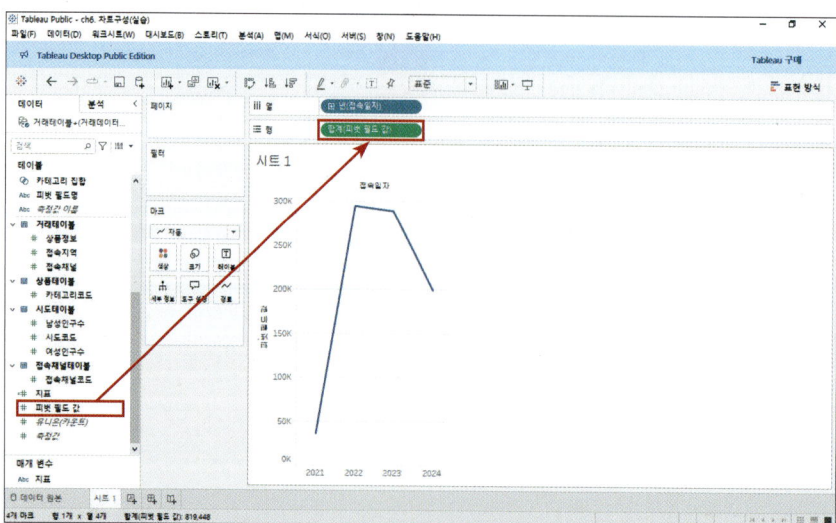

❸ 연령대별로 지표를 나눠서 볼 수 있도록 데이터 패널에 있는 **[연령대]** 필드를 클릭하고 마크 패널의 **색상**으로 **드래그 앤 드롭**합니다.

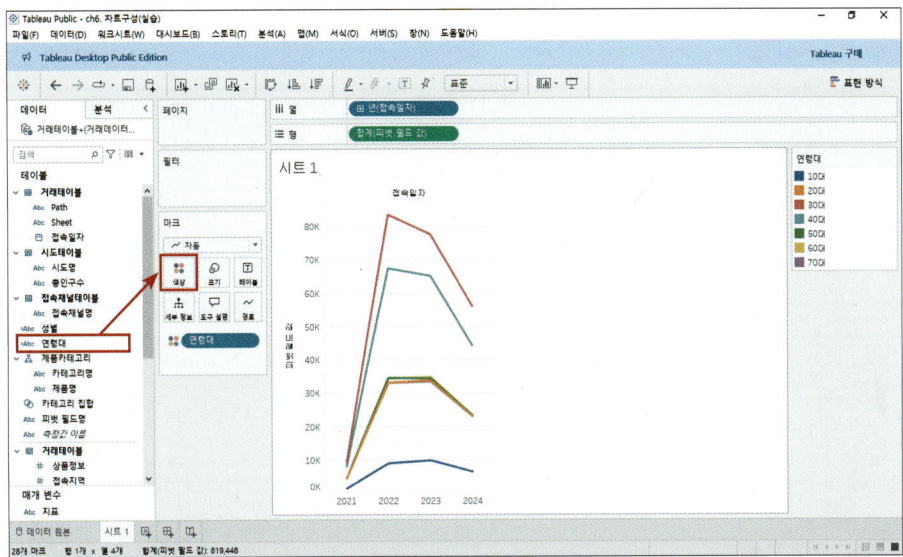

❹ 혹 차트는 시간의 흐름에 따른 순위 변화를 확인하는 것이 목적이기 때문에 연도별 특정 연령대의 순위를 계산해야 합니다. 이때, 퀵 테이블 계산을 이용하기 위해 행 패널에 추가된 **합계(피벗 필드 값)**를 **마우스 우클릭**합니다. 나타난 팝업 메뉴에서 **퀵 테이블 계산 > 순위**를 클릭합니다.

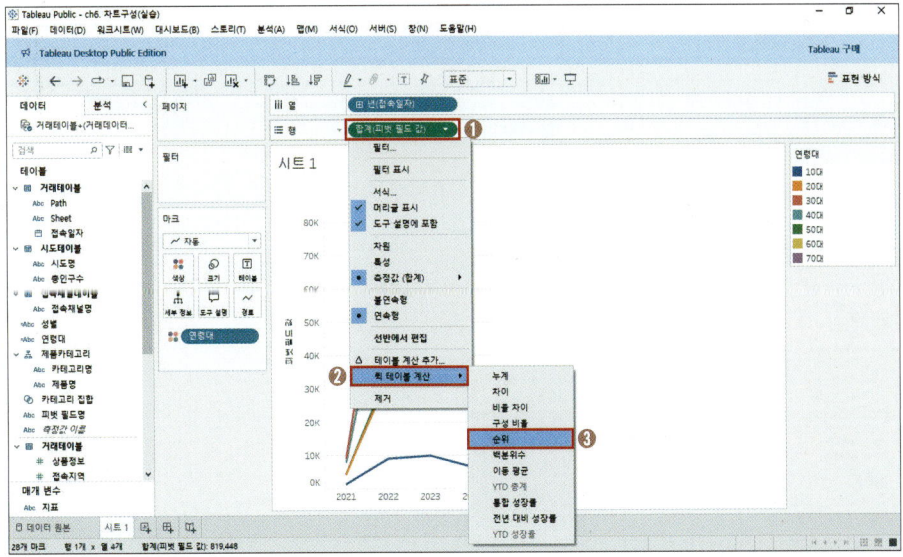

CHAPTER 06 | 차트 구성하기 131

❺ 순위를 확인해보면 연도를 기준으로 등수가 나타나기 때문에 원하는 특정 연도를 기준으로 연령대의 등수가 나타나지 않는 것을 확인할 수 있습니다. 이를 수정하기 위해 행 패널에 추가된 **합계(피벗 필드 값)**를 **마우스 우클릭**합니다. 나타난 팝업 메뉴에서 **계산 대상 > 연령대**를 클릭합니다.

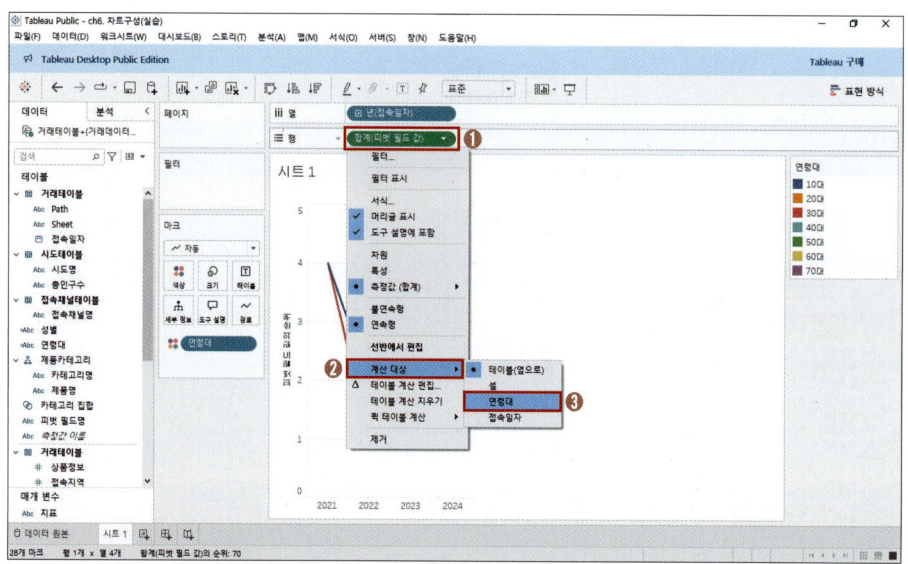

❻ 순위가 위쪽이 높고 아래쪽이 낮기 때문에 축 범위를 반전해주어야 1등부터 낮은 등수까지 표현할 수 있습니다. **왼쪽 세로축**을 **마우스 우클릭**합니다. 나타난 팝업 메뉴에서 **축 편집**을 클릭합니다.

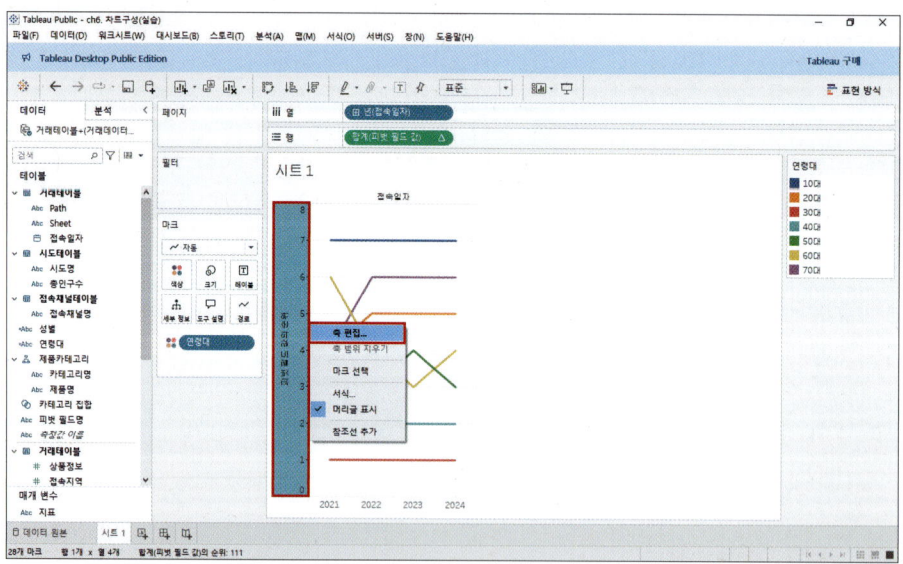

❼ 나타난 **축 편집 [피벗 필드 값의 순위] 팝업 창**에서 **눈금 > 반전**을 체크한 후 우측 상단의 ☒를 클릭하여 창을 닫습니다.

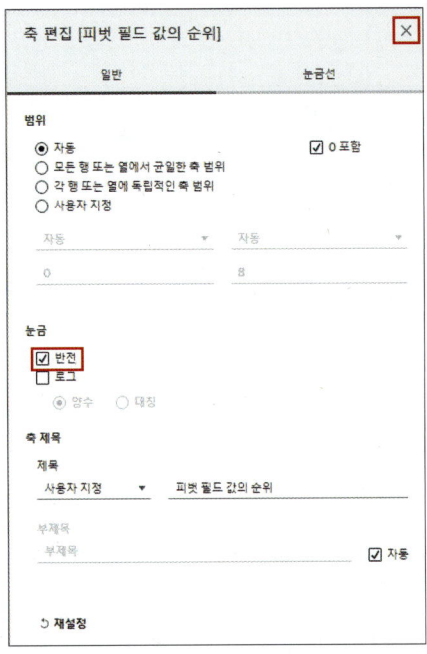

❽ 행 패널에 추가된 **합계(피벗 필드 값)**를 클릭하고 **Ctrl**을 누른 상태로 **합계(피벗 필드 값)**의 **오른쪽 빈 공간**에 **드래그 앤 드롭**하여 복사합니다.

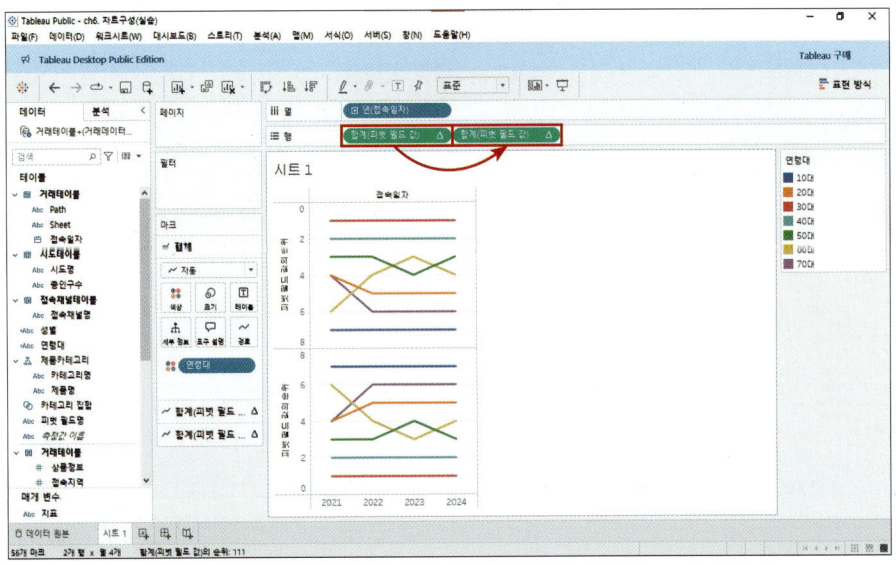

CHAPTER 06 | 차트 구성하기   **133**

❾ 혹 차트의 혹을 만들기 위해 마크 패널에 있는 **두 번째 합계(피벗 필드 값)**를 선택하고 **표현 방식**을 자동에서 **원**으로 변경합니다.

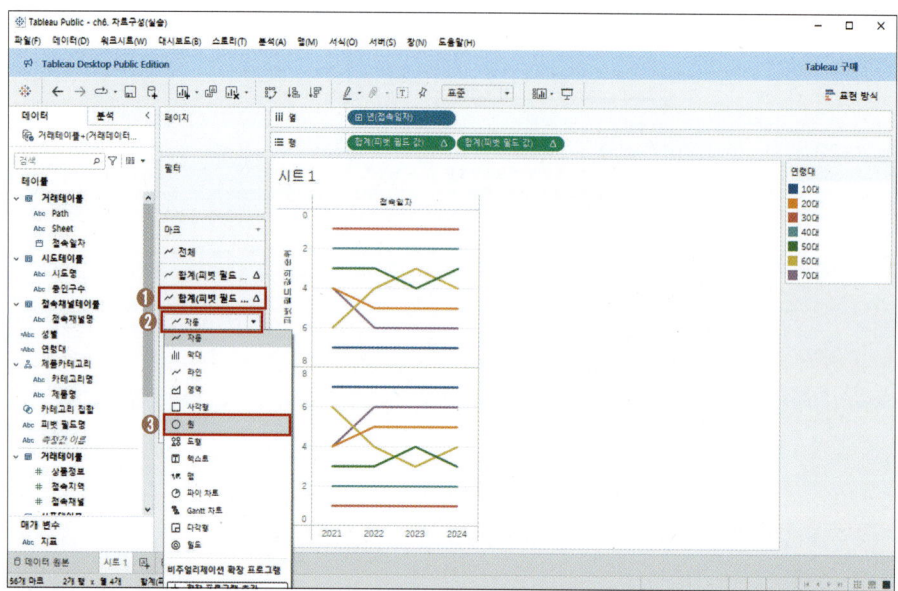

❿ 행 패널에 추가된 **두 번째 합계(피벗 필드 값)**를 **마우스 우클릭**합니다. 나타난 팝업 메뉴에서 **이중 축**을 클릭하여 두 차트를 하나로 결합합니다.

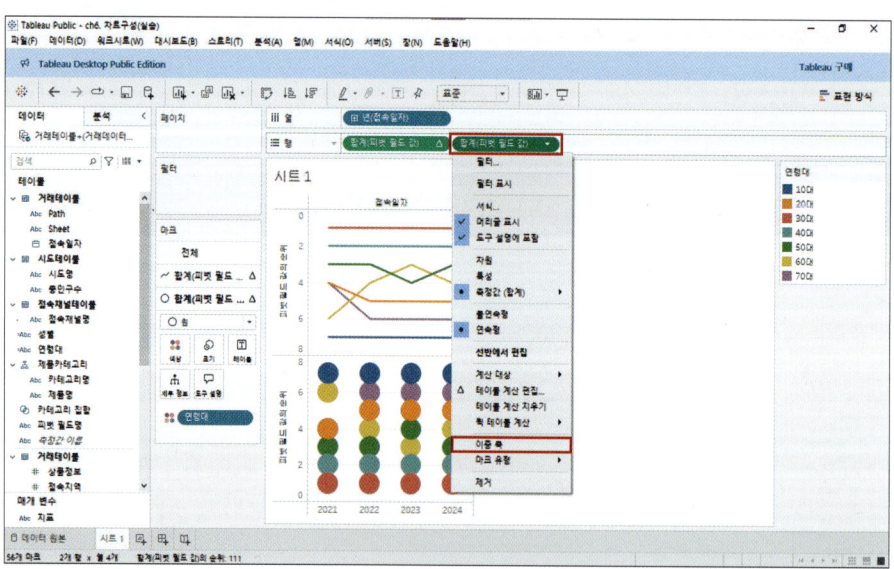

⑪ 왼쪽 세로축은 축 반전이 되어 있으나 이중 축으로 생긴 오른쪽 세로축은 반대로 되어 있기 때문에 **축 반전**을 시켜주어야 합니다. **오른쪽 세로축을 마우스 우클릭**합니다. 나타난 팝업 메뉴에서 **축 동기화**를 클릭합니다.

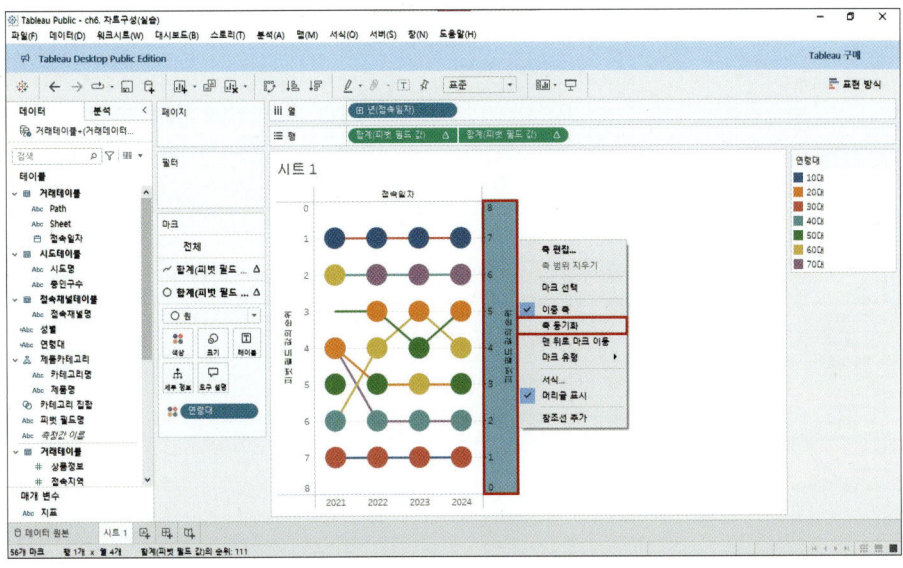

02 차트 정돈

❶ 혹 차트를 깔끔하게 정돈하기 위해서 시각화에 불필요한 요소를 정리하도록 하겠습니다. 먼저 **왼쪽 세로축을 마우스 우클릭**합니다. 나타난 팝업 메뉴에서 **머리글 표시**를 클릭하면 **양쪽 축**이 모두 **제거**됩니다.

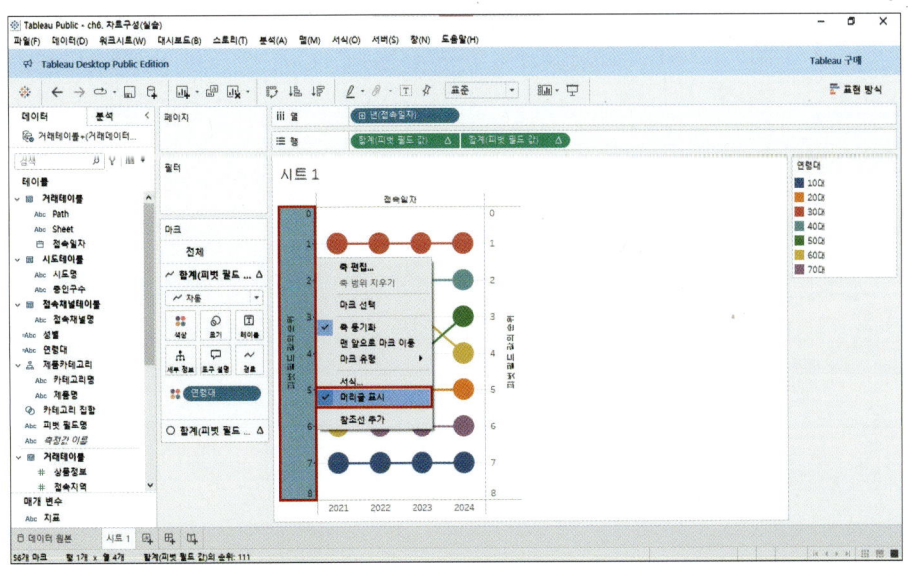

CHAPTER 06 | 차트 구성하기 135

❷ 상단에 필드 레이블인 접속일자가 있습니다. **접속일자를 마우스 우클릭**합니다. 나타난 팝업 메뉴에서 **열에 대한 필드 레이블 숨기기**를 클릭하여 레이블을 제거합니다.

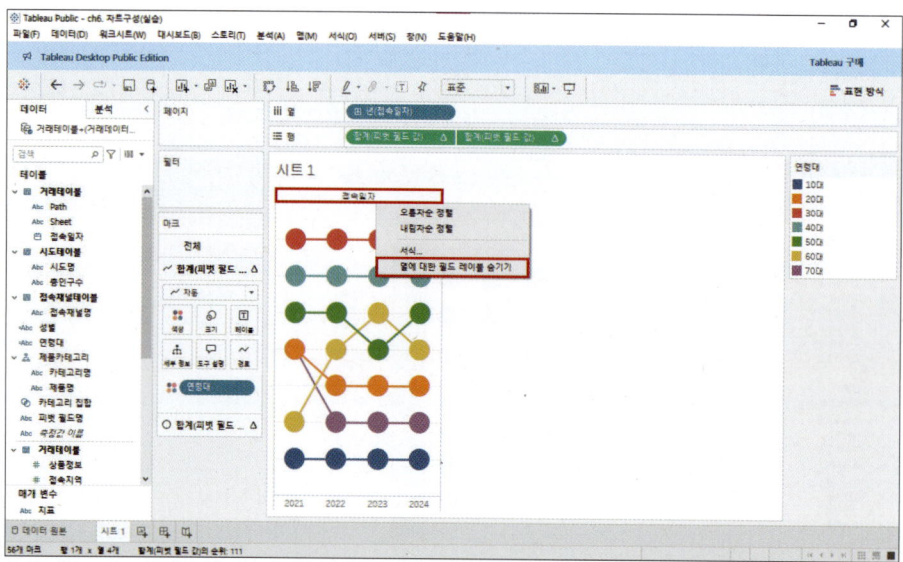

❸ 아래쪽에 위치한 연도를 위로 올려 차트를 보기 쉽게 정돈하려 합니다. 상단 메뉴의 **분석(A) > 테이블 레이아웃(B) > 고급(A)**을 클릭합니다.

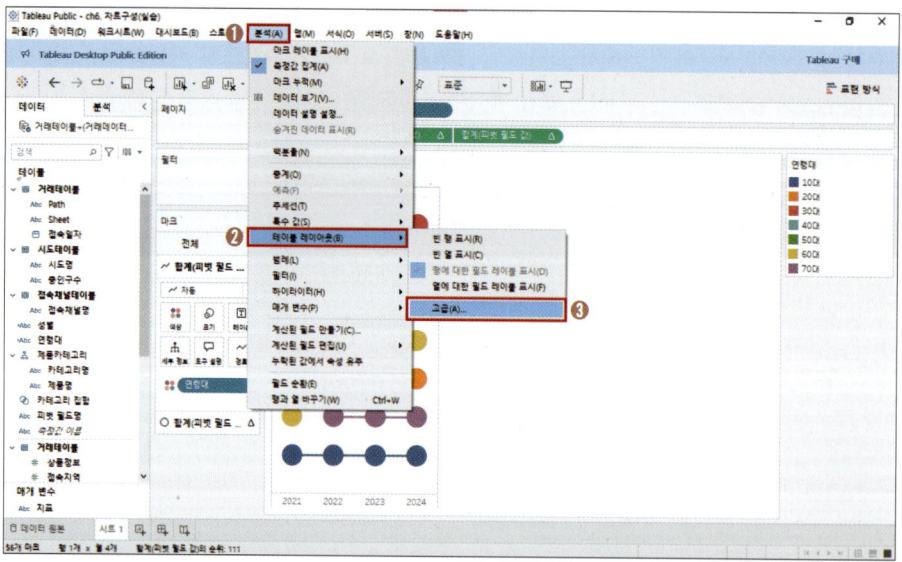

❹ 나타난 **테이블 옵션** 팝업 창에서 **열 > 세로 축이 있을 때 보기 하단에 가장 안쪽 수준 표시 세로 축** 옵션을 **체크 해제**하고 **확인**을 클릭합니다.

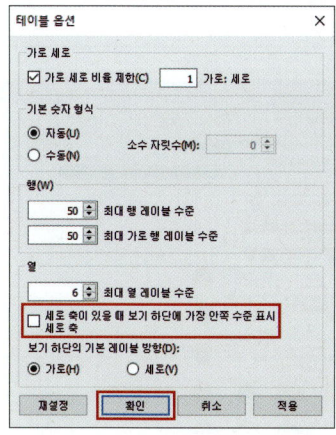

03 레이블 추가

❶ 혹 위에 레이블을 추가하기 위해 혹을 생성했던 마크 패널의 **두 번째 합계(피벗 필드 값)**를 클릭합니다. 데이터 패널의 **[피벗 필드 값]** 필드를 클릭하고 마크 패널의 **레이블**로 **드래그 앤 드롭**합니다.

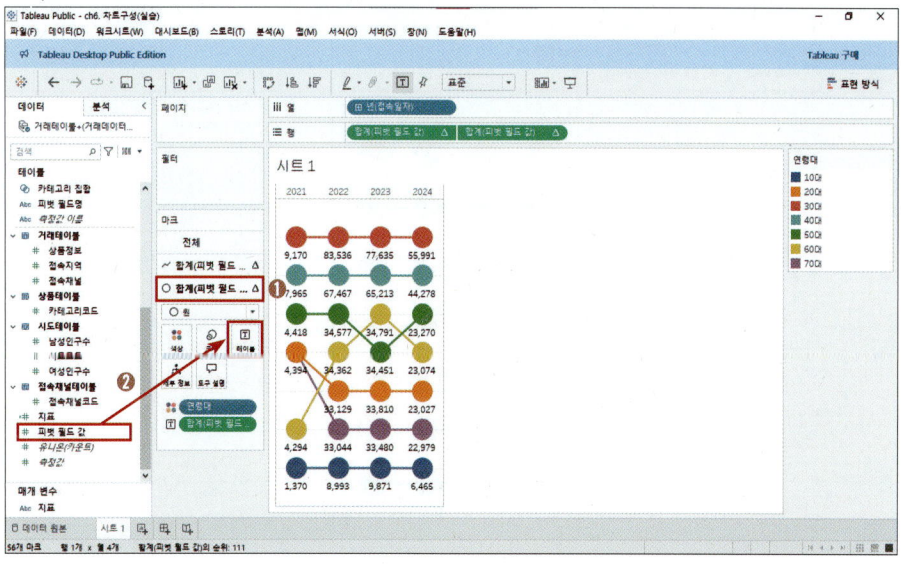

CHAPTER 06 | 차트 구성하기   **137**

❷ 레이블 정렬을 위해 마크 패널의 **레이블**을 클릭합니다. 나타난 팝업 창에서 **레이블 모양** > **맞춤 박스**를 클릭합니다. 새롭게 나타나는 **정렬 팝업 창**에서 **가로** > ▤을 클릭하고 **세로** > ▤을 클릭하여 정렬합니다. 빈 곳을 클릭하여 팝업 창을 닫습니다.

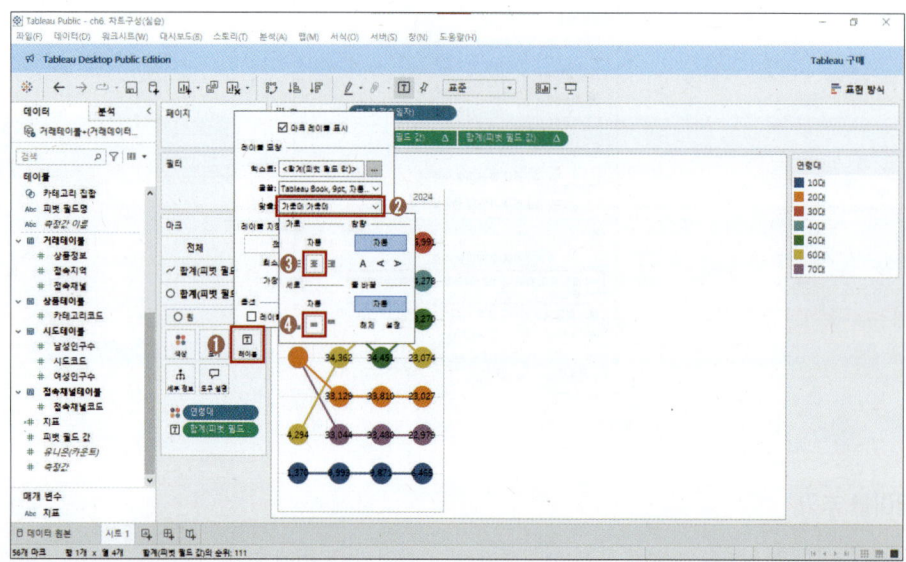

❸ 혹 차트가 완성된 것을 확인한 후 태블로 프로그램을 저장하지 않고 종료합니다.

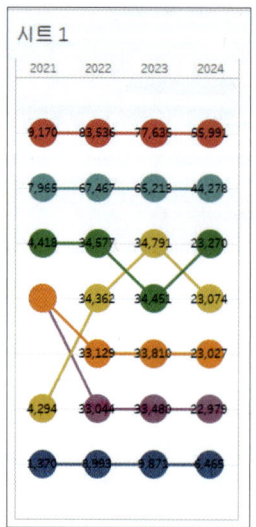

09 워터폴 차트

워터폴 차트는 연속성 있게 누적해가며 증감을 한 눈에 분석하기 위한 목적으로 사용하는 시각화 방법입니다.

01 지표 생성하기

❶ 먼저, 실습을 위해 **Part1 > ch6. 차트구성(실습)** 파일을 엽니다. 워터폴 차트를 만들기 위해 워터폴 차트를 위한 지표를 만들어야 합니다. 지표를 만들기 위해 **데이터 패널** 상단의 ▼을 클릭합니다. 나타난 팝업 메뉴에서 **계산된 필드 만들기**를 클릭합니다.

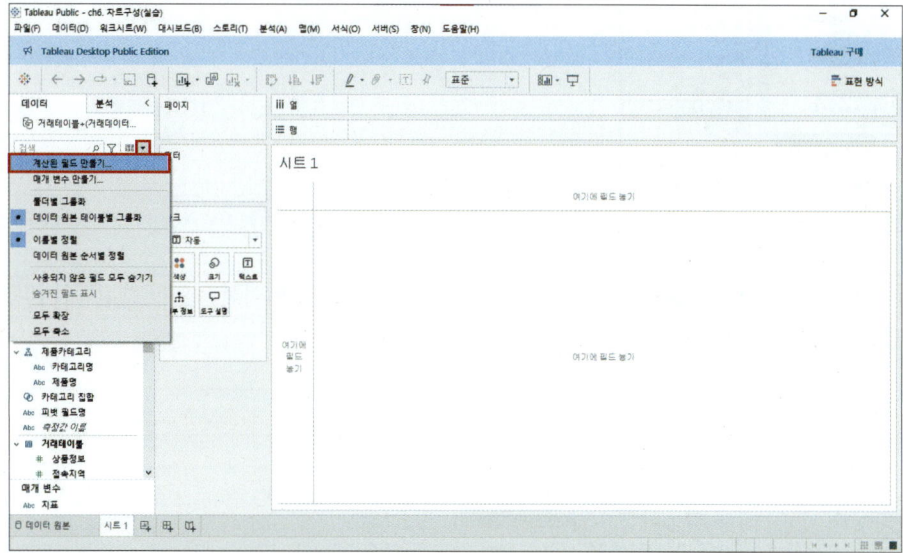

❷ 나타난 **계산된 필드 만들기 팝업 창**에서 **이름**을 **크기(워터폴)**로 입력합니다. 다음 수식을 입력하고 **확인**을 클릭합니다.

- [피벗 필드 값]

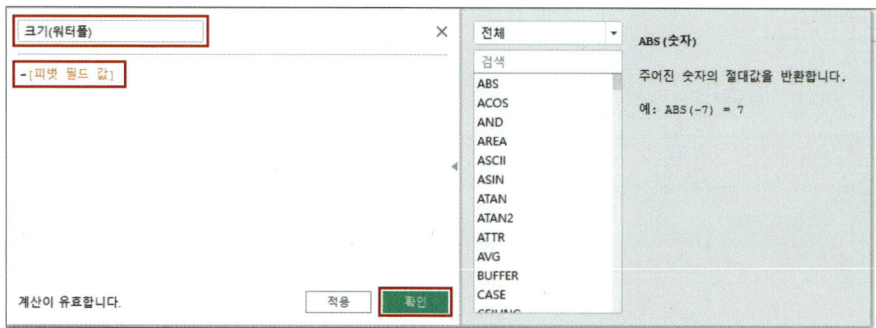

02 차트 만들기

❶ 워터폴 차트를 만들기 위해 마크 패널의 **표현 방식**을 자동에서 **Gantt 차트**로 변경합니다.

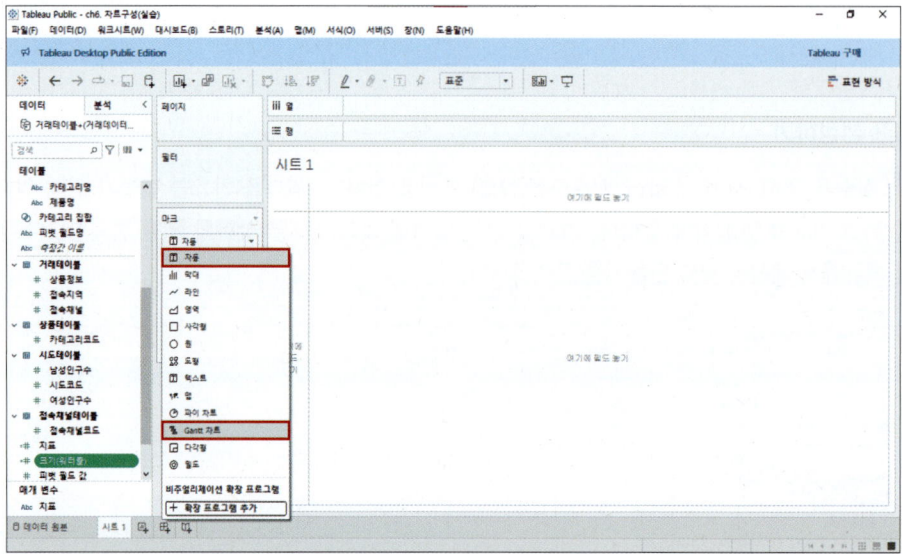

❷ 데이터 패널에서 [연령대] 필드를 **열 패널**로 **드래그 앤 드롭**합니다. 이어서 데이터 패널에서 [피벗 필드 값] 필드는 **행 패널**로 **드래그 앤 드롭**합니다.

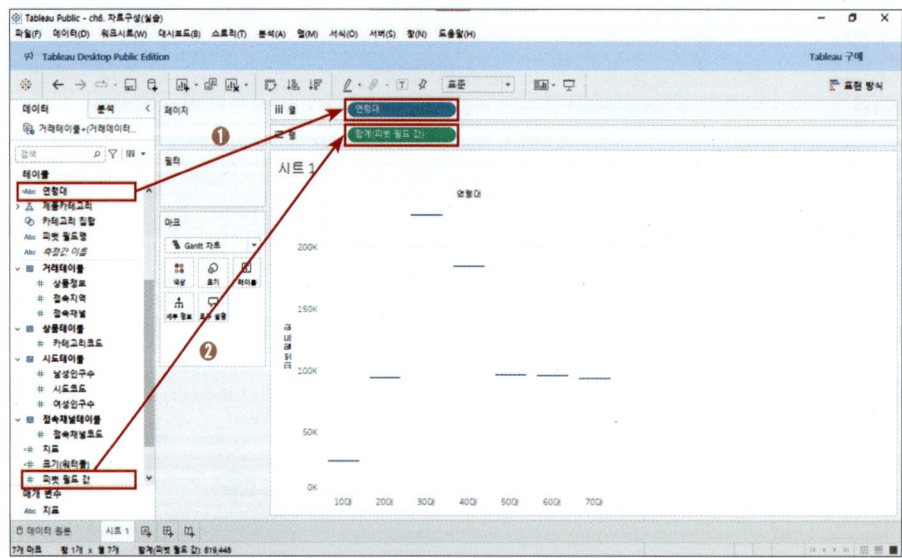

❸ 행 패널에 추가된 **합계(피벗 필드 값)**를 **마우스 우클릭**하여 나타난 팝업 메뉴에서 **퀵 테이블 계산 > 누계**를 클릭합니다.

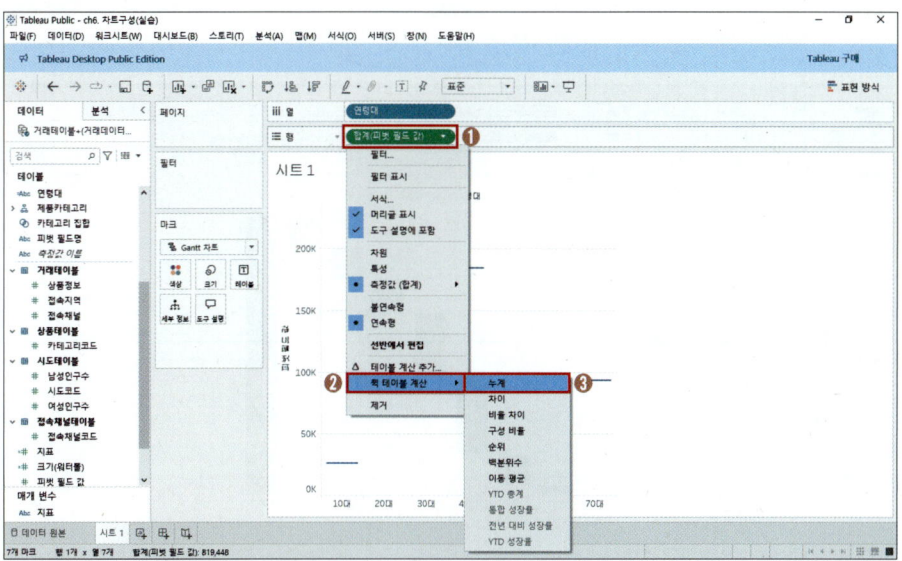

❹ 워터폴 차트의 한쪽 끝에 총계를 표현하기 위해 상단 메뉴의 **분석(A) > 총계(O) > 행 총합계 표시(G)**를 클릭합니다.

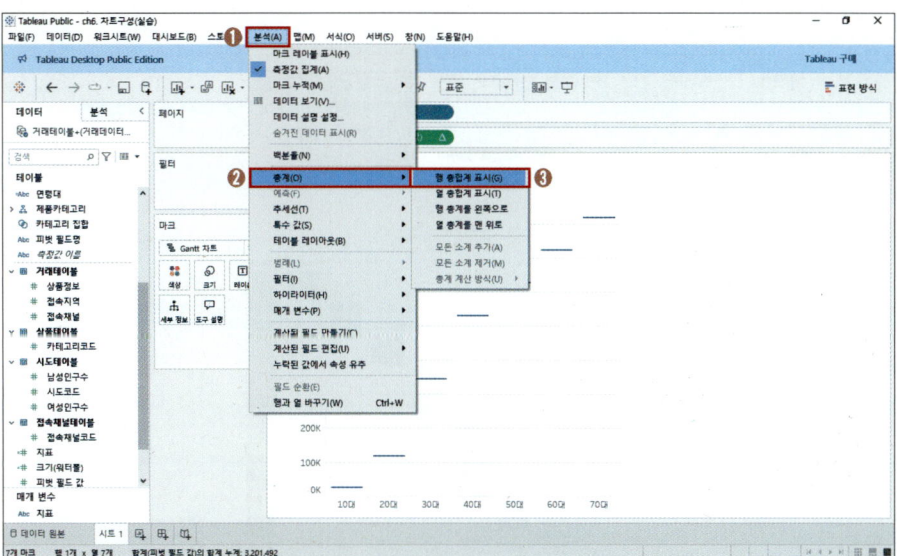

❺ 워터폴 차트를 완성하기 위해서 데이터 패널에서 [크기(워터폴)] 필드를 마크 패널의 **크기**로 **드래그 앤 드롭**합니다.

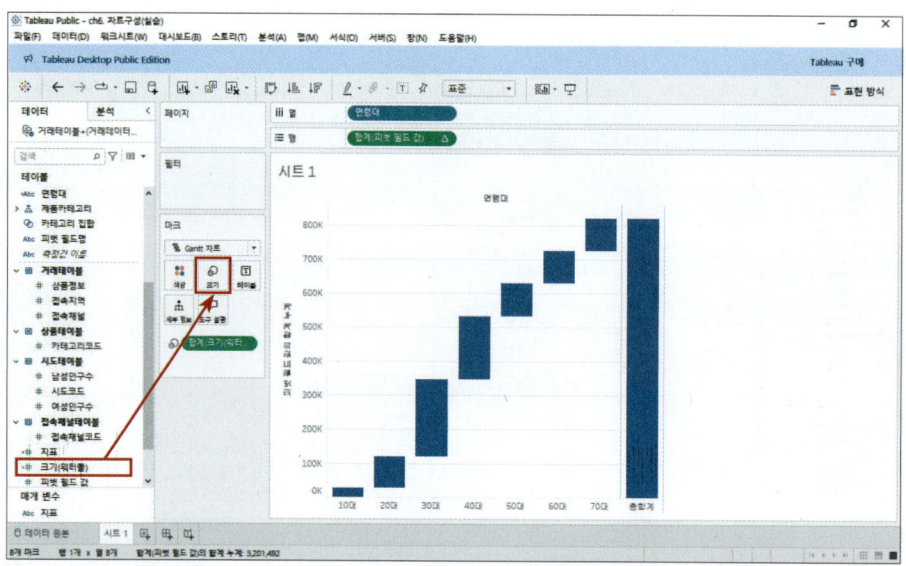

❻ 색상과 레이블을 반영하기 위해 데이터 패널에서 [피벗 필드 값] 필드를 마크 패널의 **색상**과 **레이블**에 한 번씩 **드래그 앤 드롭**합니다. 워터폴 차트가 완성된 것을 확인한 후 태블로 프로그램을 저장하지 않고 종료합니다.

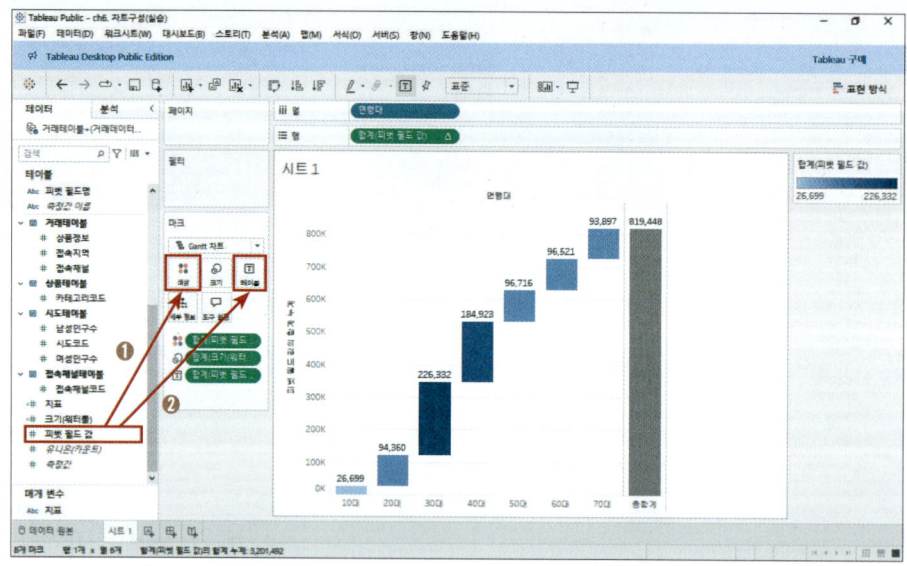

CHAPTER

07 테이블 구성하기

태블로에서는 차트를 구성하여 시각적으로 표현해 인사이트를 얻기도 하지만 엑셀과 같은 테이블 형태로 시각화하여 인사이트를 얻을 수 있습니다. 가장 간단하게 표현할 수 있는 테이블 형태 시각화 방법인 텍스트 테이블과 하이라이트 테이블을 익혀보도록 하겠습니다.

01 텍스트 테이블

행과 열 패널에 배치하여 크로스탭 형태로 시각화하여 익숙한 형태로 데이터를 분석할 수 있습니다.

01 테이블 구성

❶ 먼저, 실습을 위해 Part1 > ch7-1. 텍스트테이블(실습) 파일을 엽니다. 텍스트 테이블을 만들기 위해 데이터 패널의 [연령대] 필드를 클릭하고 열 패널로 드래그 앤 드롭합니다. 데이터 패널의 [카테고리명] 필드는 행 패널로 드래그 앤 드롭합니다.

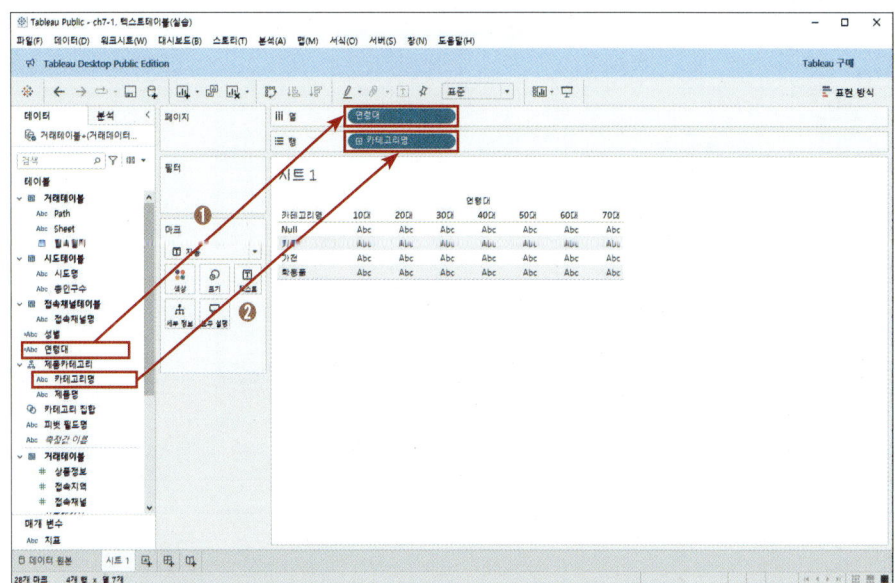

CHAPTER 07 | 테이블 구성하기   143

❷ 데이터 패널의 [피벗 필드 값] 필드를 마크 패널의 텍스트로 드래그 앤 드롭합니다.

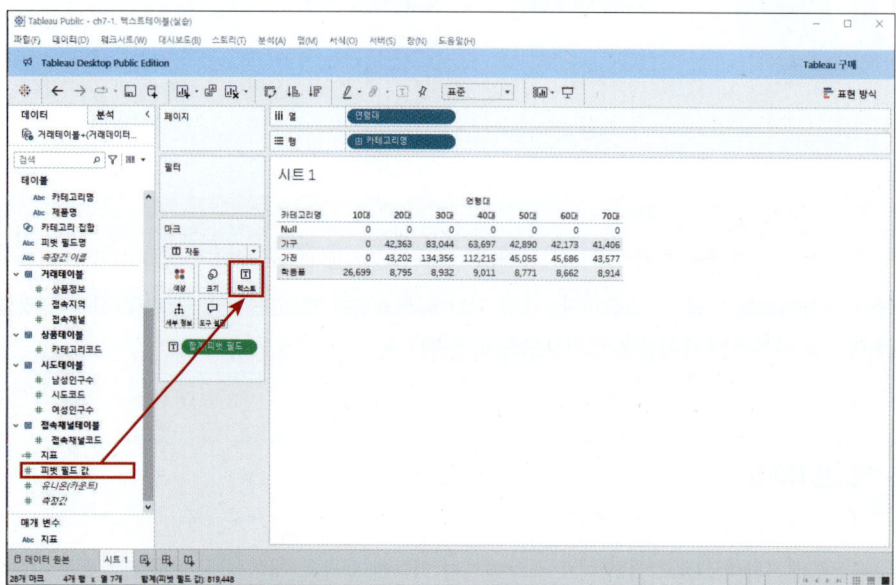

❸ 행 패널에 추가된 카테고리명의 ⊞을 눌러 드릴다운합니다. 카테고리만 표현하는 것이 아니라 하위 범위인 제품명까지 표시하여 연령대별로 어떤 제품이 많이 판매되었는지 확인할 수 있습니다.

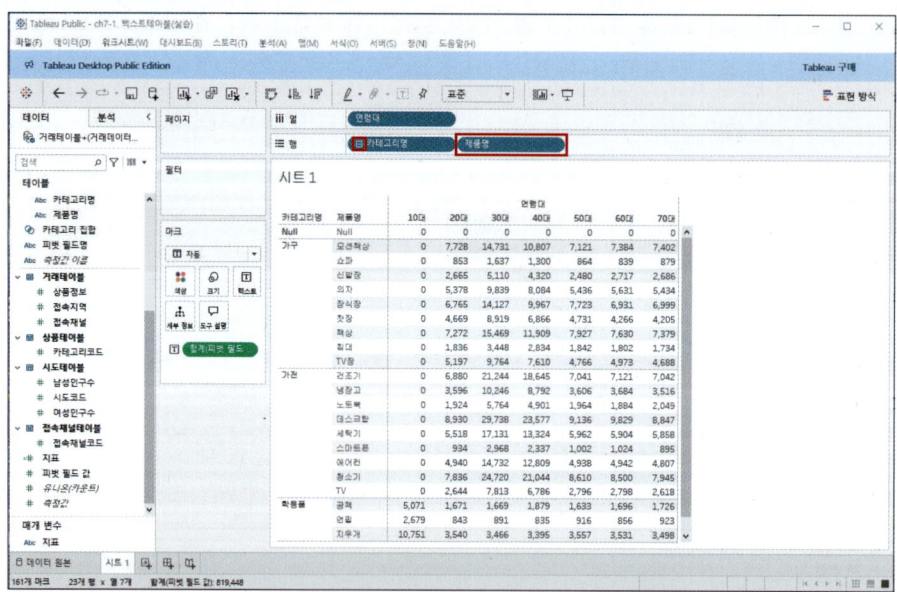

144 PART 1 | 핵심 기능 파헤치기

❹ 텍스트 테이블의 NULL을 제거하기 위해 카테고리명 머리글 아래 **NULL 셀**을 클릭합니다. 이때 나타나는 팝업 창에서 **제외**를 클릭하면 NULL 행이 제거되어 깔끔한 텍스트 테이블을 만들 수 있습니다.

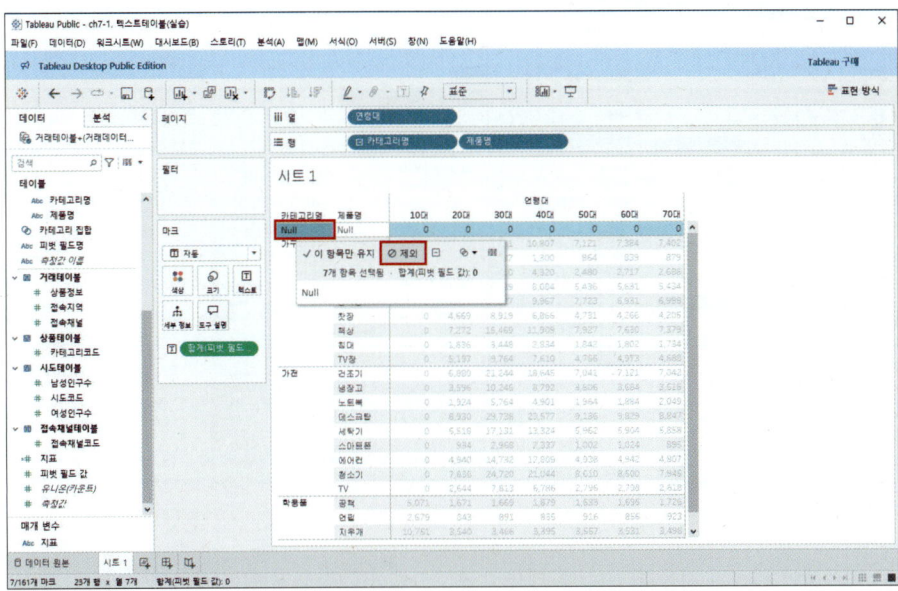

02 소계 및 총계

❶ 소계와 총계를 추가하기 위해 상단 메뉴의 **분석(A) > 총계(O) > 모든 소계 추가(A)**를 클릭합니다.

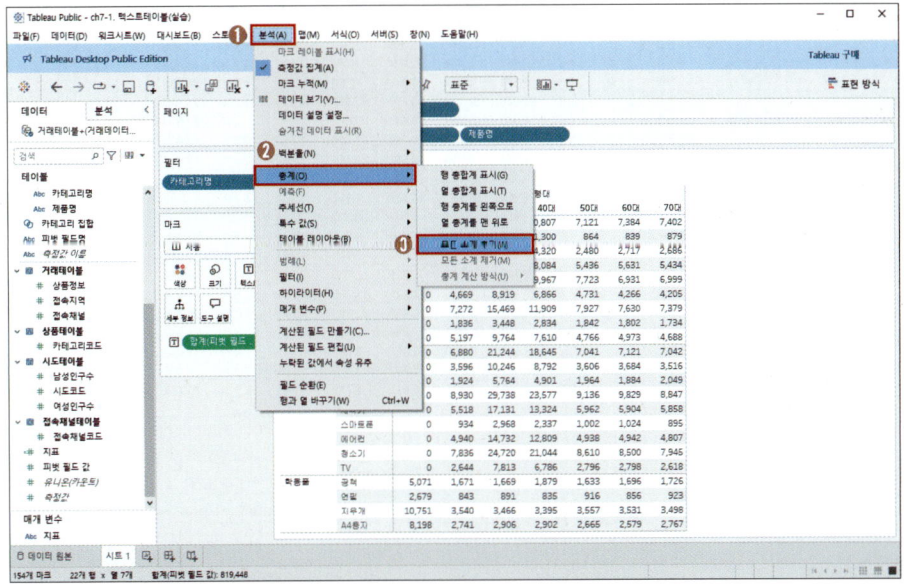

❷ 행 총계를 추가하기 위해 상단 메뉴의 **분석(A)** > **총계(O)** > **행 총합계 표시(G)**를 클릭합니다.

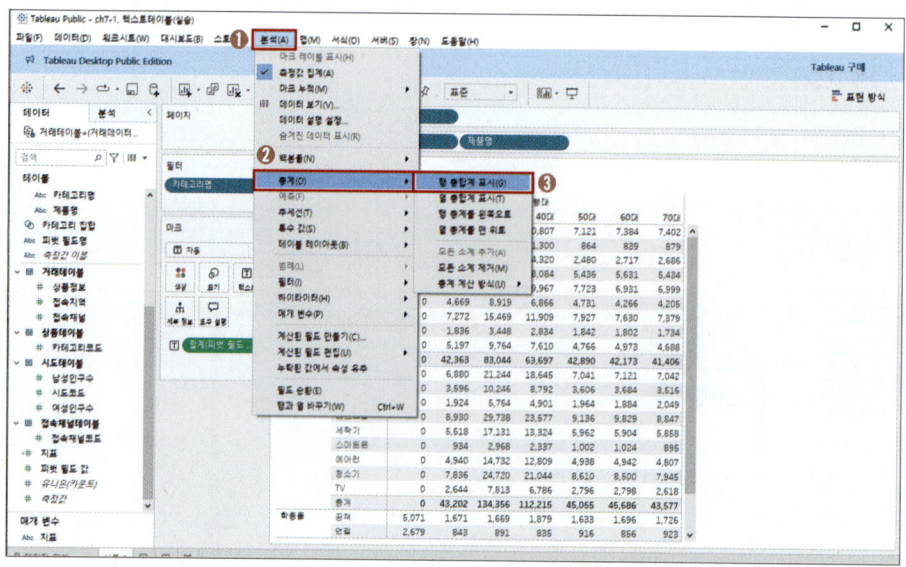

❸ 텍스트 테이블이 완성된 것을 확인한 후 태블로 프로그램을 저장하지 않고 종료합니다.

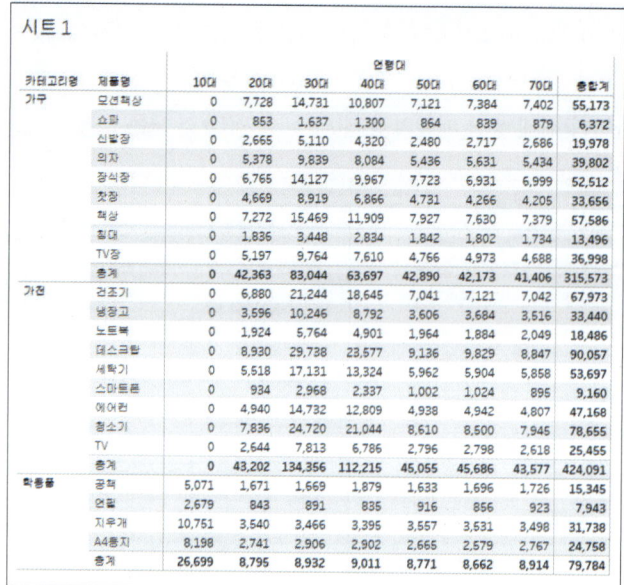

02 하이라이트 테이블

텍스트 테이블과 유사하게 행과 열 패널에 배치하여 크로스탭 형태로 시각화합니다. 다만, 색상을 활용하여 특성을 분석할 때 활용합니다.

01 테이블 구성

❶ 먼저, 실습을 위해 Part1 > ch7-2. 하이라이트테이블(실습) 파일을 엽니다. 성별과 연령대에 따라 테이블을 구성하기 위해 데이터 패널의 **[연령대] 필드**를 **열 패널**로 **드래그 앤 드롭**하고 **[성별] 필드**를 **행 패널**로 **드래그 앤 드롭**합니다.

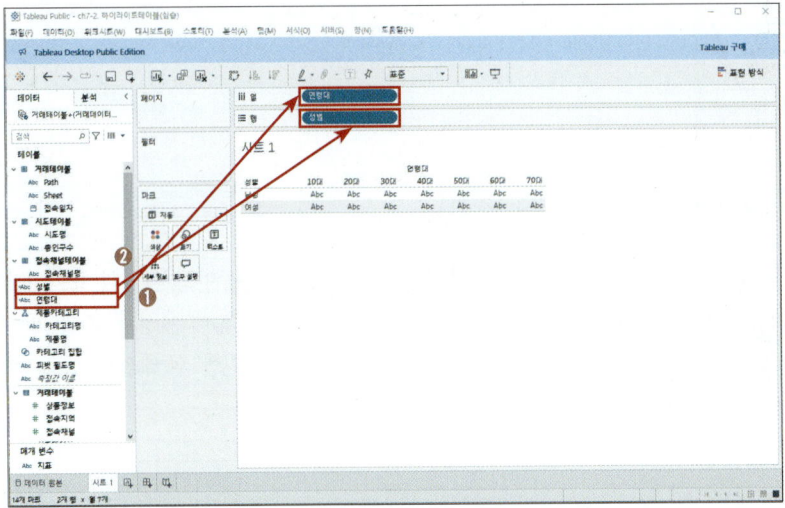

❷ 데이터 패널에 있는 **[피벗 필드 값] 필드**를 마크 패널의 **텍스트**에 **드래그 앤 드롭**합니다.

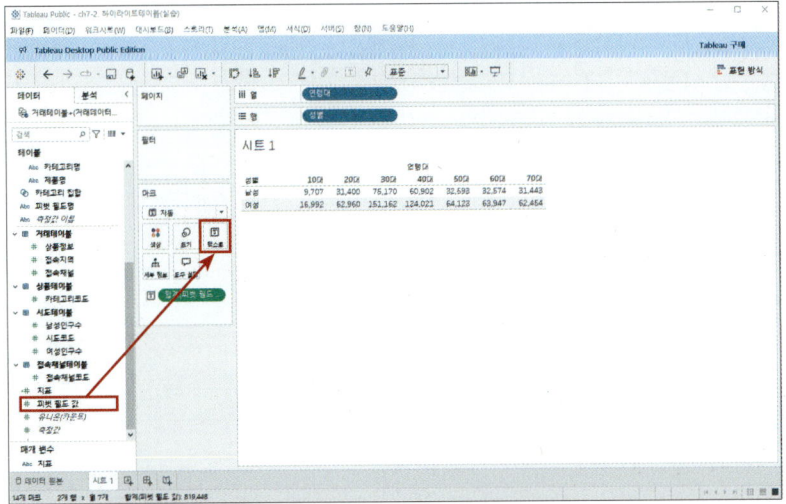

CHAPTER 07 | 테이블 구성하기   147

❸ 데이터 패널의 [피벗 필드 값] 필드를 마크 패널의 **색상**으로 **드래그 앤 드롭**합니다. 지표가 클수록 진한 파란색, 작을수록 연한 파란색으로 나타납니다.

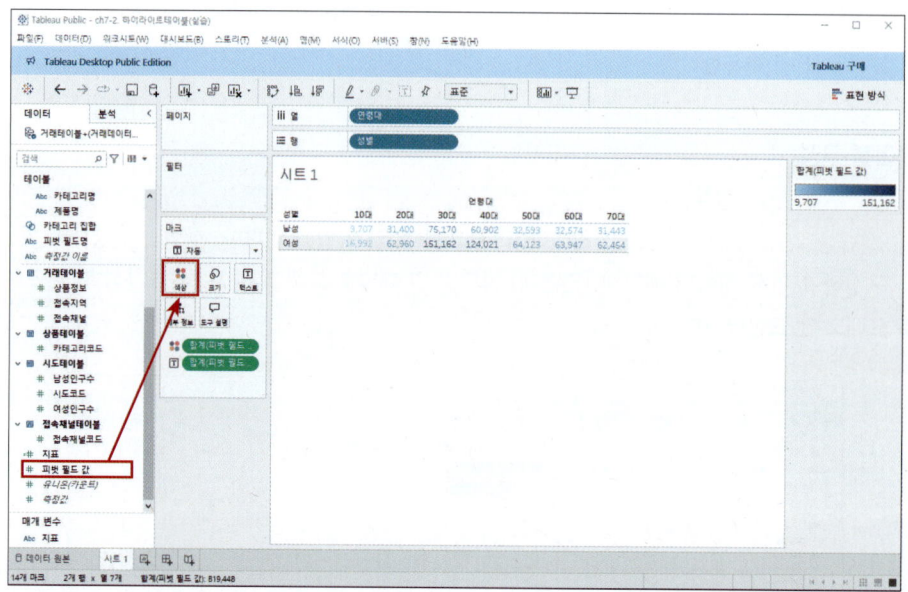

❹ 하이라이트 테이블을 완성하기 위해 표현 방식을 변경해야 합니다. 마크 패널의 **표현 방식**을 자동에서 **사각형**으로 변경합니다. 변경 후 살펴보면 셀에 색상이 채워지며 30대 여성과 40대 여성이 가장 많이 구매한 것으로 나타납니다. 하이라이트 테이블이 완성된 것을 확인한 후 태블로 프로그램을 저장하지 않고 종료합니다.

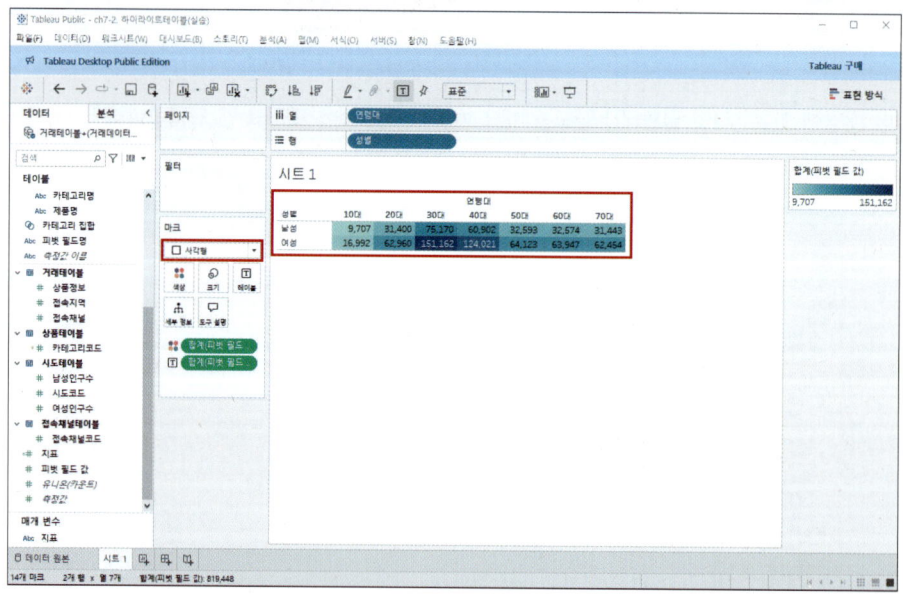

CHAPTER 08 시각화요소 디자인 변경하기

시각화 분석을 진행하는 과정에서 글꼴, 맞춤, 음영, 테두리, 라인 서식을 지정할 수 있습니다. 서식을 변경하면 해당 시트의 뷰를 의미 있게 변경할 수 있습니다. 예를 들어, 텍스트 테이블에 라인을 표시하거나 차트에 레이블을 정렬하고 글꼴을 변경할 수 있습니다.

01 글꼴 서식

01 시트 구성

❶ 먼저, 실습을 위해 **Part1 > ch8. 시각화요소디자인(실습)** 파일을 엽니다. 상단의 툴바 우측의 **맞춤**을 클릭하여 표준에서 **전체 보기**로 변경합니다.

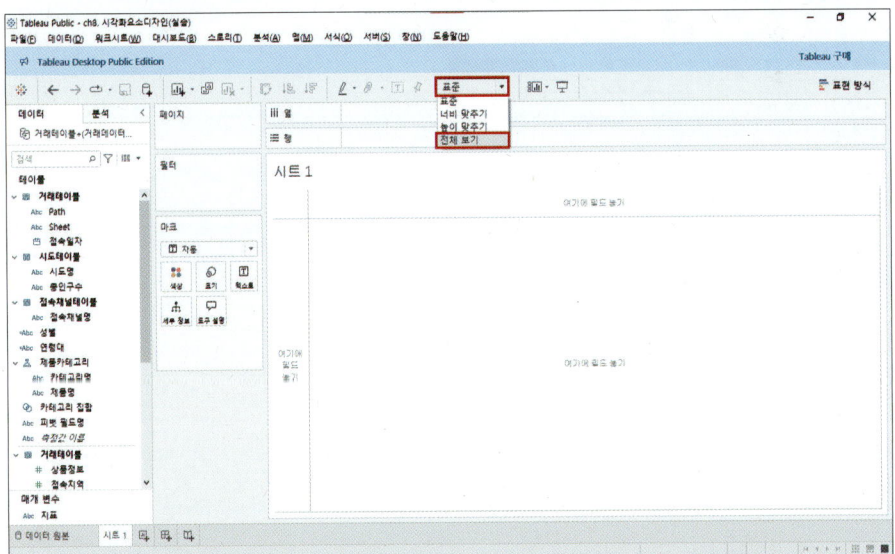

❷ 데이터 패널에 있는 [접속일자] 필드를 클릭하고 **열 패널**로 **드래그 앤 드롭**합니다.

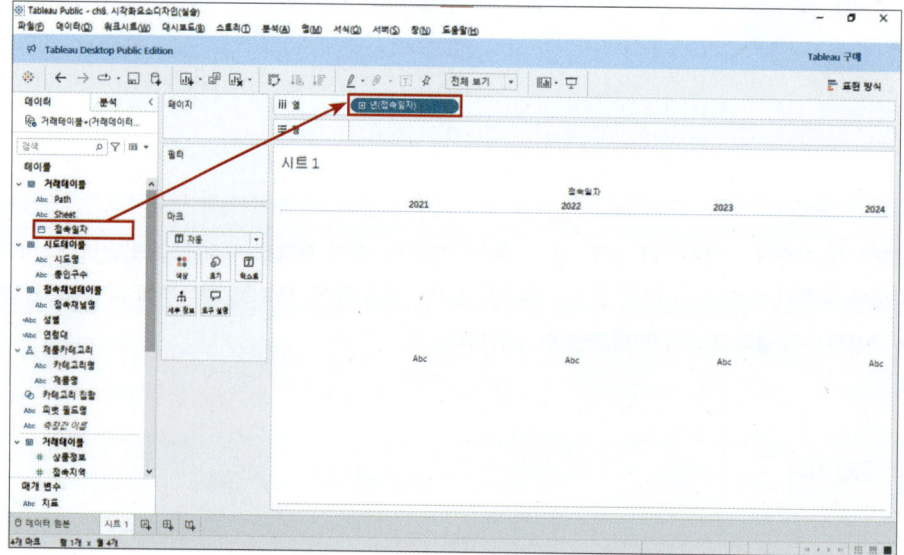

❸ 데이터 패널의 [피벗 필드 값] 필드를 클릭하고 마크 패널의 **텍스트**로 **드래그 앤 드롭**합니다.

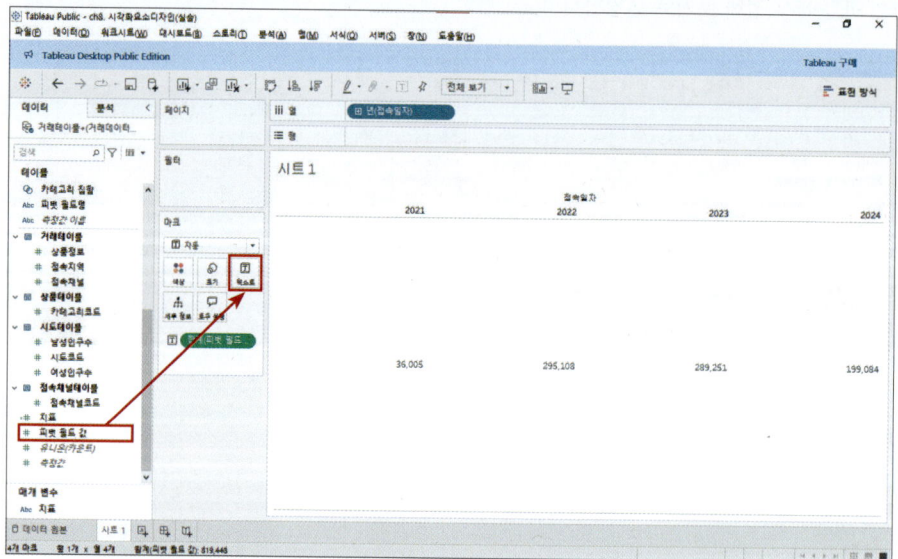

02 글꼴 변경

❶ 글꼴 서식을 변경하기 위해 시트의 **셀**을 **마우스 우클릭**합니다. 나타난 팝업 메뉴에서 **서식**을 클릭합니다.

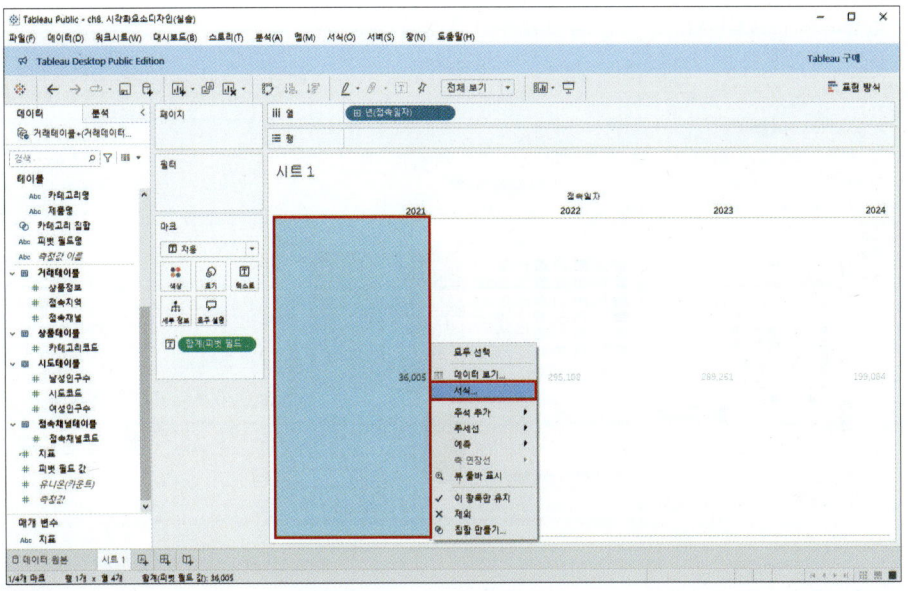

- 시트의 머리글을 마우스 우클릭하지 않도록 주의합니다. 머리글을 마우스 우클릭하여 서식을 클릭하면 머리글 서식으로 이동하게 됩니다.
- 시트에 위치한 4개의 데이터 중 어떤 데이터의 셀을 마우스 우클릭하여 서식을 누르더라도 같은 서식 창으로 이동합니다.

❷ **글꼴 서식**에서 워크시트의 글꼴을 변경합니다. **시트** 탭의 **기본값** > **워크시트 박스**를 클릭하여 나타난 팝업 창에서 ∨을 클릭한 후 서체는 **맑은 고딕**으로 변경하고 **글자 크기**도 **10**으로 변경합니다. 색상을 변경하기 위하여 **색상 추가**를 클릭한 후 HTML(H) 옆에 색상 코드 **#000000**을 입력하고 **확인**을 클릭하면 색상이 검정으로 변경됩니다. 이렇게 워크시트의 글꼴 서식을 변경하면 **시트**에 표현한 **머리글**과 **패널**이 공통으로 **변경**됩니다. 빈 곳을 클릭하여 팝업 창을 닫습니다.

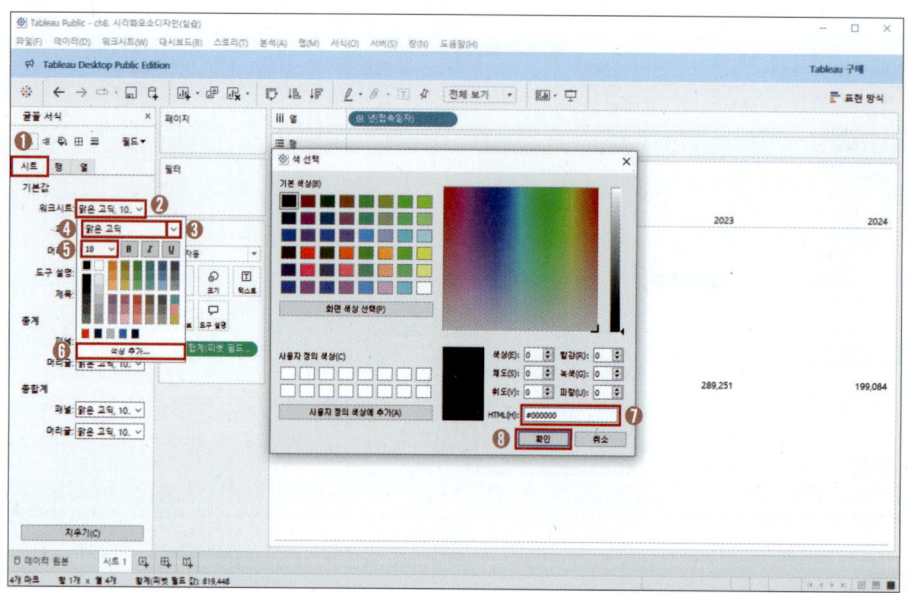

> **Tip** ✓
>
> 글꼴 서식 > 시트 > 기본값에서는 워크시트, 패널, 머리글, 도구 설명, 제목의 글꼴을 변경할 수 있습니다. 워크시트는 현재 작업 중인 시트 전체에 글꼴을 수정하고, 패널은 시트 내에서 축 또는 머리글이 아닌 시각화로 표현 되는 영역의 글꼴을 수정합니다. 머리글은 시트 내 머리글에 해당하는 영역의 글꼴을 수정합니다. 도구 설명은 시트에 작성된 시각화 위에 마우스를 얹었을 때 나타나는 도구 설명의 글꼴을 수정하며, 제목은 시트 제목의 글꼴을 수정합니다. 워크시트의 글꼴이 적용되었다 하더라도 개별 패널, 머리글 등을 다르게 지정하여 변경할 수 있습니다.

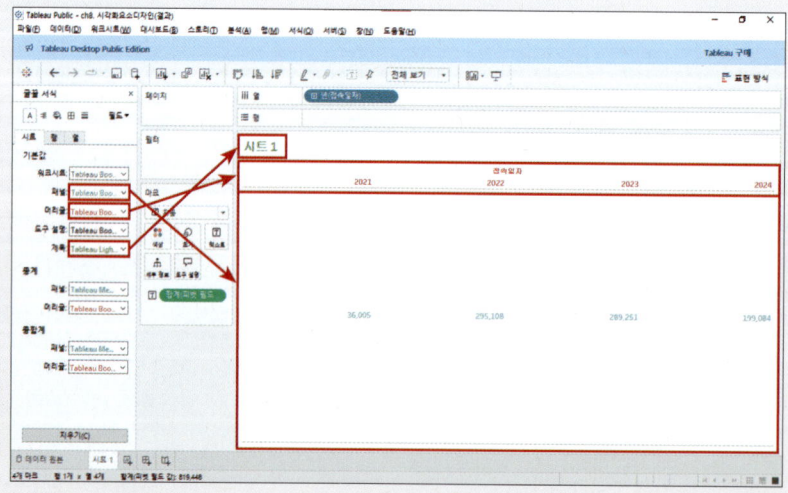

02 맞춤 서식

01 머리글 정렬

❶ 정렬을 위해 서식 창에서 상단의 ▤을 클릭합니다. 글꼴 서식에서 **맞춤 서식**으로 변경됩니다.

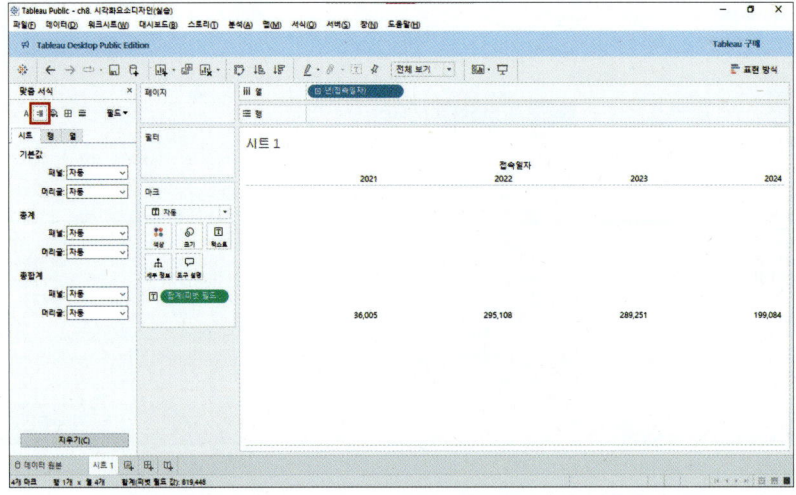

❷ 머리글은 자동으로 설정하면 기본적으로 오른쪽 정렬로 표현되기 때문에 가운데에 정렬하기 위해 **시트** 탭의 **기본값** > **머리글 박스** > **가로** > ▤을 클릭합니다. 서식 지정이 완료되었다면 빈 곳을 클릭하여 팝업 창을 닫고, 서식 창의 우측 상단 ⊠를 클릭하여 서식 창도 닫습니다.

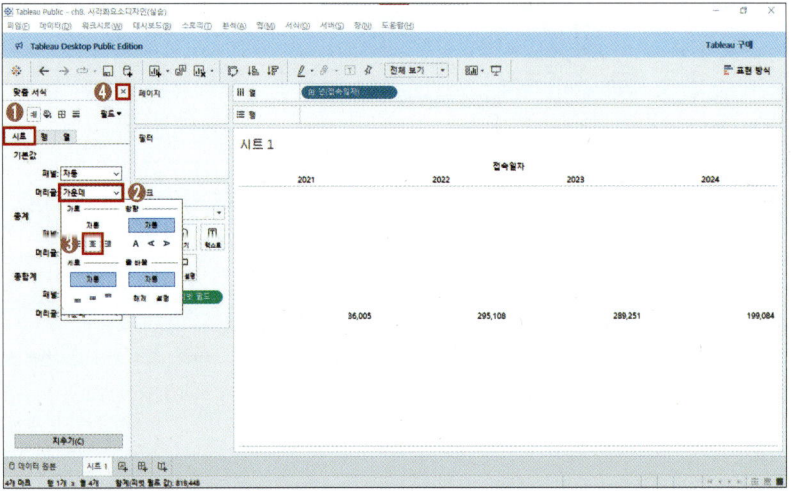

- 머리글의 글꼴 크기가 머리글의 높이 간격과 같은 경우에는 맞춤 > 세로를 지정하여도 적용되지 않습니다.
- 머리글의 글꼴 크기가 머리글의 높이 간격보다 작은 경우에만 맞춤 > 세로에서 하위, 가운데, 상위를 지정할 수 있습니다.

02 패널 정렬

❶ 패널을 정렬하기 위해 시트의 **셀**을 **마우스 우클릭**합니다. 나타난 팝업 메뉴에서 **서식**을 클릭합니다.

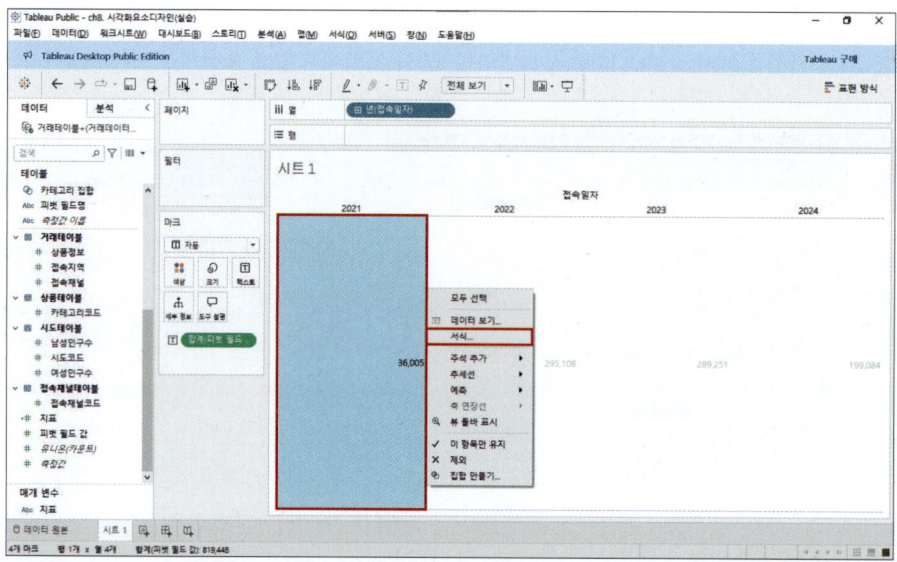

❷ 정렬을 위해 **서식 창**에 들어온 후 상단의 ▤을 클릭합니다. 글꼴 서식에서 **맞춤 서식**으로 이동합니다. 맞춤 서식의 정렬을 변경하기 위해 **시트** 탭의 **기본값** > **패널 박스** > **가로** > ▤을 클릭하여 변경합니다. 기본적으로는 패널 정렬만 변경해도 머리글이 같이 정렬됩니다. 서식 지정이 완료되었다면 빈 곳을 클릭하여 팝업 창을 닫고, 서식 창의 우측 상단 ☒를 클릭하여 서식 창도 닫습니다.

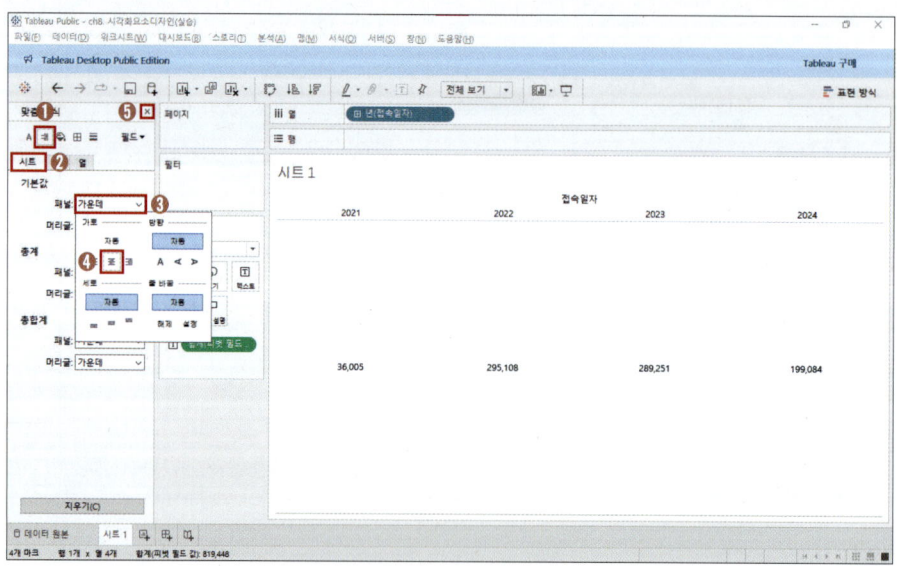

03 음영 서식

01 워크시트 배경 변경

❶ 시트의 **셀**을 **마우스 우클릭**합니다. 나타난 팝업 메뉴에서 **서식**을 클릭합니다.

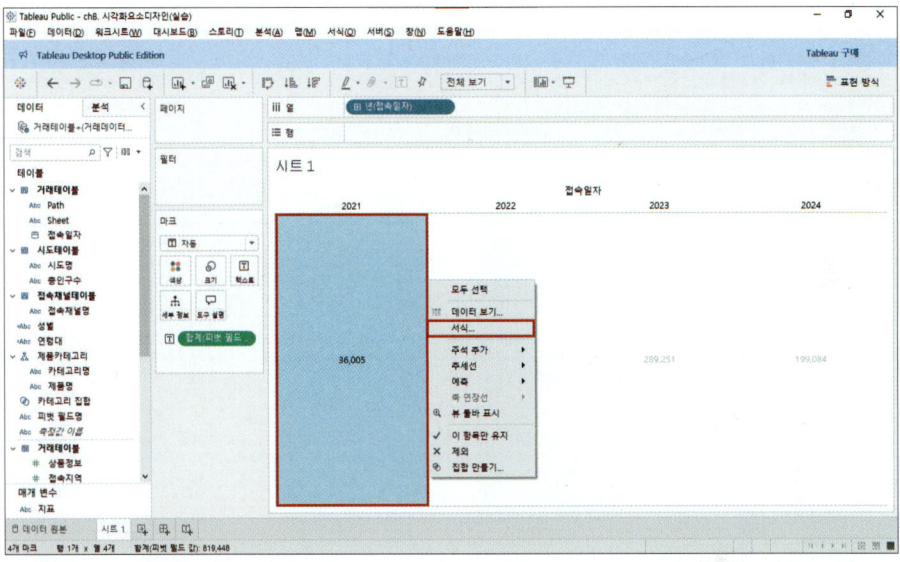

❷ **서식 창**에서 상단 아이콘을 클릭하면 **음영 서식**으로 이동합니다. **시트** 탭의 **기본값 > 워크시트 박스**를 클릭하면 기본으로 지정되어 있는 흰색에서 다른 색으로 변경이 가능합니다. 빈 곳을 클릭하여 팝업 창을 닫습니다.

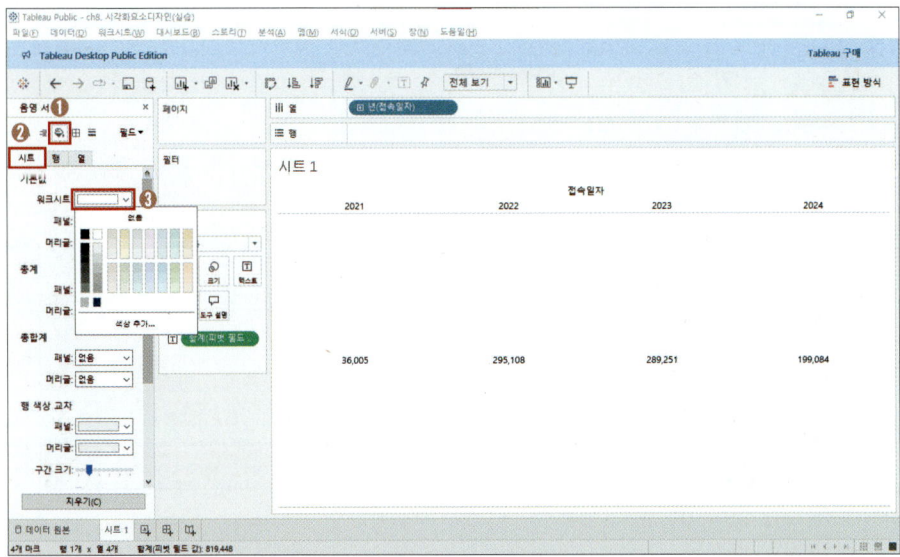

02 색상 교차

❶ 열 패널에 [접속일자] 필드를 드래그 앤 드롭해 두었기 때문에 **열 색상 교차**를 적용할 수 있습니다. **시트** 탭의 **열 색상 교차 > 패널 박스**를 클릭하여 나타나는 팝업 창에서 **위에서 세 번째 흰색**을 선택합니다. 서식 창의 빈 곳을 클릭하여 팝업 창을 닫습니다. 이어서 **머리글 박스**를 클릭하여 나타나는 팝업 창에서 동일하게 **위에서 세 번째 흰색**을 선택합니다.

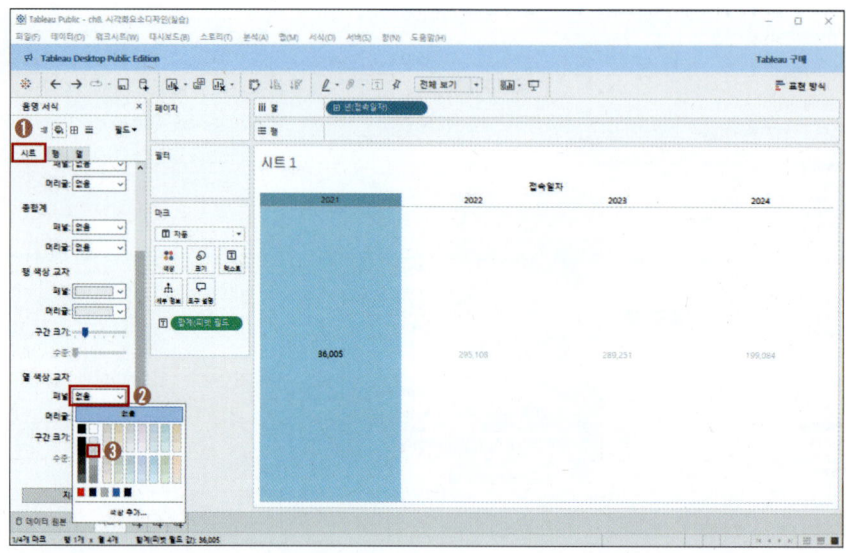

❷ 패널과 머리글의 색상을 선택하고 나면 열 색상 교차로 구분자 역할을 할 수 있습니다. 마크 패널 아래의 빈 공간을 클릭하여 열 색상 교차가 잘 진행되었는지 확인합니다.

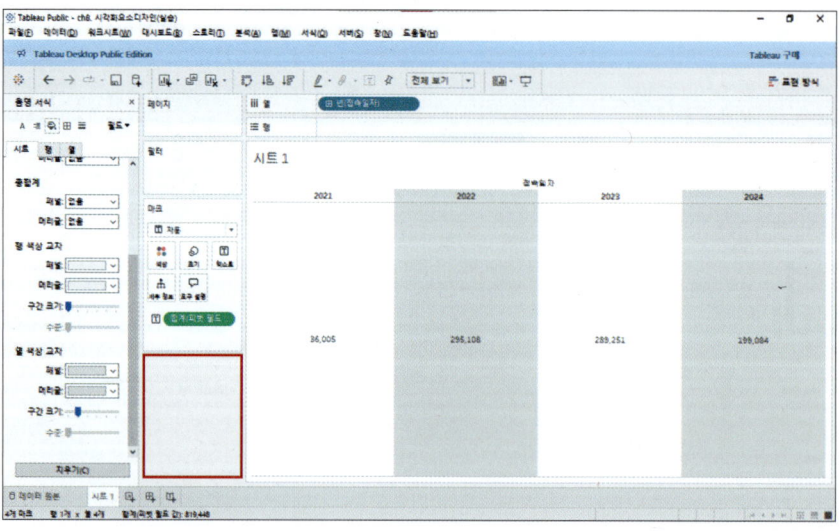

❸ 구간 크기를 마우스로 조정하면 교차하는 크기를 조정할 수 있습니다. 열 색상 교차의 **구간 크기 슬라이더**를 조정하여 변경되는 사항을 확인합니다. 서식 창의 우측 상단 ⊠를 클릭하여 서식 창을 닫습니다.

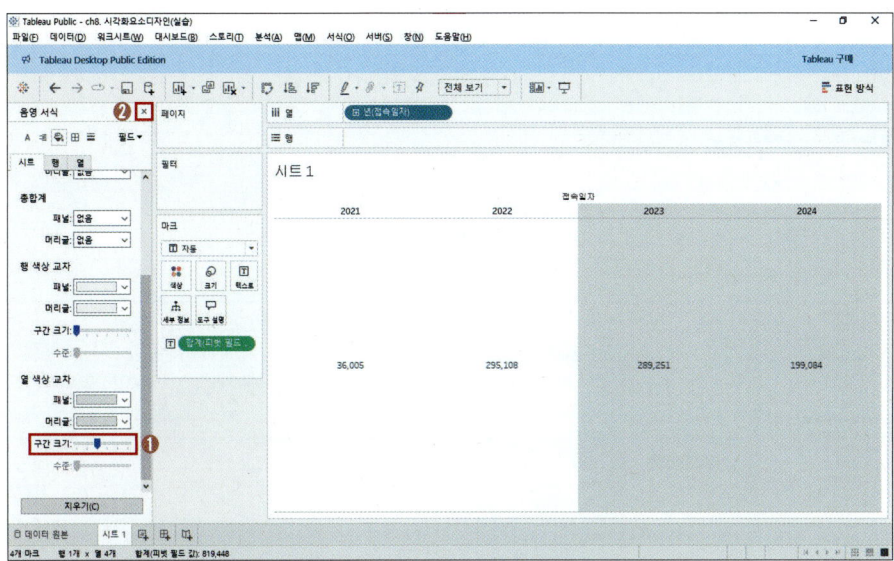

04 테두리 서식

01 기본 테두리 변경

❶ 시트 테두리 서식을 변경하기 위해서 시트의 **셀**을 **마우스 우클릭**합니다. 나타난 팝업 메뉴에서 **서식**을 클릭합니다.

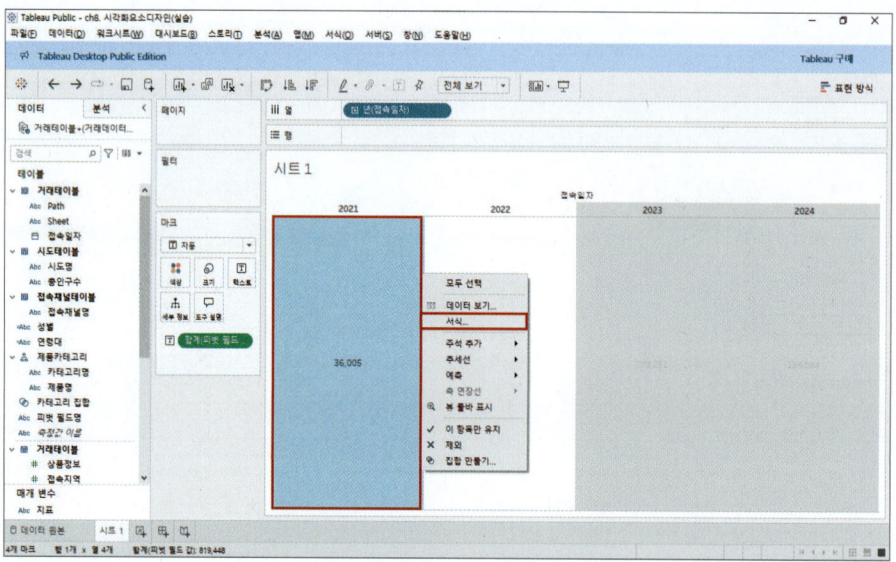

❷ 나타난 **서식 창**에서 상단의 ⊞을 클릭합니다. **테두리 서식**으로 들어온 후 **시트** 탭의 **기본값 > 셀 박스 > 실선**을 클릭합니다. 서식 창의 빈 곳을 클릭하여 팝업 창을 닫은 뒤, **패널 박스 > 실선**을 클릭합니다. 마지막으로 서식 창의 빈 곳을 클릭하여 팝업 창을 닫은 뒤, **머리글 박스 > 실선**을 클릭합니다.

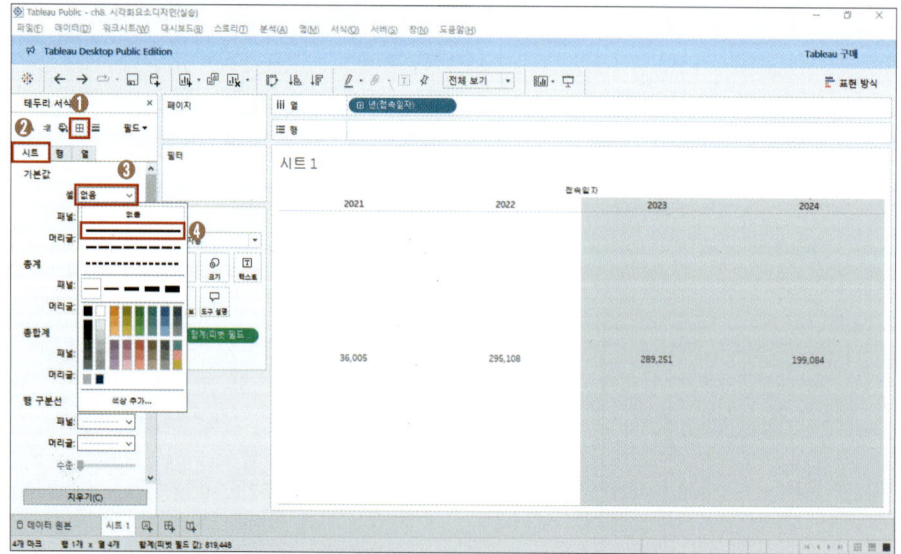

02 구분선 추가

❶ 행 구분선도 테두리 서식에서 추가할 수 있습니다. 다만, 행 구분선은 자동으로 표시되기 때문에 표시된 행 구분선을 제거하거나, 다른 색상으로 변경하거나, 점선으로 변경하기 위해 사용할 수 있습니다. **시트** 탭의 **행 구분선** > **패널 박스** > **실선**을 클릭합니다. 이어서 **검은색**을 클릭한 후 서식 창의 빈 곳을 클릭하여 팝업 창을 닫습니다. 패널 박스에서 서식을 변경하면 머리글도 함께 서식이 변경됩니다.

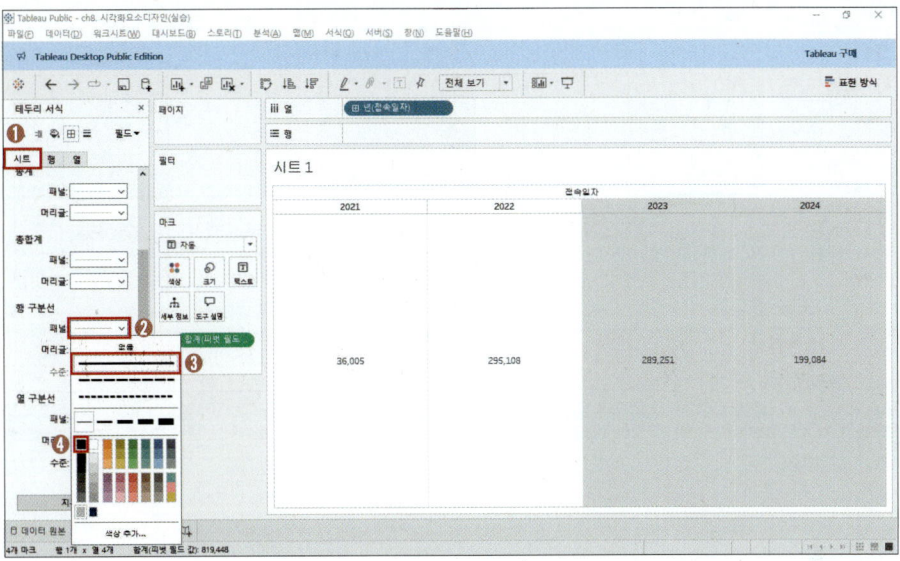

❷ 열 구분선 역시 행 구분선 아래쪽에서 변경할 수 있습니다. **열 구분선** > **패널 박스** > **실선**을 클릭합니다. **검은색**을 클릭한 후 서식 창의 빈 곳을 클릭하여 팝업 창을 닫습니다.

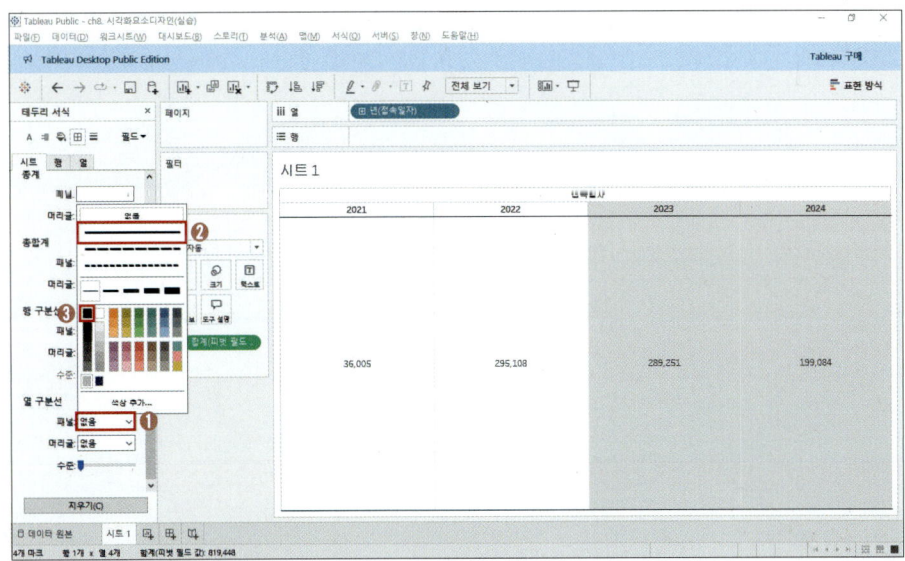

❸ **열 구분선** > **수준**의 **슬라이더**를 **오른쪽**으로 옮기면 세분화된 열 구분선이 표시되며 나누어 그릴 수 있습니다. 서식 창의 우측 상단 ⊠를 클릭하여 서식 창을 닫습니다.

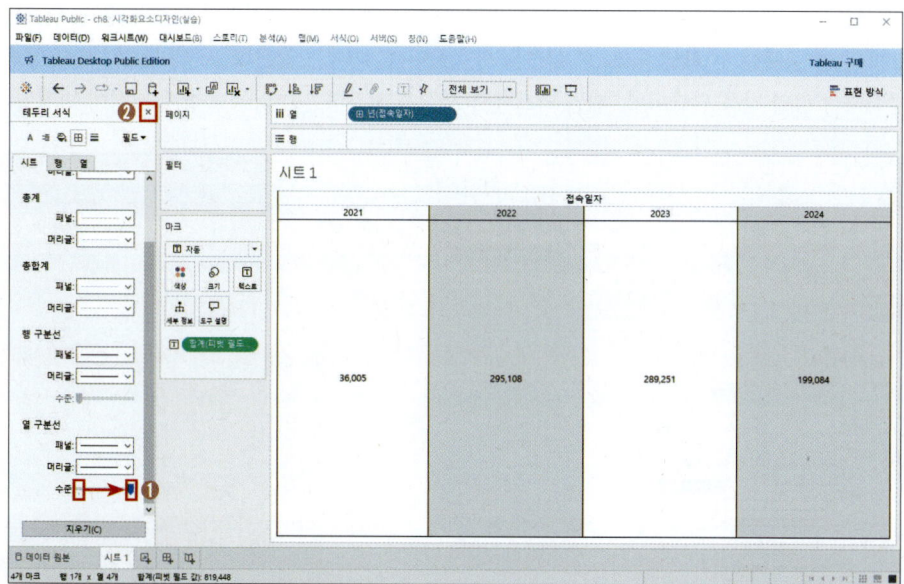

05 라인 서식

01 차트 생성

❶ 하단 탭에서 📊을 클릭하여 **시트 2**로 이동합니다. 상단의 툴바 우측의 **맞춤**을 표준에서 **전체 보기**로 변경합니다.

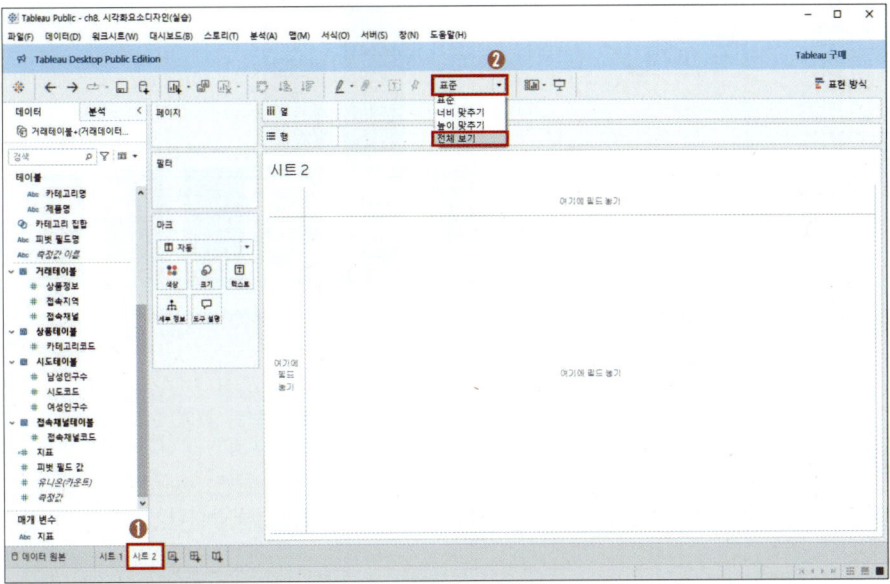

❷ 연령대별 실적을 막대 그래프로 표현하기 위해 데이터 패널의 **[연령대] 필드**를 **열** 패널로 **드래그 앤 드롭**합니다.

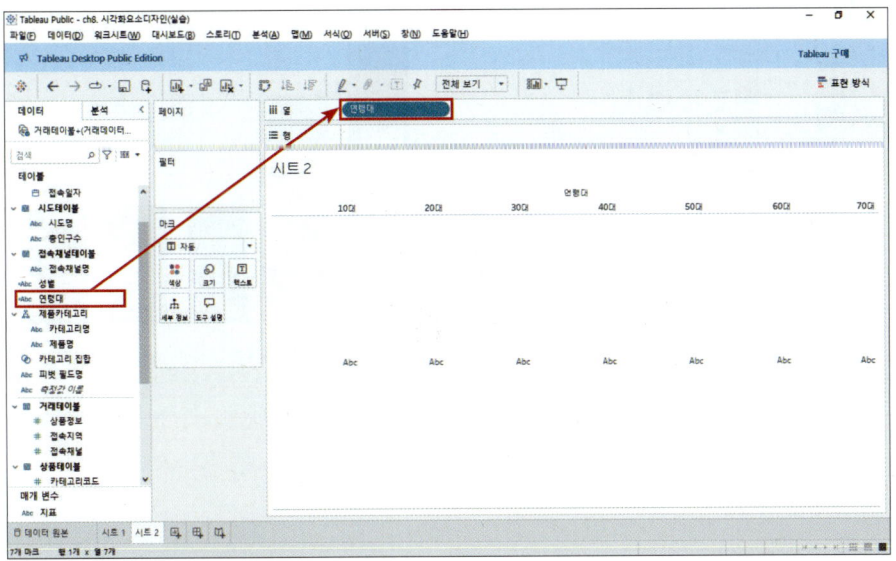

❸ 막대 그래프를 완성하기 위해 데이터 패널의 [피벗 필드 값] 필드를 행 패널로 **드래그 앤 드롭**합니다.

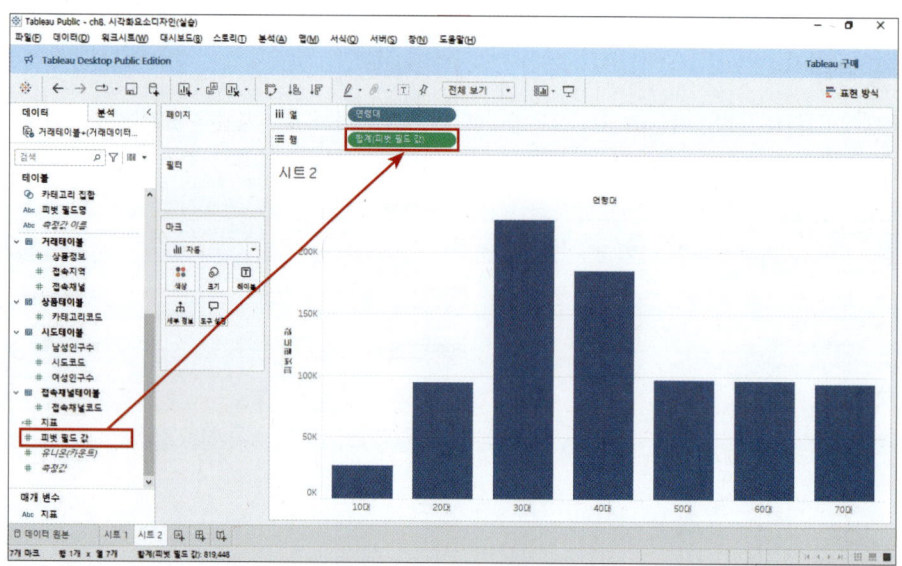

02 라인 서식

❶ **시트**의 빈 곳을 **마우스 우클릭**합니다. 나타난 팝업 메뉴에서 **서식**을 클릭합니다.

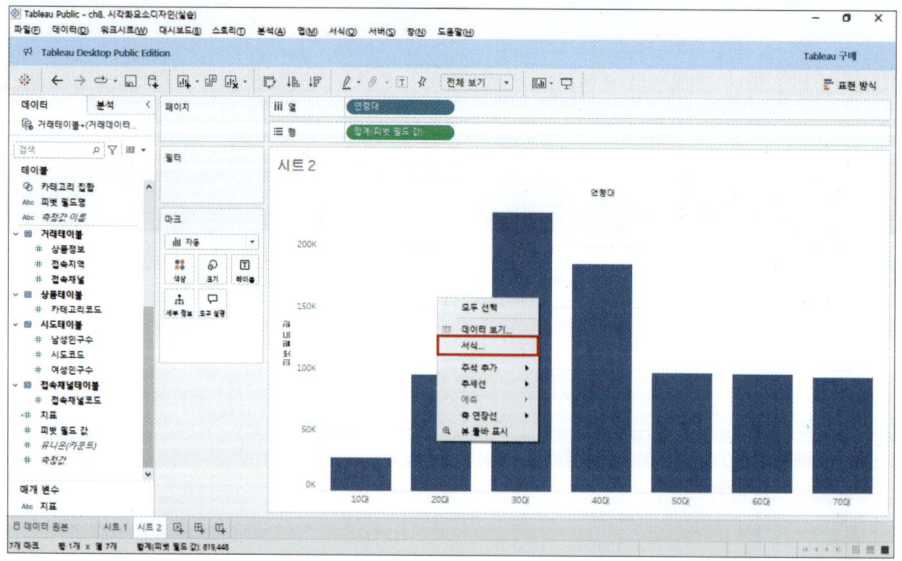

❷ 나타난 **서식 창**에서 ≡을 클릭합니다. **라인 서식**으로 이동하면 격자선부터 축 눈금선까지 변경할 수 있습니다.

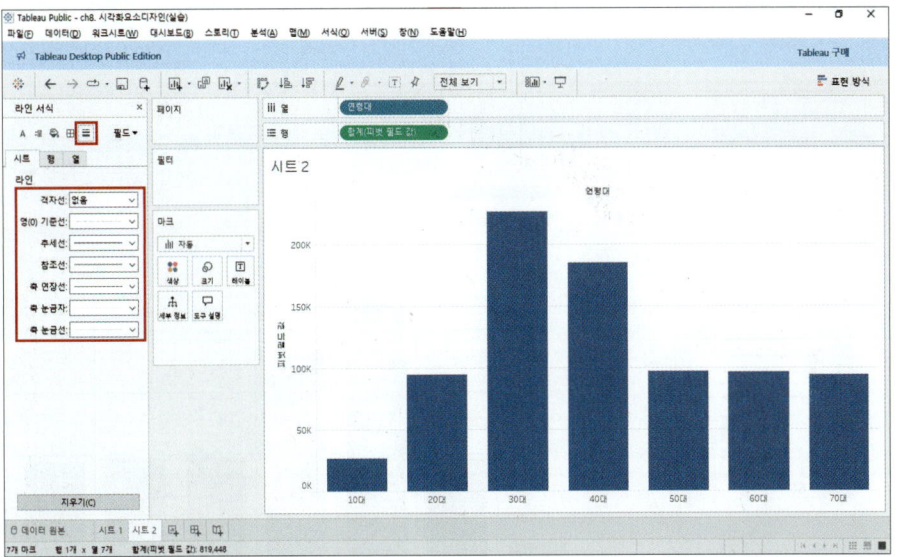

❸ **시트** 탭의 **라인** > **격자선 박스** > **실선**을 클릭합니다. 이어서 **검은색**을 클릭한 후 서식 창의 빈 곳을 클릭하여 팝업 창을 닫습니다. 시트에는 행과 열에 맞춰 격자선이 나타나는 것을 확인할 수 있습니다.

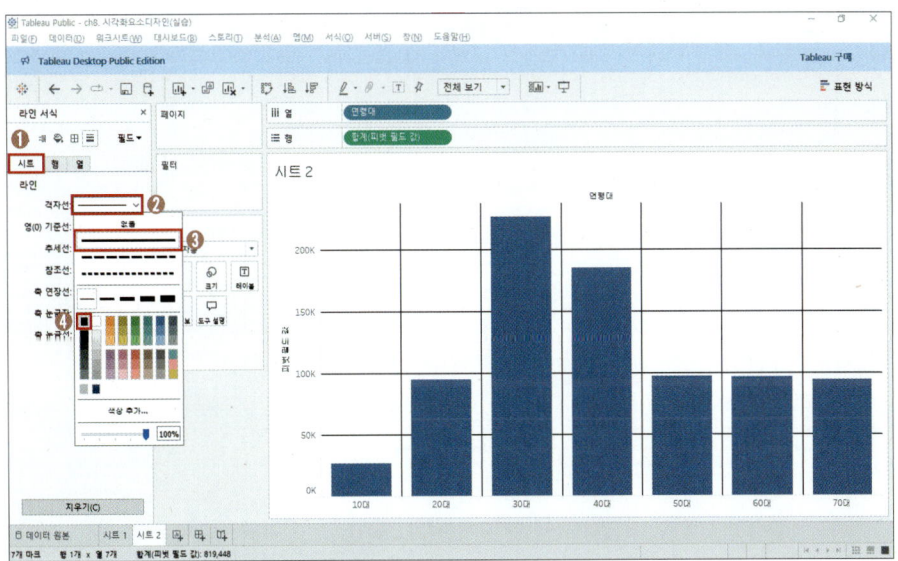

CHAPTER 08 | 시각화요소 디자인 변경하기 163

❹ **시트** 탭의 **라인** > **영(0) 기준선 박스** > **실선**을 클릭하고 실선의 **두께**를 **4단계**로 지정합니다. 이어서 **색상**은 **빨간색**으로 설정한 후 서식 창의 빈 곳을 클릭하여 팝업 창을 닫고, 서식 창의 우측 상단 ⊠를 클릭하여 서식 창도 닫습니다. 시트 하단에 영 기준선이 표시된 것을 확인한 후 태블로 프로그램을 저장하지 않고 종료합니다.

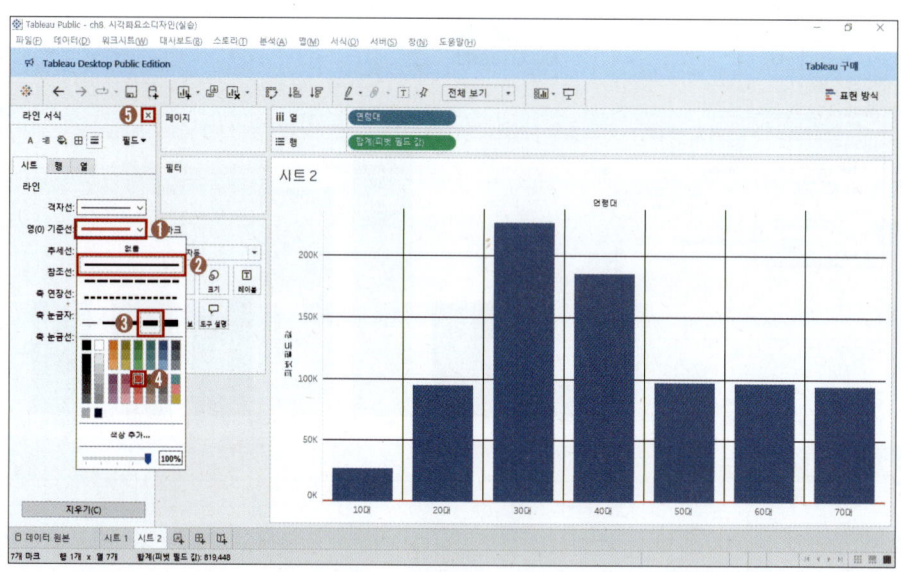

CHAPTER

09 레이아웃 구성하기

시각화 결과물은 다양한 사용자와 공유하기 위해 정돈된 형태로 구성하기 마련입니다. 이를 위해 대시보드의 크기를 결정하고 그에 맞추어 적절한 콘텐츠를 배치했을 때 시각화 기반 분석을 극대화할 수 있습니다. 이때, 원활한 배치를 위해 컨테이너를 활용하고 여백이나 배경색, 선 등을 이용하게 됩니다.

01 대시보드 크기 제어

대시보드를 작업하기 전에 화면 사이즈에 맞춰 대시보드 크기를 미리 정의합니다.

01 대시보드 이동

❶ 먼저, 실습을 위해 Part1 > ch9. 레이아웃구성(실습) 파일을 엽니다. 하단 탭에서 田을 클릭하여 **대시보드 1**로 이동합니다. 이제 화면 사이즈에 맞춰 대시보드를 구성할 수 있습니다.

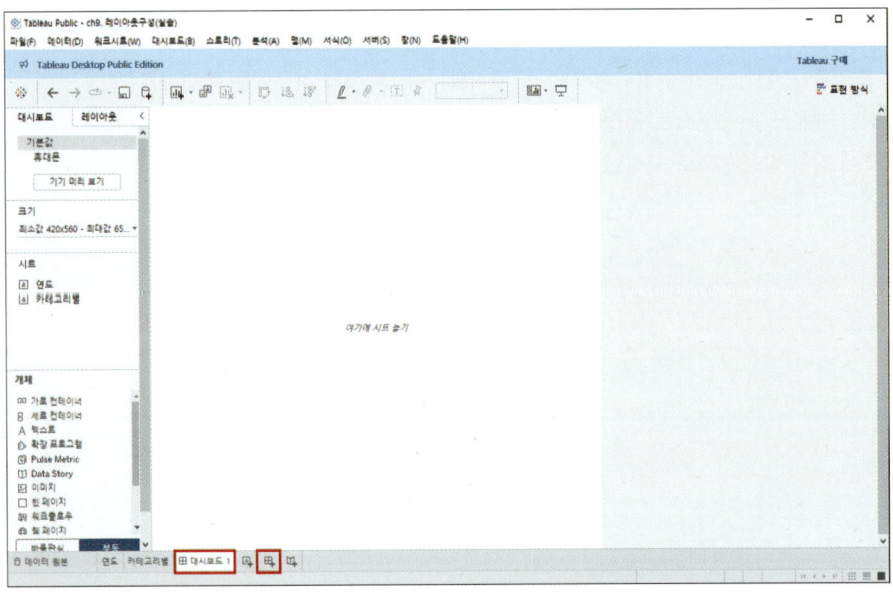

02 대시보드 크기 조정

❶ **사이드 바**에 있는 **대시보드 탭** > **크기**는 ▼을 클릭한 후 나타난 팝업 창에서 **범위** 옆 ▼을 클릭합니다. **고정된 크기**를 클릭하고 **사용자 지정** 옆 ▼을 다시 클릭하여 **데스크톱 브라우저(1000×800)**를 선택합니다. 이와 같이 나타난 팝업 창에서 대시보드의 크기를 자유롭게 조정할 수 있습니다. 빈 곳을 클릭하여 팝업 창을 닫고 다음 작업을 준비합니다.

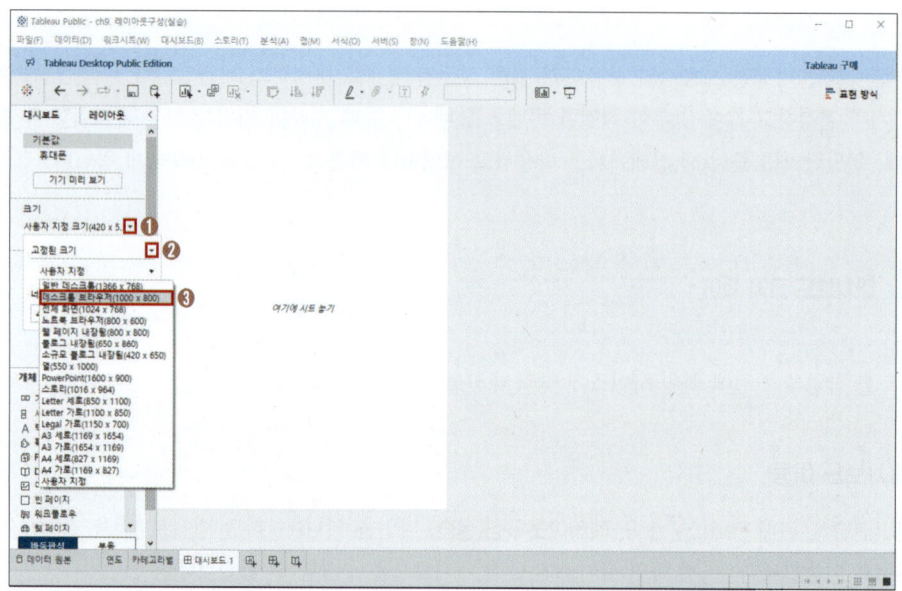

❷ 대시보드 크기는 **고정된 크기**, **자동**, **범위** 중 하나를 선택할 수 있습니다. **고정된 크기**의 경우에는 대시보드 크기를 고정된 크기에 맞춰서 시트를 배치합니다. **자동**의 경우에는 화면 사이즈에 맞춰 사이즈가 조절되기 때문에 반응형으로 구성할 수 있다는 장점이 있습니다. **범위**의 경우에는 최소 사이즈와 최대 사이즈에 맞춰 반응형으로 구성할 수 있습니다.

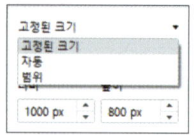

02 컨테이너 활용

컨테이너를 활용해서 대시보드의 항목을 그룹화하여 빠르게 배치할 수 있습니다. 컨테이너에도 서식을 지정하여 그룹화한 항목을 극대화할 수 있습니다.

01 가로 컨테이너

❶ **사이드 바 하단** > **개체**로 이동합니다. **가로 컨테이너**를 사용하기 위해 클릭하여 **대시보드 캔버스로 드래그 앤 드롭**합니다.

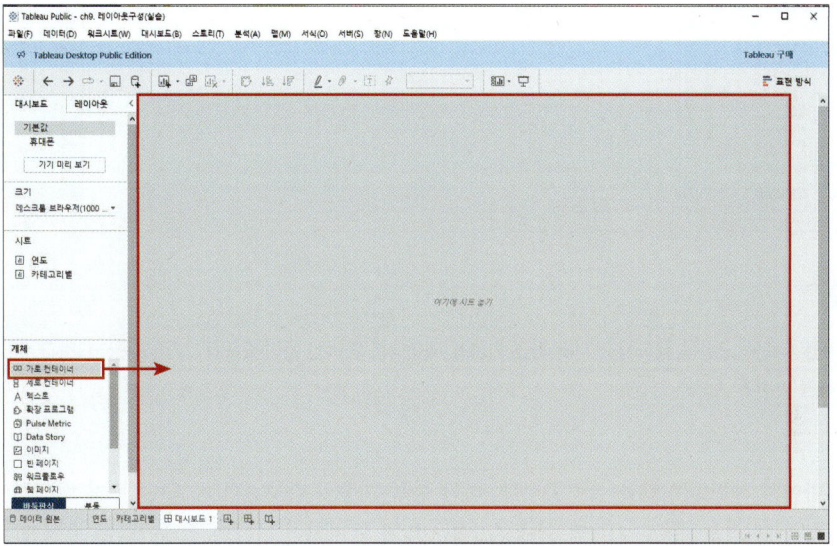

❷ **시트** > **연도**를 클릭하고 **대시보드 캔버스로 드래그 앤 드롭**합니다.

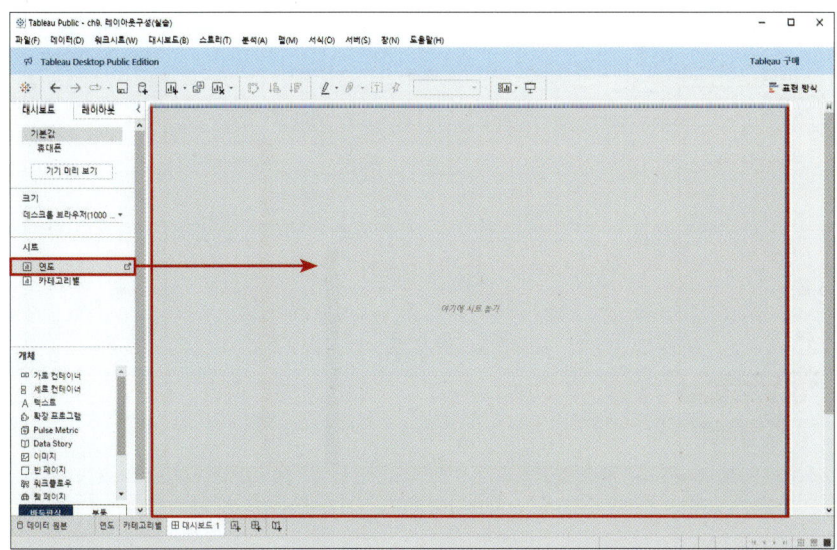

❸ **시트** > **카테고리별**을 클릭하고 **연도 시트 오른쪽**으로 **드래그 앤 드롭**하여 배치합니다. 두 시트는 하나의 컨테이너에 담겨 있게 되며, 가로 컨테이너는 왼쪽으로 배치하거나 오른쪽으로 배치해야 합니다.

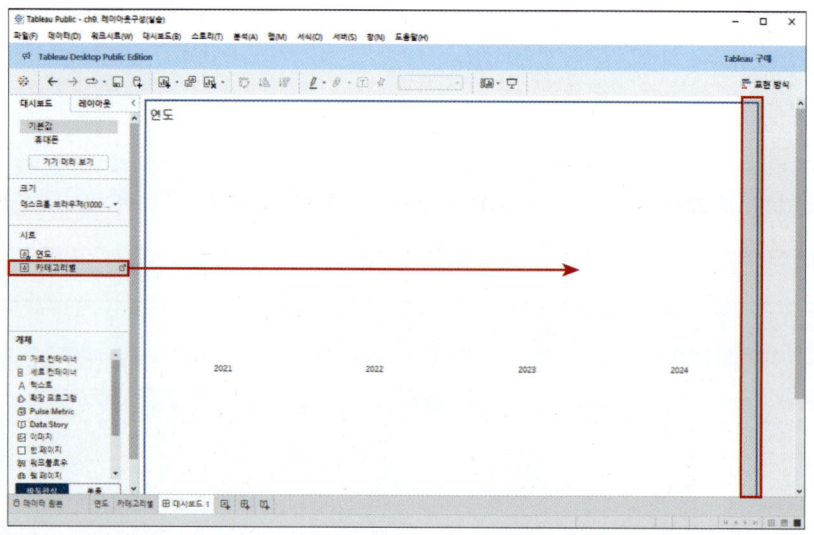

> **Tip** ✓
> 카테고리별 시트를 오른쪽 끝까지 가지고 가면 가로 컨테이너를 벗어난 공간에 드래그 앤 드롭되므로 2023과 2024 사이에 드롭합니다.

❹ 사이드 바에서 **레이아웃 탭**을 클릭합니다. 하단 항목 계층의 바둑판식 옆 ▷을 순차적으로 세 번 클릭하면 **가로 컨테이너**에 **연도 시트**와 **카테고리별 시트**가 배치되어 하나의 컨테이너에 묶여 있는 것을 확인할 수 있습니다. 하위의 가로 컨테이너를 클릭하면 대시보드에도 두 시트가 함께 묶여있습니다.

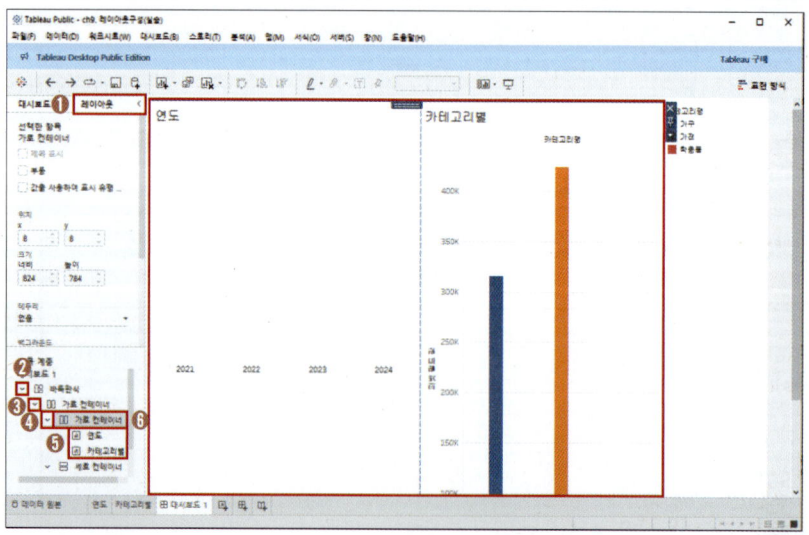

02 세로 컨테이너

❶ 하단 탭에서 ⊞을 클릭하여 **대시보드 2**로 이동합니다. 사이드 바의 **대시보드** 탭을 클릭하고 **크기**는 ▼을 클릭한 후 나타난 팝업 창에서 **범위** 옆 ▼을 클릭합니다. **고정된 크기**를 클릭하고 **사용자 지정** 옆 ▼을 다시 클릭하여 **데스크톱 브라우저(1000×800)**를 선택합니다. 빈 곳을 클릭하여 팝업 창을 닫고 **하단**의 **개체**로 이동합니다. **세로 컨테이너**를 사용하기 위해 클릭한 후 **대시보드 캔버스**로 **드래그 앤 드롭**합니다.

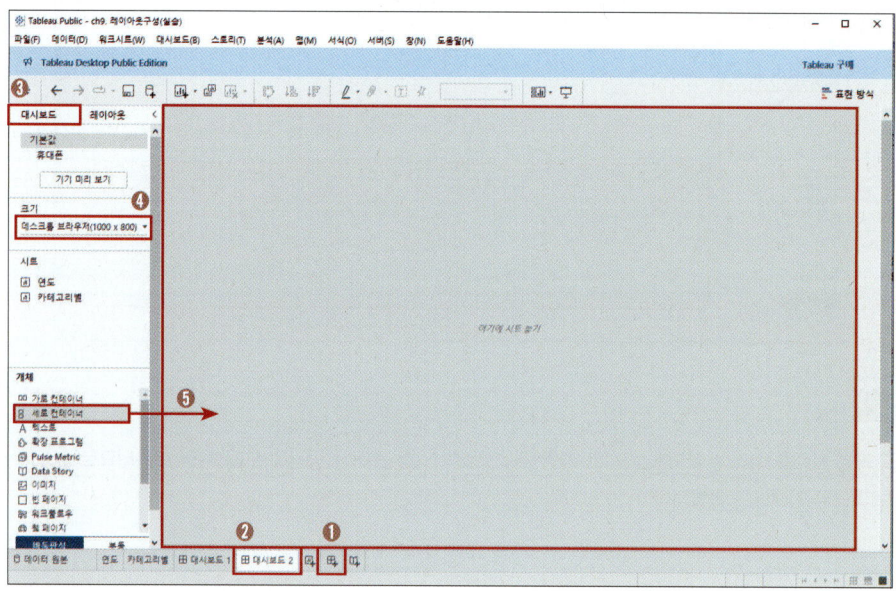

❷ **시트 > 연도**를 클릭하고 **대시보드**로 **드래그 앤 드롭**합니다.

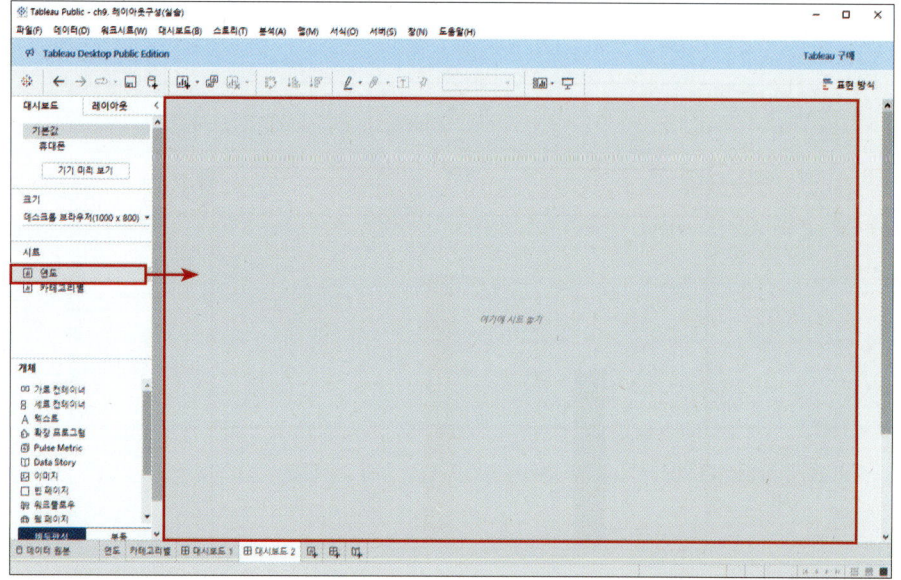

❸ **시트** > **카테고리별**을 클릭하고 **연도 시트 아래쪽**으로 배치합니다. 두 시트는 하나의 컨테이너에 담겨 있게 됩니다. 세로 컨테이너는 위쪽으로 배치하거나 아래쪽으로 배치해야 합니다.

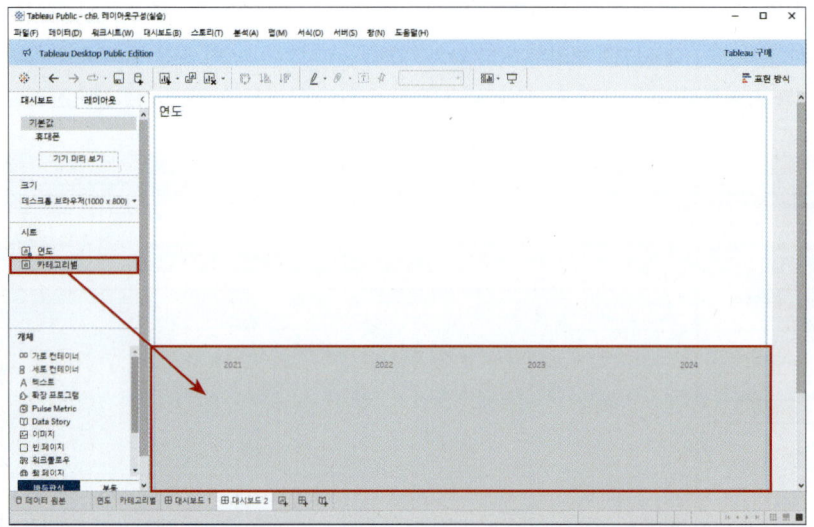

카테고리별 시트를 아래쪽 끝까지 가지고 가면 세로 컨테이너를 벗어난 공간에 드래그 앤 드롭되므로 시트에 있는 연도보다 조금 아래에 드롭합니다.

❹ 사이드 바에서 **레이아웃 탭**을 클릭합니다. 하단 항목 계층의 바둑판식 옆 ▷을 순차적으로 클릭하면 아까 배치했던 **세로 컨테이너**에 **연도 시트**와 **카테고리별 시트**가 배치되어 하나의 컨테이너에 묶여 있는 것을 확인할 수 있습니다. 세로 컨테이너를 클릭하면 대시보드에도 두 시트가 함께 묶여있는 것을 확인할 수 있습니다.

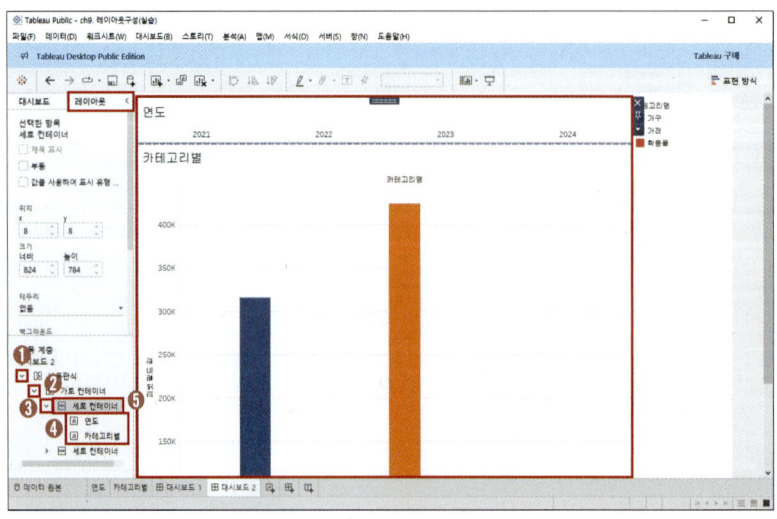

03 바둑판식 및 부동

대시보드에 배치하는 개체나 컨테이너를 바둑판식 또는 부동으로 배치할 수 있습니다. 기본으로 대시보드에 배치할 때 바둑판식으로 배치합니다. 바둑판식 배치는 항목이 서로 겹치지 않고 전체 대시보드에 따라 크기가 조정되는 단일 계층 그리드입니다. 반면 부동으로 배치할 경우 항목이 서로 겹치기도 하고 대시보드 사이즈와 별개로 크기가 조정되어 자유롭게 배치할 수 있습니다.

01 바둑판식

❶ 하단 탭에서 ▦을 클릭하여 **대시보드 3**으로 이동합니다. 사이드 바의 **대시보드** 탭을 클릭합니다. **크기**는 ▼을 클릭한 후 나타난 팝업 창에서 **범위** 옆 ▼을 클릭합니다. **고정된 크기**를 클릭하고 **사용자 지정** 옆 ▼을 다시 클릭하여 **데스크톱 브라우저(1000×800)**를 선택합니다. 빈 곳을 클릭하여 팝업 창을 닫고 사이드 바의 **하단**을 살펴보면 **개체**에 **바둑판식**과 **부동**이 있습니다. 기본적으로는 **바둑판식**이 **활성화**되어 있으므로 시트 또는 개체를 **대시보드 캔버스**로 **드래그 앤 드롭**하면 왼쪽 또는 오른쪽, 위 또는 아래로 배치를 할 수 있습니다.

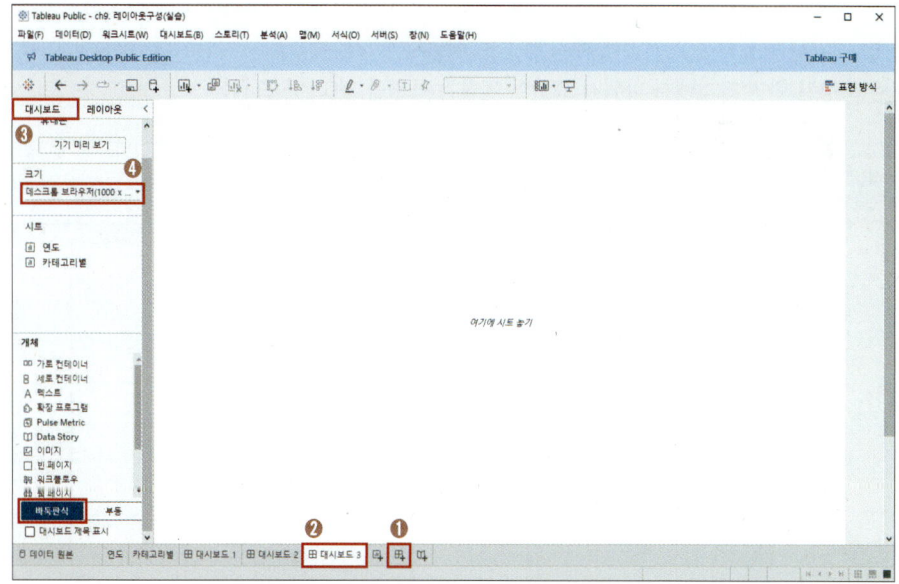

❷ **개체 > 빈 페이지**를 클릭하고 **대시보드 캔버스**로 **드래그 앤 드롭**합니다.

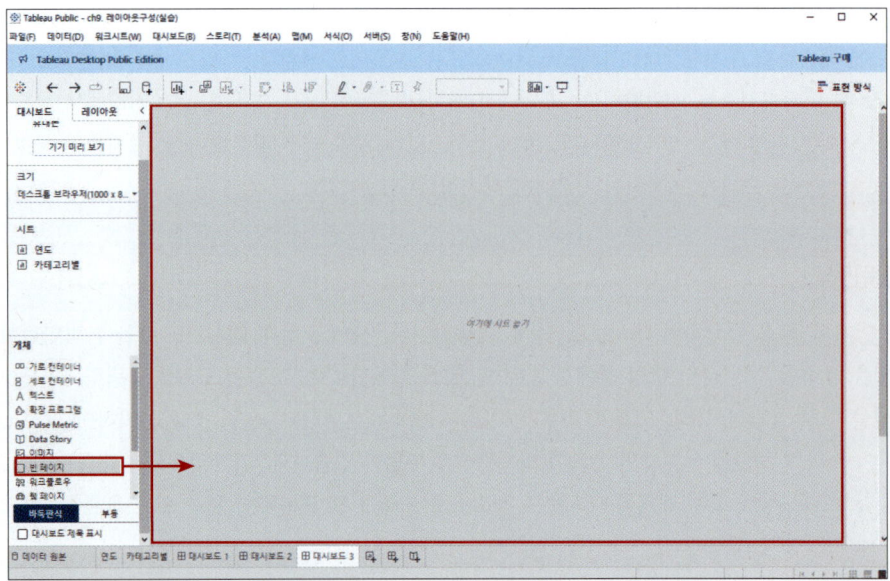

❸ 다시 **빈 페이지**를 클릭하고 기존에 배치했던 **빈 페이지**의 **오른쪽**으로 배치합니다. 바둑판식 배치는 지금처럼 고정된 화면 크기에서 나눠서 표현이 된다는 특징을 갖고 있습니다.

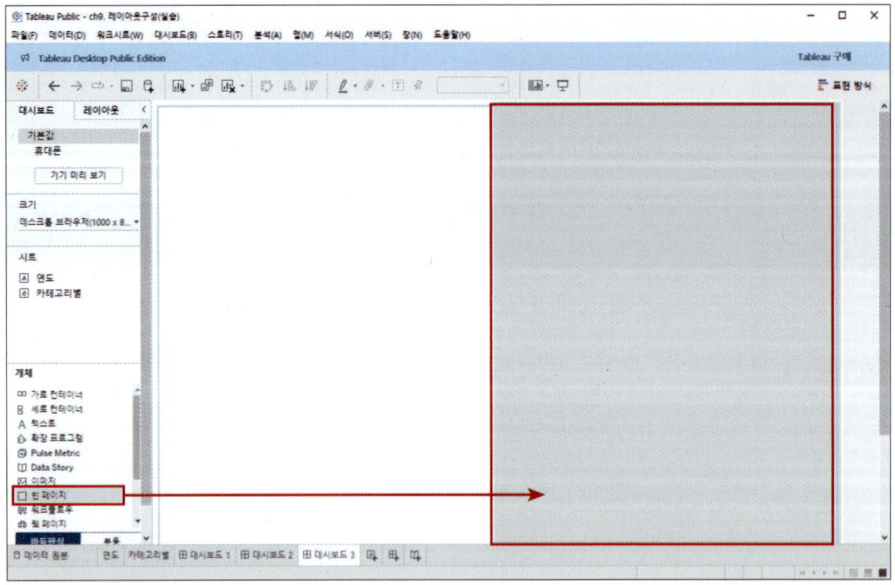

02 부동

❶ 상단 툴바의 ←를 두 번 클릭한 후 사이드 바 하단에 있는 **개체** > **부동**을 클릭합니다.

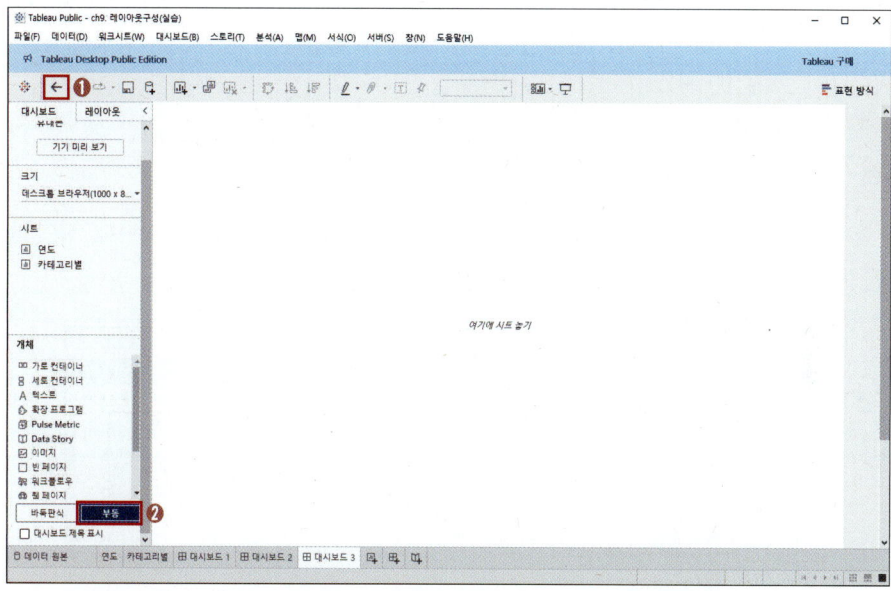

❷ **개체** > **빈 페이지**를 클릭하고 **Shift를 누른 상태**에서 **대시보드 캔버스로 드래그 앤 드롭**합니다. 부동을 클릭하였어도 Shift를 누른 상태로 드래그 앤 드롭하면 **바둑판식**으로 배치됩니다. 다음은 **시트** > **연도** 를 클릭하고 **대시보드 캔버스로 드래그 앤 드롭**합니다. 이때, 처음에 부동으로 클릭하였으므로 대시보드 크기와 관련 없이 시트가 작은 사이즈로 표시됩니다.

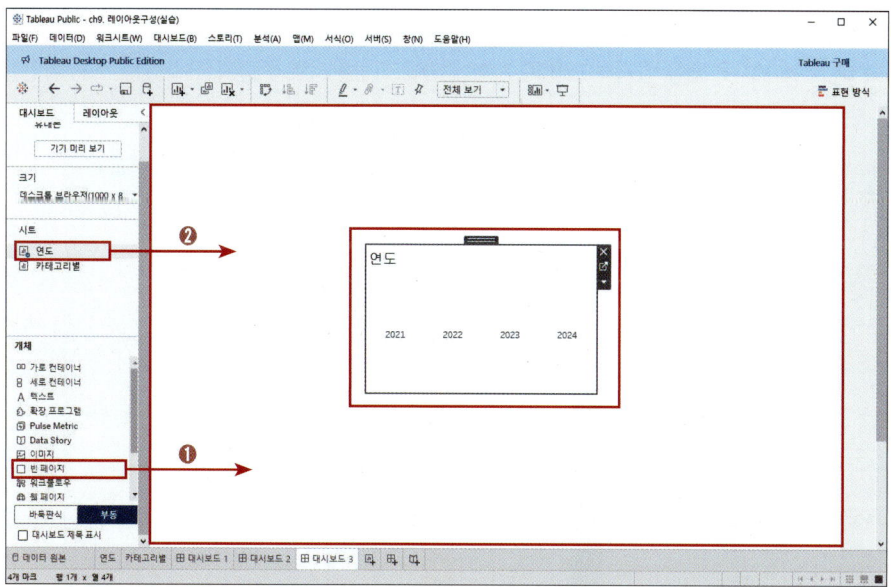

04 여백 및 테두리, 배경색

대시보드를 구성할 때 여백과 테두리, 배경색을 활용하여 마치 하나의 컨테이너에 담긴 콘텐츠처럼 표현하기도 합니다. 안쪽 여백은 테두리와 배경색 안쪽을 수정하고 바깥쪽 여백은 테두리와 배경색 밖의 간격을 조정합니다.

01 여백

❶ 상단 툴바의 ⬅를 두 번 클릭한 후 사이드 바 하단의 **개체** > **바둑판식**을 클릭합니다. 사이드 바에서 **시트** > **카테고리별**을 대시보드 캔버스로 **드래그 앤 드롭**합니다.

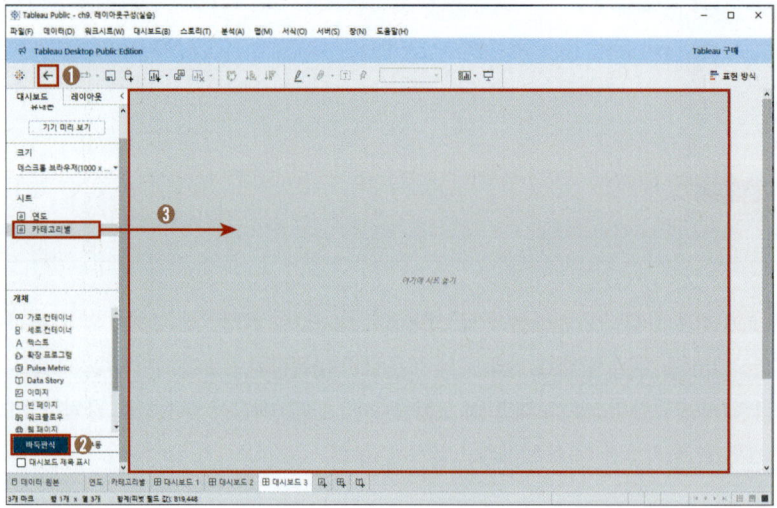

❷ **사이드 바** > **레이아웃 탭**을 클릭하고 **항목 계층**에 **카테고리별 시트**가 클릭되어 있는 것을 확인합니다.

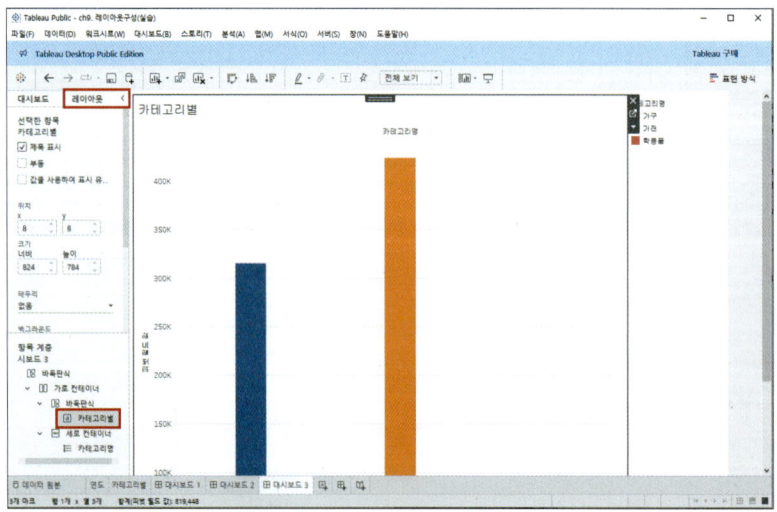

❸ **레이아웃** 탭 하단의 **바깥쪽 여백**은 기본적으로 모두 **4**로 지정되어 있습니다. 바깥쪽 여백의 숫자를 클릭하여 나타나는 팝업 창에서 **모든 변이 동일**을 **체크**하면 위, 아래, 왼쪽, 오른쪽을 **일괄 조정**할 수 있고, **체크 해제**하면 **독립적**으로 여백을 지정할 수 있습니다. 다시 바깥쪽 여백의 숫자를 클릭하고 팝업 창을 닫습니다.

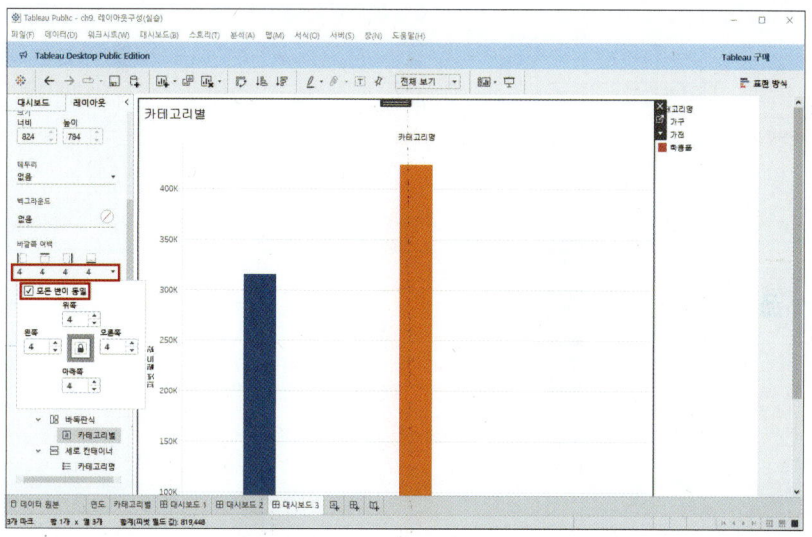

> **Tip**
> 팝업 창의 가운데 자물쇠 그림을 클릭하여 모든 변이 동일을 설정할 수 있습니다.

❹ 바깥쪽 여백 하단의 **안쪽 여백**은 기본적으로 **0**으로 지정되어 있습니다. 안쪽 여백의 숫자를 클릭하여 나타나는 팝업 창에서 **모든 변이 동일** 옵션을 **체크**하면 바깥쪽 여백과 동일하게 **안쪽 여백**을 **일괄 조정**할 수 있고, **체크 해제**하면 **독립적**으로 여백을 지정할 수 있습니다.

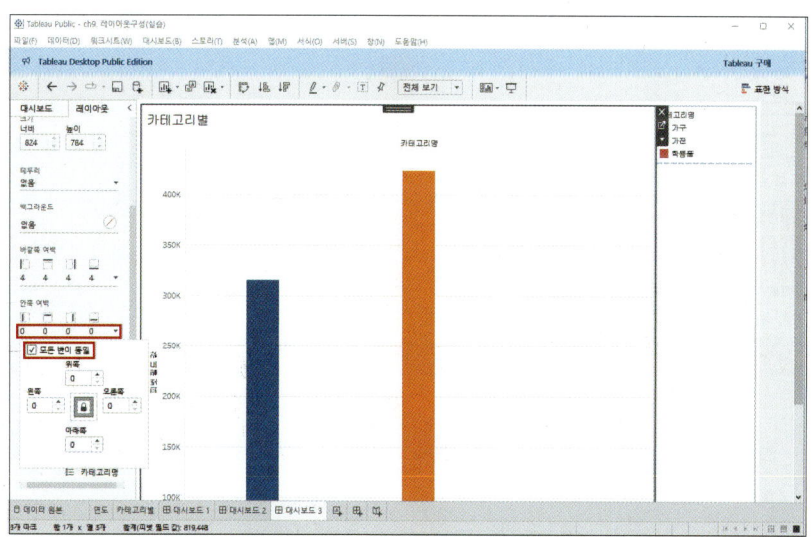

02 테두리

❶ **테두리**는 기본적으로 **없음**으로 설정되어 있습니다.

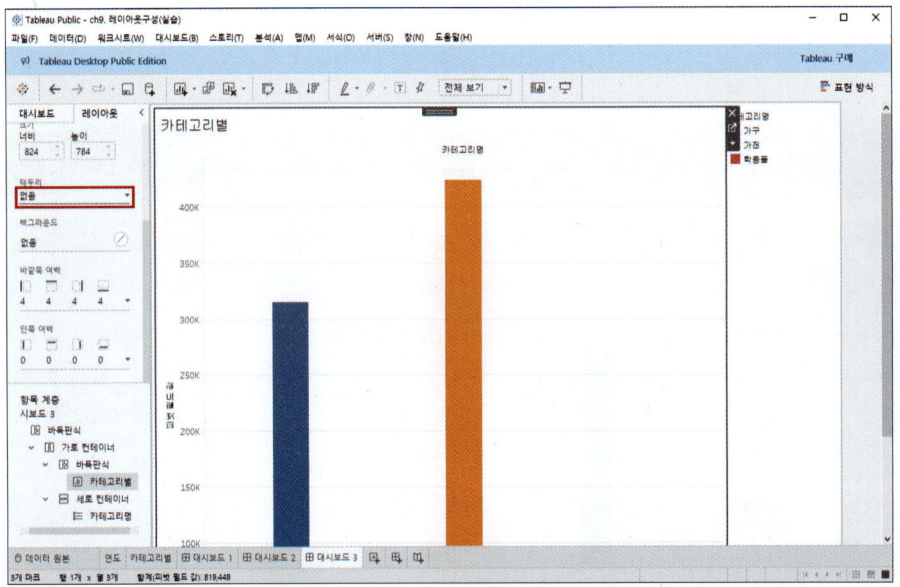

❷ **테두리 박스**를 클릭합니다. 나타난 팝업 창에서 **선의 종류**를 선택하고 **두께**나 **색상**을 선택하면 **시트 주변**에 **테두리**가 표시됩니다. 여기서는 **실선**을 클릭하여 테두리를 설정하고, 색상은 기본적으로 검은색이 지정되어 있습니다. 테두리는 시트뿐만 아니라 개체에서도 설정할 수 있기 때문에 하나의 칸처럼 표시할 수 있습니다. 사이드 바의 빈 곳을 클릭하여 팝업 창을 닫습니다.

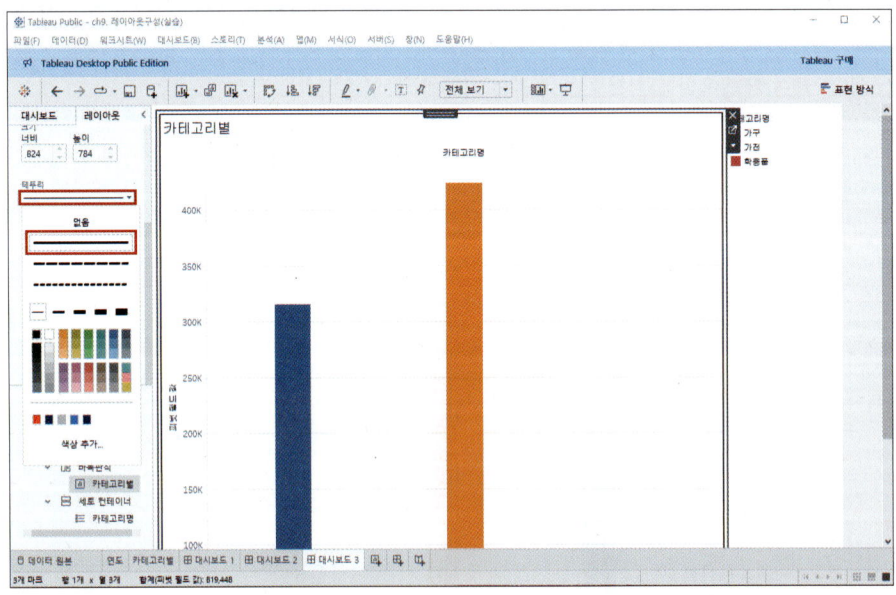

03 배경색

❶ 사이드 바의 **항목 계층**에서 **가로 컨테이너**를 클릭합니다. **백그라운드**는 기본적으로 **없음**으로 설정되어 있습니다.

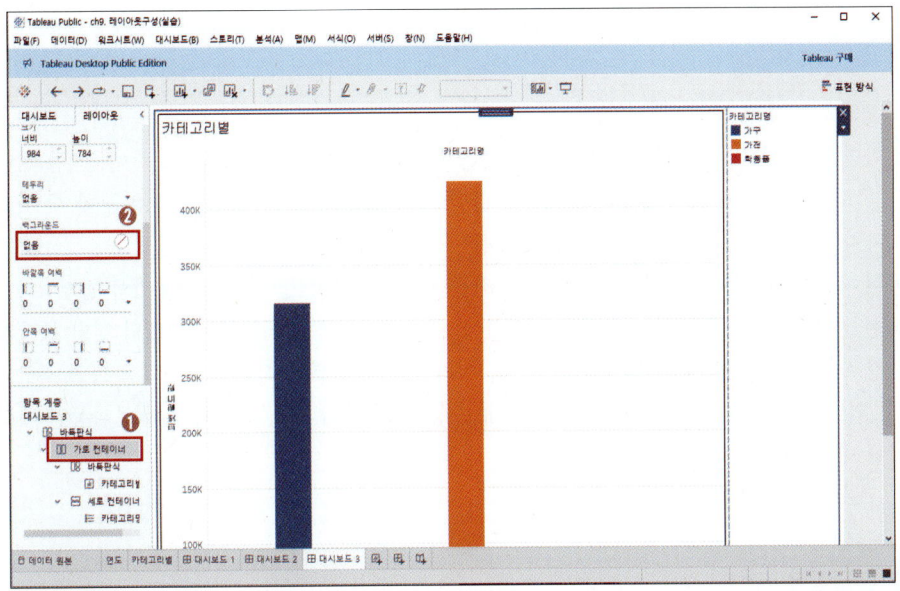

❷ **백그라운드 박스**를 클릭하고 이어서 **색상**을 지정할 수 있습니다. 원하는 색상을 클릭하면 가로 컨테이너에 배경색이 적용된 것을 확인할 수 있습니다. 이처럼 배경색도 테두리와 같이 하나의 콘텐츠로 묶을 수 있습니다. 실습이 모두 완료되었다면 태블로 프로그램을 저장하지 않고 종료합니다.

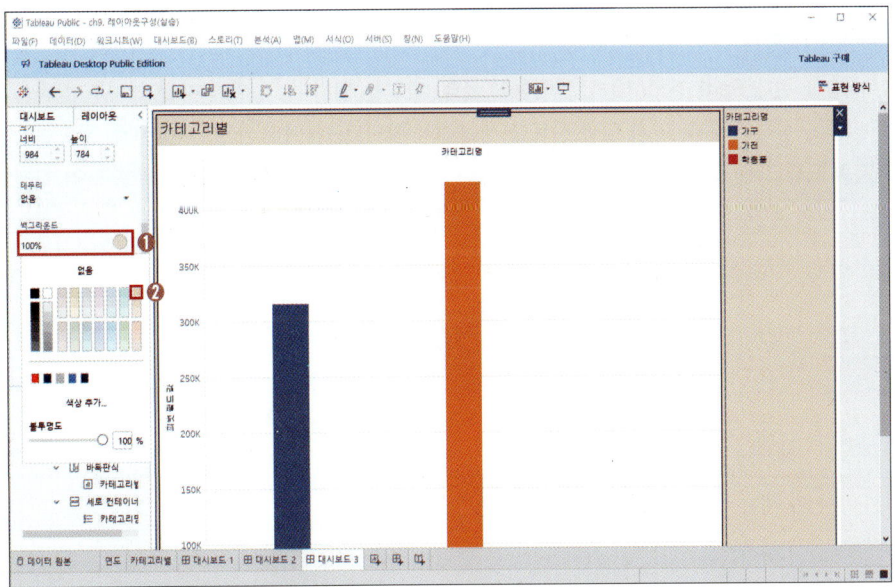

CHAPTER

10 대화식 화면 구성하기

대화식 화면을 구성하기 위해서는 여러 가지 동작을 활용할 수 있습니다. 대시보드를 이용하는 사람이 특정 값을 클릭하거나, 마우스 우클릭하여 메뉴를 클릭했을 때 다른 시각화와 상호 작용을 할 수 있도록 구성하여 마치 시각화 결과물과 대화하듯 대시보드를 구성할 수 있습니다.

예를 들어 제품 판매 현황 대시보드에서 필터 동작을 사용하여 2024년에 대한 정보만을 필터링하여 시각화를 표현할 수 있습니다. 이처럼 하나의 시각화 안에서 데이터를 필터링하는 형태의 필터 동작과 특정 영역을 강조하고 다른 영역을 흐리게 표시하는 하이라이트 동작 등이 대표적인 대화식 화면 구성 동작입니다. 그 외에도 URL로 이동, 시트로 이동, 매개 변수 변경, 집합 값 변경까지 동작을 활용한 대화식 화면 구성에 대해 이해하도록 하겠습니다.

01 필터 동작

필터는 워크시트 간 데이터를 전달합니다. 하나의 시트를 활용해서 또 다른 시트의 캔버스 영역을 필터링하여 인사이트를 발굴하기 위해 활용할 수 있는 기능입니다.

01 대시보드 구성

❶ 먼저, 실습을 위해 **Part1 > ch10-1. 필터동작(실습)** 파일을 엽니다. 성별에 따라 연령별 실적을 필터링할 수 있게 구성하기 위해 먼저 성별 시트를 생성해야 합니다. 데이터 패널에서 **[성별] 필드**를 클릭하여 **열 패널로 드래그 앤 드롭**합니다. 다시 **[성별] 필드**를 클릭하여 **마크 패널**의 **텍스트로 드래그 앤 드롭**합니다.

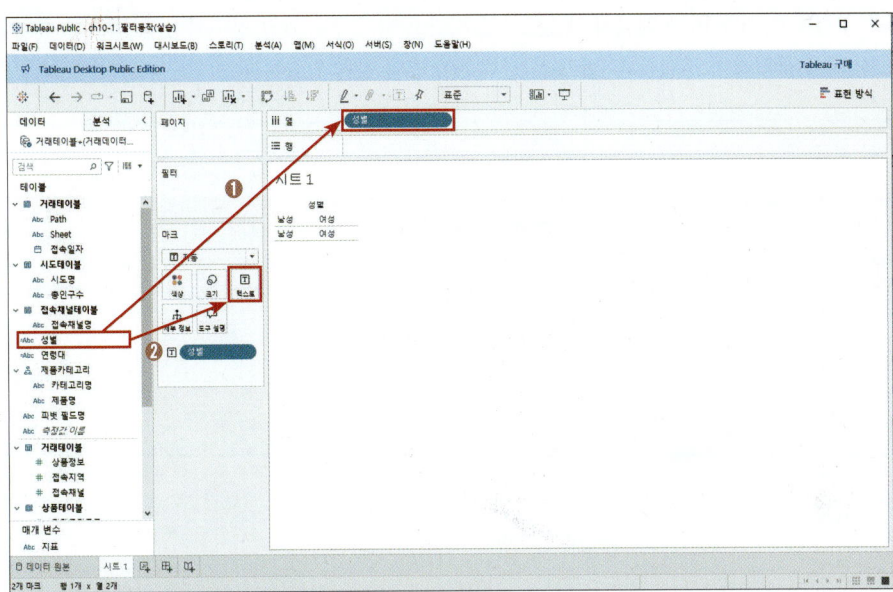

❷ 툴바 우측의 **맞춤**을 표준에서 **전체 보기**로 변경합니다.

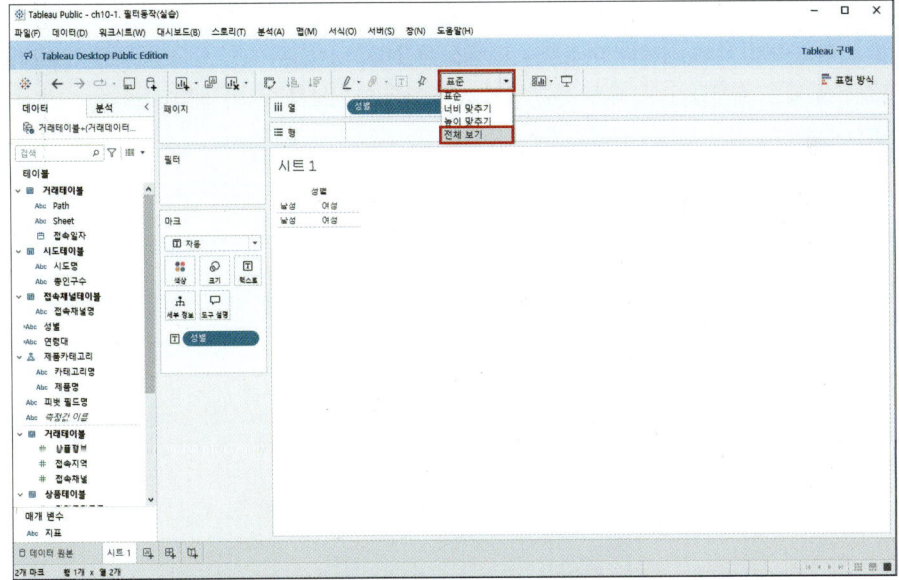

❸ 성별을 정렬하기 위해 마크 패널의 **텍스트**를 클릭하고 나타나는 팝업 창에서 **맞춤 박스**를 클릭합니다. **가로** > ≡을 클릭하여 정렬한 후 빈 곳을 클릭하여 팝업 창을 닫습니다.

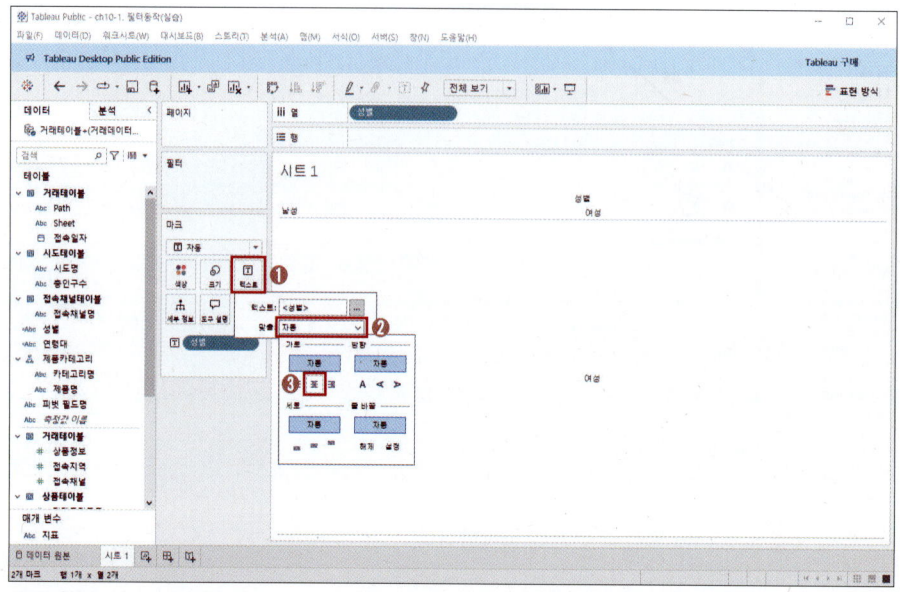

❹ 머리글을 제거하기 위해 시트의 **머리글**을 **마우스 우클릭**합니다. 나타난 팝업 메뉴에서 **머리글 표시**를 클릭하여 체크 해제합니다. 좌측 하단 탭의 **시트 제목**은 **더블클릭**하여 **성별**로 변경하고 Enter를 누릅니다.

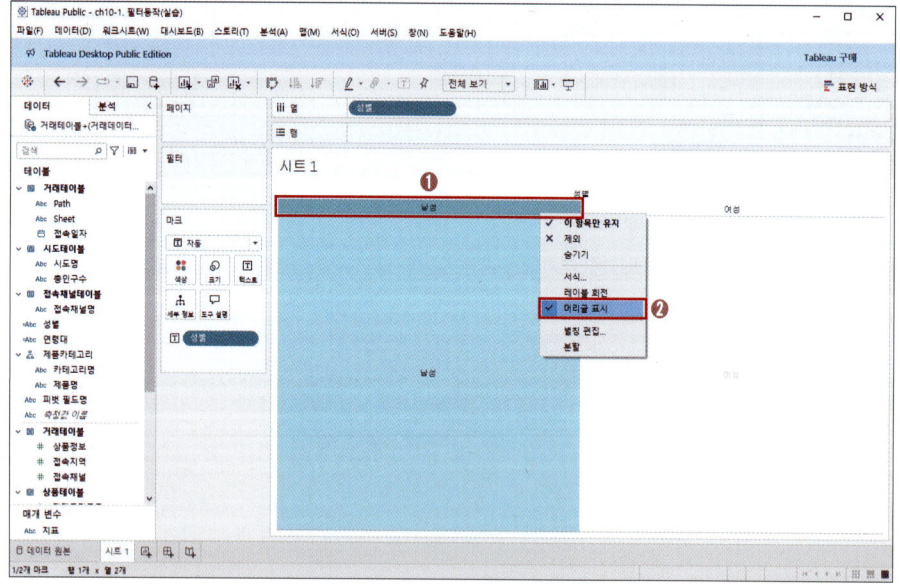

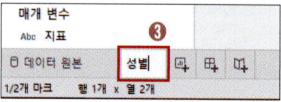

❺ 연령별 실적 시트를 만들기 위해 하단 탭에서 ▣을 클릭합니다. 새 시트의 이름은 **더블클릭**하여 시트 2 에서 **연령별 실적**으로 변경하고 **Enter**를 누릅니다.

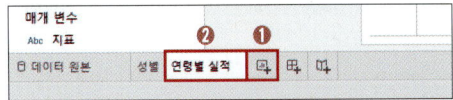

❻ 데이터 패널에서 [연령대] 필드를 **열** 패널로 **드래그 앤 드롭**하고 [피벗 필드 값] 필드를 **행** 패널로 **드래그 앤 드롭**합니다. 레이블을 표시하기 위해 마크 패널의 **레이블**에 [피벗 필드 값] 필드를 **드래그 앤 드롭**합니다.

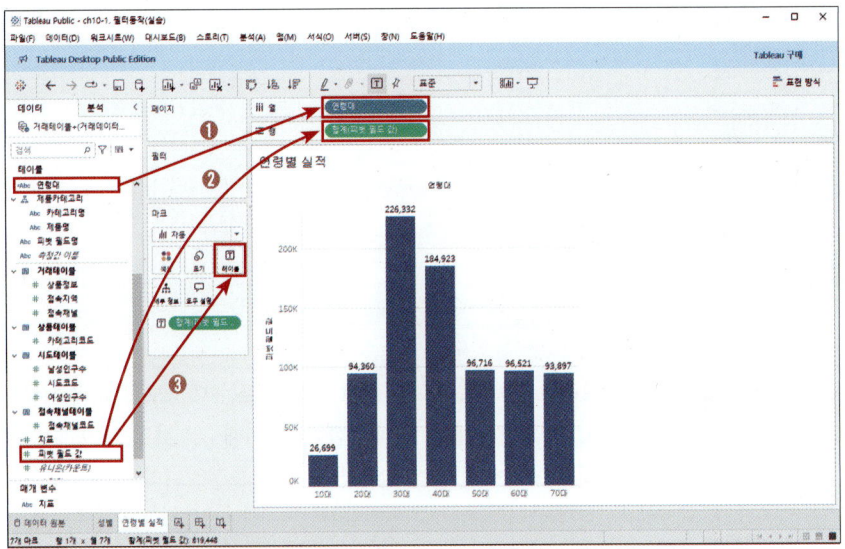

❼ 툴바 우측의 **맞춤**을 표준에서 **전체 보기**로 변경합니다.

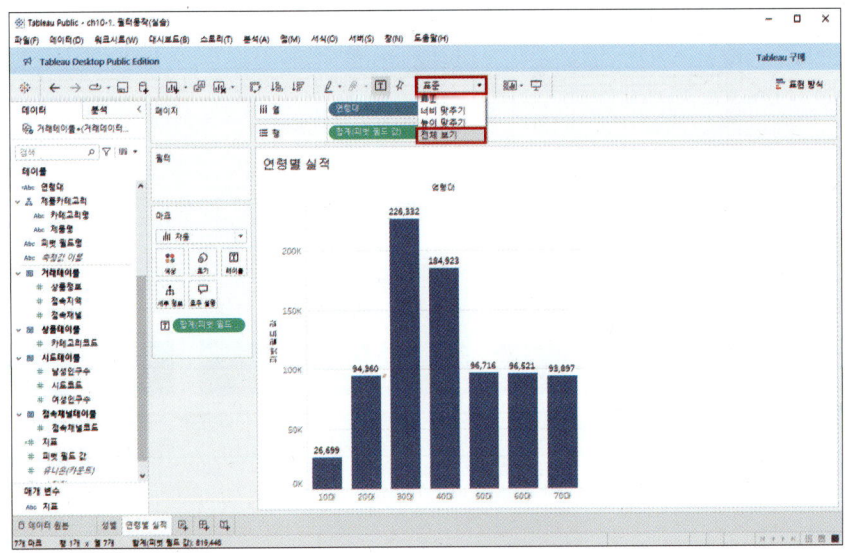

❽ 대시보드를 만들기 위해 하단 탭에서 🖽를 클릭하여 **대시보드 1**로 이동합니다. **크기**는 ▼을 클릭한 후 나타난 팝업 창에서 **범위** 옆 ▼을 클릭하여 **자동**으로 변경합니다. 빈 곳을 클릭하여 팝업 창을 닫습니다.

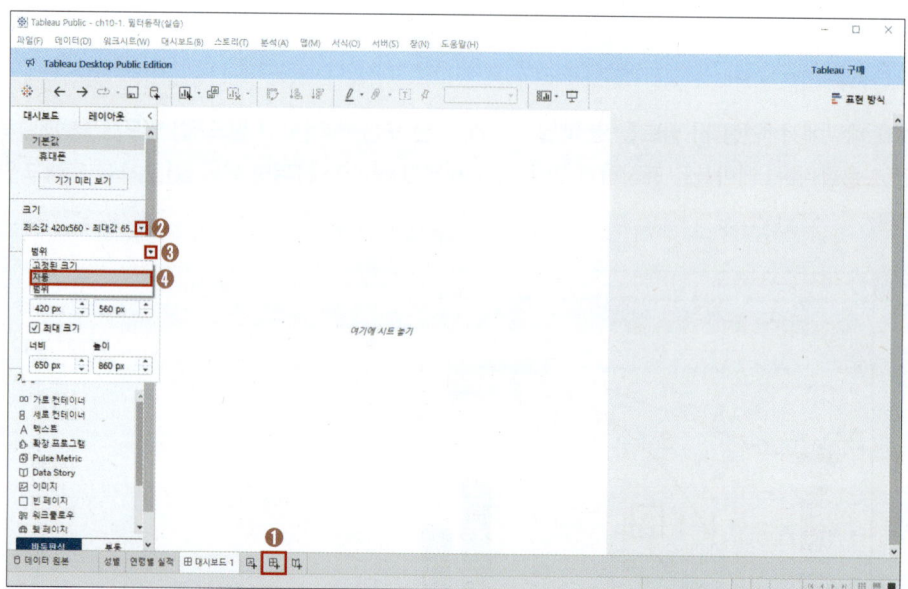

❾ **성별 시트**를 대시보드 캔버스로 **드래그 앤 드롭**하고 **연령별 실적 시트**는 대시보드 캔버스에 **드래그**하여 **성별 시트 아래쪽**으로 회색 음영이 생길 때 **드롭**하여 배치합니다. 이때, 두 시트 사이에 마우스를 얹고 나타난 상하 화살표를 이용해 크기를 조절하여 **성별 시트**가 **더 작게** 조절합니다.

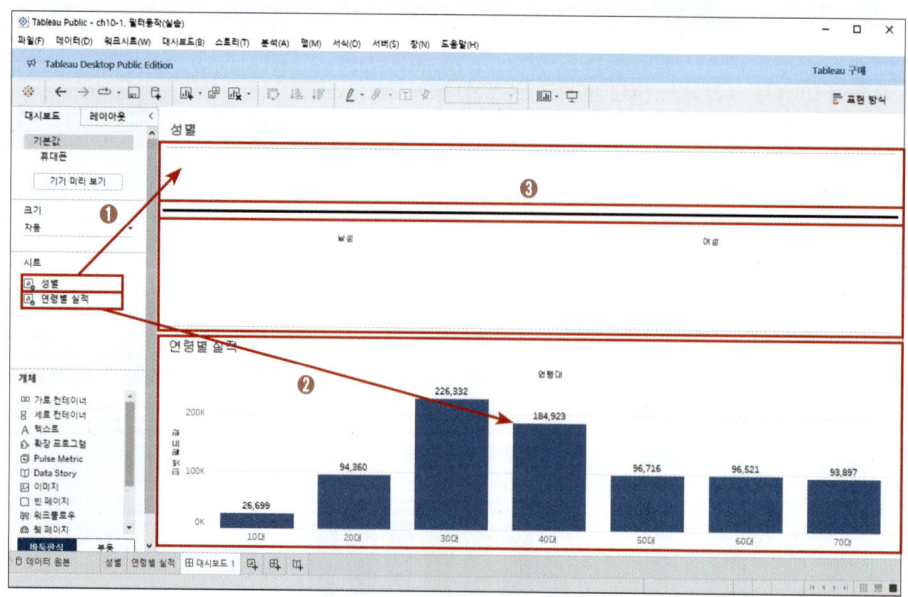

❿ **성별 시트 제목**을 **마우스 우클릭**합니다. 나타난 팝업 메뉴에서 **제목 숨기기**를 클릭하여 제목을 숨깁니다. 같은 방식으로 **연령별 실적** 제목도 **마우스 우클릭**한 후 **제목 숨기기**를 클릭하여 제목을 숨기며 필터 동작을 적용하기 위한 대시보드를 완성합니다.

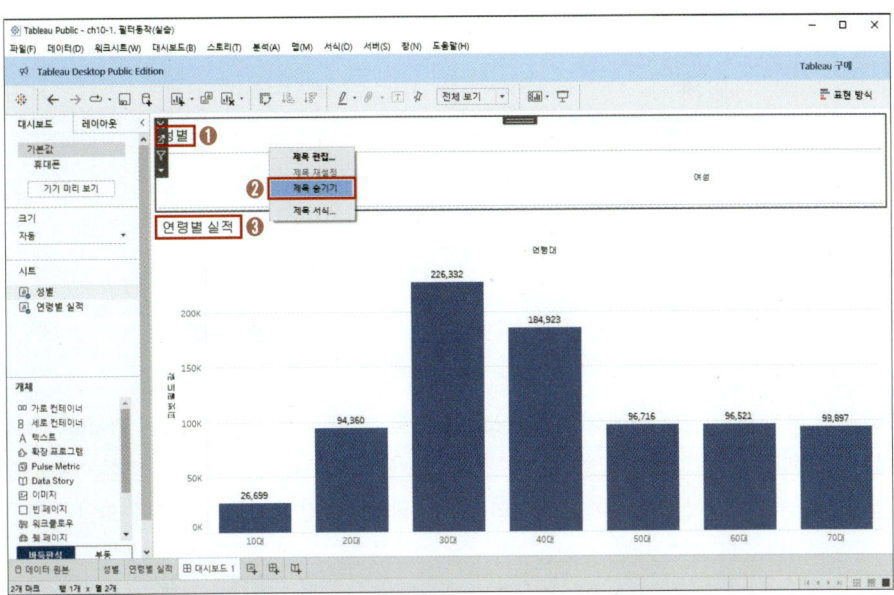

02 동작 만들기

❶ 필터 동작을 추가하기 위해 상단 메뉴의 **대시보드(B) > 동작(I)**을 클릭합니다.

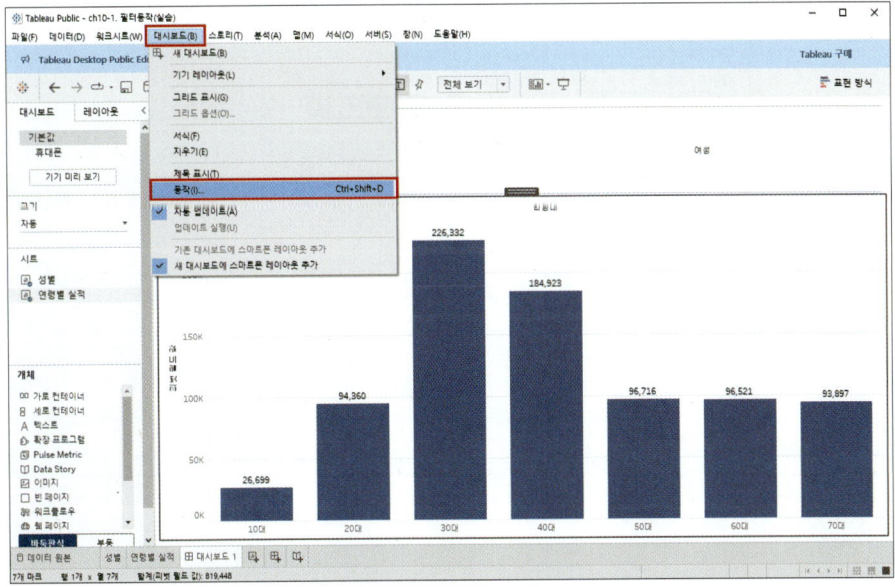

CHAPTER 10 | 대화식 화면 구성하기 **183**

❷ 나타난 동작 팝업 창에서 **동작 추가 > 필터**를 클릭합니다.

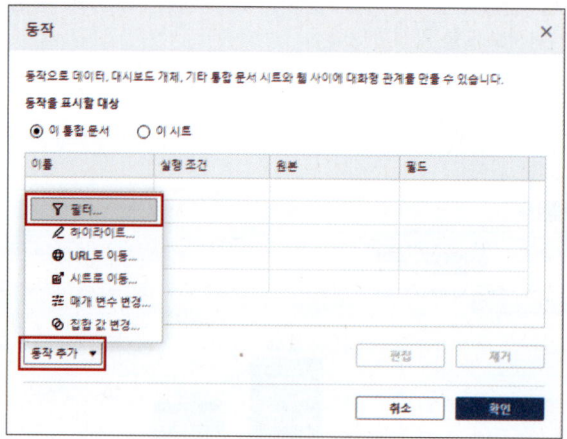

❸ 나타난 **필터 동작 추가 팝업 창**에서 이름을 **성별 필터**로 정의합니다. **원본 시트**는 **연령별 실적**을 체크 해제하여 **성별**만 선택하고 **동작 실행 조건**은 **선택**으로 클릭합니다. **대상 시트**는 **성별**을 체크 해제하여 **연령별 실적**만 클릭하고 **선택을 해제할 경우의 결과**는 **필터링된 값 유지**를 설정한 후 **확인**을 누릅니다.

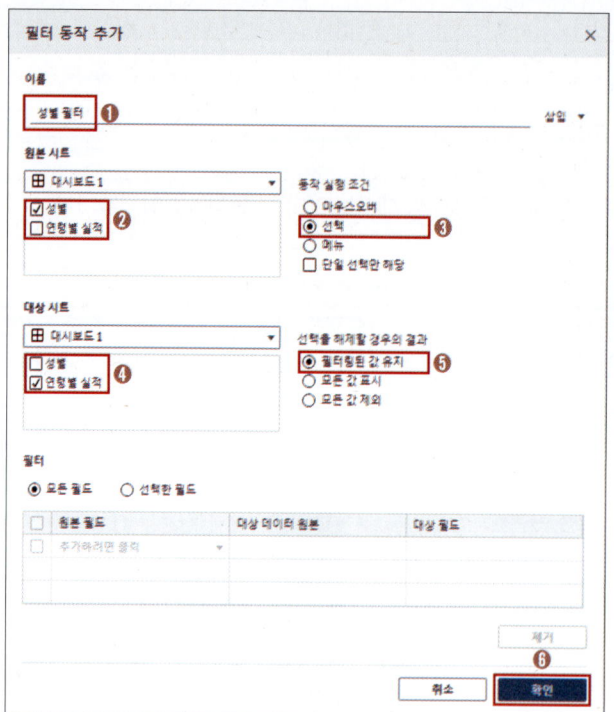

❹ **동작 팝업 창**에 **성별 필터**가 추가된 것을 확인할 수 있으며, **확인**을 클릭하여 동작 팝업 창을 닫습니다.

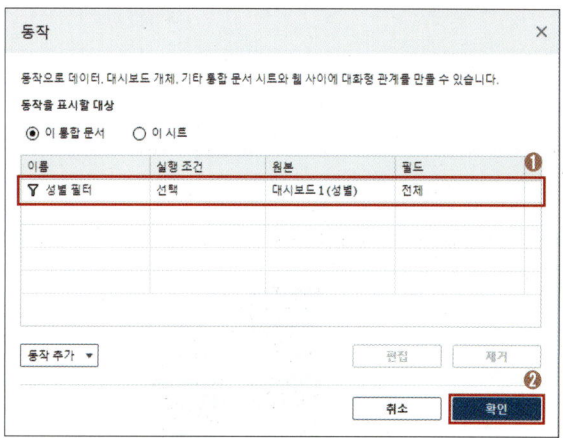

03 필터 동작 확인

❶ 완성된 대시보드에서 성별 시트를 클릭했을 때 하단에 연령별 실적 시트에 필터 동작이 정상으로 동작되는지 확인해 보겠습니다.

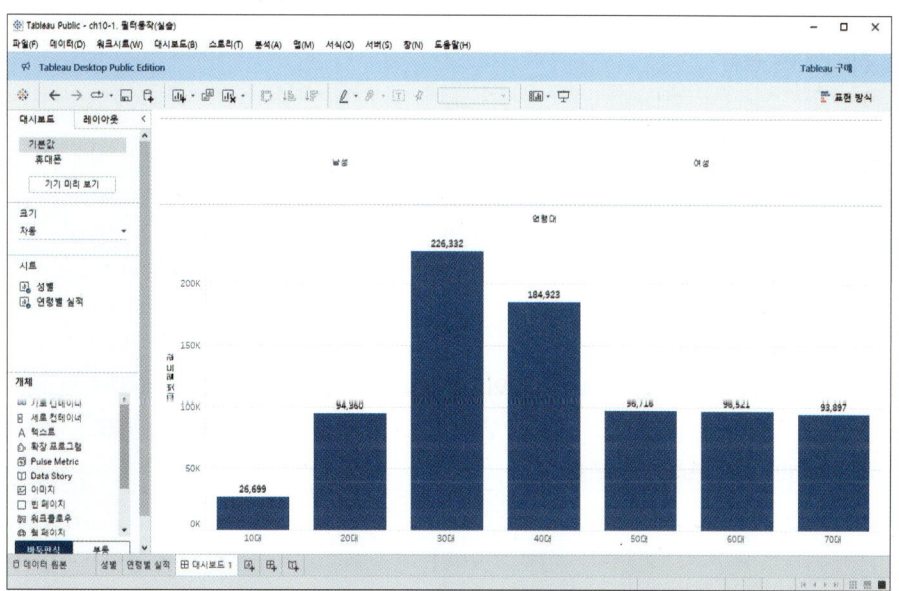

❷ **성별 시트**에서 **남성**을 클릭하면 파란색 음영과 함께 하단의 연령별 실적 시트에 변화가 있는 것을 확인할 수 있습니다. 실습이 모두 완료되었다면 태블로 프로그램을 저장하지 않고 종료합니다.

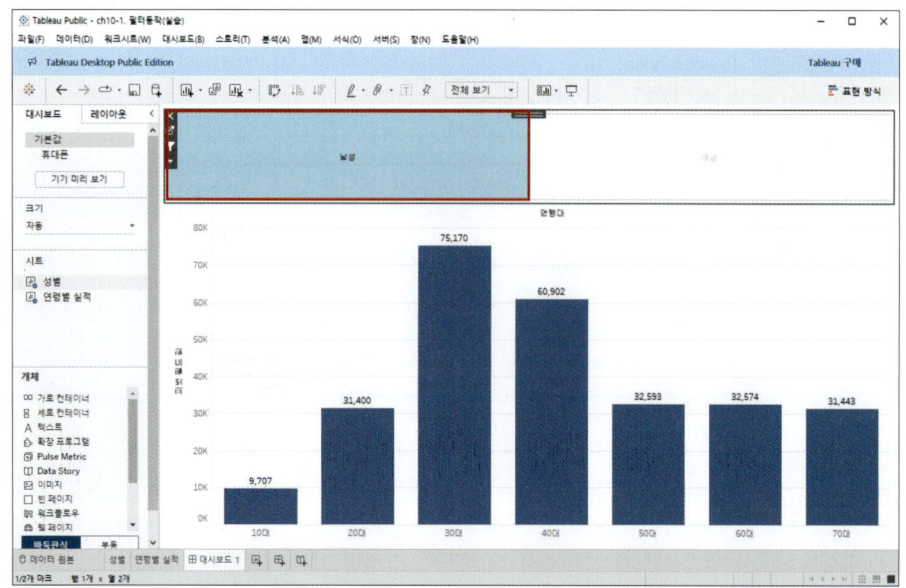

02 하이라이트 동작

하이라이트는 특정 대상을 색상으로 지정하고 대상 외 정보를 흐리게 표현하여 정보를 집중할 수 있도록 도움을 주는 기능입니다. 특정 값을 클릭하거나 색상 범례를 클릭했을 때 하이라이트 동작을 수행할 수 있으며, 대시보드 동작에서 하이라이트 동작을 추가할 수 있습니다.

01 대시보드 구성

❶ 먼저, 실습을 위해 Part1 > **ch10-2. 하이라이트동작(실습)** 파일을 엽니다. 연도에 따라 연월별 실적에 하이라이트 동작을 수행하기 위해 시트를 구성합니다. 데이터 패널에서 **[접속일자] 필드**를 클릭하여 **열 패널**과 **행 패널**에 **각각 드래그 앤 드롭**합니다.

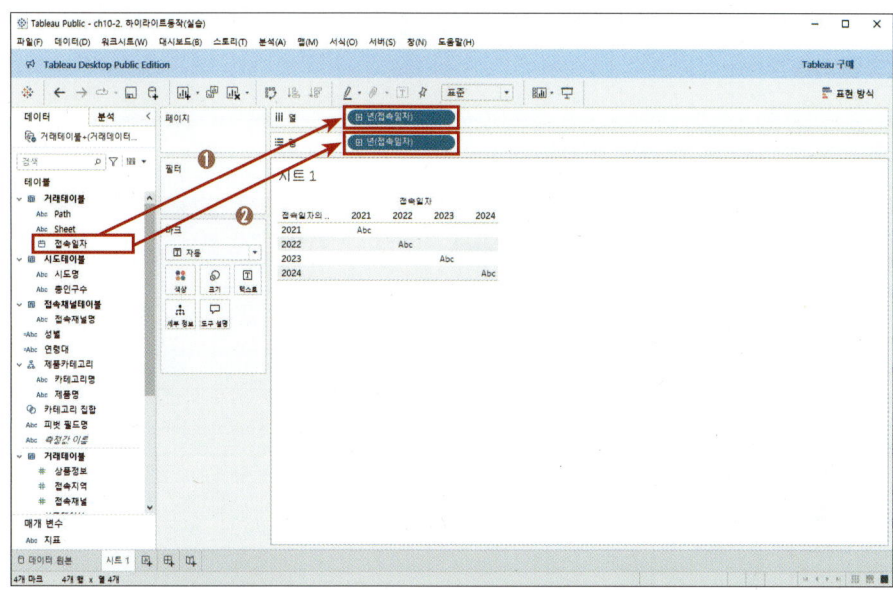

❷ 열 패널에 추가된 **년(접속일자)**를 **마우스 우클릭**합니다. 나타난 팝업 메뉴에서 **불연속형 월(월 5월)**을 클릭합니다.

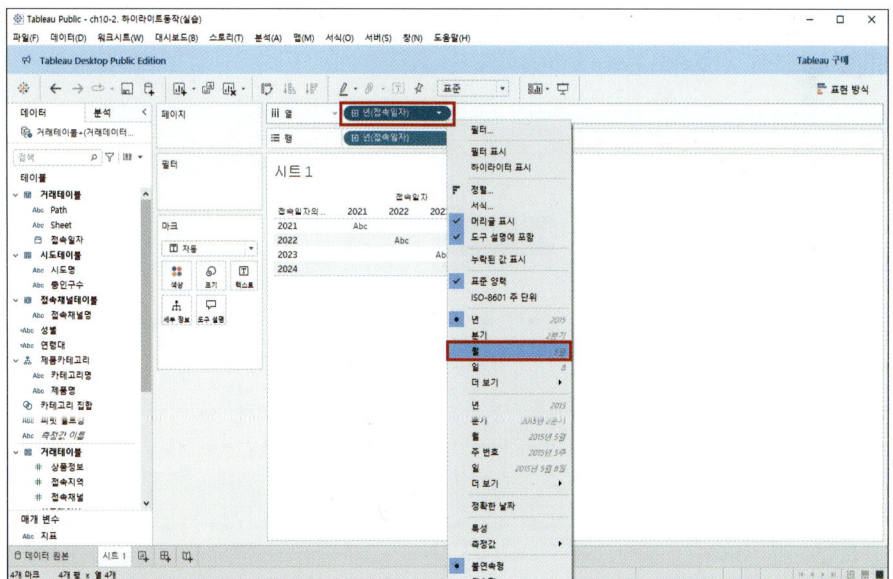

CHAPTER 10 | 대화식 화면 구성하기　**187**

❸ 연월별 실적을 표현하기 위해 데이터 패널에서 [**피벗 필드 값**] 필드를 클릭하고 마크 패널의 **텍스트**로 **드래그 앤 드롭**합니다.

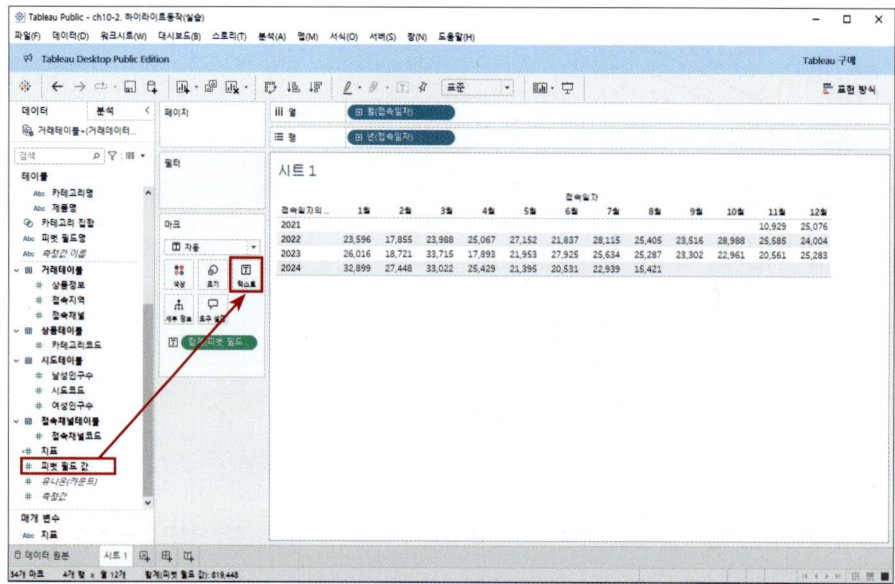

❹ 툴바 우측의 **맞춤**을 표준에서 **전체 보기**로 변경합니다. 하단 탭에서 완성된 시트의 이름을 **더블클릭**하여 **연월별 실적**으로 변경하고 **Enter**를 누릅니다.

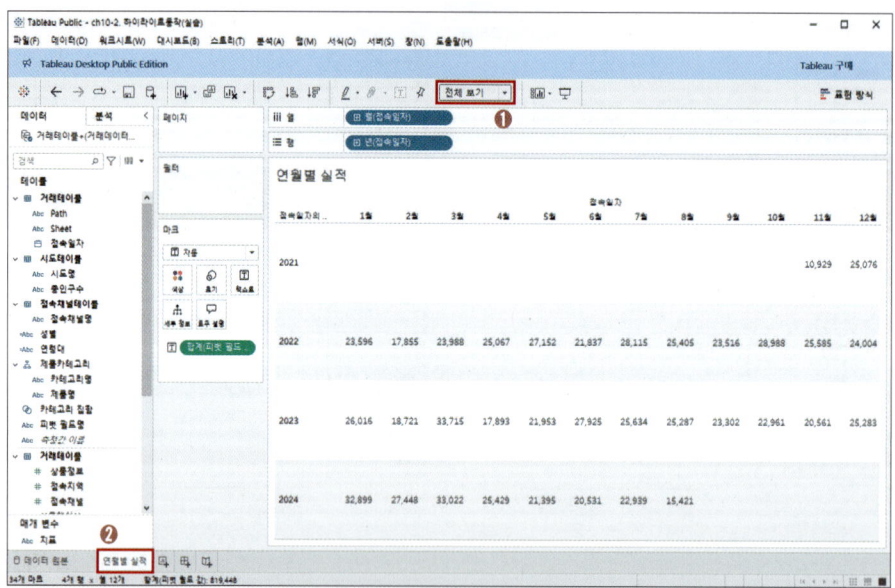

❺ 하단 탭에서 🗐을 클릭하여 **시트 2**로 이동합니다. 연도를 표현하기 위해 데이터 패널에서 **[접속일자]** 필드를 **열 패널**로 **드래그 앤 드롭**하고 마크 패널의 **텍스트**에도 **드래그 앤 드롭**합니다.

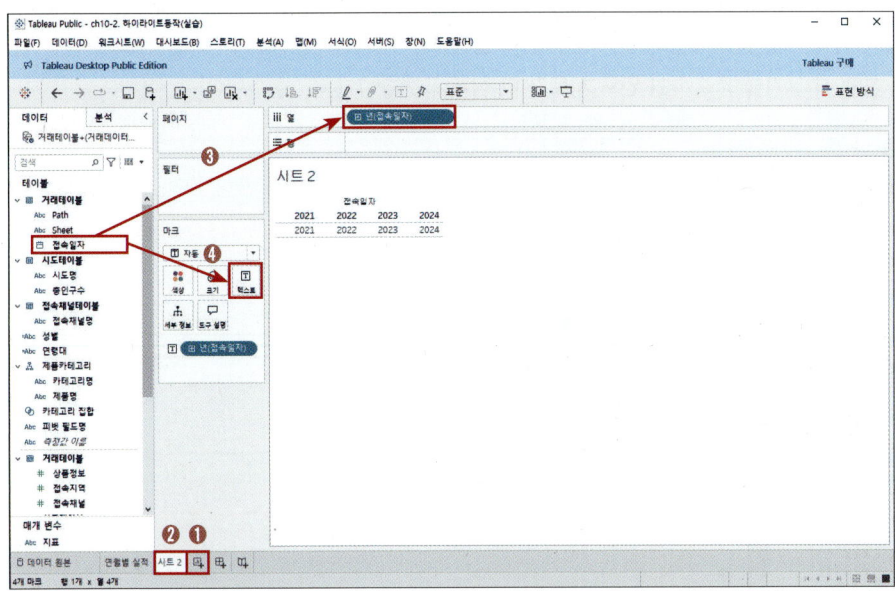

❻ 툴바 우측의 **맞춤**을 표준에서 **전체 보기**로 변경합니다. 하단 탭에서 **시트 2의 제목**을 **더블클릭**한 후 **연도**로 변경하고 **Enter**를 눌러 연도 시트 구성을 마무리합니다.

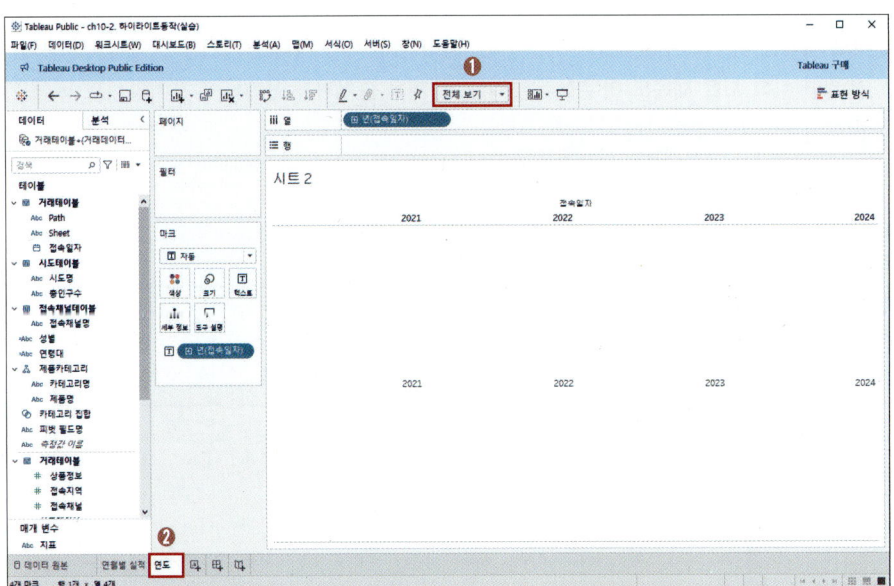

❼ 하단 탭에서 를 클릭하여 **대시보드 1**로 이동합니다. **크기**는 을 클릭한 후 나타난 팝업 창에서 **범위** 옆 을 클릭하여 **자동**으로 변경하고 빈 곳을 클릭하여 팝업 창을 닫습니다. 연도 시트를 **대시보드 캔버스**에 **드래그 앤 드롭**합니다. 이후 **연월별 실적 시트**를 대시보드 캔버스에 **드래그**하여 **연도 시트 아래쪽**으로 회색 음영이 생기는 것을 확인하고 **드롭**한 후, 두 시트 사이에 마우스를 얹고 나타난 **상하 화살표**를 이용해 크기를 조절하여 **연도 시트가 더 작게** 조절합니다.

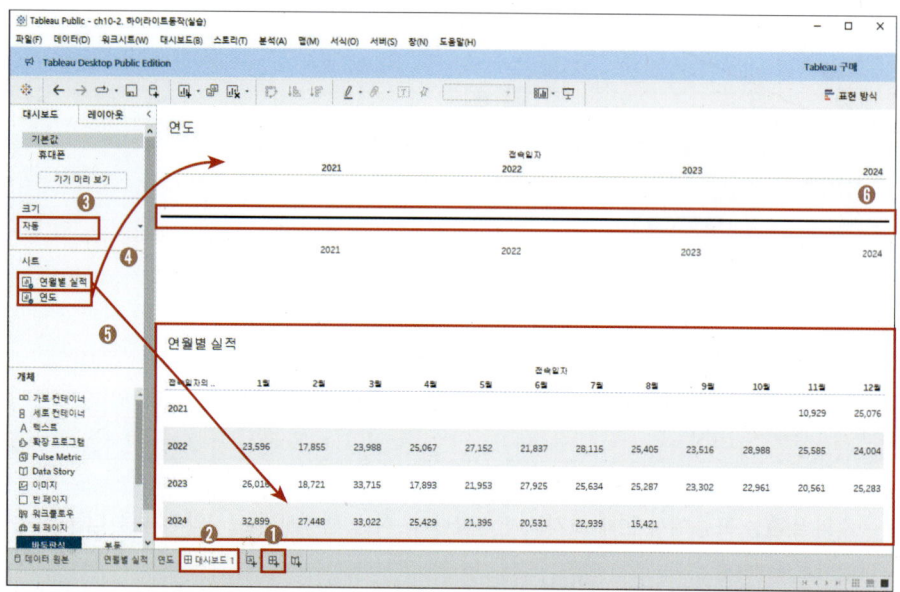

❽ 연도 시트 제목을 **마우스 우클릭**합니다. 나타난 팝업 메뉴에서 **제목 숨기기**를 클릭하여 제목을 제거합니다. **연월별 실적 시트** 제목도 **마우스 우클릭**한 후 **제목 숨기기**를 클릭하여 하이라이트 동작을 적용하기 위한 대시보드를 완성합니다.

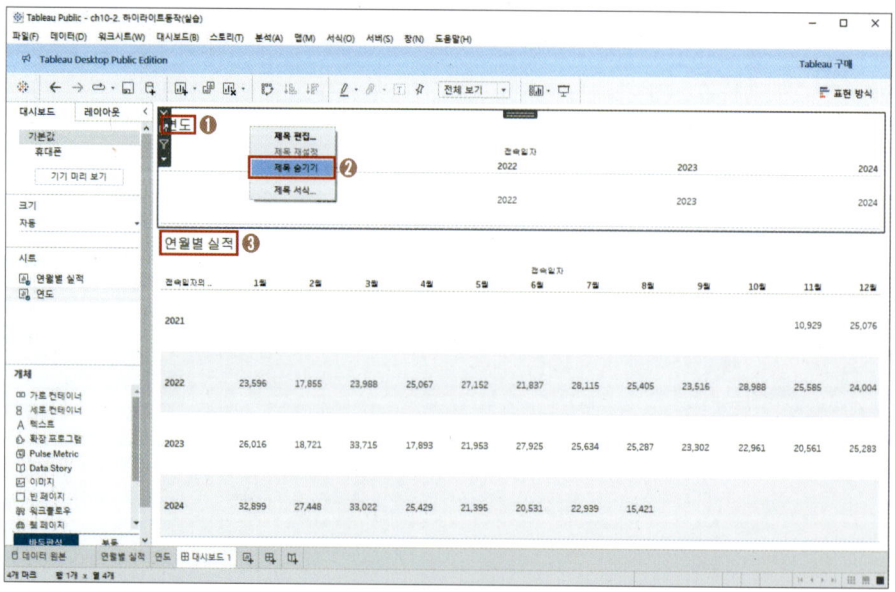

02 동작 만들기

❶ 하이라이트 동작을 추가하기 위해 상단 메뉴의 **대시보드(B) > 동작(I)**을 클릭합니다.

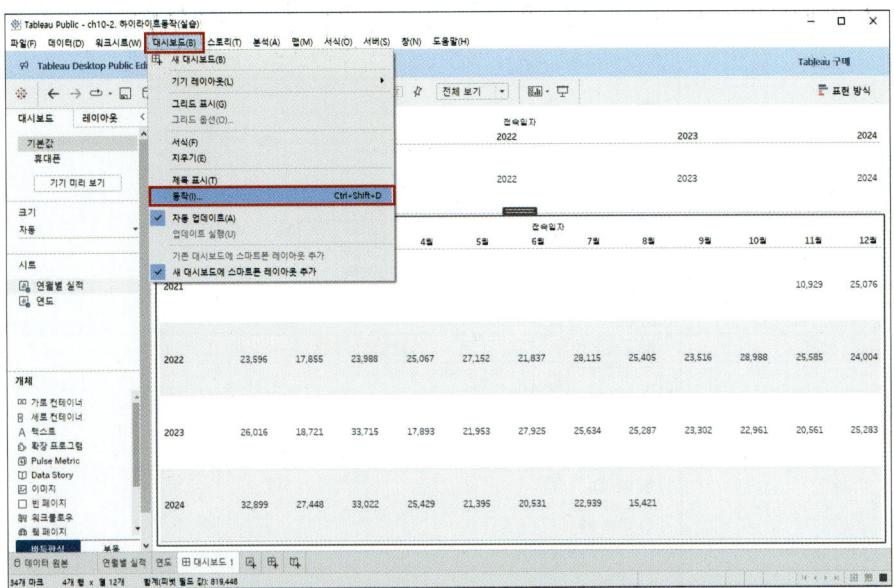

❷ 나타난 **동작 팝업 창**에서 **동작 추가 > 하이라이트**를 클릭합니다.

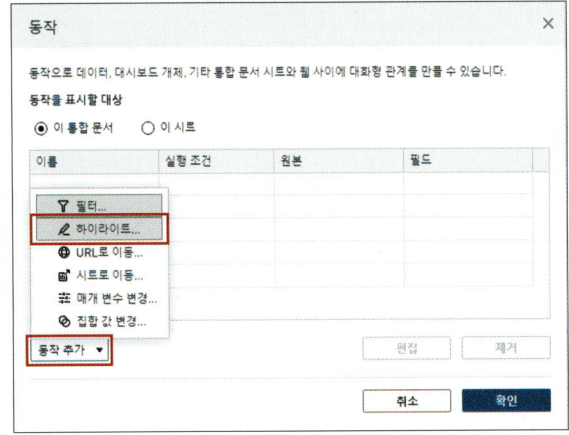

❸ 나타난 하이라이트 동작 추가 팝업 창에서 **이름**을 **연도 하이라이트**로 지정합니다. **원본 시트**는 **연월별 실적**을 체크 해제하여 **연도**만 체크하고 **동작 실행 조건**을 **마우스오버**로 선택합니다. **대상 시트**는 **연도**를 체크 해제하여 **연월별 실적**만 체크하고 **확인**을 클릭합니다.

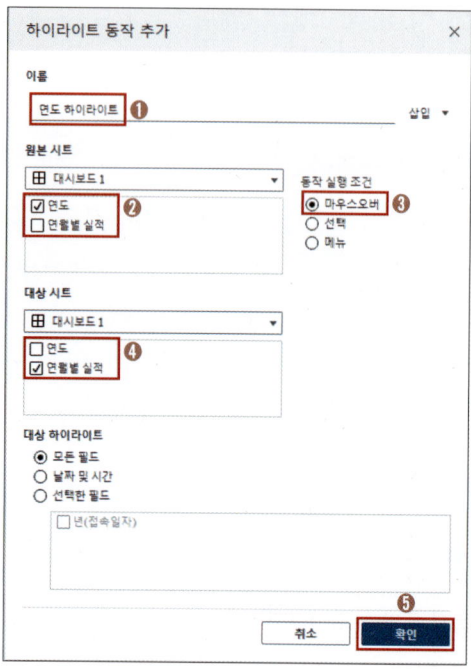

❹ 동작 팝업 창에 연도 하이라이트가 추가된 것을 확인할 수 있습니다. **확인**을 클릭하여 동작 팝업 창을 닫습니다.

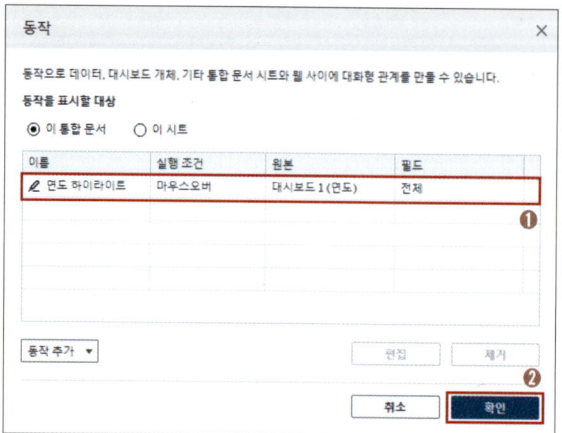

03 필터 동작 확인

❶ 완성된 대시보드에서 연도 시트의 특정 연도 위에 마우스를 얹었을 때 하단에 연월별 실적 시트에 하이라이트 동작이 정상 동작되는지 확인해 보겠습니다.

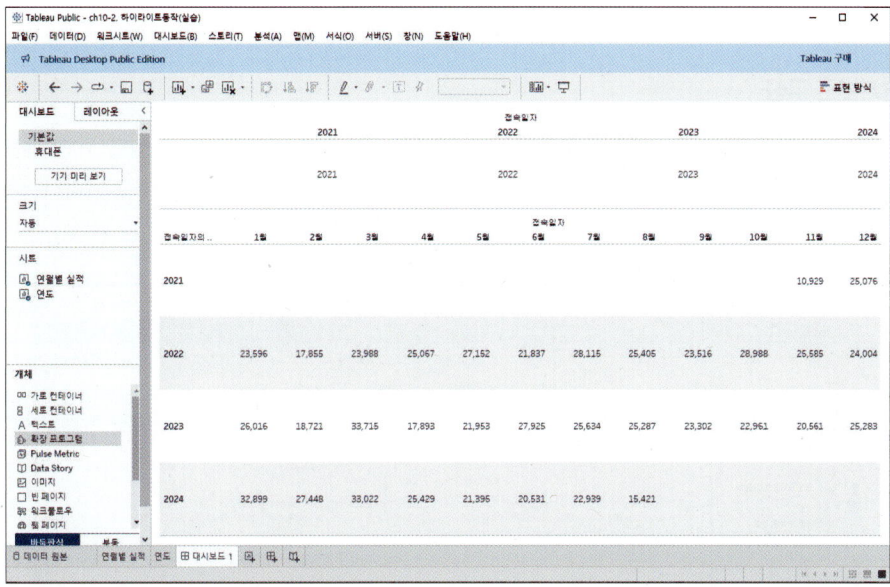

❷ **연도 시트**에서 **2022**의 머리글이나 셀에 마우스를 얹으면 하단의 연월별 실적 시트의 2022 행에 하이라이트가 되는 것을 확인할 수 있습니다. 실습이 모두 완료되었다면 태블로 프로그램을 저장하지 않고 종료합니다.

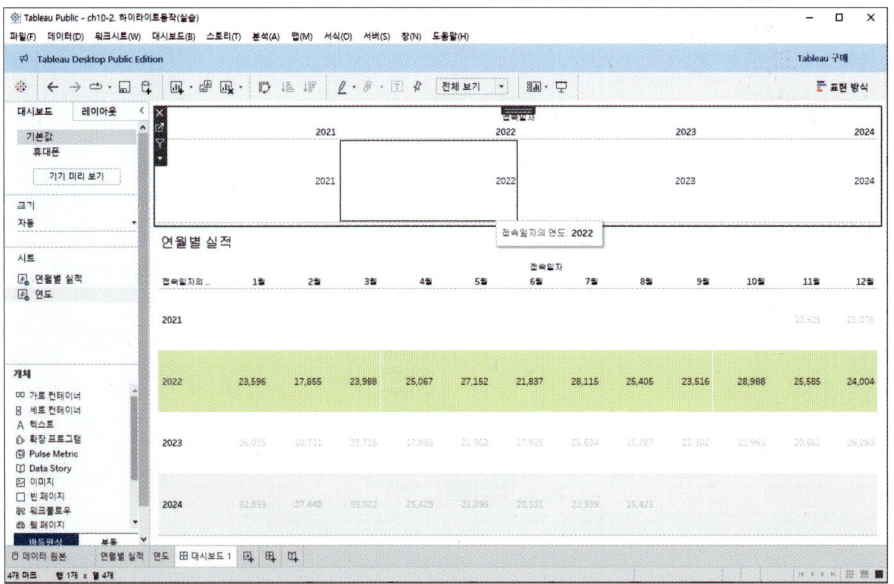

03 URL 이동 동작

URL 이동 동작은 태블로 외부의 웹 페이지를 호출하는 하이퍼링크 기능입니다. 이때, 링크 안에 매개 변수를 삽입하여 유동적인 형태로 URL 이동을 할 수 있습니다.

01 대시보드 구성

❶ 먼저, 실습을 위해 **Part1 > ch10-3. URL동작(실습)** 파일을 엽니다. URL 이동 동작을 위한 대시보드를 만들기 위해 [네이버] 필드를 생성하려고 합니다. 데이터 패널 상단의 ▼을 클릭하고 나타나는 팝업 메뉴에서 **계산된 필드 만들기**를 클릭합니다.

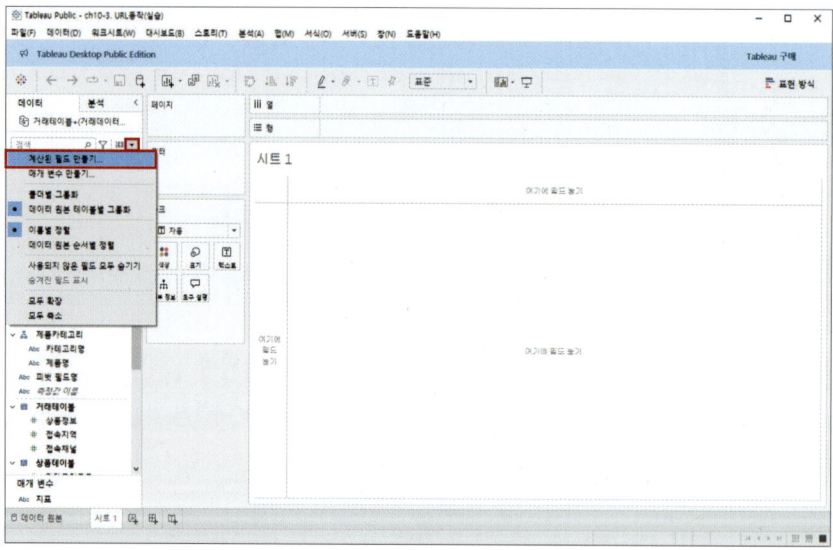

❷ 나타난 **계산된 필드 만들기 팝업 창**에서 이름을 **네이버**로 정의하고 수식은 '**네이버**'라고 입력한 후 **확인**을 클릭합니다.

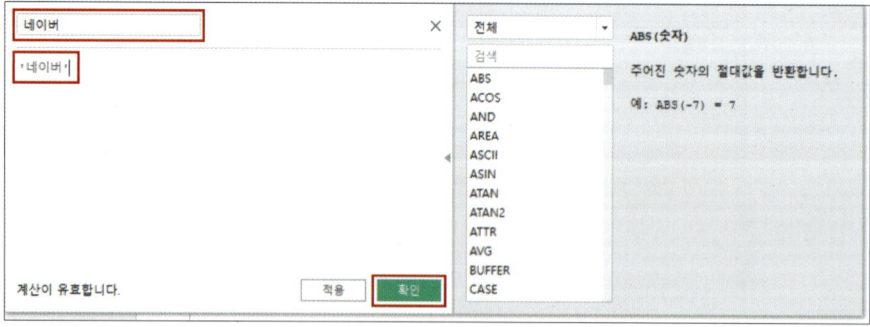

❸ 데이터 패널에서 [네이버] 필드를 마크 패널의 **텍스트**로 **드래그 앤 드롭**합니다. 툴바 우측의 **맞춤**을 표준에서 **전체 보기**로 변경합니다.

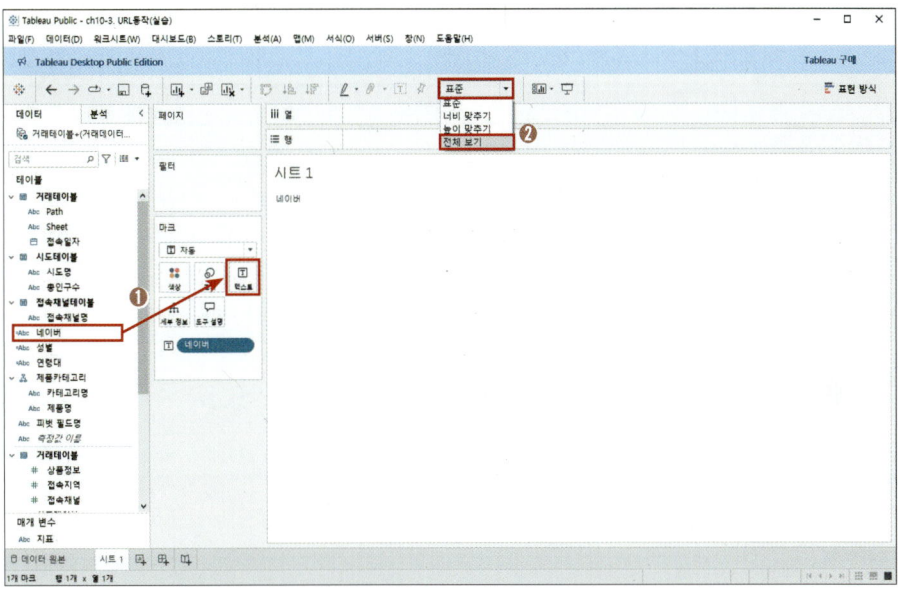

❹ 하단 탭에서 **시트 1**을 더블클릭하여 **네이버 버튼**으로 변경하고 **Enter**를 누릅니다. 하단 탭에서 ▦을 클릭하여 **대시보드 1**로 이동합니다. **크기**는 ▼을 클릭한 후 나타난 팝업 창에서 **범위** 옆 ▼을 클릭하여 **자동**으로 변경하고 빈 곳을 클릭하여 팝업 창을 닫습니다. 사이드 바의 **네이버 버튼**을 클릭하여 **대시보드 캔버스**로 **드래그 앤 드롭**합니다.

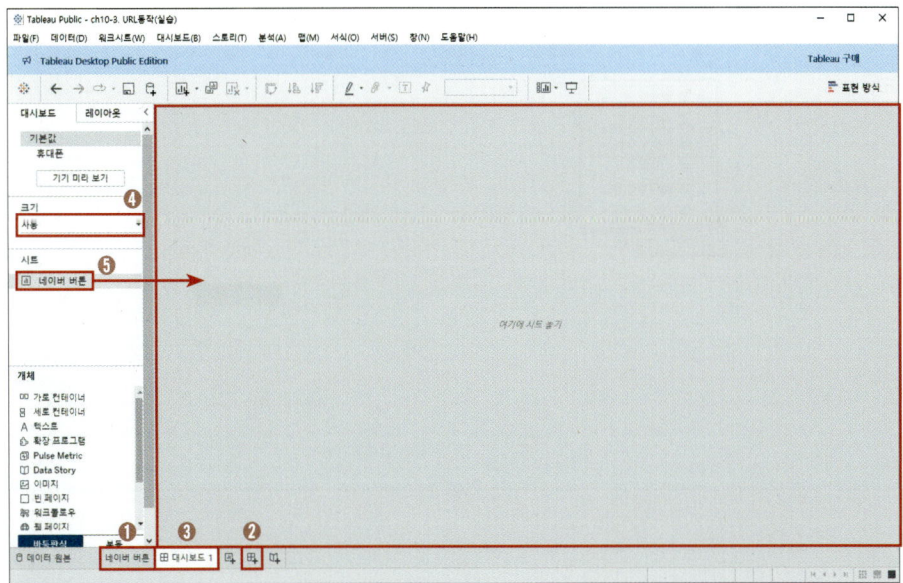

02 동작 만들기

❶ URL 이동 동작을 추가하기 위해 상단 메뉴의 **대시보드(B)** > **동작(I)**을 클릭합니다.

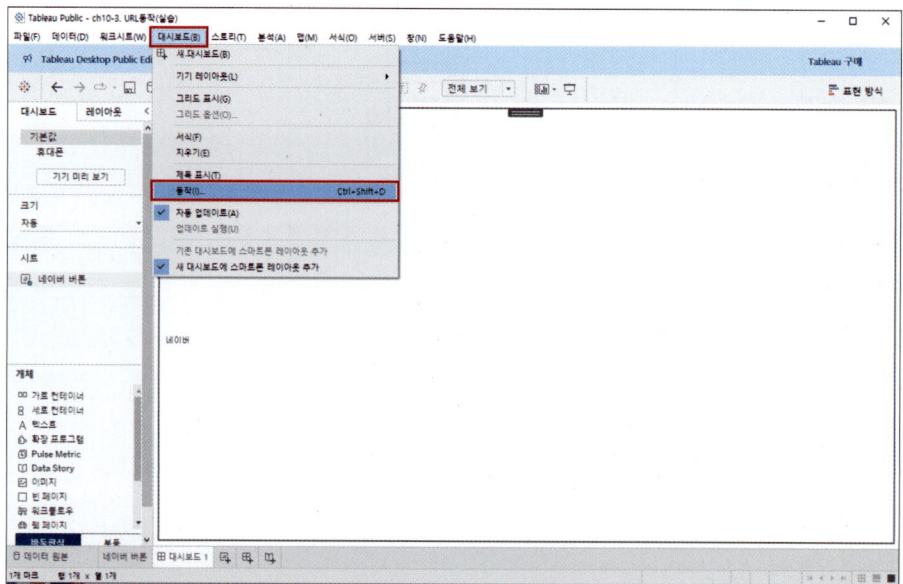

❷ 나타난 **동작 팝업 창**에서 **동작 추가** > **URL로 이동**을 클릭합니다.

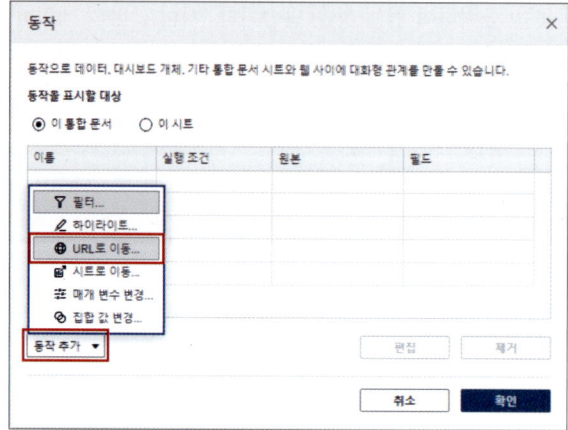

❸ **나타난 URL 동작 추가 팝업 창**에서 **이름**을 **네이버 이동 URL**로 지정합니다. **원본 시트**는 **네이버 버튼**이 체크되어 있는 것을 확인하고 **동작 실행 조건**은 **선택**을 체크합니다. **URL**에 www.naver.com을 입력하고 **확인**을 클릭합니다.

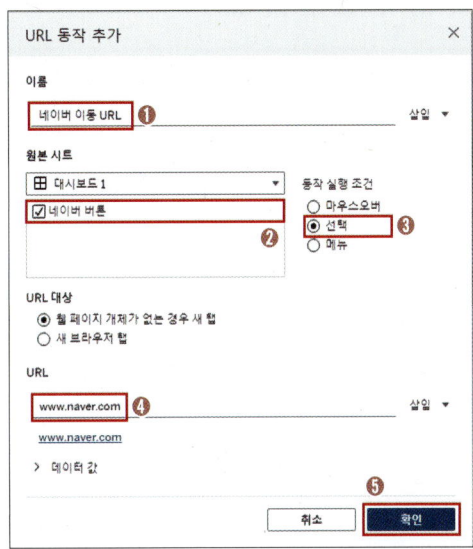

❹ 동작 팝업 창에 네이버 이동 URL이 추가된 것을 확인할 수 있습니다. **확인**을 클릭하여 동작 팝업 창을 닫습니다.

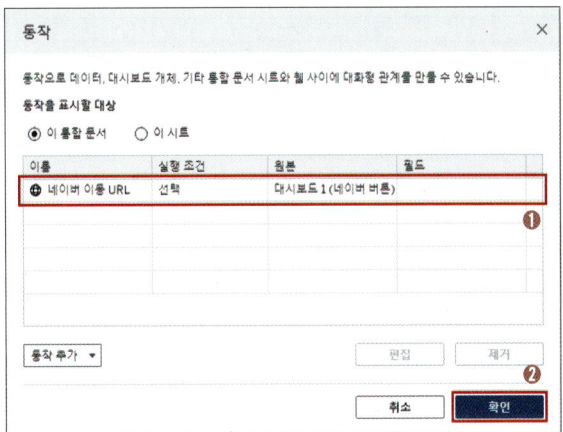

03 필터 동작 확인

❶ 완성된 대시보드에서 네이버를 클릭했을 때 URL이 정상 동작되는지 확인해 보겠습니다.

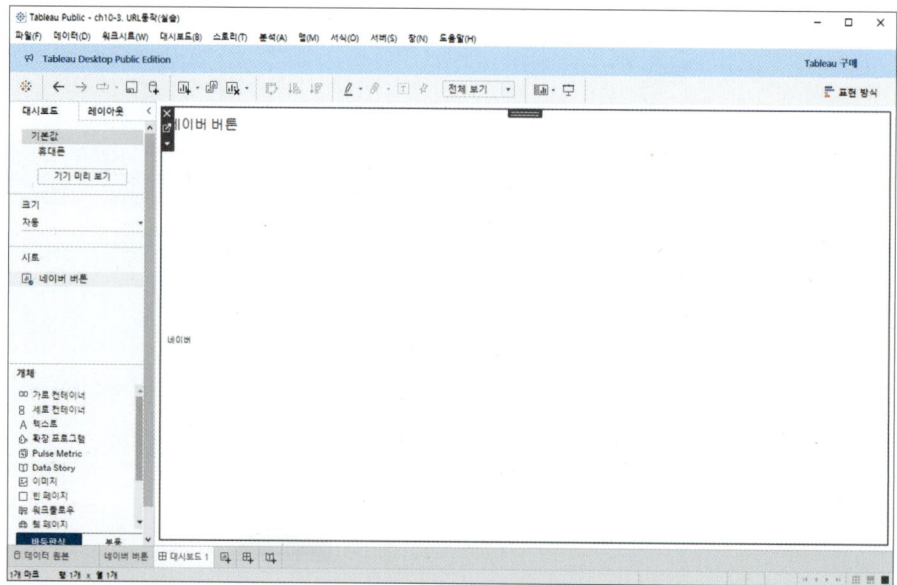

❷ 대시보드에 나타난 **네이버**를 클릭하면 네이버 홈페이지가 나타나는 것을 확인할 수 있습니다. 실습이 모두 완료되었다면 태블로 프로그램을 저장하지 않고 종료합니다.

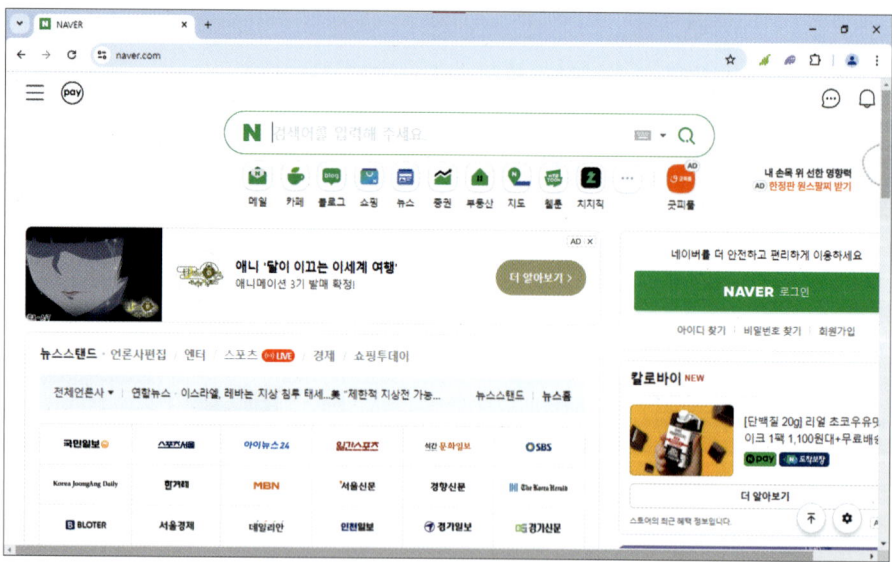

04 시트 이동 동작

시트 이동 동작을 사용하여 특정 시트, 대시보드, 스토리에서 또 다른 시트, 대시보드, 스토리로 이동할 수 있는 기능입니다. 한정된 페이지에서 정보를 노출해야 하기 때문에 보통 대시보드를 작업할 때 여러 페이지로 콘텐츠를 나눕니다. 이때, 연결되는 정보를 따라가면서 볼 수 있도록 시트 이동 동작을 활용합니다.

01 대시보드 구성

❶ 먼저, 실습을 위해 Part1 > ch10-4. 시트이동동작(실습) 파일을 엽니다. 시트 이동 동작을 위한 대시보드를 만들기 위해 [첫 화면] 필드와 [두 번째 화면] 필드를 생성하려고 합니다. 데이터 패널 상단의 ▼을 클릭하고 나타나는 팝업 메뉴에서 **계산된 필드 만들기**를 클릭합니다.

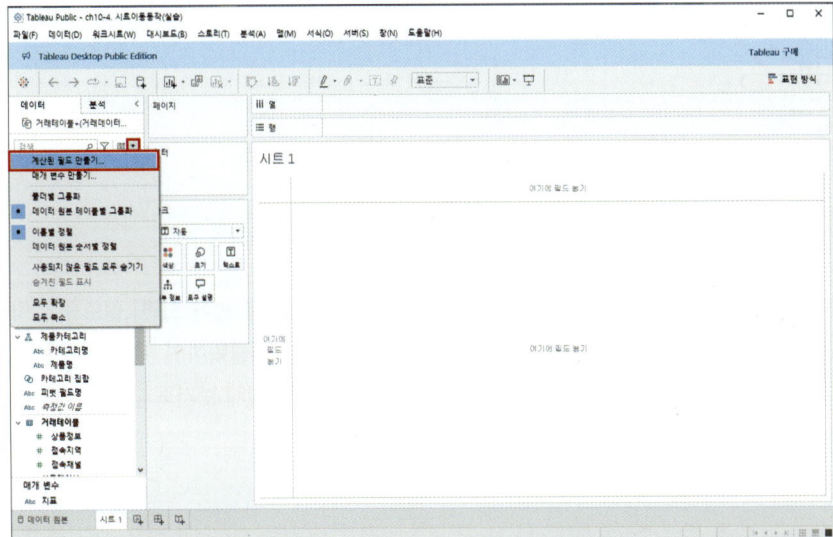

❷ 나타난 **계산된 필드 만들기 팝업 창**에서 이름을 **첫 화면**으로 정의하고 수식은 '**첫 화면**'이라고 입력한 후 **확인**을 클릭합니다. 같은 방식으로 데이터 패널 상단의 ▼을 클릭하고 나타나는 팝업 메뉴에서 **계산된 필드 만들기**를 클릭하고 **이름**은 **두 번째 화면**, 수식은 '**두 번째 화면**'으로 입력합니다. **확인**을 클릭하고 입력을 마무리합니다.

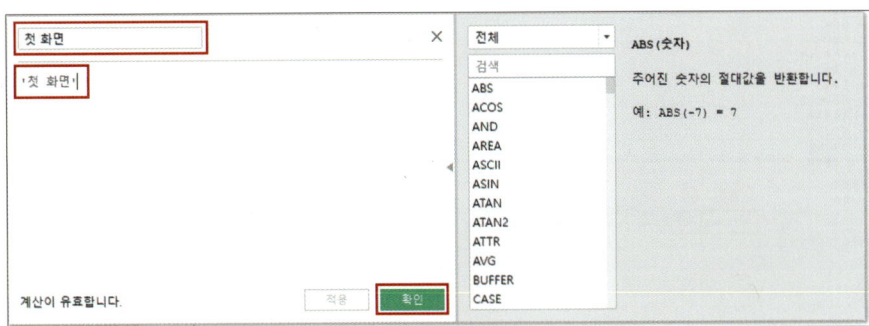

❸ 데이터 패널에서 [첫 화면] 필드를 클릭하고 마크 패널의 **텍스트**에 **드래그 앤 드롭**합니다. 하단 탭에서 **시트 1**을 **더블클릭**하여 이름을 **첫 화면**으로 변경하고 Enter를 누릅니다. 그리고 툴바 우측의 **맞춤**을 표준에서 **전체 보기**로 변경합니다.

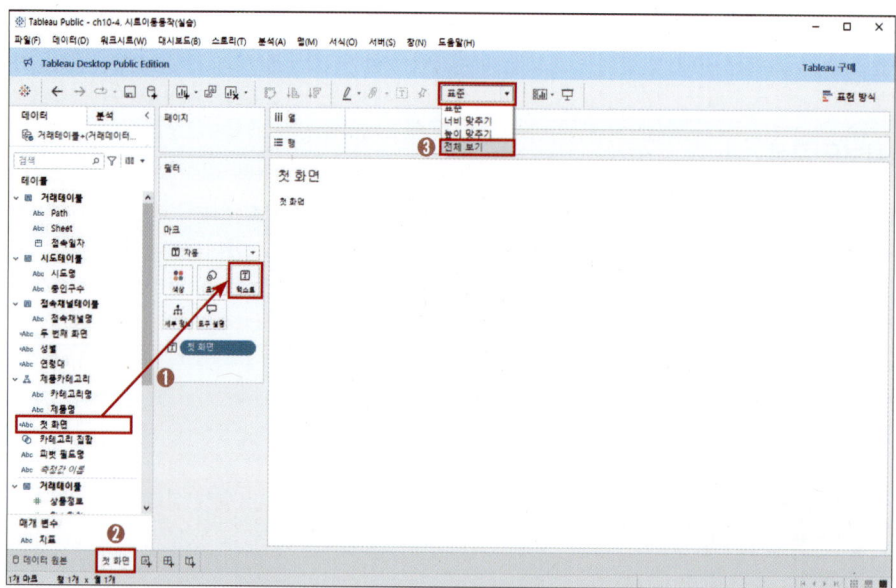

❹ 하단 탭의 🔲을 클릭하여 **시트 2**로 이동합니다. 데이터 패널에서 [두 번째 화면] 필드를 클릭하고 마크 패널의 **텍스트**에 **드래그 앤 드롭**합니다. 하단 탭에서 **시트 2**를 **더블클릭**하여 이름을 **두 번째 화면**으로 변경하고 Enter를 누릅니다. 그리고 툴바 우측의 **맞춤**을 표준에서 **전체 보기**로 변경합니다.

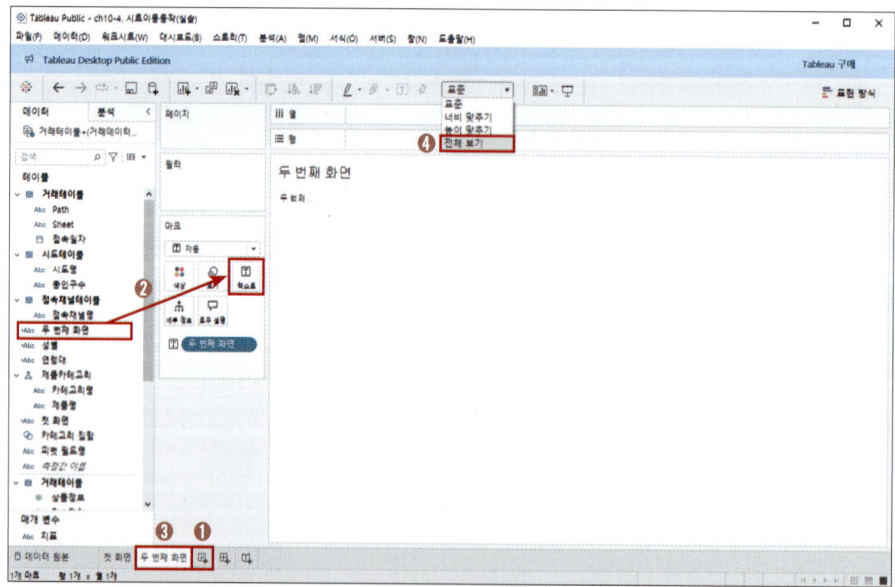

❺ 하단 탭에서 🞕을 클릭하여 **대시보드 1**로 이동합니다. **크기**는 ▼을 클릭한 후 나타난 팝업 창에서 **범위** 옆 ▼을 클릭하여 **자동**으로 변경하고 빈 곳을 클릭하여 팝업 창을 닫습니다. 시트에서 **첫 화면 시트**를 클릭하여 **대시보드 캔버스로 드래그 앤 드롭**합니다. 마지막으로 하단의 탭에서 **대시보드 1**을 **더블클릭**하여 **페이지1**로 변경하고 Enter를 누릅니다.

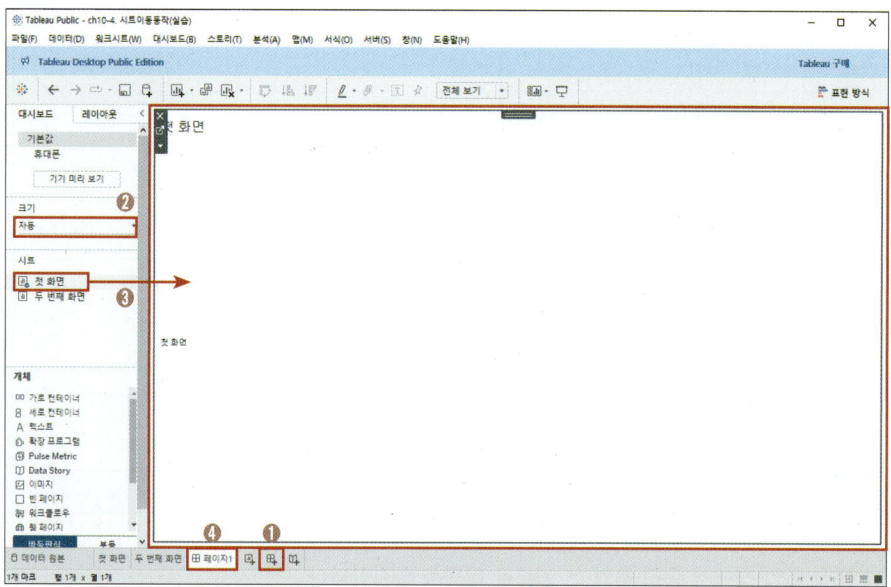

❻ 하단 탭에서 🞕을 클릭하여 **대시보드 2**로 이동합니다. **크기**는 ▼을 클릭한 후 나타난 팝업 창에서 **범위** 옆 ▼을 클릭하여 **자동**으로 변경하고 빈 곳을 클릭하여 팝업 창을 닫습니다. 대시보드에서 **두 번째 화면 시트**를 클릭하여 **대시보드 캔버스로 드래그 앤 드롭**합니다. 마지막으로 하단 탭에서 **대시보드 2**를 **더블클릭**하여 **페이지2**로 변경하고 Enter를 누릅니다.

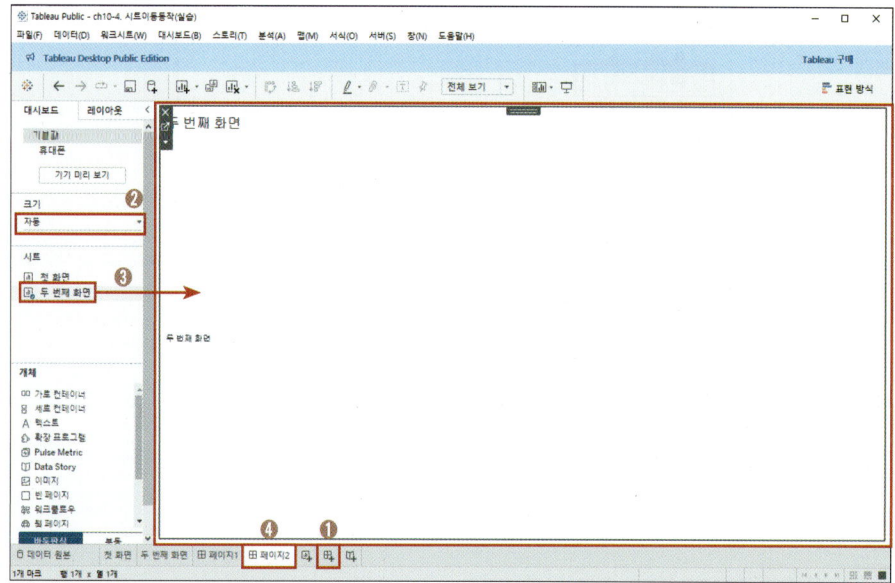

02 동작 만들기

❶ 시트 이동 동작을 추가하기 위해 상단 메뉴의 **대시보드(B)** > **동작(I)**을 클릭합니다.

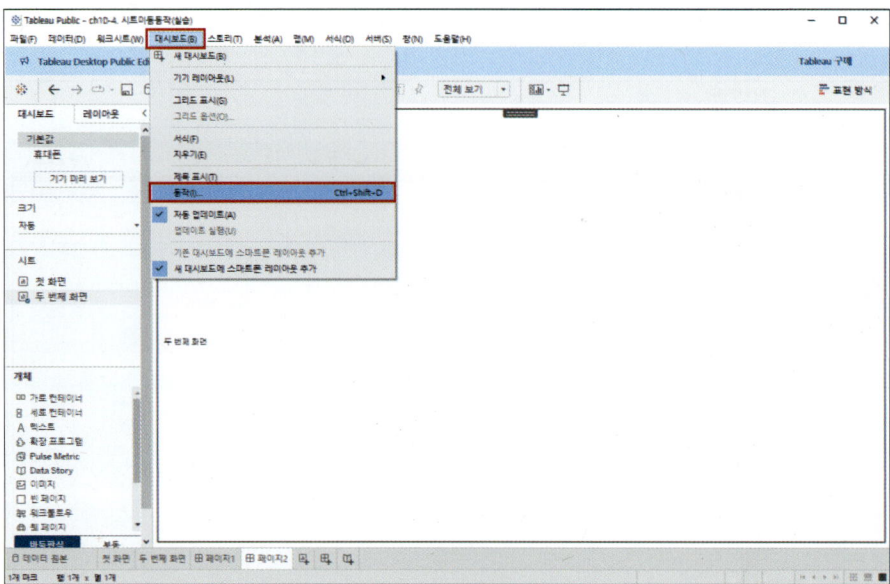

❷ 나타난 **동작 팝업 창**에서 **동작 추가** > **시트로 이동**을 클릭합니다.

❸ 나타난 **시트로 이동 동작 추가 팝업 창**에서 **이름**을 **페이지2 이동**으로 지정합니다. **원본 시트**는 **페이지1**의 **첫 화면**으로 변경하고 **동작 실행 조건**이 **선택**으로 되어 있는 것을 확인합니다. 하단의 **대상 시트**는 **페이지2**로 선택하고 **확인**을 클릭합니다.

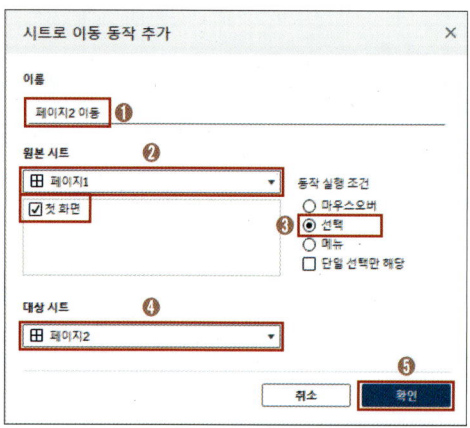

❹ 동작 팝업 창에 **페이지2 이동**이 추가된 것을 확인할 수 있습니다. **확인**을 클릭하여 동작 팝업 창을 닫습니다.

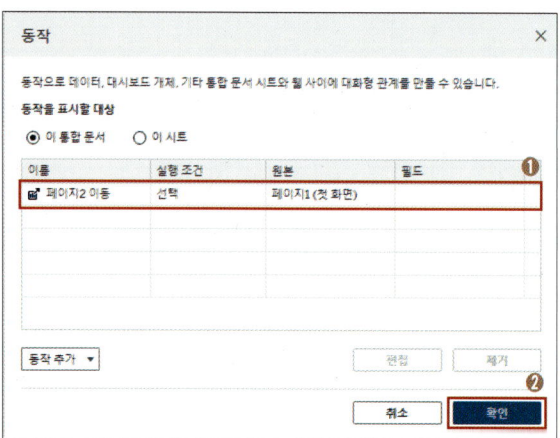

CHAPTER 10 | 대화식 화면 구성하기   **203**

03 필터 동작 확인

❶ 하단 탭에서 **페이지1**을 클릭하여 이동합니다. 완성된 대시보드에서 첫 화면 시트를 클릭하여 페이지2로 정상적으로 이동하는지 확인해 보겠습니다.

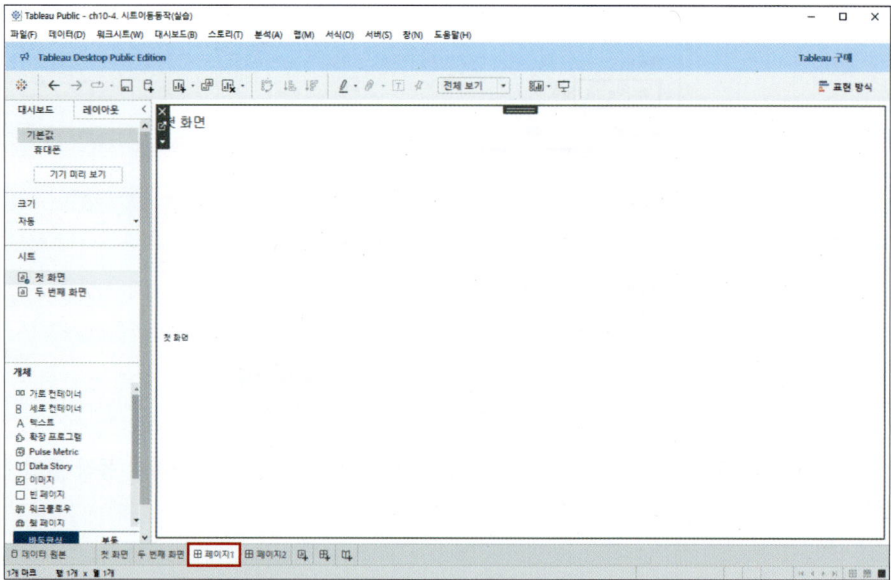

❷ 대시보드에 나타난 첫 화면 셀을 클릭하면 페이지2가 정상적으로 나타나는 것을 확인할 수 있습니다. 실습이 모두 완료되었다면 태블로 프로그램을 저장하지 않고 종료합니다.

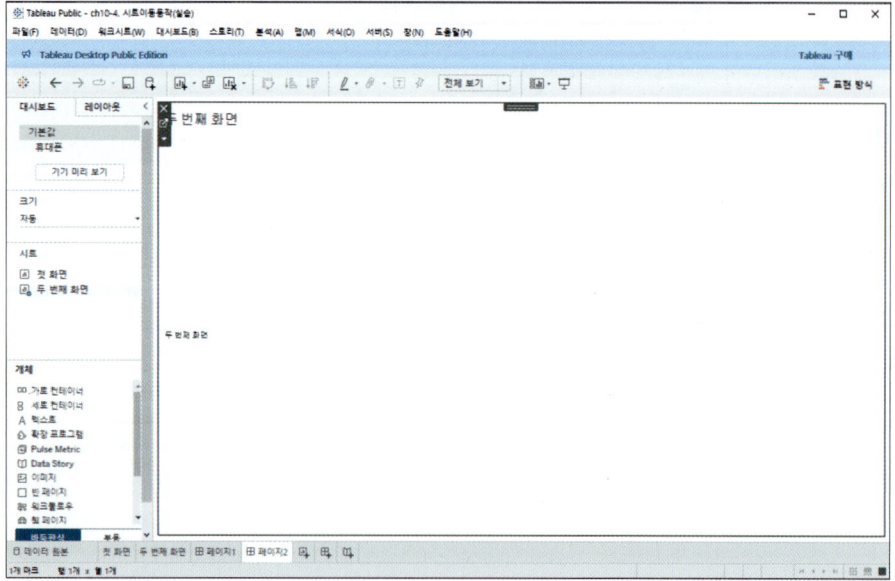

05 매개 변수 동작

매개 변수 동작을 이용해서 특정 영역을 선택할 경우 매개 변수 값을 변화하여 시각화 전체를 컨트롤 할 수 있습니다. 이때, 반드시 매개 변수를 생성해야 하며, 생성한 매개 변수를 활용한 계산된 필드가 시트 내에 담겨 있어야 시각화를 제어할 수 있습니다.

01 대시보드 구성

❶ 먼저, 실습을 위해 **Part1 > ch10-5. 매개변수동작(실습)** 파일을 엽니다. 매개 변수 동작을 위한 대시보드를 구성하기 위해 매개 변수를 생성해야 합니다. 데이터 패널 상단의 ▼을 클릭하고 나타난 팝업 메뉴에서 **매개 변수 만들기**를 클릭합니다.

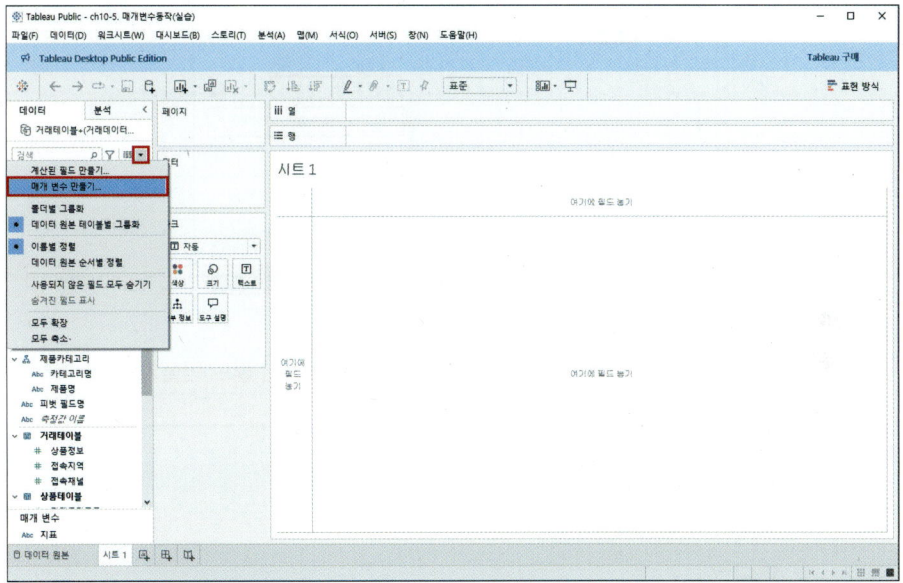

❷ 나타난 **매개 변수 만들기 팝업 창**에서 **이름**을 **시도 매개변수**로 정의하고 **데이터 유형**을 **문자열**로 설정합니다. **허용 가능한 값**을 **목록**으로 지정하고 **통합 문서가 열릴 때**를 체크하여 없음 대신 **시도명**으로 지정합니다. 모두 완료되었다면 **확인**을 누르고 마무리합니다.

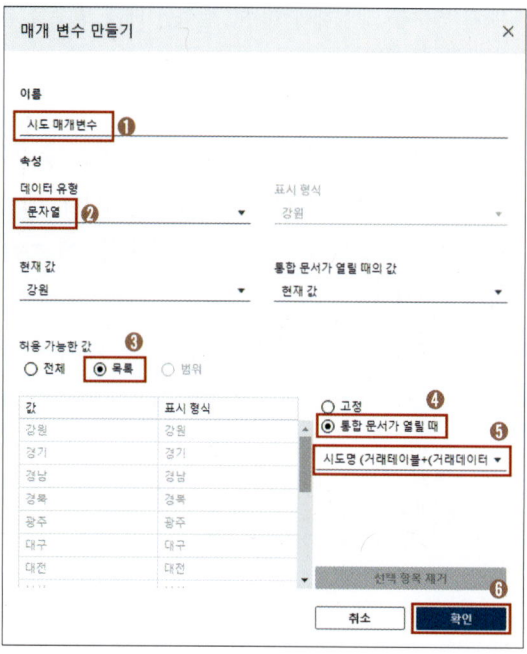

❸ 데이터 패널 상단의 ▼을 다시 클릭하고 나타난 팝업 메뉴에서 **계산된 필드 만들기**를 클릭합니다.

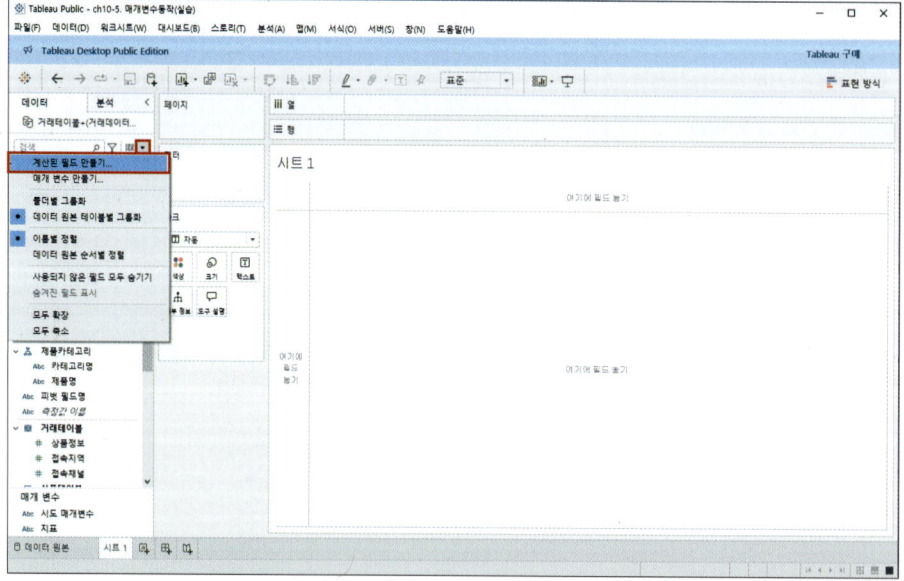

❹ 나타난 **계산된 필드 만들기 팝업 창**에서 **이름**을 **시도 필터**로 지정하고 [시도 매개변수]와 [시도명] 필드가 일치하도록 정의합니다. 다음 수식을 입력하고 **확인**을 클릭합니다.

> [시도 매개변수]=[시도명]

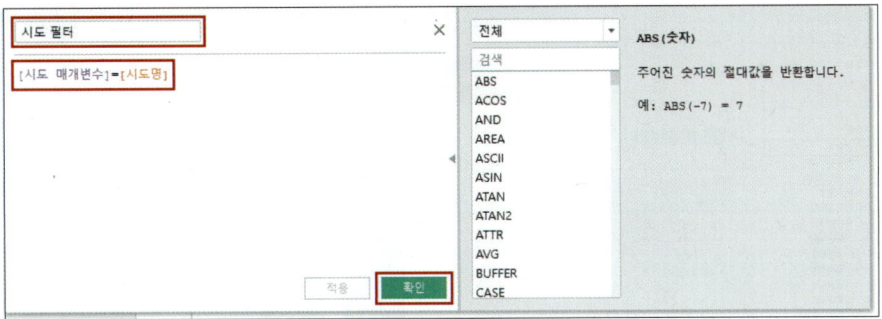

❺ 데이터 패널에서 [**시도 필터**] 필드를 클릭하여 **필터 패널**로 **드래그 앤 드롭**합니다. 나타난 **필터 [시도 필터] 팝업 창**에서 **참**을 선택하고 **확인**을 클릭합니다.

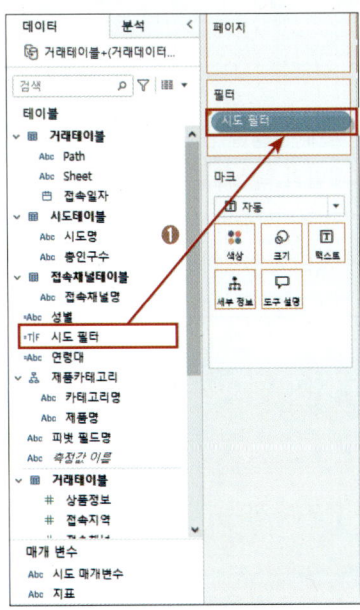

CHAPTER 10 | 대화식 화면 구성하기 **207**

❻ 연령별 성과를 표현하기 위해 데이터 패널에서 [연령대] 필드를 클릭하여 열 패널로 드래그 앤 드롭합니다. 실적을 표현하기 위해 [피벗 필드 값] 필드를 클릭하여 행 패널로 드래그 앤 드롭하고 툴바 우측의 맞춤을 표준에서 전체 보기로 변경합니다. 하단 탭에서 시트 이름은 더블클릭하여 연령별 실적으로 변경하고 Enter를 누릅니다.

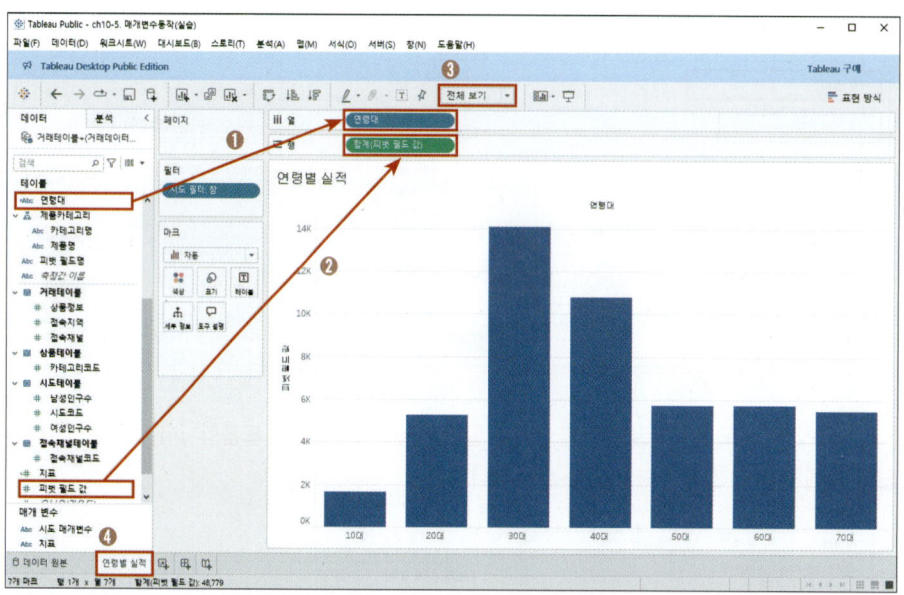

❼ 시도명을 이용하여 시도명 시트를 만들어야 합니다. 하단 탭에서 ▦을 클릭하여 시트 2로 이동합니다. 시트 2의 데이터 패널에서 [시도명] 필드를 클릭하고 마크 패널의 텍스트로 드래그 앤 드롭합니다. 같은 방식으로 [시도명] 필드를 클릭하여 행 패널로 드래그 앤 드롭하고 툴바 우측의 맞춤을 표준에서 전체 보기로 변경합니다. 하단 탭에서 시트 이름은 더블클릭하여 시도로 변경하고 Enter를 누릅니다.

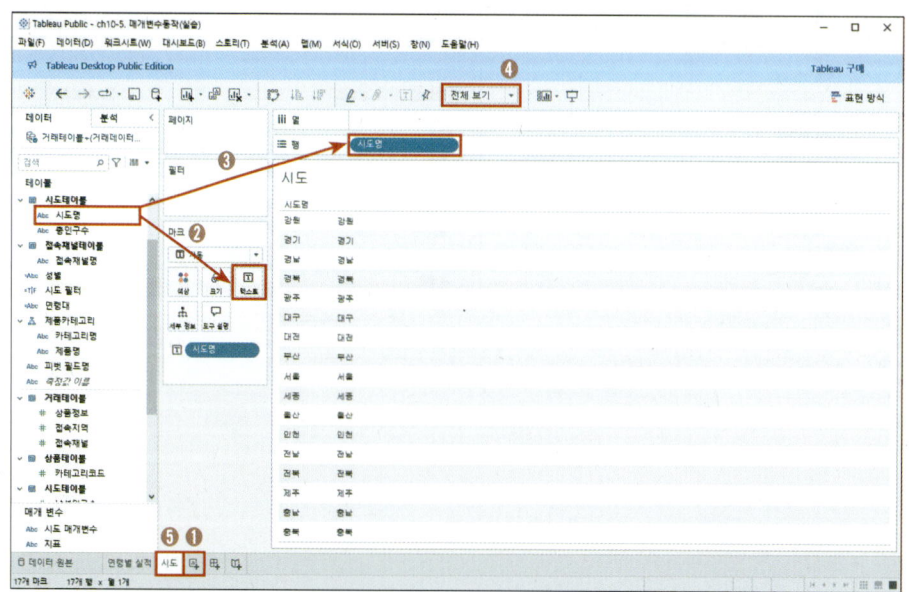

❽ 하단 탭에서 🔲을 클릭하여 **대시보드 1**로 이동합니다. **크기**는 ▼을 클릭한 후 나타난 팝업 창에서 **범위** 옆 ▼을 클릭하여 **자동**으로 변경하고 빈 곳을 클릭하여 팝업 창을 닫습니다. **시도 시트**를 대시보드 캔버스에 드래그 앤 드롭하고 **연령별 실적 시트**를 시도 시트의 오른쪽으로 드래그 앤 드롭하여 배치합니다. 이때, 두 시트 사이에 마우스를 얹고 나타난 **좌우 화살표**를 이용해 크기를 조절하여 시도 시트가 더 작게 조절합니다.

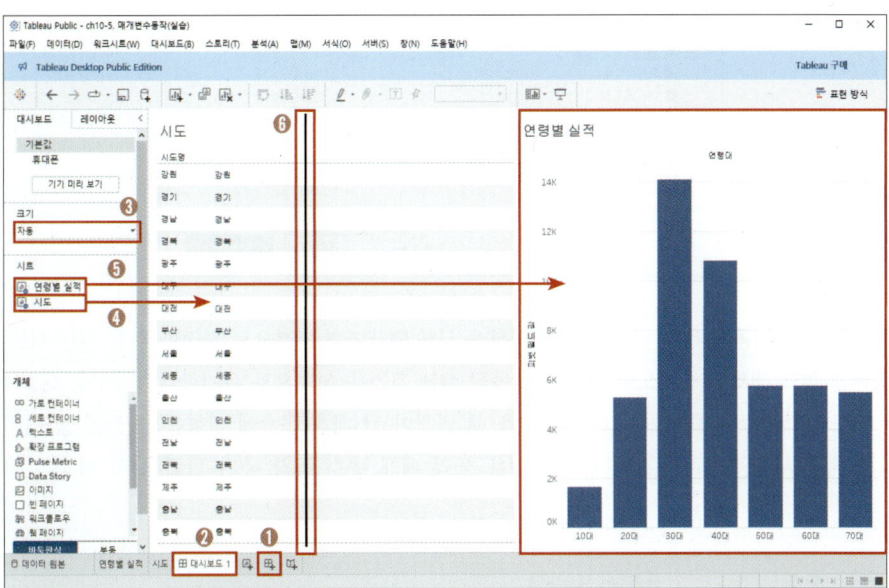

02 동작 만들기

❶ 매개 변수 동작을 추가하기 위해 상단 메뉴의 **대시보드(B) > 동작(I)**을 클릭합니다.

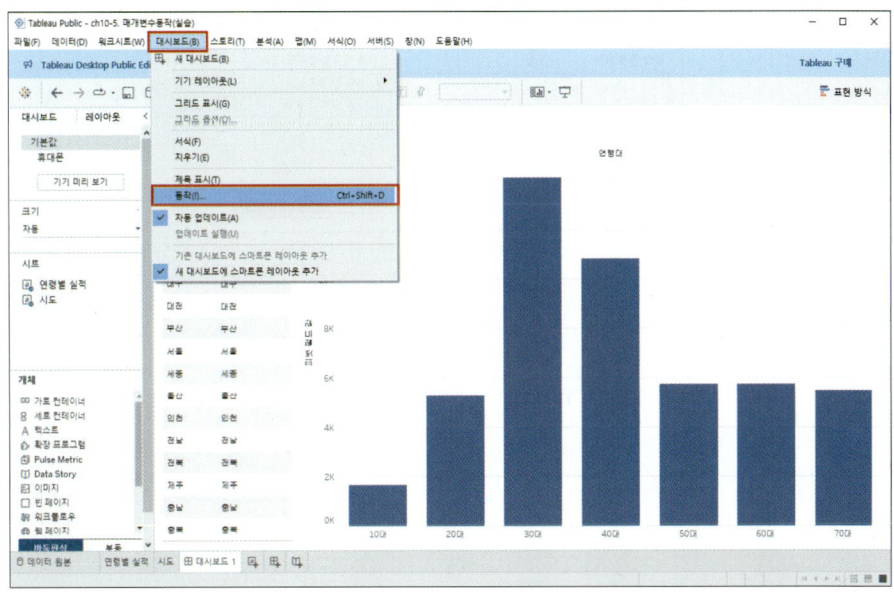

❷ 나타난 **동작 팝업 창**에서 **동작 추가 > 매개 변수 변경**을 클릭합니다.

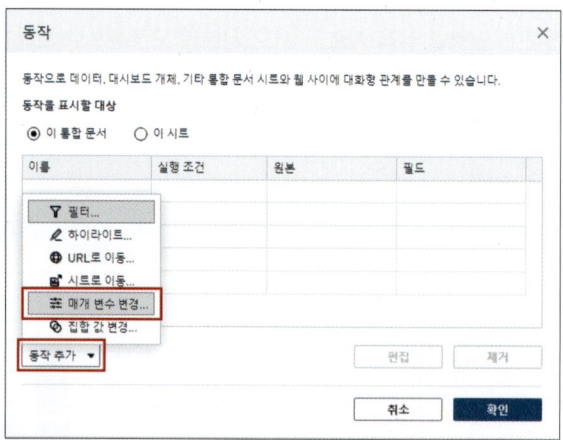

❸ 나타난 **매개 변수 동작 추가 팝업 창**에서 **이름**을 **시도 매개변수 변경**으로 지정합니다. **원본 시트**는 **연령대 실적**을 체크 해제하여 **시도**만 체크하고 **동작 실행 조건**을 **선택**으로 유지합니다. 이때, **대상 매개 변수**는 **시도 매개변수**를 클릭합니다. 클릭했을 때 변경이 될 매개 변수에 영향을 줄 **원본 필드**를 클릭하여 없음에서 **시도명**으로 변경합니다. **확인**을 눌러 매개 변수 동작 추가 팝업 창의 설정을 마무리합니다.

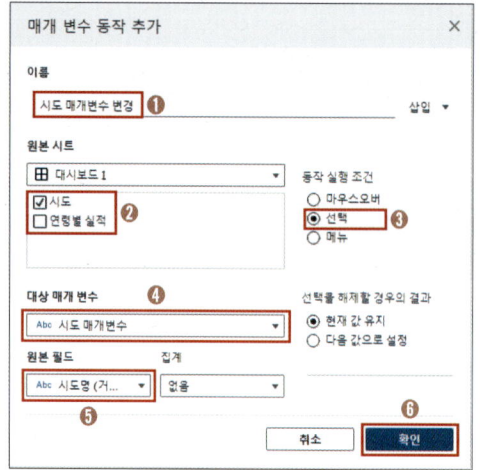

❹ 동작 팝업 창에 시도 매개변수 변경이 추가된 것을 확인할 수 있습니다. **확인**을 클릭하여 동작 팝업 창을 닫습니다.

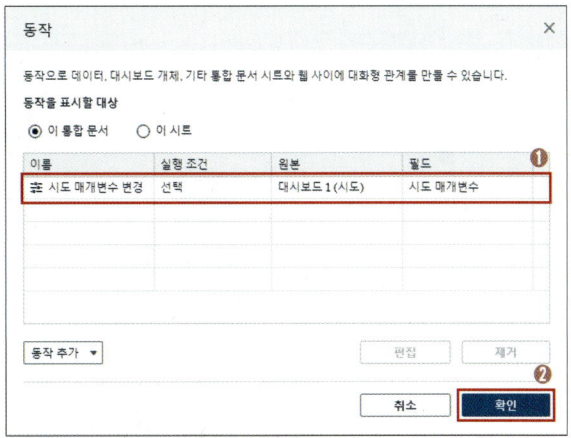

03 필터 동작 확인

❶ 완성된 대시보드에서 시도 시트에 서울을 클릭하면 연령별 실적 시트에서 서울에 거주하는 사람들의 연령별 실적으로 나타나는지 확인해 보겠습니다.

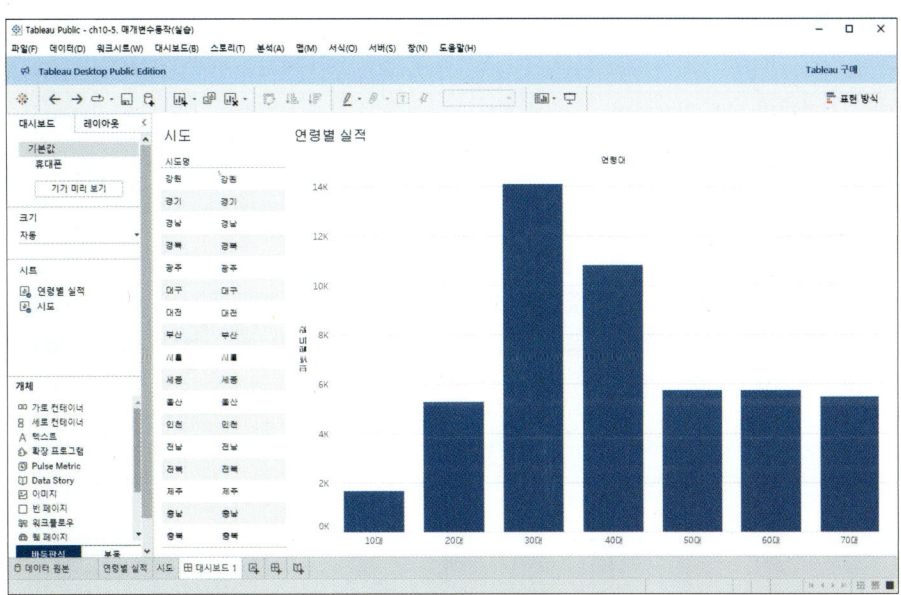

CHAPTER 10 | 대화식 화면 구성하기 **211**

❷ 시도 시트의 서울의 머리글이나 셀을 클릭하면 연령별 실적이 서울 정보로 변경되는 것을 확인할 수 있습니다. 실습이 모두 완료되었다면 태블로 프로그램을 저장하지 않고 종료합니다.

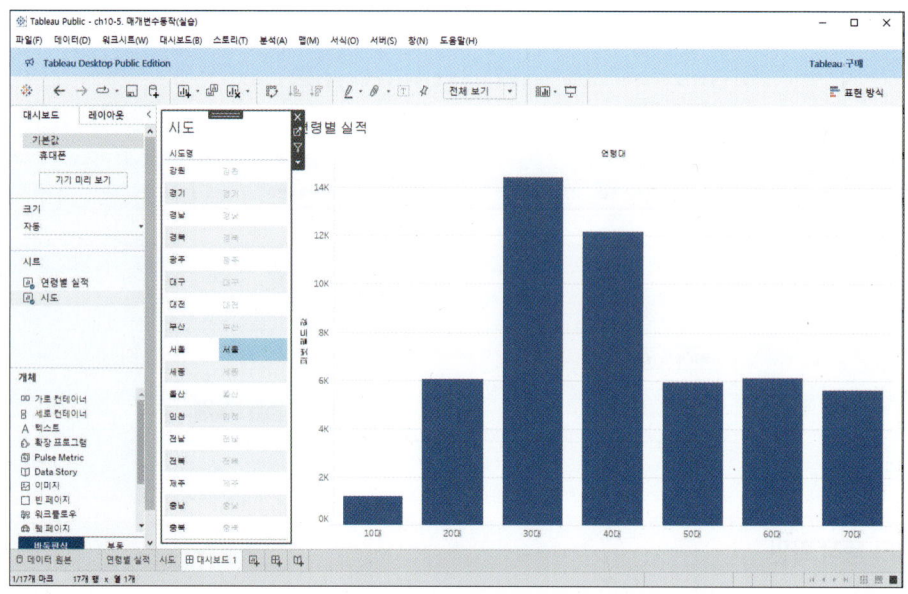

06 집합 동작

집합 동작은 시각화와 상호 작용하며, 집합에 포함된 정보를 손쉽게 분리하여 시각화를 표현할 수 있습니다. 집합 동작을 수행하려면 집합을 생성해주어야 시각화에서 활용할 수 있습니다.

01 대시보드 구성

❶ 먼저, 실습을 위해 Part1 > ch10-6. **집합동작(실습)** 파일을 엽니다. 집합 동작을 활용한 대시보드를 구성하기 위해 데이터 패널 상단의 ▼을 클릭합니다. 나타난 팝업 메뉴에서 **계산된 필드 만들기**를 클릭하여 [지역] 필드를 생성합니다.

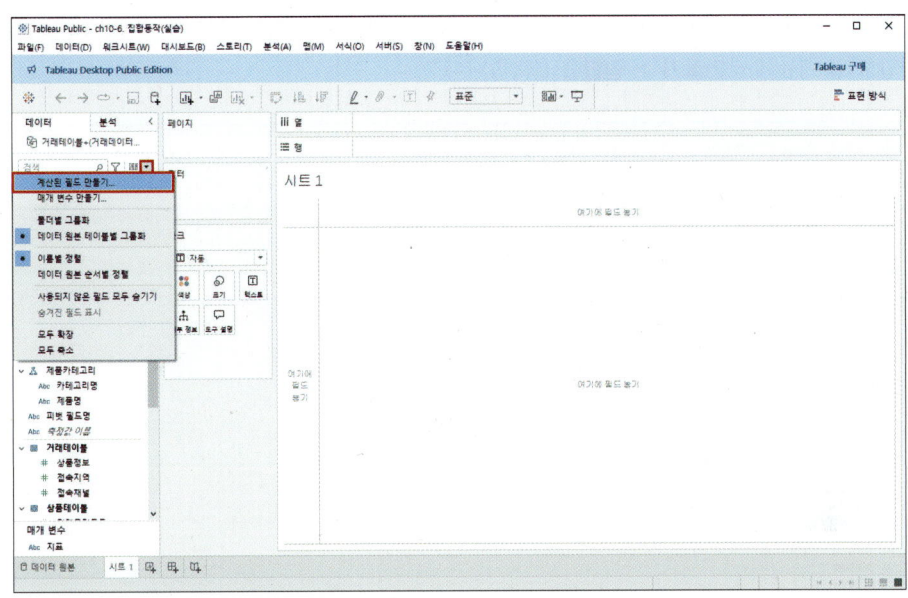

❷ 나타난 **계산된 필드 만들기 팝업 창**에서 **이름**을 **지역**으로 변경합니다. 시도명이 서울, 경기일 때 수도권으로, 부산, 광주, 울산, 대구, 대전, 인천일 때 광역시로, 그 외에는 비수도권으로 정의하기 위해 다음 수식을 입력하고 **확인**을 클릭합니다.

```
CASE [시도명] WHEN IN ('서울', '경기') THEN '수도권'
WHEN IN ('부산', '광주', '울산', '대구', '대전', '인천')
THEN '광역시'
ELSE '비수도권'
END
```

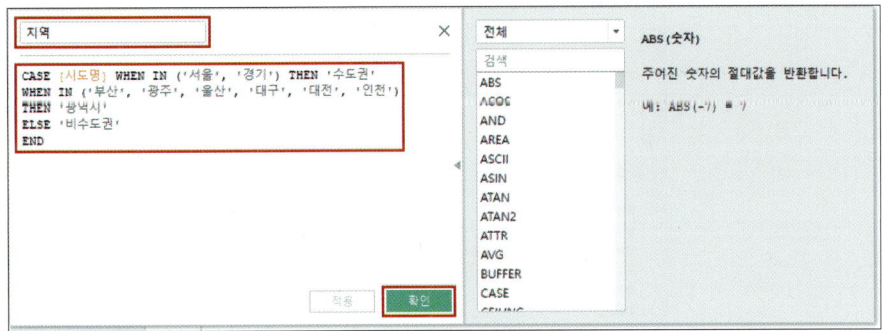

❸ 데이터 패널에서 [지역] 필드를 이용해서 지역 집합을 만듭니다. **[지역] 필드**를 **마우스 우클릭**합니다. 나타난 팝업 메뉴에서 **만들기** > **집합**을 클릭합니다.

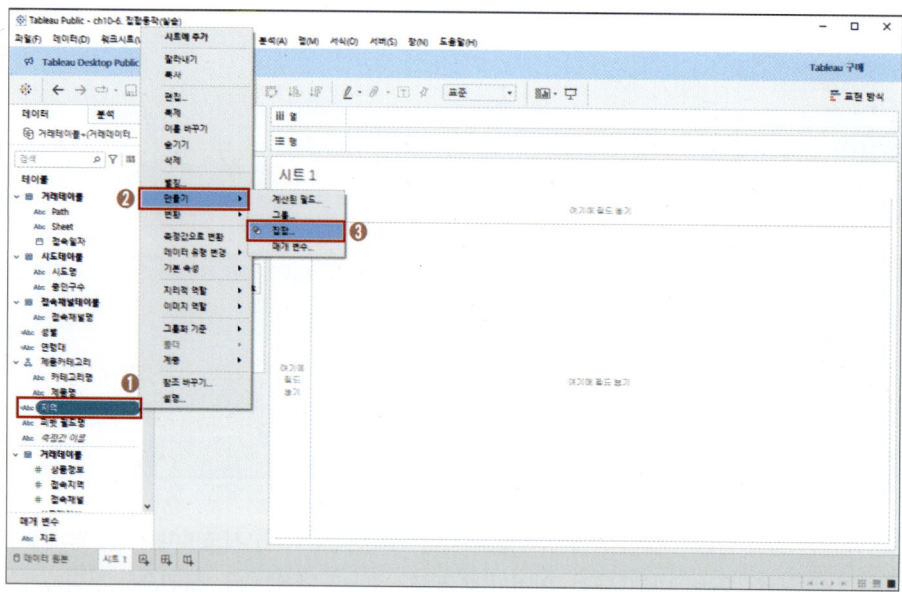

❹ 나타난 **집합 만들기 팝업 창**에서 **이름**을 **지역 집합**으로 유지합니다. 집합의 목록 중 **광역시**를 체크하고 **확인**을 클릭합니다.

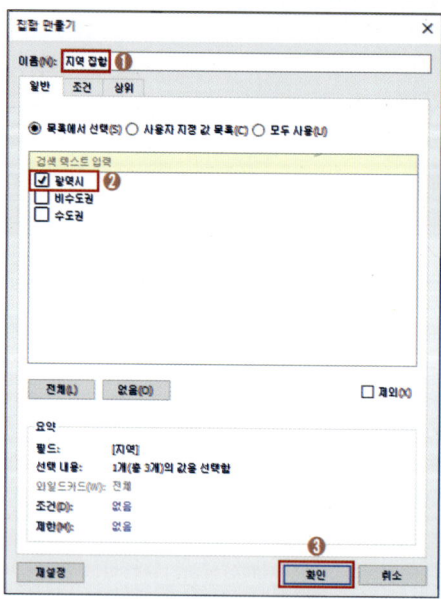

❺ 데이터 패널의 [지역] 필드를 행 패널로 드래그 앤 드롭하고 [피벗 필드 값] 필드를 열 패널로 드래그 앤 드롭합니다. 툴바 우측의 맞춤을 표준에서 전체 보기로 변경합니다. 하단 탭의 시트 이름은 더블클릭하여 지역별 실적으로 변경하고 Enter를 누릅니다.

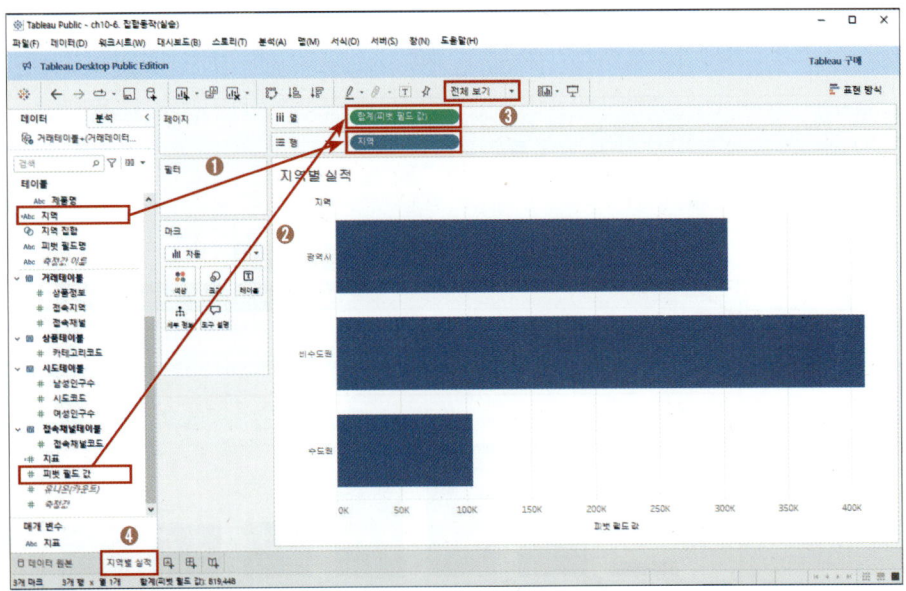

❻ 집합에 따라 연령대별 실적의 변화가 있도록 시트를 구성해보겠습니다. 하단 탭에서 🔳을 클릭하여 시트 2로 이동합니다. 데이터 패널의 [연령대] 필드를 클릭한 뒤 열 패널로 드래그 앤 드롭하고 [피벗 필드 값] 필드는 행 패널로 드래그 앤 드롭합니다. 집합에 따라 필터링될 수 있도록 [지역 집합] 필드를 필터 패널로 드래그 앤 드롭합니다. 툴바 우측의 맞춤은 표준에서 전체 보기로 변경합니다. 하단 탭의 시트 이름은 더블클릭하여 연령대별 실적으로 변경하고 Enter를 누릅니다.

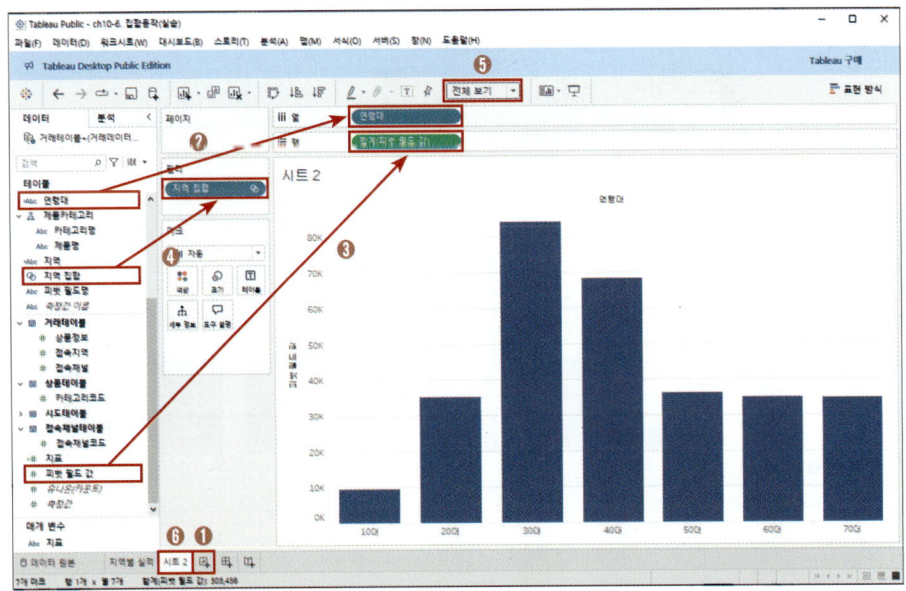

CHAPTER 10 | 대화식 화면 구성하기 **215**

❼ 하단 탭에서 ▦을 클릭하여 **대시보드 1**로 이동합니다. **크기**는 ▼을 클릭한 후 나타난 팝업 창에서 **범위** 옆 ▼을 클릭하여 **자동**으로 변경하고 빈 곳을 클릭하여 팝업 창을 닫습니다. **지역별 실적 시트**를 대시보드 캔버스에 **드래그 앤 드롭**하고 **연령대별 실적 시트**를 대시보드 캔버스에 **드래그**하여 **지역별 실적 시트 아래쪽**으로 회색 음영이 생길 때 **드롭**하여 배치합니다. 이때, 두 시트 사이에 마우스를 얹고 나타난 상하 화살표를 이용해 크기를 조절하여 지역별 실적 시트가 더 작게 조절합니다.

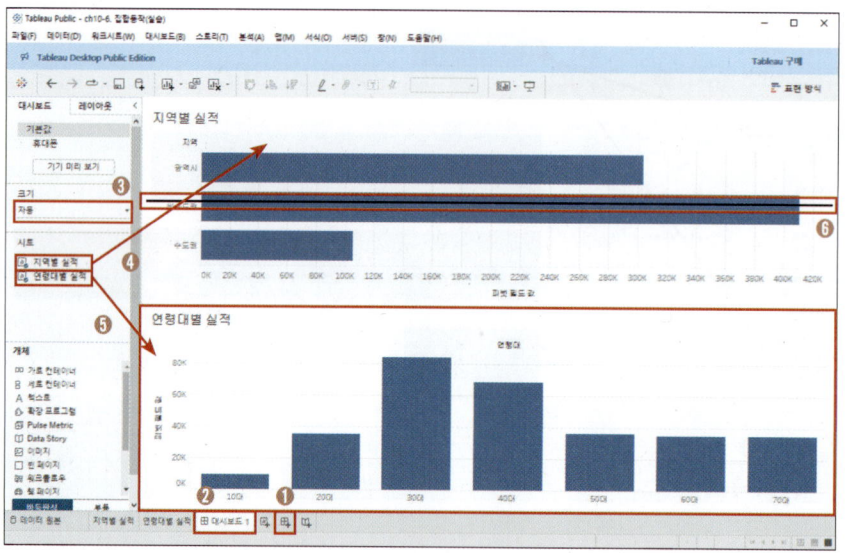

❽ 대시보드에 배치한 시트의 제목을 숨김 처리하기 위해 **지역별 실적 시트 제목을 마우스 우클릭**합니다. 나타난 팝업 메뉴에서 **제목 숨기기**를 클릭합니다. 같은 방식으로 **연령대별 실적 시트**도 제목을 마우스 우클릭하여 **제목 숨기기**를 클릭합니다.

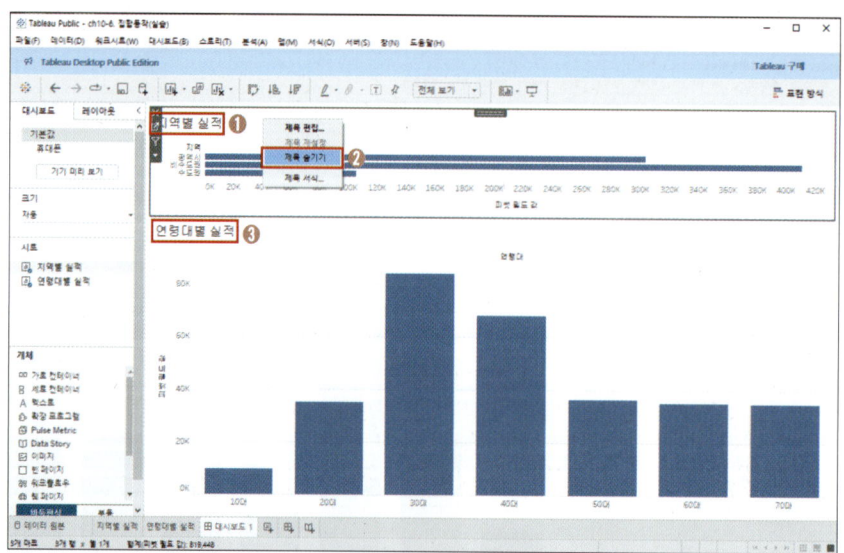

02 동작 만들기

❶ 집합 동작을 만들기 위해 상단 메뉴의 **대시보드(B)** > **동작(I)**을 클릭합니다.

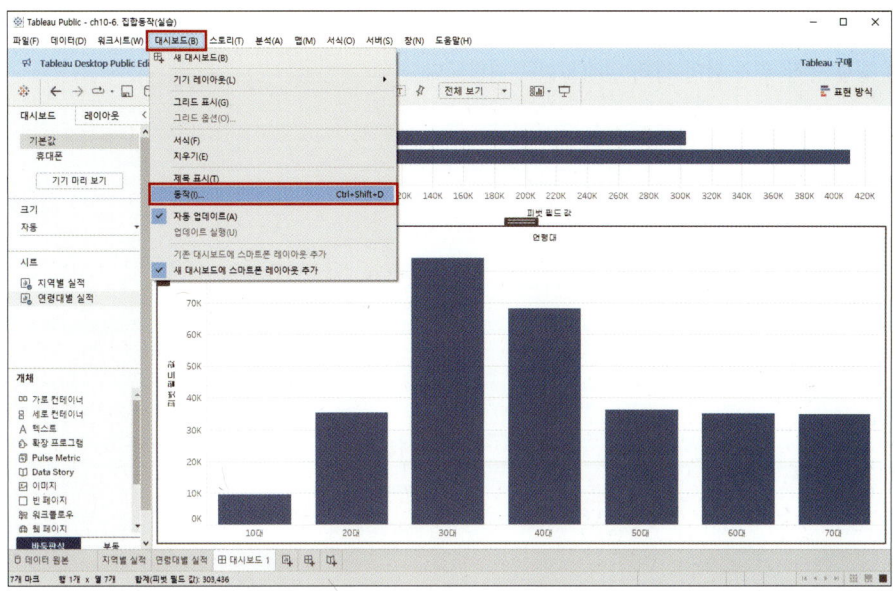

❷ 나타난 **동작 팝업 창**에서 **동작 추가** > **집합 값 변경**을 클릭합니다.

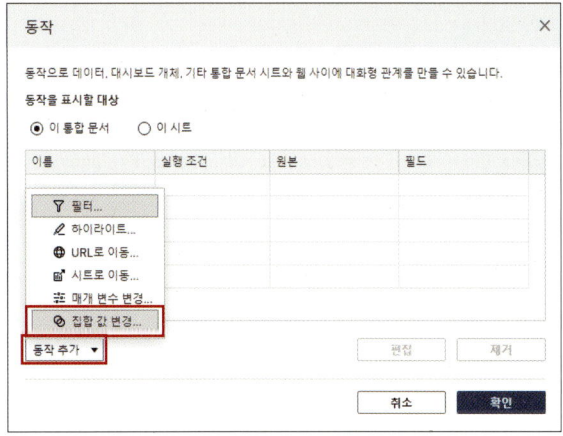

❸ 나타난 **집합 동작 추가 팝업 창**에서 **이름**을 **지역 집합**으로 변경합니다. **원본 시트**는 **연령대별 실적**을 **체크 해제**하여 **지역별 실적**만 체크한 후 **동작 실행 조건**은 **선택**을 유지합니다. 이때, **대상 집합**은 거래테이블+(거래데이터셋)의 **지역 집합**을 클릭합니다. **동작 실행 결과**는 **집합에 값 할당**을 유지해야 시트 클릭 시 집합에 값을 할당할 수 있고 **선택을 해제할 경우의 결과**는 **집합 값 유지**로 선택한 후 **확인**을 클릭하여 집합 동작 추가 팝업 창의 설정을 마무리합니다.

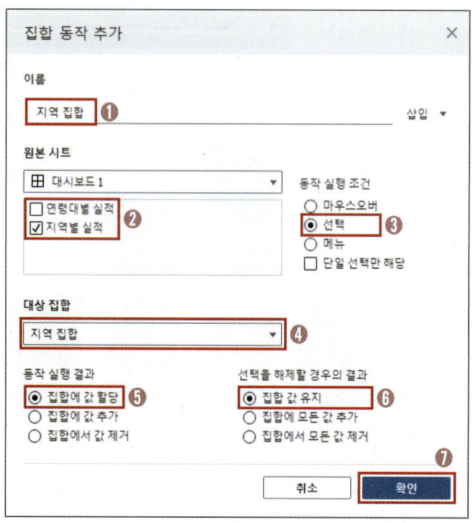

❹ 동작 팝업 창에 지역 집합 동작이 추가된 것을 확인할 수 있습니다. **확인**을 클릭하여 동작 팝업 창을 닫습니다.

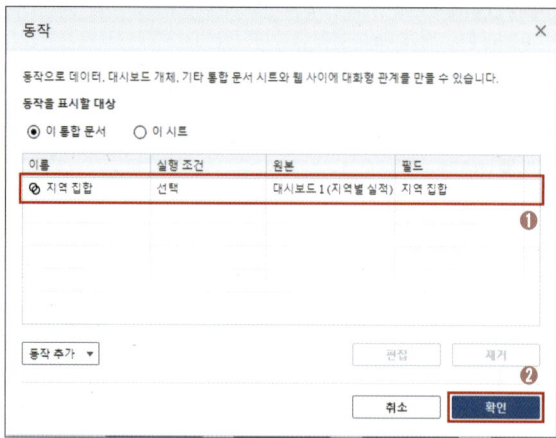

03 필터 동작 확인

❶ 완성된 대시보드에서 지역별 실적 시트에 수도권을 클릭하면 연령대별 실적 시트에 수도권에 거주하는 사람들의 연령대 실적이 나타나는지 확인해 보겠습니다.

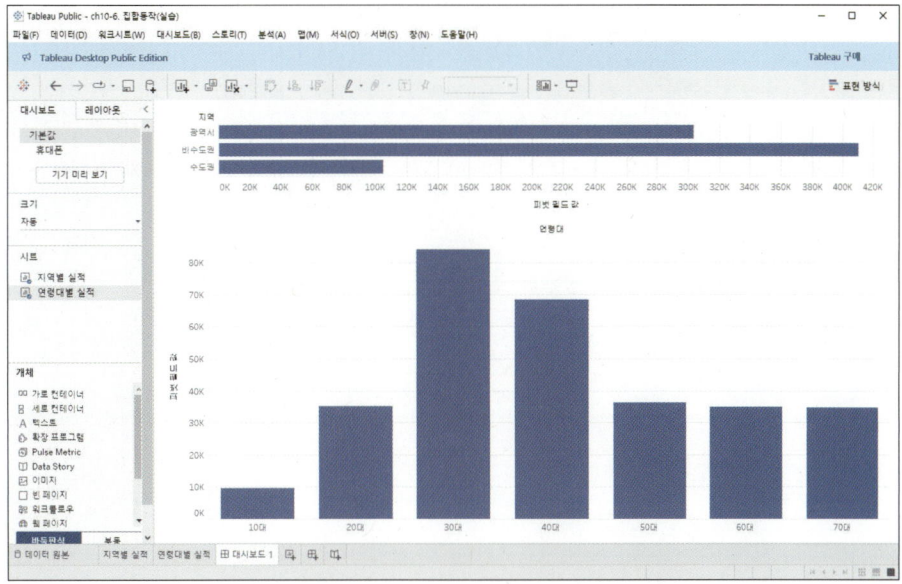

❷ 지역별 실적 시트의 수도권의 머리글이나 셀을 클릭하면 연령대별 실적이 수도권 정보로 변경되는 것을 확인할 수 있습니다. 실습이 모두 완료되었다면 태블로 프로그램을 저장하지 않고 종료합니다.

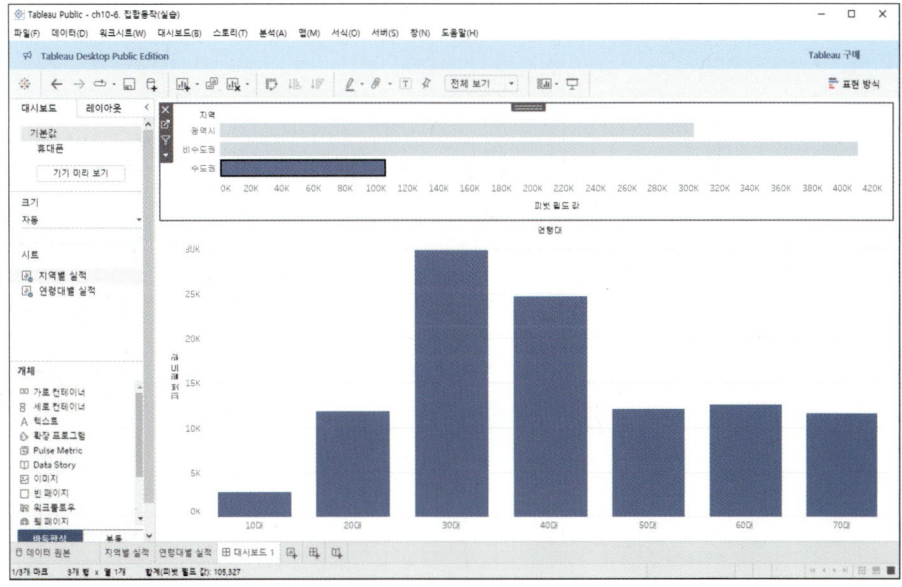

PART 2
공개문제 파헤치기

CHAPTER 01 경영정보시각화능력 실기시험 유의사항

CHAPTER 02 시행처 공개문제(A형) 풀이

CHAPTER 03 시행처 공개문제(B형) 풀이

합격의 공식 ▶ **시대에듀**

유선배 경영정보시각화능력 실기(Tableau) 합격노트
이 시대의 모든 합격! 무료 동영상 강의와 함께 합격하세요!
www.youtube.com ➡ '데이터이지(Dataeasy)' 검색 ➡ 구독

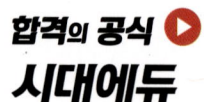

CHAPTER 01

경영정보시각화능력 실기시험 유의사항

국 가 기 술 자 격

경영정보시각화능력 실기시험

프로그램명	제한시간
태블로 데스크톱	70분

수험번호	
성 명	

단일	경영정보시각화 실무

※ 문제지를 받으면 다음 순서를 따라 주시기 바랍니다.

① 응시 프로그램 일치여부, 페이지 누락, 인쇄상태 불량 및 훼손 여부 확인 후 이상이 있을 경우 손을 들어 주십시오.
② 이상이 없을 경우 1페이지의 '유의사항'과 2페이지의 '문제 및 데이터 안내'를 확인하십시오.
③ 문제지 확인이 끝나면 문제지 우측 상단에 수험번호, 성명을 기재하여 주십시오.

대 한 상 공 회 의 소

── 〈유의사항〉 ──

- '유의사항', '문제 및 데이터 안내'에 따라 시험에 응시하여야 하며, 이를 소홀히 하여 발생한 불이익과 책임은 수험자 본인에게 있습니다.
- 시험이 시작되면 즉시 문제 데이터 파일 존재여부와 답안 파일의 문제3-4 대시보드에 차트, 표, 데이터가 보이는지 확인하시기 바랍니다.
  - 문제 데이터 파일 위치 : [문제1] C:\TB\문제1_데이터 폴더 / [문제2, 3] C:\TB\문제2,3_데이터 폴더
  - 문제 데이터 파일은 존재여부만 확인하며 엑셀 등으로 열어보면 실격 처리
  - 답안 파일 위치 : C:\TB\수험자번호.twbx
  - 화면에 띄워진 답안 파일의 문제3-4 대시보드 확인
- 시험 중 인터넷 통신 오류 팝업 메세지가 발생할 경우 엑스(☒)를 클릭하여 팝업 메시지 창을 닫고 진행하시기 바랍니다.
- 아래는 답안의 저장 및 시험종료 관련 안내입니다.
  - 메뉴 '파일'-'저장'으로 저장(툴바 저장 아이콘(💾) 또는 'Ctrl+S' 사용금지)
  - 엑셀 데이터 추출 확인 메시지 창이 나올 경우 반드시 '추출 만들기' 버튼 누름
  - 시험 진행 중 답안은 수시로 저장
  - 시험종료 전 반드시 메뉴 '파일'-'저장'으로 저장하고 프로그램을 종료해야 합니다. 이외 방법으로 시험종료하여 발생하는 문제[오류발생/저장불가]에 대한 책임은 수험자에게 있습니다.
- 별도의 지시사항이 없는 경우, 다음과 같이 처리할 때 [실격 처리]됩니다.
  - 제시된 파일, 페이지/대시보드, 데이터 원본의 이름, 차원/측정값 속성을 임의로 변경한 경우
  - 제시된 파일, 데이터 원본을 임의로 삭제, 추가, 변경한 경우
  - 시트/워크시트/대시보드를 임의로 삭제, 추가하거나 명칭을 변경한 경우
  - 제시된 답안 파일의 경로 또는 파일명을 변경한 경우
  - 문제 데이터를 시험 시작 전에 열어보는 경우
  - 실기시험 프로그램 이외의 프로그램(엑셀 등)으로 데이터를 열어보는 경우
- 반드시 답안작성은 문제에서 지시한 위치에 작업해야 하며 다음과 같이 처리 시 해당 작업 또는 그 작업에 영향을 미치는 문제, 개체, 시트 등은 [오답 처리]됩니다.
  - 제시된 함수가 있으면 제시된 함수만을 사용해야 하며 그 외 함수를 사용해 풀이한 경우
  - 지시하지 않은 차트, 컨테이너, 매개변수 등을 임의로 이동, 수정(변경), 삭제 등으로 인해 위치 및 내용이 변경된 경우
  - 임의로 기본 설정값(Default)을 변경한 경우
  - 숫자데이터를 임의로 문자화하여 처리한 경우
  - 개체가 해당 영역을 벗어난 경우
  - 작업한 개체가 너무 작아 정보 확인이 어려울 경우
  - 지시사항과 띄어쓰기, 대소문자 등이 다르게 작업한 경우(계산식 제외)

- 문제지에 제시된 [완성화면] 그림 관련입니다.
  - 문제 상단에 있는 [완성화면] 그림은 각 문제의 세부문제 전체를 풀이했을 때 도출되는 것으로 개별 세부문제를 풀이한 후의 [완성화면] 그림과 다를 수 있음
  - 문제풀이 순서 또는 시각적 개체 작성 순서, PC 환경 등의 이유로 수험자가 작성한 개체의 모니터 화면과 모양, 색상 등이 다를 수 있음
- 본 문제와 용어는 태블로 데스크톱 퍼블릭 에디션(Tableau Desktop Public Edition) 2024.3.0. 버전을 기준으로 작성되었습니다.

문제 및 데이터 안내

1. 수험자가 작성할 답안 파일은 1개입니다. 문제1, 문제2, 문제3의 답을 하나의 답안 파일(.twbx)로 저장하십시오.

2. 문제1, 문제2, 문제3은 각각 독립적으로 구성되어 앞 문제를 풀지 않아도 다음 문제 풀이가 가능합니다.

3. 문제1은 데이터 불러오기를 통해 문제를 풀이하고, 문제2와 문제3은 답안에 이미 데이터가 포함되어 있어 다시 데이터를 불러오지 말고 바로 문제 풀이를 하십시오.
   – 데이터 파일은 문제1을 위한 데이터 파일과 문제2, 3을 위한 데이터 파일로 구성되어 있습니다.

4. 문제2와 문제3 풀이를 위해 필요한 일부 측정값, 필터가 답안 파일에 미리 적용되어 있을 수 있습니다.
   – 지시사항에 제시되지 않은 것은 변경하지 마십시오.
   – 사전에 적용된 필터 등이 삭제되지 않도록 '시트 지우기' 기능을 절대 사용하지 마십시오.

5. 문제는 문제(문제1~3) – 세부문제(1~4) – 지시사항(①~③) – 세부지시사항(▶, –) 단위로 구성됩니다.

6. 지시사항(①~③)별로 점수가 부여되며, 지시사항의 전체 세부지시사항(▶, –)을 작업하지 않을 경우 점수가 부여되지 않습니다. ※ 부분 점수 없음

7. 본 시험에서 사용되는 데이터 파일 수와 데이터명은 아래와 같습니다.
   – [문제1] 데이터 파일 수 : 0개 / 데이터명 : '파일명.xlsx'

파일명	파일명.xlsx						
테이블	구조						
ㅇㅇㅇ							
×× ×							

   – [문제2, 3] 데이터 파일 수 : 0개 / 데이터명 : '파일명.xlsx'

파일명	파일명.xlsx					
테이블	구조					
ㅁㅁㅁ (필드 ㅇㅇ개)						
×× ×					

CHAPTER 02 시행처 공개문제(A형)

※ 본서는 이미지 화질 향상을 위하여 태블로 작업 화면을 축소하여 풀이를 진행하였으므로 작업 시 보이는 필드 및 차트의 크기 등에 차이가 있을 수 있습니다. 제공되는 정답 파일과 비교하여 작업하는 것을 권장합니다.

국 가 기 술 자 격 검 정

경영정보시각화능력 실기 모의문제

프로그램명	제한시간
태블로 데스크톱	70분

수험번호	
성 명	

단일	A형

※ 시험지를 받으시면
1~2페이지의 '유의사항'과
'문제 및 데이터 안내'를
확인하시기 바랍니다.

대 한 상 공 회 의 소

- '유의사항', '문제 및 데이터 안내'에 따라 시험에 응시하여야 하며, 이를 소홀히 하여 발생한 불이익과 책임은 수험자 본인에게 있습니다.
- 시험이 시작되면 즉시 문제 데이터 파일 존재여부와 답안 파일의 문제3-4 대시보드에 차트, 표, 데이터가 보이는지 확인하시기 바랍니다.
  - 문제 데이터 파일 위치 : [문제1] C:\TB\문제1_데이터 폴더 / [문제2, 3] C:\TB\문제2,3_데이터 폴더
  - 문제 데이터 파일은 존재여부만 확인하며 엑셀 등으로 열면 실격 처리
  - 답안 파일 위치 : C:\TB\수험자번호.twbx
  - 화면에 띄워진 답안 파일의 문제3-4 대시보드 확인
- 시험 중 인터넷 통신 오류 팝업 메세지가 발생할 경우 엑스(X)표 클릭하여 팝업 메시지 창을 제거 후 진행하시기 바랍니다.
- 아래는 답안의 저장 관련 안내입니다.
  - 메뉴 '파일'-'저장'으로 저장(툴바 저장 아이콘 또는 'Ctrl+S' 사용금지)[오류발생/저장불가]
  - 엑셀 데이터 추출 확인 메시지 창이 나올 경우 반드시 '추출 만들기' 버튼 누름
  - 시험 진행 중 답안은 수시로 중간 저장
- 별도의 지시사항이 없는 경우, 다음과 같이 처리할 때 [실격 처리]됩니다.
  - 제시된 파일, 페이지/대시보드, 데이터 원본의 이름, 차원/측정값 속성을 임의로 변경한 경우
  - 제시된 파일, 데이터 원본을 임의로 삭제, 추가, 변경한 경우
  - 시트/워크시트/대시보드를 임의로 삭제, 추가하거나 명칭을 변경한 경우
  - 제시된 답안 파일의 경로 또는 파일명을 변경한 경우
  - 문제 데이터를 시험 시작 전에 열어보는 경우
  - 실기시험 프로그램 이외의 프로그램(엑셀 등)으로 데이터를 열어보는 경우
- 반드시 답안작성은 문제에서 지시한 위치에 작업하여야 하며 다음과 같이 처리 시 해당 작업 또는 그 작업에 영향을 미치는 문제, 개체, 시트 등은 [오답 처리]됩니다.
  - 제시된 함수가 있으면 제시된 함수만을 사용해야 하며 그 외 함수를 사용해 풀이한 경우
  - 지시하지 않은 차트, 컨테이너, 매개 변수 등을 임의로 이동, 수정(변경), 삭제 등으로 인해 위치 및 내용이 변경된 경우
  - 임의로 기본 설정값(Default)을 변경한 경우
  - 숫자데이터를 임의로 문자화하여 처리한 경우
  - 개체가 해당 영역을 벗어난 경우
  - 개체가 너무 작아 해당정보 확인이 눈으로 어려운 경우
  - 지시사항과 띄어쓰기, 대소문자 등이 다른 경우(계산식 제외)
- 시험지에 제시된 [완성 화면 그림]은 문제풀이 순서 또는 시각적 개체 작성 순서, PC 환경 등의 이유로 수험자가 작성한 개체의 모니터 화면과 모양, 색상 등이 다를 수 있습니다.
- 본 문제와 용어는 태블로 데스크톱 퍼블릭 에디션(Tableau Desktop Public Edition) 2024.3.0. 버전을 기준으로 작성되었습니다.

문제 및 데이터 안내

1. 수험자가 작성할 답안 파일은 1개입니다. 문제1, 문제2, 문제3의 답을 하나의 답안 파일(.pbix)로 저장하십시오.

2. 문제1, 문제2, 문제3은 각각 독립적으로 구성되어 앞 문제를 풀지 않아도 다음 문제 풀이가 가능합니다.

3. 문제1은 데이터 불러오기를 통해 문제를 풀이하고, 문제2와 문제3은 답안에 이미 데이터가 포함되어 있어 다시 데이터를 불러오지 말고 바로 문제 풀이를 하십시오.
   – 데이터 파일은 문제1을 위한 데이터 파일과 문제2, 3을 위한 데이터 파일로 구성되어 있습니다.

4. 문제2와 문제3 풀이를 위해 필요한 일부 측정값, 필터가 답안 파일에 미리 적용되어 있을 수 있습니다.
   – 지시사항에 제시되지 않은 것은 변경하지 마십시오.
   – 사전에 적용된 필터 등이 삭제되지 않도록 '시트 지우기' 기능을 **절대** 사용하지 마십시오.

5. 문제는 문제(문제1~3) – 세부문제(1~4) – 지시사항(①~③) – 세부지시사항(▶, –) 단위로 구성됩니다.

6. 지시사항(①, ②, ③)별로 점수가 부여되며, 지시사항의 전체 세부지시사항(▶, –)을 작업하지 않을 경우 점수가 부여되지 않습니다. ※ **부분 점수 없음**

7. 본 시험에서 사용되는 데이터 파일 수와 데이터명은 아래와 같습니다.
   – [문제1] 데이터 파일 수 : 2개 / 데이터명 : '2023년_월별서울인구정보.xlsx', '행정동코드_매핑정보.xlsx'

파일명	2023년_월별서울인구정보.xlsx								
테이블	구조								
1월	※ 4개 테이블의 구조 동일								
2월	기준일	행정동 코드	남자 20세 미만	남자 20세부터 39세	남자 40세부터 59세	남자 60세 이상	여자 20세 미만	여자 20세부터 39세	여자 40세부터 59세	여자 60세 이상
3월										
4월	2023년 01월	11230750	1246	1911	2569	1559	1243	2192	2431	2223

파일명	행정동코드_매핑정보.xlsx				
테이블	구조				
행정동 코드	통계청행정동코드	행자부행정동코드	시도명	시군구	행정동명
	1101053	11110530	서울	종로구	사직동

– [문제2, 3] 데이터 파일 수 : 1개 / 데이터명 : '호텔예약현황.xlsx'

파일명	호텔예약현황.xlsx						
테이블	구조						
Hospitality (필드14개)	예약ID	예약일자	체크인일자	숙박일수	성인	어린이	객실유형
	000025-X2-1117-GE	2022-03-13	2022-03-13	9	2	2	Double
	특별요청	예약채널	예약현황	할인여부	지점	주말구분	객실요금
	No	홈페이지	체크인완료	Yes	부산	주말	882,900

문제1 작업준비(20점)

| 필드 완성화면 |

각 세부문제 풀이 후 필드가 아래와 같이 구성되도록 하시오.

유형	필드명	물리적 테이블	원격 필드명
📅	기준일자	계산	Calculation_2...
Abc	행정동코드	서울인구정보	행정동코드
=Abc	나이대	계산	Calculation_2...
=Abc	성별	계산	Calculation_2...
#	인구수	피벗	피벗 필드 값
#	통계청행정동코드	행정동코드	통계청행정동...
Abc	행자부행정동코드	행정동코드	행자부행정동...
Abc	시도명	행정동코드	시도명
Abc	시군구명	행정동코드	시군구명
Abc	행정동명	행정동코드	행정동명

1. 답안 파일을 열고 다음의 지시사항에 따라 작업을 수행하시오. (10점)

① 연결 패널을 이용하여 데이터 파일을 열고 데이터 원본 편집 창에서 데이터를 편집하시오. (3점)
  ▶ 데이터 원본 추가 : '2023년_월별서울인구정보.xlsx'
  ▶ '2023년_월별서울인구정보.xlsx'의 〈1월〉, 〈2월〉, 〈3월〉 테이블을 유니온(UNION)으로 결합
  ▶ 결합한 유니온(UNION)의 물리적 테이블 이름 변경 : 〈서울인구정보〉

② 데이터 원본 편집 창에서 〈서울인구정보〉 테이블을 편집하고 데이터 파일을 추가하시오. (3점)
  ▶ 〈서울인구정보〉의 [행정동코드] 필드 데이터 유형 변경 : 숫자(정수) → 문자열
  ▶ 데이터 추가 : '행정동코드_매핑정보.xlsx'의 〈행정동코드〉 테이블
  ▶ 〈서울인구정보〉 테이블의 [행정동코드] 필드와 〈행정동코드〉 테이블의 [행자부행정동코드] 필드를 내부 조인(INNER JOIN)

③ [남자20세미만]부터 [여자60세이상]까지의 8개 필드를 피벗(Pivot)하시오. (4점)

2. 세부문제1에서 모델링한 데이터를 아래 지시사항에 따라 편집하시오. (10점)

① 〈서울인구정보〉에 [기준일자] 필드를 생성하시오. (3점)
  ▶ 필드 이름 : 기준일자
   − 〈서울인구정보〉의 [기준일ID] 필드 활용
   − 사용 함수 : DATE, DATEPARSE
   − 데이터 유형 : 날짜

② 〈서울인구정보〉에 [성별] 필드를 생성하시오. (3점)
  ▶ 필드 이름 : 성별
   − [피벗 필드명]에 '남자'가 포함되면 '남자'로 표현, '여자'가 표현되면 '여자'로 표현, 그 외에는 '미정'으로 표현
   − 사용 함수 : CONTAINS, IF

피벗 필드명		나이대
남자20세미만		20세미만
남자20세부터39세	→	20세~39세
...		...
여자40세부터59세		40세~59세
여자60세이상		60세이상

③ 〈서울인구정보〉에 [나이대] 필드를 생성하시오. (4점)
  ▶ 필드 이름 : 나이대
   − [피벗 필드명]을 활용하여 우측 표와 같이 데이터 변경
   − 사용 함수 : MID, REPLACE 사용

문제2 단순요소 구현(30점)

| 시각화 완성화면 |

각 세부문제 풀이 후 아래와 같은 결과가 도출되어야 합니다.

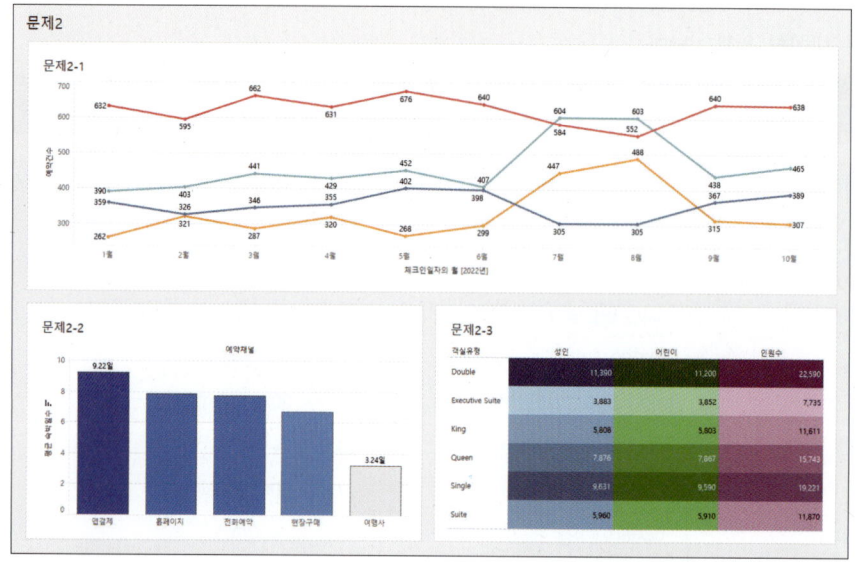

1. 데이터 원본을 '호텔예약현황'으로 변경 후 '문제2-1' 시트에 라인 차트를 구현하시오. (10점)

    ① '문제2-1' 시트에 [예약건수] 필드를 생성하시오. (4점)
    - ▶ 필드 이름 : 예약건수
        - [예약ID] 필드를 이용하여 생성
        - 사용 함수 : AVG, COUNT, SUM 중 하나의 함수만 사용

    ② 가로축과 세로축이 아래와 같은 라인 차트를 구현하시오. (3점)
    - ▶ 마크 종류 : 라인 차트
    - ▶ 가로축 : [체크인일자] 필드의 월, 연속형으로 적용
    - ▶ 세로축 : [예약건수] 필드

    ③ 라인 차트의 레이블과 색상을 설정하시오. (3점)
    - ▶ 레이블 : [예약건수] 필드 표시
    - ▶ 색상 : [지점] 필드 적용
        - 경주 : #6388B4, 부산 : #FFAE34, 서울 : #EF6F6A, 제주 : #8CC2CA

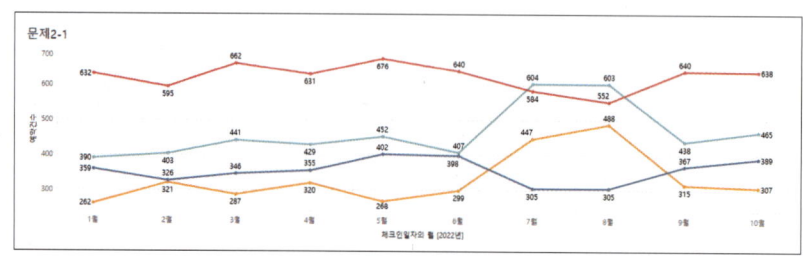

〈참고〉 범례의 색상

2. '문제2-2' 시트에 막대 차트를 구현하시오. (10점)
    ① 가로축과 세로축이 아래와 같은 세로 막대 차트를 구성하시오. (3점)
        ▶ 가로축 : [예약채널] 필드
        ▶ 세로축 : 계산식을 사용하지 않고 도출한 [숙박일수] 필드의 평균
            - 정렬 : [숙박일수] 필드의 평균 기준, 내림차순 정렬
    ② 레이블을 설정하시오. (4점)
        ▶ 레이블 : [숙박일수] 필드 평균의 최솟값(3.24)과 최댓값(9.22)만 표시
        ▶ 서식 : '숫자(사용자지정)' 옵션 사용, '소수점 아래 2자리'까지 표현, 접미사에 '일' 추가
    ③ 차트의 색상을 설정하시오. (3점)
        ▶ 색상 : 단일 색상 #0A6FCB, 테두리 #666666
        ▶ [숙박일수] 필드의 평균 기준, 막대 색상이 5단계 단계별 색상으로 표현되도록 설정

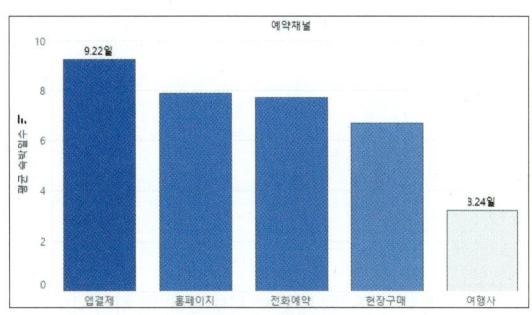

〈참고〉 막대 차트 색상

3. '문제2-3' 시트에 하이라이트 테이블을 구현하시오. (10점)
    ① 차트 구현을 위한 [인원수] 필드를 생성하시오. (3점)
        ▶ 필드 이름 : 인원수
            - [성인] 필드와 [어린이] 필드 합산
    ② 하이라이트 테이블을 구현하시오. (4점)
        ▶ 가로축 : [성인] 필드, [어린이] 필드, [인원수] 필드의 계
        ▶ 세로축 : [객실유형] 필드
    ③ 색상 편집의 색상표를 이용하여 측정값의 색상을 설정하시오. (3점)
        ▶ [성인]은 '파란색', [어린이]는 '녹색', [인원수]는 '자주색'
            - 색상 편집의 색상표에 제시된 색상을 그대로 적용

〈참고〉 측정값 색상

문제3 복합요소 구현(50점)

| 시각화 완성화면 |

각 세부문제 풀이 후 아래와 같은 결과가 도출되어야 합니다.

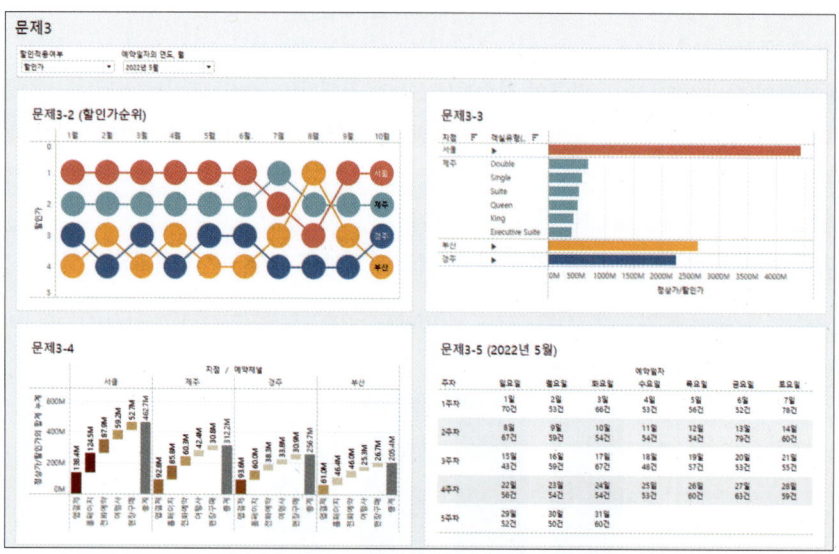

1. 매개 변수와 필드를 생성하고, 매개 변수를 '문제3' 대시보드에 배치하시오. (10점)

   ① 다음의 조건에 맞는 [할인적용여부] 매개 변수와 [할인율] 필드를 생성하시오. (4점)
   - ▶ 매개 변수 이름 : 할인적용여부
     - 참일 경우 '할인가'를 반환하고, 거짓일 경우 '정상가'를 반환하는 부울(Boolean)형 매개 변수
   - ▶ 필드 이름 : 할인율
     - [숙박일수] 필드와 [할인여부] 필드를 기준으로 할인율 적용
     - [할인율] = [숙박일수] 기준의 할인율 + [할인여부] 기준의 할인율
     - 사용 함수 : IF문, 계산식 내에 계산된 필드를 포함해서는 안 됨

[숙박일수] 기준	할인율
50일 이상	20%
30일 이상	15%
10일 이상	10%
5일 이상	5%
그 외	0%

[할인여부] 기준	할인율
Yes	5%
그 외	0%

② [할인금액] 필드와 [할인가] 필드를 생성하시오. (3점)
- ▶ 필드 이름 : 할인금액
  - [객실요금] 필드와 [할인율] 필드의 곱
- ▶ 필드 이름 : 할인가
  - [객실요금] 필드에서 [할인금액] 필드 차감(-)

③ 매개 변수를 적용하는 [정상가/할인가] 필드를 생성하시오. (3점)
- ▶ 필드 이름 : 정상가/할인가
  - [할인적용여부] 매개 변수가 참일 경우 [할인가] 필드 반환, [할인적용여부] 매개 변수가 거짓일 경우 [객실요금] 필드 반환
  - 사용 함수 : CASE문
- ▶ [할인적용여부] 매개 변수를 '문제3' 대시보드 상단에 배치

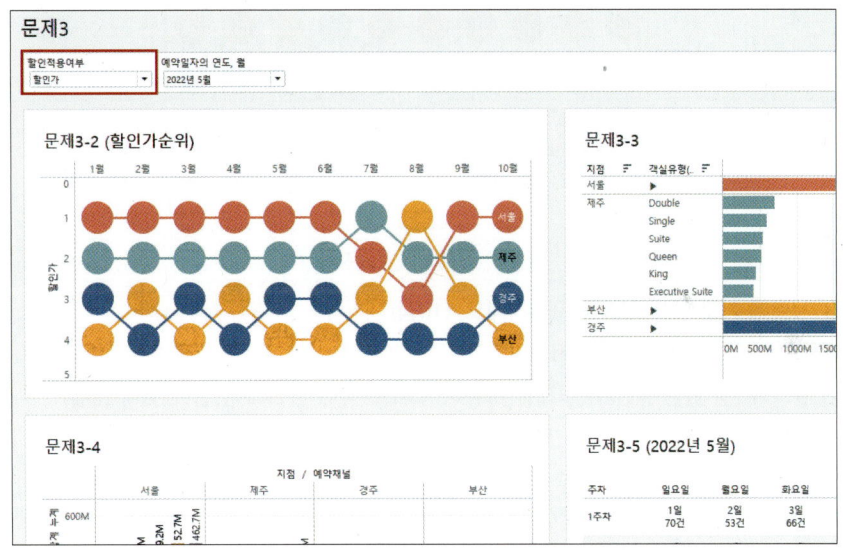

〈참조〉 매개 변수 배치

2. '문제3-2' 시트에 혹 차트(Bump Chart)를 구현하시오. (10점)

① '문제3-2' 시트에 혹 차트(Bump Chart)를 구현하시오. (4점)
- ▶ 가로축 : [체크인일자] 필드의 월, 불연속형으로 적용
- ▶ 세로축 : [정상가/할인가] 필드의 순위
  - '문제3-1'에서 [정상가/할인가] 필드를 만들지 못하였을 경우, [객실요금] 필드의 순위 적용
  - 퀵 테이블 계산을 활용하여 [지점]별 [정상가/할인가] 필드 순위 반영
  - 정렬 : 합계가 가장 큰 순위(1순위) [지점]이 상단에 위치
- ▶ 세로축 설정
  - 숫자는 왼쪽 세로축만 표시
  - 왼쪽 세로축 제목 : [할인적용여부] 매개 변수
    ('정상가' 선택 시 '정상가', '할인가' 선택 시 '할인가' 반영)
- ▶ 표시 설정 : 라인과 원으로 구성

② 레이블 및 색상을 설정하시오. (3점)
- ▶ 레이블
  - [지점] 필드를 원의 중앙(가로 '가운데', 세로 '가운데')에 표시
  - 차트의 가장 최근만 표시
- ▶ 색상 : [지점] 필드를 기준으로 색상 구분

③ '문제3-2' 시트 제목 뒤에 [할인적용여부] 매개 변수를 추가하시오. (3점)
- ▶ 시트 제목 : 문제3-2 (정상가순위)
  - [할인적용여부] 매개 변수에서 '정상가' 선택 시 '문제3-2 (정상가순위)', '할인가' 선택 시 '문제 3-2 (할인가순위)' 적용

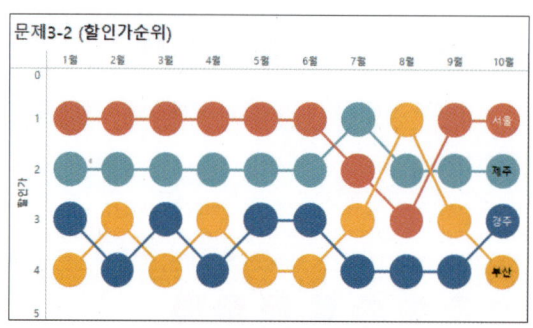

〈참고〉 '문제3-2' 시트 제목

3. '문제3-3' 시트에 가로 막대 차트를 구현하시오. (10점)

※ '문제3-1'에서 [정상가/할인가] 필드를 만들지 못하였을 경우, [정상가/할인가] 필드 대신 [객실요금] 필드 적용

① [지점] 필드와 [정상가/할인가] 필드를 사용하여 가로 막대 차트를 구현하시오. (3점)
- ▶ 세로축 : [지점] 필드
- ▶ 가로축 : [정상가/할인가] 필드
- ▶ 색상 : [지점] 필드를 기준으로 색상 구분

② [지점 집합] 집합 필드를 생성하고, 이에 대한 조건을 설정하는 [객실유형(선택)] 필드를 추가하시오. (3점)
- ▶ 필드 이름 : 지점 집합
  - [지점] 필드를 기준으로 생성
- ▶ 필드 이름 : 객실유형(선택)
  - 값이 [지점 집합] 집합 필드면 [객실유형] 필드를 반환하고, 아닐 경우 "▶"를 반환하는 필드
  - 사용 함수 : IF문
- ▶ [객실유형(선택)] 필드를 [지점] 필드의 오른쪽에 추가
- ▶ [지점] 필드와 [객실유형(선택)] 필드를 [정상가/할인가] 필드의 합계 내림차순으로 정렬

③ [지점 집합] 집합에 값을 할당하는 워크시트 동작을 생성하시오. (4점)
  ▶ 동작 이름 : 유형별 상세보기
    – 동작 실행 조건 : 선택
    – 동작 실행 결과 : [지점 집합] 집합 필드에 값 할당
    – 선택 해제할 경우의 결과 : 집합에서 모든 값 제거
    ※ 〈문제3-3〉 시트에서만 동작해야 인정

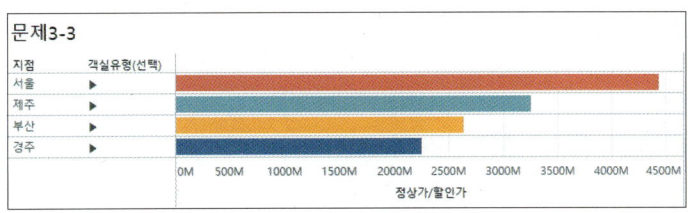

〈참고〉 [지점] 선택 전

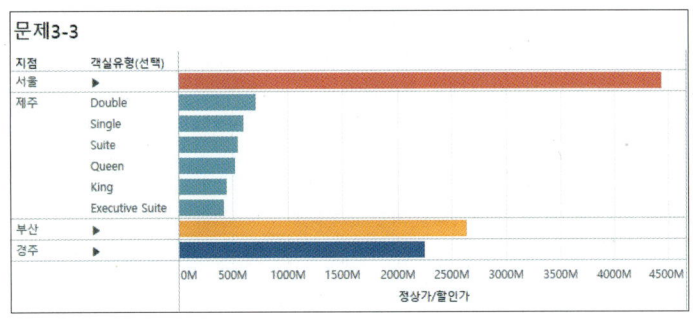

〈참고〉 [지점] "제주" 선택 시

4. '문제3-4' 시트에 워터폴 차트를 구현하시오. (10점)
※ '문제3-1'에서 [정상가/할인가] 필드를 만들지 못하였을 경우, [정상가/할인가] 필드 대신 [객실요금] 필드 적용
  ① [지점]별로 [예약채널]별 [정상가/할인가]의 누계를 보여주는 워터폴 차트를 구현하시오. (4점)
    ▶ 가로축 : [지점] 필드, [예약채널] 필드
    ▶ 세로축 : [지점]별 [정상가/할인가] 필드의 합계
      – 퀵 테이블 계산 사용
    ▶ 정렬 : [지점] 필드와 [예약채널] 필드를 각각 [정상가/할인가] 필드의 합계 내림차순으로 정렬
    ▶ 크기 : [정상가/할인가(워터폴)] 필드를 생성하여 반영
      – [정상가/할인가(워터폴)] 필드는 [정상가/할인가]의 누계 표현 시 추가된 수치를 표현하는 필드
  ② 워터폴 차트의 색상을 설정하시오. (3점)
    ▶ 색상 : [정상가/할인가] 필드의 합계에 따라 색상표의 "갈색"으로 5단계로 구분
  ③ 워터폴 차트의 레이블을 설정하시오. (3점)
    ▶ 레이블 : [정상가/할인가] 필드의 합계
      – 서식 : 숫자 서식 '소수점 1자리', 디스플레이 장치 '백만(M)'으로 설정

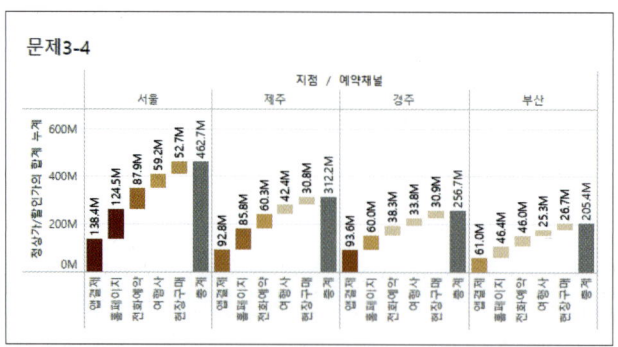

〈참고〉 레이블 단위

5. '문제3-5' 시트에 캘린더 차트를 구현하시오. (10점)
   ① [주차] 필드를 생성하여 "2022년 5월"의 데이터를 표시하는 캘린더 차트를 구현하시오. (4점)
      ▶ 마크 종류 : 텍스트
      ▶ 필드 이름 : 주차
         - [예약일자] 필드를 기준으로 각 월의 주차(각 월의 몇 번째 주인지) 계산
         - 사용 함수 : DATETRUNC, STR, WEEK
      ▶ 필터 : [예약일자] 필드의 '2022년 5월'
         - 필터를 하나만 사용
         - 워크시트에 필터의 전체 값이 안 보이도록 설정
         - 서식 : 단일 값(드롭다운) 설정
      ▶ 가로축 : [예약일자] 필드의 "요일"
      ▶ 세로축 : [주차] 필드
   ② 캘린더 차트의 레이블을 설정하시오. (3점)
      ▶ 레이블 : [예약일자] 필드의 "일", [예약건수] 필드
         - 정렬 : 가운데 정렬

문제3-5 (2022년 5월)				예약일자			
주차	일요일	월요일	화요일	수요일	목요일	금요일	토요일
1주차	1일 70건	2일 53건	3일 66건	4일 53건	5일 56건	6일 52건	7일 78건
2주차	8일 67건	9일 59건	10일 54건	11일 54건	12일 54건	13일 79건	14일 60건
3주차	15일 43건	16일 59건	17일 67건	18일 48건	19일 57건	20일 53건	21일 55건
4주차	22일 56건	23일 54건	24일 54건	25일 53건	26일 60건	27일 63건	28일 59건
5주차	29일 52건	30일 50건	31일 60건				

〈참고〉 '문제3-5' 레이블

③ '문제3-5' 시트 제목 뒤에 [예약일자] 필드를 추가하고, 필터를 설정하시오. (3점)
  ▶ 시트 제목 : 문제3-5 (2022년 5월)
    – '년월(예약일자)' 필터 변경 시 시트 제목이 함께 변경되도록 설정
  ▶ '년월(예약일자)' 필터 배치 및 설정
    – '문제3' 대시보드 상단에 배치
    – '문제3-4' 시트에도 함께 적용되도록 설정

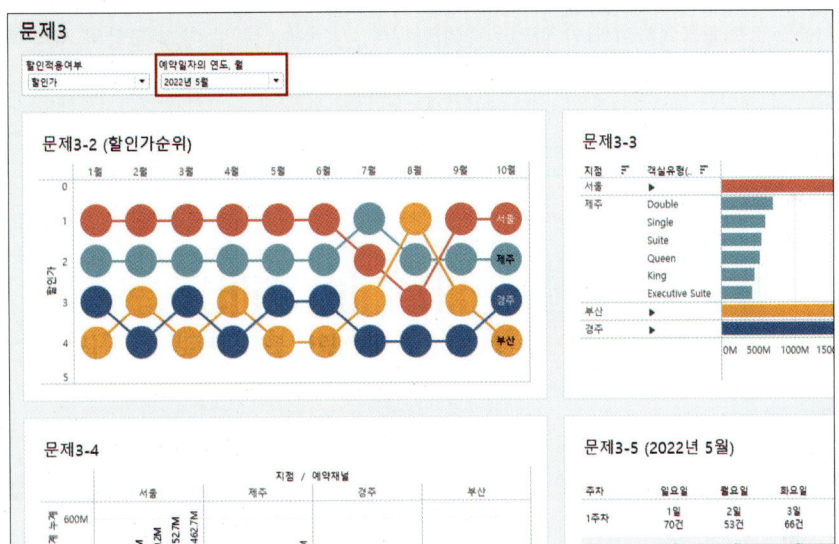

〈참고〉 필터 배치

풀이 1 작업준비   20점

1 답안 파일을 열고 다음의 지시사항에 따라 작업을 수행하시오.

① 연결 패널을 이용하여 데이터 파일을 열고 데이터 원본 편집 창에서 데이터를 편집하시오.

01 **바탕 화면** > **유선배 경영정보시각화능력 실기(Tableau) 실습 자료** > **Part2_공개문제_A형** > **A형_답안.twbx**를 **더블클릭**하여 답안 파일을 실행합니다. 상단에 태블로 마크 모양의 **시작 페이지 표시** ()를 클릭하여 연결 패널로 이동합니다.

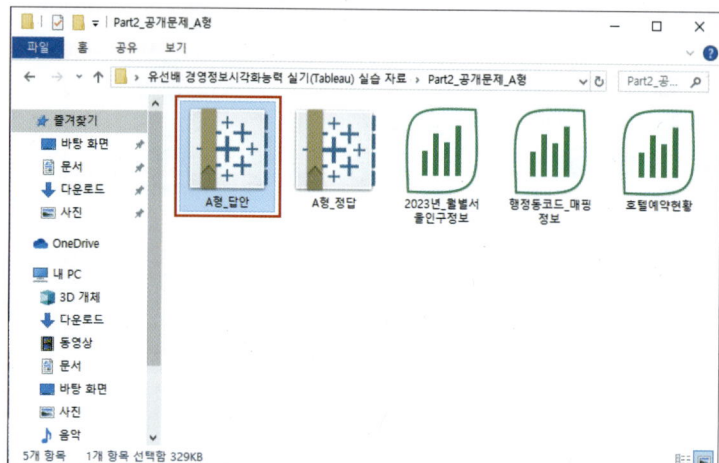

02 **연결**에서 **파일에 연결** > **Microsoft Excel**을 클릭한 후 파일 경로 위치는 **바탕 화면** > **유선배 경영정보시각화능력 실기(Tableau) 실습 자료** > **Part2_공개문제_A형** > **2023년_월별서울인구정보.xlsx**를 선택한 후 **열기**를 클릭합니다.

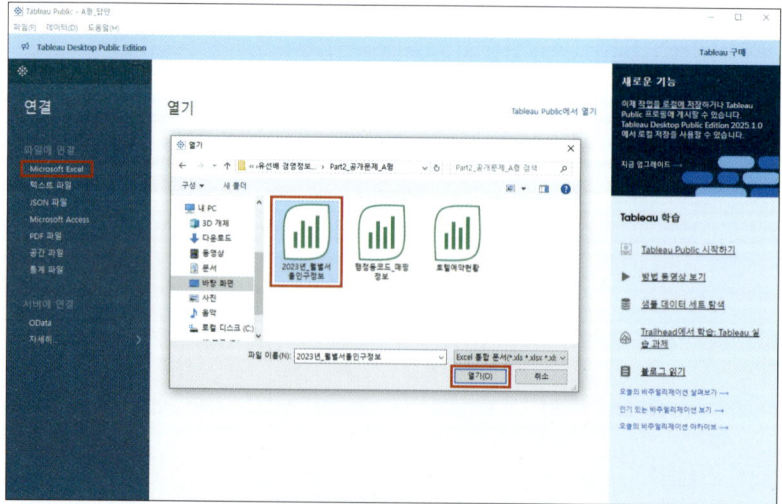

03 1월, 2월, 3월 데이터를 유니온하기 위해 **새 유니온**을 클릭하여 **캔버스로 드래그 앤 드롭**합니다.

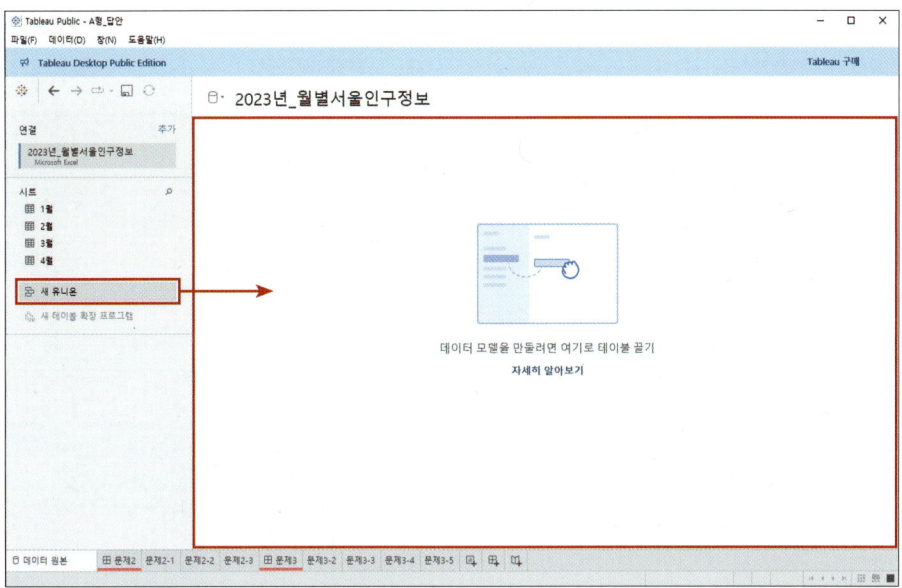

04 나타나는 팝업 창에서 왼쪽 패널의 **시트**에서 **Shift**를 누른 상태로 **1월**을 클릭하고 **3월**을 클릭하여 1월, 2월, 3월을 선택합니다.

05 선택된 1월, 2월, 3월을 **유니온 팝업 창**으로 **드래그 앤 드롭**하고 **확인**을 클릭합니다.

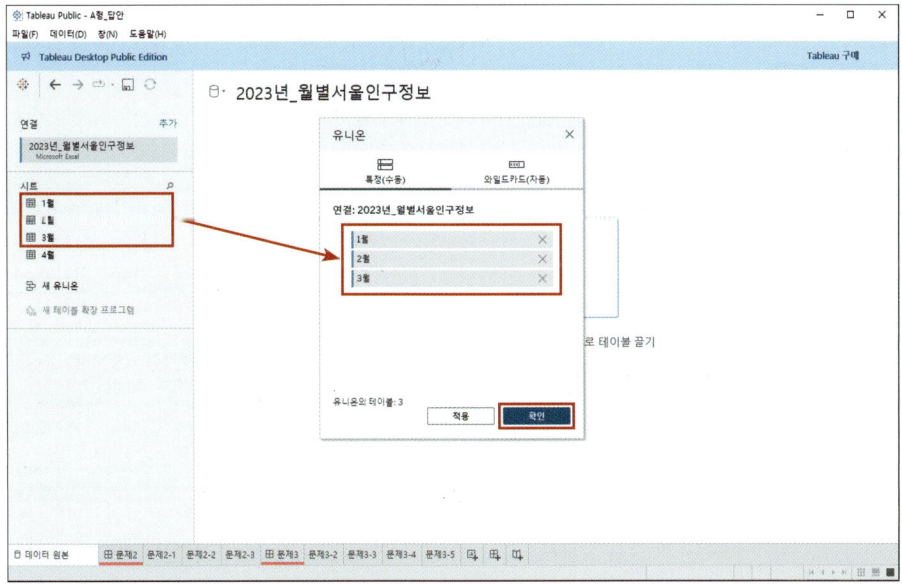

06 캔버스에 표시된 **논리적 테이블**을 **더블클릭**하여 물리적 테이블을 확인합니다.

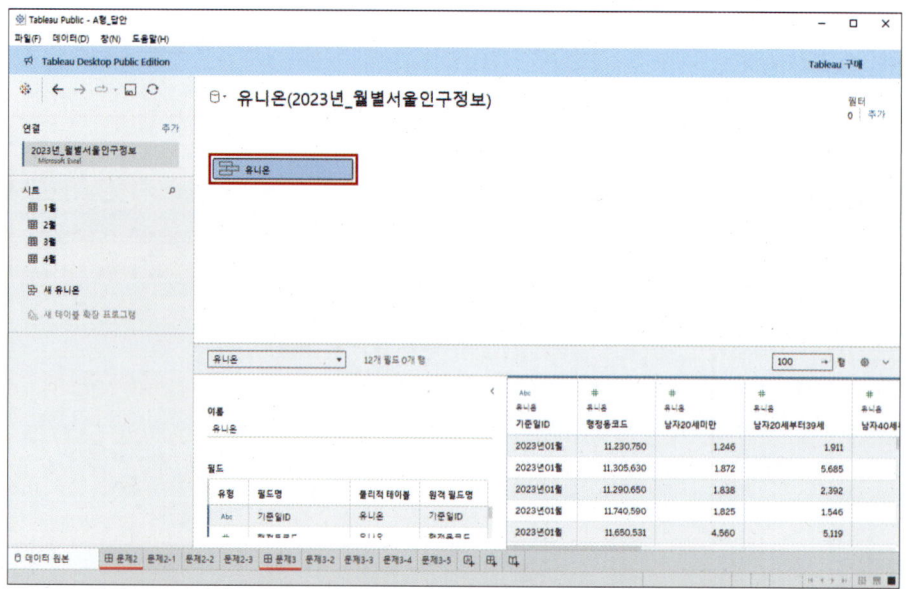

07 물리적 테이블 이름을 변경하기 위해서 물리적 테이블 정보에 표시된 **유니온**을 **더블클릭**하여 **이름**을 **서울인구정보**로 변경하고 **Enter**를 누릅니다.

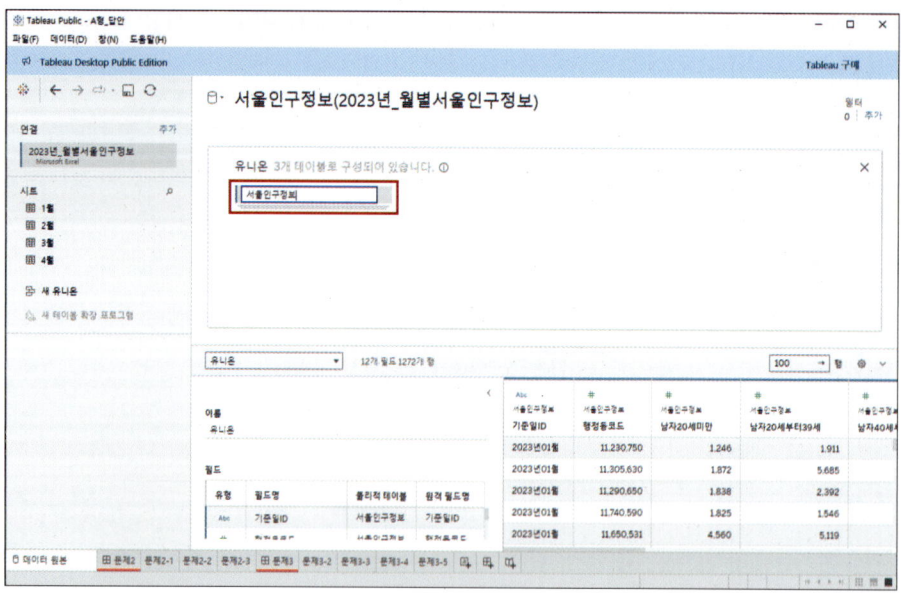

② 데이터 원본 편집 창에서 〈서울인구정보〉 테이블을 편집하고 데이터 파일을 추가하시오.

01 데이터 그리드에서 [**행정동코드**] 필드 데이터 유형을 **숫자(정수)**에서 **문자열**로 변경하기 위해 필드명 위에 있는 ⊞을 클릭하여 나타나는 팝업 메뉴에서 **문자열**을 선택합니다.

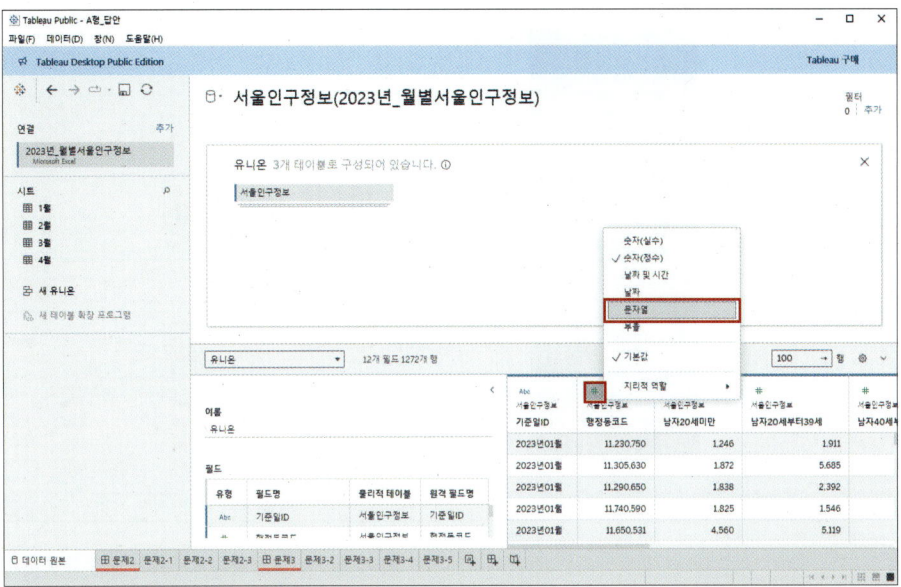

02 왼쪽 패널 상단에 위치한 **추가**를 클릭하면 **연결 추가 팝업 창**이 나타납니다.

03 연결 추가 팝업 창에서 **파일에 연결** > Microsoft Excel를 클릭합니다.

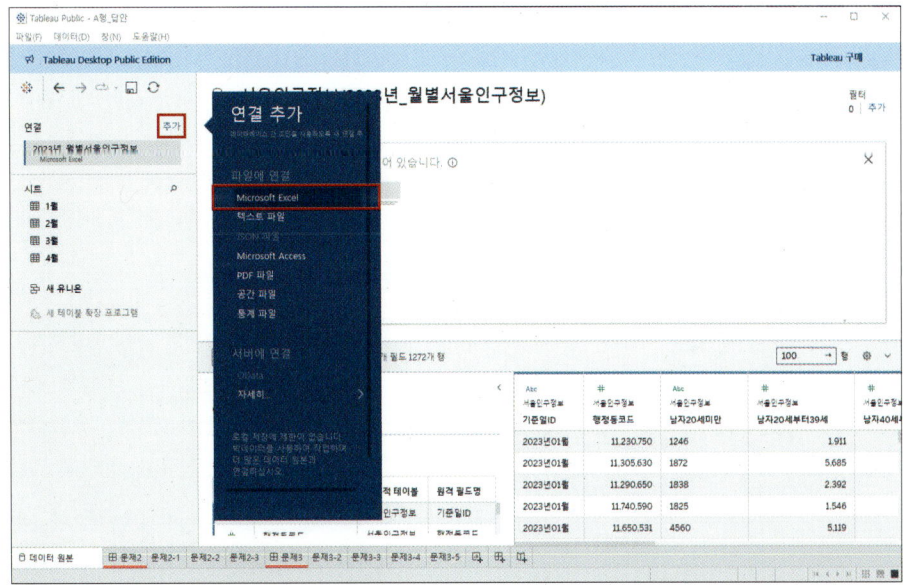

04 파일 경로 위치는 답안 파일을 열며 자동으로 선택되어 있기에 **행정동코드_매핑정보.xlsx**를 선택한 후 **열기**를 클릭합니다.

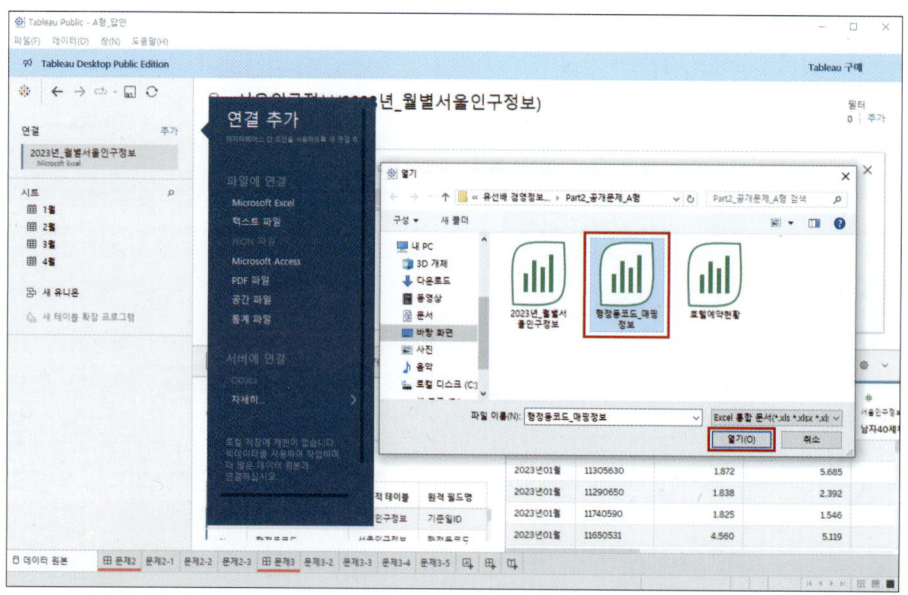

05 조인 방법과 매핑 정보를 입력해야 하므로 먼저 **조인**은 **내부**를 유지합니다. **데이터 원본**은 유니온 된 서울인구정보에서 **행정동코드**를 선택하고 행정동코드에서는 **행자부행정동코드**를 선택하면 두 테이블을 연결시킬 수 있습니다. 조인 팝업 창의 우측 상단 ⊠를 클릭하여 팝업 창을 닫습니다.

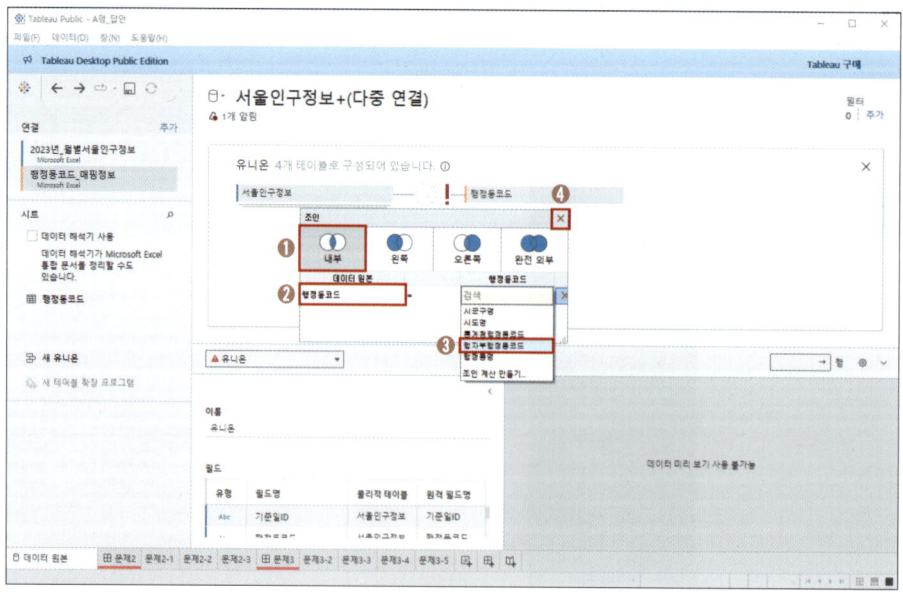

③ [남자20세미만]부터 [여자60세이상]까지의 8개 필드를 피벗(Pivot)하시오.

01 데이터 그리드에서 [남자20세미만] 필드의 머리글을 클릭하고 오른쪽으로 이동하여 **Shift**를 누른 상태에서 [여자60세이상] 필드의 머리글을 클릭합니다.

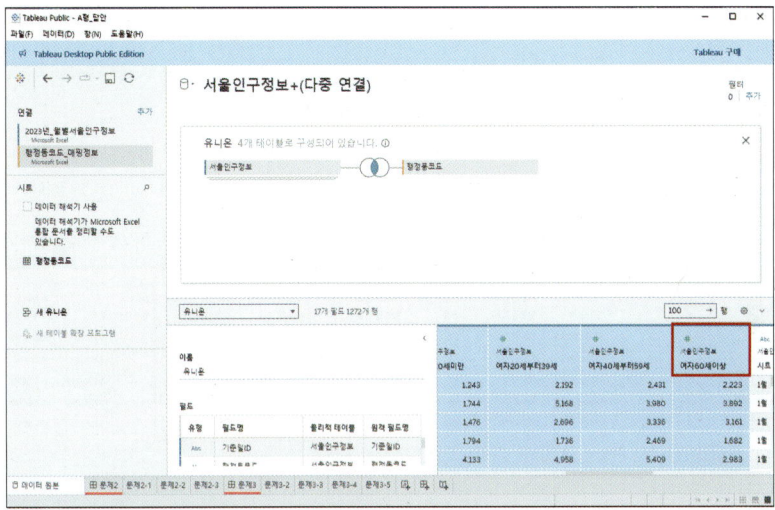

02 데이터 그리드에 음영 처리된 필드의 머리글을 **마우스 우클릭**하고 **피벗**을 선택합니다.

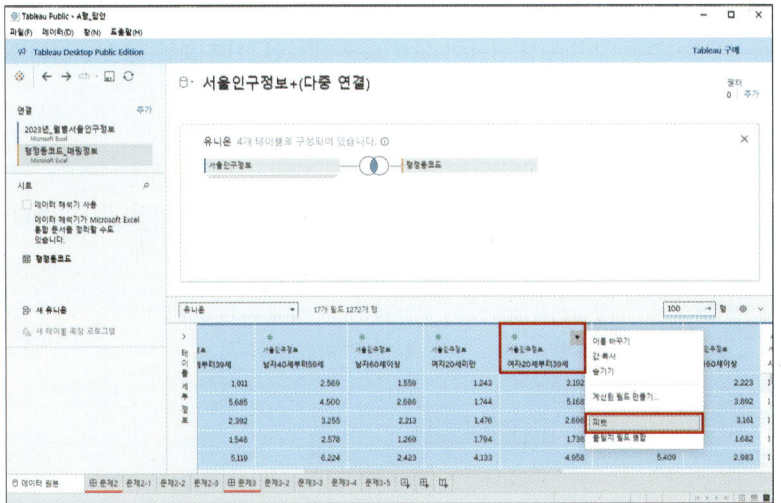

- 음영 처리된 필드 아무 곳에서나 마우스 우클릭하여도 피벗이 가능합니다.
- 데이터 그리드에서의 작업 편의를 위해 왼쪽 테이블 세부 정보는 접어도 무방합니다.

03 데이터 그리드를 살펴보면 선택했던 필드가 아래쪽으로 피벗이 된 것을 확인할 수 있습니다.

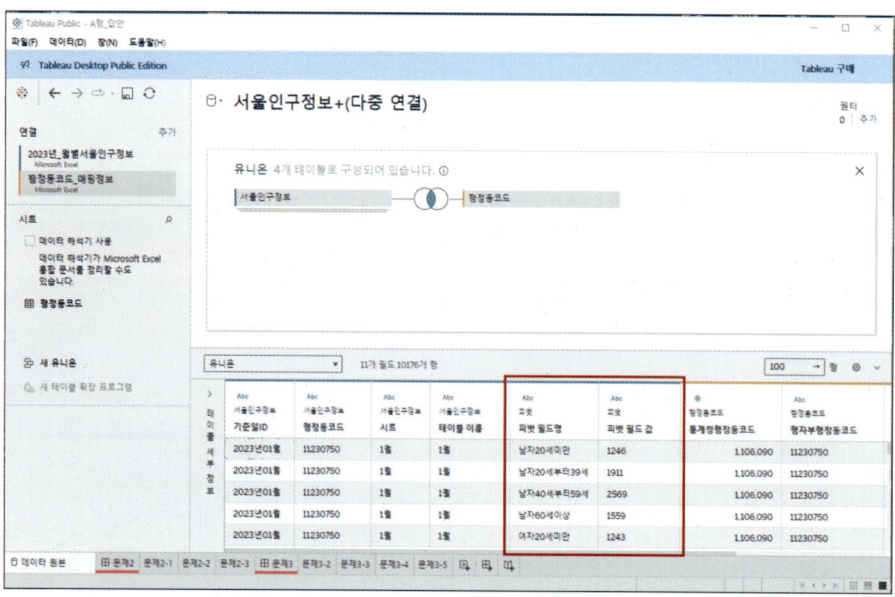

2 세부문제1에서 모델링한 데이터를 아래 지시사항에 따라 편집하시오.

① 〈서울인구정보〉에 [기준일자] 필드를 생성하시오.

01 새롭게 생성할 [기준일자] 필드를 만들기 위해 원본 필드인 [기준일ID] 필드의 머리글을 **마우스 우 클릭**하면 나타나는 팝업 메뉴에서 **계산된 필드 만들기**를 클릭합니다.

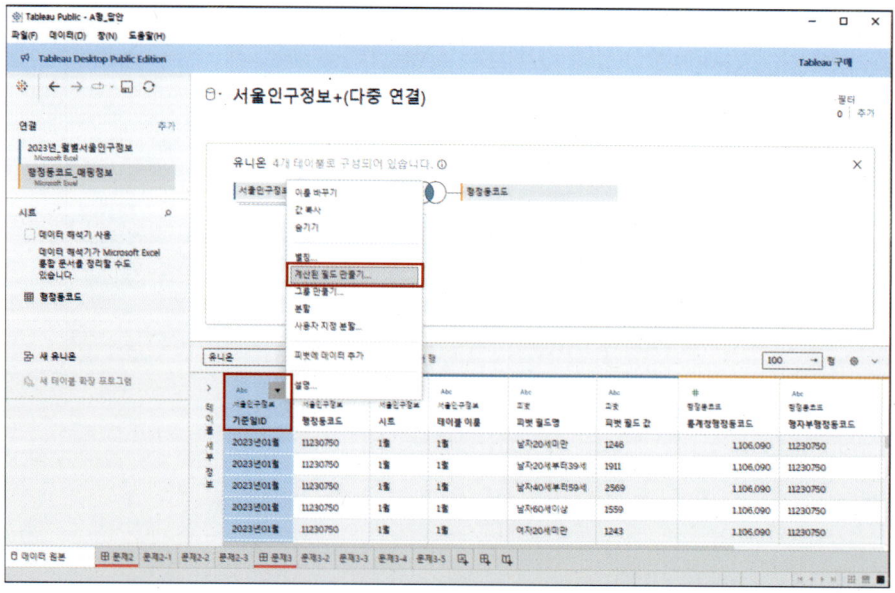

필드의 머리글에 커서를 옮기거나 머리글을 클릭하면 나타나는 ▼ 아이콘을 클릭해도 팝업 메뉴가 나타나므로 편한 방법을 사용하면 됩니다.

02 나타난 **계산된 필드 만들기 팝업 창**에서 필드명과 수식을 정의할 수 있습니다. 먼저, 필드명에 표시된 계산1을 **기준일자**로 변경합니다.

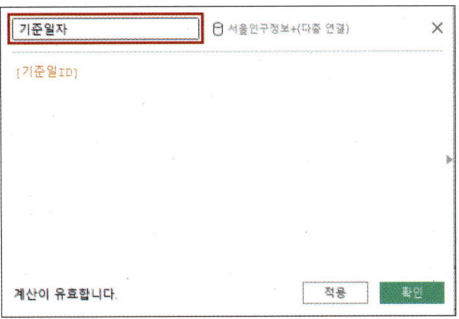

03 문자열 데이터를 날짜 데이터로 변환하기 위해 **DATEPARSE 함수**를 사용하여 수식을 입력합니다. 기준일ID의 표시 형식이 yyyy년 MM월로 표현되어 있기 때문에 DATEPARSE 함수의 앞에 표시 형식 **yyyy년 MM월**을 입력하고, 콤마 뒤에 **[기준일ID]**를 입력합니다. 단, DATEPARSE 함수는 날짜와 시간으로 표현하기 때문에 **DATE 함수**를 이용해서 시간을 제외한 날짜 데이터만 출력합니다. 다음 수식을 입력하고 **확인**을 클릭합니다.

DATE(DATEPARSE('yyyy년 MM월', [기준일ID]))

필드명을 직접 입력하지 않고 데이터 패널에서 해당 필드를 드래그 앤 드롭하는 것도 가능합니다.

② 〈서울인구정보〉에 [성별] 필드를 생성하시오.

01 새롭게 생성할 [성별] 필드를 만들기 위한 원본 필드인 **[피벗 필드명]** 필드의 머리글을 **마우스 우 클릭**하면 나타나는 팝업 메뉴에서 **계산된 필드 만들기**를 클릭합니다.

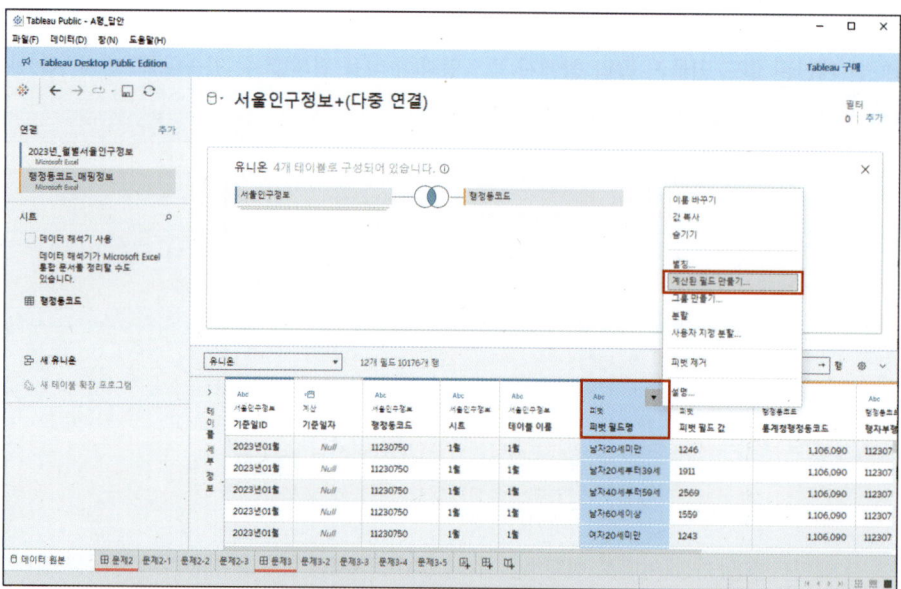

02 나타난 **계산된 필드 만들기 팝업 창**에서 필드명과 수식을 정의할 수 있습니다. 먼저, 필드명에 표시된 계산1을 **성별**로 변경합니다.

03 IF 함수를 사용해서 [피벗 필드명]에 남자가 포함되면 남자로 표현하고 여자가 포함되면 여자로 표현하고 그 외에는 미정으로 표현합니다. 특정 글자가 포함되었는지 확인하기 위해 CONTAINS 함수를 사용합니다. 다음 수식을 입력하고 확인을 클릭합니다.

IF CONTAINS([피벗 필드명], '남자') THEN '남자'
ELSEIF CONTAINS([피벗 필드명], '여자') THEN '여자'
ELSE '미정'
END

③ 〈서울인구정보〉에 [나이대] 필드를 생성하시오.

01 새롭게 생성할 [나이대] 필드를 만들기 위한 원본 필드인 [피벗 필드명] 필드의 머리글을 마우스 우클릭하면 나타나는 팝업 메뉴에서 계산된 필드 만들기를 클릭합니다.

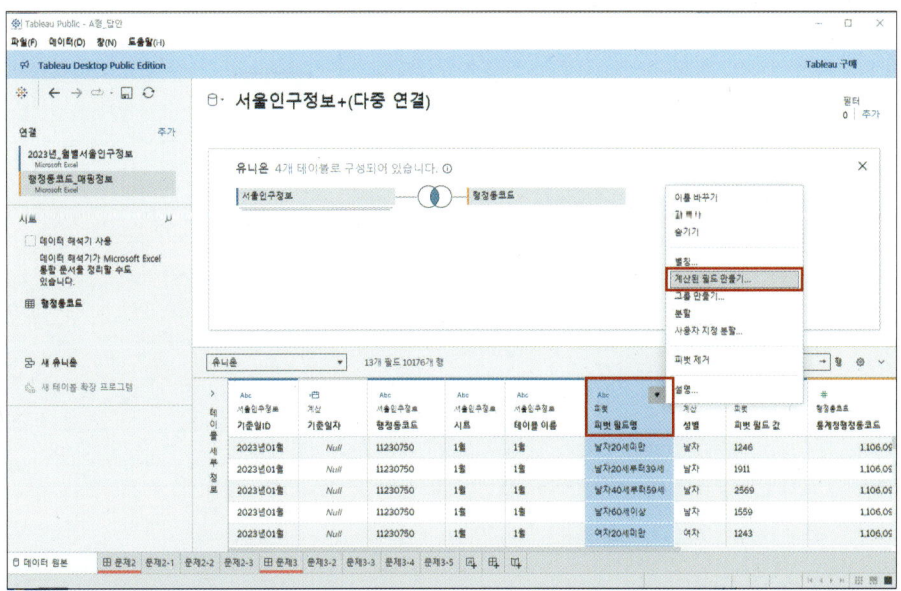

02 나타난 **계산된 필드 만들기 팝업 창**에 필드명과 수식을 정의할 수 있습니다. 필드명에 표시된 계산1을 **나이대**로 변경합니다.

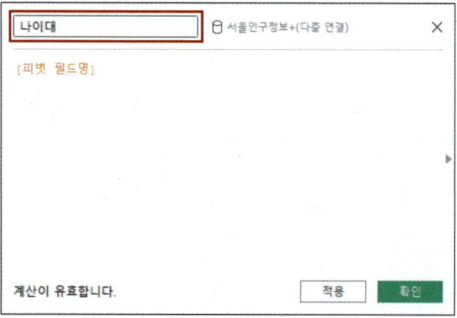

03 MID **함수**를 이용해서 남자, 여자 뒤에 있는 **연령대만** 도출하고 **부터**라는 단어를 REPLACE **함수**를 사용하여 ~로 변경합니다. 다음 수식을 입력하고 **확인**을 클릭합니다.

REPLACE(MID([피벗 필드명], 3), '부터', '~')

04 활용도가 없는 필드를 숨기기 위해 데이터 그리드에서 [기준일ID] 필드의 머리글을 **마우스 우클릭**합니다. 나타난 팝업 메뉴에서 **숨기기**를 클릭합니다.

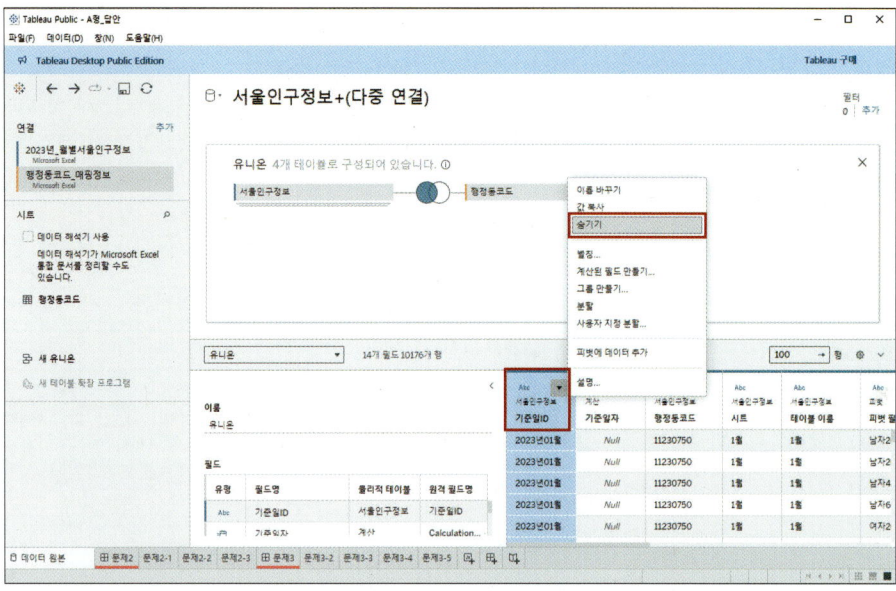

05 이어서 [시트] 필드, [테이블 이름] 필드, [피벗 필드명] 필드의 머리글을 차례대로 **마우스 우클릭 > 숨기기**를 진행합니다.

06 [피벗 필드값] 필드의 이름을 인구수로 변경하기 위하여 머리글을 **마우스 우클릭**합니다. 나타난 팝업 메뉴에서 **이름 바꾸기**를 클릭합니다.

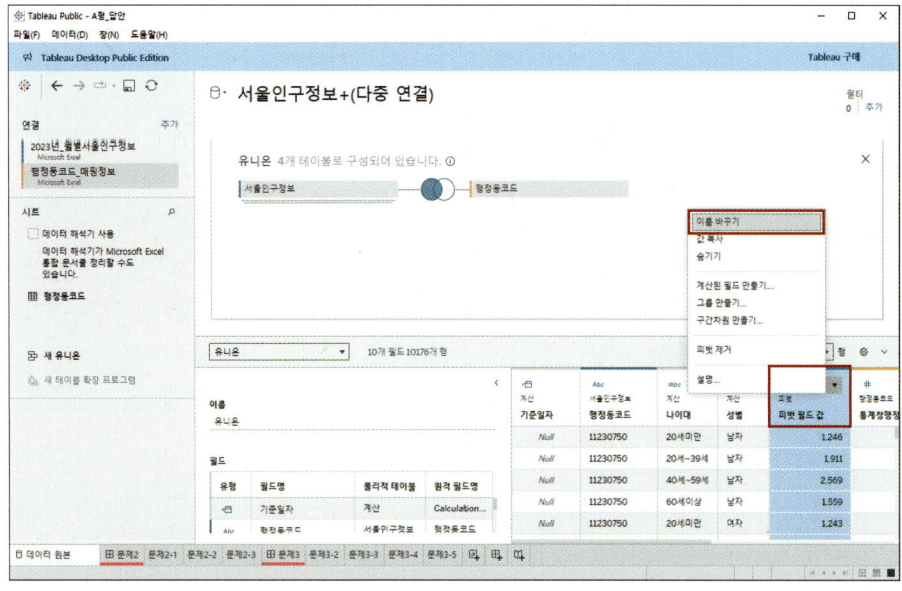

07 드래그 된 이름에 **인구수**를 입력하고 **Enter**를 누릅니다. 이름이 인구수로 바뀐 것을 확인할 수 있습니다.

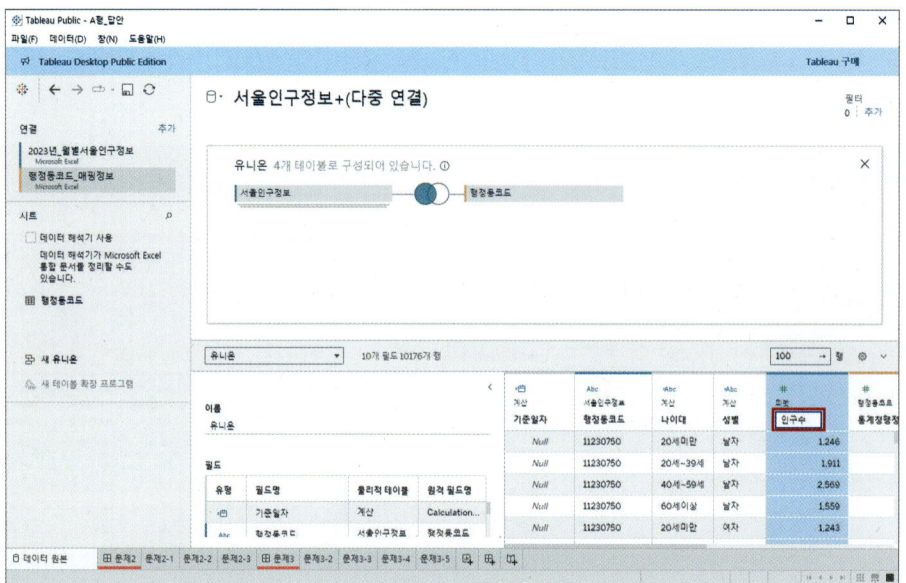

08 메타 데이터 그리드에 필드가 문제의 지시대로 입력된 것을 확인할 수 있습니다.

풀이 2 ▶ 단순요소 구현　　　　　　　　　　　　　　　　　　　　　　30점

1 데이터 원본을 '호텔예약현황'으로 변경 후 '문제2-1' 시트에 라인 차트를 구현하시오.

① '문제2-1' 시트에 [예약건수] 필드를 생성하시오.

01 하단 탭에서 **문제2-1**을 클릭하여 해당 시트로 이동합니다.

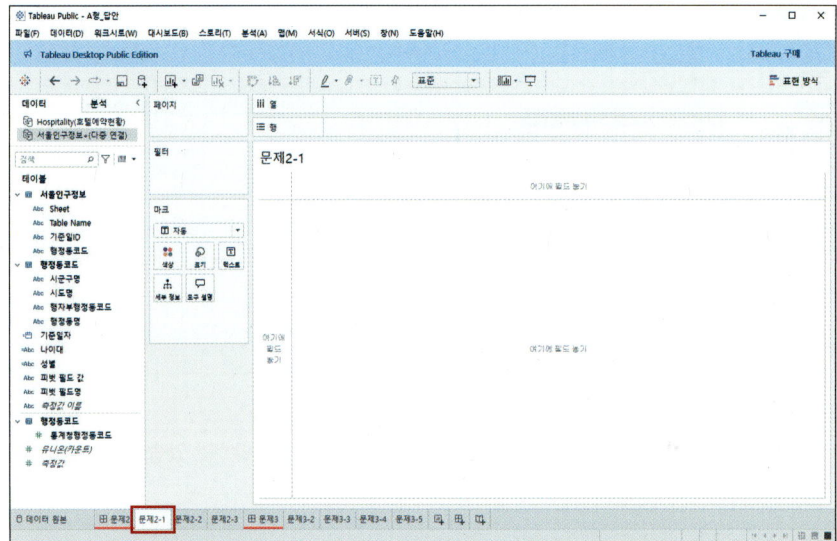

02 사이드 바 영역에 있는 데이터 패널 상단에 위치한 데이터 원본 **Hospitality(호텔예약현황)**을 클릭하여 원본을 바꿔줍니다.

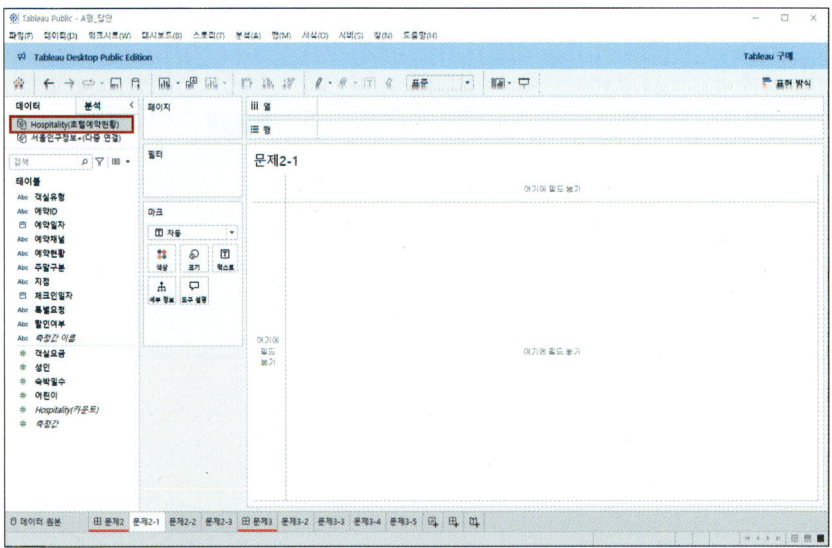

03 [예약ID] 필드를 활용하여 예약 건수를 생성하기 위해 데이터 패널의 **[예약ID] 필드**를 선택하고 **마우스 우클릭**하여 나타나는 팝업 메뉴에서 **만들기 > 계산된 필드**를 선택합니다.

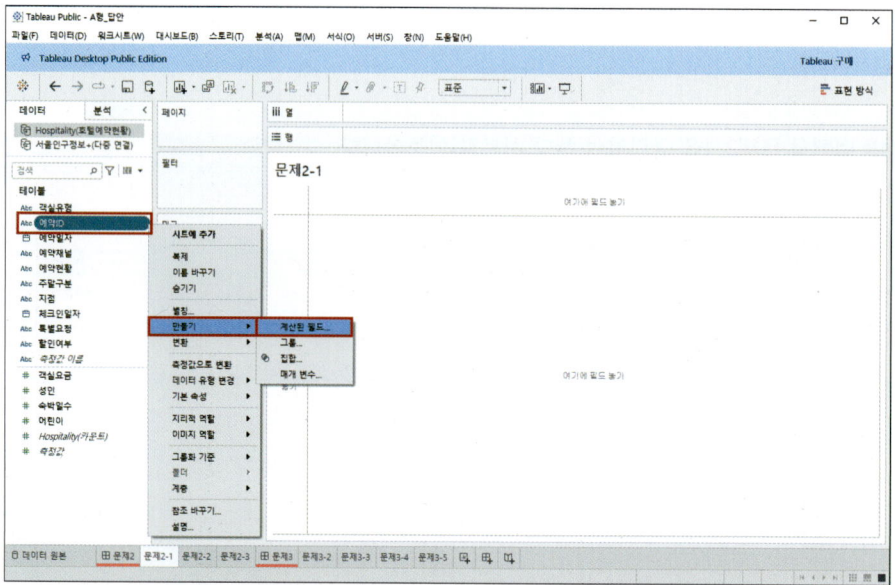

04 나타난 **계산된 필드 만들기 팝업 창**에서 필드명과 수식을 정의할 수 있습니다. 필드명에 표시된 계산1을 **예약건수**로 변경합니다.

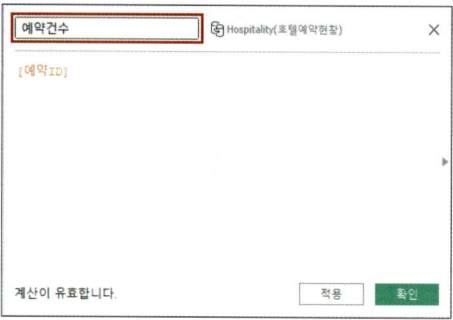

05 [예약ID] 필드는 문자열인 차원으로, 평균을 계산하는 AVG 함수와 합계를 계산하는 SUM 함수를 사용할 수 없습니다. 차원의 수준이 몇 개인지 셀 때 사용하는 **COUNT 함수**를 이용해서 예약 건수 수식을 완성합니다. 다음 수식을 입력하고 **확인**을 클릭합니다.

COUNT([예약ID])

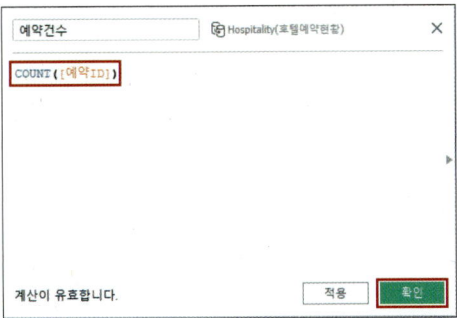

② 가로축과 세로축이 아래와 같은 라인 차트를 구현하시오.

01 마크 패널의 **표현 방식**이 자동으로 선택되어 있습니다. 클릭하여 나타나는 목록 중에 **라인**을 선택합니다.

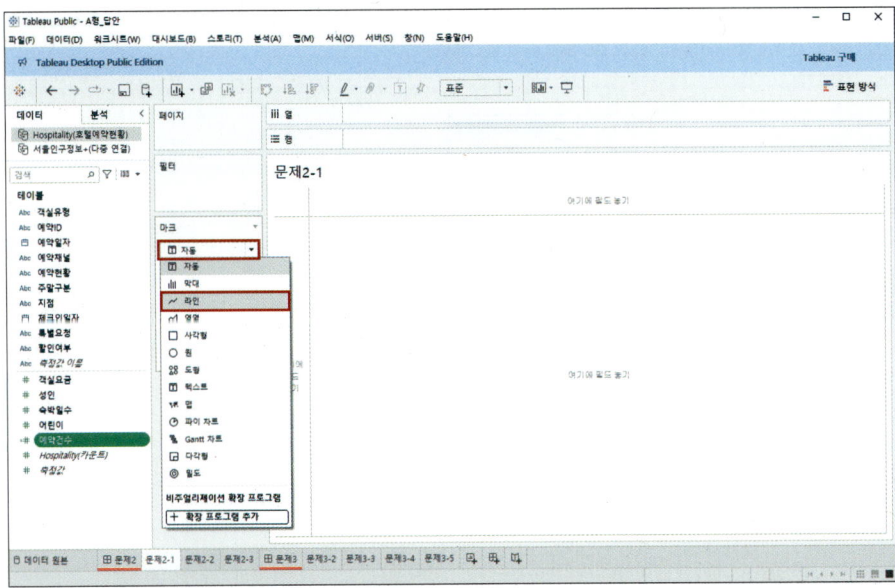

02 표현 방식을 변경하면 마크 패널에 **경로**라는 새로운 기능이 추가된 것을 확인할 수 있습니다.

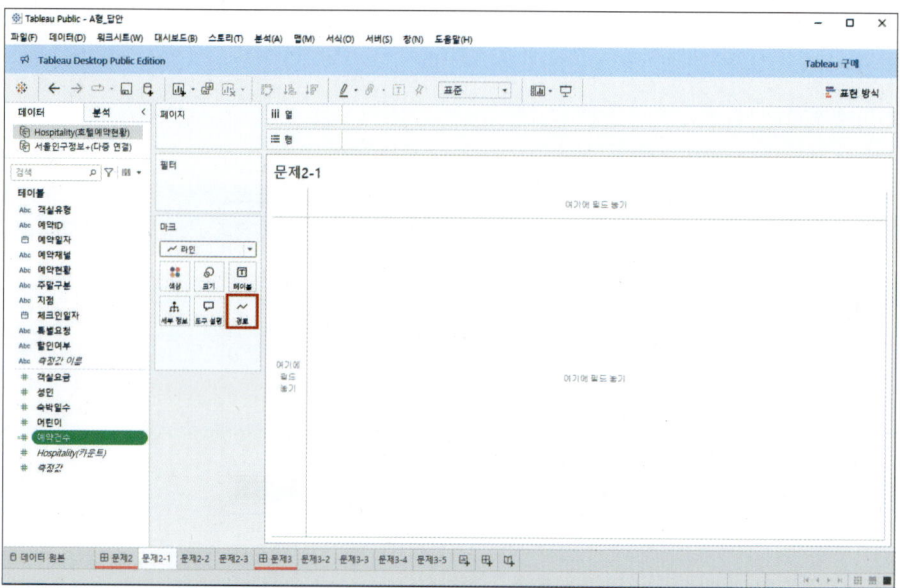

03 데이터 패널의 [체크인일자] 필드를 **열 패널**에 **드래그 앤 드롭**하여 가져다 둡니다. 태블로에서 날짜 데이터를 행 또는 열 패널에 가져다 놓게 되면, 자동으로 년도 데이터를 표현합니다.

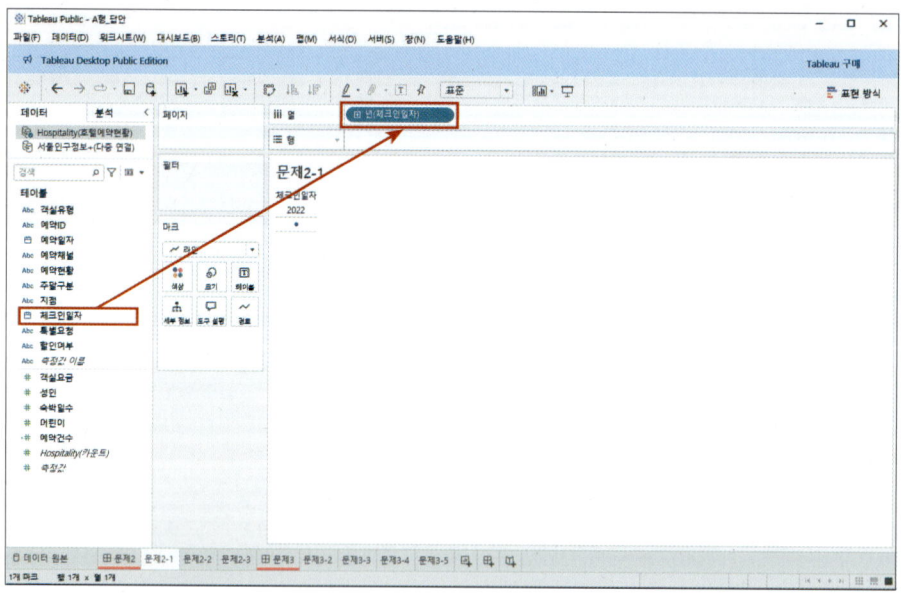

04 열 패널에 추가된 **년(체크인일자)**를 **마우스 우클릭**하여 나타나는 팝업 창에서 아래쪽에 표시된 **연속형 월(2015년 5월)**을 선택합니다.

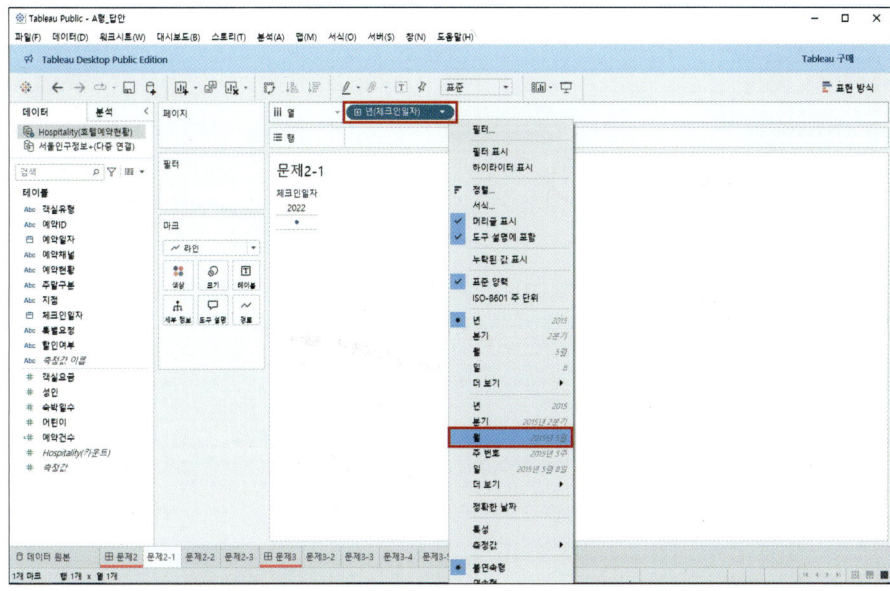

05 하나의 긴 선이 표시되는 것을 확인할 수 있습니다.

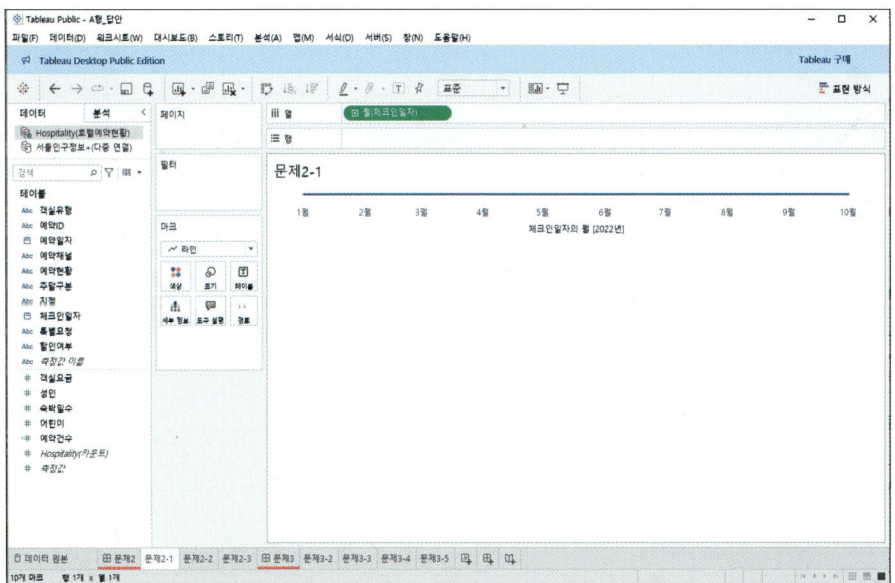

06 앞서 만들었던 데이터 패널의 [예약건수] 필드를 **행 패널**로 **드래그 앤 드롭**하여 이동하면 선 그래프가 완성됩니다.

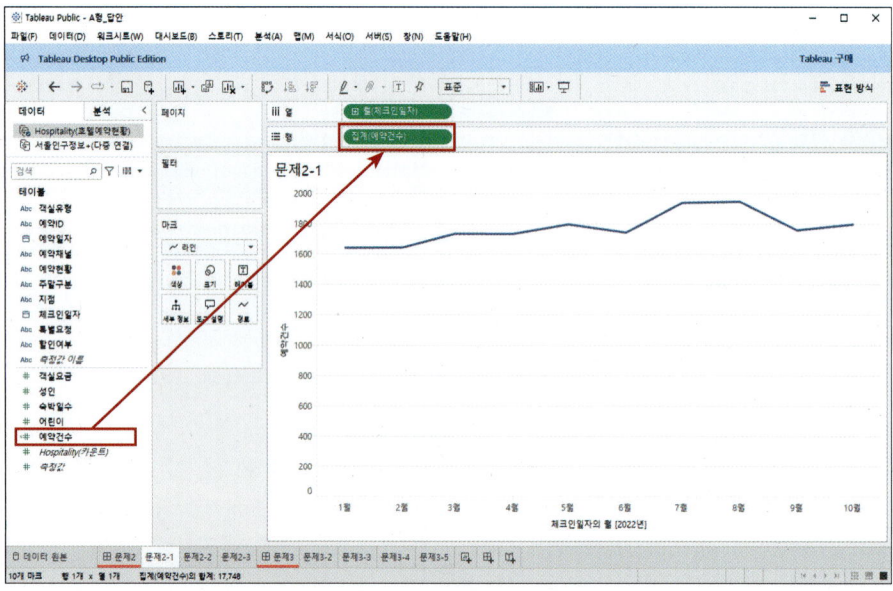

③ 라인 차트의 레이블과 색상을 설정하시오.

01 예약건수 레이블을 표기하기 위해서 데이터 패널의 [예약건수] 필드를 마크 패널에 있는 **레이블**로 **드래그 앤 드롭**합니다.

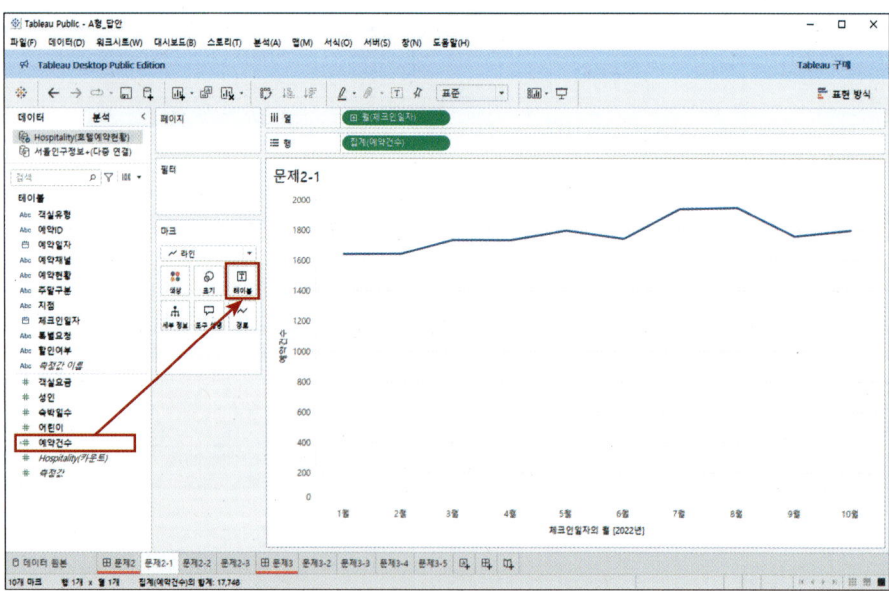

02 선 그래프 주변으로 예약 건수들이 나타나는 것을 확인할 수 있습니다.

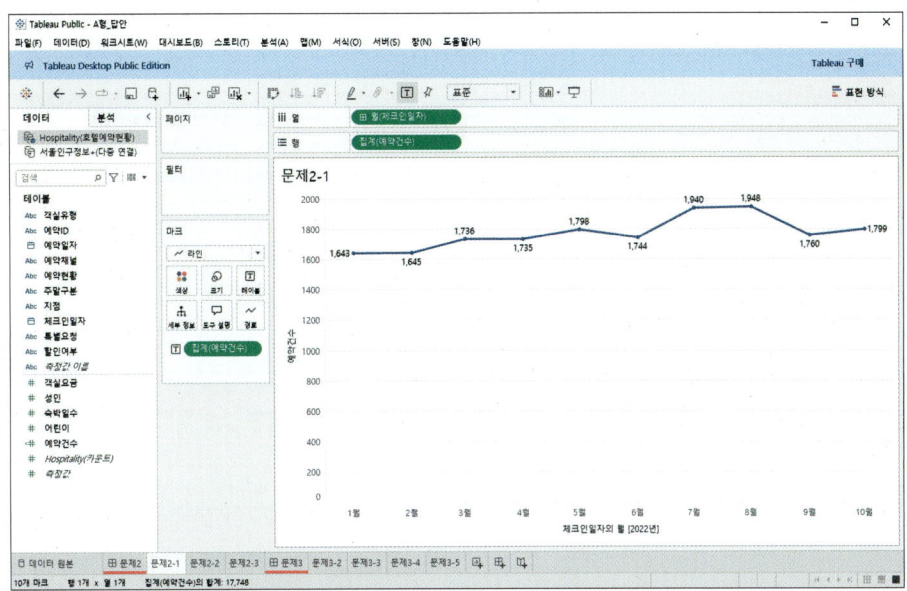

03 데이터 패널의 [지점] 필드를 마크 패널의 **색상**으로 **드래그 앤 드롭**하면 지점에 따라 색상을 다르게 표시할 수 있습니다.

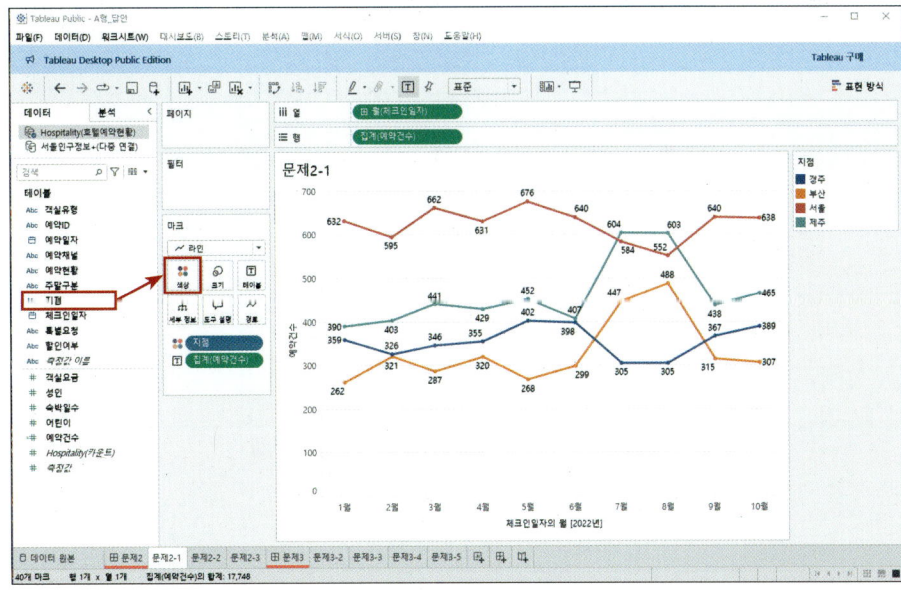

04 지정된 색상으로 변경하기 위해 마크 패널에 있는 **색상**을 클릭하여 나타난 팝업 창에서 **색상 편집**을 클릭합니다.

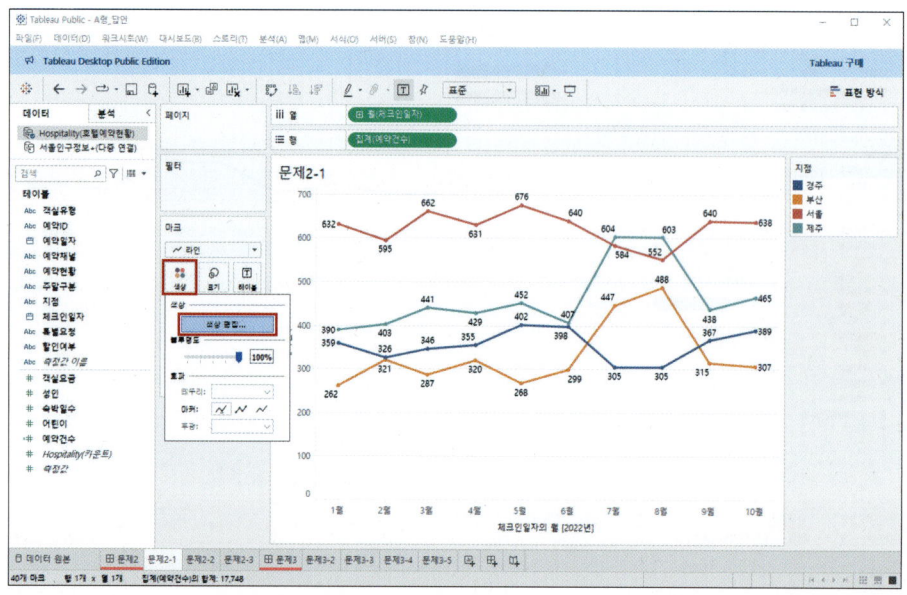

05 **색상 편집 [지점] 팝업 창**에서 데이터 항목별로 색상을 지정할 수 있습니다. 경주는 #6388B4, 부산은 #FFAE34, 서울은 #EF6F6A, 제주는 #8CC2CA로 설정하기 위해 **데이터 항목 선택**에서 **경주**부터 **더블클릭**하여 색상을 편집합니다.

06 **색 선택 팝업 창**에서 오른쪽 하단에 있는 HTML(H) 옆에 색상 코드 **#6388B4**를 입력하고 **확인**을 클릭합니다. 같은 방식으로 **데이터 항목 선택 > 부산**을 **더블클릭**한 후 색상 코드 **#FFAE34**를 입력하고 **확인**을 누릅니다. 다음으로 **데이터 항목 선택 > 서울**을 **더블클릭**한 후 색상 코드 **#EF6F6A**를 입력하고 **확인**을 누릅니다. 마지막으로 **데이터 항목 선택 > 제주**를 **더블클릭**한 후 색상 코드 **#8CC2CA**를 입력하고 **확인**을 누릅니다. 모든 색 지정이 끝나면 색상 편집 [지점] 팝업 창의 **확인**을 눌러 마무리합니다.

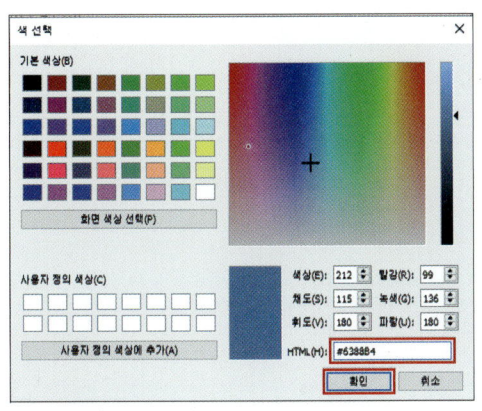 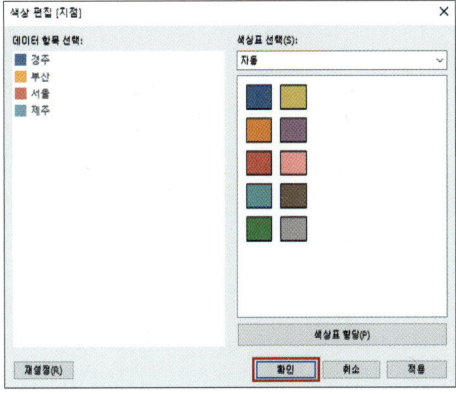

색상 코드는 영문자의 대문자, 소문자 모두를 인식하므로 어느 것을 입력하여도 인식은 가능하지만 문제에서 대문자로 주어진 경우 문제의 지시와 맞게 입력하는 것을 권장합니다.

07 축 범위를 편집하기 위해 **왼쪽 세로축**을 **마우스 우클릭**합니다. 나타난 팝업 메뉴에서 **축 편집**을 클릭합니다.

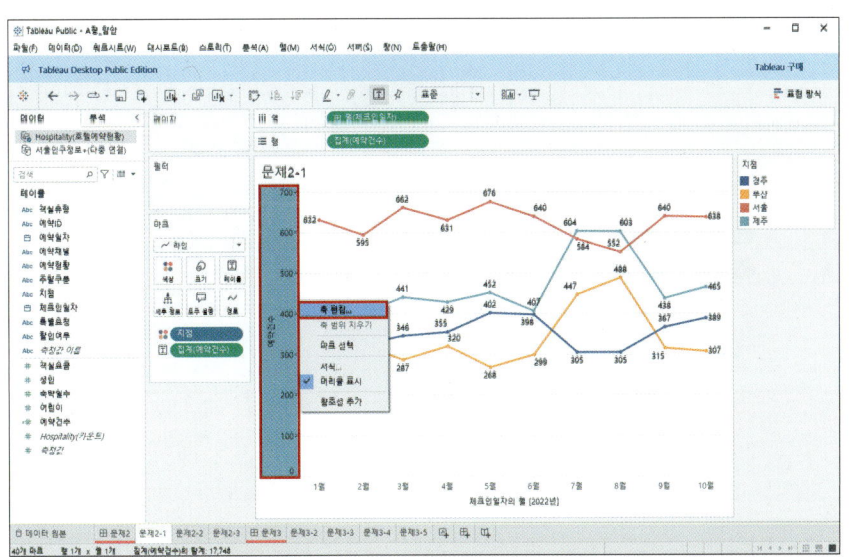

08 나타난 **축 편집 [예약건수] 팝업 창**에서 **0 포함**을 **체크 해제**하고 팝업 창의 우측 상단 ☒을 클릭합니다.

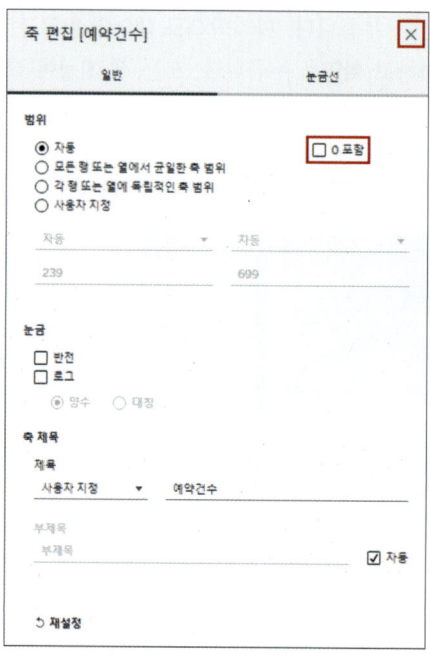

09 상단 툴바 오른쪽의 **맞춤**을 표준에서 **전체 보기**로 변경합니다. 차트가 문제의 지시대로 완성된 것을 확인할 수 있습니다.

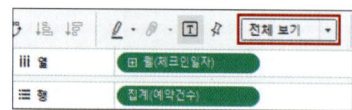
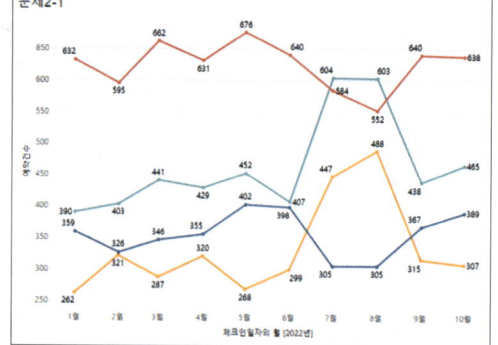

2 '문제2-2' 시트에 막대 차트를 구현하시오.

① 가로축과 세로축이 아래와 같은 세로 막대 차트를 구성하시오.

01 하단 탭에서 **문제2-2**를 클릭하여 해당 시트로 이동합니다.

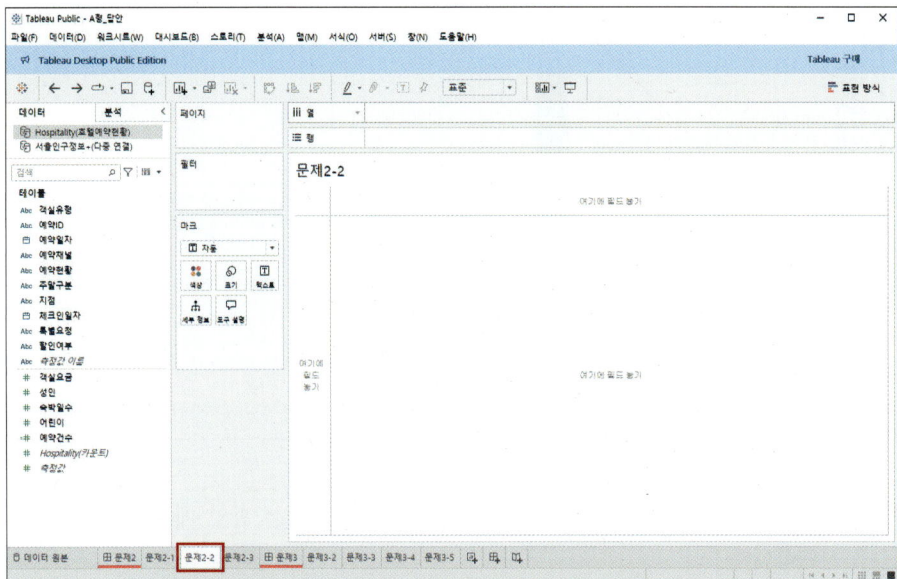

02 데이터 패널의 [예약채널] 필드를 **열 패널에 드래그 앤 드롭**합니다.

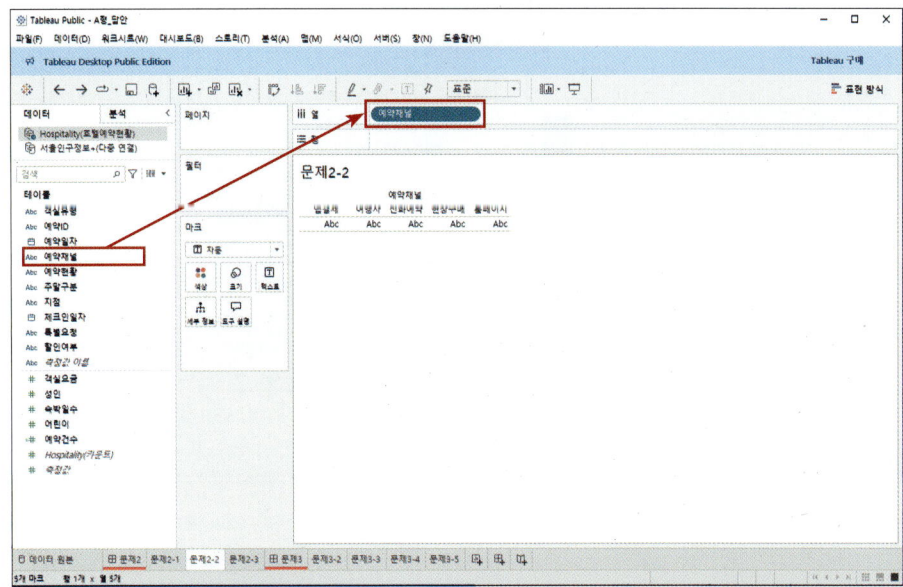

CHAPTER 02 | 시행처 공개문제(A형) **263**

03 데이터 패널의 [숙박일수] 필드를 행 패널로 드래그 앤 드롭합니다.

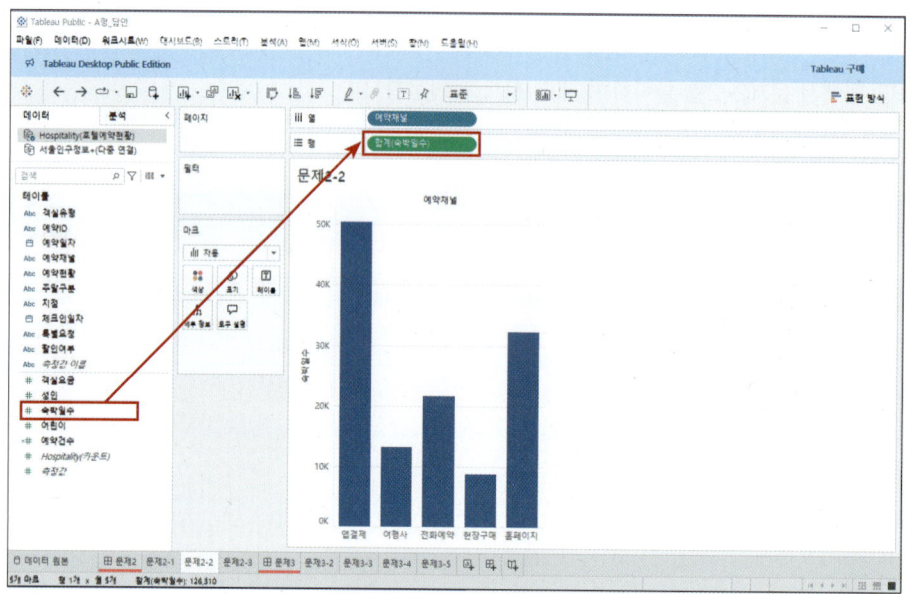

04 행 패널에 추가된 합계(숙박일수)를 마우스 우클릭하여 나타나는 팝업 메뉴에서 **측정값(합계)** > **평균**을 선택합니다.

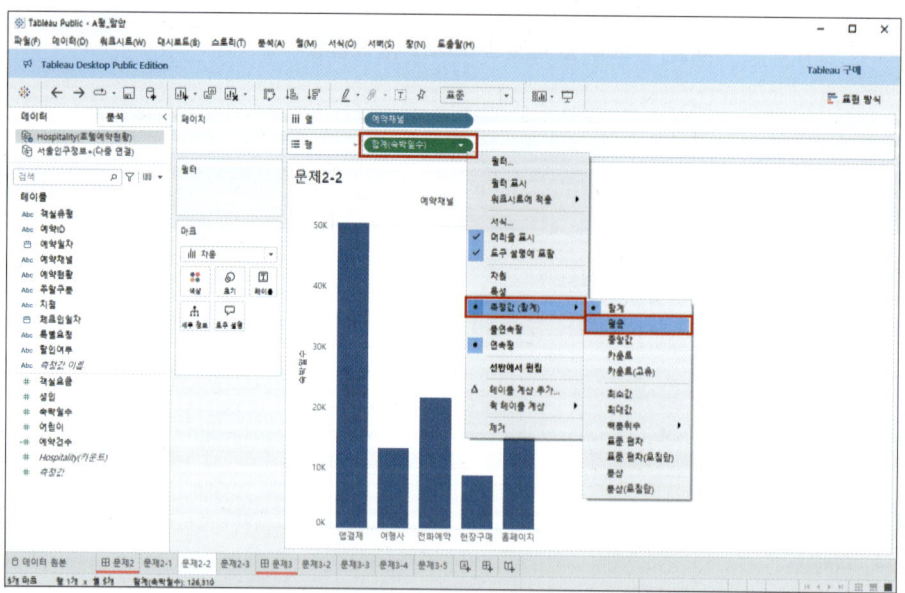

05 툴바에 위치한 아이콘을 클릭하여 [숙박일수] 필드를 기준으로 내림차순으로 정렬합니다.

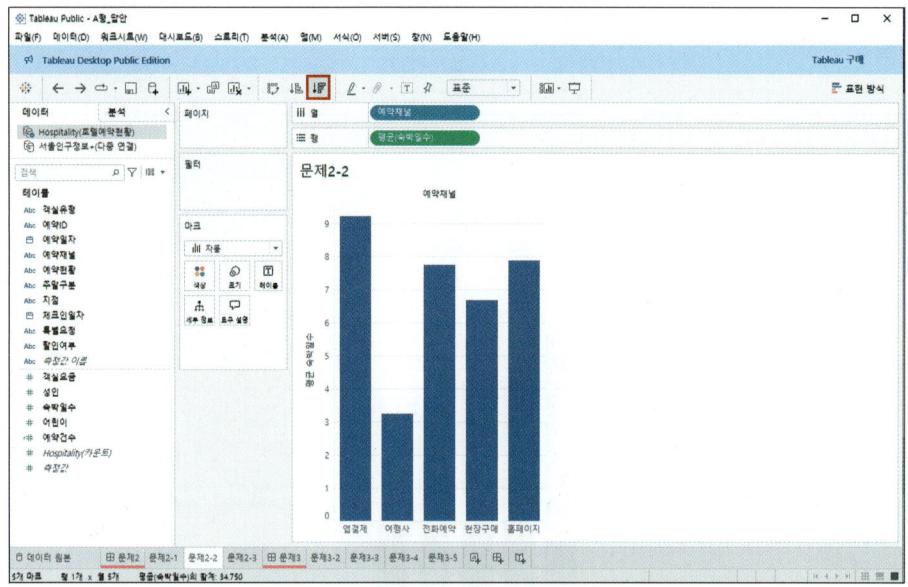

06 내림차순 정렬까지 진행하면 숙박일수 평균이 높은 채널부터 낮은 채널까지 순차적으로 정렬된 것을 확인할 수 있습니다.

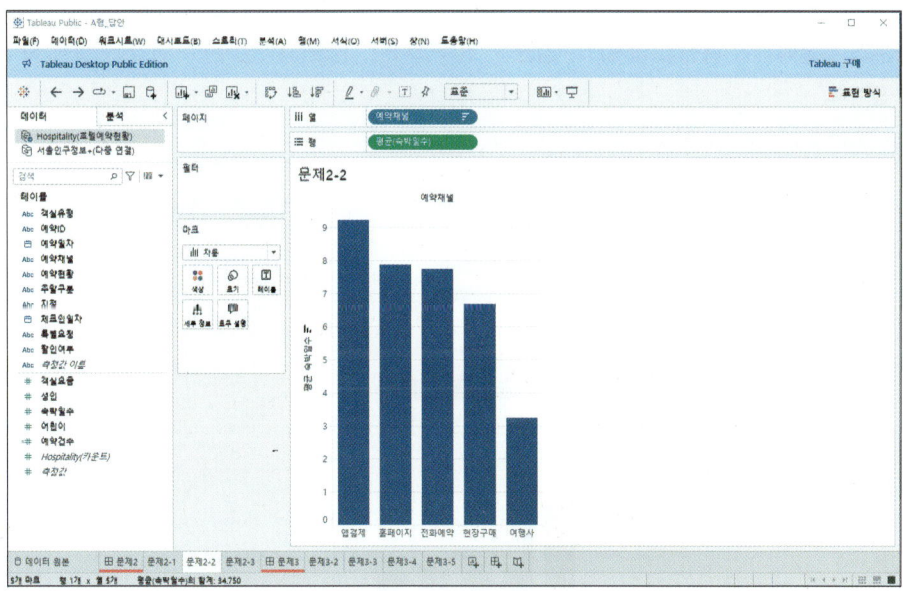

② 레이블을 설정하시오.

01 레이블을 표시하기 위해 데이터 패널에 있는 **[숙박일수]** 필드를 마크 패널의 **레이블**로 **드래그 앤 드롭**합니다.

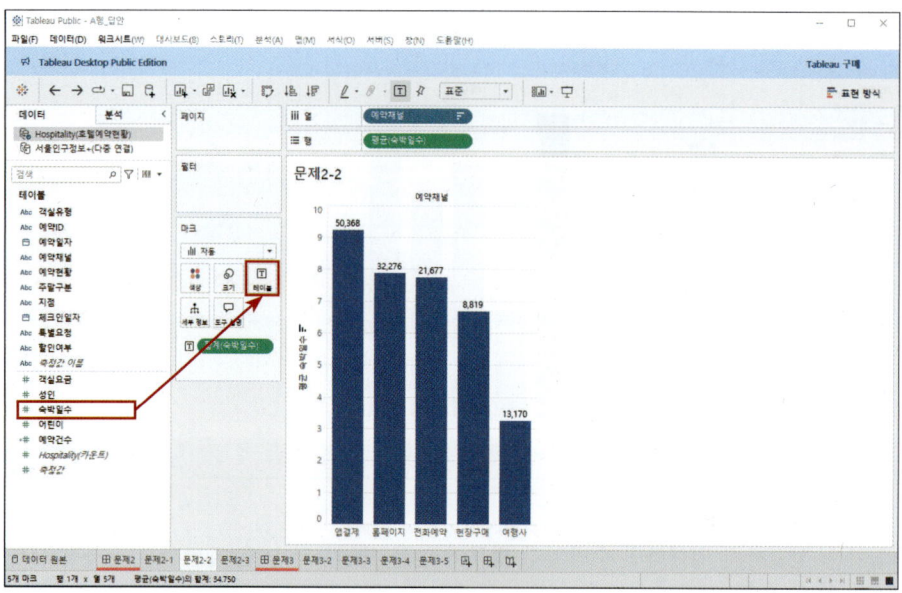

02 [숙박일수] 필드는 합계로 표현되어 있기 때문에 마크 패널에 레이블로 추가된 **합계(숙박일수)**를 **마우스 우클릭**하여 **측정값(합계) > 평균**을 선택합니다. **평균(숙박일수)**로 변경된 것을 확인할 수 있습니다.

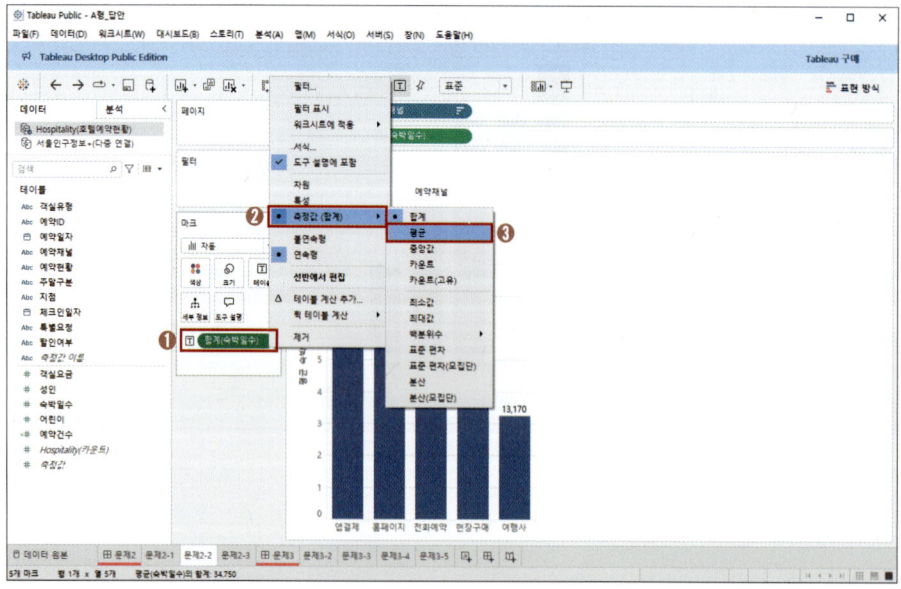

03 [숙박일수] 필드 평균의 최솟값과 최댓값만 표시하기 위해 마크 패널의 **레이블**을 클릭하여 나타나는 팝업 창에서 **레이블 지정할 마크 > 최소/최대**를 클릭합니다. 클릭이 끝나면 빈 곳을 클릭하여 팝업 창을 닫습니다. 레이블이 최대와 최소에만 나타나는 것을 확인할 수 있습니다.

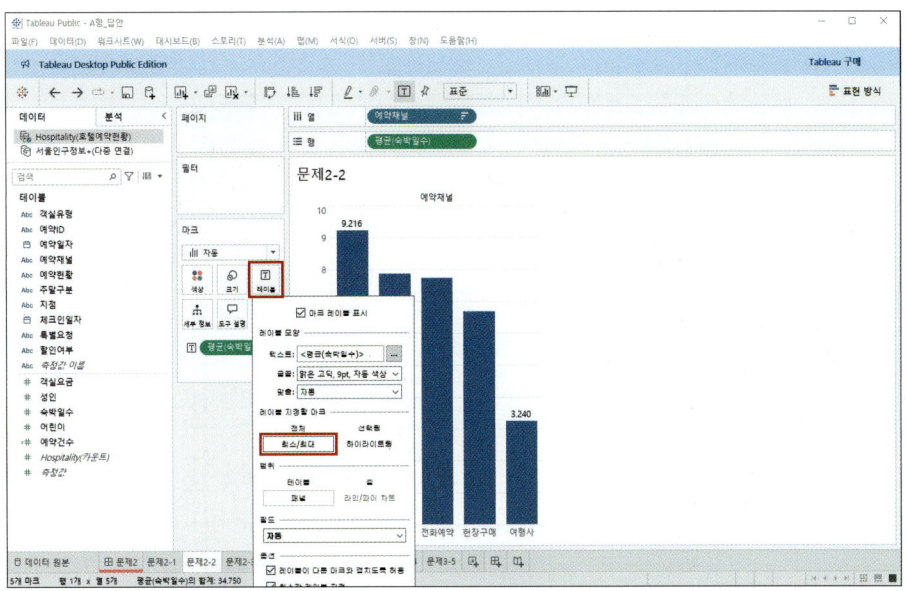

04 숙박일수 레이블 서식을 변경하기 위해 마크 패널에 레이블로 추가된 **평균(숙박일수)**를 **마우스 우클릭**하여 나타나는 팝업 메뉴에서 **서식**을 클릭합니다.

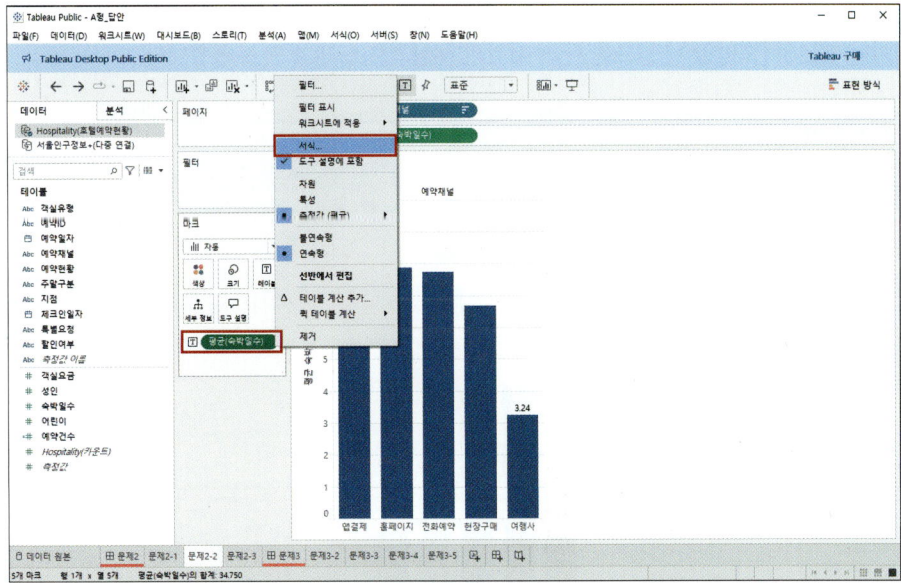

05 평균(숙박일수) 서식의 **패널** 탭에서 **기본값**의 **숫자 박스**를 클릭하면, [숙박일수] 필드의 서식을 지정할 수 있습니다. 이때, 숫자 표현 방식을 자동에서 **숫자(사용자 지정)**으로 변경합니다. 나타나는 화면에서 **소수 자릿수(E)**가 2자리로 지정되어 있음을 확인하고 **접두사/접미사(P)**에서 **오른쪽 칸**에 **일**을 입력합니다. 서식 창의 빈 곳을 클릭하여 팝업 창을 닫고, 서식 창의 우측 상단 ⊠를 클릭하여 서식 창도 닫습니다.

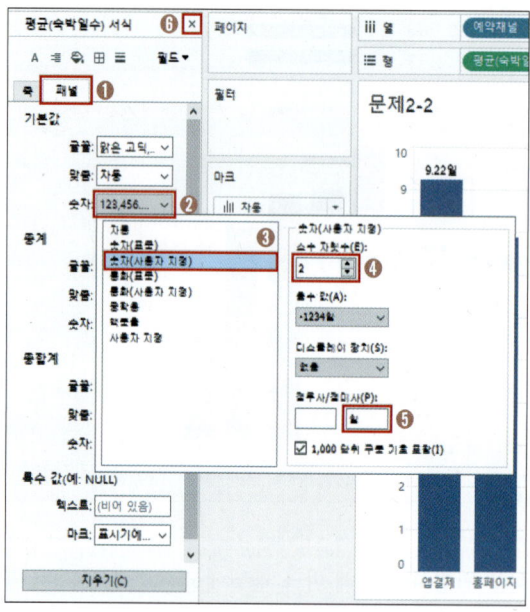

③ 차트의 색상을 설정하시오.

01 데이터 패널의 [숙박일수] 필드를 마크 패널의 **색상**으로 **드래그 앤 드롭**합니다.

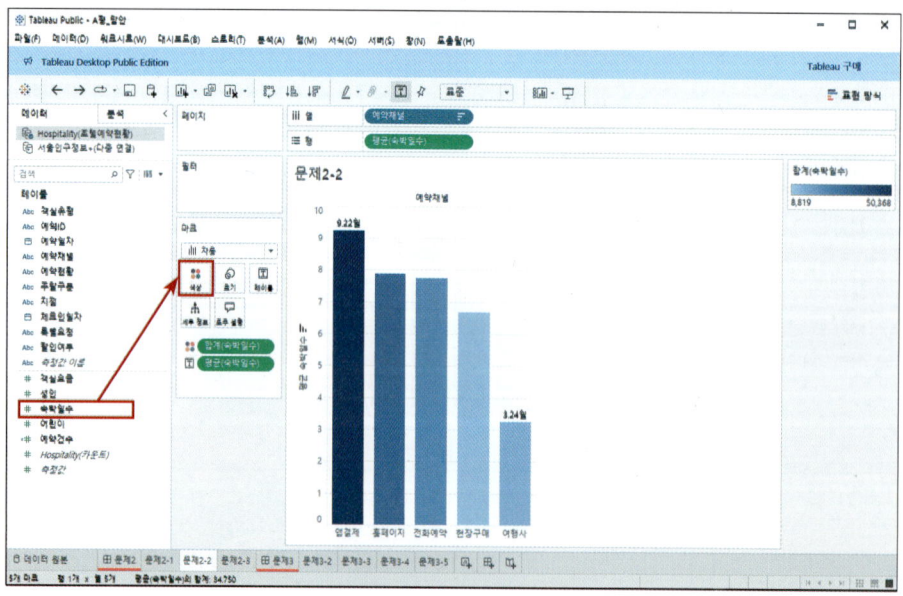

02 숙박일수의 평균에 따라 색상을 다르게 표현하기 위해 마크 패널에 색상으로 추가된 **합계(숙박일수)**를 **마우스 우클릭**하고 **측정값(합계) > 평균**을 클릭하여 변경합니다.

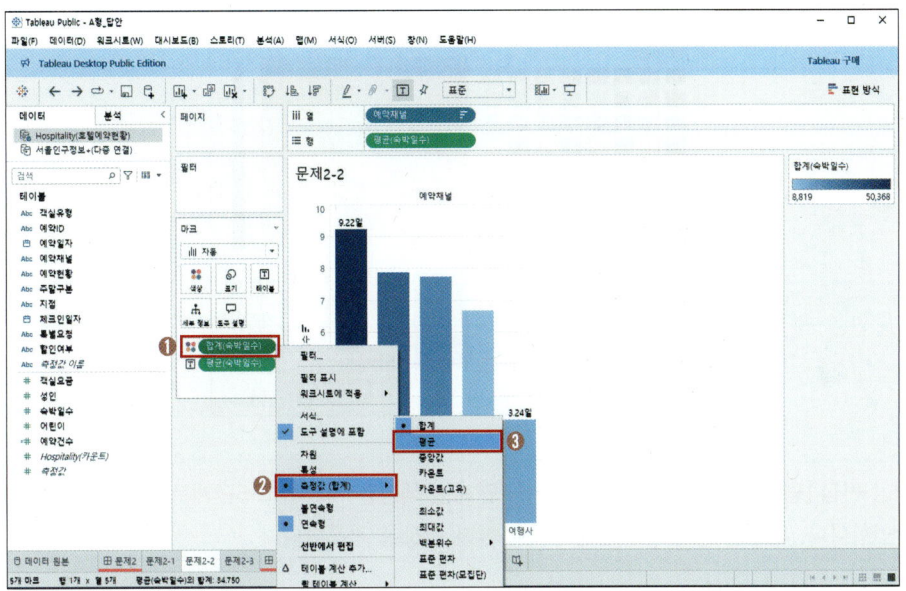

03 마크 패널의 **색상**을 클릭하여 나타나는 팝업 창에서 **색상 편집**을 클릭합니다. 나타나는 **색상 편집 [평균 숙박일수] 창**에서 **색상표(P)**의 오른쪽 **파란색 사각형**을 클릭합니다.

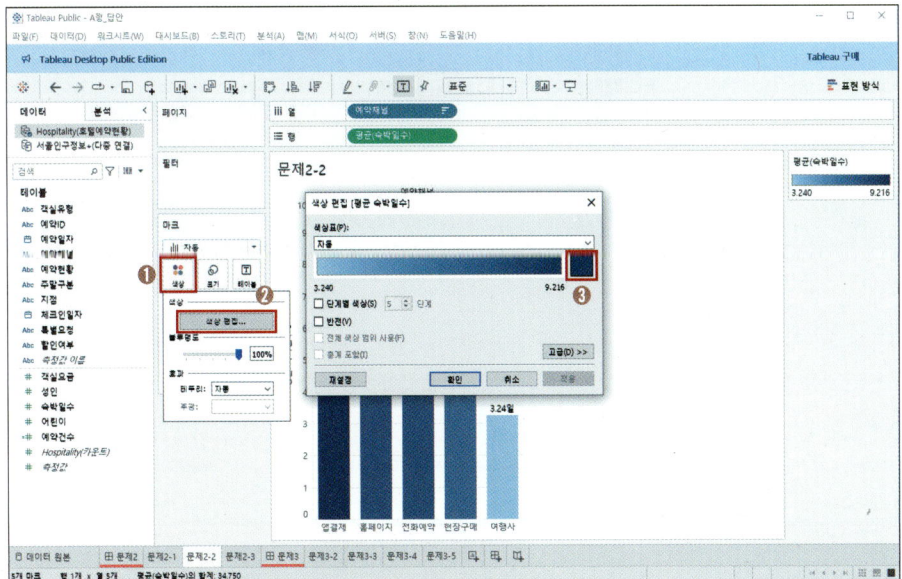

04 나타나는 **색 선택 팝업 창**에서 HTML(H) 옆에 색상 코드 **#0A6FCB**를 입력하고 **확인**을 클릭합니다.

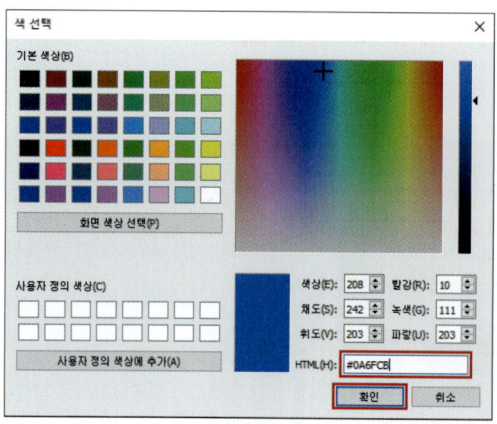

05 **색상 편집 [평균 숙박일수] 창**에서 하단의 **단계별 색상**을 체크하고 **5단계**로 맞게 설정되어 있는지 확인합니다. **확인**을 클릭하여 변경하려고 했던 색상을 적용합니다.

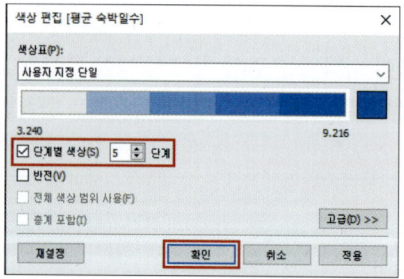

06 테두리 색상을 변경하기 위해 마크 패널에 **색상**을 클릭합니다. 나타나는 팝업 창의 하단을 살펴보면 **효과**가 있습니다. 테두리를 변경해야 하기 때문에 **테두리 박스**를 클릭하고 하단의 **색상 추가**를 클릭합니다.

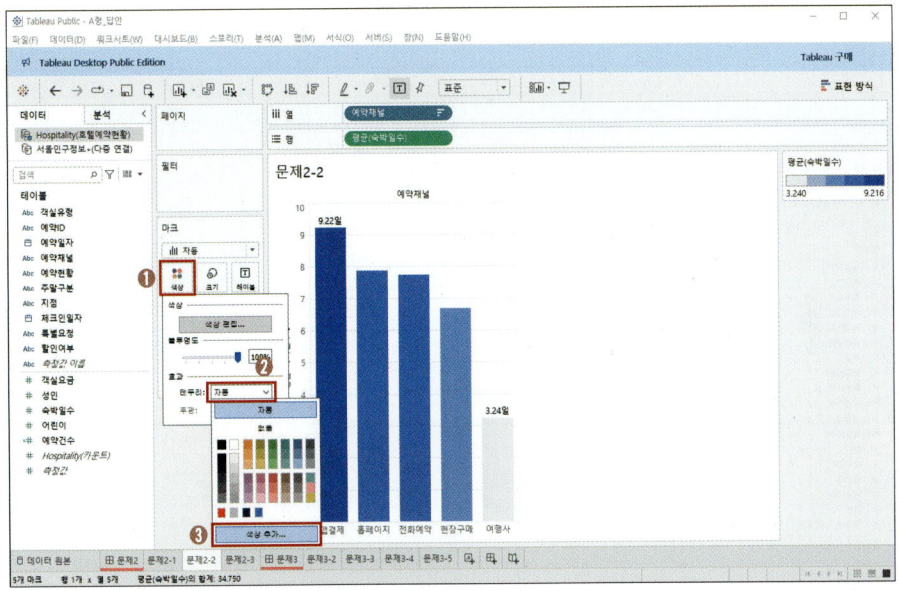

07 나타나는 **색 선택 팝업 창**에서 HTML(H) 옆에 색상 코드 **#666666**을 입력하고 **확인**을 클릭합니다. 빈 곳을 클릭하여 팝업 창을 닫으면 차트가 문제의 지시대로 완성된 것을 확인할 수 있습니다.

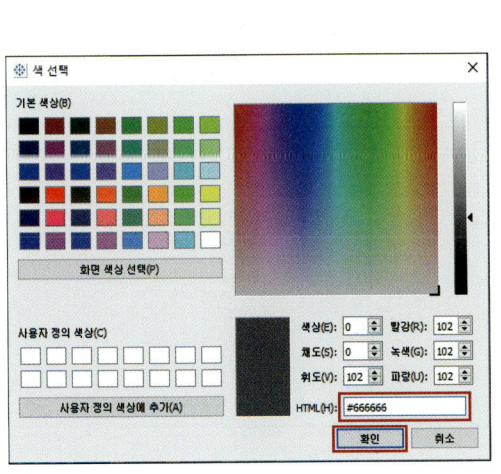
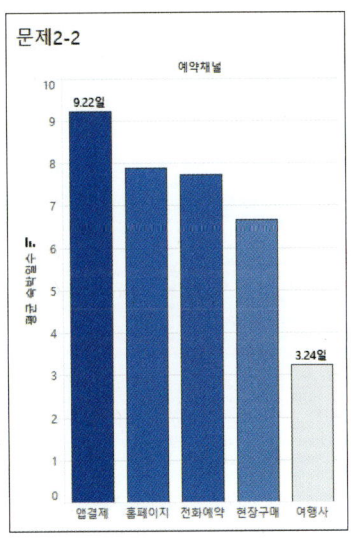

3 '문제2-3' 시트에 하이라이트 테이블을 구현하시오.

① 차트 구현을 위한 [인원수] 필드를 생성하시오.

01 하단 탭에서 **문제2-3**을 클릭하여 해당 시트로 이동합니다.

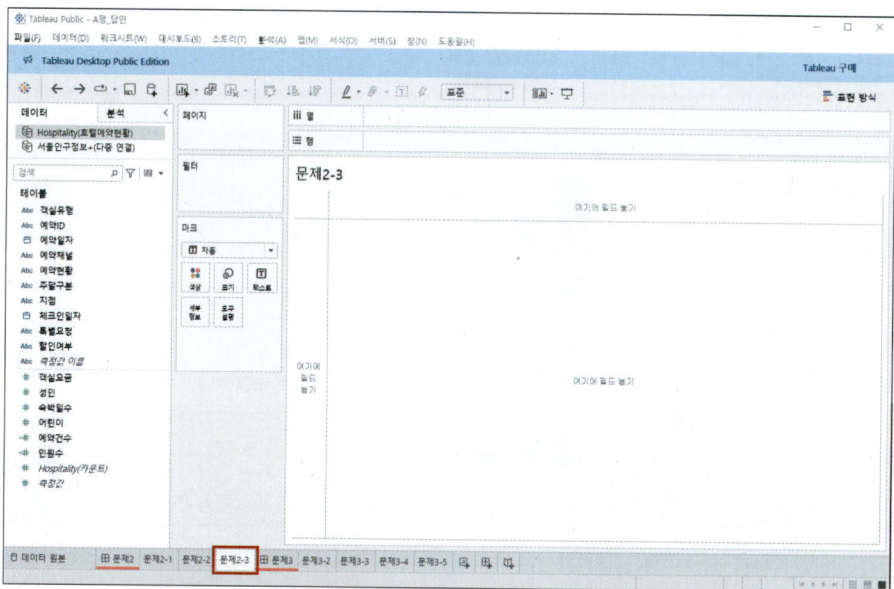

02 데이터 패널 상단의 ▼을 클릭하여 나타나는 팝업 메뉴에서 **계산된 필드 만들기**를 클릭합니다.

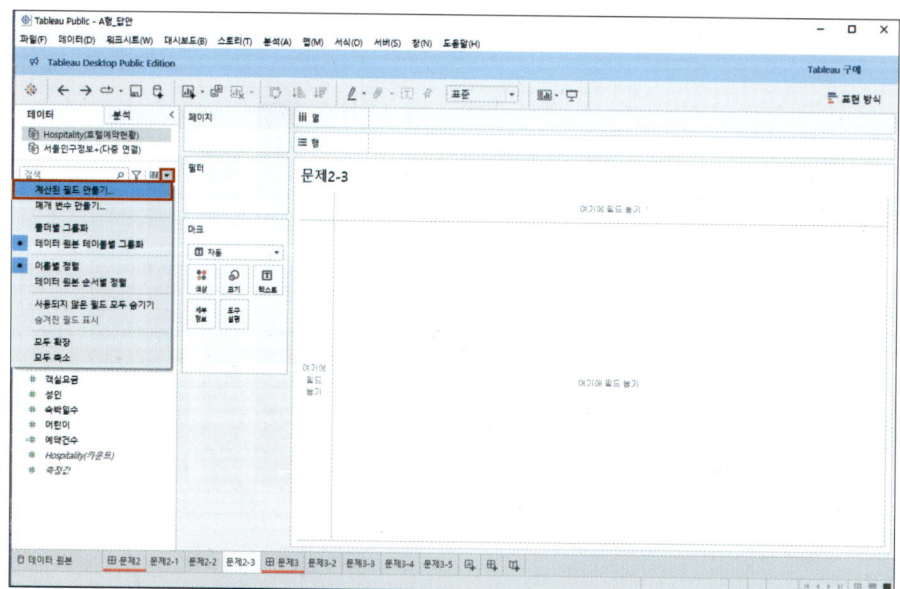

03 **필드 이름**을 **인원수**라고 입력하고, [성인] 필드와 [어린이] 필드를 더해주기 위해 다음 수식을 입력하고 **확인**을 클릭합니다.

[성인]+[어린이]

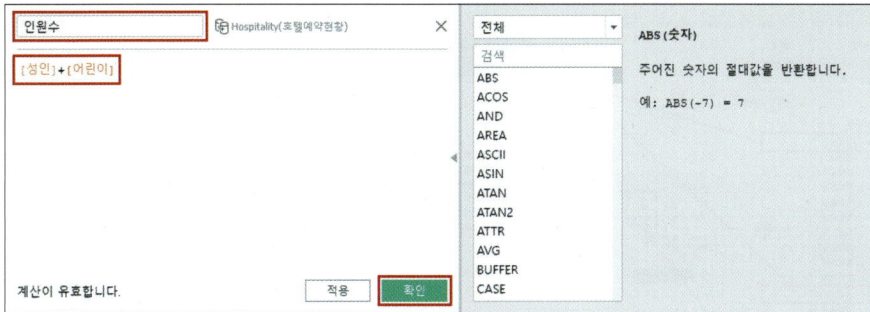

Tip

계산된 필드 만들기 팝업 창에서 우측의 ▶를 클릭하면 함수에 대한 도움말을 확인할 수 있습니다. 필요하지 않다면 ◀를 클릭하여 도움말을 닫습니다.

② 하이라이트 테이블을 구현하시오.

01 마크 패널의 **표현 방식**이 자동으로 선택되어 있습니다. 클릭하여 나타나는 목록 중에 **사각형**을 선택합니다.

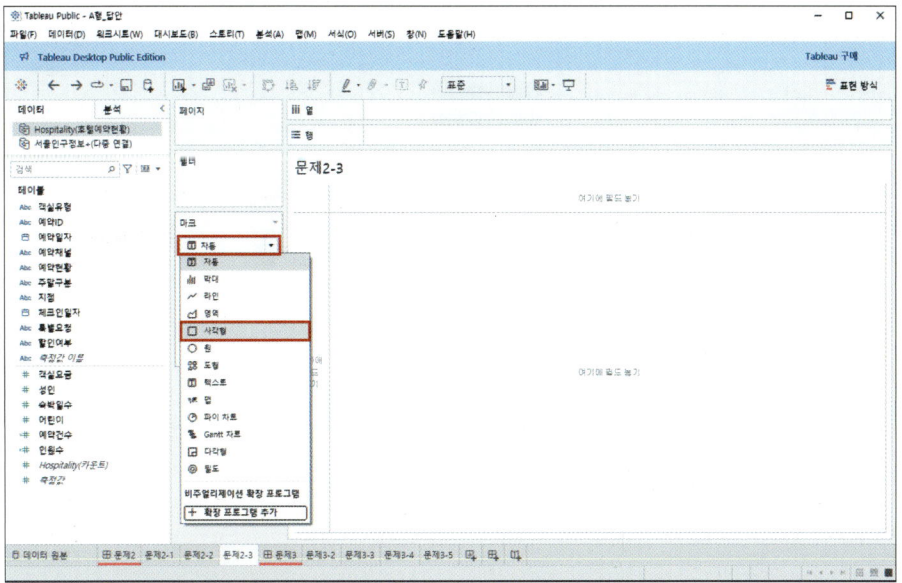

02 데이터 패널에 있는 [객실유형] 필드를 행 패널에 드래그 앤 드롭하고 [측정값 이름] 필드를 열 패널로 드래그 앤 드롭하여 옮깁니다. 이어서 [측정값] 필드를 마크 패널의 레이블로 드래그 앤 드롭하여 옮깁니다.

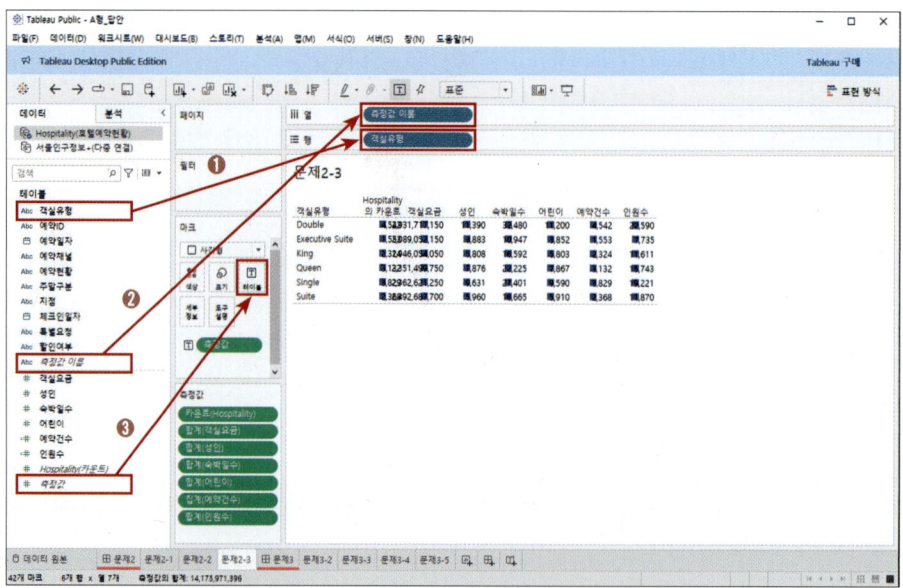

03 필요한 필드는 [성인], [어린이], [인원수] 필드이기 때문에 필터를 적용하기 위해 [측정값 이름] 필드를 클릭하고 **필터 패널**에 **드래그 앤 드롭**합니다. 필터 패널에 추가된 **측정값 이름**을 **더블클릭**합니다.

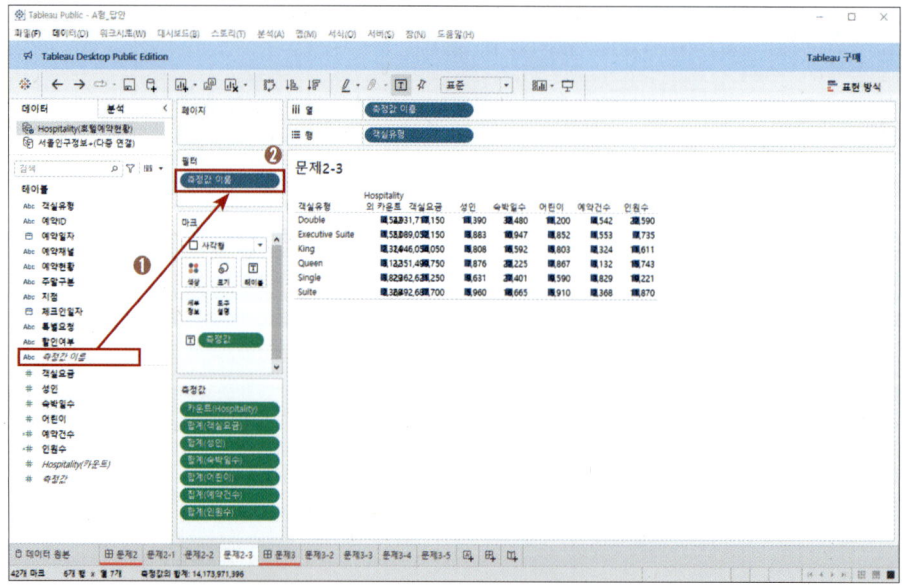

04 나타난 **필터 [측정값 이름] 팝업 창**에서 **없음(O)**을 클릭하여 모두 선택 해제하고 필요한 **성인**, **어린이**, **인원수**에만 체크합니다. 3개의 필드를 선택하였으면 **확인**을 눌러 적용합니다.

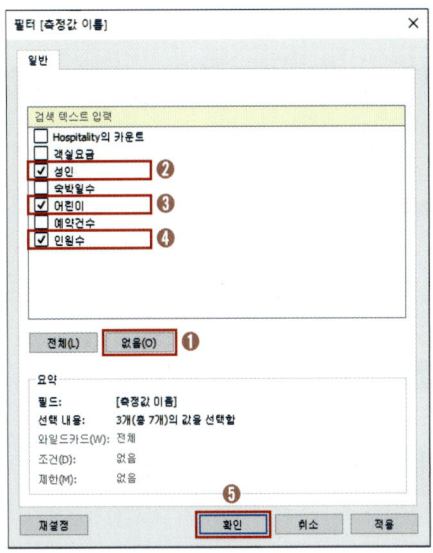

05 필터링 후 남은 [성인], [어린이], [인원수] 필드를 확인할 수 있습니다.

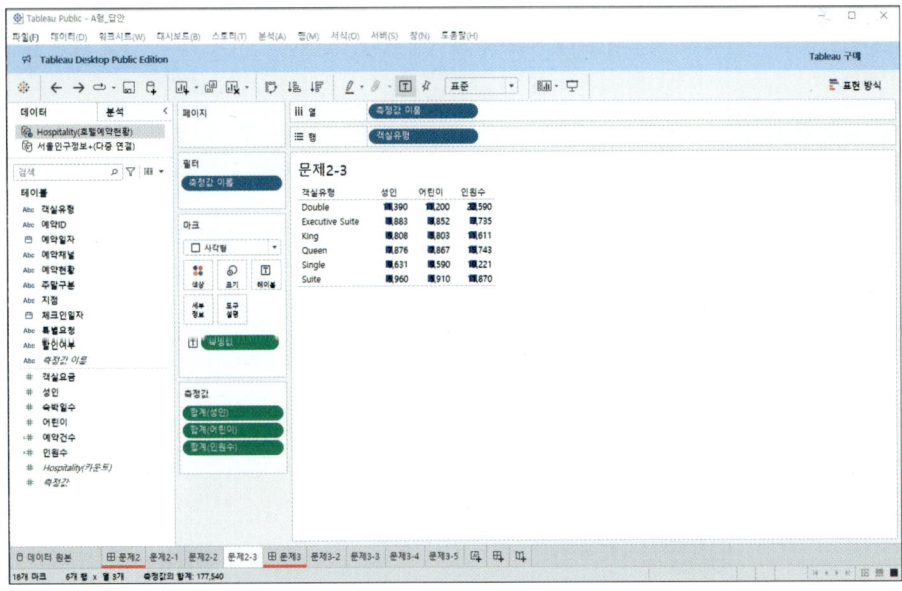

③ 색상 편집의 색상표를 이용하여 측정값의 색상을 설정하시오.

01 데이터 패널의 [측정값] 필드를 마크 패널의 **색상**으로 **드래그 앤 드롭**합니다.

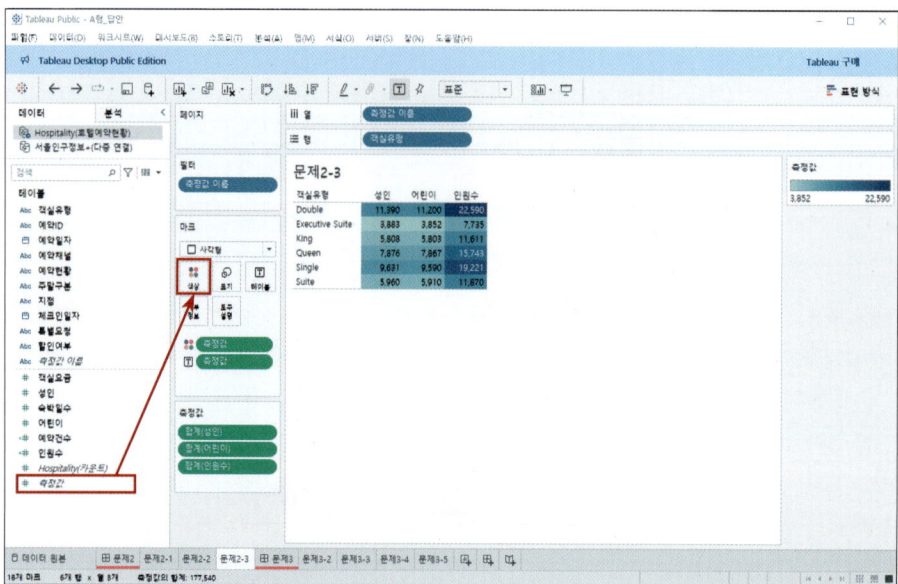

02 별도의 범례로 사용하기 위해 마크 패널에 색상으로 추가된 **측정값**을 **마우스 우클릭**합니다. 이때 나타나는 팝업 메뉴에서 **별도의 범례 사용**을 클릭합니다.

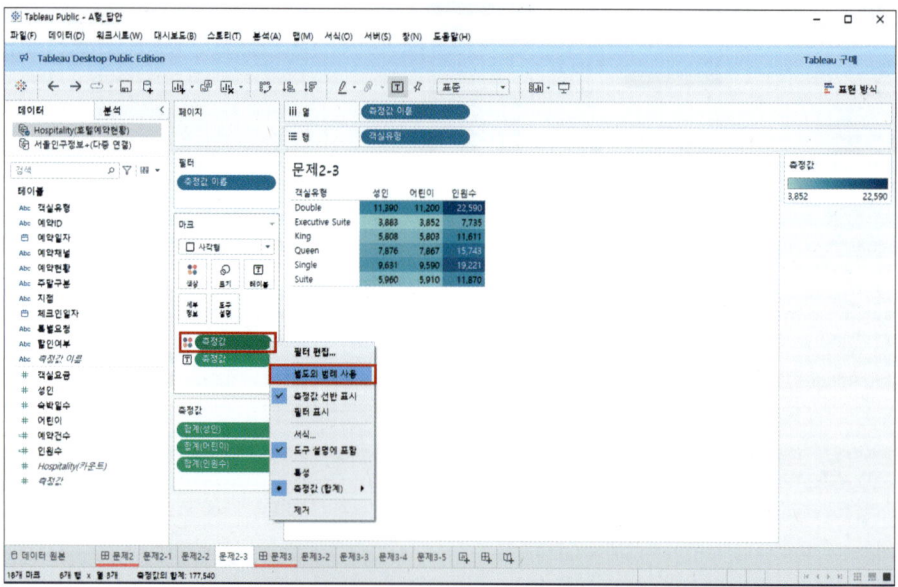

03 우측에 나누어진 **합계(성인)** 범례의 **색상표**를 **마우스 우클릭**하여 나타난 팝업 메뉴의 **색상 편집**을 클릭합니다.

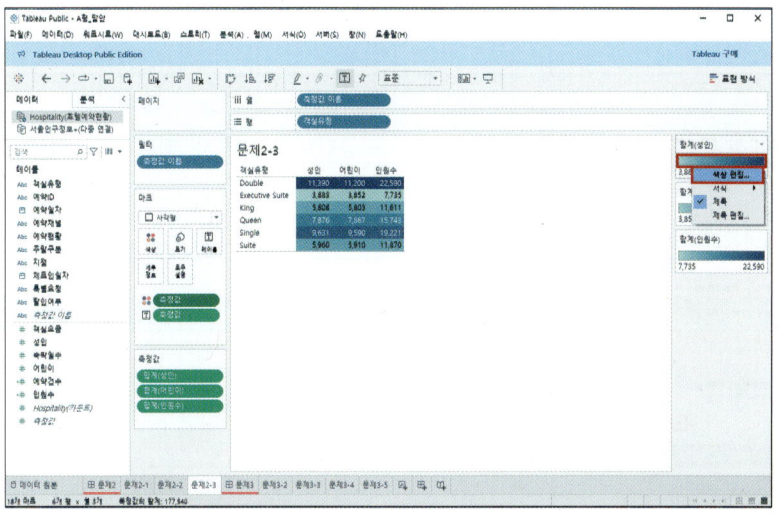

04 나타난 **색상 편집 [성인]** 팝업 창에서 **색상표(P)** 박스를 클릭하여 **파란색**으로 선택하고 **확인**을 클릭합니다. 같은 방식으로 **합계(어린이)** 범례의 **색상표**는 **마우스 우클릭 > 색상 편집 > 색상표(P) 박스 > 녹색**으로, **합계(인원수)** 범례의 **색상표**는 **마우스 우클릭 > 색상 편집 > 색상표(P) 박스 > 자주색**으로 선택하고 **확인**을 클릭합니다. 차트가 문제의 지시대로 완성된 것을 확인할 수 있습니다.

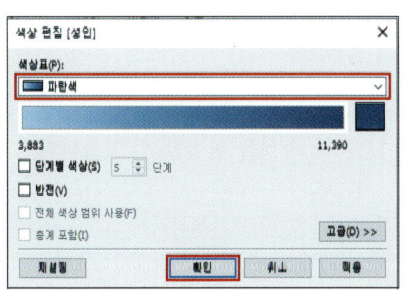 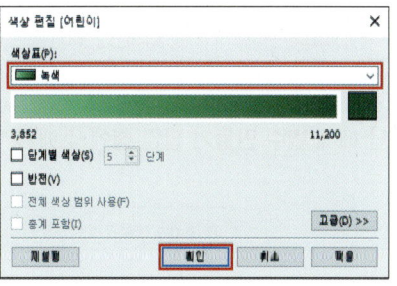

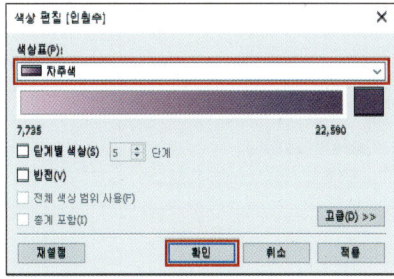 

05 하단에서 **문제2**를 클릭하여 해당 대시보드로 이동합니다. 작업한 대시보드가 문제2의 시각화 완성화면(232p)과 일치하는지 확인한 후 해당 대시보드의 작업을 마무리합니다.

풀이 3 ▶ 복합요소 구현   50점

1 매개 변수와 필드를 생성하고, 매개 변수를 '문제3' 대시보드에 배치하시오.

① 다음의 조건에 맞는 [할인적용여부] 매개 변수와 [할인율] 필드를 생성하시오.

01 하단 탭에서 **문제3-2**를 클릭하여 해당 시트로 이동합니다. 데이터 패널 상단의 ▼을 클릭하고 나타난 팝업 메뉴에서 **매개 변수 만들기**를 클릭합니다.

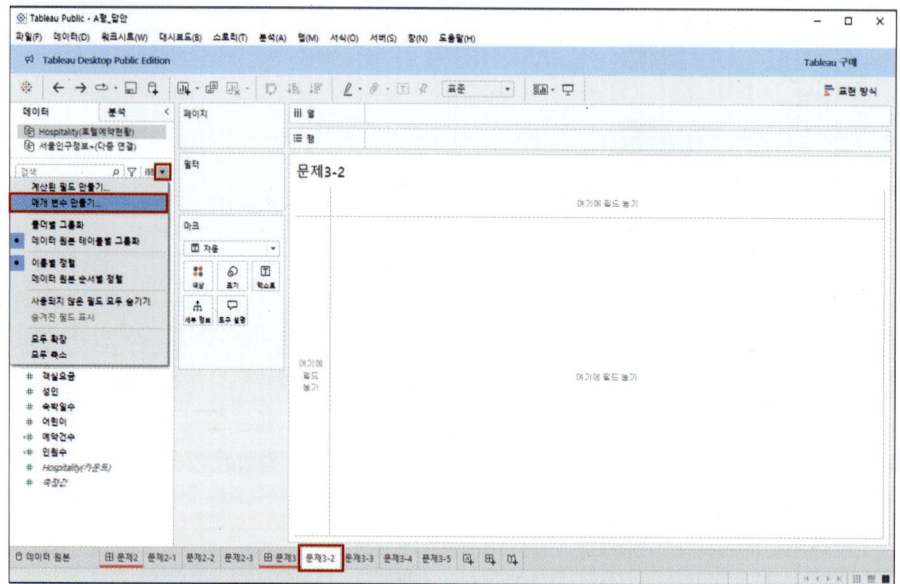

02 나타난 **매개 변수 만들기 팝업 창**에서 매개 변수 이름이나 속성을 편집할 수 있습니다.

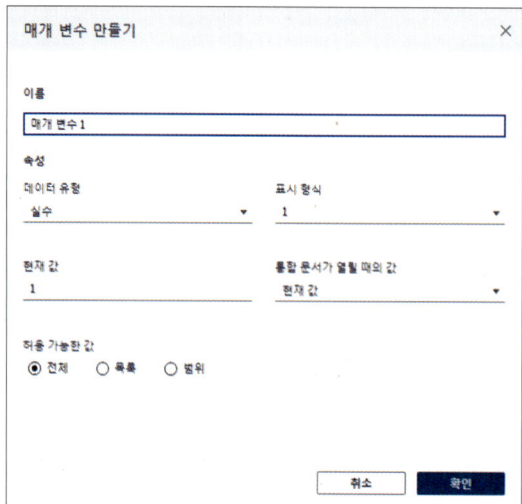

03 먼저 할인적용여부 매개 변수를 만들기 위해 **이름**을 **할인적용여부**라고 입력합니다. 속성에서 **데이터 유형**을 **부울**로 바꾸면 참/거짓으로 반환하는 매개 변수를 생성할 수 있습니다.

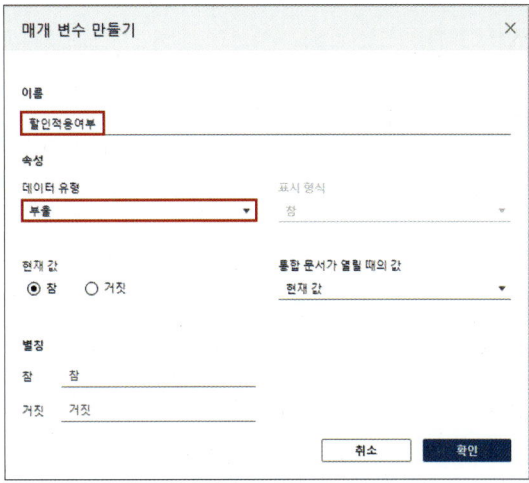

04 데이터 유형을 부울로 변경하면 기존의 레이아웃에서 참과 거짓일 때의 별칭도 변경할 수 있습니다. 팝업 창 하단에서 **별칭**을 **참**일 때는 **할인가**, **거짓**일 때는 **정상가**로 나타날 수 있게 입력하여 변경합니다. **확인**을 눌러 마무리합니다.

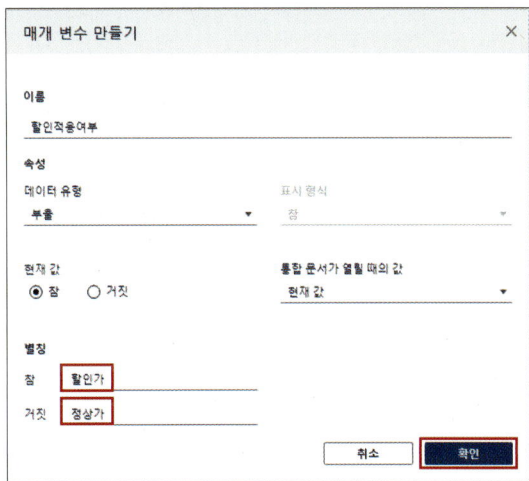

05 데이터 패널 상단의 ▼을 클릭하고 나타난 팝업 메뉴에서 **계산된 필드 만들기**를 클릭합니다.

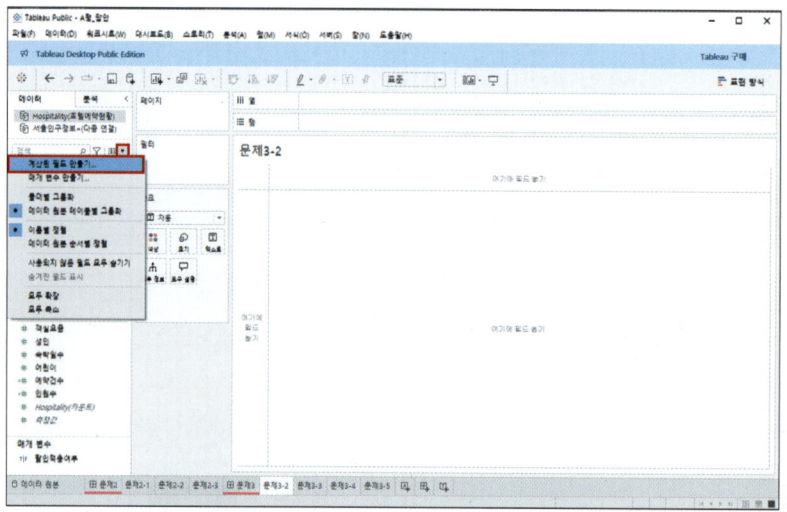

06 나타난 **계산된 필드 만들기 팝업 창**에서 **이름**을 **할인율**로 변경합니다. 숙박일수가 50일 이상일 때 할인율이 20%, 30일 이상 50일 미만일 때 15%, 10일 이상 30일 미만일 때 10%, 5일 이상 10일 미만일 때 5%, 그 외에는 0%입니다. +를 입력한 후 할인여부에 따라 Yes이면 할인율이 5%이고 아니면 없습니다. 다음 수식을 입력하고 **확인**을 클릭합니다.

```
IF [숙박일수] >= 50 THEN 0.2
ELSEIF [숙박일수] >= 30 THEN 0.15
ELSEIF [숙박일수] >= 10 THEN 0.1
ELSEIF [숙박일수] >= 5 THEN 0.05
ELSE 0
END
+
IF [할인여부] = 'Yes' THEN 0.05
ELSE 0
END
```

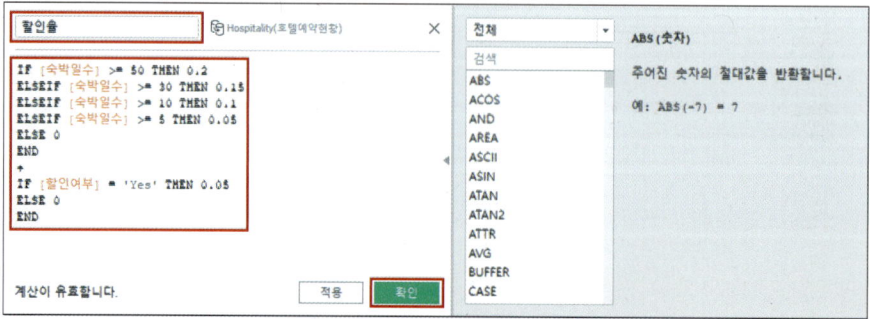

② [할인금액] 필드와 [할인가] 필드를 생성하시오.

01 데이터 패널 상단의 ▼을 클릭하고 나타난 팝업 메뉴에서 **계산된 필드 만들기**를 클릭합니다.

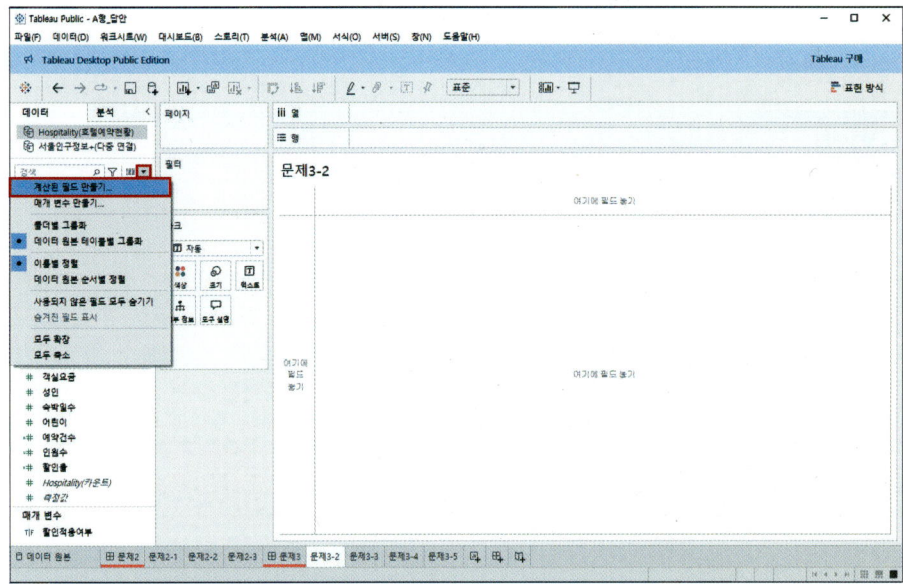

02 나타난 **계산된 필드 만들기 팝업 창**에서 **이름**을 **할인금액**으로 입력합니다. 할인금액을 계산하기 위해 객실요금과 할인율을 곱해줍니다. 다음 수식을 입력하고 **확인**을 클릭합니다.

[객실요금] * [할인율]

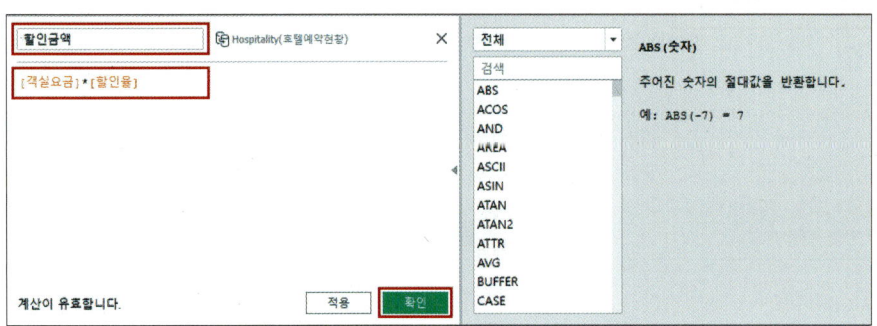

03 데이터 패널 상단의 ▼을 클릭하고 나타난 팝업 메뉴에서 **계산된 필드 만들기**를 클릭합니다.

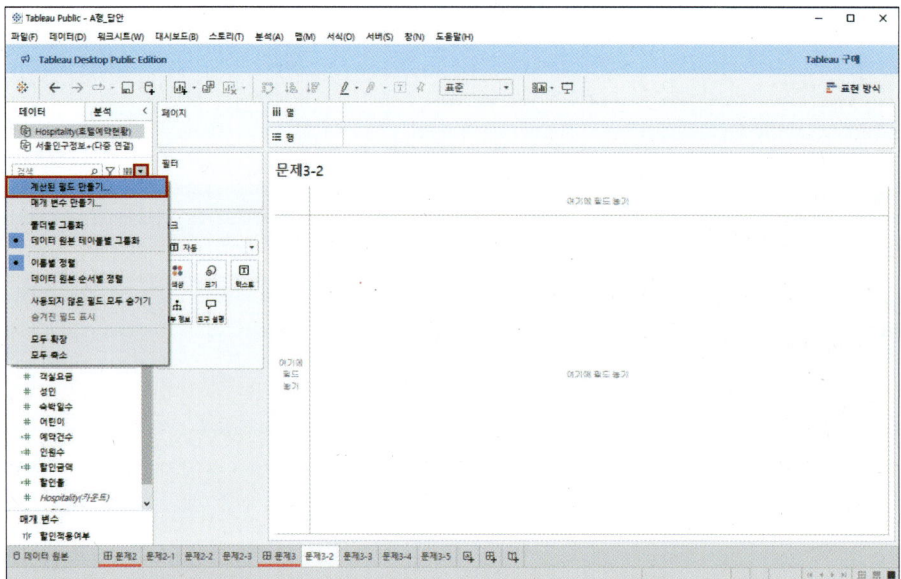

04 나타난 **계산된 필드 만들기 팝업 창**에서 이름을 **할인가**로 입력합니다. 할인가를 계산하기 위해 객실요금에서 할인금액을 빼줍니다. 다음 수식을 입력하고 **확인**을 클릭합니다.

[객실요금]-[할인금액]

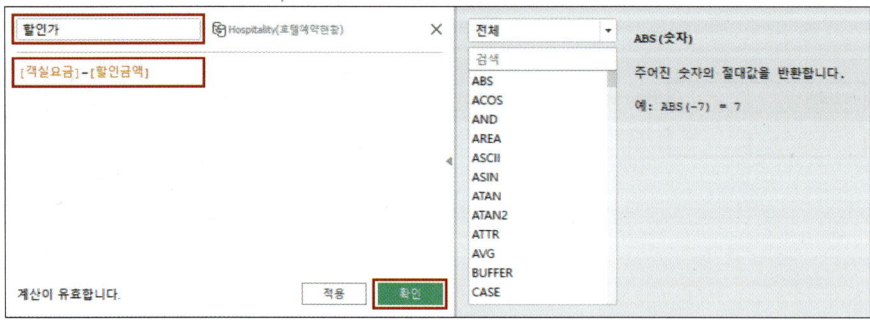

③ 매개 변수를 적용하는 [정상가/할인가] 필드를 생성하시오.

01 데이터 패널 상단의 ▼을 클릭하고 나타난 팝업 메뉴에서 **계산된 필드 만들기**를 클릭합니다.

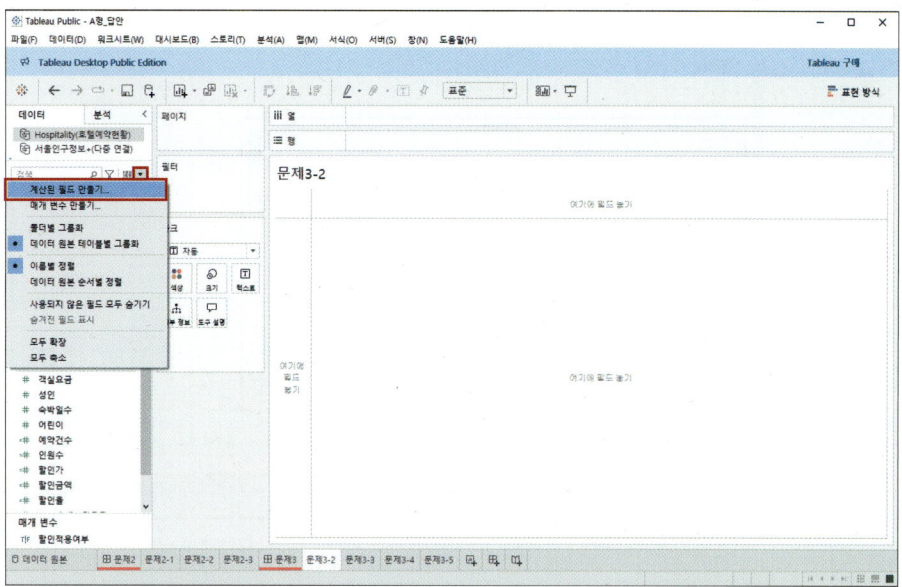

02 나타난 **계산된 필드 만들기 팝업 창**에서 **이름**을 **정상가/할인가**로 입력합니다. [할인적용여부] 매개 변수가 참일 경우 [할인가] 필드를 반환하고 [할인적용여부] 매개 변수가 거짓일 경우 [객실요금] 필드를 반환합니다. 단, **CASE문**을 사용해야 합니다. 다음 수식을 입력하고 **확인**을 클릭합니다.

```
CASE [할인적용여부]
WHEN TRUE THEN [할인가]
WHEN FALSE THEN [객실요금]
END
```

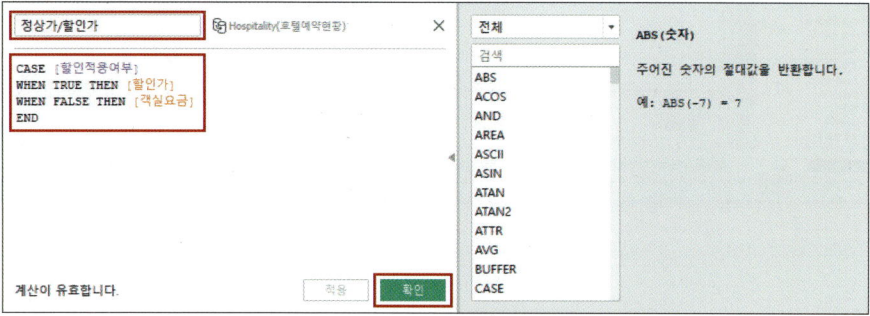

03 하단 탭에서 **문제3**을 클릭하여 해당 대시보드로 이동한 후 **문제3-2 시트**를 클릭합니다.

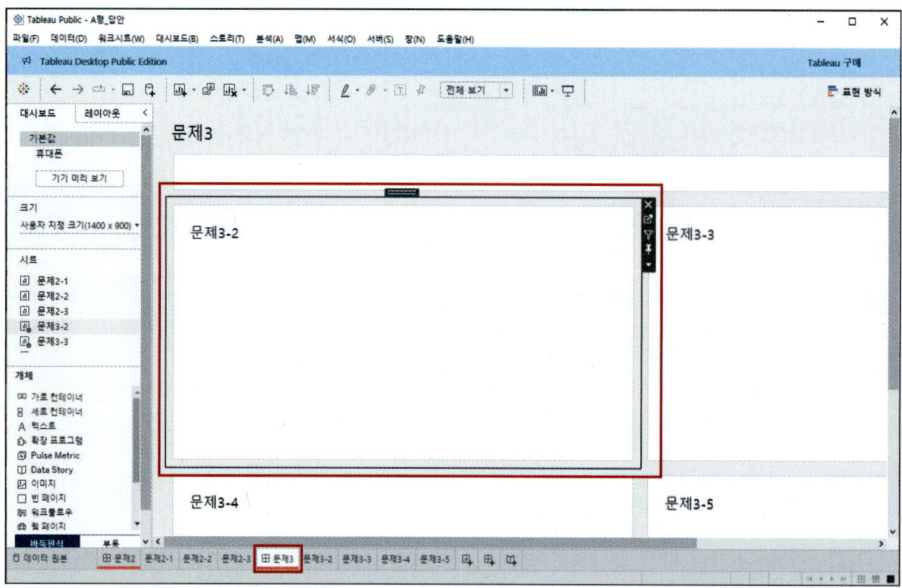

04 시트 오른쪽에 ▼을 클릭하여 나타난 팝업 메뉴에서 **매개 변수(E)** > **할인적용여부**를 클릭합니다. 대시보드 상단에 할인적용여부가 나타납니다.

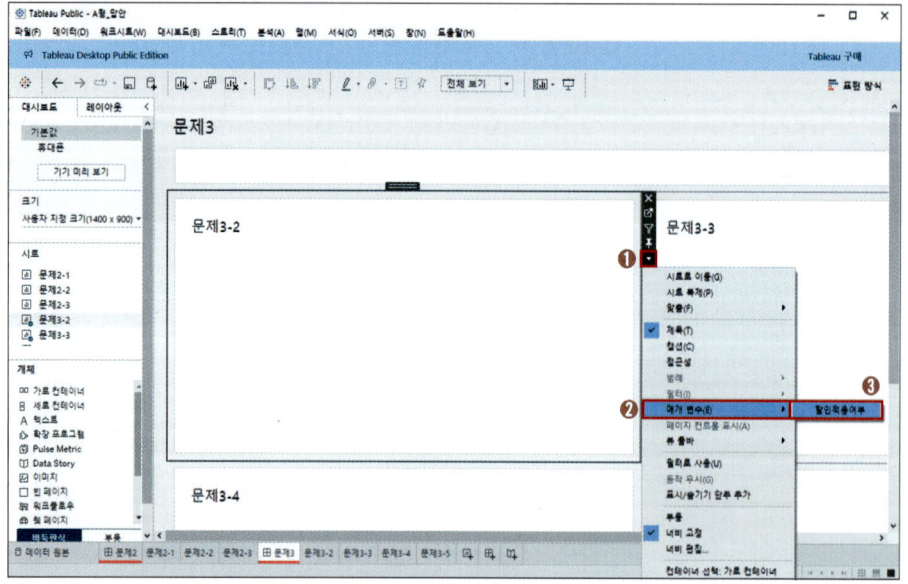

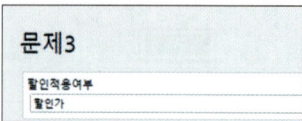

2 '문제3-2' 시트에 훅 차트(Bump Chart)를 구현하시오.

① '문제3-2' 시트에 훅 차트(Bump Chart)를 구현하시오.

01 하단 탭에서 **문제3-2**를 클릭하여 해당 시트로 이동합니다. 데이터 패널에 있는 **[체크인일자] 필드**를 **열 패널**로 **드래그 앤 드롭**합니다.

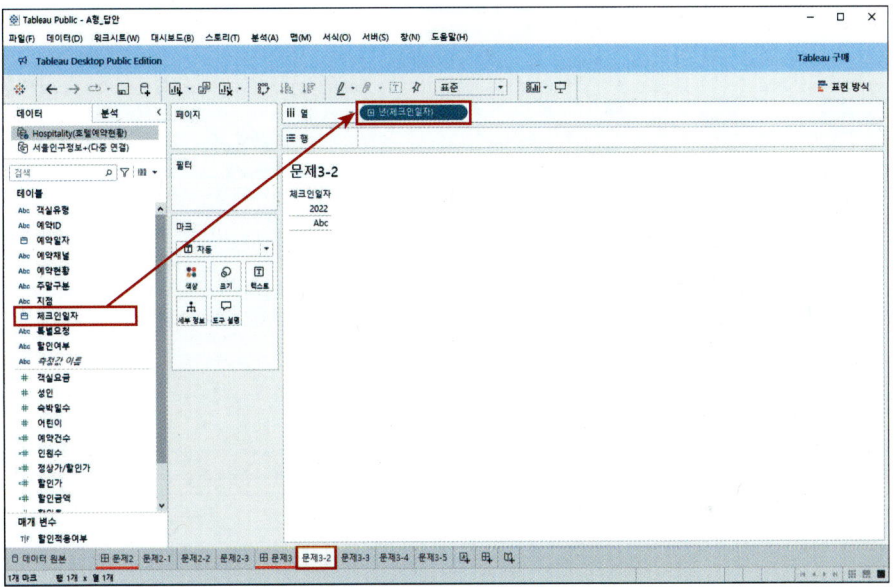

02 [체크인일자] 필드를 불연속형 월로 변경하기 위해 열 패널에 추가된 **년(체크인일자)**을 **마우스 우클릭**하여 나타난 팝업 메뉴에서 **불연속형 월(월 5월)**을 클릭합니다. **월(체크인일자)**로 변경됩니다.

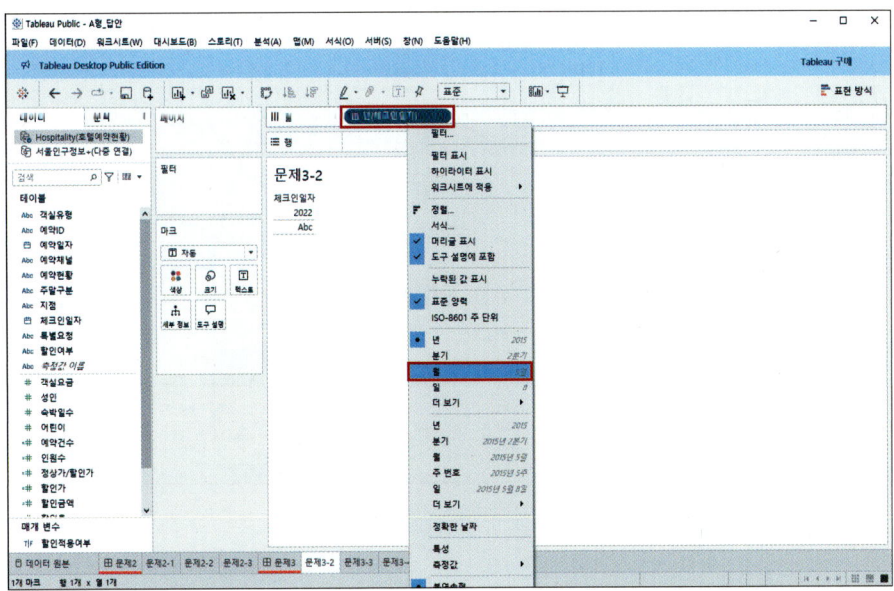

03 앞에서 만든 [정상가/할인가] 필드를 **행 패널**에 **드래그 앤 드롭**합니다. 다만, 지점별 정상가/할인가 필드 순위를 사용해야 하기 때문에 데이터 패널에 있는 **[지점]** 필드를 마크 패널의 **세부 정보**로 **드래그 앤 드롭**합니다.

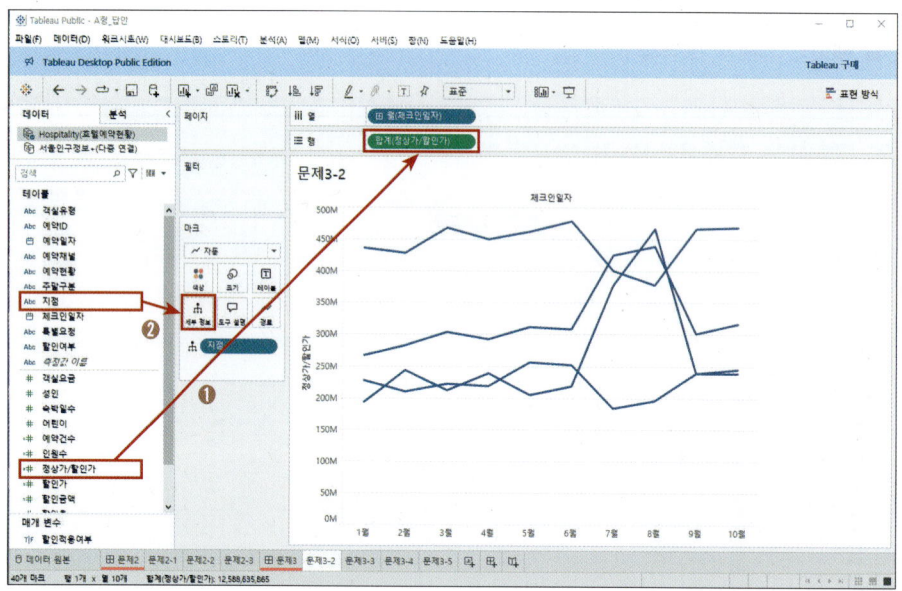

04 지점별 정상가/할인가 필드 순위를 계산하기 위해 행 패널에 추가된 **합계(정상가/할인가)**를 **마우스 우클릭**합니다. 나타난 팝업 메뉴에서 **퀵 테이블 계산 > 순위**를 클릭합니다.

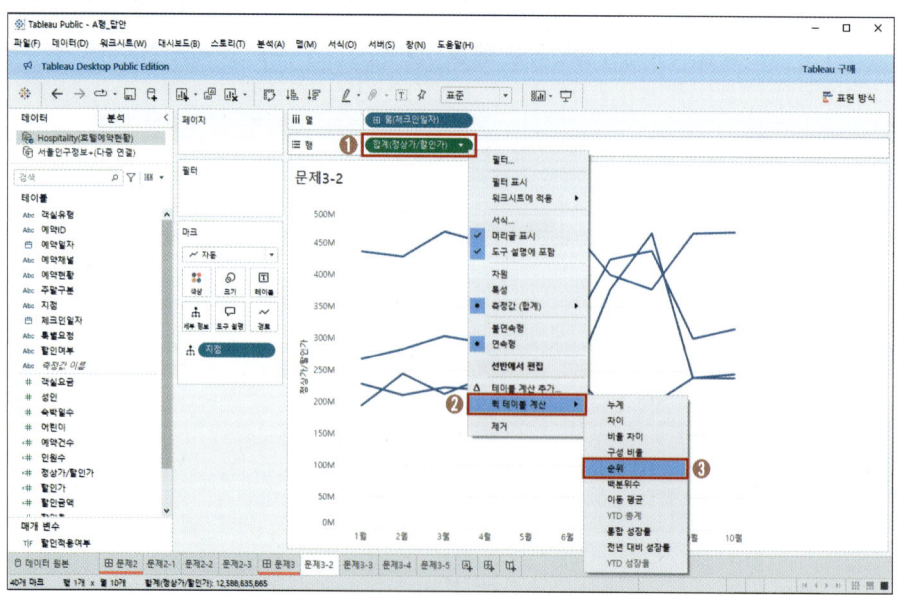

05 지점에 따라 순위를 나타낼 수 있도록 행 패널에 추가된 **합계(정상가/할인가)**를 다시 **마우스 우클릭**합니다. 나타난 팝업 메뉴에서 **계산 대상 > 지점**을 클릭합니다.

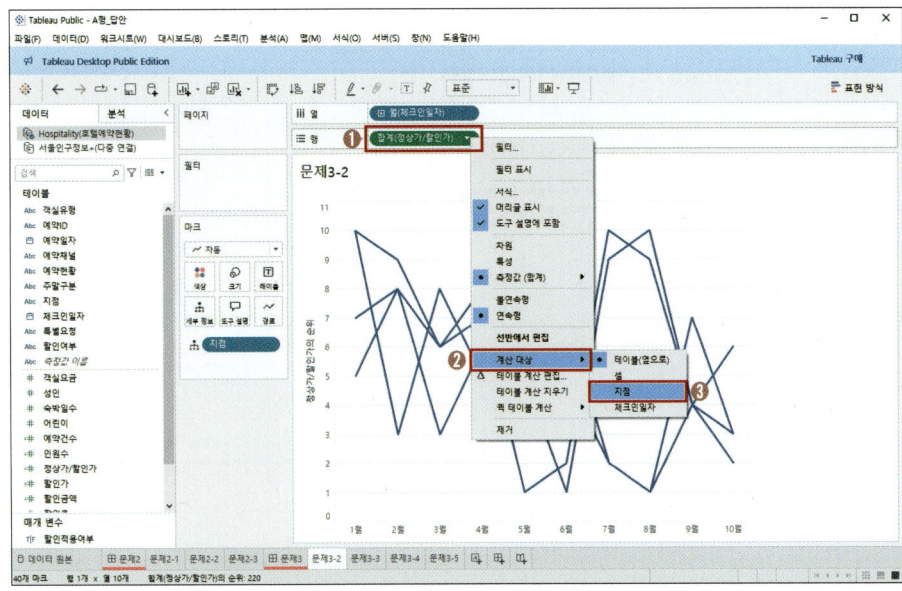

06 합계가 큰 순위, 즉 1순위부터 4순위까지의 변화를 볼 수 있도록 표현하기 위해 축을 반전시켜야 합니다. 이때 **왼쪽에 있는 세로축을 마우스 우클릭**하면 나타나는 팝업 메뉴에서 **축 편집**을 클릭합니다.

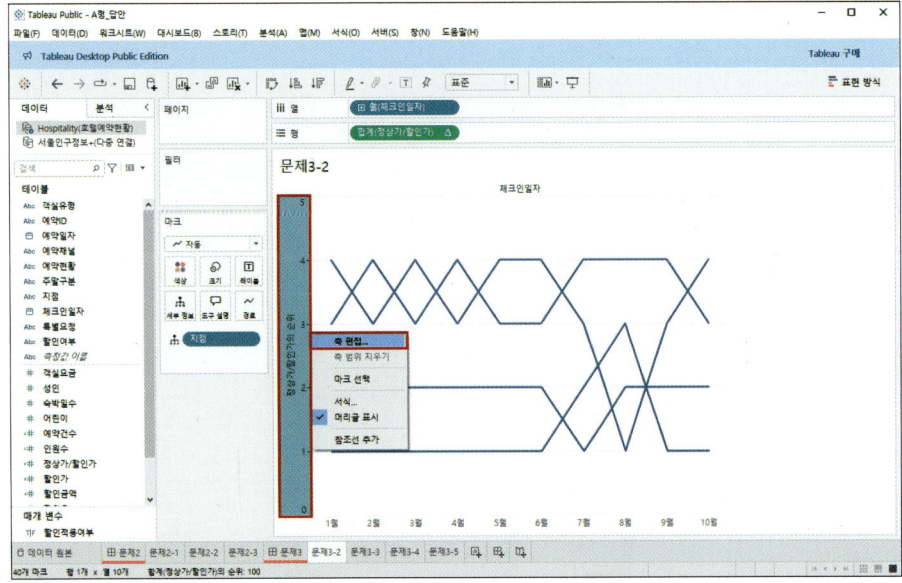

07 축 편집 **[정상가/할인가의 순위]** 팝업 창 중간에 있는 **눈금 > 반전**을 클릭하면 축 순서를 반전시킬 수 있습니다. 반전을 체크하기 전에는 4순위 → 3순위 → 2순위 → 1순위 순서로 정렬되었으나 체크한 후에는 1순위 → 2순위 → 3순위 → 4순위 순서로 정렬됩니다.

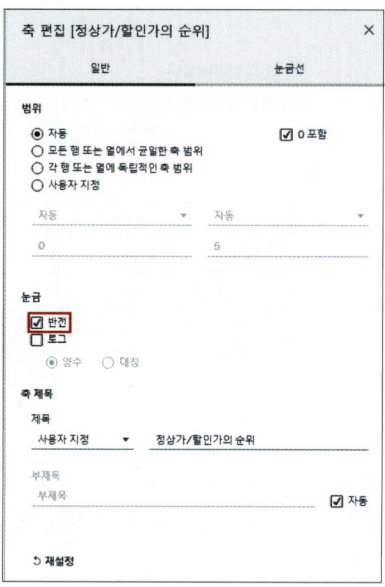

08 축 편집 창 하단에서 **축 제목**을 설정할 수 있습니다. 제목 아래에 있는 **사용자 지정**을 클릭하면 팝업 메뉴가 나타납니다. 이때, 생성한 매개 변수인 할인적용여부를 잘 만들었으면 축 제목으로 활용할 수 있습니다. 클릭하여 제목을 **할인적용여부**로 바꾸고 우측 상단의 ☒를 클릭하여 창을 닫습니다.

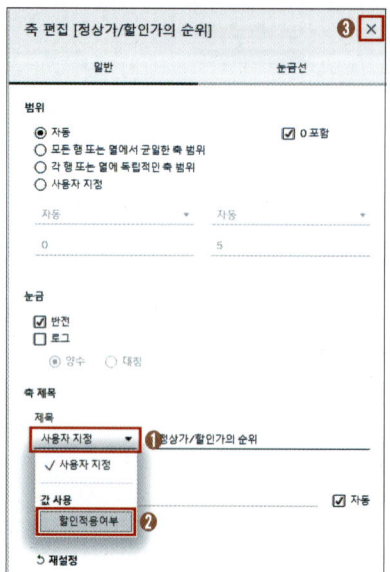

09 라인과 원으로 표시하기 위해 행 패널에 추가된 **합계(정상가/할인가)**를 클릭하고 **Ctrl**을 누른 상태에서 **행 패널 오른쪽 빈 공간**에 **드래그 앤 드롭**합니다.

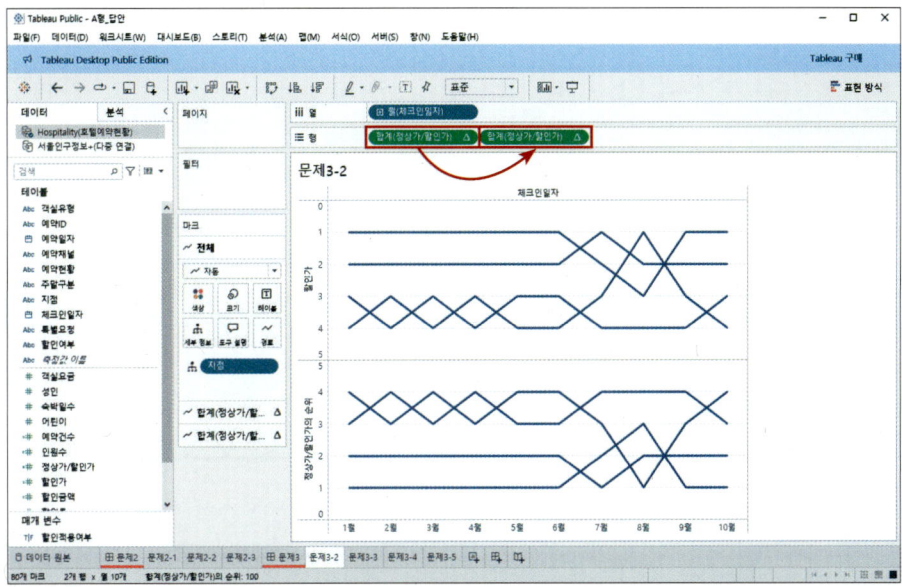

10 복사된 **합계(정상가/할인가)**를 **마우스 우클릭**합니다. 나타난 팝업 메뉴에서 **이중 축**을 클릭합니다.

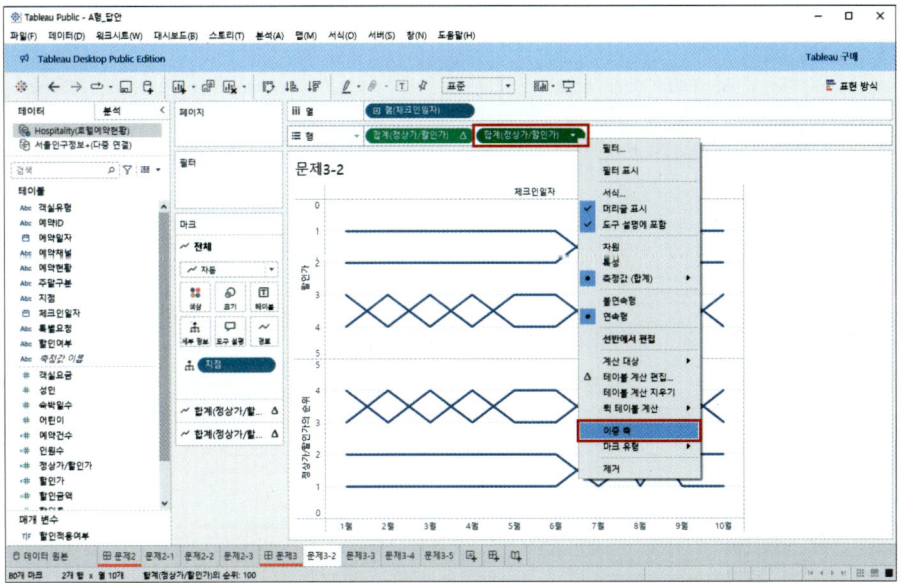

11 이중 축을 수행하고 나면 두 축의 범위나 반전 등의 축 설정이 다르기 때문에 축 동기화가 필요합니다. **오른쪽 세로축**을 **마우스 우클릭**하여 나타난 팝업 메뉴에서 **축 동기화**를 클릭합니다.

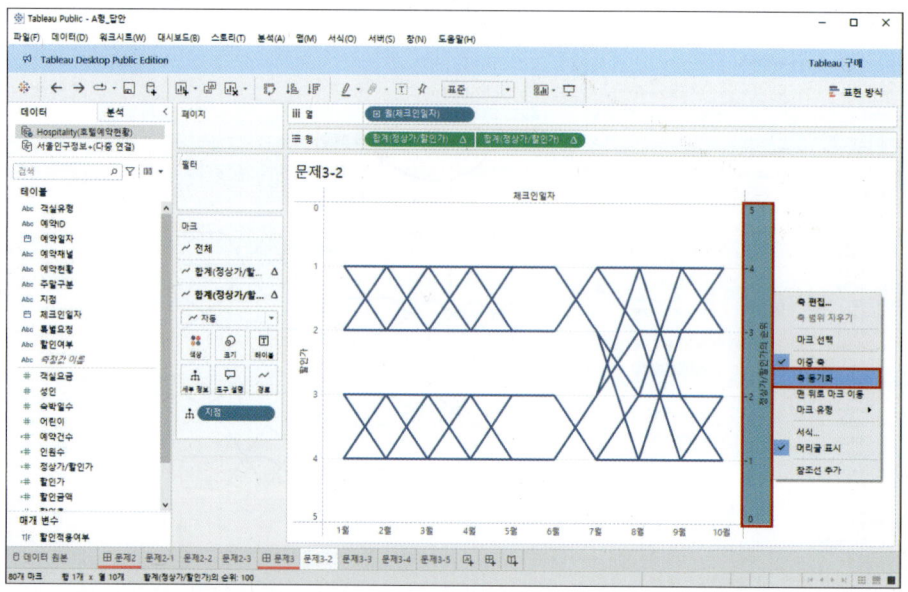

12 하나는 라인 표시, 다른 하나는 원 표시로 바꾸기 위해서 마크 패널 하단에 있는 **두 번째 합계(정상가/할인가)**를 선택하고 **표현 방식**을 자동에서 **원**으로 변경합니다.

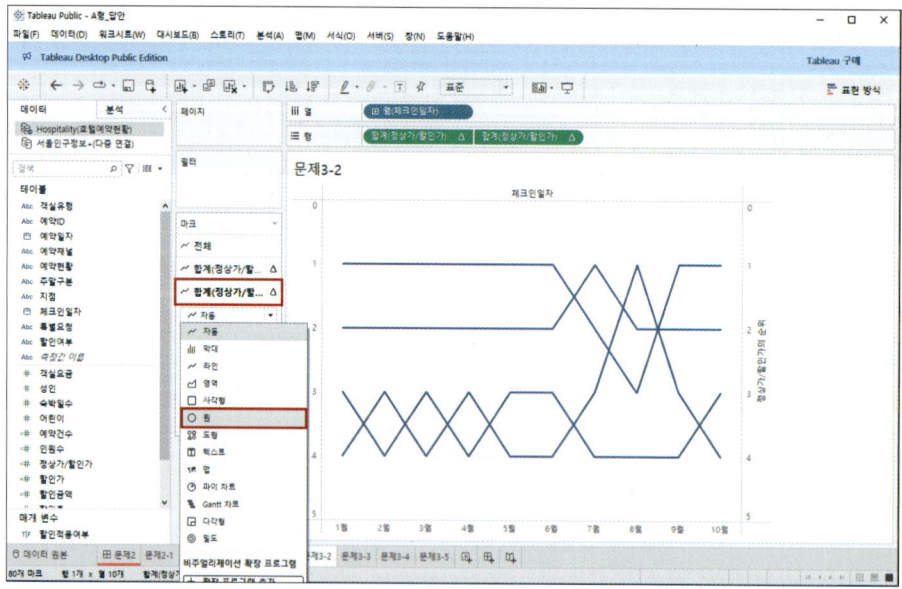

② 레이블 및 색상을 설정하시오.

01 마크 패널에 세부 정보로 추가된 **지점**을 **레이블**에 **드래그 앤 드롭**합니다.

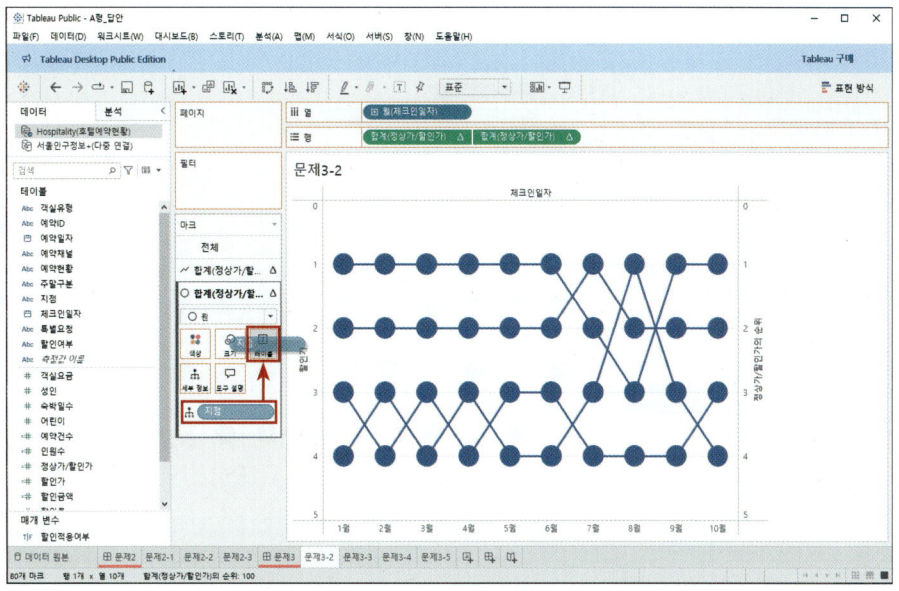

02 [지점] 필드가 원 중앙에 올 수 있도록 마크 패널의 **레이블** > **맞춤 박스**를 클릭하여 **가로**를 ≡로, **세로**는 ≡로 설정합니다. 맞춤 박스를 다시 클릭하여 닫은 후 가장 최근에만 레이블을 표현하기 위해 하단의 **레이블 지정할 마크**를 **가장 최근**으로 선택합니다. 빈 곳을 클릭하여 팝업 창을 닫습니다.

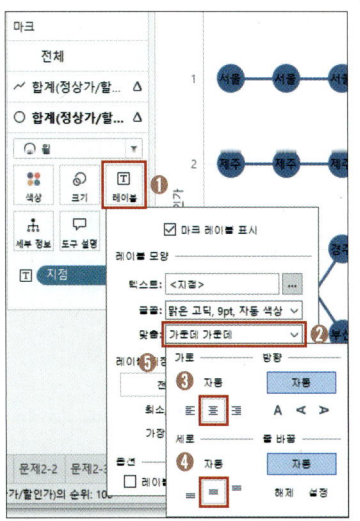 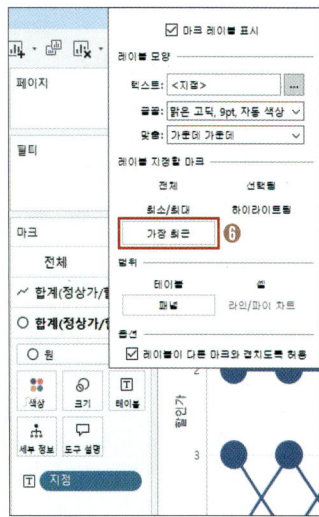

03 지점을 기준으로 색상을 변경하기 위해 데이터 패널에 있는 **[지점]** 필드를 마크 패널의 **색상**으로 **드래그 앤 드롭**합니다.

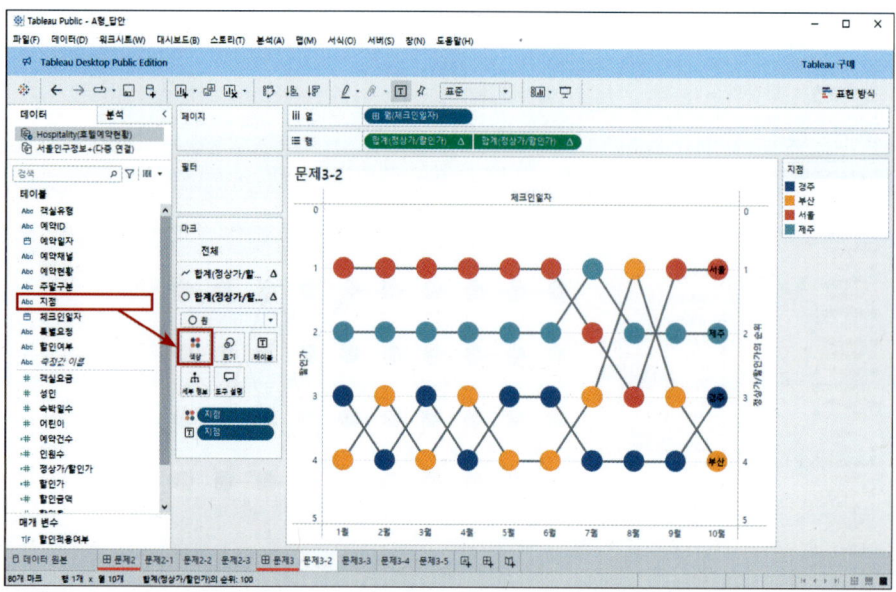

04 혹 차트(Bump Chart)의 원을 연결하는 연결 선 색상을 변경하기 위해 마크 패널의 **첫 번째 합계(정상가/할인가)**를 선택합니다. 세부 정보로 있는 **지점**을 **색상**으로 **드래그 앤 드롭**합니다.

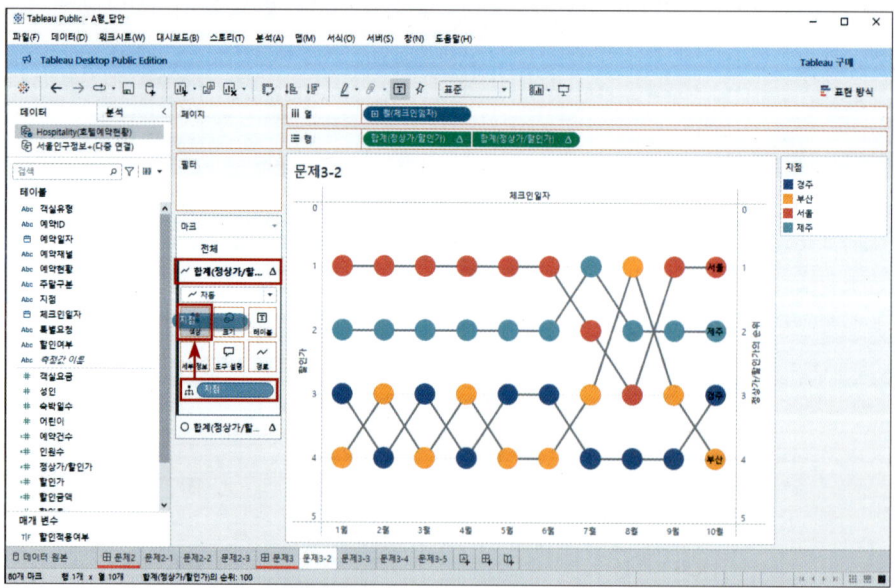

05 완성된 혹 차트(Bump Chart)의 가로축을 상단으로 올리기 위해 상단 메뉴의 **분석(A) > 테이블 레이아웃(B) > 고급(A)**을 클릭합니다.

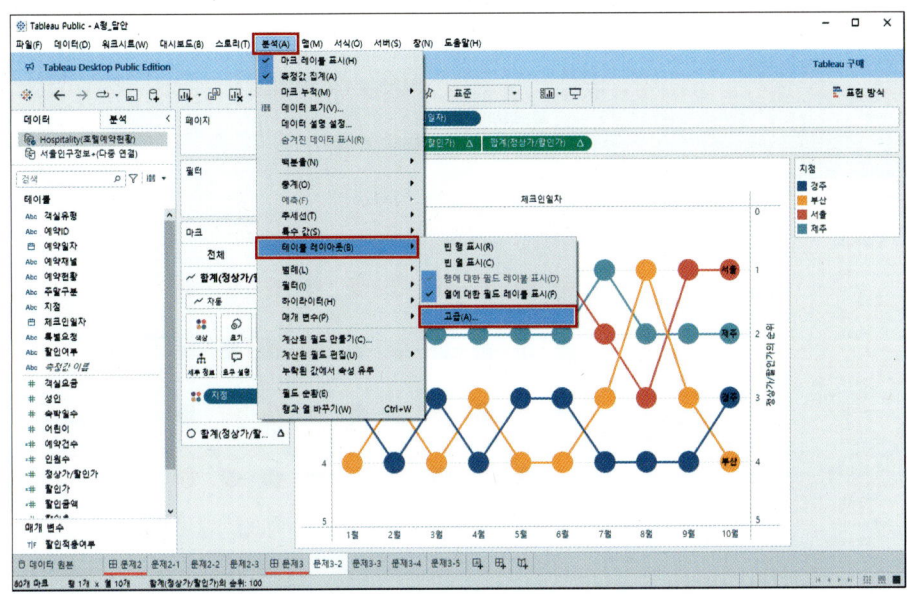

06 나타난 **테이블 옵션 팝업 창**에서 하단에 위치한 **열 > 세로 축이 있을 때 보기 하단에 가장 안쪽 수준 표시 세로 축**을 체크 해제하고 **확인**을 누릅니다.

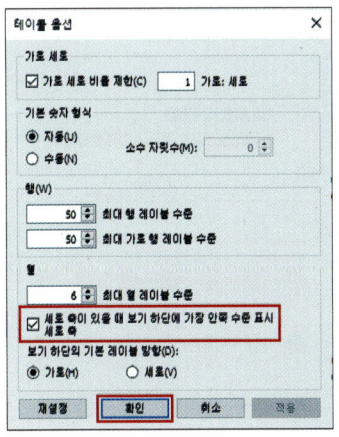

07 세로축은 왼쪽에만 표시해야 하기 때문에 이중 축으로 생성된 **오른쪽 세로축을 마우스 우클릭**하여 나타난 팝업 메뉴에서 **머리글 표시를 체크 해제**합니다.

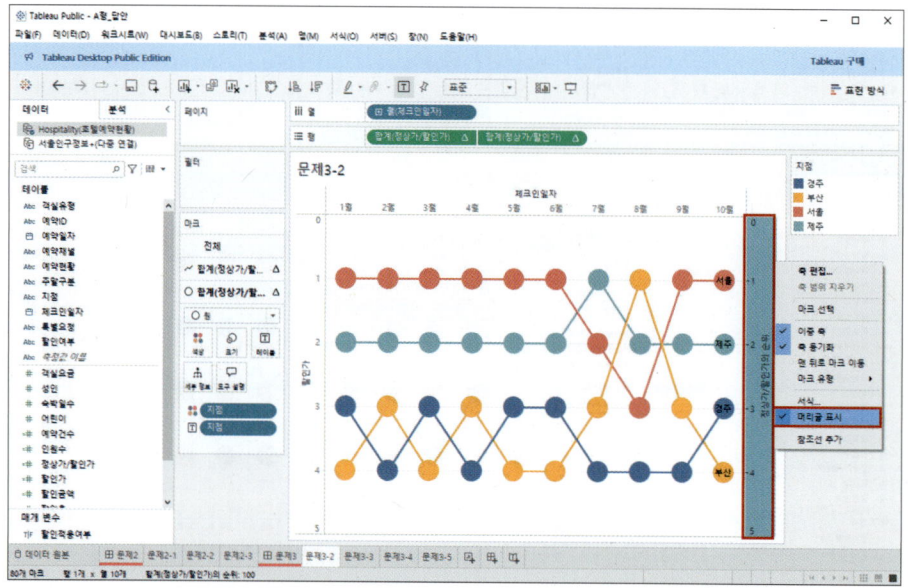

08 상단 가로축에 필드 레이블을 없애기 위해 **체크인일자를 마우스 우클릭**하여 **열에 대한 필드 레이블 숨기기**를 클릭합니다.

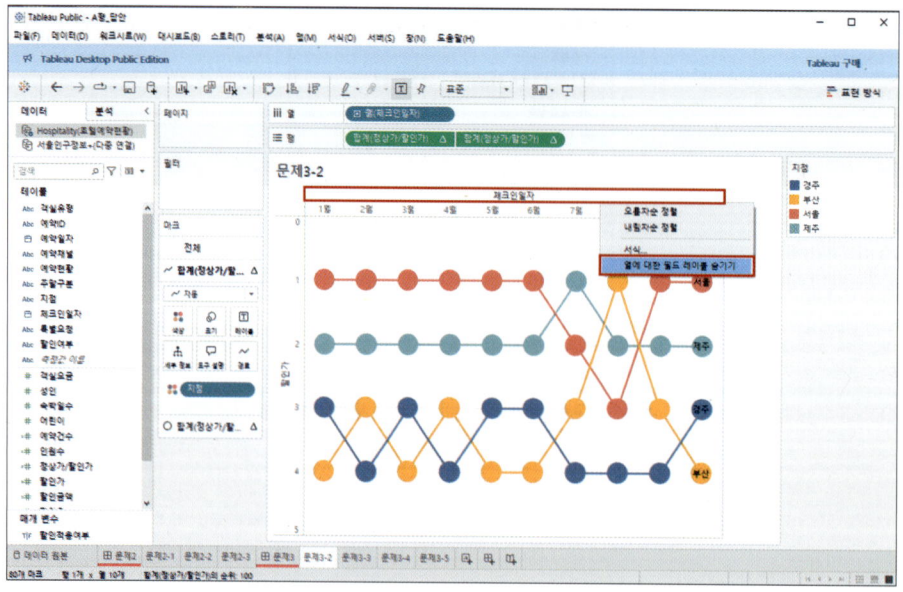

09 원의 크기를 조정하기 위해 마크 패널의 **두 번째 합계(정상가/할인가)**를 클릭합니다. 마크 패널의 **크기**를 클릭하여 **슬라이더를 중앙**으로 옮깁니다. 설정이 완료되었다면 빈 곳을 클릭하여 팝업 창을 닫습니다.

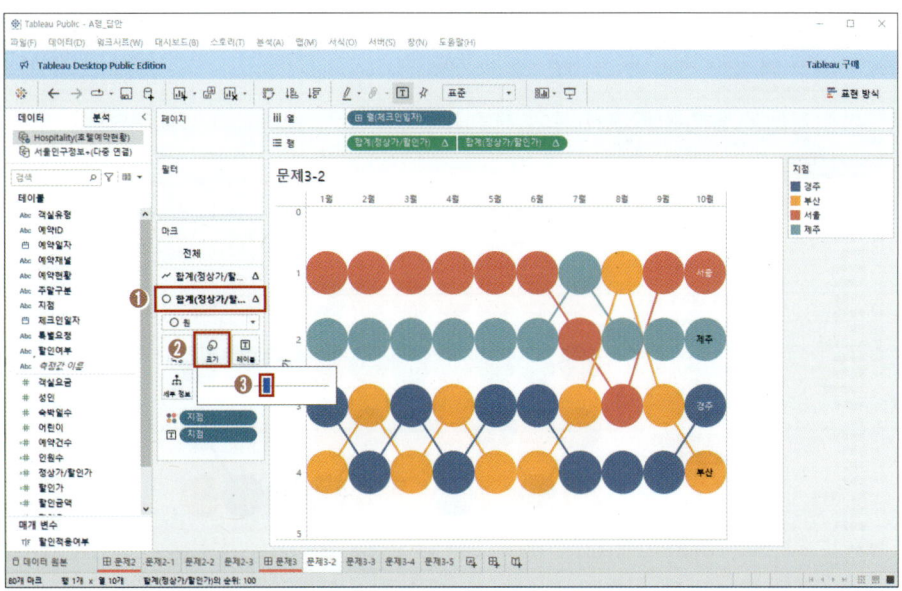

10 설정을 마치고 나면 만들어야 할 혹 치트(Bump Chart)가 완성됩니다.

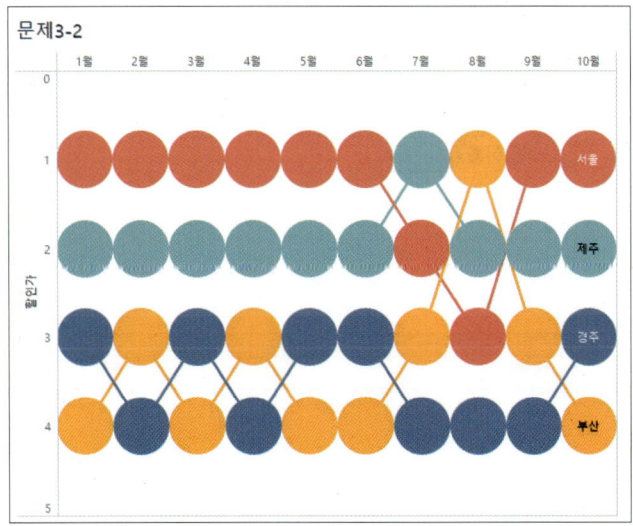

③ '문제3-2' 시트 제목 뒤에 [할인적용여부] 매개 변수를 추가하시오.

01 시트에 제목을 추가하기 위해 **시트 제목**을 **마우스 우클릭**하여 나타난 팝업 메뉴에서 **제목 편집**을 클릭합니다.

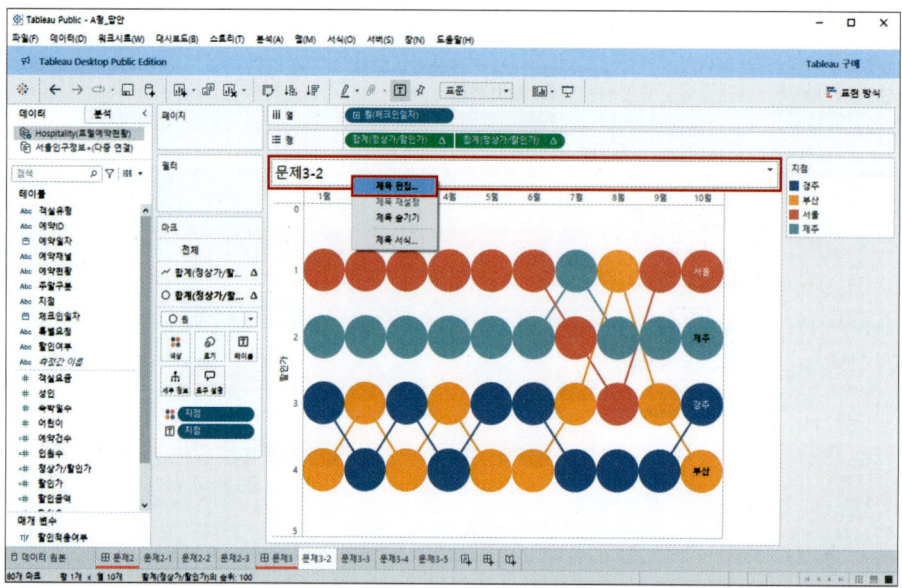

02 나타난 **제목 편집 팝업 창**에서 **<시트 이름>**의 오른쪽에 **한 칸**을 띄고 **(순위)**를 입력한 후 **(와 순 사이**에 **커서**를 둡니다.

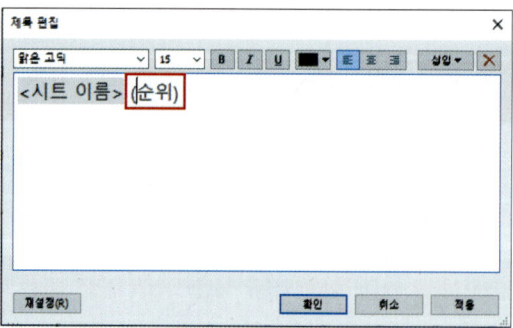

03 [할인적용여부] 매개 변수에 따라 제목이 바뀌도록 오른쪽 상단의 **삽입 > 매개 변수.할인적용여부**를 클릭하여 추가하고 **확인**을 눌러 마무리합니다.

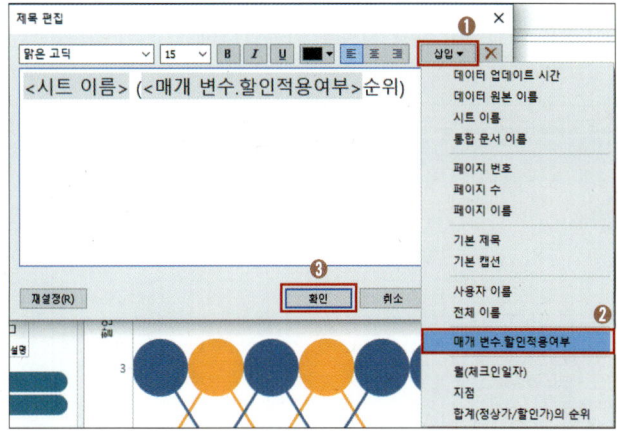

04 하단 탭에서 **문제3**을 클릭하여 해당 대시보드로 이동합니다. 상단의 할인적용여부 매개 변수에서 **정상가**를 선택할 경우 시트 제목이 **문제3-2 (정상가순위)**로 나타나고 **할인가**를 선택할 경우 시트 제목이 **문제3-2 (할인가순위)**라고 나타나게 됩니다. 이제 차트가 문제의 지시대로 완성된 것을 확인할 수 있습니다.

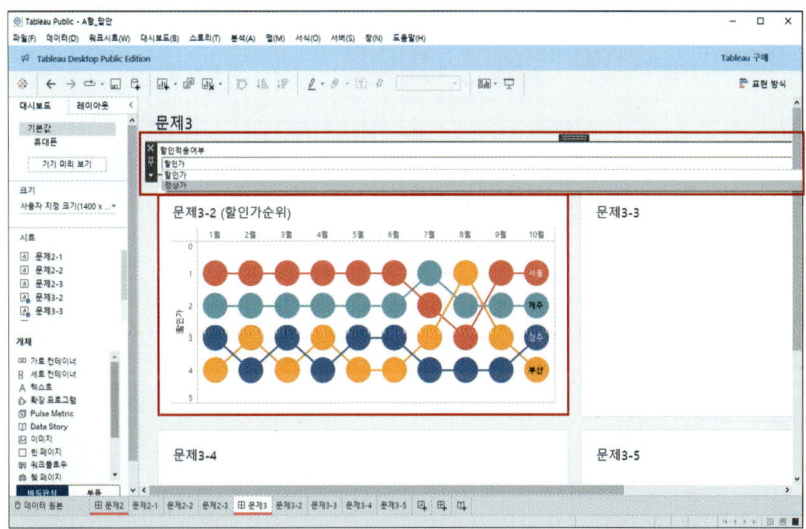

3 '문제3-3' 시트에 가로 막대 차트를 구현하시오.

① [지점] 필드와 [정상가/할인가] 필드를 사용하여 가로 막대 차트를 구현하시오.

01 하단 탭에서 **문제3-3**을 클릭하여 해당 시트로 이동합니다.

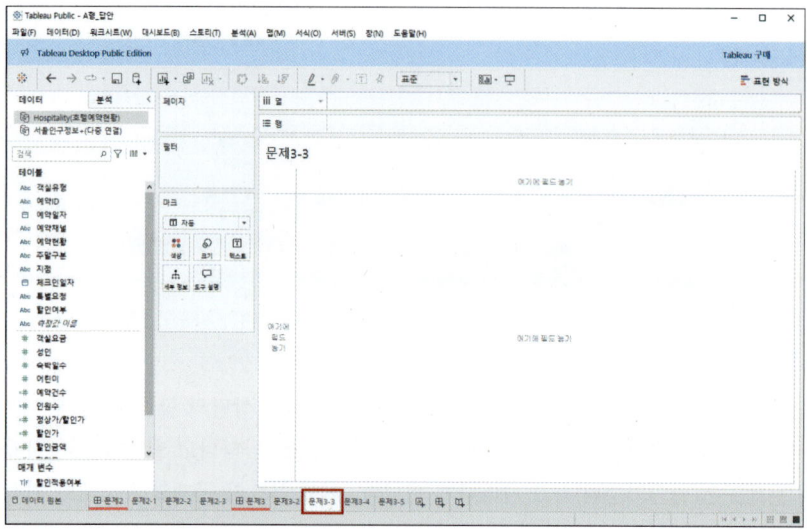

02 지점에 따라 정상가/할인가에 대한 가로 막대 차트를 그리기 위해 먼저 데이터 패널에 있는 **[지점] 필드**를 클릭하고 **행 패널**로 **드래그 앤 드롭**합니다.

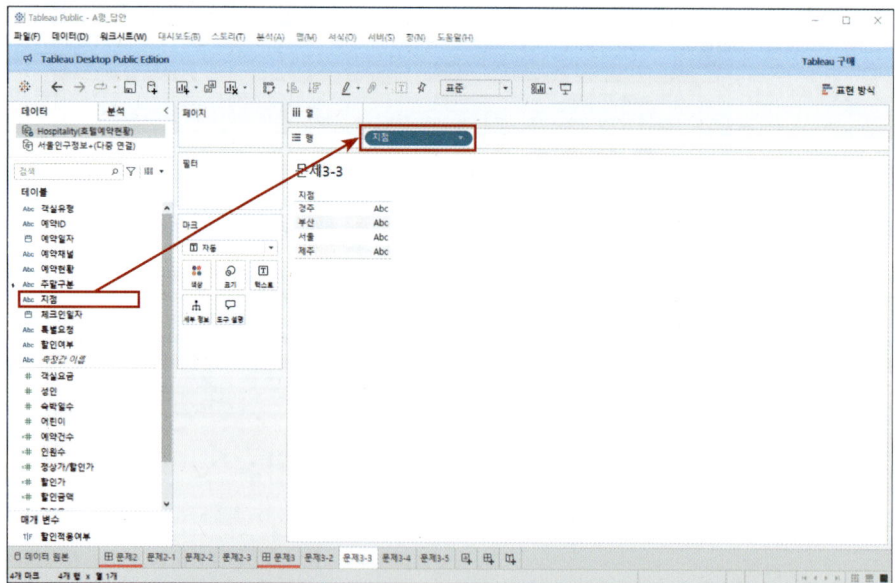

03 가로 막대 차트를 그리기 위해 데이터 패널에 있는 **[정상가/할인가]** 필드를 클릭하고 **열 패널로 드래그 앤 드롭**합니다.

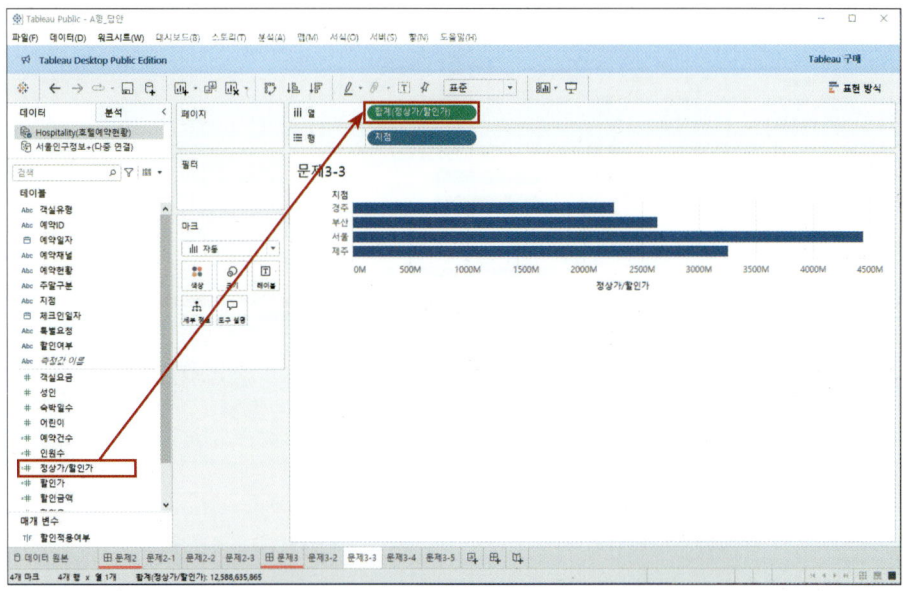

04 지점에 따라 색상을 다르게 표현하기 위해 데이터 패널에 있는 **[지점]** 필드를 클릭하고 마크 패널에 **색상**으로 **드래그 앤 드롭**합니다.

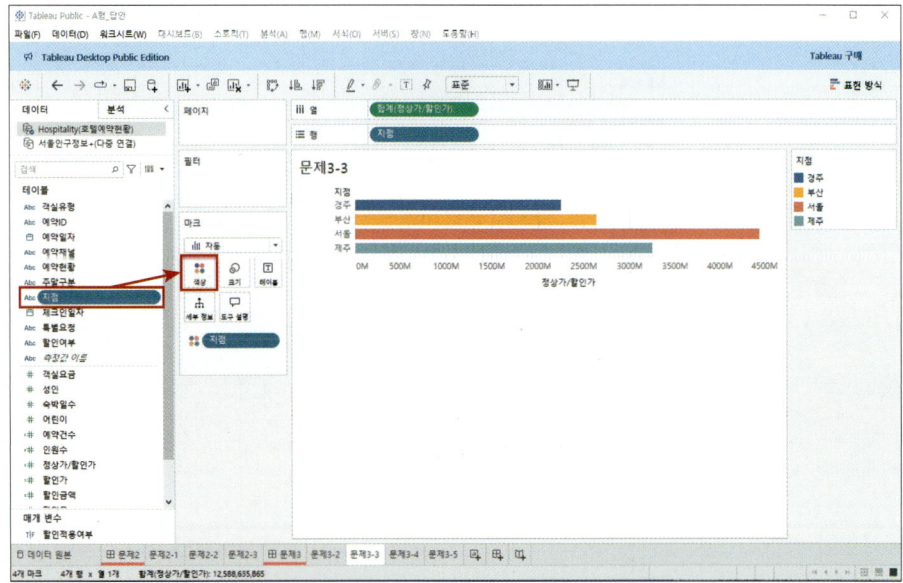

② [지점 집합] 집합 필드를 생성하고, 이에 대한 조건을 설정하는 [객실유형(선택)] 필드를 추가하시오.

01 지점 집합을 생성하기 위해 데이터 패널에 있는 **[지점] 필드**를 **마우스 우클릭**합니다. 나타나는 팝업 메뉴에서 **만들기 > 집합**을 클릭합니다.

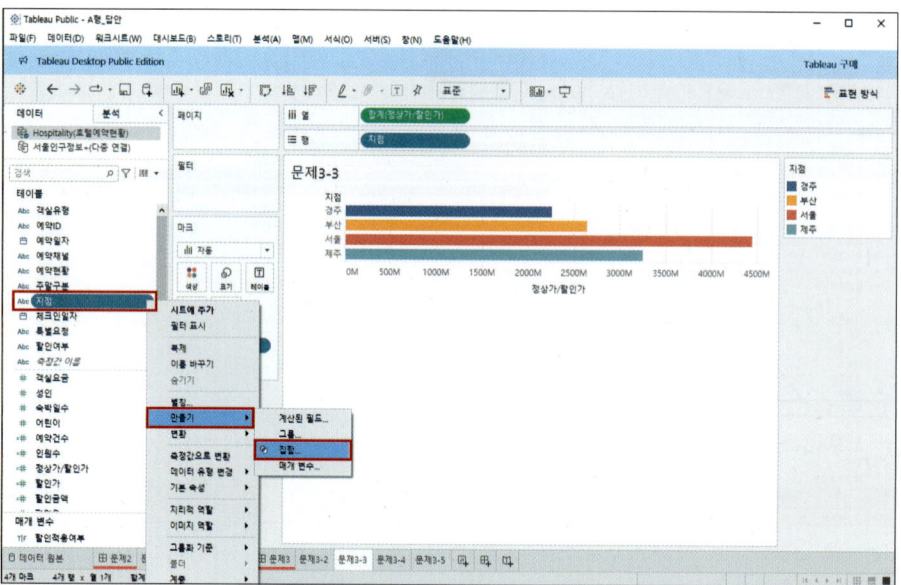

02 나타난 **집합 만들기 팝업 창**에서 **이름**이 **지점 집합**으로 지정되어 있는 것을 확인한 후 **확인**을 클릭합니다.

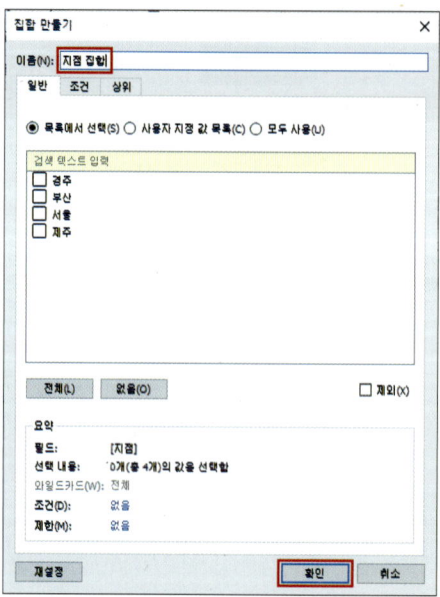

03 데이터 패널 상단의 ▼을 클릭하고 **계산된 필드 만들기**를 클릭합니다.

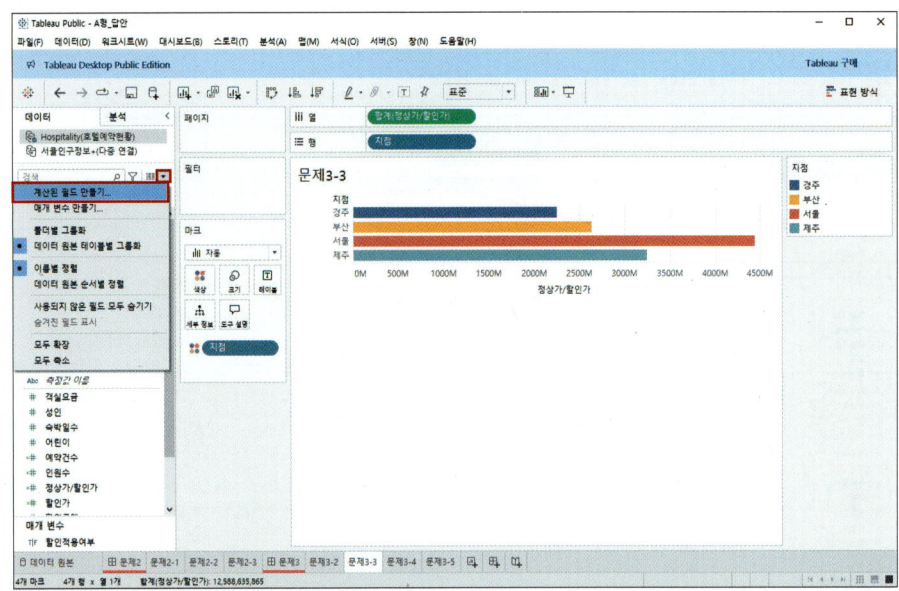

04 나타난 **계산된 필드 만들기 팝업 창**에서 **이름**을 **객실유형(선택)**으로 변경합니다. [객실유형(선택)] 필드는 지점 집합일 때 객실유형이 오고 아닐 경우에는 ▶를 반환하도록 합니다. 다음 수식을 입력하고 **확인**을 클릭합니다.

IF [지점 집합] THEN [객실유형] ELSE " ▶ " END

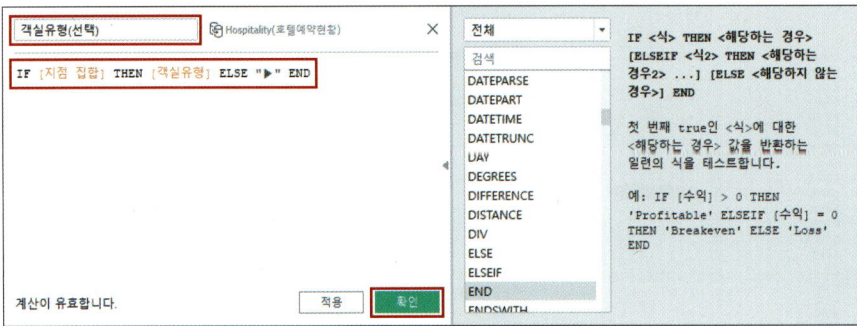

> **Tip**
> - ▶은 자음 ㅁ을 입력한 후 키보드의 한자를 클릭하면 나타나는 팝업 창에서 입력할 수 있습니다. 스크롤의 아래쪽을 클릭하여 다음 페이지로 넘기다 보면 4페이지의 2에 나타나는 것을 확인할 수 있습니다.
> - 작업 환경에 따라 심볼 입력 팝업 창에서 페이지를 넘기지 않고 바로 입력할 수 있습니다.

05 데이터 패널에서 새롭게 만든 [객실유형(선택)] 필드를 클릭하고 행 패널에 추가된 **지점 오른쪽 빈 공간**에 **드래그 앤 드롭**합니다.

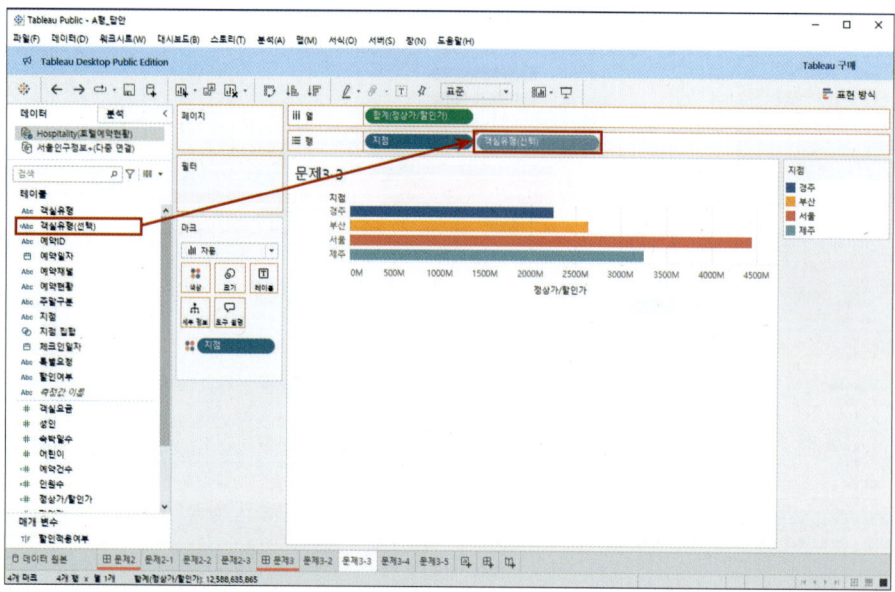

06 집합에 포함될 경우에 객실유형이 나타나도록 표현할 수 있습니다.

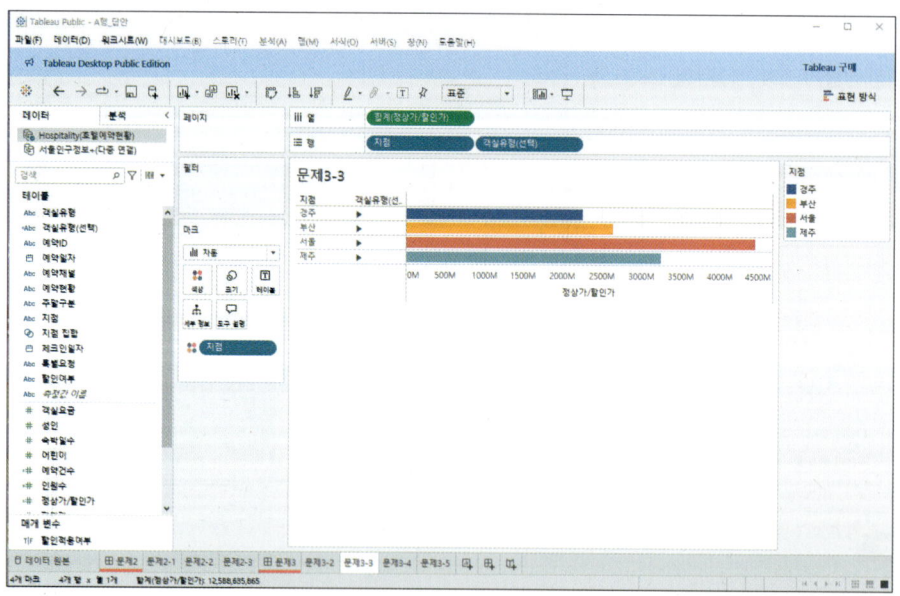

07 [지점] 필드를 정상가/할인가순으로 내림차순 정렬을 하기 위해 행 패널에 추가된 **지점**을 **마우스 우클릭**합니다. 이때 나타난 팝업 메뉴에서 **정렬**을 클릭합니다.

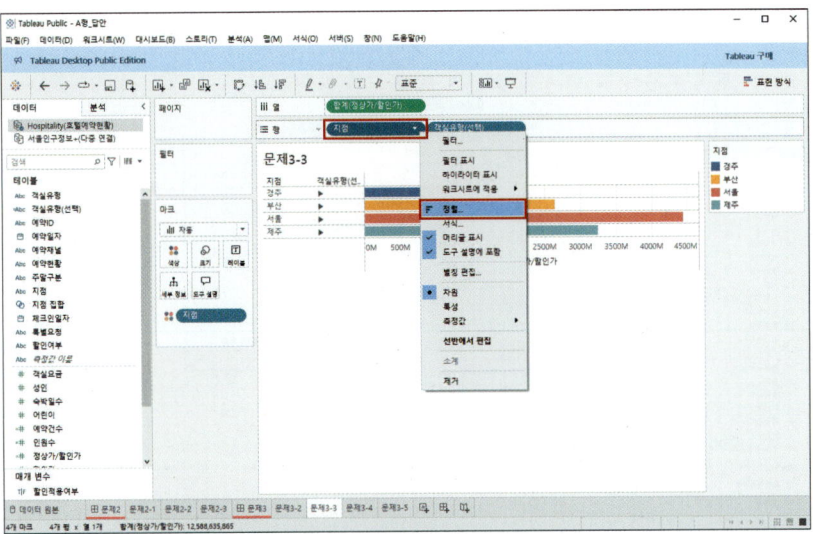

08 **정렬 기준 박스**를 클릭하여 나타난 목록 중 **필드**를 선택합니다.

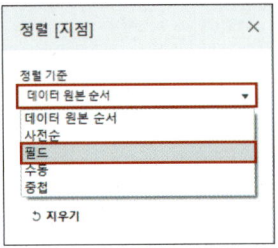

09 **정렬 순서**를 **내림차순**으로 변경하고 **필드명**에 **정상가/할인가**, **집계**에는 **합계**가 설정되어 있는 것을 확인합니다. 우측 상단의 ☒를 눌러 창을 닫습니다.

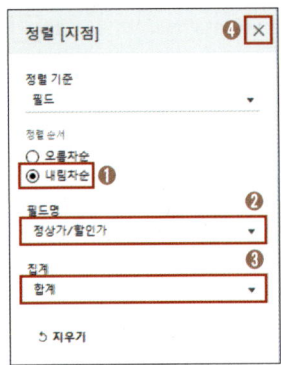

10 [객실유형(선택)] 필드도 [정상가/할인가] 필드에 따라 정렬하기 위해 행 패널에 추가된 **객실유형(선택)**을 **마우스 우클릭**하여 나타난 팝업 창에서 **정렬**을 클릭합니다.

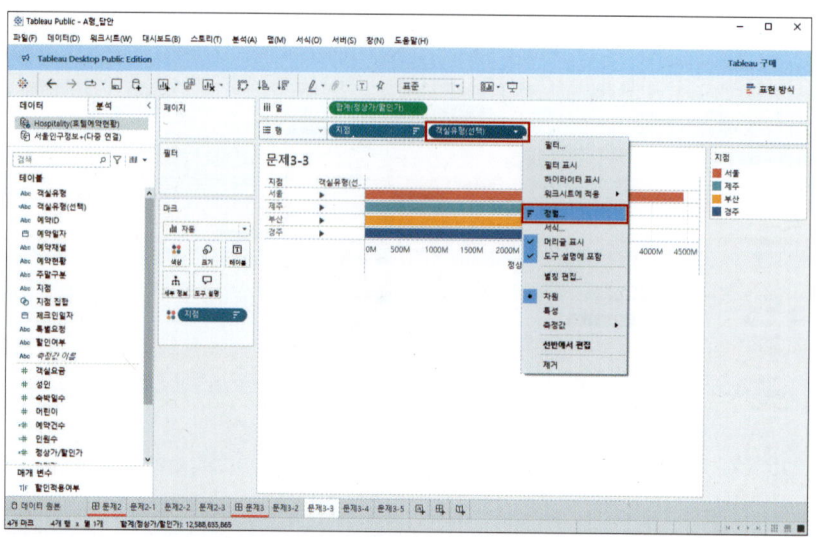

11 **정렬 기준 박스**를 클릭하여 나타난 목록 중 **필드**를 선택합니다.

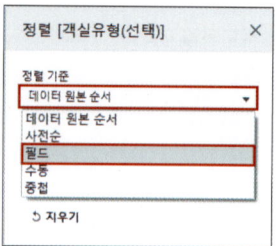

12 **정렬 순서**를 **내림차순**으로 변경하고 **필드명**에 **정상가/할인가**, **집계**에는 **합계**가 설정되어 있는 것을 확인합니다. 우측 상단의 ⊠를 눌러 창을 닫습니다.

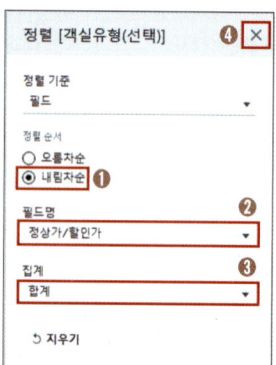

③ [지점 집합] 집합에 값을 할당하는 워크시트 동작을 생성하시오.

01 생성한 지점 집합에 값을 할당하는 동작을 생성하기 위해 상단 메뉴의 **워크시트(W) > 동작(I)**를 클릭합니다.

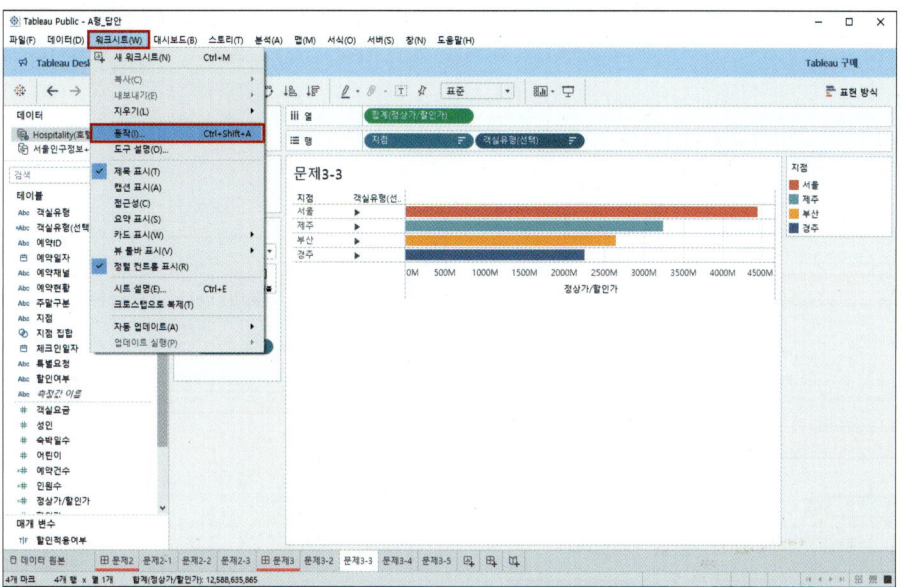

02 나타난 **동작 팝업 창** 하단에 **동작 추가**를 클릭합니다. 이때 팝업 메뉴에 나타난 **집합 값 변경**을 클릭합니다.

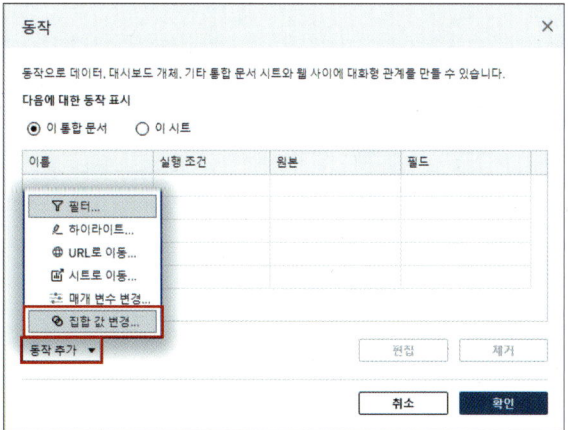

03 집합 값 변경을 클릭하고 나타난 팝업 창에서 집합 동작을 추가할 수 있습니다. **이름**은 **유형별 상세보기**로 지정합니다. 집합 동작을 추가할 때 원본 시트를 어떤 조건으로 실행했을 때 변하는지 지정하기 위해 먼저 **원본 시트**에 **문제3-3**, **동작 실행 조건**에 **선택**을 유지합니다. **대상 집합**은 앞에서 생성했던 Hospitaility(호텔예약현황)의 **지점 집합**으로 클릭합니다. **동작 실행 결과**는 **집합에 값 할당**을 유지하고 **선택을 해제할 경우의 결과**는 **집합에서 모든 값 제거**를 선택한 후 **확인**을 클릭합니다. 동작 팝업 창에 동작이 추가된 것을 확인하고 팝업 창의 **확인**을 눌러 설정을 마무리합니다.

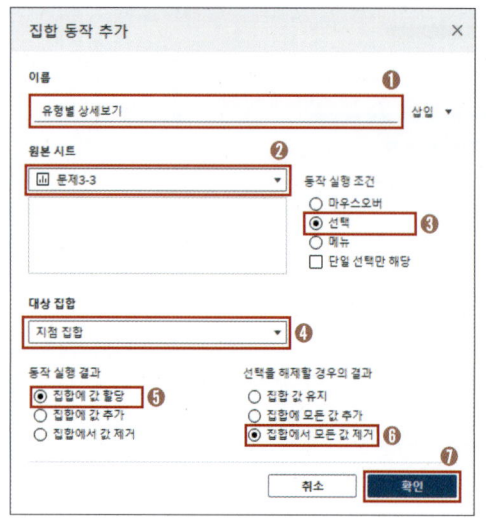
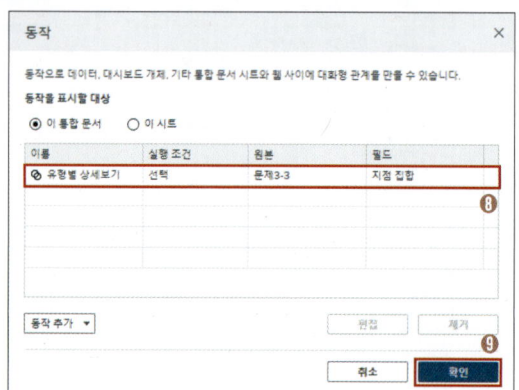

04 제주 지점의 정상가/할인가 차트를 선택합니다. 차트가 문제의 지시대로 완성된 것을 확인할 수 있습니다.

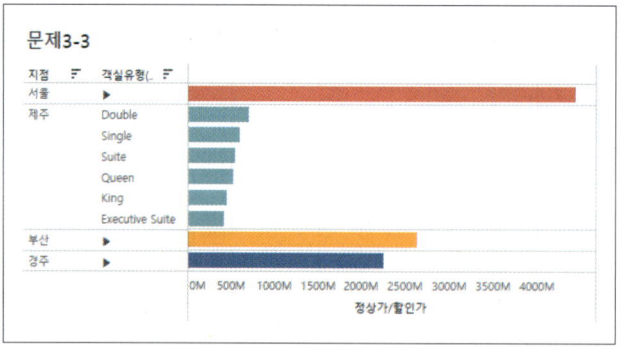

4 '문제3-4' 시트에 워터폴 차트를 구현하시오.

① [지점]별로 [예약채널]별 [정상가/할인가]의 누계를 보여주는 워터폴 차트를 구현하시오.

01 워터폴 차트를 구현하기 위해 하단 탭에서 **문제3-4**를 클릭하여 해당 시트로 이동합니다. 데이터 패널의 [지점] 필드를 열 패널로 드래그 앤 드롭합니다.

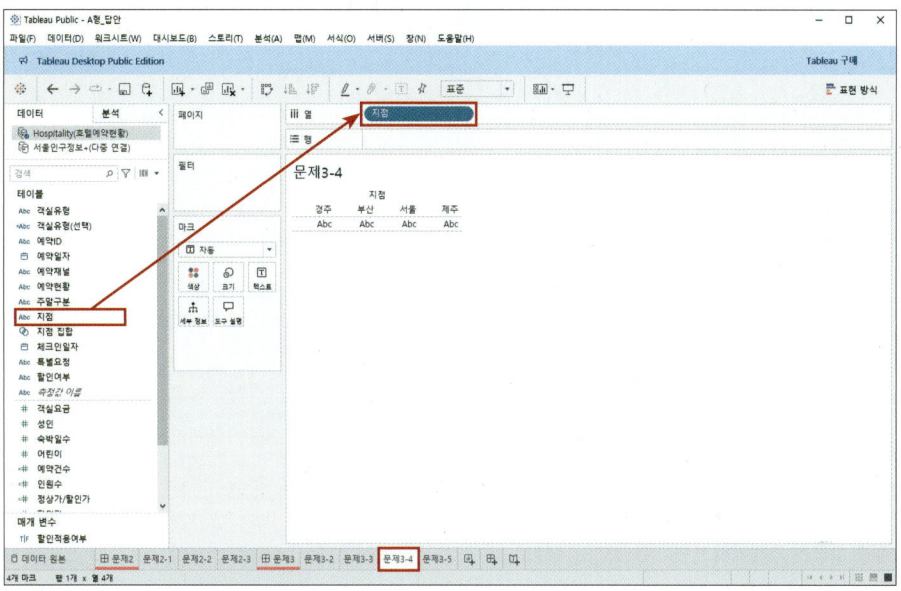

02 데이터 패널에 있는 [예약채널] 필드도 열 패널에 추가된 **지점 오른쪽 빈 공간에 드래그 앤 드롭**합니다.

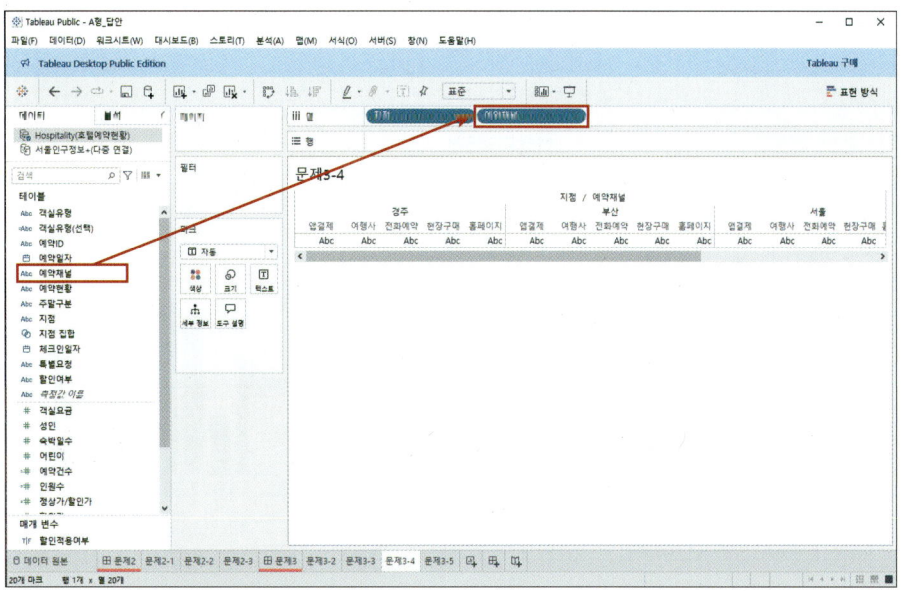

03 지점별 [정상가/할인가] 필드의 합계를 계산하기 위해 데이터 패널에 있는 **[정상가/할인가] 필드**를 **행 패널**로 드래그 앤 드롭합니다. 하단 **가로축의 셀을 마우스 우클릭**하고 **레이블 회전**을 클릭하여 글자가 세로 방향으로 표시되도록 합니다.

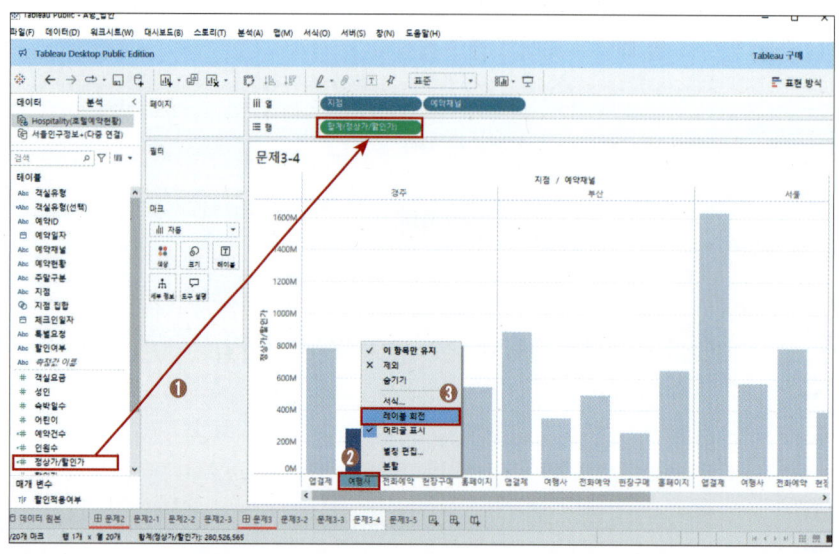

어떤 셀을 마우스 우클릭하여 레이블 회전을 클릭하여도 결과는 같습니다.

04 행 패널에 추가된 **합계(정상가/할인가)**를 **마우스 우클릭**합니다. 이때 나타난 팝업 메뉴에서 **퀵 테이블 계산 > 누계**를 선택합니다.

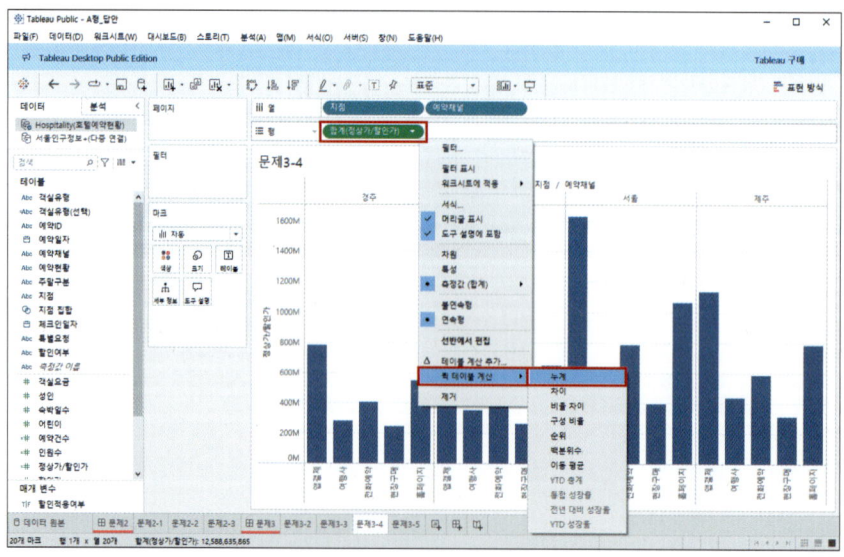

308 PART 2 | 공개문제 파헤치기

05 지점을 기준으로 합계를 계산하기 위해 행 패널에 추가된 **합계(정상가/할인가)**를 다시 **마우스 우 클릭**합니다. 이때 나타난 팝업 메뉴에서 **계산 대상 > 패널(옆으로)**를 클릭합니다.

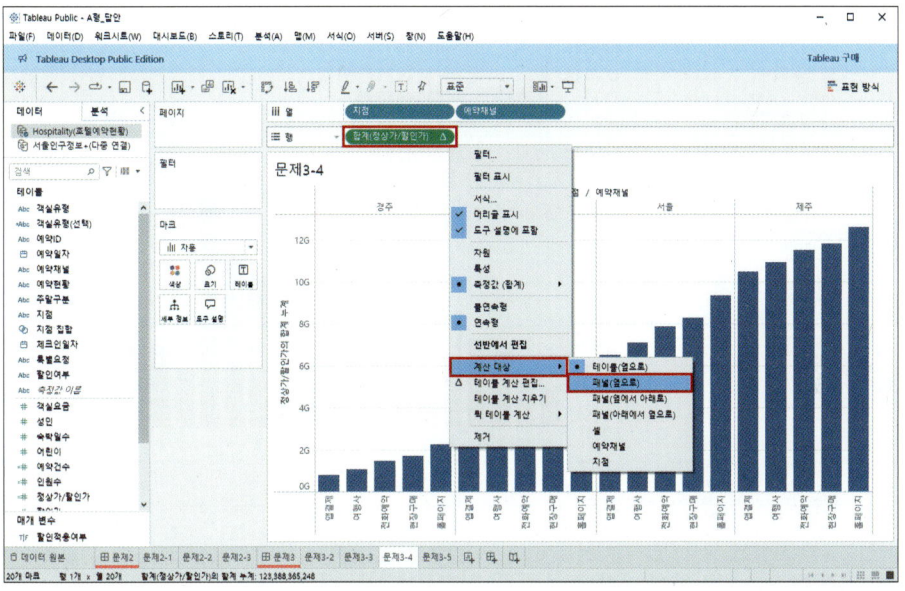

06 지점별로 [정상가/할인가] 필드의 합계가 누적되며 예약채널 안에서 막대 크기가 점점 커집니다.

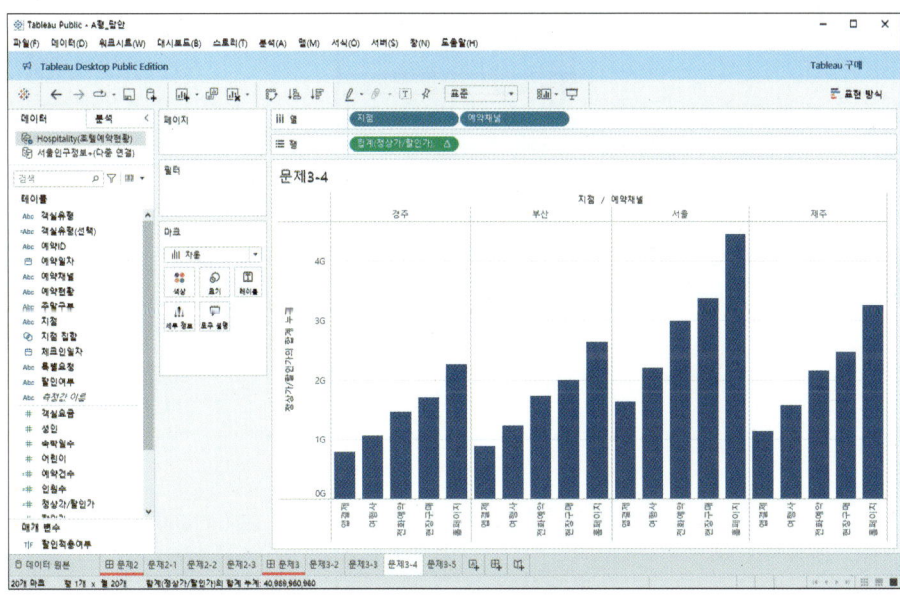

CHAPTER 02 | 시행처 공개문제(A형) **309**

07 [지점] 필드를 [정상가/할인가] 필드의 합계 내림차순으로 정렬하기 위해 열 패널에 추가된 **지점**을 **마우스 우클릭**하여 나타난 팝업 메뉴에서 **정렬**을 클릭합니다.

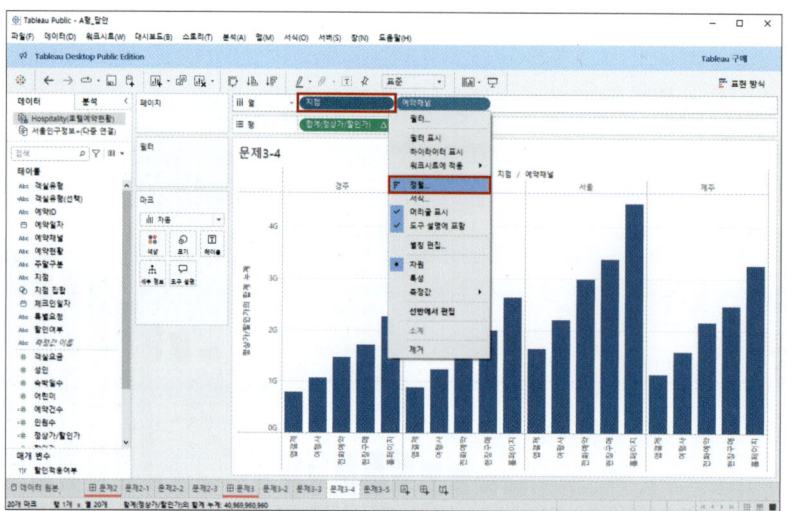

08 **정렬 기준 박스**를 클릭하여 나타난 목록 중 **필드**를 선택합니다.

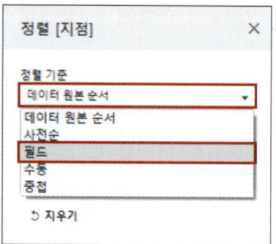

09 **정렬 순서**를 **내림차순**으로 변경하고 **필드명**에 **정상가/할인가**, **집계**는 **합계**가 설정되어 있는 것을 확인한 후 우측 상단의 ⊠를 눌러 창을 닫습니다.

10 [예약채널] 필드를 [정상가/할인가] 필드의 합계 내림차순으로 정렬하기 위해 열 패널에 추가된 **예약채널**을 **마우스 우클릭**하여 나타난 팝업 메뉴에서 **정렬**을 클릭합니다.

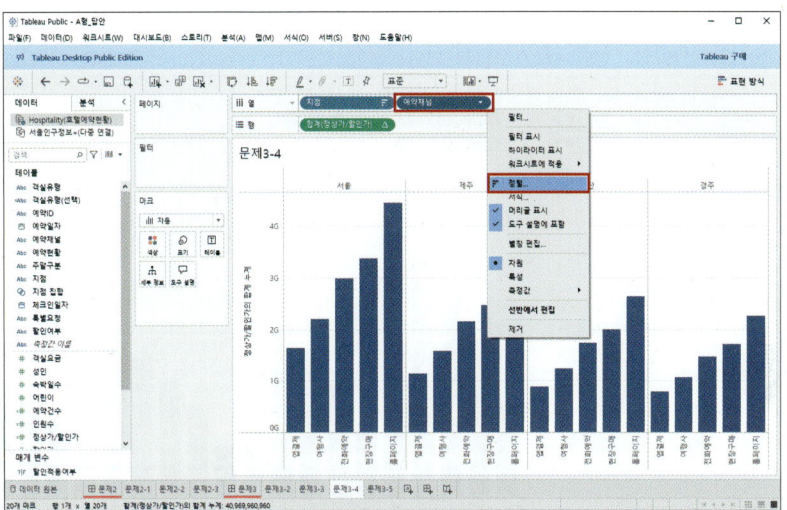

11 **정렬 기준 박스**를 클릭하여 나타난 목록 중 **필드**를 선택합니다.

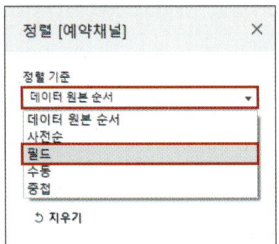

12 **정렬 순서**를 **내림차순**으로 변경하고 **필드명**에 **정상가/할인가**, **집계**는 **합계**가 설정되어 있는 것을 확인한 후 우측 상단의 ☒를 눌러 창을 닫습니다.

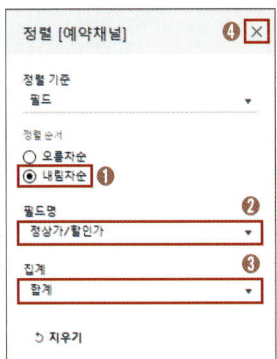

13 워터폴 차트의 크기를 만들기 위해 데이터 패널 상단의 ▼를 누르고 나타난 팝업 메뉴에서 **계산된 필드 만들기**를 클릭합니다.

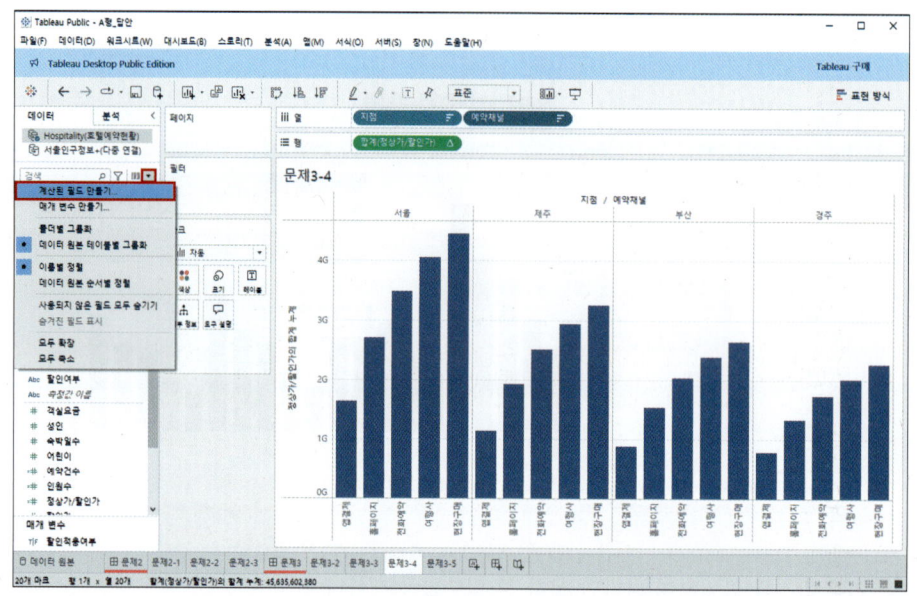

14 나타난 **계산된 필드 만들기 팝업 창**에서 이름을 **정상가/할인가(워터폴)**로 변경하고 정상가/할인가의 워터폴 차트에 크기를 나타내기 위해 누적한 값에서 음수만큼의 크기를 만들어주면 워터폴 차트를 구성할 수 있습니다. [정상가/할인가] 필드에 −를 붙여서 완성합니다. 다음 수식을 입력하고 **확인**을 클릭합니다.

- [정상가/할인가]

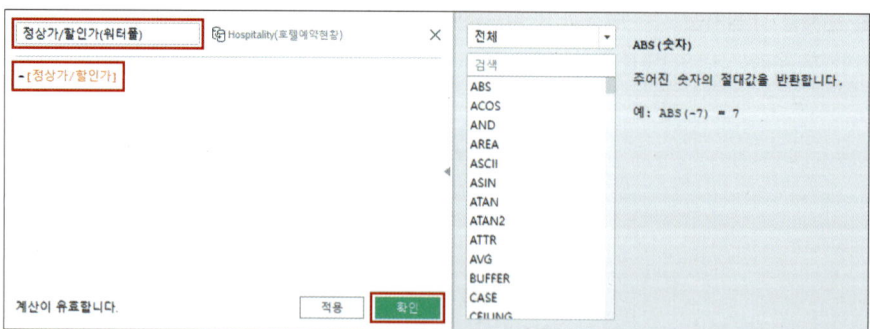

15 워터폴 차트를 만들기 위해 마크 패널의 **표현 방식**을 자동에서 **Gantt 차트**로 변경합니다.

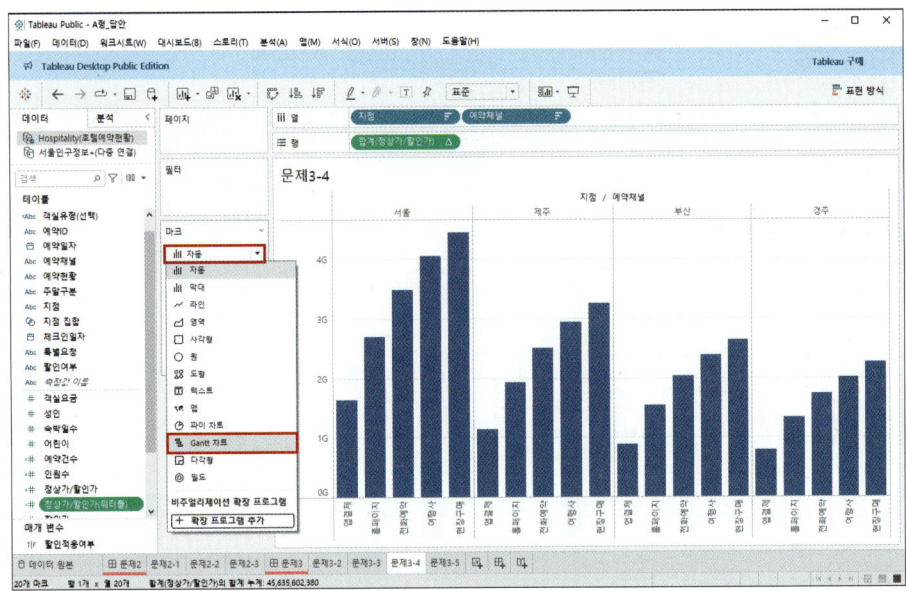

16 데이터 패널에 있는 [정상가/할인가(워터폴)] 필드를 클릭하고 마크 패널의 **크기**로 **드래그 앤 드롭**합니다.

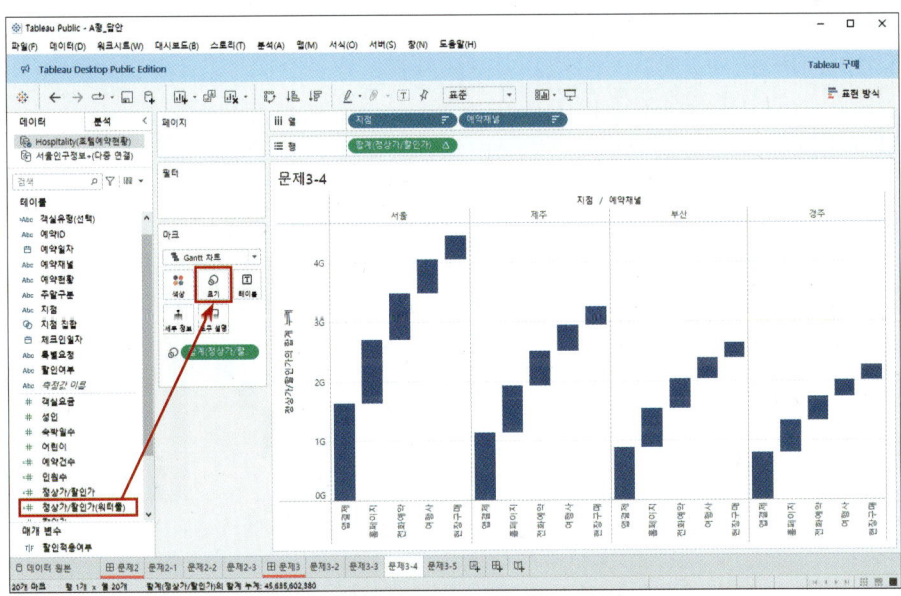

17 워터폴 차트를 완성하기 위해 증가한 만큼의 행 총합계가 필요합니다. 이를 생성하기 위해 상단 메뉴의 **분석(A) > 총계(O) > 모든 소계 추가(A)**를 클릭합니다.

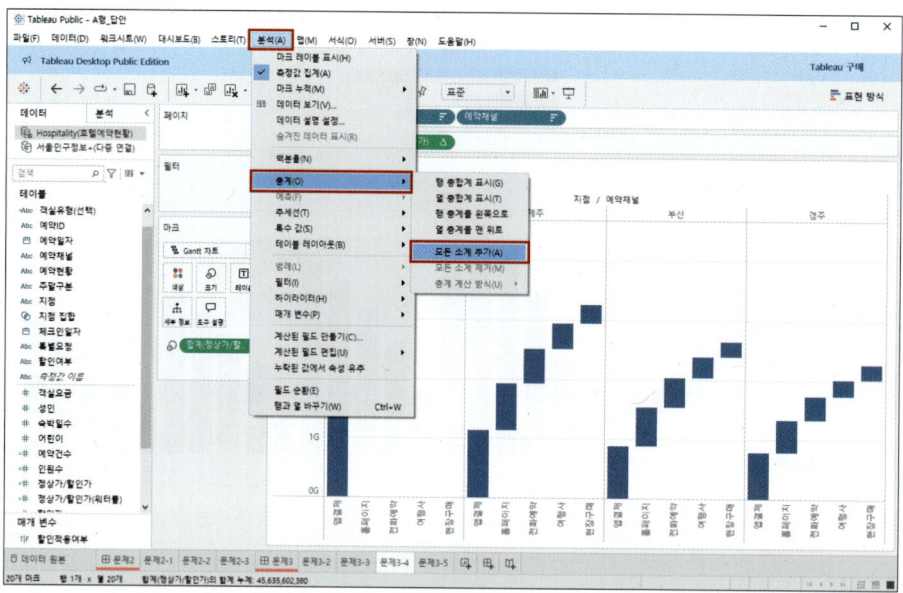

18 모든 소계를 추가한 후 워터폴 차트의 모습이 나타나는 것을 확인할 수 있습니다.

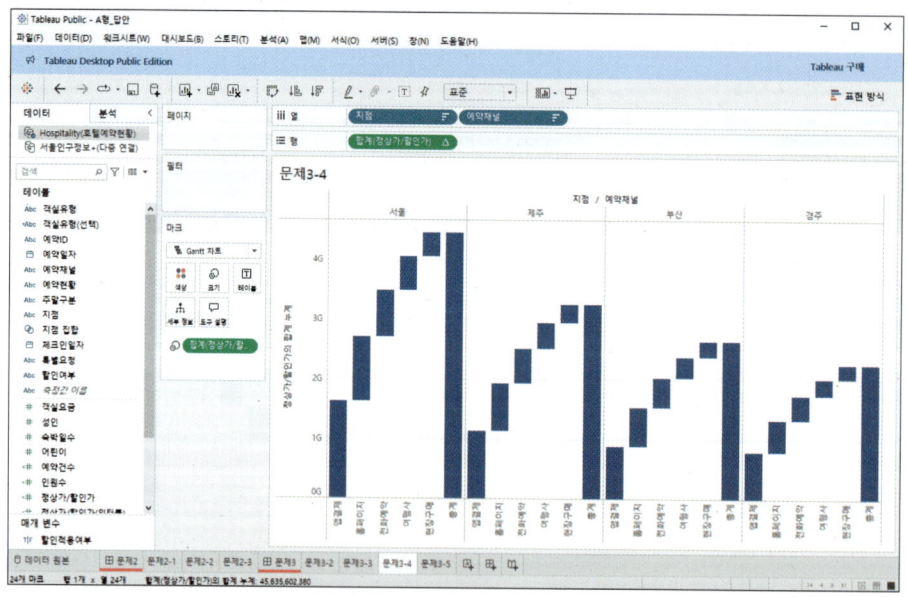

② 워터폴 차트의 색상을 설정하시오.

01 [정상가/할인가] 필드의 합계에 따라 색상이 표현될 수 있도록 데이터 패널에 있는 **[정상가/할인가]** 필드를 클릭하고 마크 패널의 **색상**으로 **드래그 앤 드롭**합니다.

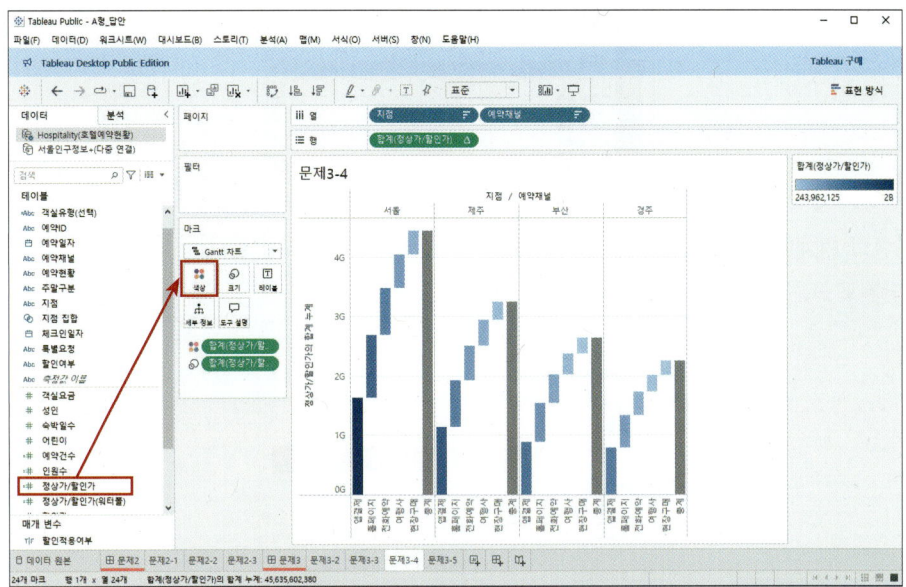

02 색상표의 갈색으로 5단계 구분을 하기 위해 마크 패널에 있는 **색상**을 클릭합니다. 나타나는 팝업 창에서 **색상 편집**을 클릭합니다.

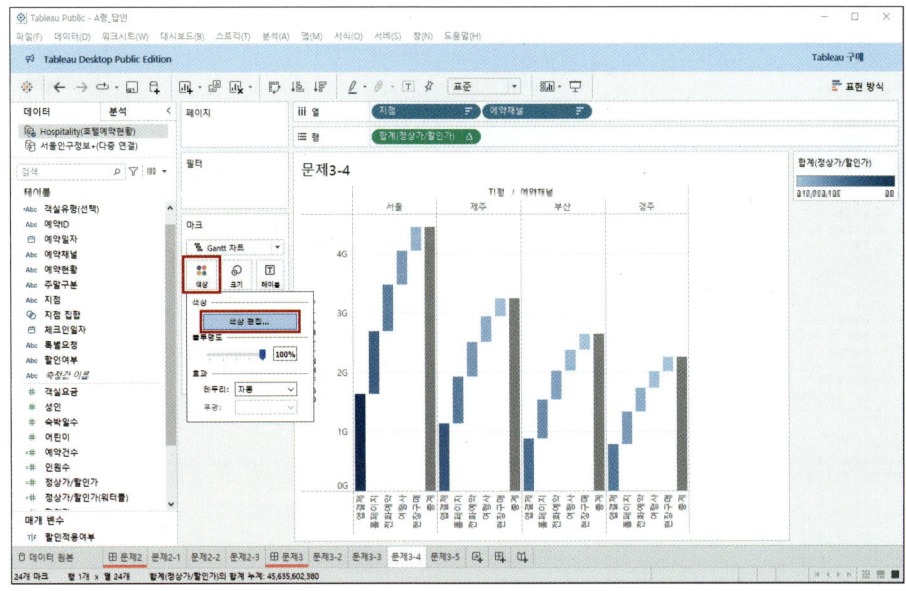

03 나타난 색상 편집 [정상가/할인가] 팝업 창에서 **색상표(P) 박스**를 클릭한 후 **갈색**을 선택합니다.

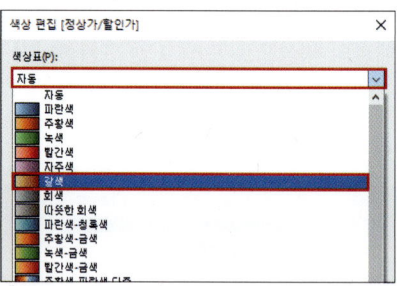

04 하단의 **단계별 색상(S)**을 **체크**하면 5단계로 갈색을 표현할 수 있습니다. **확인**을 누르면 갈색을 5단계로 표현한 차트가 완성됩니다.

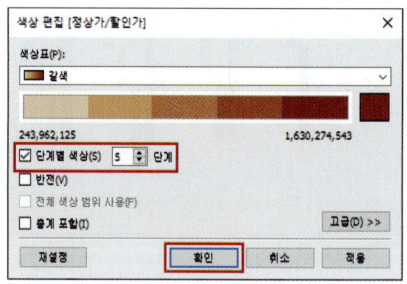

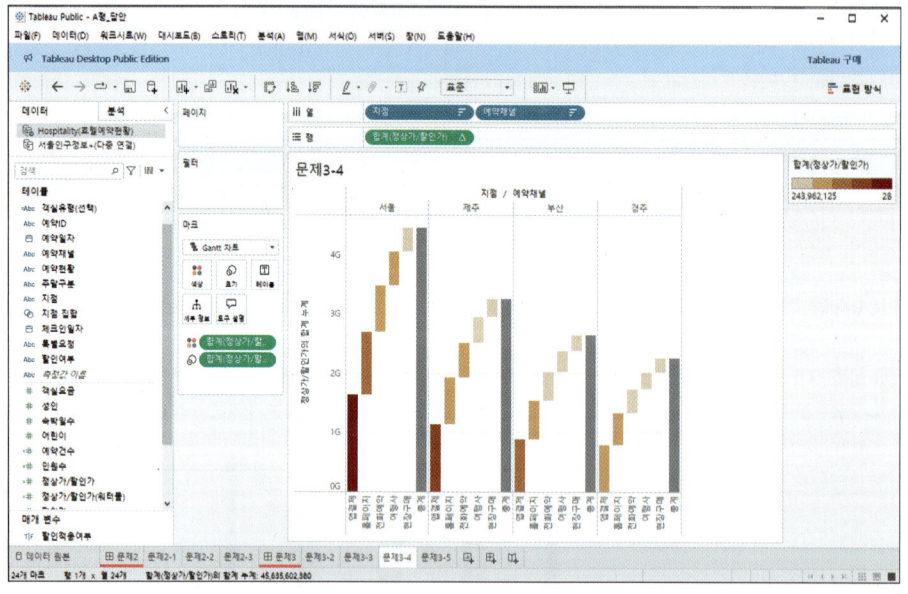

③ 워터폴 차트의 레이블을 설정하시오.

01 워터폴 차트에 레이블을 넣기 위해 데이터 패널에 있는 **[정상가/할인가]** 필드를 클릭하고 마크 패널에 있는 **레이블** 위에 **드래그 앤 드롭**합니다.

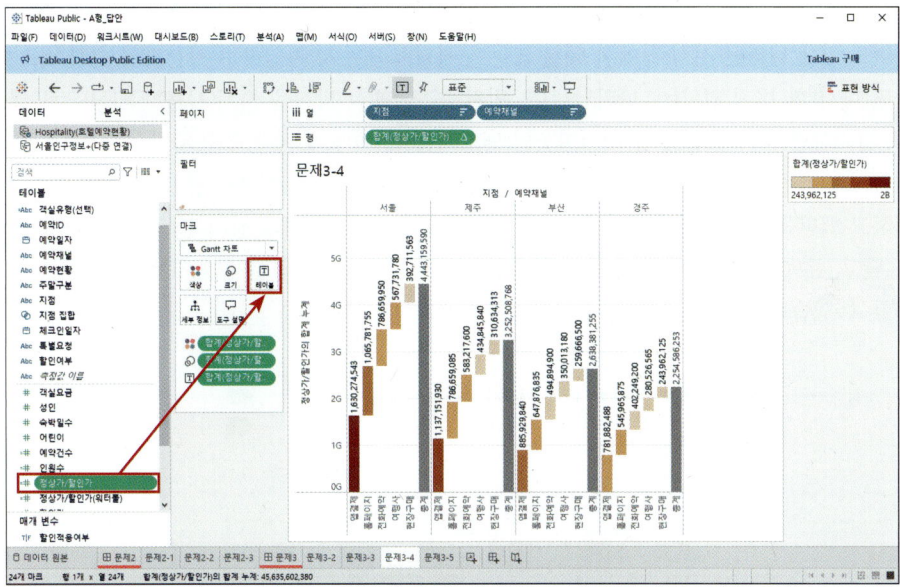

02 워터폴 차트에 표시된 레이블 서식을 변경하기 위해 마크 패널에 레이블로 추가된 **합계(정상가/할인가)**를 **마우스 우클릭**합니다. 이때 나타나는 팝업 메뉴에서 **서식**을 클릭합니다.

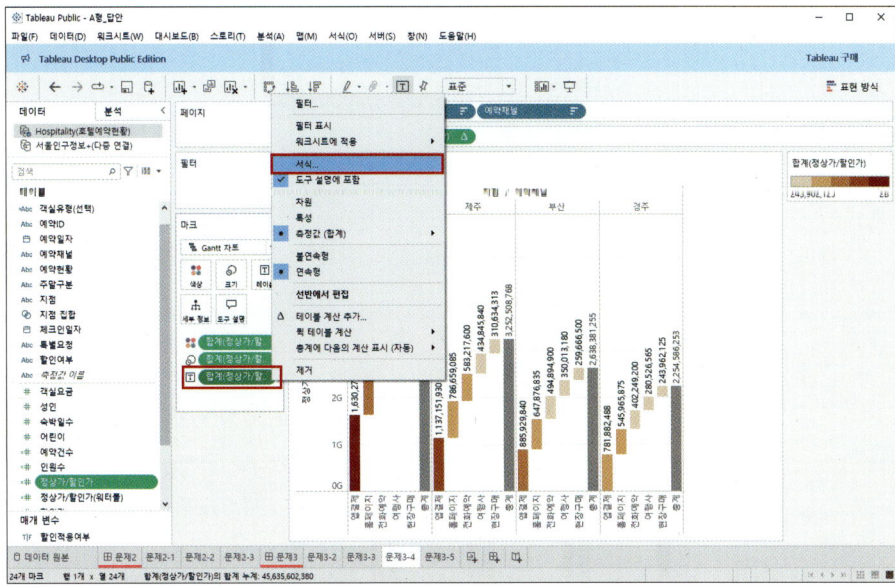

마크 패널에 추가된 필드가 많아 구분이 어려울 때는 동일한 아이콘으로 표시된 것을 확인한 후 맞는 필드를 고르면 편합니다.

03 사이드 바에 나타난 서식 창에서 **패널** 탭이 선택되어 있는지 확인하고 기본값의 **숫자 박스**를 클릭하면 다시 한 번 팝업 창이 나타납니다. 먼저, 숫자 표현 방식을 **숫자(사용자 지정)**으로 **클릭**합니다. 클릭하면 우측의 팝업 창 레이아웃이 변경되는 데 이때 상단의 **소수 자릿수(E)**를 1로 변경하고 하단의 **디스플레이 장치(S) 박스**를 클릭하여 **백만(M)**을 선택하면, 레이블을 소수점 1자리까지 표현하고 백만을 디스플레이 장치 단위로 설정할 수 있습니다. 서식 창의 빈 곳을 클릭하여 팝업 창을 닫고, 우측 상단 ☒를 클릭하여 서식 창도 닫습니다. 차트가 문제의 지시대로 완성된 것을 확인할 수 있습니다.

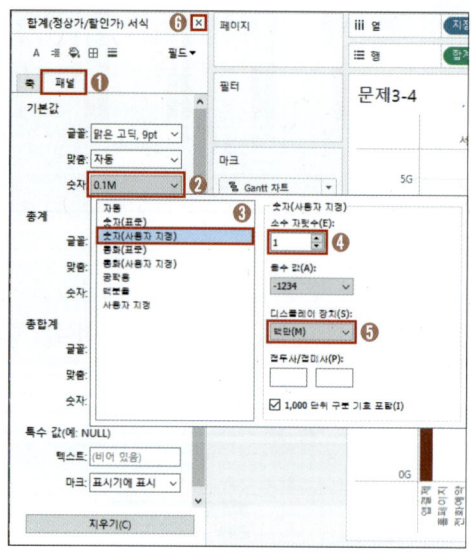

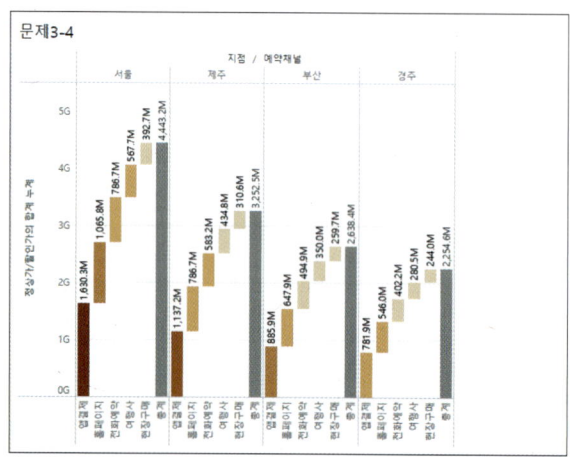

5 '문제3-5' 시트에 캘린더 차트를 구현하시오.

① [주차] 필드를 생성하여 "2022년 5월"의 데이터를 표시하는 캘린더 차트를 구현하시오.

01 하단 탭에서 **문제3-5**를 클릭하여 해당 시트로 이동합니다.

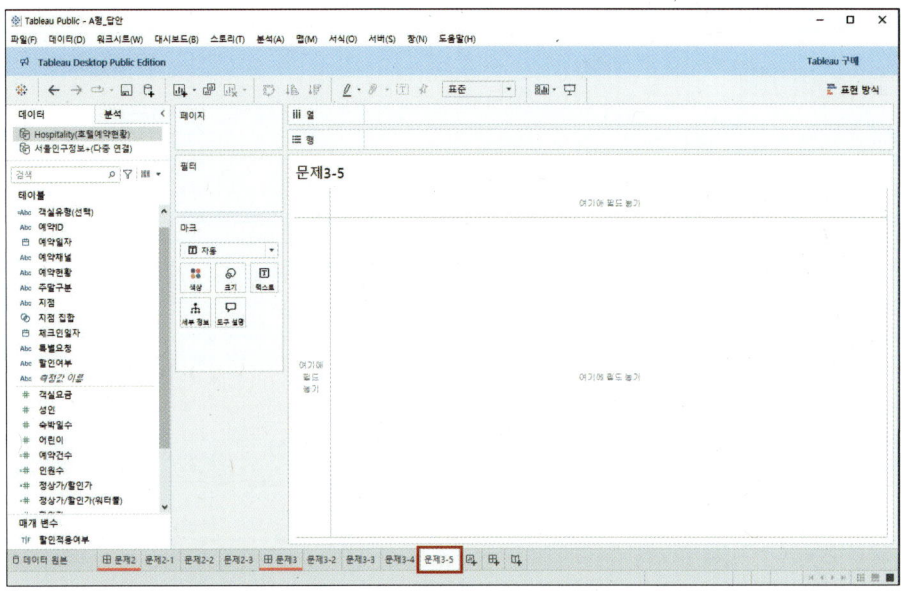

02 마크 패널의 **표현 방식**을 자동에서 **텍스트**로 변경합니다.

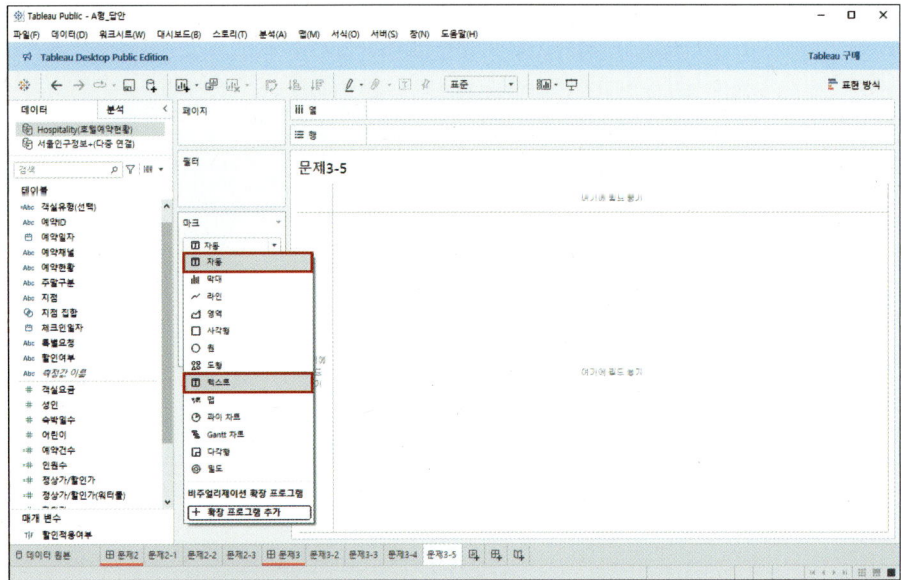

03 [예약일자] 필드를 활용하여 각 월의 주차를 계산하기 위해 데이터 패널 상단의 ▼을 클릭합니다. 나타나는 팝업 메뉴에서 **계산된 필드 만들기**를 클릭합니다.

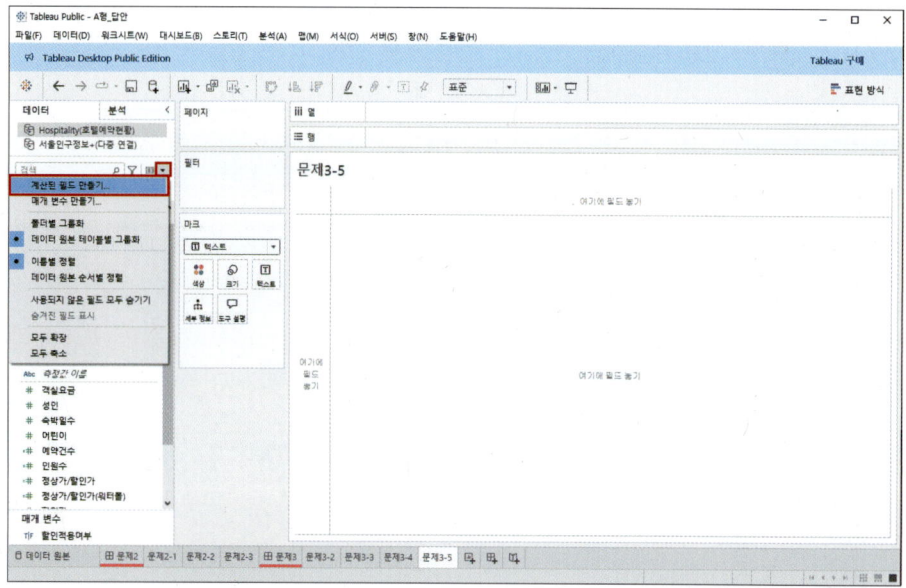

04 이름을 **주차**라고 입력합니다. 예약일자를 기준으로 각 월의 몇 주차인지 계산하기 위해 **WEEK 함수**를 이용해서 주차를 계산하고, 월초보다 몇 주가 지났는지 판단하기 위해 **DATETRUNC 함수**를 사용합니다. 또한, WEEK 함수는 숫자를 반환하기 때문에 '주차'라는 문자와 결합하기 위해 **STR 함수**를 사용하여 결합합니다. 다음 수식을 입력하고 **확인**을 클릭합니다.

STR(WEEK([예약일자]) – WEEK(DATETRUNC('month',[예약일자]))+1) + "주차"

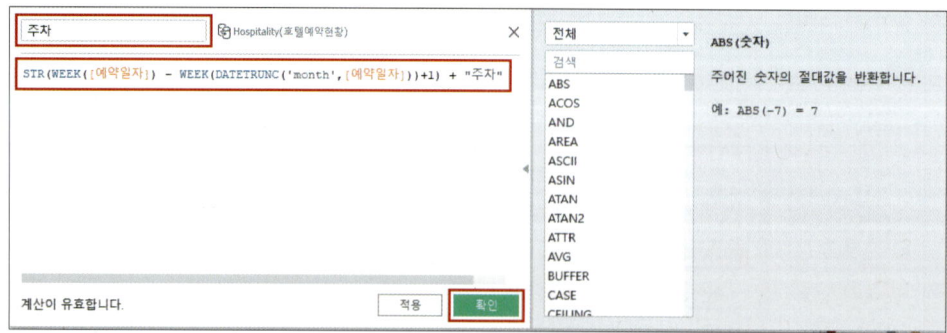

05 먼저 [예약일자] 필드를 2022년 5월로 필터링하기 위해 데이터 패널에 있는 **[예약일자] 필드를 클릭하고 필터 패널로 드래그 앤 드롭**합니다. 이때 나타나는 **필터 필드 [예약일자] 팝업 창**에서 **연도/월**을 선택하고 **다음**을 클릭합니다.

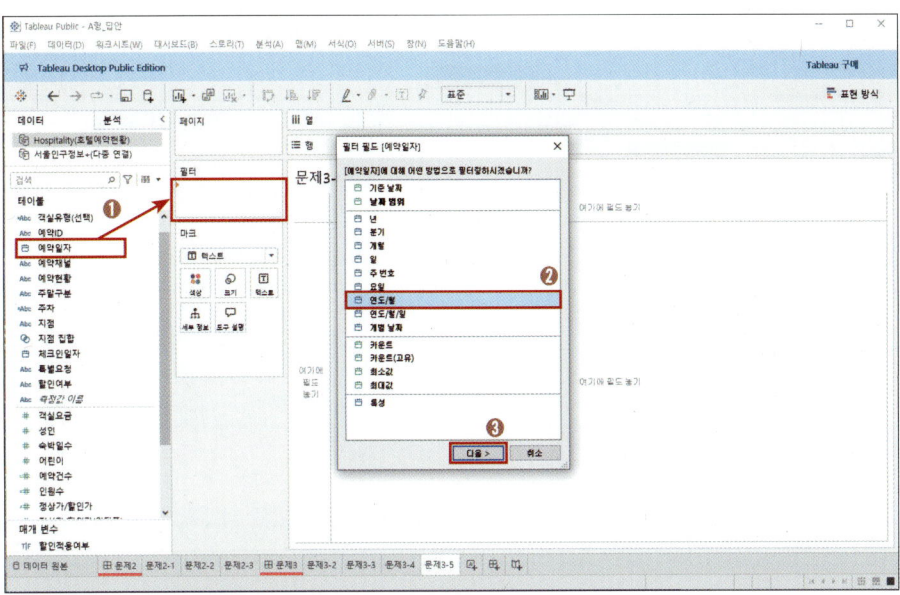

06 **필터 [예약일자의 연도, 월] 팝업 창**에서 **2022년 5월**에 **체크**하고 **확인**을 누르면 2022년 5월 데이터로 필터링됩니다.

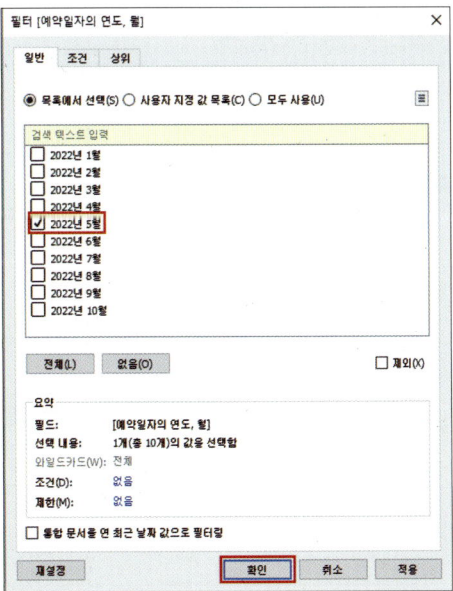

07 가로축을 [예약일자] 필드의 요일로 지정하기 위해 데이터 패널에 있는 **[예약일자] 필드**를 클릭하여 **열 패널**로 **드래그 앤 드롭**합니다.

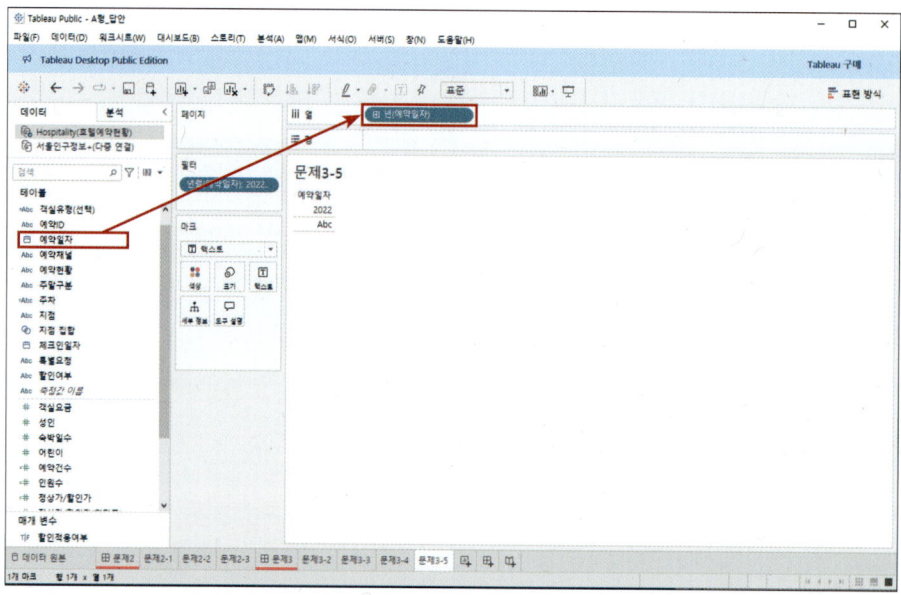

08 [예약일자] 필드를 열 패널에 드래그 앤 드롭하면 기본적으로 년도만 표현되기 때문에 [날짜] 필드의 형식을 변경해야 합니다. 열 패널에 추가된 **년(예약일자)**을 **마우스 우클릭**합니다. 나타난 팝업 메뉴에서 **불연속형**의 **더 보기 > 요일**을 클릭합니다.

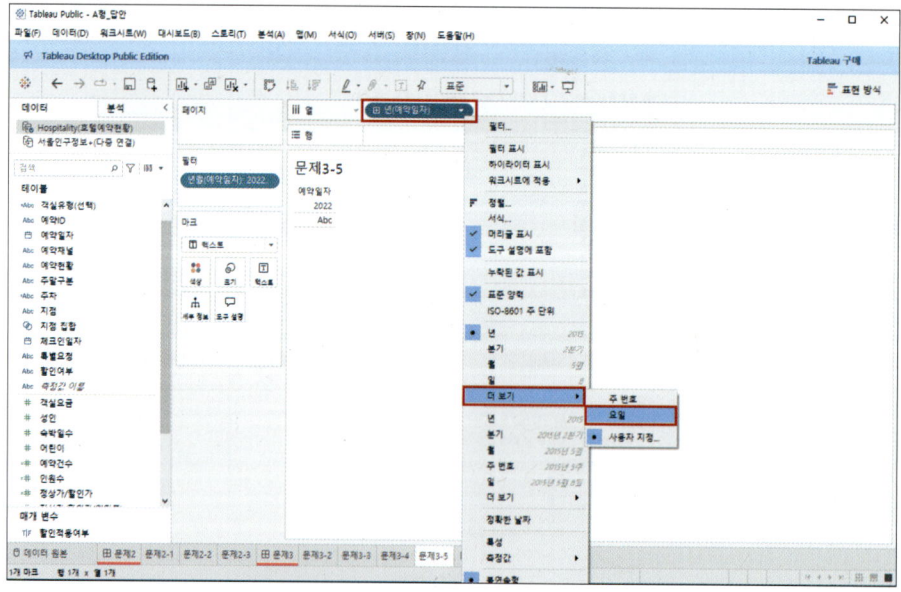

09 [예약일자] 필드를 요일로 변경하면 일요일부터 토요일까지로 표현되는 것을 확인할 수 있습니다.

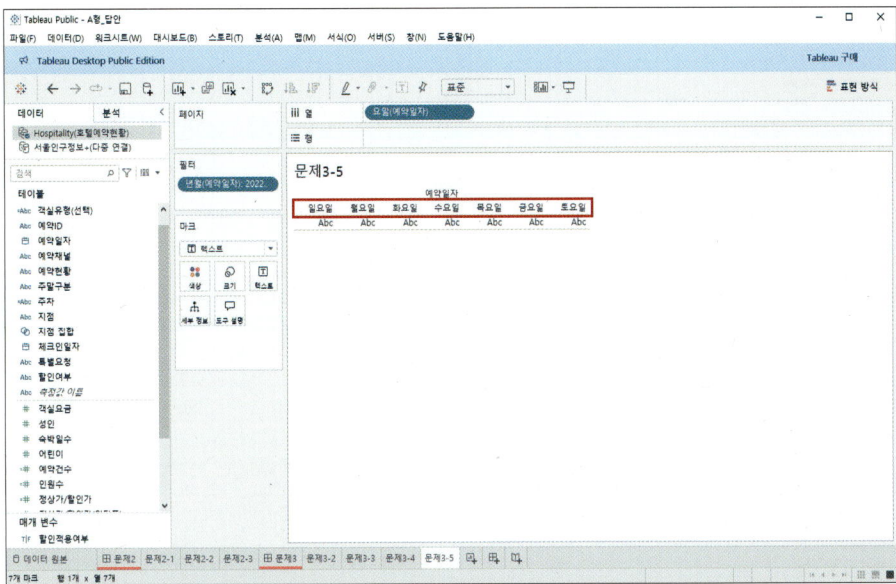

10 데이터 패널에서 [주차] 필드를 클릭하고 행 패널로 드래그 앤 드롭합니다.

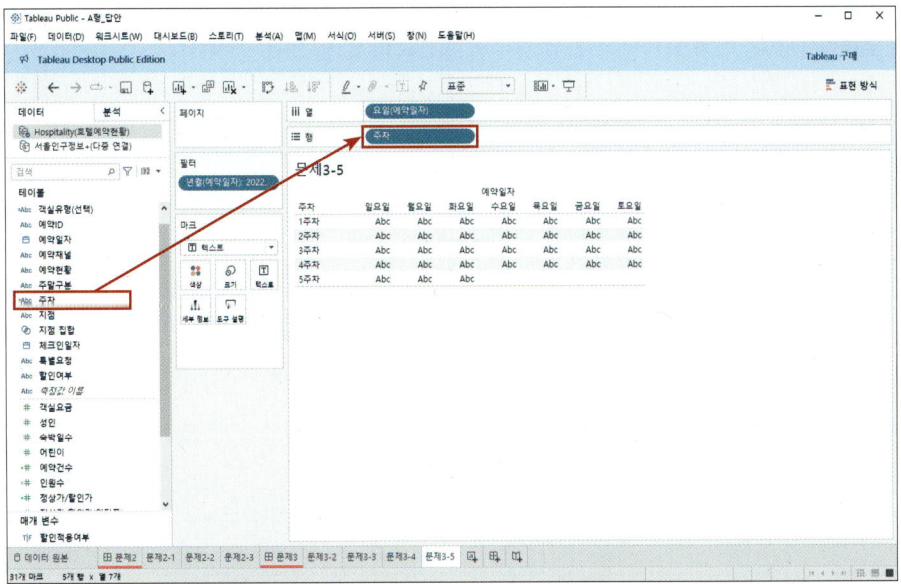

② 캘린더 차트의 레이블을 설정하시오.

01 캘린더 차트에 날짜를 넣기 위해 데이터 패널에 있는 **[예약일자] 필드**를 클릭하고 마크 패널의 **텍스트**로 **드래그 앤 드롭**합니다.

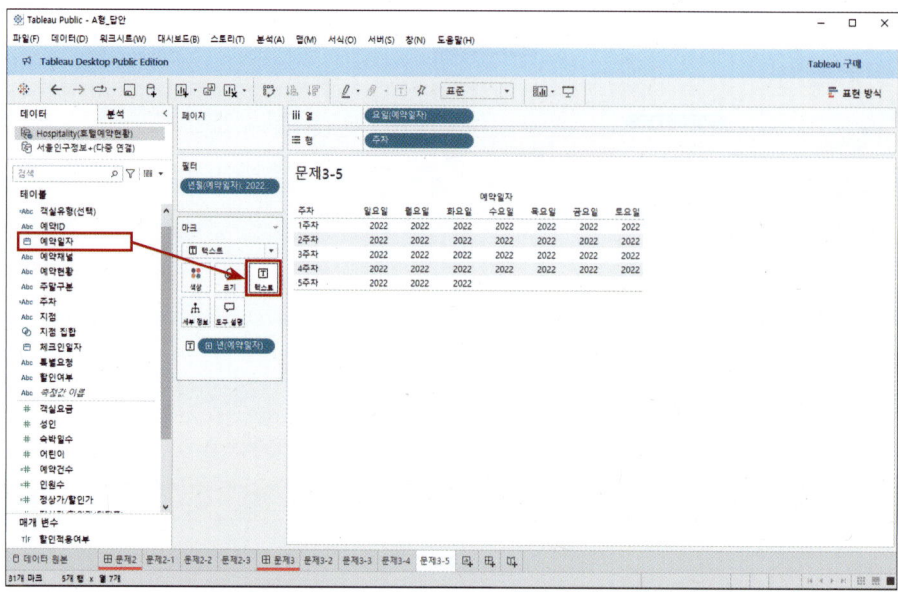

02 캘린더 차트에 일자별로 날짜를 표현하기 위해 마크 패널에 텍스트로 추가된 **년(예약일자)**을 **마우스 우클릭**합니다. 이때 나타나는 팝업 창에서 **불연속형 일(일 8)**을 클릭합니다.

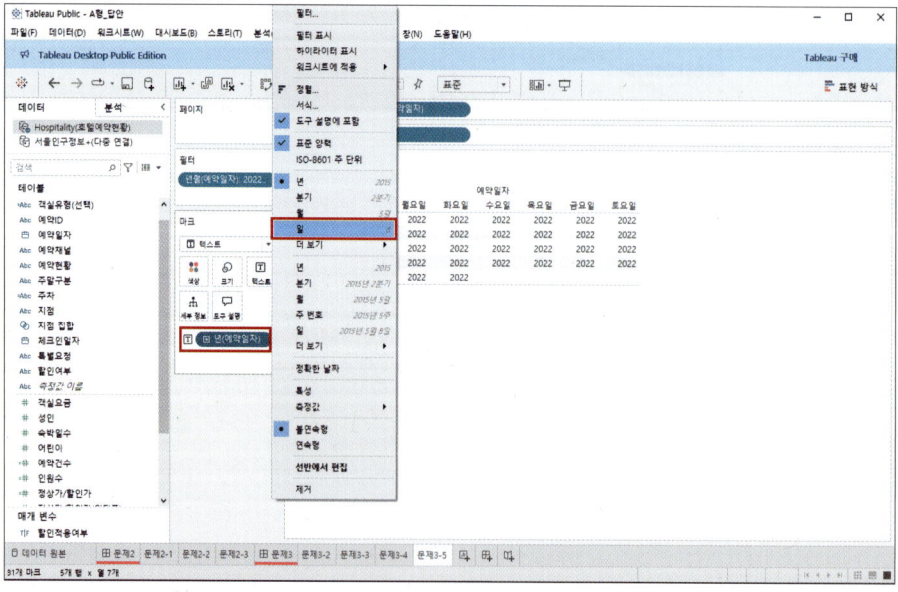

03 날짜와 함께 예약건수를 표현하기 위해 데이터 패널에 있는 **[예약건수]** 필드를 클릭하고 마크 패널의 **텍스트**로 **드래그 앤 드롭**합니다.

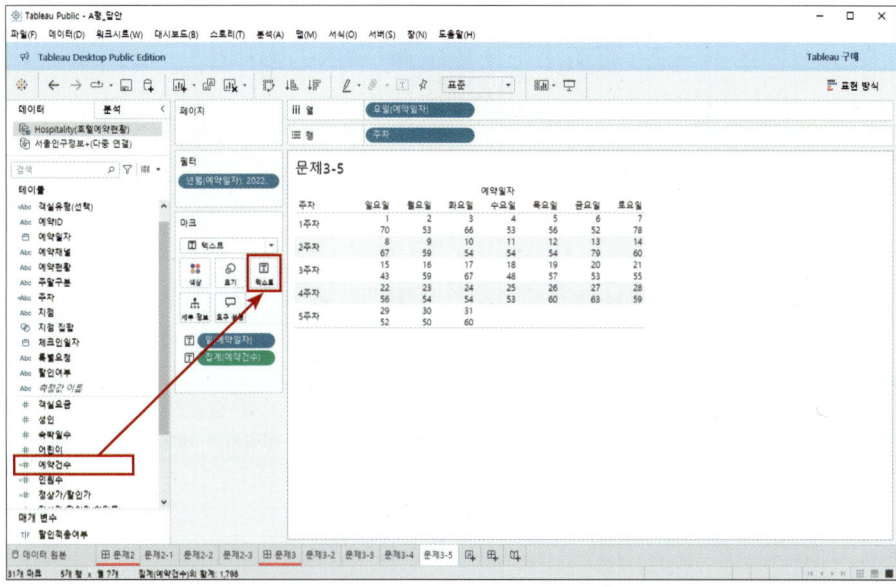

04 날짜와 예약건수에 단위를 추가하기 위해 마크 패널에 있는 **텍스트**를 클릭합니다. 이때 나타나는 팝업 창에서 ⋯을 클릭합니다.

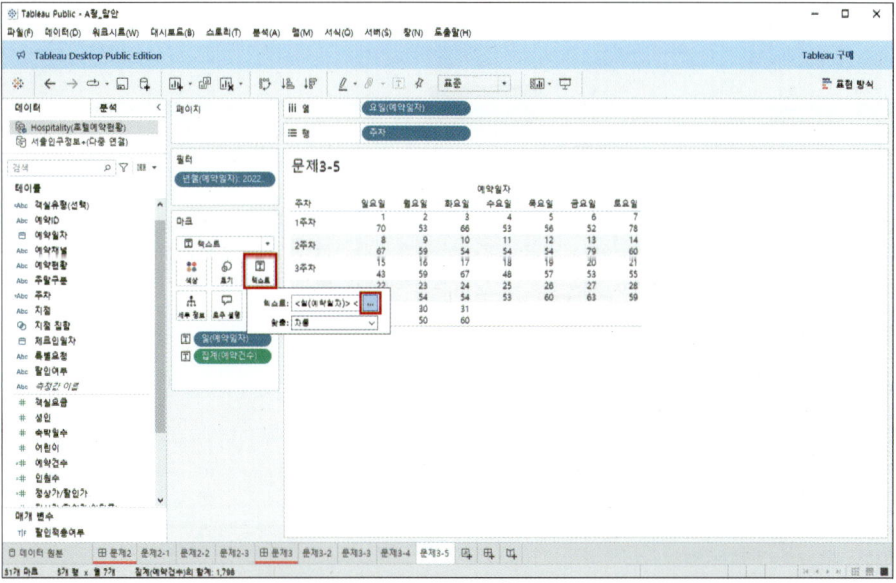

05 나타난 **레이블 편집 팝업 창**에서 **〈일(예약일자)〉**의 오른쪽에 **일**, **〈집계(예약건수)〉**의 오른쪽에 **건**을 입력하고 **확인**을 클릭합니다.

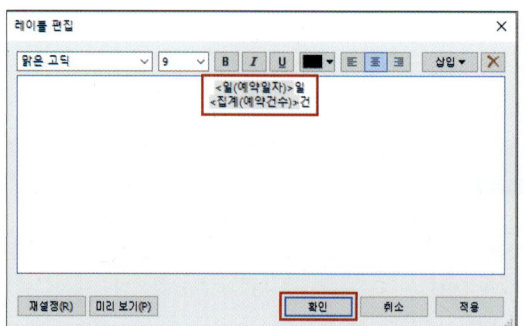

일과 건을 입력하면 일시적으로 글씨가 안보일 수 있으나 입력 창의 빈 곳을 클릭하면 제대로 입력된 것을 확인할 수 있습니다.

06 **맞춤**은 기본적으로 자동으로 설정되어 있습니다. **맞춤 박스**를 클릭하면 팝업 창이 나타납니다. 이 때, **가로**에서 ■을 클릭하여 텍스트가 가운데로 올 수 있도록 정렬합니다. 빈 곳을 클릭하여 팝업 창을 닫습니다.

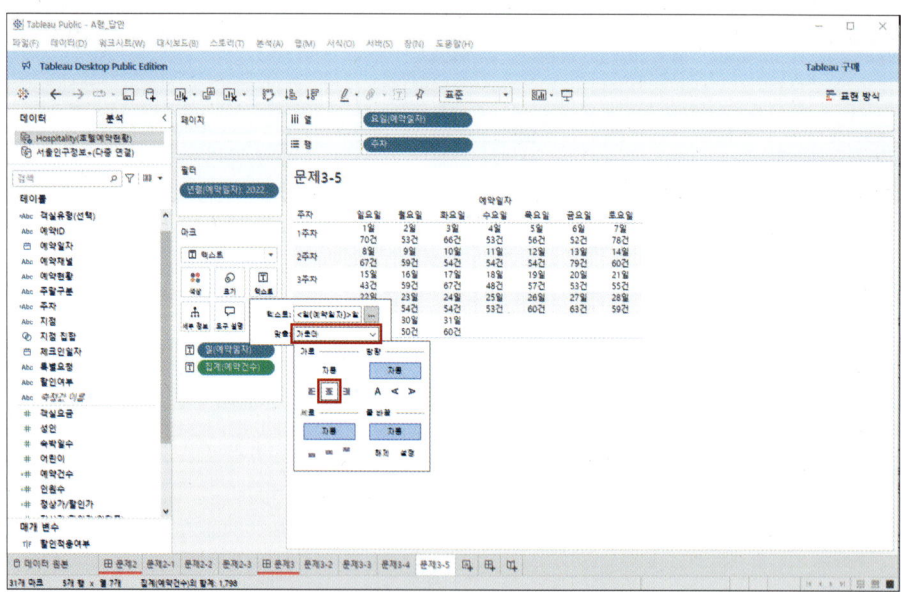

③ '문제3-5' 시트 제목 뒤에 [예약일자] 필드를 추가하고, 필터를 설정하시오.

01 제목을 편집하기 위해 시트 상단에 있는 **제목**을 **마우스 우클릭**합니다. 이때 나타나는 팝업 메뉴에서 **제목 편집**을 클릭합니다.

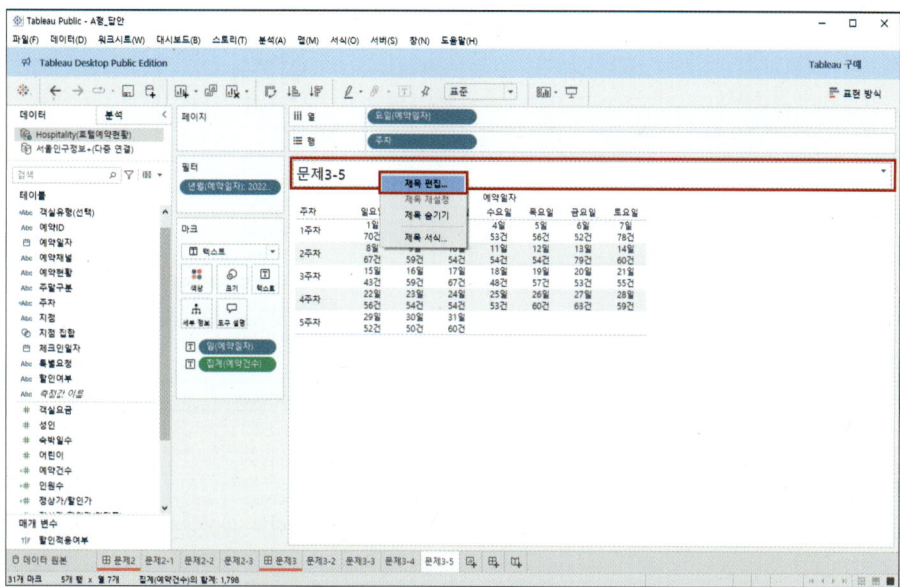

02 〈시트 이름〉의 오른쪽에 **한 칸**을 띄고 **()**를 입력한 후 **괄호 사이**에 **커서**를 둡니다.

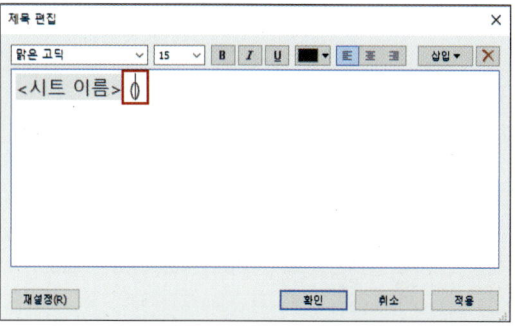

03 년월(예약일자)에 따라 제목이 바뀌도록 오른쪽 상단의 **삽입** > **년월(예약일자)**를 클릭하여 추가하고 **확인**을 눌러 마무리합니다.

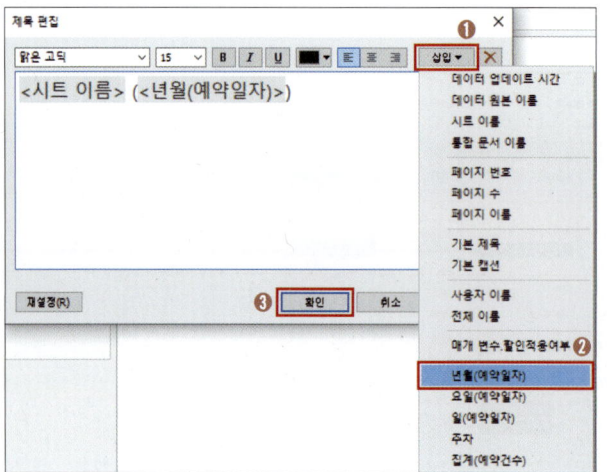

〈시트 이름〉 뒤에 입력할 때 스페이스 바를 눌러 한 칸을 띄어주지 않으면 문제3-5(2022년 5월)로 붙여쓰기되므로 이를 주의합니다.

04 제목 편집이 마무리되면 상단에 **문제3-5 (2022년 5월)**로 나타나는 것을 볼 수 있습니다. 또한, 차트가 문제의 지시대로 완성된 것을 확인할 수 있습니다.

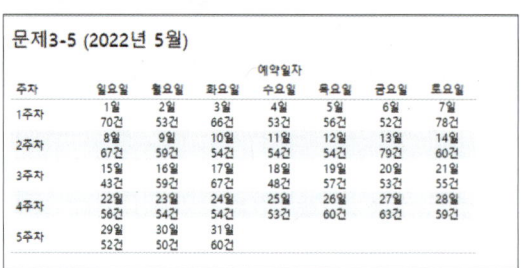

05 하단에서 **문제3**을 클릭하여 해당 대시보드로 이동합니다. 대시보드에서 **문제3-5 시트**의 빈 곳을 선택하고 시트 우측에 ▼을 클릭합니다. 이때 나타난 팝업 메뉴에서 **필터 > 예약일자의 연도, 월**을 클릭하면 제목 아래에 필터가 나타납니다.

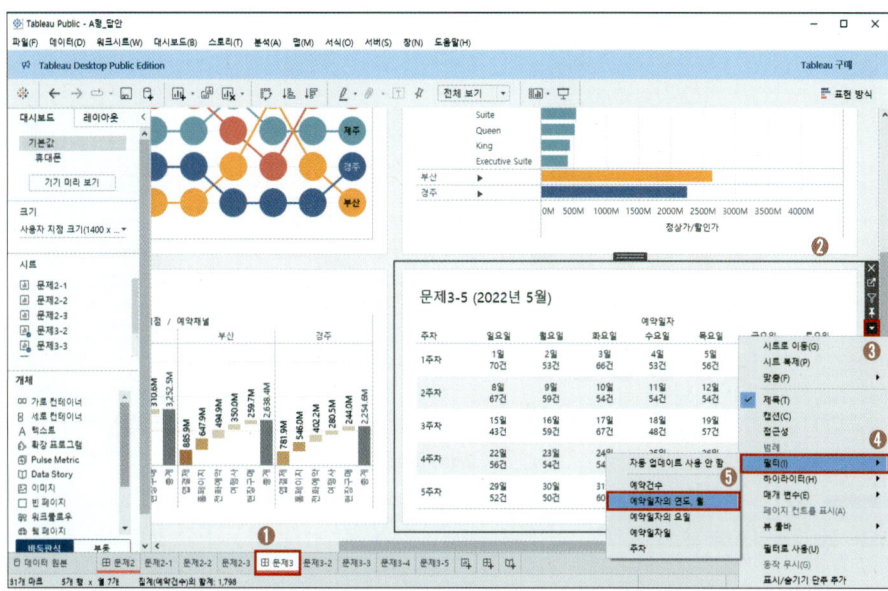

06 상단에 표시된 [**예약일자의 연도, 월**] **필터**의 빈 곳을 선택하고 ▼을 클릭합니다. 이때 나타나는 팝업 메뉴에서 **단일 값(드롭다운)**을 선택하여 단일 값을 선택하도록 필터의 형태를 변경할 수 있습니다.

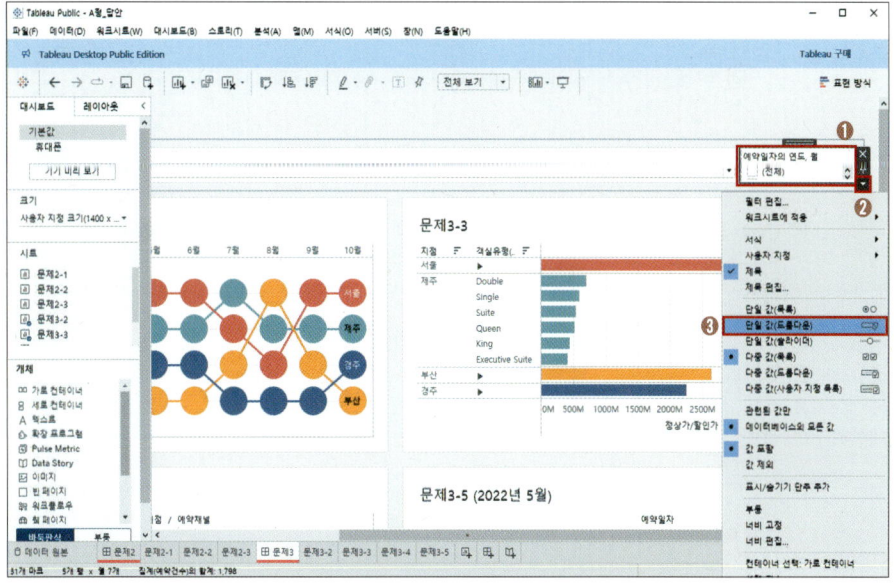

07 문제3-4에도 필터 동작이 함께 적용되도록 하기 위해 다시 ▼을 클릭합니다. 이때 나타나는 팝업 메뉴에서 **워크시트에 적용 > 선택한 워크시트**를 클릭합니다.

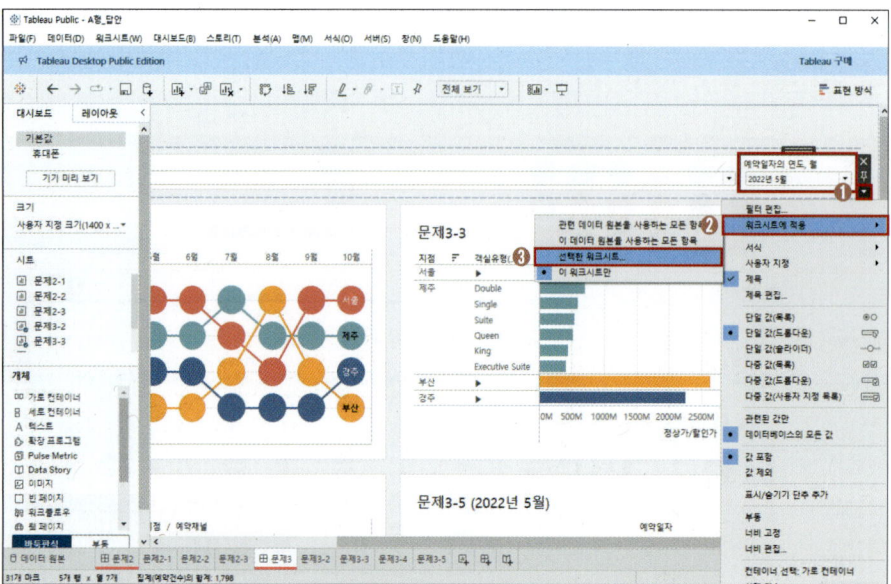

08 나타난 팝업 창에서 **워크시트 > 문제3-4**를 체크하고 **확인**을 클릭합니다.

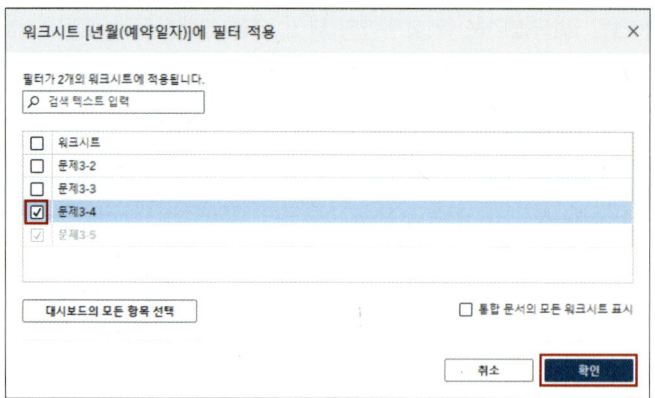

09 [예약일자의 연도, 월] 필터 왼쪽의 **[할인적용여부] 매개 변수**의 빈 곳을 클릭합니다. 매개 변수의 너비를 편집하기 위해 ▼을 클릭하여 나타나는 팝업 메뉴에서 **너비 편집**을 클릭합니다.

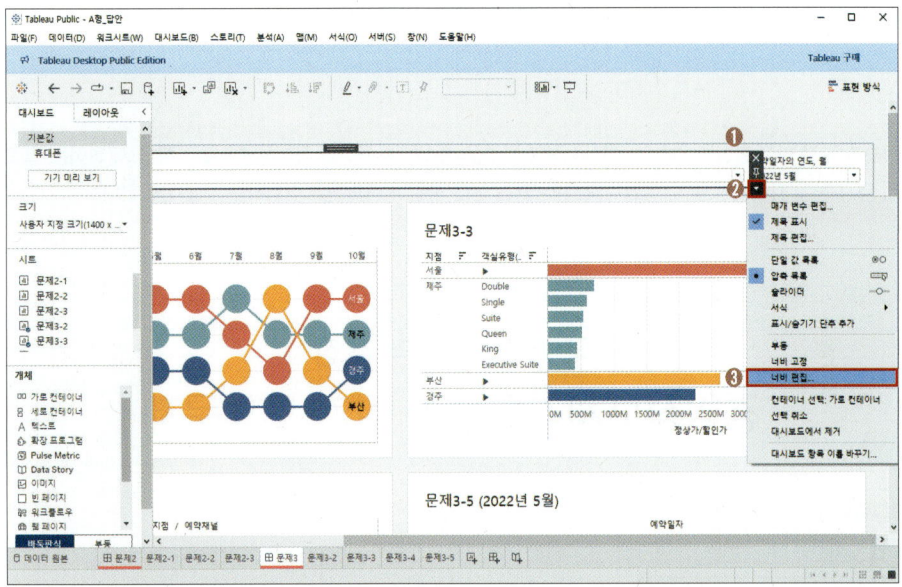

10 [예약일자의 연도, 월] 필터와 너비를 맞추기 위해 나타난 **너비 설정(픽셀) 팝업 창**에서 **168**을 입력하고 **확인**을 클릭합니다.

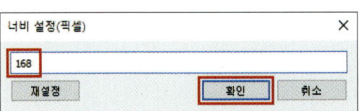

11 작업한 대시보드가 문제3의 시각화 완성화면(234p)과 일치하는지 확인한 후 해당 대시보드의 작업을 마무리합니다.

CHAPTER 03 시행처 공개문제(B형)

※ 본서는 이미지 화질 향상을 위하여 태블로 작업 화면을 축소하여 풀이를 진행하였으므로 작업 시 보이는 필드 및 차트의 크기 등에 차이가 있을 수 있습니다. 제공되는 정답 파일과 비교하여 작업하는 것을 권장합니다.

국 가 기 술 자 격 검 정
경영정보시각화능력 실기 모의문제

프로그램명	제한시간
태블로 데스크톱	70분

수험번호	
성 명	

단일	B형

※ 시험지를 받으시면
1~2페이지의 '유의사항'과
'문제 및 데이터 안내'를
확인하시기 바랍니다.

대 한 상 공 회 의 소

- '유의사항', '문제 및 데이터 안내'에 따라 시험에 응시하여야 하며, 이를 소홀히 하여 발생한 불이익과 책임은 수험자 본인에게 있습니다.
- 시험이 시작되면 즉시 문제 데이터 파일 존재여부와 답안 파일의 문제3-4 대시보드에 차트, 표, 데이터가 보이는지 확인하시기 바랍니다.
  - 문제 데이터 파일 위치 : [문제1] C:₩TB₩문제1_데이터 폴더 / [문제2, 3] C:₩TB₩문제2,3_데이터 폴더
  - 문제 데이터 파일은 존재여부만 확인하며 엑셀 등으로 열면 실격 처리
  - 답안 파일 위치 : C:₩TB₩수험자번호.twbx
  - 화면에 띄워진 답안 파일의 문제3-4 대시보드 확인
- 시험 중 인터넷 통신 오류 팝업 메세지가 발생할 경우 엑스(X)표 클릭하여 팝업 메시지 창을 제거 후 진행하시기 바랍니다.
- 아래는 답안의 저장 관련 안내입니다.
  - 메뉴 '파일'-'저장'으로 저장(툴바 저장 아이콘 또는 'Ctrl+S' 사용금지)[오류발생/저장불가]
  - 엑셀 데이터 추출 확인 메시지 창이 나올 경우 반드시 '추출 만들기' 버튼 누름
  - 시험 진행 중 답안은 수시로 중간 저장
- 별도의 지시사항이 없는 경우, 다음과 같이 처리할 때 [실격 처리]됩니다.
  - 제시된 파일, 페이지/대시보드, 데이터 원본의 이름, 차원/측정값 속성을 임의로 변경한 경우
  - 제시된 파일, 데이터 원본을 임의로 삭제, 추가, 변경한 경우
  - 시트/워크시트/대시보드를 임의로 삭제, 추가하거나 명칭을 변경한 경우
  - 제시된 답안 파일의 경로 또는 파일명을 변경한 경우
  - 문제 데이터를 시험 시작 전에 열어보는 경우
  - 실기시험 프로그램 이외의 프로그램(엑셀 등)으로 데이터를 열어보는 경우
- 반드시 답안작성은 문제에서 지시한 위치에 작업하여야 하며 다음과 같이 처리 시 해당 작업 또는 그 작업에 영향을 미치는 문제, 개체, 시트 등은 [오답 처리]됩니다.
  - 제시된 함수가 있으면 제시된 함수만을 사용해야 하며 그 외 함수를 사용해 풀이한 경우
  - 지시하지 않은 차트, 컨테이너, 매개 변수 등을 임의로 이동, 수정(변경), 삭제 등으로 인해 위치 및 내용이 변경된 경우
  - 임의로 기본 설정값(Default)을 변경한 경우
  - 숫자데이터를 임의로 문자화하여 처리한 경우
  - 개체가 해당 영역을 벗어난 경우
  - 개체가 너무 작아 해당정보 확인이 눈으로 어려운 경우
  - 지시사항과 띄어쓰기, 대소문자 등이 다른 경우(계산식 제외)
- 시험지에 제시된 [완성 화면 그림]은 문제풀이 순서 또는 시각적 개체 작성 순서, PC 환경 등의 이유로 수험자가 작성한 개체의 모니터 화면과 모양, 색상 등이 다를 수 있습니다.
- 본 문제와 용어는 태블로 데스크톱 퍼블릭 에디션(Tableau Desktop Public Edition) 2024.3.0. 버전을 기준으로 작성되었습니다.

문제 및 데이터 안내

1. 수험자가 작성할 답안 파일은 1개입니다. 문제1, 문제2, 문제3의 답을 하나의 답안 파일(.pbix)로 저장하십시오.

2. 문제1, 문제2, 문제3은 각각 독립적으로 구성되어 앞 문제를 풀지 않아도 다음 문제 풀이가 가능합니다.

3. 문제1은 데이터 불러오기를 통해 문제를 풀이하고, 문제2와 문제3은 답안에 이미 데이터가 포함되어 있어 다시 데이터를 불러오지 말고 바로 문제 풀이를 하십시오.
   – 데이터 파일은 문제1을 위한 데이터 파일과 문제2, 3을 위한 데이터 파일로 구성되어 있습니다.

4. 문제2와 문제3 풀이를 위해 필요한 일부 측정값, 필터가 답안 파일에 미리 적용되어 있을 수 있습니다.
   – 지시사항에 제시되지 않은 것은 변경하지 마십시오.
   – 사전에 적용된 필터 등이 삭제되지 않도록 '시트 지우기' 기능은 **절대** 사용하지 마십시오.

5. 문제는 문제(문제1~3) – 세부문제(1~4) – 지시사항(①~③) – 세부지시사항(▶, –) 단위로 구성됩니다.

6. 지시사항(①, ②, ③)별로 점수가 부여되며, 지시사항의 전체 세부지시사항(▶, –)을 작업하지 않을 경우 점수가 부여되지 않습니다. ※ **부분 점수 없음**

7. 본 시험에서 사용되는 데이터 파일 수와 데이터명은 아래와 같습니다.
   – [문제1] 데이터 파일 수 : 1개 / 데이터명 : '광역별_방문자수.xlsx'

파일명	광역별_방문자수.xlsx				
테이블	구조				
A업체 광역별 방문자_수	시군구코드	광역지자체_방문자_수	광역지자체_방문자_비율	기초지자체_방문자_수	기초지자체_방문자_비율
	32400	197,1861,774	4.5	11,783,977	6
B업체 광역별 방문자_수	시군구코드	광역지자체_방문자_수	광역지자체_방문자_비율	기초지자체_방문자_수	기초지자체_방문자_비율
	32010	679,426,007	3.6	1.13E + 08	16.6
행정구역 코드	행정동코드		광역지자체명		기초지자체명
	11010		서울특별시		종로구

- [문제2, 3] 데이터 파일 수 : 1개 / '방송판매.xlsx'

파일명	방송판매.xlsx					
테이블	구조					
방송판매 (필드 24개)	방송일	주문번호	담당MD	거래처코드	제품번호	담당호스트
	2023-04-26	S0608-0022	6	942571	9425712	박지성
	사원명	직위	입사일자	거래처명	분류	상품명
	박성호	대리	2012-12-18	삼미전자	전자계산기	CP-DIC500
	준비수량	판매수량	매출계획2024	매출계획2023	총매출계획	판매가격
	450	401	785000000	476500000	1261500000	153000
	매입원가	전년_준비수량	전년_판매수량	전년_총매출계획	전년_판매가격	전년_매입원가
	89000	-	-	-	-	-
	-	4000	3200	2170250000	59000	39000

문제1 작업준비(30점)

1. 답안 파일을 열고 다음의 지시사항에 따라 작업을 수행하시오. (10점)

   ① 연결 패널을 이용하여 데이터 파일을 추가하시오. (3점)
   - ▶ 데이터 추가 : '광역별_방문자수' 파일의 〈A업체_광역별방문자 수〉, 〈B업체_광역별방문자 수〉, 〈행정구역코드〉 테이블

   ② 데이터 원본 편집 창에서 〈A업체_광역별방문자수〉, 〈B업체_광역별방문자수〉, 〈행정구역코드〉 테이블을 결합하시오. (4점)
   - ▶ 〈A업체_광역별방문자수〉와 〈B업체_광역별방문자수〉를 유니온(UNION)으로 결합
   - ▶ 결합한 유니온(UNION)을 기준으로 〈행정구역코드〉 테이블을 왼쪽 조인(LEFT JOIN)하여 물리적 테이블 생성
     - 유니온(UNION)의 [시군구코드] 컬럼과 〈행정구역코드〉 테이블의 [행정동코드] 컬럼을 왼쪽 조인

   ③ 생성한 테이블의 [광역지자체_방문자_수], [광역지자체_방문자_비율], [테이블 이름] 필드를 숨김처리하시오. (3점)

2. 세부문제1에서 모델링한 데이터를 아래 지시사항에 따라 편집하시오. (10점)

   ① [광역지자체명] 필드를 이용하여 계산된 필드를 추가하시오. (4점)
   - ▶ 계산된 필드 추가 : 지역구분
     - [광역지자체명] 필드가 '서울특별시', '경기도', '인천광역시'이면 '수도권', 그 밖에 지역은 '지방권'으로 작성
     - 사용 함수 : IF문, IN
     - 데이터 유형 : 문자열

   ② [시트] 필드를 이용하여 계산된 필드를 추가하시오. (3점)
   - ▶ 계산된 필드 추가 : 업체명 구분
     - [시트] 필드가 'A업체 광역별방문자 수'면 'A업체', 'B업체 광역별방문자 수'면 'B업체'로 작성
     - 사용 함수 : CASE문
     - 데이터 유형 : 문자열

   ③ 데이터 원본 편집 창에서 다음의 지시사항에 따라 데이터를 편집하시오. (3점)
   - ▶ 모델링한 논리적 테이블 이름 변경 : 광역별방문자수
   - ▶ 〈A업체_광역별방문자수〉와 〈B업체_광역별방문자수〉를 유니온(UNION)으로 결합한 물리적 테이블 이름 변경 : 지자체별_방문자수
   - ▶ 데이터 원본 이름 변경 : 광역별_업체_방문자_수

3. 다음의 지시에 따라 측정값 및 필드를 생성하시오. (10점)

① 측정값 [광역지자체수]와 [시군구명(코드)] 필드를 생성하시오. (3점)

▶ 측정값 이름 : 광역지자체수
- 〈광역별방문자수〉 테이블에서 광역지자체명의 개수 계산. 중복값은 포함하지 않음
- 사용 함수 : AVG, COUNT, COUNTD, SUM 중 하나

▶ 필드 이름 : 시군구명(코드)
- 〈광역별방문자수〉 테이블의 [광역지자체명], [시군구코드], [기초지자체명] 필드 결합
- 함수를 사용하지 않음
- 예상 결과 : 경기도, 가평군, 31370 → 경기도 가평군(31370)

② 서울특별시 방문자수의 합계와 전국 대비 서울특별시 방문자수의 비율을 구하는 측정값을 생성하시오. (4점)

▶ 측정값 이름 : 서울지역_방문자수
- 서울특별시 방문자수의 합계
- 사용 필드 : [광역지자체명], [기초지자체_방문자_수]
- 사용 함수 : IF문

▶ 측정값 이름 : 서울방문자비율%
- 전국 대비 서울특별시 방문자수의 비율
- 사용 함수 : SUM

③ [기초지자체_방문자_순위] 필드를 생성하시오. (3점)

▶ 필드 이름 : 기초지자체_방문자_순위
- [기초지자체_방문자_수] 필드의 값을 기준으로 값이 크면 1등에 가까운 순위를, 값이 작으면 낮은 순위를 반환하는 내림차순 형태의 필드
- 사용 함수 : RANK_DENSE, STR, SUM
- [기초지자체_방문자_수]가 동일 값이면 동일한 순위가 할당되고, 순위 간격에는 지장이 없도록 설정
- 예시 : [기초지자체_방문자_수]가 (10, 17, 17, 20)이면 순위는 (3, 2, 2, 1)

기초지자체_방문자_수	기초지자체_방문자_순위
10	3
17	2
17	2
20	1

- 데이터 유형 : 문자열

문제2 단순요소 구현(30점)

| 시각화 완성화면 |

각 세부문제 풀이 후 아래와 같은 결과가 도출되어야 합니다.

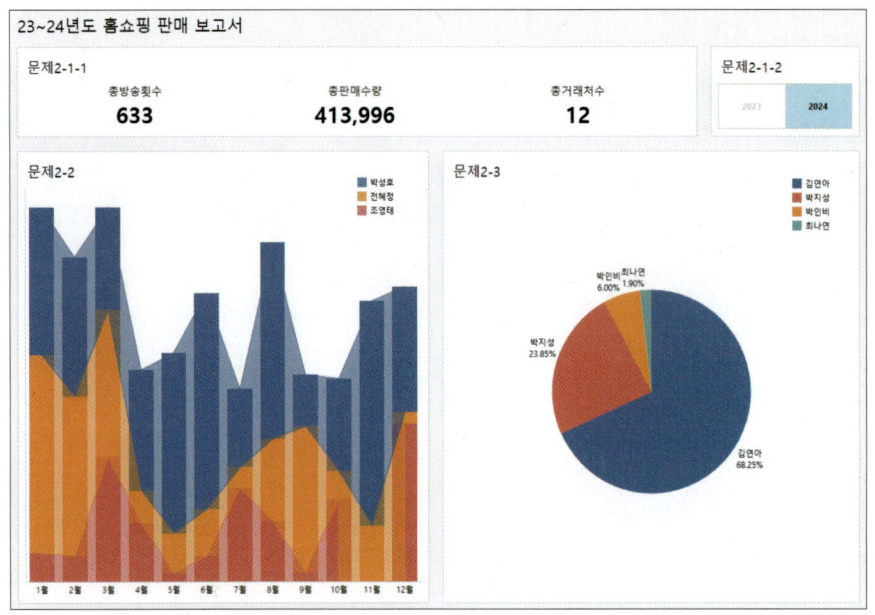

1. 〈방송판매〉 데이터를 활용하여 카드와 필터 버튼을 구현하시오. (10점)
   ① '문제2-1-1' 시트에 카드와 필터 버튼을 구현하시오. (4점)
      ▶ 다음의 필드 활용하여 측정값 생성
         – [방송일] 필드 → [총방송횟수] 생성
         – [판매수량] 필드 → [총판매수량] 생성
         – [거래처코드] 필드 → [총거래처수] 생성
      ▶ 사용 함수 : AVG, COUNT, COUNTD, SUM 중 하나
      ▶ 서식 설정
         – 머리글 : 글꼴 크기 '12', 정렬 '가운데'
         – 값 : 글꼴 크기 '24', '굵게', 정렬 '가운데'
         – 맞춤 : 가로 맞춤 '가운데'
         – 테두리 : 행 구분선을 모두 '없음'으로 변경

② '문제2-1-2' 시트에 [방송일] 필드를 사용하여 필터 버튼을 구현하시오. (3점)
- ▶ [방송일] 필드의 연도를 기준으로 필터 버튼 구현
  - 연도가 '가로 방향'으로 배치되도록 구현
- ▶ 서식
  - 머리글 표시 해제
  - 맞춤 : 기본값 – 패널 – 가로 '가운데'
  - 테두리 : 시트 – 기본값 – 셀 – 실선,
    테두리 색상 : #D4D4D4

③ '문제2-1-2'가 '문제2' 대시보드에서 필터로 작동하도록 동작 기능을 구현하시오. (3점)
- ▶ 동작 : '문제2-1-2'에서 생성한 필터 버튼을 필터로 사용
  - '문제2-1-2' 외에 다른 시트가 필터로 적용되어서는 안 됨
- ▶ 동작 이름 : 연도별_필터
- ▶ 동작 실행 조건 : 선택
- ▶ 선택을 해제할 경우의 결과 : 모든 값 표시
- ▶ 기본 선택 : 2024년

2. '문제2-2' 시트에 다음의 작업을 수행하여 혼합(영역+막대) 차트를 구현하시오. (10점)

① 다음의 조건으로 필드를 생성하시오. (4점)
- ▶ 필드 이름 : 매출실적
  - 의미 : [판매수량]과 [판매가격]의 곱
- ▶ 필드 이름 : MD(Top3)
  - 의미 : [매출실적]이 상위 3위(Top 3)에 해당하는 [사원명]을 반환하는 집합 필드

② '문제2-2' 시트에 [방송일], [매출실적] 필드를 이용하여 혼합(영역+막대) 차트를 구현하시오. (3점)
- ▶ 가로축 : [방송일] 필드
  - '월(방송일)' 기준
  - 불연속형으로 설정
- ▶ 세로축 : [매출실적] 필드
  - 오른쪽(두번째) 행을 영역 차트로 설정
- ▶ '월(방송일)'을 제외한 모든 머리글 및 필드 레이블은 숨김 처리
- ▶ 완성화면과 같이 시각적 개체의 크기와 위치를 레이아웃에 맞게 변경

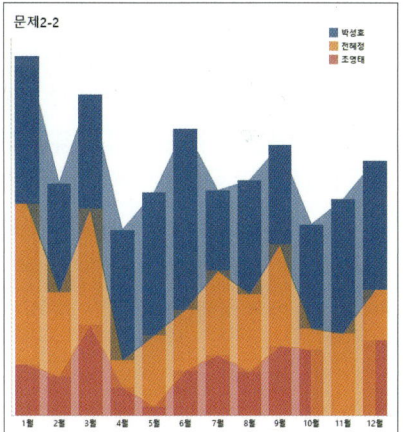

③ 연도에 따라 [매출실적]이 높은 TOP3에 해당하는 [사원명]이 변화하도록 구현하시오. (3점)
- ▶ '문제2' 대시보드에 범례를 부동으로 배치

3. '문제2-3' 시트에 다음의 작업을 수행하여 차트를 구현하시오. (5점)

① [담당호스트], [총방송횟수] 필드를 사용하여 파이 차트를 구현하시오. (3점)
- ▶ [담당호스트]별 [총방송횟수]의 비중을 나타내는 파이 차트 구현
- ▶ 마크 설정
  - 레이블1 : [담당호스트]
  - 레이블2 : [총방송횟수]의 구성비율
  - 레이블 정렬 : '가운데'
- ▶ 완성화면과 같이 레이블 배치, 정렬 '가운데'
- ▶ 시트 보기를 '전체 보기'로 설정

② [담당호스트]를 [총방송횟수] 필드를 기준으로 내림차순 정렬하시오. (2점)

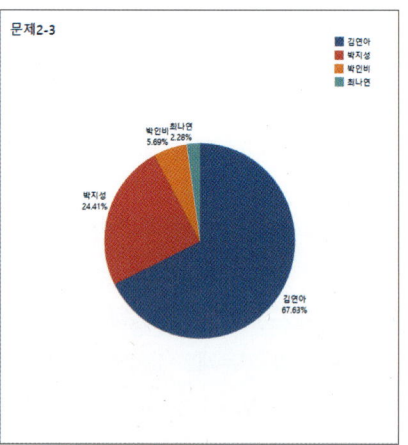

4. 통합 문서 및 '문제2' 대시보드의 서식을 설정하시오. (5점)

① 전체 통합 문서의 서식을 변경하시오. (2점)
- ▶ 통합 문서 서식 변경
  - 전체 글꼴 : '맑은 고딕'
  - 전체 글꼴 색상 : #000000

② '문제2' 대시보드의 백그라운드 색상과 제목의 레이아웃을 변경하시오. (3점)
- ▶ '문제2' 대시보드의 항목 계층 중 '바둑판식' 항목의 백그라운드 색상을 "#F5F5F5"로 변경
- ▶ 대시보드의 제목("23~24년도 홈쇼핑 판매 보고서") 개체(텍스트)의 레이아웃
  - 개체 이름 작성 : "23~24년도 홈쇼핑 판매 보고서"
  - 바깥쪽 여백을 위쪽 '8', 왼쪽 '8', 아래쪽 '5', 오른쪽 '10'으로 변경
  - 안쪽 여백을 모두 '0'으로 변경

문제3 복합요소 구현(40점)

| 시각화 완성화면 |

각 세부문제 풀이 후 아래와 같은 결과가 도출되어야 합니다.

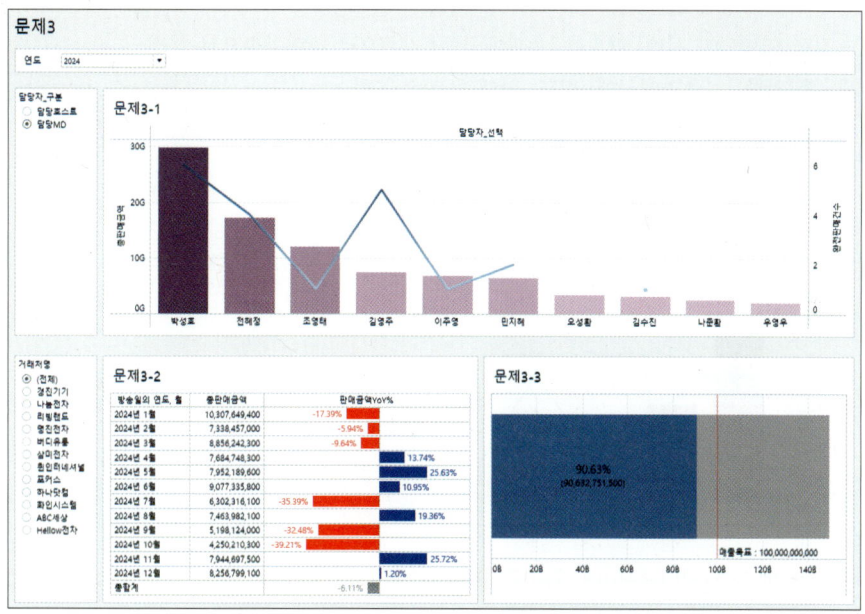

1. '문제3-1' 시트에서 다음의 작업을 수행하여 혼합(막대+라인) 차트를 구현하시오. (10점)

   ① 문자열 매개 변수 [담당자_구분]과 이를 활용한 [담당자_선택] 필드를 생성하시오. (3점)
   - ▶ 매개 변수 이름 : 담당자_구분
     - 의미 : '담당호스트' 선택 시 [담당호스트], '담당MD' 선택 시 [사원명]에 해당하는 목록 반환
   - ▶ 매개 변수가 적용되는 계산된 필드 이름 : 담당자_선택
     - 의미 : '담당호스트' 선택 시 [담당호스트], '담당MD' 선택 시 [사원명] 적용
     - 사용 함수 : CASE문

   ② [주문번호], [준비수량], [판매수량] 필드를 활용하여 [완전판매건수] 필드를 생성하시오. (3점)
   - ▶ 계산된 필드 이름 : 완전판매건수
     - 의미 : [준비수량]이 모두 판매된 [주문번호]의 건수
     - 조건 : 계산 값이 0인 경우 NULL 값으로 작성
     - 사용 함수 : COUNT, IF문
   - ▶ 하나의 계산된 필드로 작성

③ [담당자 선택] 결과를 반영한 [총판매금액]과 [완전판매건수]를 막대 차트와 라인 차트로 표현하시오. (4점)
  ▶ 계산된 필드 생성 : 총판매금액
    – 의미 : [판매수량]과 [판매가격]의 곱
  ▶ 가로축 : [담당자 선택] 필드
    – 정렬 : [담당자 선택] 필드를 [총판매금액] 기준으로 내림차순으로 설정
  ▶ 세로축(왼쪽) : [총판매금액] 필드, 막대 차트로 구현
  ▶ 세로축(오른쪽) : [완전판매건수] 필드, 라인 차트로 구현
    – [완전판매건수]의 NULL 값을 '숨김' 처리
  ▶ 필터 : [방송일] 필드(2024년 기준)

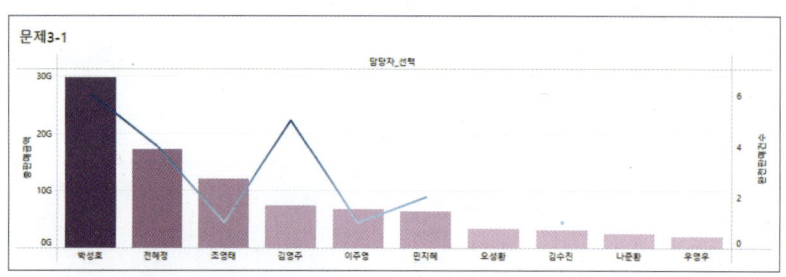

2. '문제3-2' 시트에 혼합(테이블+막대) 차트를 구현하시오. (10점)
① [전년_판매가격], [전년_판매수량], [총판매금액]을 사용하여 전년 동기 대비 매출 증감률을 구하는 [판매금액YoY%] 측정값을 생성하시오. (3점)
  ※ YoY(Year On Year) : 전년 동기 대비 증감률
  ▶ 측정값 이름 : 판매금액YoY%
    – 의미 : [전년_판매가격], [전년_판매수량]을 이용하여 산출한 '전년 총판매금액'과 [총판매금액]을 비교하여 전년 동기 대비 매출 증감률 산출
    – 서식 : 백분율, 소수점 2자리
  ▶ 필터
    – [방송일] 필드를 '년' 필터로 지정(2024년 기준)
    – [거래처명] 필드를 '전체' 필터로 지정(단일 선택)

② [방송일] 필드를 기준으로 하여 년 · 월별 [총판매금액]을 테이블로 구현하고, [판매금액YoY%]을 가로 막대 차트로 구현하시오. (4점)
- ▶ [판매금액YoY%]의 총합계 표현
- ▶ [판매금액YoY%]의 머리글 제외한 후 계산된 필드를 만들지 않고 "판매금액YoY%"를 생성
- ▶ 완성화면과 같이 시각적 개체의 크기와 위치를 레이아웃에 맞게 변경
  - 테두리 서식 : 시트의 머리글 실선, 색상 #D4D4D4
  - 막대 차트의 열 기준 선 제거
  - 정렬 : [총판매금액] 값 '우측', 머리글 '가운데'

③ [판매금액YoY%] 막대 차트의 색상을 아래와 같이 지정하시오. (3점)
- ▶ [판매금액YoY%]가 음수이면 빨간색, 양수이면 파란색이 되도록 설정
  - 음수 색 : #FF0000
  - 양수 색 : #0055FF

3. '문제3-3' 시트에서 다음의 작업을 수행하여 차트를 구현하고, '문제3' 대시보드에서 다음의 설정을 완료하시오. (10점)

① '문제3-3' 시트에 다음의 매개 변수와 필드를 생성하시오. (3점)
- ▶ 매개 변수 이름 : 매출목표
  - 데이터 유형 : 정수
  - 값 : 100,000,000,000으로 지정
- ▶ 필드 이름 : 매출목표 상한선
  - 값 : 150,000,000,000으로 지정
  - 사용 함수 : AVG, MAX, MIN, SUM 중 하나 사용
- ▶ 필드 이름 : 목표대비 총판매비율%
  - 의미 : [총판매금액] 필드를 합계로 집계하여 이를 [매출목표] 매개 변수로 나눔
  - 사용 함수 : AVG, MAX, MIN, SUM 중 하나 사용

② [총판매금액], [매출목표 상한선] 필드를 사용하여 불릿 그래프를 구현하시오. (4점)

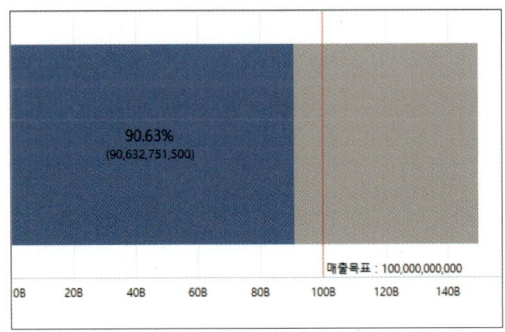

- ▶ 활용 필드 : [총판매금액], [매출목표 상한선]
- ▶ 필터 : [방송일]의 연도(2024년으로 지정)
- ▶ [매출목표 상한선] 필드 색상 : #BAB0AC

- ▶ [총판매금액] 필드 색상 : #4E79A7
- ▶ 레이블1 : [목표대비 총판매비율%]
  - 서식 : 백분율, 소수점 2자리, 글꼴 크기 '12', 가로 맞춤 '가운데'
- ▶ 레이블2 : [총판매금액]
  - 서식 : 글꼴 크기 '10', 가로 맞춤 '가운데'
- ▶ 참조선
  - 실선 라인 색상은 #FF0000, 투명도 적용하지 않음
  - 레이블은 그림과 같이 필드명과 해당 값이 표시되도록 설정 ex) 매출목표 : 값
- ▶ 축 설정
  - 서식의 "숫자(사용자지정)" 옵션을 사용하여 정수, 단위는 "십억(B)"으로 설정
  - 축 제목 제거
- ▶ 완성화면과 같이 시각적 개체의 크기와 위치를 레이아웃에 맞게 변경

③ '문제3' 대시보드에 매개 변수 및 필터를 배치하고 적용 범위를 설정하시오. (3점)
- ▶ [방송일] 필터(연도 기준)
  - 위치 : 상단
  - 적용 범위 : '문제3' 대시보드의 모든 시트를 대상으로 설정
  - 유형 : 단일 값 드롭다운
  - "전체" 값이 표시되지 않도록 설정
- ▶ [담당자_구분] 매개 변수
  - 위치 : 왼쪽 상단
  - 유형 : 단일 값 목록
- ▶ [거래처명] 필터
  - 위치 : 왼쪽 하단
  - 적용 범위 : '문제3-2' 시트를 대상으로 설정
  - 유형 : 단일 값 목록

4. '문제3-4' 대시보드에서 다음의 작업을 수행하여 동적(Interactive) 대시보드를 구현하시오. (10점)

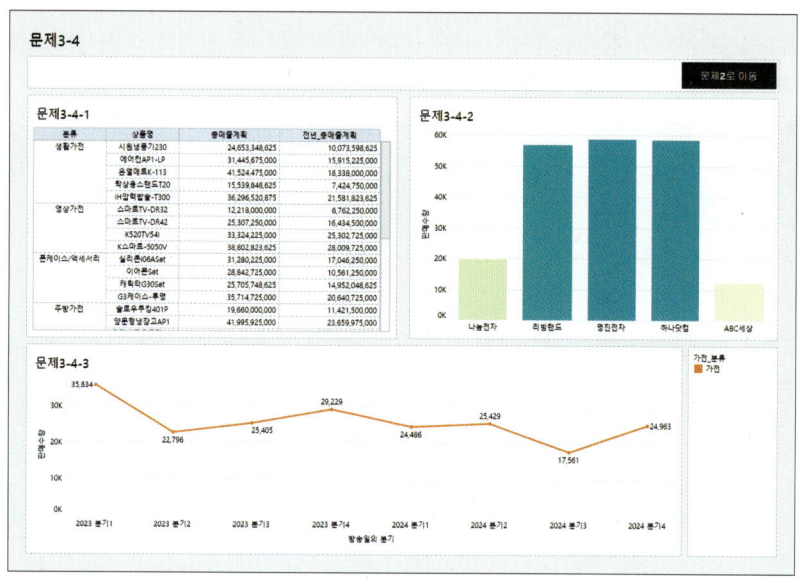

① '문제2' 대시보드로 이동하는 "버튼"을 구현하시오. (3점)
   ▶ 버튼 내용 : "문제2로 이동"
   ▶ 위치 : 상단 빈 레이아웃의 가장 오른쪽
② [분류] 필드에 "가전"이 포함된 제품과 그 외의 제품을 구분하는 매개 변수와 필터를 생성하시오. (4점)
   ▶ 매개 변수 이름 : 분류_구분
      – 데이터 유형 : 문자열
      – 허용 가능한 값 : 전체
   ▶ 필드 이름 : 가전_분류
      – 의미 : [분류]의 값이 '생활가전', '영상가전', '주방가전'처럼 "가전"을 포함한 경우 "가전", 이 외는 각각의 [분류]별로 품목을 구분하는 문자열 필드
      – 사용 함수 : CONTAINS, IF문
   ▶ 필드 이름 : 가전_구분_필터
      – 의미 : [분류_구분]이 '생활가전', '영상가전', '주방가전' 중 하나일 때 '생활가전', '영상가전', '주방가전'의 값을 모두 포함하는 것이 "참"이고, 이 외에는 각 [분류] 값을 포함하는 것이 "참"인 부울형 필드
      – 사용 함수 : CONTAINS, IF문

③ '문제3-4' 대시보드에서 '문제3-4-1' 그리드 클릭 시 [분류] 값에 따라 값이 변경되도록 구현하시오. (3점)
- ▶ '문제3-4-2' 시트와 '문제3-4-3' 시트에 [가전_구분_필터]를 필터로 적용("참" 기준)
- ▶ '문제3-4-3' 시트에 [가전_분류]를 색상으로 적용
- ▶ 매개 변수 동작 설정
  - 동작 이름 : 분류별_매개변수
  - 동작 : 매개 변수 동작
  - 매개 변수 동작을 시작하는 시트가 '문제3-4-1' 이외에 존재해서는 안 됨
  - 동작 실행 조건 : 선택
  - 선택을 해제할 경우의 결과 : 현재 값 유지
  - [분류] 필드 값에만 동작하는 매개 변수 동작

풀이 1 작업준비　　　　　　　　　　　　　　　　　　　　　30점

1 답안 파일을 열고 다음의 지시사항에 따라 작업을 수행하시오.

① 연결 패널을 이용하여 데이터 파일을 추가하시오.

01 **바탕 화면** > **유선배 경영정보시각화능력 실기(Tableau) 실습 자료** > **Part2_공개문제_B형** > **B형 _답안.twbx**를 **더블클릭**하여 답안 파일을 실행합니다. 상단에 태블로 마크 모양의 **시작 페이지 표시**( )를 클릭하여 연결 패널로 이동합니다.

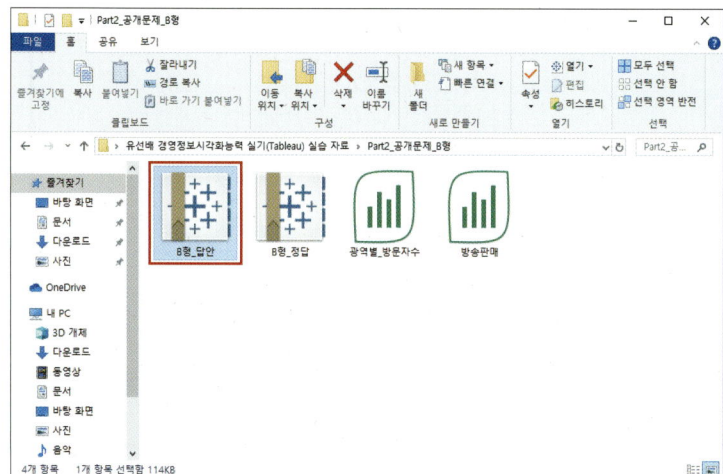

02 **연결**에서 **파일에 연결** > **Microsoft Excel**을 클릭한 후 파일 경로 위치는 **바탕 화면** > **유선배 경영정보시각화능력 실기(Tableau) 실습 자료** > **Part2_공개문제_B형** > **광역별_방문자수.xlsx**를 선택한 후 **열기**를 클릭합니다.

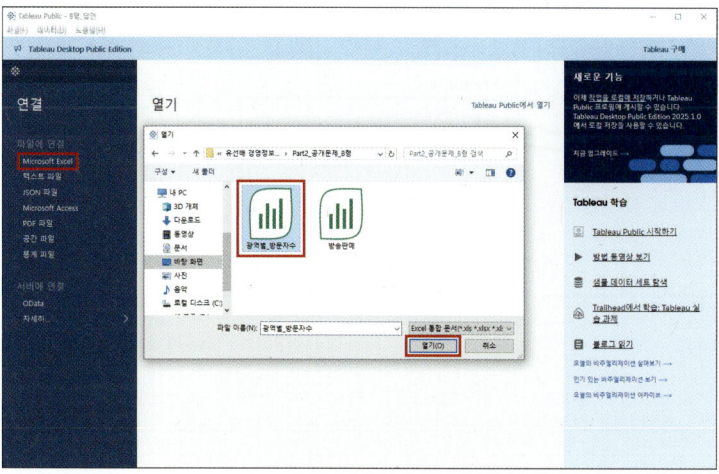

② 데이터 원본 편집 창에서 〈A업체_광역별방문자수〉, 〈B업체_광역별방문자수〉, 〈행정구역코드〉 테이블을 결합하시오.

01 A업체_광역별방문자_수와 B업체_광역별방문자_수 데이터를 유니온하기 위해 **새 유니온**을 클릭하고 **캔버스**로 **드래그 앤 드롭**합니다.

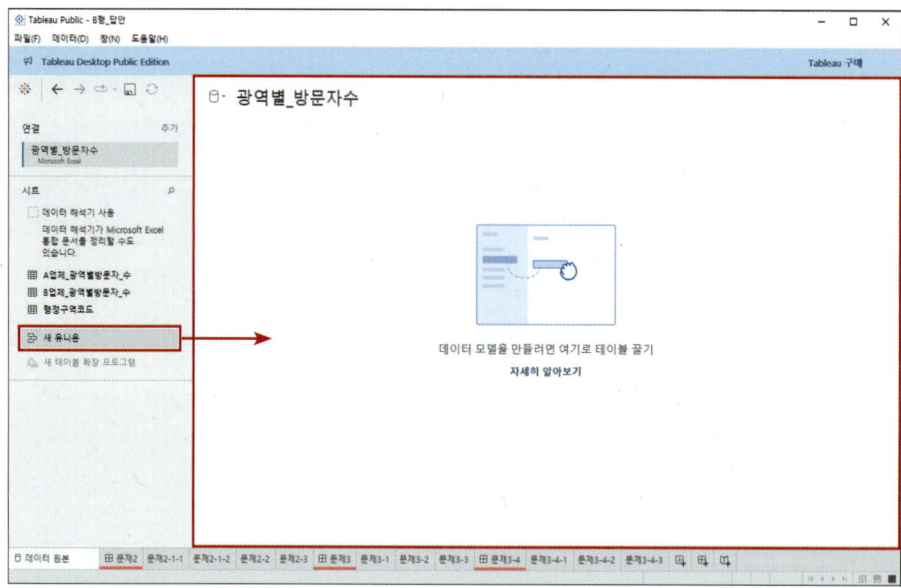

02 시트에 있는 **A업체_광역별방문자_수**와 **B업체_광역별방문자_수**를 나타난 **유니온 팝업 창**에 차례대로 **드래그 앤 드롭**하고 **확인**을 누릅니다.

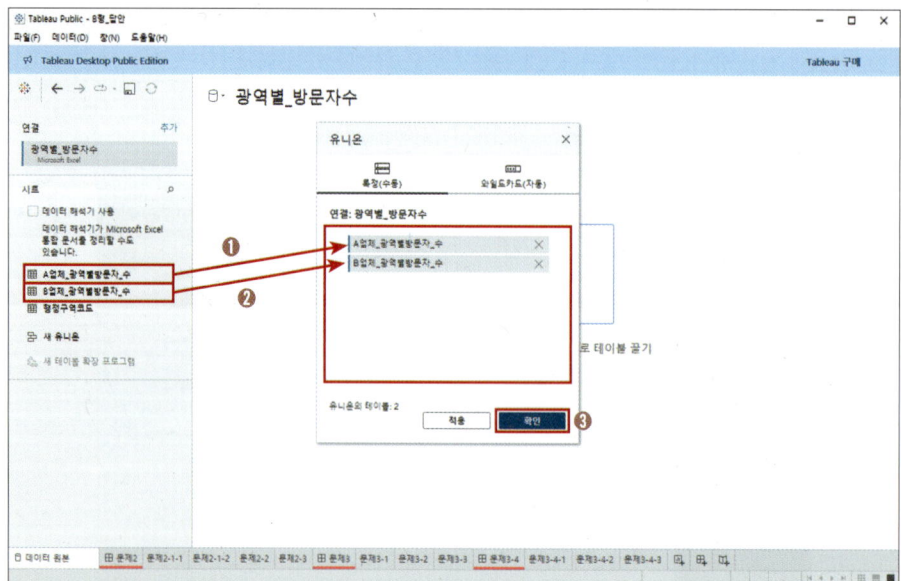

03 캔버스에 표시된 **논리적 테이블**을 **더블클릭**하여 물리적 테이블을 확인합니다.

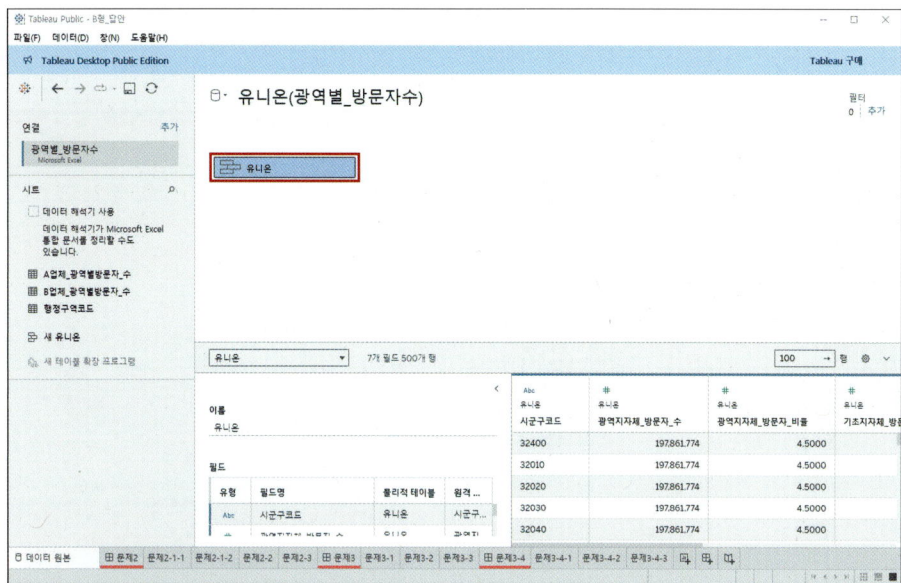

04 결합한 유니온 데이터와 행정구역코드를 왼쪽 조인하기 위해 시트의 **행정구역코드**를 물리적 테이블 유니온 창의 빈 곳으로 **드래그 앤 드롭**합니다.

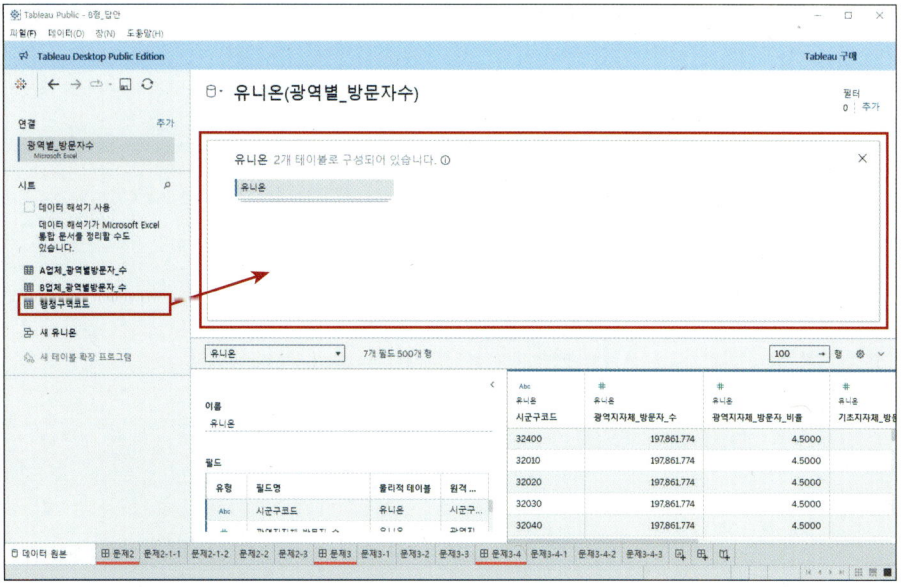

05 조인 옵션에서 **왼쪽**을 클릭하고 연결고리를 형성하기 위해 데이터 원본에는 **시군구코드**를 클릭합니다.

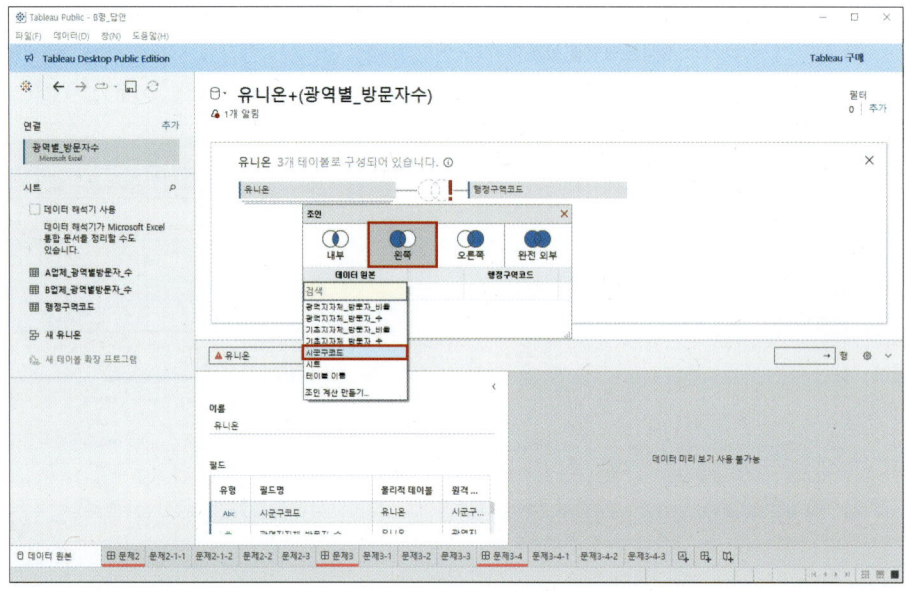

06 데이터 원본에 포함된 시군구코드와 함께 연결할 데이터로 행정구역코드에 **행정동코드**를 클릭하면, 유니온 데이터 원본을 기준으로 데이터가 존재하는 행정구역코드 데이터들이 결합하게 됩니다. 우측 상단 ☒를 클릭하여 조인 팝업 창을 닫습니다.

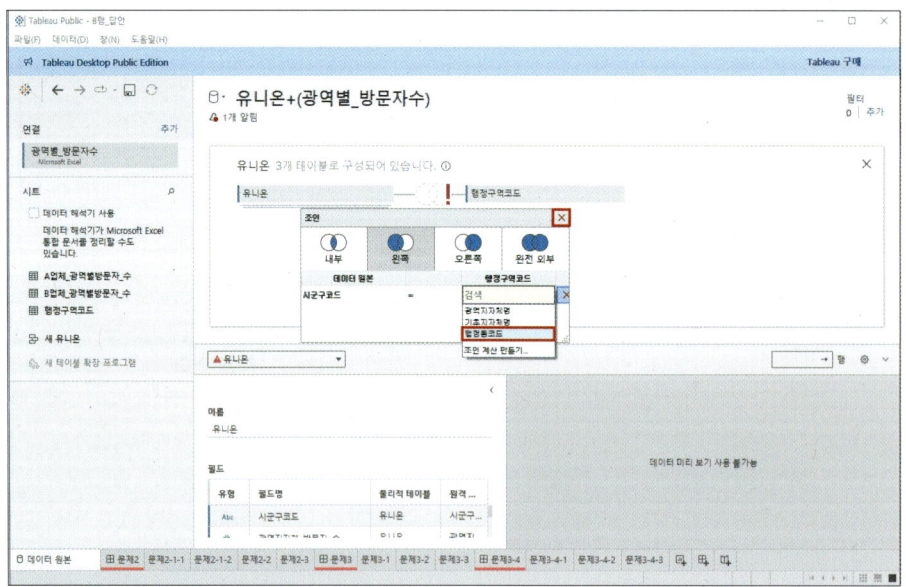

③ 생성한 테이블의 [광역지자체_방문자_수], [광역지자체_방문자_비율], [테이블 이름] 필드를 숨김 처리하시오.

01 생성한 테이블의 [광역지자체_방문자_수] 필드를 숨기기 위해 데이터 그리드에 있는 [광역지자체_방문자_수] 필드의 머리글을 **마우스 우클릭**하여 나타난 팝업 메뉴에서 **숨기기**를 클릭합니다.

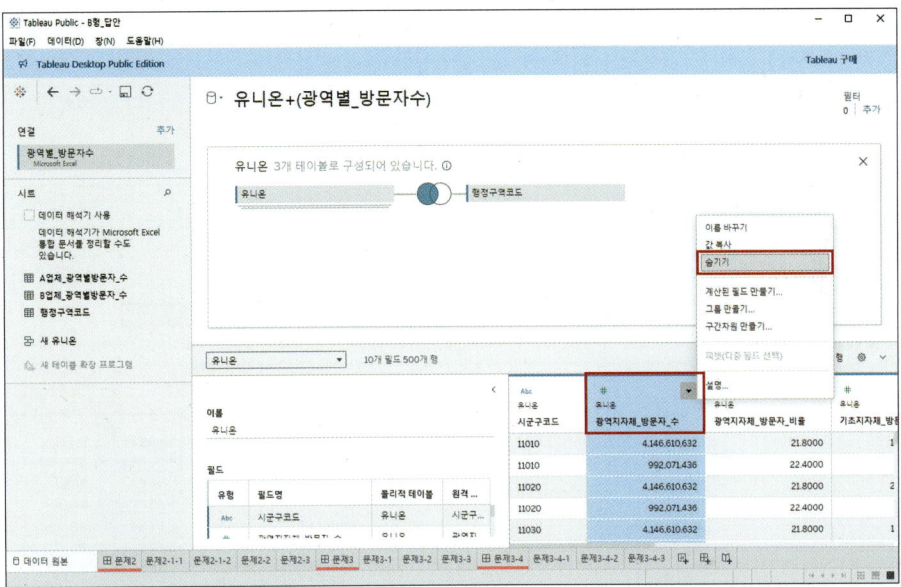

02 같은 방식으로 [광역지자체_방문자_비율] 필드와 [테이블 이름] 필드의 머리글을 **마우스 우클릭**하여 나타난 팝업 메뉴에서 **숨기기**를 클릭합니다.

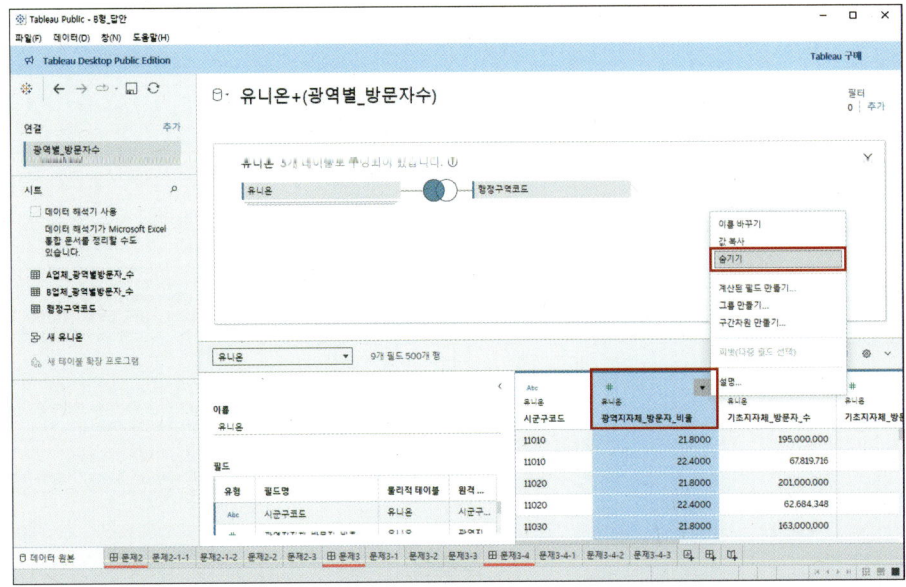

2 세부문제1에서 모델링한 데이터를 아래 지시사항에 따라 편집하시오.

① [광역지자체명] 필드를 이용하여 계산된 필드를 추가하시오.

01 수도권과 지방권을 나누는 [지역구분] 필드를 생성하기 위해 데이터 그리드에 있는 **[광역지자체명]** 필드의 머리글을 **마우스 우클릭**하고 나타난 팝업 메뉴에서 **계산된 필드 만들기**를 클릭합니다.

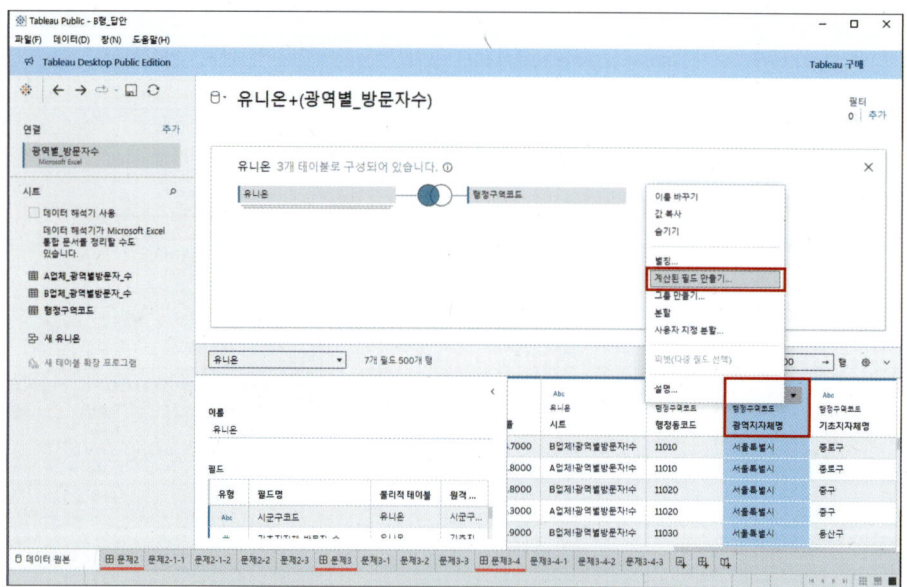

02 계산된 필드의 **이름**을 **지역구분**으로 변경하고 **서울특별시, 경기도, 인천광역시**인 경우에는 **수도권**으로 정의하고 **그 외**에는 **지방권**으로 정의합니다. 다음 수식을 입력하고 **확인**을 눌러 마무리합니다.

```
IF [광역지자체명] IN ("서울특별시", "경기도", "인천광역시") THEN "수도권"
ELSE "지방권"
END
```

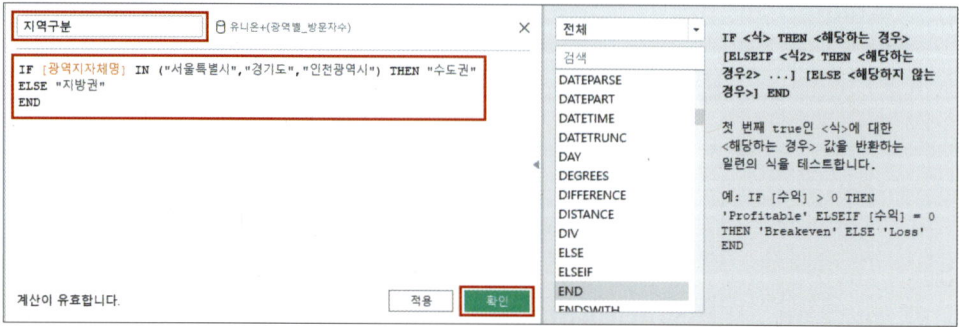

② [시트] 필드를 이용하여 계산된 필드를 추가하시오.

01 [업체명 구분] 필드를 만들기 위해 **[시트] 필드**의 머리글을 **마우스 우클릭**합니다. 나타난 팝업 메뉴에서 **계산된 필드 만들기**를 클릭합니다.

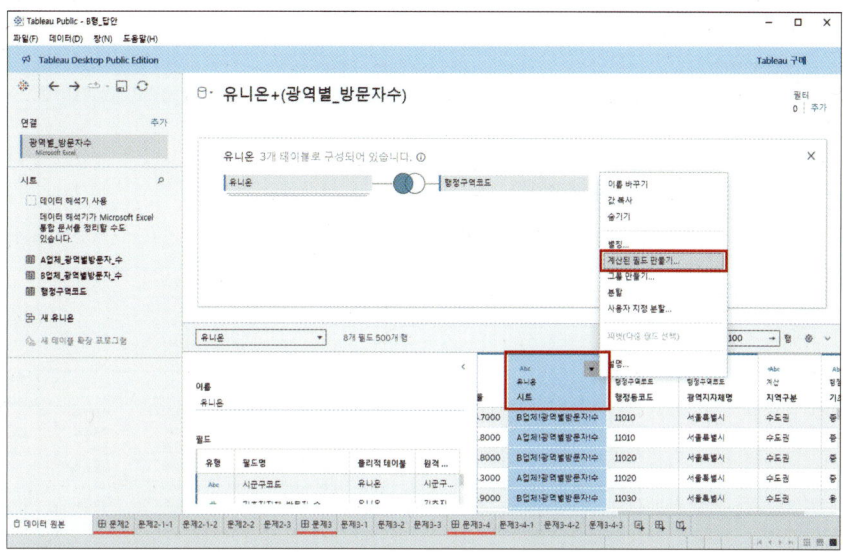

02 계산된 필드 **이름**을 **업체명 구분**으로 변경하고 [시트] 필드가 **A업체 광역별방문자 수**면 **A업체**, **B업체 광역별방문자 수**면 **B업체**로 정의합니다. 다음 수식을 입력하고 **확인**을 눌러 마무리합니다.

CASE [시트]
WHEN "A업체:광역별방문자!수" THEN "A업체"
WHEN "B업체:광역별방문자!수" THEN "B업체"
END

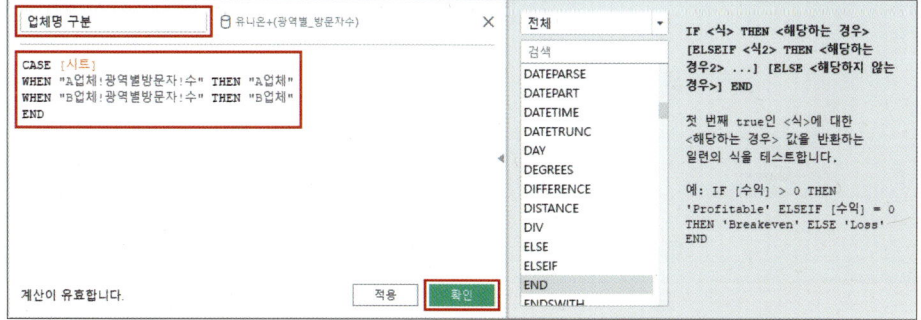

수식 입력 시 _는 !로 표기해 주어야 합니다.

③ 데이터 원본 편집 창에서 다음의 지시사항에 따라 데이터를 편집하시오.

01 모델링한 논리적 테이블 이름을 **광역별방문자수**로 변경하기 위해 물리적 테이블 유니온 창의 우측 상단 ☒를 클릭하여 닫습니다. 유니온 창을 모델링한 논리적 테이블 유니온 위에 커서를 올린 뒤 나타난 ▼을 클릭합니다. 나타난 팝업 메뉴에서 **이름 바꾸기**를 클릭합니다.

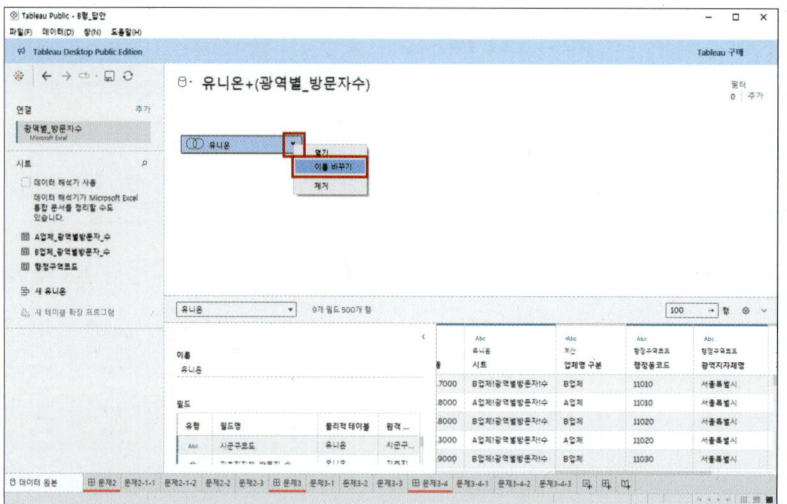

논리적 테이블 유니온을 마우스 우클릭하는 것도 가능합니다.

02 논리적 테이블 이름에 **광역별방문자수**를 입력하고 빈 곳을 클릭하거나 Enter를 눌러 마무리합니다.

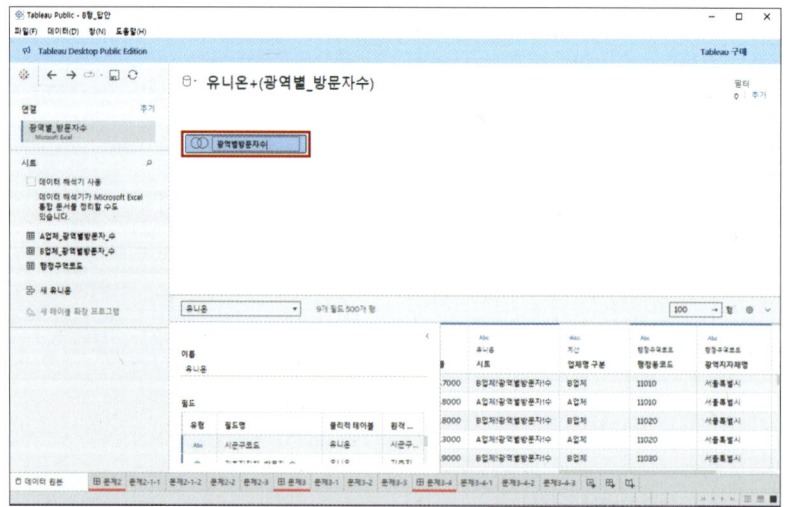

03 유니온으로 결합한 물리적 테이블 이름을 변경하기 위해 **광역별방문자수** 위에 커서를 올린 뒤 나타난 ▼을 클릭합니다. 나타난 팝업 메뉴에서 **열기**를 선택합니다.

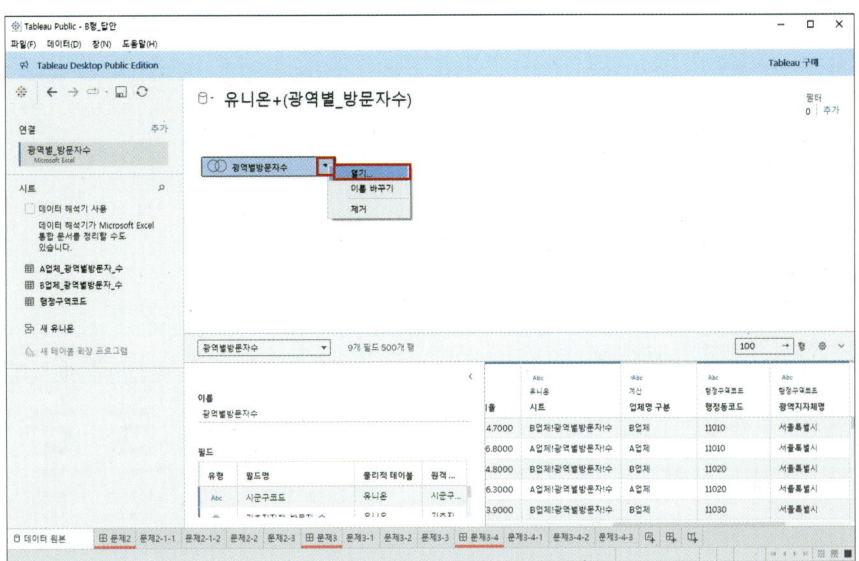

논리적 테이블 광역별방문자수를 더블클릭하는 것도 가능합니다.

04 **결합한 물리적 테이블 유니온**을 **더블클릭**하고 이름을 **지자체별_방문자수**라고 입력합니다. 빈 곳을 클릭하거나 Enter를 누른 후 우측 상단 ⊠를 눌러 물리적 테이블 창을 닫습니다.

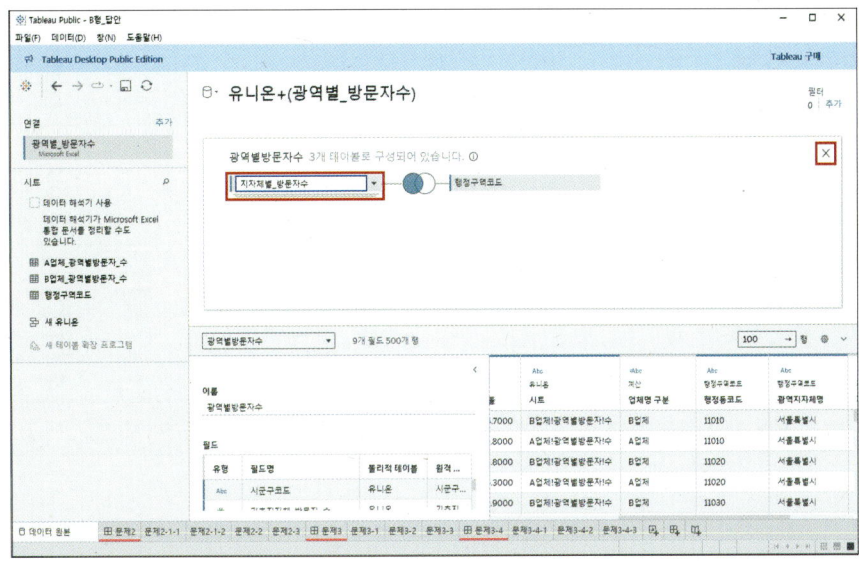

05 데이터 원본의 이름을 변경하기 위해 캔버스 상단에 위치한 제목 **지자체별_방문자수+(광역별_방문자수)**를 클릭합니다.

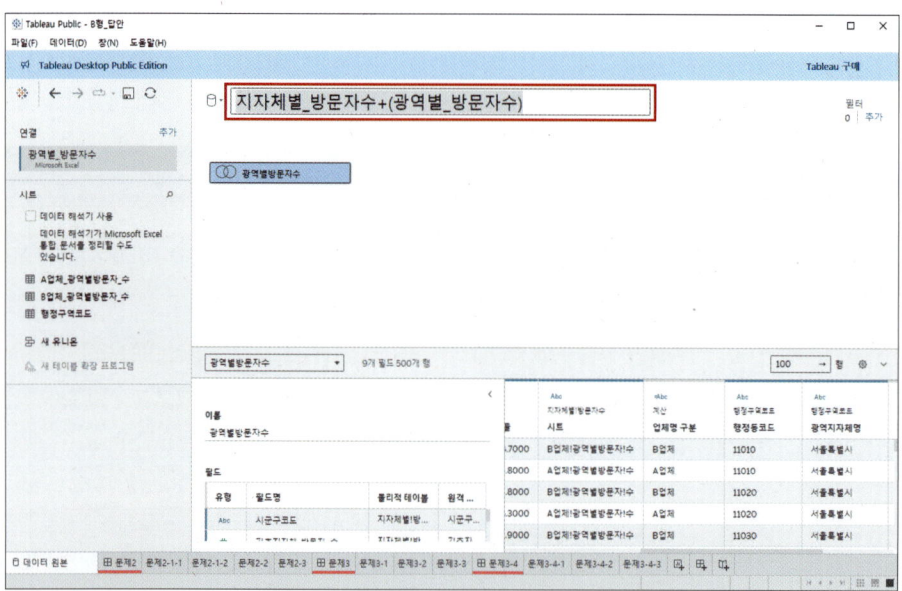

06 커서가 깜빡이며, 전체가 드래그되면 해당 영역에 **광역별_업체_방문자_수**를 입력합니다. 빈 곳을 클릭하거나 Enter를 눌러 마무리합니다.

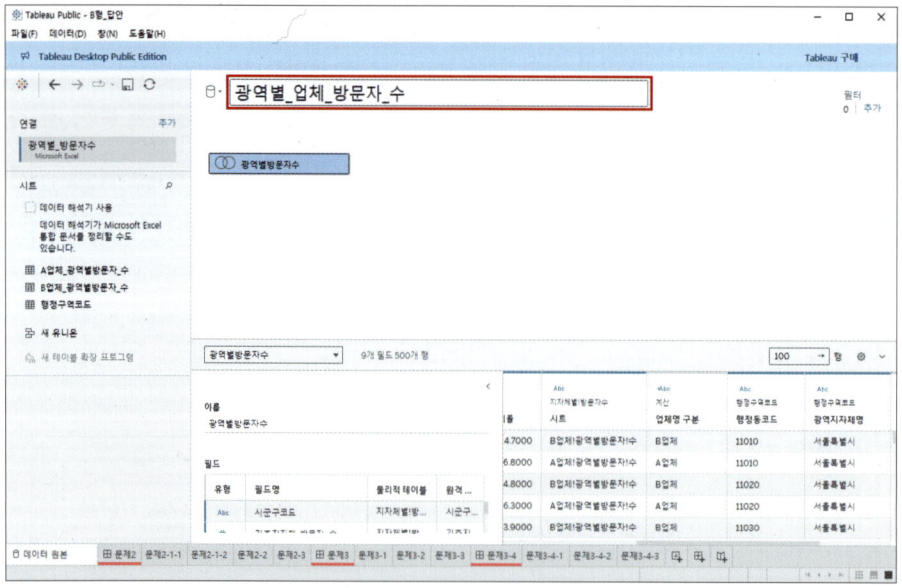

3 다음의 지시에 따라 측정값 및 필드를 생성하시오.

① 측정값 [광역지자체수]와 [시군구명(코드)] 필드를 생성하시오.

01 [광역지자체수] 필드를 생성하기 위해 **[광역지자체명] 필드**의 머리글을 **마우스 우클릭**합니다. 나타난 팝업 메뉴에서 **계산된 필드 만들기**를 클릭합니다.

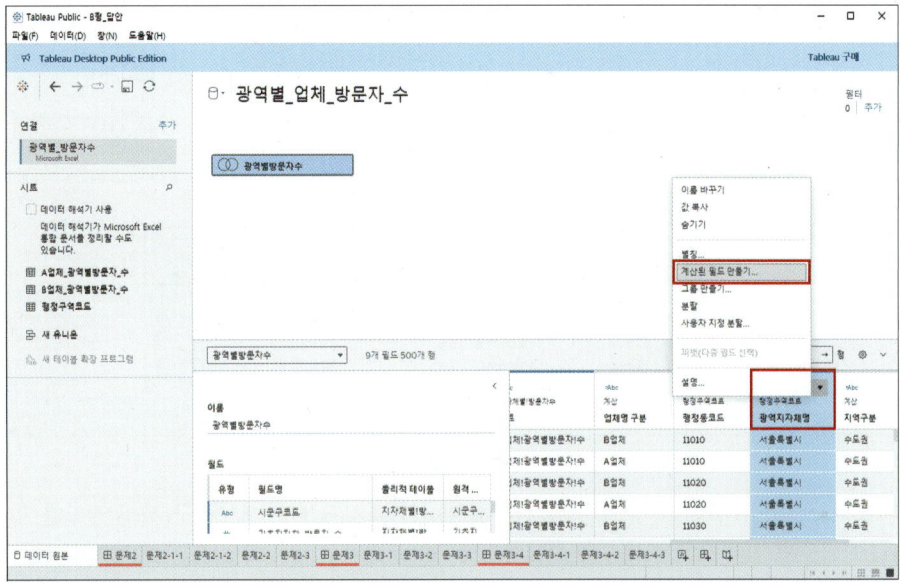

02 [광역지자체수] 필드는 테이블에서 광역지자체명의 개수를 계산해야 합니다. 단, 중복값은 포함하지 않아야 하기 때문에 COUNTD 함수를 활용하여 생성합니다. 먼저 계산된 필드의 **이름**을 **광역지자체수**로 변경한 후 COUNTD **함수**를 활용하여 광역지자체명 수를 계산한 후 다음 수식을 입력하고 **확인**을 눌러 마무리합니다.

> COUNTD([광역지자체명])

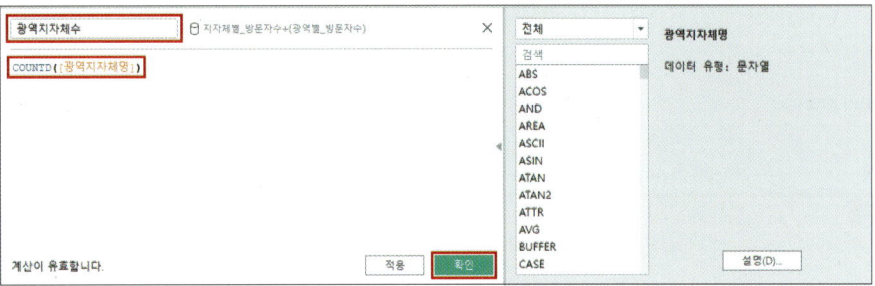

03 시군구명(코드)를 만들기 위해 [광역지자체명] 필드의 머리글을 **마우스 우클릭**합니다. 나타나는 팝업 메뉴에서 **계산된 필드 만들기**를 클릭합니다.

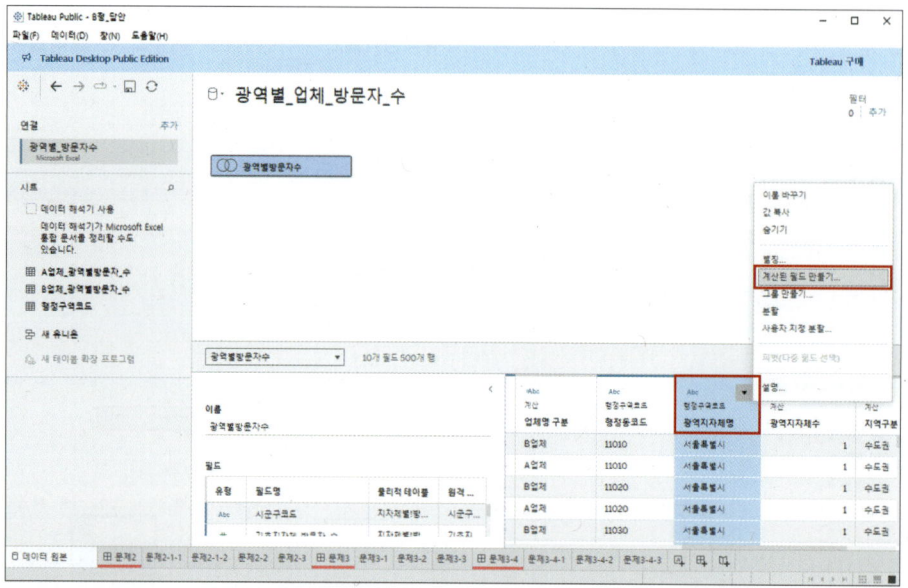

04 '경기도 가평군(31370)'과 같이 [광역지자체명], [기초지자체명], [시군구코드] 필드를 활용하여 하나의 값으로 표현하기 위해 **+**를 사용합니다. 먼저 계산된 필드의 **이름**을 **시군구명(코드)**로 변경합니다. 세 필드를 결합하기 위해 다음 수식을 입력하고 **확인**을 눌러 마무리합니다.

[광역지자체명]+[기초지자체명]+[시군구코드]

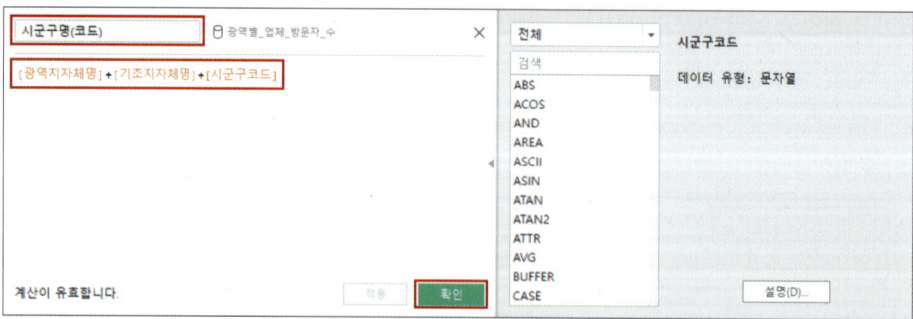

② 서울특별시 방문자수의 합계와 전국 대비 서울특별시 방문자수의 비율을 구하는 측정값을 생성하시오.

01 서울특별시 방문자 수의 합계를 만들기 위해 [기초지자체_방문자_수] 필드의 머리글을 **마우스 우 클릭**합니다. 나타난 팝업 메뉴에서 **계산된 필드 만들기**를 클릭합니다.

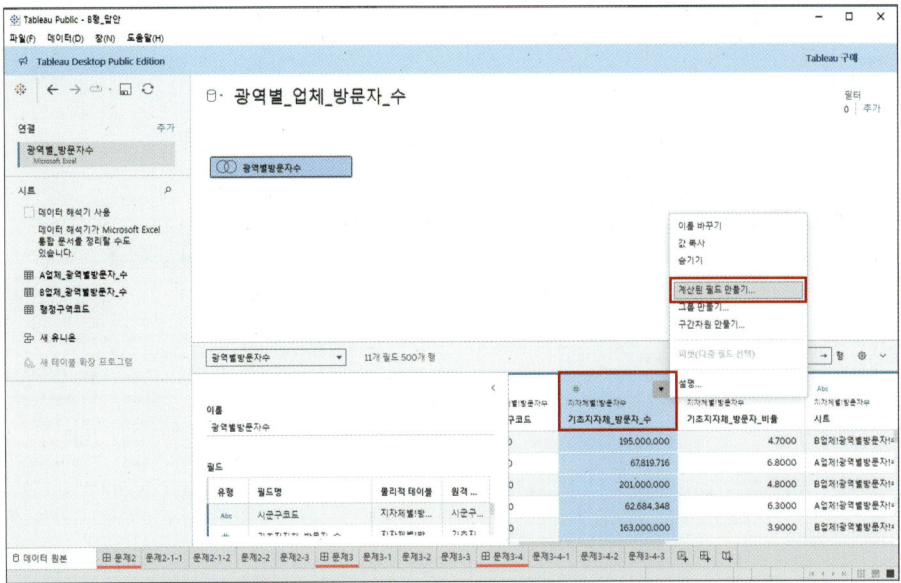

02 계산된 필드의 **이름**을 **서울지역_방문자수**로 변경합니다. [광역지자체명] 필드가 서울특별시일 때 기초지자체_방문자_수의 합을 계산하기 위해 다음 수식을 입력하고 **확인**을 눌러 마무리합니다.

> IF [광역지자체명] = "서울특별시" THEN [기초지자체_방문자_수] END

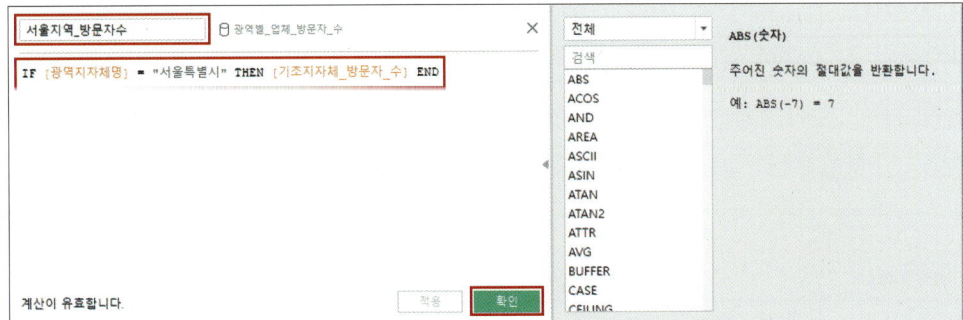

03 [서울방문자비율%] 필드를 생성하기 위해 [서울지역_방문자수] 필드의 머리글을 **마우스 우클릭**합니다. 나타난 팝업 메뉴에서 **계산된 필드 만들기**를 클릭합니다.

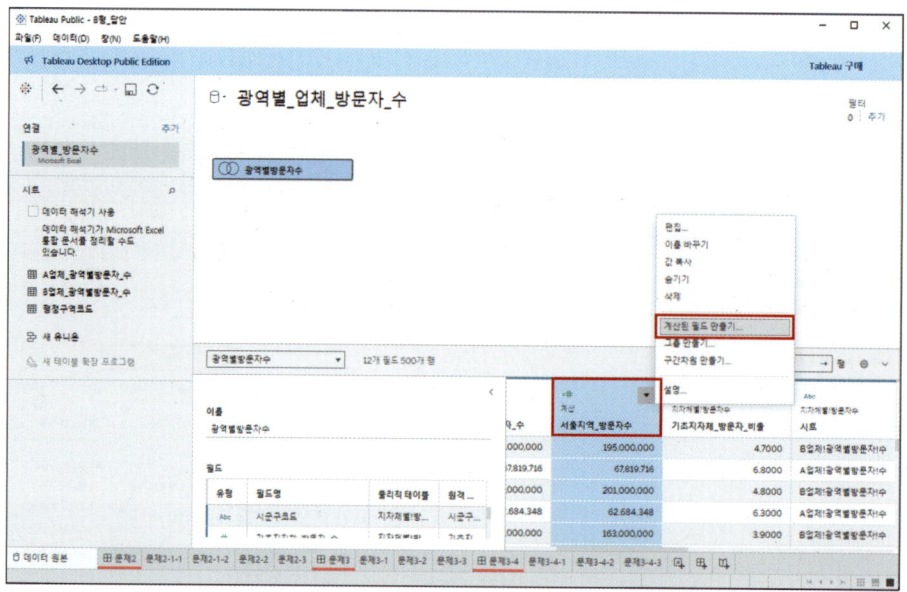

04 계산된 필드의 **이름**을 **서울방문자비율%**로 변경합니다. [기초지자체_방문자_수] 필드 대비 [서울지역_방문자수] 필드가 얼마나 차지하는지 계산하기 위해 다음 수식을 입력하고 **확인**을 눌러 마무리합니다.

SUM([서울지역_방문자수])/SUM([기초지자체_방문자_수])

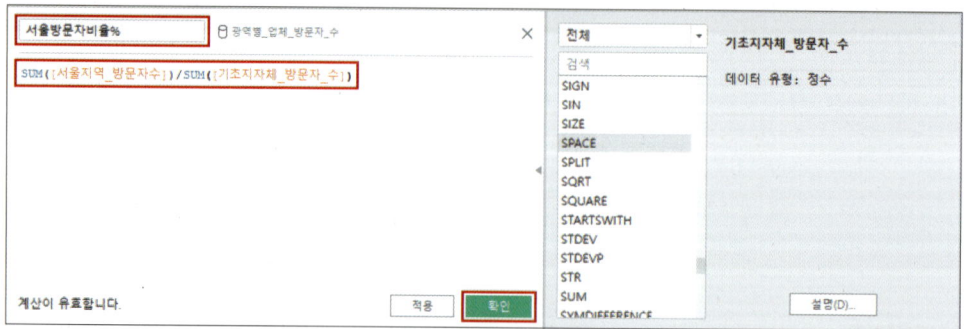

③ [기초지자체_방문자_순위] 필드를 생성하시오.

01 [기초지자체_방문자_순위] 필드를 생성하기 위해 [기초지자체_방문자_수] 필드의 머리글을 **마우스 우클릭**합니다. 나타난 팝업 메뉴에서 **계산된 필드 만들기**를 클릭합니다.

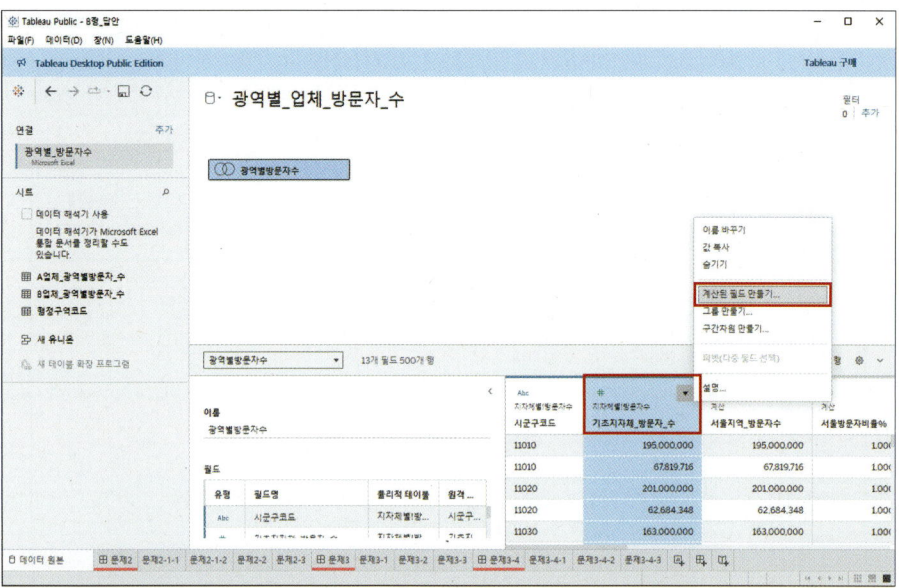

02 [기초지자체_방문자_수] 필드 값에 따라 값이 크면 1등이고 값이 작으면 순위가 낮도록 내림차순으로 표현하려고 합니다. 계산된 필드의 **이름**을 **기초지자체_방문자_순위**로 변경하고 **RANK_DENSE 함수**를 이용하여 순위 계산식을 사용합니다. 단, 내림차순 정렬을 하기 위해서 **desc 옵션**을 넣어야 합니다. 다음 수식을 입력하고 **확인**을 눌러 마무리합니다.

STR(RANK_DENSE(SUM([기초지자체_방문자_수]),"desc"))

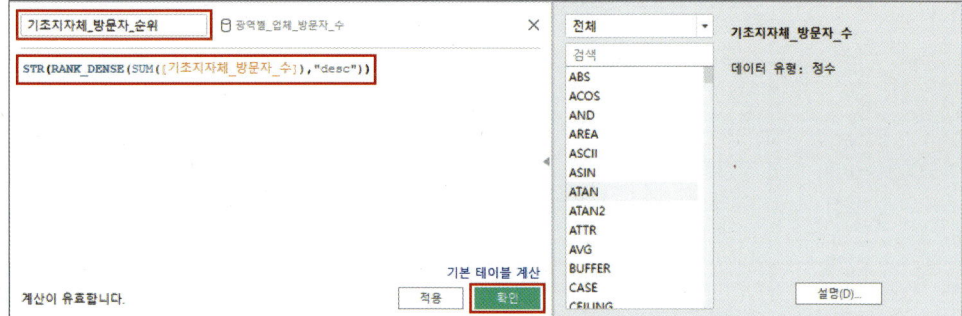

풀이 2 　 단순요소 구현　　30점

1 〈방송판매〉 데이터를 활용하여 카드와 필터 버튼을 구현하시오.

① '문제2-1-1' 시트에 카드와 필터 버튼을 구현하시오.

01 하단 탭에서 **문제2-1-1**을 클릭하여 해당 시트로 이동합니다.

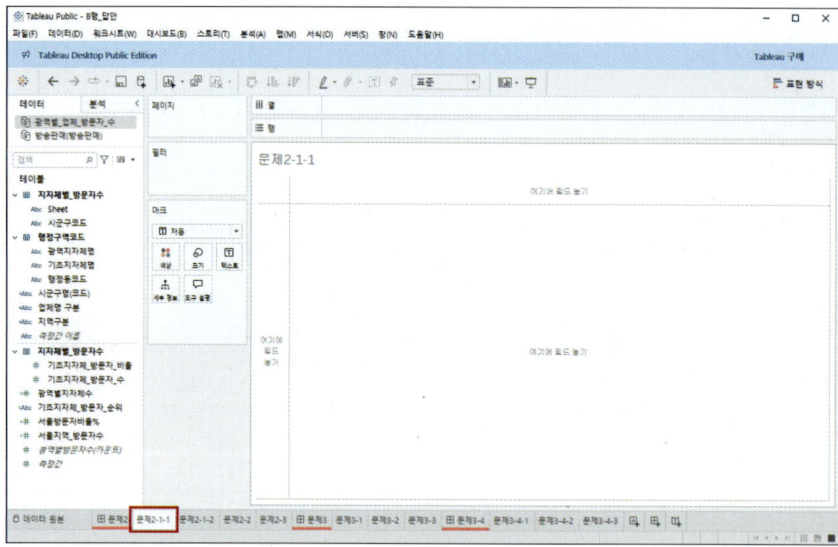

02 데이터 패널 상단에서 데이터 원본으로 **방송판매(방송판매)**를 선택합니다.

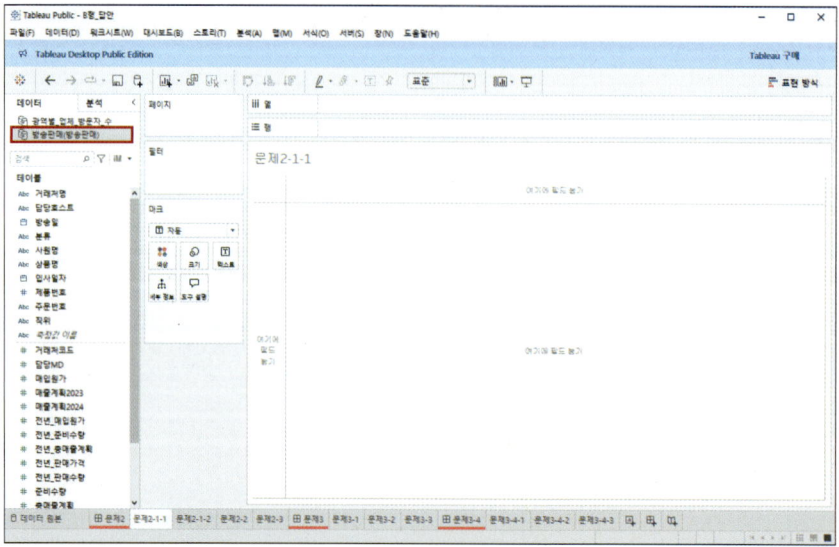

03 [방송일] 필드를 이용하여 [총방송횟수] 필드를 생성하기 위해 **[방송일] 필드**를 **마우스 우클릭**합니다. 이때 나타나는 팝업 메뉴에서 **만들기 > 계산된 필드**를 클릭합니다.

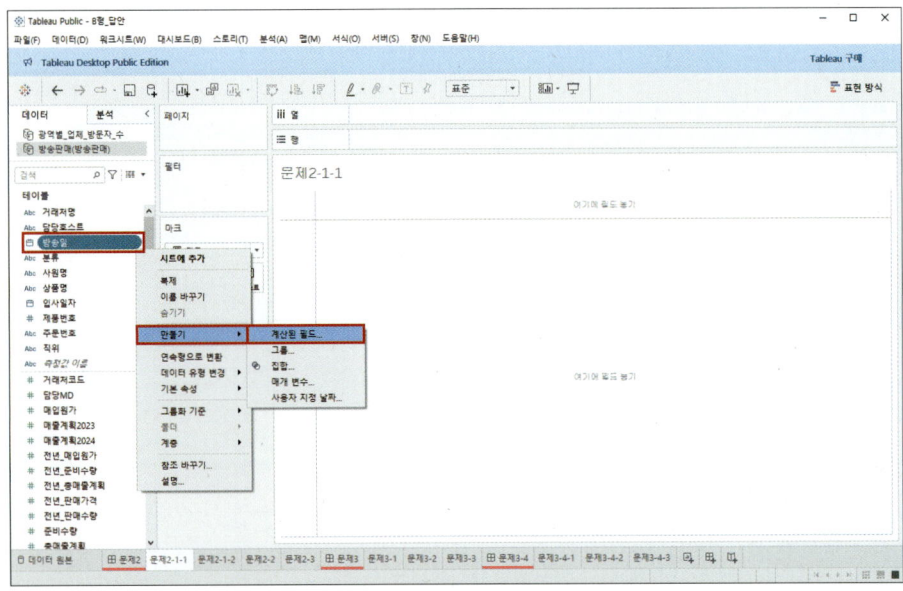

04 [방송일] 필드를 사용해 **COUNT 함수**로 계산식을 만들어 [총방송횟수] 필드를 생성할 수 있습니다. 계산된 필드의 **이름**을 **총방송횟수**로 변경하고 다음 수식을 입력한 후 **확인**을 눌러 마무리합니다.

COUNT([방송일])

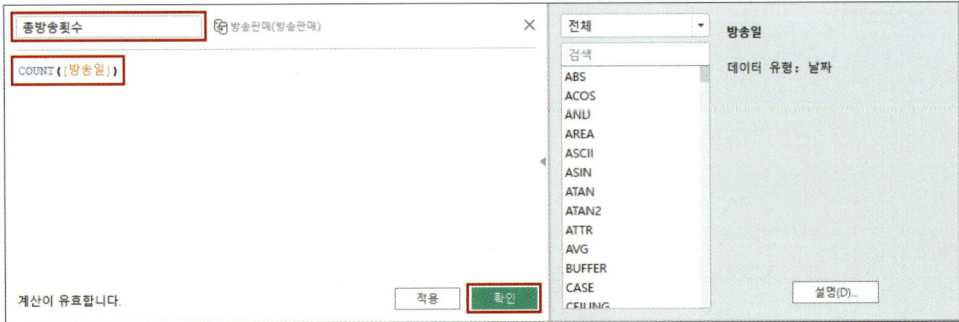

05 [판매수량] 필드를 이용하여 [총판매수량] 필드를 생성하기 위해 **[판매수량] 필드를 마우스 우클릭**합니다. 이때 나타나는 팝업 메뉴에서 **만들기 > 계산된 필드**를 클릭합니다.

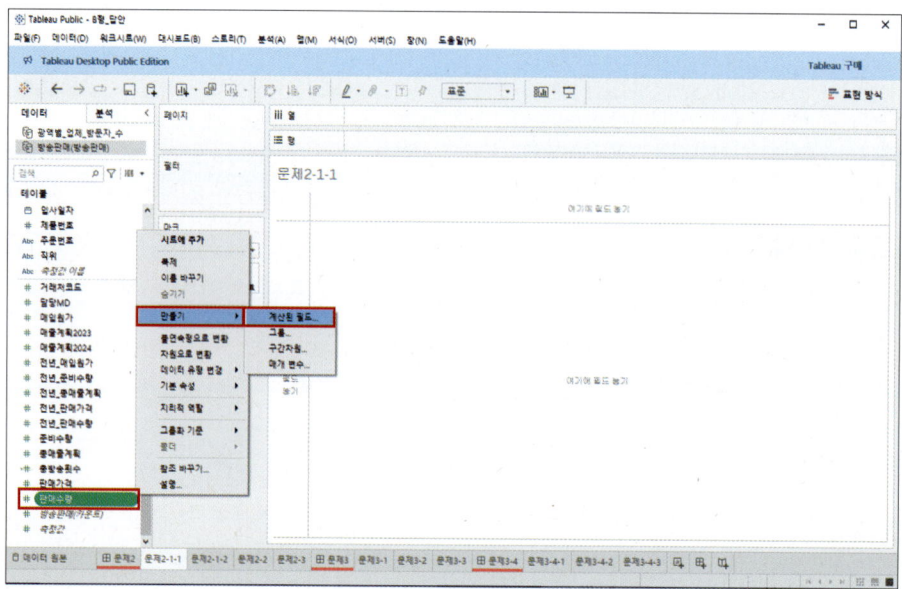

06 [판매수량] 필드를 사용해 **SUM 함수**로 계산식을 만들어 [총판매수량] 필드를 생성할 수 있습니다. 계산된 필드의 **이름을 총판매수량**으로 변경하고 다음 수식을 입력한 후 **확인**을 클릭합니다.

SUM([판매수량])

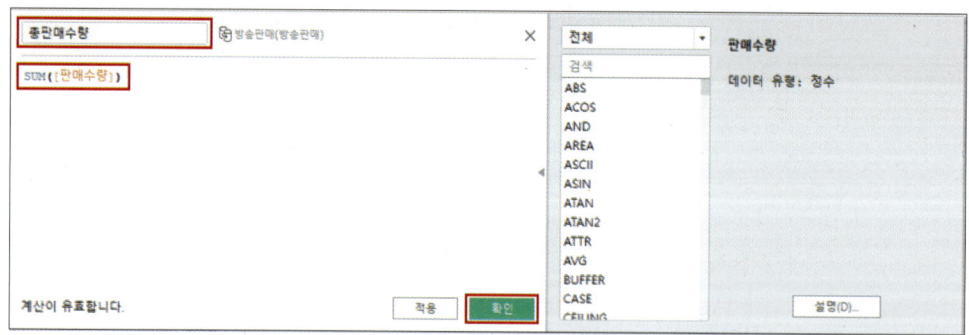

07 [거래처코드] 필드를 이용하여 [총거래처수] 필드를 생성하기 위해 [거래처코드] 필드를 **마우스 우 클릭**합니다. 이때 나타나는 팝업 메뉴에서 **만들기 > 계산된 필드**를 클릭합니다.

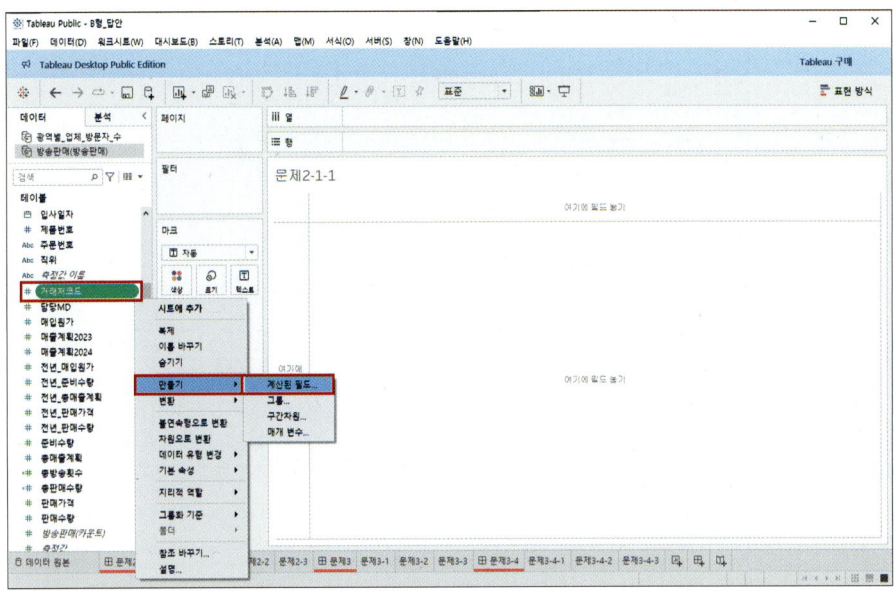

08 [거래처코드] 필드를 사용해 **COUNTD 함수**로 계산식을 만들어 [총거래처수] 필드를 생성할 수 있습니다. 계산된 필드의 **이름**을 **총거래처수**로 변경하고 다음 수식을 입력한 후 **확인**을 클릭합니다.

COUNTD([거래처코드])

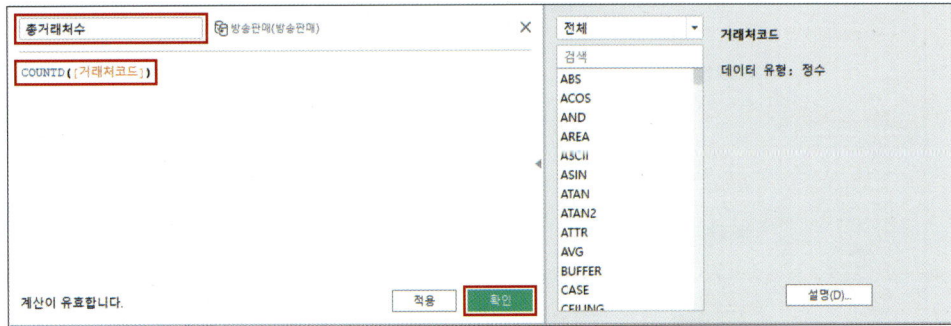

09 카드를 생성하기 위해 데이터 패널에 있는 [측정값] 필드를 마크 패널의 텍스트로 드래그 앤 드롭 합니다.

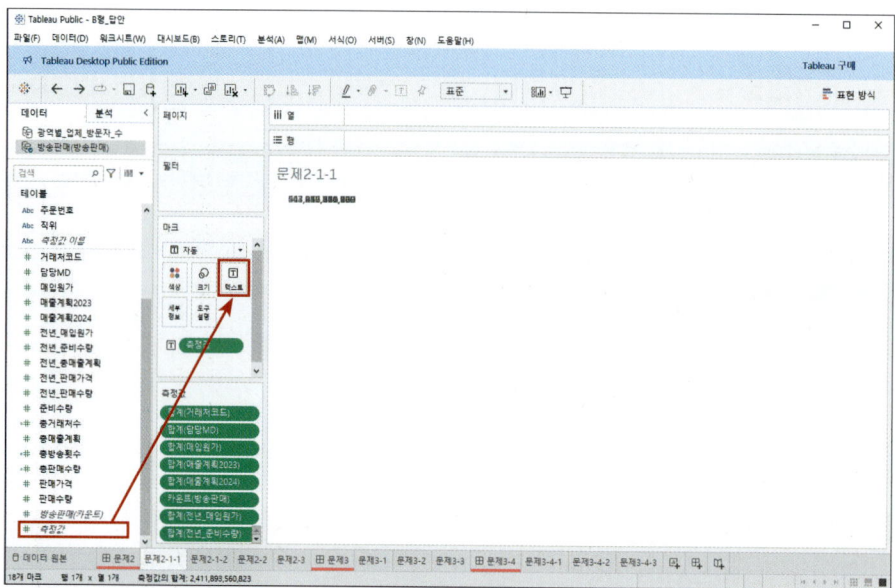

10 카드 형태로 표현하기 위해 데이터 패널에 있는 [측정값 이름] 필드를 선택하여 열 패널로 드래그 앤 드롭합니다.

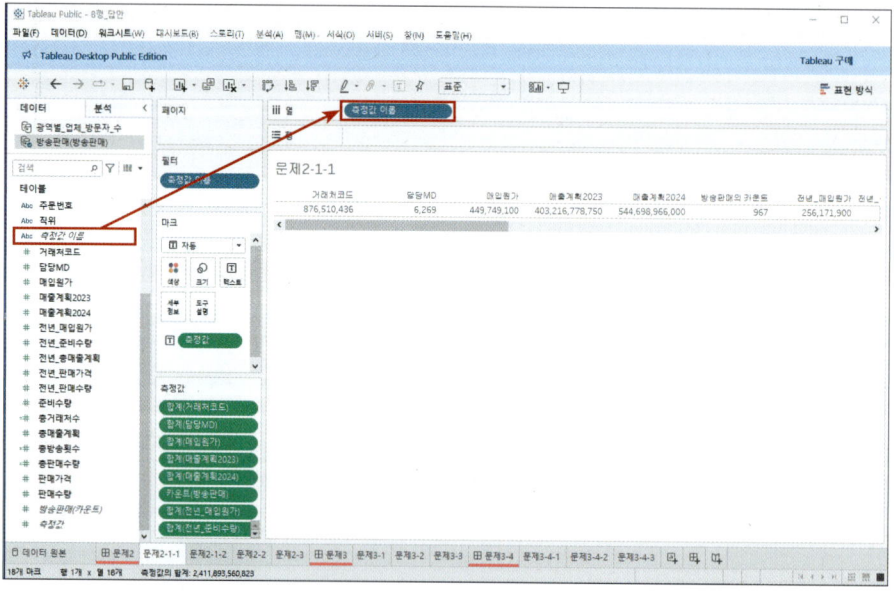

11 전체 측정값 중에서 [총방송횟수], [총판매수량], [총거래처수] 필드만 남기기 위해 **필터 패널**에 추가된 **측정값 이름**을 **마우스 우클릭**합니다. 나타난 팝업 메뉴에서 **필터 편집**을 클릭합니다.

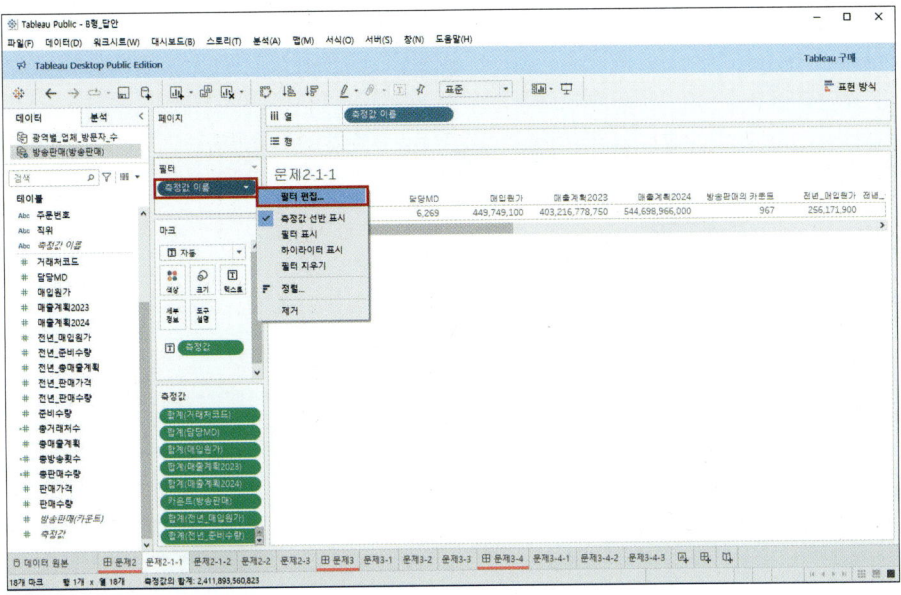

12 필터 [측정값 이름] 팝업 창에서 먼저 **없음(O)**을 클릭한 뒤 **총거래처수, 총방송횟수, 총판매수량**만 **체크**합니다. 맞게 선택되었다면 **확인**을 클릭합니다.

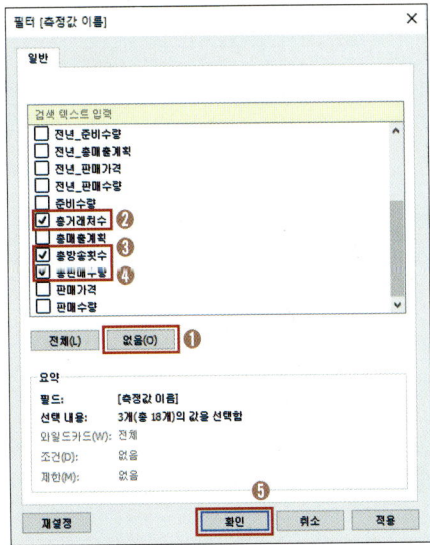

13 카드에 표시하는 측정값을 총방송횟수, 총판매수량, 총거래처수 순서로 정렬하기 위해 **측정값 패널**에서 서로 **드래그 앤 드롭**하여 바꿔줍니다. 상단에 위치한 **집계(총거래처수)**를 맨 아래로 **드래그 앤 드롭**하면 편합니다.

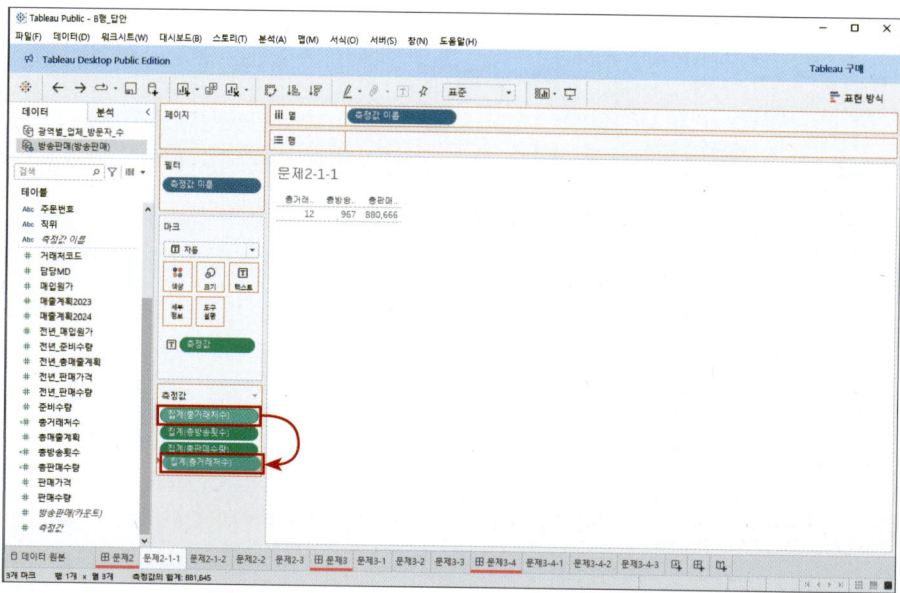

14 머리글 서식을 지정하기 위해 캔버스에 표현된 **총방송횟수**의 머리글을 **마우스 우클릭**합니다. 나타나는 팝업 메뉴에서 **서식**을 클릭합니다.

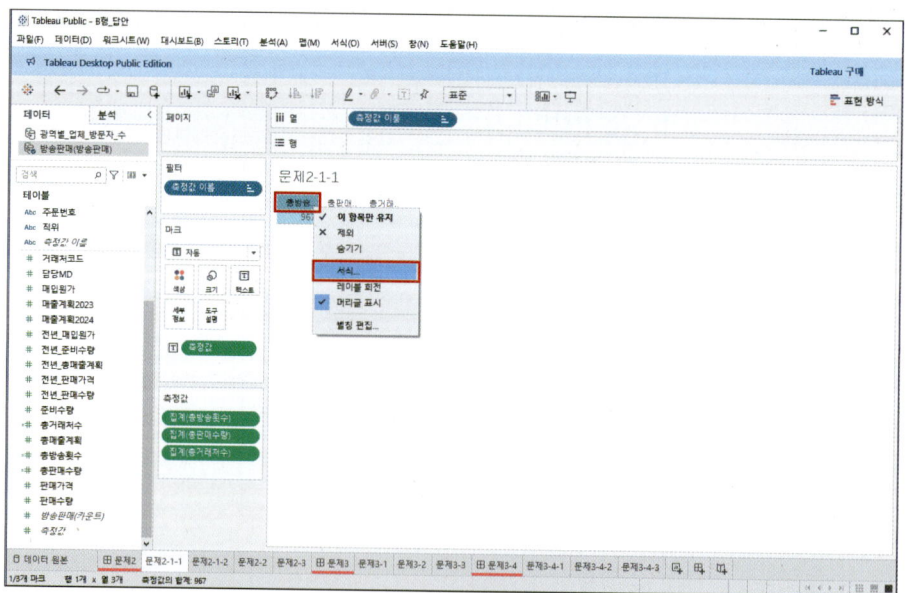

15 나타난 서식 창에서 **머리글** 탭의 **기본값** > **글꼴 박스**를 클릭합니다. 팝업 창에서 글꼴 크기를 **12**로 변경합니다. 서식 창의 빈 곳을 클릭하여 팝업 창을 닫습니다.

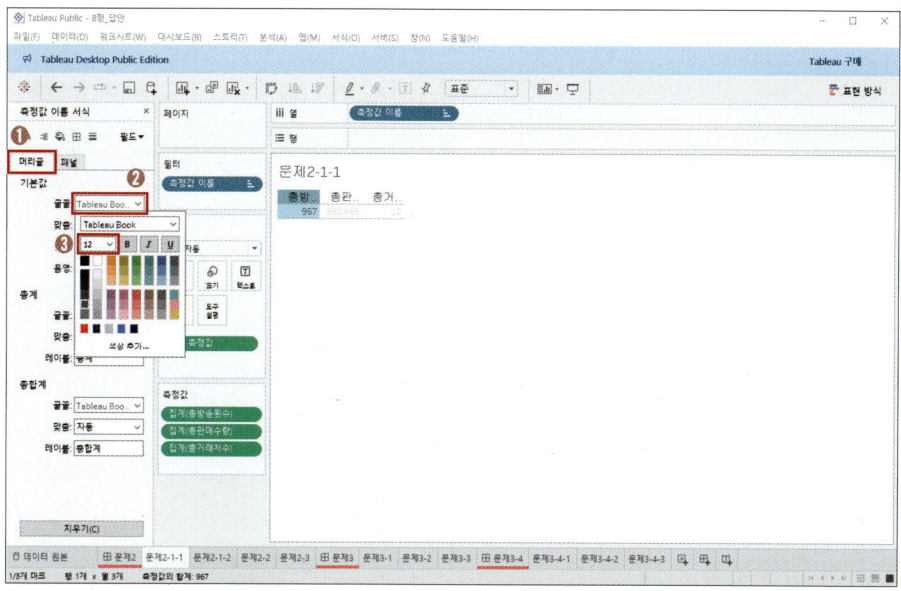

16 다음으로 **맞춤 박스**를 클릭합니다. 나타난 팝업 창에서 **가로**를 ≡로 설정합니다. 서식 창의 빈 곳을 클릭하여 팝업 창을 닫고 서식 창의 우측 상단 ⊠를 클릭하여 서식 창도 닫습니다.

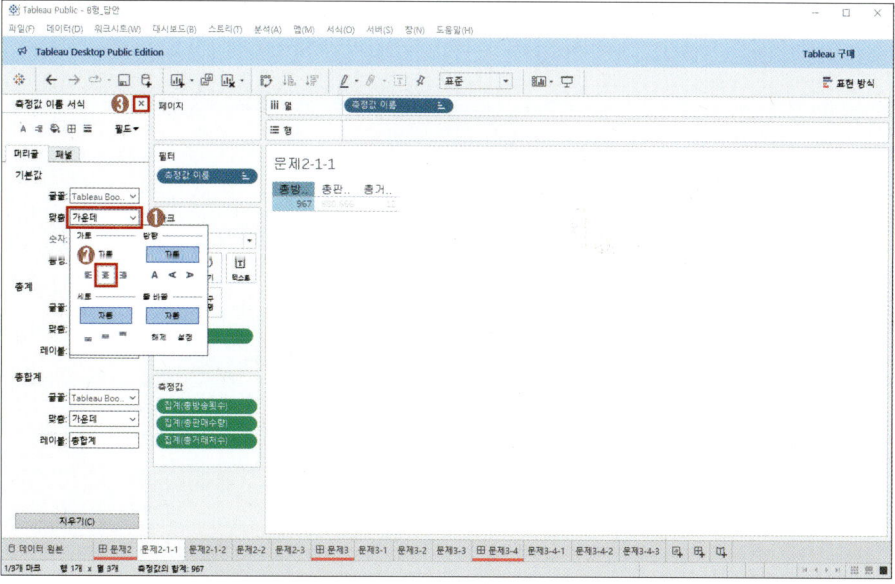

17 값의 서식을 지정하기 위해 마크 패널의 **텍스트**를 클릭합니다. 나타난 팝업 창에서 ▦을 클릭하여 값의 서식을 편집합니다.

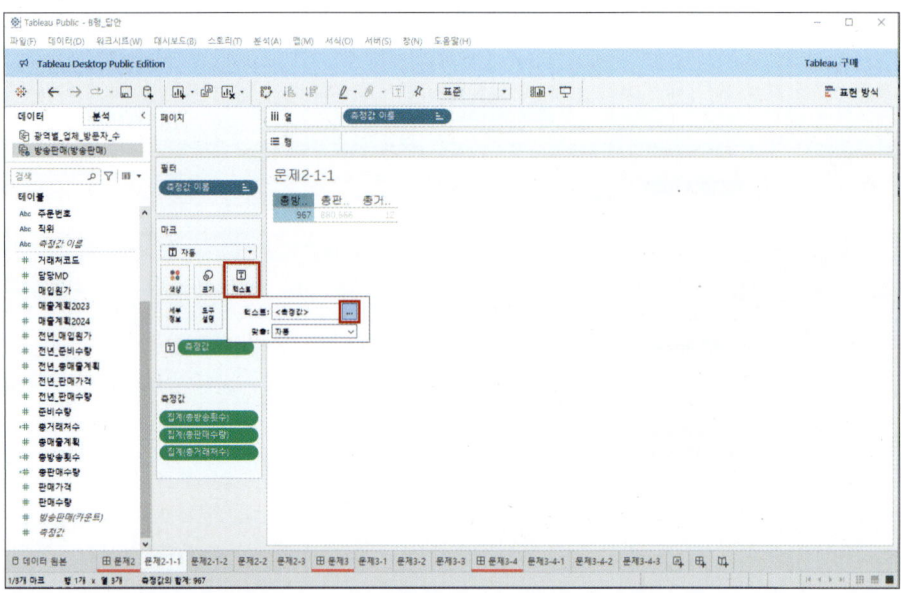

18 나타난 **레이블 편집 팝업 창**에서 작성되어 있는 **〈측정값〉**을 드래그한 후 **크기 24, 굵게** 설정합니다. 값은 이미 가운데 정렬되어 있으므로 **확인**을 클릭하면 값이 변경되는 것을 확인할 수 있습니다.

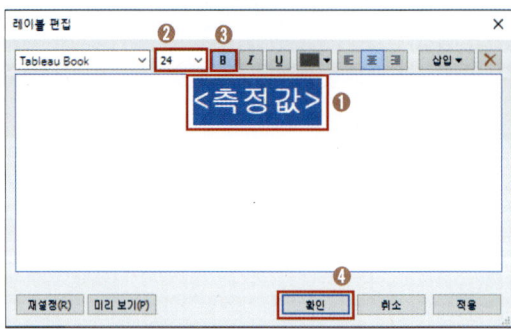

19 팝업되어 있는 마크 패널의 텍스트 창에서 **맞춤 박스**를 클릭하면 가로 정렬, 세로 정렬 등을 지정할 수 있습니다. **가로**에서 ▣을 선택합니다. 빈 곳을 클릭하여 팝업 창을 닫습니다.

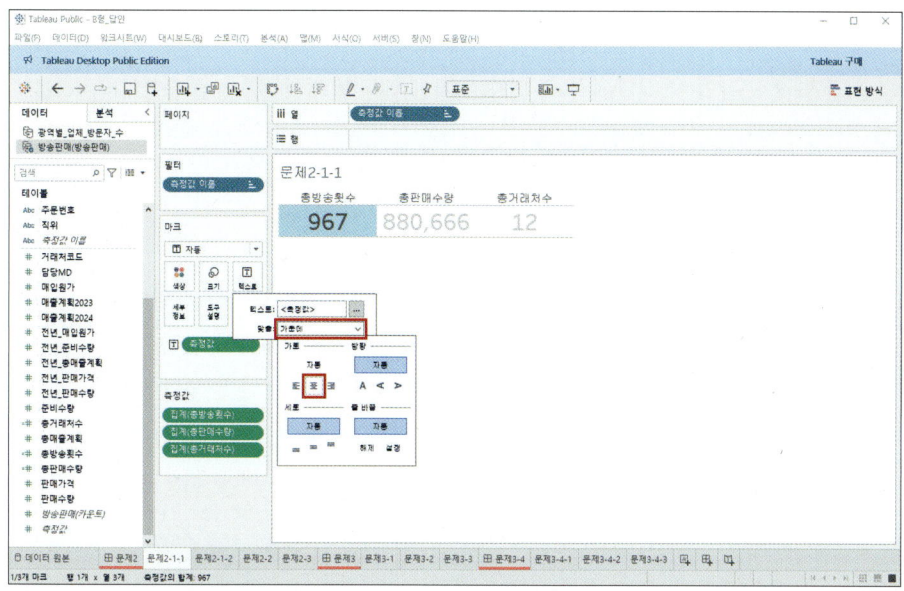

20 행 구분선을 제거하기 위해 캔버스의 **셀**을 **마우스 우클릭**합니다. 나타난 팝업 메뉴에서 **서식**을 클릭합니다.

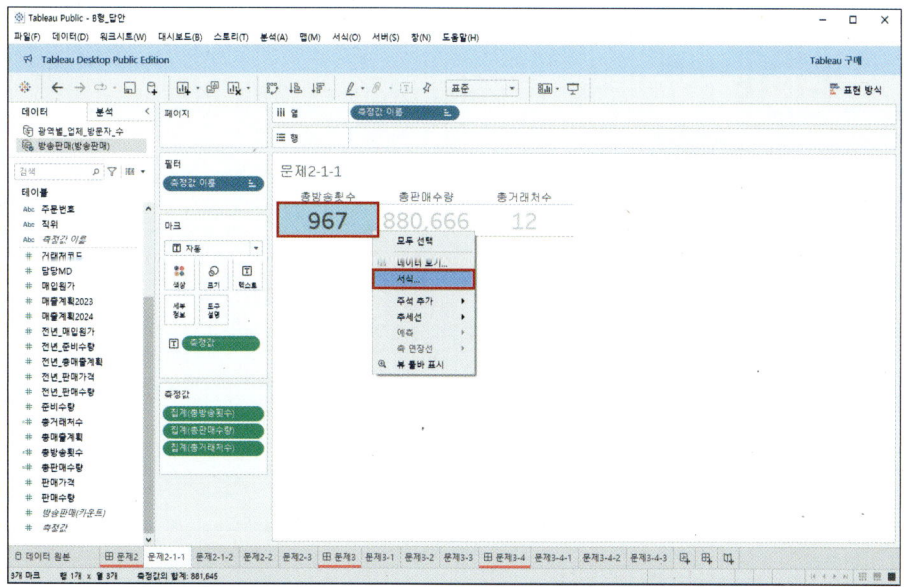

> 어떤 셀을 마우스 우클릭하더라도 같은 서식 창이 팝업됩니다.

21 나타난 글꼴 서식 팝업 창 상단에서 네 번째 위치한 **테두리 서식**(▦)을 클릭합니다.

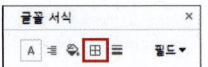

22 **시트** 탭에 위치한 **행 구분선**에서 **패널 박스**를 클릭합니다. 이때, 나타나는 팝업 창에서 상단에 있는 **없음**을 클릭하면 행 구분선을 지울 수 있습니다. 빈 곳을 클릭하여 팝업 창을 닫습니다. 테두리 서식 창의 우측 상단 ☒를 클릭하여 서식 창도 닫습니다. 상단 툴바 오른쪽의 **맞춤**을 표준에서 **전체 보기**로 변경합니다. 차트가 문제의 지시대로 완성된 것을 확인할 수 있습니다.

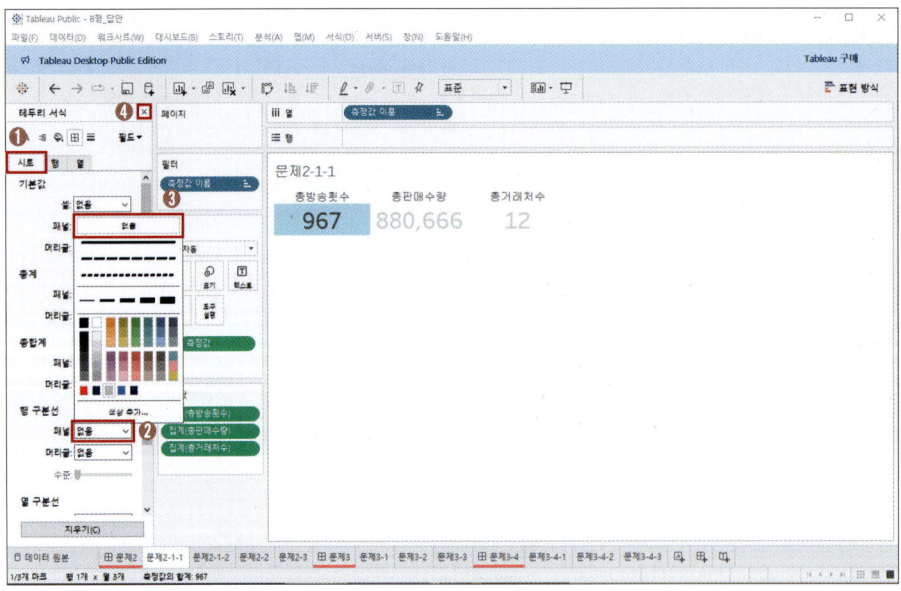

② '문제2-1-2' 시트에 [방송일] 필드를 사용하여 필터 버튼을 구현하시오.

01 하단 탭에서 **문제2-1-2**를 클릭하여 해당 시트로 이동합니다. 데이터 패널의 **[방송일]** 필드를 선택한 후 **열 패널**로 **드래그 앤 드롭**합니다.

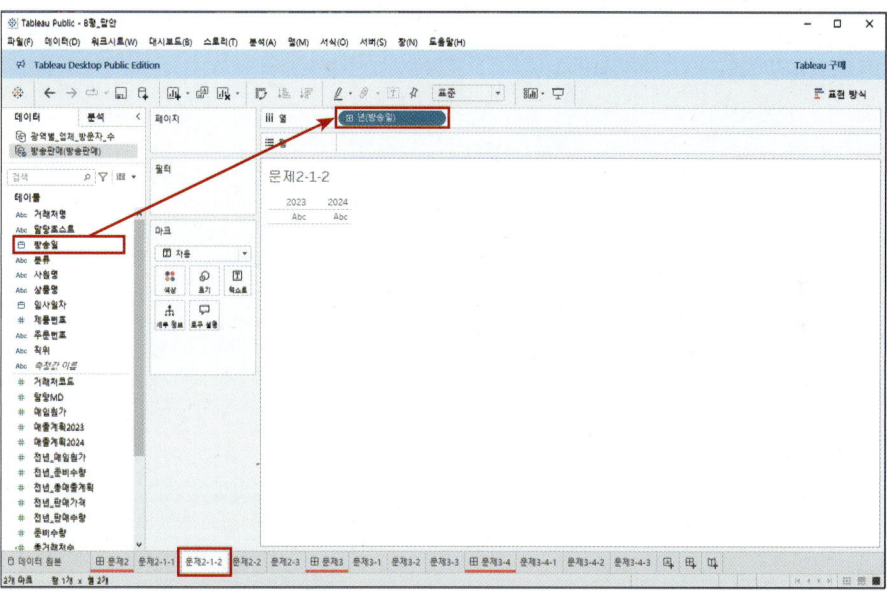

02 값을 표현하기 위해 데이터 패널에서 **[방송일]** 필드를 선택하고 마크 패널의 **텍스트**로 **드래그 앤 드롭**합니다.

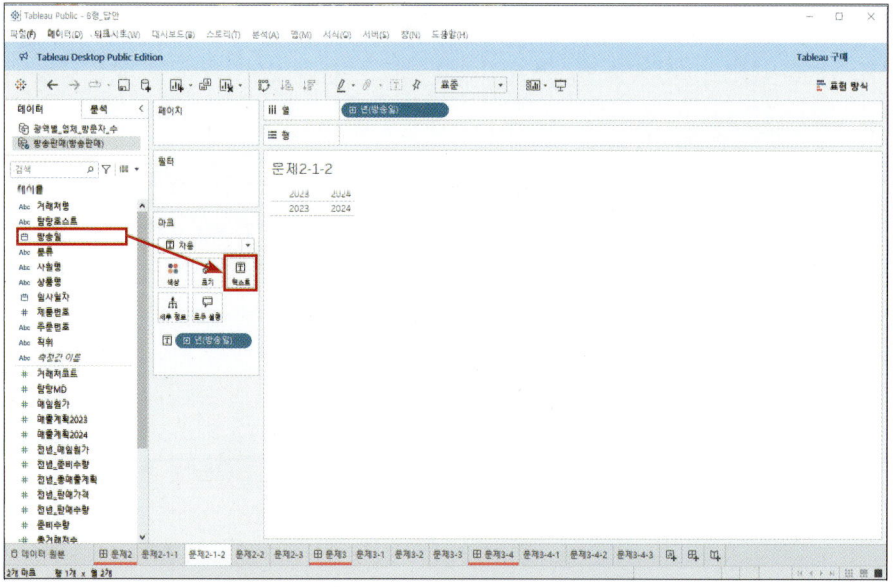

03 머리글을 제거하기 위해 **캔버스의 머리글 영역**을 **마우스 우클릭**합니다. 나타난 팝업 메뉴에서 **머리글 표시**를 클릭하여 **체크 해제**합니다.

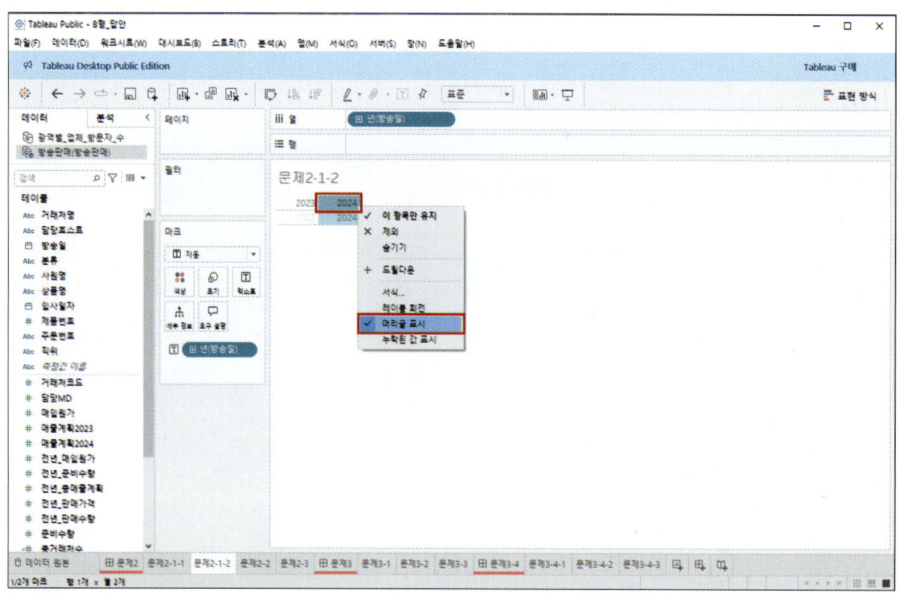

머리글에 대한 설정은 한 번에 적용되므로 어떤 값의 머리글을 마우스 우클릭해도 결과는 같습니다.

04 캔버스에 표현된 텍스트를 가운데 정렬하기 위해 **마크 패널**의 **텍스트**를 클릭합니다. 나타난 팝업 창에서 ⋯을 클릭합니다. **레이블 편집 팝업 창**에서 **〈년(방송일)〉**을 **드래그**하고 **굵게** 설정한 후 **확인**을 클릭합니다. 이어서 **맞춤 박스**를 클릭하여 **가로** > ☰을 선택합니다. 빈 곳을 클릭하여 팝업 창을 닫습니다.

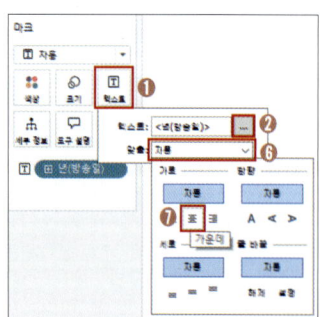
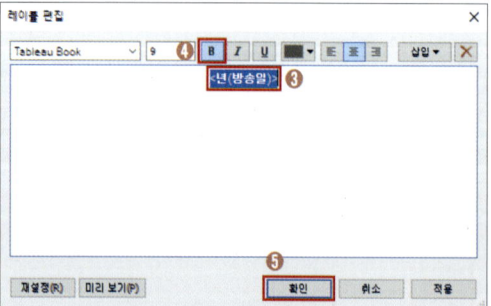

05 버튼처럼 테두리를 만들기 위해서 캔버스에 있는 **셀**을 **마우스 우클릭**합니다. 나타난 팝업 메뉴에서 **서식**을 클릭합니다.

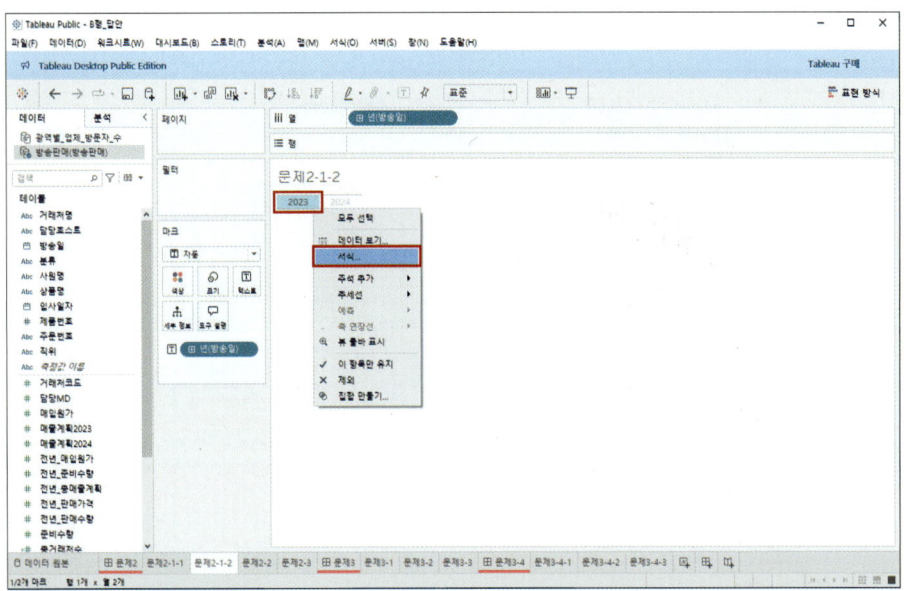

어떤 셀을 마우스 우클릭하더라도 같은 서식 창이 팝업됩니다.

06 나타난 글꼴 서식 상단에서 네 번째 아이콘인 **테두리**(⊞)를 클릭합니다.

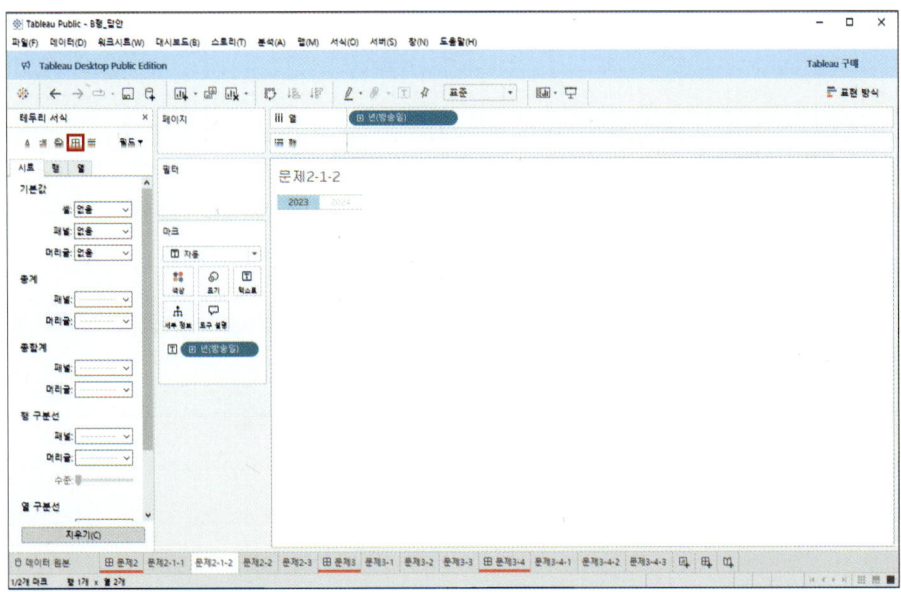

07 테두리 서식 창에서 **시트** 탭의 **기본값** > **셀 박스**를 클릭하여 없음에서 **실선**으로 변경합니다. 테두리 색을 변경하기 위해 팝업 창 하단의 **색상 추가**를 클릭하고 나타난 **색 선택 팝업 창**에서 우측 하단에 있는 **HTML(H) 옆**에 색상 코드 **#D4D4D4**를 입력하고 **확인**을 클릭합니다. 빈 곳을 클릭하여 팝업 창을 닫습니다. 테두리 서식 창의 우측 상단 ⊠를 클릭하여 서식 창도 닫습니다.

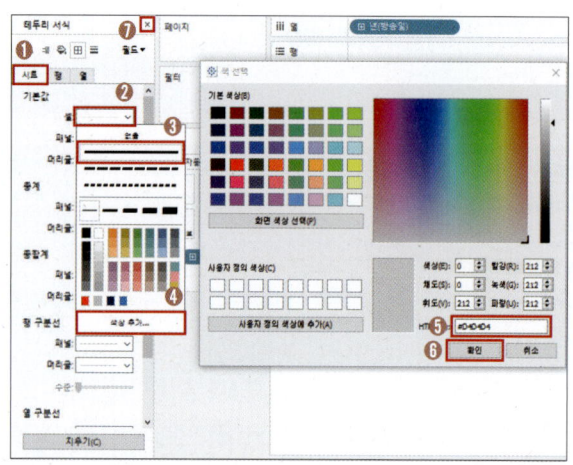

08 상단 툴바 오른쪽의 **맞춤**을 표준에서 **전체 보기**로 변경합니다. 차트가 문제의 지시대로 완성된 것을 확인할 수 있습니다.

Tip

색상 코드는 영문자의 대문자, 소문자 모두를 인식하므로 어느 것을 입력하여도 인식은 가능하지만 문제에서 대문자로 입력하라고 주어진 경우 문제의 지시와 맞게 입력하는 것을 권장합니다.

③ '문제2-1-2'가 '문제2' 대시보드에서 필터로 작동하도록 동작 기능을 구현하시오.

01 하단 탭에서 **문제2**를 클릭하여 해당 대시보드로 이동합니다. 동작을 추가하기 위해 상단 메뉴의 **대시보드(B)** > **동작(I)**를 클릭합니다.

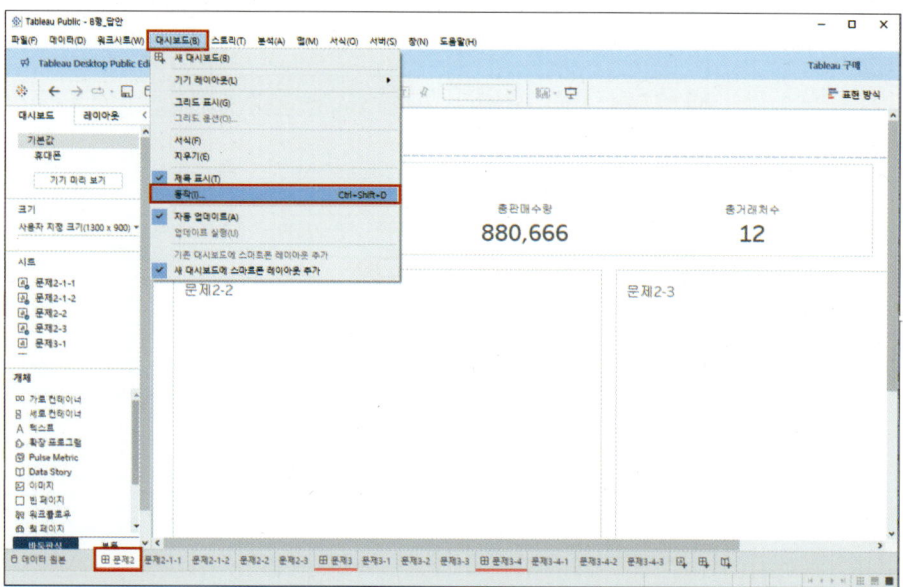

02 나타난 **동작 팝업 창**에서 **동작 추가** > **필터**를 클릭하여 새 필터 동작을 추가합니다.

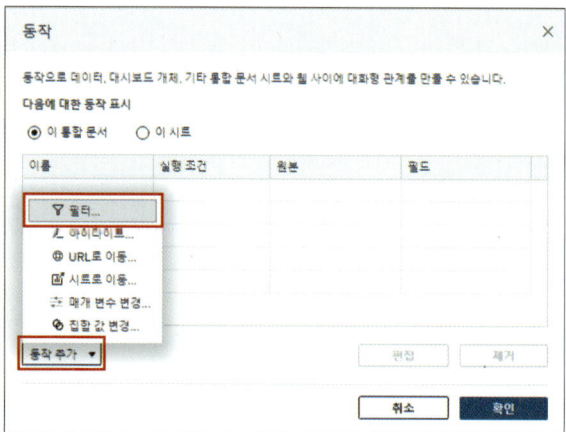

03 나타난 **필터 동작 추가 팝업 창**에서 이름을 **연도별_필터**로 변경합니다. 필터가 동작하는 **원본 시트**는 **문제2-1-2**를 제외한 나머지를 **체크 해제**합니다. **동작 실행 조건**은 **선택**으로 하여 문제2-1-2 시트의 연도를 클릭했을 때 문제2-1-1, 문제2-2, 문제2-3 시트가 동작할 수 있도록 하고, **대상 시트**에 **문제2-1-2**는 **체크 해제**합니다. **선택을 해제할 경우의 결과**는 **모든 값 표시**를 체크하고 **확인**을 누릅니다. 동작 팝업 창의 **확인**을 눌러 동작을 설정합니다.

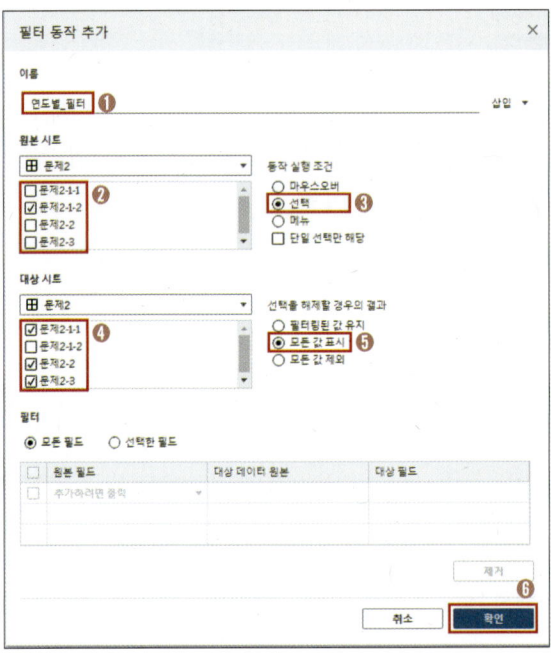

04 2024년 정보가 기본 선택으로 보여질 수 있도록 대시보드의 문제2-1-2 시트에 **2024**를 클릭합니다.

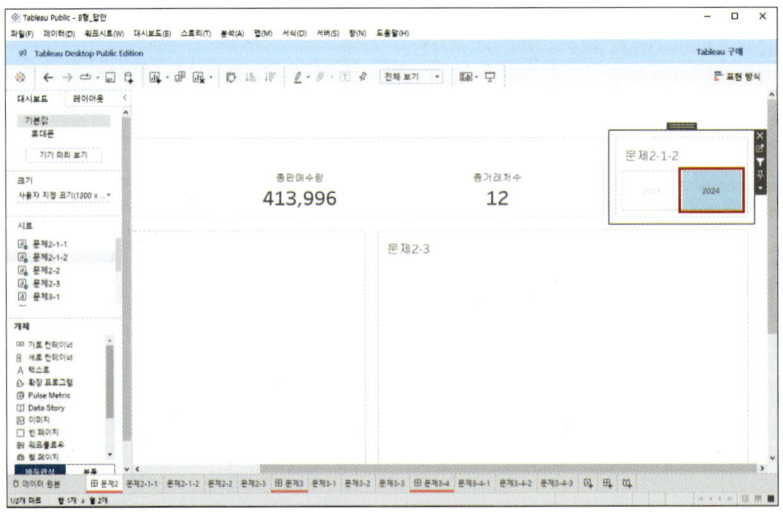

2 '문제2-2' 시트에 다음의 작업을 수행하여 혼합(영역+막대) 차트를 구현하시오.

① 다음의 조건으로 필드를 생성하시오.

01 하단 탭에서 **문제2-2**를 클릭하여 해당 시트로 이동합니다. 계산된 필드를 만들기 위해 데이터 패널에 있는 [판매가격] 필드를 마우스 우클릭합니다. 나타난 팝업 메뉴에서 **만들기 > 계산된 필드**를 클릭합니다.

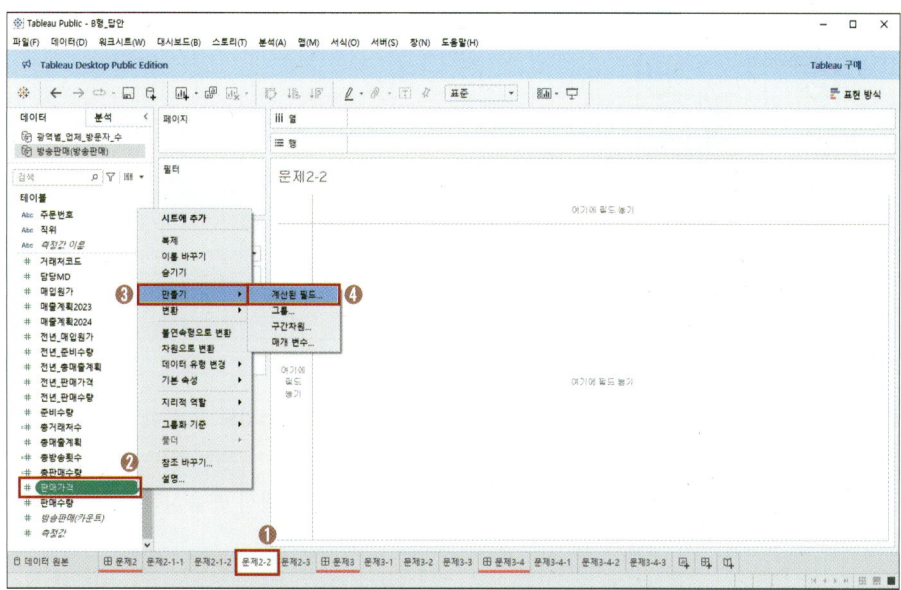

02 [판매가격] 필드와 [판매수량] 필드를 곱하여 [매출실적] 필드를 생성할 수 있습니다. 계산된 필드 **이름**을 **매출실적**으로 변경한 후 다음 수식을 입력하고 **확인**을 클릭합니다.

[판매가격] * [판매수량]

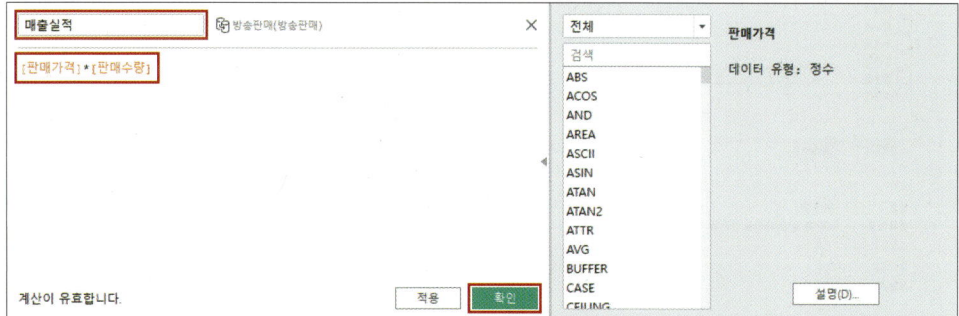

03 상위 Top3에 해당하는 사원명을 반환하는 집합을 생성하기 위해 데이터 패널의 [사원명] 필드를 **마우스 우클릭**합니다. 나타난 팝업 메뉴에서 **만들기 > 집합**을 클릭합니다.

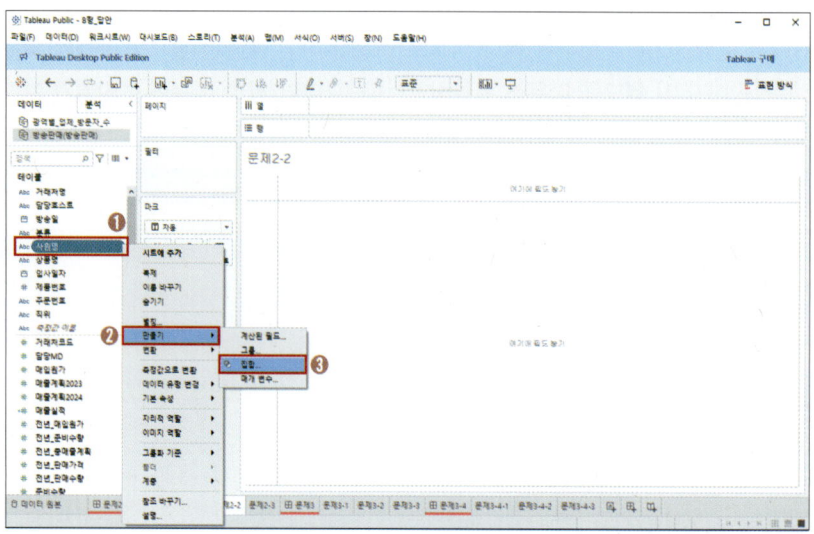

04 나타난 **집합 만들기 팝업 창**에서 이름을 사원명 집합에서 **MD(Top3)**로 변경하고 상단 탭에서 **상위**를 클릭합니다. 필드 기준에 따라 상위 3건이 올 수 있게 정의하기 위해 **필드 기준(F)**를 체크합니다. 상위 10 기준에서 **3**으로 변경하고 바로 아래에서 거래처명 대신 **매출실적**을 클릭합니다. **확인**을 클릭하여 설정을 마무리합니다.

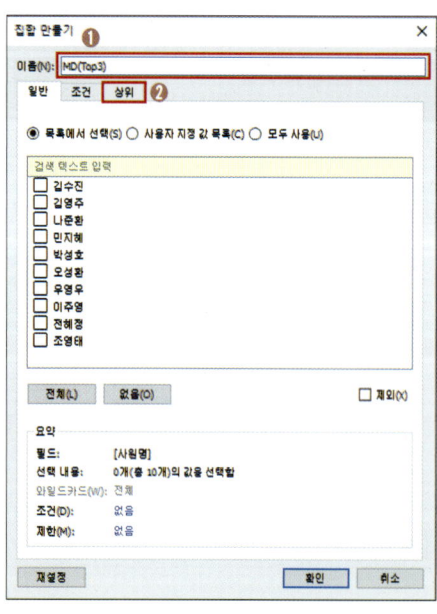 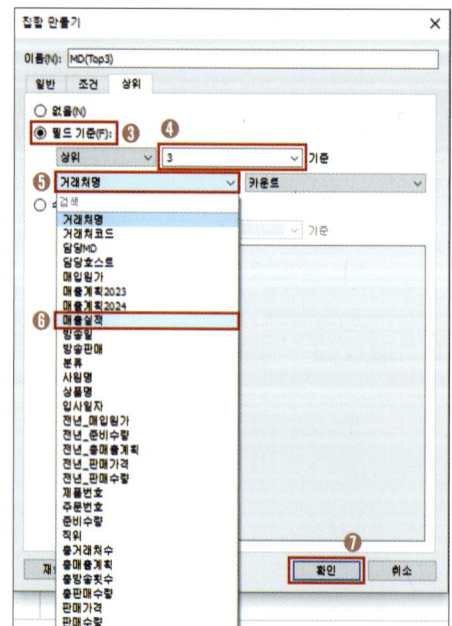

② '문제2-2' 시트에 [방송일], [매출실적] 필드를 이용하여 혼합(영역+막대) 차트를 구현하시오.

01 혼합 차트를 만들기 위해 데이터 패널에 있는 **[방송일] 필드**를 선택하고 **열 패널로 드래그 앤 드롭** 합니다.

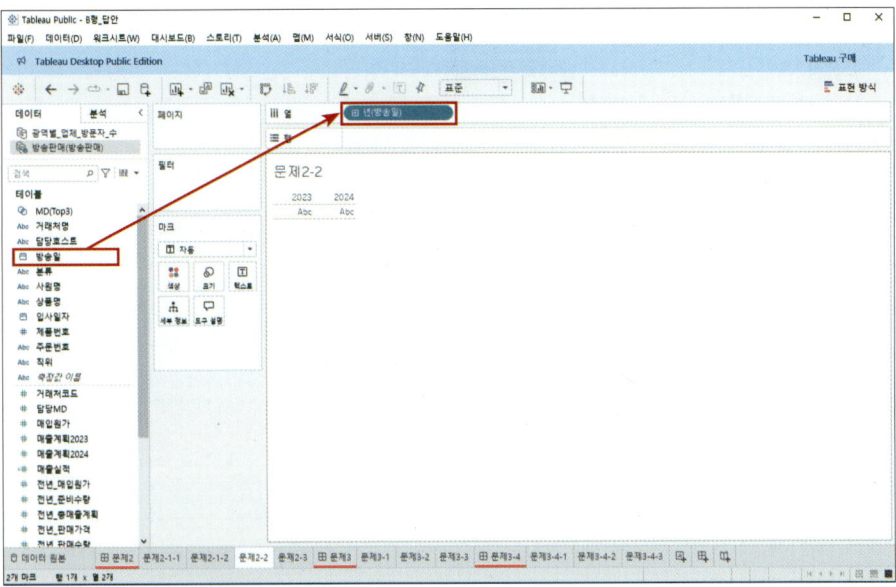

02 열 패널에 추가된 **년(방송일)**을 **마우스 우클릭**하고 나타난 팝업 메뉴에서 **불연속형 월(월 5월)**을 선택합니다.

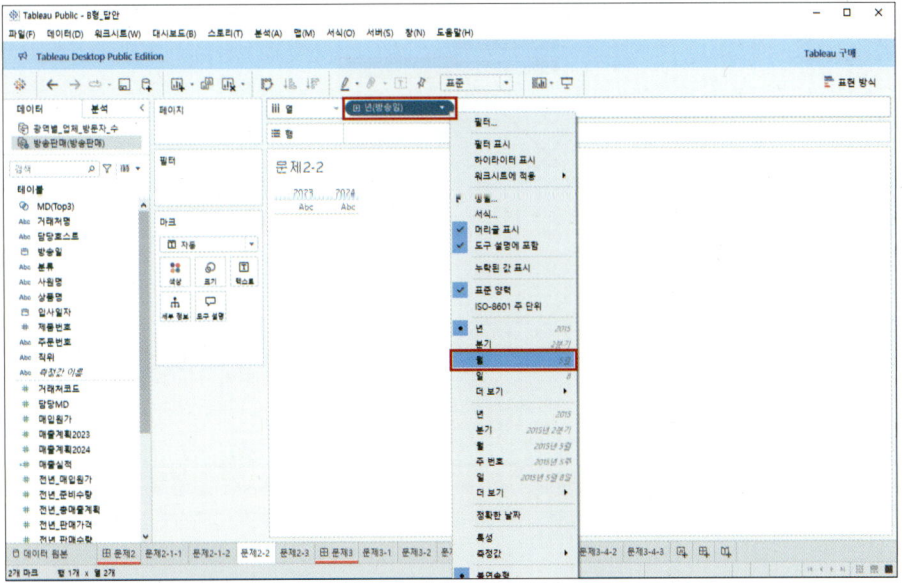

03 데이터 패널에 있는 **[매출실적]** 필드를 클릭하고 **행 패널**로 **드래그 앤 드롭**합니다. 월별 매출 실적 추이가 나타나게 됩니다.

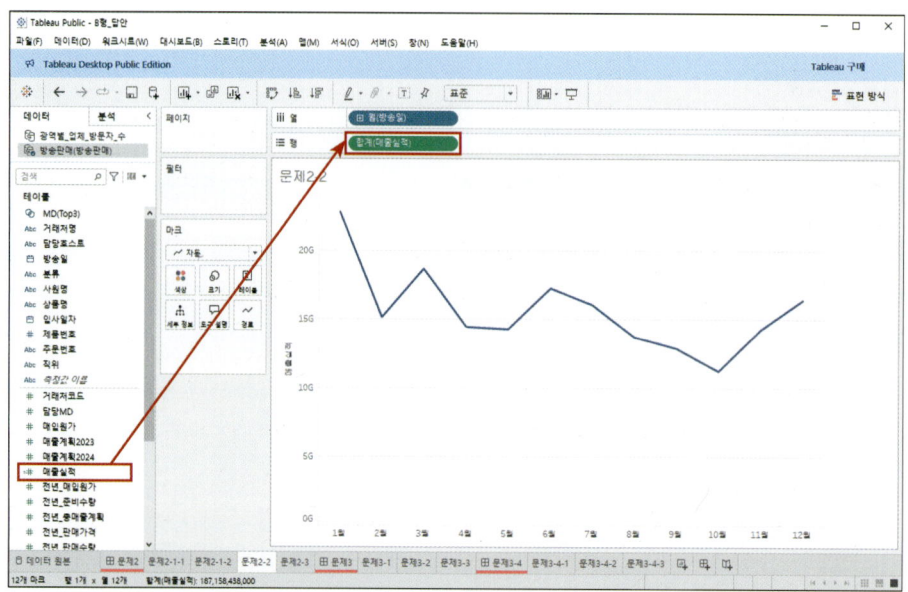

04 혼합 차트를 구성하기 위해 데이터 패널에 있는 **[매출실적]** 필드를 한 번 더 선택해서 행 패널에 **합계(매출실적) 오른쪽 빈 공간**으로 **드래그 앤 드롭**합니다.

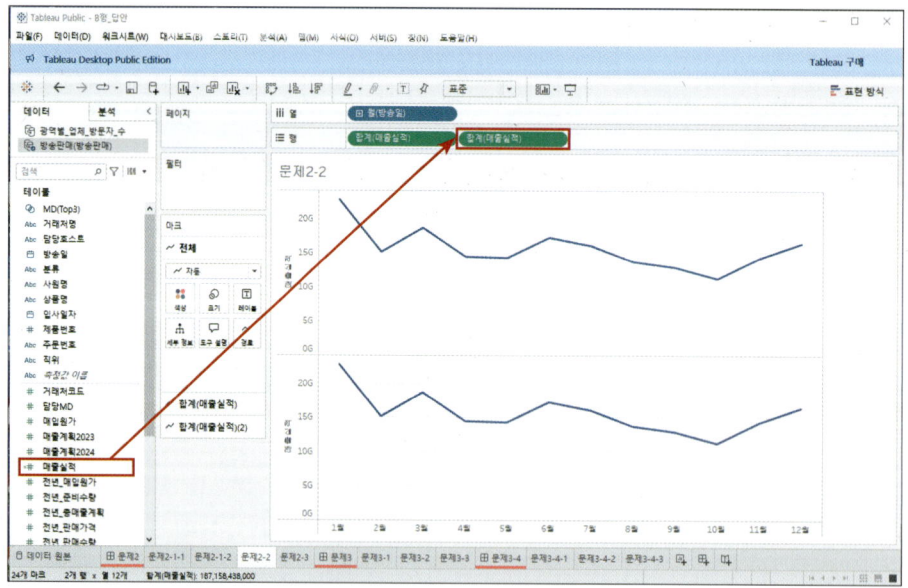

05 첫 번째 매출실적 차트는 누적 막대 차트로 표현하고 두 번째 매출실적 차트는 영역 차트로 표현하기 위해 마크 패널의 **합계(매출실적)**을 클릭합니다. **표현 방식**을 클릭하여 자동에서 **막대**로 변경합니다.

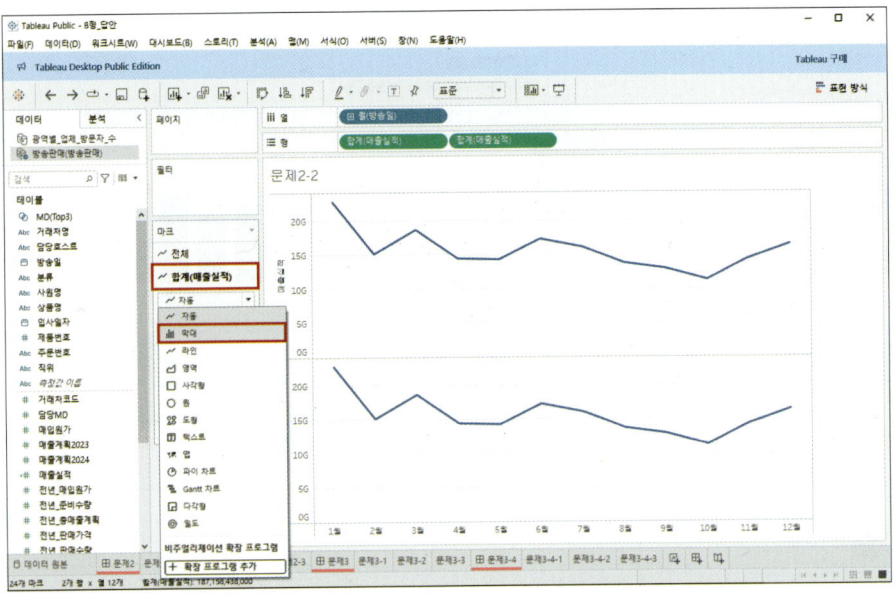

06 마크 패널에서 **합계(매출실적)(2)**를 클릭합니다. **표현 방식**을 클릭하여 자동에서 **영역**으로 변경합니다.

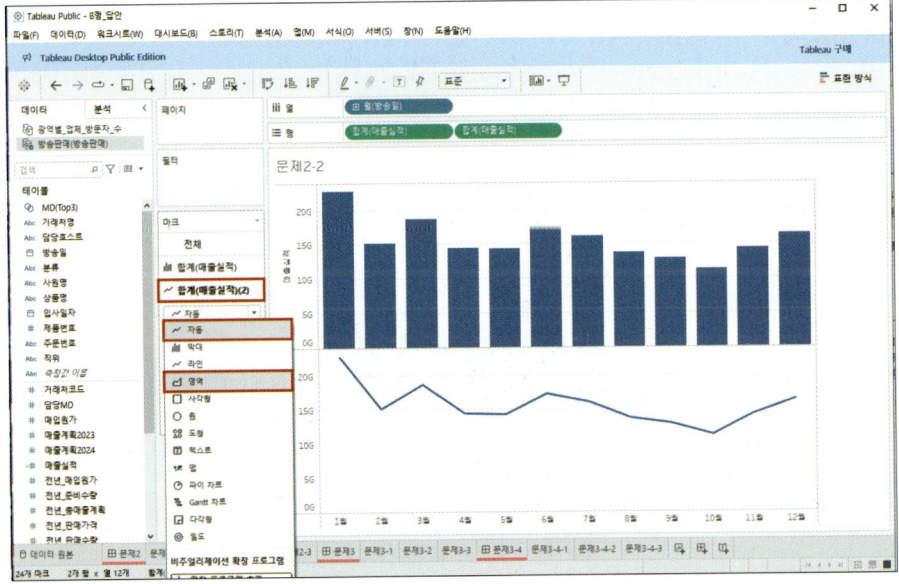

07 월(방송일)을 제외한 모든 머리글 및 필드 레이블을 숨기기 위해 왼쪽 **세로축**을 **마우스 우클릭**합니다. 나타나는 팝업 메뉴에서 **머리글 표시**를 클릭하여 체크 해제하고 머리글을 제거합니다.

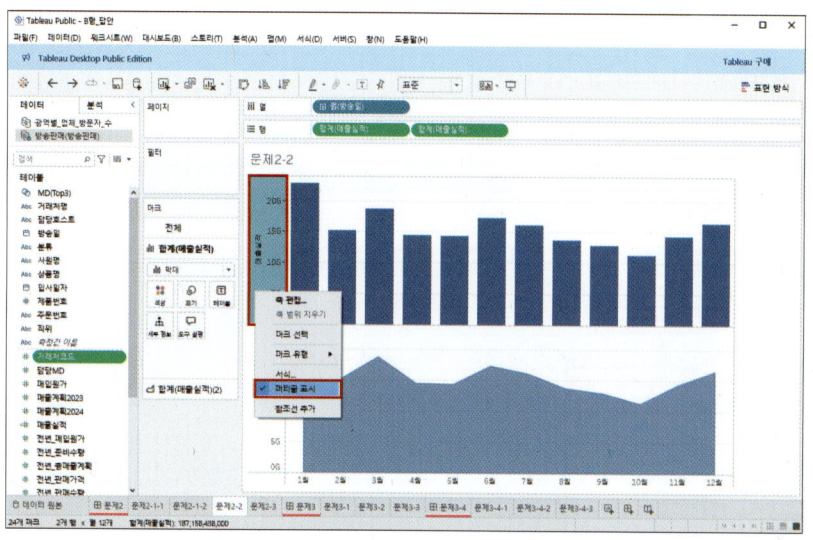

두 차트 중 어느 차트의 세로축을 클릭하여 머리글 표시를 체크 해제하더라도 결과는 동일합니다.

08 완성화면과 같이 시각적 개체의 크기와 위치를 레이아웃에 맞게 변경하기 위해 이중 축을 활용해야 합니다. 행 패널의 오른쪽에 추가된 **합계(매출실적)**을 **마우스 우클릭**합니다. 나타난 팝업 메뉴에서 **이중 축**을 클릭하면 두 차트가 하나의 차트인 것처럼 합쳐집니다.

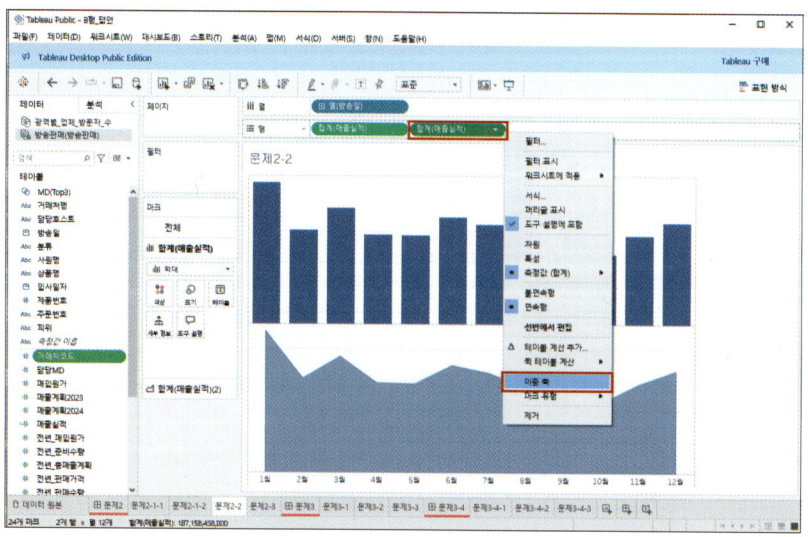

③ 연도에 따라 [매출실적]이 높은 TOP3에 해당하는 [사원명]이 변화하도록 구현하시오.

01 데이터 패널에 있는 **[MD(Top3)]** 필드를 클릭하고 **필터 패널**로 **드래그 앤 드롭**합니다. [MD(Top3)] 필드를 필터 패널에 두면 매출실적 기준으로 Top3에 포함된 사원명만 필터링하게 됩니다.

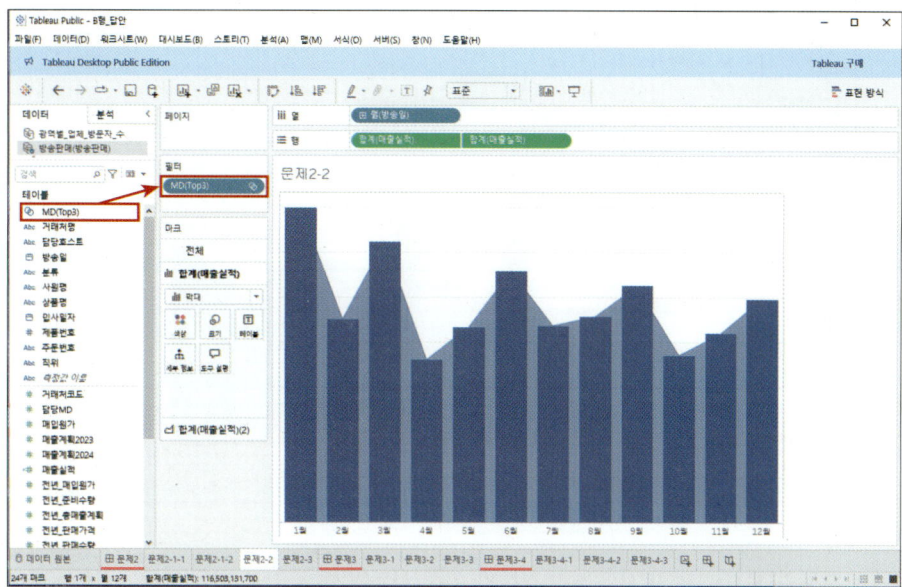

02 마크 패널에서 **전체**를 클릭합니다. 데이터 패널의 **[MD(Top3)]** 필드를 클릭하고 마크 패널의 **색상**에 **드래그 앤 드롭**합니다.

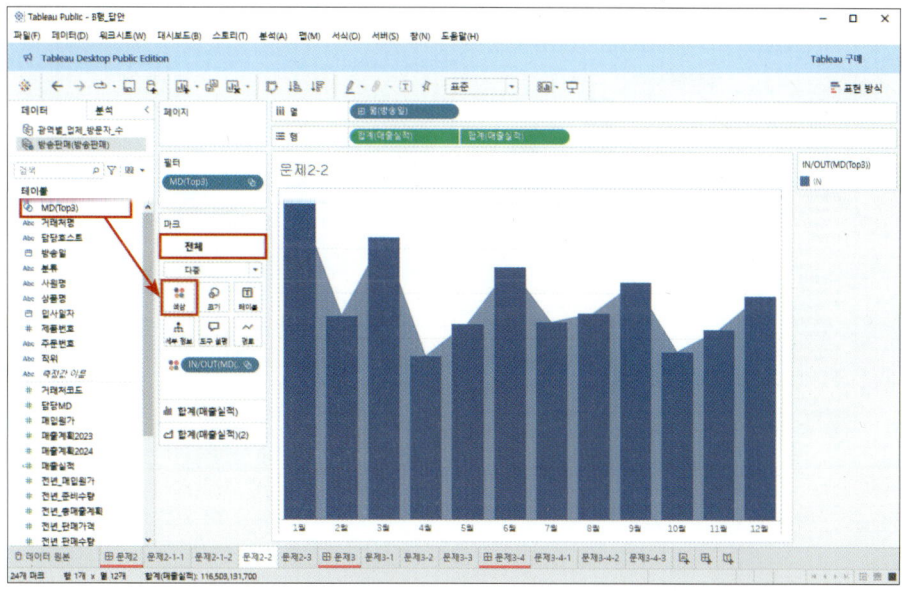

03 집합의 경우 IN/OUT으로 표시할 수 있지만 포함된 멤버로도 표현할 수 있습니다. 마크 패널에 색상으로 추가된 IN/OUT(MD(Top3))를 **마우스 우클릭**합니다. 나타난 팝업 메뉴에서 **집합의 멤버 표시**를 클릭합니다.

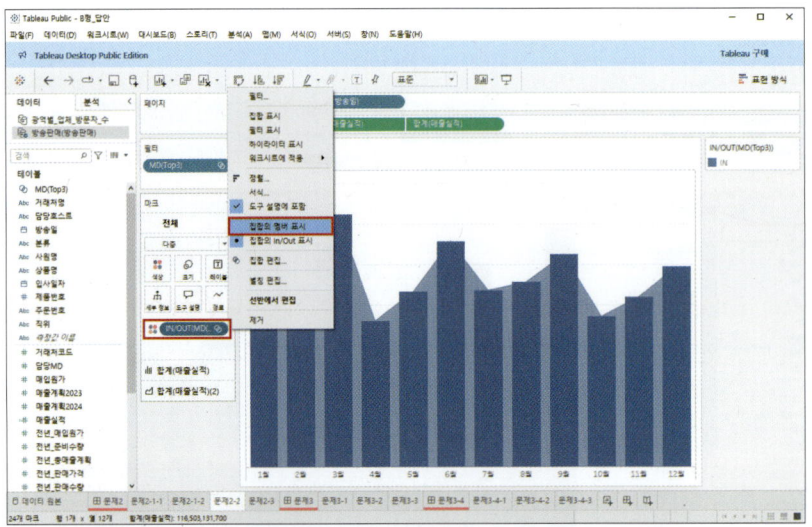

04 시트의 테두리 서식과 라인 서식을 변경하기 위해 **시트의 빈 공간을 마우스 우클릭**합니다. 나타난 팝업 메뉴에서 **서식**을 클릭합니다.

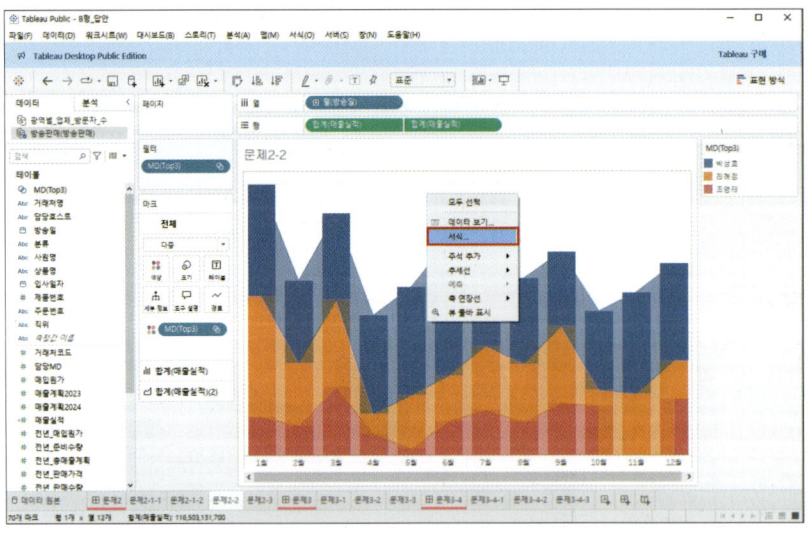

05 왼쪽 사이드 바에 나타난 **서식 팝업 창** 상단에서 🎛️을 클릭합니다. **시트** 탭에서 **행 구분선 > 패널 박스**를 클릭하고 실선에서 **없음**으로 변경합니다. 빈 곳을 클릭하여 팝업 창을 닫습니다. 이어서 **열 구분선 > 패널 박스**를 클릭하고 실선에서 **없음**으로 변경합니다. 빈 곳을 클릭하여 팝업 창을 닫습니다.

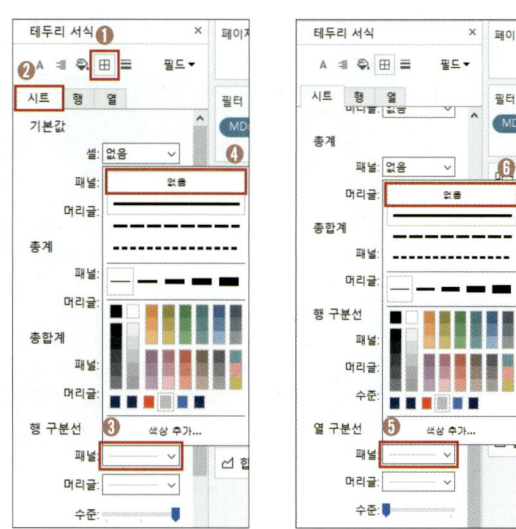

06 **서식 팝업 창** 상단에서 ☰을 클릭하고 **행** 탭을 클릭합니다. **격자선 박스**를 클릭하고 **없음**으로 변경하여 제거합니다. 빈 곳을 클릭하여 팝업 창을 닫습니다.

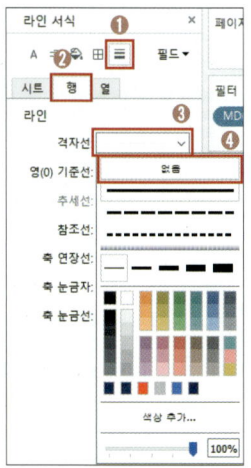

07 아래의 **축 눈금자 박스**는 클릭하여 없음에서 **실선**으로 변경하고 나타난 팝업 창에서 하단의 **색상 추가**를 클릭하여 HTML(H) 옆에 색상 코드 **#D4D4D4**를 입력합니다. **확인**을 클릭하고 빈 곳을 클릭하여 팝업 창을 닫습니다.

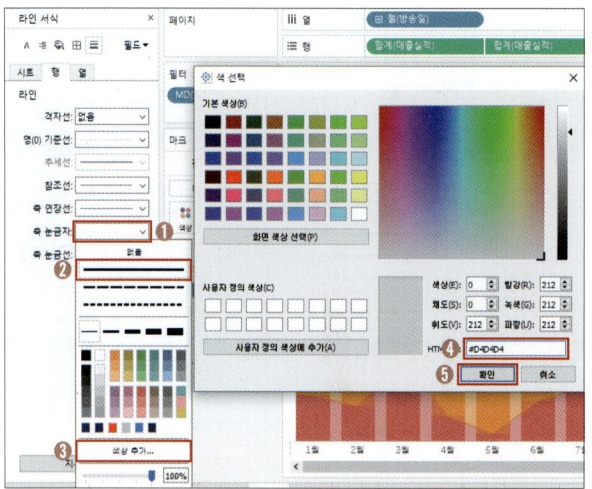

08 이어서 **열** 탭을 클릭하고 **축 눈금자**는 없음에서 **실선**으로 변경합니다. 나타난 팝업 창에서 하단의 **색상 추가**를 클릭하여 HTML(H) 옆에 색상 코드 **#D4D4D4**를 입력하고 **확인**을 클릭합니다. 빈 곳을 클릭하여 팝업 창을 닫고 서식 창의 ☒을 클릭하여 서식 창도 닫습니다.

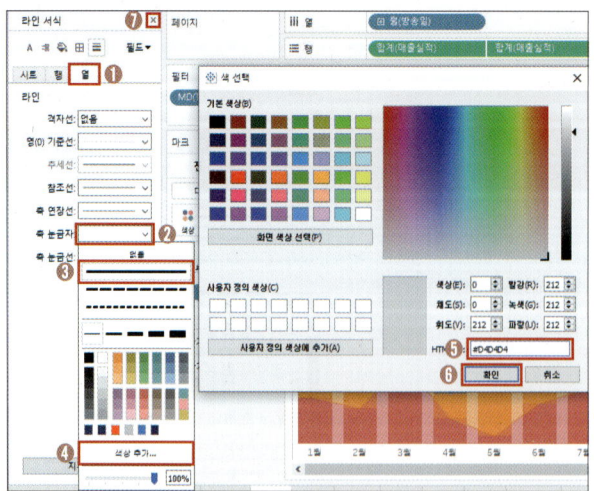

09 상단 툴바 오른쪽의 **맞춤**을 표준에서 **전체 보기**로 변경합니다. 차트가 문제의 지시대로 완성된 것을 확인할 수 있습니다.

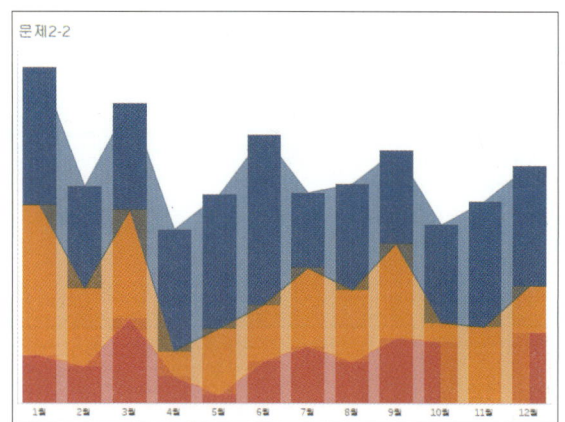

10 하단 탭에서 **문제2**를 클릭하여 해당 대시보드로 이동합니다. 대시보드에 배치되어 있는 **문제2-2** 시트의 빈 곳을 클릭하면 나타나는 오른쪽 아이콘에서 ▼을 클릭하고 나타나는 팝업 메뉴에서 **범례 > 색상 범례(MD(Top3))**를 클릭합니다.

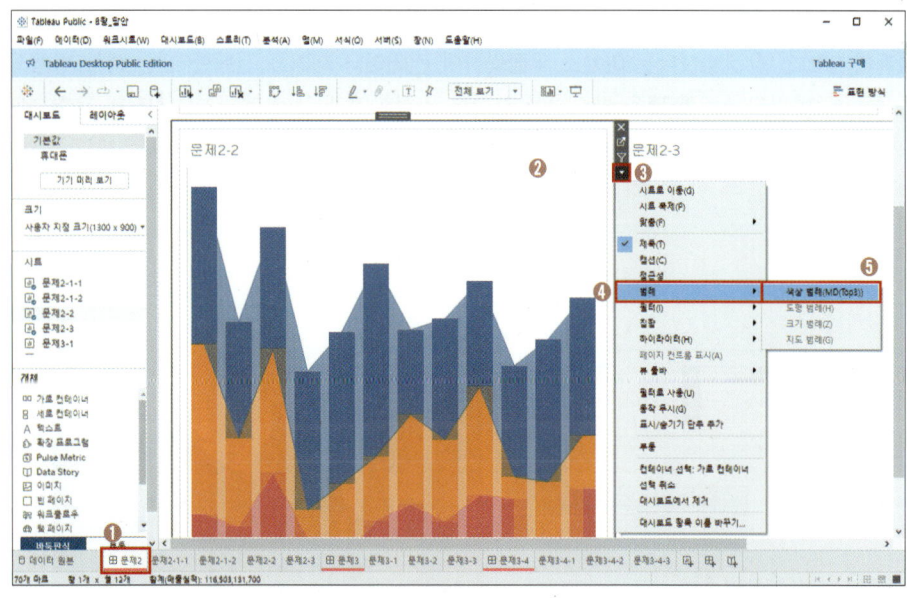

11 우측 상단에 나타난 **색상 범례**의 빈 곳을 클릭하고 나타나는 ▼을 클릭합니다. 나타나는 팝업 메뉴에서 **부동**을 클릭하여 범례를 자유롭게 배치할 수 있도록 하고 ▼을 다시 클릭합니다. 나타나는 팝업 메뉴에서 **제목**을 클릭하여 **체크 해제**합니다.

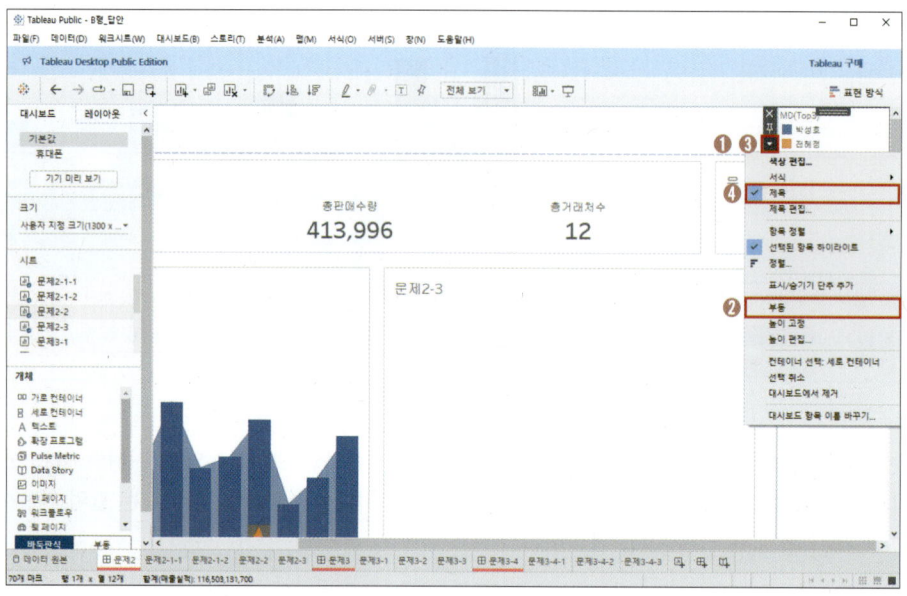

12 범례가 담겨있던 컨테이너는 **마우스 우클릭**하여 **컨테이너 제거**를 선택합니다. 색상 범례의 빈 곳을 클릭하여 나타나는 ▬을 클릭하여 시각화 완성화면과 같이 **문제2-2 시트의 우측 상단**에 배치합니다. 대시보드의 빈 곳을 클릭하면 문제2 대시보드의 문제2-2 시트가 문제의 지시대로 완성된 것을 확인할 수 있습니다.

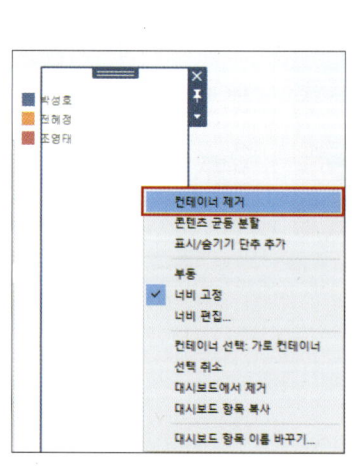
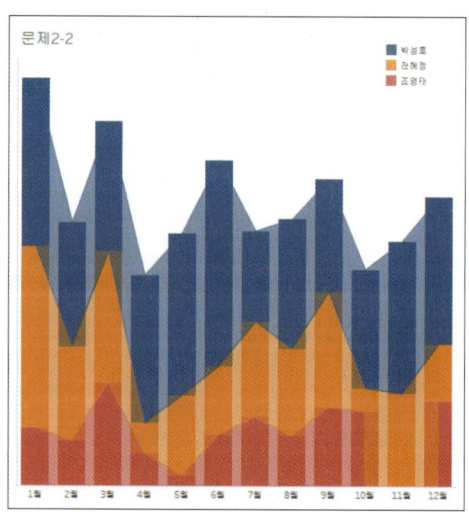

3 '문제2-3' 시트에 다음의 작업을 수행하여 차트를 구현하시오.

① [담당호스트], [총방송횟수] 필드를 사용하여 파이 차트를 구현하시오.

01 하단 탭에서 **문제2-3**을 클릭하여 해당 시트로 이동합니다.

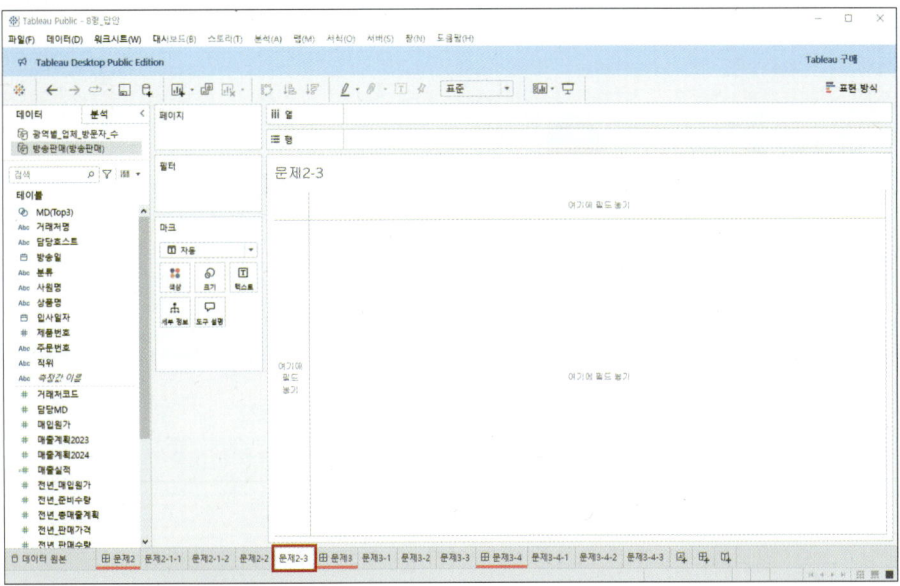

02 파이 차트를 구현하기에 앞서 표현 방식을 먼저 변경해주어야 합니다. 마크 패널의 **표현 방식**을 자동에서 **파이 차트**로 변경합니다.

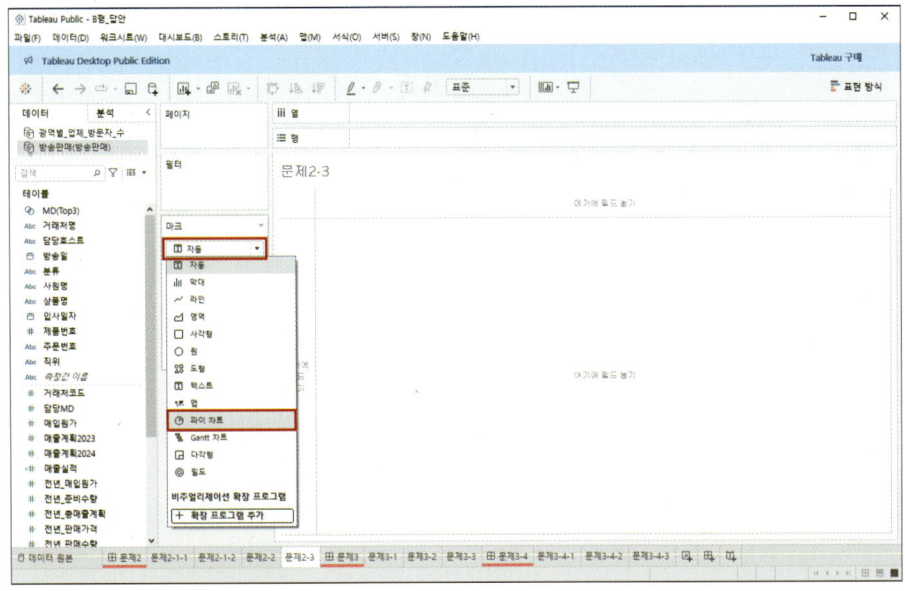

03 담당호스트별로 총방송횟수가 어떻게 되는지 파이 차트를 이용하여 파악하기 위해 데이터 패널에 있는 [담당호스트] 필드를 마크 패널의 **색상**으로 **드래그 앤 드롭**합니다.

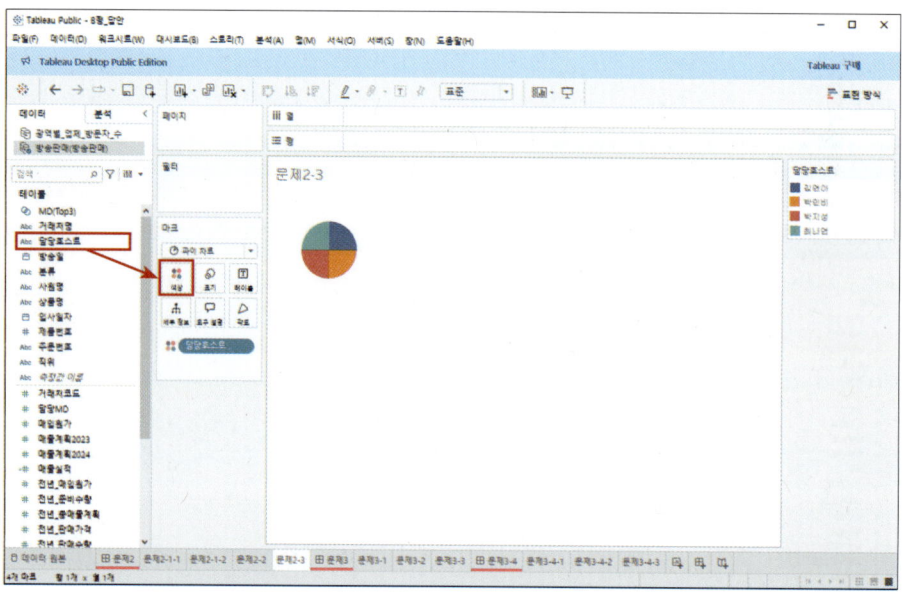

04 [담당호스트] 필드를 드래그 앤 드롭한 뒤 파이가 4등분되었으나 비율에 따라 각도가 다르게 표현되지 않았습니다. 이를 조정하기 위해 데이터 패널의 [총방송횟수] 필드를 클릭해서 마크 패널의 **각도**로 **드래그 앤 드롭**합니다.

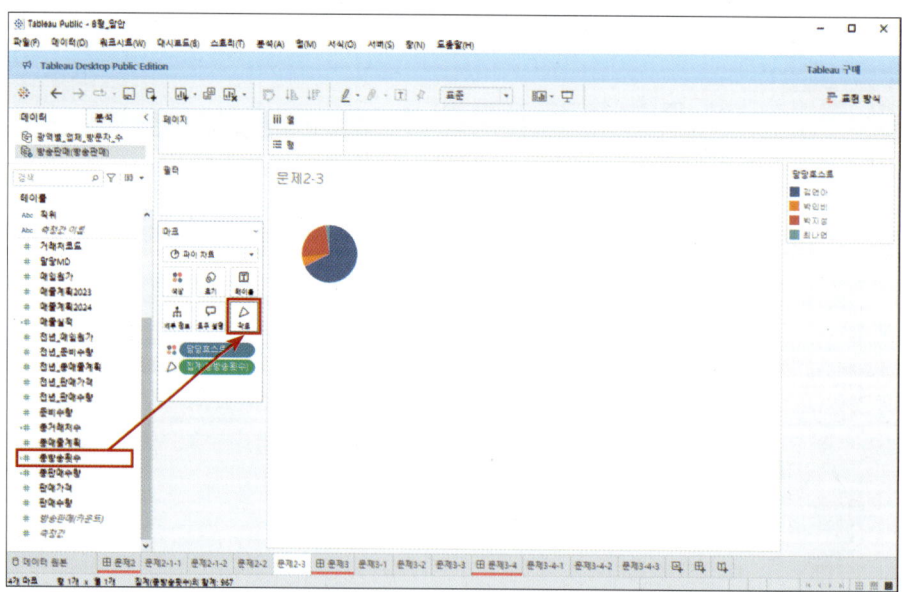

05 [담당호스트] 필드를 레이블로 표시하기 위해 데이터 패널의 **[담당호스트] 필드**를 마크 패널의 **레이블**로 **드래그 앤 드롭**합니다.

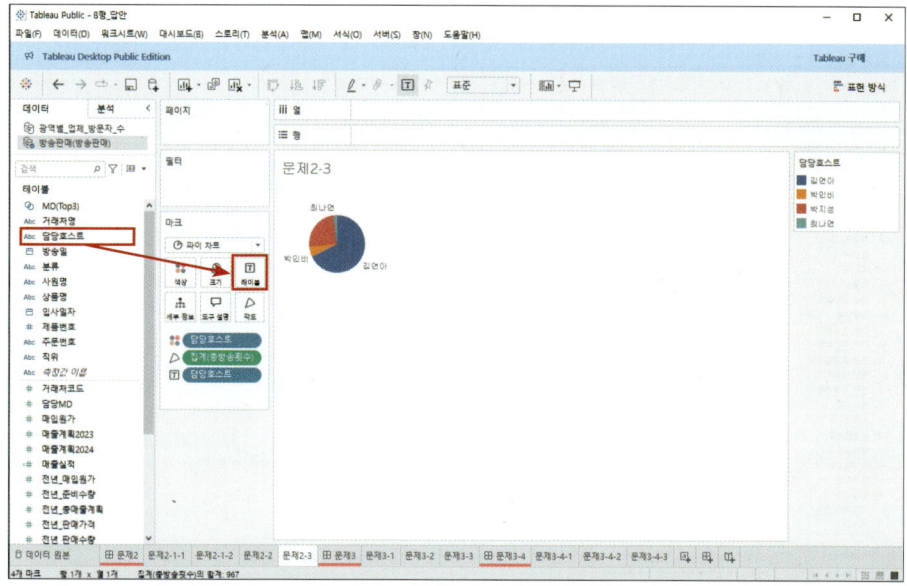

06 총방송횟수에 대한 구성비를 구하기 위해 데이터 패널에 있는 **[총방송횟수] 필드**를 클릭하여 마크 패널의 **레이블**로 **드래그 앤 드롭**합니다. 마크 패널의 레이블로 추가된 **집계(총방송횟수)**를 **마우스 우클릭**하여 나타난 팝업 메뉴에서 **퀵 테이블 계산 > 구성 비율**을 선택합니다.

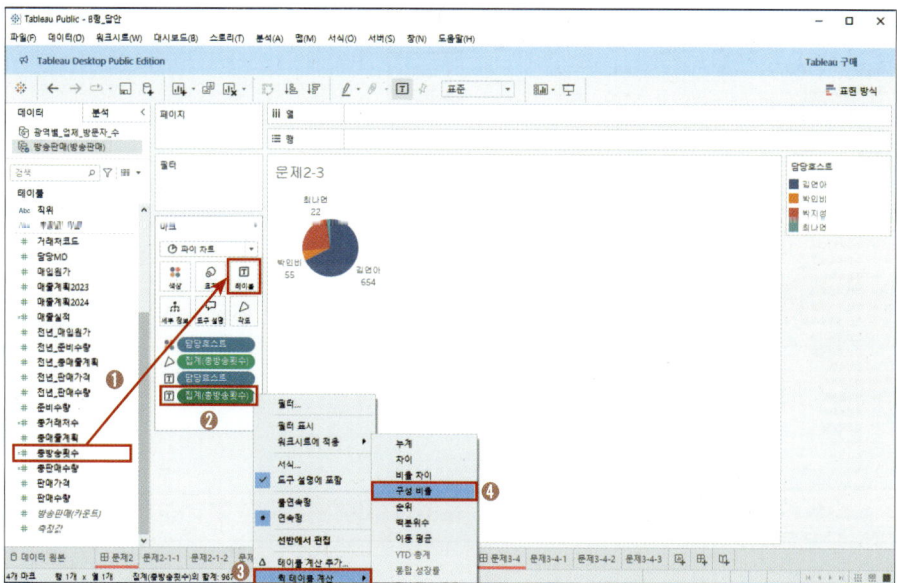

07 레이블 정렬을 위해 마크 패널의 **레이블**을 클릭합니다. 나타난 팝업 창에서 **레이블 모양 > 맞춤 박스**를 클릭합니다. **가로**를 자동에서 ▆로 변경합니다. 빈 곳을 클릭하여 팝업 창을 닫습니다.

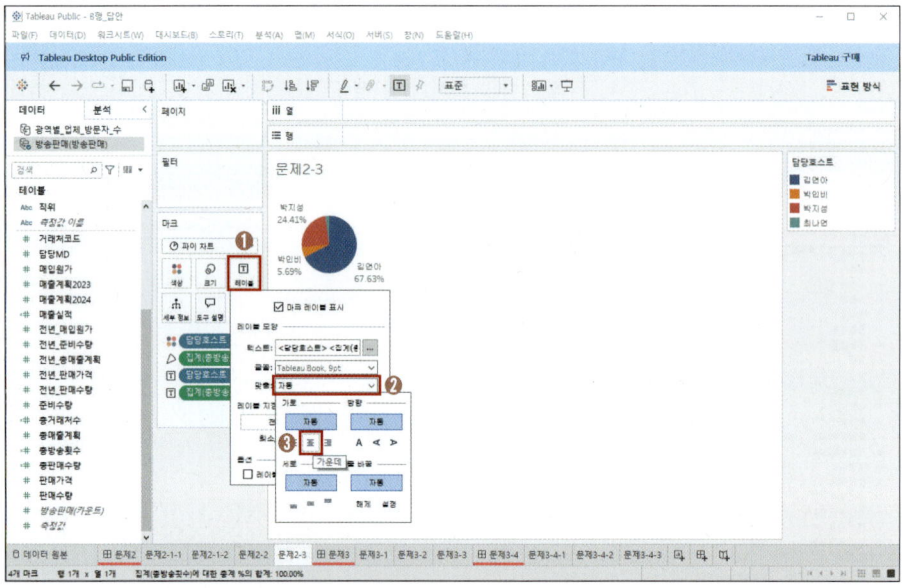

08 시트 보기를 전체 보기로 설정하기 위해 툴바 우측의 **맞춤**을 표준에서 **전체 보기**로 클릭하여 파이 차트가 전체 화면에 나타날 수 있도록 표현합니다.

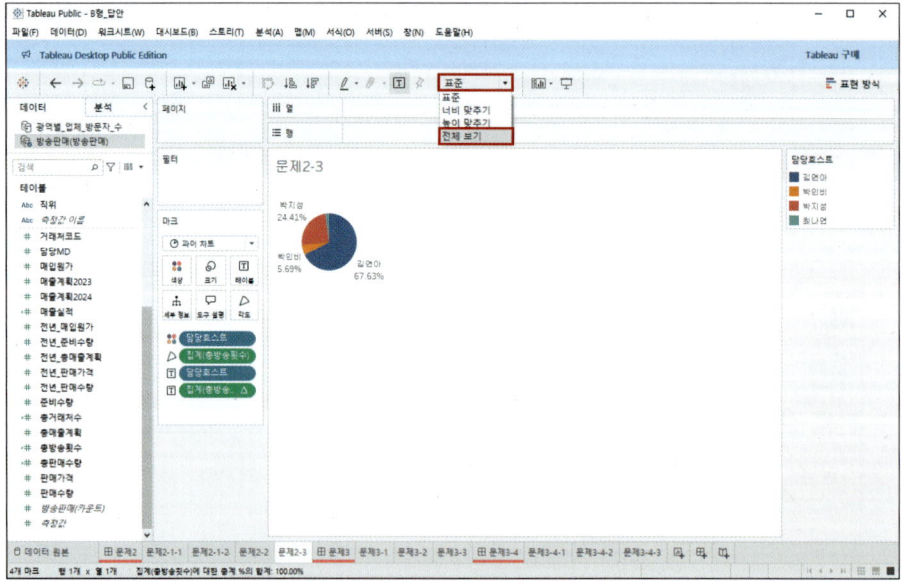

09 하단 탭에서 **문제2**를 클릭하여 해당 대시보드로 이동합니다. 대시보드에 배치되어 있는 **문제2-3** 시트의 빈 곳을 클릭하면 나타나는 오른쪽 아이콘에서 ▼을 클릭하고 나타나는 팝업 메뉴에서 **범례 > 색상 범례(담당호스트)**를 클릭합니다.

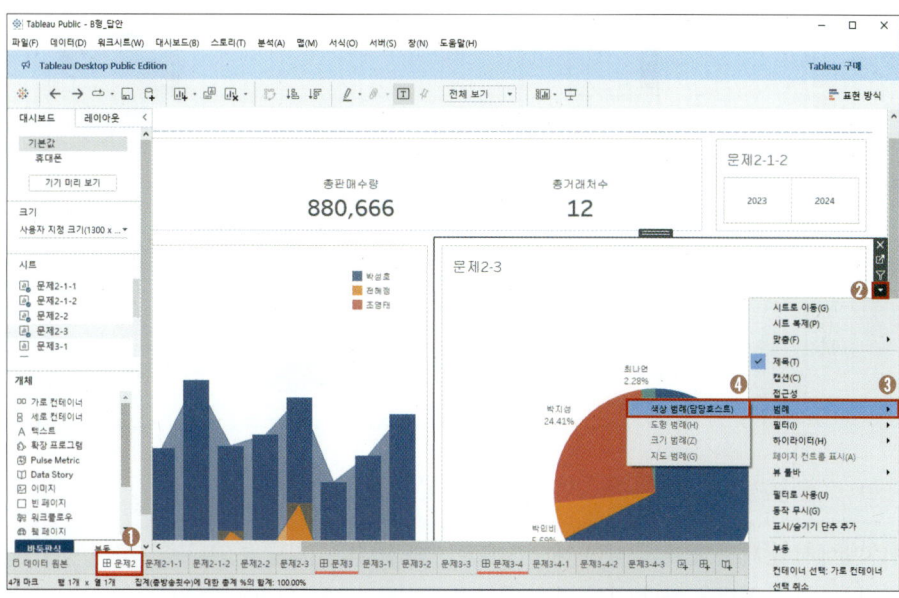

10 우측 상단에 나타난 **색상 범례**의 빈 곳을 클릭하고 나타나는 ▼을 클릭합니다. 나타나는 팝업 메뉴에서 **부동**을 클릭하여 범례를 자유롭게 배치할 수 있도록 하고 ▼을 다시 클릭합니다. 나타나는 팝업 메뉴에서 **제목**을 클릭하여 **체크 해제**합니다.

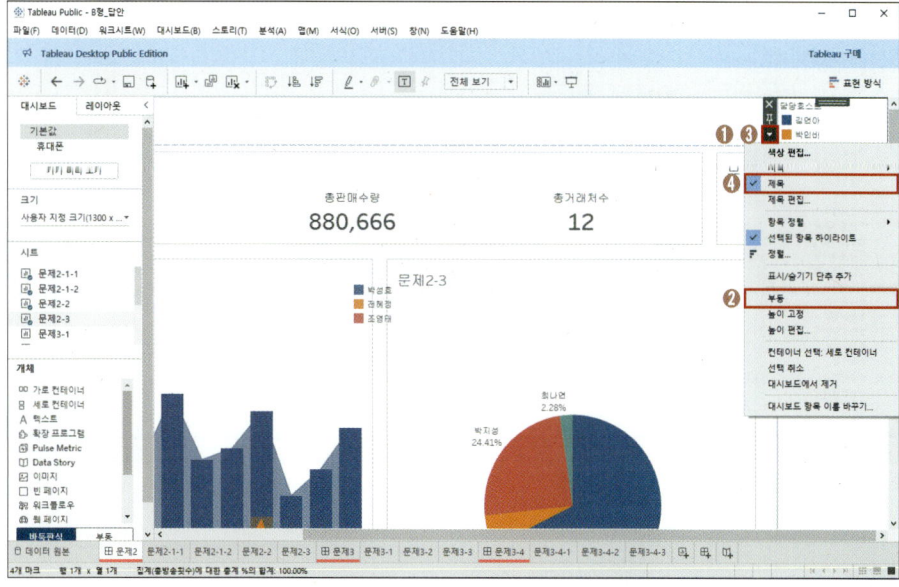

11 범례가 담겨있던 컨테이너는 **마우스 우클릭**하여 **컨테이너 제거**를 선택합니다. 색상 범례 빈 곳을 클릭하여 나타나는 ▬을 클릭하여 시각화 완성화면과 같이 **문제2-3 시트의 우측 상단**에 배치합니다.

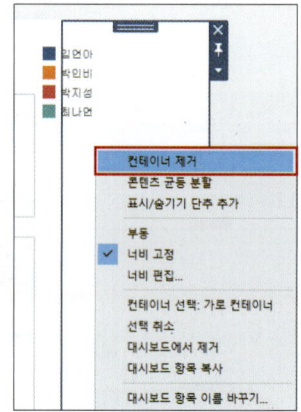
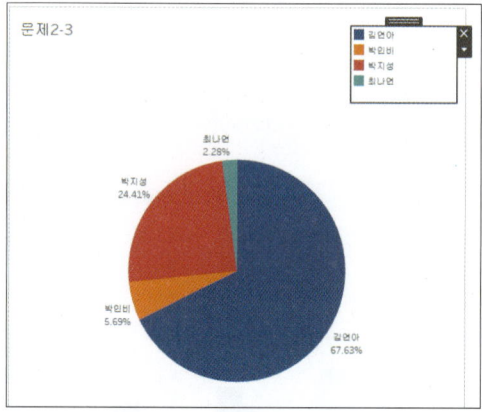

② [담당호스트]를 [총방송횟수] 필드를 기준으로 내림차순 정렬하시오.

01 하단 탭에서 **문제2-3**을 클릭하여 해당 시트로 이동합니다. [담당호스트] 필드를 총방송횟수 기준으로 내림차순 정렬을 하기 위해 마크 패널에 레이블로 추가된 **담당호스트**를 **마우스 우클릭**합니다. 나타나는 팝업 메뉴에서 **정렬**을 클릭합니다.

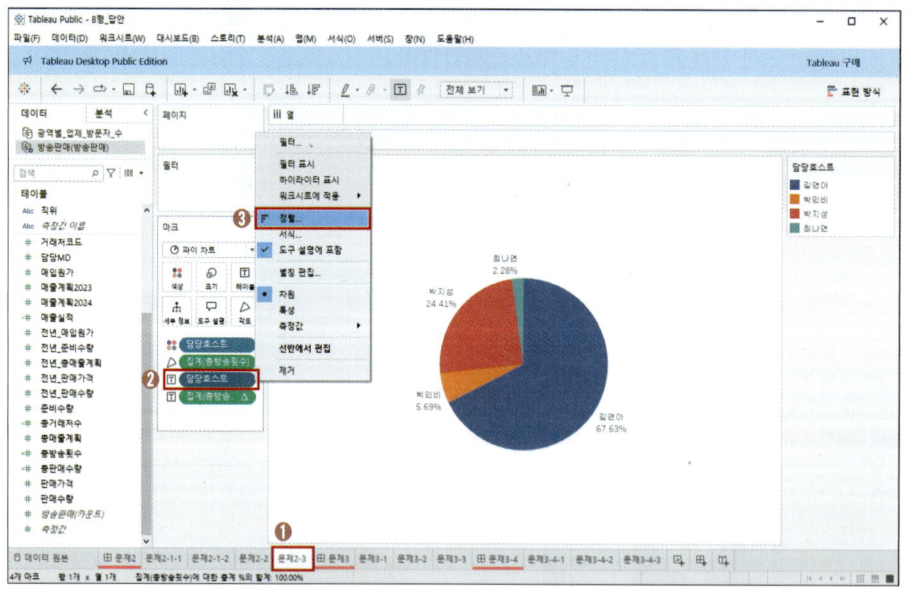

02 나타난 정렬 [담당호스트] 팝업 창에서 정렬 기준을 데이터 원본 순서에서 필드로 변경합니다.

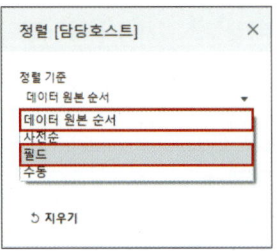

03 정렬 순서를 내림차순으로 체크하고 정렬 기준이 되는 필드명을 총방송횟수로 변경합니다. 상단에 있는 ⊠을 눌러 팝업 창을 닫습니다.

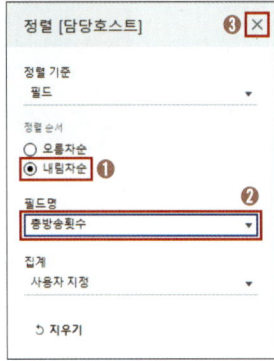

04 [담당호스트] 필드가 [총방송횟수] 필드를 기준으로 내림차순 정렬된 것을 확인할 수 있습니다. 또한, 차트가 문제의 지시대로 완성된 것을 확인할 수 있습니다.

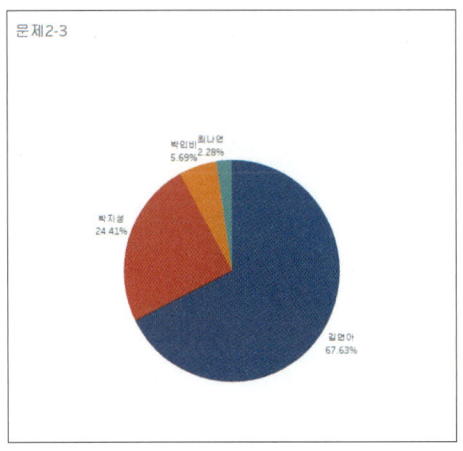

4 통합 문서 및 '문제2' 대시보드의 서식을 설정하시오.

① 전체 통합 문서의 서식을 변경하시오.

01 전체 글꼴을 변경하기 위해 상단 메뉴의 **서식(O)** > **통합 문서(W)**를 클릭합니다.

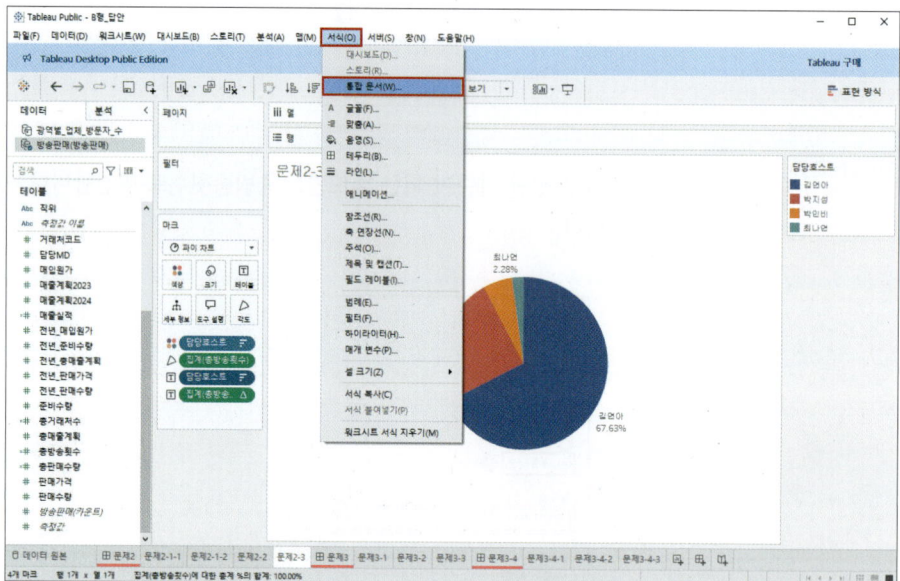

02 나타난 **통합 문서 서식**에서 **글꼴** > **전체 박스**를 클릭하고 나타난 팝업 창에서 ▼를 클릭하여 **맑은 고딕**으로 변경해 줍니다.

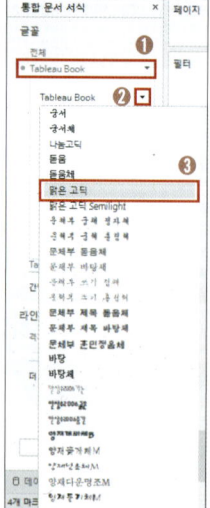

직접 글꼴 박스에 맑은 고딕을 입력하여 Enter를 눌러도 적용됩니다.

03 팝업 창에서 **색상 추가**를 클릭하여 색상을 편집합니다.

04 나타난 **색 선택 팝업 창**에서 HTML(H) 옆에 색상 코드 **#000000**을 입력하고 **확인**을 눌러 글꼴 색상을 지정합니다. 완료되었으면 통합 문서 서식 창의 우측 상단 ⊠를 클릭하여 창을 닫습니다.

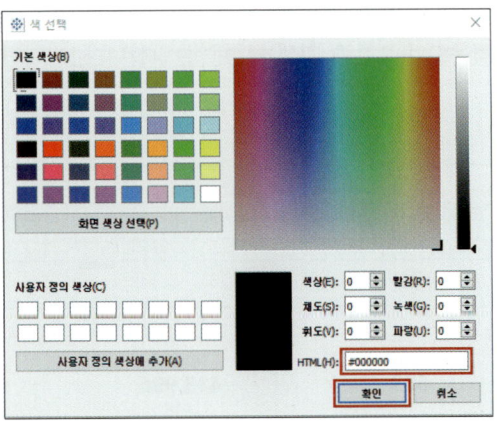

② '문제2' 대시보드의 백그라운드 색상과 제목의 레이아웃을 변경하시오.

01 하단 탭에서 **문제2**를 클릭하여 해당 대시보드로 이동합니다. 백그라운드 색상을 변경하기 위해 왼쪽 사이드 바의 대시보드에서 **레이아웃 탭**으로 이동합니다. 하단 **항목 계층**의 **바둑판식**을 클릭하여 백그라운드를 변경합니다.

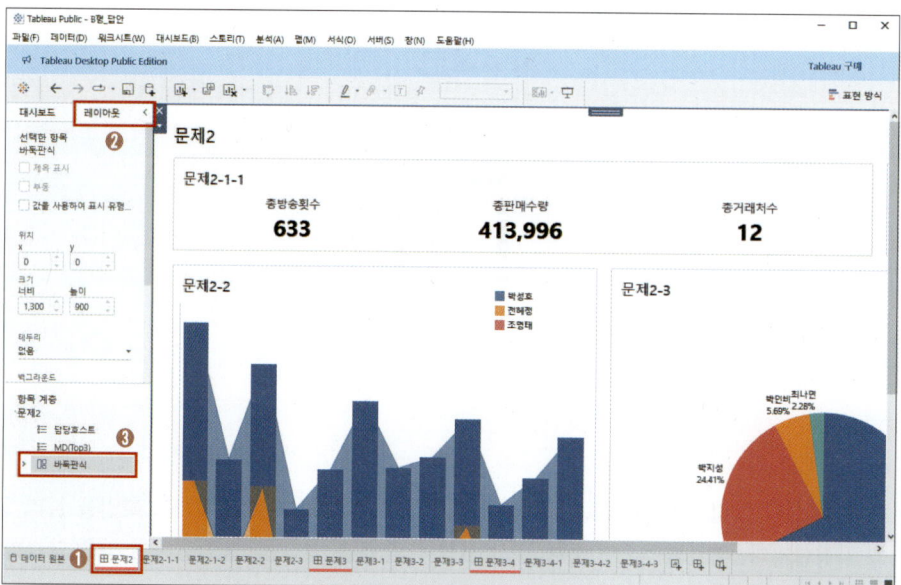

02 레이아웃 탭에서 **백그라운드**의 오른쪽 **흰색 원형**을 클릭합니다. 나타난 팝업 창에 **색상 추가**를 클릭합니다.

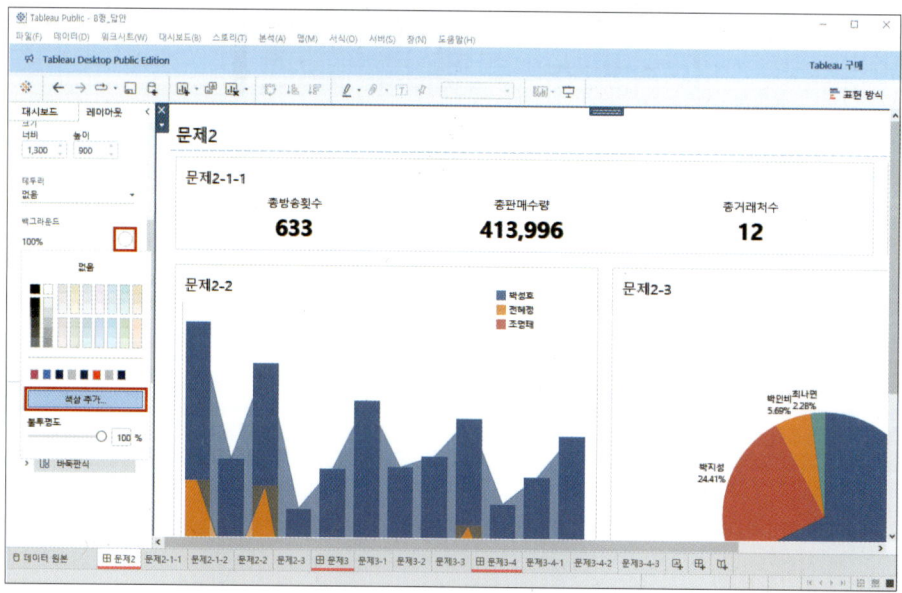

03 나타난 **색 선택 팝업 창**에서 HTML(H) 옆에 색상 코드 **#F5F5F5**를 입력하고 **확인**을 클릭합니다.

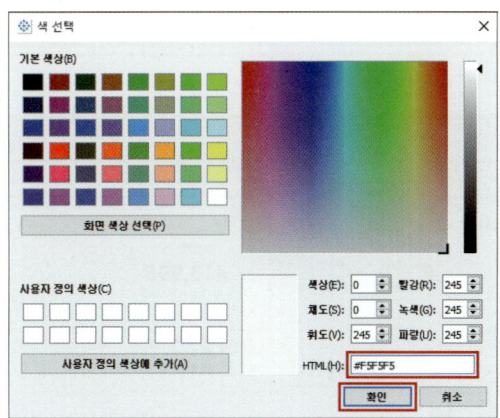

04 문제2 대시보드의 백그라운드 색상이 변경된 것을 확인할 수 있습니다.

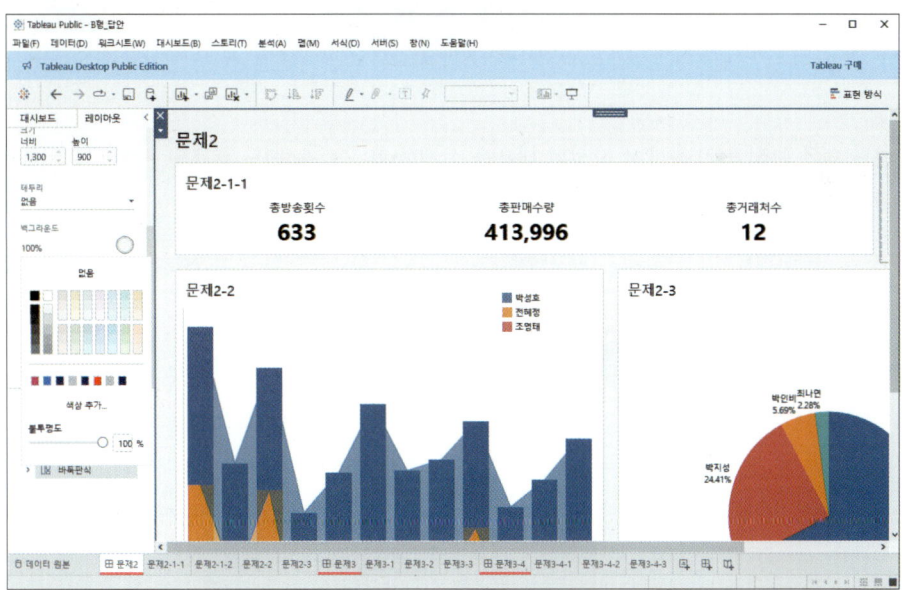

05 개체 이름을 23~24년도 홈쇼핑 판매 보고서로 변경하기 위해 **제목 개체를 마우스 우클릭**합니다. 나타난 팝업 메뉴에서 **제목 편집**을 클릭합니다.

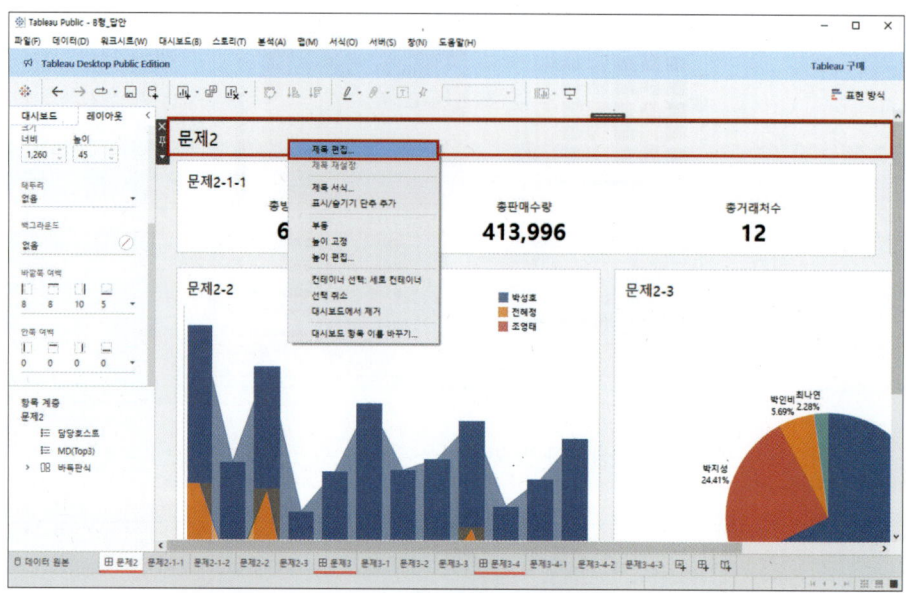

06 나타난 **제목 편집 팝업 창**에서 작성된 내용을 삭제한 후 **23~24년도 홈쇼핑 판매 보고서**를 입력하고 **확인**을 클릭합니다.

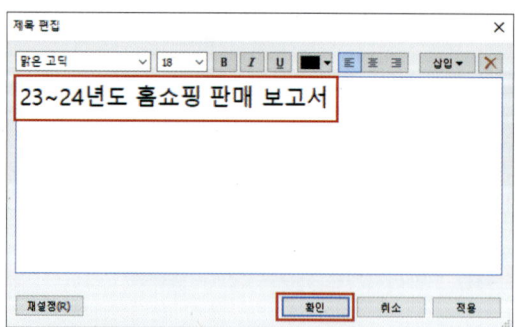

07 편집한 제목 개체의 바깥쪽 여백과 안쪽 여백을 확인하기 위해 먼저 **제목 개체**가 선택된 상태인지 확인합니다. 사이드 바의 **레이아웃** 탭에서 **바깥쪽 여백**과 **안쪽 여백**의 **숫자**가 문제의 지시와 동일한지 확인합니다. 확인 후에는 다시 **대시보드** 탭을 클릭합니다.

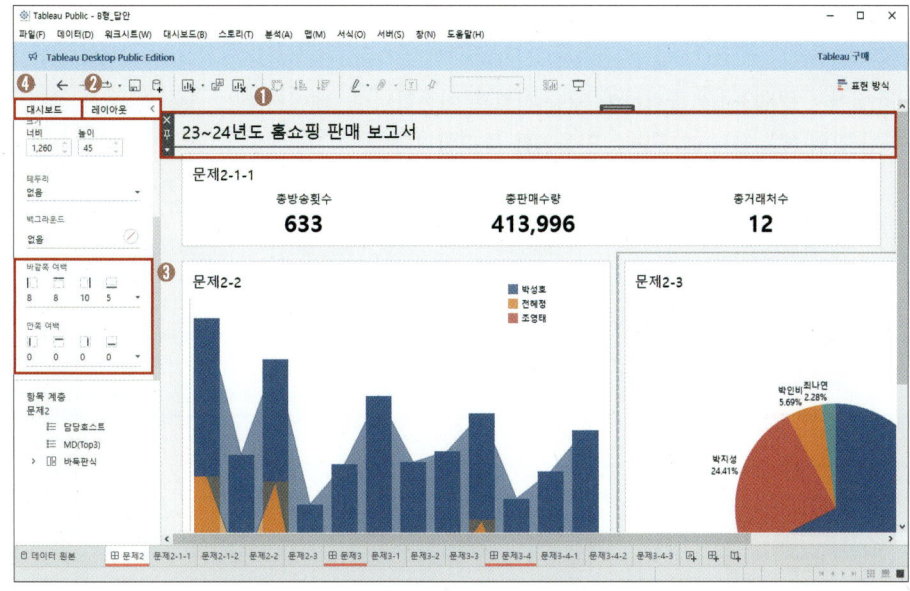

08 문제2-1-2 시트의 2024를 두 번 클릭합니다. 문제2 대시보드가 2024년 기준으로 변화하는 것을 확인합니다. 작업한 대시보드가 문제2의 시각화 완성화면(338p)과 일치하는지 확인한 후 해당 대시보드의 작업을 마무리합니다.

실제 시험에서는 기본 선택으로 지정한 내용이 반영되어 있는 채로 저장해야 합니다.

풀이 3 복잡요소 구현   40점

1 '문제3-1' 시트에서 다음의 작업을 수행하여 혼합(막대+라인) 차트를 구현하시오.

① 문자열 매개 변수 [담당자_구분]과 이를 활용한 [담당자_선택] 필드를 생성하시오.

01 하단 탭에서 **문제3-1**을 클릭하여 해당 시트로 이동합니다. 데이터 패널 상단의 ▼을 클릭합니다. 나타난 팝업 메뉴에서 **매개 변수 만들기**를 클릭합니다.

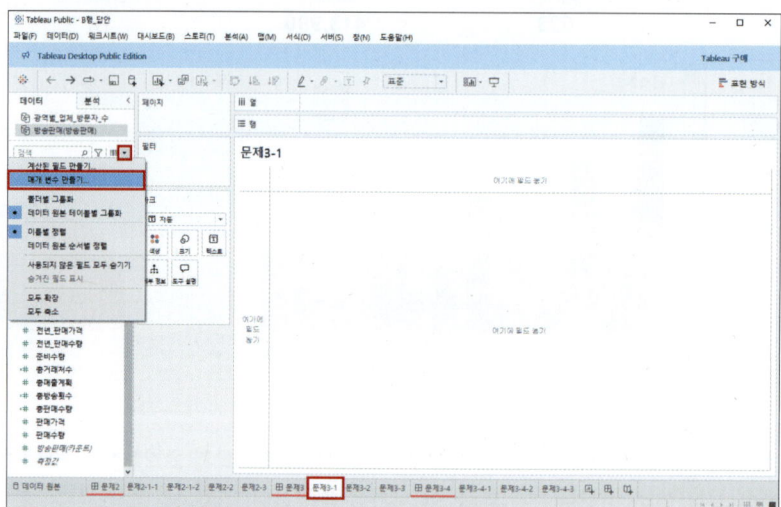

02 나타난 **매개 변수 만들기** 팝업 창에서 **이름**은 **담당자_구분**, 데이터 유형은 **문자열**, 허용 가능한 값은 전체에서 **목록**으로 변경합니다. 아래의 **값 > 추가하려면 클릭**을 클릭하여 **담당호스트**를 입력하고 **Enter**를 누른 뒤 **사원명**을 입력하고 **Enter**를 누릅니다. 입력한 사원명의 **표시 형식**은 더블클릭하여 **담당MD**로 변경하고, **현재 값**도 **담당MD**로 설정한 후 확인을 클릭합니다.

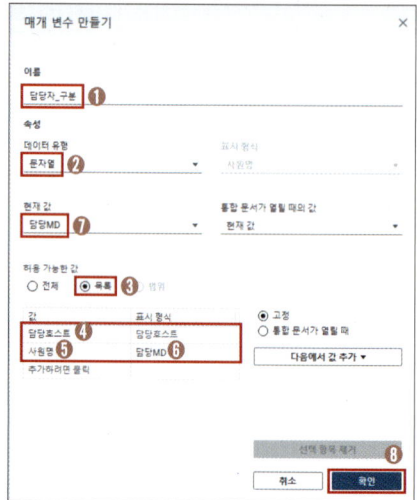

404 PART 2 | 공개문제 파헤치기

03 데이터 패널 하단에서 생성한 **[담당자_구분] 매개 변수**를 **마우스 우클릭**합니다. 나타난 팝업 메뉴에서 **만들기 > 계산된 필드**를 선택합니다.

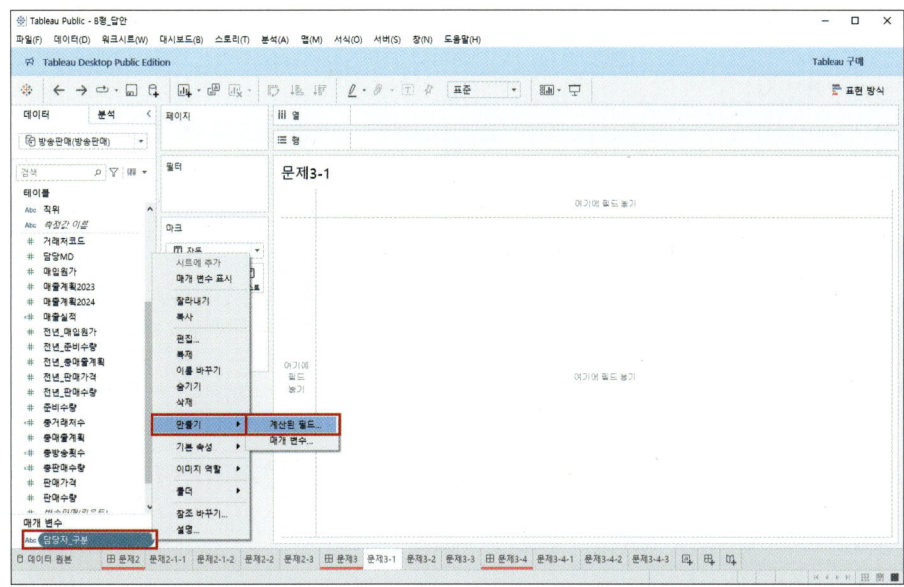

04 나타난 계산된 필드 만들기 팝업 창에서 필드 **이름**을 **담당자_선택**으로 변경합니다. **CASE 함수**를 활용하여 **[담당자_구분] 매개 변수**가 **담당호스트**일 때 **담당호스트**가 나타날 수 있도록 하고, **담당MD**일 때 **사원명**이 나타나도록 다음 수식을 입력하고 **확인**을 클릭합니다.

```
CASE [담당자_구분]
WHEN "담당호스트" THEN [담당호스트]
WHEN "사원명" THEN [사원명]
END
```

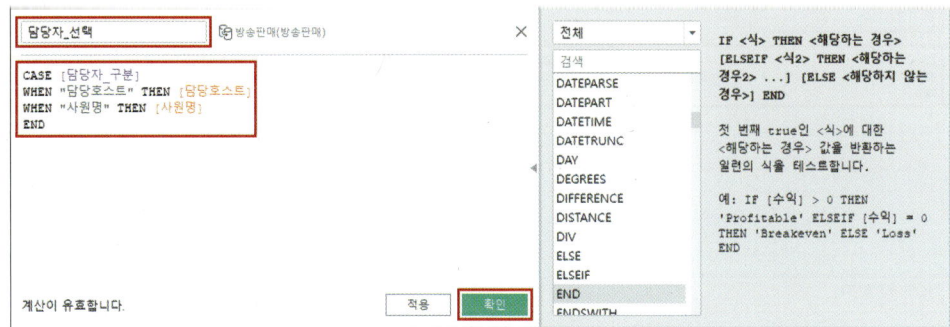

② [주문번호], [준비수량], [판매수량] 필드를 활용하여 [완전판매건수] 필드를 생성하시오.

01 [완전판매건수] 필드를 만들기 위해 데이터 패널 상단의 ▼을 클릭하고 나타난 팝업 메뉴에서 **계산된 필드 만들기**를 클릭합니다.

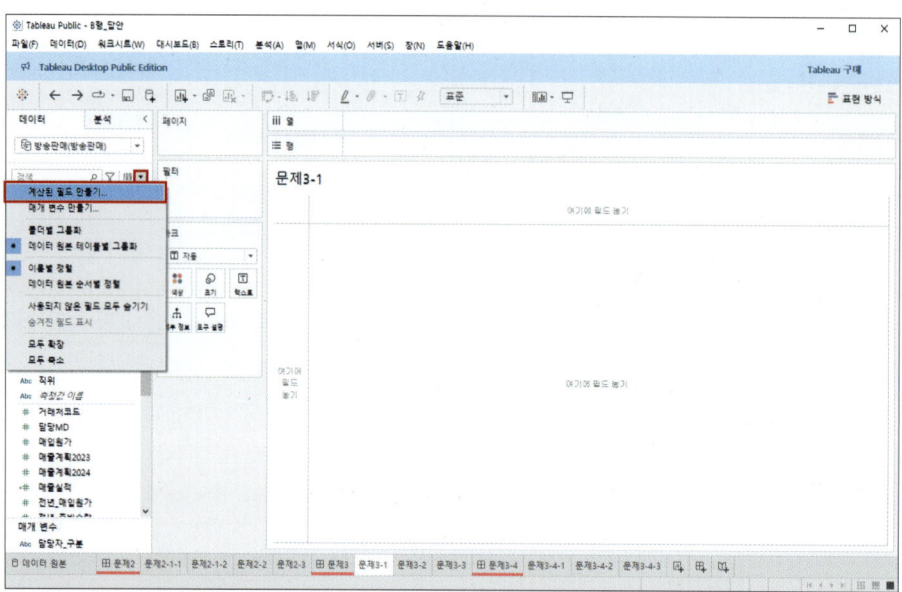

02 나타난 **계산된 필드 만들기 팝업 창**에서 **이름**을 완전판매건수로 변경합니다. 준비수량이 모두 판매된 주문번호를 찾아 **COUNT 함수, IF문**을 이용하여 다음 수식을 입력하고 **확인**을 클릭합니다.

```
IF COUNT(IF [준비수량] – [판매수량] = 0 THEN [주문번호] END) <> 0
THEN COUNT(IF [준비수량] – [판매수량] = 0 THEN [주문번호] END)
END
```

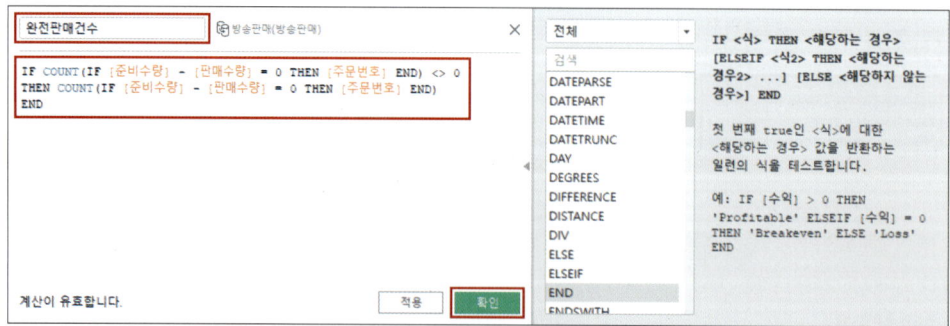

③ [담당자 선택] 결과를 반영한 [총판매금액]과 [완전판매건수]를 막대 차트와 라인 차트로 표현하시오.

01 [총판매금액] 필드를 만들기 위해 데이터 패널 상단의 ▼을 클릭하고 나타난 팝업 메뉴에서 **계산된 필드 만들기**를 클릭합니다.

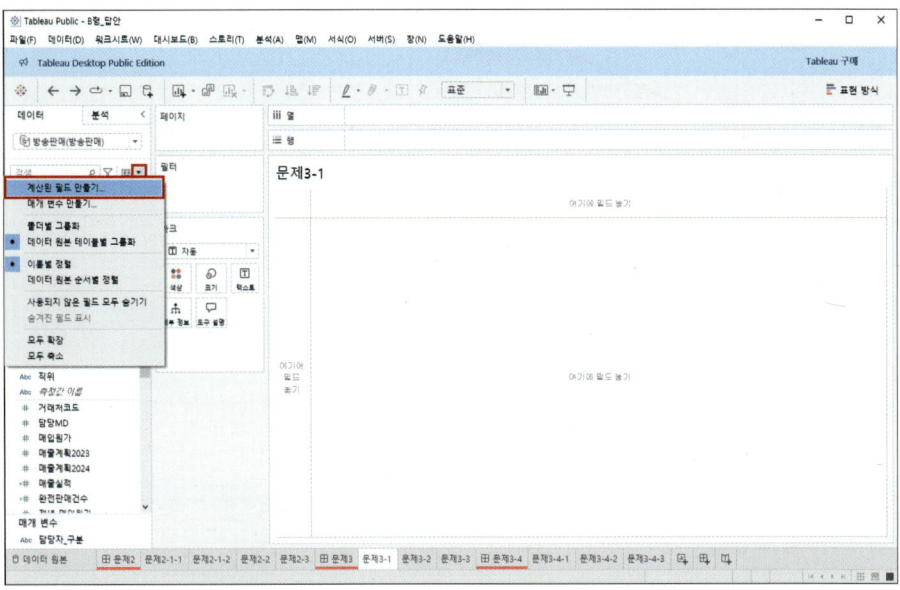

02 나타난 **계산된 필드 만들기 팝업 창**에서 이름을 **총판매금액**으로 변경합니다. 판매수량과 판매가격을 이용하여 다음 수식을 입력하고 **확인**을 클릭합니다.

[판매수량]*[판매가격]

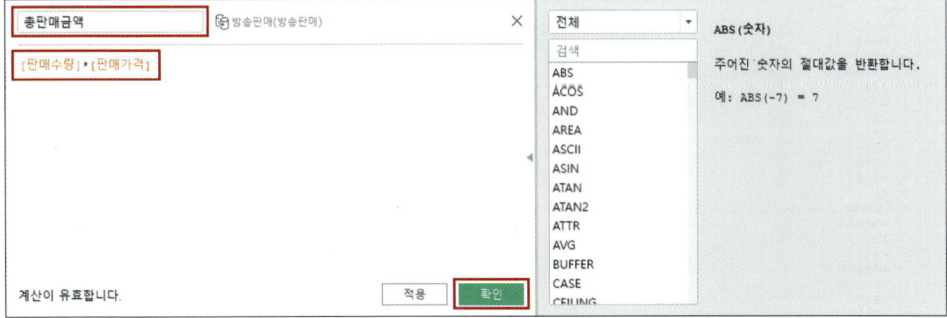

03 데이터 패널에 생성한 **[담당자_선택] 필드**를 선택하고 **열 패널**로 **드래그 앤 드롭**합니다. 캔버스에 [담당자_선택] 필드에 따른 머리글이 나타난 것을 확인할 수 있습니다.

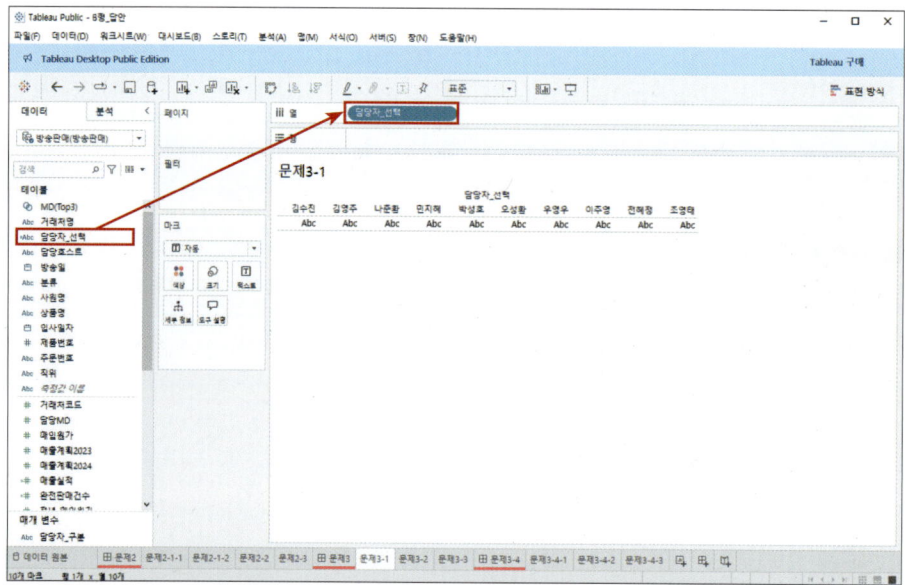

04 총판매금액을 기준으로 내림차순 정렬하기 위해 열 패널에 추가된 **담당자_선택**을 **마우스 우클릭** 합니다. 나타난 팝업 메뉴에서 **정렬**을 클릭합니다.

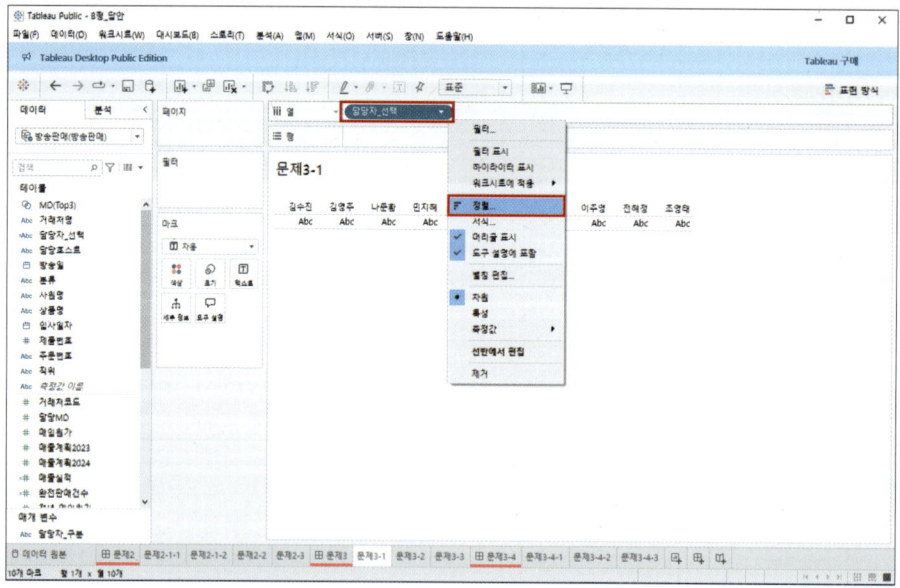

05 나타난 정렬 [담당자_선택] 팝업 창에서 정렬 기준을 데이터 원본 순서에서 필드로 변경합니다.

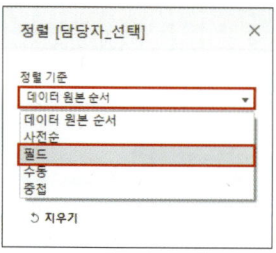

06 정렬 순서를 내림차순으로 변경하고 필드명을 총판매금액으로 지정합니다. [담당자_선택] 필드가 총판매금액의 내림차순으로 정렬되는 것을 확인할 수 있습니다. 우측 상단 ☒를 클릭하여 팝업 창을 닫습니다.

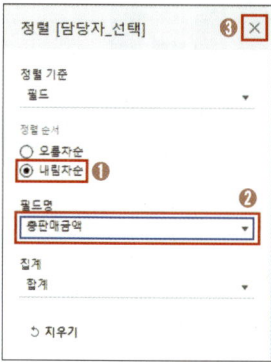

07 데이터 패널의 [총판매금액] 필드를 행 패널에 드래그 앤 드롭하고, [완전판매건수] 필드는 행 패널에 추가된 합계(총판매금액) 우측 빈 공간에 드래그 앤 드롭합니다.

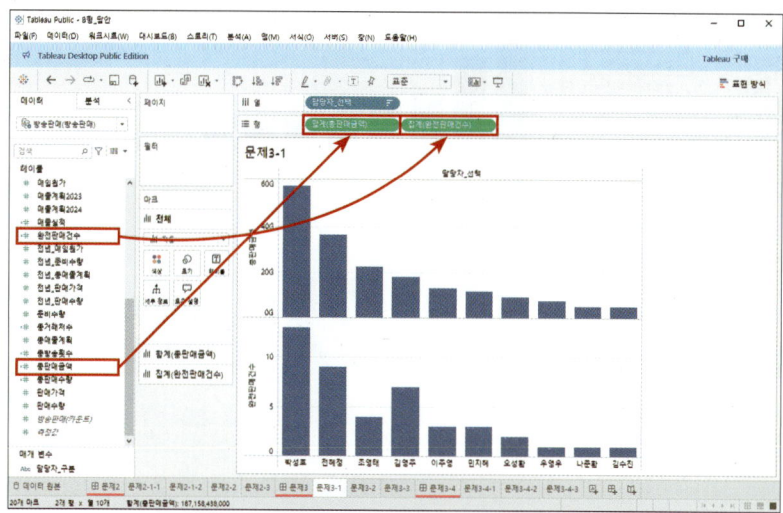

08 총판매금액은 막대차트로 표현하기 위해 마크 패널의 **합계(총판매금액)**을 클릭하여 **표현 방식**을 자동에서 **막대**로 변경합니다.

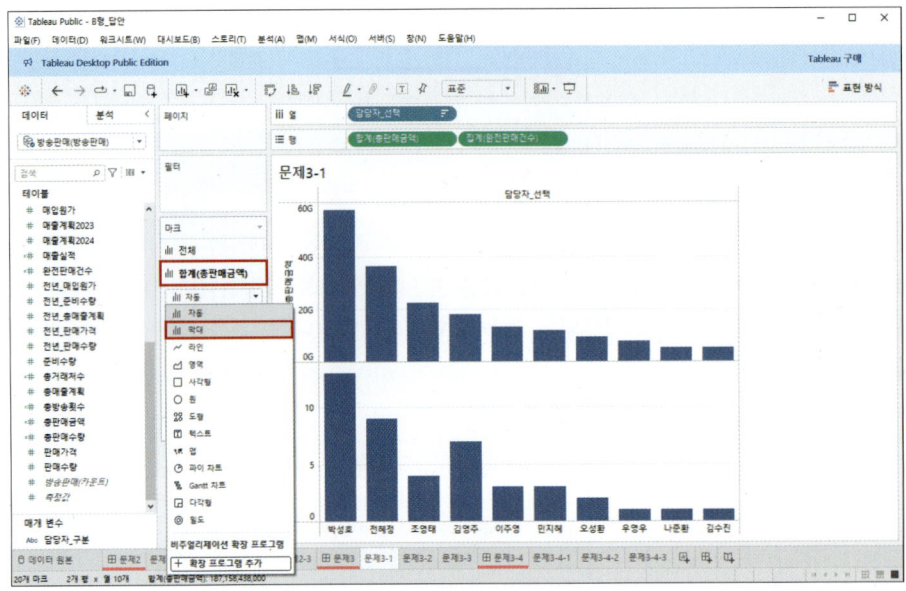

09 완전판매건수는 라인 차트로 표현하기 위해 마크 패널의 **집계(완전판매건수)**를 클릭하여 **표현 방식**을 자동에서 **라인**으로 변경합니다.

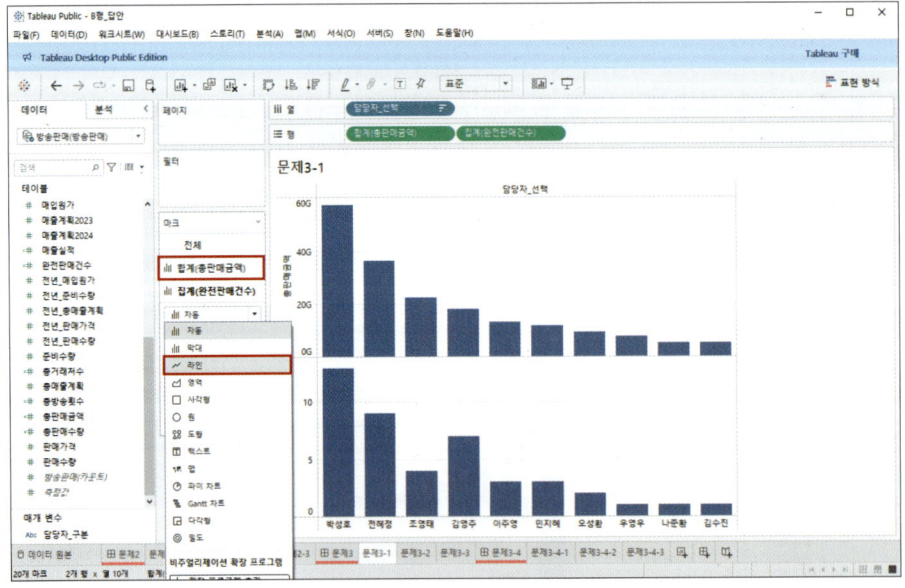

10 두 지표를 하나의 그래프로 바꿔주기 위해 행 패널에 추가된 **집계(완전판매건수)**를 **마우스 우클릭** 합니다. 나타난 팝업 메뉴에서 **이중 축**을 클릭합니다.

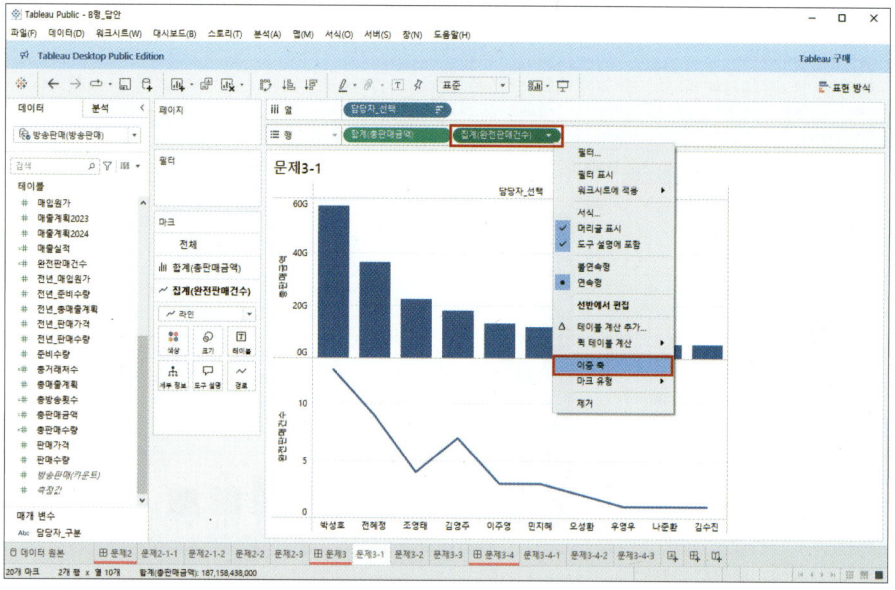

11 이중 축을 진행하면 측정값 이름으로 색상이 변경됩니다. 색상을 제거하기 위해 마크 패널의 **전체** 를 클릭합니다. **측정값 이름**을 클릭한 후 **마크 패널 밖의 빈 곳으로** 드래그하여 **제거**합니다.

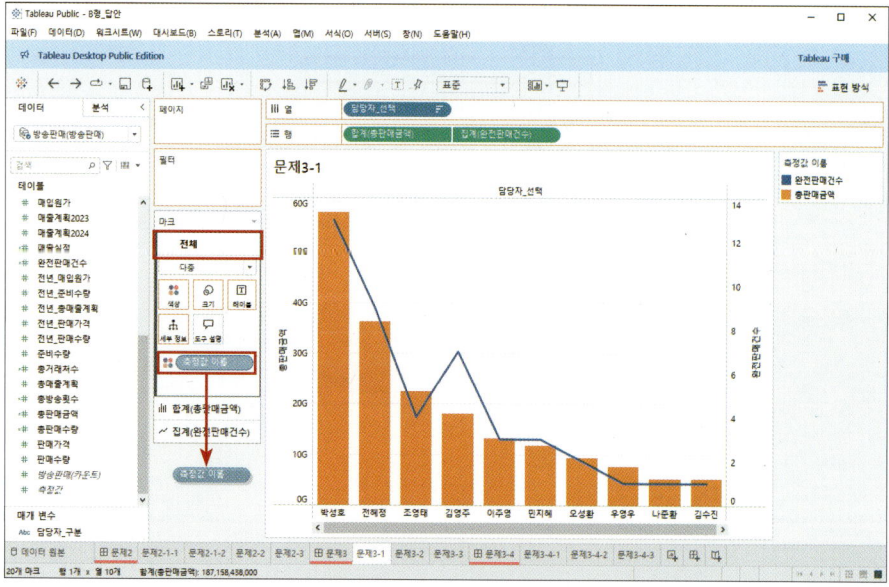

12 2024년 기준으로 데이터를 필터링하기 위해 데이터 패널의 [방송일] 필드를 **필터 패널**로 **드래그 앤 드롭**합니다.

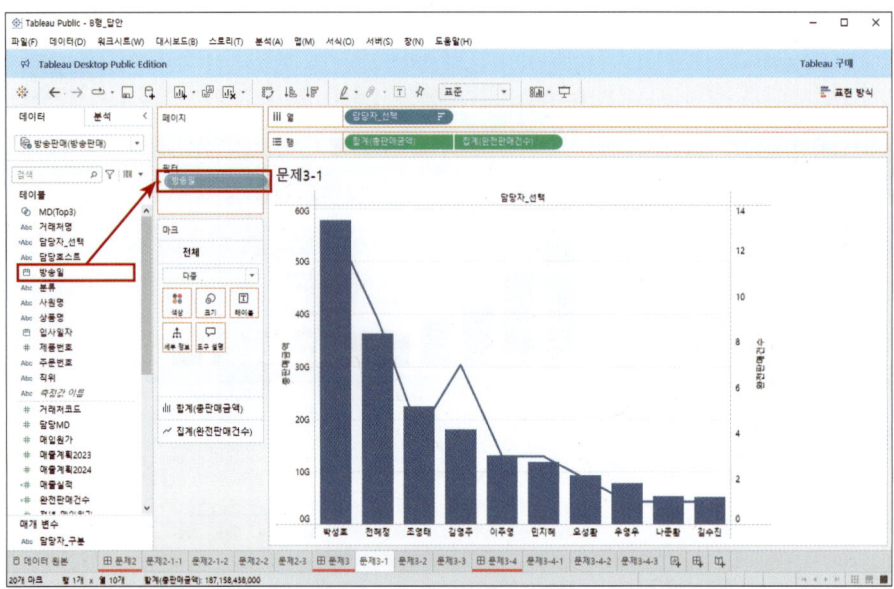

13 나타난 **필터 필드 [방송일] 팝업 창**에서 **년**을 클릭하고 **다음**을 클릭합니다.

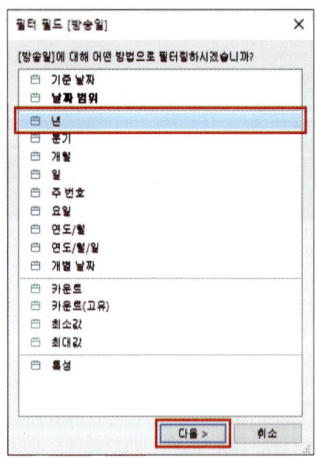

14 나타난 **필터 [방송일의 연도] 팝업 창**에서 **2024**를 체크하고 **확인**을 클릭하면, 방송일이 2024년인 데이터만 필터링되는 것을 확인할 수 있습니다.

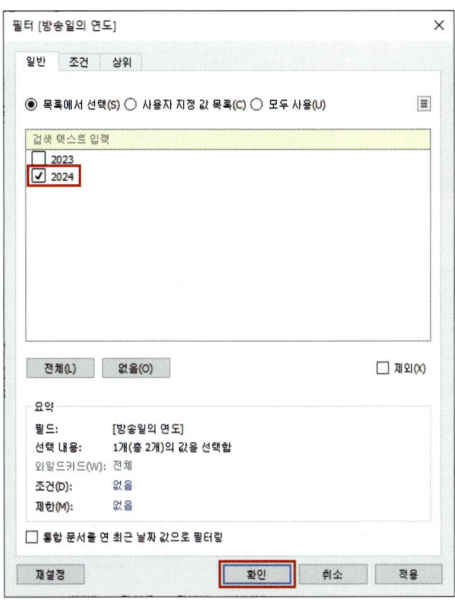

15 [총판매금액] 필드에 따라 색상을 다르게 표현하기 위해 마크 패널의 **합계(총판매금액)**을 클릭합니다. 데이터 패널의 **[총판매금액] 필드**를 마크 패널의 **색상**으로 **드래그 앤 드롭**합니다.

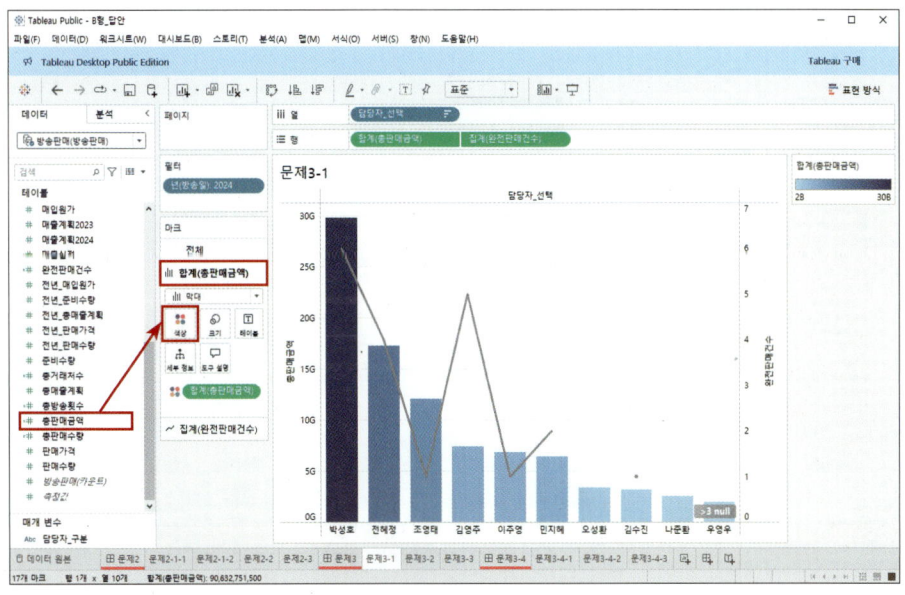

16 완전판매건수 라인 차트의 NULL 값을 숨김 처리하기 위해 완전판매건수 위에 표시된 **>3 null**을 **마우스 우클릭**합니다. 나타난 팝업 메뉴에서 **표시기 숨기기**를 클릭합니다.

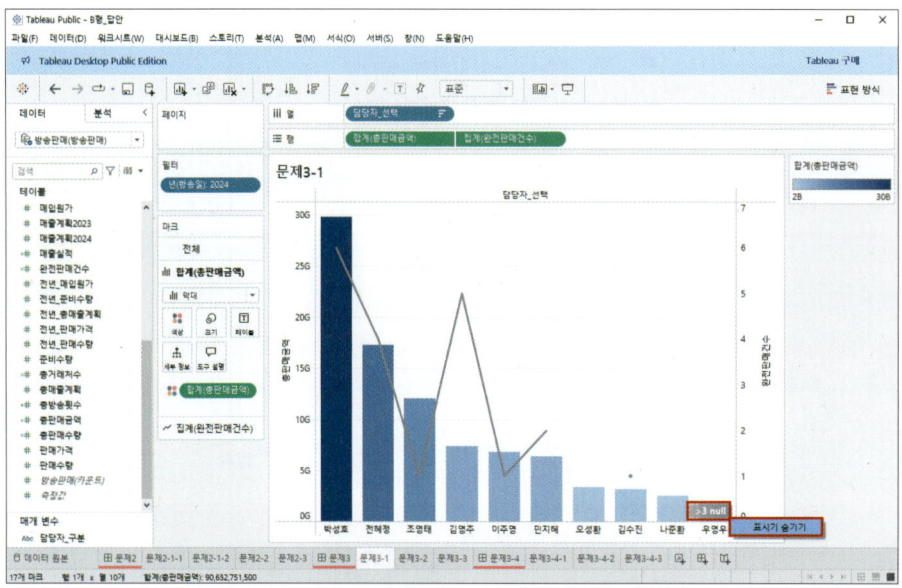

17 마크 패널의 **색상**을 클릭하고 나타난 팝업 창에서 **색상 편집**을 클릭합니다. 나타난 **색상 편집 [총판매금액]** 팝업 창에서 **색상표(P) 박스**를 클릭하여 색을 **자주색**으로 변경하고 **확인**을 클릭합니다.

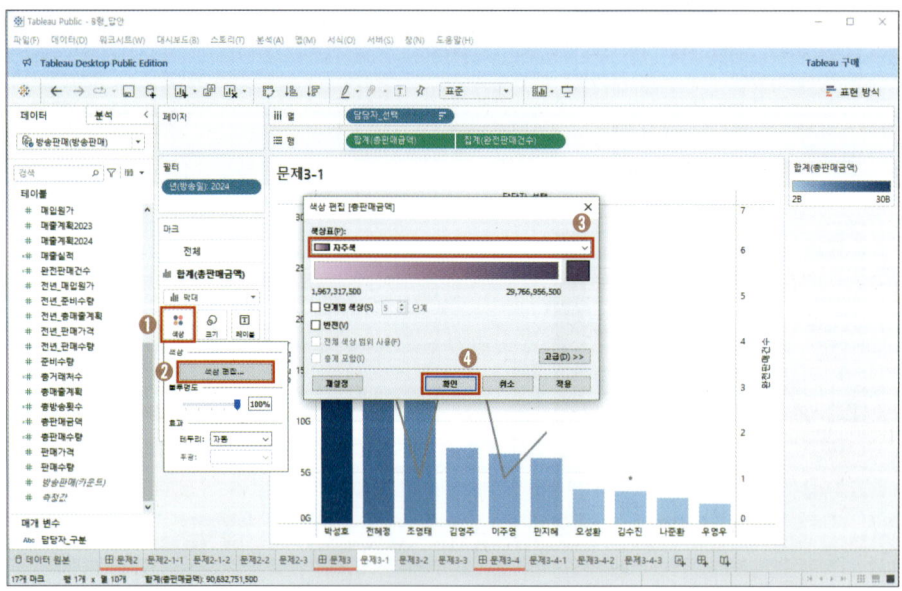

18 [완전판매건수] 필드에 따라 색상을 다르게 표현하기 위해 마크 패널의 **집계(완전판매건수)**를 클릭합니다. 데이터 패널의 [완전판매건수] 필드를 마크 패널의 **색상**으로 **드래그 앤 드롭**합니다.

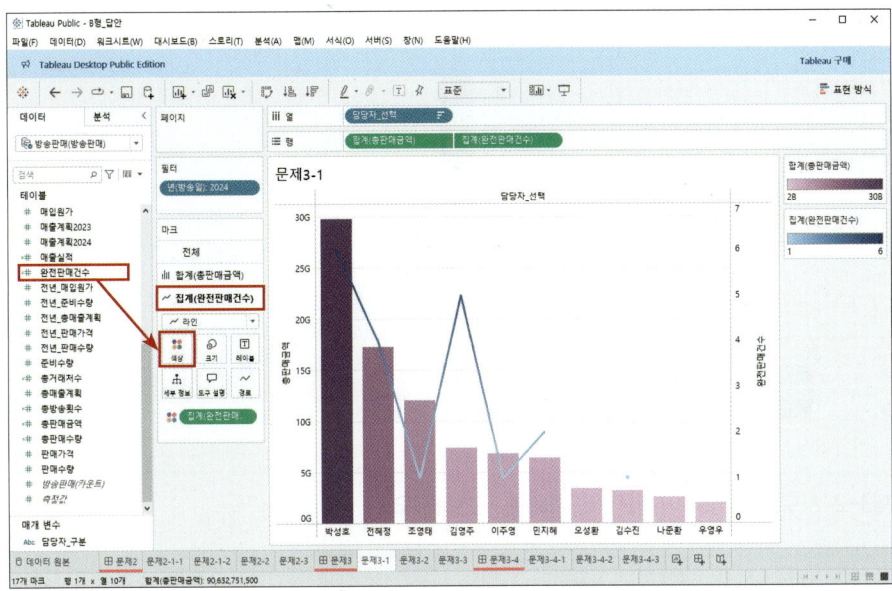

19 마크 패널의 **색상**을 클릭하고 나타난 팝업 창에서 **색상 편집**을 클릭합니다. 나타난 **색상 편집 [완전판매건수]** 팝업 창에서 **색상표(P) 박스**를 클릭하여 색을 **파란색**으로 변경하고 **확인**을 클릭합니다.

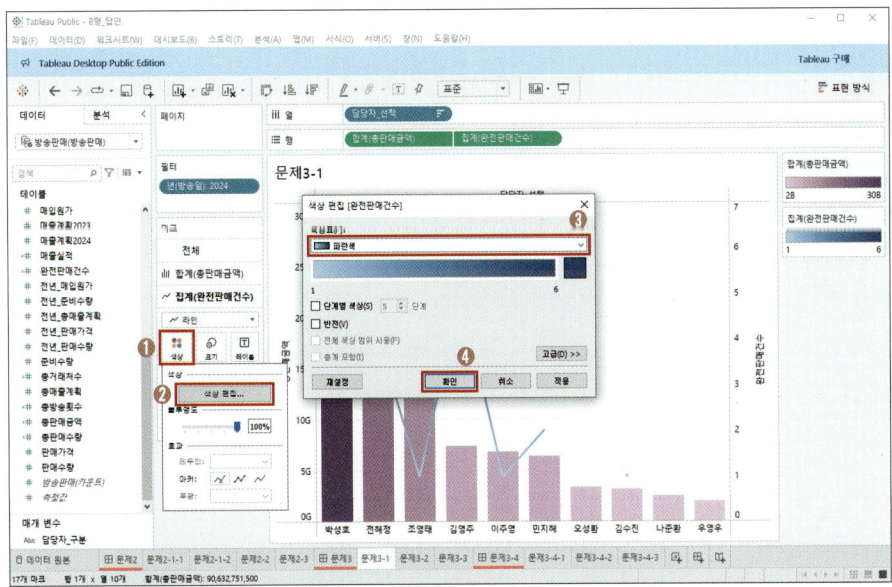

20 상단 툴바 오른쪽의 **맞춤**을 표준에서 **전체 보기**로 변경합니다. 차트가 문제의 지시대로 완성된 것을 확인할 수 있습니다.

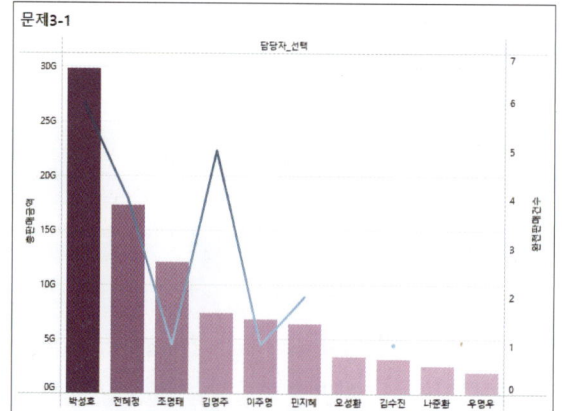

2 '문제3-2' 시트에 혼합(테이블+막대) 차트를 구현하시오.

① [전년_판매가격], [전년_판매수량], [총판매금액]을 사용하여 전년 동기 대비 매출 증감률을 구하는 [판매금액YoY%] 측정값을 생성하시오.

01 하단 탭에서 **문제3-2**를 클릭하여 해당 시트로 이동합니다. 데이터 패널 상단의 ▼을 클릭하고 나타난 팝업 메뉴에서 **계산된 필드 만들기**를 클릭합니다.

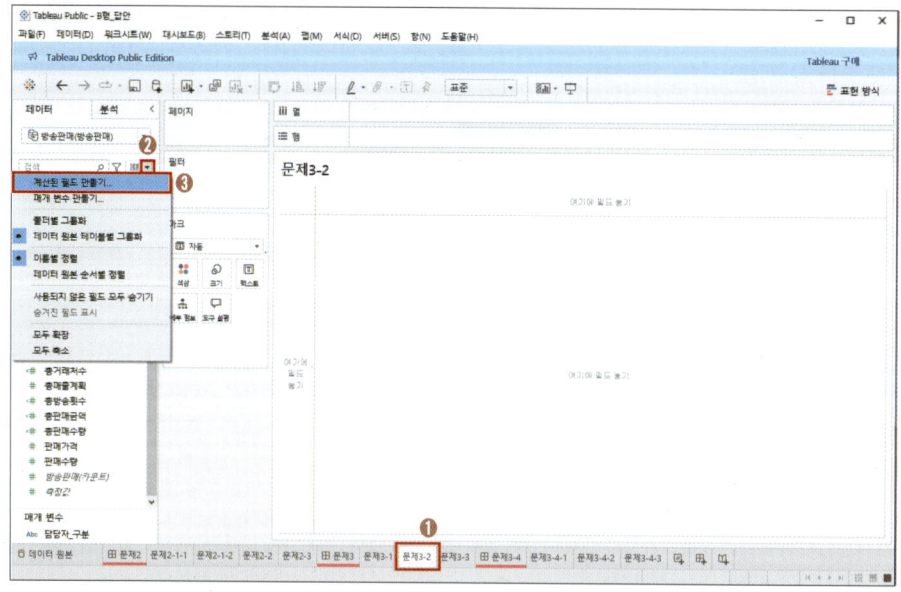

02 나타난 계산된 필드 만들기 팝업 창에서 이름을 판매금액YoY%로 변경합니다. [총판매금액], [전년_판매가격]과 [전년_판매수량] 필드를 이용하여 다음 수식을 입력하고 확인을 클릭합니다.

(SUM([총판매금액]) − SUM([전년_판매수량] * [전년_판매가격]))
/ SUM([전년_판매수량] * [전년_판매가격])

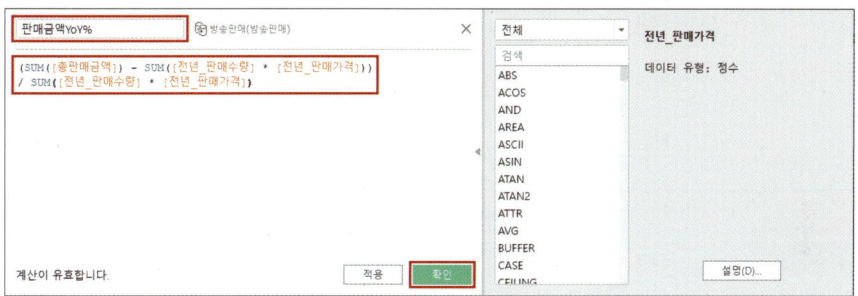

수식을 다음과 같이 작성하여도 맞는 계산이 진행됩니다.

(SUM([총판매금액]) / SUM([전년 판매수량] * [전년 판매가격])) − 1

03 데이터 패널에 [판매금액YoY%] 필드를 마크 패널의 텍스트로 드래그 앤 드롭합니다. 마크 패널에 텍스트로 추가된 집계(판매금액YoY%)를 마우스 우클릭하여 나타난 팝업 메뉴에서 서식을 클릭합니다.

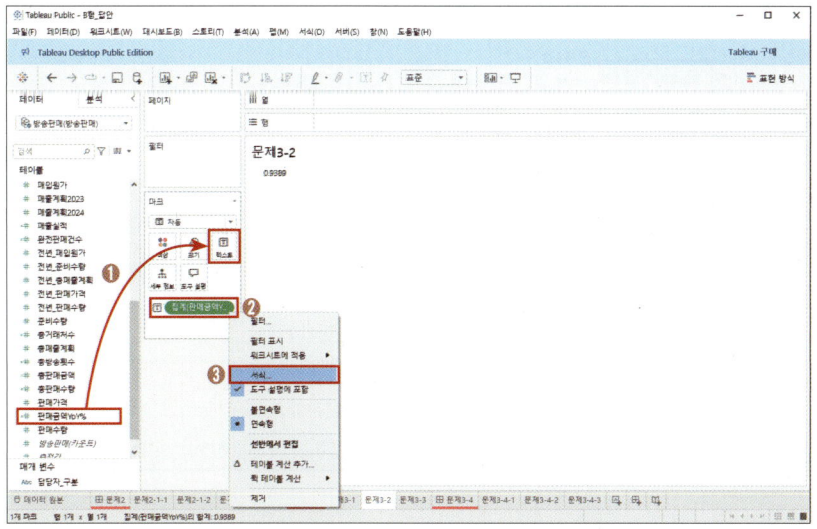

04 나타난 서식 창에서 **패널 탭**이 클릭되어 있는지 확인합니다. **기본값**에 **숫자 박스**를 클릭하여 숫자 표현 방식을 자동에서 **백분율**로 변경합니다. **소수 자릿수(E)**는 2를 유지하고 서식 창의 우측 상단 ☒를 클릭하여 서식 창을 닫습니다.

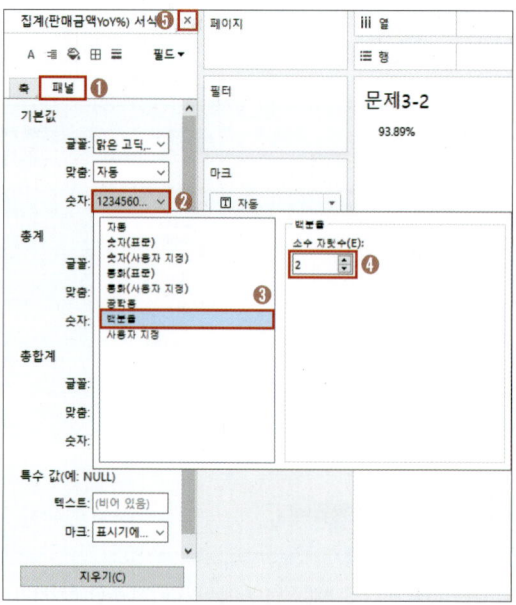

05 2024년 데이터만 필터링하기 위해 데이터 패널에 있는 **[방송일]** 필드를 **필터 패널**에 **드래그 앤 드롭**합니다.

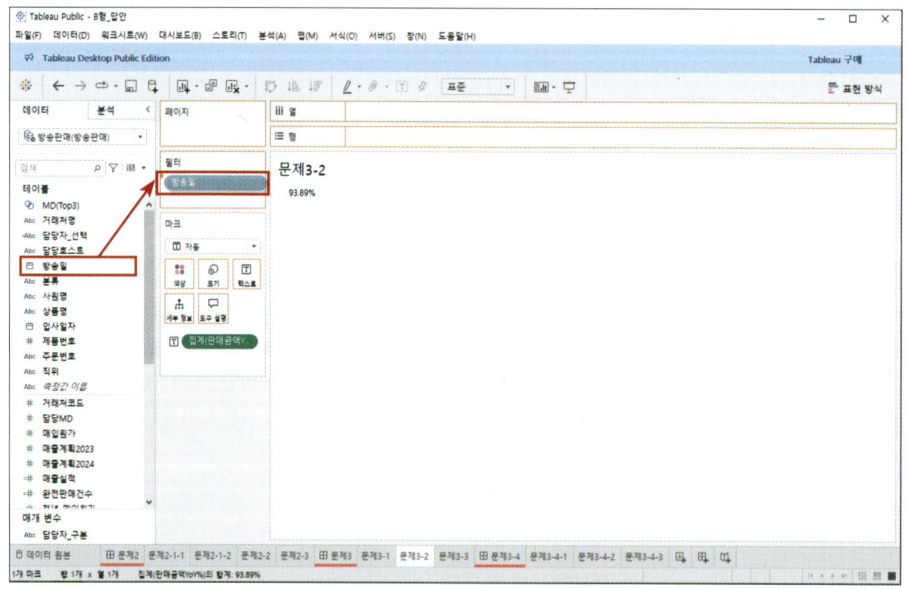

06 나타난 **필터 필드 [방송일] 팝업 창**에서 **년**을 클릭하고 **다음**을 클릭합니다. 이어서 나타난 **필터 [방송일의 연도] 팝업 창**에서 **2024**에 체크하고 **확인**을 클릭합니다.

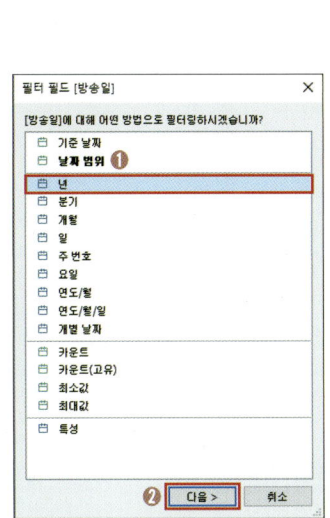
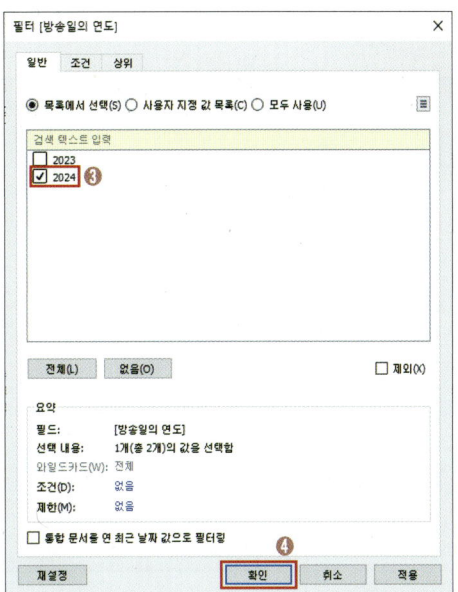

07 데이터 패널에 있는 **[거래처명]** 필드를 필터 패널에 추가된 **년(방송일): 2024**의 **아래**에 **드래그 앤 드롭**합니다.

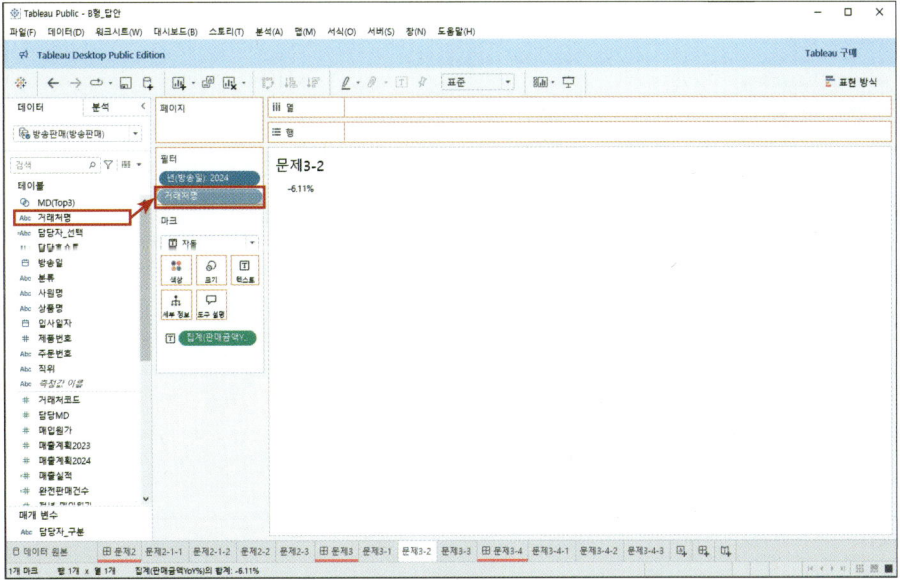

08 나타난 **필터 [거래처명] 팝업 창**에서 **전체(L)**을 클릭하여 거래처명 전체 목록을 선택한 후 **확인**을 클릭하여 적용합니다.

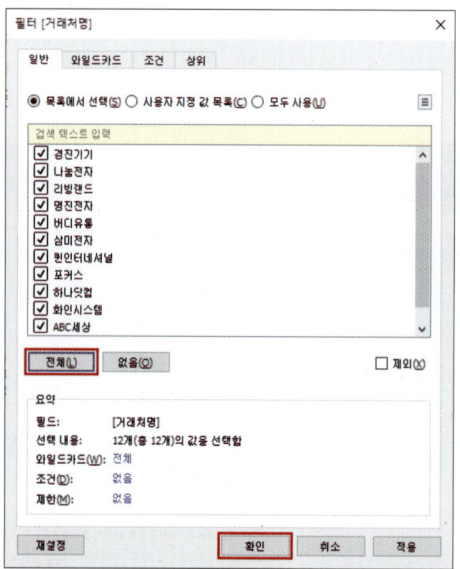

② [방송일] 필드를 기준으로 하여 년·월별 [총판매금액]을 테이블로 구현하고, [판매금액YoY%]을 가로 막대 차트로 구현하시오.

01 데이터 패널에 **[방송일] 필드**를 **마우스 우클릭**한 상태로 **행 패널**에 **드래그 앤 드롭**합니다.

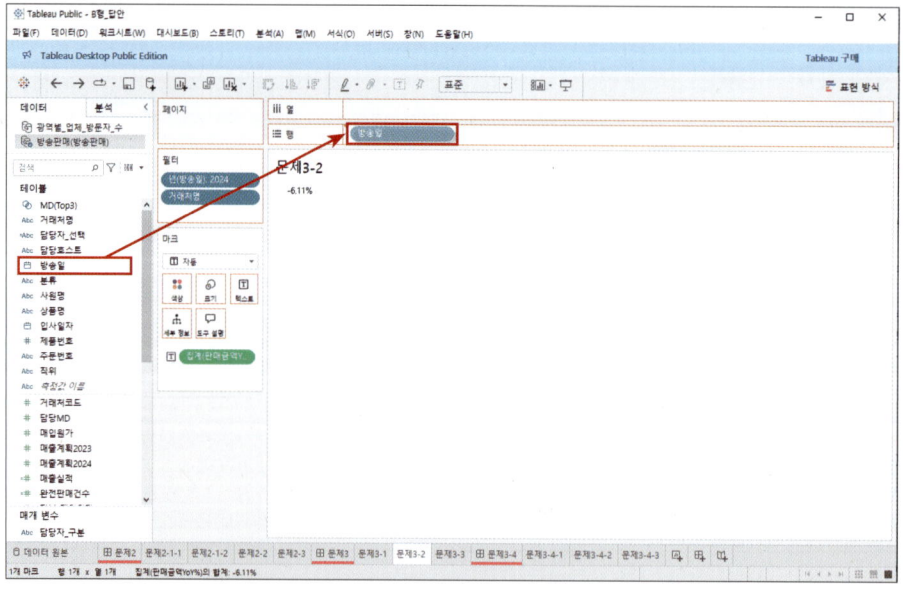

02 나타난 **필드 놓기 팝업 창**에서 **년월(방송일)**을 선택하고 **확인**을 클릭합니다.

- 날짜 데이터를 마우스 우클릭한 상태에서 열 또는 행 패널로 드래그 앤 드롭하면 필드 놓기 팝업 창이 나타납니다.
- 첫 번째 영역에 위치한 방송일 (연속형)과 방송일 (불연속형)은 정확한 날짜를 연속형 또는 불연속형으로 표현하게 됩니다.
- 두 번째 영역에 위치한 년(방송일)부터 YMD(방송일)은 해당 날짜 조건으로 잘린 날짜를 표시합니다. 예를 들어 년(방송일)의 경우 방송일의 년도를 불연속형 필드값으로 사용하고, YMD(방송일)은 방송일의 연월일을 불연속형 필드값으로 사용하게 됩니다.
- 세 번째 영역에 위치한 카운트(방송일)부터 최대값(방송일)은 방송일을 집계해서 표시합니다. 예를 들어 카운트(방송일)은 방송일 개수를 표시하고, 최대값(방송일)은 가장 최신 날짜를 표시합니다.
- 네 번째 영역에 위치한 년(방송일)부터 일(방송일)은 두 번째 영역과 동일하나 연속형 필드값으로 사용합니다.
- 다섯 번째 영역에 위치한 특성(방송일)은 방송일의 날짜값이 단일값인 경우 반환되고 그렇지 않은 경우 별표(*)로 표시됩니다.

03 [총판매금액] 필드를 테이블로 만들기 위해 데이터 패널에 있는 [총판매금액] 필드를 행 패널의 년 월(방송일)의 **오른쪽 빈 공간**에 **드래그 앤 드롭**합니다.

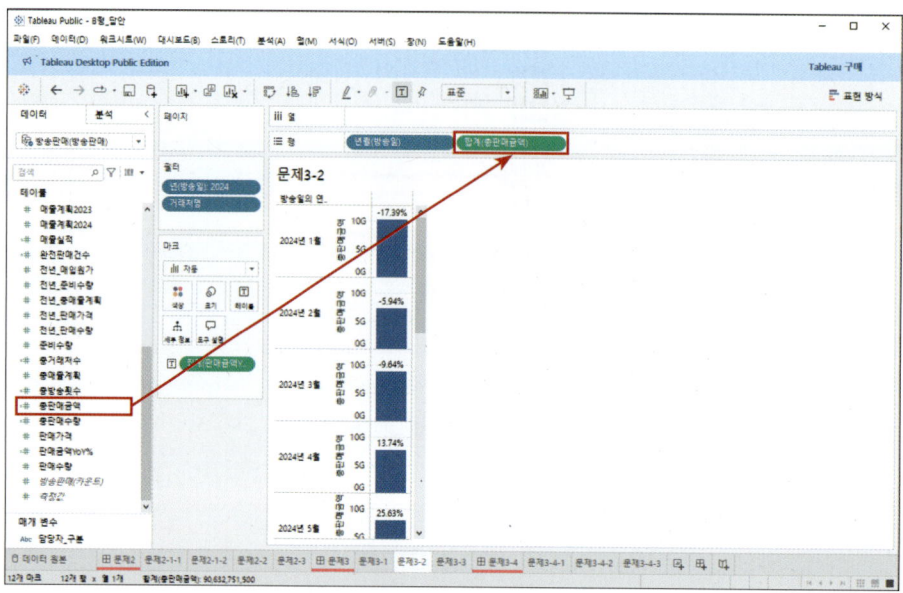

04 총판매금액을 텍스트로 표현하기 위해 행 패널에 추가된 **합계(총판매금액)**를 **마우스 우클릭**하여 나타난 팝업 메뉴에서 **불연속형**으로 변경합니다.

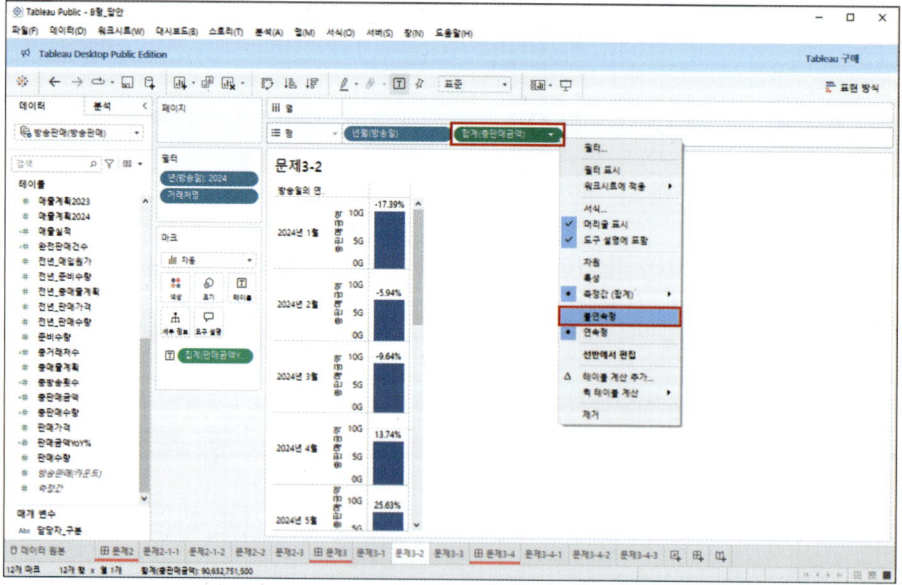

05 [판매금액YoY%]를 가로 막대 차트로 표현하기 위해 데이터 패널에 있는 [판매금액YoY%] 필드를 **열 패널**로 **드래그 앤 드롭**합니다.

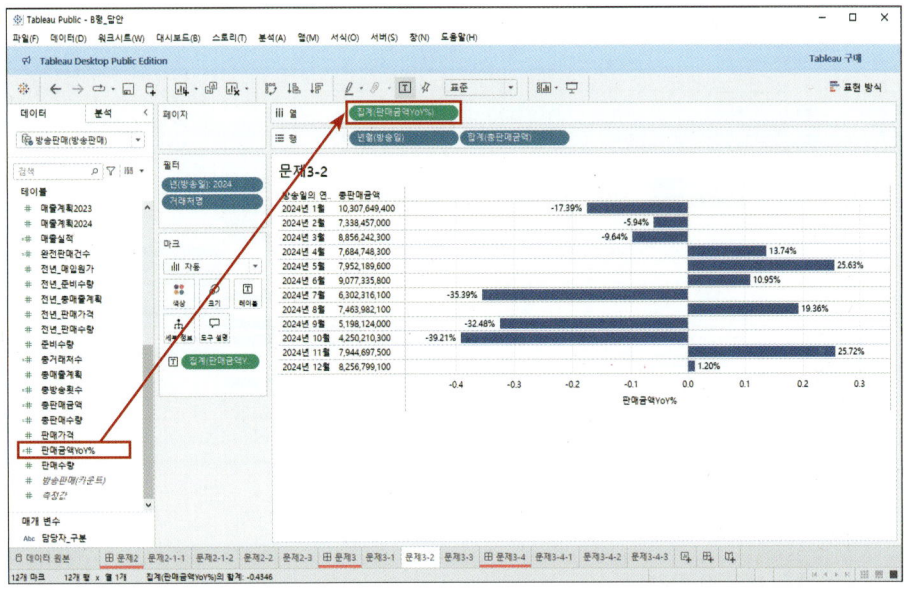

06 총합계를 표현하기 위해 상단 메뉴의 **분석(A) > 총계(O) > 열 총합계 표시(T)**를 클릭합니다.

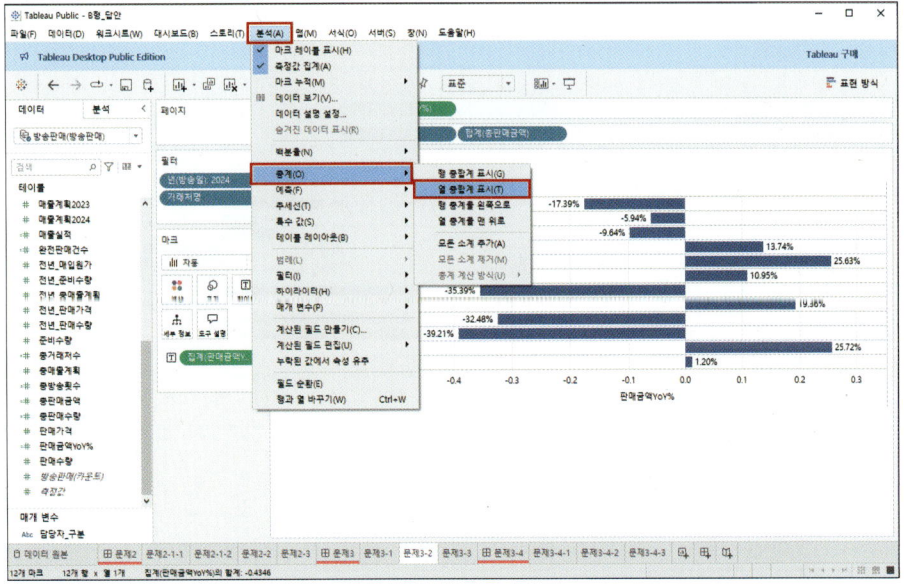

07 열 패널의 빈 공간을 **더블클릭**합니다. 깜빡이는 커서 위에 '**판매금액YoY%**'를 적어줍니다. 단, 해당 문자열을 사용하기 위해 **작은따옴표(')**를 꼭 사용해야 합니다.

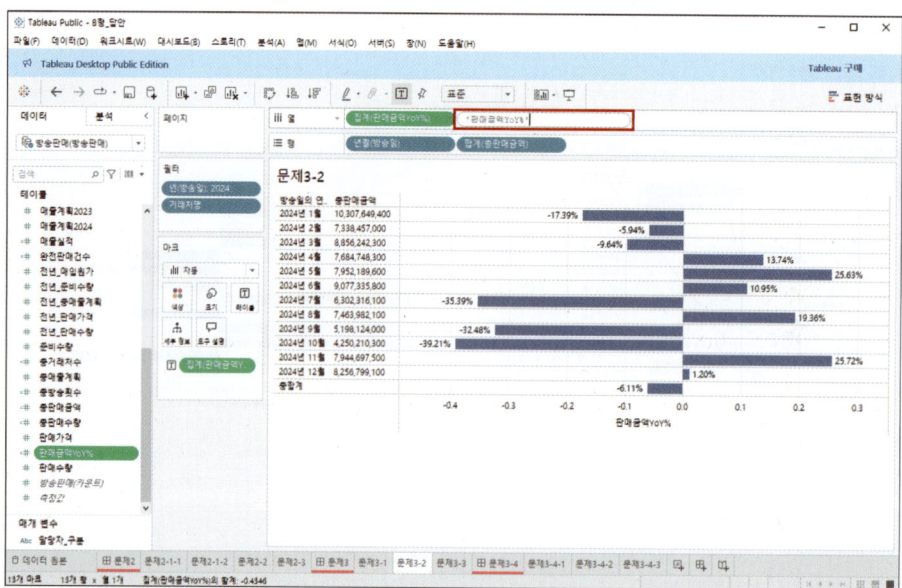

08 입력 후 **Enter**를 누르면 가로 막대 차트 상단에 **판매금액YoY%**라는 제목이 생성됩니다.

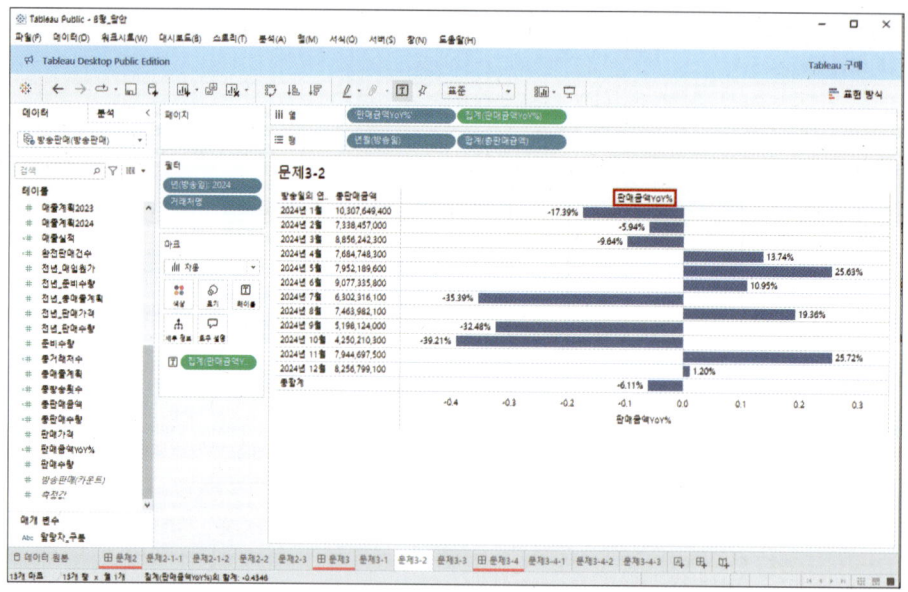

09 머리글을 제외하기 위해 하단의 **가로축**을 **마우스 우클릭**합니다. 나타난 팝업 메뉴에서 **머리글 표시**를 클릭하여 **체크 해제**합니다.

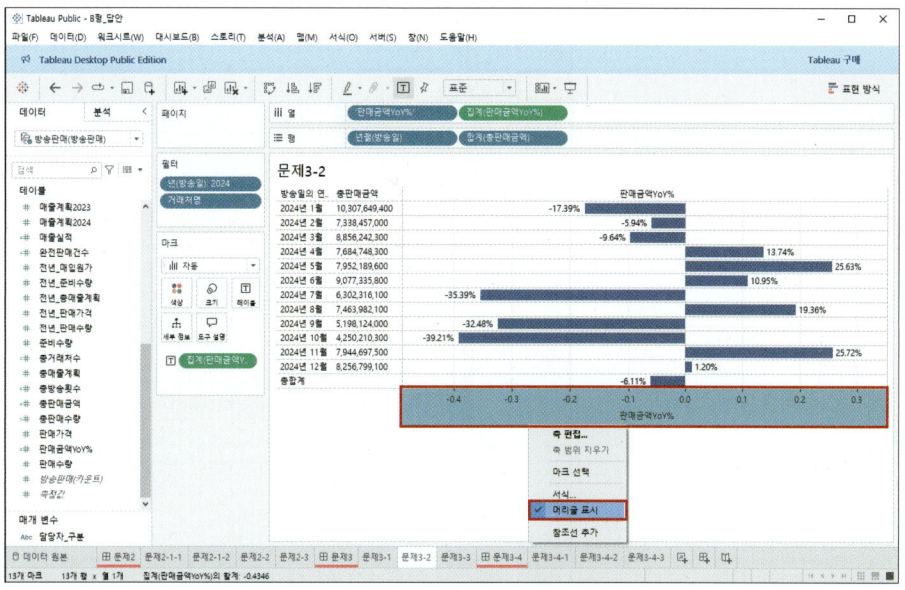

10 시트 머리글의 실선과 색상을 변경하기 위해 상단에 있는 **판매금액YoY%**를 **마우스 우클릭**합니다. 나타난 팝업 메뉴에서 **서식**을 클릭합니다.

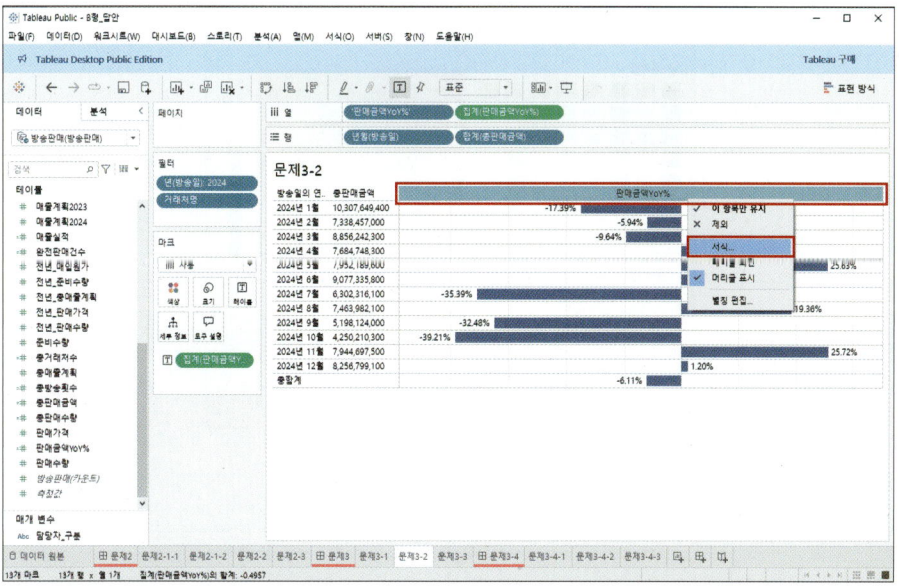

11 나타난 서식 창에서 상단 네 번째 아이콘인 **테두리(⊞)**를 선택합니다. **시트 탭**의 **기본값 > 머리글 박스**를 클릭하여 없음에서 **실선**으로 변경합니다. 이어서 하단의 **색상 추가**를 클릭합니다.

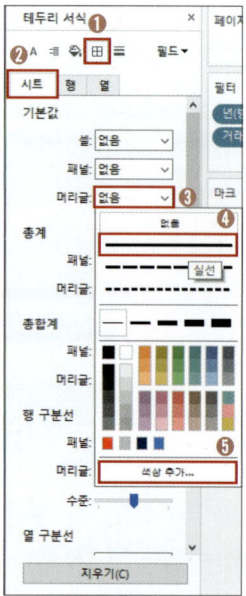

12 나타난 **색 선택 팝업 창**에서 HTML(H) 옆에 색상 코드 **#D4D4D4**를 입력하고 **확인**을 클릭합니다. 테두리 서식 창의 우측 상단 ⊠를 클릭하여 서식 창을 닫습니다.

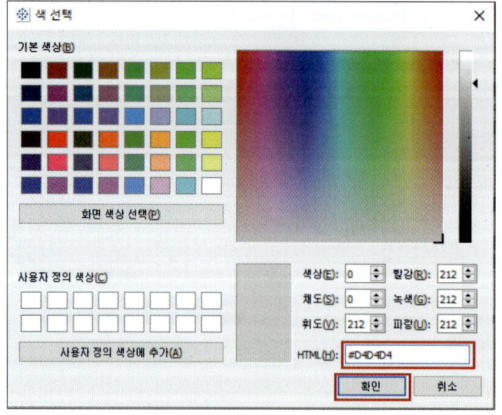

13 문제3-2 시트에서 총판매금액의 **상단 첫 번째 셀**을 **마우스 우클릭**합니다. 나타난 팝업 메뉴에서 서식을 클릭합니다.

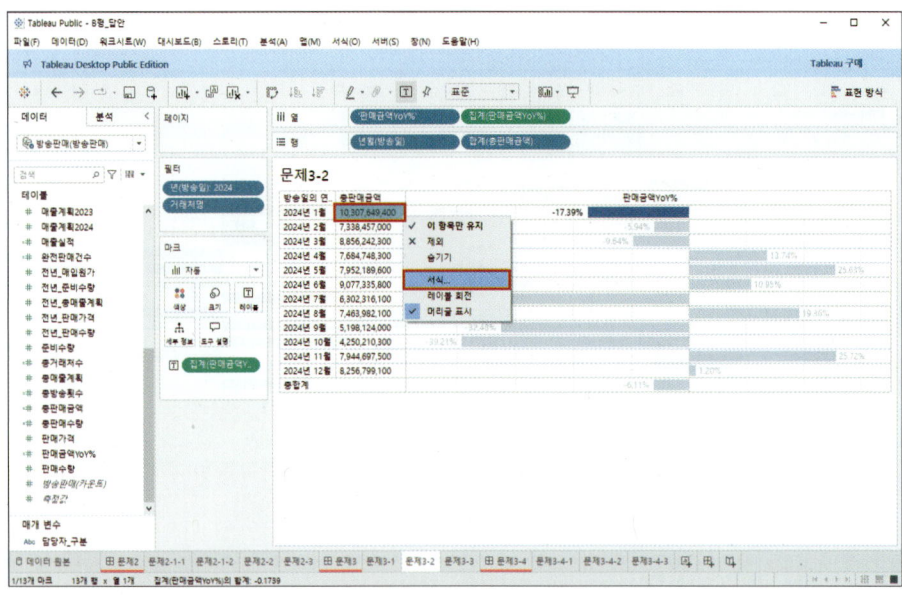

14 나타난 **머리글 탭**에서 **기본값** > **맞춤 박스**의 **가로**를 자동에서 ▤로 변경합니다. 빈 곳을 클릭하여 팝업 창을 닫습니다.

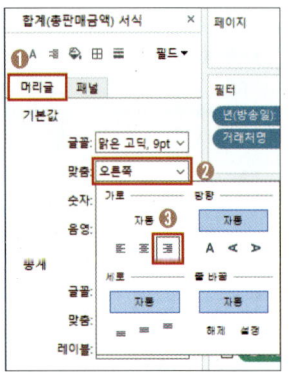

15 머리글 서식을 변경하기 위해 **총판매금액**을 **마우스 우클릭**합니다. 나타난 팝업 메뉴에서 **서식**을 클릭합니다.

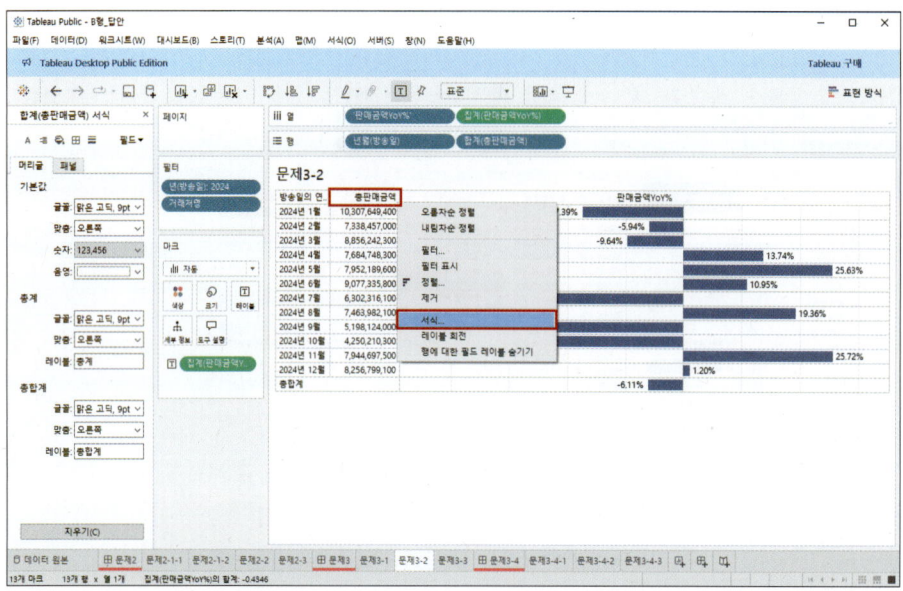

16 나타난 **필드 레이블 서식 팝업 창**에서 **모퉁이의 맞춤 박스**를 클릭하고 **가로** > 三 을 클릭합니다. 서식 창의 우측 상단 ⊠를 클릭하여 서식 창을 닫습니다.

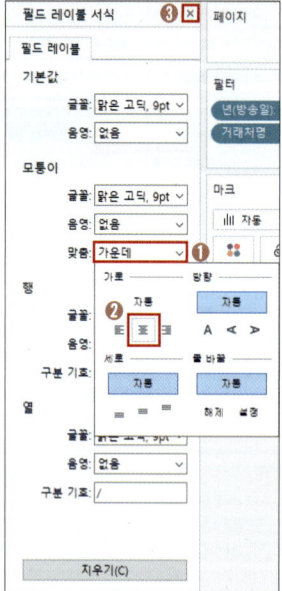

③ [판매금액YoY%] 막대 차트의 색상을 아래와 같이 지정하시오.

01 데이터 패널에 있는 [**판매금액YoY%**] 필드를 클릭하고 마크 패널의 **색상**으로 **드래그 앤 드롭**합니다.

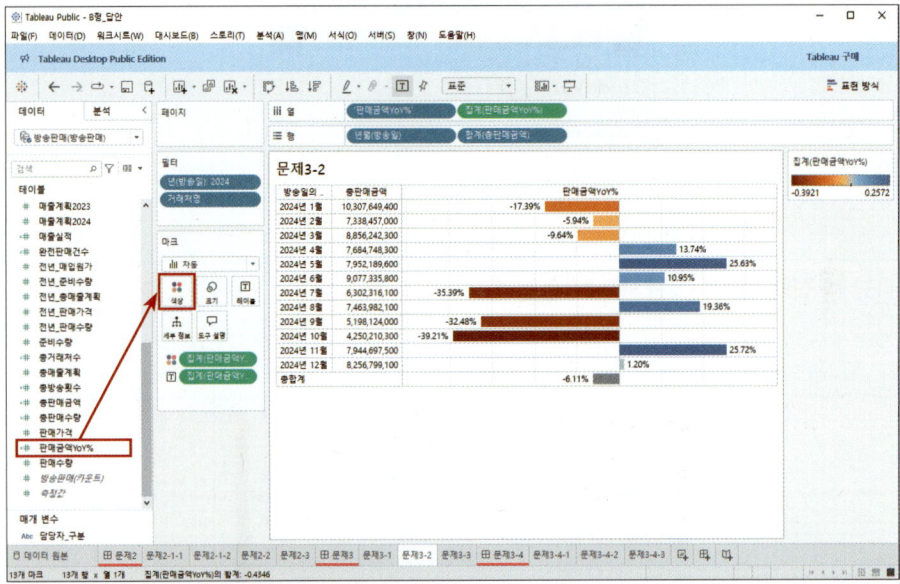

02 색상을 변경하기 위해 마크 패널의 **색상**을 클릭합니다. 나타난 팝업 창에서 **색상 편집**을 클릭합니다.

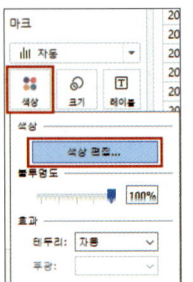

03 나타난 **색상 편집 [판매금액YoY%] 팝업 창**에서 음수일 때 색상을 편집하기 위해 **왼쪽의 갈색 사각형**을 클릭합니다.

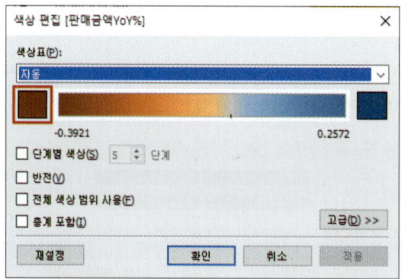

04 나타난 **색 선택 팝업 창**에서 HTML(H) 옆에 색상 코드 **#FF0000**을 입력하고 **확인**을 클릭합니다.

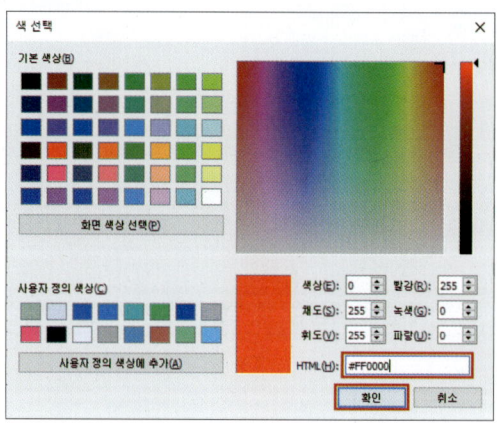

05 색상 편집 [판매금액YoY%] 팝업 창에서 양수일 때 색상을 편집하기 위해 오른쪽의 **파란 사각형**을 클릭합니다.

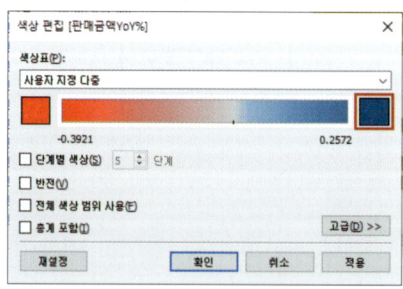

06 나타난 **색 선택 팝업 창**에서 HTML(H) 옆에 색상 코드 **#0055FF**를 입력하고 **확인**을 클릭합니다.

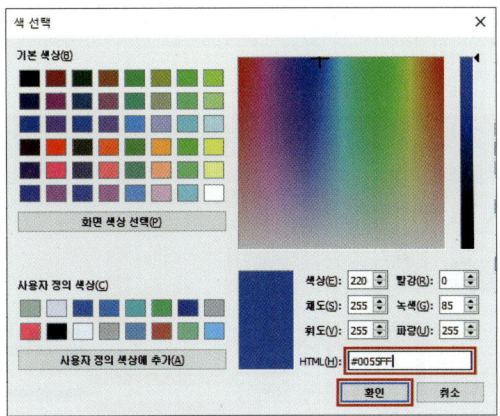

07 **단계별 색상**을 **체크**하여 **2단계**로 변경하고 **고급(D)**을 클릭합니다. 고급(D)을 눌렀을 때 나타난 하단 영역에 **가운데(C)**를 **체크**하고 **확인**을 클릭합니다.

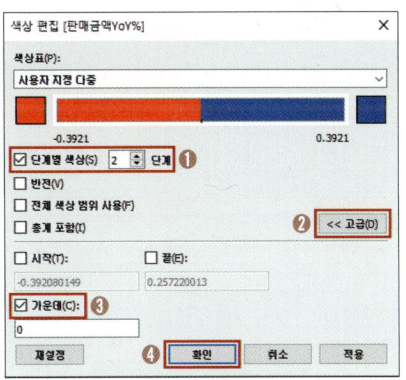

08 마크 패널의 **레이블**을 클릭합니다. 나타난 팝업 창에서 글꼴의 색상을 변경하기 위해 **글꼴 박스**를 클릭합니다. 클릭 후 나타난 팝업 창에서 **색상**을 **마크 색상 일치**로 클릭하여 변경합니다. 빈 곳을 클릭하여 팝업 창을 닫습니다.

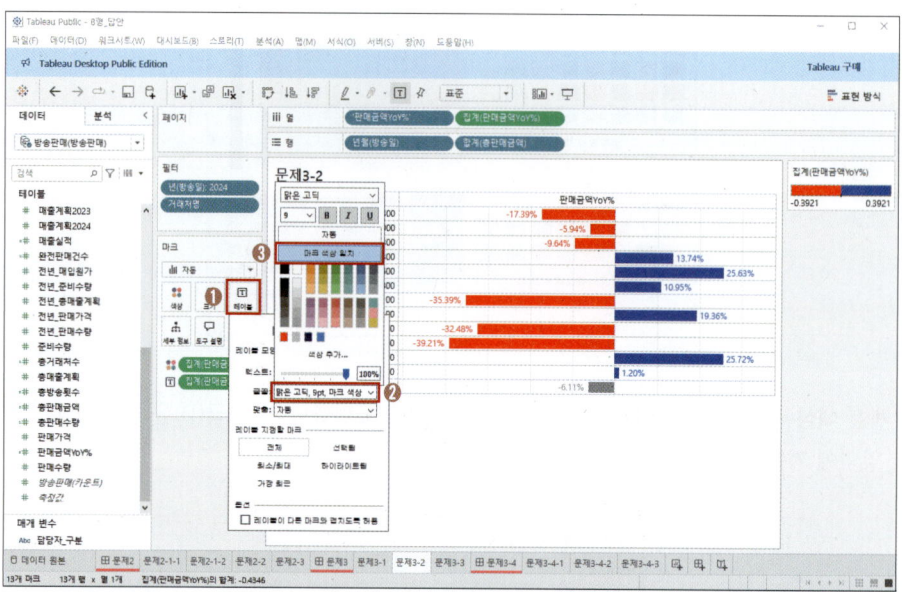

09 **막대 차트**의 내부에서 차트가 위치하지 않은 부분을 **마우스 우클릭**합니다. 나타난 팝업 메뉴에서 **서식**을 클릭합니다.

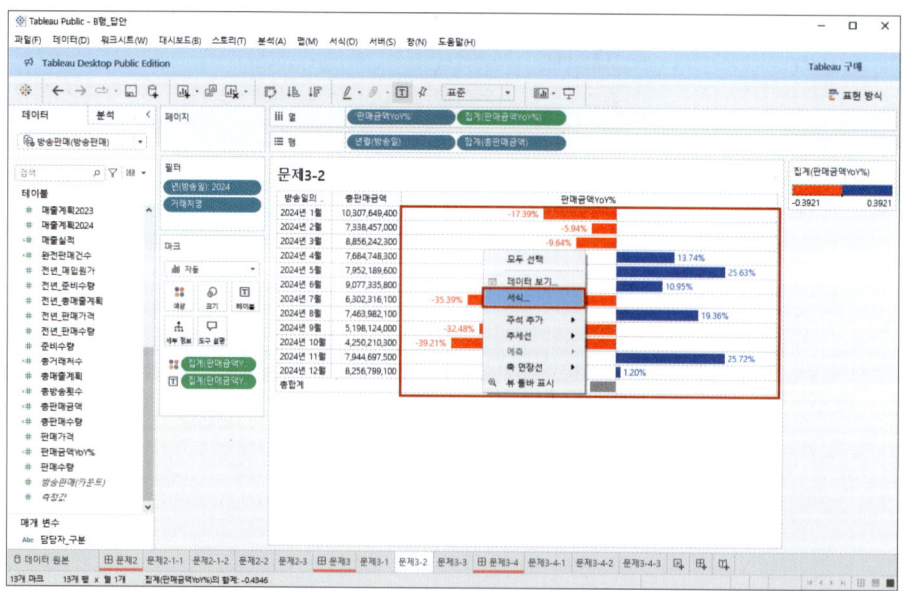

432 PART 2 | 공개문제 파헤치기

10 나타난 서식 창에서 상단 다섯 번째 아이콘인 **라인**(☰)을 선택합니다. **열 탭**을 클릭하고 **라인**의 **격자선 박스**를 클릭하여 **없음**으로 변경합니다. 빈 곳을 클릭하여 팝업 창을 닫고, 서식 창의 우측 상단 ☒를 클릭하여 서식 창도 닫습니다.

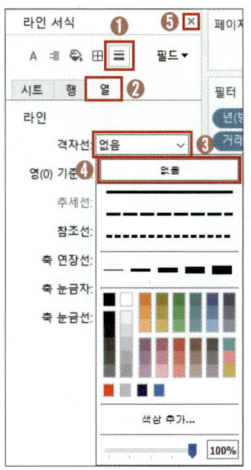

11 차트가 문제의 지시대로 완성된 것을 확인할 수 있습니다.

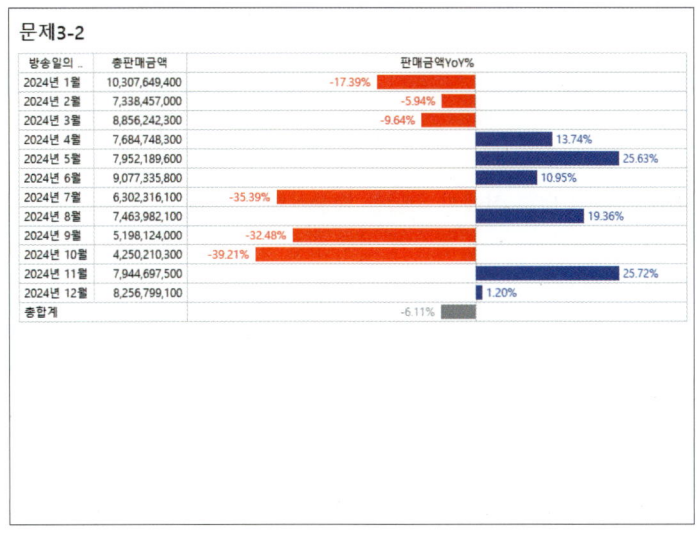

3 '문제3-3' 시트에서 다음의 작업을 수행하여 차트를 구현하고, '문제3' 대시보드에서 다음의 설정을 완료하시오.

① '문제3-3' 시트에 다음의 매개 변수와 필드를 생성하시오.

01 하단 탭에서 **문제3-3**을 클릭하여 해당 시트로 이동합니다. [매출목표] 매개 변수를 생성하기 위해 데이터 패널 상단의 ▼을 클릭하고 나타나는 팝업 메뉴에서 **매개 변수 만들기**를 클릭합니다.

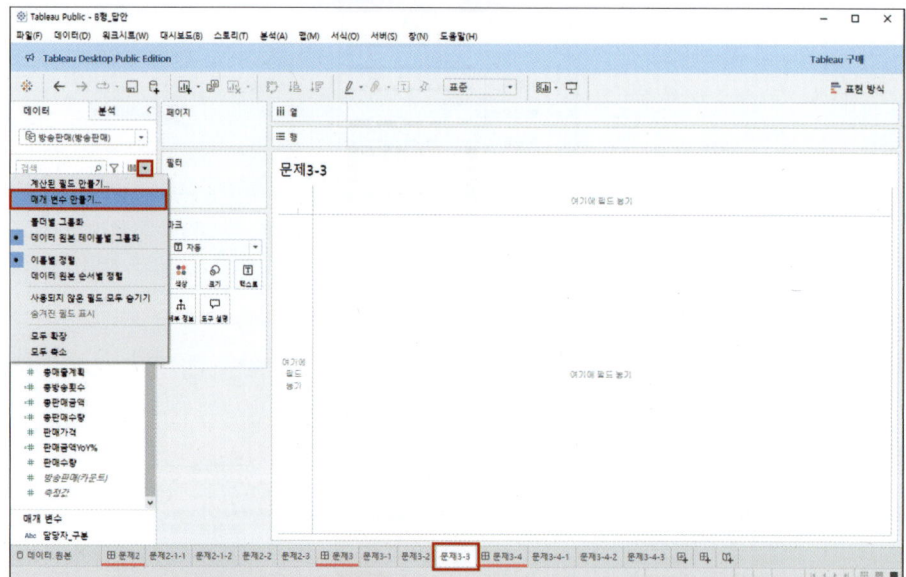

02 나타난 **매개 변수 만들기 팝업 창**에서 **이름**을 **매출목표**로 정의하고 **데이터 유형**을 **정수**로 설정합니다. 새로 만드는 [매출목표] 매개 변수의 **현재 값**을 100,000,000,000으로 입력합니다. **확인**을 눌러 마무리합니다.

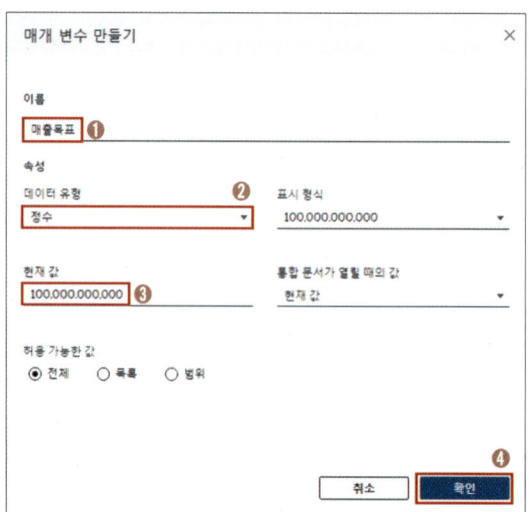

03 새로운 매출목표 필드를 생성하기 위해 데이터 패널 상단의 ▼을 클릭하여 나타난 팝업 메뉴에서 **계산된 필드 만들기**를 클릭합니다.

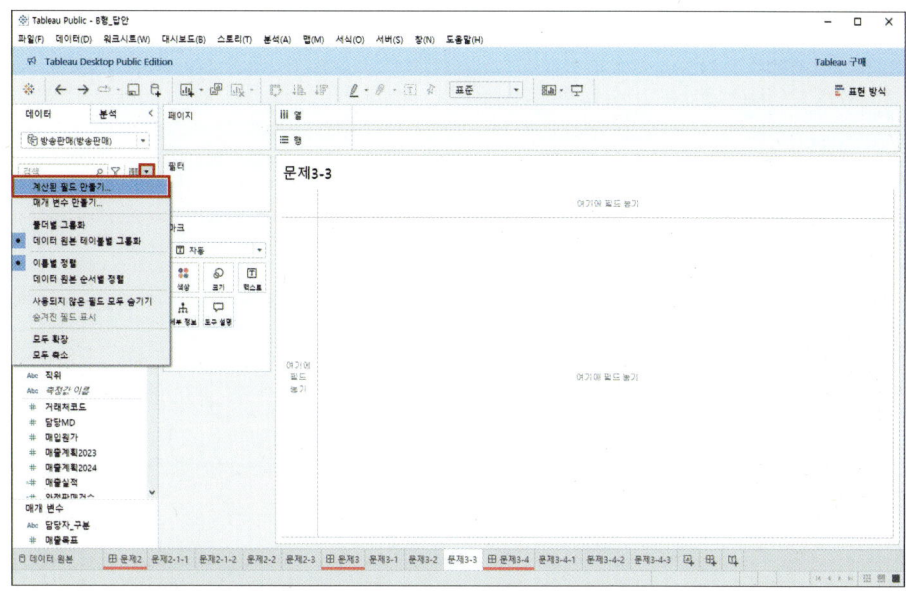

04 나타난 **계산된 필드 만들기 팝업 창**에서 **이름**을 **매출목표 상한선**으로 변경하고 **MIN 함수**를 이용하여 1,500억을 입력합니다. 다음 수식을 입력하고 **확인**을 클릭합니다.

MIN(150000000000)

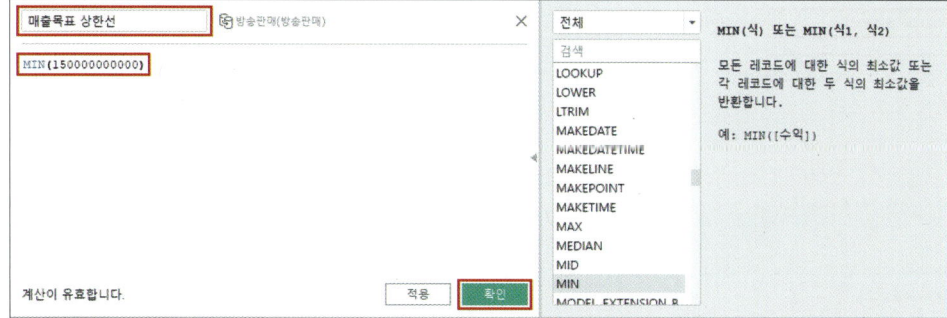

05 새로운 매출목표 필드를 생성하기 위해 데이터 패널 상단의 ▼을 클릭하여 나타난 팝업 메뉴에서 **계산된 필드 만들기**를 클릭합니다.

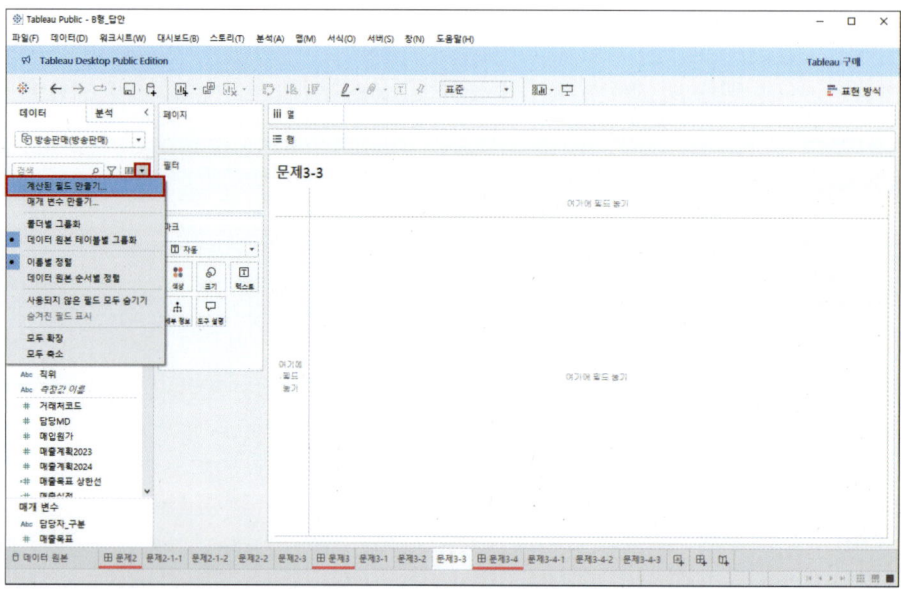

06 나타난 **계산된 필드 만들기 팝업 창**에서 이름을 **목표대비 총판매비율%**로 변경하고 총판매금액의 합계를 매출목표로 나누기 위해 다음 수식을 입력하고 **확인**을 클릭합니다.

SUM([총판매금액])/[매출목표]

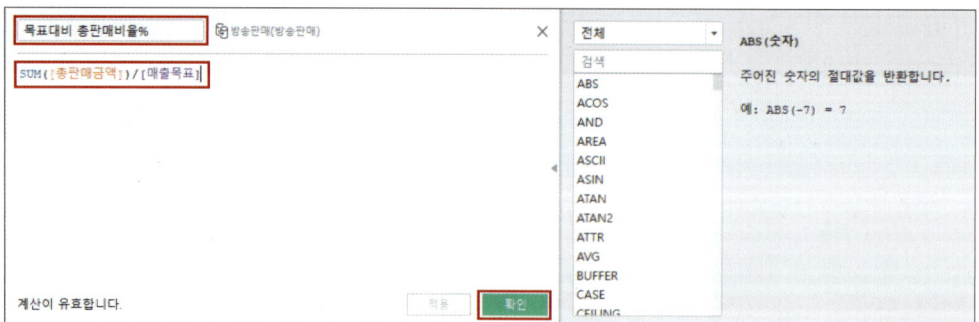

② [총판매금액], [매출목표 상한선] 필드를 사용하여 불릿 그래프를 구현하시오.

01 불릿 그래프를 그리기 위해 데이터 패널의 [총판매금액]과 [매출목표 상한선] 필드를 **열 패널**에 나란히 **드래그 앤 드롭**합니다.

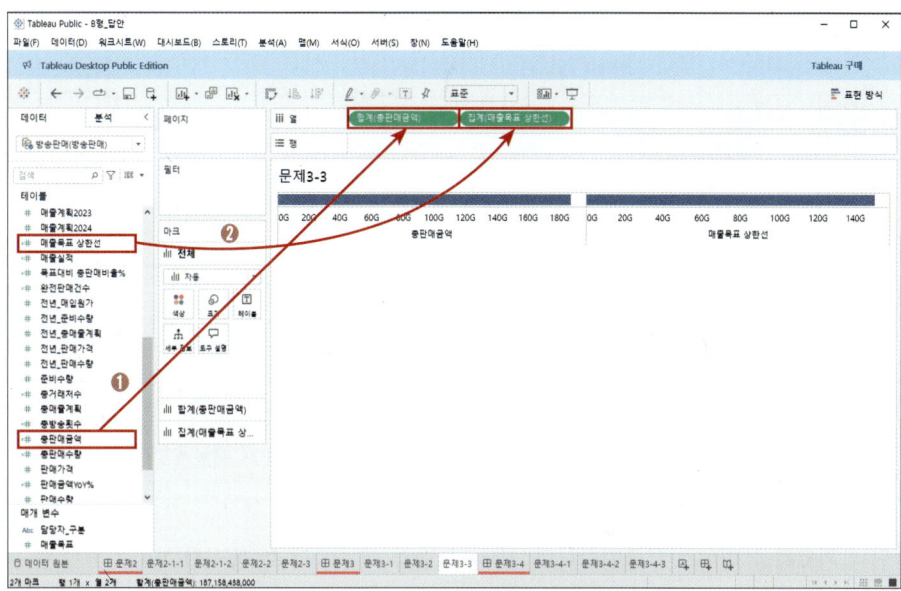

02 불릿 그래프를 만들기 위해 열 패널에 추가된 **집계(매출목표 상한선)**를 **마우스 우클릭**합니다. 나타난 팝업 메뉴에서 **이중 축**을 선택합니다.

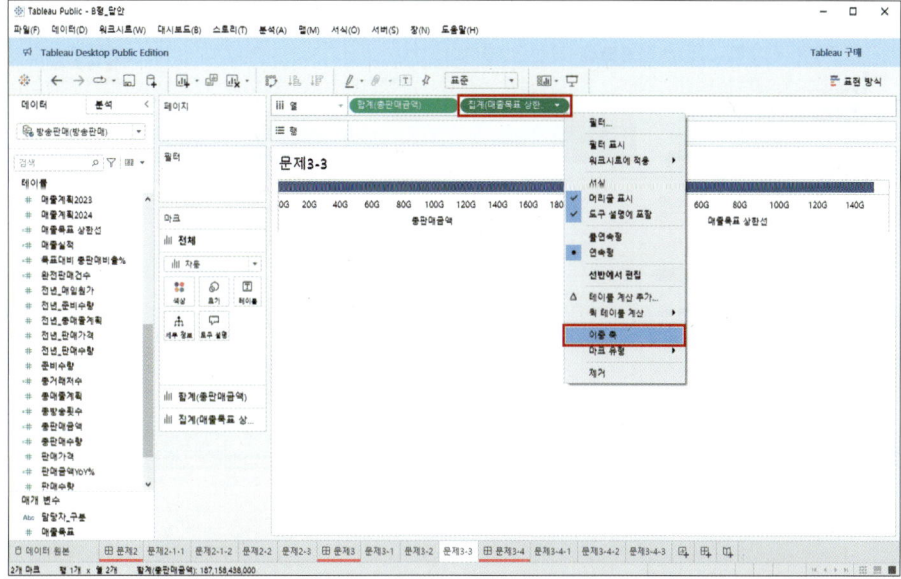

03 불릿 그래프를 만들기 위해 마크 패널의 **전체**에서 **표현 방식**을 자동에서 **막대**로 변경합니다.

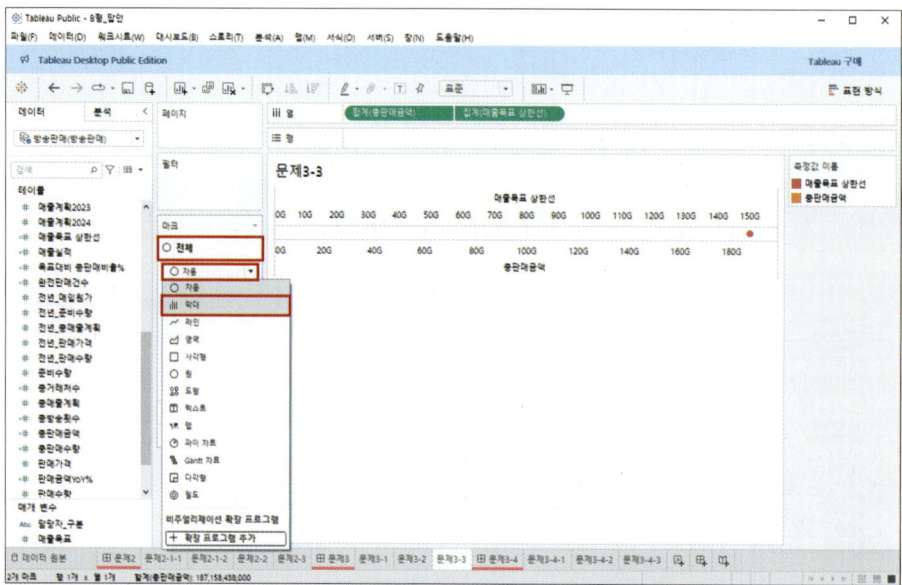

04 하단의 **가로축**을 **마우스 우클릭**합니다. 나타난 팝업 메뉴에서 **축 동기화**를 클릭하여 총판매금액과 매출목표 상한선의 축을 동기화 합니다.

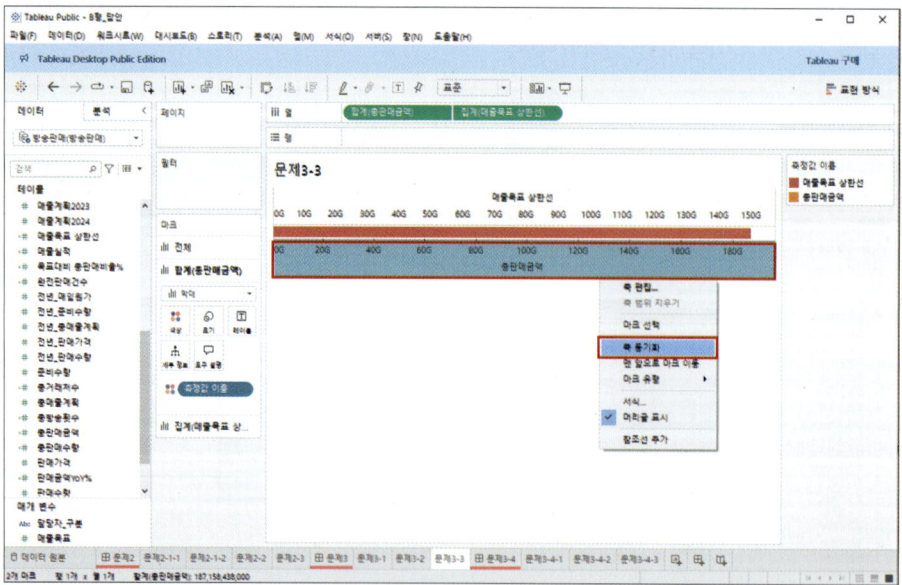

05 방송일이 2024년인 데이터로 필터링하기 위해 데이터 패널에 있는 [**방송일**] 필드를 선택하고 **필터 패널로 드래그 앤 드롭**합니다.

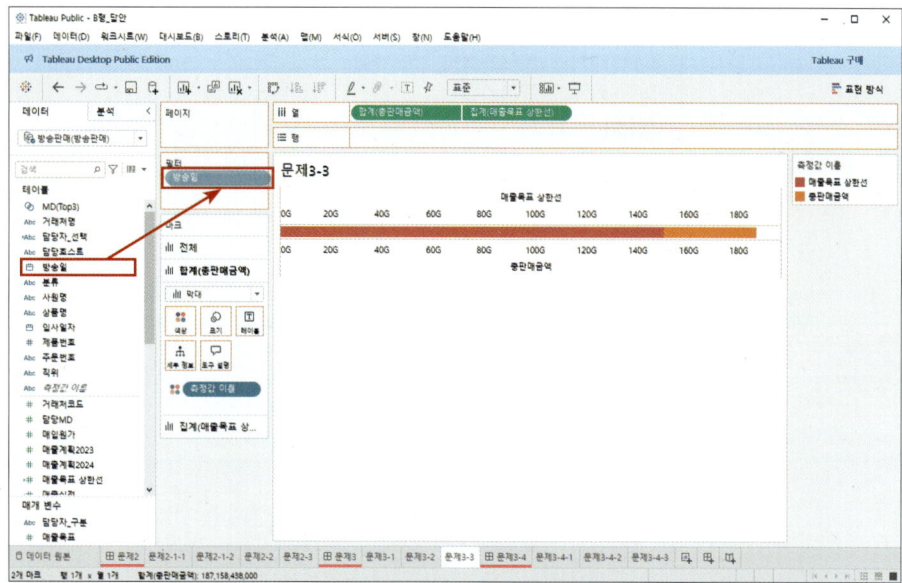

06 나타난 **필터 필드 [방송일] 팝업 창**에서 **년**을 클릭하고 **다음**을 클릭합니다.

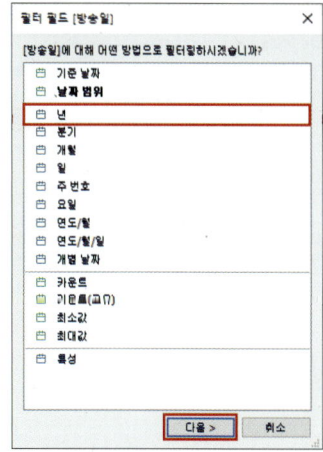

07 [방송일] 필드의 연도를 **2024**만 체크하고 **확인**을 클릭합니다.

08 열 패널에 추가된 **집계(매출목표 상한선)**이 **왼쪽**으로 올 수 있도록 **합계(총판매금액)**을 **오른쪽**으로 **드래그 앤 드롭**합니다.

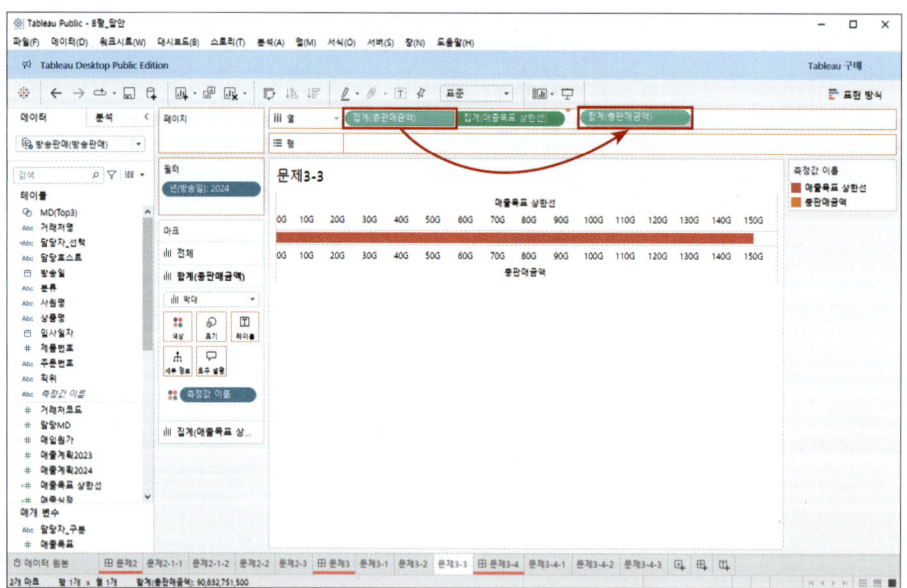

09 필드 색상을 변경하기 위해 마크 패널의 **합계(총판매금액)**에서 **색상**을 클릭합니다. 나타난 팝업 창에서 **색상 편집**을 클릭합니다.

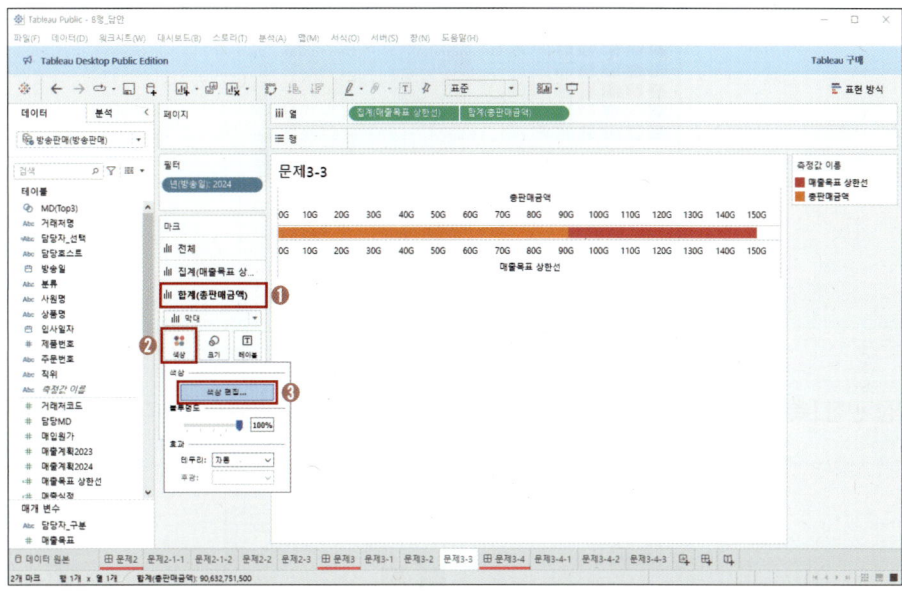

10 나타난 색상 편집 [측정값 이름] 팝업 창에서 **데이터 항목 선택**에 있는 **매출목표 상한선**을 더블클릭합니다.

11 나타난 **색 선택 팝업 창**에서 HTML(H) 옆에 색상 코드 **#BAB0AC**를 입력하고 **확인**을 클릭합니다.

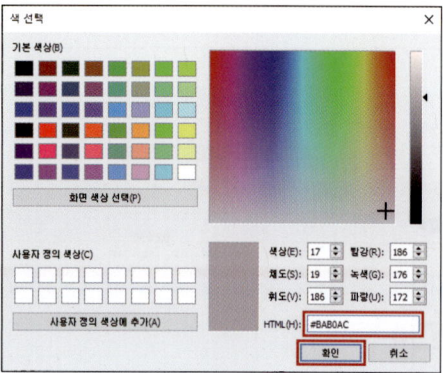

12 **색상 편집 [측정값 이름] 팝업 창**에서 데이터 항목 선택에 있는 **총판매금액**을 **더블클릭**합니다.

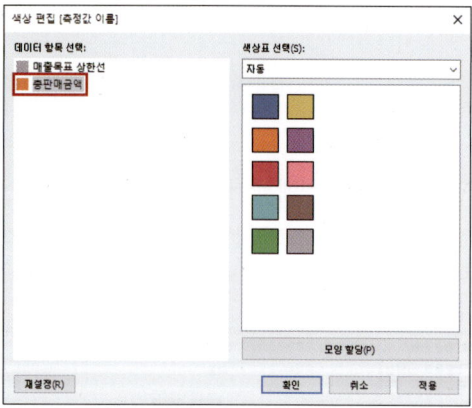

13 **색 선택 팝업 창**에서 HTML(H) 옆에 색상 코드 **#4E79A7**을 입력하고 **확인**을 클릭합니다. **색상 편집 [측정값 이름] 팝업 창**에서도 **확인**을 클릭합니다.

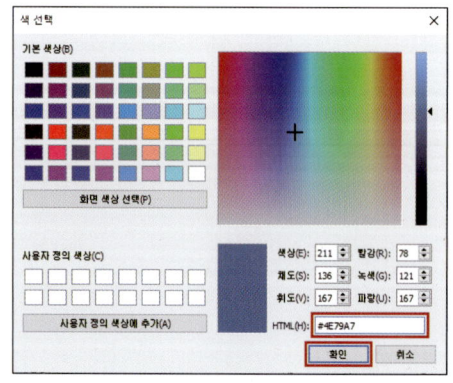 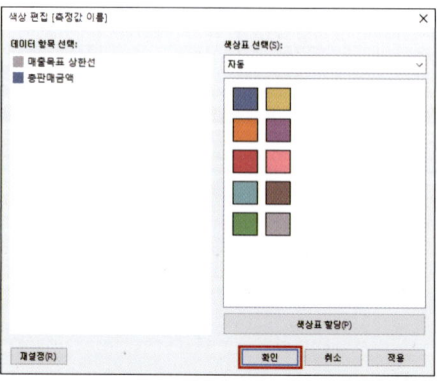

14 막대가 작게 표현되어 있어서 시트에 꽉 차게 보일 수 있도록 상단의 툴바 우측에 있는 **맞춤**을 표준에서 **전체 보기**로 변경합니다.

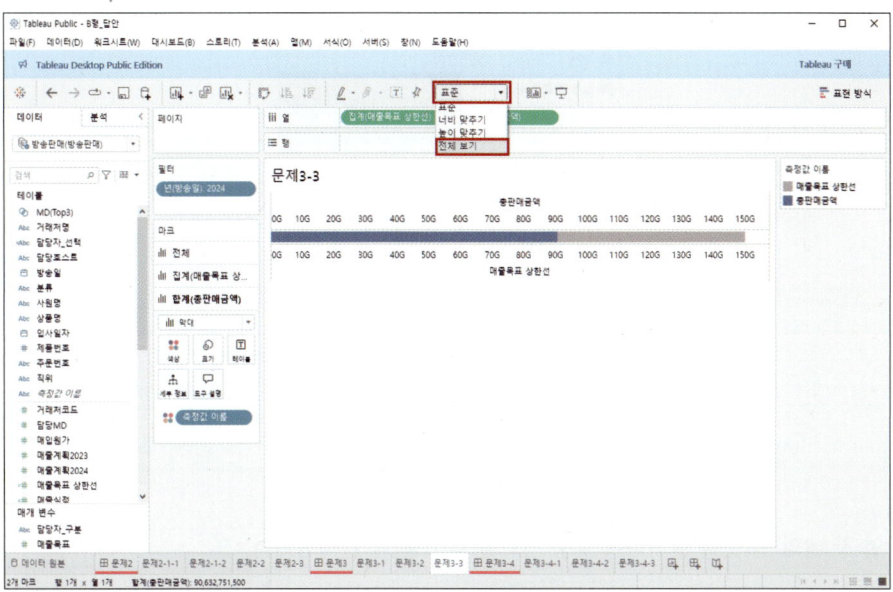

15 레이블을 표시하기 위해 데이터 패널에 있는 [**목표대비 총판매비율%**] 필드와 [**총판매금액**] 필드를 마크 패널의 **합계(총판매금액)**의 **레이블**로 **드래그 앤 드롭**합니다.

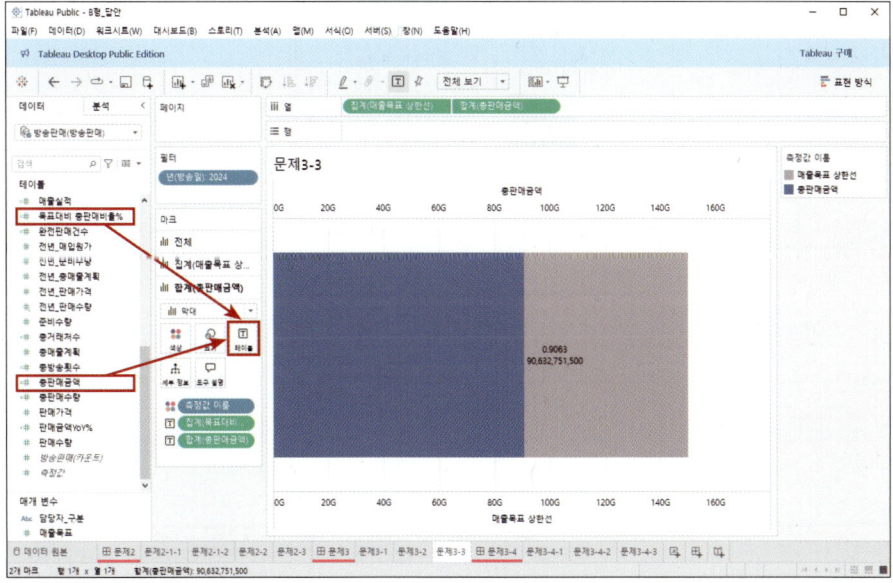

16 레이블을 총판매금액 막대 가운데로 정렬하기 위해 마크 패널의 **합계(총판매금액)**의 **레이블**을 클릭합니다. 나타난 팝업 창에서 **레이블 모양** > **맞춤 박스**를 클릭하고 **가로**를 ≡로 변경합니다.

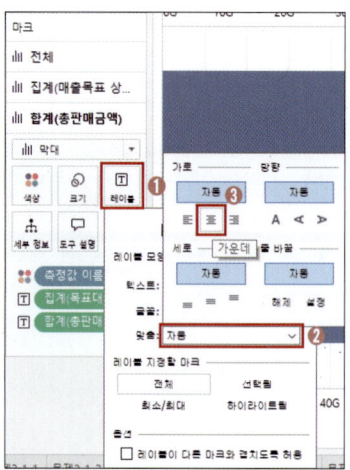

17 팝업 창 내의 빈 곳을 클릭하여 맞춤 박스를 닫고 ⋯을 클릭합니다.

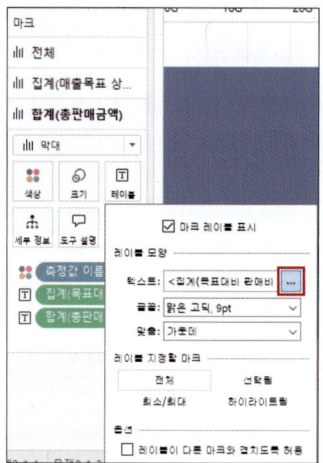

18 나타난 레이블 편집 팝업 창에서 〈집계(목표대비 총판매비율%)〉는 전체를 **드래그**한 후 글자 크기를 **12**로 지정합니다. 〈합계(총판매금액)〉은 괄호로 감싼 후 전체를 **드래그**하여 글자 크기를 **10**으로 지정합니다. 설정이 끝났으면 **확인**을 클릭하고, 빈 곳을 클릭하여 레이블 팝업 창을 닫습니다.

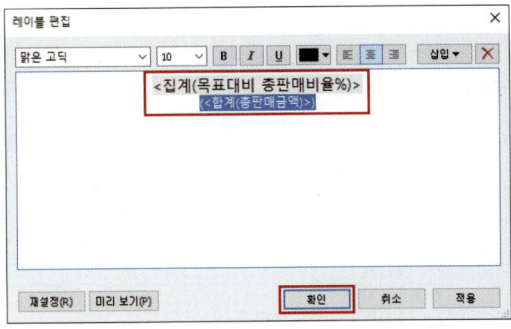

19 마크 패널의 합계(총판매금액)에 레이블로 추가된 **집계(목표대비 총판매비율%)**의 서식을 변경하기 위해 **마우스 우클릭**합니다. 나타난 팝업 메뉴에서 **서식**을 클릭합니다.

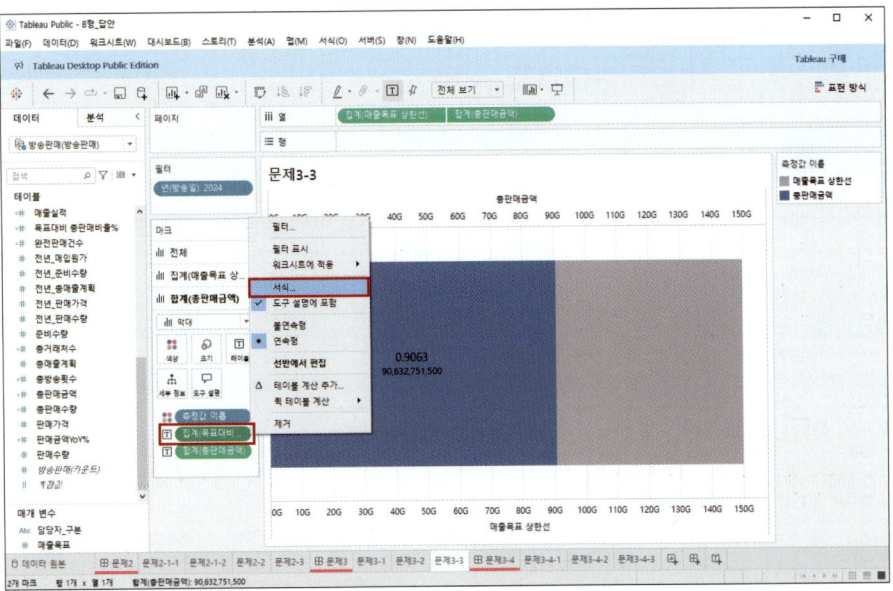

20 나타난 서식 창에서 **패널 탭**의 **기본값** > **숫자 박스**를 클릭하여 숫자 표현 방식을 자동에서 **백분율**로 변경합니다. 빈 곳을 클릭하여 팝업 창을 닫고, 서식 창의 우측 상단 ☒를 클릭하여 서식 창도 닫습니다.

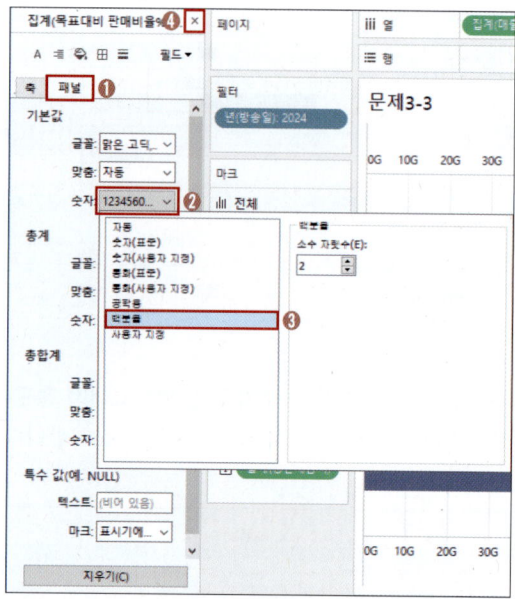

21 사이드 바에서 **분석 패널**을 클릭합니다. **요약**에 **평균 라인**을 클릭하고 시트의 캔버스로 **드래그**합니다. 이때 나타나는 **참조선 추가 팝업 창**에서 테이블 아래의 **집계(매출목표 상한선)**에 **드롭**합니다.

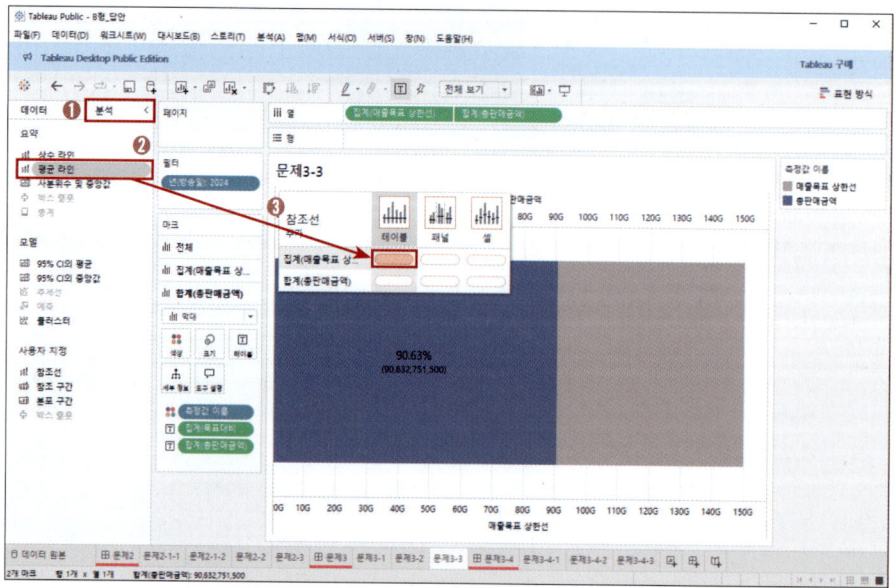

446 PART 2 · 공개문제 파헤치기

22 우측의 **선**을 **마우스 우클릭**하면 나타나는 팝업 메뉴에서 **편집**을 클릭합니다.

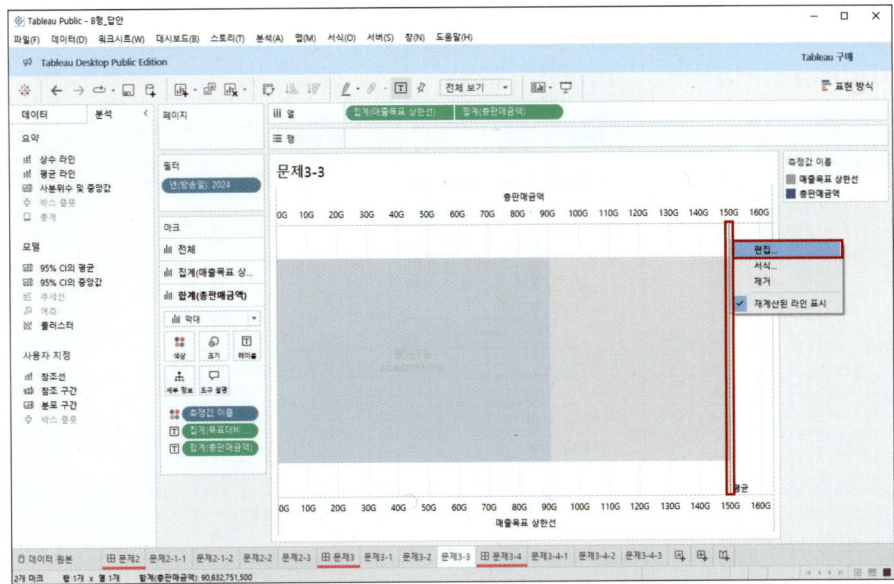

23 **참조선, 구간 또는 플롯 편집** 팝업 창에서 **라인 > 값 박스**를 클릭하여 집계(매출목표 상한선)에서 **매출목표**로 변경합니다.

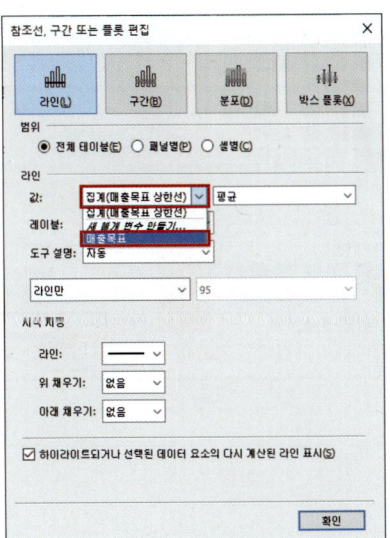

24 **서식 지정**에서 **라인 박스**를 클릭합니다. 나타난 팝업 창에서 **색상 추가**를 눌러 실선 라인 색상을 변경합니다.

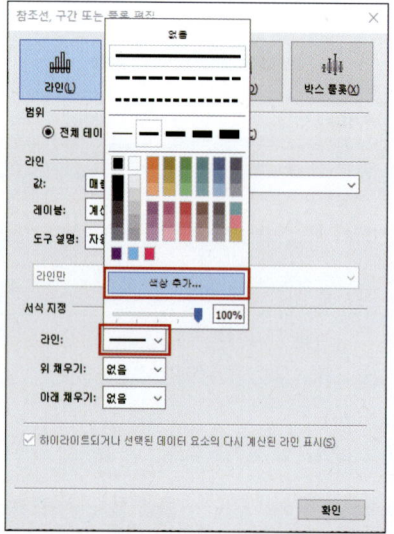

25 나타난 **색 선택 팝업 창**에서 HTML(H) 옆에 색상 코드 **#FF0000**을 입력하고 **확인**을 클릭합니다.

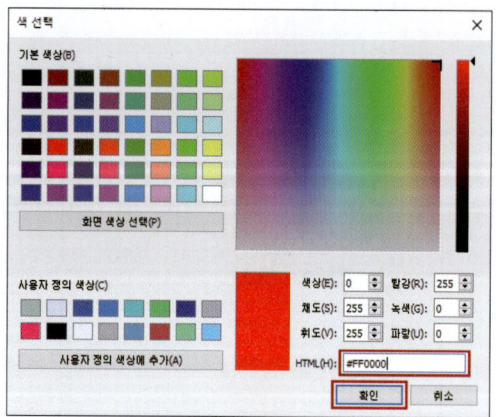

26 먼저 **라인 박스**를 클릭하여 팝업 창을 닫고 **라인**의 레이블을 편집하기 위해 **레이블 박스**를 클릭하여 계산에서 **사용자 지정**으로 변경합니다. 이때 레이블 오른쪽 박스에 표현 방식을 지정할 수 있는데 〈계산〉:〈값〉을 입력하고 라인 편집이 끝났다면 **확인**을 클릭합니다.

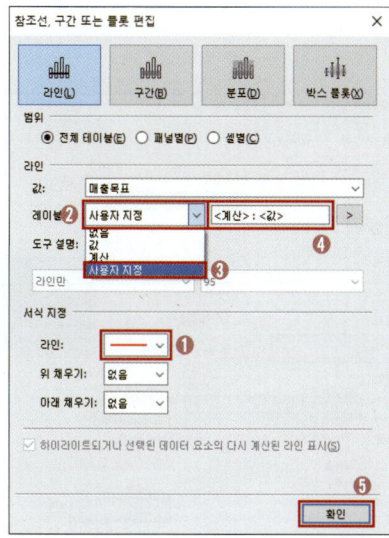

27 상단에 있는 머리글을 제거하기 위해 **상단 머리글을 마우스 우클릭**합니다. 나타난 팝업 메뉴에서 **머리글 표시**를 클릭하여 선택 해제합니다.

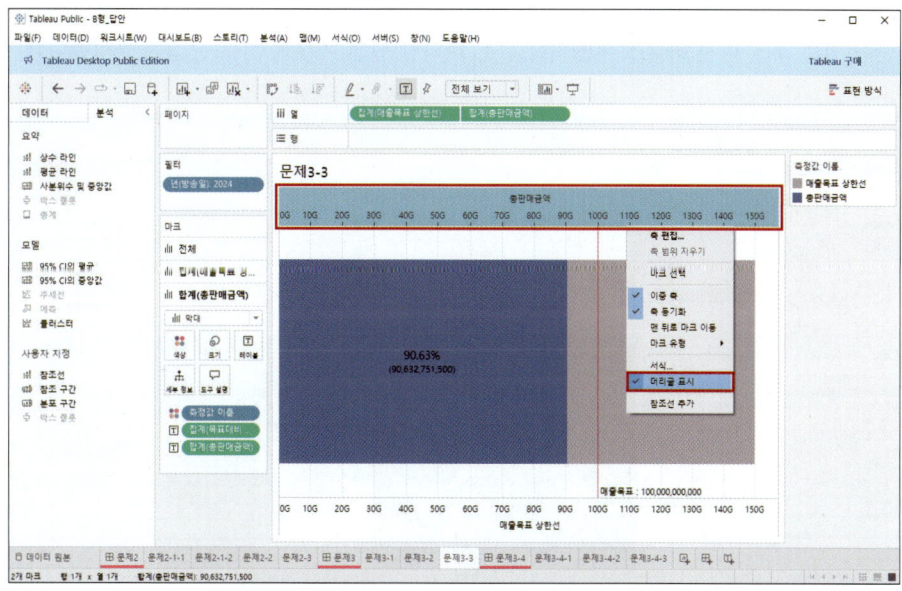

28 하단에 있는 **축**을 마우스 우클릭합니다. 나타난 팝업 메뉴에서 **서식**을 클릭합니다. 나타난 **집계 (매출목표 상한선) 서식**에서 **축** 탭의 **눈금** > **숫자 박스**를 클릭하여 숫자 표현 방식을 자동에서 **숫자(사용자 지정)**으로 변경합니다. **소수 자릿수(E)**는 2에서 **0**으로 변경하고 **디스플레이 장치(S)**에 없음을 **십억(B)**으로 변경합니다. 빈 곳을 클릭하여 팝업 창을 닫고, 서식 창의 우측 상단 ⊠를 클릭하여 서식 창도 닫습니다.

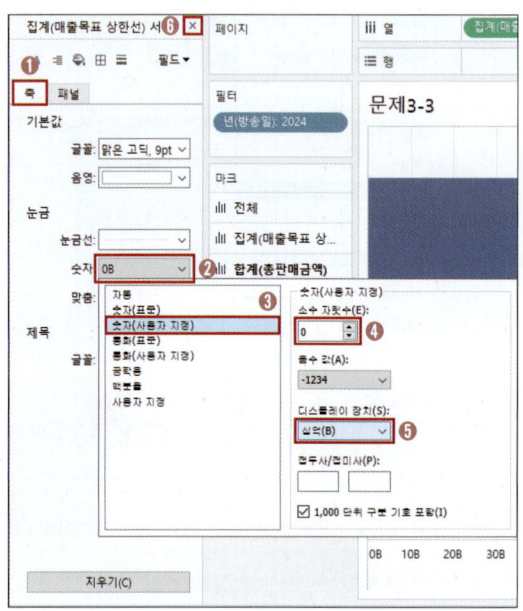

29 하단에 있는 **축**을 다시 **마우스 우클릭**합니다. 나타난 팝업 메뉴에서 **축 편집**을 클릭합니다.

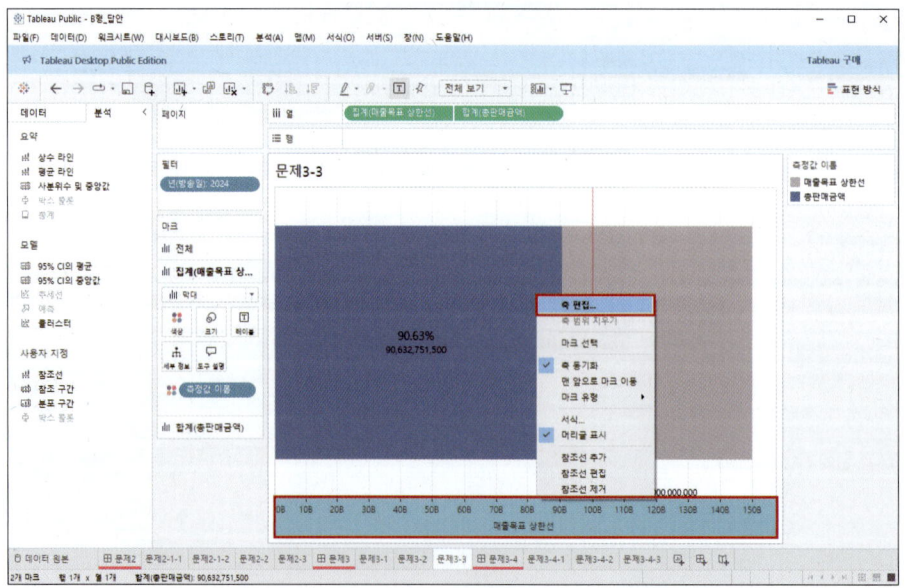

30 나타난 축 편집 [매출목표 상한선] 팝업 창에서 **축 제목을 지우고** ☒를 눌러 창을 닫습니다.

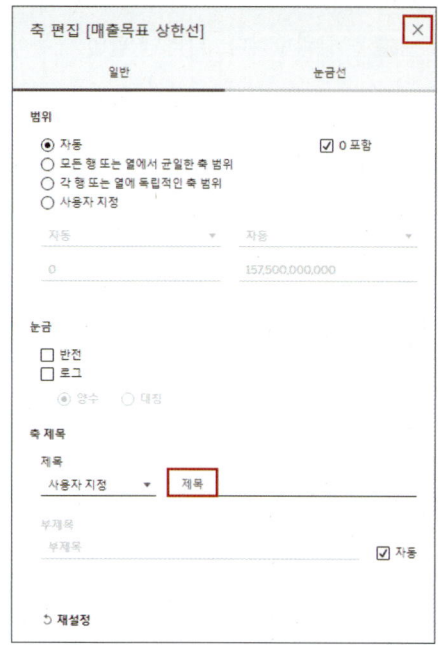

31 차트가 문제의 지시대로 완성된 것을 확인할 수 있습니다.

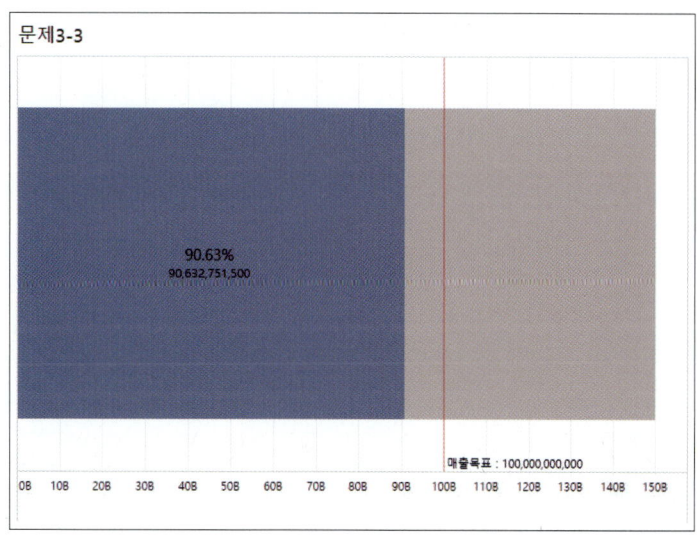

③ '문제3' 대시보드에 매개 변수 및 필터를 배치하고 적용 범위를 설정하시오.

01 하단 탭에서 **문제3**을 클릭하여 해당 대시보드로 이동합니다. 대시보드에 배치된 **문제3-1 시트**의 빈 곳을 클릭하면 나타나는 ▼을 클릭합니다. 나타난 팝업 메뉴에서 **필터(I) > 방송일의 연도**를 클릭합니다.

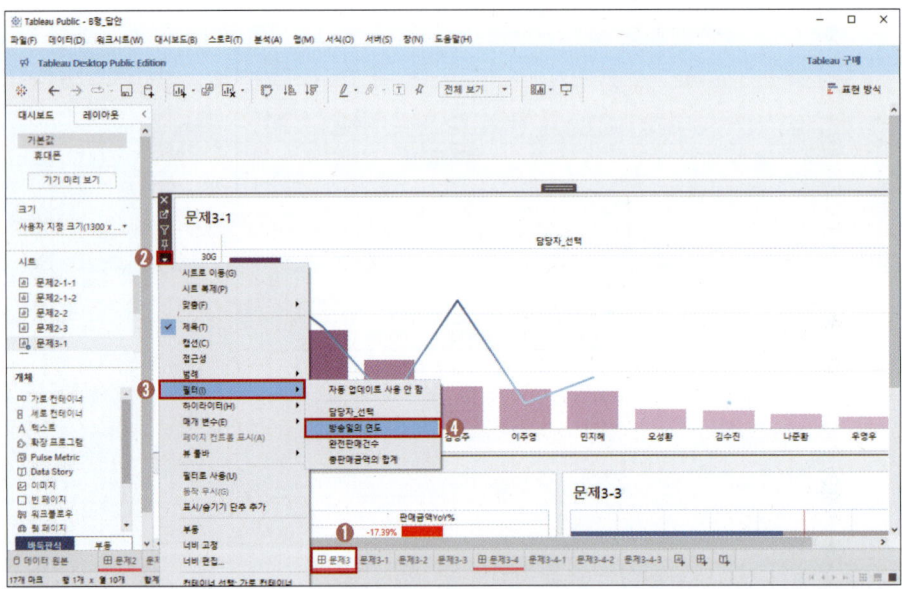

02 상단에 나타난 [**방송일의 연도**] **필터**의 빈 곳을 클릭하고 ▼을 클릭합니다. 나타난 팝업 메뉴에서 **단일 값(드롭다운)**을 선택합니다.

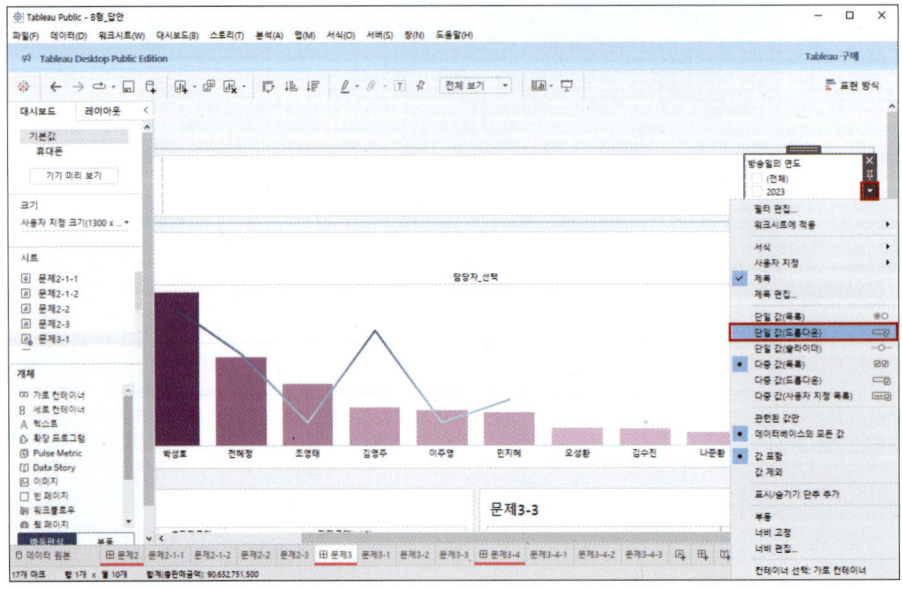

03 ▼을 다시 클릭하여 나타나는 팝업 메뉴에서 **사용자 지정 > '전체' 값 표시**를 클릭하여 **선택 해제**합니다.

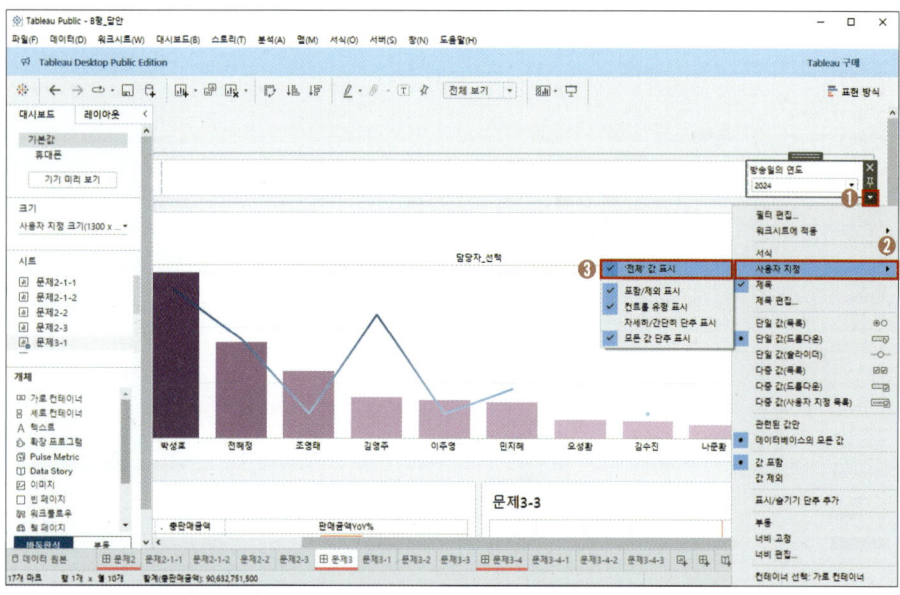

04 [방송일의 연도] 필터의 ▬을 클릭하여 **연도 텍스트 오른쪽에 드래그 앤 드롭**하여 배치합니다.

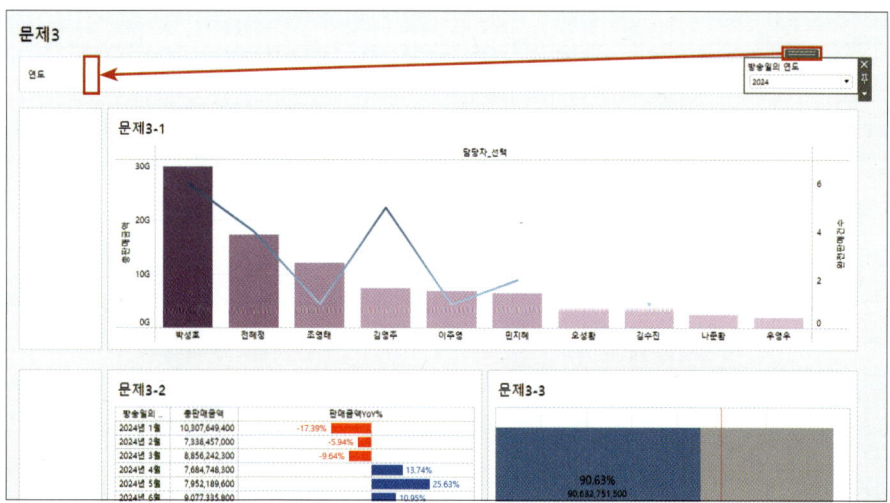

05 [방송일의 연도] 필터의 ▼을 클릭합니다. 나타난 팝업 메뉴에서 **제목**을 클릭하여 **체크 해제**하고 다시 ▼을 클릭하여 **워크시트에 적용 > 선택한 워크시트**를 클릭합니다.

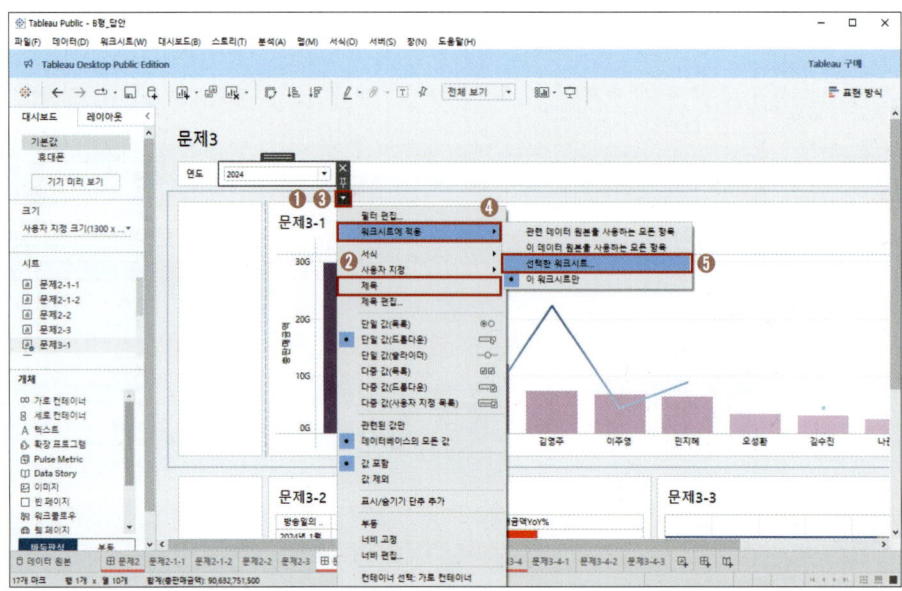

06 나타난 **워크시트 [년(방송일)]에 필터 적용 팝업 창**에서 **문제3-2, 문제3-3**을 클릭하고 **확인**을 눌러 적용 범위를 설정합니다.

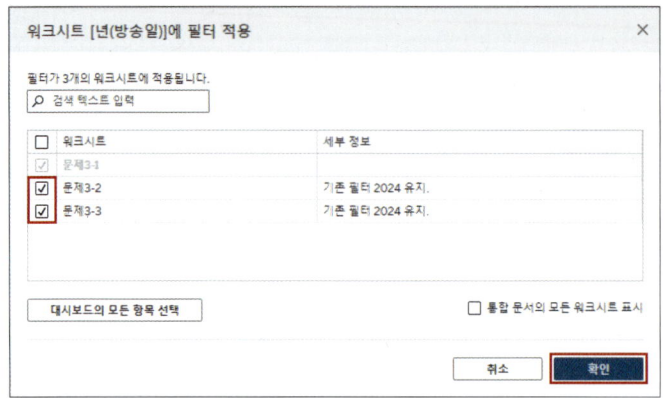

문제에서 문제3 대시보드의 모든 시트를 대상으로 설정하라고 지시하였으므로 모든 워크시트를 선택해야 합니다. 선택할 때에는 직접 문제3-2, 문제3-3을 선택하거나, 팝업 창 왼쪽 아래의 대시보드의 모든 항목 선택을 클릭하는 방법도 가능합니다. 다만, 워크시트 표의 제목 왼쪽에 체크하면 현재 보이는 워크시트뿐만 아니라 통합 문서의 모든 워크시트를 선택하게 되므로 이는 선택하지 않도록 주의합니다.

07 대시보드에 배치된 **문제3-1 시트**의 빈 곳을 클릭하고 ▼을 클릭합니다. 나타난 팝업 메뉴에서 **매개 변수 > 담당자_구분**을 클릭합니다.

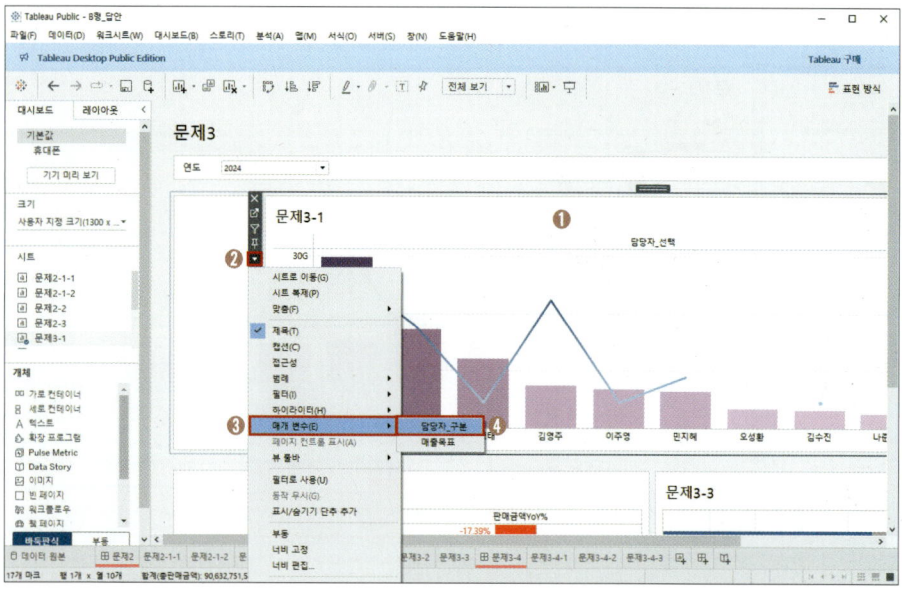

08 상단에 나타난 [담당자_구분] 매개 변수의 빈 곳을 클릭하고 나타나는 ▬을 클릭하여 **문제 3-1 왼쪽 상단**에 회색으로 변하는 부분에 **드래그 앤 드롭**하여 배치합니다.

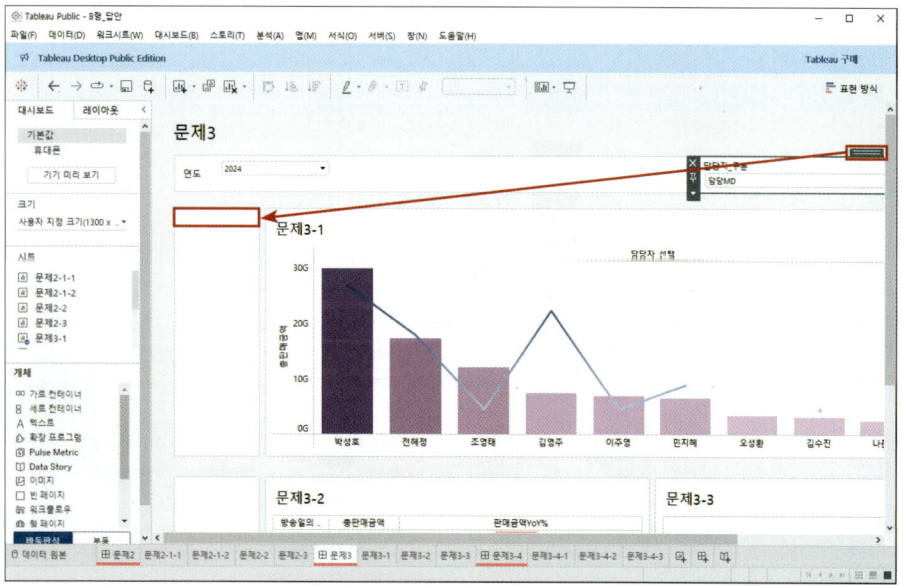

09 [담당자_구분] 매개 변수의 ▼을 클릭합니다. 나타난 팝업 메뉴에서 **단일 값 목록**을 클릭합니다.

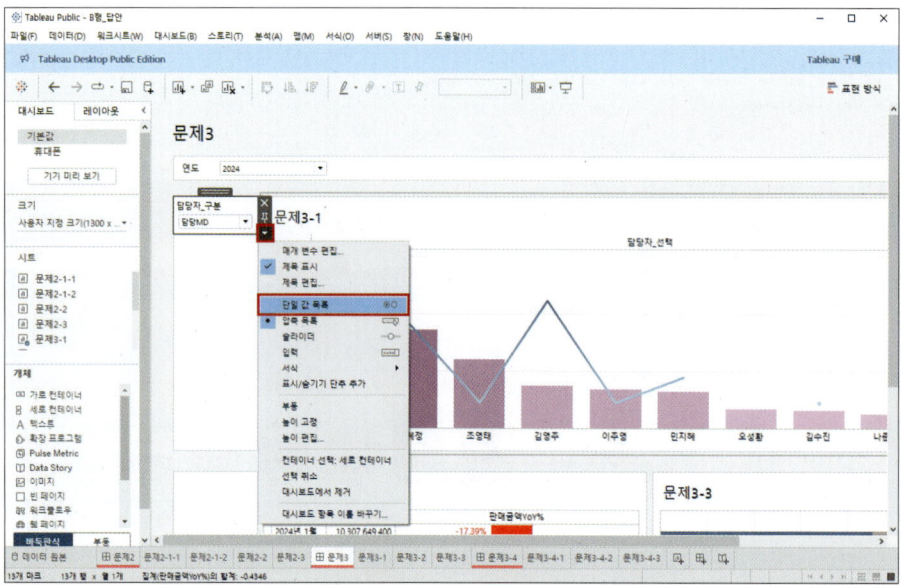

10 대시보드에 배치된 **문제3-2 시트**의 빈 곳을 클릭하고 머리글이 잘리지 않도록 **방송일의 연도, 월** 하단의 셀과 총판매금액 하단의 셀 사이에 마우스를 얹고 나타난 **좌우 화살표**를 이용하여 **오른쪽** 으로 **드래그 앤 드롭**하여 표의 간격을 조정합니다. 문제3-2 시트의 ▼을 클릭하여 나타난 팝업 메뉴에서 **필터(I) > 거래처명**을 클릭합니다.

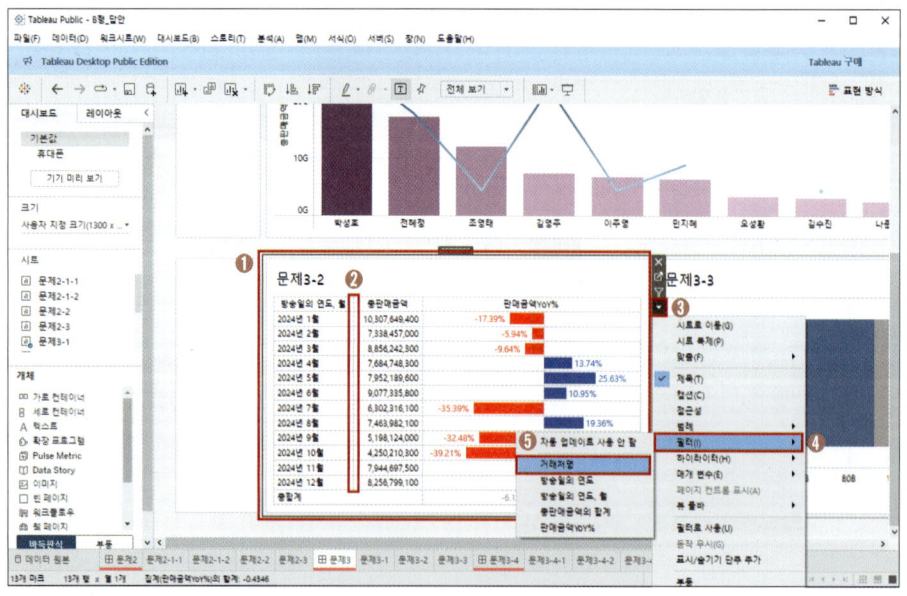

11 상단에 나타난 [거래처명] 필터의 머리글 옆 빈 곳을 클릭하고 ▦을 클릭하여 **문제3-2 왼쪽 상단**에 **드래그 앤 드롭**합니다.

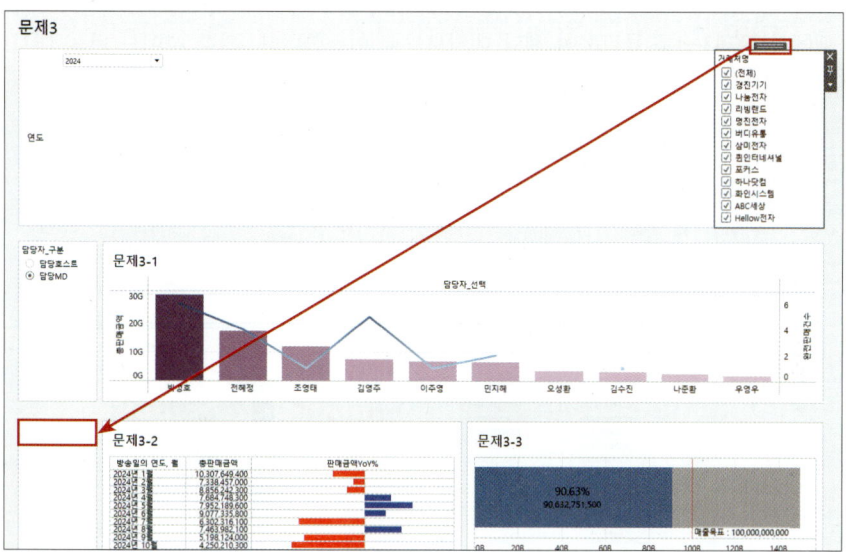

12 적용 범위가 문제3-2 시트만으로 제한되기 때문에 추가로 워크시트에 적용을 클릭하여 편집할 필요는 없습니다. 다만, [거래처명] 필터의 ▼을 클릭하여 나타난 팝업 메뉴에서 다중 값(목록)을 **단일 값(목록)**으로 변경합니다.

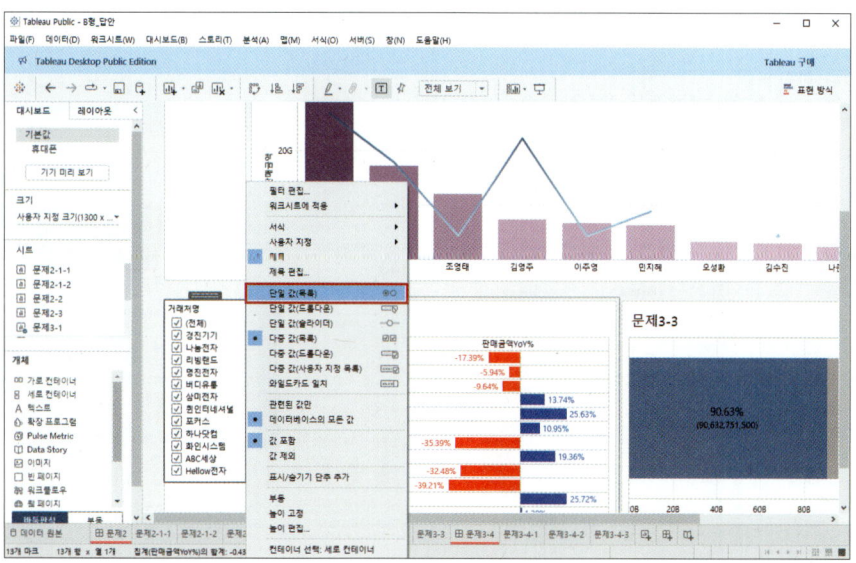

13 작업한 대시보드가 문제3의 시각화 완성화면(341p)과 일치하는지 확인한 후 해당 대시보드의 작업을 마무리합니다.

4 '문제3-4' 대시보드에서 다음의 작업을 수행하여 동적(Interactive) 대시보드를 구현하시오.

① '문제2' 대시보드로 이동하는 "버튼"을 구현하시오.

01 하단 탭에서 **문제3-4**를 클릭하여 해당 대시보드로 이동합니다. 왼쪽 사이드 바의 **대시보드** 탭에서 하단의 개체에 있는 **탐색**을 클릭하고 **오른쪽 상단**에 **드래그 앤 드롭**하여 배치합니다.

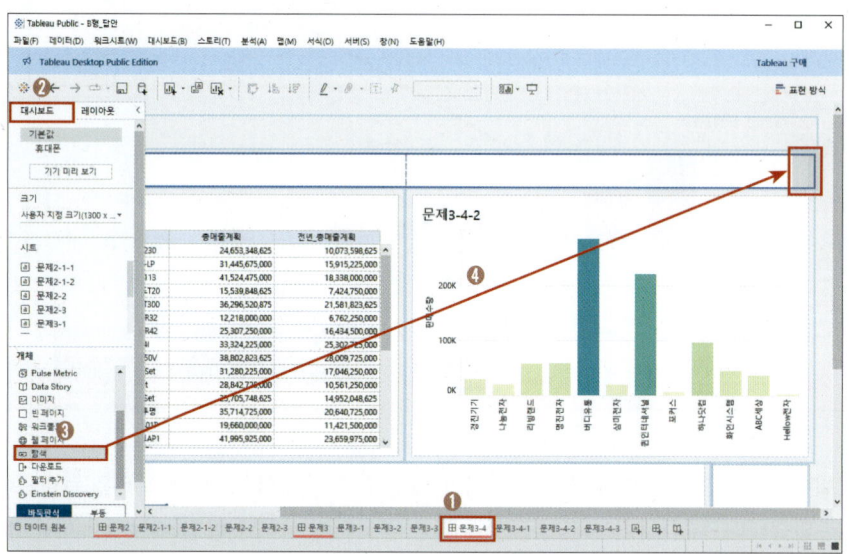

02 상단에 배치된 **탐색 버튼**의 ▼을 클릭해서 나타난 팝업 메뉴에서 **편집 단추**를 클릭합니다.

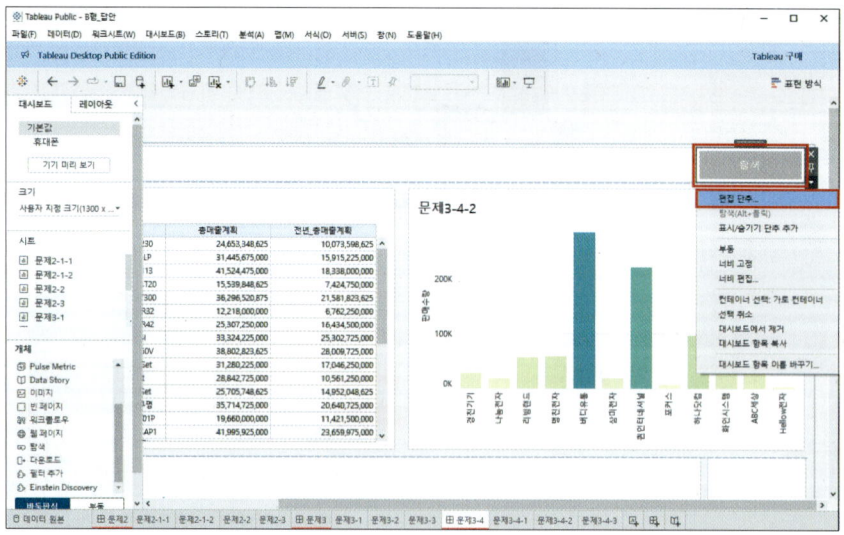

458 PART 2 | 공개문제 파헤치기

03 나타난 **편집 단추 팝업 창**에서 **이동할 위치**를 **문제2**로 선택해서 버튼을 클릭했을 때 문제2로 이동할 수 있도록 합니다. **제목**에 **문제2로 이동**을 입력하고 **확인**을 클릭합니다.

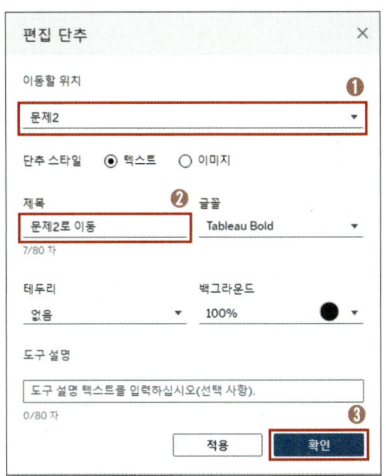

② [분류] 필드에 "가전"이 포함된 제품과 그 외의 제품을 구분하는 매개 변수와 필터를 생성하시오.

01 하단 탭에서 **문제3-4-1**을 클릭하여 해당 시트로 이동합니다. 왼쪽 사이드 바에서 **데이터 패널**을 클릭한 후 데이터 패널 상단에서 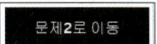을 클릭합니다. 나타난 팝업 메뉴에서 **매개 변수 만들기**를 클릭합니다.

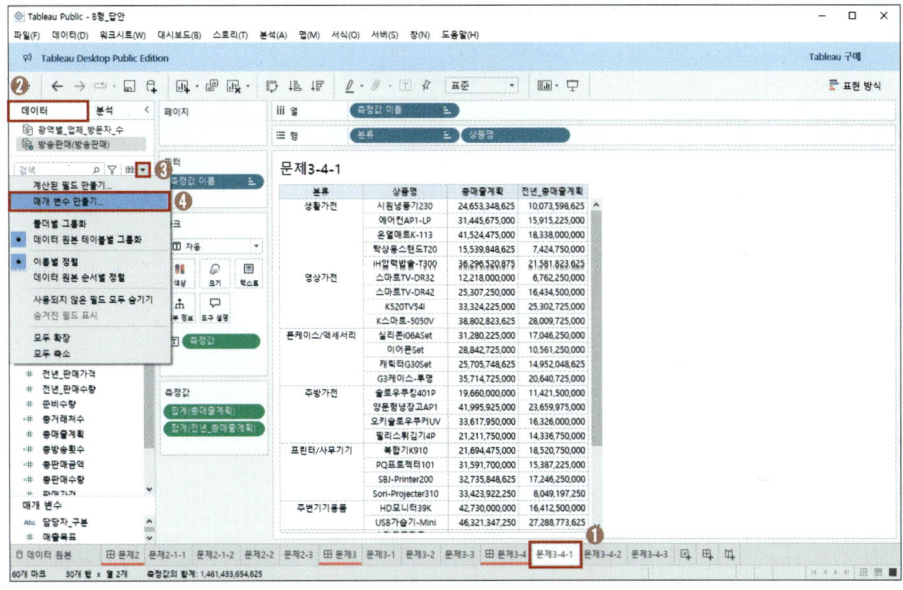

02 나타난 **매개 변수 만들기 팝업 창**에서 **이름**을 **분류_구분**으로 정의하고 **데이터 유형**을 **문자열**로 변경하고 **확인**을 누릅니다.

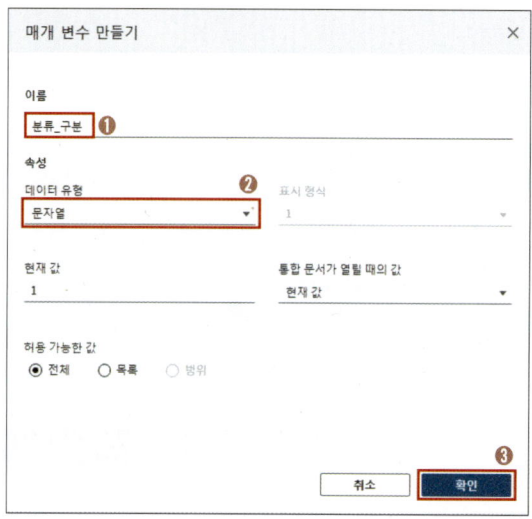

03 가전이 담긴 데이터를 분류하기 위한 필드를 만들기 위해 데이터 패널 상단의 ▼을 클릭합니다. 나타난 팝업 메뉴에서 **계산된 필드 만들기**를 선택합니다.

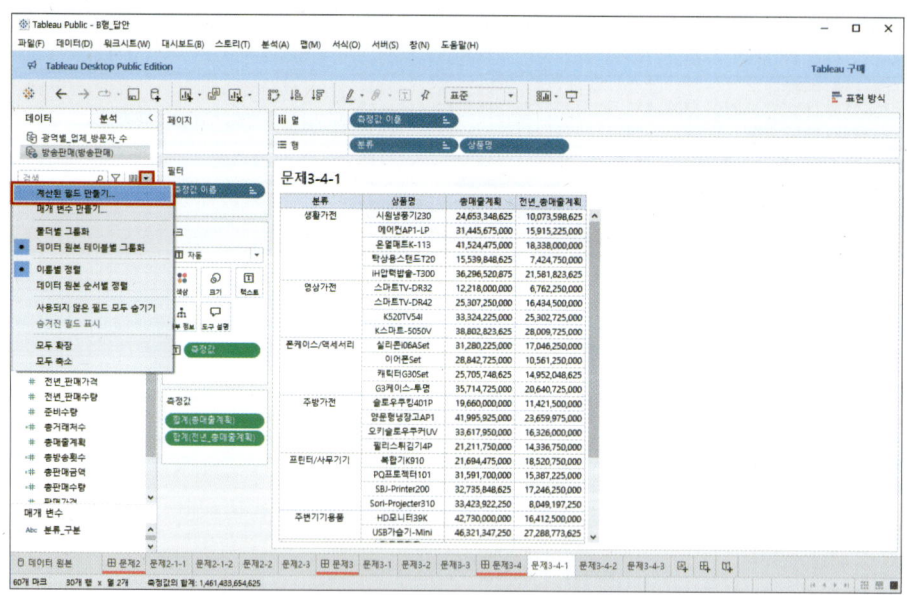

04 먼저 **이름**을 **가전_분류**로 변경합니다. 분류의 값이 생활가전, 영상가전, 주방가전처럼 가전을 포함할 경우 가전으로 분류하고 그 외에는 분류 값으로 반환하도록 **CONTAINS 함수**, **IF문**을 이용하여 다음 수식을 입력하고 **확인**을 클릭합니다.

```
IF CONTAINS([분류],'가전') THEN '가전'
ELSE [분류]
END
```

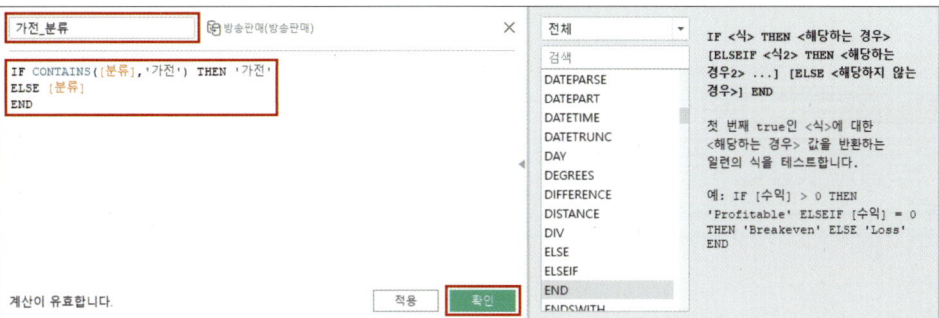

05 가전이 담긴 데이터를 참값으로 분류하기 위한 필드를 만들기 위해 데이터 패널 상단의 ▼을 클릭합니다. 나타난 팝업 창에서 **계산된 필드 만들기**를 선택합니다.

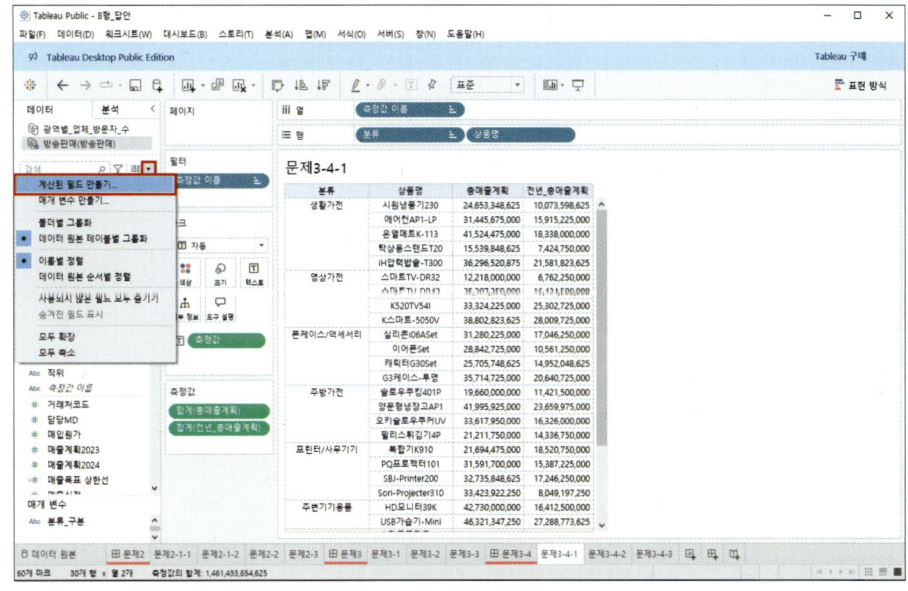

06 먼저 **이름**을 **가전_구분_필터**로 변경합니다. [분류_구분] 매개 변수의 값이 생활가전, 영상가전, 주방가전 중 하나일 때 생활가전, 영상가전, 주방가전의 값을 모두 포함하는 것을 참으로 표현하고 이 외에는 각 분류 값으로 포함하는 것을 참으로 반환하도록 **CONTAINS 함수**, **IF문**을 이용하여 다음 수식을 입력하고 **확인**을 클릭합니다.

```
IF CONTAINS([분류_구분], '가전') THEN [가전_분류] = '가전'
ELSEIF [분류_구분] = '전체' THEN 1=1
ELSE [가전_분류] = [분류_구분]
END
```

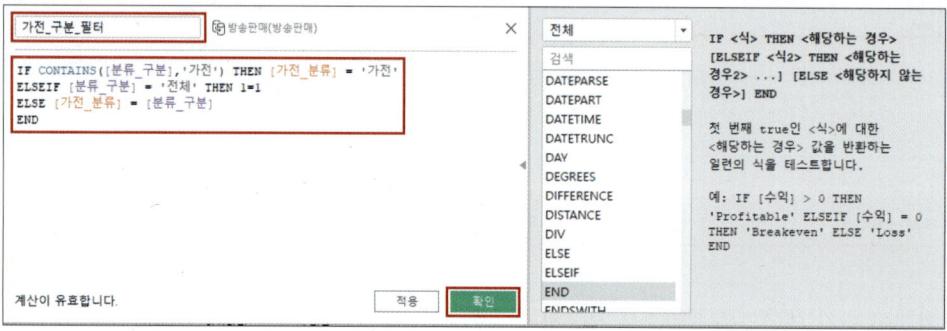

07 [가전_구분_필터] 필드를 활용하기 위해 먼저 [분류_구분] 매개 변수의 현재 값을 수정합니다. 데이터 필드 하단의 **[분류_구분] 매개 변수**를 **마우스 우클릭**합니다. 나타난 팝업 메뉴에서 **매개 변수 표시**를 클릭합니다.

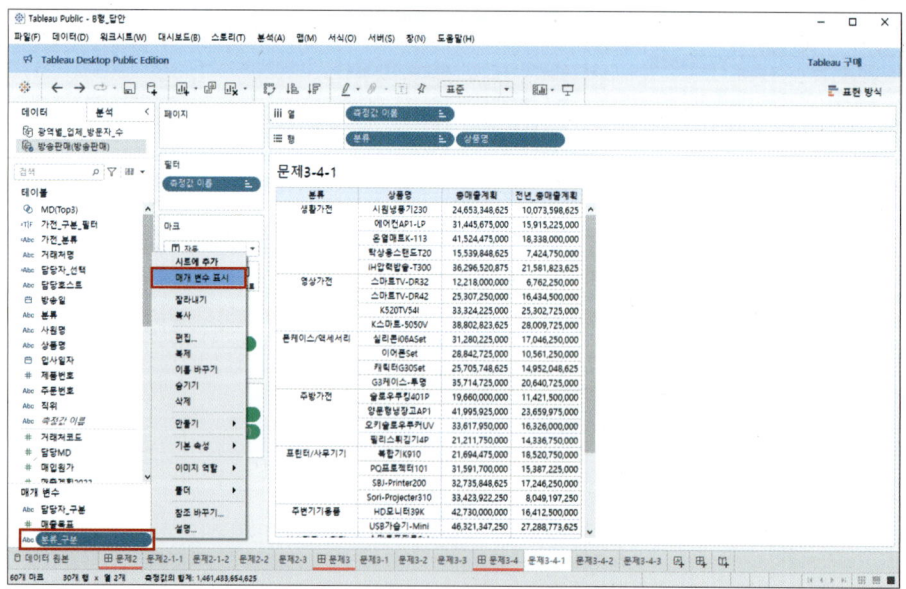

08 오른쪽 사이드 바에 나타난 [분류_구분] 매개 변수에 입력되어 있는 1을 클릭하여 지운 후, **생활가전**을 입력하고 **Enter**를 누릅니다.

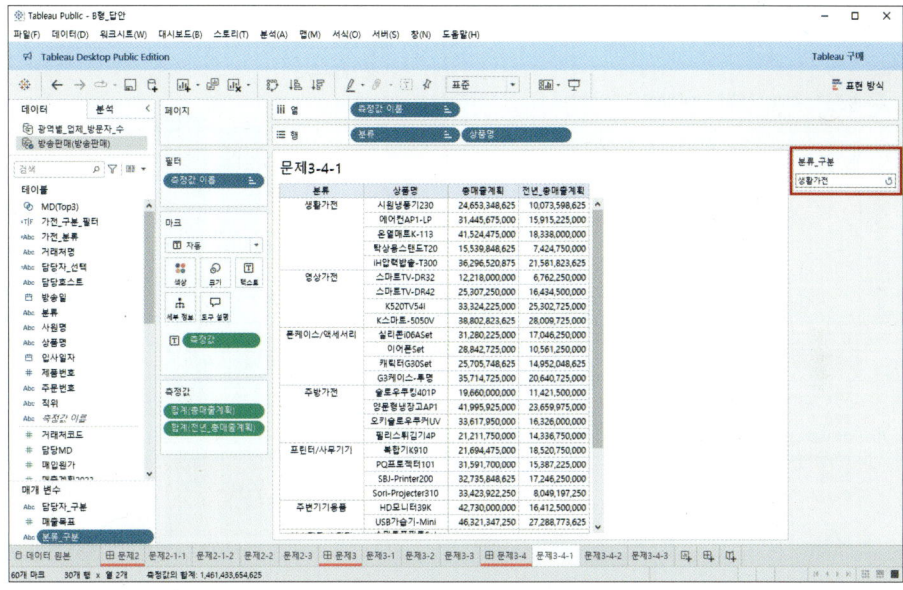

③ '문제3-4' 대시보드에서 '문제3-4-1' 그리드 클릭 시 [분류] 값에 따라 값이 변경되도록 구현하시오.

01 하단 탭에서 **문제3-4-2**를 클릭하여 해당 시트로 이동합니다. 데이터 패널에 있는 **[가전_구분_필터]** 필드를 클릭하여 **필터 패널**로 **드래그 앤 드롭**합니다.

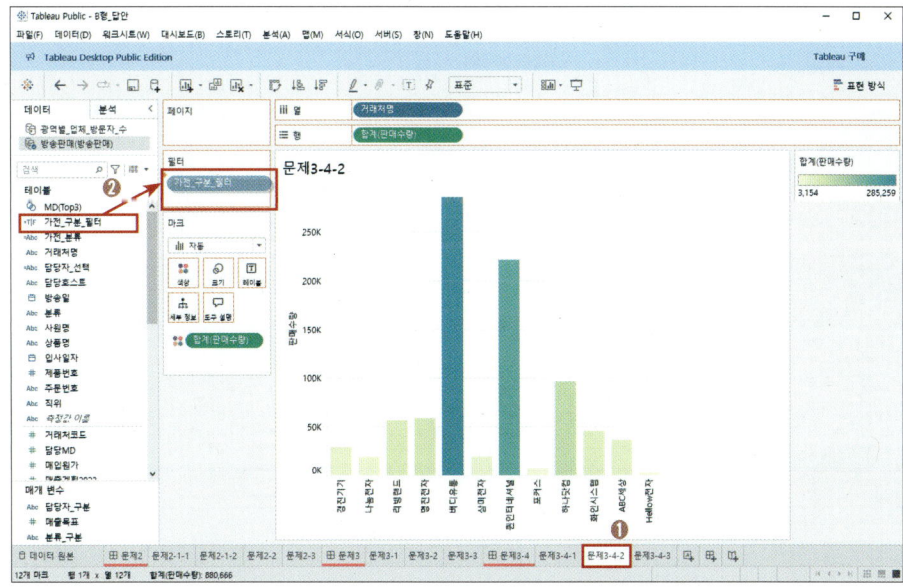

02 나타난 **필터 [가전_구분_필터] 팝업 창**에서 **참**에 체크하고 **확인**을 클릭합니다. 차트가 변경된 것을 확인할 수 있습니다.

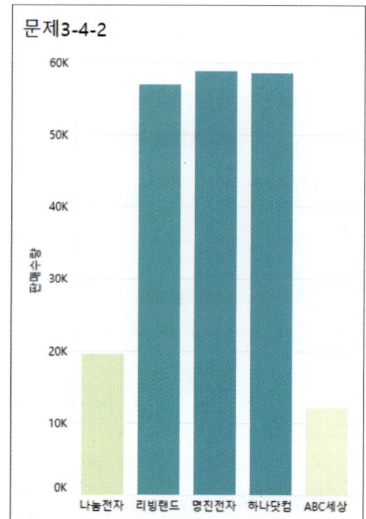

03 하단에서 **문제3-4-3**을 클릭하여 해당 시트로 이동합니다. 데이터 필드 하단의 **[분류_구분] 매개 변수**를 마우스 우클릭합니다. 나타난 팝업 메뉴에서 **매개 변수 표시**를 클릭합니다.

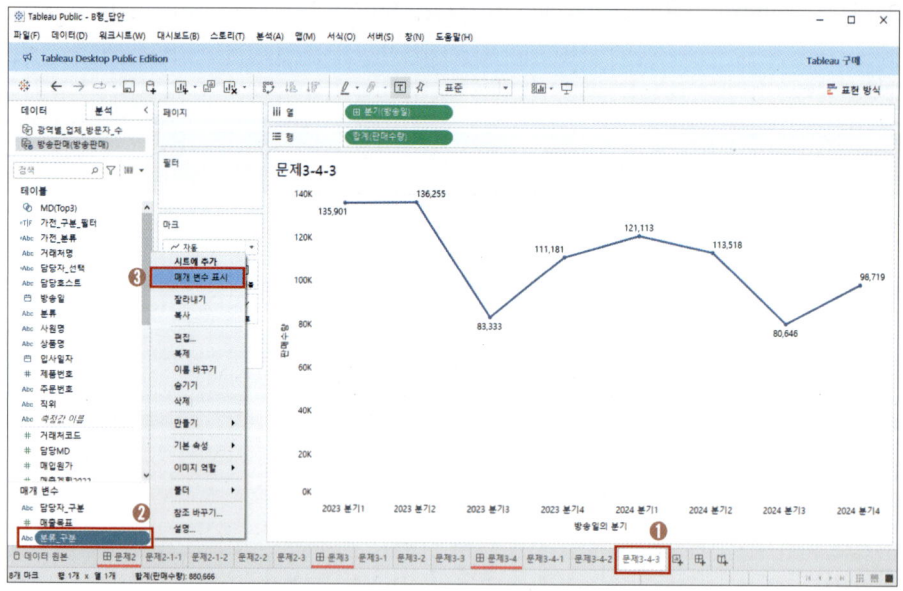

04 데이터 패널에 있는 **[가전_구분_필터]** 필드를 클릭하여 **필터 패널**로 **드래그 앤 드롭**합니다. 나타난 **필터 [가전_구분_필터] 팝업 창**에서 **참**에 체크하고 **확인**을 클릭합니다.

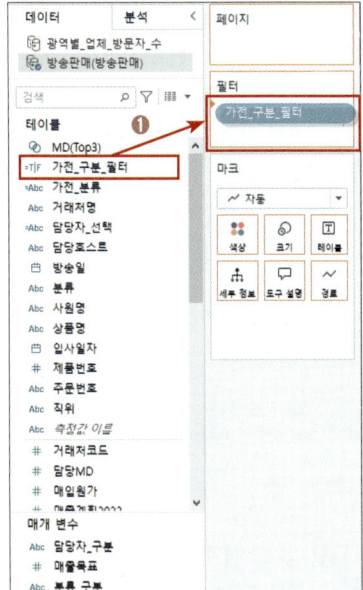

05 시트에 색상을 적용하기 위해 데이터 패널에 있는 **[가전_분류]** 필드를 클릭하여 마크 패널의 **색상**으로 **드래그 앤 드롭**합니다. 시각화 완성화면과 색상을 맞추기 위해 마크 패널의 **색상**을 클릭하여 나타난 팝업 창에서 **색상 편집**을 클릭합니다. 나타난 **색상 편집 [가전_분류] 팝업 창**에서 **데이터 항목 선택**의 **가전**을 클릭하고 오른쪽 색상들 중 **주황색**을 클릭합니다. 가전이 주황색으로 변경된 것을 확인하고 **확인**을 클릭합니다.

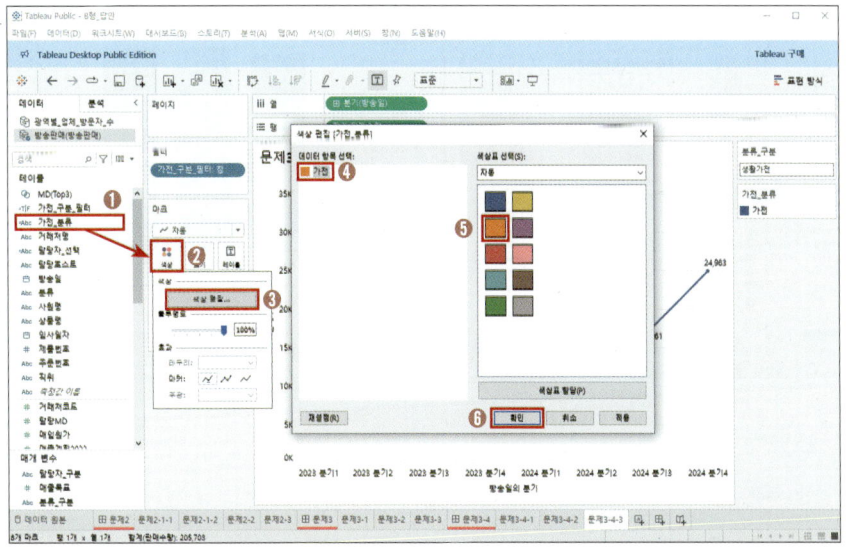

CHAPTER 03 | 시행처 공개문제(B형) **465**

06 차트가 변경되며 이제 가전_분류 값에 따라 색상을 적용할 수 있습니다.

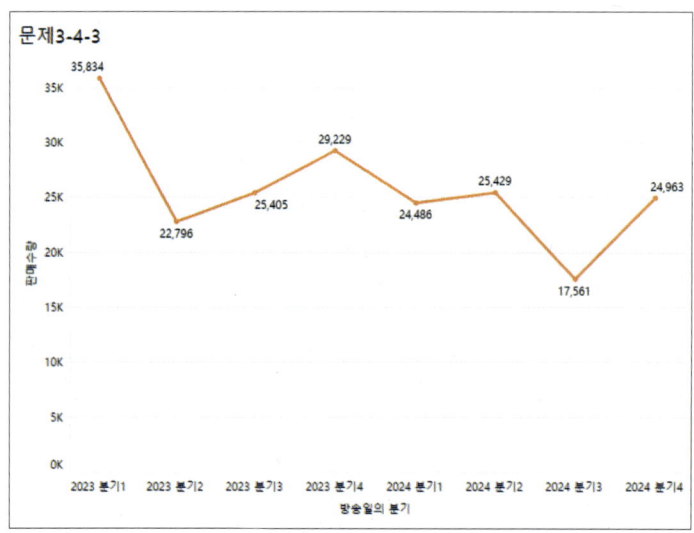

07 하단 탭에서 **문제3-4**를 클릭하여 해당 대시보드로 이동합니다. 매개 변수 동작을 설정하기 위해 대시보드에 배치된 **문제3-4-2 시트**의 빈 곳을 클릭합니다. 상단 메뉴의 **대시보드(B) > 동작(I)**을 클릭합니다.

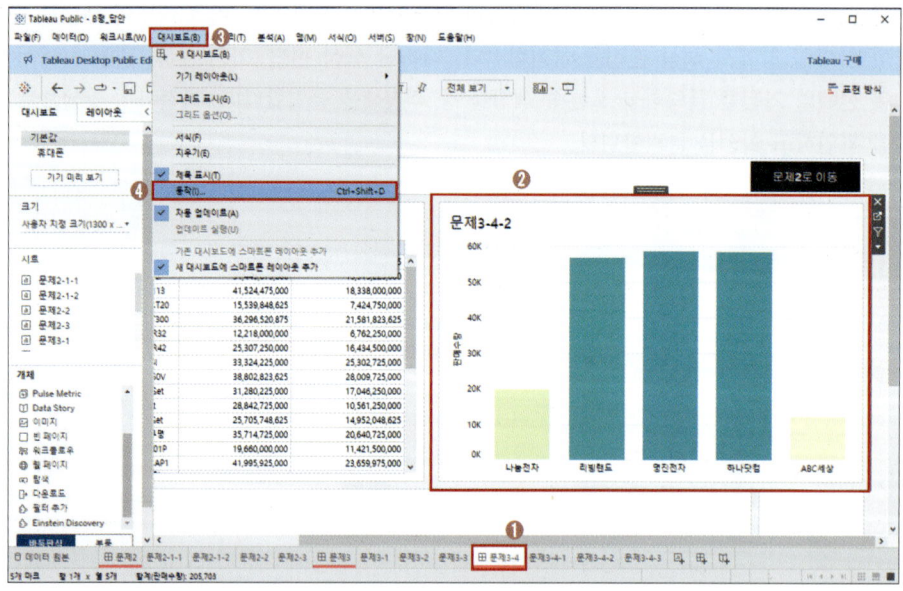

08 나타난 **동작 팝업 창**에서 **동작 추가 > 매개 변수 변경**을 클릭합니다.

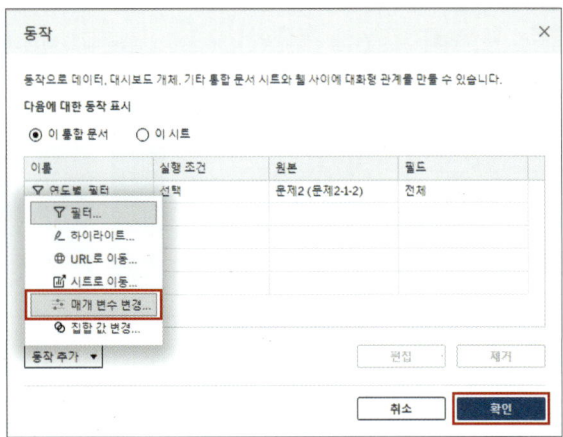

09 나타난 **매개 변수 동작 추가 팝업 창**에서 **이름**을 **분류별_매개변수**로 정의합니다. 매개 변수를 동작하게 하는 **원본 시트**는 문제3-4-1 시트에서만 적용될 수 있도록 **문제3-4-1**은 제외하고 **나머지 두 시트**는 **체크 해제**합니다. 매개 변수를 동작하기 위한 **동작 실행 조건**은 **선택**으로 체크되어 있는지 확인합니다. 이때, 동작을 할 때 대상이 되는 **대상 매개 변수**는 **[분류_구분] 매개 변수**로 선택하고, **선택을 해제할 경우의 결과**에는 **현재 값 유지**가 체크되어 있는지 확인합니다. 마지막으로 클릭 시 적용할 **원본 필드**를 없음에서 **분류**로 변경하고 **확인**을 클릭합니다. 동작 팝업 창에서도 확인을 눌러 마무리합니다.

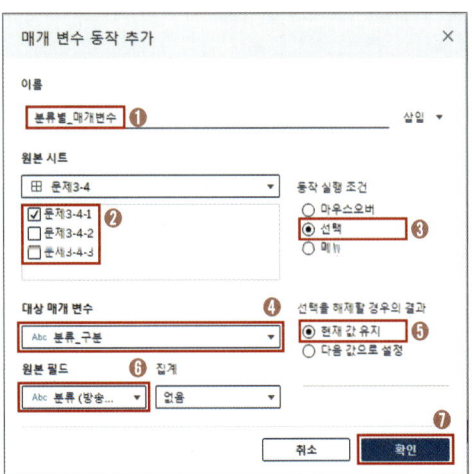

10 문제3-4-3 시트의 빈 곳을 클릭하여 나타나는 ▼을 클릭합니다. 나타난 팝업 메뉴에서 **범례 > 색상 범례(가전_분류)**를 클릭합니다.

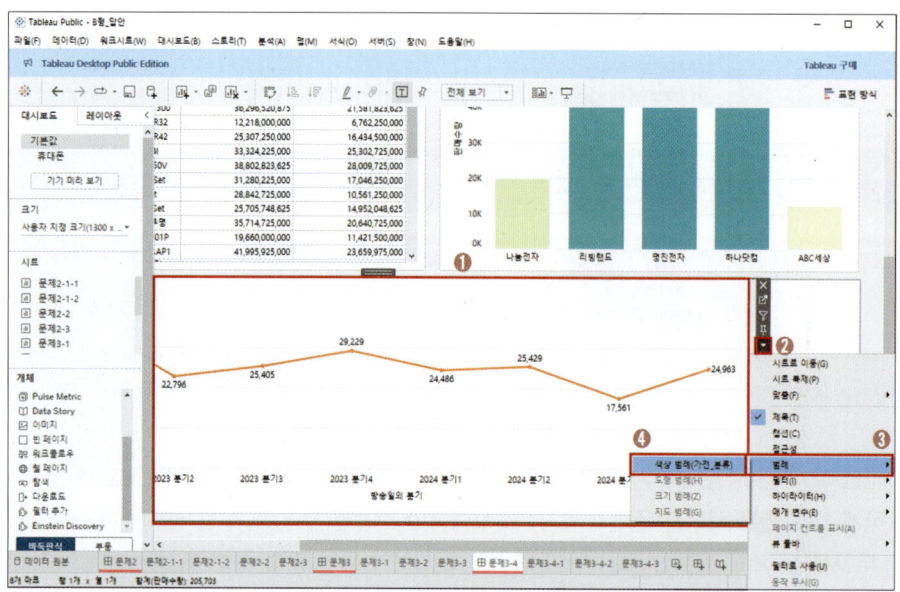

11 나타난 색상 범례의 빈 곳을 클릭하고 ▤을 클릭하여 **문제3-4-3 시트 오른쪽 상단**에 **드래그 앤 드롭**합니다.

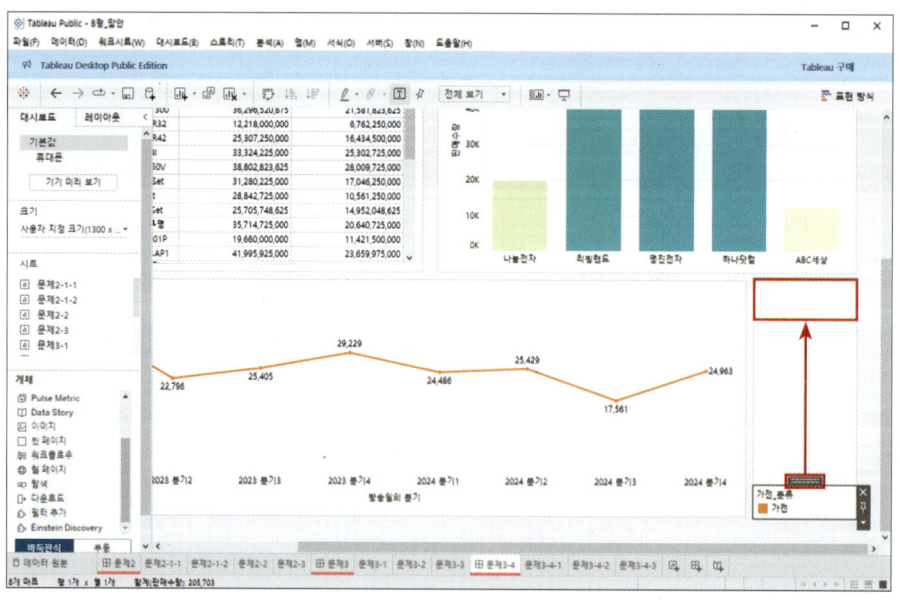

12 작업한 대시보드가 문제3-4의 시각화 완성화면(345p)과 일치하는지 확인한 후 해당 대시보드의 작업을 마무리합니다.

유선배 과외!

자격증 다 덤벼!

나랑 한판 붙자

✓ 혼자 하기 어려운 공부, 도움이 필요한 학생들!
✓ 체계적인 커리큘럼으로 공부하고 싶은 학생들!
✓ 열심히는 하는데 성적이 오르지 않는 학생들!

유튜브 **무료 강의** 제공
핵심 내용만 쏙쏙! 개념 이해 수업

[자격증 합격은 유선배와 함께!]

맡겨주시면 결과로 보여드리겠습니다.

| SQL개발자 (SQLD) | 컴퓨터그래픽 기능사 | 웹디자인 개발기능사 | 정보통신기사 | GTQ 포토샵 / GTQ 일러스트 | 경영정보시각화 능력 |

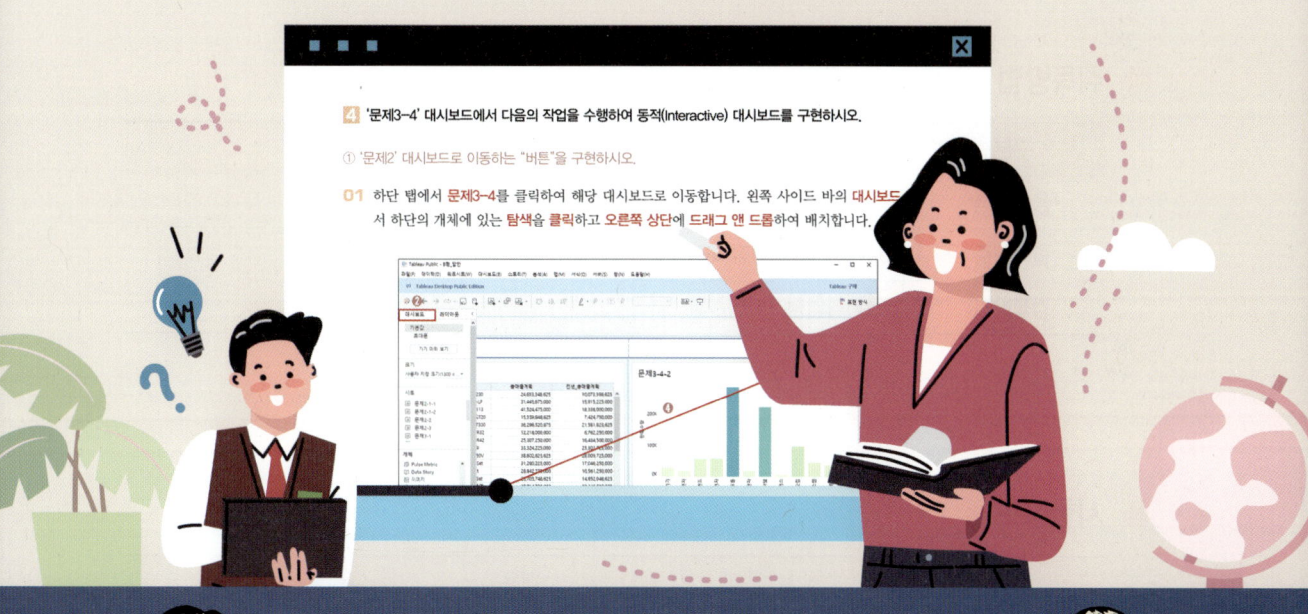

시험안내

경영정보시각화능력이란?

4차 산업혁명, 디지털 전환 등으로 인해 데이터에서 의미 있는 정보를 도출하는 능력이 중요해지고 있는 시점에서, 경영 관련 의사결정을 위해 기업 내외부의 정보를 시각적 요소들을 사용하여 효과적으로 전달하는 능력을 평가하는 국가기술자격시험이다.

취득방법

구분	내용
응시자격	제한 없음
합격기준	100점 만점에 70점 이상
검정방법	컴퓨터작업형(3~5문제)

시험정보

구분	내용
시험과목	경영정보시각화 디자인 실무
시험시간	70분

시험일정(2025년 기준)

회별	검정방법	원서접수	시험일자	합격자 발표일자
제1회	필기	04.03.~04.09.	04.26.	05.27.
제1회	실기	06.05.~06.11.	06.28.	08.26.
제2회	필기	08.21.~08.27.	09.13.	10.14.
제2회	실기	10.09.~10.15.	11.01.	12.30.

이 책의 목차

2권

PART 3 | 모의고사 파헤치기

CHAPTER 01 실전 모의고사 1회 ·················· 3

CHAPTER 02 실전 모의고사 2회 ·················· 55

CHAPTER 03 실전 모의고사 3회 ·················· 127

CHAPTER 04 실전 모의고사 4회 ·················· 202

CHAPTER 05 실전 모의고사 5회 ·················· 269

CHAPTER 06 실전 모의고사 6회 ·················· 338

PART 4 | 기출문제 파헤치기

CHAPTER 01 2024년 1회 기출복원문제 ············ 407

예제 파일 및 실습 자료 다운로드받는 방법

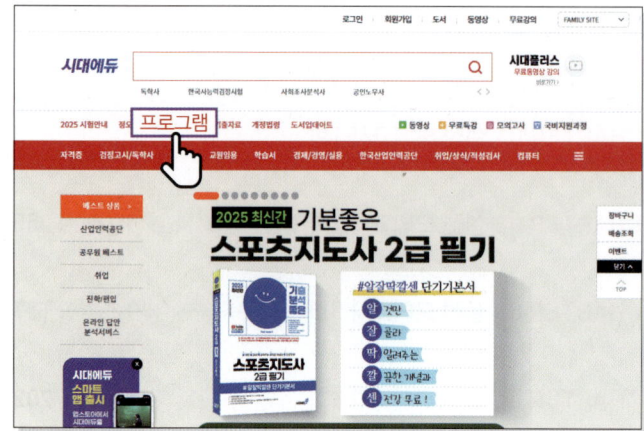

1

www.sdedu.co.kr/book에 접속 후 화면 상단에 있는 「프로그램」을 누릅니다.

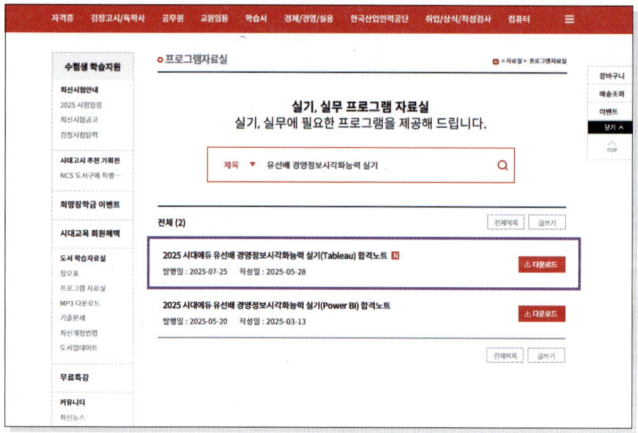

2

검색창에 「유선배 경영정보시각화능력 실기」를 검색하고 「2025 시대에듀 유선배 경영정보시각화능력 실기(Tableau) 합격노트」를 클릭합니다.

3

첨부파일을 다운로드받습니다.

PART 3
모의고사 파헤치기

CHAPTER 01 실전 모의고사 1회

CHAPTER 02 실전 모의고사 2회

CHAPTER 03 실전 모의고사 3회

CHAPTER 04 실전 모의고사 4회

CHAPTER 05 실전 모의고사 5회

CHAPTER 06 실전 모의고사 6회

유선배 경영정보시각화능력 실기(Tableau) 합격노트
이 시대의 모든 합격! 무료 동영상 강의와 함께 합격하세요!
www.youtube.com ➡ '데이터이지(Dataeasy)' 검색 ➡ 구독

CHAPTER 01

실전 모의고사 1회

※ 본서는 이미지 화질 향상을 위하여 태블로 작업 화면을 축소하여 풀이를 진행하였으므로 작업 시 보이는 필드 및 차트의 크기 등에 차이가 있을 수 있습니다. 제공되는 정답 파일과 비교하여 작업하는 것을 권장합니다.

국 가 기 술 자 격 검 정

경영정보시각화능력 실기 모의문제

프로그램명	제한시간
태블로 데스크톱	70분

수험번호	
성 명	

단일	모의고사 1회

※ 시험지를 받으시면
1~2페이지의 '유의사항'과
'문제 및 데이터 안내'를
확인하시기 바랍니다.

대 한 상 공 회 의 소

─── 〈유의사항〉 ───

- '유의사항', '문제 및 데이터 안내'에 따라 시험에 응시하여야 하며, 이를 소홀히 하여 발생한 불이익과 책임은 수험자 본인에게 있습니다.
- 시험이 시작되면 즉시 문제 데이터 파일 존재여부와 답안 파일의 문제3-4 대시보드에 차트, 표, 데이터가 보이는지 확인하시기 바랍니다.
  - 문제 데이터 파일 위치 : [문제1] C:\TB\문제1_데이터 폴더 / [문제2, 3] C:\TB\문제2,3_데이터 폴더
  - 문제 데이터 파일은 존재여부만 확인하며 엑셀 등으로 열어보면 실격 처리
  - 답안 파일 위치 : C:\TB\수험자번호.twbx
  - 화면에 띄워진 답안 파일의 문제3-4 대시보드 확인
- 시험 중 인터넷 통신 오류 팝업 메세지가 발생할 경우 엑스(☒)를 클릭하여 팝업 메시지 창을 닫고 진행하시기 바랍니다.
- 아래는 답안의 저장 및 시험종료 관련 안내입니다.
  - 메뉴 '파일'-'저장'으로 저장(툴바 저장 아이콘(🖫) 또는 'Ctrl+S' 사용금지)
  - 엑셀 데이터 추출 확인 메시지 창이 나올 경우 반드시 '추출 만들기' 버튼 누름
  - 시험 진행 중 답안은 수시로 저장
  - 시험종료 전 반드시 메뉴 '파일'-'저장'으로 저장하고 프로그램을 종료해야 합니다. 이외 방법으로 시험종료하여 발생하는 문제[오류발생/저장불가]에 대한 책임은 수험자에게 있습니다.
- 별도의 지시사항이 없는 경우, 다음과 같이 처리할 때 [실격 처리]됩니다.
  - 제시된 파일, 페이지/대시보드, 데이터 원본의 이름, 차원/측정값 속성을 임의로 변경한 경우
  - 제시된 파일, 데이터 원본을 임의로 삭제, 추가, 변경한 경우
  - 시트/워크시트/대시보드를 임의로 삭제, 추가하거나 명칭을 변경한 경우
  - 제시된 답안 파일의 경로 또는 파일명을 변경한 경우
  - 문제 데이터를 시험 시작 전에 열어보는 경우
  - 실기시험 프로그램 이외의 프로그램(엑셀 등)으로 데이터를 열어보는 경우
- 반드시 답안작성은 문제에서 지시한 위치에 작업해야 하며 다음과 같이 처리 시 해당 작업 또는 그 작업에 영향을 미치는 문제, 개체, 시트 등은 [오답 처리]됩니다.
  - 제시된 함수가 있으면 제시된 함수만을 사용해야 하며 그 외 함수를 사용해 풀이한 경우
  - 지시하지 않은 차트, 컨테이너, 매개변수 등을 임의로 이동, 수정(변경), 삭제 등으로 인해 위치 및 내용이 변경된 경우
  - 임의로 기본 설정값(Default)을 변경한 경우
  - 숫자데이터를 임의로 문자화하여 처리한 경우
  - 개체가 해당 영역을 벗어난 경우
  - 작업한 개체가 너무 작아 정보 확인이 어려울 경우
  - 지시사항과 띄어쓰기, 대소문자 등이 다르게 작업한 경우(계산식 제외)

- 문제지에 제시된 [완성화면] 그림 관련입니다.
  - 문제 상단에 있는 [완성화면] 그림은 각 문제의 세부문제 전체를 풀이했을 때 도출되는 것으로 개별 세부문제를 풀이한 후의 [완성화면] 그림과 다를 수 있음
  - 문제풀이 순서 또는 시각적 개체 작성 순서, PC 환경 등의 이유로 수험자가 작성한 개체의 모니터 화면과 모양, 색상 등이 다를 수 있음
- 본 문제와 용어는 태블로 데스크톱 퍼블릭 에디션(Tableau Desktop Public Edition) 2024.3.0. 버전을 기준으로 작성되었습니다.

문제 및 데이터 안내

1. 수험자가 작성할 답안 파일은 1개입니다. 문제1, 문제2, 문제3의 답을 하나의 답안 파일(.pbix)로 저장하십시오.
2. 문제1, 문제2, 문제3은 각각 독립적으로 구성되어 앞 문제를 풀지 않아도 다음 문제 풀이가 가능합니다.
3. 문제1은 데이터 불러오기를 통해 문제를 풀이하고, 문제2와 문제3은 답안에 이미 데이터가 포함되어 있어 다시 데이터를 불러오지 말고 바로 문제 풀이를 하십시오.
   - 데이터 파일은 문제1을 위한 데이터 파일과 문제2, 3을 위한 데이터 파일로 구성되어 있습니다.
4. 문제2와 문제3 풀이를 위해 필요한 일부 측정값, 필터가 답안 파일에 미리 적용되어 있을 수 있습니다.
   - 지시사항에 제시되지 않은 것은 변경하지 마십시오.
   - 사전에 적용된 필터 등이 삭제되지 않도록 '시트 지우기' 기능은 절대 사용하지 마십시오.
5. 문제는 문제(문제1~3) - 세부문제(1~4) - 지시사항(①~③) - 세부지시사항(▶, -) 단위로 구성됩니다.
6. 지시사항(①, ②, ③)별로 점수가 부여되며, 지시사항의 전체 세부지시사항(▶, -)을 작업하지 않을 경우 점수가 부여되지 않습니다. ※ 부분 점수 없음
7. 본 시험에서 사용되는 데이터 파일 수와 데이터명은 아래와 같습니다.
   - [문제1] 데이터 파일 수 : 2개 / 데이터명 : '강원랜드_출입현황.xlsx', '강원랜드_게임이용정보.xlsx'

파일명	강원랜드_출입현황.xlsx			
테이블	구조			
내국인	입장일자	내국인 입장권 발행수	내국인 실제 입장인원수	내국인 미입장인원수
	20240801	9486	9477	9
외국인	입장일자	외국인 입장권 발행수	외국인 실제 입장인원수	외국인 미입장인원수
	20240801	9486	9477	9

파일명	강원랜드_게임이용정보.xlsx					
테이블	구조					
게임종류	방문일자	관광객_구분	다이사이	룰렛	바카라	블랙잭	빅휠
	20240801	내국인	287	274	968	770	10
	슬롯머신	쓰리포카	전자테이블	카지노워	케라비안포카	텍사스홀덤
	3475	38	1092	45	36	41

   - [문제2] 데이터 파일 수 : 1개 / 데이터명 : '그랜드코리아레저_입장객수.xlsx'

파일명	그랜드코리아레저_입장객수.xlsx						
테이블	구조						
Hospitality	년월	영업장	방문고객구분	일본	중국	홍콩	대만
	2017-01-31	강남코엑스점	VIP	1317	2669	34	189
	동남아	로컬	러시아	미국	베트남	태국	몽골	필리핀	기타
	208	1812	0	0	0	0	0	0	363

문제1 작업준비(20점)

| 필드 완성화면 |

각 세부문제 풀이 후 필드가 아래와 같이 구성되도록 하시오.

유형	필드명	물리적 테이블	원격 필드명
#	입장일자	내외국인!출입현황	입장일자
계산	기준일자	계산	Calculation_5277655814168698...
#	내국인 입장권 발행수	내외국인!출입현황	내국인 입장권 발행수
#	실제_입장인원수	계산	Calculation_5277655814172344...
#	내국인 실제 입장인원수	내외국인!출입현황	내국인 실제 입장인원수
#	내국인 미입장인원수	내외국인!출입현황	내국인 미입장인원수
#	외국인 입장권 발행수	내외국인!출입현황	외국인 입장권 발행수
#	외국인 실제 입장인원수	내외국인!출입현황	외국인 실제 입장인원수
#	외국인 미입장인원수	내외국인!출입현황	외국인 미입장인원수
Abc	시트	내외국인!출입현황	Sheet
Abc	테이블 이름	내외국인!출입현황	Table Name
#	방문일자	게임종류	방문일자
Abc	관광객 구분	게임종류	관광객_구분
Abc	피벗 필드명	피벗	피벗 필드명
#	피벗 필드 값	피벗	피벗 필드 값
계산	게임별_이용현황	계산	Calculation_5277655814180003...

1. **답안 파일을 열고 다음의 지시사항에 따라 작업을 수행하시오. (10점)**

   ① 연결 패널을 이용하여 데이터 파일을 열고 데이터 원본 편집 창에서 데이터를 편집하시오. (3점)
   - ▶ 데이터 원본 추가 : '강원랜드_출입현황.xlsx'
   - ▶ '강원랜드_출입현황.xlsx'의 〈내국인〉, 〈외국인〉 테이블을 유니온(UNION)으로 결합하고 물리적 테이블 이름 변경 : 〈내외국인_출입현황〉

   ② 데이터 원본 편집 창에서 연결 추가를 이용하여 데이터 파일을 추가하시오. (4점)
   - ▶ 데이터 추가 : '강원랜드_게임이용정보.xlsx'의 〈게임종류〉 테이블
   - ▶ 〈내외국인_출입현황〉 테이블의 [입장일자], [조인계산] 필드와 〈게임종류〉 테이블의 [방문일자], [관광객 구분] 필드를 왼쪽 조인(LEFT JOIN)하여 물리적 테이블 생성
     - 조인 계산은 〈내외국인_출입현황〉 테이블의 [내국인 입장권 발행수]가 없을 경우 '외국인', 있을 경우 '내국인'으로 정의
     - 사용 함수 : ISNULL, IF문
     - 〈게임종류〉 테이블의 물리적 테이블 이름 변경 : 〈게임종류별_이용현황〉
     - 데이터 원본 이름 변경 : 강원랜드_카지노이용현황

   ③ 생성한 테이블의 [다이사이], [룰렛], [바카라], [블랙잭], [빅휠], [슬롯머신], [쓰리포카], [전자테이블], [카지노워], [케리비안포카], [텍사스홀덤] 필드를 피벗(PIVOT)하시오. (3점)

2. 세부문제1에서 모델링한 데이터를 아래 지시사항에 따라 편집하시오. (10점)

　① 〈강원랜드_카지노이용현황〉에 [기준일자] 필드를 생성하시오. (3점)
　　▶ 필드 이름 : 기준일자
　　　– 〈강원랜드_카지노이용현황〉의 [입장일자] 필드 활용
　　　– 사용 함수 : STR, DATEPARSE
　　　– 데이터 유형: 날짜 및 시간

　② 〈강원랜드_카지노이용현황〉에 [실제_입장인원수] 필드를 생성하시오. (3점)
　　▶ 필드 이름 : 실제_입장인원수
　　　– [내국인 입장권 발행수]가 없을 경우 [외국인 실제 입장인원수], 있을 경우 [내국인 실제 입장인원수]로 정의
　　　– 사용 함수 : ISNULL, IF문

　③ 〈강원랜드_카지노이용현황〉에 [게임별_이용현황] 필드를 생성하시오. (4점)
　　▶ 필드 이름 : 게임별_이용현황
　　　– [피벗 필드 값]을 [실제_입장인원수] 필드로 나눠서 사용
　　　– 사용 함수 : AVG, SUM

| 문제2 단순요소 구현(30점) |

| 시각화 완성화면 |

각 세부문제 풀이 후 아래와 같은 결과가 도출되어야 합니다.

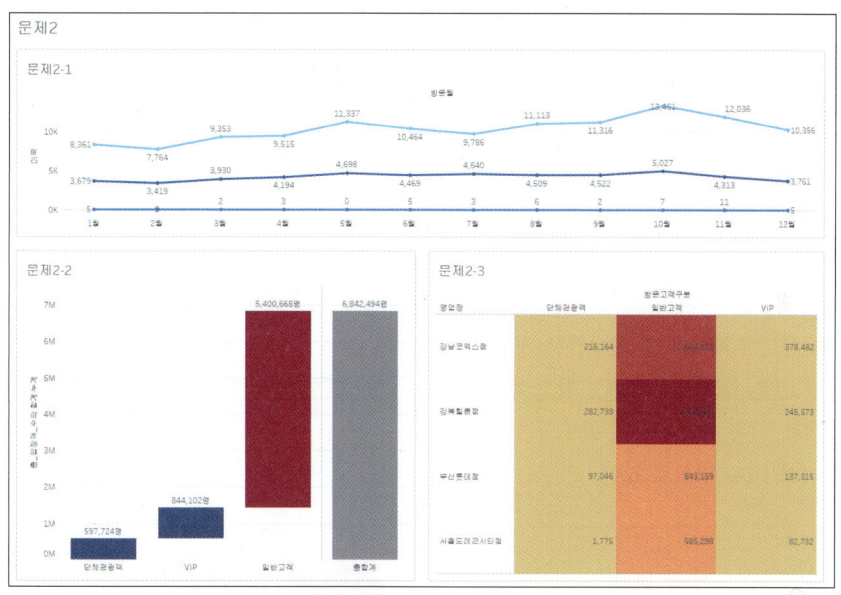

1. '문제2-1' 시트에 라인 차트를 구현하시오. (10점)

   ① '문제2-1' 시트에 [방문월] 필드를 생성하시오. (4점)

   ▶ 필드 이름 : 방문월

   – [년월] 필드를 이용하여 생성(예 : '1월', '2월')

   – 사용 함수 : DATEPART, STR

   ② 가로축과 세로축이 아래와 같은 라인 차트를 구현하시오. (3점)

   ▶ 마크 종류 : 라인 차트

   ▶ 가로축 : [방문월] 필드

   ▶ 세로축 : [미국] 필드

   ③ 라인 차트의 레이블과 색상을 설정하시오. (3점)

   ▶ 레이블 : [미국] 필드 표시

   ▶ 색상 : [방문고객구분] 필드 적용

   – 단체관광객 : #008FF7, 일반고객 : #66CCFF, VIP : #1A70FC

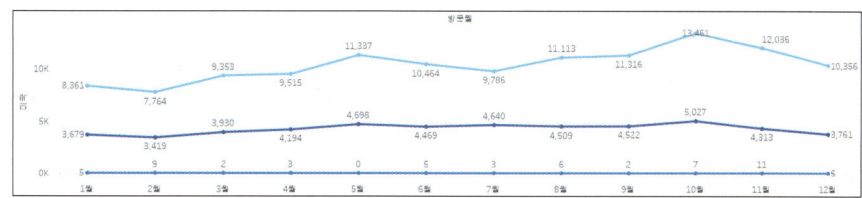

2. '문제2-2' 시트에 워터폴 차트를 구현하시오. (10점)
   ① 함수 사용 없이 [총_입장객_수] 필드를 생성하시오. (3점)
      ▶ 필드 이름 : 총_입장객_수
        – [기타], [대만], [동남아], [러시아], [로컬], [몽골], [미국], [베트남], [일본], [중국], [태국], [필리핀], [홍콩] 필드를 사용하여 합산
   ② [방문고객구분]별 [총_입장객_수]의 누계를 보여주는 워터폴 차트를 구현하시오. (4점)
      ▶ 가로축 : [방문고객구분] 필드
      ▶ 세로축 : [총_입장객_수] 필드
        – 퀵 테이블 계산 사용
      ▶ 정렬 : [방문고객구분] 필드를 각각 [총_입장객_수] 필드의 합계를 기준으로 오름차순으로 정렬
      ▶ 크기 : [총_입장객_수(워터폴)] 필드를 생성하여 반영
        – [총_입장객_수(워터폴)] 필드는 [총_입장객_수]의 누계 표현 시 추가된 수치를 표현하는 필드
   ③ 워터폴 차트의 레이블 및 색상을 설정하시오. (3점)
      ▶ 색상 : [총_입장객_수] 필드의 합계에 따라 색상표의 "일출–일몰 다중"으로 3단계로 구분
      ▶ 레이블 : [총_입장객_수] 필드의 합계
        – 서식 : 000명으로 표현

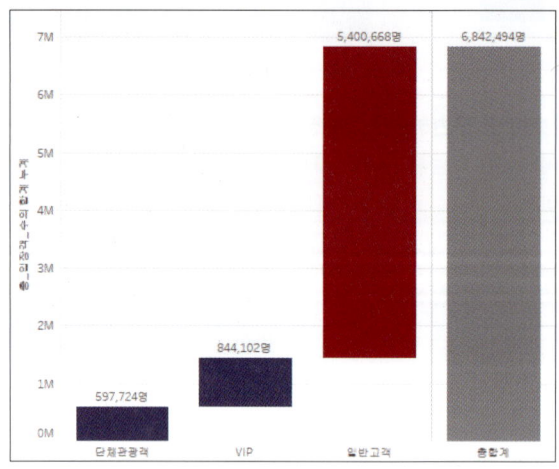

〈참고〉 워터폴차트 색상

3. '문제2-3' 시트에 하이라이트 테이블을 구현하시오. (10점)

　① 하이라이트 테이블을 구현하시오. (5점)

　　▶ 가로축 : [방문고객구분] 필드
　　▶ 세로축 : [영업장] 필드

　② 레이블 및 측정값의 색상을 설정하시오. (5점)

　　▶ 레이블
　　　－ [총_입장객_수] 필드를 '자동'으로 표시
　　▶ 색상 : [총_입장객_수] 필드를 기준으로 색상 구분
　　　－ 색상표에서 빨간색-금색 선택
　　　－ 단계별 색상을 5단계로 변경
　　　－ 색상 편집의 색상표에 제시된 색상을 그대로 적용

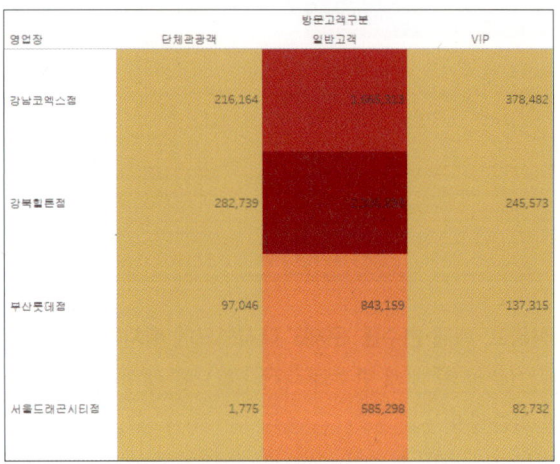

〈참고〉 측정값 색상

문제3 복합요소 구현(50점)

| 시각화 완성화면 |

각 세부문제 풀이 후 아래와 같은 결과가 도출되어야 합니다.

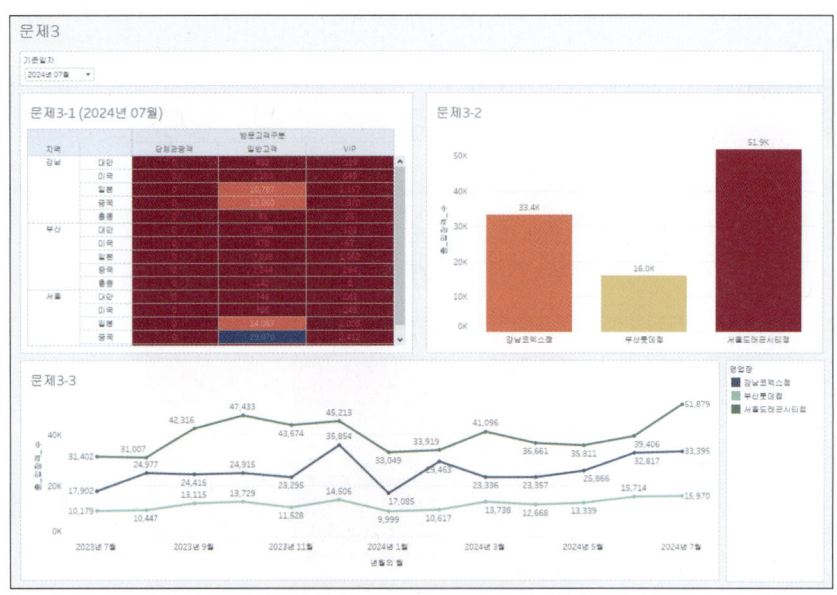

1. **매개 변수와 필드를 생성하고, 매개 변수를 '문제3' 대시보드에 배치하시오. (10점)**

    ① 다음의 조건에 맞는 [기준일자] 매개 변수와 [당월] 필드를 생성하시오. (4점)

    ▶ 매개 변수 이름 : 기준일자
    - 통합 문서가 열릴 때 [년월] 필드가 나타나도록 날짜형 매개 변수 생성
    - 표시 형식 : yyyy년 mm월

    ▶ 필드 이름 : 당월
    - 함수 사용 없이 [기준일자] 매개 변수와 [년월] 필드를 비교하여 부울값 반환

    ② 매개 변수를 적용하는 [최근_1년] 필드를 생성하시오. (3점)

    ▶ 필드 이름 : 최근_1년
    - [기준일자] 매개 변수와 [년월] 필드의 비교
    - 사용 함수 : DATEADD

    ③ [지역] 필드를 생성하고 매개 변수를 배치하시오. (3점)

    ▶ 필드 이름 : 지역
    - [영업장] 필드의 두 글자만 반환
    - 사용 함수 : LEFT

    ▶ [기준일자] 매개 변수를 '문제3' 대시보드 상단에 배치
    - 너비 : 120px로 고정

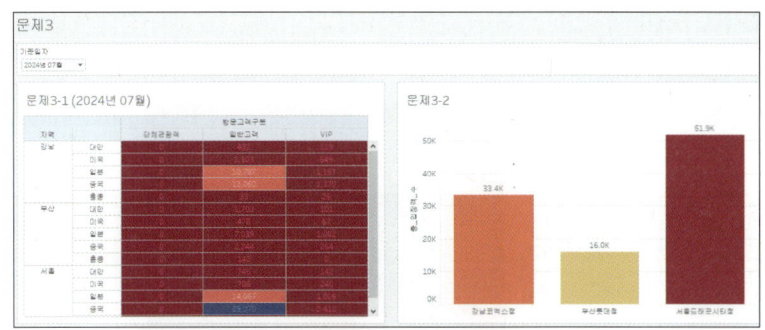

〈참조〉 매개 변수 배치

2. '문제3-1' 시트에 하이라이트 차트(Highlight Chart)를 구현하시오. (10점)

① '문제3-1' 시트에 하이라이트 차트(Highlight Chart)를 구현하시오. (4점)
▶ 가로축 : [방문고객구분] 필드
▶ 세로축 : [지역] 필드와 [측정값 이름] 필드
– [대만], [미국], [일본], [중국], [홍콩] 필드순으로 정렬
▶ 표시 설정 : 사각형

② 레이블 및 색상을 설정하시오. (3점)
▶ 레이블
– [측정값] 필드를 중앙(가로 '가운데')에 표시
– 글자색을 마크 색상과 일치하도록 설정
▶ 서식
– [방문고객구분] 음영색 지정(#E9EDF5)
– [지역], [측정값 이름] 머리글 가운데 정렬
▶ 색상 : [측정값] 필드를 기준으로 색상 구분
– 색상표에서 빨간색-파란색 다중 선택
– 단계별 색상을 4단계로 변경

③ '문제3-1' 시트 제목 뒤에 [기준일자] 매개 변수를 추가하시오. (3점)
▶ 시트 제목 : 문제3-1 (2024년 07월)
– [기준일자] 매개 변수에서 '2024년 07월' 선택 시 '문제3-1 (2024년 07월)', '2024년 06월' 선택 시 '문제3-1 (2024년 06월)' 적용

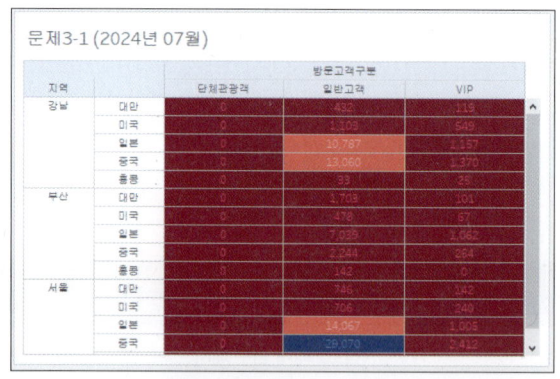

〈참고〉'문제3-2' 시트 제목

3. '문제3-2' 시트에 세로 막대 차트를 구현하시오. (10점)

※ '문제2-2'에서 [총_입장객_수] 필드를 만들지 못하였을 경우, [총_입장객_수] 필드 대신 [미국] 필드 적용

① [영업장] 필드와 [총_입장객_수] 필드를 사용하여 세로 막대 차트를 구현하시오. (3점)
  ▶ 가로축 : [영업장] 필드
  ▶ 세로축 : [총_입장객_수] 필드

② [당월] 필드를 시트에 추가하시오. (4점)
  ▶ 필터 : [당월] 필드의 '참'
    – 필터를 하나만 사용
    – 필터 적용 시트를 '문제3-1'과 '문제3-2'에 적용

③ 세로 막대 차트의 색상과 레이블을 설정하시오. (3점)
  ▶ 색상 : [총_입장객_수] 필드의 합계에 따라 색상표의 "빨간색–금색"으로 구분
  ▶ 레이블 : [총_입장객_수] 필드의 합계
    – 서식 : 숫자 서식 '소수점 1자리', 디스플레이 장치 '천(K)'으로 설정

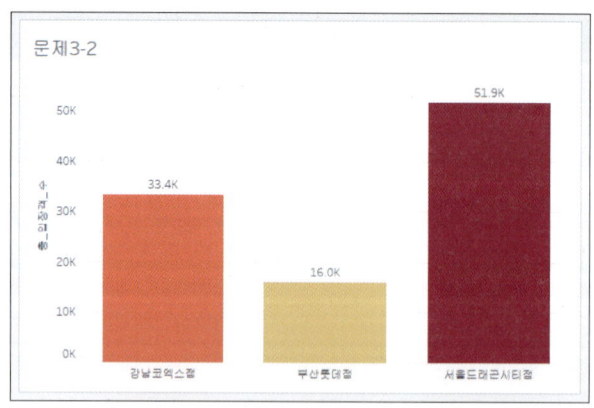

〈참고〉'문제3-2' 색상과 레이블 참조

4. '문제3-3' 시트에 라인 차트를 구현하시오. (10점)

※ '문제2-2'에서 [총_입장객_수] 필드를 만들지 못하였을 경우, [총_입장객_수] 필드 대신 [미국] 필드 적용

① [영업장]별로 [년월]별 [총_입장객_수]의 추이를 보여주는 라인 차트를 구현하시오. (4점)
- ▶ 가로축 : [년월] 필드를 연속형(월)로 계산
- ▶ 세로축 : [영업장]별 [총_입장객_수] 필드의 합계

② 라인 차트의 필터를 설정하시오. (3점)
- ▶ 필터 : [최근_1년] 필드의 '참'

③ 라인 차트의 색상과 레이블을 설정하시오. (3점)
- ▶ 색상 : [영업장]별 [총_입장객_수] 필드의 합계를 색상표 선택의 "방앗간 돌"로 구분
- ▶ 레이블 : [총_입장객_수] 필드의 합계

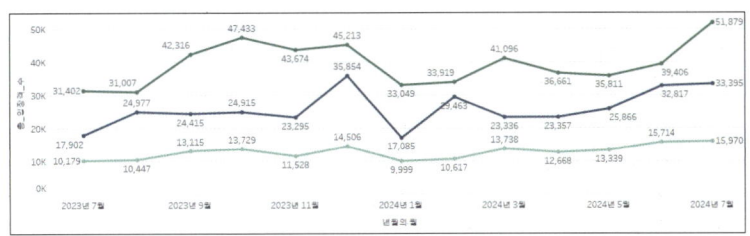

〈참고〉 색상과 레이블 단위

5. '문제3' 대시보드 동작과 색상 범례를 구현하시오. (10점)

① '문제3-3'의 색상 범례를 구현하시오. (5점)
- ▶ 위치 : '문제3-3' 오른쪽 빈 공간

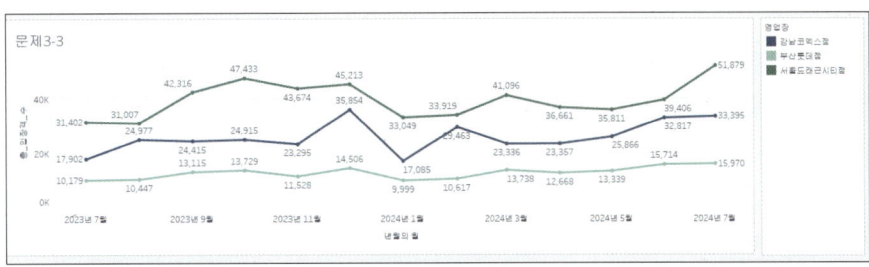

〈참고〉 '문제3-3' 범례 위치

② '문제3' 대시보드에서 '문제3-1' 그리드 클릭 시 [방문고객구분]에 따라 값이 변경되도록 구현하시오. (5점)
- ▶ '문제3-2'와 '문제3-3'만 동작할 수 있도록 구성
- ▶ 필터 동작 설정
    - 동작 이름 : 방문고객구분_필터
    - 동작 : 필터 동작
    - 동작 실행 조건 : 선택
    - 선택을 해제할 경우의 결과 : 모든 값 표시
    - [방문고객구분] 필드 값에만 동작하는 필터 동작

풀이 1 ▶ 작업준비 20점

1 답안 파일을 열고 다음의 지시사항에 따라 작업을 수행하시오.

① 연결 패널을 이용하여 데이터 파일을 열고 데이터 원본 편집 창에서 데이터를 편집하시오.

01 **바탕 화면 > 유선배 경영정보시각화능력 실기(Tableau) 실습 자료 > Part3_모의고사_1회 > 1회 _답안.twbx**를 **더블클릭**하여 답안 파일을 실행합니다. 상단에 태블로 마크 모양의 **시작 페이지 표시**()를 클릭하여 연결 패널로 이동합니다.

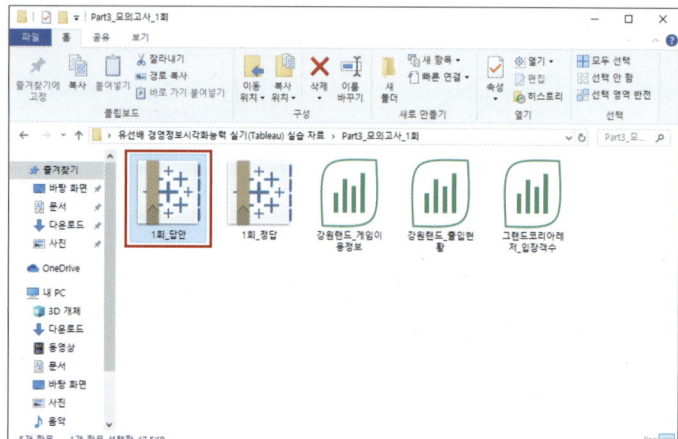

02 **연결**에서 **파일에 연결 > Microsoft Excel**을 클릭한 후 파일 경로 위치는 **바탕 화면 > 유선배 경영정보시각화능력 실기(Tableau) 실습 자료 > Part3_모의고사_1회 > 강원랜드_출입현황.xlsx**를 선택한 후 **열기**를 클릭합니다.

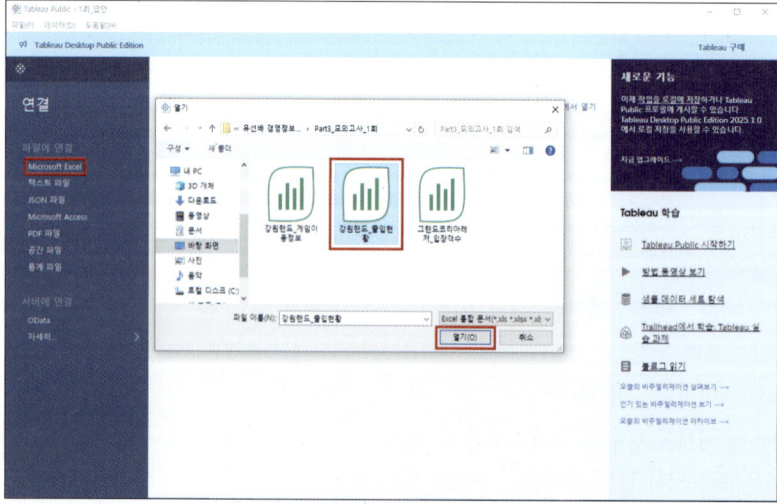

03 새 유니온을 캔버스로 드래그 앤 드롭하고 좌측의 내국인 시트와 외국인 시트를 유니온 팝업 창에 차례대로 드래그 앤 드롭한 후 확인을 눌러 마무리합니다.

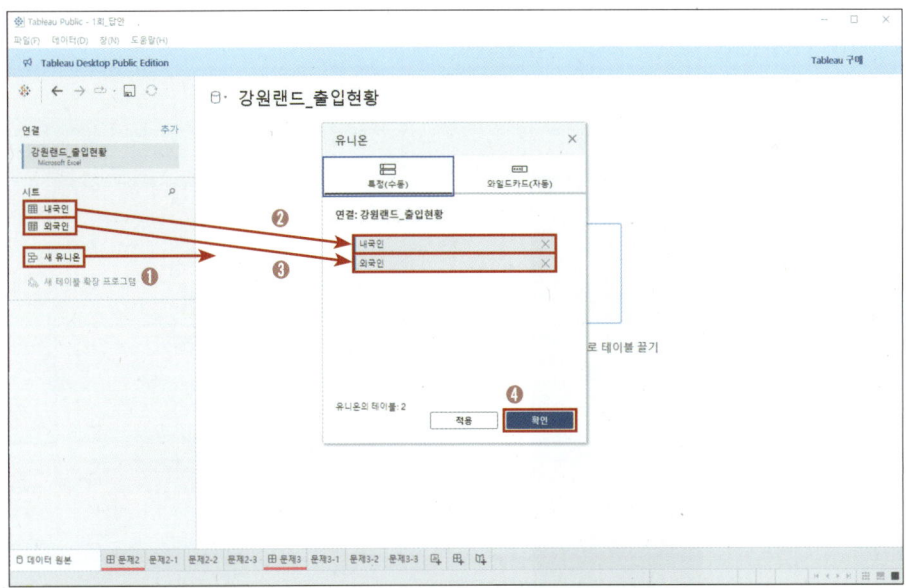

04 유니온으로 결합한 물리적 테이블의 이름을 변경하기 위해 논리적 테이블 유니온을 더블클릭한 후 물리적 테이블 정보에 표시된 유니온을 더블클릭합니다. 유니온에서 내외국인_출입현황으로 변경하고 Enter를 누릅니다.

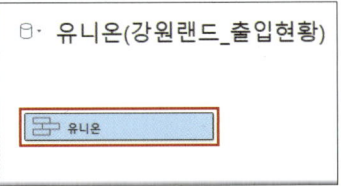 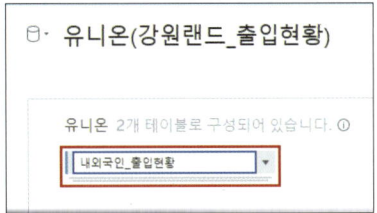

② 데이터 원본 편집 창에서 연결 추가를 이용하여 데이터 파일을 추가하시오.

01 데이터 원본 페이지의 왼쪽 사이드 바에 위치한 **연결 > 추가 > Microsoft Excel**을 클릭하여 **강원랜드_게임이용정보.xlsx > 열기**를 클릭합니다.

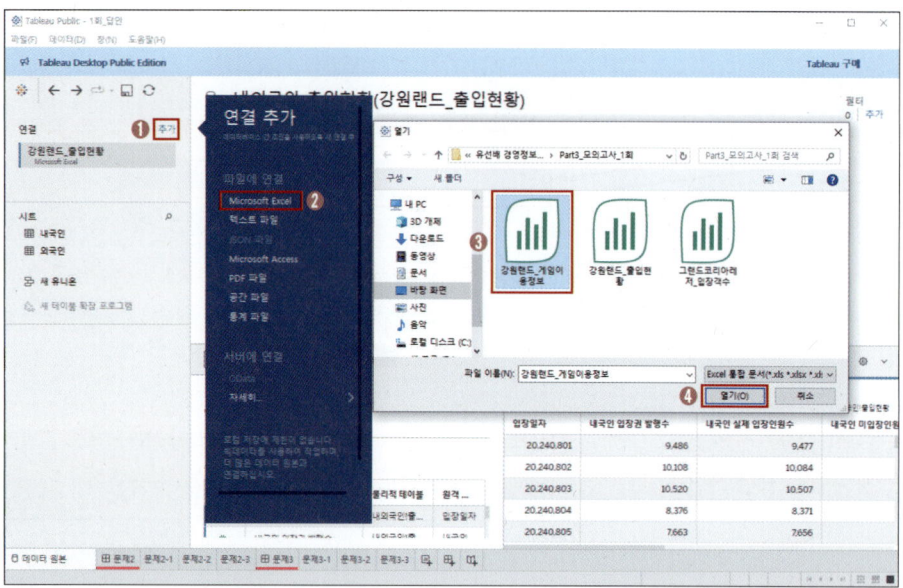

02 두 테이블을 **왼쪽 조인**으로 선택하고 데이터 원본에는 내외국인_출입현황의 **입장일자**, 게임종류에는 게임종류별_이용현황의 **방문일자**를 추가합니다.

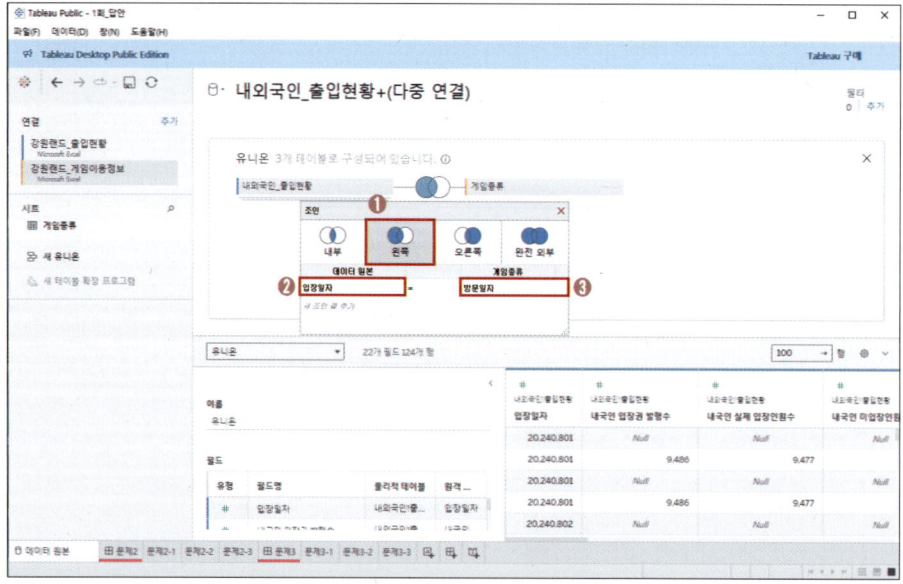

03 두 번째 필드에는 좌측의 **새 조인 절 추가**를 클릭하고 **조인 계산 만들기**를 클릭합니다. **조인 계산 팝업 창**에 ISNULL **함수,** IF문을 사용하여 다음 수식을 입력하고 **확인**을 클릭하여 사용합니다.

IF ISNULL([내국인 입장권 발행수]) THEN '외국인' ELSE '내국인' END

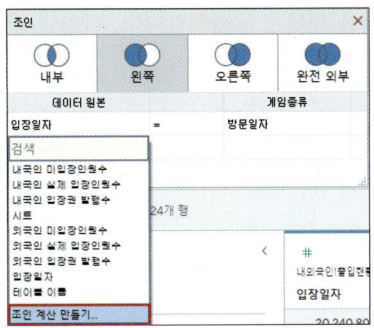

04 우측의 **게임종류**에는 게임종류별_이용현황의 **관광객 구분**을 추가합니다. 선택이 끝났으면 우측 상단 ☒을 클릭하여 창을 닫습니다. 캔버스 우측 상단 ☒도 클릭하여 유니온 창을 닫습니다.

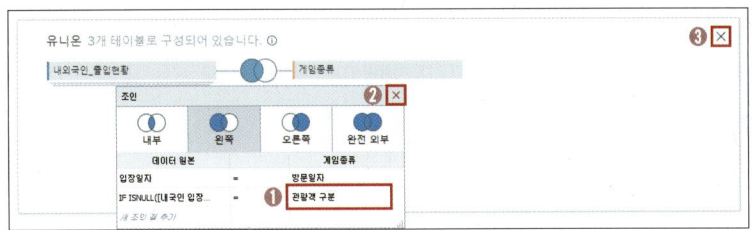

05 조인한 논리적 테이블의 이름을 변경하기 위해 캔버스에 있는 **논리적 테이블 유니온을 마우스 우클릭**합니다. 나타난 팝업 메뉴에서 **이름 바꾸기**를 클릭하여 **게임종류별_이용현황**으로 이름을 변경하고 Enter를 누릅니다. 데이터 원본 이름을 변경하기 위해 상단에 있는 **데이터 원본 이름**을 클릭하여 **강원랜드_카지노이용현황**으로 변경한 후 빈 곳을 클릭하거나 Enter를 누릅니다.

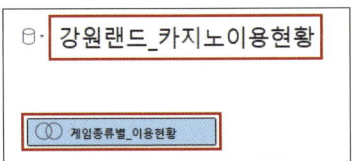

③ 생성한 테이블의 [다이사이], [룰렛], [바카라], [블랙잭], [빅휠], [슬롯머신], [쓰리포카], [전자테이블], [카지노워], [케리비안포카], [텍사스홀덤] 필드를 피벗(PIVOT)하시오.

01 [다이사이] 필드의 머리글을 클릭하고 **Shift**를 누른 상태에서 오른쪽으로 이동하여 [텍사스홀덤] 필드의 머리글을 클릭합니다.

02 음영이 나타난 필드의 머리글을 **마우스 우클릭**합니다. 나타난 팝업 메뉴에서 **피벗**을 클릭합니다.

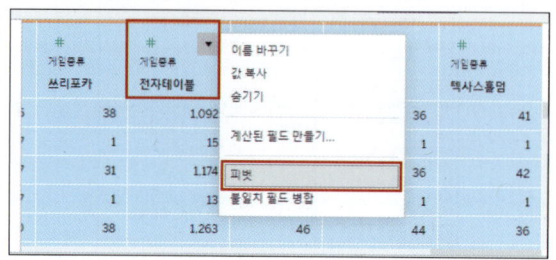

음영 처리된 필드 중 아무 필드에서나 머리글을 마우스 우클릭하여도 피벗이 가능합니다.

2 세부문제1에서 모델링한 데이터를 아래 지시사항에 따라 편집하시오.

① 〈강원랜드_카지노이용현황〉에 [기준일자] 필드를 생성하시오.

01 데이터 그리드에 있는 [입장일자] 필드의 머리글을 **마우스 우클릭**합니다. 나타난 팝업 메뉴에서 **계산된 필드 만들기**를 클릭합니다.

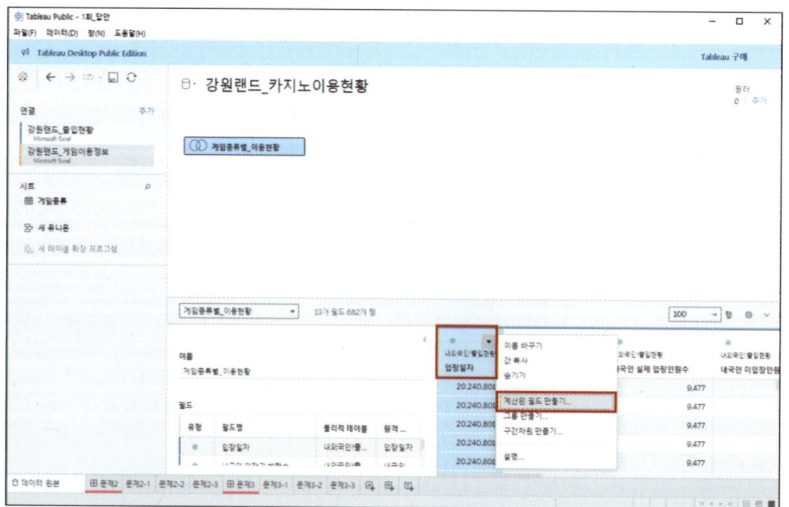

02 나타난 **계산된 필드 만들기 팝업 창**에서 상단에 필드 **이름**을 **기준일자**로 변경합니다.

03 [기준일자] 필드는 숫자형 필드인 [입장일자]를 날짜 데이터로 변환하기 위해 **DATEPARSE, STR 함수**를 사용하여 다음 수식을 입력하고 **확인**을 클릭합니다.

DATEPARSE('yyyyMMdd', STR([입장일자]))

② 〈강원랜드_카지노이용현황〉에 [실제_입장인원수] 필드를 생성하시오.

01 데이터 그리드에 있는 [내국인 입장권 발행수] 필드의 머리글을 **마우스 우클릭**합니다. 나타난 팝업 메뉴에서 **계산된 필드 만들기**를 클릭합니다.

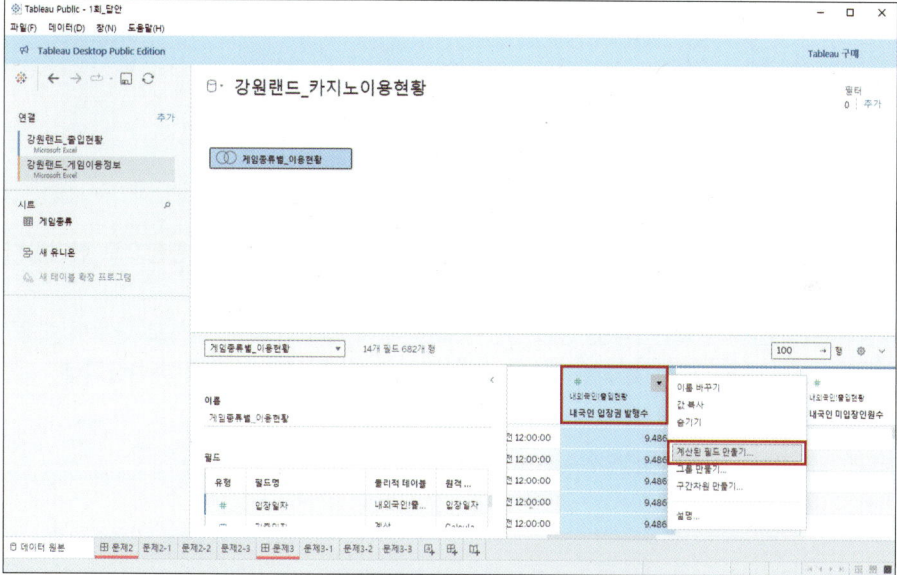

02 나타난 **계산된 필드 만들기 팝업 창**에서 상단에 필드 **이름**을 **실제_입장인원수**로 변경합니다.

03 [실제_입장인원수] 필드는 [내국인 입장권 발행수] 필드가 NULL일 때 [외국인 실제 입장객수] 필드를 반환하고 아닐 경우 [내국인 실제 입장객수] 필드를 반환하기 위해 **ISNULL 함수, IF문**을 사용하여 다음 수식을 입력하고 **확인**을 클릭합니다.

IF ISNULL([내국인 입장권 발행수]) THEN [외국인 실제 입장인원수]
ELSE [내국인 실제 입장인원수] END

③ 〈강원랜드_카지노이용현황〉에 [게임별_이용현황] 필드를 생성하시오.

01 데이터 그리드에 있는 **[피벗 필드 값]** 필드의 머리글을 **마우스 우클릭**합니다. 나타난 팝업 메뉴에서 **계산된 필드 만들기**를 클릭합니다.

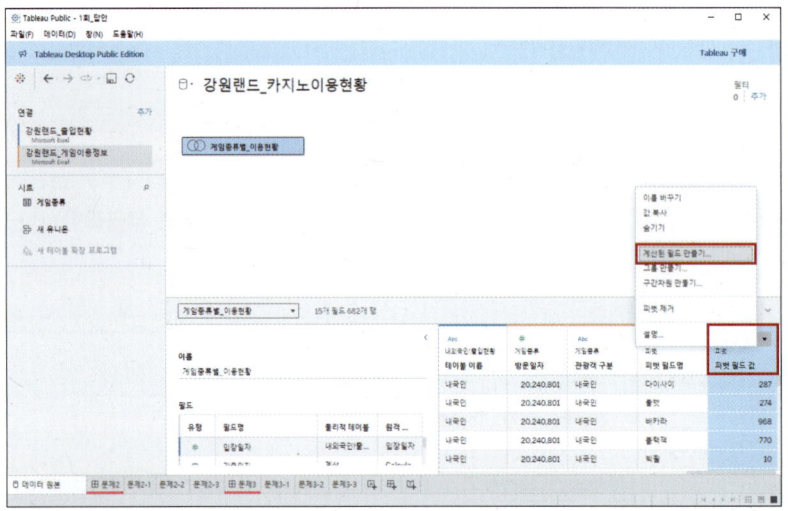

02 나타난 **계산된 필드 만들기 팝업 창**에서 상단에 필드 **이름**을 **게임별_이용현황**으로 변경합니다.

03 [게임별_이용현황] 필드는 [피벗 필드 값] 필드를 [실제_입장인원수] 필드로 나누어 이용 현황을 파악하기 위해 **SUM, AVG 함수**를 사용하여 다음 수식을 입력하고 **확인**을 클릭합니다.

SUM([피벗 필드 값])/AVG([실제_입장인원수])

04 메타 데이터 그리드에 필드가 문제의 지시대로 입력된 것을 확인할 수 있습니다.

풀이 2 단순요소 구현 30점

1 '문제2-1' 시트에 라인 차트를 구현하시오.

① '문제2-1' 시트에 [방문월] 필드를 생성하시오.

01 하단 탭에서 **문제2-1**을 클릭하여 해당 시트로 이동합니다. 왼쪽 상단에 위치한 데이터 원본 목록 중에서 **그랜드코리아레저 입장객수(그랜드코리아레저_입장객수)**를 선택합니다.

02 [방문월] 필드를 생성하기 위해 데이터 패널 상단의 ▼을 클릭합니다. 나타난 팝업 메뉴에서 **계산된 필드 만들기**를 클릭합니다.

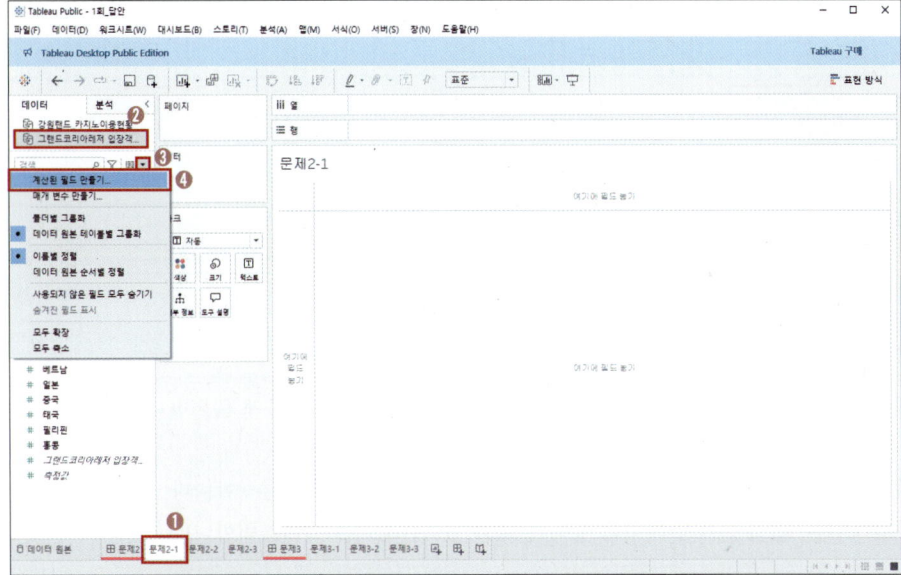

03 나타난 **계산된 필드 만들기 팝업 창**에서 상단에 필드 **이름**을 **방문월**로 변경합니다.

04 [방문월] 필드는 [년월] 필드의 월을 반환하기 위해 **STR, DATEPART 함수**를 사용하여 다음 수식을 입력하고 **확인**을 클릭합니다.

STR(DATEPART('month', [년월]))+'월'

② 가로축과 세로축이 아래와 같은 라인 차트를 구현하시오.

01 마크 패널의 **표현 방식**을 **라인**으로 변경합니다.

02 데이터 패널에 생성한 **[방문월]** 필드를 **열** 패널로 **드래그 앤 드롭**하고 **[미국]** 필드를 **행** 패널로 드래그 앤 드롭합니다.

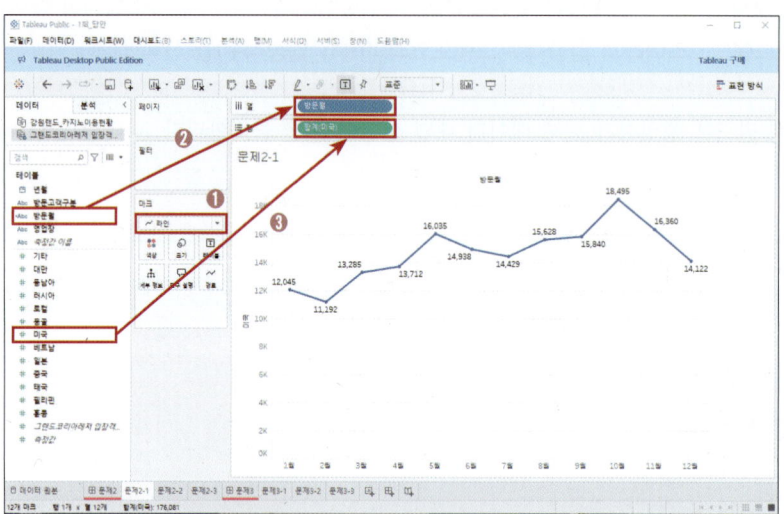

③ 라인 차트의 레이블과 색상을 설정하시오.

01 데이터 패널의 **[방문고객구분]** 필드를 마크 패널의 **색상**에 **드래그 앤 드롭**합니다.

02 마크 패널의 **색상**을 클릭해서 나타난 팝업 창에서 **색상 편집**을 클릭합니다. 나타난 **색상 편집 [방문고객구분]** 팝업 창에서 데이터 항목 선택의 **단체관광객**을 **더블클릭**합니다.

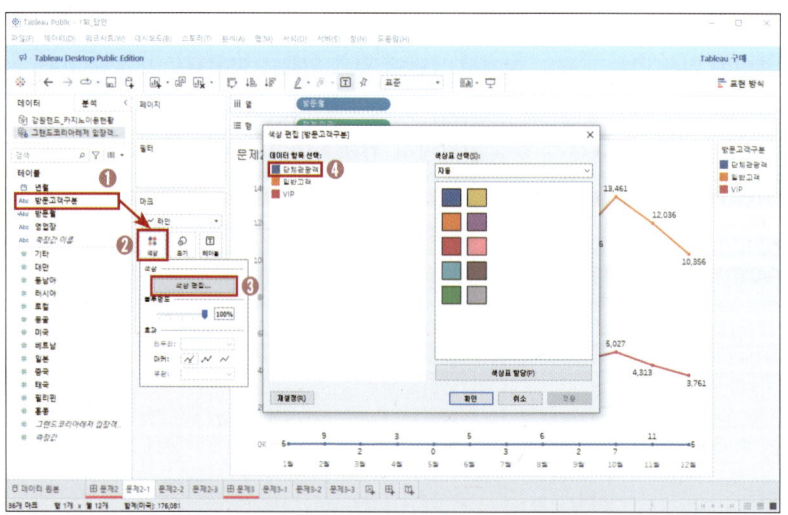

03 이때 나타난 **색 선택 팝업 창**에서 HTML(H) 옆에 색상 코드 **#008FF7**을 입력하고 **확인**을 클릭합니다. 같은 방식으로 **일반고객**을 **더블클릭**하여 HTML(H) 옆에 색상 코드 **#66CCFF**를 입력하고 **확인**을 클릭합니다. 마지막으로 VIP를 **더블클릭**하여 HTML(H) 옆에 색상 코드 **#1A70FC**를 입력합니다. **확인**을 클릭하여 색 지정을 마무리합니다.

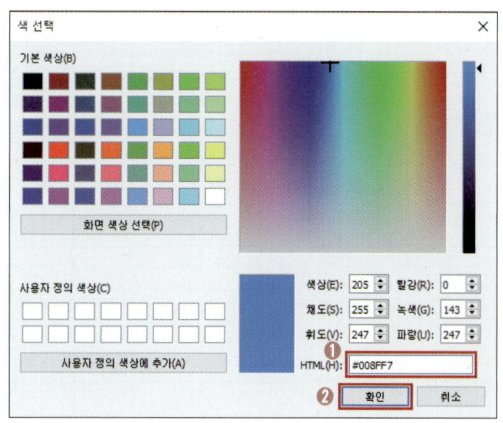
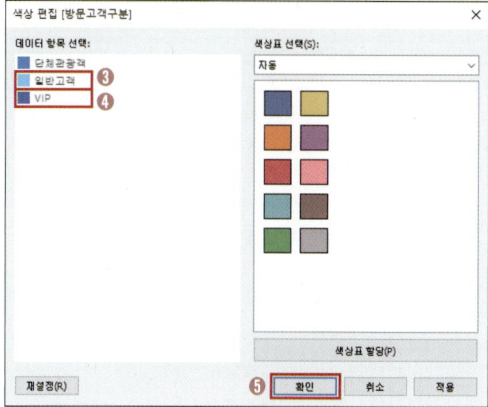

04 상단 툴바 오른쪽의 **맞춤**을 표준에서 **전체 보기**로 변경합니다. 차트가 문제의 지시대로 완성된 것을 확인할 수 있습니다.

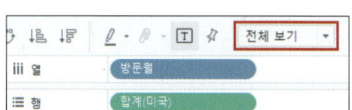
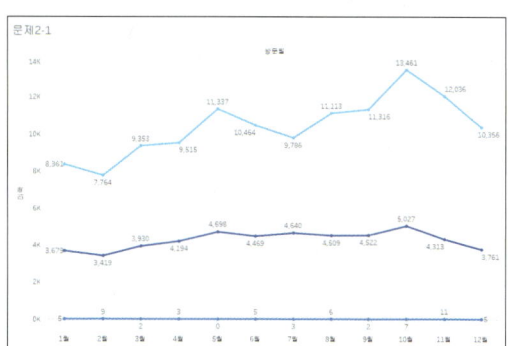

2 '문제2-2' 시트에 워터폴 차트를 구현하시오.

① 함수 사용 없이 [총_입장객_수] 필드를 생성하시오.

01 하단 탭에서 **문제2-2**를 클릭하여 해당 시트로 이동합니다. [총_입장객_수] 필드를 생성하기 위해 데이터 패널 상단의 ▼을 클릭합니다. 나타난 팝업 메뉴에서 **계산된 필드 만들기**를 클릭합니다.

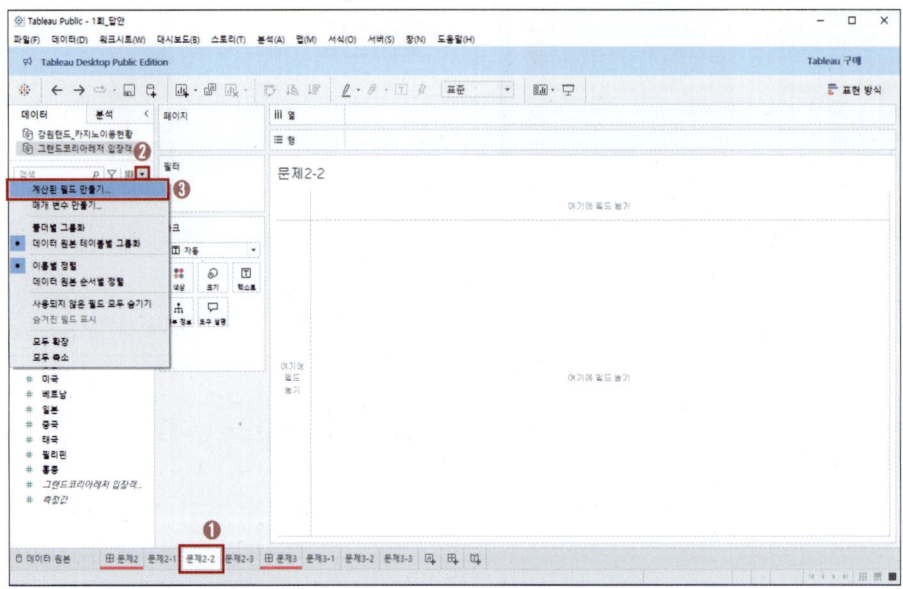

02 나타난 **계산된 필드 만들기 팝업 창**에서 상단에 필드 **이름**을 **총_입장객_수**로 변경합니다.

03 [총_입장객_수] 필드는 [기타] 필드부터 [홍콩] 필드까지 모든 지역의 고객 수를 합산하기 위해 **+**를 사용하여 다음 수식을 입력하고 **확인**을 클릭합니다.

[기타]+[대만]+[동남아]+[러시아]+[로컬]+[몽골]+[미국]+[베트남]+[일본]+[중국]+[태국]+[필리핀]+[홍콩]

② [방문고객구분]별 [총_입장객_수]의 누계를 보여주는 워터폴 차트를 구현하시오.

01 워터폴 차트를 구현하기 위해 마크 패널의 **표현 방식**을 **Gantt 차트**로 변경합니다.

02 데이터 패널의 **[방문고객구분]** 필드를 **열 패널로 드래그 앤 드롭**하고 **[총_입장객_수]** 필드를 **행 패널로 드래그 앤 드롭**합니다.

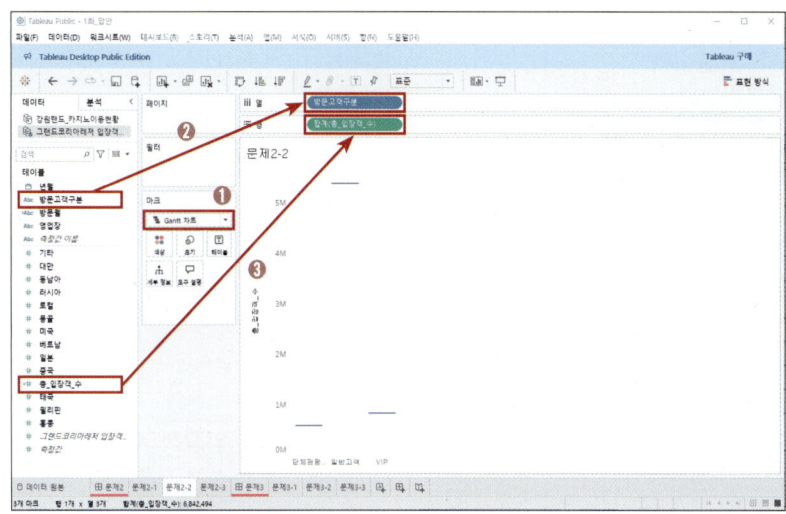

03 행 패널에 추가된 **합계(총_입장객_수)**를 **마우스 우클릭**합니다. 나타난 팝업 메뉴에서 **퀵 테이블 계산 > 누계**를 클릭합니다. 워터폴 차트에 전체 합계를 표시해주어야 하기 때문에 상단 메뉴의 **분석(A) > 총계(O) > 행 총합계 표시(G)**를 클릭합니다.

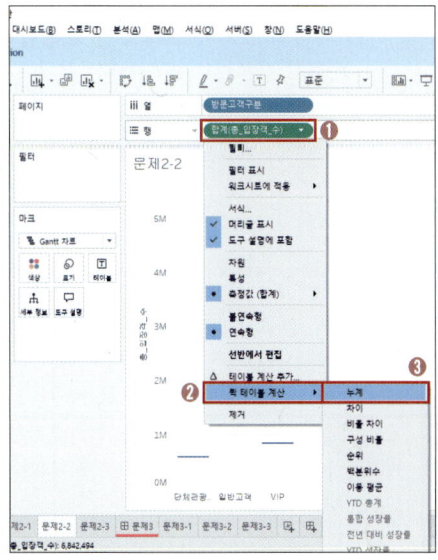
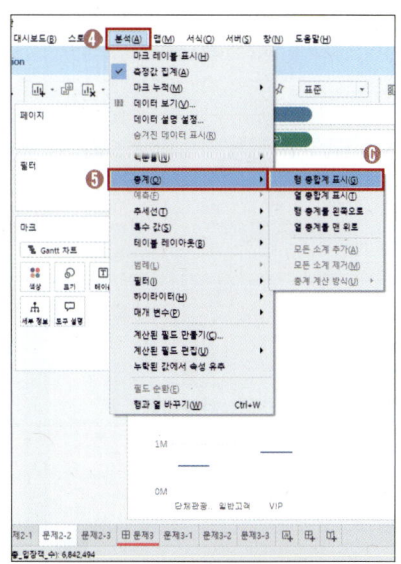

04 워터폴 차트의 크기를 표현하기 위해 [총_입장객_수(워터폴)] 필드를 생성해주어야 합니다. 데이터 패널 상단의 ▼을 클릭합니다. 나타난 팝업 메뉴에서 **계산된 필드 만들기**를 클릭합니다.

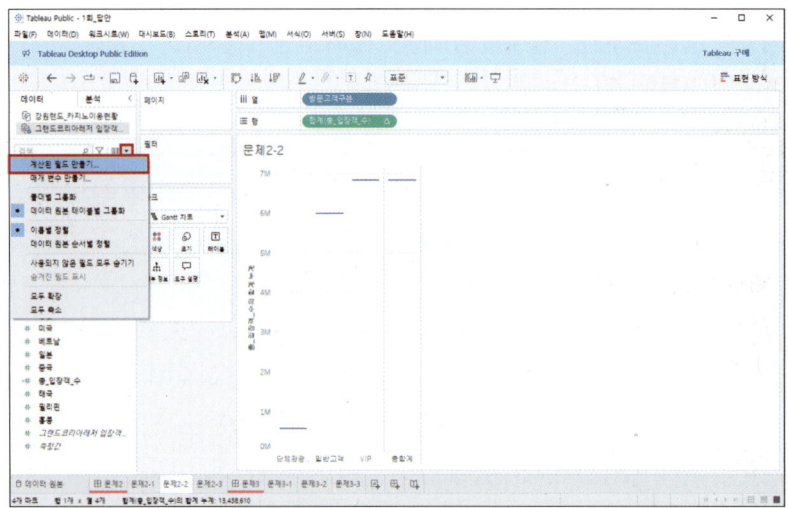

05 나타난 **계산된 필드 만들기 팝업 창**에서 상단에 필드 **이름**을 **총_입장객_수(워터폴)**로 변경합니다.

06 [총_입장객_수(워터폴)] 필드는 [총_입장객_수] 필드를 활용하여 크기를 만들어야 하기 때문에 −를 사용하여 다음 수식을 입력하고 **확인**을 클릭합니다.

−[총_입장객_수]

07 데이터 패널에 있는 [총_입장객_수(워터폴)] 필드를 마크 패널의 **크기**에 **드래그 앤 드롭**합니다.

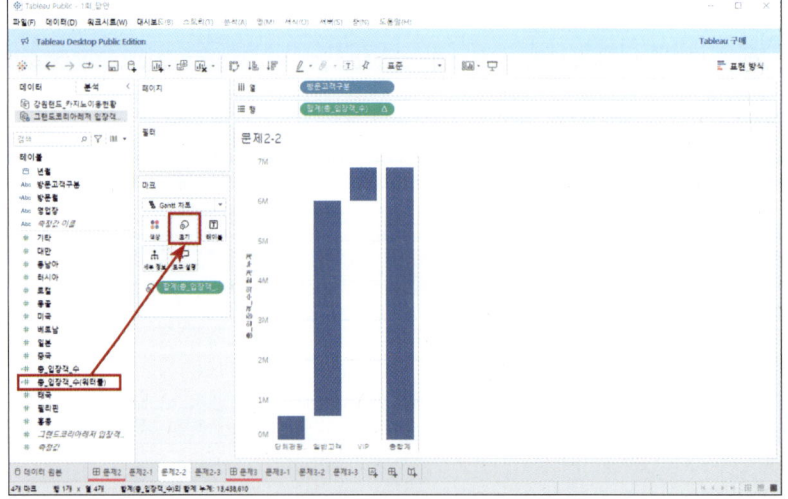

08 열 패널에 추가된 **방문고객구분**을 **마우스 우클릭**합니다. 나타난 팝업 메뉴에서 정렬을 클릭합니다. **정렬 [방문고객구분]** 팝업 창에서 **정렬 기준**을 **필드**로 선택하고 **정렬 순서**는 **오름차순**으로 진행합니다. **필드명**은 **총_입장객_수**로 선택한 후 상단의 ☒을 클릭하여 창을 닫습니다.

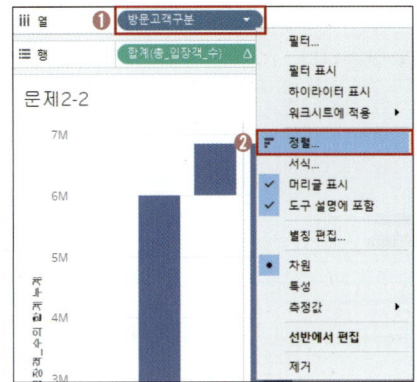 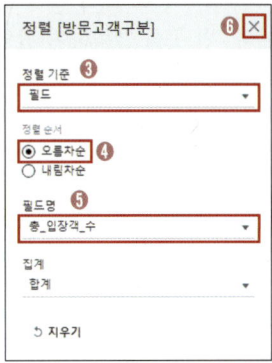

③ 워터폴 차트의 레이블 및 색상을 설정하시오.

01 색상을 편집하기 위해 데이터 패널의 [**총_입장객_수**] 필드를 마크 패널의 **색상**으로 **드래그 앤 드롭**합니다.

02 마크 패널의 **색상**을 클릭하고 나타난 팝업 메뉴에서 **색상 편집**을 클릭합니다. **색상표(P)**의 **일출-일몰 다중**을 선택하고 **단계별 색상**을 **체크**하여 **3단계**로 조정한 후 **확인**을 클릭합니다.

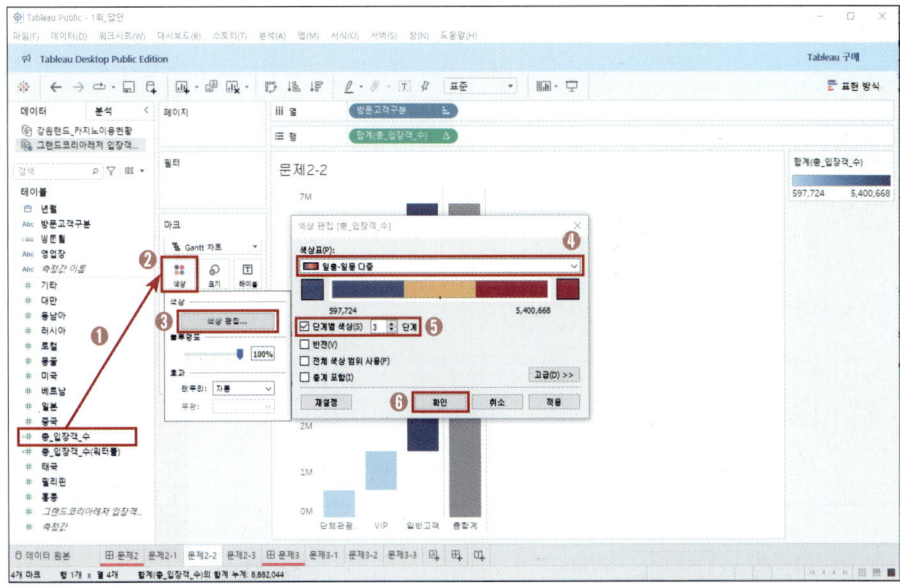

03 레이블을 추가하기 위해 데이터 패널의 [총_입장객_수] 필드를 마크 패널의 **레이블**로 **드래그 앤 드롭**합니다.

04 마크 패널의 **레이블**을 클릭하고 나타난 팝업 메뉴에서 ▦을 클릭하여 레이블 편집 팝업 창을 실행합니다. 나타난 **레이블 편집 팝업 창**에서 **〈합계(총_입장객_수)〉**의 오른쪽에 **명**을 입력한 후 **확인**을 클릭합니다. 빈 곳을 클릭하여 팝업 창을 닫습니다.

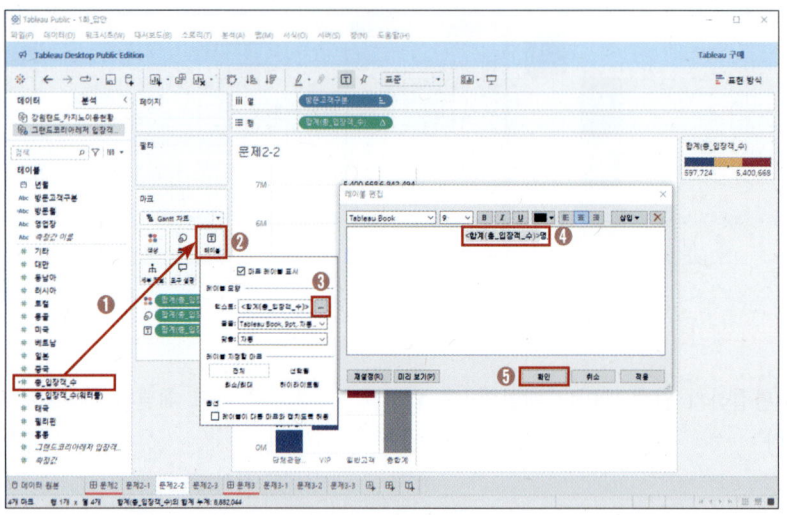

명을 입력하면 일시적으로 글씨가 안보일 수 있으나 입력 창의 빈 곳을 클릭하면 제대로 입력되어있는 것을 확인할 수 있습니다.

05 상단 툴바 오른쪽의 **맞춤**을 표준에서 **전체 보기**로 변경합니다. 차트가 문제의 지시대로 완성된 것을 확인할 수 있습니다.

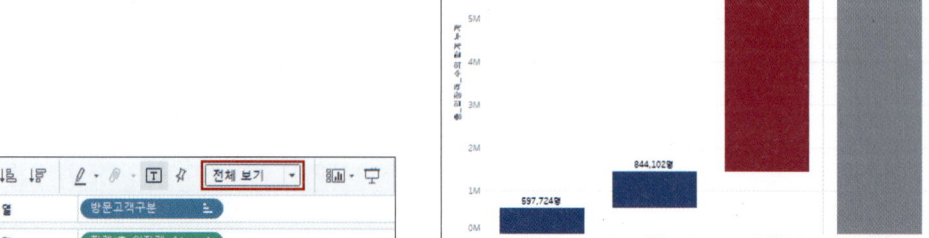

3 '문제2-3' 시트에 하이라이트 테이블을 구현하시오.

① 하이라이트 테이블을 구현하시오.

01 하단 탭에서 **문제2-3**을 클릭하여 해당 시트로 이동합니다. 데이터 패널의 **[방문고객구분]** 필드를 **열 패널**로 **드래그 앤 드롭**합니다.

02 데이터 패널의 **[영업장]** 필드를 **행 패널**로 **드래그 앤 드롭**합니다. 마크 패널의 **표현 방식**을 자동에서 **사각형**으로 변경하여 하이라이트 테이블을 만들 준비를 합니다.

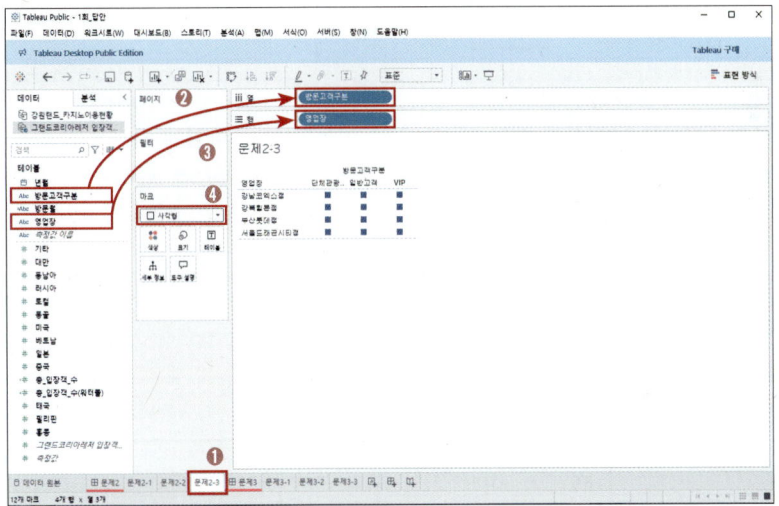

② 레이블 및 측정값의 색상을 설정하시오.

01 데이터 패널의 **[총_입장객_수]** 필드를 마크 패널의 **레이블**과 **색상**에 차례대로 **드래그 앤 드롭**합니다.

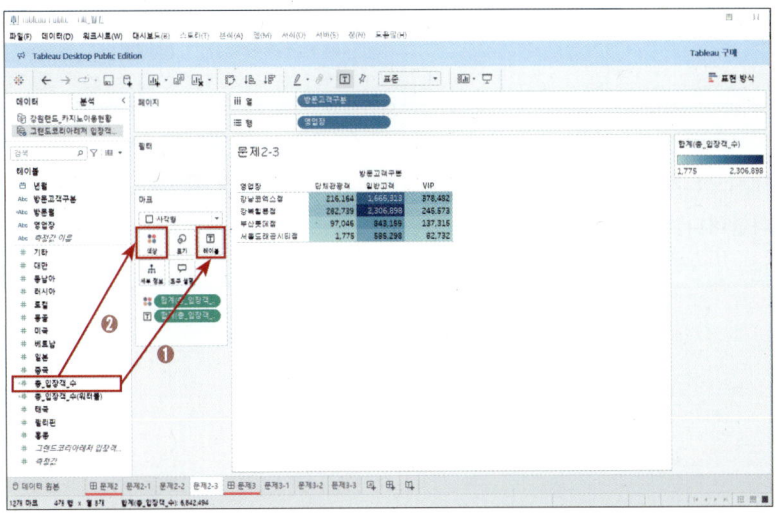

02 마크 패널의 **색상** > **색상 편집**을 클릭합니다. 색상 편집 [총_입장객_수] 팝업 창의 **색상표(P)**에서 **빨간색-금색**을 선택합니다. **단계별 색상**을 **체크**한 후 5단계를 유지하고 **확인**을 클릭하여 색상을 설정합니다. 차트가 문제의 지시대로 완성된 것을 확인할 수 있습니다.

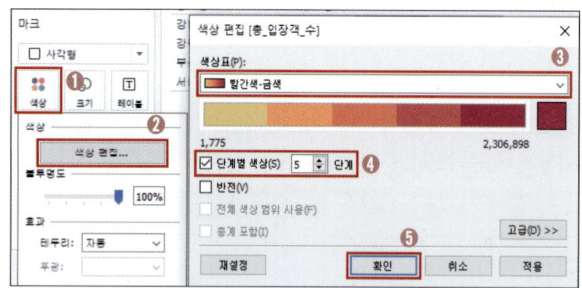

03 하단 탭에서 **문제2**를 클릭하여 해당 대시보드로 이동합니다. 파일에 기본으로 적용되어 있던 글자색을 다시 적용하기 위해 상단 메뉴의 **서식(O)** > **통합 문서(W)**를 클릭합니다. **통합 문서 서식** 창에서 **글꼴** > **전체** > ▼ > **색상 추가** > **확인**을 클릭하고 ☒을 클릭하여 창을 닫습니다.

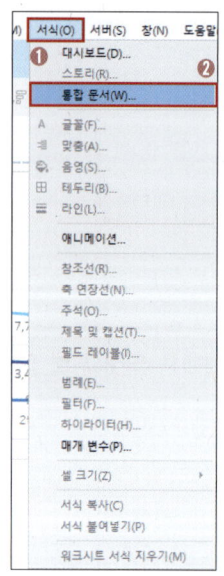

04 작업한 대시보드가 문제2의 시각화 완성화면(9p)과 일치하는지 확인한 후 해당 대시보드의 작업을 마무리합니다.

풀이 3 복합요소 구현   50점

1 매개 변수와 필드를 생성하고, 매개 변수를 '문제3' 대시보드에 배치하시오.

① 다음의 조건에 맞는 [기준일자] 매개 변수와 [당월] 필드를 생성하시오.

01 하단 탭에서 **문제3-1**을 클릭하여 해당 시트로 이동합니다. 날짜를 선택할 수 있는 [기준일자] 매개 변수를 만들기 위해 데이터 패널 상단의 ▼을 클릭하고 나타난 팝업 메뉴에서 **매개 변수 만들기**를 클릭합니다.

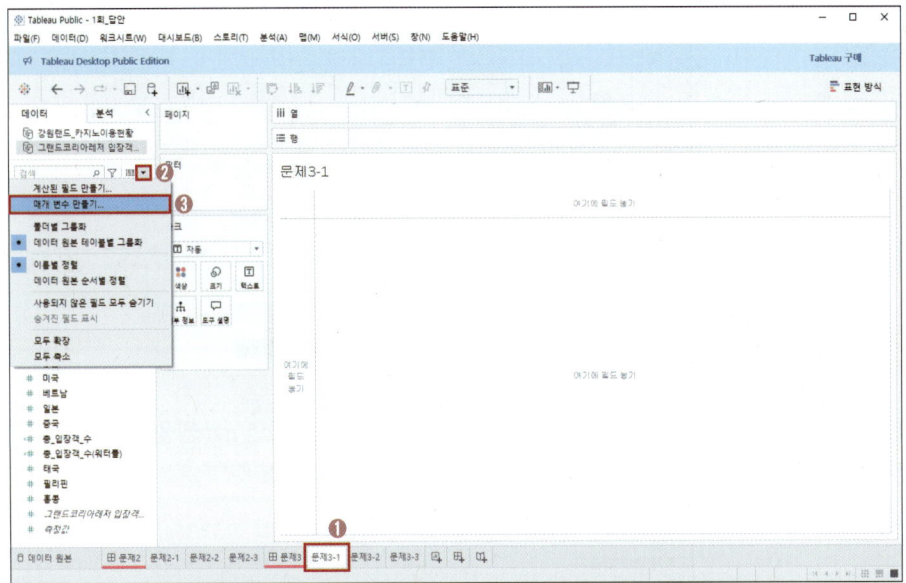

02 나타난 **매개 변수 만들기 팝업 창**에서 **이름**을 **기준일자**로 변경하고 **데이터 유형**을 **날짜**로 선택합니다. [기준일자] 매개 변수의 **허용 가능한 값**은 **목록**으로 설정하고 표의 오른쪽에서는 **통합 문서가 열릴 때**에 체크합니다. 아래의 **없음**을 클릭하여 **년월**로 변경하면 통합 문서가 열릴 때 년월 목록을 불러올 수 있게 됩니다.

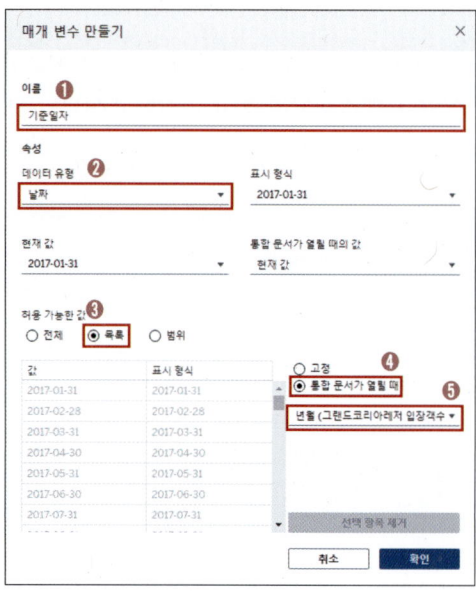

03 **표시 형식**은 ▼ > **사용자 지정**을 클릭하고 하단의 **서식**에는 **yyyy년 mm월**을 입력합니다. 빈 곳을 클릭하여 표시 형식 팝업 창을 닫고, **확인**을 클릭해 마무리합니다.

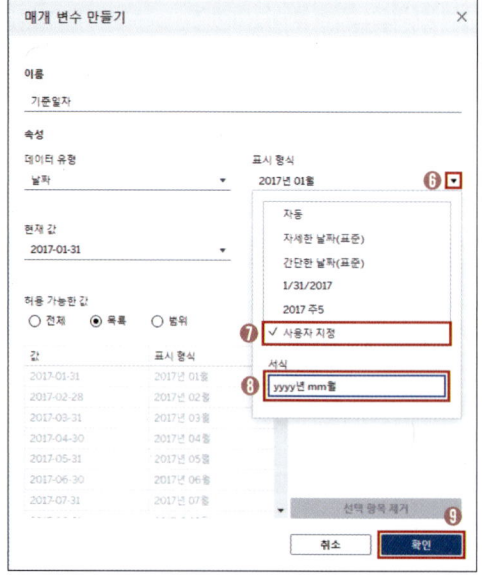

04 매개 변수는 단독으로 움직일 수 없기 때문에 기준일자에 따라 동작할 수 있도록 [당월] 필드를 생성해야 합니다. 데이터 패널 상단의 ▼을 클릭하고 나타난 팝업 메뉴에서 **계산된 필드 만들기**를 클릭합니다.

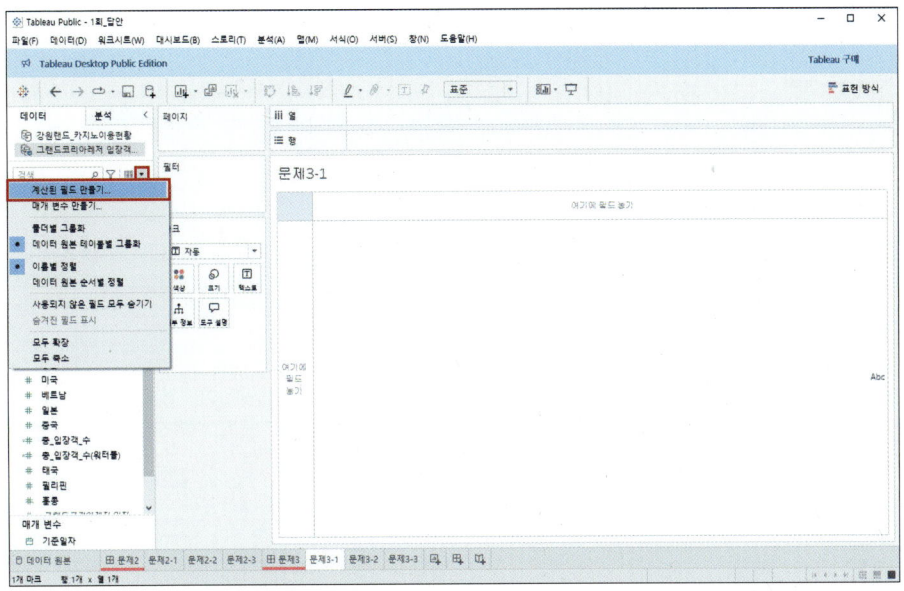

05 나타난 **계산된 필드 만들기 팝업 창**에서 **이름**을 **당월**로 변경합니다.

06 [당월] 필드는 [기준일자] 매개 변수와 같은 달을 필터링하기 위해 함수 사용 없이 다음 수식을 입력하고 **확인**을 클릭합니다.

[기준일자]=[년월]

② 매개 변수를 적용하는 [최근_1년] 필드를 생성하시오.

01 매개 변수는 단독으로 움직일 수 없기 때문에 기준일자에 따라 동작할 수 있도록 [당월] 필드에 이어 [최근_1년] 필드를 추가로 생성해야 합니다. 데이터 패널 상단의 ▼을 클릭하고 나타난 팝업 메뉴에서 **계산된 필드 만들기**를 클릭합니다.

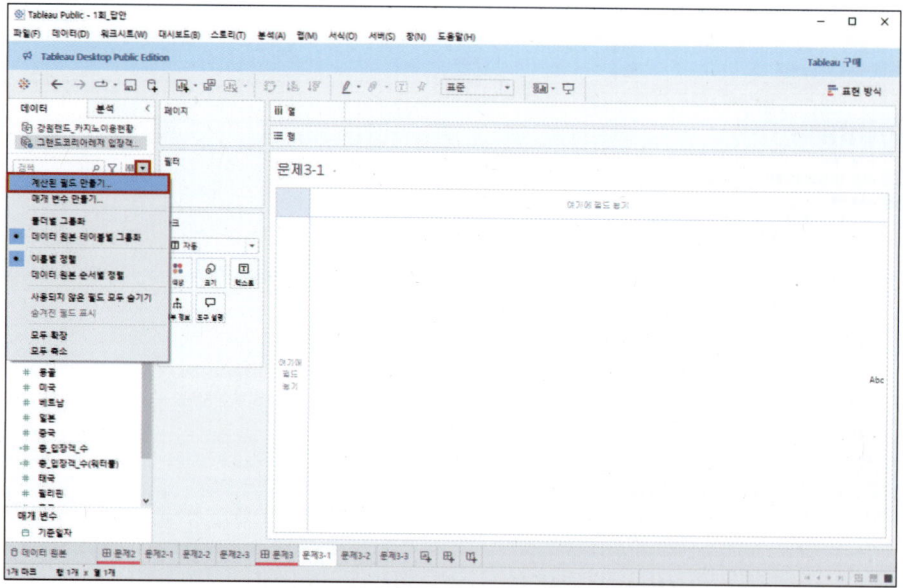

02 나타난 **계산된 필드 만들기 팝업 창**에서 **이름**을 **최근_1년**으로 변경합니다.

03 [최근_1년] 필드는 [기준일자] 매개 변수와 같은 달을 포함해서 최근 1년을 필터링하기 위해 **DATEADD 함수**를 사용하여 다음 수식을 입력하고 **확인**을 클릭합니다.

DATEADD('year', -1, [기준일자]) <= [년월] AND [년월] <= [기준일자]

③ [지역] 필드를 생성하고 매개 변수를 배치하시오.

01 [지역] 필드를 생성하기 위해 데이터 패널 상단의 ▼을 클릭하고 나타난 팝업 메뉴에서 **계산된 필드 만들기**를 클릭합니다.

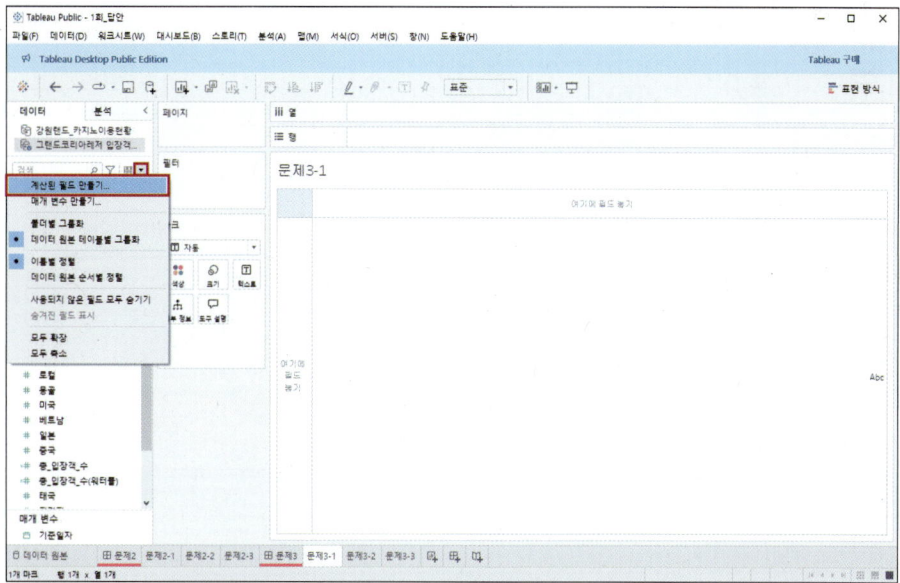

02 나타난 **계산된 필드 만들기 팝업 창**에서 상단에 필드 **이름**을 **지역**으로 변경합니다.

03 [지역] 필드는 [영업장] 필드의 앞 두 글자만 자르기 위해 **LEFT 함수**를 사용하여 다음 수식을 입력하고 **확인**을 클릭합니다.

LEFT([영업장], 2)

04 하단 탭에서 **문제3**을 클릭하여 해당 대시보드로 이동합니다. 상단 메뉴의 **분석(A) > 매개 변수 (P) > 기준일자**를 클릭합니다.

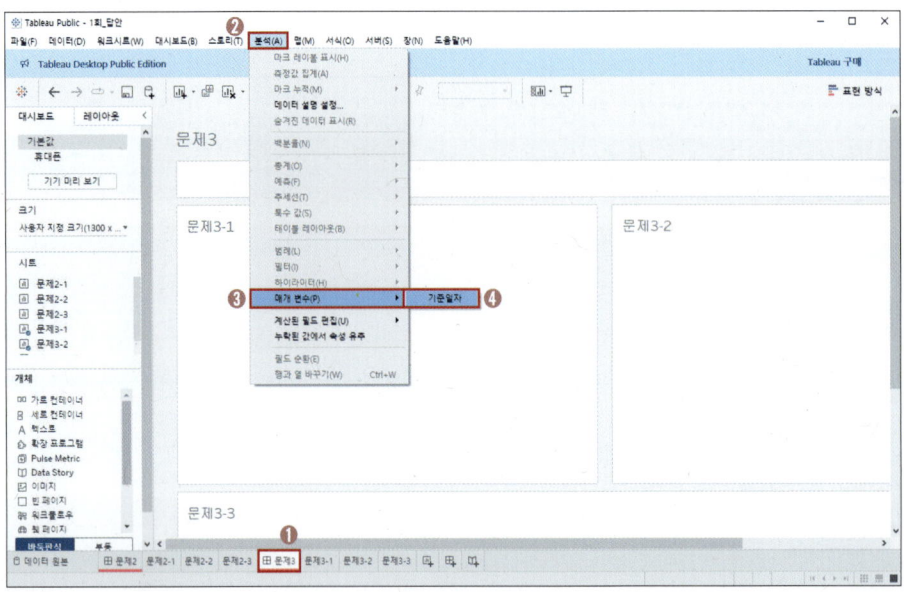

05 대시보드의 오른쪽 하단에 나타난 **[기준일자] 매개 변수**의 빈 공간을 클릭하고 나타나는 ▤을 이용하여 문제3 대시보드 **제목 아래**에 위치한 컨테이너 왼쪽 공간으로 **드래그 앤 드롭**해 배치합니다.

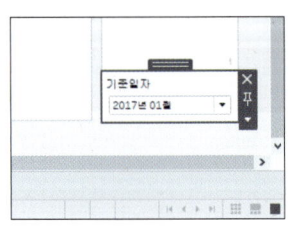 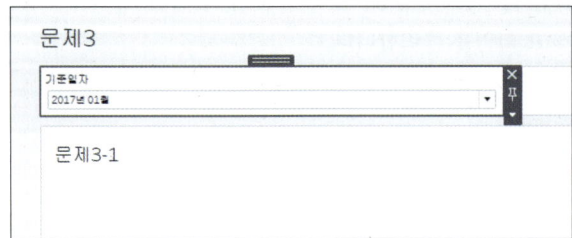

06 [기준일자] 매개 변수에서 ▼을 클릭한 후 나타난 팝업 메뉴에서 **너비 편집**을 클릭합니다. 나타나는 **너비 설정(픽셀) 팝업 창**에서 **120**을 입력한 후 **확인**을 클릭합니다.

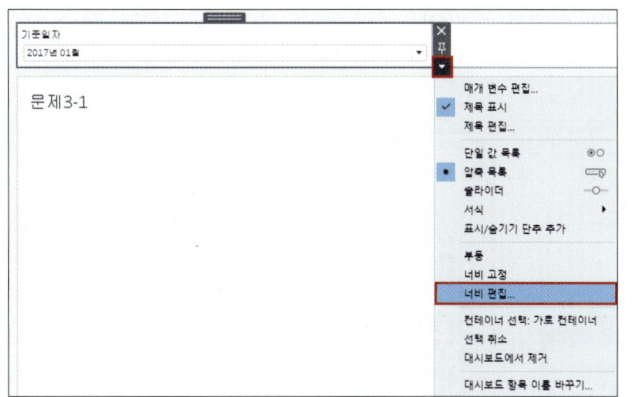
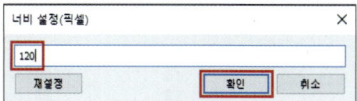

2 '문제3-1' 시트에 하이라이트 차트(Highlight Chart)를 구현하시오.

① '문제3-1' 시트에 하이라이트 차트(Highlight Chart)를 구현하시오.

01 하단 탭에서 **문제3-1**을 클릭하여 해당 시트로 다시 이동합니다. 데이터 패널의 [방문고객구분] 필드를 **열 패널**로 드래그 앤 드롭합니다. [지역] 필드와 [측정값 이름] 필드는 **행 패널**에 차례대로 드래그 앤 드롭합니다.

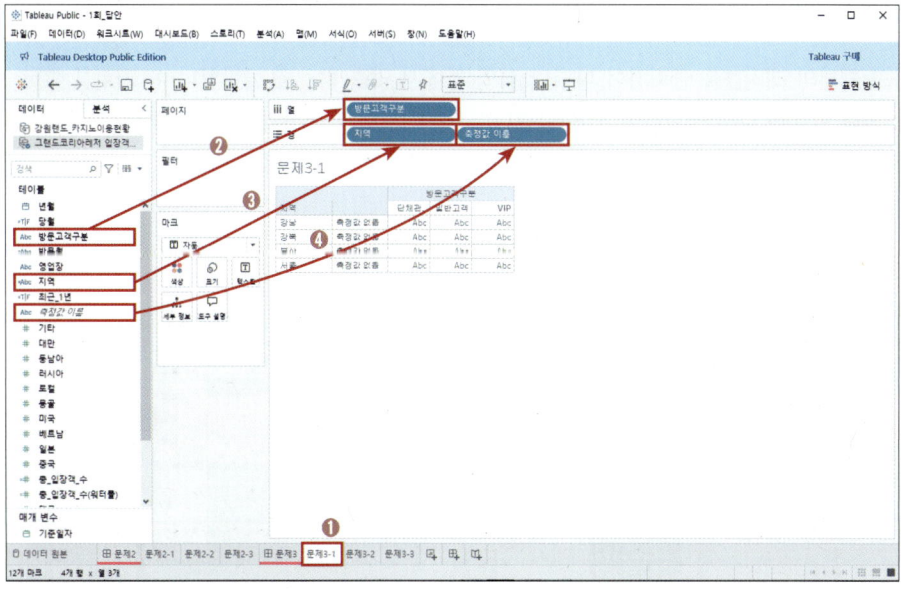

02 마크 패널의 **표현 방식**을 자동에서 **사각형**으로 변경하고 데이터 패널의 [**측정값 이름**] 필드를 **필터 패널로 드래그 앤 드롭**합니다.

03 이때 나타나는 **필터 [측정값 이름] 팝업 창**에서 **없음(O)**을 클릭한 후 **대만, 미국, 일본, 중국, 홍콩만 체크**하고 **확인**을 클릭합니다.

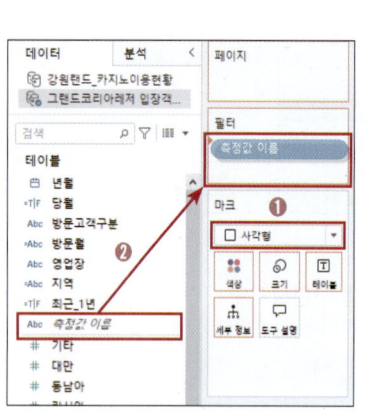 

② 레이블 및 색상을 설정하시오.

01 레이블을 설정하기 위해 데이터 패널의 [**측정값**] 필드를 마크 패널의 **레이블로 드래그 앤 드롭**합니다.

02 마크 패널의 **레이블**을 클릭하여 나타난 팝업 창에서 **맞춤 박스**를 클릭합니다. **가로**를 로 설정하고 **맞춤 박스**를 다시 클릭하여 창을 닫습니다. 글꼴은 마크 색상과 일치하도록 **글꼴 박스**를 클릭한 후 **마크 색상 일치** 옵션을 선택합니다. 빈 곳을 클릭하여 팝업 창을 닫습니다.

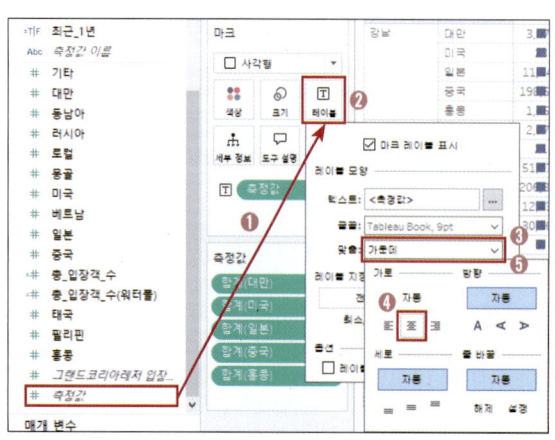 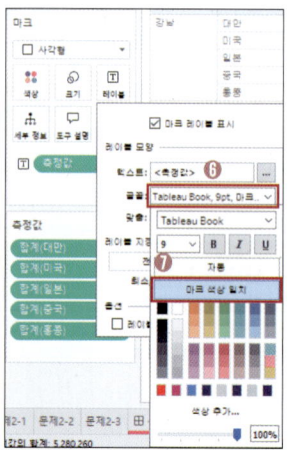

03 색상을 설정하기 위해 데이터 패널의 [측정값] 필드를 마크 패널의 **색상**으로 **드래그 앤 드롭**합니다.

04 마크 패널의 **색상**을 클릭하고 나타난 팝업 창에서 **색상 편집**을 클릭합니다.

05 **색상 편집 [측정값]** 팝업 창의 **색상표(P)**에서 **빨간색-파란색 다중**을 선택합니다. **단계별 색상**을 체크하여 **4단계**로 지정하고 **확인**을 클릭합니다.

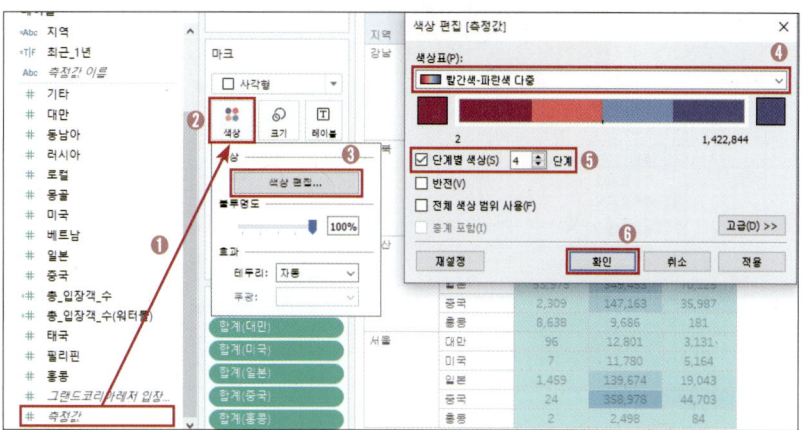

06 방문고객구분 표의 음영을 지정하기 위해 **단체관광객 셀**을 **마우스 우클릭**합니다. 나타난 팝업 메뉴에서 **서식**을 클릭합니다. **방문고객구분 서식** 창에서 **머리글** 탭의 **기본값 > 음영 박스**를 클릭합니다. 나타난 팝업 창에서 **색상 추가**를 클릭하고 나타난 **색 선택** 팝업 창에서 HTML 옆에 **#E9EDF5**를 입력하고 **확인**을 클릭합니다.

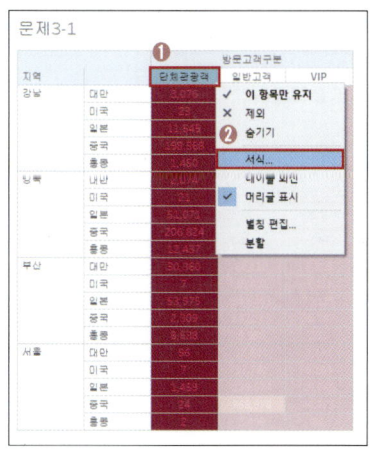
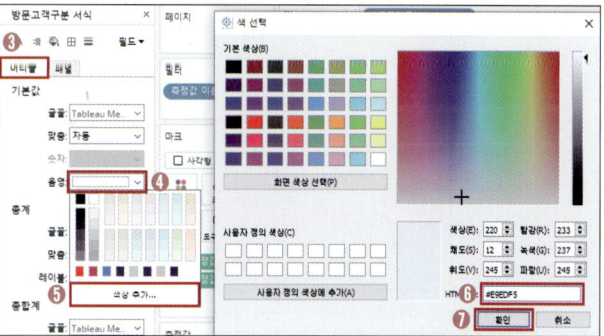

07 지역을 가운데 정렬하기 위해 **강남 셀**을 **마우스 우클릭**합니다. 나타난 팝업 메뉴에서 **서식**을 클릭합니다. 왼쪽 사이드 바에 나타난 **지역 서식 창**에서 **머리글** 탭의 **기본값 > 맞춤 박스**를 클릭하여 **가로**를 ≡로 설정합니다.

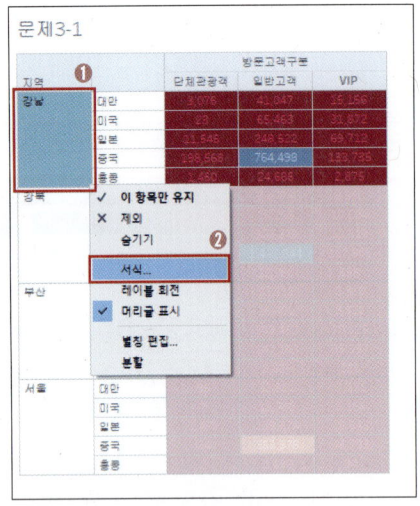
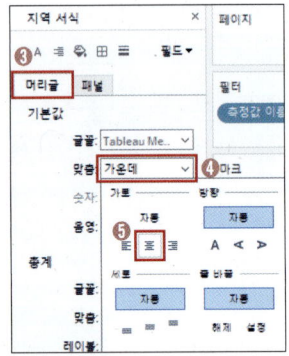

08 측정값 이름을 가운데 정렬하기 위해 **대만 셀**을 **마우스 우클릭**합니다. 나타난 팝업 메뉴에서 **서식**을 클릭합니다. 왼쪽 사이드 바에 나타난 **측정값 이름 서식 창**에서 **머리글** 탭의 **기본값 > 맞춤 박스**를 클릭하여 **가로**를 ≡로 설정합니다. 우측 상단 ⊠을 클릭하여 서식 창을 닫습니다.

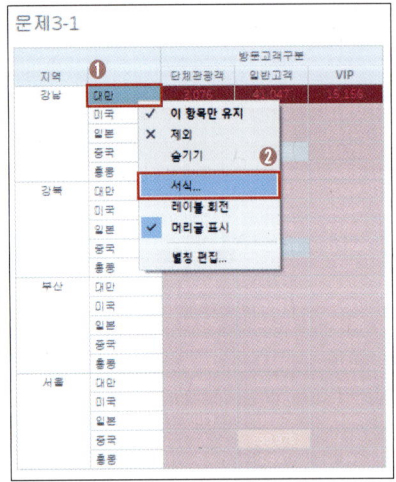
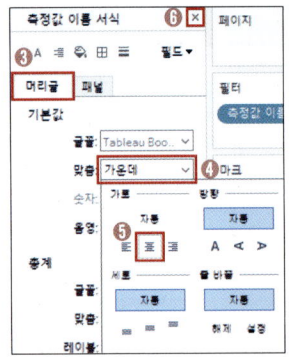

③ '문제3-1' 시트 제목 뒤에 [기준일자] 매개 변수를 추가하시오.

01 시트 상단의 **제목을 마우스 우클릭**합니다. 나타난 팝업 메뉴에서 **제목 편집**을 클릭합니다.

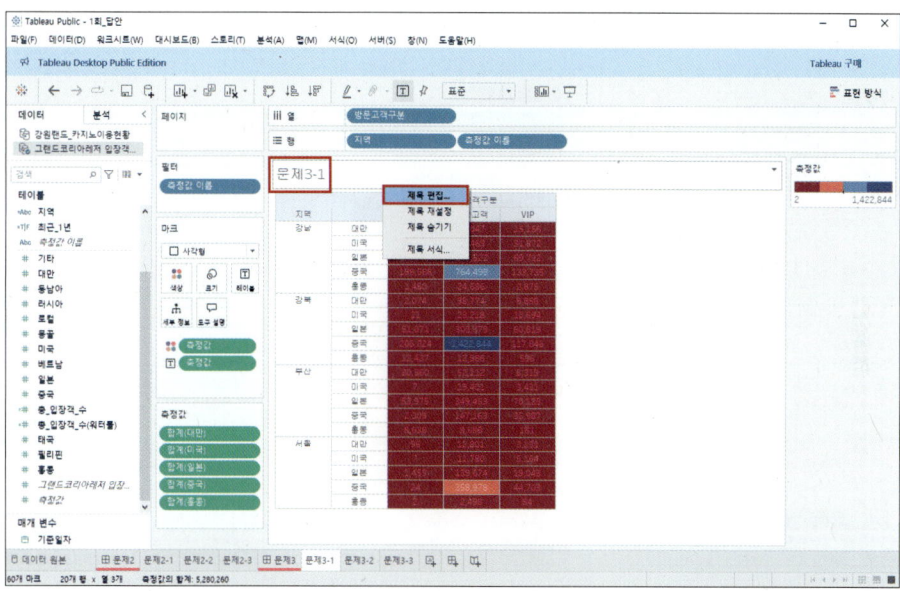

02 나타난 **제목 편집 팝업 창**에서 〈시트 이름〉 옆에 한 칸을 띄고 ()를 입력한 후 **괄호 사이**에 커서를 둡니다. 팝업 창 상단에서 **삽입 > 매개 변수.기준일자**를 클릭하여 매개 변수를 추가하고 **확인**을 누릅니다.

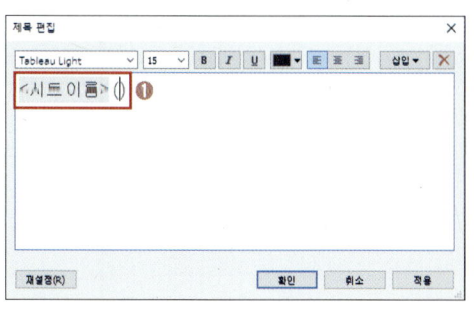
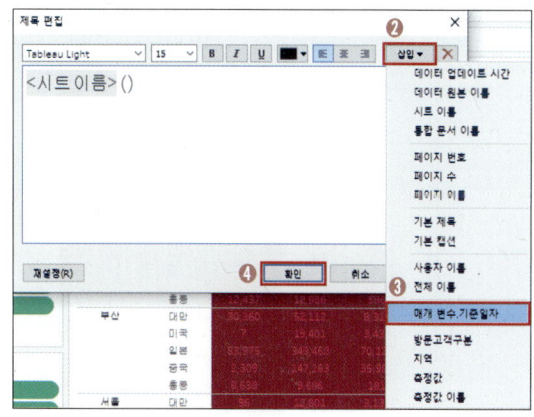

03 데이터 패널의 [기준일자] 매개 변수를 마우스 우클릭합니다. 나타난 팝업 메뉴에서 **매개 변수 표시**를 클릭합니다.

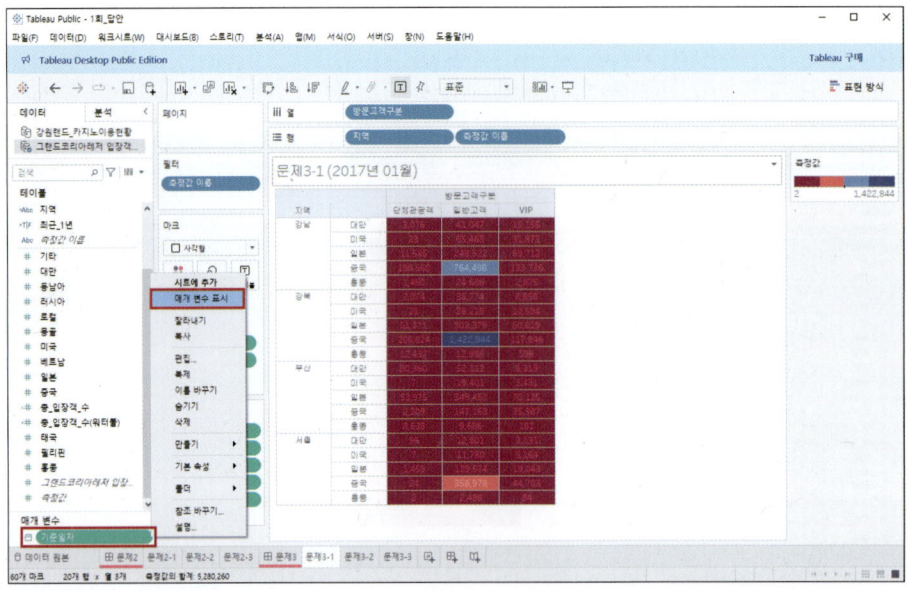

04 오른쪽 사이드 바의 측정값 범례 아래로 나타난 [기준일자] 매개 변수의 ▼을 클릭하여 날짜를 변경할 때마다 문제3-1의 시트 제목이 변경되는 것을 확인하고 **2024년 07월**을 선택합니다. 차트가 문제의 지시대로 완성된 것을 확인할 수 있습니다.

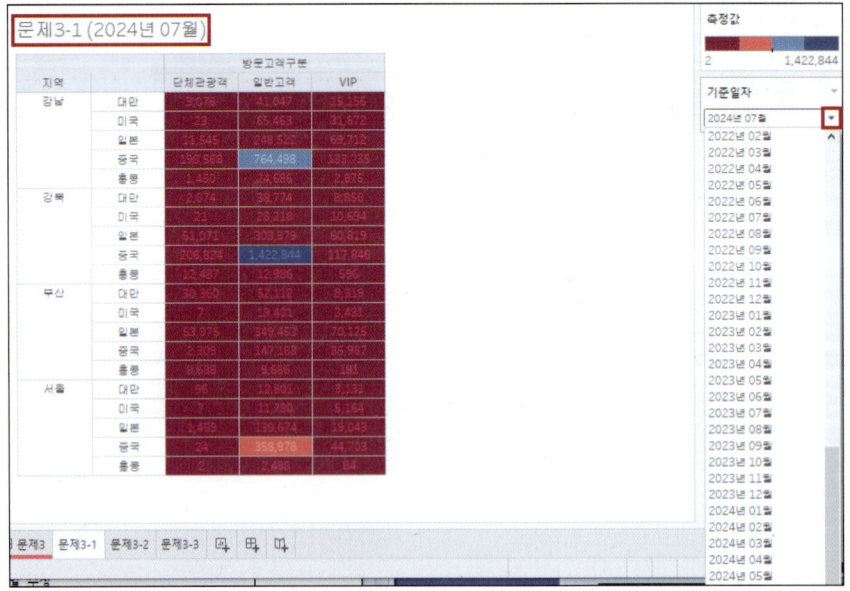

3 '문제3-2' 시트에 세로 막대 차트를 구현하시오.

① [영업장] 필드와 [총_입장객_수] 필드를 사용하여 세로 막대 차트를 구현하시오.

01 하단 탭에서 **문제3-2**를 클릭하여 해당 시트로 이동합니다. 데이터 패널에 [영업장] 필드를 열 패널로 드래그 앤 드롭합니다.

02 세로 막대 차트를 만들기 위해 데이터 패널의 [총_입장객_수] 필드를 행 패널로 드래그 앤 드롭합니다.

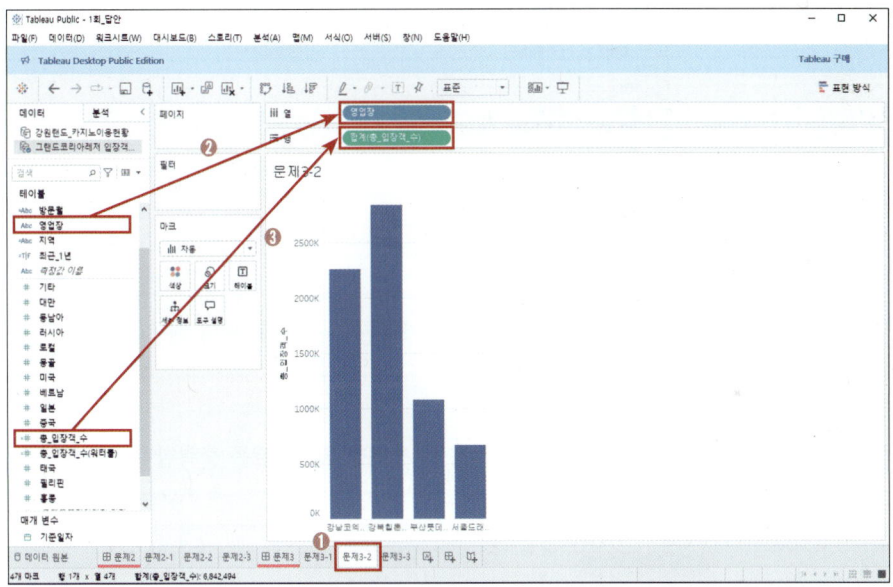

② [당월] 필드를 시트에 추가하시오.

01 당월 데이터만 필터링해서 시트를 구성하기 위해 데이터 패널의 [당월] 필드를 필터 패널로 드래그 앤 드롭합니다.

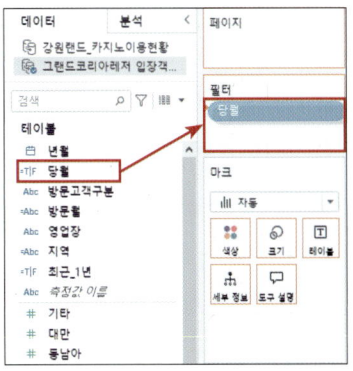

02 나타나는 **필터 [당월] 팝업 창**에서 **참**에 **체크**를 하고 **확인**을 클릭합니다.

03 문제3-1 시트와 문제3-2 시트에 당월 필터가 적용될 수 있도록 필터 패널에 추가된 **당월: 참**을 **마우스 우클릭**합니다.

04 이때 나타나는 팝업 메뉴에서 **워크시트에 적용 > 선택한 워크시트**를 클릭합니다.

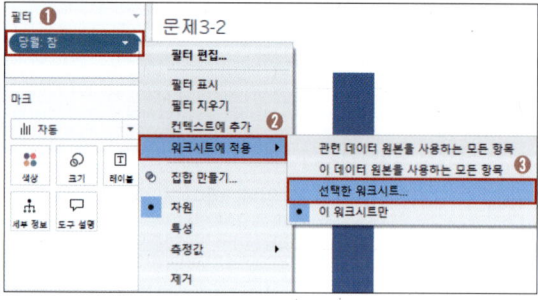

05 나타난 **워크시트 [당월]에 필터 적용 팝업 창**에서 **문제3-1**에 **체크**하고 문제3-2는 이미 체크되어 있는 것을 확인한 후 **확인**을 눌러 둘 다 적용될 수 있도록 설정합니다.

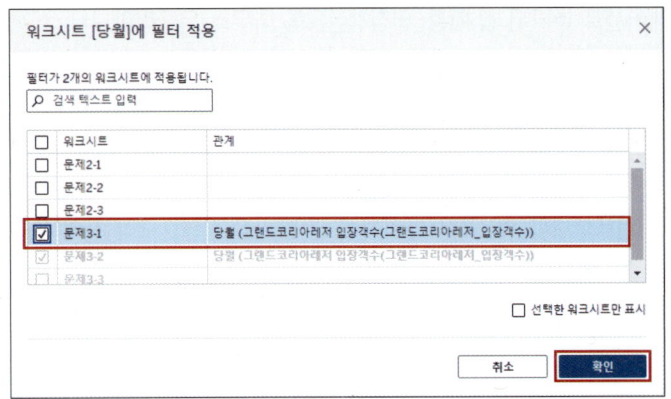

③ 세로 막대 차트의 색상과 레이블을 설정하시오.

01 세로 막대 차트의 색상을 설정하기 위해 데이터 패널의 **[총_입장객_수]** 필드를 마크 패널의 **색상**으로 **드래그 앤 드롭**합니다.

02 마크 패널의 **색상**을 클릭하고 나타난 팝업 창에서 **색상 편집**을 클릭합니다.

03 **색상 편집 [총_입장객_수] 팝업 창** 상단의 **색상표(P)**에서 **빨간색-금색**을 선택하고 **확인**을 클릭합니다.

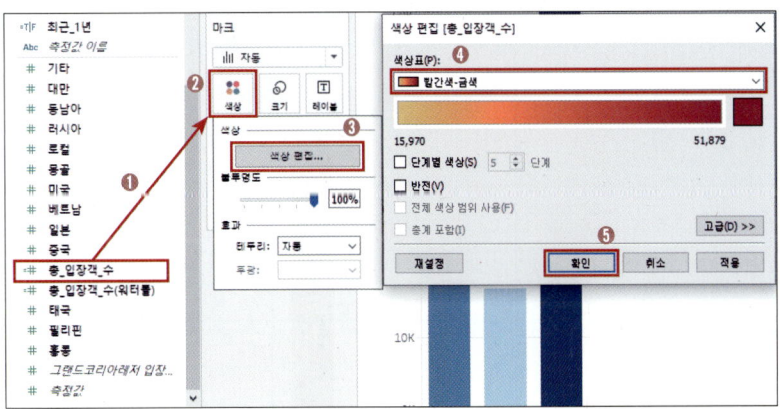

04 레이블 설정을 위해 데이터 패널의 [총_입장객_수] 필드를 마크 패널의 **레이블로 드래그 앤 드롭**합니다.

05 마크 패널에 레이블로 추가된 **합계(총_입장객_수)**를 **마우스 우클릭**합니다. 이때 나타나는 팝업 메뉴에서 **서식**을 클릭합니다.

06 **합계(총_입장객_수) 서식 팝업 창** 상단의 **패널 탭**에서 **기본값 > 숫자 박스**를 클릭합니다. 숫자 표현 방식을 자동에서 **숫자(사용자 지정)**로 클릭하고 **소수 자릿수(E)**를 1로 설정한 후 **디스플레이 장치(S)**에 **천(K)**를 선택합니다. 빈 곳을 클릭하여 팝업 창을 닫고, 서식 창의 우측 상단 ⊠를 클릭하여 서식 창도 닫습니다.

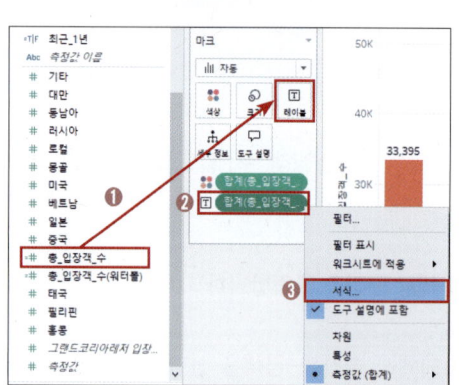
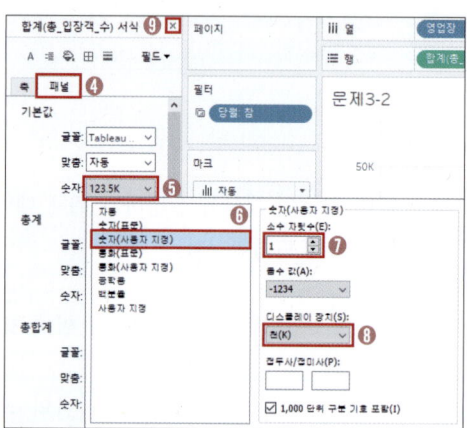

07 차트가 문제의 지시대로 완성된 것을 확인할 수 있습니다.

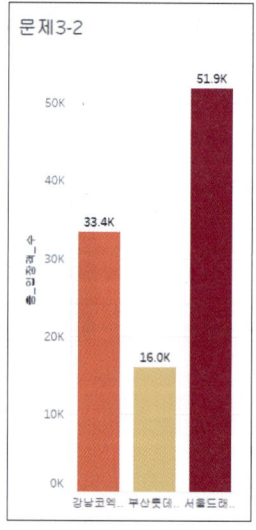

4 '문제3-3' 시트에 라인 차트를 구현하시오.

① [영업장]별로 [년월]별 [총_입장객_수]의 추이를 보여주는 라인 차트를 구현하시오.

01 하단 탭에서 **문제3-3**을 클릭하여 해당 시트로 이동합니다. 데이터 패널의 [년월] 필드를 **열 패널**로 **드래그 앤 드롭**합니다.

02 데이터 패널의 [총_입장객_수] 필드를 **행 패널로 드래그 앤 드롭**하여 라인 차트를 완성합니다.

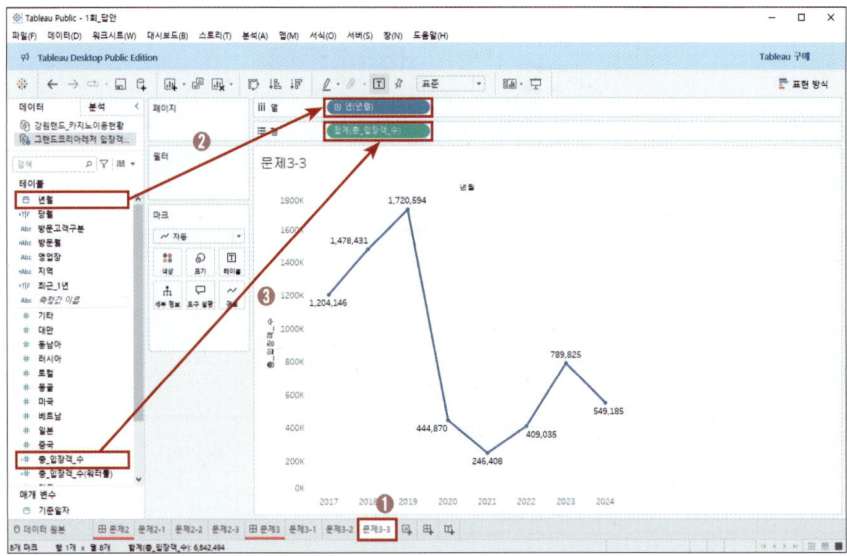

03 열 패널에 추가된 **년(년월)**을 **마우스 우클릭**합니다. 나타난 팝업 메뉴에서 아래쪽의 **연속형 월 (2015년 5월)**을 클릭하여 연속형 월 데이터 형식으로 표시합니다.

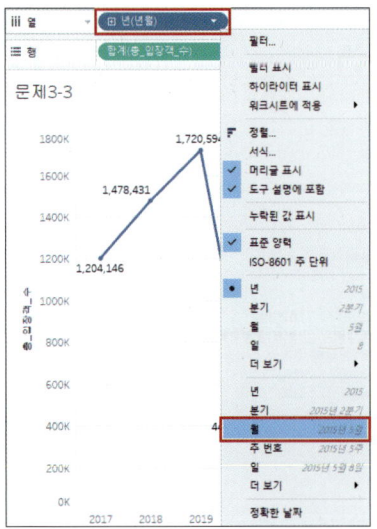

② 라인 차트의 필터를 설정하시오.

01 라인 차트에 최근 1년 동안의 데이터만 필터링하기 위해서 데이터 패널에 [최근_1년] 필드를 **필터 패널**로 **드래그 앤 드롭**합니다.

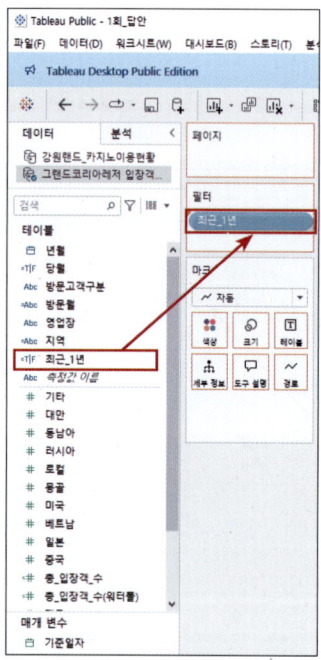

02 나타난 **필터 [최근_1년] 팝업 창**에서 **참**을 체크하고 **확인**을 클릭합니다.

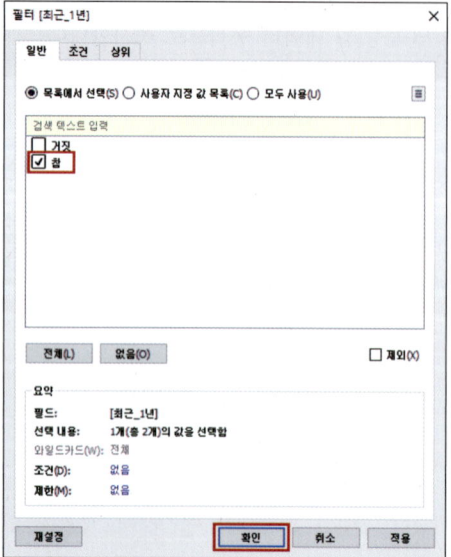

③ 라인 차트의 색상과 레이블을 설정하시오.

01 라인 차트의 색상을 설정하기 위해 데이터 패널의 **[영업장] 필드**를 마크 패널의 **색상**으로 **드래그 앤 드롭**합니다.

02 마크 패널의 **색상 > 색상 편집**을 클릭합니다. 나타난 **색상 편집 [영업장] 팝업 창**의 **색상표 선택 (S)**에서 **방앗간 돌**을 선택하고 **색상표 할당(P)**를 클릭합니다. **확인**을 눌러 설정을 마무리합니다.

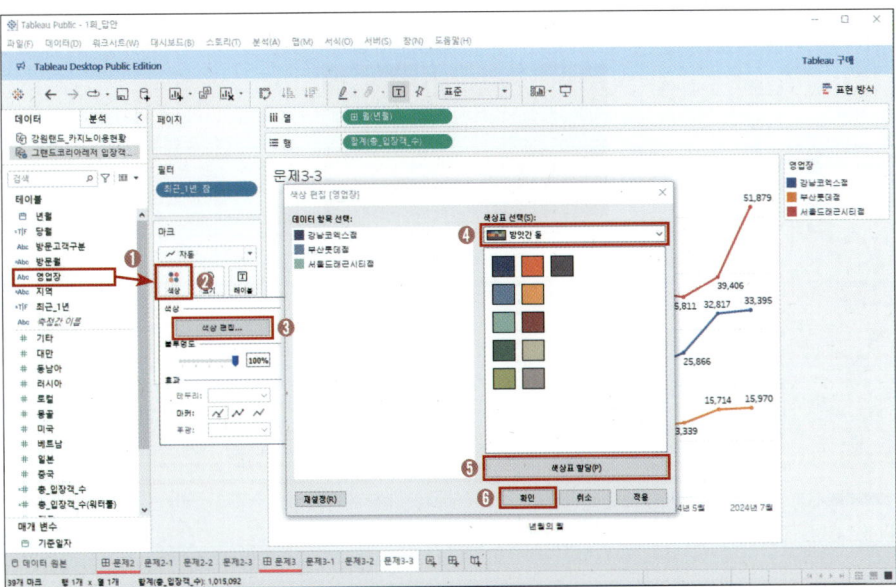

03 라인 차트의 레이블을 추가하기 위해 마크 패널의 **레이블**을 클릭합니다. 나타난 팝업 메뉴에서 **마크 레이블 표시**가 체크된 것을 확인합니다. 차트가 문제의 지시대로 완성된 것을 확인할 수 있습니다.

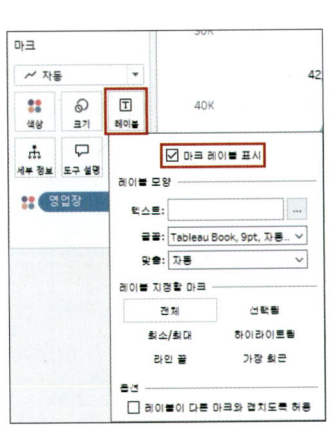
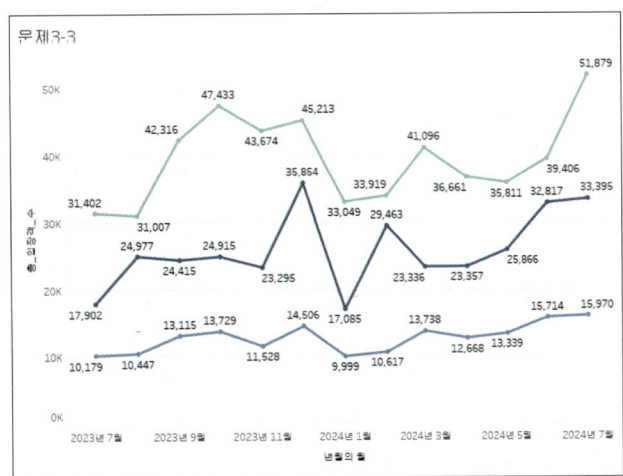

5 '문제3' 대시보드 동작과 색상 범례를 구현하시오.

① '문제3-3'의 색상 범례를 구현하시오.

01 하단 탭에서 **문제3**을 클릭하여 해당 대시보드로 이동합니다. 색상 범례를 표현하기 위해 문제3 대시보드에서 **문제3-3 시트**의 빈 공간을 클릭합니다.

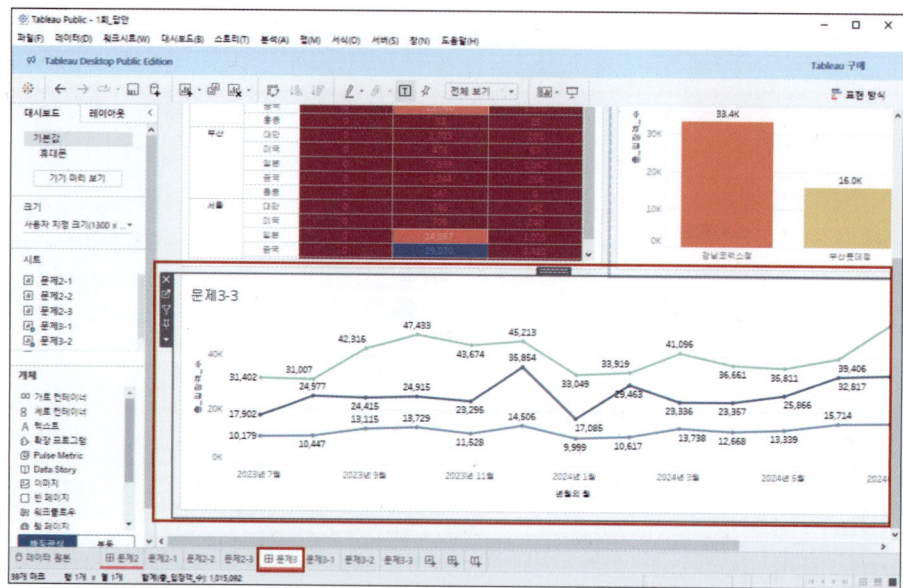

02 상단 메뉴의 **분석(A)** > **범례(L)** > **색상 범례(영업장)**을 클릭합니다.

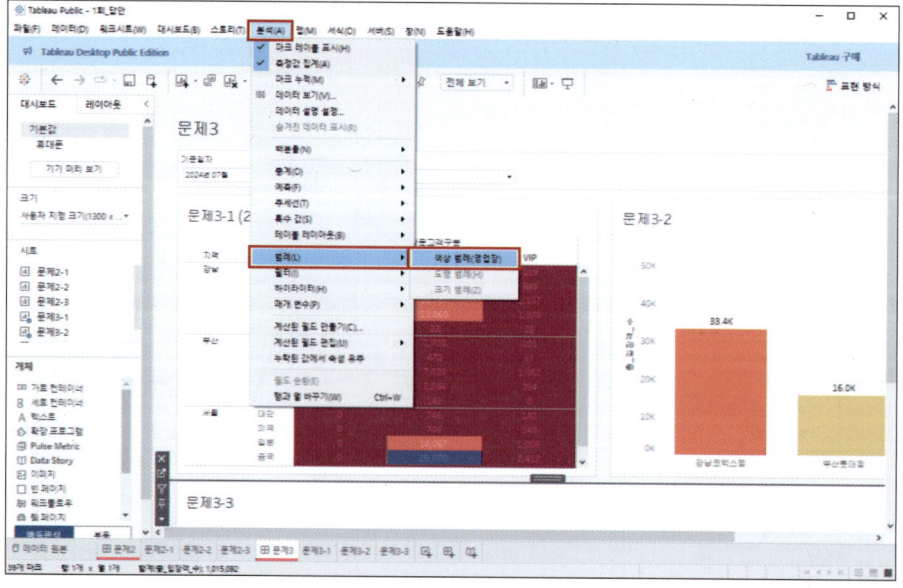

03 대시보드 오른쪽 상단에 추가된 **색상 범례**를 클릭하여 나타나는 ▬을 선택하고 **문제3-3 시트 오른쪽 상단의 빈 공간으로 드래그 앤 드롭**합니다.

② '문제3' 대시보드에서 '문제3-1' 그리드 클릭 시 [방문고객구분]에 따라 값이 변경되도록 구현하시오.

01 문제3-1 시트의 그리드를 클릭할 경우 문제3-2 시트와 문제3-3 시트의 동작이 수행되도록 하기 위해 상단 메뉴의 **대시보드(B) > 동작(I)**을 클릭합니다.

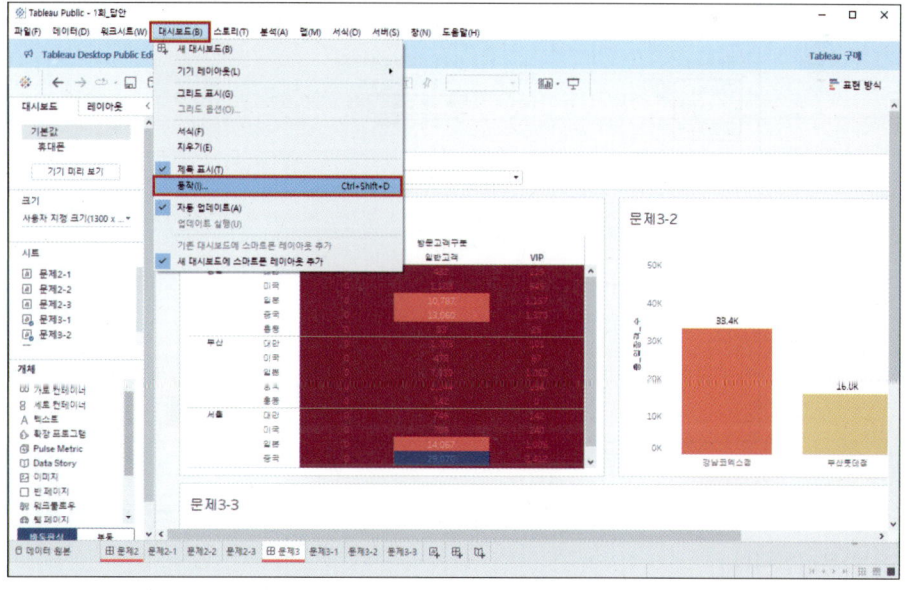

02 나타난 **동작 팝업 창**에서 **동작 추가** > **필터**를 클릭합니다.

03 **필터 동작 편집 팝업 창**에서 **이름**을 **방문고객구분_필터**로 변경합니다. **원본 시트**에 문제3-2와 문제3-3은 **체크 해제**하여 문제3-1만 유지하고 **동작 실행 조건**은 **선택**으로 지정합니다.

04 **대상 시트**에 **문제3-1**을 **체크 해제**하여 문제3-2와 문제3-3은 유지하고 **선택을 해제할 경우의 결과**는 **모든 값 표시**를 지정합니다.

05 마지막으로 **필터**는 **선택한 필드**를 선택합니다. 하단 표의 **추가하려면 클릭**을 클릭한 후 **방문고객구분**을 선택하여 해당 필드만 필터링되도록 설정하고 **확인**을 클릭합니다. 동작 팝업 창에서도 **확인**을 클릭하여 설정을 마무리합니다.

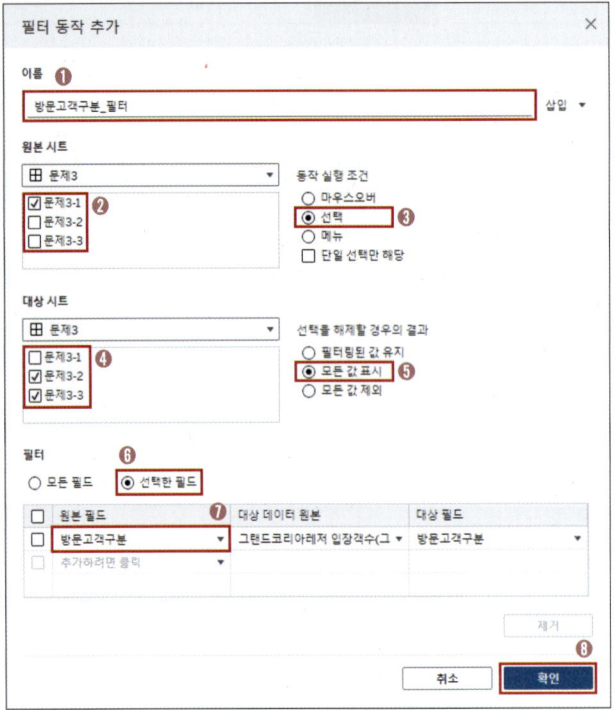

06 작업한 대시보드가 문제3의 시각화 완성화면(12p)과 일치하는지 확인한 후 해당 대시보드의 작업을 마무리합니다.

CHAPTER 02 실전 모의고사 2회

※ 본서는 이미지 화질 향상을 위하여 태블로 작업 화면을 축소하여 풀이를 진행하였으므로 작업 시 보이는 필드 및 차트의 크기 등에 차이가 있을 수 있습니다. 제공되는 정답 파일과 비교하여 작업하는 것을 권장합니다.

국 가 기 술 자 격 검 정
경영정보시각화능력 실기 모의문제

프로그램명	제한시간
태블로 데스크톱	70분

수험번호	
성 명	

단일	모의고사 2회

※ 시험지를 받으시면
1~2페이지의 '유의사항'과
'문제 및 데이터 안내'를
확인하시기 바랍니다.

대 한 상 공 회 의 소

─── 〈유의사항〉 ───

- '유의사항', '문제 및 데이터 안내'에 따라 시험에 응시하여야 하며, 이를 소홀히 하여 발생한 불이익과 책임은 수험자 본인에게 있습니다.
- 시험이 시작되면 즉시 문제 데이터 파일 존재여부와 답안 파일의 문제3–4 대시보드에 차트, 표, 데이터가 보이는지 확인하시기 바랍니다.
  - 문제 데이터 파일 위치 : [문제1] C:\TB\문제1_데이터 폴더 / [문제2, 3] C:\TB\문제2,3_데이터 폴더
  - 문제 데이터 파일은 존재여부만 확인하며 엑셀 등으로 열어보면 실격 처리
  - 답안 파일 위치 : C:\TB\수험자번호.twbx
  - 화면에 띄워진 답안 파일의 문제3–4 대시보드 확인
- 시험 중 인터넷 통신 오류 팝업 메세지가 발생할 경우 엑스(☒)를 클릭하여 팝업 메시지 창을 닫고 진행하시기 바랍니다.
- 아래는 답안의 저장 및 시험종료 관련 안내입니다.
  - 메뉴 '파일'–'저장'으로 저장(툴바 저장 아이콘(🖫) 또는 'Ctrl+S' 사용금지)
  - 엑셀 데이터 추출 확인 메시지 창이 나올 경우 반드시 '추출 만들기' 버튼 누름
  - 시험 진행 중 답안은 수시로 저장
  - 시험종료 전 반드시 메뉴 '파일'–'저장'으로 저장하고 프로그램을 종료해야 합니다. 이외 방법으로 시험종료하여 발생하는 문제[오류발생/저장불가]에 대한 책임은 수험자에게 있습니다.
- 별도의 지시사항이 없는 경우, 다음과 같이 처리할 때 [실격 처리]됩니다.
  - 제시된 파일, 페이지/대시보드, 데이터 원본의 이름, 차원/측정값 속성을 임의로 변경한 경우
  - 제시된 파일, 데이터 원본을 임의로 삭제, 추가, 변경한 경우
  - 시트/워크시트/대시보드를 임의로 삭제, 추가하거나 명칭을 변경한 경우
  - 제시된 답안 파일의 경로 또는 파일명을 변경한 경우
  - 문제 데이터를 시험 시작 전에 열어보는 경우
  - 실기시험 프로그램 이외의 프로그램(엑셀 등)으로 데이터를 열어보는 경우
- 반드시 답안작성은 문제에서 지시한 위치에 작업해야 하며 다음과 같이 처리 시 해당 작업 또는 그 작업에 영향을 미치는 문제, 개체, 시트 등은 [오답 처리]됩니다.
  - 제시된 함수가 있으면 제시된 함수만을 사용해야 하며 그 외 함수를 사용해 풀이한 경우
  - 지시하지 않은 차트, 컨테이너, 매개변수 등을 임의로 이동, 수정(변경), 삭제 등으로 인해 위치 및 내용이 변경된 경우
  - 임의로 기본 설정값(Default)을 변경한 경우
  - 숫자데이터를 임의로 문자화하여 처리한 경우
  - 개체가 해당 영역을 벗어난 경우
  - 작업한 개체가 너무 작아 정보 확인이 어려울 경우
  - 지시사항과 띄어쓰기, 대소문자 등이 다르게 작업한 경우(계산식 제외)

- 문제지에 제시된 [완성화면] 그림 관련입니다.
  - 문제 상단에 있는 [완성화면] 그림은 각 문제의 세부문제 전체를 풀이했을 때 도출되는 것으로 개별 세부문제를 풀이한 후의 [완성화면] 그림과 다를 수 있음
  - 문제풀이 순서 또는 시각적 개체 작성 순서, PC 환경 등의 이유로 수험자가 작성한 개체의 모니터 화면과 모양, 색상 등이 다를 수 있음
- 본 문제와 용어는 태블로 데스크톱 퍼블릭 에디션(Tableau Desktop Public Edition) 2024.3.0. 버전을 기준으로 작성되었습니다.

문제 및 데이터 안내

1. 수험자가 작성할 답안파일은 1개입니다. 문제1, 문제2, 문제3의 답을 하나의 답안 파일(.pbix)로 저장하십시오.
2. 문제1, 문제2, 문제3은 각각 독립적으로 구성되어 앞 문제를 풀지 않아도 다음 문제 풀이가 가능합니다.
3. 문제1은 데이터 불러오기를 통해 문제를 풀이하고, 문제2와 문제3은 답안에 이미 데이터가 포함되어 있어 다시 데이터를 불러오지 말고 바로 문제 풀이를 하십시오.
   – 데이터 파일은 문제1을 위한 데이터 파일과 문제2, 3을 위한 데이터 파일로 구성되어 있습니다.
4. 문제2와 문제3 풀이를 위해 필요한 일부 측정값, 필터가 답안 파일에 미리 적용되어 있을 수 있습니다.
   – 지시사항에 제시되지 않은 것은 변경하지 마십시오.
   – 사전에 적용된 필터 등이 삭제되지 않도록 '시트 지우기' 기능을 절대 사용하지 마십시오.
5. 문제는 문제(문제1~3) – 세부문제(1~4) – 지시사항(①~③) – 세부지시사항(▶, –) 단위로 구성됩니다.
6. 지시사항(①, ②, ③)별로 점수가 부여되며, 지시사항의 전체 세부지시사항(▶, –)을 작업하지 않을 경우 점수가 부여되지 않습니다. ※ 부분 점수 없음
7. 본 시험에서 사용되는 데이터 파일 수와 데이터명은 아래와 같습니다.
   – [문제1] 데이터 파일 수 : 1개 / '의정부경전철_혼잡율.xlsx'

파일명	의정부경전철_혼잡율.xlsx							
테이블	구조							
평일	평일공휴일구분	호선	상하선구분	역명	혼잡율(5시)	혼잡율(6시)	혼잡율(7시)	혼잡율(8시)
	평일	의정부경전철	상선	송산	1.57	1.1	1.86	5.94
	혼잡율(9시)	혼잡율(10시)	혼잡율(11시)	혼잡율(12시)	혼잡율(13시)	혼잡율(14시)	혼잡율(15시)	혼잡율(16시)
	3.92	3.76	3.56	6.78	4.9	3.32	3.71	4.16
	혼잡율(17시)	혼잡율(18시)	혼잡율(19시)	혼잡율(20시)	혼잡율(21시)	혼잡율(22시)	혼잡율(23시)	혼잡율(24시)
	3.57	2.65	1.31	1.04	1.04	0.84	1.16	0
공휴일	평일공휴일구분	호선	상하선구분	역명	혼잡율(5시)	혼잡율(6시)	혼잡율(7시)	혼잡율(8시)
	공휴일	의정부경전철	상선	송산	1.32	1.24	1.49	2.52
	혼잡율(9시)	혼잡율(10시)	혼잡율(11시)	혼잡율(12시)	혼잡율(13시)	혼잡율(14시)	혼잡율(15시)	혼잡율(16시)
	3.81	3.42	4.06	4.7	4.65	3.17	3.37	3.81
	혼잡율(17시)	혼잡율(18시)	혼잡율(19시)	혼잡율(20시)	혼잡율(21시)	혼잡율(22시)	혼잡율(23시)	혼잡율(24시)
	3.71	2.82	1.73	1.29	1.36	0.99	1.07	0
지하철 정보	역명	경도	위도	지상구분	역층	승강장연결여부	스크린도어 유무	안전발판 유무
	발곡	127.008569	37.275361	지상	2	Y	Y	N

- [문제2, 3] 데이터 파일 수 : 1개 / '의정부경전철_이용현황.xlsx'

파일명	의정부경전철_이용현황.xlsx				
테이블	구조				
방송판매 (필드 24개)	일자	역명	시간	승차_이용객수	하차_이용객수
	2024-08-01	발곡	4	40	1

문제1 작업준비(30점)

1. 답안 파일을 열고 다음의 지시사항에 따라 작업을 수행하시오. (15점)
    ① 연결 패널을 이용하여 데이터 파일을 추가하시오. (5점)
        ▶ 데이터 추가 : '의정부경전철_혼잡율.xlsx' 파일의 〈평일〉, 〈공휴일〉, 〈지하철 정보〉 테이블
    ② 데이터 원본 편집 창에서 〈평일〉, 〈공휴일〉, 〈지하철 정보〉 테이블을 결합하시오. (5점)
        ▶ 〈평일〉과 〈공휴일〉을 유니온(UNION)으로 결합
        ▶ 결합한 유니온(UNION)을 기준으로 〈지하철 정보〉 테이블을 왼쪽 조인(LEFT JOIN)하여 물리적 테이블 생성
            – 유니온(UNION)의 [역명] 컬럼과 〈지하철 정보〉 테이블의 [역명] 컬럼을 왼쪽 조인
    ③ [혼잡율(5시)]부터 [혼잡율(24시)]까지의 20개 필드를 피벗(Pivot)하시오. (5점)

2. 세부문제1에서 모델링한 데이터를 아래 지시사항에 따라 편집하시오. (15점)
    ① [역명] 필드를 이용하여 계산된 필드를 추가하시오. (5점)
        ▶ 계산된 필드 추가 : 역_수
            – 사용 함수 : COUNTD
            – 데이터 유형 : 숫자형
    ② [상하선구분] 필드를 이용하여 계산된 필드를 추가하시오. (5점)
        ▶ 계산된 필드 추가 : 상선_평균혼잡율
            – [상하선구분] 필드가 '상선'일 때 '피벗 필드값'의 평균 계산
            – 사용 함수 : AVG, IF문
            – 데이터 유형 : 숫자형
        ▶ 계산된 필드 추가 : 하선_평균혼잡율
            – [상하선구분] 필드가 '하선'일 때 '피벗 필드값'의 평균 계산
            – 사용 함수 : AVG, IF문
            – 데이터 유형 : 숫자형
    ③ 데이터 원본 편집 창에서 다음의 지시사항에 따라 데이터를 편집하시오. (5점)
        ▶ 모델링한 논리적 테이블 이름 변경 : 혼잡율_상세정보
        ▶ 〈평일〉과 〈공휴일〉을 유니온(UNION)으로 결합한 물리적 테이블 이름 변경 : 상하선_혼잡율
        ▶ 데이터 원본 이름 변경 : 의정부경전철_혼잡율_상세정보

문제2 단순요소 구현(30점)

| 시각화 완성화면 |

각 세부문제 풀이 후 필드가 아래와 같이 구성되도록 하시오.

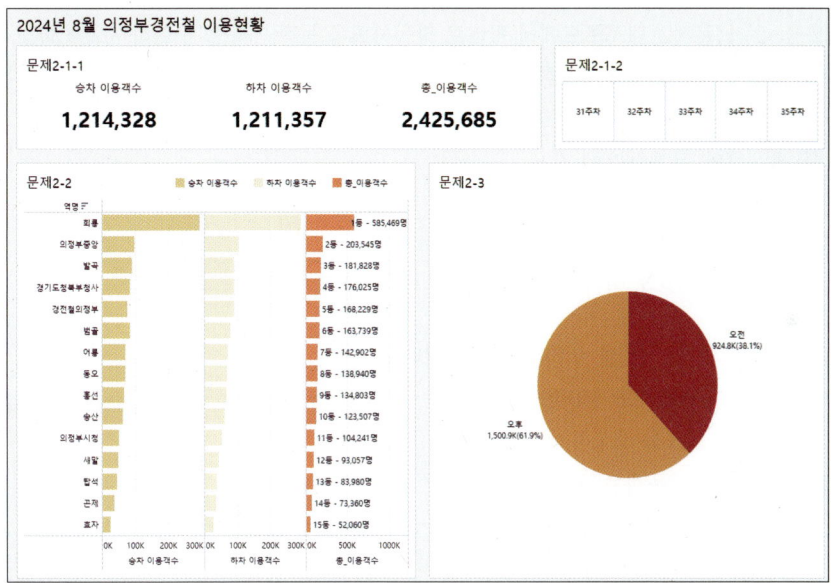

1. 〈의정부경전철_이용현황〉 데이터를 활용하여 카드와 필터 버튼을 구현하시오. (10점)

   ① '문제2-1-1' 시트에 카드를 구현하시오. (4점)
   - ▶ 다음의 필드를 활용하여 측정값 생성
     - [승차 이용객수] 필드와 [하차 이용객수] 필드 → [총_이용객수] 생성
     - 두 필드의 합
   - ▶ 서식 설정
     - 머리글 : 글꼴 크기 '12', 정렬 '가운데'
     - 값 : 글꼴 크기 '24', '굵게', 정렬 '가운데'
     - 맞춤 : 가로 맞춤 '가운데'
     - 테두리 : 행 구분선을 모두 '없음'으로 변경

승차 이용객수	하차 이용객수	총_이용객수
1,214,328	**1,211,357**	**2,425,685**

   ② '문제2-1-2' 시트에 [주차] 필드를 사용하여 필터 버튼을 구현하시오. (3점)
   - ▶ [주차] 필드의 주차를 기준으로 필터 버튼 구현
     - 주차가 '가로 방향'으로 배치되도록 구현
   - ▶ 서식
     - 머리글 표시 해제
     - 맞춤 : 패널 - 가로 '가운데'

- 테두리 : 시트 - 기본값 - 셀 - 실선, 테두리 색상 : #D4D4D4

| 31주차 | 32주차 | 33주차 | 34주차 | 35주차 |

③ '문제2-1-2'가 '문제2' 대시보드에서 필터로 작동하도록 동작 기능을 구현하시오. (3점)
- ▶ 동작 : '문제2-1-2'에서 생성한 필터 버튼을 필터로 사용
  - '문제2-1-2' 외에 다른 시트가 필터로 적용되어서는 안 됨
  - '문제2-2'와 '문제2-3'에 적용
- ▶ 동작 이름 : 주차_필터
- ▶ 동작 실행 조건 : 선택
- ▶ 선택을 해제할 경우의 결과 : 모든 값 표시

2. '문제2-2' 시트에 다음의 작업을 수행하여 혼합(막대+막대+막대) 차트를 구현하시오. (10점)

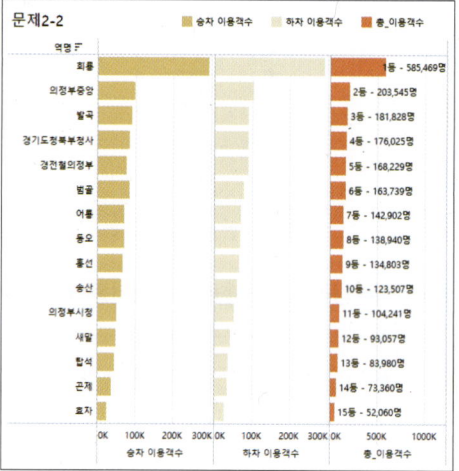

① 다음의 조건으로 필드를 생성하시오. (4점)
- ▶ 필드 이름 : 총_이용객수_순위
  - 의미 : [총_이용객수]의 순위 반환
  - 사용 함수 : RANK_UNIQUE, SUM
② '문제2-2' 시트에 [승차 이용객수], [하차 이용객수], [총_이용객수] 필드를 이용하여 혼합(막대+막대+막대) 차트를 구현하시오. (3점)
- ▶ 가로축 : [승차 이용객수], [하차 이용객수], [총_이용객수] 필드
  - 순서 : [승차 이용객수], [하차 이용객수], [총_이용객수] 순으로 정렬
- ▶ 세로축 : [역명] 필드
③ 혼합 차트의 색상, 레이블, 정렬을 설정하시오. (3점)
- ▶ 색상 : [측정값 이름] 필드
  - 승차 이용객수 : #F4D35E, 하차 이용객수 : #FAF0CA, 총_이용객수 : #F28E2B
- ▶ 범례 : '문제2' 대시보드에 부동으로 배치
  - 위치 : x축 270px, y축 270px
  - 크기 : 너비 400px, 높이 20px
- ▶ 레이블 : [총_이용객수] 막대 차트에 [총_이용객수_순위], [총_이용객수]를 활용
  - 서식 : 00등 - 0000명으로 표현
- ▶ 정렬 : [역명] 필드를 각각 [총_이용객수] 필드의 합계 내림차순으로 정렬

3. '문제2-3' 시트에 다음의 작업을 수행하여 차트를 구현하시오. (5점)
    ① [시간대] 필드를 생성하시오. (2점)
        ▶ 필드 이름 : 시간대
            - 〈의정부경전철_이용현황〉의 [시간] 필드 활용
            - 사용 함수 : IF문
            - 데이터 유형 : 문자형
    ② [시간대] 필드를 사용하여 파이 차트를 구현하시오. (3점)
        ▶ [시간대]별 [총_이용객수]의 비중을 나타내는 파이 차트 구현
        ▶ 색상 : 색상표에서 신호등을 할당
        ▶ 마크 설정
            - 레이블1 : [시간대]
            - 레이블2 : [총_이용객수]
            - 레이블3 : [총_이용객수]의 구성 비율
            - 레이블 정렬 : '가운데'
            - [총_이용객수]와 [총_이용객수]의 구성 비율은 소수 첫째 자리까지 표시
            - [총_이용객수]의 디스플레이 장치를 천(K)으로 지정
        ▶ 완성화면과 같이 레이블 배치, 정렬 '가운데'

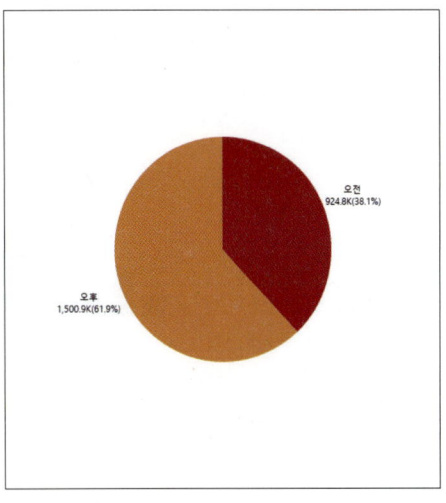

4. 통합 문서 및 '문제2' 대시보드의 서식을 설정하시오. (5점)
    ① 전체 통합 문서의 서식을 변경하시오. (2점)
        ▶ 통합 문서 서식 변경
            - 전체 글꼴 : '맑은 고딕'
            - 전체 글꼴 색상 : #000000
    ② '문제2' 대시보드의 백그라운드 색상과 제목의 레이아웃을 변경하시오. (3점)
        ▶ '문제2' 대시보드의 항목 계층 중 '바둑판식' 항목의 백그라운드 색상을 "#F5F5F5"로 변경
        ▶ 대시보드의 제목("2024년 8월 의정부경전철 이용현황") 개체(텍스트)의 레이아웃
            - 개체 이름 작성 : "2024년 8월 의정부경전철 이용현황"
            - 바깥쪽 여백을 위쪽 '8', 왼쪽 '8', 아래쪽 '5', 오른쪽 '10'으로 변경
            - 안쪽 여백을 모두 '0'으로 변경

문제3 복합요소 구현(40점)

| 시각화 완성화면 |

각 세부문제 풀이 후 아래와 같은 결과가 도출되어야 합니다.

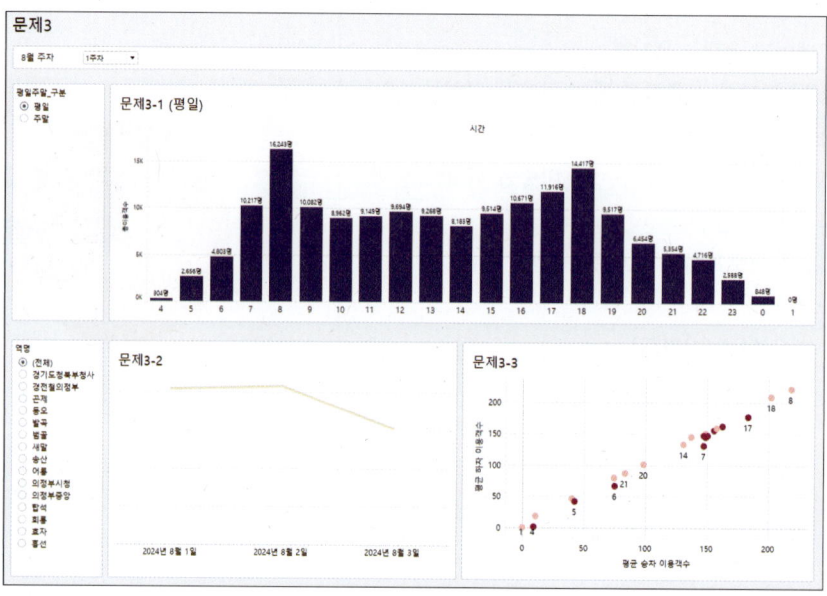

1. '문제3-1' 시트에서 다음의 작업을 수행하여 막대 차트를 구현하시오. (10점)

　① 〈의정부경전철_이용현황〉을 활용하여 [평일주말], [평일_총_이용고객수], [주말_총_이용고객수] 필드를 생성하시오. (3점)

　　▶ 계산된 필드 이름 : 평일주말
　　　- 의미 : [일자]가 평일인 경우 '평일'이고 평일이 아닌 경우 '주말'
　　　- 사용 함수 : DATEPART, IN, IF문

　　▶ 계산된 필드 이름 : 평일_총_이용고객수
　　　- 의미 : [평일주말]이 평일인 경우 '총_이용객수'를 반환
　　　- 사용 함수 : IF문

　　▶ 계산된 필드 이름 : 주말_총_이용고객수
　　　- 의미 : [평일주말]이 주말인 경우 '총_이용객수'를 반환
　　　- 사용 함수 : IF문

② 문자열 매개 변수 [평일주말_구분]과 이를 활용한 [평일주말_선택] 필드를 생성하시오. (3점)
- ▶ 매개 변수 이름 : 평일주말_구분
  - 의미 : '평일' 선택 시 [평일], '주말' 선택 시 [주말]에 해당하는 값 반환
- ▶ 매개 변수가 적용되는 계산된 필드 이름 : 평일주말_선택
  - 의미 : '평일' 선택 시 [평일_총_이용고객수], '주말' 선택 시 [주말_총_이용고객수] 적용
  - 사용 함수 : IF문

③ [평일주말_선택] 결과를 반영하여 [시간]에 따른 변화를 막대 차트로 표현하시오. (4점)
- ▶ 가로축 : [시간] 필드
  - 정렬 : 4시부터 시작해서 1시까지 정렬
- ▶ 세로축 : [평일주말_선택] 필드
  - [완전판매건수]의 NULL 값을 '숨김' 처리
- ▶ '문제3-1' 시트 제목 뒤에 [평일주말_구분] 매개 변수 추가
  - 시트 제목 : 문제3-1 (평일)
- ▶ [당월_주차(문제3)] 필드를 생성하고 필터 적용
  - 필터 기준 : 1주차 기준
  - 사용 함수 : STR, WEEK, DATETRUNC

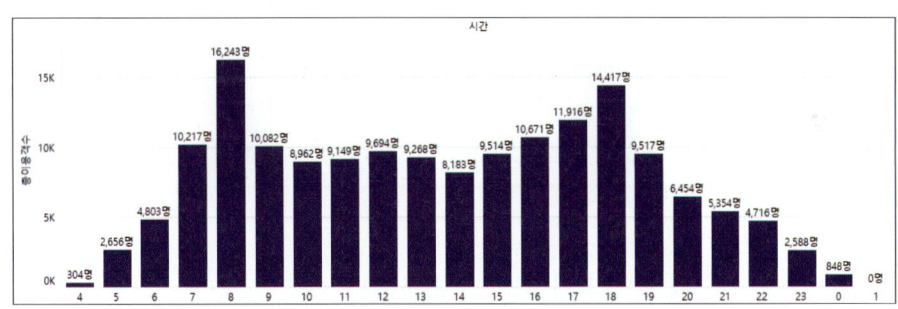

2. '문제3-2' 시트에 라인 차트를 구현하시오. (10점)
  ① [일자]별 [승차 이용객수]와 [하차 이용객수]를 나타내는 라인 차트를 구현하시오. (5점)
   - ▶ 가로축 : [일자] 필드의 일(불연속형)
   - ▶ 세로축 : [승차 이용객수], [하차 이용객수]를 활용하여 표현
   - ▶ 이중 축 활용
     - 축 동기화
   - ▶ 테두리 서식
     - 행 구분선 제거
     - 열 구분선 제거

② '문제3-2' 시트에 필터를 지정하시오. (5점)
- ▶ 필터
  - [당월_주차(문제3)] 필드를 필터로 지정(1주차 기준)
  - [역명] 필드를 '전체' 필터로 지정(단일 선택)

3. '문제3-3' 시트에서 다음의 작업을 수행하여 차트를 구현하고, '문제3' 대시보드에서 다음의 설정을 완료하시오. (10점)
   ① '문제3-3' 시트에 다음의 필드를 생성하시오. (3점)
   - ▶ 필드 이름 : 승하차_비교
     - 값 : 승차 이용객수와 하차 이용객수를 비교
     - 사용 함수 : AVG, MAX, MIN, SUM 중 하나 사용
   ② [승차 이용객수], [하차 이용객수], [시간], [승하차_비교] 필드를 사용하여 산점도를 구현하시오. (4점)
   - ▶ 활용 필드 : [승차 이용객수], [하차 이용객수], [시간], [승하차_비교]
   - ▶ 레이블 : [시간]
     - 서식 : 가로 맞춤 '가운데'
   - ▶ [승하차_비교] 필드 색상
     - 색상표에 '빨간색'으로 색상 할당
   - ▶ 필터
     - [당월_주차(문제3)] 필드의 주차(1주차로 지정)
     - [역명] 필드(전체로 지정)
   ③ '문제3' 대시보드에 매개 변수 및 필터를 배치하고 적용 범위를 설정하시오. (3점)
   - ▶ [당월_주차(문제3)] 필터
     - 위치 : 상단
     - 적용 범위 : '문제3' 대시보드의 모든 시트를 대상으로 설정
     - 유형 : 단일 값 드롭다운
     - "전체" 값이 표시되지 않도록 설정
     - 너비 : 100px로 고정
   - ▶ [평일주말_구분] 매개 변수
     - 위치 : 왼쪽 상단
     - 유형 : 단일 값 목록
   - ▶ [역명] 필터
     - 위치 : 왼쪽 하단
     - 적용 범위 : '문제3-2'와 '문제3-3' 시트를 대상으로 설정
     - 유형 : 단일 값 목록

4. '문제3-4' 대시보드에서 다음의 작업을 수행하여 동적(Interactive) 대시보드를 구현하시오. (10점)

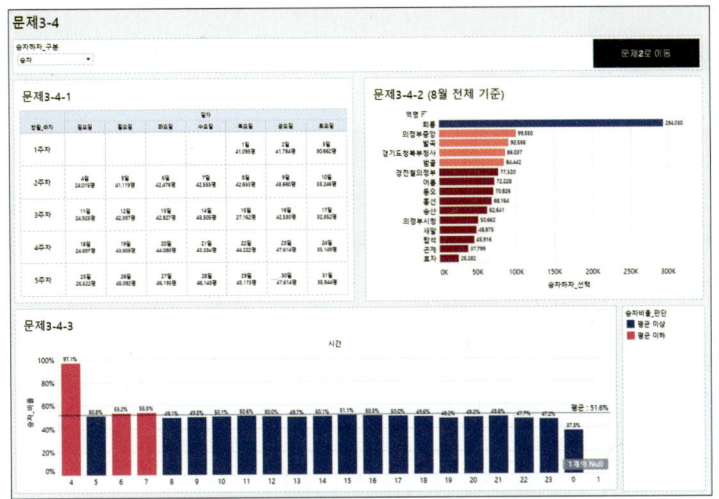

① '문제2' 대시보드로 이동하는 "버튼"을 구현하시오. (3점)
   ▶ 버튼 내용 : "문제2로 이동"
   ▶ 위치 : 상단 빈 레이아웃의 가장 오른쪽
   ▶ 크기 : 200px로 고정
② 승차와 하차를 구분하는 매개 변수를 배치하시오. (3점)
   ▶ 매개 변수 이름 : 승차하차_구분
   ▶ 위치 : 상단 빈 레이아웃의 가장 왼쪽
   ▶ 크기 : 150px로 고정
③ '문제3-4' 대시보드에서 '문제3-4-1' 달력 클릭 시 [일자] 값에 따라 값이 변경되도록 구현하시오. (4점)
   ▶ 필터 동작 설정
      - 동작 이름 : 날짜_필터
      - 동작 : 필터 동작
      - '문제3-4-2' 시트와 '문제3-4-3' 시트에 동작
      - 동작 실행 조건 : 선택
      - 선택을 해제할 경우의 결과 : 모든 값 표시
      - [일자] 필드 값에만 동작하는 매개 변수 동작
   ▶ 매개 변수 동작 설정
      - 동작 이름 : 선택일자_매개변수
      - 동작 : 매개 변수 동작
      - 매개 변수 동작을 시작하는 시트가 '문제3-4-1' 이외에 존재해서는 안 됨
      - 동작 실행 조건 : 선택
      - 선택을 해제할 경우의 결과 : 다음 값으로 설정(999)
      - [일자] 필드 값에만 동작하는 매개 변수 동작

풀이 1 │ 작업준비 30점

1 답안 파일을 열고 다음의 지시사항에 따라 작업을 수행하시오.

① 연결 패널을 이용하여 데이터 파일을 추가하시오.

01 **바탕 화면** > **유선배 경영정보시각화능력 실기(Tableau) 실습 자료** > **Part3_모의고사_2회** > **2회_답안.twbx**를 **더블클릭**하여 답안 파일을 실행합니다. 상단에 태블로 마크 모양의 **시작 페이지 표시**(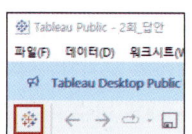)를 클릭하여 연결 패널로 이동합니다.

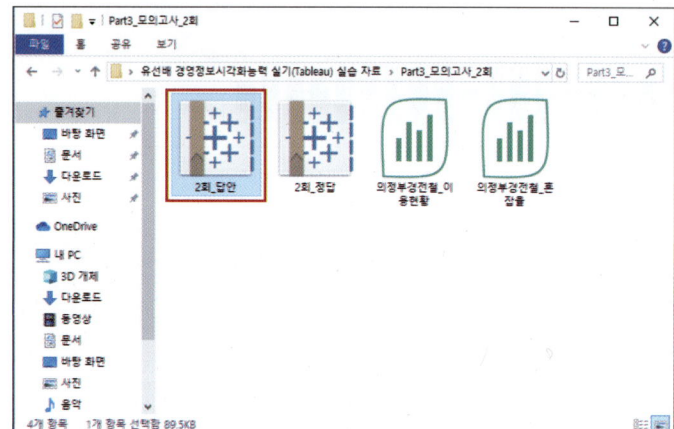

02 **연결**에서 **파일에 연결** > **Microsoft Excel**을 클릭한 후 파일 경로 위치는 **바탕 화면** > **유선배 경영 정보시각화능력 실기(Tableau) 실습 자료** > **Part3_모의고사_2회** > **의정부경전철_혼잡율.xlsx**를 선택한 후 **열기**를 클릭합니다.

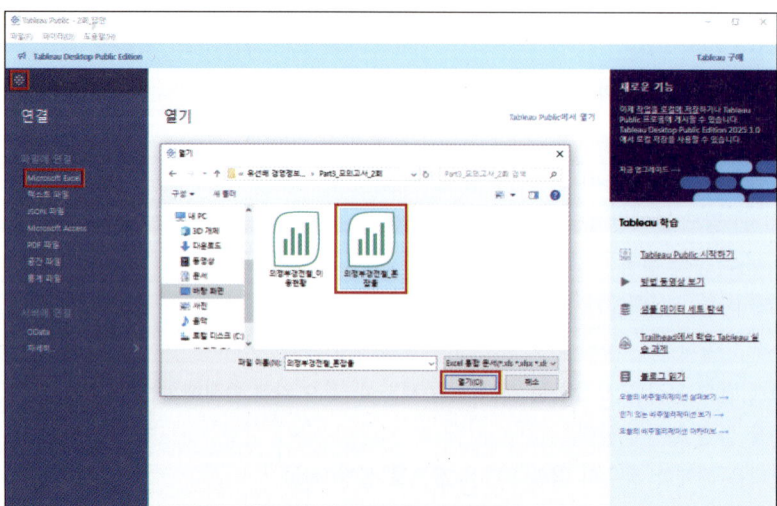

② 데이터 원본 편집 창에서 〈평일〉, 〈공휴일〉, 〈지하철 정보〉 테이블을 결합하시오.

01 **새 유니온**을 캔버스로 **드래그 앤 드롭**하여 **평일** 시트와 **공휴일** 시트를 **유니온 팝업 창**에 차례대로 **드래그 앤 드롭**한 후 **확인**을 눌러 마무리합니다.

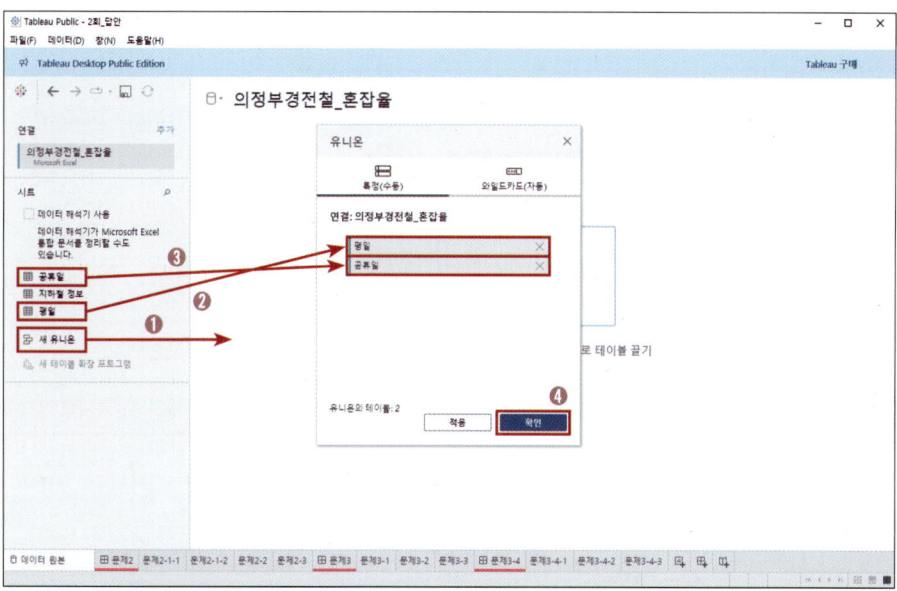

02 **논리적 테이블 유니온**을 **더블클릭**하여 물리적 테이블 유니온 창을 엽니다. 의정부경전철_혼잡율의 시트에 있는 **지하철 정보**를 캔버스에 있는 **물리적 테이블 유니온 창**의 빈 곳으로 **드래그 앤 드롭**합니다.

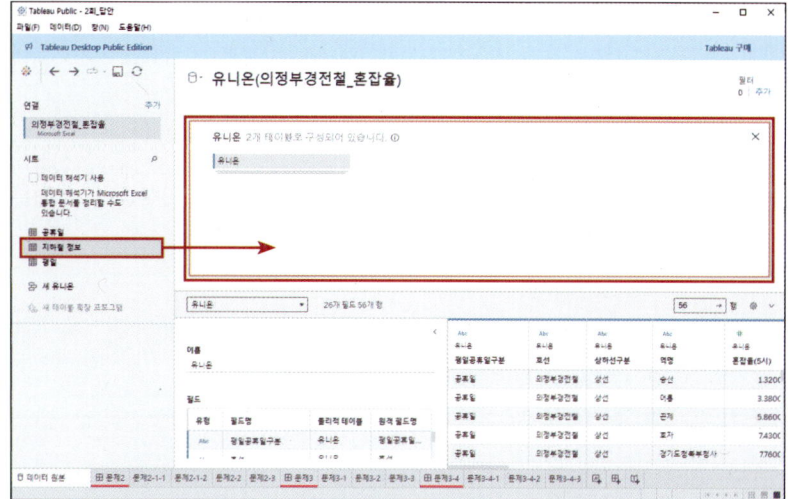

CHAPTER 02 | 실전 모의고사 2회   **69**

03 왼쪽 조인(LEFT JOIN)으로 변경하기 위해 **벤 다이어그램**을 클릭하고 내부에서 **왼쪽**으로 변경합니다.

04 **데이터 원본**에는 **역명**이, **지하철 정보**에는 **역명(지하철 정보)**가 자동으로 선택되어있음을 확인하고 조인 팝업 창의 우측 상단 ☒을 클릭하여 창을 닫습니다.

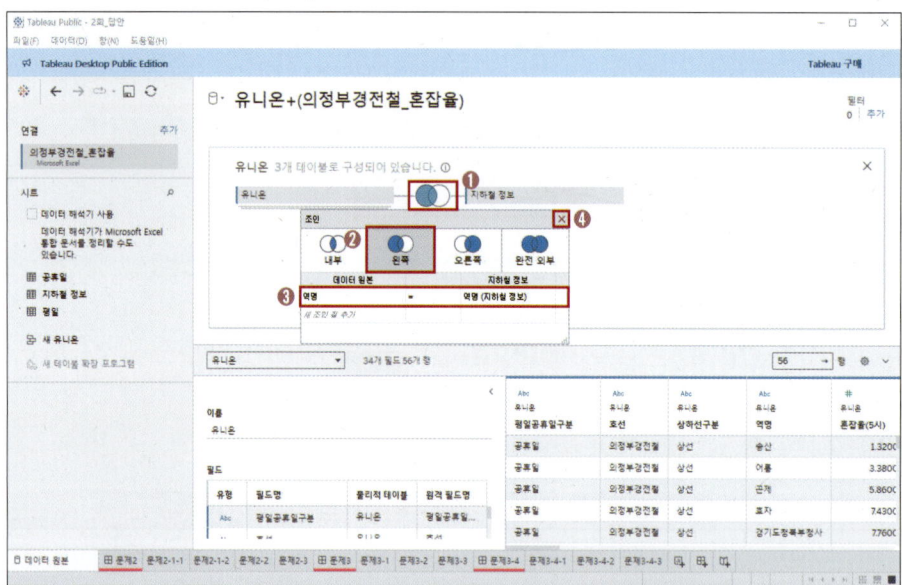

지하철 정보를 유니온 창으로 불러오는 과정에서 기존에 데이터 원본에 대응하는 필드를 판단하여 자동으로 연결되는 것을 볼 수 있습니다. 다만, 이 연결이 정상적으로 입력되었는지 확인하고 다르게 입력되었다면 맞는 형태로 조인절을 수정합니다.

③ [혼잡율(5시)]부터 [혼잡율(24시)]까지의 20개 필드를 피벗(Pivot)하시오.

01 데이터 그리드에 있는 [혼잡율(5시)] 필드의 머리글을 클릭합니다. Shift를 누른 상태에서 오른쪽으로 이동하여 [혼잡율(24시)] 필드의 머리글을 클릭합니다.

02 **음영이 나타난 필드**의 머리글을 **마우스 우클릭**합니다. 나타난 팝업 메뉴에서 **피벗**을 클릭합니다.

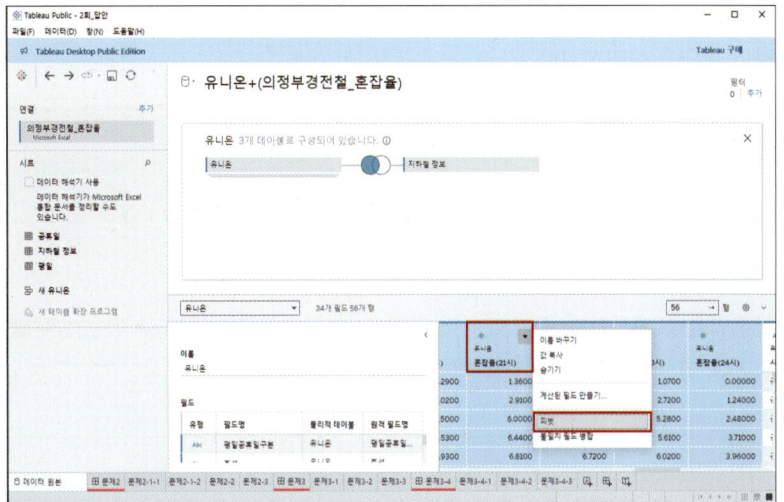

음영 처리된 필드 중 아무 필드에서나 머리글을 마우스 우클릭하여도 피벗이 가능합니다.

2 세부문제1에서 모델링한 데이터를 아래 지시사항에 따라 편집하시오.

① [역명] 필드를 이용하여 계산된 필드를 추가하시오.

01 데이터 그리드에 있는 **[역명] 필드**의 머리글을 **마우스 우클릭**합니다. 나타난 팝업 메뉴에서 **계산된 필드 만들기**를 클릭합니다.

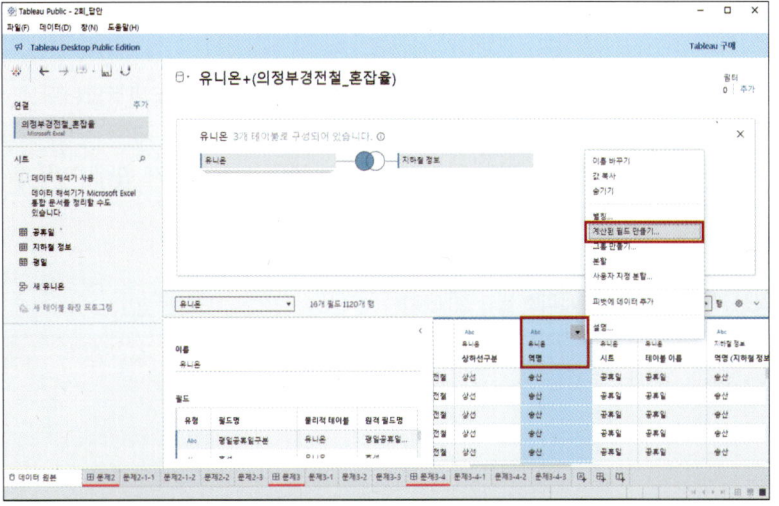

02 나타난 **계산된 필드 만들기 창** 상단에 필드 **이름**을 **역_수**로 변경합니다.

03 [역_수] 필드는 [역명] 필드의 고유 항목수를 계산하기 위해 **COUNTD 함수**를 사용하여 다음 수식을 입력하고 **확인**을 클릭합니다.

```
COUNTD([역명])
```

② [상하선구분] 필드를 이용하여 계산된 필드를 추가하시오.

01 상선 평균혼잡율을 계산하기 위해 데이터 그리드의 [상하선구분] 필드를 **마우스 우클릭**합니다. 나타난 팝업 메뉴에서 **계산된 필드 만들기**를 클릭합니다.

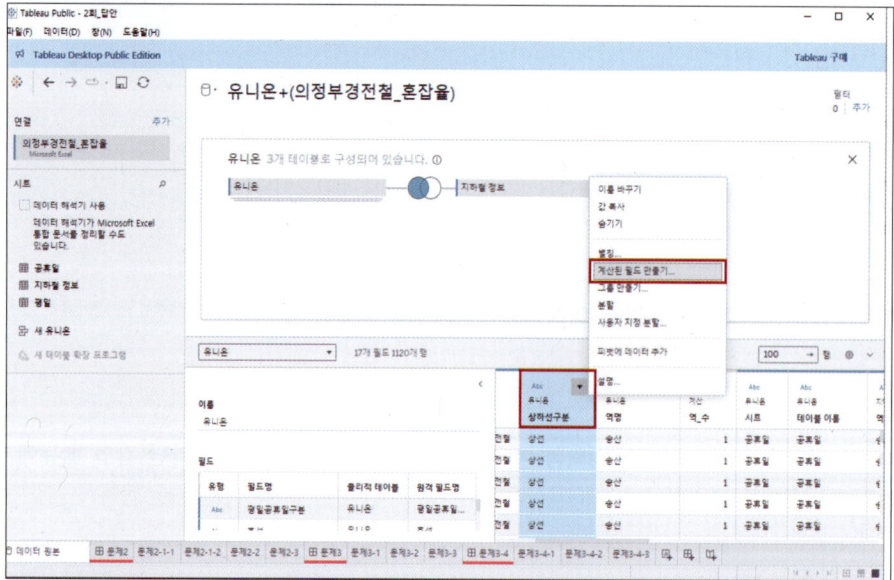

02 나타난 **계산된 필드 만들기 창** 상단에 필드 **이름**을 **상선_평균혼잡율**로 변경합니다.

03 [상하선구분] 필드가 상선일 때 [피벗 필드값] 필드의 평균을 계산하기 위해 **AVG 함수**, **IF문**을 사용하여 다음 수식을 입력하고 **확인**을 클릭합니다.

```
AVG(IF [상하선구분]='상선' THEN [피벗 필드 값] END)
```

04 하선 평균혼잡율을 계산하기 위해 데이터 그리드의 [상하선구분] 필드를 **마우스 우클릭**합니다. 나타난 팝업 메뉴에서 **계산된 필드 만들기**를 클릭합니다.

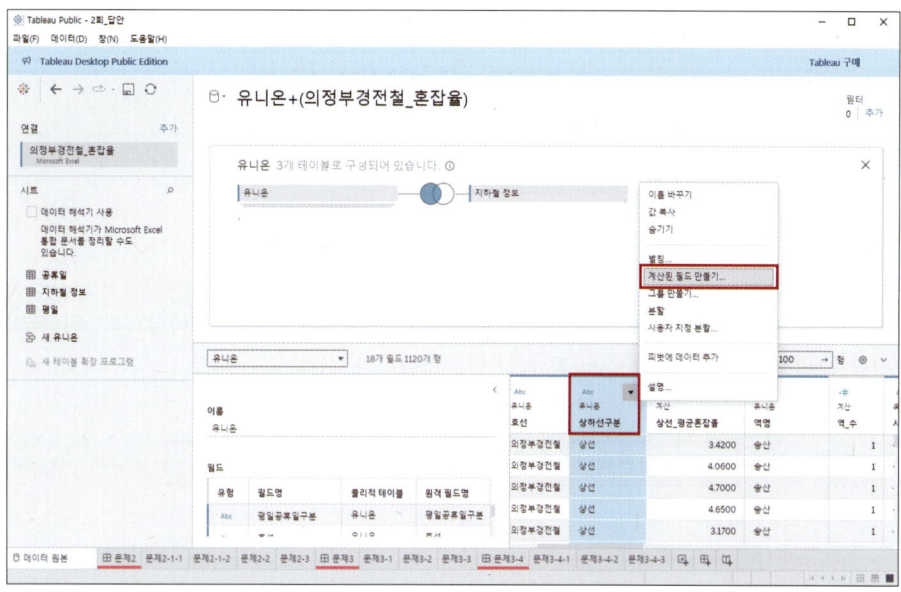

05 나타난 **계산된 필드 만들기 창** 상단에 필드 **이름**을 **하선_평균혼잡율**로 변경합니다.

06 [상하선구분] 필드가 하선일 때 [피벗 필드값] 필드의 평균을 계산하기 위해 **AVG 함수**, **IF문**을 사용하여 다음 수식을 입력하고 **확인**을 클릭합니다.

AVG(IF [상하선구분]='하선' THEN [피벗 필드 값] END)

③ 데이터 원본 편집 창에서 다음의 지시사항에 따라 데이터를 편집하시오.

01 유니온한 데이터의 이름을 변경하기 위해 **물리적 데이터 유니온**을 **더블클릭**합니다. **이름**을 유니온에서 **상하선_혼잡율**로 변경하고 **Enter**를 누릅니다.

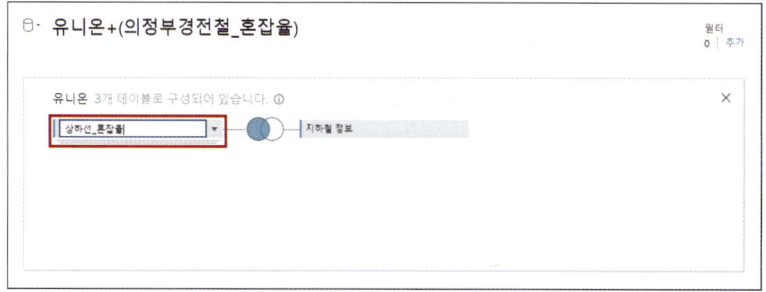

02 창의 우측 상단 ⊠를 클릭하여 물리적 테이블 유니온 창을 닫습니다. 논리적 테이블 유니온의 이름을 변경하기 위해 **마우스 우클릭**합니다. 나타난 팝업 메뉴에 **이름 바꾸기**를 클릭합니다. 이때, 논리적 테이블 이름을 **혼잡율_상세정보**로 변경하고 Enter를 눌러 마무리합니다.

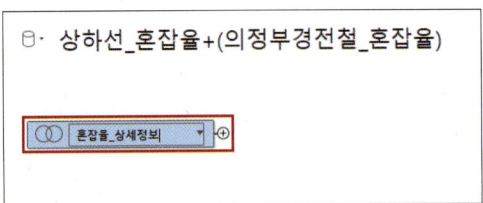

03 데이터 원본 명칭을 변경하기 위해 상단에 위치한 **데이터 원본 이름**을 클릭합니다. **의정부경전철_혼잡율_상세정보**를 입력하고 Enter를 눌러 마무리합니다.

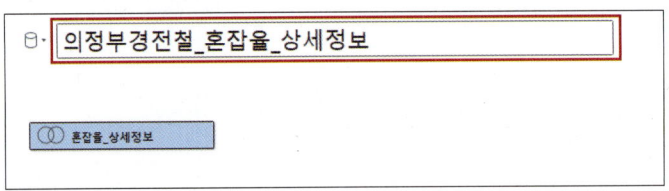

04 메타 데이터 그리드에 필드가 문제의 지시대로 입력된 것을 확인할 수 있습니다.

풀이 2 단순요소 구현 30점

1 〈의정부경전철_이용현황〉 데이터를 활용하여 카드와 필터 버튼을 구현하시오.

① '문제2-1-1' 시트에 카드를 구현하시오.

01 하단 탭에서 **문제2-1-1**을 클릭하여 해당 시트로 이동합니다. 좌측 상단에 위치한 데이터 원본 목록 중에서 **의정부경전철_이용현황**을 클릭합니다.

02 먼저 [총_이용객수] 필드를 생성하기 위해 데이터 패널 상단의 ▼을 클릭합니다. 나타난 팝업 메뉴에서 **계산된 필드 만들기**를 클릭합니다.

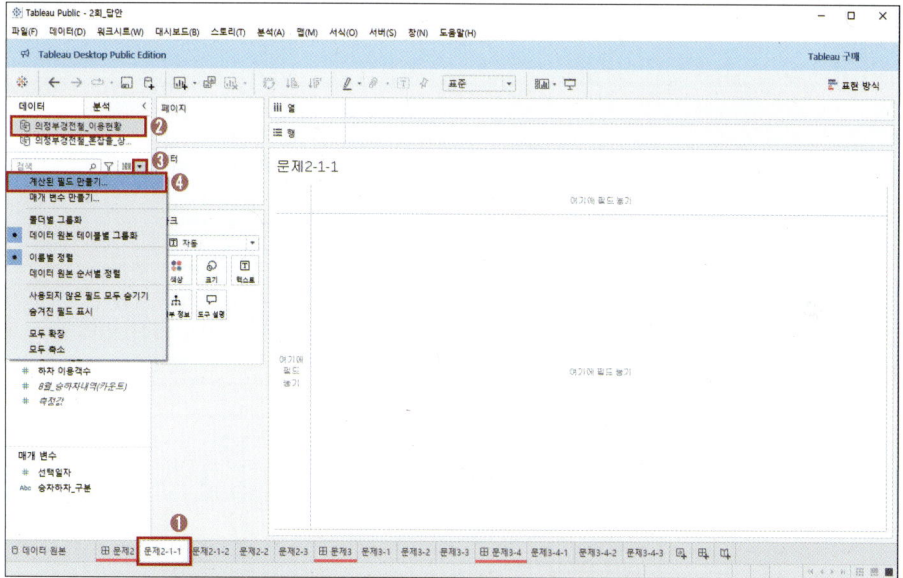

03 나타난 **계산된 필드 만들기 팝업 창**에서 상단에 필드 **이름**을 **총_이용객수**로 변경합니다.

04 [총_이용객수] 필드는 승차 이용객수와 하차 이용객수의 합을 반환하기 위해 **+**를 사용하여 다음 수식을 입력하고 **확인**을 클릭합니다.

[승차 이용객수] + [하차 이용객수]

05 카드를 구현하기 위해 데이터 패널의 [측정값 이름] 필드를 열 패널로 드래그 앤 드롭합니다. 승차 이용객수와 하차 이용객수, 총_이용객수를 배치하기 위해 [측정값 이름] 필드를 필터 패널로 드래그 앤 드롭합니다.

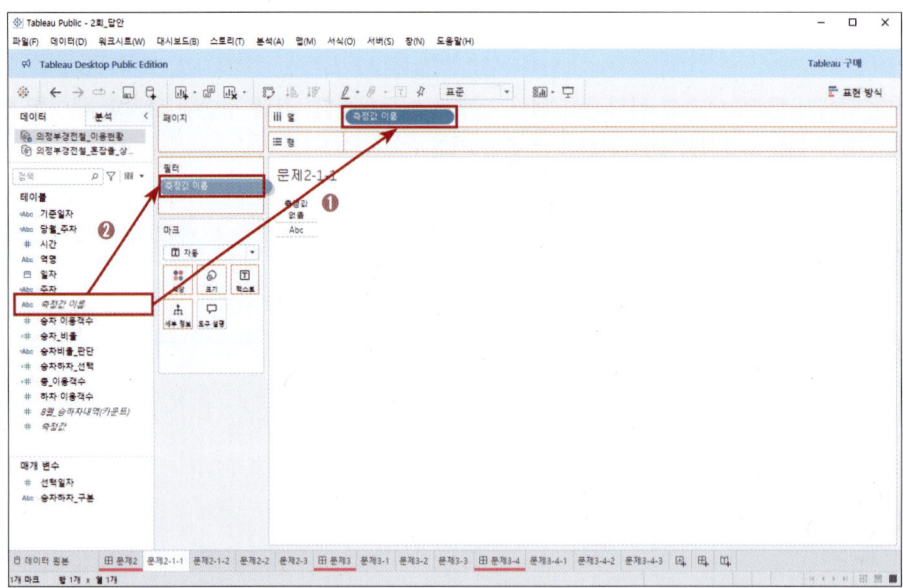

06 필터 [측정값 이름] 팝업 창에서 먼저 없음(O)을 클릭하고 승차 이용객수, 하차 이용객수, 총_이용객수를 체크하고 확인을 클릭합니다.

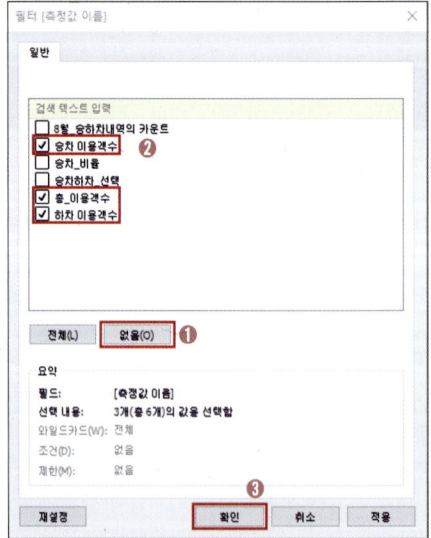

07 데이터 패널의 [측정값] 필드를 마크 패널의 **텍스트**로 **드래그 앤 드롭**합니다. 마크 패널의 **텍스트**를 클릭하고 나타나는 팝업 창에서 **맞춤 박스**를 클릭하여 가로를 자동에서 ■로 설정합니다.

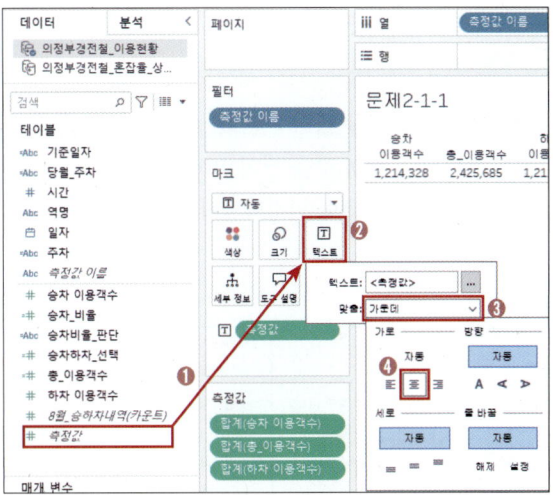

08 텍스트 팝업 창에서 …을 클릭합니다. 나타난 **레이블 편집 팝업 창**에서 전체를 드래그하고 **글자 크기 24**, **굵게** 설정합니다. **확인**을 클릭하고 빈 곳을 클릭하여 팝업 창을 닫습니다.

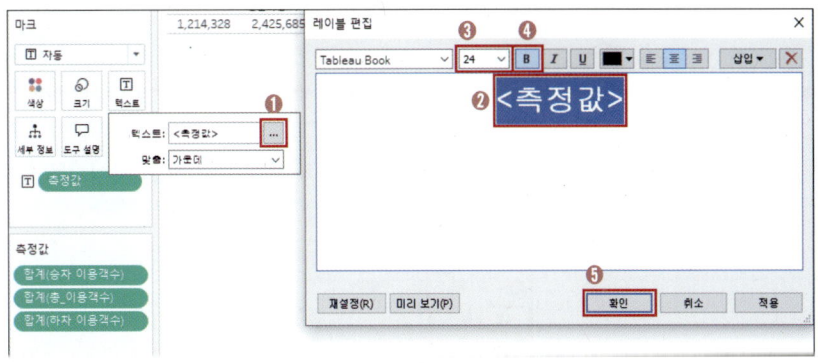

09 시트 상단의 **머리글**을 **마우스 우클릭**합니다. 나타난 팝업 메뉴에서 **서식**을 클릭합니다.

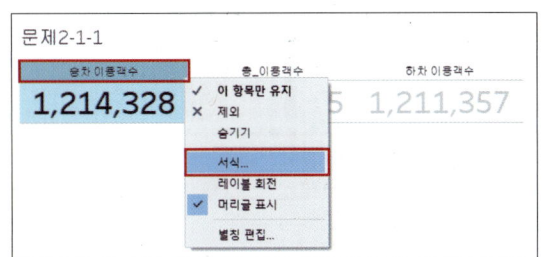

> **Tip** ✓
>
> 시트에 위치한 3개의 데이터 중 어떤 데이터의 머리글을 마우스 우클릭하여 서식을 누르더라도 같은 서식 창으로 이동합니다.

10 나타난 **측정값 이름 서식 창**에서 **머리글** 탭의 **기본값** > **글꼴 박스**를 클릭하여 **크기**를 12로 설정합니다. 서식 창의 빈 곳을 클릭하여 팝업 창을 닫고 머리글을 정렬하기 위해 **맞춤 박스**를 클릭합니다. **가로** > ≡을 클릭하여 가운데 정렬로 변경합니다. 서식 창의 빈 곳을 클릭하여 팝업 창을 닫습니다.

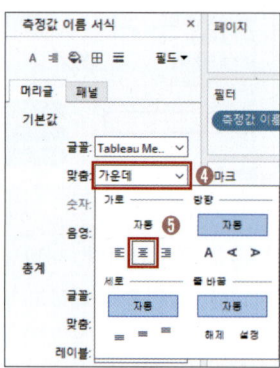

11 서식 창 상단에서 ⊞을 클릭합니다. 테두리 서식 창에서 **시트** 탭의 **행 구분선** > **패널 박스**를 클릭하여 **없음**으로 변경합니다. 패널과 머리글이 모두 없음으로 변경되며 행 구분선이 모두 제거됩니다. 빈 곳을 클릭하여 팝업 창을 닫고 서식 창 우측 상단의 ⊠을 클릭하여 서식 창도 닫습니다.

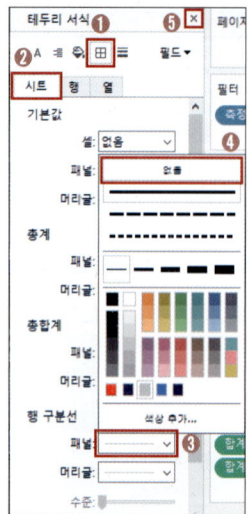

12 카드에 표시하는 측정값을 승차 이용객수, 하차_이용객수, 총_이용객수의 순서로 정렬하기 위해 측정값 패널의 **합계(총_이용객수)**를 합계(하차_이용객수)의 **아래**로 **드래그 앤 드롭**합니다.

13 차트가 문제의 지시대로 완성된 것을 확인할 수 있습니다.

② '문제2-1-2' 시트에 [주차] 필드를 사용하여 필터 버튼을 구현하시오.

01 하단 탭에서 **문제2-1-2**를 클릭하여 해당 시트로 이동합니다. 데이터 패널의 **[주차]** 필드를 **열 패널**로 **드래그 앤 드롭**합니다.

02 필터 버튼을 만들기 위해 데이터 패널의 **[주차]** 필드를 마크 패널의 **텍스트**로 **드래그 앤 드롭**합니다.

03 서식을 변경하기 위해 마크 패널의 **텍스트**를 클릭합니다. 나타나는 팝업 창에서 **맞춤 박스**를 클릭하여 **가로**를 ▤로 설정합니다. 빈 곳을 클릭하여 팝업 창을 닫습니다.

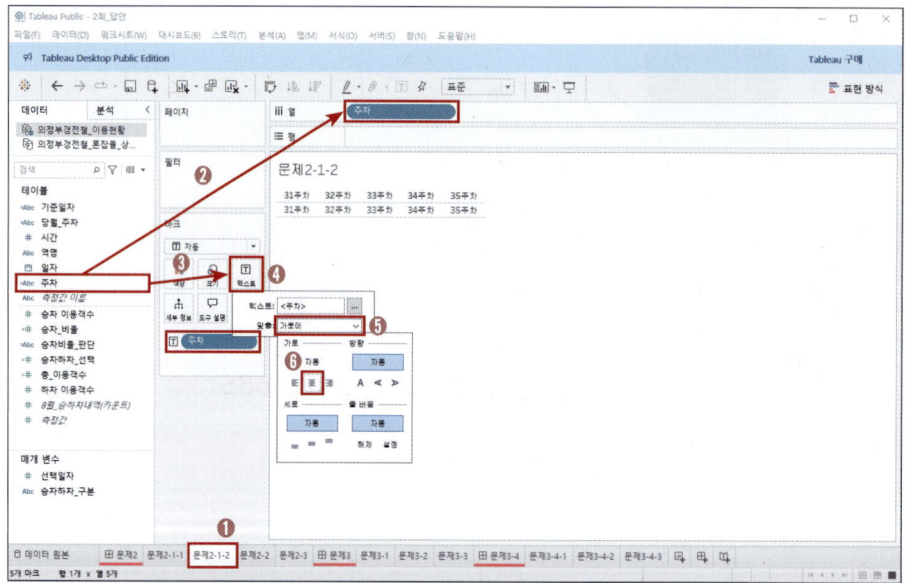

04 **머리글**을 **마우스 우클릭**합니다. 나타난 팝업 메뉴에서 **머리글 표시**를 클릭하여 **체크 해제**하면 머리글이 제거됩니다.

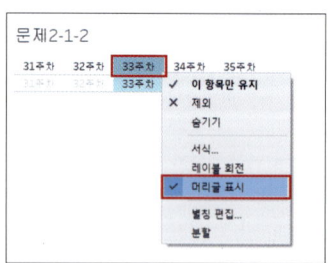

머리글에 대한 설정은 한 번에 적용되므로 어떤 값의 머리글을 마우스 우클릭해도 결과는 같습니다.

05 **셀**을 **마우스 우클릭**하여 나타난 팝업 메뉴에서 **서식**을 클릭합니다.

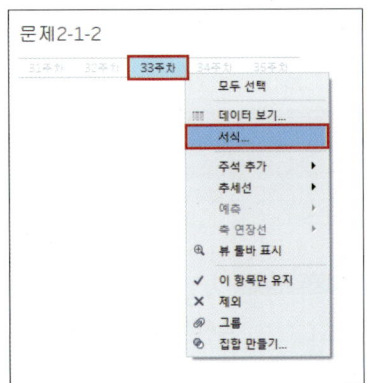

> **Tip**
> 5개의 셀 중 어느 것을 선택하여도 결과는 동일하게 나타납니다.

06 나타난 **글꼴 서식 팝업 창** 상단에서 을 클릭합니다. **테두리 서식 창**에서 **시트 탭**의 **기본값 > 셀 박스**를 클릭하여 없음 바로 밑에 위치한 **실선**을 클릭합니다. 이어서 하단의 **색상 추가**를 클릭하여 **HTML(H)** 옆에 색상 코드 **#D4D4D4**를 입력하고 **확인**을 클릭합니다. 빈 곳을 클릭하여 팝업 창을 닫고, 서식 창의 우측 상단 ⊠를 클릭하여 서식 창도 닫습니다.

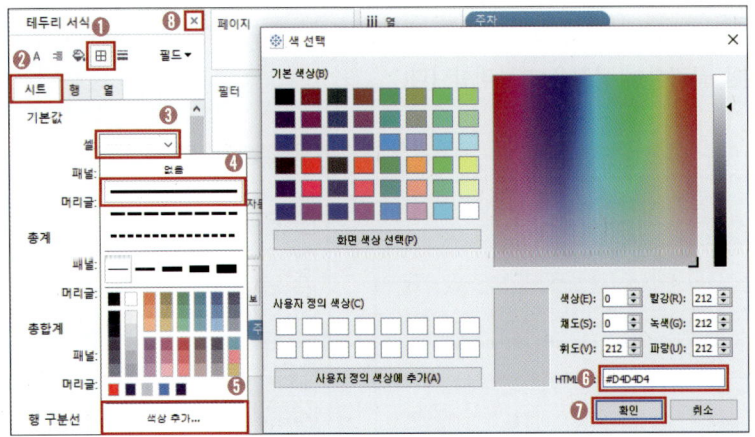

07 차트가 문제의 지시대로 완성된 것을 확인할 수 있습니다.

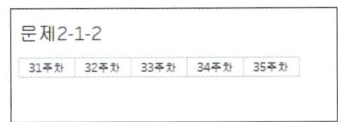

③ '문제2-1-2'가 '문제2' 대시보드에서 필터로 작동하도록 동작 기능을 구현하시오.

01 하단 탭에서 **문제2**를 클릭하여 해당 대시보드로 이동합니다. 필터 동작을 적용하기 위해 상단 메뉴의 **대시보드(B) > 동작(I)**을 클릭합니다.

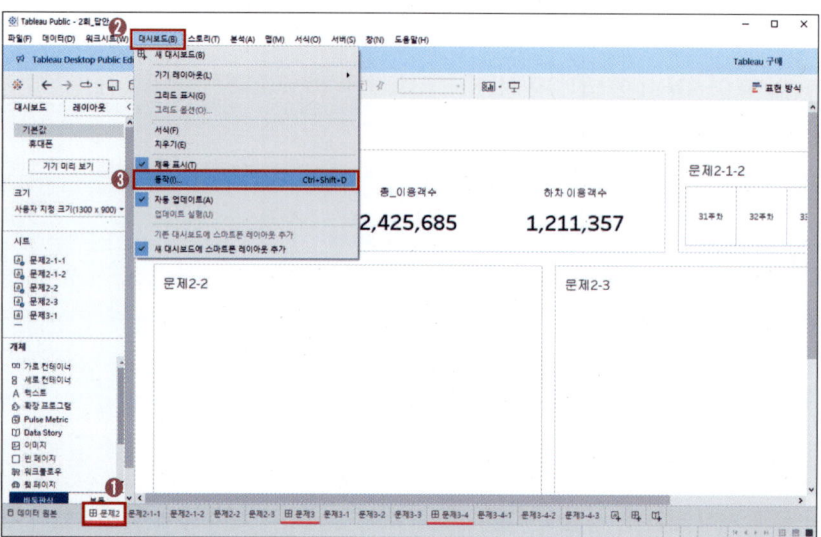

02 나타난 동작 팝업 창에서 **동작 추가 > 필터**를 클릭합니다. 나타난 **필터 동작 추가 팝업 창**에서 이름을 **주차_필터**로 변경합니다. 원본 시트에 문제2-1-2만 유지하고 나머지는 체크 해제한 후 **동작 실행 조건**을 **선택**으로 합니다. **대상 시트**는 문제2-2와 문제2-3만 유지하고 나머지는 체크 해제합니다. **선택을 해제할 경우의 결과**는 모든 값 표시를 설정하고 **확인**을 클릭합니다. 동작 팝업 창에서도 **확인**을 클릭하여 설정을 마무리합니다.

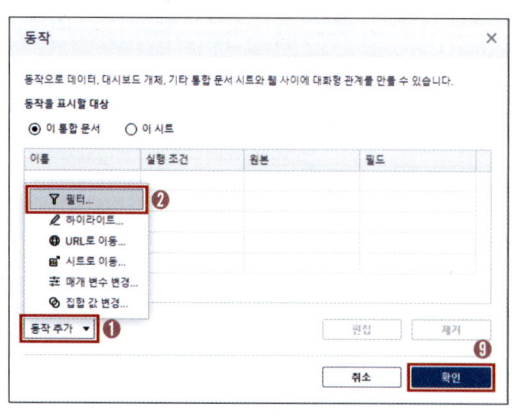
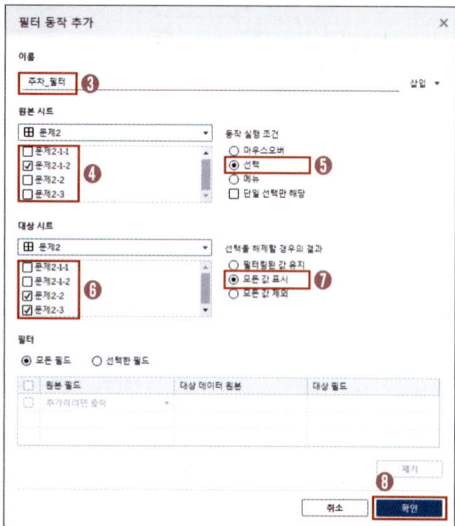

2 '문제2-2' 시트에 다음의 작업을 수행하여 혼합(막대+막대+막대) 차트를 구현하시오.

① 다음의 조건으로 필드를 생성하시오.

01 하단 탭에서 **문제2-2**를 클릭하여 해당 시트로 이동합니다. [총_이용객수_순위] 필드를 생성하기 위해 데이터 패널 상단의 ▼을 클릭합니다. 나타난 팝업 메뉴에서 **계산된 필드 만들기**를 클릭합니다.

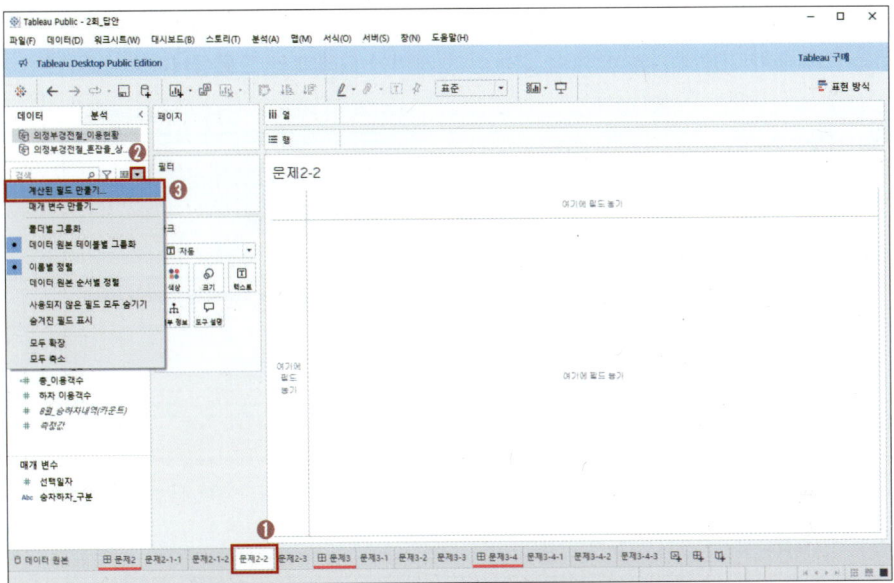

02 나타난 **계산된 필드 만들기 팝업 창**에서 상단에 필드 **이름**을 **총_이용객수_순위**로 변경합니다.

03 [기준일자_날짜] 필드는 기준일자 매출액일 때 지표값을 반환하기 위해 **RANK_UNIQUE, SUM 함수**를 사용하여 다음 수식을 입력하고 **확인**을 클릭합니다.

RANK_UNIQUE(SUM([총_이용객수]))

② '문제2-2' 시트에 [승차 이용객수], [하차 이용객수], [총_이용객수] 필드를 이용하여 혼합(막대+막대+막대) 차트를 구현하시오.

01 데이터 패널의 [승차 이용객수] 필드를 선택하고 **Ctrl**을 누른 상태로 [총_이용객수] 필드와 [하차 이용객수] 필드를 순서대로 클릭합니다.

02 다중 선택이 된 3개의 필드를 **열 패널로 드래그 앤 드롭**합니다.

03 승차 이용객수, 하차 이용객수, 총_이용객수 순서로 정렬하기 위해 열 패널의 합계(하차 이용객수)를 합계(승차 이용객수)와 합계(총_이용객수) 사이에 **드래그 앤 드롭**합니다.

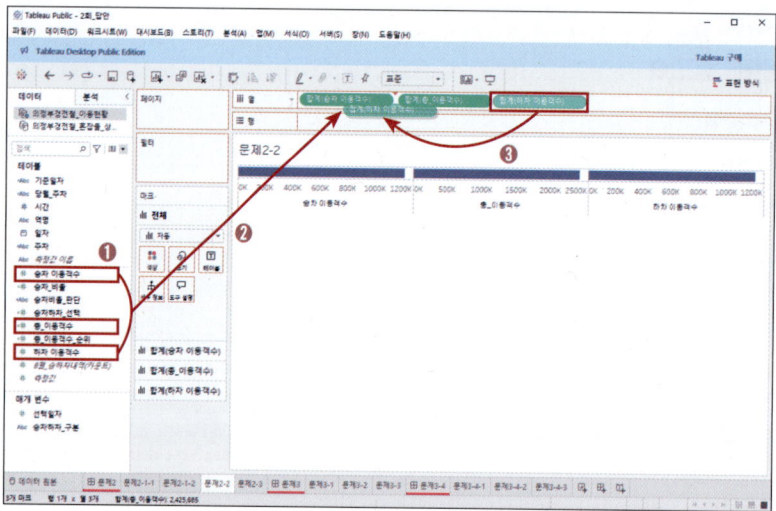

04 막대 차트를 구성하기 위해 데이터 패널의 [역명] 필드를 행 패널로 **드래그 앤 드롭**합니다.

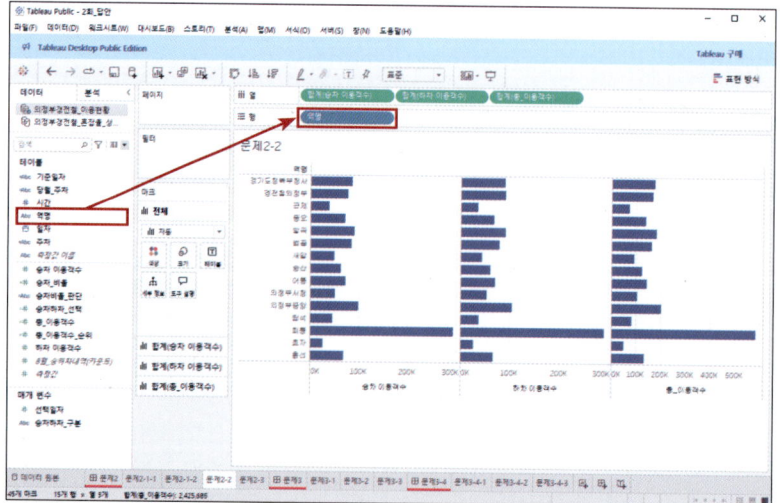

③ 혼합 차트의 색상, 레이블, 정렬을 설정하시오.

01 혼합 차트의 색상을 정의하기 위해 마크 패널의 **전체**가 클릭된 상태에서 데이터 패널에 [**측정값 이름**] 필드를 마크 패널의 **색상**으로 **드래그 앤 드롭**합니다. 오른쪽 사이드 바에 생성된 **측정값 이름 카드**에서도 승차 이용객수, 하차 이용객수, 총_이용객수 순서로 정렬하기 위해 **하차 이용객수**를 **승차 이용객수와 총_이용객수 사이**에 드래그 앤 드롭합니다.

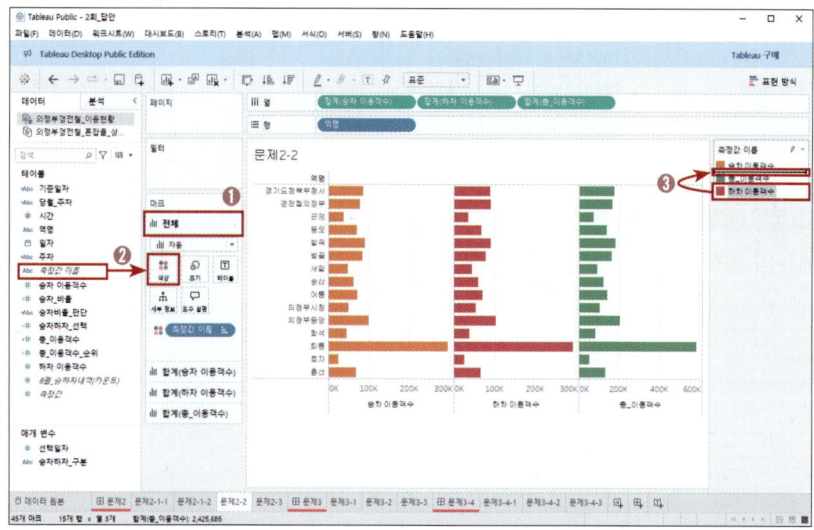

02 마크 패널의 **색상**을 클릭합니다. 나타난 **팝업 창**에서 **색상 편집**을 클릭합니다. 나타난 **색상 편집 [측정값 이름] 팝업 창**에서 **승차 이용객수**를 **더블클릭**합니다. 색 선택 팝업 창에서 HTML(H) 옆에 색상 코드 **#F4D35E**를 입력하고 **확인**을 클릭합니다. **하차 이용객수**는 더블클릭하여 HTML(H) 옆에 색상 코드 **#FAF0CA**를 입력하고 **확인**을 클릭합니다. **총_이용객수**는 더블클릭하여 HTML(H) 옆에 색상 코드 **#F28E2B**를 입력하고 **확인**을 클릭합니다. 색상이 잘 적용되었는지 확인하고 **확인**을 눌러 창을 닫습니다.

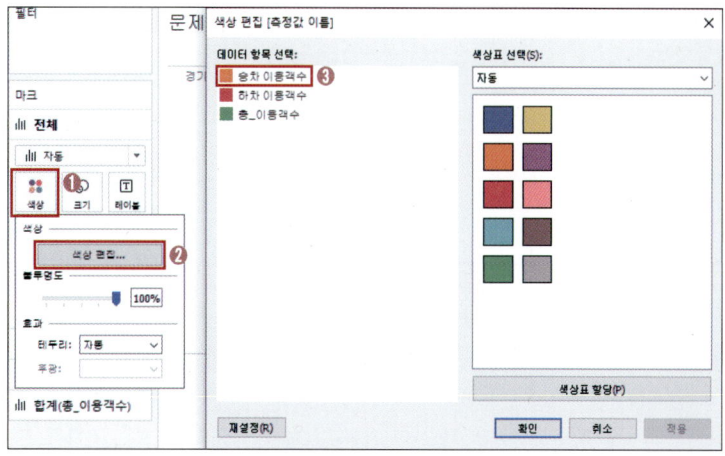

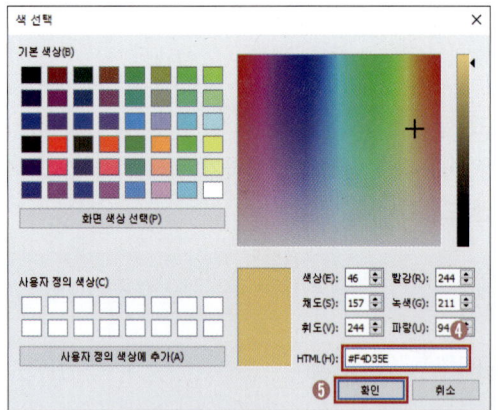
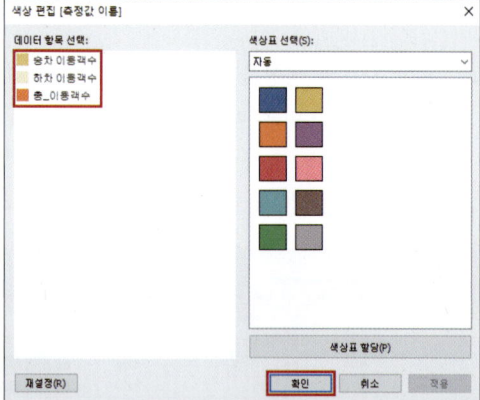

03 하단 탭에서 **문제2**를 클릭하여 해당 대시보드로 이동합니다. **문제2-2 시트**의 빈 공간을 클릭하고 상단 메뉴의 **분석(A) > 범례(L) > 색상 범례(측정값 이름)**을 클릭합니다.

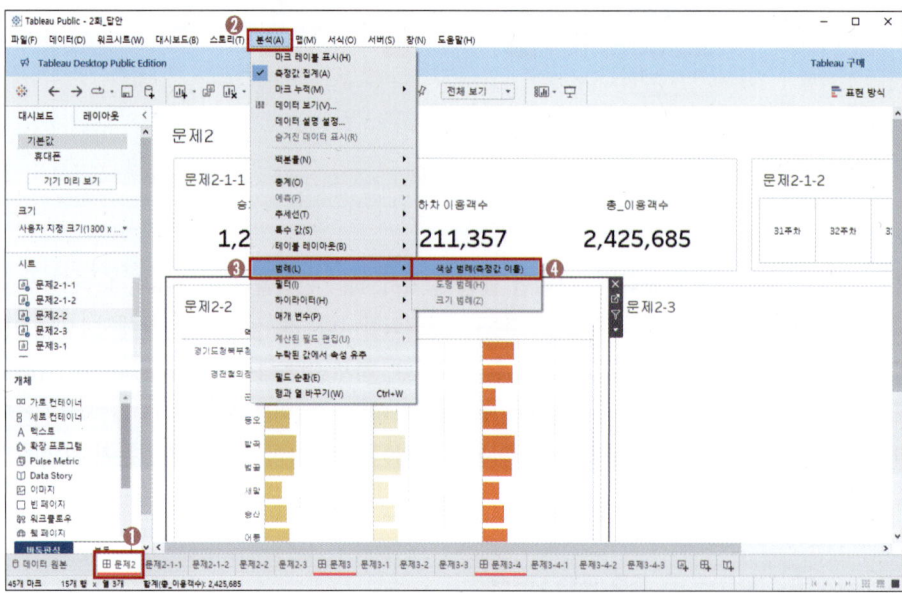

04 대시보드에 추가된 **색상 범례**의 빈 공간을 클릭하고 좌측 사이드 바에 **레이아웃 탭**을 클릭합니다. 상단의 **선택한 항목** > **측정값 이름** > **제목 표시**는 체크 해제하고 **부동**에 체크합니다.

05 아래의 **위치**에 x와 y를 270으로 입력하고 **크기**는 너비 400에 높이 20으로 입력합니다. 대시보드 오른쪽에 색상 범례가 추가되었던 **컨테이너**는 **마우스 우클릭** > **컨테이너 제거**를 클릭합니다. 색상 범례가 문제2-2 시트 상단 우측에 잘 배치된 것을 확인할 수 있습니다.

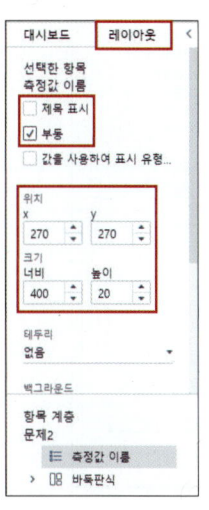 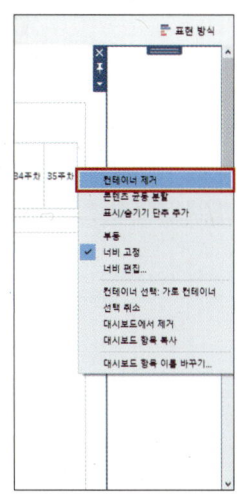 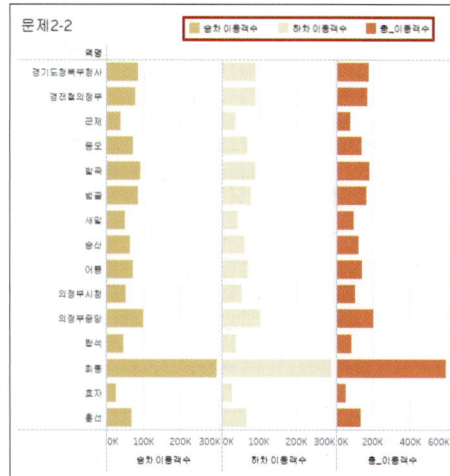

06 하단 탭에서 **문제2-2**를 클릭하여 해당 시트로 이동합니다. 마크 패널의 **합계(총_이용객수)**를 클릭합니다. 레이블을 추가하기 위해 데이터 패널의 [총_이용객수_순위] 필드와 [총_이용객수] 필드를 마크 패널의 **레이블**에 차례대로 **드래그 앤 드롭**합니다.

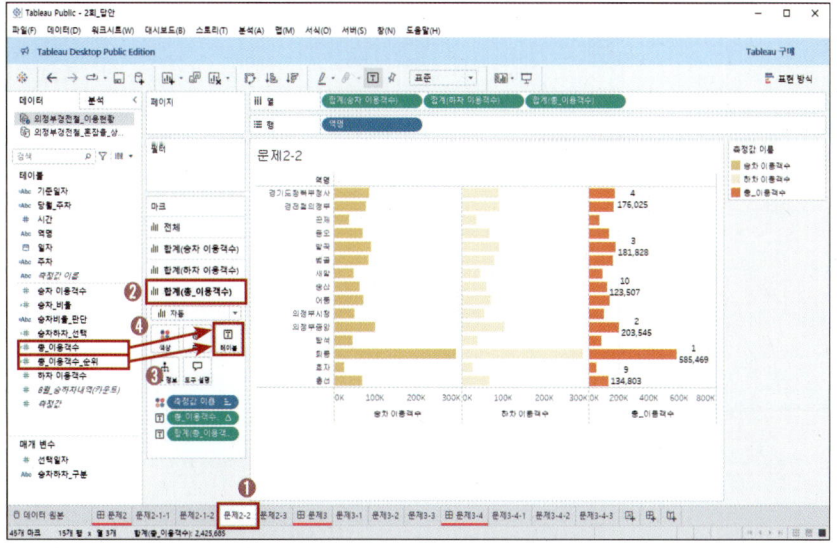

07 마크 패널의 **레이블**을 클릭하고 나타난 팝업 메뉴에서 …을 클릭하여 전체를 삭제한 후 다음 식을 입력합니다. -의 양옆을 한 칸씩 띄워야 함에 주의하며, **확인**을 클릭한 후 빈 곳을 클릭하여 팝업 창을 닫습니다.

〈집계(총_이용객수_순위)〉등 - 〈합계(총_이용객수)〉명

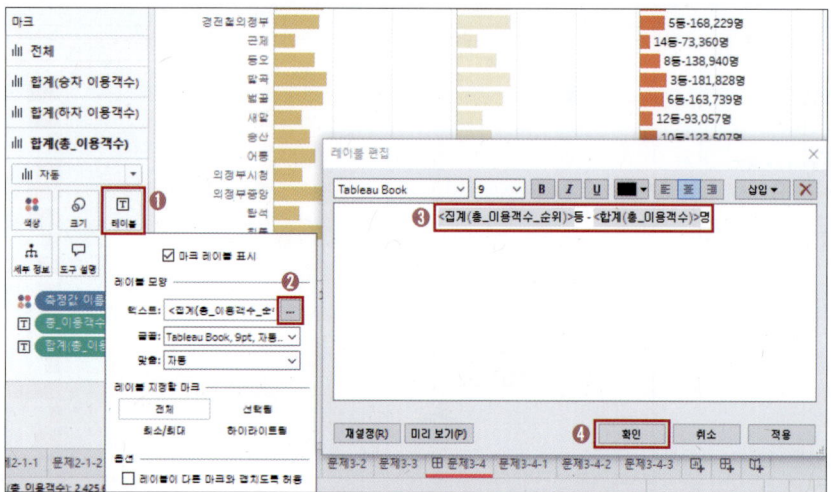

Tip

- 문제에 레이블 맞춤에 대한 지시가 없으며, 왼쪽 정렬이나 가운데 정렬로 선택하는 것이 결과에 영향을 미치지 않습니다.
- 레이블 편집 창에 주어진 내용을 그대로 이용하여 식을 작성할 경우, 등과 명을 입력하면 일시적으로 글씨가 안보일 수 있으나 입력 창의 빈 곳을 클릭하면 제대로 입력되어 있는 것을 확인할 수 있습니다.

08 행 패널에 추가된 **역명**을 **마우스 우클릭**하여 **정렬**을 클릭합니다. 나타난 **정렬 [역명] 팝업 창**에서 **정렬 기준**을 **필드**로 선택하고 **정렬 순서**는 **내림차순**을 클릭합니다. **필드명**에는 **총_이용객수**를 선택한 후 팝업 창의 오른쪽 상단 ⓧ을 클릭하여 팝업 창을 닫습니다.

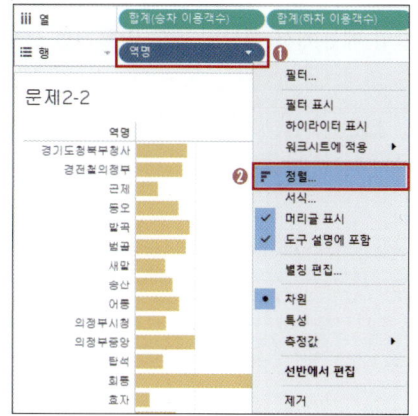

09 차트가 문제의 지시대로 완성된 것을 확인할 수 있습니다.

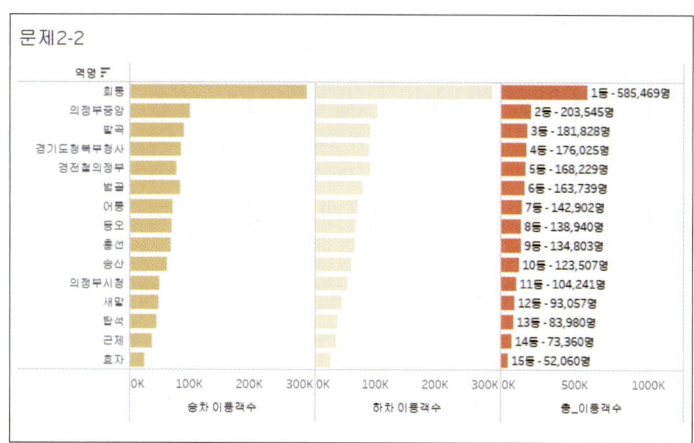

3 '문제2-3' 시트에 다음의 작업을 수행하여 차트를 구현하시오.

① [시간대] 필드를 생성하시오.

01 하단 탭에서 **문제2-3**을 클릭하여 해당 시트로 이동합니다. [시간대] 필드를 생성하기 위해 데이터 패널 상단의 ▼을 클릭합니다. 나타난 팝업 메뉴에서 **계산된 필드 만들기**를 클릭합니다.

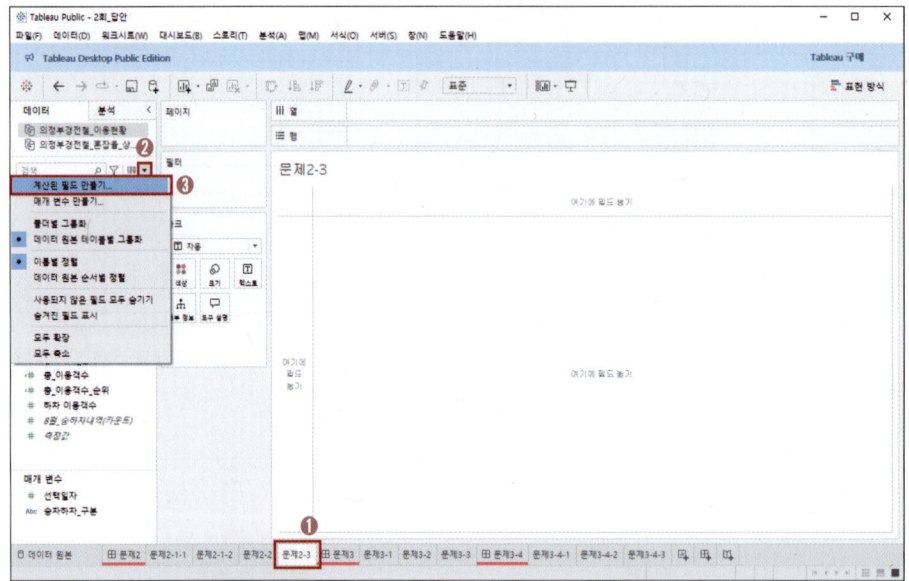

02 나타난 **계산된 필드 만들기 팝업 창**에서 상단에 필드 **이름**을 **시간대**로 변경합니다.

03 [시간대] 필드는 오전 시간일 때 오전으로 반환하고 오후 시간일 때 오후로 반환하기 위해 **IF문**을 사용하여 다음 수식을 입력하고 **확인**을 클릭합니다.

IF [시간]<12 THEN '오전' ELSE '오후' END

② [시간대] 필드를 사용하여 파이 차트를 구현하시오.

01 파이 차트를 만들기 위해 마크 패널의 **표현 방식**을 **파이 차트**로 변경합니다. 데이터 패널의 [시간대] 필드를 마크 패널의 **색상**과 **레이블**에 각각 **드래그 앤 드롭**합니다.

02 마크 패널의 **색상**을 클릭하여 나타나는 팝업 창에서 **색상 편집**을 클릭합니다. 나타난 **색상 편집 [시간대] 팝업 창**의 **색상표 선택(S)**에서 **신호등**을 선택하고 **색상표 할당(P)**을 클릭한 후 **확인**을 클릭합니다.

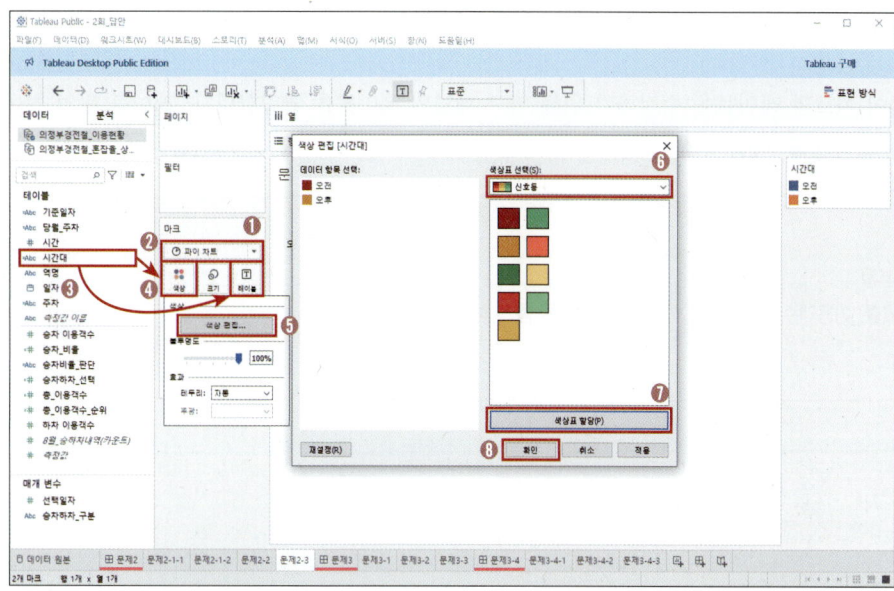

03 데이터 패널의 [총_이용객수] 필드를 마크 패널의 **각도**에 **드래그 앤 드롭**하여 파이 차트의 각도를 조절합니다.

04 데이터 패널의 [총_이용객수] 필드를 마크 패널의 **레이블**로 **드래그 앤 드롭**하고 마크 패널에 레이블로 추가된 **합계(총_이용객수)**를 **마우스 우클릭**합니다. 나타난 팝업 메뉴에서 **퀵 테이블 계산 > 구성 비율**을 클릭합니다.

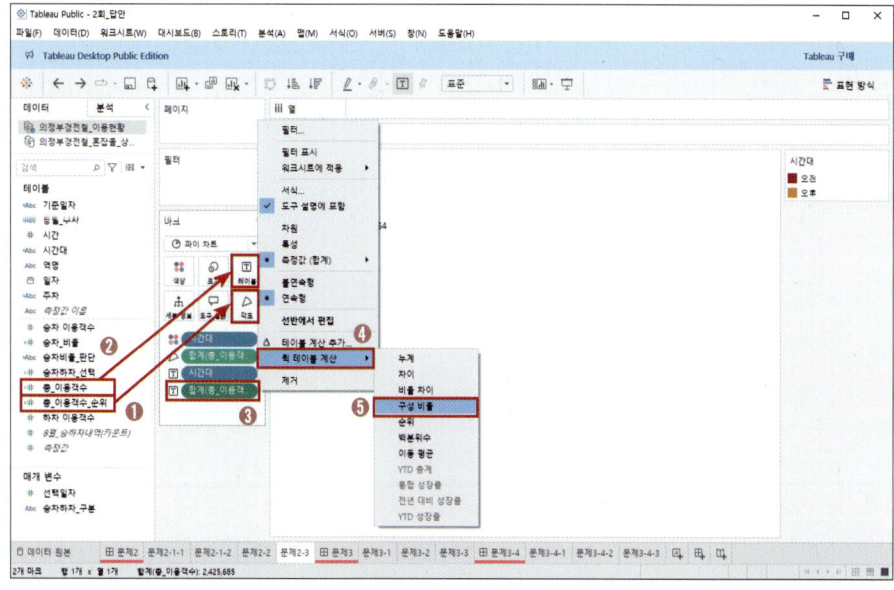

05 데이터 패널의 [총_이용객수] 필드를 다시 마크 패널의 **레이블**로 **드래그 앤 드롭**합니다.

06 파이 차트의 레이블을 수정하기 위해 마크 패널의 **레이블**을 클릭합니다. 레이블 팝업 창에서 ⋯ 을 클릭한 후 다음 수식을 입력하고 정렬이 ≡로 설정되어 있는지 확인합니다. **확인**을 클릭하고 빈 곳을 클릭하여 팝업 창을 닫습니다.

〈시간대〉
〈합계(총_이용객수)〉(〈합계(총_이용객수)에 대한 총계 %〉)

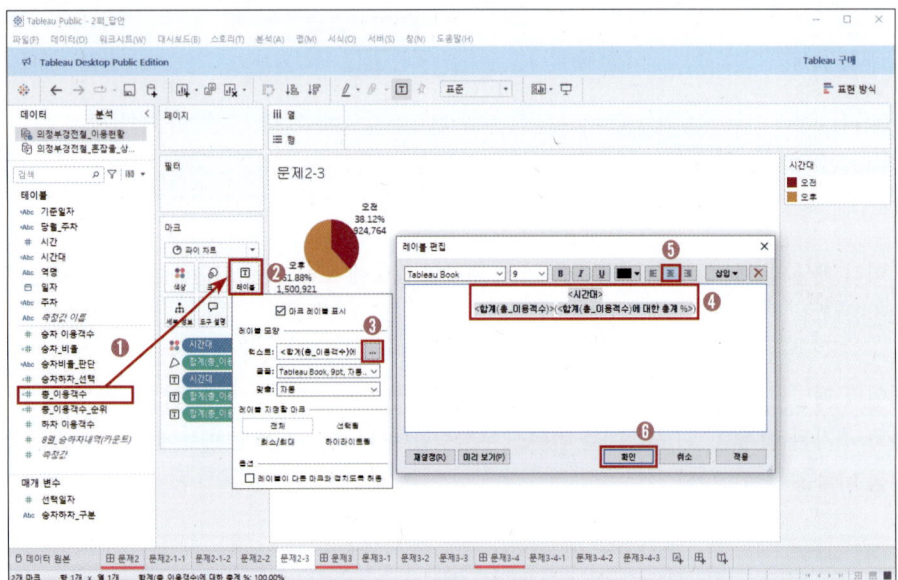

07 [총_이용객수] 필드의 서식을 적용하기 위해 마크 패널에 레이블로 추가된 **두 번째 합계(총_이용객수)**를 **마우스 우클릭**합니다. 나타난 팝업 메뉴에서 **서식**을 클릭합니다.

08 나타난 **합계(총_이용객수) 서식 창**에서 **패널** 탭의 **기본값 > 숫자 박스**를 클릭하여 숫자 표현 방식을 자동에서 **숫자(사용자 지정)**으로 변경합니다. **소수 자릿수(E)**를 **1**로 지정하고 **디스플레이 장치(S)**를 **천(K)**으로 선택합니다. 빈 곳을 클릭하여 팝업 창을 닫고 서식 창의 우측 상단 ⊠을 클릭합니다.

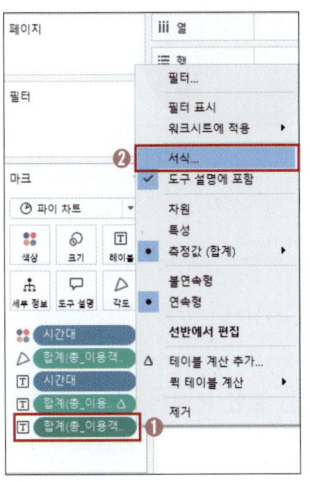
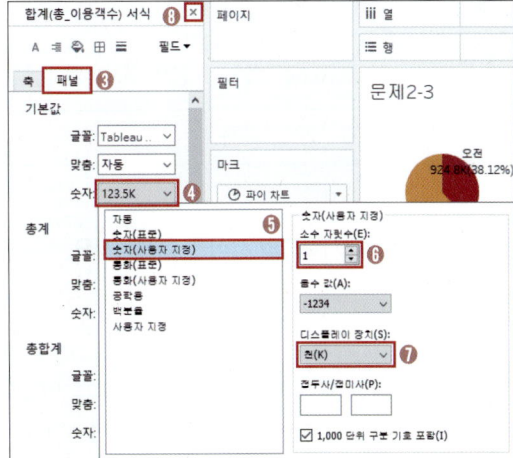

09 같은 방식으로 마크 패널에 레이블로 추가된 **첫 번째 합계(총_이용객수)**를 **마우스 우클릭**하고 **서식**을 클릭합니다. 소수 첫째 자리까지 나타나도록 바꾸기 위해 **패널** 탭의 **기본값 > 숫자 박스**를 클릭하여 숫자 표현 방식을 자동에서 **백분율**로 변경합니다. **소수 자릿수(E)**를 **1**로 지정하고 빈 곳을 클릭하여 팝업 창을 닫고 서식 창의 우측 상단 ⊠을 클릭합니다.

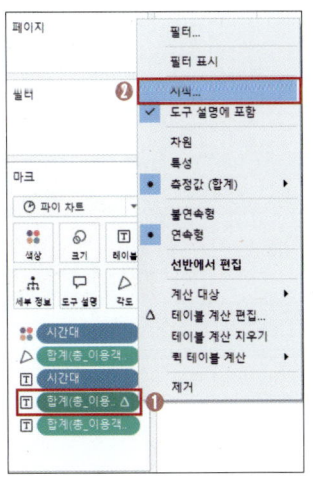
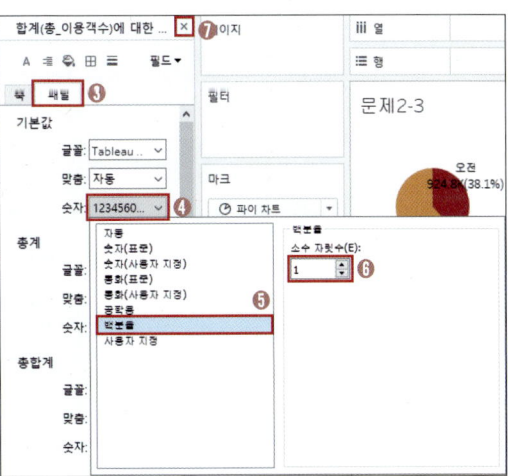

10 상단 툴바 오른쪽의 **맞춤**을 표준에서 **전체 보기**로 변경합니다. 차트가 문제의 지시대로 완성된 것을 확인할 수 있습니다.

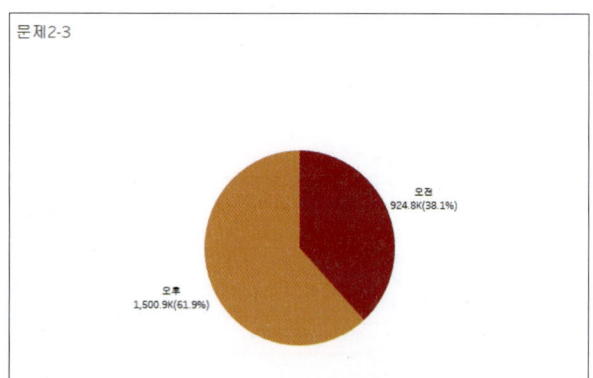

4 통합 문서 및 '문제2' 대시보드의 서식을 설정하시오.

① 전체 통합 문서의 서식을 변경하시오.

01 하단 탭에서 **문제2**를 클릭하여 해당 대시보드로 이동합니다. 통합 문서의 서식을 변경하기 위해 상단 메뉴의 **서식(O) > 통합 문서(W)**를 클릭합니다.

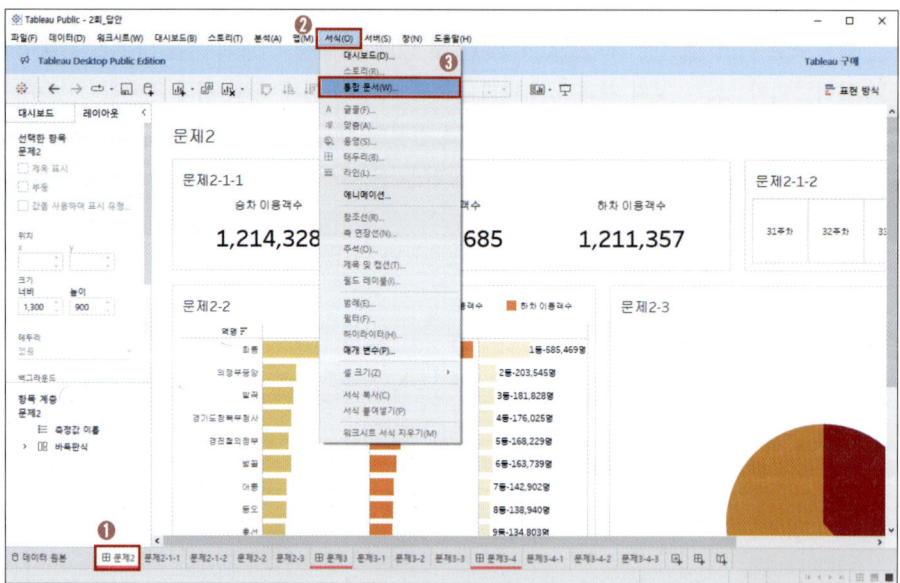

02 나타난 **통합 문서 서식** 창에서 **글꼴** > **전체 박스**를 클릭하고 ▼을 클릭하여 **맑은 고딕**으로 변경해 줍니다.

03 하단의 색상 추가를 클릭하여 HTML(H) 옆에 색상 코드 **#000000**을 입력하고 **확인**을 클릭합니다. 서식 창의 우측 상단 ⊠를 클릭하여 통합 문서 서식 창을 닫습니다.

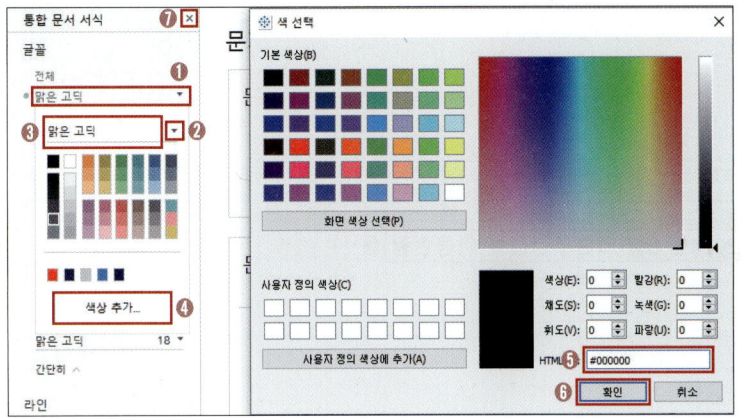

② '문제2' 대시보드의 백그라운드 색상과 제목의 레이아웃을 변경하시오.

01 사이드 바에 있는 **레이아웃 탭**에서 하단 **항목 계층**의 **바둑판식**을 클릭합니다. 레이아웃 탭 중앙의 **백그라운드 우측 원형** > **색상 추가**를 클릭하여 HTML(H) 옆에 색상 코드 **#F5F5F5**를 입력하고 **확인**을 클릭합니다.

 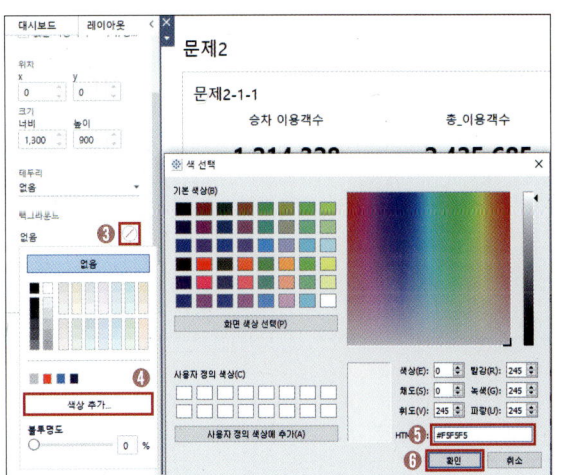

02 대시보드 상단의 **제목**을 **더블클릭**하여 나타난 제목 편집 창에서 제목을 **2024년 8월 의정부경전철 이용현황**으로 변경하고 **확인**을 클릭합니다. 제목이 선택되어 있는 상태로 좌측 **레이아웃 탭** 중앙에서 해당 개체의 **바깥쪽 여백**의 숫자를 클릭합니다. **모든 변이 동일**을 체크 해제하고 **왼쪽 8, 위쪽 8, 오른쪽 10, 아래쪽 5**로 설정합니다. 바깥쪽 여백의 숫자를 다시 클릭하여 팝업 창을 닫고 **안쪽 여백**은 **모두 0**으로 지정되어 있음을 확인합니다.

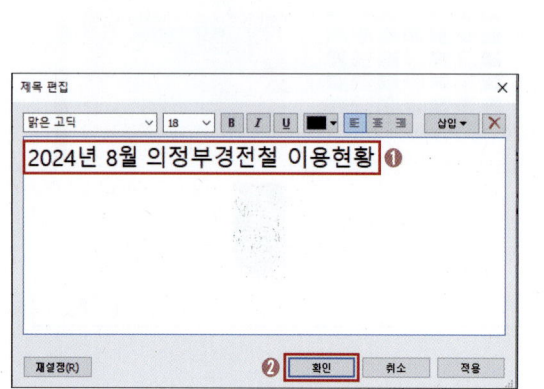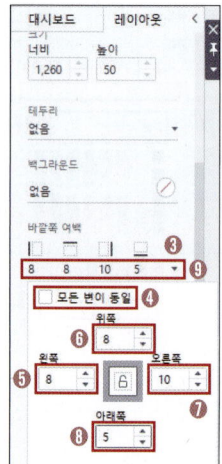

03 작업한 대시보드가 문제2의 시각화 완성화면(61p)과 일치하는지 확인한 후 해당 대시보드의 작업을 마무리합니다.

풀이 3 복합요소 구현   40점

1 '문제3-1' 시트에서 다음의 작업을 수행하여 막대 차트를 구현하시오.

① 〈의정부경전철_이용현황〉을 활용하여 [평일주말], [평일_총_이용고객수], [주말_총_이용고객수] 필드를 생성하시오.

01 하단 탭에서 **문제3-1**을 클릭하여 해당 시트로 이동합니다. [평일주말] 필드를 생성하기 위해 데이터 패널 상단의 ▼을 클릭합니다. 나타난 팝업 메뉴에서 **계산된 필드 만들기**를 클릭합니다.

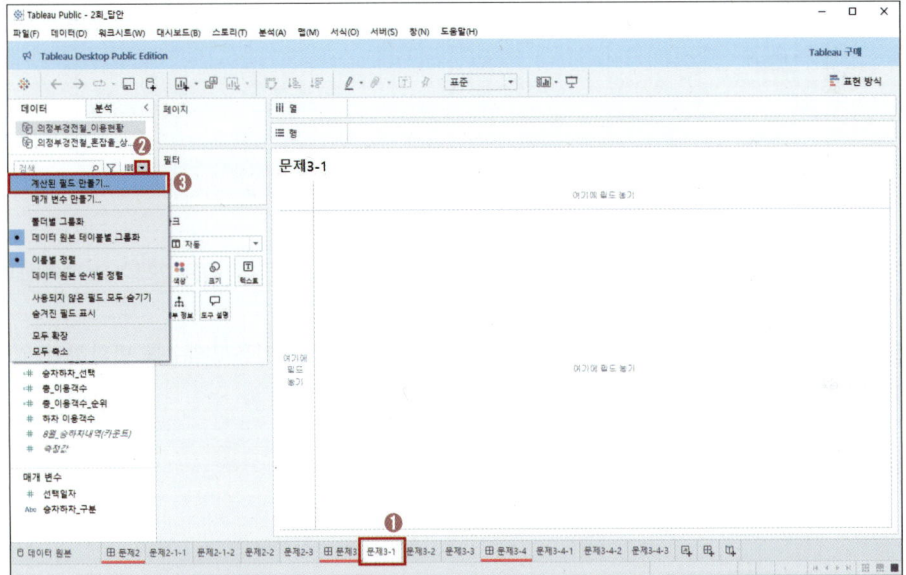

02 나타난 **계산된 필드 만들기 팝업 창**에서 상단에 필드 **이름**을 평일주말로 변경합니다.

03 [평일주말] 필드는 평일 여부에 따라 평일과 주말을 반환하기 위해 DATEPART, IN 함수, IF문을 사용하여 다음 수식을 입력하고 **확인**을 클릭합니다.

IF DATEPART('weekday', [일자]) IN (1, 7) THEN '주말' ELSE '평일' END

04 [평일_총_이용고객수] 필드를 생성하기 위해 데이터 패널 상단의 ▼을 클릭합니다. 나타난 팝업 메뉴에서 **계산된 필드 만들기**를 클릭합니다.

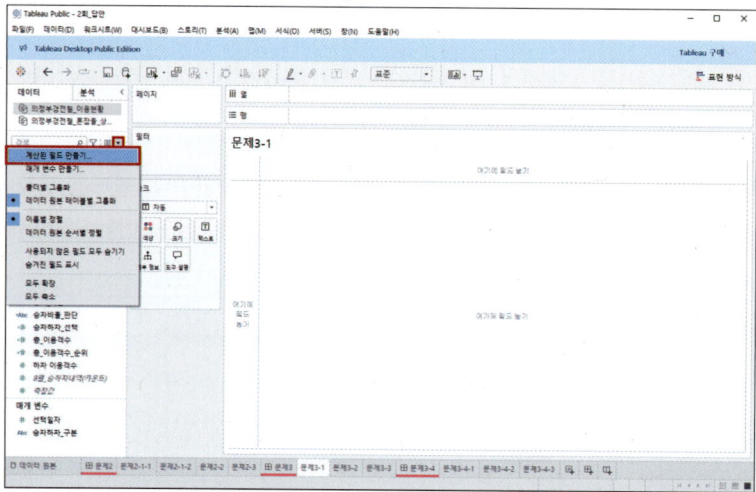

05 나타난 **계산된 필드 만들기 팝업 창**에서 상단에 필드 **이름**을 **평일_총_이용고객수**로 변경합니다.

06 [평일_총_이용고객수] 필드는 [평일주말] 필드가 평일일 때 총 이용고객수를 반환하기 위해 **IF문**을 사용하여 다음 수식을 입력하고 **확인**을 클릭합니다.

```
IF [평일주말]='평일' THEN [총_이용객수] END
```

07 [주말_총_이용고객수] 필드를 생성하기 위해 데이터 패널 상단의 ▼을 클릭합니다. 나타난 팝업 메뉴에서 **계산된 필드 만들기**를 클릭합니다.

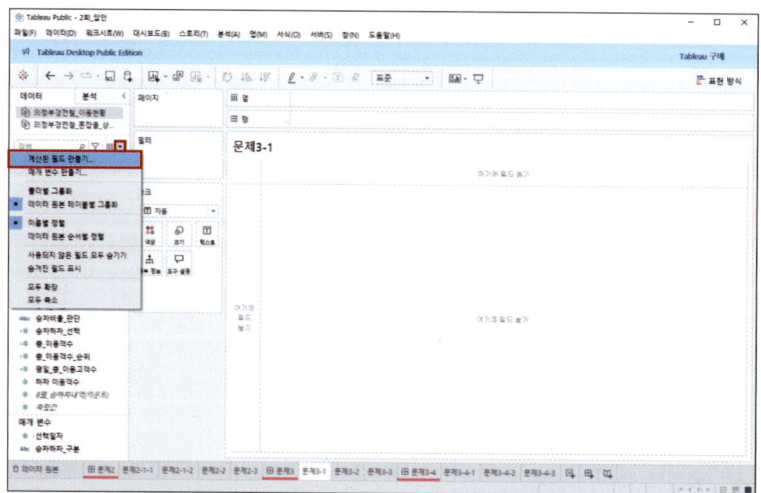

08 나타난 계산된 필드 만들기 팝업 창에서 상단에 필드 이름을 **주말_총_이용고객수**로 변경합니다.

09 [주말_총_이용고객수] 필드는 [평일주말] 필드가 주말일 때 총 이용객수를 반환하기 위해 **IF문**을 사용하여 다음 수식을 입력하고 **확인**을 클릭합니다.

> IF [평일주말]='주말' THEN [총_이용객수] END

② 문자열 매개 변수 [평일주말_구분]과 이를 활용한 [평일주말_선택] 필드를 생성하시오.

01 [평일주말_구분] 매개 변수를 만들기 위해 데이터 패널 상단의 ▼을 클릭합니다. 나타난 팝업 메뉴에서 **매개 변수 만들기**를 클릭합니다.

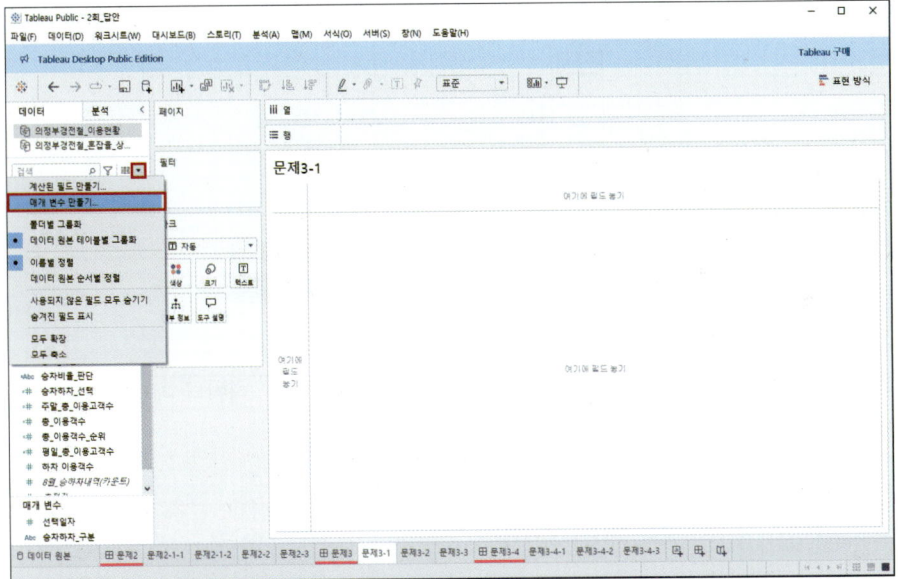

02 나타난 **매개 변수 만들기 팝업 창**에서 상단에 필드 **이름**을 **평일주말_구분**으로 변경합니다.

03 **데이터 유형**을 **문자열**로 설정하고 **허용 가능한 값**을 **목록**으로 선택합니다. 아래의 표에 **값 > 추가하려면 클릭**을 클릭하여 **평일**을 입력합니다. 입력 후에는 Enter를 누르고 이어서 **주말**을 입력한 후 Enter를 누릅니다. **확인**을 클릭하여 [평일주말_구분] 매개 변수를 생성합니다.

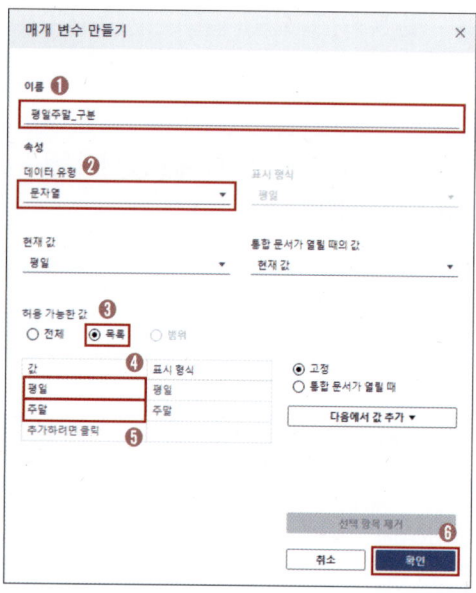

04 매개 변수를 활용하기 위해 [평일주말_선택] 필드를 생성합니다. 데이터 패널 상단의 ▼을 클릭합니다. 나타난 팝업 메뉴에서 **계산된 필드 만들기**를 클릭합니다.

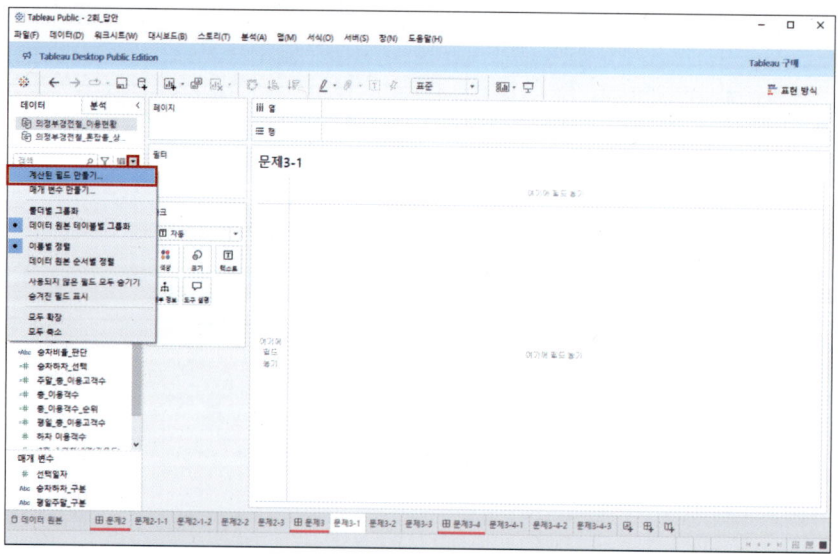

05 나타난 계산된 필드 만들기 팝업 창에서 상단에 필드 이름을 평일주말_선택으로 변경합니다.

06 [평일주말_선택] 필드는 [평일주말_구분] 매개 변수에 따라 평일의 총 이용고객수나 주말의 총 이용고객수를 반환하기 위해 IF문을 사용하여 다음 수식을 입력하고 확인을 클릭합니다.

IF [평일주말_구분]='평일' THEN [평일_총_이용고객수] ELSE [주말_총_이용고객수] END

③ [평일주말_선택] 결과를 반영하여 [시간]에 따른 변화를 막대 차트로 표현하시오.

01 [평일주말_구분] 매개 변수에 따라 막대 차트를 구현하기 위해 데이터 패널의 [시간] 필드를 열 패널로 드래그 앤 드롭하고 [평일주말_선택] 필드를 행 패널로 드래그 앤 드롭합니다. 열 패널에 추가된 시간을 마우스 우클릭하여 나타나는 팝업 메뉴에서 정렬을 클릭합니다.

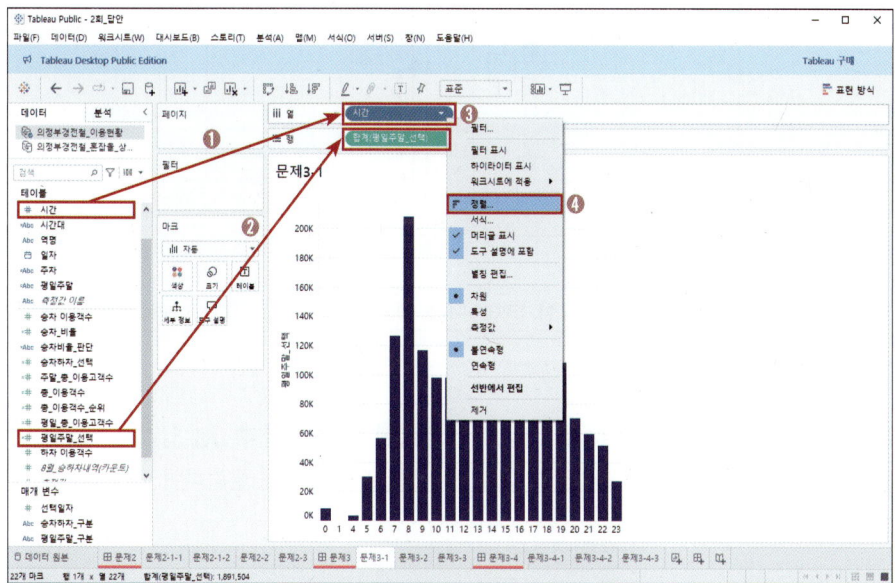

02 나타난 **정렬 [시간] 팝업 창**에서 **정렬 기준**을 **수동**으로 변경합니다. 4시부터 시작해서 1시까지 정렬될 수 있도록 상단의 **0**을 클릭하고 ▼을 클릭합니다. 다음으로 **1**을 클릭하고 ▼을 클릭하면 4시에서 1시로 정렬되었음을 확인할 수 있습니다. 우측 상단 ☒를 클릭하여 팝업 창을 닫습니다.

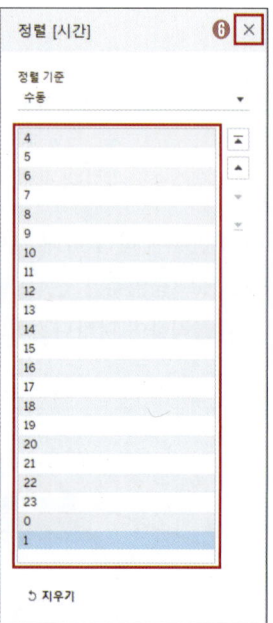

03 시트의 제목을 편집하기 위해 **제목**인 **문제3-1**을 **마우스 우클릭**합니다. 나타난 팝업 메뉴에서 **제목 편집**을 클릭합니다.

04 나타난 **제목 편집 팝업 창**에서 **〈시트 이름〉**의 오른쪽에 한 칸을 띈 후 **()**를 입력하고 **괄호 사이**에 커서를 둡니다. 팝업 창 상단에서 **삽입 > 매개 변수.평일주말_구분**을 클릭하여 매개 변수를 추가하고 **확인**을 누릅니다.

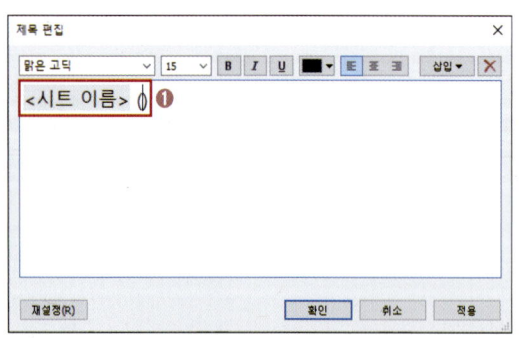
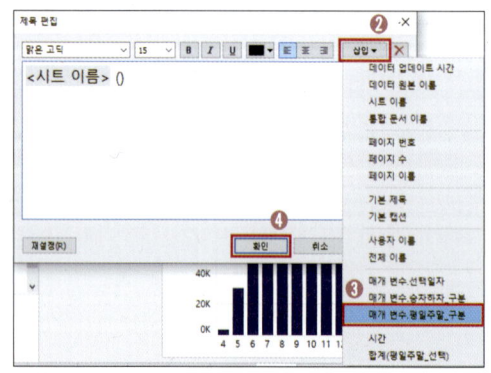

05 특정 달의 주차를 선택하는 필드를 만들기 위해 데이터 패널 상단의 ▼을 클릭합니다. 나타난 팝업 메뉴에서 **계산된 필드 만들기**를 클릭합니다.

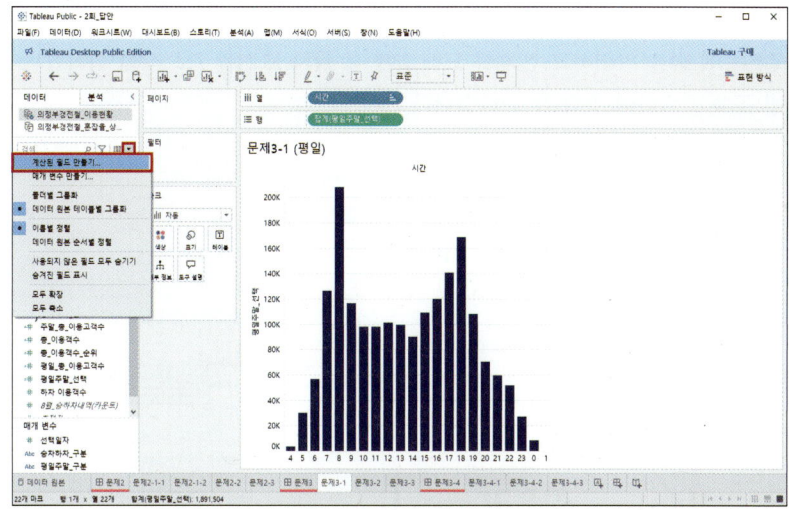

06 나타난 **계산된 필드 만들기 팝업 창**에서 상단에 필드 **이름**을 **당월_주차(문제3)**로 변경합니다.

07 [당월_주차(문제3)] 필드는 해당 월의 주차를 반환하기 위해 **STR, WEEK, DATETRUNC 함수**를 사용하여 다음 수식을 입력하고 **확인**을 클릭합니다.

```
STR(WEEK([일자]) – WEEK(DATETRUNC('month', [일자]))+1)+'주차'
```

08 데이터 패널에 생성한 **[당월_주차(문제3)]** 필드를 클릭하여 **필터 패널**로 **드래그 앤 드롭**합니다. 나타난 **필터 [당월_주차] 팝업 창**에서 **1주차**를 체크하고 **확인**을 클릭합니다.

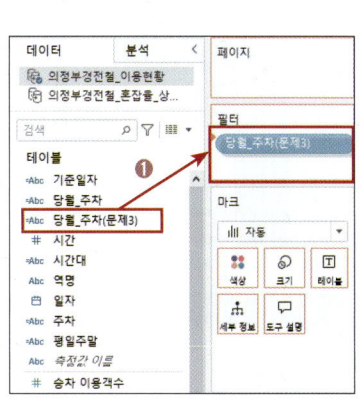
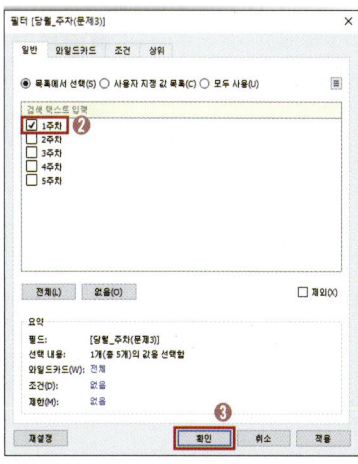

09 차트에 레이블을 표시하기 위해 데이터 패널에 **[평일주말_선택] 필드**를 마크 패널의 **레이블**에 **드래그 앤 드롭**합니다.

10 마크 패널의 **레이블**을 클릭하고 ⋯을 클릭합니다. 나타난 **레이블 편집 창**에서 **〈합계(평일주말_선택)〉**의 오른쪽에 **명**을 입력하고 **전체**를 **드래그**한 후 **글자 크기**를 **7**로 **직접 입력**합니다. **확인**을 클릭하고 빈 곳을 클릭하여 팝업 창을 닫습니다.

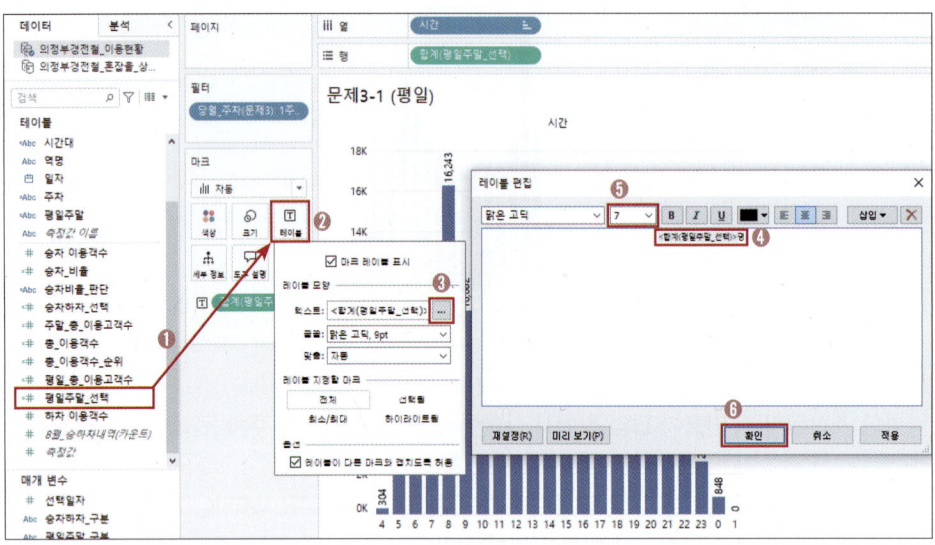

11 차트의 색상을 지정하기 위해 마크 패널의 **색상**을 클릭합니다. 나타난 팝업 창에서 하단의 **색상 추가**를 클릭하여 HTML(H) 옆에 색상 코드 **#0D3B66**을 입력하고 **확인**을 클릭합니다. 빈 곳을 클릭하여 팝업 창을 닫습니다.

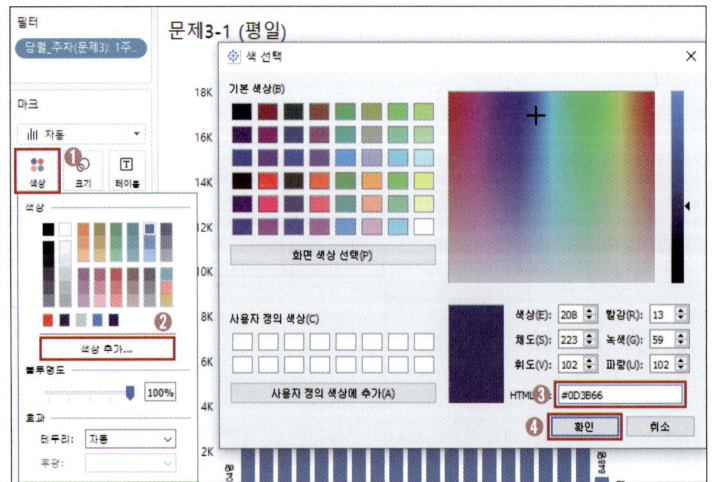

104 PART 3 | 모의고사 파헤치기

12 축 제목을 편집하기 위해 차트의 **세로축**을 **마우스 우클릭**합니다. 나타나는 팝업 메뉴에서 **축 편집**을 클릭합니다. **축 편집 [평일주말_선택] 팝업 창**에서 **축 제목**에 평일주말_선택을 지우고 **총이용객수**를 입력합니다. 상단 ⊠을 클릭하여 창을 닫습니다.

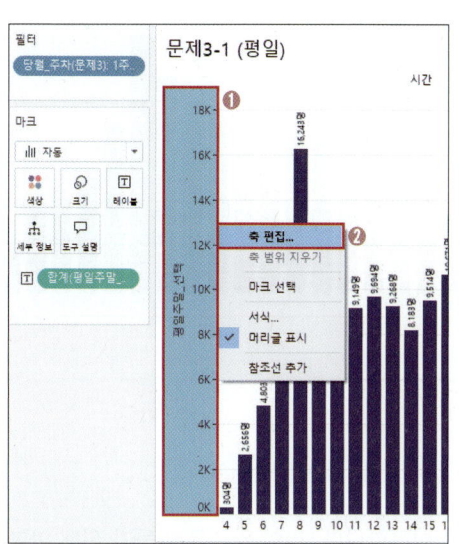 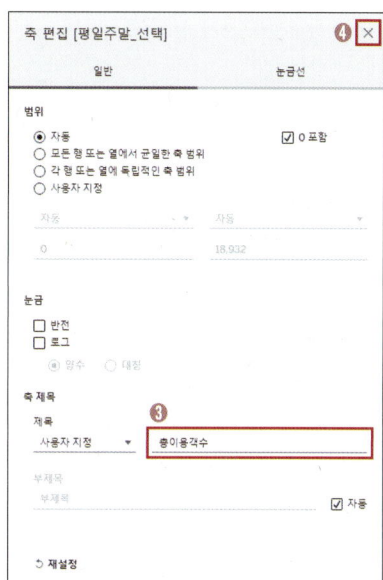

13 서식을 변경하기 위해 차트의 **세로축**을 다시 **마우스 우클릭**합니다. 나타나는 팝업 메뉴에서 **서식**을 클릭합니다.

14 나타난 **합계(평일주말_선택) 서식 창**에서 **축** 탭의 **기본값 > 글꼴 박스**를 클릭합니다. 나타난 팝업 창에서 **글자 크기**에 직접 **7**을 입력하고 **Enter**를 누릅니다. 빈 곳을 클릭하여 팝업 창을 닫고 서식 창의 우측 상단 ⊠을 클릭하여 서식 창도 닫습니다.

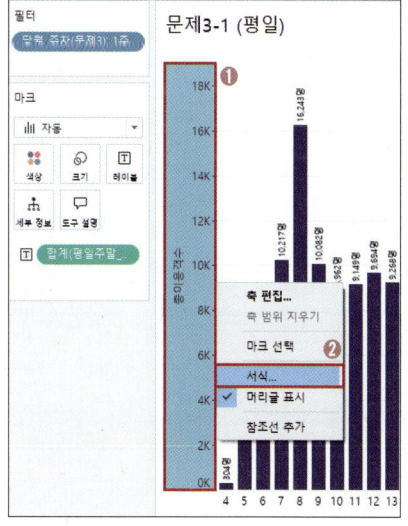 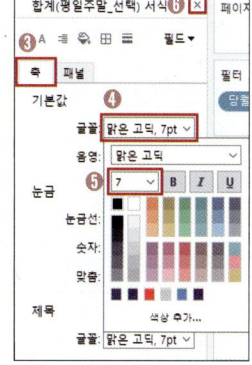

15 상단 툴바 오른쪽의 **맞춤**을 표준에서 **전체 보기**로 변경합니다. 차트가 문제의 지시대로 완성된 것을 확인할 수 있습니다.

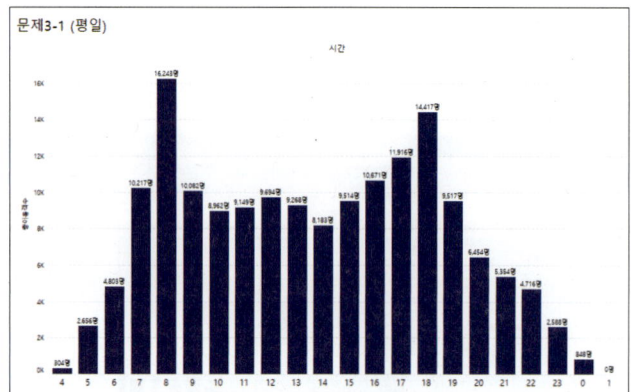

2 '문제3-2' 시트에 라인 차트를 구현하시오.

① [일자]별 [승차 이용객수]와 [하차 이용객수]를 나타내는 라인 차트를 구현하시오.

01 하단 탭에서 **문제3-2**를 클릭하여 해당 시트로 이동합니다. 라인 차트를 만들기 위해 마크 패널의 **표현 방식**을 **라인**으로 변경합니다. 데이터 패널의 [**일자**] 필드를 **열 패널**로 드래그 앤 드롭합니다.

02 열 패널에 추가한 **년(일자)**을 **마우스 우클릭**합니다. 나타난 팝업 메뉴에서 **연속형 일(2015년 5월 8일)**을 클릭하고 **일(일자)**을 다시 **마우스 우클릭**하여 **불연속형**으로 설정합니다.

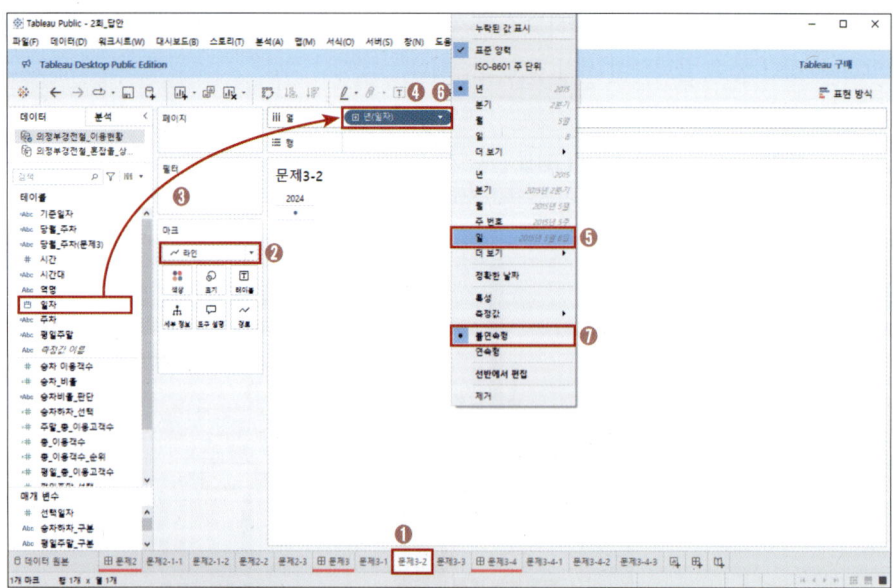

106 PART 3 | 모의고사 파헤치기

03 데이터 패널의 [승차 이용객수] 필드와 [하차 이용객수] 필드를 **행 패널**에 차례대로 **드래그 앤 드롭**합니다.

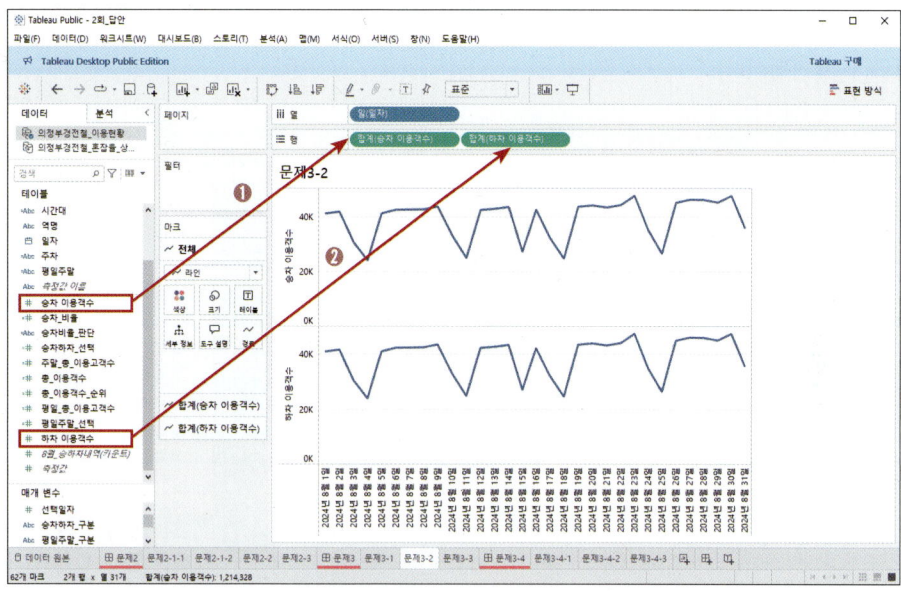

04 행 패널에 추가한 합계(하차·이용객수)를 **마우스 우클릭**합니다. 나타난 팝업 메뉴에서 **이중 축**을 클릭합니다.

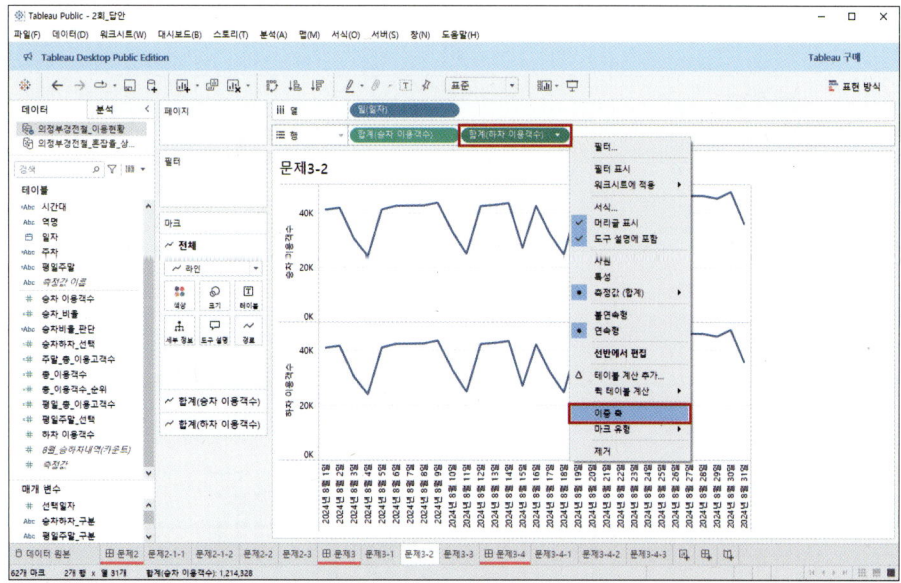

05 이중 축을 수행하고 나면 두 축의 범위나 반전 등의 축 설정이 다르기 때문에 **오른쪽 세로축**을 **마우스 우클릭**하고 나타난 팝업 메뉴에서 **축 동기화**를 클릭하여 축 범위를 일치시킵니다. 이어서 **오른쪽 세로축**을 다시 **마우스 우클릭**하고 **머리글 표시**를 클릭하여 **체크 해제**하면 축이 제거됩니다. 마지막으로 **왼쪽 세로축**을 **마우스 우클릭**하고 **머리글 표시**를 클릭하여 **체크 해제**하면 양쪽 세로축이 모두 제거됩니다.

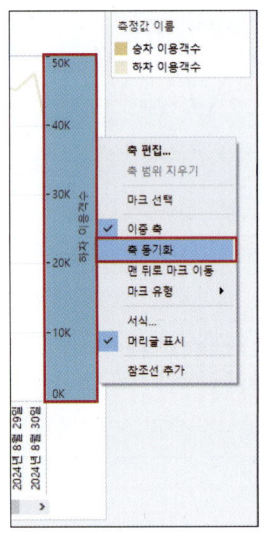
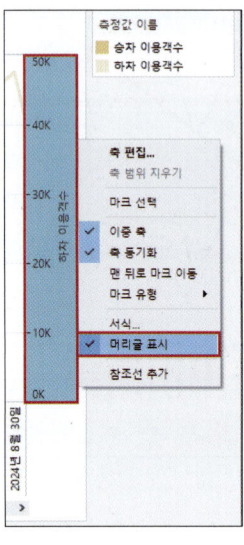
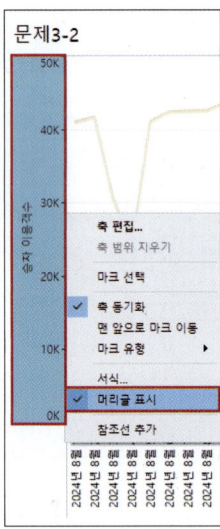

06 이중 축을 하는 과정에서 생성된 행 구분선과 열 구분선을 제거하기 위해 차트의 **빈 곳**을 **마우스 우클릭**합니다. 나타난 팝업 메뉴에서 **서식**을 클릭합니다.

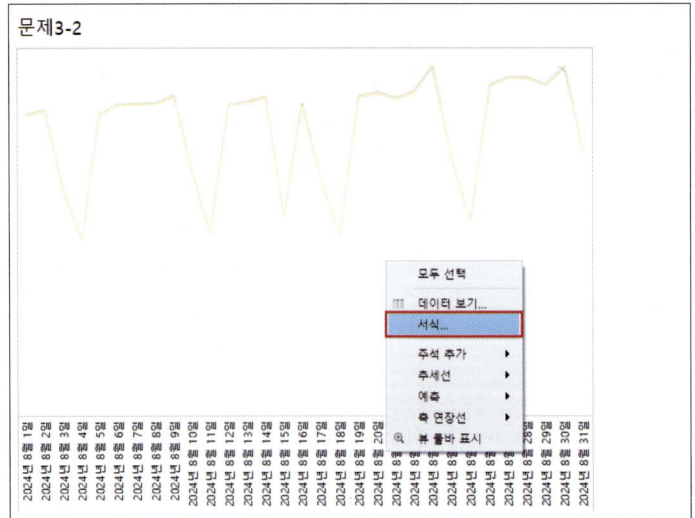

07 서식 창 상단에서 ⊞을 클릭합니다. 테두리 서식에서 **시트** 탭의 행 구분선과 열 구분선을 모두 없음으로 변경해야 합니다. 먼저 **행 구분선**의 **패널 박스**를 클릭하여 **없음**을 선택합니다. 이어서 **열 구분선**의 **패널 박스**를 클릭하여 **없음**을 선택합니다. 서식 창의 빈 곳을 클릭하여 팝업 창을 닫고 우측 상단 ⊠을 클릭하여 서식 창을 닫습니다.

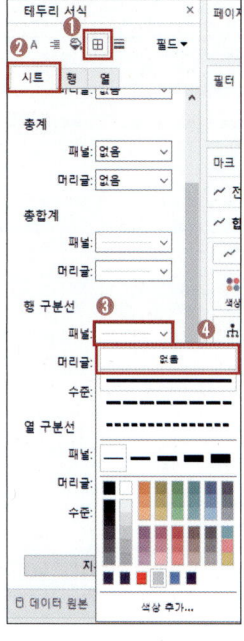 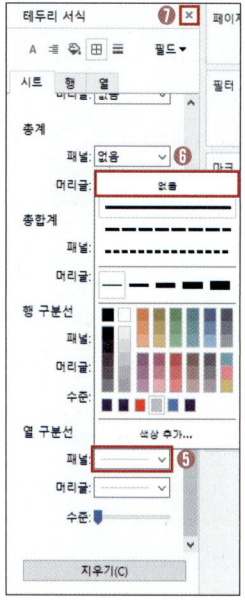

② '문제3-2' 시트에 필터를 지정하시오.

01 1주차만 필터링하기 위해 데이터 패널의 [당월_주차(문제3)] 필드를 **필터 패널로 드래그 앤 드롭**합니다. 나타난 **필터 [당월_주차(문제3)] 팝업 창**에서 **1주차**에 **체크**하고 확인을 클릭합니다.

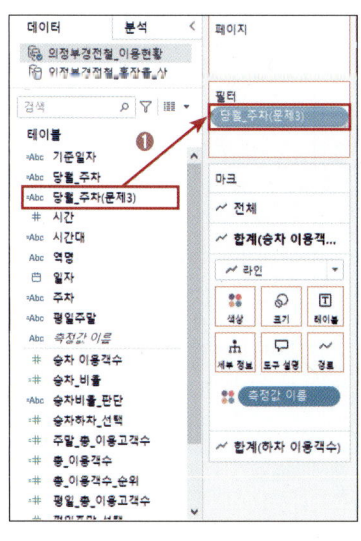 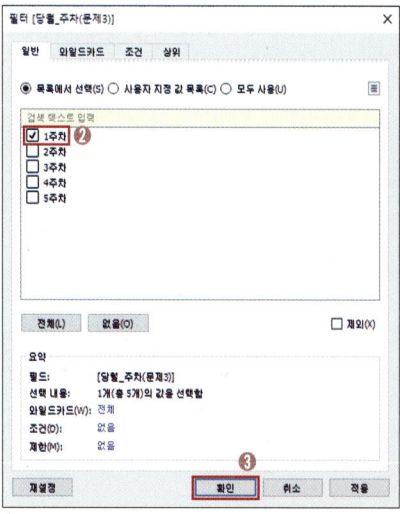

02 역명에 따라 흐름을 파악하기 위해 데이터 패널의 [역명] 필드를 필터 패널의 당월_주차(문제3): 1주차 아래로 드래그 앤 드롭합니다.

03 나타난 필터 [역명] 팝업 창에서 모두 사용(U) 옵션을 클릭하여 전체 선택이 되도록 설정하고 확인을 클릭합니다.

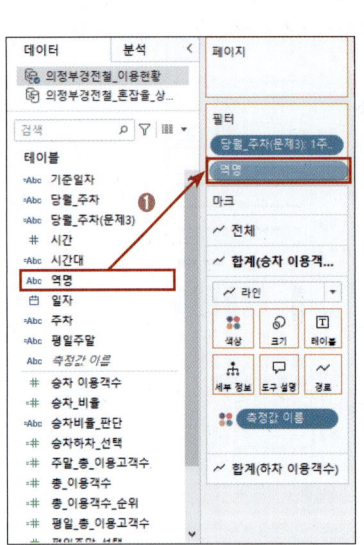 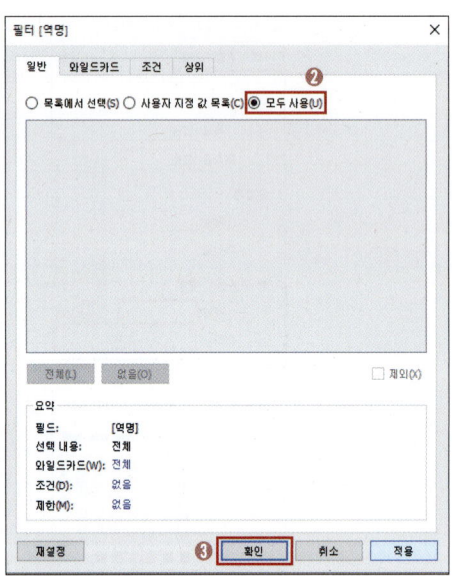

04 차트가 문제의 지시대로 완성된 것을 확인할 수 있습니다.

3 '문제3-3' 시트에서 다음의 작업을 수행하여 차트를 구현하고, '문제3' 대시보드에서 다음의 설정을 완료하시오.

① '문제3-3' 시트에 다음의 필드를 생성하시오.

01 하단 탭에서 **문제3-3**을 클릭하여 해당 시트로 이동합니다. [승하차_비교] 필드를 생성하기 위해 데이터 패널 상단의 ▼을 클릭합니다. 나타난 팝업 메뉴에서 **계산된 필드 만들기**를 클릭합니다.

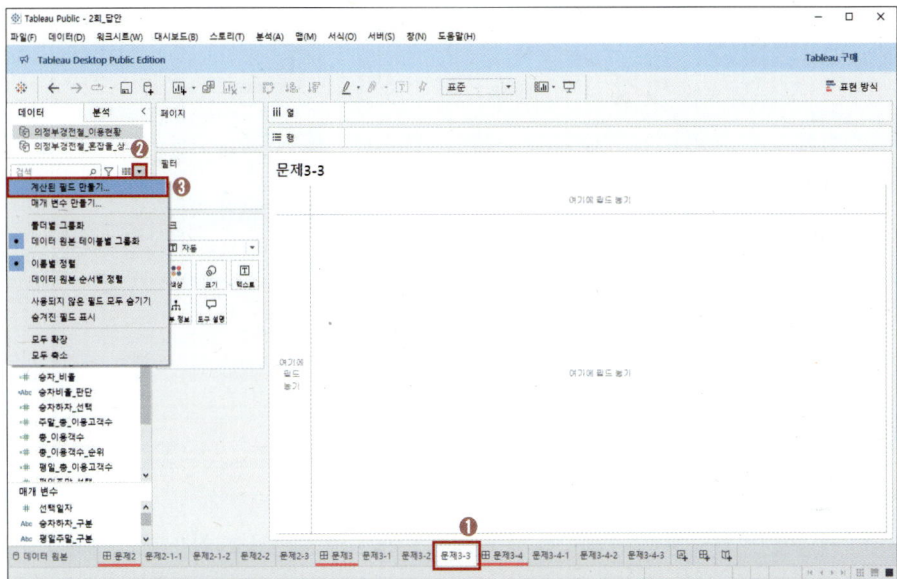

02 나타난 **계산된 필드 만들기 팝업 창**에서 상단에 필드 **이름**을 **승하차_비교**로 변경합니다.

03 [승하차_비교] 필드는 승차 이용객수와 하차 이용객수 비교를 반환하고 오후 시간일 때 오후로 반환하기 위해 **AVG 함수**를 사용하여 다음 수식을 입력하고 **확인**을 클릭합니다.

AVG([승차 이용객수])>AVG([하차 이용객수])

② [승차 이용객수], [하차 이용객수], [시간], [승하차_비교] 필드를 사용하여 산점도를 구현하시오.

01 마크 패널의 **표현 방식**을 **원**으로 변경합니다. 데이터 패널의 [승차 이용객수] 필드를 **열 패널**로 **드래그 앤 드롭**합니다.

02 열 패널에 추가된 **합계(승차 이용객수)**를 **마우스 우클릭**합니다. 나타난 팝업 메뉴에서 **측정값 (합계) > 평균**을 클릭합니다.

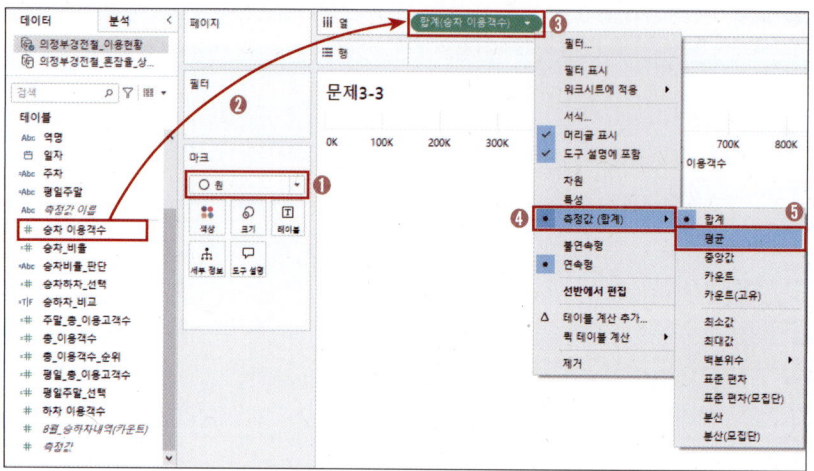

03 데이터 패널에 [하차 이용객수] 필드를 **행 패널**에 **드래그 앤 드롭**하고 추가된 **합계(하차 이용객수)**를 **마우스 우클릭**합니다. 나타난 팝업 메뉴에서 **측정값 (합계) > 평균**을 클릭합니다.

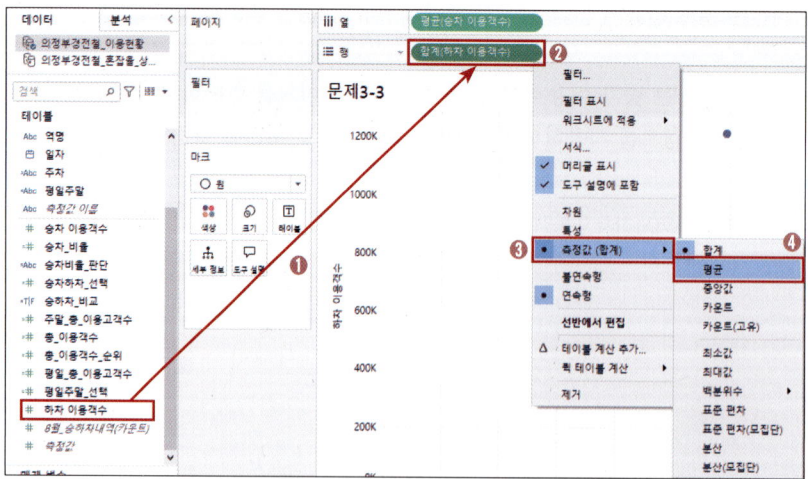

04 데이터 패널의 [시간] 필드를 마크 패널의 레이블로 드래그 앤 드롭하여 산점도를 완성합니다. 마크 패널의 레이블을 클릭하고 나타나는 팝업 창에서 레이블 모양 > 맞춤 박스를 클릭합니다. 가로 > 를 클릭하고 빈 곳을 클릭하여 팝업 창을 닫습니다.

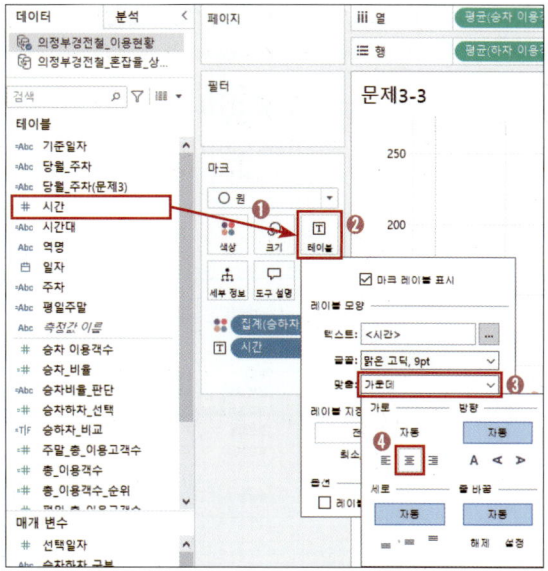

05 데이터 패널의 [승하차_비교] 필드를 마크 패널의 색상으로 드래그 앤 드롭합니다. 마크 패널의 색상을 클릭하고 나타난 팝업 창에서 색상 편집을 클릭합니다.

06 나타난 색상 편집 [승하차_비교] 팝업 창의 색상표 선택(S)에서 빨간색을 클릭하고 색상표 할당(P)을 클릭합니다. 확인을 클릭하여 설정을 마무리합니다.

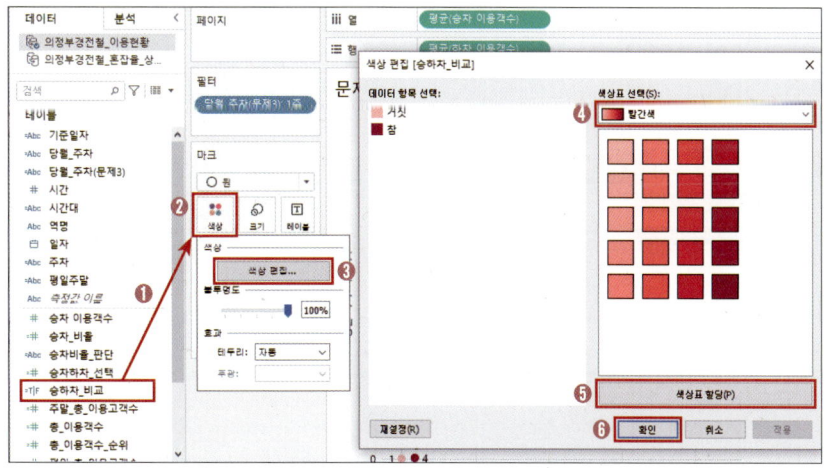

07 데이터 패널의 [당월_주차](문제3) 필드를 필터 패널로 드래그 앤 드롭하여 나타난 **필터 [당월_주차(문제3)] 팝업 창**에서 **1주차**를 **체크**하고 **확인**을 클릭합니다.

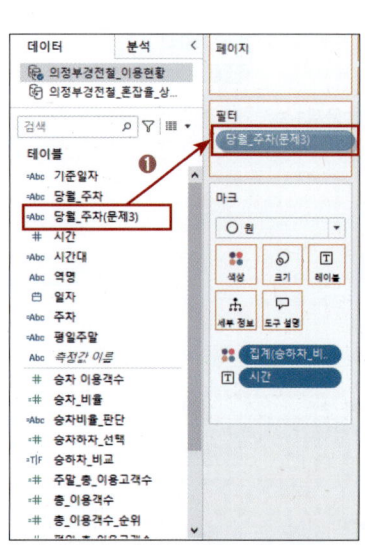
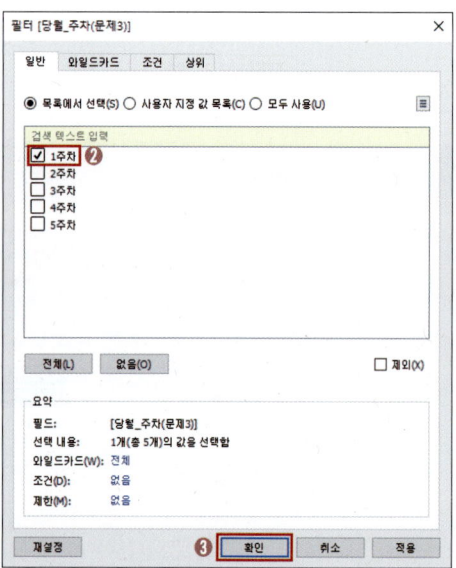

08 상단 툴바 오른쪽의 **맞춤**을 표준에서 **전체 보기**로 변경합니다. 차트가 문제의 지시대로 완성된 것을 확인할 수 있습니다.

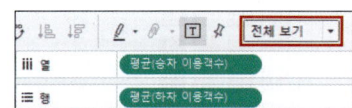
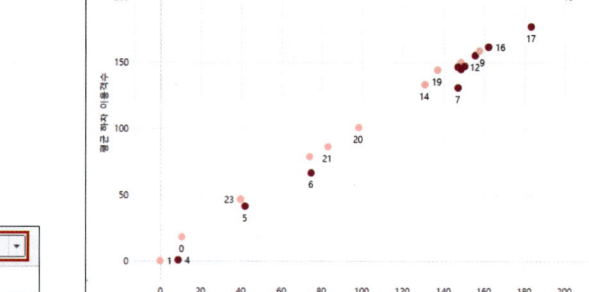

③ '문제3' 대시보드에 매개 변수 및 필터를 배치하고 적용 범위를 설정하시오.

01 하단 탭에서 **문제3**을 클릭하여 해당 대시보드로 이동합니다. 필터를 표시하기 위해 **문제3-1 시트**의 빈 공간을 클릭하고 상단 메뉴의 **분석(A) > 필터(I) > 당월_주차(문제3)**을 클릭합니다.

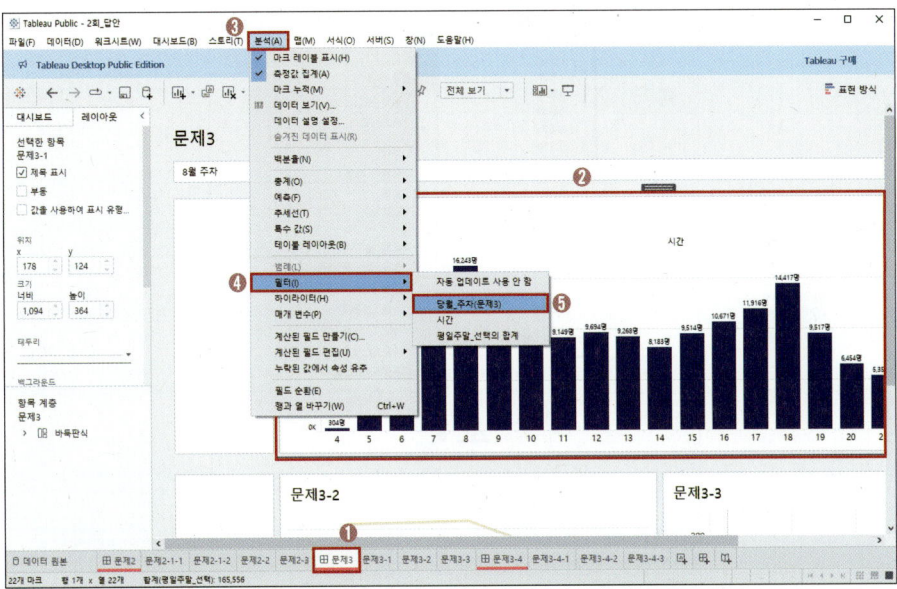

02 나타난 [당월_주차(문제3)] 필터의 빈 공간을 클릭하고 ▬을 클릭하여 **8월 주차 텍스트 오른쪽 빈 공간**에 드래그 앤 드롭합니다.

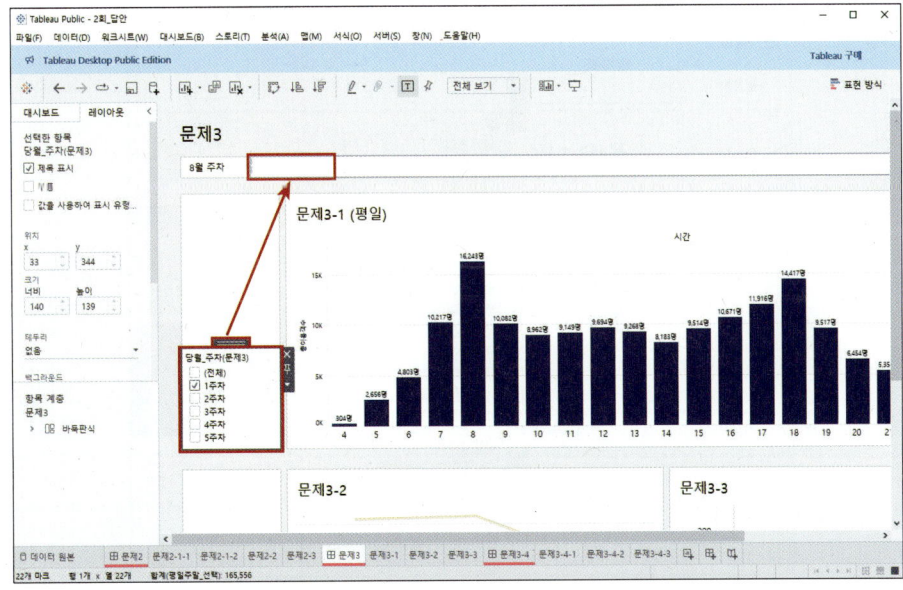

03 다중 값(목록)으로 표시된 [당월_주차(문제3)] 필터를 단일 값(드롭다운)으로 변경하기 위해 필터의 ▼을 클릭합니다. 나타난 팝업 메뉴에서 **단일 값(드롭다운)**을 클릭합니다. 이어서 필터 제목을 제거하기 위해 ▼을 클릭하여 나타난 팝업 메뉴에서 **제목**을 클릭하여 **체크 해제**합니다.

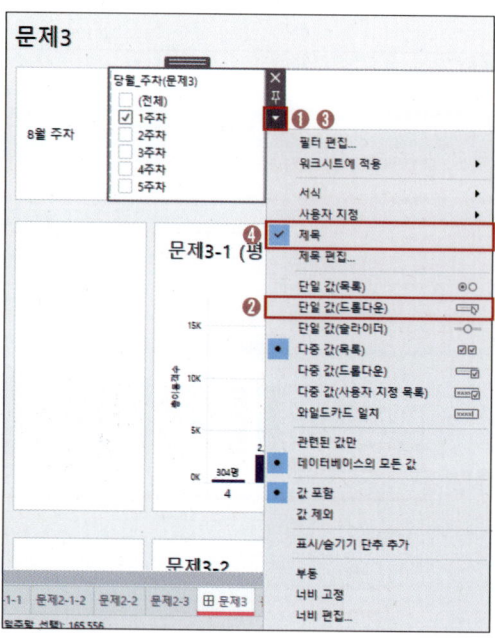

04 [당월_주차(문제3)] 필터의 '전체' 값 표시를 제거하기 위해 ▼을 클릭합니다. 나타난 팝업 메뉴에서 **사용자 지정 > '전체' 값 표시**를 클릭합니다.

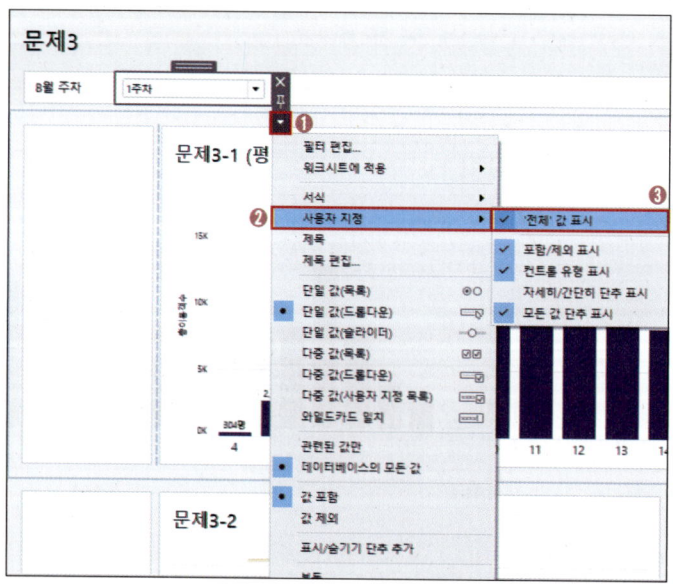

05 [당월_주차(문제3)] 필터의 너비를 조정하기 위해 ▼을 클릭합니다. 나타난 팝업 메뉴에서 **너비 편집**을 클릭합니다. **너비 설정(픽셀) 팝업 창**에서 너비를 **100**으로 입력하고 **확인**을 클릭하여 너비를 조정합니다.

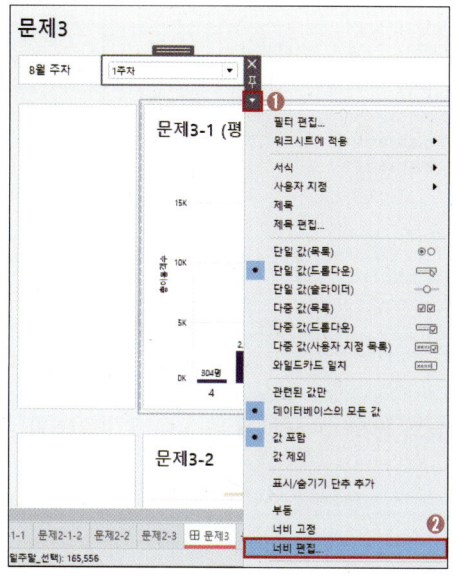
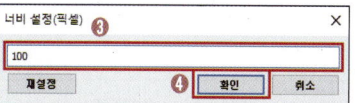

06 [당월_주차(문제3)] 필터를 문제3 대시보드 내에 있는 전체 시트를 대상으로 적용하기 위해 [당월_주차(문제3)] 필터의 ▼을 클릭합니다. 나타난 팝업 메뉴에서 **워크시트에 적용 > 선택한 워크시트**를 클릭합니다.

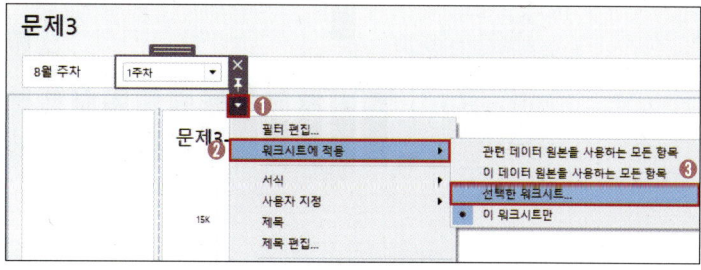

07 나타난 **워크시트 [당월_주차(문제3)]에 필터 적용 팝업 창**에서 문제3-2와 문제3-3 시트에 모두 적용할 수 있게 **대시보드의 모든 항목 선택**을 클릭하고 **확인**을 클릭합니다.

08 **문제3-1 시트**의 빈 공간을 클릭하고 상단 메뉴의 **분석(A) > 매개 변수(P) > 평일주말_구분**을 클릭합니다.

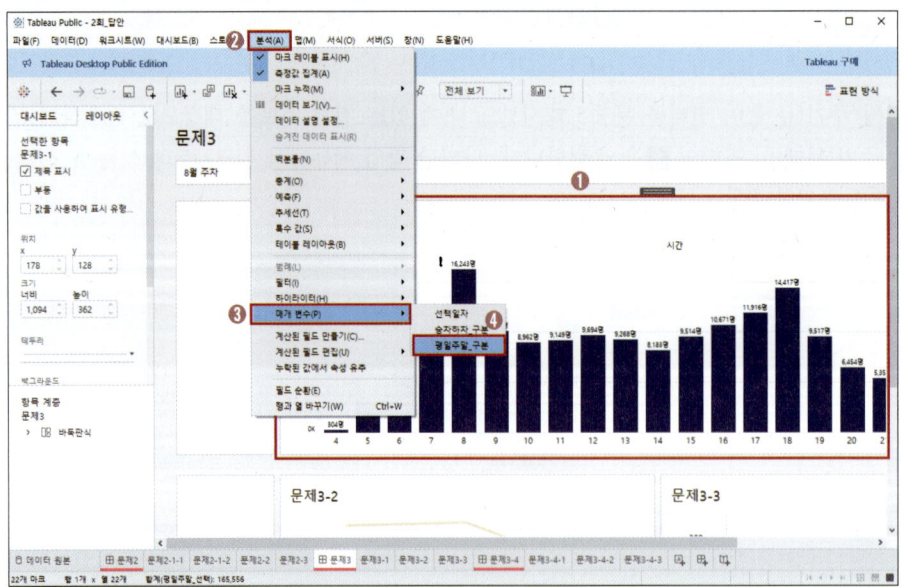

09 문제3 대시보드 상단에 나타난 [평일주말_구분] 매개 변수의 빈 공간을 클릭합니다. 나타난 ▬
을 클릭하고 문제3-1 시트 왼쪽 상단의 빈 공간으로 **드래그 앤 드롭**합니다.

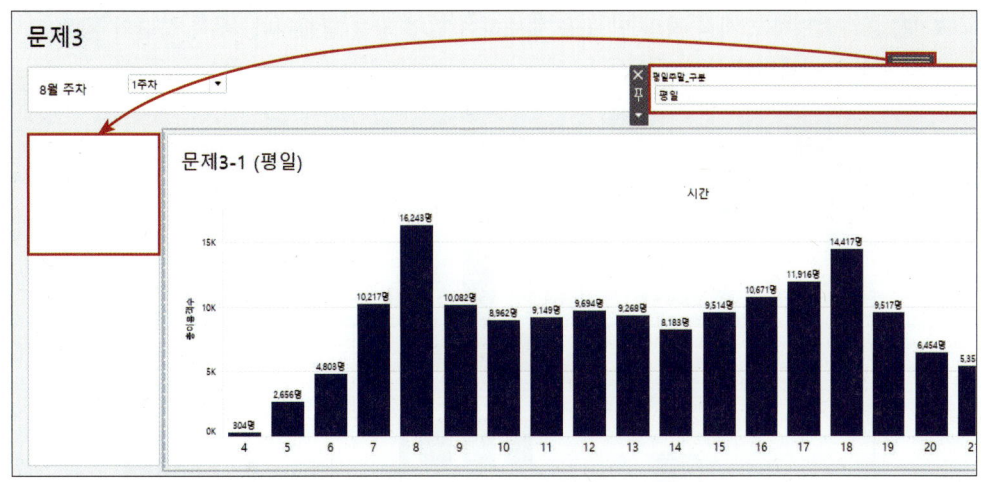

10 [평일주말_구분] 매개 변수를 단일 값 목록으로 표현하기 위해 ▼을 클릭하고 나타난 팝업 메뉴에서 **단일 값 목록**을 클릭하여 매개 변수의 표현 방식을 변경합니다.

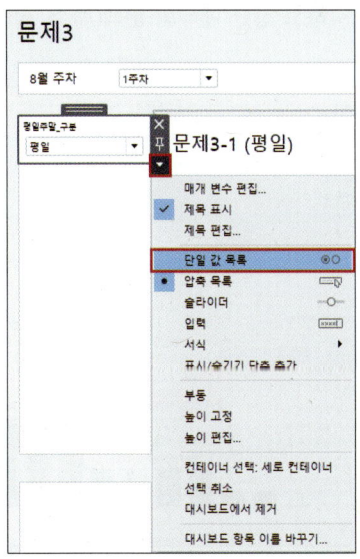

11 [평일주말_구분] 매개 변수의 글자 크기를 변경하기 위해 ▼을 클릭하고 **서식** > **이 매개 변수**를 클릭합니다. 나타난 **매개 변수 서식 창**에서 **제목** > **글꼴 박스**를 클릭하여 글자 크기를 **9**로 설정하고 서식 창의 빈 곳을 클릭하여 팝업 창을 닫습니다. 이어서 **본문** > **글꼴 박스**를 클릭하여 글자 크기를 **9**로 설정하고 서식 창의 빈 곳을 클릭하여 팝업 창을 닫습니다. 우측 상단의 ⊠을 클릭하여 서식 창을 닫습니다.

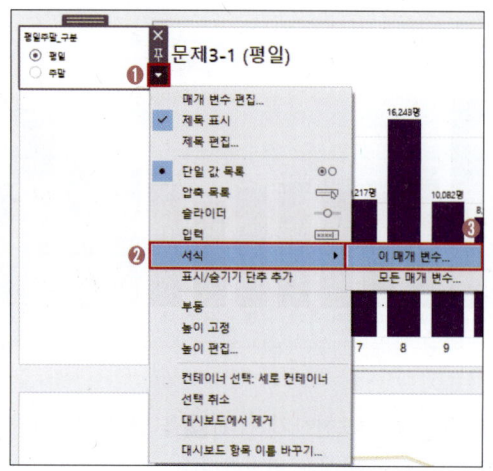

12 **문제3-2 시트**의 빈 공간을 클릭하고 상단 메뉴의 **분석(A)** > **필터(I)** > **역명**을 클릭합니다.

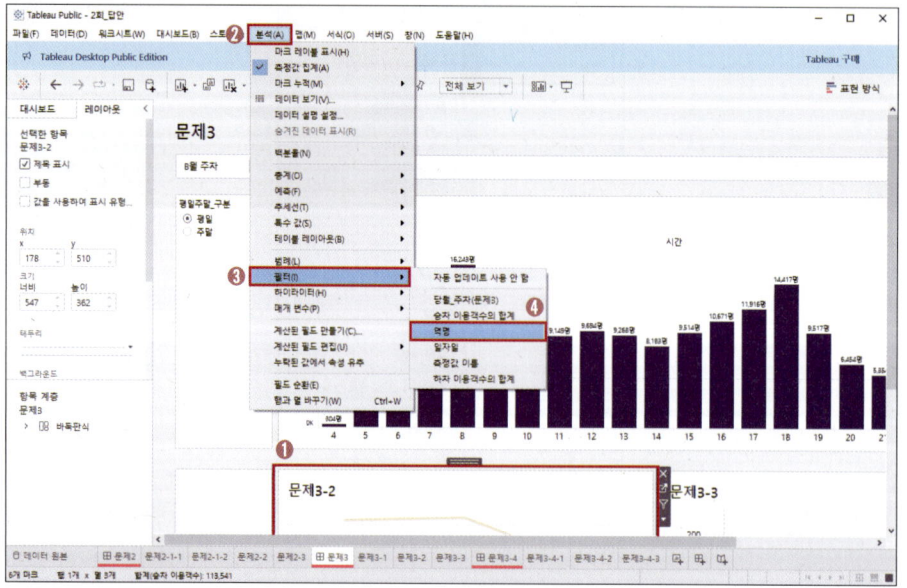

13 우측 상단에 나타난 [역명] 필터의 빈 공간을 클릭합니다. 나타난 ▬을 클릭하고 **문제3-2 시트 왼쪽 빈 공간**으로 **드래그 앤 드롭**합니다.

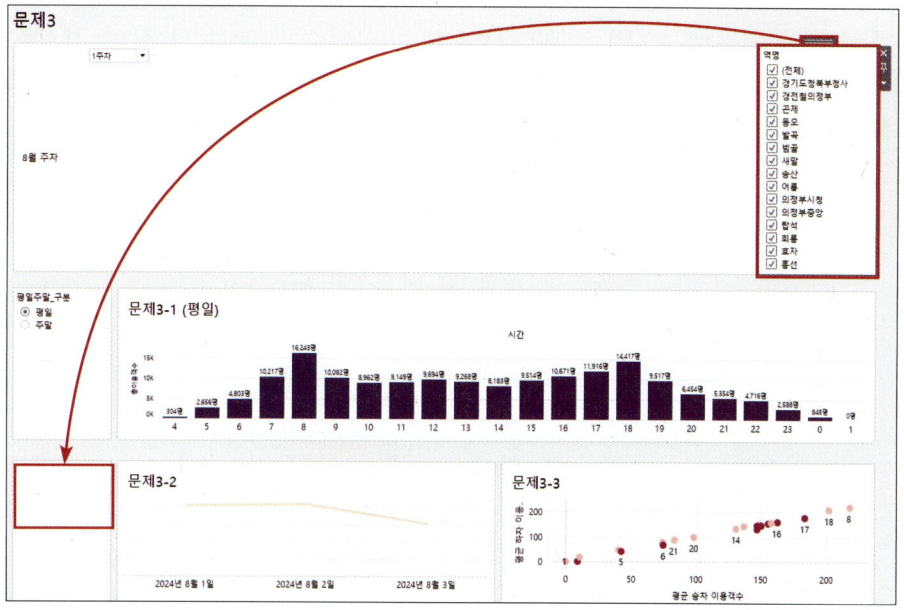

14 [역명] 필터를 단일 값 목록으로 표현하기 위해 ▼을 클릭하고 나타난 팝업 메뉴에서 **단일 값(목록)**을 클릭하여 필터의 표현 방식을 변경합니다.

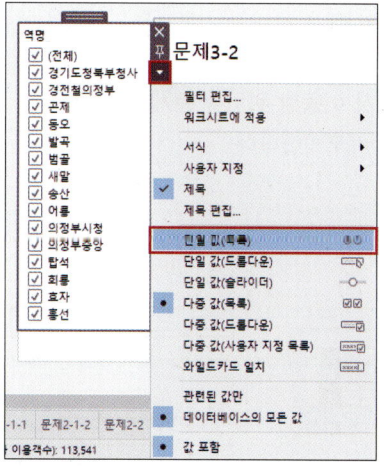

15 작업한 대시보드가 문제3의 시각화 완성화면(64p)과 일치하는지 확인한 후 해당 대시보드의 작업을 마무리합니다.

4 '문제3-4' 대시보드에서 다음의 작업을 수행하여 동적(Interactive) 대시보드를 구현하시오.

① '문제2' 대시보드로 이동하는 "버튼"을 구현하시오.

01 하단 탭에서 **문제3-4**를 클릭하여 해당 대시보드로 이동합니다. 사이드 바에 있는 **대시보드 탭**의 **개체 > 탐색**을 클릭하고 문제3-4 대시보드 제목 아래 컨테이너 **우측의 빈 공간**으로 **드래그 앤 드롭**합니다.

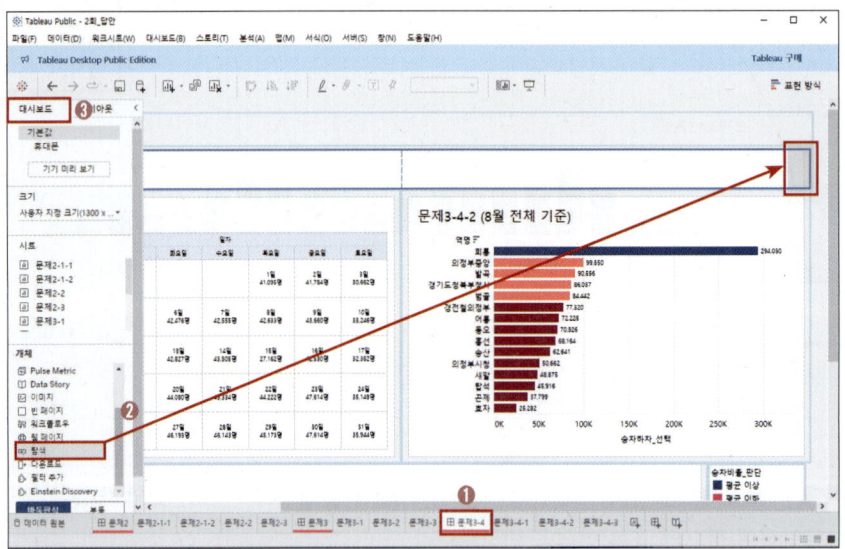

02 빈 공간에 놓여진 **탐색 버튼**의 ▼을 클릭합니다. 나타난 팝업 메뉴에서 **편집 단추**를 클릭합니다.

03 나타난 **편집 단추 팝업 창**에서 이동할 위치를 **문제2**로 지정하고 제목에 **문제2로 이동**이라고 입력합니다. **확인**을 눌러 설정을 마무리합니다.

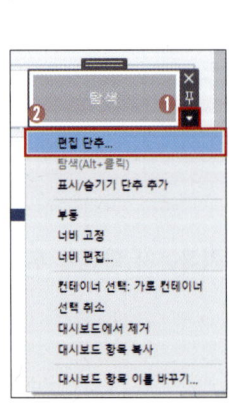
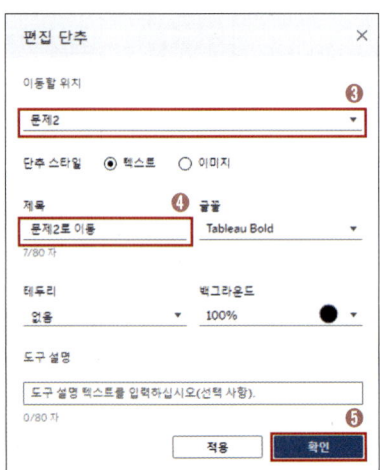

04 **탐색 버튼**의 ▼을 다시 클릭합니다. 나타난 팝업 메뉴에서 **너비 편집**을 클릭합니다.

05 나타난 **너비 설정(픽셀) 팝업 창**에서 200으로 설정하고 **확인**을 클릭합니다.

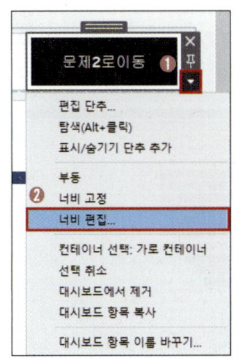
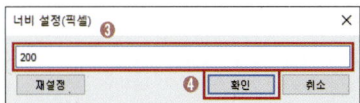

② 승차와 하차를 구분하는 매개 변수를 배치하시오.

01 **문제3-4-1 시트**의 빈 공간을 클릭합니다. 상단 메뉴의 **분석(A) > 매개 변수(P) > 승차하차_구분**을 클릭합니다.

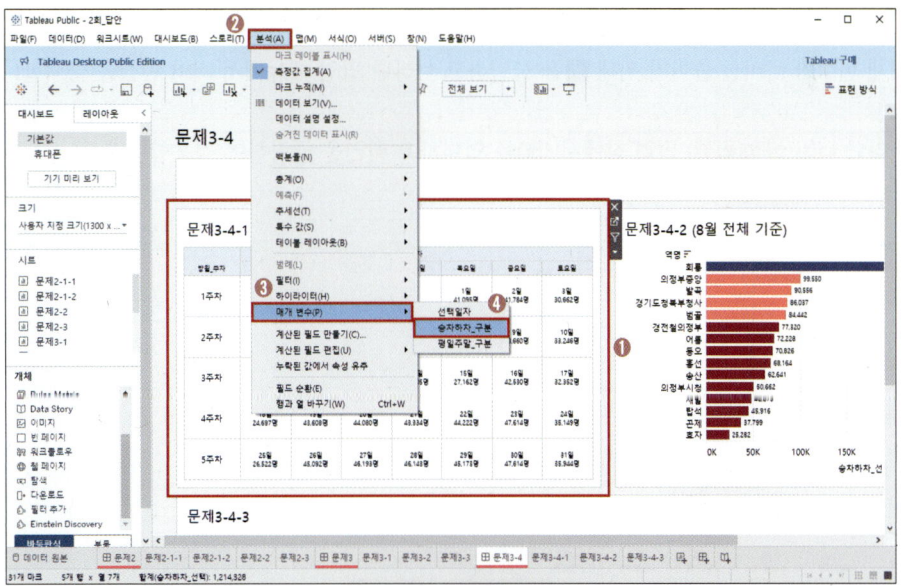

02 나타난 [승차하차_구분] 매개 변수의 빈 공간을 클릭하여 나타나는 ▬▬으로 제목 문제3-4 아래 **왼쪽의 빈 공간**에 **드래그 앤 드롭**하여 배치합니다.

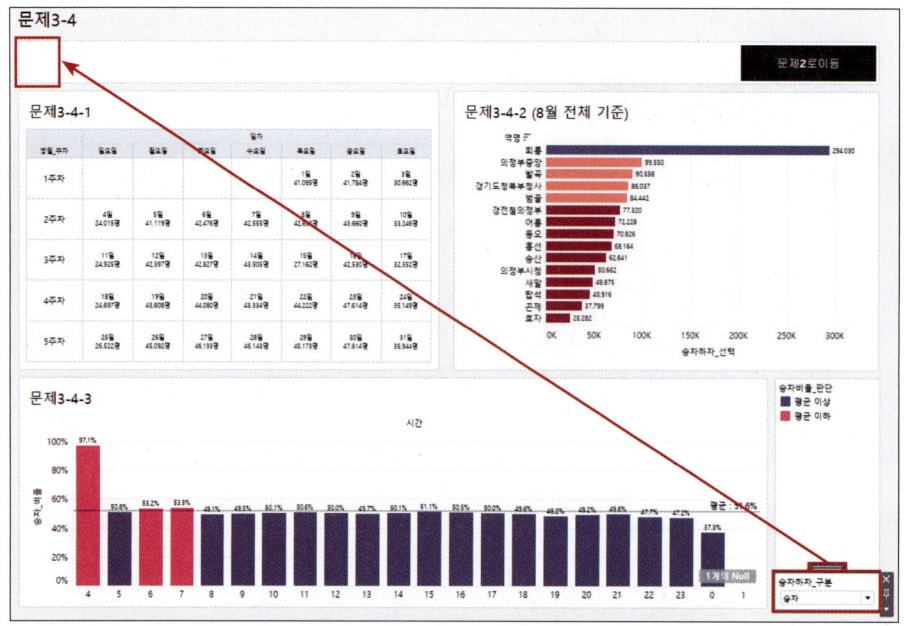

03 매개 변수의 너비를 줄이기 위해 ▼을 클릭하고 나타난 팝업 메뉴에서 **너비 편집**을 클릭합니다.

04 나타난 **너비 설정(픽셀) 팝업 창**에서 **150**을 입력하고 **확인**을 클릭하여 적용합니다.

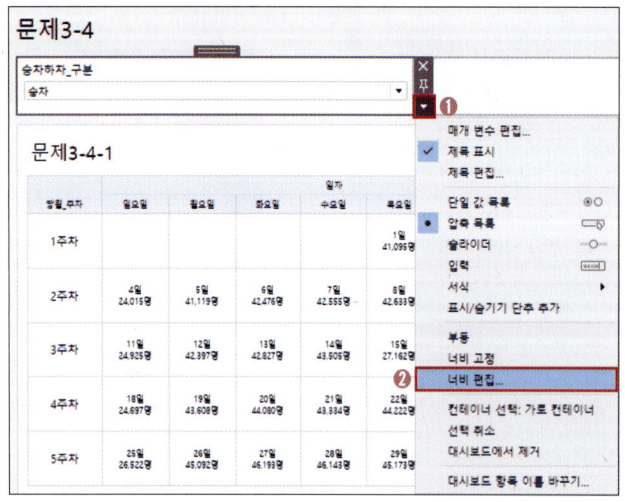

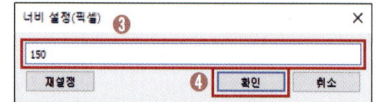

③ 문제3-4 대시보드에서 문제3-4-1 달력 클릭 시 [일자] 값에 따라 값이 변경되도록 구현하시오.

01 문제3-4 대시보드의 동작을 적용하기 위해 상단 메뉴의 **대시보드(B) > 동작(I)**을 클릭합니다.

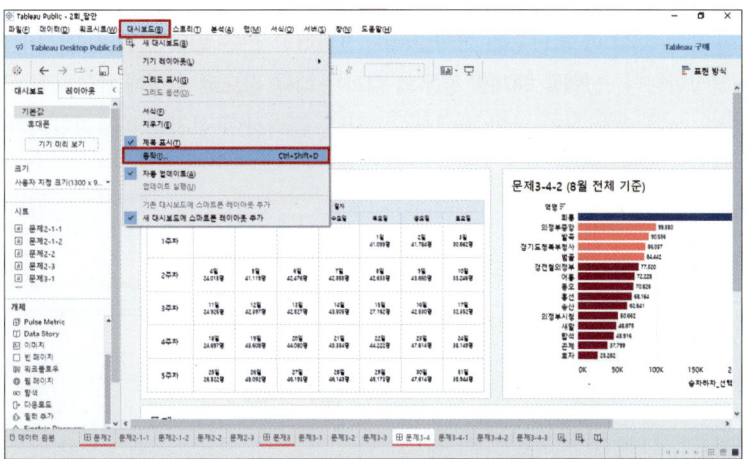

02 나타난 **동작 팝업 창**에서 **동작 추가 > 필터**를 클릭합니다. 나타난 **필터 동작 추가 팝업 창**에서 **이름**을 **날짜_필터**로 변경합니다. **원본 시트**는 문제3-4-2와 문제3-4-3을 체크 해제하고 **동작 실행 조건**을 **선택**으로 설정합니다. 동작이 적용되는 **대상 시트**는 문제3-4-1을 체크 해제하고 **선택을 해제할 경우의 결과**는 **모든 값 표시**로 설정합니다.

03 [일자] 필드에만 동작하기 위해서 하단의 **필터**에서는 **선택한 필드**를 클릭합니다. 표의 **추가하려면 클릭**을 선택하여 **일(일자 8)**을 선택합니다. **확인**을 클릭하여 마무리합니다.

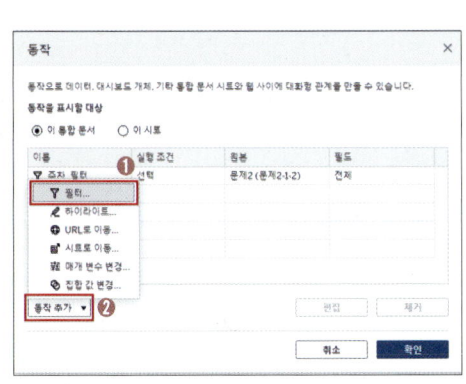
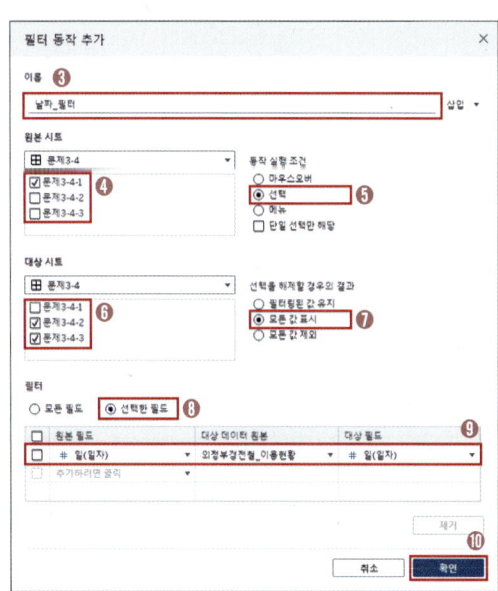

04 매개 변수 동작을 추가하기 위해 동작 팝업 창에서 **동작 추가 > 매개 변수 변경**을 클릭합니다. 나타난 **매개 변수 동작 추가 팝업 창**에서 **이름**을 **선택일자_매개변수**로 변경하고 **원본 시트**는 **문제3-4-2**와 **문제3-4-3**을 체크 해제합니다. **동작 실행 조건**은 **선택**으로 유지합니다.

05 변경 대상이 되는 **대상 매개 변수**는 **선택일자**로 선택하고 **원본 필드**는 **일(일자) (의정부경전철_이용현황)**으로 설정합니다. **선택을 해제할 경우의 결과**는 **다음 값으로 설정**에 **체크**하여 아래에 **999**를 입력하고 **확인**을 누릅니다. 동작 팝업 창에서도 **확인**을 클릭하여 설정을 마무리합니다.

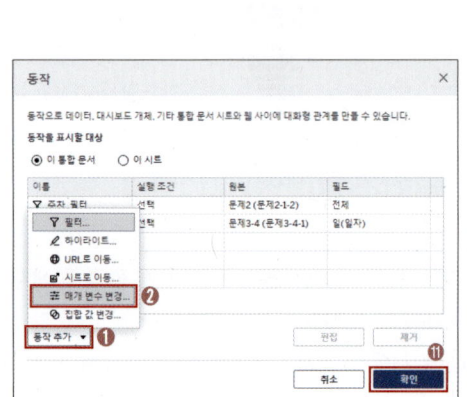 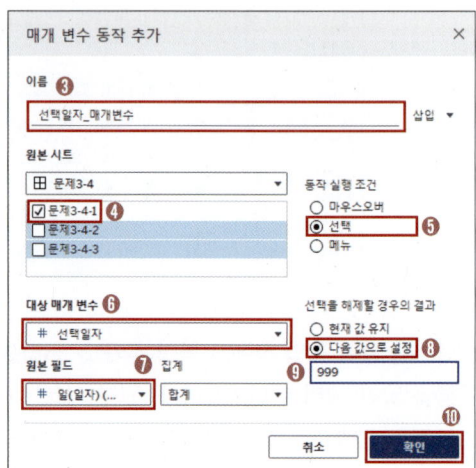

06 작업한 대시보드가 문제3-4의 시각화 완성화면(67p)과 일치하는지 확인한 후 해당 대시보드의 작업을 마무리합니다.

CHAPTER 03 실전 모의고사 3회

※ 본서는 이미지 화질 향상을 위하여 태블로 작업 화면을 축소하여 풀이를 진행하였으므로 작업 시 보이는 필드 및 차트의 크기 등에 차이가 있을 수 있습니다. 제공되는 정답 파일과 비교하여 작업하는 것을 권장합니다.

국 가 기 술 자 격 검 정
경영정보시각화능력 실기 모의문제

프로그램명	제한시간
태블로 데스크톱	70분

수험번호	
성 명	

단일	모의고사 3회

※ 시험지를 받으시면 1~2페이지의 '유의사항'과 '문제 및 데이터 안내'를 확인하시기 바랍니다.

대 한 상 공 회 의 소

─〈유의사항〉─

- '유의사항', '문제 및 데이터 안내'에 따라 시험에 응시하여야 하며, 이를 소홀히 하여 발생한 불이익과 책임은 수험자 본인에게 있습니다.
- 시험이 시작되면 즉시 문제 데이터 파일 존재여부와 답안 파일의 문제3-4 대시보드에 차트, 표, 데이터가 보이는지 확인하시기 바랍니다.
  - 문제 데이터 파일 위치 : [문제1] C:\TB\문제1_데이터 폴더 / [문제2, 3] C:\TB\문제2,3_데이터 폴더
  - 문제 데이터 파일은 존재여부만 확인하며 엑셀 등으로 열어보면 실격 처리
  - 답안 파일 위치 : C:\TB\수험자번호.twbx
  - 화면에 띄워진 답안 파일의 문제3-4 대시보드 확인
- 시험 중 인터넷 통신 오류 팝업 메세지가 발생할 경우 엑스(☒)를 클릭하여 팝업 메시지 창을 닫고 진행하시기 바랍니다.
- 아래는 답안의 저장 및 시험종료 관련 안내입니다.
  - 메뉴 '파일'-'저장'으로 저장(툴바 저장 아이콘(🖫) 또는 'Ctrl+S' 사용금지)
  - 엑셀 데이터 추출 확인 메시지 창이 나올 경우 반드시 '추출 만들기' 버튼 누름
  - 시험 진행 중 답안은 수시로 저장
  - 시험종료 전 반드시 메뉴 '파일'-'저장'으로 저장하고 프로그램을 종료해야 합니다. 이외 방법으로 시험종료하여 발생하는 문제[오류발생/저장불가]에 대한 책임은 수험자에게 있습니다.
- 별도의 지시사항이 없는 경우, 다음과 같이 처리할 때 [실격 처리]됩니다.
  - 제시된 파일, 페이지/대시보드, 데이터 원본의 이름, 차원/측정값 속성을 임의로 변경한 경우
  - 제시된 파일, 데이터 원본을 임의로 삭제, 추가, 변경한 경우
  - 시트/워크시트/대시보드를 임의로 삭제, 추가하거나 명칭을 변경한 경우
  - 제시된 답안 파일의 경로 또는 파일명을 변경한 경우
  - 문제 데이터를 시험 시작 전에 열어보는 경우
  - 실기시험 프로그램 이외의 프로그램(엑셀 등)으로 데이터를 열어보는 경우
- 반드시 답안작성은 문제에서 지시한 위치에 작업해야 하며 다음과 같이 처리 시 해당 작업 또는 그 작업에 영향을 미치는 문제, 개체, 시트 등은 [오답 처리]됩니다.
  - 제시된 함수가 있으면 제시된 함수만을 사용해야 하며 그 외 함수를 사용해 풀이한 경우
  - 지시하지 않은 차트, 컨테이너, 매개변수 등을 임의로 이동, 수정(변경), 삭제 등으로 인해 위치 및 내용이 변경된 경우
  - 임의로 기본 설정값(Default)을 변경한 경우
  - 숫자데이터를 임의로 문자화하여 처리한 경우
  - 개체가 해당 영역을 벗어난 경우
  - 작업한 개체가 너무 작아 정보 확인이 어려울 경우
  - 지시사항과 띄어쓰기, 대소문자 등이 다르게 작업한 경우(계산식 제외)

- 문제지에 제시된 [완성화면] 그림 관련입니다.
  - 문제 상단에 있는 [완성화면] 그림은 각 문제의 세부문제 전체를 풀이했을 때 도출되는 것으로 개별 세부문제를 풀이한 후의 [완성화면] 그림과 다를 수 있음
  - 문제풀이 순서 또는 시각적 개체 작성 순서, PC 환경 등의 이유로 수험자가 작성한 개체의 모니터 화면과 모양, 색상 등이 다를 수 있음
- 본 문제와 용어는 태블로 데스크톱 퍼블릭 에디션(Tableau Desktop Public Edition) 2024.3.0. 버전을 기준으로 작성되었습니다.

문제 및 데이터 안내

1. 수험자가 작성할 답안 파일은 1개입니다. 문제1, 문제2, 문제3의 답을 하나의 답안 파일(.pbix)로 저장하십시오.
2. 문제1, 문제2, 문제3은 각각 독립적으로 구성되어 앞 문제를 풀지 않아도 다음 문제 풀이가 가능합니다.
3. 문제1은 데이터 불러오기를 통해 문제를 풀이하고, 문제2와 문제3은 답안에 이미 데이터가 포함되어 있어 다시 데이터를 불러오지 말고 바로 문제 풀이를 하십시오.
   – 데이터 파일은 문제1을 위한 데이터 파일과 문제2, 3을 위한 데이터 파일로 구성되어 있습니다.
4. 문제2와 문제3 풀이를 위해 필요한 일부 측정값, 필터가 답안 파일에 미리 적용되어 있을 수 있습니다.
   – 지시사항에 제시되지 않은 것은 변경하지 마십시오.
   – 사전에 적용된 필터 등이 삭제되지 않도록 '시트 지우기' 기능을 절대 사용하지 마십시오.
5. 문제는 문제(문제1~3) – 세부문제(1~4) – 지시사항(①~③) – 세부지시사항(▶, –) 단위로 구성됩니다.
6. 지시사항(①, ②, ③)별로 점수가 부여되며, 지시사항의 전체 세부지시사항(▶, –)을 작업하지 않을 경우 점수가 부여되지 않습니다. ※ 부분 점수 없음
7. 본 시험에서 사용되는 데이터 파일 수와 데이터명은 아래와 같습니다.
   – [문제1] 데이터 파일 수 : 1개 / '쓰레기통현황.xlsx'

파일명	쓰레기통현황.xlsx						
테이블	구조						
강남구 (ㄱ-ㅅ)_ 설치상세 현황	설치장소ID	시도명	시군구명	도로명(가로)명	관리기관명	관리기관 전화번호	설치지점
	S614933	서울특별시	강남구	강남대로	서울특별시 강남구청	02-3423-5973	정류소 (버스, 택시 등)
강남구 (ㅇ-ㅎ)_ 설치상세 현황	설치장소ID	시도명	시군구명	도로명(가로)명	관리기관명	관리기관 전화번호	설치지점
	S874718	서울특별시	강남구	아셈길	서울특별시 강남구청	02-3423-5973	도로변 (횡단보도 포함)
장소별_ 설치현황	설치장소ID	일반쓰레기		재활용쓰레기	폐건전지		폐형광등, 폐건전지
	S614933	8		8	0		0

– [문제2, 3] 데이터 파일 수 : 1개 / '시설물 현황.xlsx'

파일명	시설물 현황.xlsx					
테이블	구조					
방송판매 (필드 24개)	자치시	자치구	위치	관리상태여부	설치유형	시설만족도
	서울특별시	종로구	지하철	정상	고정형	중
	기준일자	쓰레기통수	의류수거함수	폐형광등수거함수		폐건전지수거함수
	2013	24	12	12		4

문제1 작업준비(30점)

1. **답안 파일을 열고 다음의 지시사항에 따라 작업을 수행하시오. (15점)**

    ① 연결 패널을 이용하여 데이터 파일을 추가하시오. (5점)
    - ▶ 데이터 추가 : '쓰레기통현황.xlsx' 파일의 〈강남구(ㄱ-ㅅ)_설치상세현황〉, 〈강남구(ㅇ-ㅎ)_설치상세현황〉, 〈장소별_설치현황〉 테이블

    ② 데이터 원본 편집 창에서 〈강남구(ㄱ-ㅅ)_설치상세현황〉, 〈강남구(ㅇ-ㅎ)_설치상세현황〉, 〈장소별_설치현황〉 테이블을 결합하시오. (5점)
    - ▶ 〈강남구(ㄱ-ㅅ)_설치상세현황〉, 〈강남구(ㅇ-ㅎ)_설치상세현황〉을 유니온(UNION)으로 결합
    - ▶ 결합한 유니온(UNION)을 기준으로 〈장소별_설치현황〉 테이블을 왼쪽 조인(LEFT JOIN)하여 물리적 테이블 생성
        - 유니온(UNION)의 [설치장소ID] 컬럼과 〈장소별_설치현황〉 테이블의 [설치장소ID] 컬럼을 왼쪽 조인

    ③ [일반쓰레기], [재활용쓰레기], [폐건전지], [폐형광등, 폐건전지]까지의 4개 필드를 피벗(Pivot)하시오. (5점)

2. **세부문제1에서 모델링한 데이터를 아래 지시사항에 따라 편집하시오. (15점)**

    ① [설치장소ID], [관리기관명], [설치지점] 필드를 이용하여 계산된 필드를 추가하시오. (5점)
    - ▶ 계산된 필드 추가 : 설치장소수
        - 사용 함수 : COUNTD
        - 데이터 유형 : 숫자형
    - ▶ 계산된 필드 추가 : 관리기관수
        - 사용 함수 : COUNTD
        - 데이터 유형 : 숫자형
    - ▶ 계산된 필드 추가 : 설치지점(기타포함)
        - 사용 함수 : IIF, ISNULL
        - 데이터 유형 : 문자형

② [설치지점(기타포함)], [피벗 필드명], [피벗 필드 값] 필드를 이용하여 계산된 필드를 추가하시오. (5점)
- ▶ 계산된 필드 추가 : 지하철역_입구_쓰레기통수
  - [설치지점(기타포함)] 필드가 '지하철역 입구'일 때 '피벗 필드값'을 반환
  - 사용 함수 : IF문
  - 데이터 유형 : 숫자형
- ▶ 계산된 필드 추가 : 지하철역_입구_일반쓰레기통수
  - [설치지점(기타포함)] 필드가 '지하철역 입구'이고 [피벗 필드명]이 '일반쓰레기'일 때 '피벗 필드값'을 평균
  - 사용 함수 : AND, IF문
  - 데이터 유형 : 숫자형
- ▶ 계산된 필드 추가 : 지하철역_입구_일반쓰레기통_비율
  - 지하철역_입구_일반쓰레기통수의 합계를 지하철역_입구_쓰레기통수의 합으로 나눔
  - 사용 함수 : SUM
  - 데이터 유형 : 숫자형

③ 데이터 원본 편집 창에서 다음의 지시사항에 따라 데이터를 편집하시오. (5점)
- ▶ 모델링한 논리적 테이블 이름 변경 : 강남구쓰레기통
- ▶ 유니온(UNION)으로 결합한 물리적 테이블 이름 변경 : 강남구_설치상세현황
- ▶ 데이터 원본 이름 변경 : 강남구_쓰레기통_설치현황
- ▶ 필드 정리 : [시트], [테이블 이름], [설치장소id(장소별!설치현황)] 필드 숨기기

문제2 단순요소 구현(30점)

| 시각화 완성화면 |

각 세부문제 풀이 후 아래와 같은 결과가 도출되어야 합니다.

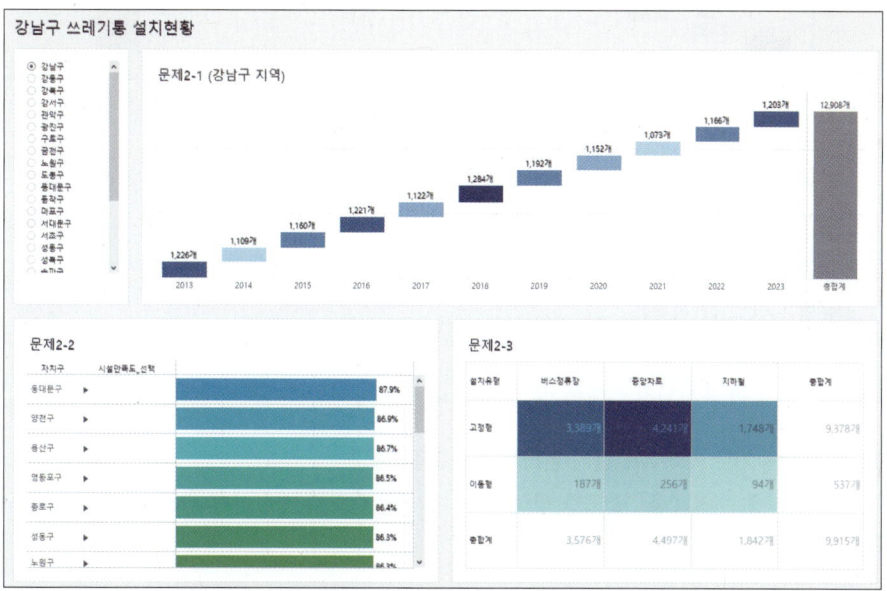

1. '문제2-1' 시트에서 다음의 작업을 수행하여 막대 차트를 구현하시오. (10점)

    ① 함수 사용 없이 [쓰레기통수(워터폴)] 필드를 생성하시오. (3점)

    ▶ 필드 이름 : 쓰레기통수(워터폴)
        - [쓰레기통수] 필드를 이용하여 생성
        - 데이터 유형 : 숫자형

    ② [기준일자]별 [쓰레기통수]의 누계를 보여주는 워터폴 차트를 구현하시오. (4점)

    ▶ 가로축 : [기준일자] 필드
    ▶ 세로축 : [쓰레기통수] 필드
        - 퀵 테이블 계산 사용
        - 축 레이블 제거
    ▶ 크기 : [쓰레기통수(워터폴)] 필드를 생성하여 반영
        - [쓰레기통수(워터폴)] 필드는 [쓰레기통수]의 누계 표현 시 추가된 수치를 표현하는 필드

    ③ 워터폴 차트의 색상과 레이블을 설정하고 필터를 대시보드에 배치하시오. (3점)

    ▶ 색상 : [쓰레기통수] 필드의 합계에 따라 색상표의 "파란색"으로 5단계로 구분
    ▶ 레이블 : [쓰레기통수] 필드의 합계
        - 서식 : 000개로 표현

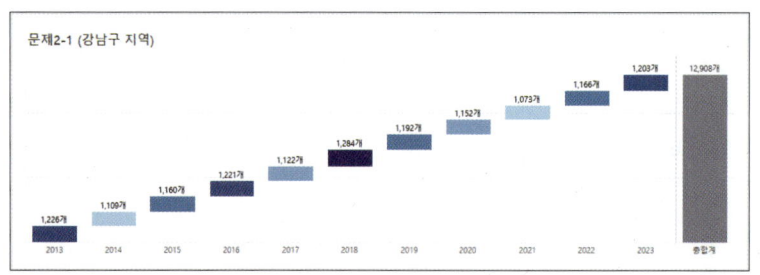

〈참고〉 워터폴 차트 색상

- ▶ [자치구] 필터
  - 시트 제목에 자치구 지역이 노출되도록 설정(예시 : 문제2-1 (강남구 지역))
  - 위치 : 상단 '문제2-1' 시트 왼쪽
  - 적용 범위 : '문제2' 대시보드의 '문제2-1' 시트만 대상으로 설정
  - 유형 : 단일 값(목록)
  - [자치구] 필터의 제목은 제거
  - "전체" 값이 표시되지 않도록 설정

2. '문제2-2' 시트에 가로 막대 차트를 구현하시오. (10점)

   ① [정상_쓰레기통_이용비율] 필드를 생성하고 [자치구] 필드를 사용하여 가로 막대 차트를 구현하시오. (4점)
   - ▶ 필드 이름 : 정상여부
     - 관리상태여부가 정상인 경우 정상으로 반환하고 아닌 경우 비정상으로 반환
     - 사용 함수 : IF문
   - ▶ 필드 이름 : 정상_쓰레기통
     - 정상여부가 정상인 경우의 쓰레기통수 반환
     - 사용 함수 : IF문
   - ▶ 필드 이름 : 정상_쓰레기통_이용비율
     - 정상_쓰레기통의 합계를 쓰레기통수 합계로 나눔
   - ▶ 세로축 : [자치구] 필드
   - ▶ 가로축 : [정상_쓰레기통_이용비율] 필드

   ② [자치구 집합] 집합 필드를 생성하고, 이에 대한 조건을 설정하는 [시설만족도_선택] 필드를 추가하시오. (3점)
   - ▶ 필드 이름 : 자치구 집합
     - [자치구] 필드를 기준으로 생성
   - ▶ 필드 이름 : 시설만족도_선택
     - 값이 [자치구 집합] 집합 필드면 [시설만족도] 필드를 반환하고, 아닐 경우 "▶"를 반환하는 필드
     - 사용 함수 : IF문
   - ▶ [시설만족도_선택] 필드를 [자치구] 필드의 오른쪽에 추가

▶ [자치구] 필드와 [시설만족도_선택] 필드를 [정상_쓰레기통_이용비율] 필드의 합계 내림차순으로 정렬
▶ 색상 : [자치구] 필드를 기준으로 색상표의 "색상환"으로 할당
▶ 레이블
 - [정상_쓰레기통_이용비율] 필드
 - 소수 첫째 자릿수까지 표현
▶ 축 머리글 제거

③ [지점 집합] 집합에 값을 할당하는 대시보드 동작을 생성하시오. (3점)
▶ 동작 이름 : 자치구 집합
 - 동작 실행 조건 : 선택
 - 동작 실행 결과 : [지점 집합] 집합 필드에 값 할당
 - 선택 해제할 경우의 결과 : 집합에서 모든 값 제거

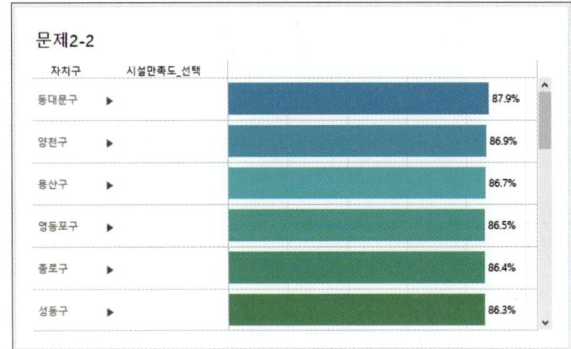

〈참고〉 [자치구] 선택 전

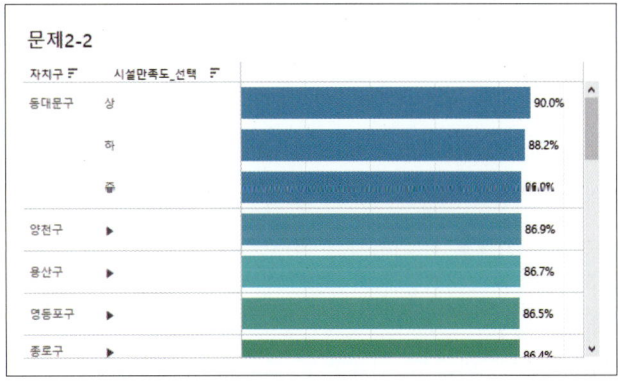

〈참고〉 [자치구] "동대문구" 선택 시

3. '문제2-3' 시트에 다음의 작업을 수행하여 하이라이트 차트를 구현하시오. (5점)
   ① '문제2-3' 시트에 하이라이트 차트를 생성하시오. (2점)
      ▶ 가로축 : [설치유형] 필드
      ▶ 세로축 : [위치] 필드
      ▶ 표시 설정 : 사각형
      ▶ 필터 : [기준일자] 필드의 2023
   ② 레이블, 색상, 총계를 설정하시오. (3점)
      ▶ 레이블
        − 서식 : 000개로 표현
        − 글자색을 마크 색상과 일치하도록 설정
      ▶ 색상 : [쓰레기통수] 필드의 합계
      ▶ 총계 : 열 총합계와 행 총합계 표시

문제2-3				
설치유형	버스정류장	중앙차로	지하철	총합계
고정형	3,389개	4,241개	1,748개	9,378개
이동형	187개	256개	94개	537개
총합계	3,576개	4,497개	1,842개	9,915개

4. 통합 문서 및 '문제2' 대시보드의 서식을 설정하시오. (5점)
   ① 전체 통합 문서의 서식을 변경하시오. (2점)
      ▶ 통합 문서 서식 변경
        − 전체 글꼴 : '맑은 고딕'
        − 전체 글꼴 색상 : #000000
   ② '문제2' 대시보드의 백그라운드 색상과 제목의 레이아웃을 변경하시오. (3점)
      ▶ '문제2' 대시보드의 항목 계층 중 '바둑판식' 항목의 백그라운드 색상을 "#F5F5F5"로 변경
      ▶ 대시보드의 제목("강남구 쓰레기통 설치현황") 개체(텍스트)의 레이아웃
        − 개체 이름 작성 : "강남구 쓰레기통 설치현황"
        − 바깥쪽 여백을 위쪽 '8', 왼쪽 '8', 아래쪽 '5', 오른쪽 '10'으로 변경
        − 안쪽 여백을 모두 '0'으로 변경

문제3 복합요소 구현(40점)

| 시각화 완성화면 |

각 세부문제 풀이 후 아래와 같은 결과가 도출되어야 합니다.

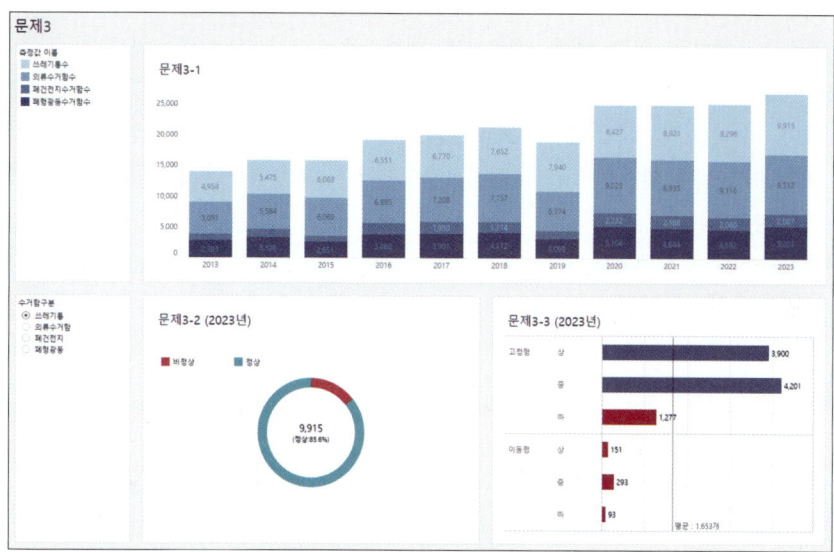

1. '문제3-1' 시트에 다음의 작업을 수행하여 누적 막대 차트를 구현하시오. (10점)
    ① '문제3-1' 시트에 [기준일자], [쓰레기통수], [의류수거함수], [폐건전지수거함수], [폐형광등수거함수] 필드를 이용하여 누적 막대 차트를 구현하시오. (4점)
        ▶ 가로축 : [측정값] 필드
            – [쓰레기통수], [의류수거함수], [폐건전지수거함수], [폐형광등수거함수]
        ▶ 세로축 : [기준일자] 필드
    ② 레이블을 설정하시오. (3점)
        ▶ 레이블 : [측정값] 필드 표시
            – 마크 색상 일치
    ③ 차트의 색상을 설정하시오. (3점)
        ▶ 색상 : 색상표의 '파란색'을 선택
        ▶ [측정값 이름] 필드를 기준으로 색상표 할당

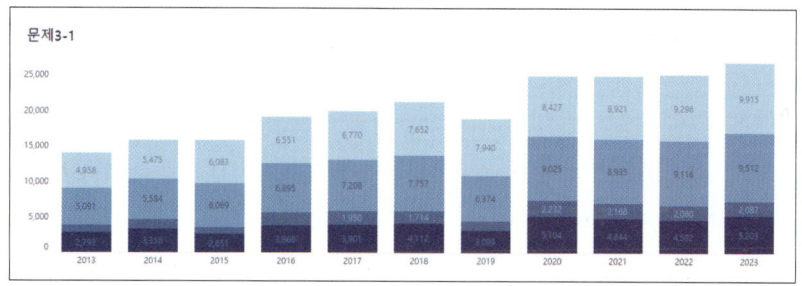

2. '문제3-2' 시트에 도넛 차트를 구현하시오. (15점)

 ① '문제3-2' 시트에 다음의 매개 변수와 필드를 생성하시오. (6점)

  ▶ 매개 변수 이름 : 수거함구분
   - 데이터 유형 : 문자열
   - 허용 가능한 값 : 목록
   - 목록 : 쓰레기통, 의류수거함, 폐건전지, 폐형광등
  ▶ 필드 이름 : 수거함_선택
   - 의미 : 수거함구분 매개 변수가 쓰레기통일 때 [쓰레기통수] 필드를 반환하고 의류수거함일 때 [의류수거함수], 폐건전지일 때 [폐건전지수거함수], 폐형광등일 때 [폐형광등수거함수] 반환
   - 사용 함수 : IF문
  ▶ 매개 변수 이름 : 선택년도
   - 데이터 유형 : 문자열
   - 현재 값 : 2023
  ▶ 필드 이름 : 기준년도
   - [기준일자] 필드를 활용
   - 사용 함수 : STR
  ▶ 필드 이름 : 년도_선택
   - 데이터 유형 : 부울
   - 의미 : 선택년도와 기준년도와 일치
  ▶ 필드 이름 : 정상_수거함
   - 의미 : [정상여부] 필드가 '정상'일 때 [수거함_선택] 필드 반환
   - 사용 함수 : IF
  ▶ 필드 이름 : 정상_수거함_이용비율
   - 의미 : [수거함_선택] 대비 [정상_수거함] 비율
   - 사용 함수 : SUM

 ② [쓰레기통수], [정상여부], [수거함_선택], [정상_수거함_이용비율] 필드를 사용하여 도넛 차트를 구현하시오. (5점)

  ▶ [정상여부]별 [쓰레기통수] 비중을 나타내는 도넛 차트 구현
  ▶ 마크 설정
   - 레이블1 : [수거함_선택], 글자 크기 12pt
   - 레이블2 : [정상_수거함_이용비율], 글자 크기 8pt
   - 색상 : [정상여부] 필드, 정상 #00A2B3, 비정상 #CF3E53

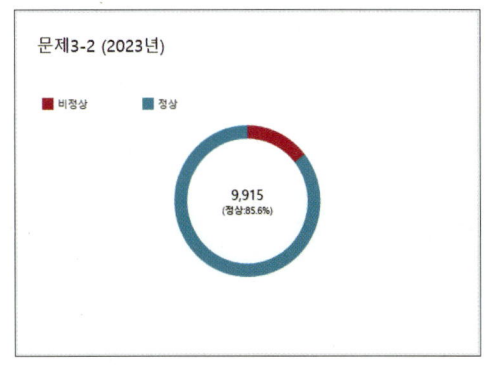

<참고> 파이 차트 색상

③ '문제3-2' 시트 제목 뒤에 [선택년도] 매개 변수를 추가하시오. (4점)
▶ 시트 제목 : 문제3-2 (2023년)
- [선택년도] 매개 변수가 '2022'로 변경 시 '문제3-2 (2022년)', '2021'로 변경 시 '문제3-2 (2021년)' 적용

3. '문제3-3' 시트에서 다음의 작업을 수행하여 차트를 구현하고, '문제3' 대시보드에서 다음의 설정을 완료하시오. (15점)

① '문제3-3' 시트에 막대 차트를 구현하시오. (4점)
▶ 가로 : [설치유형], [시설만족도]
▶ 세로 : [수거함_선택]
▶ 레이블 : [수거함_선택]

② '문제3-3' 시트에 서식 및 필터를 적용하시오. (6점)
▶ 색상 : [수거함_선택] 필드 기준으로 색상 구분
- 색상표에서 일출-일몰 다중 선택
- 단계별 색상을 3단계로 변경
- 반전 선택
▶ 필터 : [년도_선택] 필드를 참으로 지정
- 적용 범위 : '문제3-2'와 '문제3-3' 시트를 대상으로 설정
▶ 시트 제목 : 문제3-3 (2023년)
- [선택년월] 매개 변수가 '2022'로 변경 시 '문제3-3 (2022년)', '2021'로 변경 시 '문제3-3 (2021년)' 적용
▶ 참조선 : [수거함_선택] 필드 기준으로 평균값
- 레이블 : 평균 : 000개
▶ 축 레이블 제거

③ '문제3' 대시보드에 매개 변수 및 필터를 배치하고 적용 범위를 설정하시오. (5점)
- ▶ [측정값 이름] 범례
  - 위치 : 상단
- ▶ [수거함구분] 매개 변수
  - 위치 : 하단
  - 유형 : 단일 값 목록
- ▶ [정상여부] 범례
  - 위치 : x - 268, y - 569
  - 너비 : 242px
  - 높이 : 25px
  - 제목 표시 없음

| 풀이 1 | 작업준비 | 30점 |

1 답안 파일을 열고 다음의 지시사항에 따라 작업을 수행하시오.

① 연결 패널을 이용하여 데이터 파일을 추가하시오.

01 바탕 화면 > 유선배 경영정보시각화능력 실기(Tableau) 실습 자료 > Part3_모의고사_3회 > 3회_답안.twbx를 **더블클릭**하여 답안 파일을 실행합니다. 상단에 태블로 마크 모양의 **시작 페이지 표시()**를 클릭하여 연결 패널로 이동합니다.

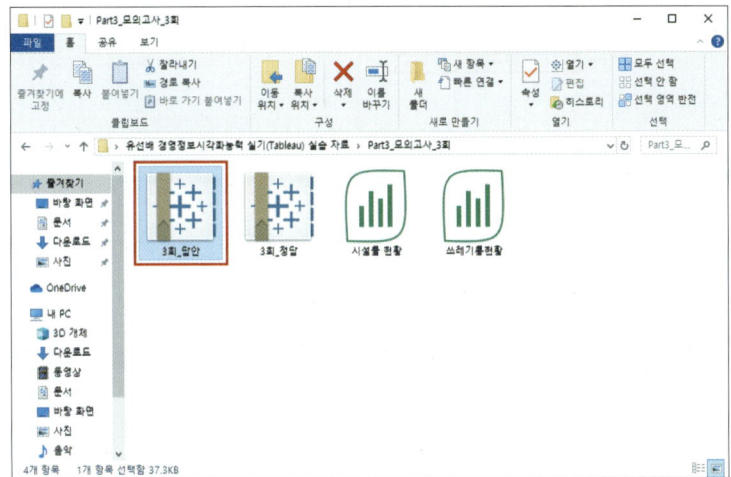

02 **연결**에서 **파일에 연결** > Microsoft Excel을 클릭한 후 파일 경로 위치는 **바탕 화면** > **유선배 경영정보시각화능력 실기(Tableau) 실습 자료** > Part3_모의고사_3회 > **쓰레기통현황.xlsx**를 선택한 후 **열기**를 클릭합니다.

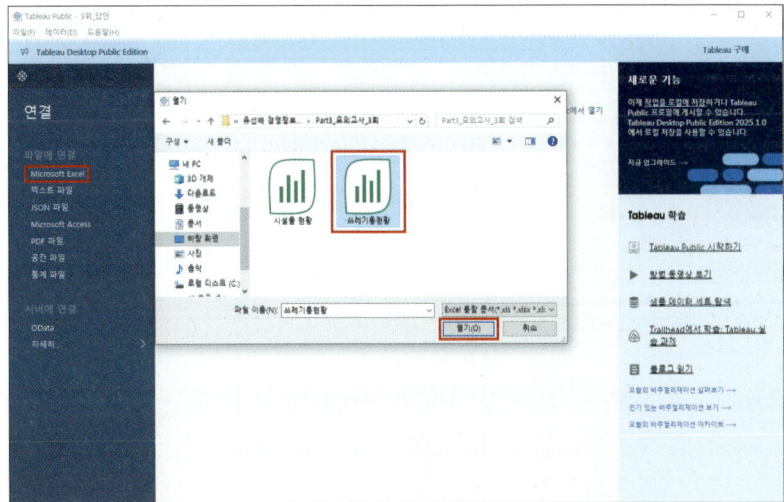

② 데이터 원본 편집 창에서 〈강남구(ㄱ-ㅅ)_설치상세현황〉, 〈강남구(ㅇ-ㅎ)_설치상세현황〉, 〈장소별_설치현황〉 테이블을 결합하시오.

01 새 유니온을 캔버스로 드래그 앤 드롭하여 강남구(ㄱ-ㅅ)_설치상세현황 시트와 강남구(ㅇ-ㅎ)_설치상세현황 시트를 유니온 팝업 창에 차례대로 드래그 앤 드롭한 후 확인을 눌러 마무리합니다.

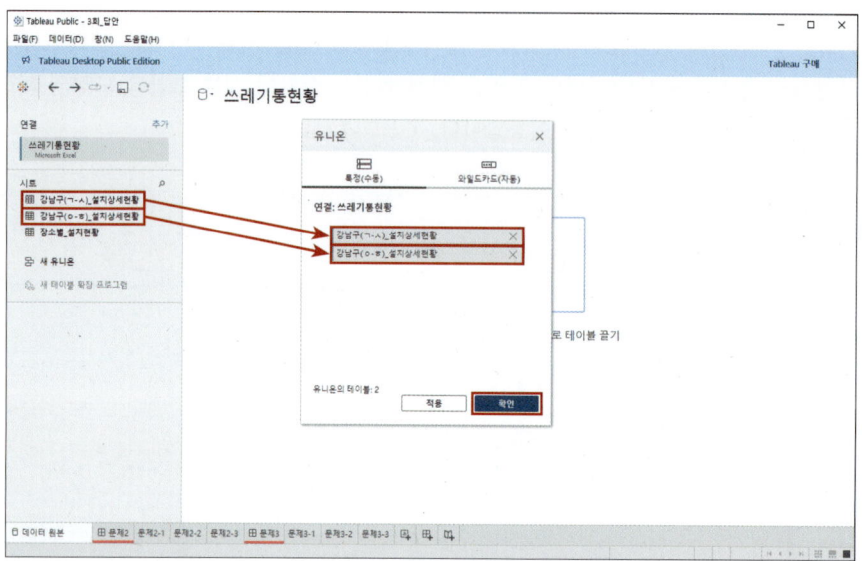

02 결합한 논리적 테이블 유니온을 더블클릭한 후 장소별 설치현황을 물리적 테이블 유니온 창의 빈 곳으로 드래그 앤 드롭합니다.

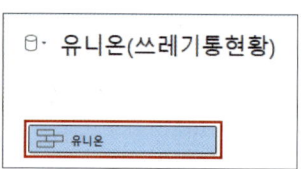

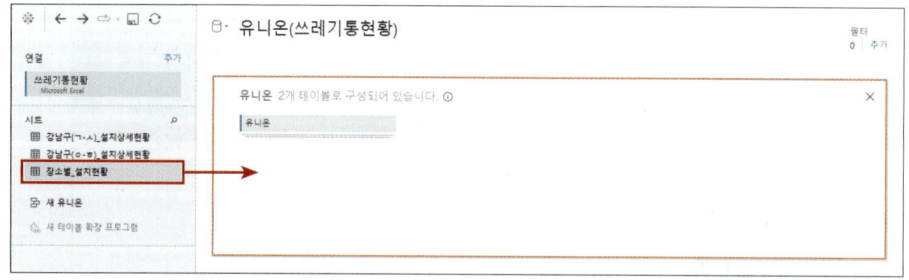

03 왼쪽 조인(LEFT JOIN)으로 변경하기 위해 벤 다이어그램을 클릭하고 내부에서 왼쪽으로 변경합니다.

04 하단의 **데이터 원본**에는 **설치장소ID**, **장소별_설치현황**에는 **설치장소id (장소별!설치현황)**이 자동으로 선택되어 있는 것을 확인합니다. 우측 상단 ⊠를 클릭하여 조인 창을 닫습니다.

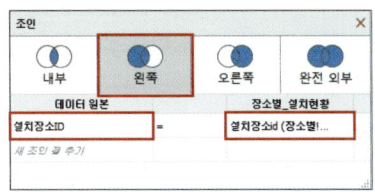

③ [일반쓰레기], [재활용쓰레기], [폐건전지], [폐형광등, 폐건전지]까지의 4개 필드를 피벗(Pivot)하시오.

01 데이터 그리드에 있는 [**일반쓰레기**] 필드의 머리글을 클릭합니다. **Ctrl**을 누른 상태에서 [**재활용쓰레기**] 필드와 [**폐건전지**] 필드, [**폐형광등, 폐건전지**] 필드의 머리글을 클릭합니다.

[일반쓰레기] 필드를 클릭하고 **Shift**를 누른 상태에서 [폐형광등, 폐건전지] 필드를 클릭하는 방법도 가능합니다.

02 음영이 나타난 필드의 머리글을 **마우스 우클릭**합니다. 나타난 팝업 메뉴에서 **피벗**을 클릭합니다.

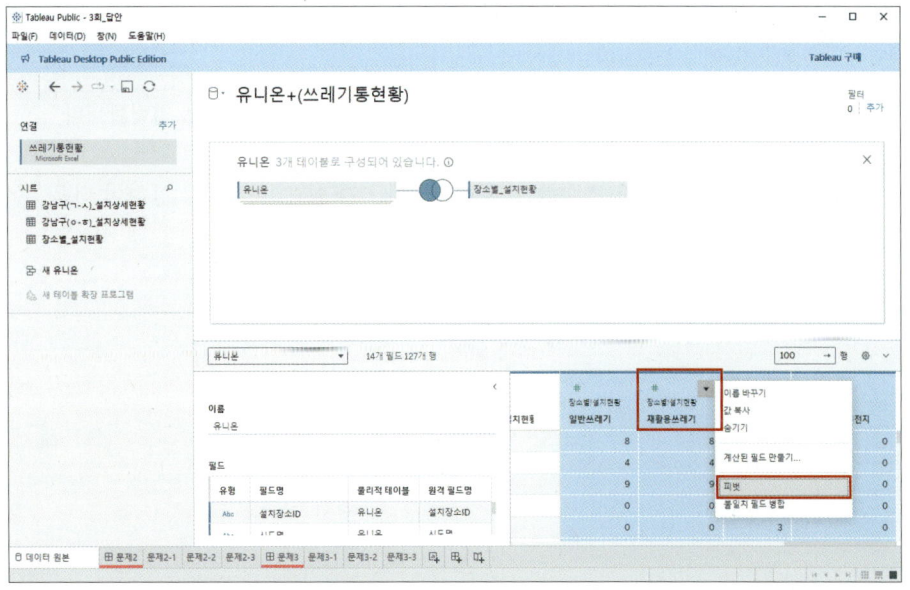

음영 처리된 필드 중 아무 필드에서나 머리글을 마우스 우클릭하여도 피벗이 가능합니다.

2 세부문제1에서 모델링한 데이터를 아래 지시사항에 따라 편집하시오.

① [설치장소ID], [관리기관명], [설치지점] 필드를 이용하여 계산된 필드를 추가하시오.

01 데이터 그리드의 [설치장소ID] 필드의 머리글을 **마우스 우클릭**합니다. 나타난 팝업 메뉴에서 **계산된 필드 만들기**를 클릭합니다.

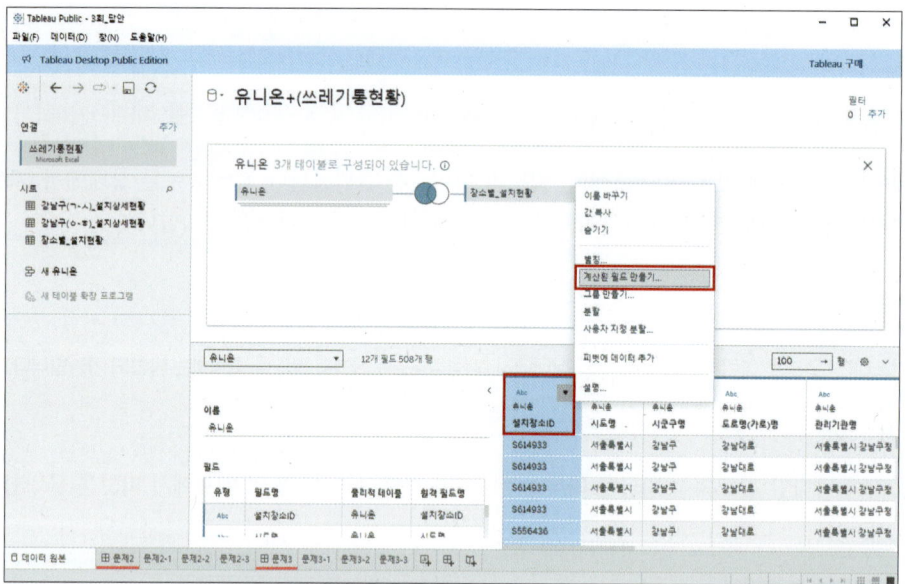

02 나타난 **계산된 필드 만들기 팝업 창**에서 상단의 필드 **이름**을 **설치장소수**로 입력합니다.

03 [설치장소수] 필드는 설치장소 건수를 반환하기 위해 **COUNTD 함수**를 사용하여 다음 수식을 입력하고 **확인**을 클릭합니다.

```
COUNTD([설치장소ID])
```

04 데이터 그리드의 [관리기관명] 필드의 머리글을 **마우스 우클릭**합니다. 나타난 팝업 메뉴에서 **계산된 필드 만들기**를 클릭합니다.

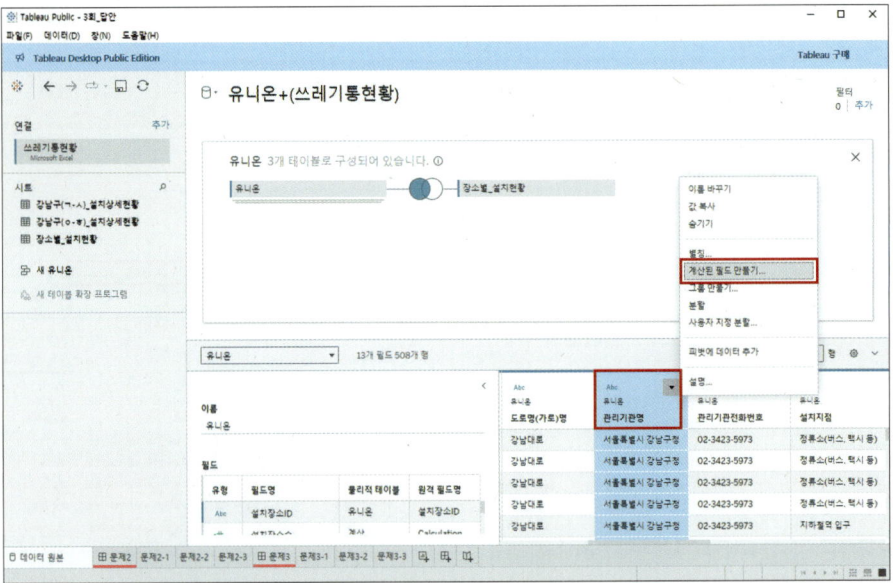

05 나타난 **계산된 필드 만들기 팝업 창**에서 상단의 필드 **이름**을 **관리기관수**로 입력합니다.

06 [관리기관수] 필드는 관리기관명의 건수를 반환하기 위해 **COUNTD 함수**를 사용하여 다음 수식을 입력하고 **확인**을 클릭합니다.

COUNTD([관리기관명])

07 데이터 그리드의 [설치지점] 필드의 머리글을 **마우스 우클릭**합니다. 나타난 팝업 메뉴에서 **계산된 필드 만들기**를 클릭합니다.

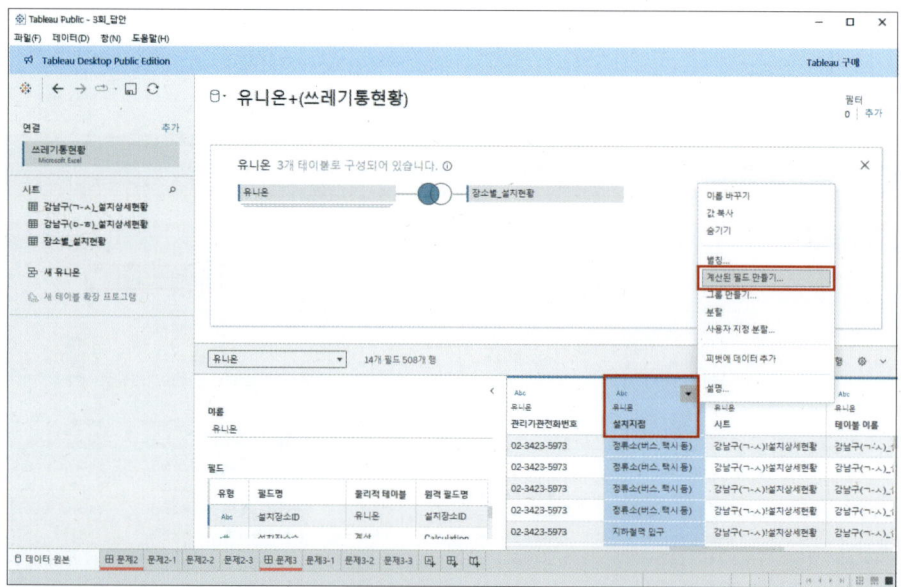

08 나타난 **계산된 필드 만들기 팝업 창**에서 상단의 필드 **이름**을 **설치지점(기타포함)**으로 입력합니다.

09 [설치지점(기타포함)] 필드는 [설치지점] 필드가 NULL일 때 기타로 반환하기 위해 **IIF, ISNULL 함수**를 사용하여 다음 수식을 입력하고 **확인**을 클릭합니다.

IIF(ISNULL([설치지점]), '기타', [설치지점])

② [설치지점(기타포함)], [피벗 필드명], [피벗 필드 값] 필드를 이용하여 계산된 필드를 추가하시오.

01 데이터 그리드의 [설치지점(기타포함)] 필드의 머리글을 **마우스 우클릭**합니다. 나타난 팝업 메뉴에서 **계산된 필드 만들기**를 클릭합니다.

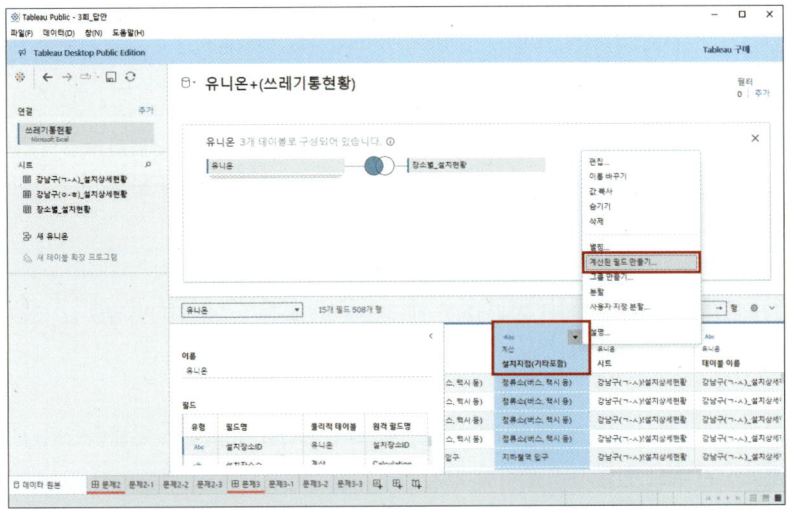

02 나타난 **계산된 필드 만들기 팝업 창**에서 상단의 필드 **이름**을 **지하철역_입구_쓰레기통수**로 입력합니다.

03 [지하철역_입구_쓰레기통수] 필드는 [설치지점(기타포함)] 필드가 지하철역 입구일 때의 피벗 필드값을 반환하기 위해 **IF문**을 사용하여 다음 수식을 입력하고 **확인**을 클릭합니다.

> IF [설치지점(기타포함)] = '지하철역 입구' THEN [피벗 필드 값] END

04 데이터 그리드의 [설치지점(기타포함)] 필드의 머리글을 **마우스 우클릭**합니다. 나타난 팝업 메뉴에서 **계산된 필드 만들기**를 클릭합니다.

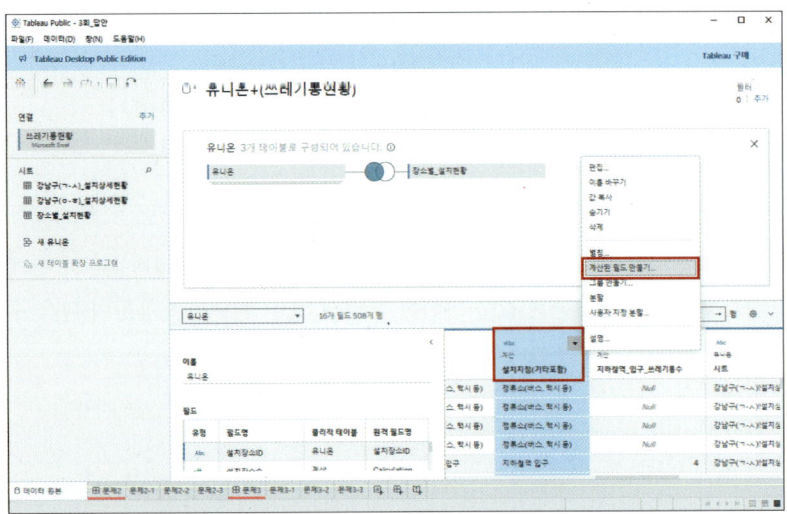

05 나타난 **계산된 필드 만들기 팝업 창**에서 상단의 필드 **이름**을 **지하철역_입구_일반쓰레기통수**로 입력합니다.

06 [지하철역_입구_일반쓰레기통수] 필드는 [설치지점(기타포함)] 필드가 지하철역 입구이고 피벗 필드명이 일반쓰레기일 때 피벗 필드값을 반환하기 위해 **AND 함수**, **IF문**을 사용하여 다음 수식을 입력하고 **확인**을 클릭합니다.

> IF [설치지점(기타포함)] = '지하철역 입구' AND [피벗 필드명] = '일반쓰레기' THEN [피벗 필드 값] END

07 데이터 그리드의 **[지하철역_입구_쓰레기통수]** 필드의 머리글을 **마우스 우클릭**합니다. 나타난 팝업 메뉴에서 **계산된 필드 만들기**를 클릭합니다.

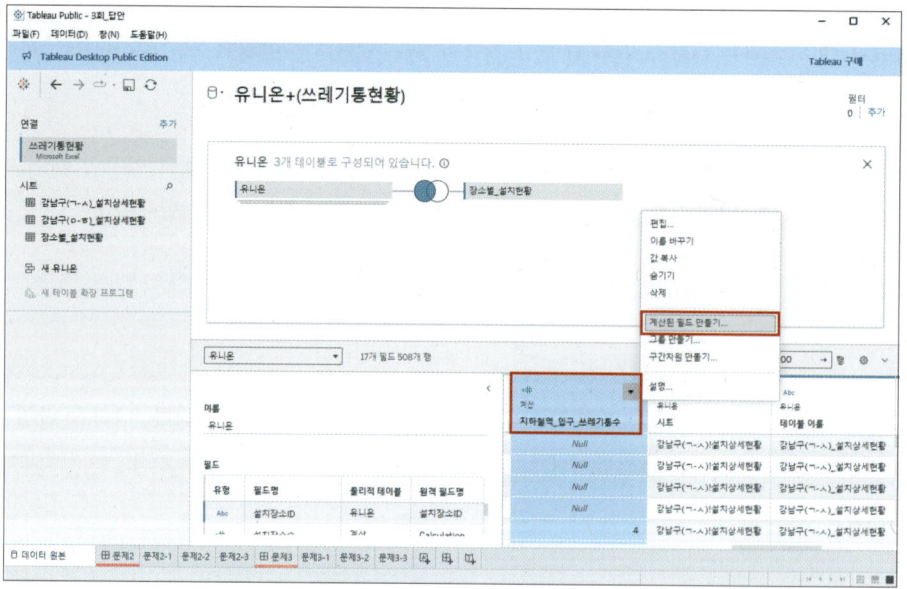

08 나타난 **계산된 필드 만들기 팝업 창**에서 상단의 필드 **이름**을 **지하철역_입구_일반쓰레기통_비율**로 입력합니다.

09 [지하철역_입구_일반쓰레기통_비율] 필드는 지하철역_입구_일반쓰레기통수의 합계를 지하철역_입구_쓰레기통수의 합계로 나눈 값을 반환하기 위해 **SUM 함수**를 사용하여 다음 수식을 입력하고 **확인**을 클릭합니다.

> SUM([지하철역_입구_일반쓰레기통수])/SUM([지하철역_입구_쓰레기통수])

③ 데이터 원본 편집 창에서 다음의 지시사항에 따라 데이터를 편집하시오.

01 유니온한 데이터 이름을 변경하기 위해 물리적 테이블 **유니온**을 **더블클릭**합니다. 커서가 깜빡일 때 전체 내용을 삭제한 후 **강남구_설치상세현황**으로 변경하고 **Enter**를 누릅니다. 우측 상단의 ☒ 를 클릭하여 물리적 테이블 편집 창을 닫습니다.

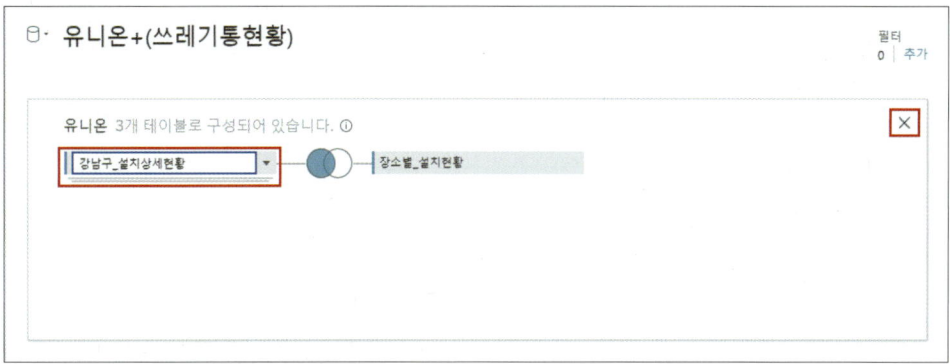

02 논리적 테이블 유니온을 **마우스 우클릭**합니다. 나타난 팝업 메뉴에서 **이름 바꾸기**를 클릭합니다. **강남구쓰레기통**으로 변경하고 **Enter**를 누릅니다.

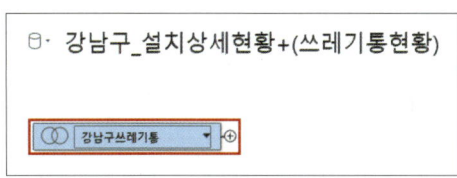

03 데이터 원본 이름을 변경하기 위해 데이터 원본 페이지 상단 제목을 **클릭**합니다. 커서가 깜빡일 때 전체 내용을 삭제한 후 **강남구_쓰레기통_설치현황**으로 변경하고 **Enter**를 누릅니다.

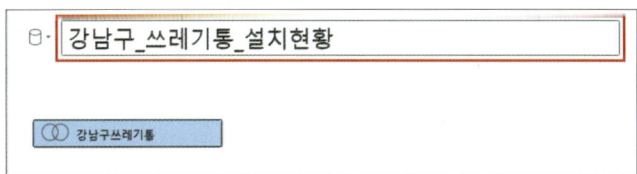

04 활용도가 없는 필드를 숨기기 위해 [시트], [테이블 이름], [설치장소id (장소별!설치현황)] 필드의 머리글을 Ctrl을 이용하여 선택합니다. 음영 처리된 필드의 머리글을 클릭하여 나타난 팝업 메뉴에서 **숨기기**를 클릭합니다.

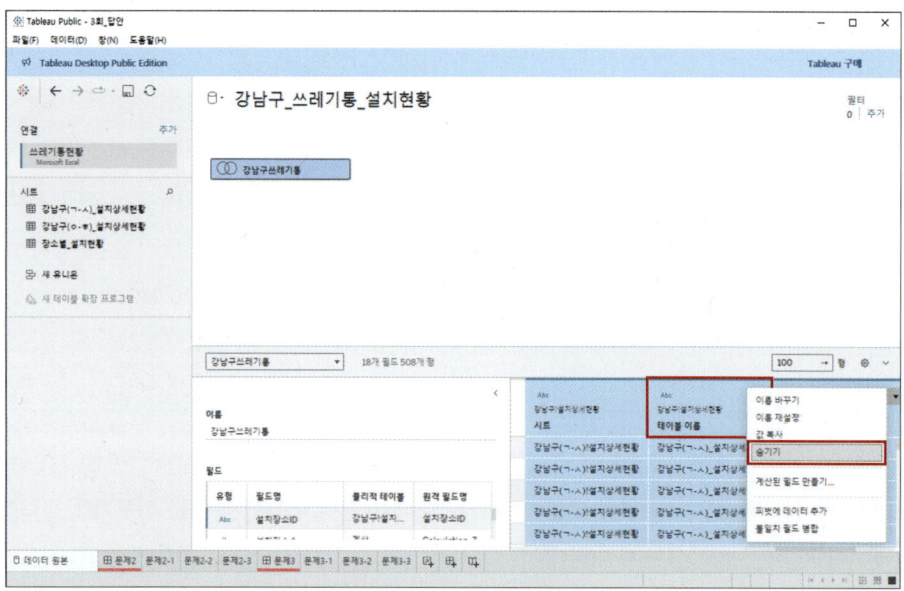

05 메타 데이터 그리드에 필드가 문제의 지시대로 입력된 것을 확인할 수 있습니다.

| 풀이 2 단순요소 구현 | 30점 |

1 '문제2-1' 시트에서 다음의 작업을 수행하여 막대 차트를 구현하시오.

① 함수 사용 없이 [쓰레기통수(워터폴)] 필드를 생성하시오.

01 하단 탭에서 **문제2-1**을 클릭하여 해당 시트로 이동합니다. 좌측 상단에 위치한 데이터 원본 목록 중에서 **서울시_지역별_시설물(시설물 현황)**을 클릭합니다. [쓰레기통수(워터폴)] 필드를 생성하기 위해 데이터 패널 상단의 ▼을 클릭합니다. 나타난 팝업 메뉴에서 **계산된 필드 만들기**를 클릭합니다.

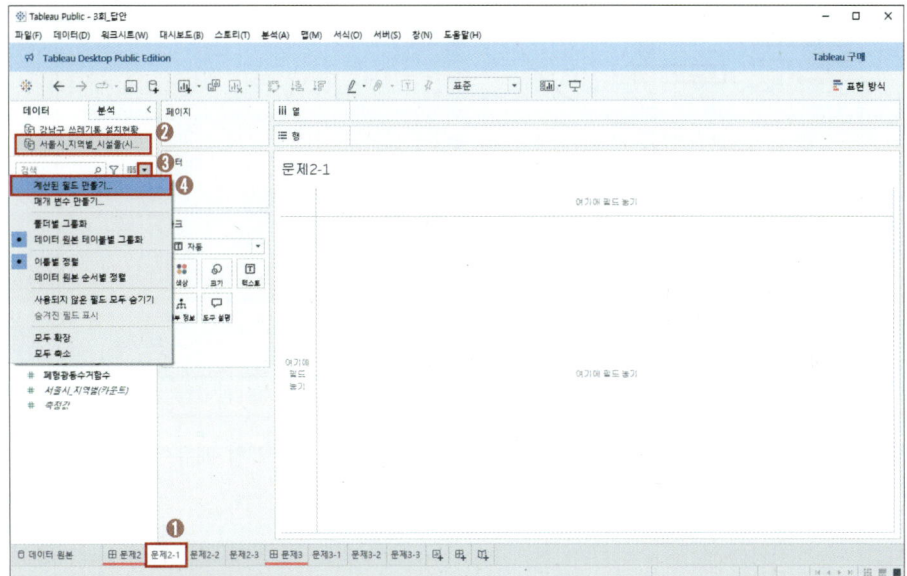

02 나타난 **계산된 필드 만들기 팝업 창**에서 상단의 필드 **이름**을 **쓰레기통수(워터폴)**로 입력합니다.

03 [쓰레기통수(워터폴)] 필드는 [쓰레기통수] 필드를 활용하여 워터폴 차트를 그리기 위해 다음 수식을 입력하고 **확인**을 클릭합니다.

- [쓰레기통수]

② [기준일자]별 [쓰레기통수]의 누계를 보여주는 워터폴 차트를 구현하시오.

01 워터폴 차트를 구현하기 위해 마크 패널의 **표현 방식**을 **Gantt 차트**로 변경합니다. 데이터 패널의 **[기준일자] 필드**를 **열 패널로 드래그 앤 드롭**합니다.

02 데이터 패널의 [쓰레기통수] 필드를 **행 패널로 드래그 앤 드롭**합니다. 행 패널에 추가된 **합계(쓰레기통수)**를 **마우스 우클릭**합니다. 나타난 팝업 메뉴에서 **퀵 테이블 계산 > 누계**를 클릭합니다.

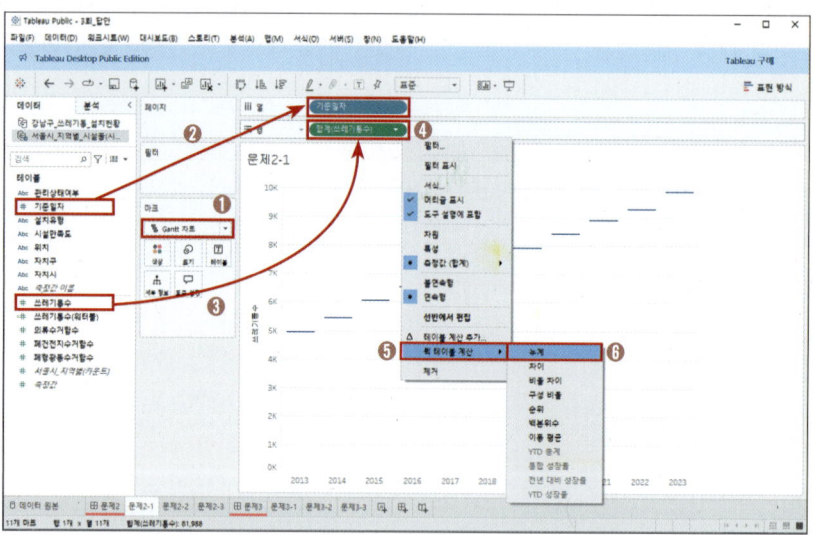

03 축을 제거하기 위해 **왼쪽 세로축**을 **마우스 우클릭**합니다. 나타난 팝업 메뉴에서 **머리글 표시**를 클릭하여 축을 제거합니다.

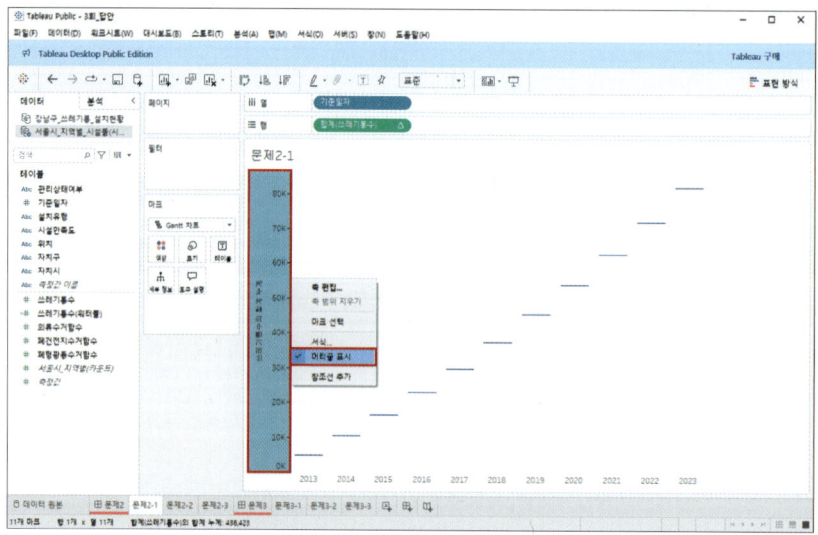

04 워터폴 차트의 막대 높이를 구성하기 위해 데이터 패널의 [쓰레기통수(워터폴)] 필드를 마크 패널의 **크기**로 **드래그 앤 드롭**합니다.

05 워터폴 차트의 가장 오른쪽에 전체 누적된 값을 표현하기 위해 상단 메뉴의 **분석(A) > 총계(O) > 행 총합계 표시(G)**를 클릭합니다.

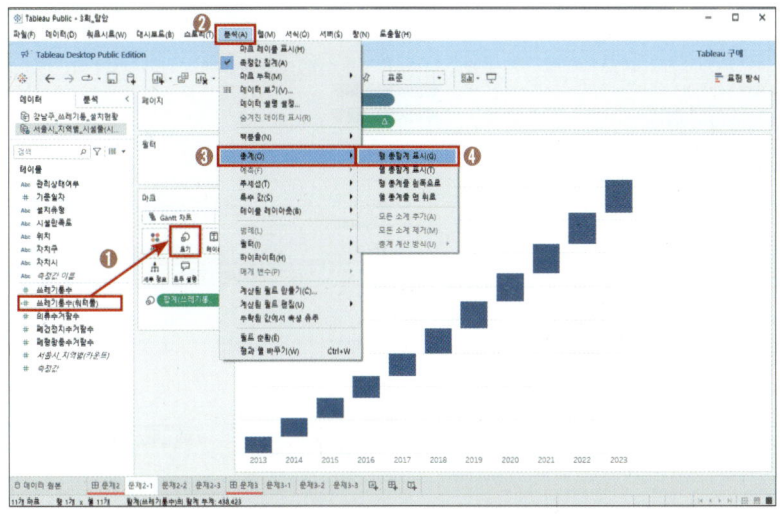

③ 워터폴 차트의 색상과 레이블을 설정하고 필터를 대시보드에 배치하시오.

01 색상을 부여하기 위해 데이터 패널의 [쓰레기통수] 필드를 마크 패널의 **색상**으로 **드래그 앤 드롭**합니다.

02 마크 패널의 **색상**을 클릭하여 나타난 팝업 창에서 **색상 편집**을 클릭합니다. 나타난 **색상 편집 [쓰레기통수] 팝업 창**의 **색상표(P)**는 **파란색**을 선택하고 **단계별 색상**을 **체크**하여 **5단계**로 설정합니다. **확인**을 눌러 설정을 마칩니다.

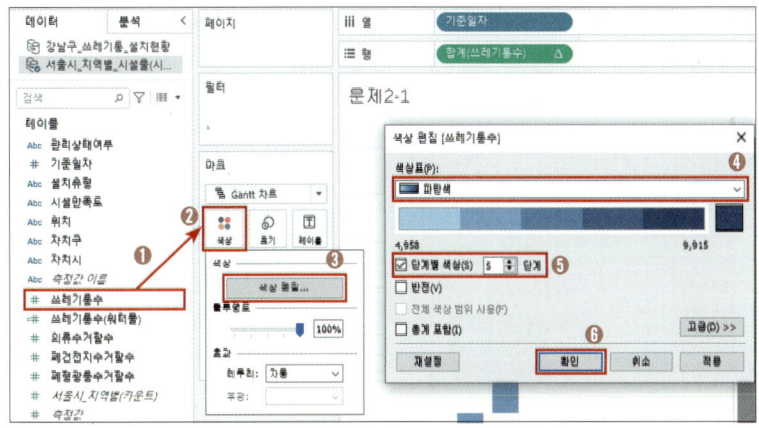

03 레이블을 설정하기 위해 데이터 패널의 [쓰레기통수] 필드를 마크 패널의 레이블로 드래그 앤 드롭합니다. 작업의 편의를 위해 툴바 오른쪽의 맞춤을 표준에서 전체 보기로 변경합니다.

04 레이블 수정을 위해 마크 패널의 레이블을 클릭하고 나타난 팝업 창에서 …을 클릭합니다. 나타난 레이블 편집 창에 〈합계(쓰레기통수)〉의 오른쪽에 개를 입력하고 확인을 클릭합니다. 빈 곳을 클릭하여 레이블 팝업 창을 닫습니다.

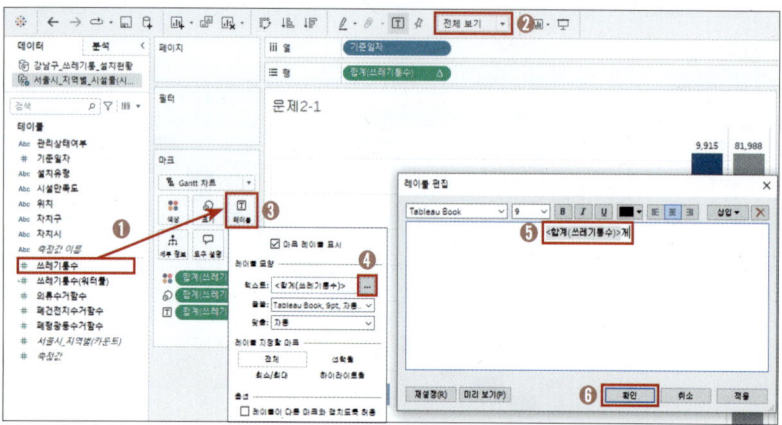

레이블 편집 팝업 창에 글자를 입력하면 일시적으로 글자가 안 보이는 현상이 있을 수 있습니다. 팝업 창의 빈 곳을 클릭하면 글자가 보이게 되며 잘 입력되어 있는 것을 확인할 수 있습니다.

05 자치구별 필터를 설정하기 위해 데이터 패널의 [자치구] 필드를 필터 패널로 드래그 앤 드롭합니다. 나타난 필터 [자치구] 팝업 창에서 강남구에 체크하고 확인을 클릭합니다.

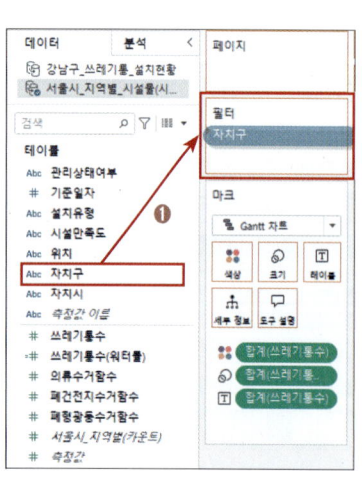 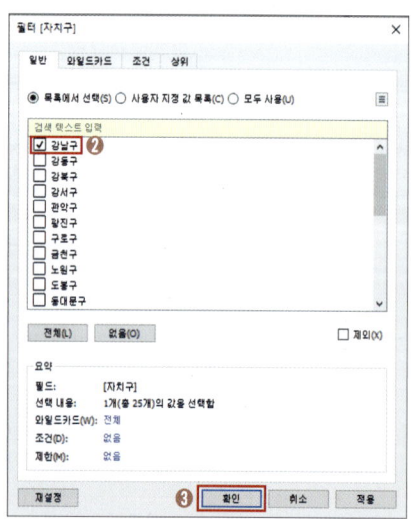

06 시트 제목을 **마우스 우클릭**합니다. 나타난 팝업 메뉴에서 **제목 편집**을 클릭합니다. **〈시트 이름〉**의 오른쪽에 한 칸을 띈 후 **(지역)**을 입력하고 **(와 지역 사이**에 커서를 옮깁니다. **삽입 > 자치구**를 클릭하여 필터가 바뀔 때마다 자치구 필드 값이 노출될 수 있게 설정합니다. 〈자치구〉와 지역 사이는 한 칸이 띄어지도록 하고 **확인**을 클릭합니다.

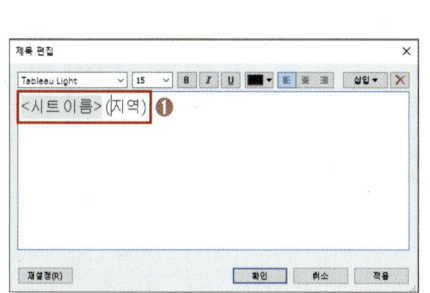
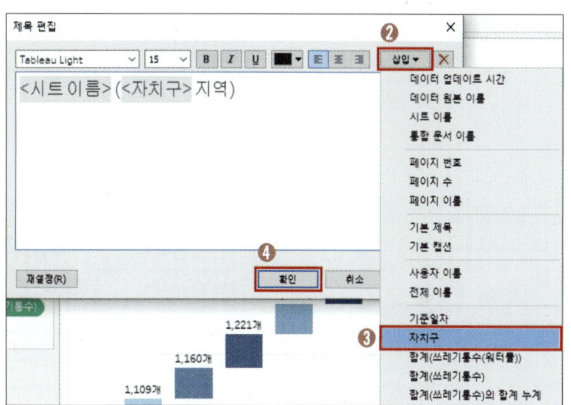

07 차트가 문제의 지시대로 완성된 것을 확인할 수 있습니다.

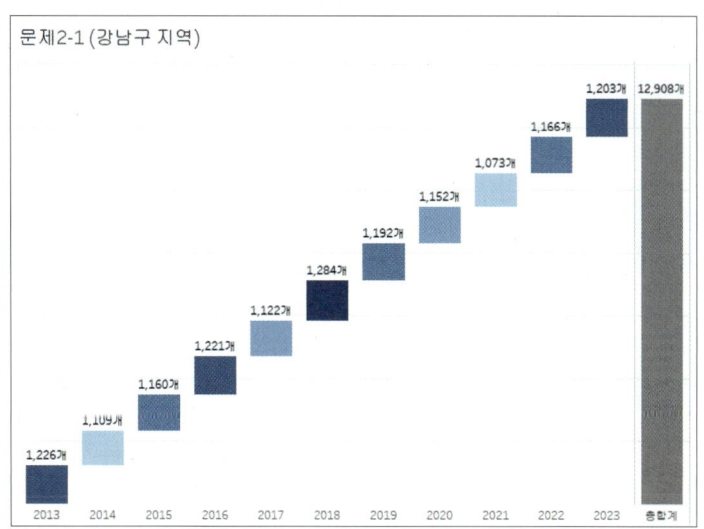

08 하단 탭에서 **문제2**를 클릭하여 해당 대시보드로 이동합니다. **문제2-1 시트**의 빈 공간을 클릭하고 상단 메뉴의 **분석(A)** > **필터(I)** > **자치구**를 클릭합니다.

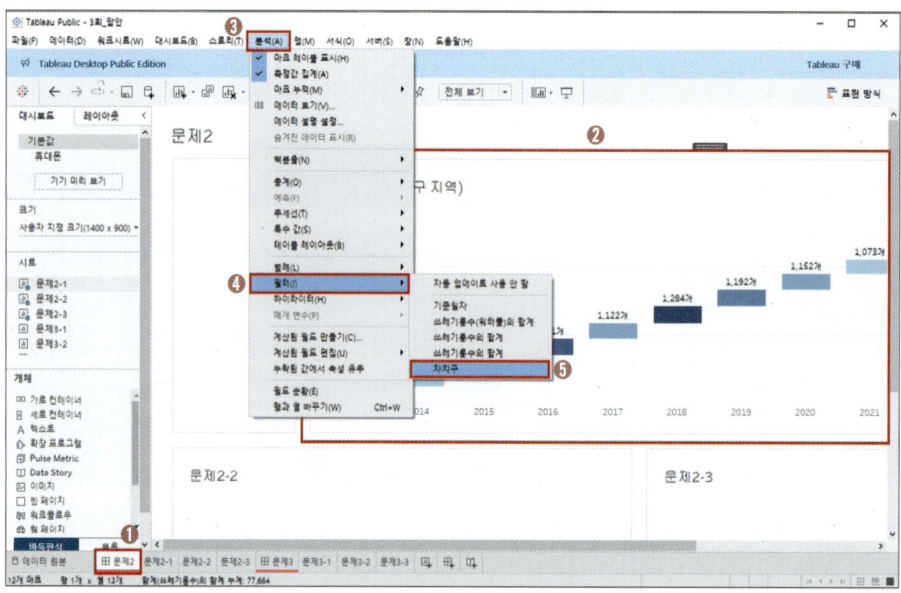

09 문제2-1 시트 왼쪽에 위치한 **자치구 필터의 빈 공간**을 클릭합니다. 컨테이너 상단에 배치하기 위하여 ▬을 클릭하여 **위**로 **드래그 앤 드롭**합니다.

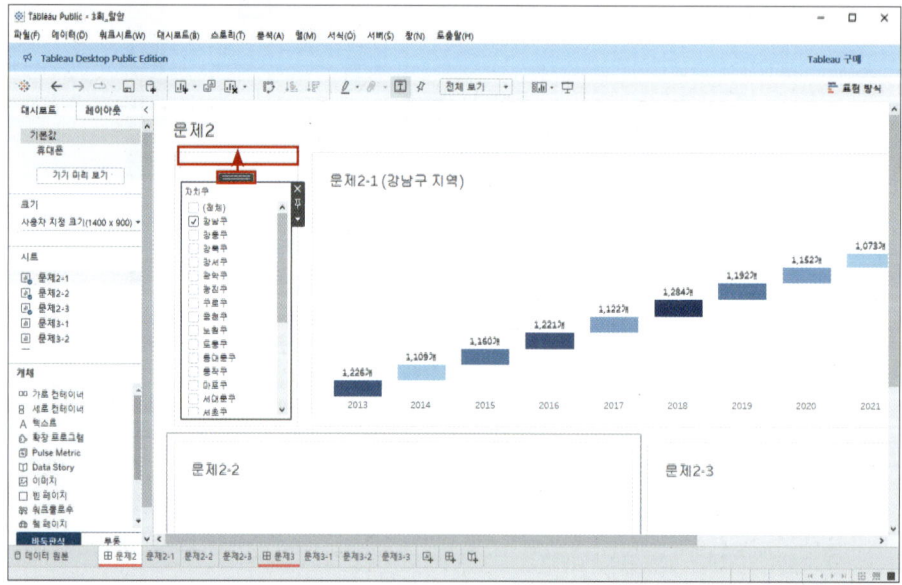

10 배치한 자치구 필터의 ▼을 클릭합니다. 나타난 팝업 메뉴에서 **제목**을 클릭하여 제목을 제거하고 단일 값 목록으로 변경하기 위해 다시 ▼을 클릭합니다. 팝업 메뉴에서 **단일 값(목록)**을 클릭합니다.

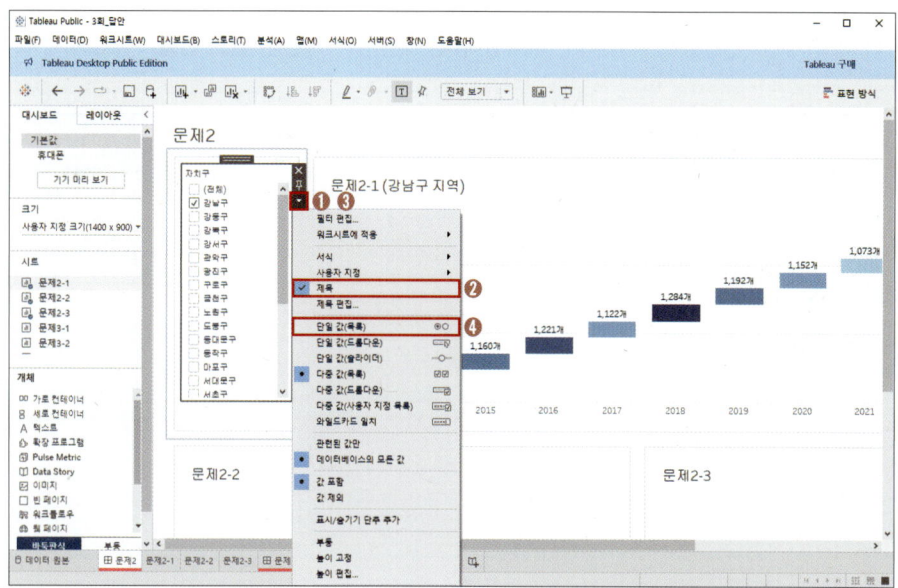

11 '전체' 값을 제거하기 위해 ▼을 클릭하고 나타난 팝업 메뉴에서 **사용자 지정 > '전체' 값 표시**를 클릭합니다.

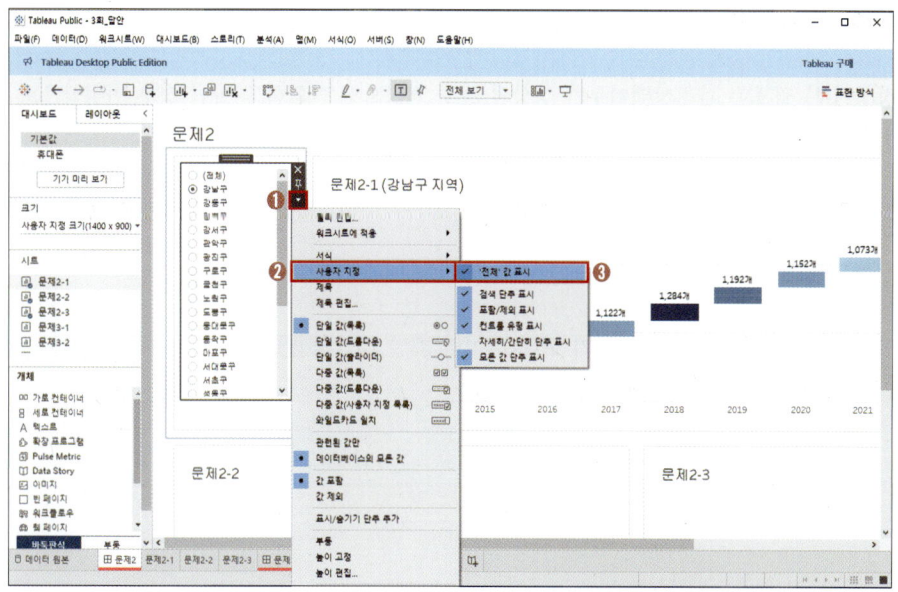

2 '문제2-2' 시트에 가로 막대 차트를 구현하시오.

① [정상_쓰레기통_이용비율] 필드를 생성하고 [자치구] 필드를 사용하여 가로 막대 차트를 구현하시오.

01 하단 탭에서 **문제2-2**를 클릭하여 해당 시트로 이동합니다. [정상여부] 필드를 생성하기 위해 데이터 패널 상단의 ▼을 클릭합니다. 나타난 팝업 메뉴에서 **계산된 필드 만들기**를 클릭합니다.

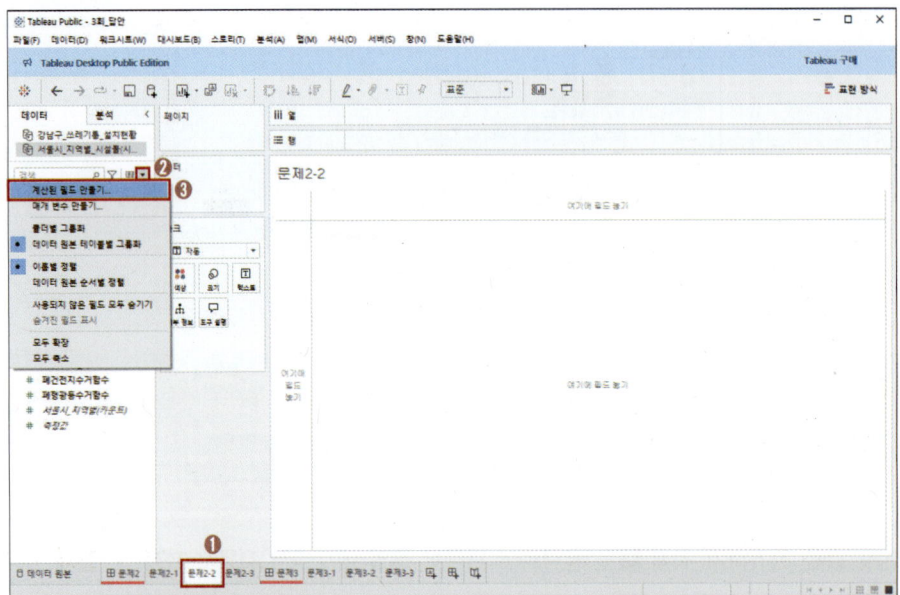

02 나타난 **계산된 필드 만들기 팝업 창**에서 상단에 필드 **이름**을 **정상여부**로 입력합니다.

03 [정상여부] 필드는 관리상태여부가 정상인 경우 정상으로 반환하고 아닌 경우 비정상으로 반환하기 위해 **IF문**을 사용하여 다음 수식을 입력하고 **확인**을 클릭합니다.

IF [관리상태여부] = '정상' THEN '정상' ELSE '비정상' END

04 [정상_쓰레기통] 필드를 생성하기 위해 데이터 패널 상단의 ▼을 클릭합니다. 나타난 팝업 메뉴에서 **계산된 필드 만들기**를 클릭합니다.

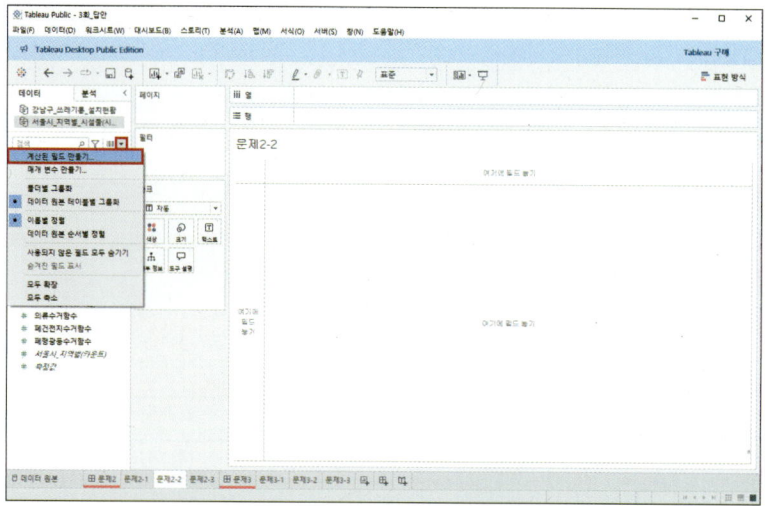

05 나타난 **계산된 필드 만들기 팝업 창**에서 상단에 필드 **이름**을 **정상_쓰레기통**으로 입력합니다.

06 [정상_쓰레기통] 필드는 정상여부가 정상인 경우 쓰레기통수를 반환하고 아닌 경우 비정상으로 반환하기 위해 **IF문**을 사용하여 다음 수식을 입력하고 **확인**을 클릭합니다.

IF [정상여부] = '정상' THEN [쓰레기통수] END

07 [정상_쓰레기통_이용비율] 필드를 생성하기 위해 데이터 패널 상단의 ▼을 클릭합니다. 나타난 팝업 메뉴에서 **계산된 필드 만들기**를 클릭합니다.

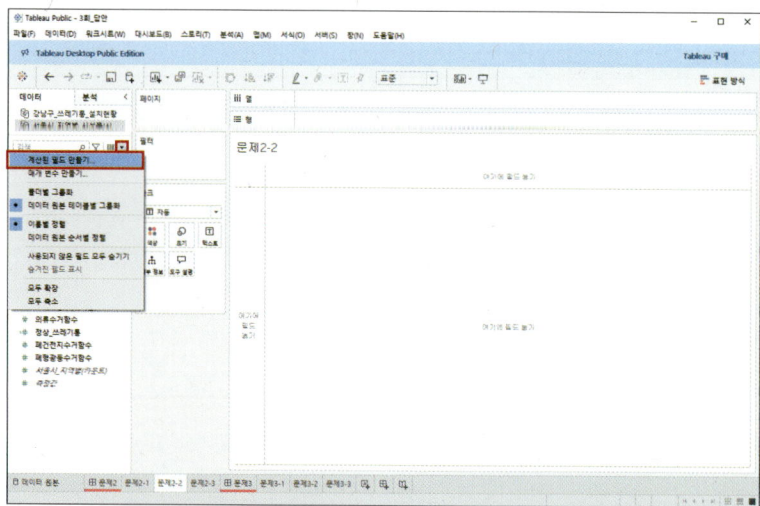

08 나타난 **계산된 필드 만들기 팝업 창**에서 상단에 필드 **이름**을 **정상_쓰레기통_이용비율**로 변경합니다.

09 [정상_쓰레기통_이용비율] 필드는 쓰레기통수 합계 대비 정상_쓰레기통의 합계를 반환하기 위해 **SUM 함수**를 사용하여 다음 수식을 입력하고 **확인**을 클릭합니다.

SUM([정상_쓰레기통])/SUM([쓰레기통수])

10 데이터 패널에 생성한 [정상_쓰레기통_이용비율] 필드를 **열** 패널로 **드래그 앤 드롭**하고 [자치구] 필드를 **행** 패널로 **드래그 앤 드롭**합니다.

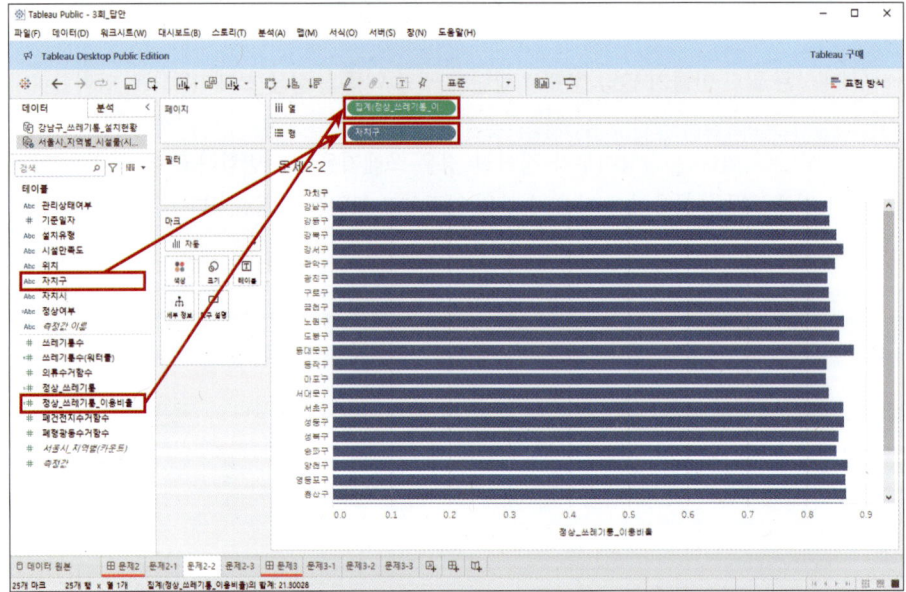

② [자치구 집합] 집합 필드를 생성하고, 이에 대한 조건을 설정하는 [시설만족도_선택] 필드를 추가하시오.

01 [자치구 집합] 필드를 생성하기 위해 데이터 패널의 **[자치구] 필드**를 **마우스 우클릭**합니다. 나타난 팝업 메뉴에서 **만들기 > 집합**을 클릭합니다.

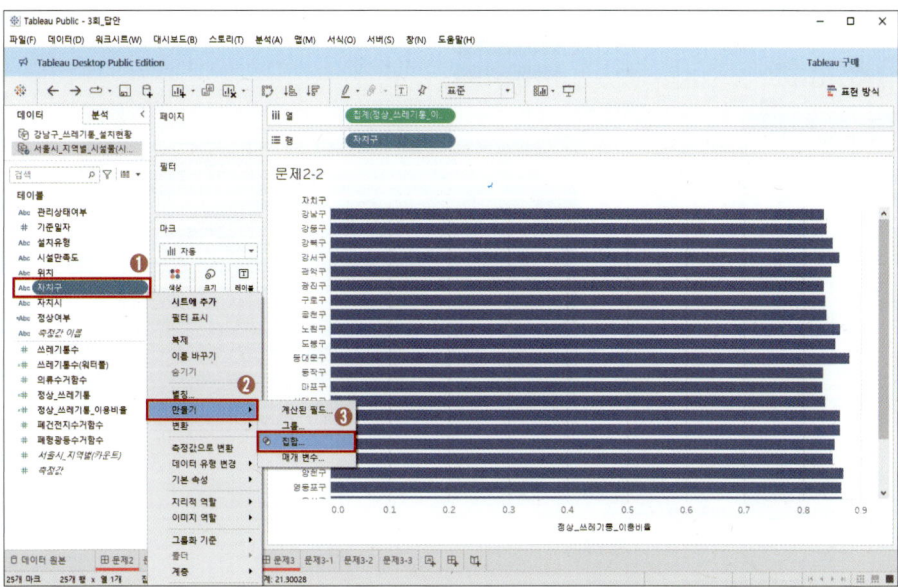

02 나타난 **집합 만들기 팝업 창**에서 **이름**이 **자치구 집합**으로 되어 있는 것을 확인한 후 **확인**을 클릭합니다.

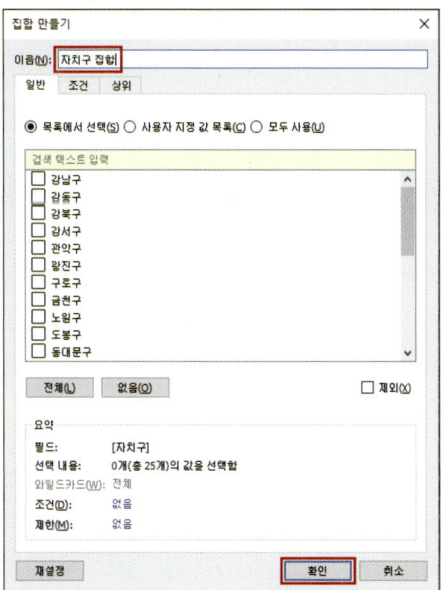

03 [시설만족도_선택] 필드를 생성하기 위해 데이터 패널 상단의 ▼을 클릭합니다. 나타난 팝업 메뉴에서 **계산된 필드 만들기**를 클릭합니다.

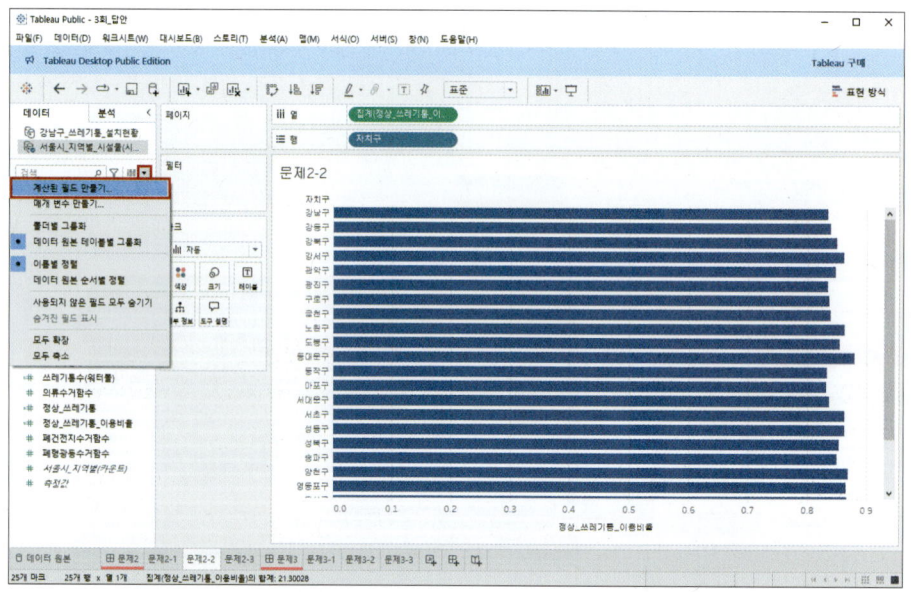

04 나타난 **계산된 필드 만들기 팝업 창**에서 상단에 필드 **이름**을 **시설만족도_선택**으로 입력합니다.

05 [시설만족도_선택] 필드는 자치구 집합에 포함될 경우 [시설만족도] 필드를 반환하고, 아닐 경우 ▶를 반환하기 위해 **IF문**을 사용하여 다음 수식을 입력하고 **확인**을 클릭합니다.

```
IF [자치구 집합] THEN [시설만족도] ELSE '▶' END
```

- ▶은 자음 ㅁ을 입력한 후 키보드의 한자를 클릭하면 나타나는 팝업 창에서 입력할 수 있습니다. 스크롤의 아래쪽을 클릭하여 다음 페이지로 넘기다 보면 4번째 페이지의 2번으로 나타나는 것을 확인할 수 있습니다.
- 작업 환경에 따라 심볼 입력 팝업 창에서 페이지를 넘기지 않고 바로 입력할 수 있습니다.

06 데이터 패널에 생성한 [시설만족도_선택] 필드를 행 패널의 **자치구 오른쪽**에 **드래그 앤 드롭**합니다.

07 행 패널에 추가된 **자치구**를 **마우스 우클릭**합니다. 나타난 팝업 메뉴에서 **정렬**을 클릭합니다.

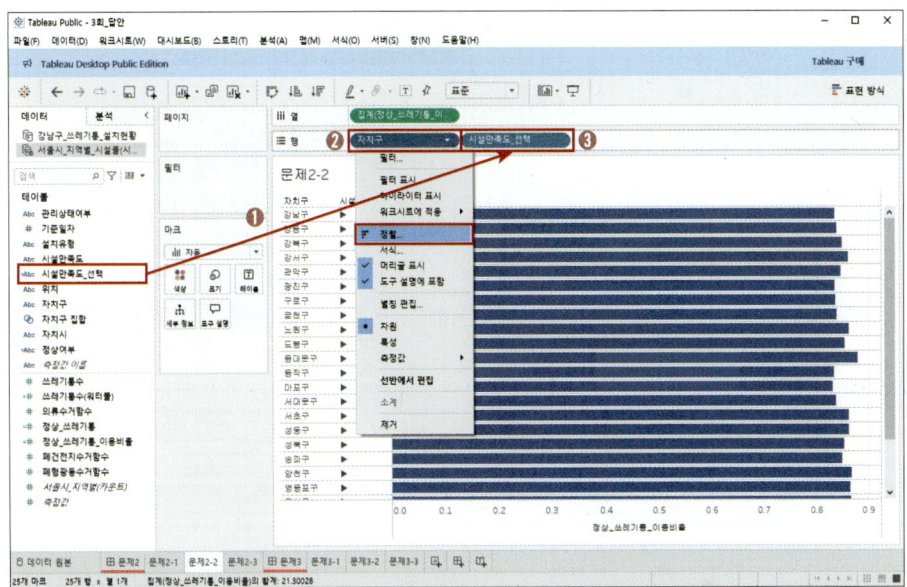

08 나타나는 **정렬 [자치구] 팝업 창**에서 **정렬 기준**을 **필드**로 설정합니다. **필드명**은 **정상_쓰레기통_이용비율**을 유지하고 **정렬 순서**는 **내림차순**을 클릭합니다. 설정이 완료되었다면 우측 상단 ⨯를 클릭하여 창을 닫습니다. 같은 방식으로 행 패널의 **시설만족도_선택**을 **마우스 우클릭**하여 **정렬**을 선택하고, 나타나는 **정렬 [시설만족도_선택] 팝업 창**에서 **정렬 기준**은 **필드**, **필드명**은 **정상_쓰레기통_이용비율**, **정렬 순서**는 **내림차순**을 클릭하고 창을 닫습니다.

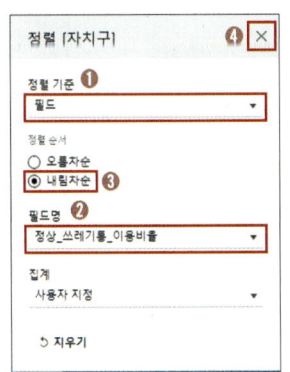 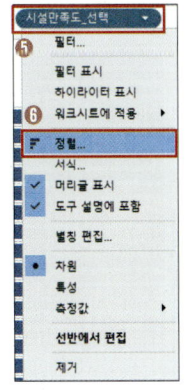 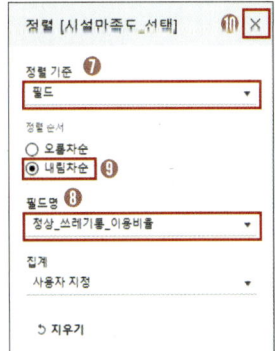

09 자치구별 색상을 표현하기 위해 데이터 패널의 [자치구] 필드를 마크 패널의 **색상**으로 **드래그 앤 드롭**합니다. 마크 패널의 **색상**을 클릭하여 나타난 팝업 메뉴에서 **색상 편집**을 클릭합니다. 나타난 **색상 편집 [자치구] 팝업 창**의 **색상표 선택(S)**에서 **색상환**을 선택하고 **색상표 할당(P)**을 클릭합니다. **확인**을 눌러 설정을 마칩니다.

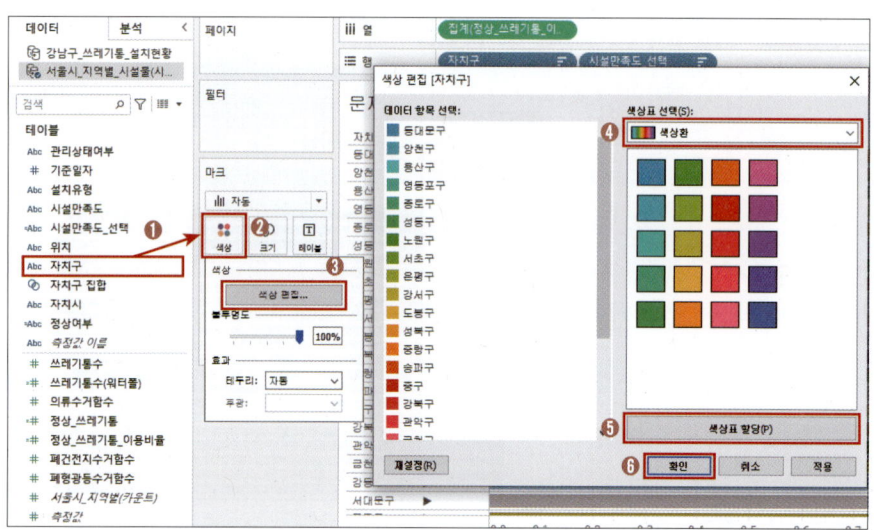

10 막대 차트에 레이블을 적용하기 위해 데이터 패널의 [정상_쓰레기통_이용비율] 필드를 마크 패널의 **레이블**로 **드래그 앤 드롭**합니다. 자릿수를 편집하기 위해 마크 패널에 레이블로 추가된 **집계(정상_쓰레기통_이용비율)**을 **마우스 우클릭**하여 나타난 팝업 메뉴에서 **서식**을 클릭합니다.

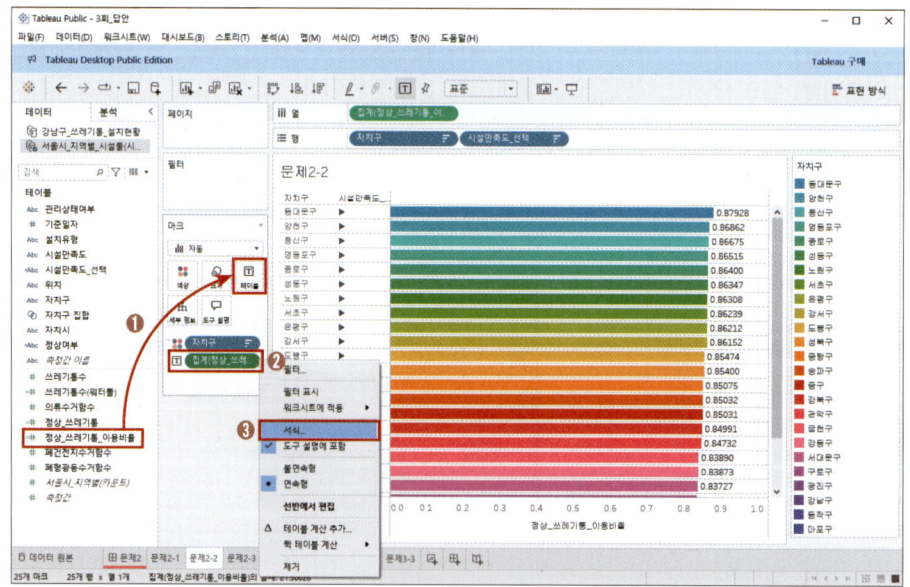

11 나타난 집계(정상_쓰레기통_이용비율) 서식 창에서 패널 탭의 **기본값 > 숫자 박스**를 클릭하여 숫자 표현 방식을 **백분율**로 변경합니다. **소수 자릿수(E)**를 1로 지정하고 설정이 끝났다면 상단의 ⊠을 클릭하여 서식 창을 닫습니다.

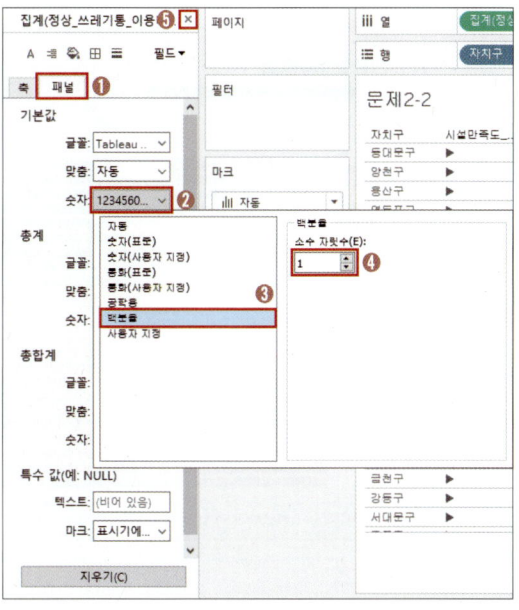

12 하단 **가로축**을 **마우스 우클릭**한 후 나타난 팝업 메뉴에서 **머리글 표시**를 클릭하여 축을 제거합니다.

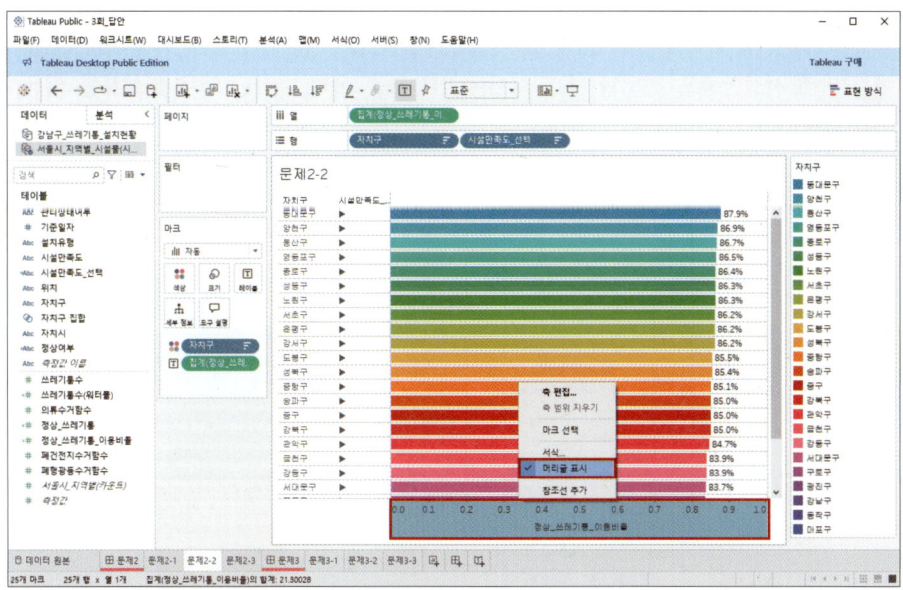

CHAPTER 03 | 실전 모의고사 3회   **165**

13 필드 레이블을 가운데 정렬하기 위해서 **머리글**을 **마우스 우클릭**합니다. 나타난 팝업 메뉴에서 **서식**을 클릭합니다.

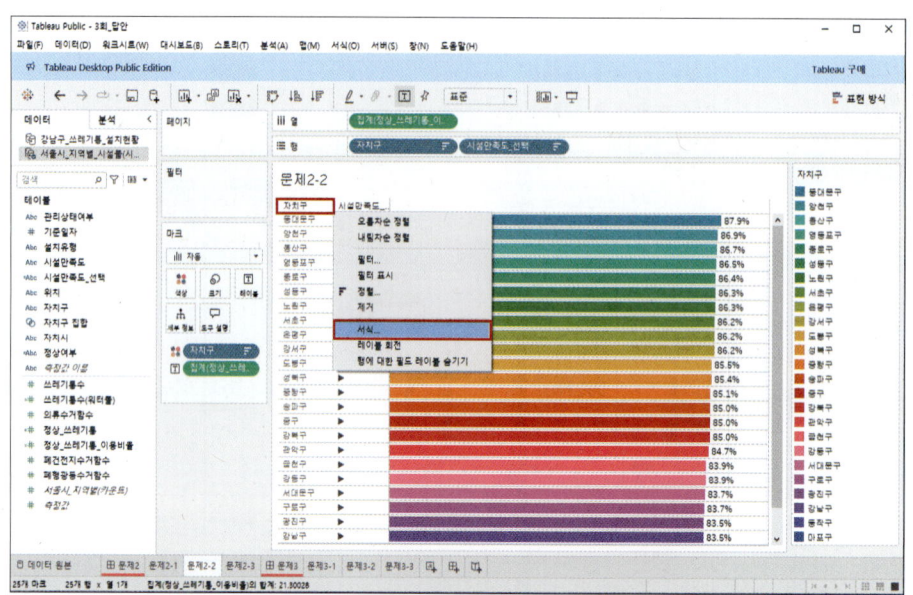

어떤 데이터의 머리글을 마우스 우클릭하여 서식을 누르더라도 같은 서식 창으로 이동합니다.

14 나타난 **필드 레이블 서식 창**에서 **모퉁이**의 **맞춤 박스**를 클릭합니다. 나타난 팝업 창에서 ▤을 클릭합니다. 서식 창의 우측 상단 ☒을 클릭하여 창을 닫습니다. 이어서 대시보드의 머리글이 모두 보이기 위해 시설만족도_선택과 차트 사이에 마우스를 올려 나타난 **좌우 화살표**를 이용하여 셀 너비를 넓힙니다.

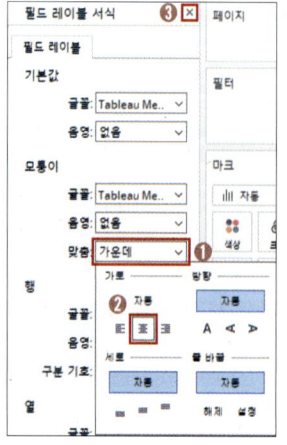
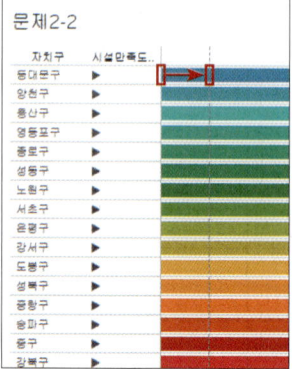

15 차트 셀의 크기를 높게 만들기 위해 상단 메뉴의 **서식(O) > 셀 크기(Z) > 높게(T)**를 클릭합니다.
상단 메뉴의 **서식(O) > 셀 크기(Z)**를 다시 클릭하여 **크게(B)**도 클릭합니다.

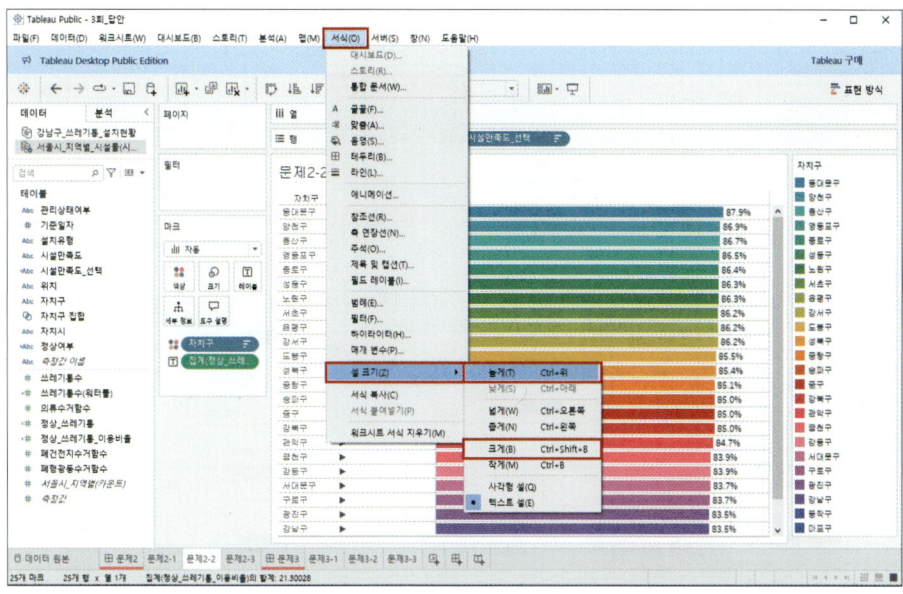

16 차트가 문제의 지시대로 완성된 것을 확인할 수 있습니다.

③ [지점 집합] 집합에 값을 할당하는 대시보드 동작을 생성하시오.

01 하단 탭에서 **문제2**를 클릭하여 해당 대시보드로 이동합니다. 상단 메뉴의 **대시보드(B) > 동작(I)**를 클릭합니다.

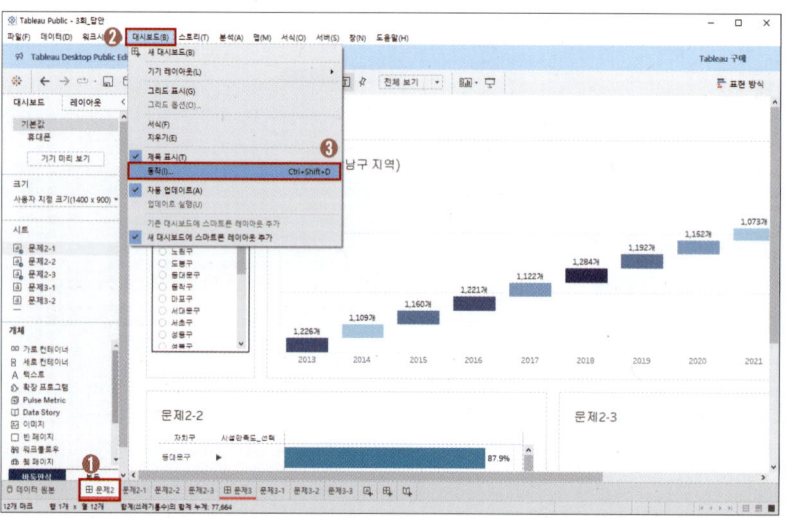

02 나타난 **동작 팝업 창**에서 **동작 추가 > 집합 값 변경**을 클릭합니다. 나타난 **집합 동작 추가 팝업 창**에서 **이름**을 **자치구_집합**으로 변경하고 **원본 시트**의 문제2-1과 문제2-3을 **체크 해제**합니다.

03 **동작 실행 조건**은 **선택**으로 유지한 후 **대상 집합**에서 **서울시_지역별_시설물(시설물 현황) > 자치구 집합**을 선택합니다. **동작 실행 결과**는 **집합에 값 할당**을 유지하고 **선택을 해제할 경우의 결과**는 **집합에서 모든 값 제거**를 선택합니다. **확인**을 클릭하고 동작 팝업 창에서도 **확인**을 클릭하여 창을 닫습니다.

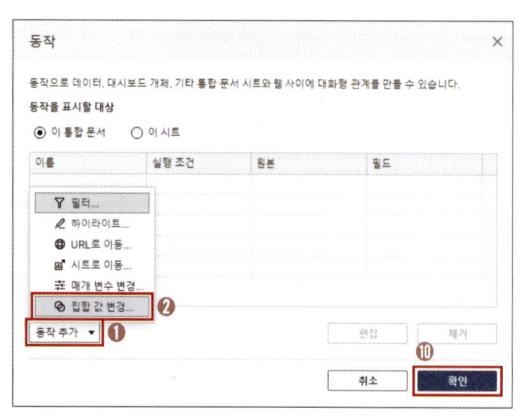
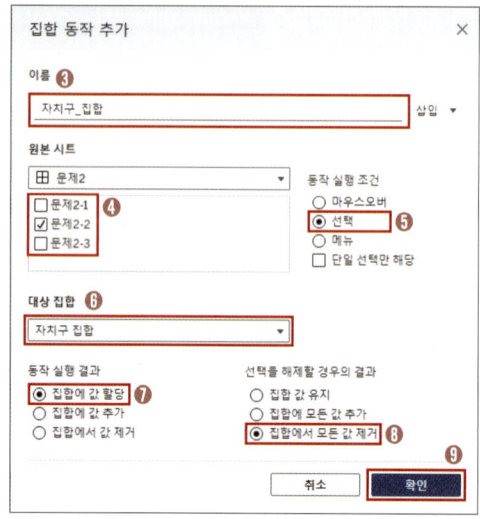

3 '문제2-3' 시트에 다음의 작업을 수행하여 하이라이트 차트를 구현하시오.

① '문제2-3' 시트에 하이라이트 차트를 생성하시오.

01 하단 탭에서 **문제2-3**을 클릭하여 해당 시트로 이동합니다. 하이라이트 차트를 만들기 위해 마크 패널의 **표현 방식**을 **사각형**으로 변경합니다.

02 하이라이트 차트를 생성하기 위해 데이터 패널의 **[위치]** 필드를 **열 패널**로 **드래그 앤 드롭**하고 **[설치유형]** 필드를 **행 패널**로 **드래그 앤 드롭**합니다.

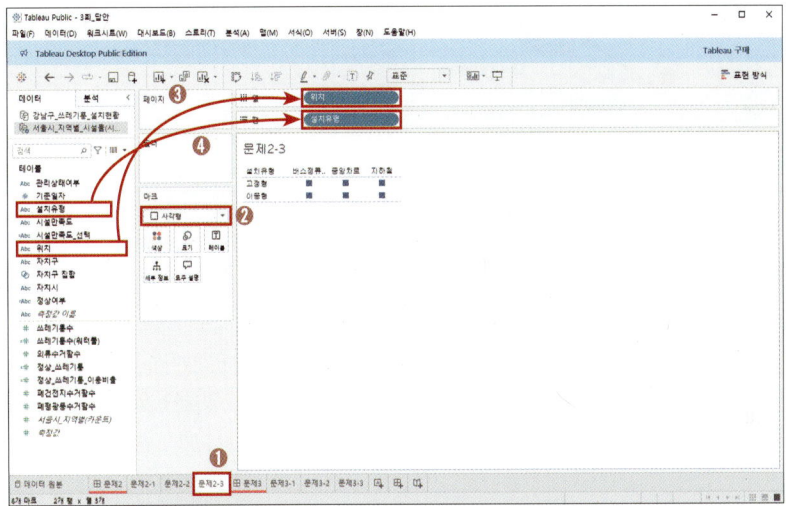

03 시트에 기준일자를 2023년만 보여줄 수 있도록 데이터 패널의 **[기준일자]** 필드를 **필터 패널**로 **드래그 앤 드롭**합니다. 나타난 **필터 [기준일자] 팝업 창**에서 **2023**에 **체크**하고 **확인**을 눌러 필터링을 진행합니다.

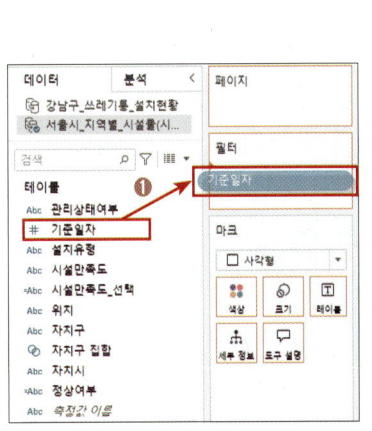

② 레이블, 색상, 총계를 설정하시오.

01 레이블을 추가하기 위해 데이터 패널의 [쓰레기통수] 필드를 마크 패널의 **레이블**로 **드래그 앤 드롭** 합니다. 마크 패널의 **레이블**을 클릭하여 나타난 팝업 창에서 …을 클릭하여 〈합계(쓰레기통수)〉의 오른쪽에 **개**를 입력하고 **확인**을 클릭합니다.

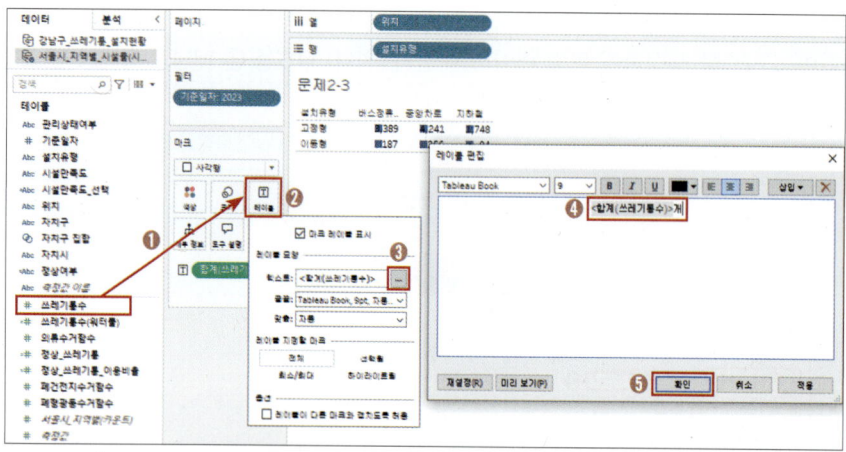

> **Tip** ✓
> 레이블 편집 팝업 창에 글자를 입력하면 일시적으로 글자가 안 보이는 현상이 있을 수 있습니다. 팝업 창의 빈 곳을 클릭하면 글자가 보이게 되며 잘 입력되어 있는 것을 확인할 수 있습니다.

02 레이블의 글꼴 크기와 색상을 변경하기 위해 레이블 팝업 창에서 **레이블 모양 > 글꼴 박스**를 클릭합니다. 이때 나타난 팝업 창에서 **글꼴 크기**를 **12**로 지정하고 **마크 색상 일치** 옵션을 클릭합니다. 빈 곳을 클릭하여 팝업 창을 닫습니다.

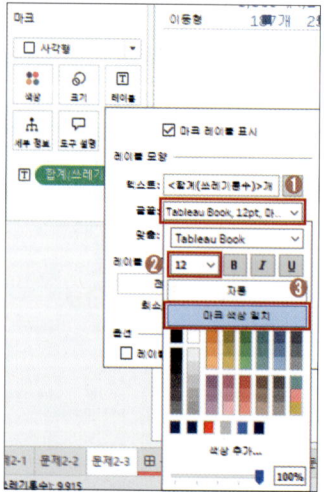

03 색상을 추가하기 위해 **데이터 패널**의 **[쓰레기통수]** 필드를 마크 패널의 **색상**으로 **드래그 앤 드롭**합니다.

04 총계를 추가하기 위해 상단 메뉴의 **분석(A)** > **총계(O)**를 클릭한 후 **행 총합계 표시(G)**를 클릭합니다. **분석(A)** > **총계(O)**를 다시 클릭하여 **열 총합계 표시(T)**도 클릭합니다.

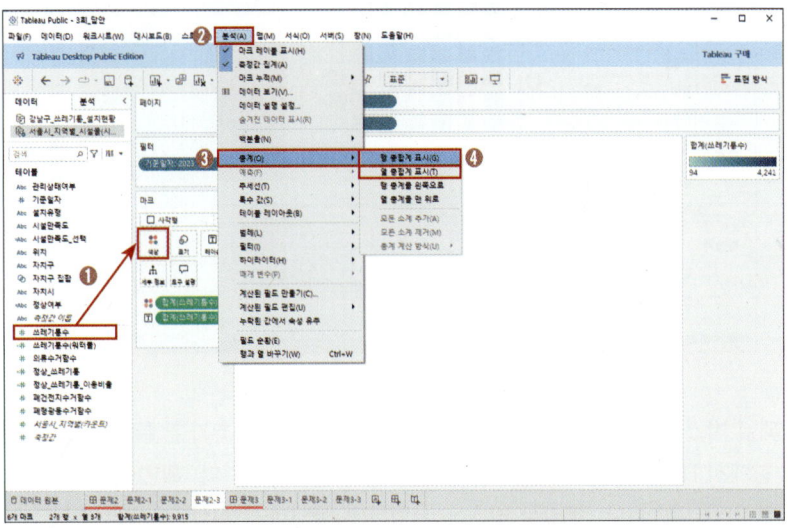

05 테두리를 추가하기 위해 **셀**을 **마우스 우클릭**합니다. 나타나는 팝업 메뉴에서 **서식**을 클릭합니다.

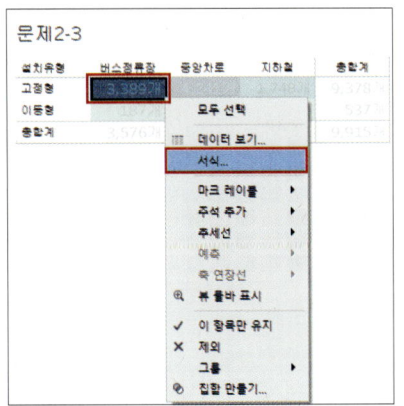

어떤 데이터의 셀을 마우스 우클릭하여 서식을 누르더라도 같은 서식 창으로 이동합니다.

06 서식 창에서 ⊞을 클릭하여 **테두리 서식**으로 변경합니다. **시트** 탭의 **기본값 > 셀 박스**를 클릭하여 **실선**으로 변경하고 하단의 **색상 추가**를 클릭합니다. 나타나는 색 선택 팝업 창에서 **HTML(H)** 옆에 색상 코드 **#D4D4D4**를 입력합니다. **확인**을 클릭하고 빈 곳을 클릭하여 팝업 창을 닫습니다.

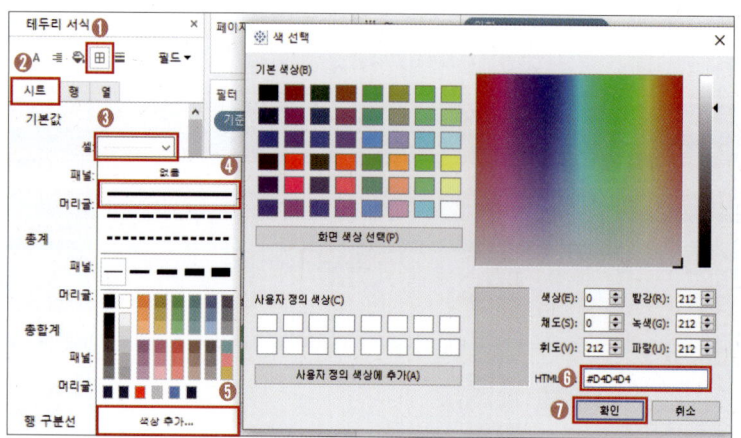

07 이어서 **패널 박스**를 클릭하여 **실선**으로 변경하고 하단의 **색상 추가**를 클릭합니다. 나타나는 **색 선택 팝업 창**에서 HTML(H) 옆에 색상 코드 **#D4D4D4**를 입력합니다. **확인**을 클릭하고 빈 곳을 클릭하여 팝업 창을 닫습니다. **머리글 박스**도 클릭하여 동일하게 **실선 > 색상 추가 > #D4D4D4 > 확인**을 클릭합니다. 빈 곳을 클릭하여 팝업 창을 닫고 우측 상단 ⊠을 클릭하여 서식 창도 닫습니다.

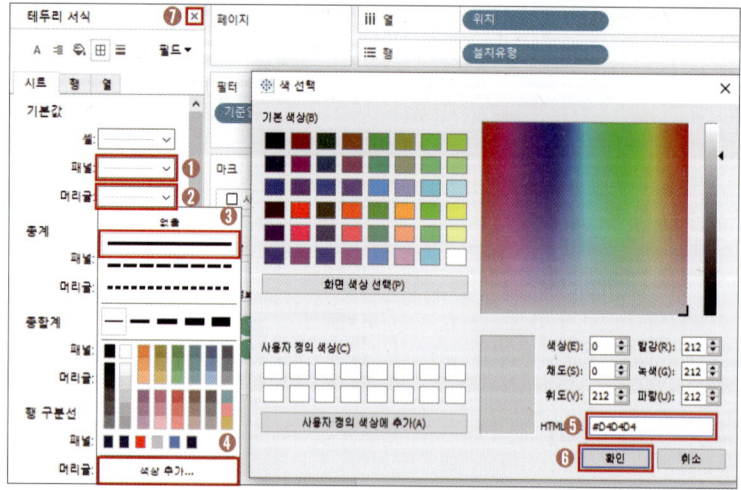

08 차트를 시각화 완성화면과 동일하게 변경하기 위해 하단 탭에서 **문제2**를 클릭하여 해당 대시보드로 이동합니다. **문제2-3 시트**에서 행의 높이를 비슷하게 맞추기 위해 **설치유형**과 **고정형** 사이에 마우스를 얹고 나타난 **상하 화살표**를 이용하여 **아래로 드래그 앤 드롭**합니다.

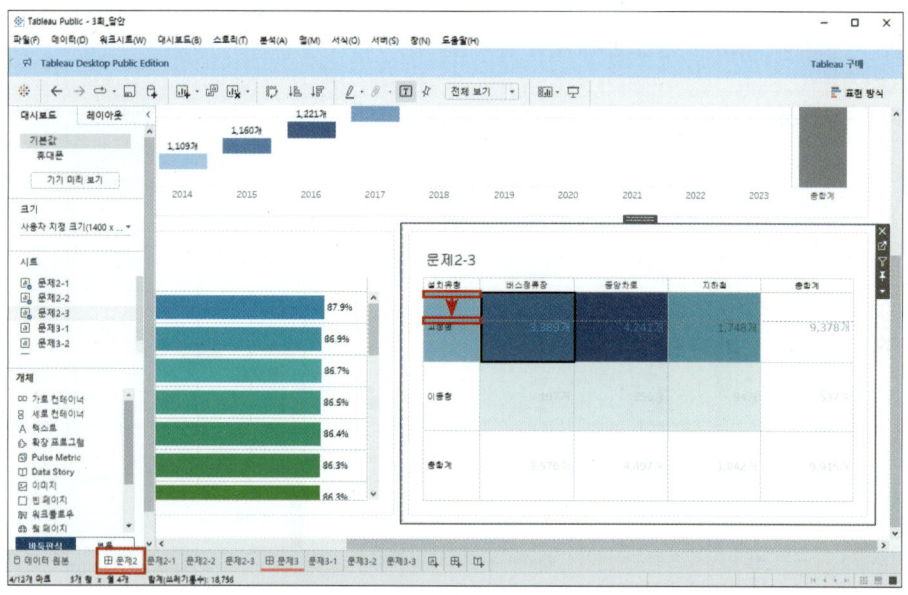

09 하단 탭에서 **문제2-3**을 클릭하여 해당 시트로 이동합니다. 툴바 우측의 **맞춤**을 표준에서 **전체 보기**로 변경합니다. 차트가 문제의 지시대로 완성된 것을 확인할 수 있습니다.

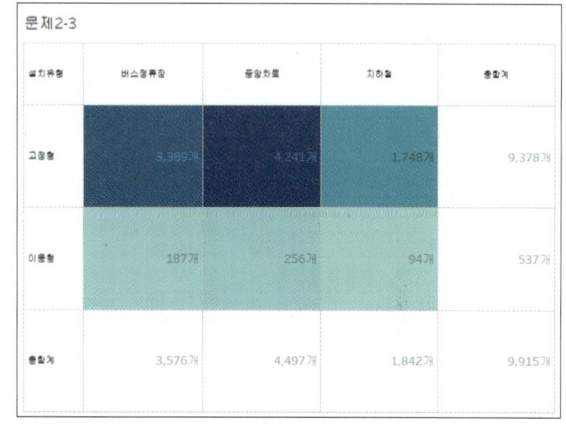

4 통합 문서 및 '문제2' 대시보드의 서식을 설정하시오.

① 전체 통합 문서의 서식을 변경하시오.

01 하단 탭에서 **문제2**를 클릭하여 해당 대시보드로 이동합니다. 통합 문서의 서식을 변경하기 위해 상단 메뉴의 **서식(O) > 통합 문서(W)**를 클릭합니다.

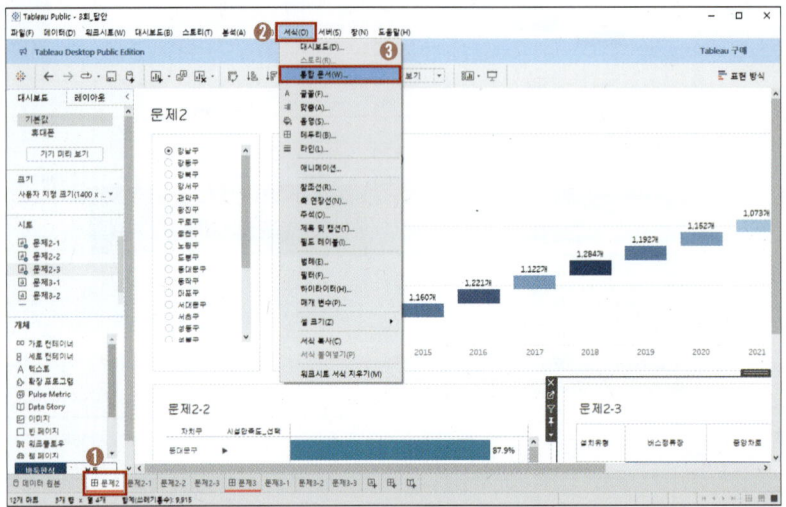

02 나타난 **통합 문서 서식 창**에서 **글꼴 > 전체 박스**를 클릭하여 나타나는 팝업 창에서 ▼을 클릭합니다. **맑은 고딕**으로 변경하고 하단의 **색상 추가**를 클릭합니다. 이때 나타난 팝업 창에서 **HTML(H)** 옆에 색상 코드 #000000을 입력하고 **확인**을 클릭합니다. 서식 창의 우측 상단 ☒를 클릭하여 서식 창을 닫습니다.

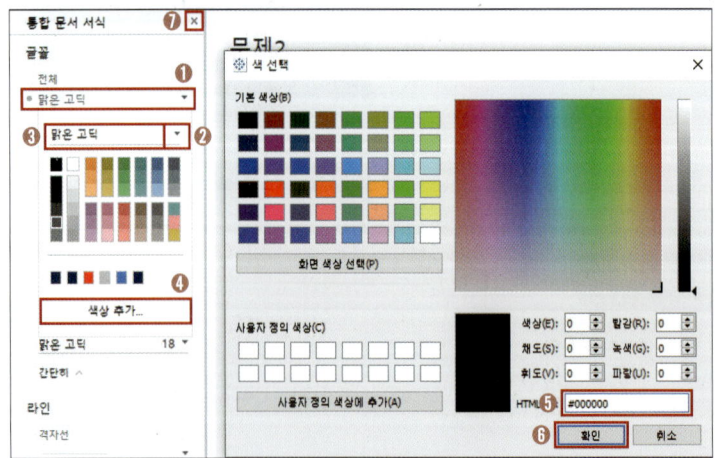

② '문제2' 대시보드의 백그라운드 색상과 제목의 레이아웃을 변경하시오.

01 사이드 바에 있는 **레이아웃 탭**을 클릭하여 하단 **항목 계층**의 **바둑판식**을 클릭합니다. **백그라운드 우측 원형**을 클릭하여 나타난 팝업 창에서 **색상 추가**를 클릭합니다. HTML(H) 옆에 색상 코드 **#F5F5F5**를 입력하고 **확인**을 클릭합니다. 빈 곳을 클릭하여 팝업 창을 닫습니다.

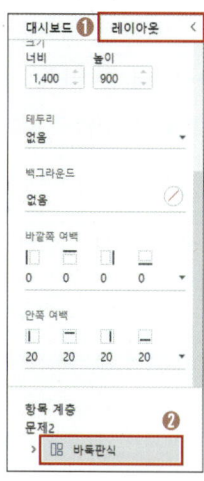 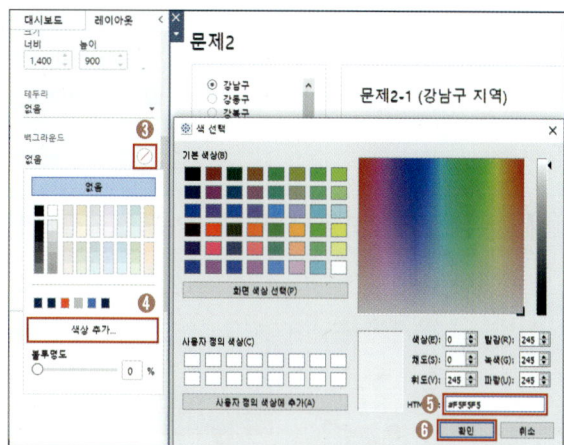

02 대시보드 상단의 **제목**을 **더블클릭**하여 나타나는 **제목 편집 팝업 창**에서 모두 지우고 제목을 **강남구 쓰레기통 설치현황**으로 변경하고 **확인**을 클릭합니다. 대시보드의 제목이 선택된 상태에서 레이아웃 탭 중앙에 위치한 **바깥쪽 여백**의 **숫자**를 클릭합니다. **모든 변이 동일**을 **체크 해제**하고, **왼쪽 8, 위쪽 8, 오른쪽 10, 아래쪽 5**로 설정합니다. 숫자를 다시 클릭하여 팝업 창을 닫고, 아래의 **안쪽 여백**은 모두 **0**으로 설정되어 있는지 확인한 후 설정을 마무리합니다.

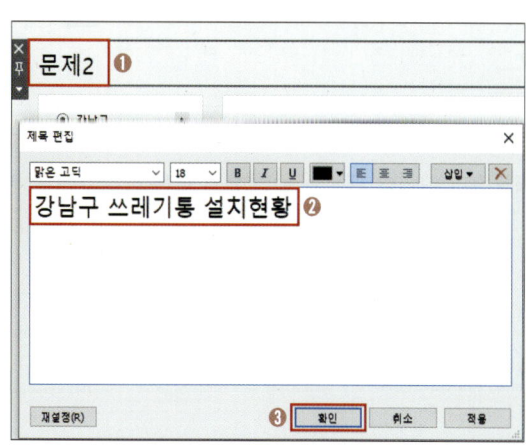 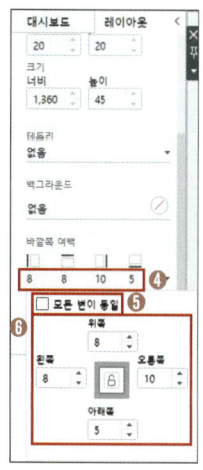

03 작업한 대시보드가 문제2의 시각화 완성화면(133p)과 일치하는지 확인한 후 해당 대시보드의 작업을 마무리합니다.

풀이 3 ▶ 복합요소 구현　　40점

1 '문제3-1' 시트에 다음의 작업을 수행하여 누적 막대 차트를 구현하시오.

① '문제3-1' 시트에 [기준일자], [쓰레기통수], [의류수거함수], [폐건전지수거함수], [폐형광등수거함수] 필드를 이용하여 누적 막대 차트를 구현하시오.

01 하단 탭에서 **문제3-1**을 클릭하여 해당 시트로 이동합니다. 누적 막대 차트를 구현하기 위해 마크 패널의 **표현 방식**을 **막대**로 변경한 후 데이터 패널의 **[기준일자]** 필드를 **열 패널**로 **드래그 앤 드롭**합니다.

02 데이터 패널의 **[측정값]** 필드를 **행 패널**로 **드래그 앤 드롭**하면 막대 차트가 완성됩니다.

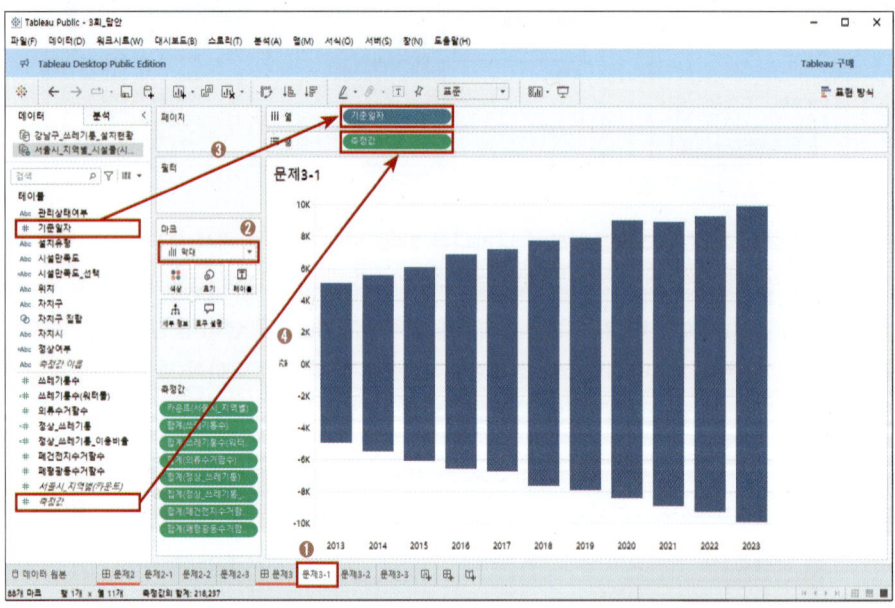

03 측정값을 행 패널에 드래그 앤 드롭하면 데이터 패널에 존재하는 모든 측정값을 전부 불러오기 때문에 필요한 측정값만을 남기기 위해 데이터 패널에 있는 **[측정값 이름]** 필드를 **필터 패널**로 **드래그 앤 드롭**합니다.

04 필터 패널에 추가된 **측정값 이름**을 **마우스 우클릭**합니다. 나타난 팝업 메뉴에서 **필터 편집**을 클릭합니다.

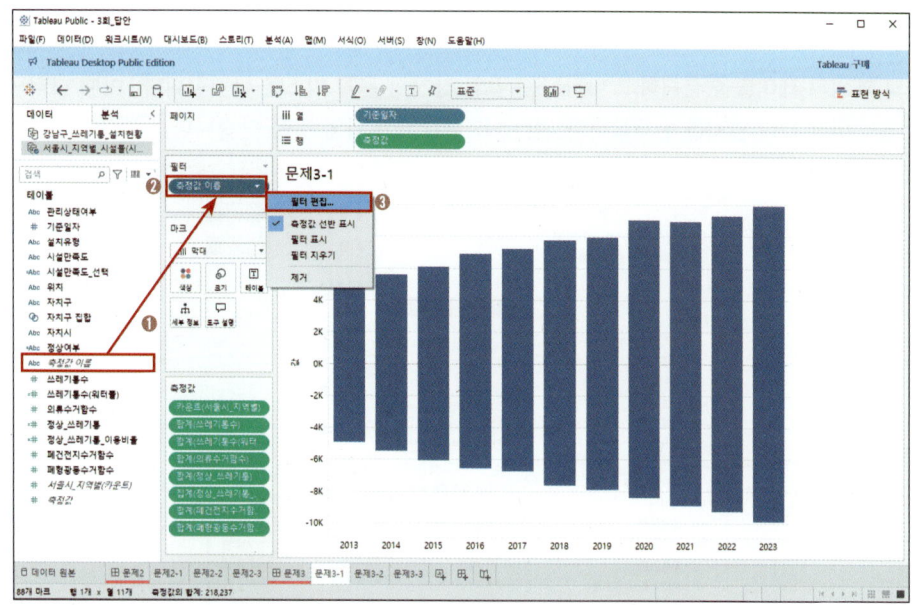

05 나타난 필터 [측정값 이름] 팝업 창에서 **없음(O)**을 클릭한 후 **쓰레기통수, 의류수거함수, 폐건전지수거함수, 폐형광등수거함수**에만 **체크**하고 확인을 클릭합니다.

② 레이블을 설정하시오.

01 레이블을 추가하기 위해 데이터 패널의 **[측정값]** 필드를 마크 패널의 **레이블**로 **드래그 앤 드롭**합니다.

02 마크 패널의 **레이블**을 클릭하고 나타나는 팝업 창에서 **글꼴 박스**를 클릭합니다. 이때 나타난 팝업 창에서 **마크 색상 일치**를 선택합니다. 빈 곳을 클릭하여 팝업 창을 닫습니다.

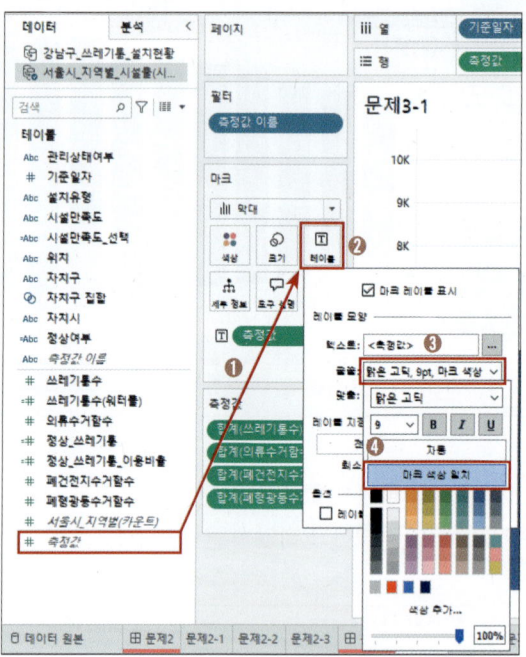

③ 차트의 색상을 설정하시오.

01 차트의 색상을 적용하기 위해서 데이터 패널의 **[측정값 이름]** 필드를 마크 패널의 **색상**으로 **드래그 앤 드롭**합니다.

02 마크 패널의 **색상**을 클릭하고 나타난 팝업 창에서 **색상 편집**을 클릭합니다.

03 색상 편집 [측정값 이름] 팝업 창의 **색상표 선택(S)**에서 **파란색**을 선택하고 하단의 **색상표 할당(P)**을 클릭합니다. **확인**을 누르면 색상 편집이 완료됩니다.

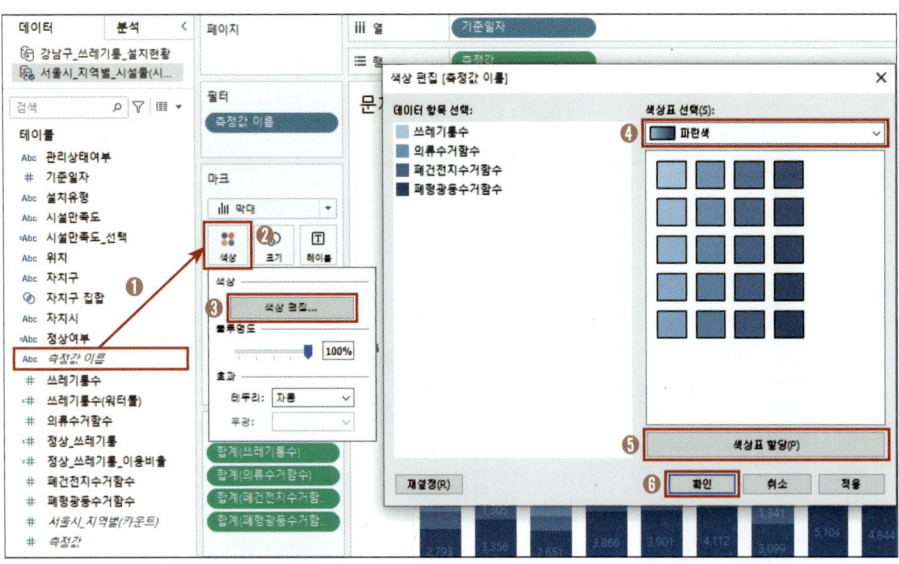

04 축 제목을 변경하기 위해 **왼쪽 세로축**을 **마우스 우클릭**합니다. 나타난 팝업 메뉴에서 **축 편집**을 클릭합니다. **축 편집 [측정값] 팝업 창**에서 하단 **축 제목**에 작성된 **값**을 **삭제**하고 우측 상단 ⊠을 클릭합니다.

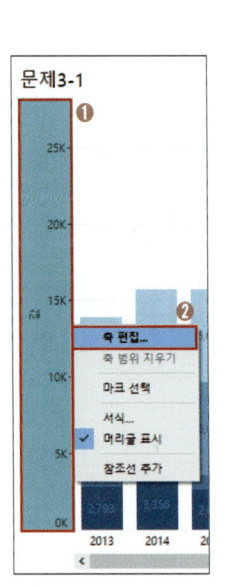
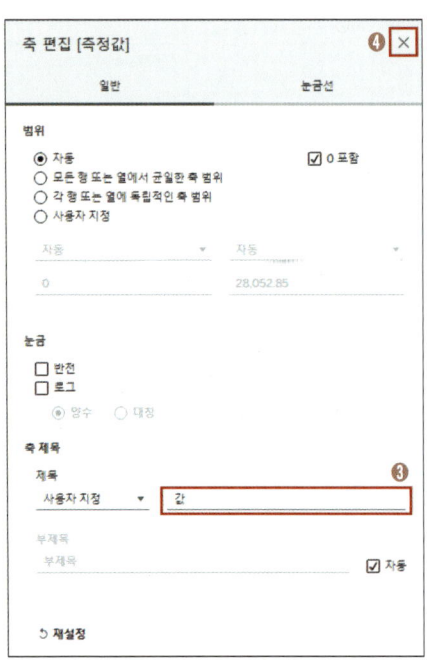

05 축 서식을 변경하기 위해 **왼쪽 세로축**을 **마우스 우클릭**합니다. 나타난 팝업 메뉴에서 **서식**을 클릭합니다. 나타난 **측정값 서식 창**에서 **축** 탭으로 이동합니다. **눈금 > 숫자 박스**를 클릭하여 숫자 표현 방식을 **숫자(사용자 지정)**로 설정합니다. **소수 자릿수(E)**는 **0**으로 변경하고 서식 창의 우측 상단 ☒을 클릭하여 창을 닫습니다.

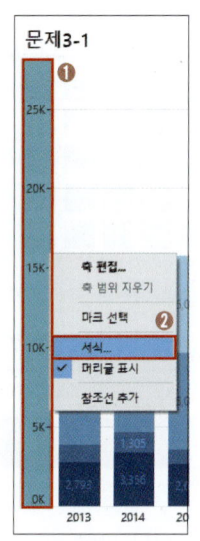
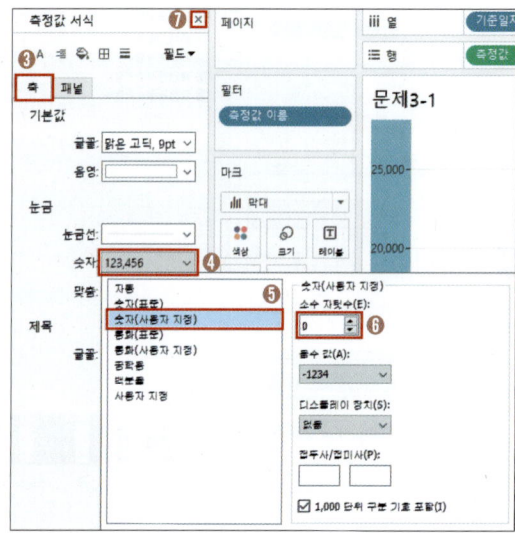

06 툴바 우측의 **맞춤**을 표준에서 **전체 보기**로 변경합니다. 차트가 문제의 지시대로 완성된 것을 확인할 수 있습니다.

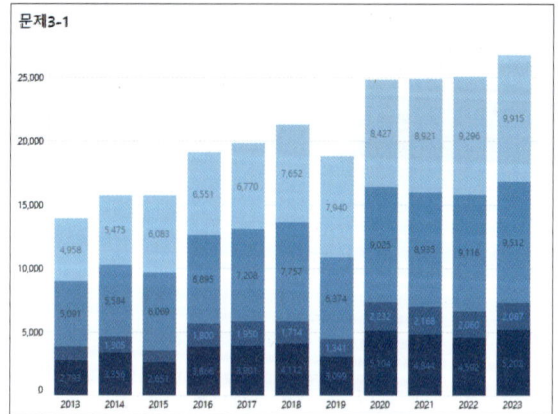

2 '문제3-2' 시트에 도넛 차트를 구현하시오.

① '문제3-2' 시트에 다음의 매개 변수와 필드를 생성하시오.

01 하단에서 **문제3-2**를 클릭하여 해당 시트로 이동합니다. [수거함구분] 매개 변수를 생성하기 위해 데이터 패널 상단의 ▼을 클릭합니다. 나타난 팝업 메뉴에서 **매개 변수 만들기**를 클릭합니다.

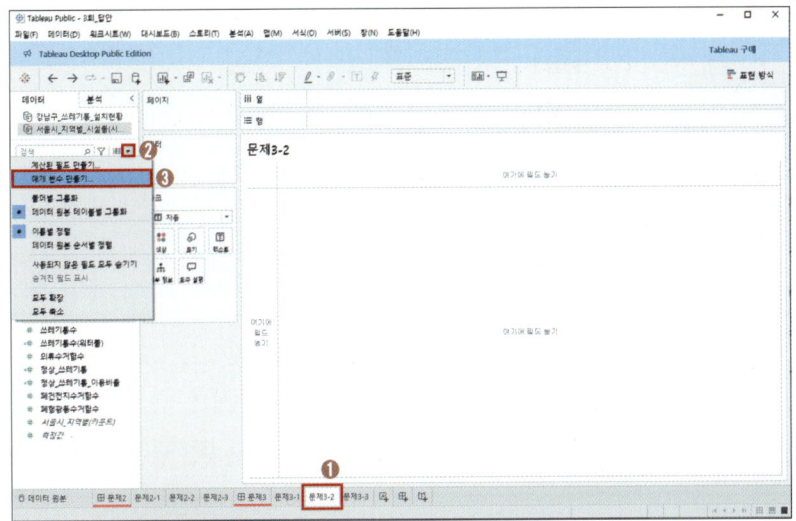

02 나타난 **매개 변수 만들기 팝업 창**에서 **이름**을 **수거함구분**으로 변경하고 **데이터 유형**을 **문자열**로 설정합니다. **허용 가능한 값**을 **목록**으로 설정하고 아래의 **값** > **추가하려면 클릭**을 클릭하여 **쓰레기통**을 입력하고 **Enter**를 누릅니다. 이어서 **의류수거함** > **Enter** > **폐건전지** > **Enter** > **폐형광등** > **Enter**를 진행하고 **확인**을 클릭하여 마무리합니다.

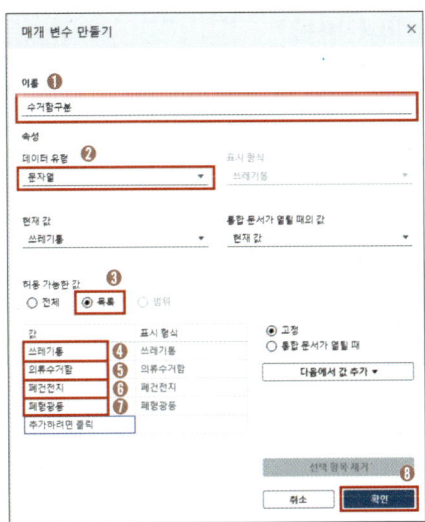

03 매개 변수는 단독으로 움직일 수 없기 때문에 계산된 필드를 이용하여 매개 변수를 제어해야 합니다. [수거함_선택] 필드를 생성하기 위해 데이터 패널 상단의 ▼을 클릭하고 나타난 팝업 메뉴에서 **계산된 필드 만들기**를 클릭합니다.

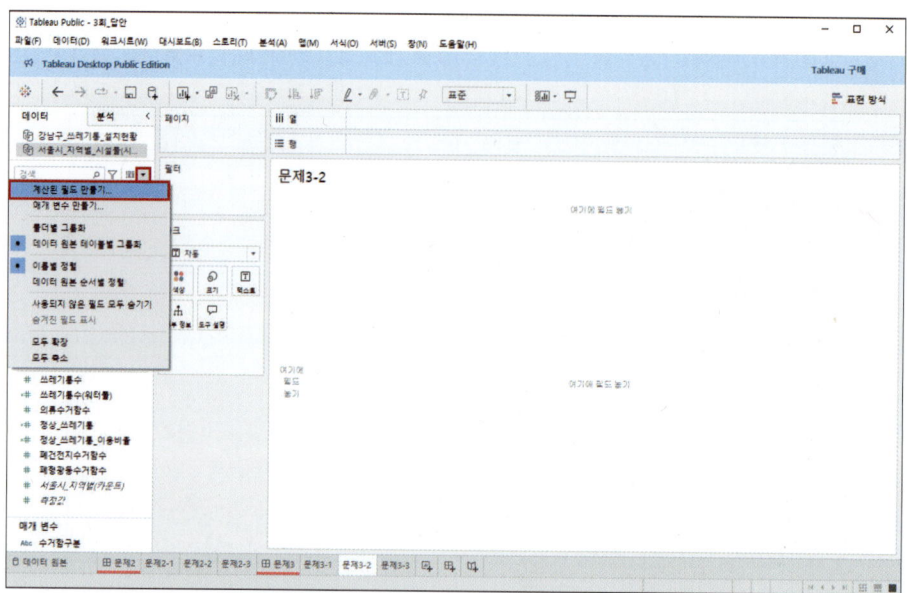

04 나타난 **계산된 필드 만들기 팝업 창**에서 상단에 필드 **이름**을 **수거함_선택**으로 입력합니다.

05 [수거함_선택] 필드는 [수거함구분] 매개 변수가 쓰레기통일 때 [쓰레기통수] 필드를 반환하고, 의류수거함일 때 [의류수거함수], 폐건전지일 때 [폐건전지수거함수], 폐형광등일 때 [폐형광등수거함수]를 반환하기 위해 **IF문**을 사용하여 다음 수식을 입력하고 **확인**을 클릭합니다.

```
IF [수거함구분] = '쓰레기통' THEN [쓰레기통수]
ELSEIF [수거함구분] = '의류수거함' THEN [의류수거함수]
ELSEIF [수거함구분] = '폐건전지' THEN [폐건전지수거함수]
ELSEIF [수거함구분] = '폐형광등' THEN [폐형광등수거함수]
END
```

06 [선택년도] 매개 변수를 생성하기 위해 데이터 패널 상단의 ▼을 클릭합니다. 나타난 팝업 메뉴에서 **매개 변수 만들기**를 클릭합니다.

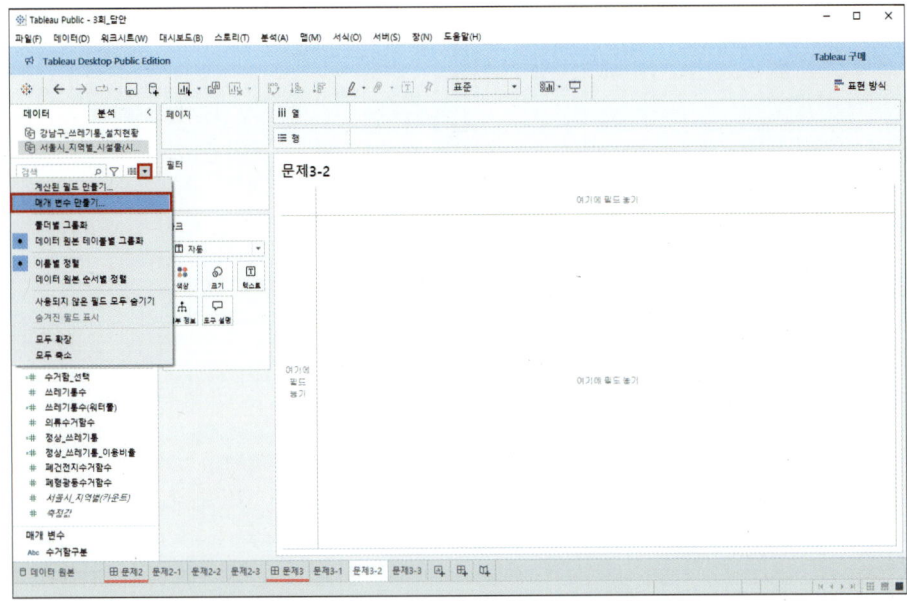

07 나타난 **매개 변수 만들기** 팝업 창에서 **이름**을 **선택년도**로 변경하고 **데이터 유형**을 **문자열**, **현재 값**은 **2023**으로 설정합니다. 설정이 완료되었다면 **확인**을 클릭합니다.

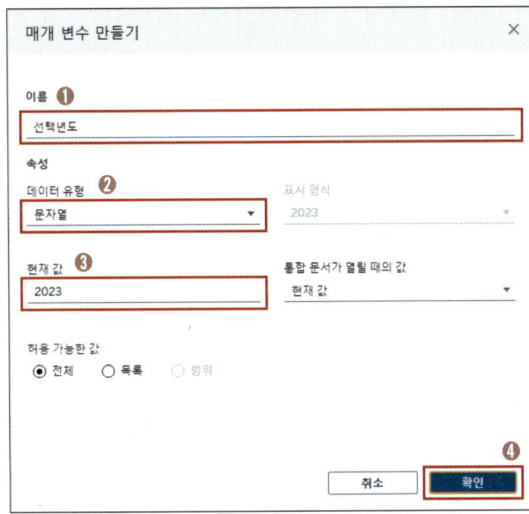

08 매개 변수는 단독으로 움직일 수 없기 때문에 계산된 필드를 이용하여 매개 변수를 제어해야 합니다. [기준년도] 필드를 생성하기 위해 데이터 패널 상단의 ▼을 클릭하고 나타난 팝업 메뉴에서 **계산된 필드 만들기**를 클릭합니다.

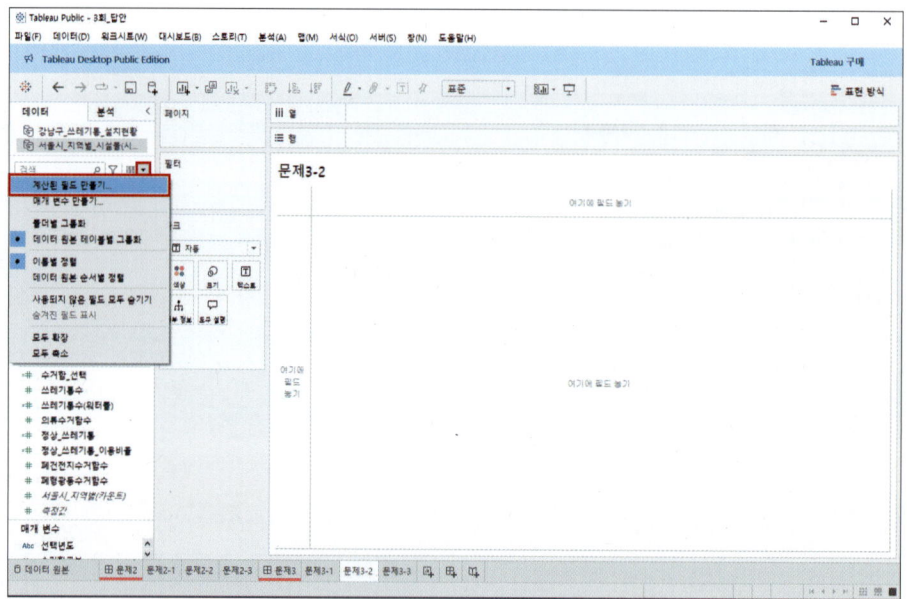

09 나타난 **계산된 필드 만들기 팝업 창**에서 상단에 필드 **이름**을 **기준년도**로 입력합니다.

10 [기준년도] 필드는 [기준일자] 필드의 숫자를 문자열로 반환하기 위해 **STR 함수**를 사용하여 다음 수식을 입력하고 **확인**을 클릭합니다.

STR([기준일자])

11 매개 변수는 단독으로 움직일 수 없기 때문에 계산된 필드를 이용하여 매개 변수를 제어해야 합니다. [년도_선택] 필드를 생성하기 위해 데이터 패널 상단의 ▼을 클릭하고 나타난 팝업 메뉴에서 **계산된 필드 만들기**를 클릭합니다.

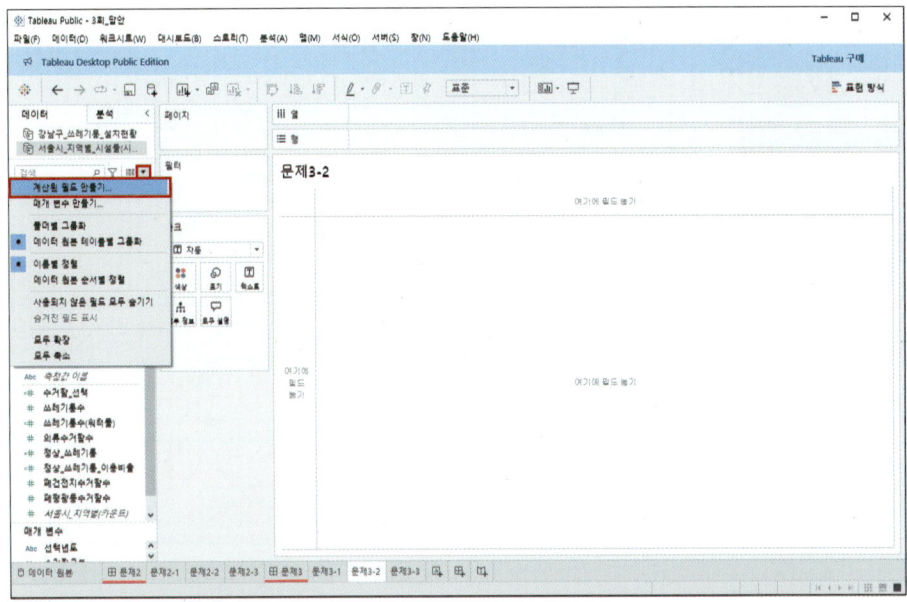

12 나타난 **계산된 필드 만들기 팝업 창**에서 상단에 필드 **이름**을 **년도_선택**으로 입력합니다.

13 [년도_선택] 필드는 선택년도와 기준년도가 일치하는 필드를 참으로 도출하기 위해 다음 수식을 입력하고 **확인**을 클릭합니다.

[선택년도] = [기준년도]

14 [정상_수거함] 필드를 생성하기 위해 데이터 패널 상단의 ▼을 클릭합니다. 나타난 팝업 메뉴에서 **계산된 필드 만들기**를 클릭합니다.

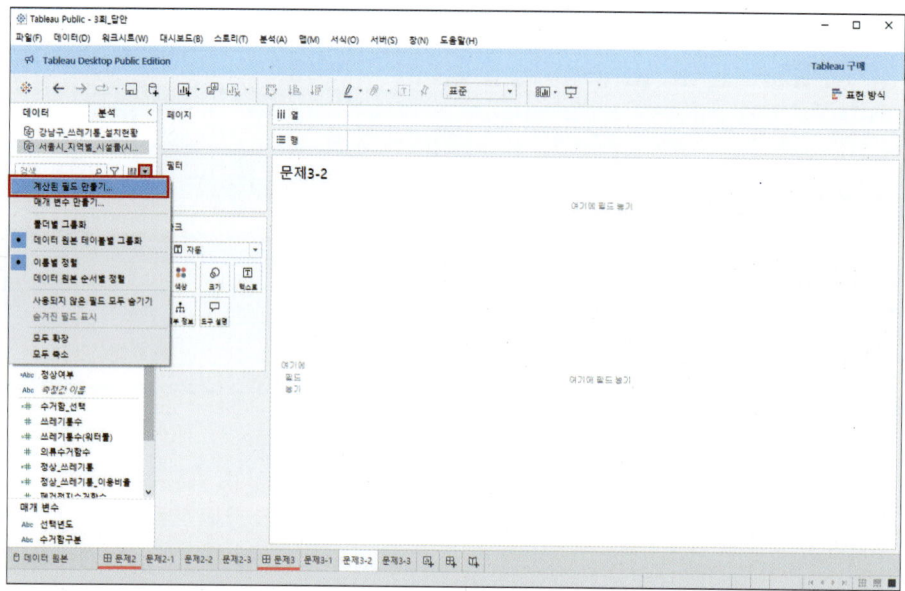

15 나타난 **계산된 필드 만들기 팝업 창**에서 상단에 필드 **이름**을 **정상_수거함**으로 입력합니다.

16 [정상_수거함] 필드는 [정상여부] 필드가 정상일 때 [수거함_선택] 필드를 반환하기 위해 **IF문**을 사용하여 다음 수식을 입력하고 **확인**을 클릭합니다.

```
IF [정상여부] = '정상' THEN [수거함_선택] END
```

17 [정상_수거함_이용비율] 필드를 생성하기 위해 데이터 패널 상단의 ▼을 클릭합니다. 나타난 팝업 메뉴에서 **계산된 필드 만들기**를 클릭합니다.

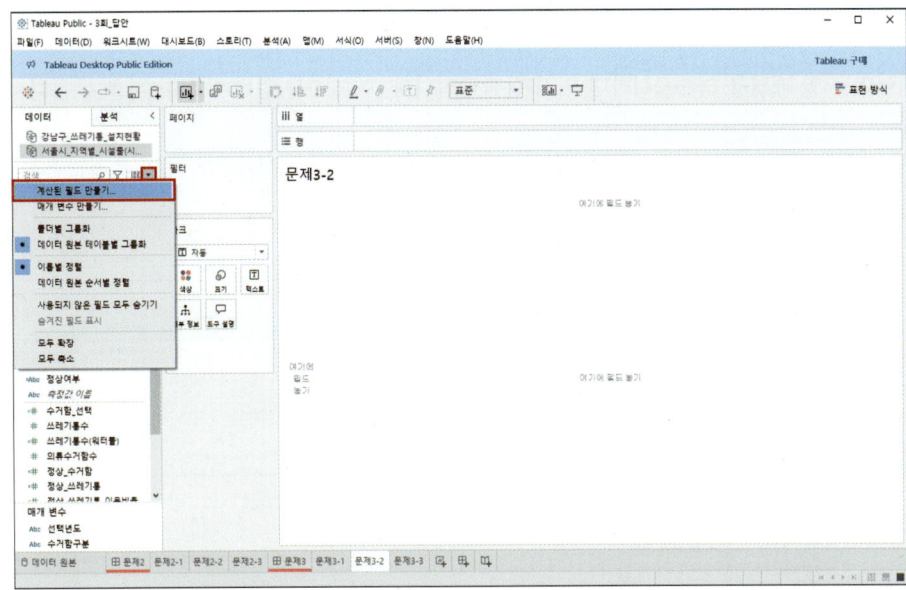

18 나타난 계산된 필드 만들기 팝업 창에서 상단에 필드 **이름**을 **정상_수거함_이용비율**로 입력합니다.

19 [정상_수거함_이용비율] 필드는 [쓰레기통수] 필드 대비 [정상_수거함] 필드의 비율을 반환하기 위해 **SUM 함수**를 사용하여 다음 수식을 입력하고 **확인**을 클릭합니다.

SUM([정상_수거함]) / SUM([쓰레기통수])

② [쓰레기통수], [정상여부], [수거함_선택], [정상_수거함_이용비율] 필드를 사용하여 도넛 차트를 구현하시오.

01 도넛 차트를 구현하기 위해 마크 패널의 **표현 방식**을 **파이 차트**로 변경합니다.

02 비어있는 열 패널을 **더블클릭**하면 커서가 깜빡입니다. 이때 **0**을 입력하고 **Enter**를 누릅니다.

03 바로 옆 빈 공간을 한 번 더 **더블클릭**하고 **0**을 입력한 후 **Enter**를 눌러 두 개의 측정값을 만들어야 합니다.

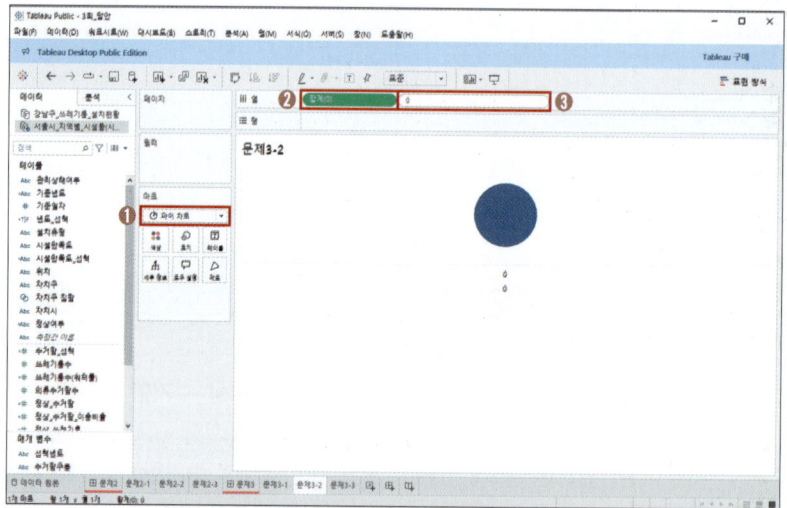

04 열 패널의 오른쪽에 추가된 **합계(0)**를 **마우스 우클릭**합니다. 나타난 팝업 메뉴에서 **이중 축**을 클릭합니다.

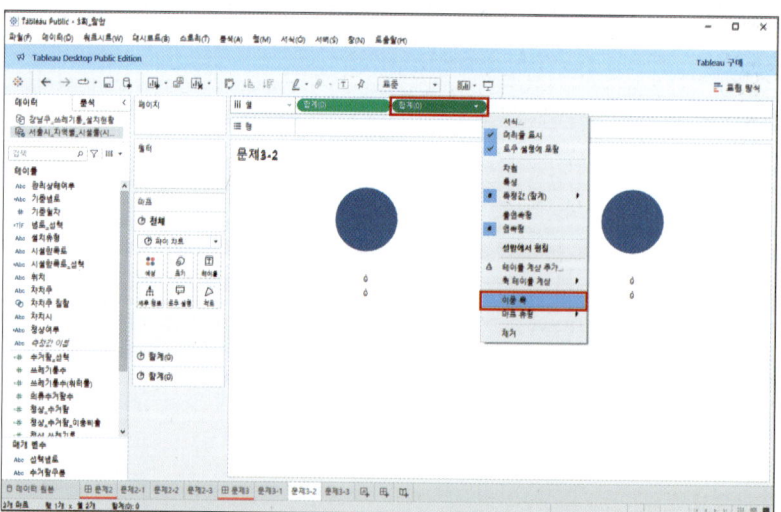

05 이중 축을 진행하면서 생성된 색상을 제거하기 위해 마크 패널의 **전체**에 색상으로 추가된 **측정값 이름**을 **마크 패널 밖**으로 **드래그 앤 드롭**합니다.

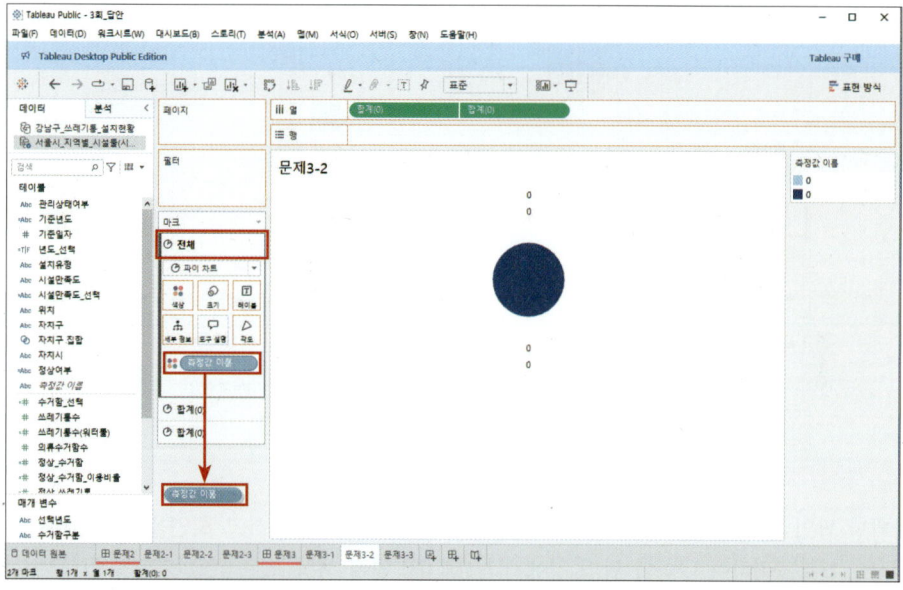

06 도넛 차트의 큰 원에 해당하는 마크 패널의 **첫 번째 합계(O)**를 클릭하고 데이터 패널의 [정상여부] 필드를 마크 패널의 **색상**으로 **드래그 앤 드롭**합니다. 도넛의 각도를 결정하기 위해 [쓰레기통수] 필드는 마크 패널의 **크기**로 **드래그 앤 드롭**합니다.

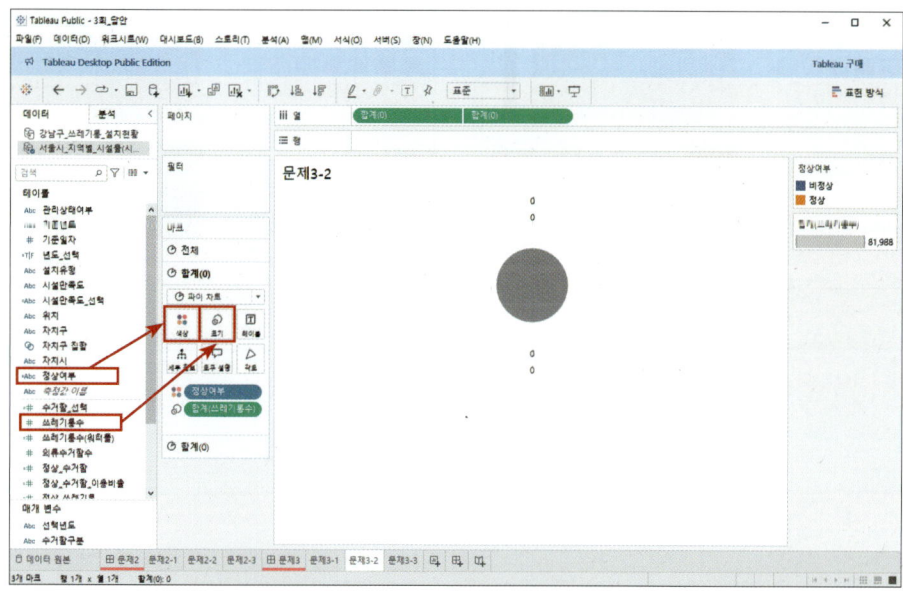

07 마크 패널의 **색상**을 클릭하고 나타난 팝업 창에서 **색상 편집**을 클릭합니다. **색상 편집 [정상여부] 팝업 창**의 데이터 항목 선택에서 **비정상**을 더블클릭합니다.

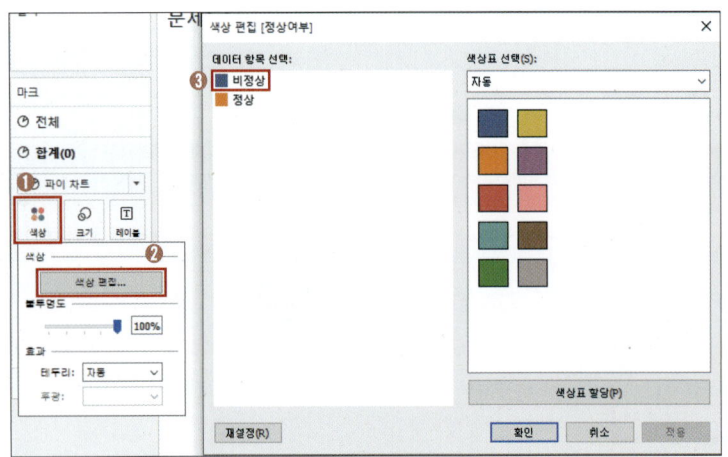

08 나타난 팝업 창에서 HTML(H) 옆에 색상 코드 **#CF3E53**을 입력하고 **확인**을 클릭합니다. 이어서 **정상도 더블클릭**하여 나타난 팝업 창에서 HTML(H) 옆에 색상 코드 **#00A2B3**을 입력하고 **확인**을 클릭합니다. **색상 편집 [정상여부] 팝업 창**에서 다시 한 번 **확인**을 눌러 설정을 마무리합니다.

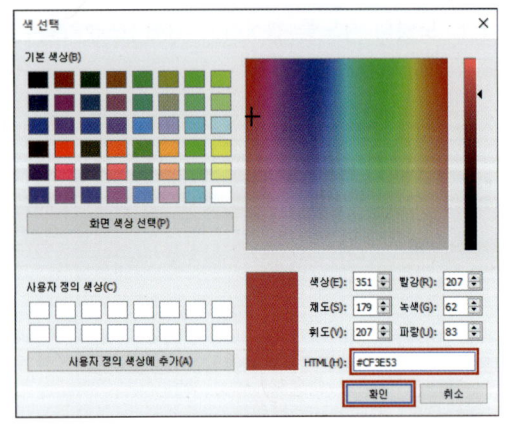
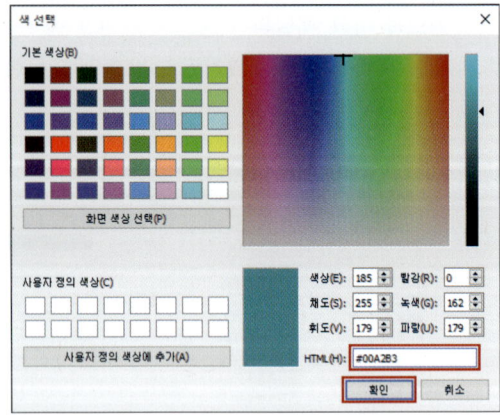

09 마크 패널의 **두 번째 합계(O)**을 클릭하고 데이터 패널의 **[수거함_선택]** 필드와 **[정상_수거함_이용비율]** 필드를 **레이블**로 **드래그 앤 드롭**합니다.

10 마크 패널의 **레이블**을 클릭하고 나타난 팝업 창에서 ...을 클릭합니다. 나타난 **레이블 편집 팝업 창**에서 첫 번째 줄에 **〈합계(수거함_선택)〉** 전체를 **드래그**하고 글자 크기를 **12**로 지정합니다. 두 번째 줄에 **(정상:〈집계(정상_수거함_이용비율)〉)**을 입력하고 전체를 **드래그**하여 글자 크기를 **8**로 지정합니다. **확인**을 누르고 빈 곳을 클릭하여 팝업 창을 닫습니다.

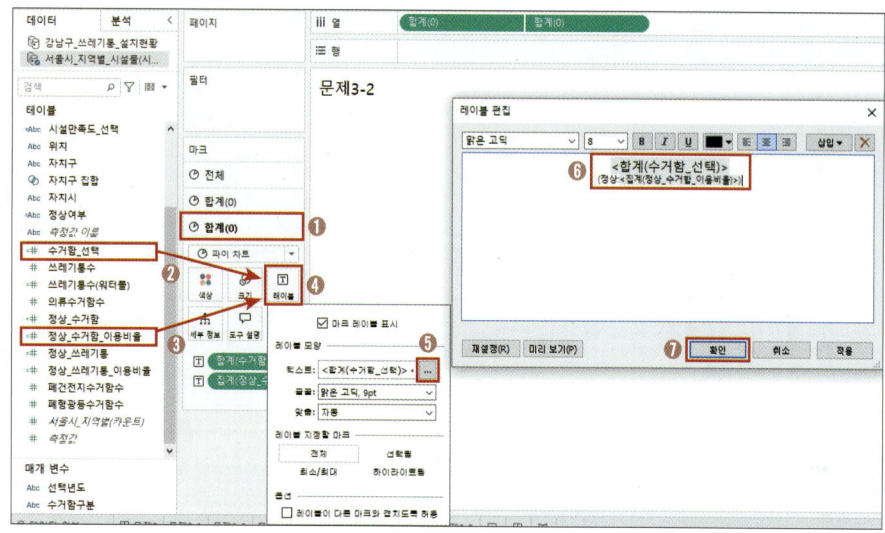

11 마크 패널의 **두 번째 합계(O)** 레이블로 추가된 **집계(정상_수거함_이용비율)**을 **마우스 우클릭**하여 나타난 팝업 메뉴에서 **서식**을 클릭합니다. 나타난 **집계(정상_수거함_이용비율) 서식 창**에서 **패널** 탭의 **기본값 > 숫자 박스**를 클릭하여 숫자 표현 방식을 **백분율**로 변경합니다. **소수 자릿수(E)**는 **1**로 설정한 후 빈 곳을 클릭하여 팝업 창을 닫고, 서식 창의 우측 상단 ⊠를 클릭하여 서식 창도 닫습니다.

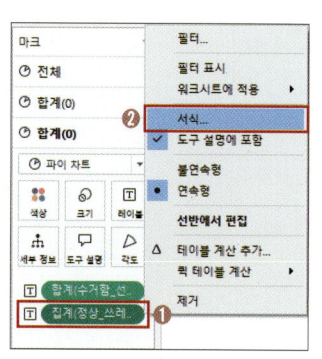
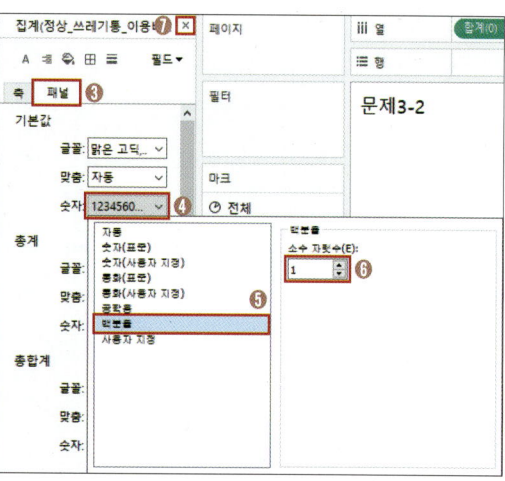

12 마크 패널의 두 번째 합계(0)에서 **색상**을 클릭하고 나타난 팝업 창에서 두 번째 합계(0)가 배경이랑 동일한 흰색이 될 수 있도록 **흰색**을 클릭합니다. 빈 곳을 클릭하여 팝업 창을 닫습니다.

13 도넛 차트의 크기를 크게 만들기 위해 마크 패널의 **첫 번째 합계(0)**를 클릭합니다. 마크 패널의 **크기**를 클릭하여 **슬라이더를 오른쪽 바**까지 옮겨 크기를 조정합니다.

14 마크 패널의 **두 번째 합계(0)**을 클릭하고 마크 패널의 **크기**를 클릭합니다. 나타난 팝업 창에서 가운데 **슬라이더를 살짝 오른쪽**으로 옮겨 도넛의 띠를 좀 더 얇게 조정합니다.

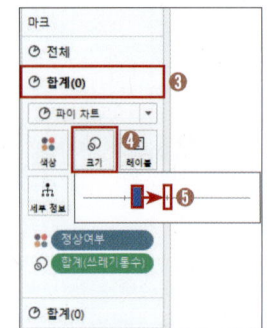
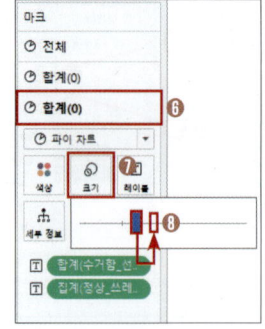

15 열 패널에 추가된 **첫 번째 합계(0)**을 **마우스 우클릭**합니다. 나타난 팝업 메뉴에서 **머리글 표시**를 클릭하여 도넛 차트가 깔끔하게 나올 수 있도록 합니다.

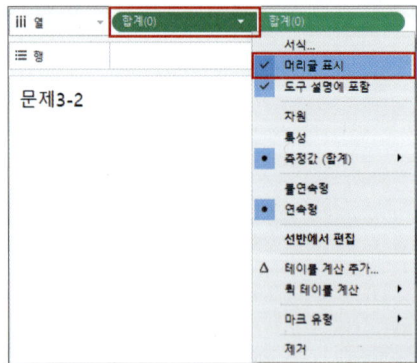

③ '문제3-2' 시트 제목 뒤에 [선택년도] 매개 변수를 추가하시오.

01 시트 제목 뒤에 선택년도를 넣기 위해 시트 상단의 **제목**을 **마우스 우클릭**합니다.

02 나타난 팝업 메뉴에서 **제목 편집**을 클릭합니다. 제목 편집 팝업 창에서 **<시트 이름>**의 오른쪽에 한 칸을 띈 후 **(년)**을 입력하고 **(와 년 사이**에 커서를 둡니다. **삽입 > 매개 변수.선택년도**를 클릭하여 추가하고 **확인**을 누릅니다.

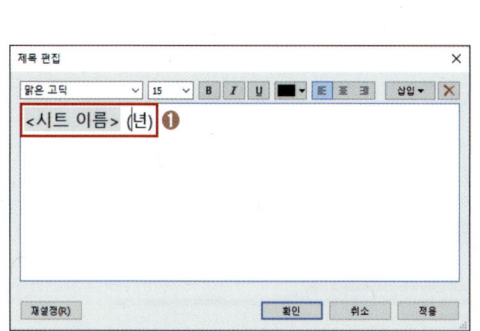
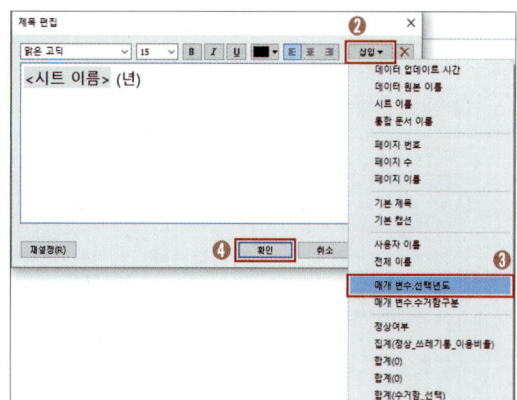

03 툴바 우측의 **맞춤**을 표준에서 **전체 보기**로 변경합니다. 차트가 문제의 지시대로 완성된 것을 확인할 수 있습니다.

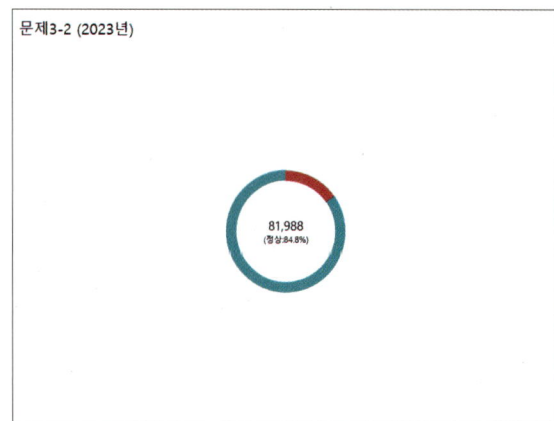

3 '문제3-3' 시트에서 다음의 작업을 수행하여 차트를 구현하고, '문제3' 대시보드에서 다음의 설정을 완료하시오.

① '문제3-3' 시트에 막대 차트를 구현하시오.

01 하단 탭에서 **문제3-3**을 클릭하여 해당 시트로 이동합니다. 막대 차트를 구현하기 위해 데이터 패널의 **[수거함_선택] 필드**를 **열 패널**로 **드래그 앤 드롭**하고 **[설치유형] 필드**와 **[시설만족도] 필드**는 **행 패널**에 차례대로 **드래그 앤 드롭**합니다.

02 차트에 레이블을 표시하기 위해 데이터 패널의 **[수거함_선택] 필드**를 마크 패널의 **레이블**로 **드래그 앤 드롭**합니다.

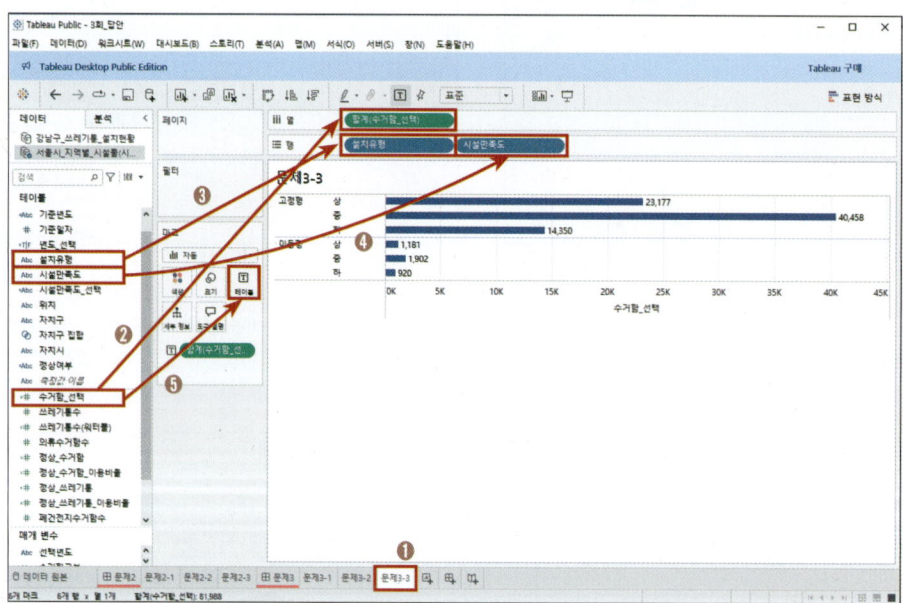

② '문제3-3' 시트에 서식 및 필터를 적용하시오.

01 색상을 표현하기 위해 데이터 패널의 **[수거함_선택]** 필드를 마크 패널의 **색상**으로 **드래그 앤 드롭**합니다. 마크 패널의 **색상**을 클릭하고 나타난 팝업 창에서 **색상 편집**을 클릭합니다.

02 나타난 **색상 편집 [수거함_선택] 팝업 창**의 **색상표**를 클릭하여 자동에서 **일출-일몰 다중**으로 설정합니다. **단계별 색상**은 체크하여 **3단계**로 조정하고 **반전**에도 **체크**한 후 **확인**을 클릭합니다.

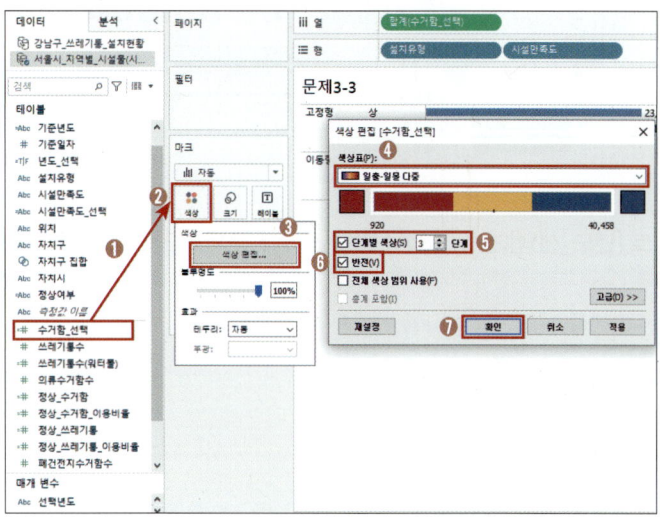

03 데이터를 필터링하기 위해 데이터 패널의 **[년도_선택]** 필드를 필터 패널로 **드래그 앤 드롭**합니다. 나타난 **필터 [년도_선택] 팝업 창**에서 **참**에 체크하고 **확인**을 클릭합니다.

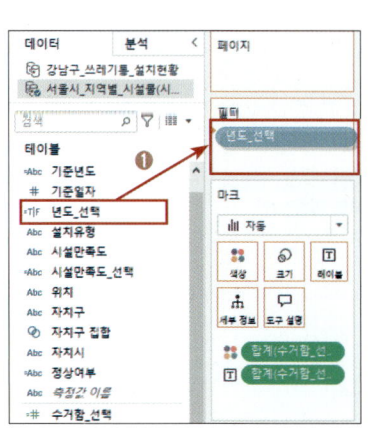

04 문제3-2와 문제3-3 시트가 동시에 [년도_선택] 필드에 따라 필터링될 수 있도록 적용하기 위해 필터 패널에 추가된 **년도_선택: 참**을 **마우스 우클릭**합니다. 나타난 팝업 메뉴에서 **워크시트에 적용 > 선택한 워크시트**를 클릭합니다.

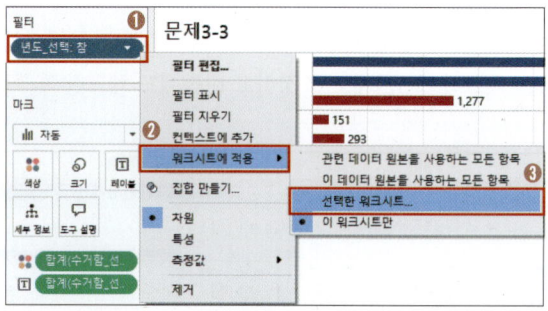

05 나타난 **워크시트 [년도_선택]에 필터 적용 팝업 창**에서 **문제3-2**를 **체크**하고 **확인**을 클릭합니다.

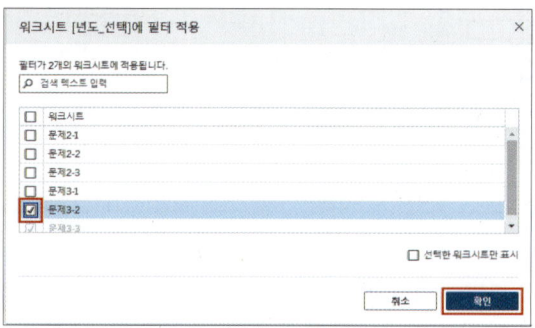

06 시트 상단의 제목을 **더블클릭**합니다. 나타난 **제목 편집 팝업 창**에서 **〈시트 이름〉**의 오른쪽에 한 칸을 띈 후 **(년)**을 입력합니다. **(와 년 사이**에 커서를 둔 후 **삽입 > 매개 변수.선택년도**를 클릭하여 추가합니다. **확인**을 클릭하여 설정을 적용합니다.

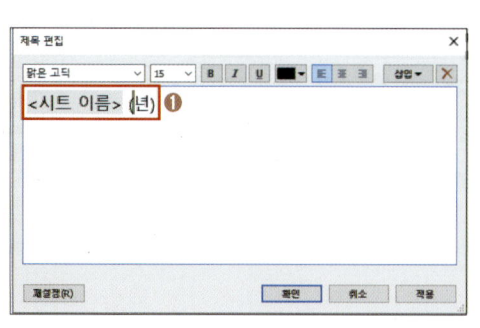
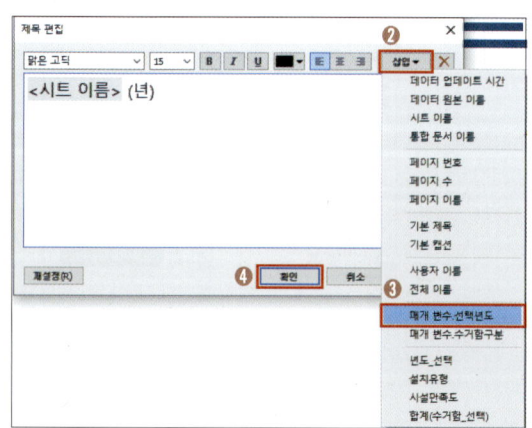

07 참조선을 추가하기 위해 사이드 바에 **분석** 탭을 클릭합니다. **사용자 지정**의 **참조선**을 클릭하여 캔버스로 **드래그**합니다.

08 나타나는 **참조선 추가 팝업 창**에서 **테이블** 위로 **드롭**합니다. **참조선, 구간 또는 플롯 편집 팝업 창**에서 **라인 > 값**의 합계(수거함_선택) 옆에 **평균**이 선택되어 있는 것을 확인합니다. **레이블**은 **사용자 지정**으로 선택하여 우측 칸에 아래 수식을 입력하고 **확인**을 클릭합니다.

〈계산〉 : 〈값〉

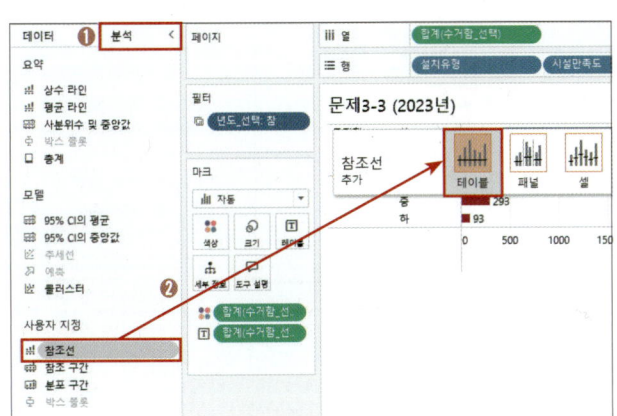
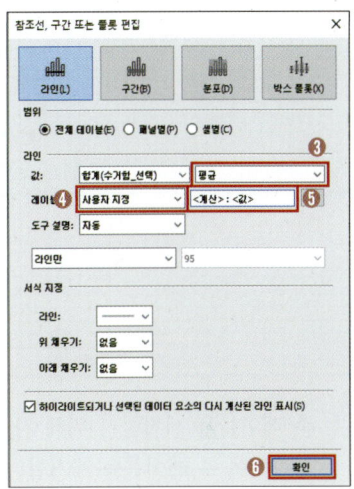

09 생성된 평균을 **마우스 우클릭**합니다. 나타난 팝업 메뉴에서 **서식**을 클릭합니다.

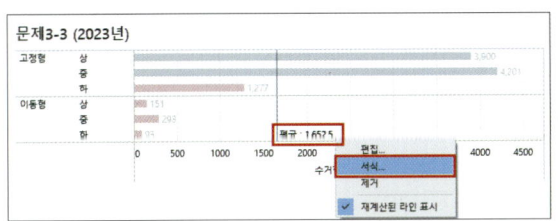

10 나타난 **참조선 서식 창**에서 **참조선 레이블 > 숫자 박스**를 클릭합니다. 숫자 표현 방식을 **숫자(사용자 지정)**으로 클릭하고 **소수 자릿수(E)**는 0으로 변경합니다. 아래의 **접두사/접미사(P)**의 오른쪽 박스에 개를 입력하고 빈 곳을 클릭하여 팝업 창을 닫습니다. 서식 창 우측 상단의 ☒을 클릭하여 서식 창도 닫습니다.

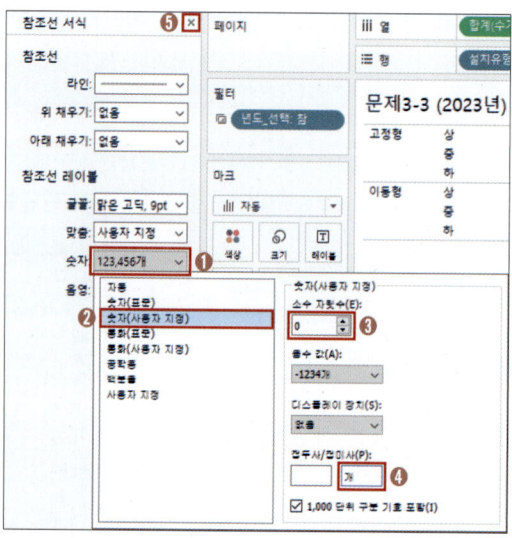

11 축 레이블을 제거하기 위해 **가로축**을 **마우스 우클릭**합니다. 나타난 팝업 메뉴에서 **머리글 표시**를 클릭하여 축 레이블을 제거합니다.

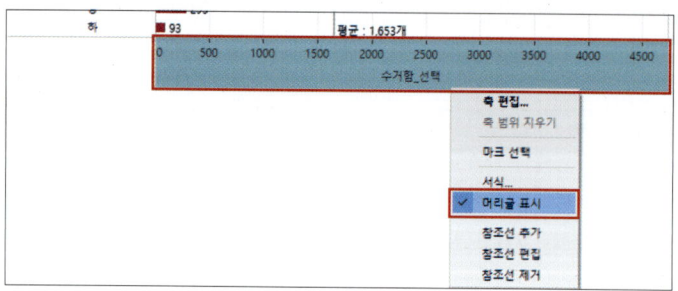

12 차트가 문제의 지시대로 완성된 것을 확인할 수 있습니다.

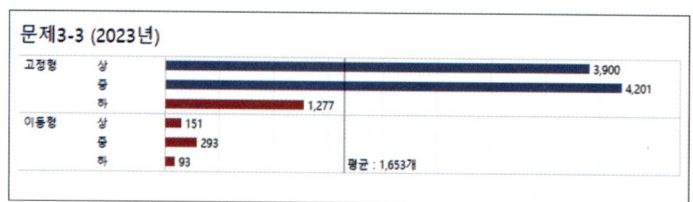

③ '문제3' 대시보드에 매개 변수 및 필터를 배치하고 적용 범위를 설정하시오.

01 하단 탭에서 **문제3**을 클릭하여 해당 대시보드로 이동합니다. 범례를 적용하기 위해 **문제3-1 시트**의 빈 공간을 클릭한 후, 상단 메뉴의 **분석(A) > 범례(L) > 색상 범례(측정값 이름)**을 클릭합니다.

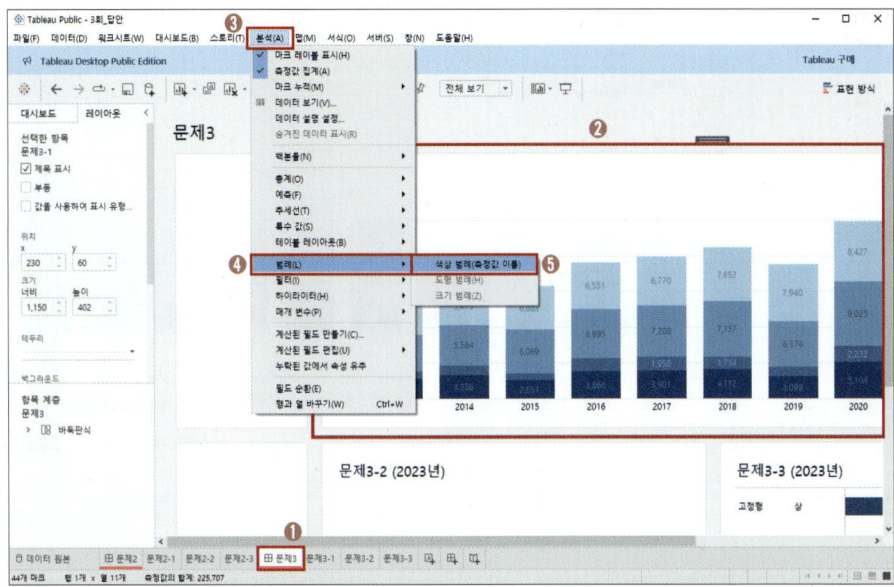

02 문제3-1 시트 왼쪽 아래에 나타난 **색상 범례(측정값 이름)**의 빈 공간을 클릭하여 나타나는 ▬을 클릭합니다. **문제3-1 왼쪽 컨테이너 상단**으로 **드래그 앤 드롭**하여 배치를 바꿔줍니다.

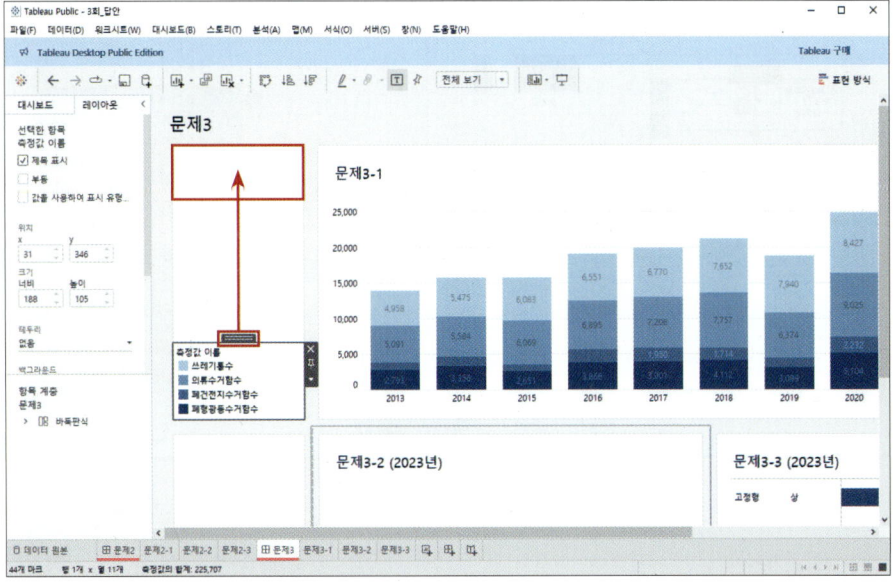

03 [수거함구분] 매개 변수를 추가하기 위해 상단 메뉴의 **분석(A) > 매개 변수(P) > 수거함구분**을 클릭합니다.

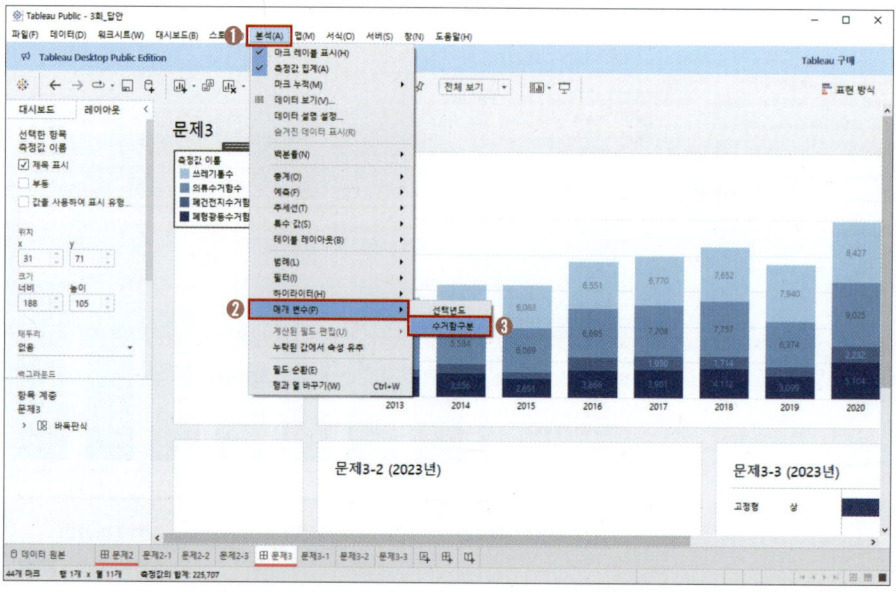

04 나타난 [수거함구분] 매개 변수의 빈 공간을 클릭하고 나타난 ▬을 클릭하여 **문제3-2 시트 왼쪽 컨테이너 상단**으로 드래그 앤 드롭합니다. 이어서 ▼를 클릭하여 **단일 값 목록**을 클릭합니다.

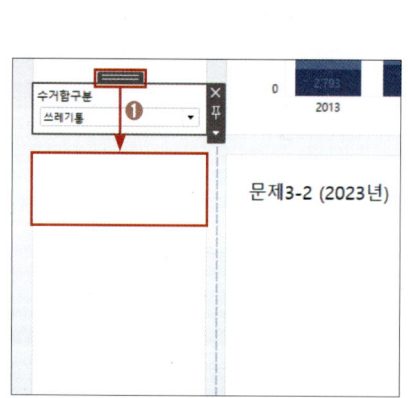
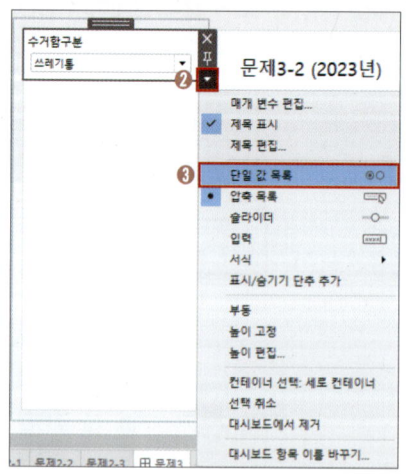

05 비정상/정상의 색상을 표시하는 [정상여부] 범례를 넣기 위해 대시보드의 **문제3-2 시트**의 빈 공간을 클릭하고 상단 메뉴의 **분석(A) > 범례(L) > 색상 범례(정상여부)**를 클릭합니다.

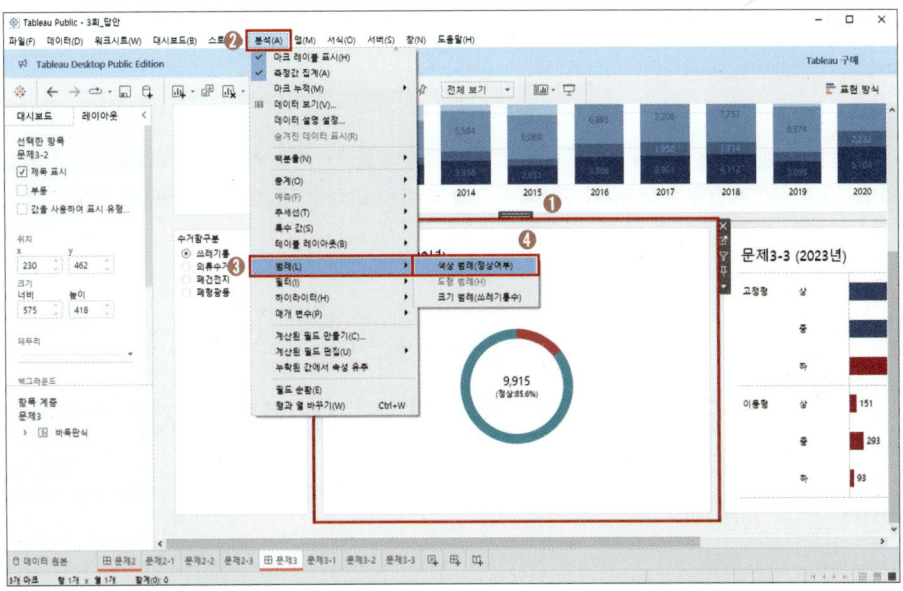

06 나타난 **정상여부 색상 범례**의 빈 공간을 클릭합니다. 사이드 바의 **레이아웃** 탭에서 **선택한 항목 > 정상여부 > 제목 표시**는 체크 해제하고, **부동**은 체크합니다. 하단의 **위치**에서 x는 268, y는 569 로 입력하고 **크기**는 **너비 242**에 **높이 25**로 지정하면 위치가 자동으로 설정됩니다.

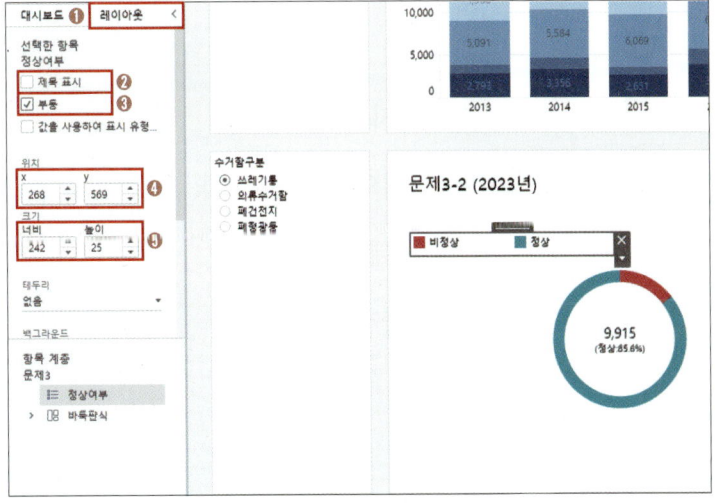

07 작업한 대시보드가 문제3의 시각화 완성화면(137p)과 일치하는지 확인한 후 해당 대시보드의 작업을 마무리합니다.

CHAPTER 04

실전 모의고사 4회

※ 본서는 이미지 화질 향상을 위하여 태블로 작업 화면을 축소하여 풀이를 진행하였으므로 작업 시 보이는 필드 및 차트의 크기 등에 차이가 있을 수 있습니다. 제공되는 정답 파일과 비교하여 작업하는 것을 권장합니다.

국 가 기 술 자 격 검 정

경영정보시각화능력 실기 모의문제

프로그램명	제한시간
태블로 데스크톱	70분

수험번호	
성 명	

단일	모의고사 4회

※ 시험지를 받으시면
1~2페이지의 '유의사항'과
'문제 및 데이터 안내'를
확인하시기 바랍니다.

대 한 상 공 회 의 소

─── 〈유의사항〉 ───

- '유의사항', '문제 및 데이터 안내'에 따라 시험에 응시하여야 하며, 이를 소홀히 하여 발생한 불이익과 책임은 수험자 본인에게 있습니다.
- 시험이 시작되면 즉시 문제 데이터 파일 존재여부와 답안 파일의 문제3-4 대시보드에 차트, 표, 데이터가 보이는지 확인하시기 바랍니다.
  - 문제 데이터 파일 위치 : [문제1] C:\TB\문제1_데이터 폴더 / [문제2, 3] C:\TB\문제2,3_데이터 폴더
  - 문제 데이터 파일은 존재여부만 확인하며 엑셀 등으로 열어보면 실격 처리
  - 답안 파일 위치 : C:\TB\수험자번호.twbx
  - 화면에 띄워진 답안 파일의 문제3-4 대시보드 확인
- 시험 중 인터넷 통신 오류 팝업 메세지가 발생할 경우 엑스(☒)를 클릭하여 팝업 메시지 창을 닫고 진행하시기 바랍니다.
- 아래는 답안의 저장 및 시험종료 관련 안내입니다.
  - 메뉴 '파일'-'저장'으로 저장(툴바 저장 아이콘(🖫) 또는 'Ctrl+S' 사용금지)
  - 엑셀 데이터 추출 확인 메시지 창이 나올 경우 반드시 '추출 만들기' 버튼 누름
  - 시험 진행 중 답안은 수시로 저장
  - 시험종료 전 반드시 메뉴 '파일'-'저장'으로 저장하고 프로그램을 종료해야 합니다. 이외 방법으로 시험종료하여 발생하는 문제[오류발생/저장불가]에 대한 책임은 수험자에게 있습니다.
- 별도의 지시사항이 없는 경우, 다음과 같이 처리할 때 [실격 처리]됩니다.
  - 제시된 파일, 페이지/대시보드, 데이터 원본의 이름, 차원/측정값 속성을 임의로 변경한 경우
  - 제시된 파일, 데이터 원본을 임의로 삭제, 추가, 변경한 경우
  - 시트/워크시트/대시보드를 임의로 삭제, 추가하거나 명칭을 변경한 경우
  - 제시된 답안 파일의 경로 또는 파일명을 변경한 경우
  - 문제 데이터를 시험 시작 전에 열어보는 경우
  - 실기시험 프로그램 이외의 프로그램(엑셀 등)으로 데이터를 열어보는 경우
- 반드시 답안작성은 문제에서 지시한 위치에 작업해야 하며 다음과 같이 처리 시 해당 작업 또는 그 작업에 영향을 미치는 문제, 개체, 시트 등은 [오답 처리]됩니다.
  - 제시된 함수가 있으면 제시된 함수만을 사용해야 하며 그 외 함수를 사용해 풀이한 경우
  - 지시하지 않은 차트, 컨테이너, 매개변수 등을 임의로 이동, 수정(변경), 삭제 등으로 인해 위치 및 내용이 변경된 경우
  - 임의로 기본 설정값(Default)을 변경한 경우
  - 숫자데이터를 임의로 문자화하여 처리한 경우
  - 개체가 해당 영역을 벗어난 경우
  - 작업한 개체가 너무 작아 정보 확인이 어려울 경우
  - 지시사항과 띄어쓰기, 대소문자 등이 다르게 작업한 경우(계산식 제외)

- 문제지에 제시된 [완성화면] 그림 관련입니다.
  - 문제 상단에 있는 [완성화면] 그림은 각 문제의 세부문제 전체를 풀이했을 때 도출되는 것으로 개별 세부문제를 풀이한 후의 [완성화면] 그림과 다를 수 있음
  - 문제풀이 순서 또는 시각적 개체 작성 순서, PC 환경 등의 이유로 수험자가 작성한 개체의 모니터 화면과 모양, 색상 등이 다를 수 있음
- ■ 본 문제와 용어는 태블로 데스크톱 퍼블릭 에디션(Tableau Desktop Public Edition) 2024.3.0. 버전을 기준으로 작성되었습니다.

문제 및 데이터 안내

1. 수험자가 작성할 답안 파일은 1개입니다. 문제1, 문제2, 문제3의 답을 하나의 답안 파일(.pbix)로 저장하십시오.

2. 문제1, 문제2, 문제3은 각각 독립적으로 구성되어 앞 문제를 풀지 않아도 다음 문제 풀이가 가능합니다.

3. 문제1은 데이터 불러오기를 통해 문제를 풀이하고, 문제2와 문제3은 답안에 이미 데이터가 포함되어 있어 다시 데이터를 불러오지 말고 바로 문제 풀이를 하십시오.
   – 데이터 파일은 문제1을 위한 데이터 파일과 문제2, 3을 위한 데이터 파일로 구성되어 있습니다.

4. 문제2와 문제3 풀이를 위해 필요한 일부 측정값, 필터가 답안 파일에 미리 적용되어 있을 수 있습니다.
   – 지시사항에 제시되지 않은 것은 변경하지 마십시오.
   – 사전에 적용된 필터 등이 삭제되지 않도록 '시트 지우기' 기능을 절대 사용하지 마십시오.

5. 문제는 문제(문제1~3) – 세부문제(1~4) – 지시사항(①~③) – 세부지시사항(▶, –) 단위로 구성됩니다.

6. 지시사항(①, ②, ③)별로 점수가 부여되며, 지시사항의 전체 세부지시사항(▶, –)을 작업하지 않을 경우 점수가 부여되지 않습니다. ※ 부분 점수 없음

7. 본 시험에서 사용되는 데이터 파일 수와 데이터명은 아래와 같습니다.
   – [문제1] 데이터 파일 수 : 1개 / '서울시 희망의 집수리 사업정보.xlsx'

파일명	서울시 희망의 집수리 사업정보.xlsx					
테이블	구조					
2022~2024	신청사업자(자치구)	신청년도	주택유형	주거형태	방갯수	거실유무
	성동구청	2022	다세대/다가구/연립	월세	4	N
	화장실유무	대상가구 가구원수	대상가구 형태	선정여부	행정동	준공코드
	Y	4	일반저소득	Y	성수1가제1동	2022_29706183
준공항목 (필드 46개)	준공코드	ks2급 백색	PVC창문	가림막설치	가스누출경보기	가스대	결로방지복합단열재
	2022_11202262						
	곰팡이제거	기타공정	대문.방화문 분체도장	등기구교체	렌지후드	목재틀리빙보드 마감	목재틀석고보드 마감
				1			
	바닥배수구 교체	방문 PVC 도어	방범창	방수석 고판	방충망	비닐시트	상부장	세면기용 수전	세면대	소화기	쉬트
		1						1	1		
	스티로폴	싱크 수전	썬라이트	씽크대	안전시설	양변기	우레탄	위생기구	유리창	자기질 타일	장판	전기작업
						1						
	제습기	종이벽지	차수판	천정보수	타일벽지	하부장	화재경보기설치	환풍기
							1	

– [문제2, 3] 데이터 파일 수 : 1개 / '서울시 희망의 집수리 현황.xlsx'

파일명	서울시 희망의 집수리 현황.xlsx					
테이블	구조					
수리현황 (필드 12개)	신청년도	주택유형		주거형태	방갯수	거실유무	화장실유무
	2024	다세대/다가구/연립		월세	3	Y	Y
	대상가구 가구원수	대상가구 형태	선정여부	자치구	행정동	비용
	1	일반저소득	Y	강서구	화곡8동	220000

문제1 작업준비(30점)

1. 답안 파일을 열고 다음의 지시사항에 따라 작업을 수행하시오. (15점)

① 연결 패널을 이용하여 데이터 파일을 추가하시오. (5점)
  ▶ 데이터 추가 : '서울시 희망의 집수리 사업정보.xlsx' 파일의 〈2022년〉, 〈2023년〉, 〈2024년〉, 〈준공항목〉 테이블

② 데이터 원본 편집 창에서 〈2022년〉, 〈2023년〉, 〈2024년〉, 〈준공항목〉 테이블을 결합하시오. (5점)
  ▶ 〈2022년〉, 〈2023년〉, 〈2024년〉을 유니온(UNION)으로 결합
  ▶ 결합한 유니온(UNION)을 기준으로 〈준공항목〉 테이블을 왼쪽 조인(LEFT JOIN)하여 물리적 테이블 생성
    – 유니온(UNION)의 [준공코드] 컬럼과 〈준공항목〉 테이블의 [준공코드] 컬럼을 왼쪽 조인

③ [ks2급 백색]부터 [환풍기]까지의 44개 필드를 피벗(Pivot)하시오. (5점)

2. 세부문제1에서 모델링한 데이터를 아래 지시사항에 따라 편집하시오. (15점)

① 데이터 원본 편집 창에서 다음의 지시사항에 따라 데이터를 편집하시오. (5점)
  ▶ 모델링한 논리적 테이블 이름 변경 : 서울시_희망의_집수리_현황
  ▶ 유니온(UNION)으로 결합한 물리적 테이블 이름 변경 : 연도별_현황
  ▶ 데이터 원본 이름 변경 : 서울시_희망의_집수리_사업정보

② [방갯수], [거실유무], [화장실유무] 필드를 이용하여 계산된 필드를 추가하시오. (5점)
  ▶ 계산된 필드 추가 : 원룸여부, 거실여부, 화장실여부
    – [방갯수] 필드가 '2' 이상일 때 '투룸이상'으로 정의하고 '1'일 때 '원룸'으로 정의
    – [거실유무] 필드가 'Y'일 때 '거실_유'로 정의하고 'N'일 때 '거실_무'로 정의
    – [화장실유무] 필드가 'Y'일 때 '화장실_유'로 정의하고 'N'일 때 '화장실_무'로 정의
    – 사용 함수 : IF문
    – 데이터 유형 : 문자형

③ [준공코드]와 [피벗 필드 값] 필드를 이용하여 계산된 필드를 추가하시오. (5점)
  ▶ 계산된 필드 추가 : 준공횟수
    – [준공코드] 필드를 이용하여 준공횟수를 정의
    – 사용 함수 : COUNTD
    – 데이터 유형 : 숫자형
  ▶ 계산된 필드 추가 : 집수리횟수
    – [피벗 필드 값] 필드가 NULL이 아닌 경우 '피벗 필드 값'을 반환하고 아닐 경우 '0'으로 정의
    – 사용 함수 : IIF, ISNULL
    – 데이터 유형 : 숫자형

문제2 단순요소 구현(30점)

| 시각화 완성화면 |

각 세부문제 풀이 후 아래와 같은 결과가 도출되어야 합니다.

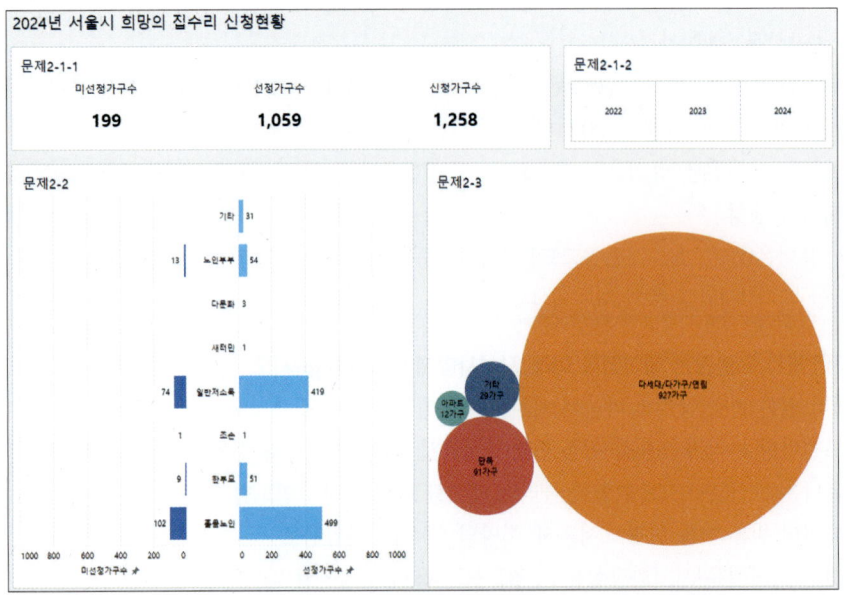

1. '문제2-1-1'과 '문제2-1-2' 시트에서 다음의 작업을 수행하여 카드와 필터 버튼을 구현하시오. (10점)
   ① '문제2-1-1' 시트에 카드와 필터 버튼을 구현하시오. (4점)
      ▶ 다음의 필드를 활용하여 측정값 생성
        – [선정여부] 필드와 관계없이 [신청가구수] 생성
        – [선정여부] 필드가 'Y'일 때 [선정가구수] 생성
        – [선정여부] 필드가 'N'일 때 [미선정가구수] 생성
      ▶ 사용 함수 : IF문
      ▶ 서식 설정
        – 머리글 : 글꼴 크기 '12', 정렬 '가운데'
        – 값 : 글꼴 크기 '20', '굵게', 정렬 '가운데'
        – 맞춤 : 가로 맞춤 '가운데'
        – 테두리 : 행 구분선을 모두 '없음'으로 변경

② '문제2-1-2' 시트에 [신청년도] 필드를 사용하여 필터 버튼을 구현하시오. (3점)
- ▶ [신청년도] 필드의 연도를 기준으로 필터 버튼 구현
  - 연도가 '가로 방향'으로 배치되도록 구현
- ▶ 서식
  - 머리글 표시 해제
  - 맞춤 : 가로 '가운데'
  - 테두리 : 구분선 추가
  - 테두리 색상 : #D4D4D4

③ '문제2-1-2'가 '문제2' 대시보드에서 필터로 작동하도록 동작 기능을 구현하시오. (3점)
- ▶ 동작 : '문제2-1-2'에서 생성한 필터 버튼을 필터로 사용
  - '문제2-1-2' 외에 다른 시트가 필터로 적용되어서는 안 됨
- ▶ 동작 이름 : 연도별_필터
- ▶ 동작 실행 조건 : 선택
- ▶ 선택을 해제할 경우의 결과 : 필터링된 값 유지
- ▶ 기본 선택 : 2024년

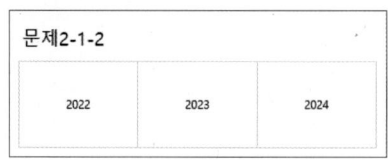

2. '문제2-2' 시트에 나비 차트(Butterfly Chart)를 구현하시오. (10점)

① [대상가구_형태수정] 필드를 생성하시오. (2점)
- ▶ 필드 이름 : 대상가구_형태수정
  - 대상가구 형태가 NULL일 때 '기타'를 반환하고 아닌 경우 대상가구 형태로 반환

② '문제2-2-1' 시트에 [대상가구_형태수정] 필드와 [선정가구수] 필드를 추가하시오. (4점)
- ▶ 세로축 : [대상가구_형태수정] 필드
- ▶ 가로축 : [선정가구수] 필드
- ▶ 색상 : [측정값 이름] 필드를 기준으로 색상 구분, [선정가구수] 필드는 #66CCFF
- ▶ 축 범위 : 사용자 지정 선택
  - 고정된 시작 0부터 고정된 끝 1,000으로 설정

③ '문제2-2-2' 시트에 [대상가구_형태수정]와 [미선정가구수] 필드를 추가하시오. (4점)
- ▶ 세로축 : [대상가구_형태수정] 필드
  - 머리글 표시 해제
- ▶ 가로축 : [선정가구수] 필드
- ▶ 색상 : [측정값 이름] 필드를 기준으로 색상 구분, [미선정가구수] 필드는 #008FF7
- ▶ 축 범위 : 사용자 지정 선택
  - 고정된 시작 0부터 고정된 끝 1,000으로 설정
- ▶ 축 눈금 : 반전 선택

3. '문제2-3' 시트에 다음의 작업을 수행하여 버블 차트를 구현하시오. (5점)
   ① '문제2-3' 시트에 버블 차트를 생성하시오. (2점)
      ▶ 표시 설정 : 원
      ▶ 크기 : [선정가구수] 필드
   ② 레이블, 색상을 설정하시오. (3점)
      ▶ 레이블
         − 서식 : 주택유형을 표현하고 줄바꿈한 후 000가구로 표현
         − 글자색을 자동으로 설정
         − 레이블이 다른 마크와 겹치도록 허용 옵션을 허용
      ▶ 색상 : [주택유형] 필드

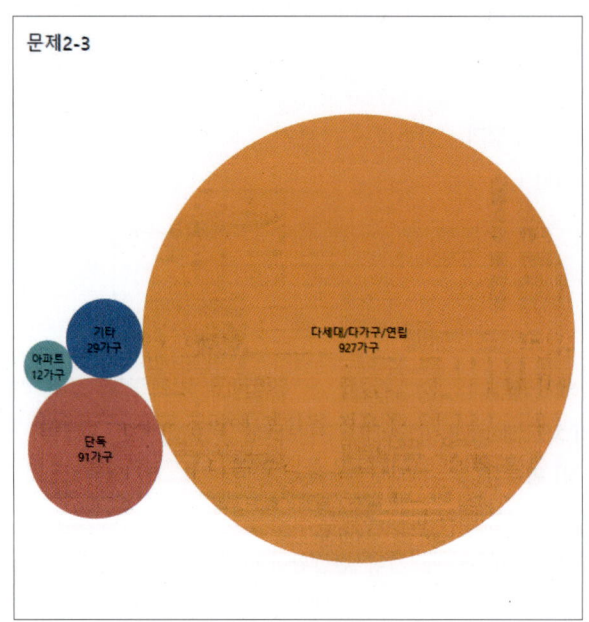

4. 통합 문서 및 '문제2' 대시보드의 서식을 설정하시오. (5점)
   ① 전체 통합 문서의 서식을 변경하시오. (2점)
      ▶ 통합 문서 서식 변경
         − 전체 글꼴 : '맑은 고딕'
         − 전체 글꼴 색상 : #000000
   ② '문제2' 대시보드의 백그라운드 색상과 제목의 레이아웃을 변경하시오. (3점)
      ▶ '문제2' 대시보드의 항목 계층 중 '바둑판식' 항목의 백그라운드 색상을 "#F5F5F5"로 변경
      ▶ 대시보드의 제목("2024년 서울시 희망의 집수리 신청현황") 개체(텍스트)의 레이아웃
         − 개체 이름 작성 : "2024년 서울시 희망의 집수리 신청현황"
         − 바깥쪽 여백을 위쪽 '10', 왼쪽 '10', 아래쪽 '10', 오른쪽 '10'으로 변경

문제3 복합요소 구현(40점)

| 시각화 완성화면 |

각 세부문제 풀이 후 아래와 같은 결과가 도출되어야 합니다.

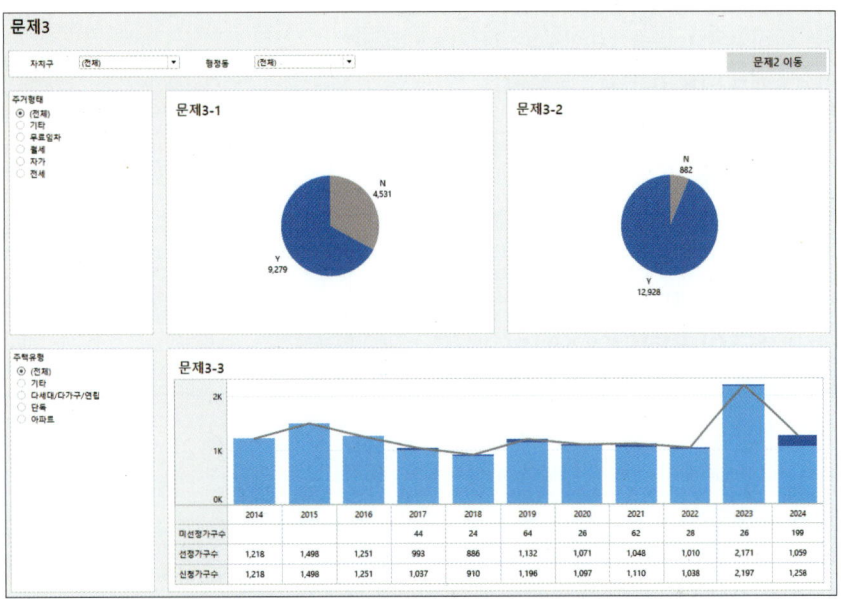

1. '문제3-1' 시트에 다음의 작업을 수행하여 파이 차트를 구현하시오. (10점)

   ① '문제3-1' 시트에 [거실유무] 필드를 이용하여 파이 차트를 구현하시오. (5점)

   ▶ [거실유무]별 [신청가구수]의 비중을 나타내는 파이 차트 구현

   ▶ 마크 설정
      - 레이블1 : [거실유무]
      - 레이블2 : [신청가구수]

   ② 차트의 색상을 설정하시오. (5점)

   ▶ [거실유무] 필드를 기준으로, Y일 때 색상 : #008FF7
   ▶ [거실유무] 필드를 기준으로, N일 때 색상 : #BAB0AC

2. '문제3-2' 시트에 파이 차트를 구현하시오. (10점)

   ① '문제3-2' 시트에 [화장실유무] 필드를 이용하여 파이 차트를 구현하시오. (5점)

   ▶ [화장실유무]별 [신청가구수]의 비중을 나타내는 파이 차트 구현

   ▶ 마크 설정
      - 레이블1 : [화장실유무]
      - 레이블2 : [신청가구수]

   ② 차트의 색상을 설정하시오. (5점)

   ▶ [화장실유무] 필드를 기준으로, Y일 때 색상 : #008FF7
   ▶ [화장실유무] 필드를 기준으로, N일 때 색상 : #BAB0AC

3. '문제3-3-1' 시트와 '문제3-3-2' 시트에 다음의 작업을 수행하여 차트를 구현하고, '문제3' 대시보드에 다음의 설정을 완료하시오. (10점)

① '문제3-3-1' 시트에 혼합 차트를 생성하시오. (5점)
  ▶ 가로 : [신청년도]
    – [신청년도]를 불연속형으로 표현
  ▶ 세로 : [미선정가구수], [선정가구수], [신청가구수]
    – [신청가구수]를 선 그래프로 표현
    – [선정가구수]와 [미선정가구수]를 누적 막대 차트로 표현
    – 축 제목 없음
  ▶ 색상(단, 문제2-2에서 색상을 변경한 경우 [신청가구수] 필드만 변경)
    – [미선정가구수] 필드는 #008FF7
    – [선정가구수] 필드는 #66CCFF
    – [신청가구수] 필드는 #999999
  ▶ 테두리 서식 : 테두리 색상은 #D0D0D0
  ▶ 머리글 서식 : 음영 색상은 #F5F5F5

② '문제3-3-2' 시트에 텍스트 테이블을 구현하시오. (5점)
  ▶ 가로 : [신청년도]
  ▶ 세로 : [미선정가구수], [선정가구수], [신청가구수]
  ▶ 레이블 : [신청년도]별 [미선정가구수], [선정가구수], [신청가구수]
  ▶ 테두리 서식 : 테두리 색상은 #D0D0D0
  ▶ 머리글 서식 : 음영 색상은 #F5F5F5
  ▶ 필드 레이블 서식 : 음영 색상은 #F5F5F5

4. '문제3' 대시보드에 다음의 작업을 수행하여 동적(Interactive) 대시보드를 구현하시오. (10점)
① '문제2' 대시보드로 이동하는 "버튼"을 구현하시오. (3점)
  ▶ 버튼 내용 : "문제2 이동"
    – 백그라운드 : #E6E6E6
  ▶ 위치 : 상단 빈 레이아웃의 가장 오른쪽
② 대시보드 상단에 '자치구'와 '행정동' 필터를 생성하시오. (4점)
  ▶ [자치구] 필터 동작 설정
    – 대시보드 상단에 '자치구' 필터를 배치
    – '문제3-1' 시트와 '문제3-2' 시트에 동작
    – '문제3-3-1' 시트와 '문제3-3-2' 시트에 동작
  ▶ [행정동] 필터 동작 설정
    – 대시보드 상단에 '자치구' 필터를, 뒤에 '행정동' 필터를 배치
    – [행정동] 필터는 [자치구] 필터 선택에 따라 관련된 값만 나타나도록 설정
    – '문제3-1' 시트와 '문제3-2' 시트에 동작
    – '문제3-3-1' 시트와 '문제3-3-2' 시트에 동작

③ 대시보드 왼쪽에 '주거형태'와 '주택유형' 필터를 생성하시오. (3점)
- ▶ [주거형태] 필터 동작 설정
  - 대시보드 좌측 상단에 '주거형태' 필터를 배치
  - '문제3-1' 시트와 '문제3-2' 시트에 동작
- ▶ [주택유형] 필터 동작 설정
  - 대시보드 좌측 하단에 '주택유형' 필터 배치
  - '문제3-3-1' 시트와 '문제3-3-2' 시트에 동작

| 풀이 1 | 작업준비 | 30점 |

1 답안 파일을 열고 다음의 지시사항에 따라 작업을 수행하시오.

① 연결 패널을 이용하여 데이터 파일을 추가하시오.

01 바탕 화면 > 유선배 경영정보시각화능력 실기(Tableau) 실습 자료 > Part3_모의고사_4회 > 4회 _답안.twbx를 **더블클릭**하여 답안 파일을 실행합니다. 상단에 태블로 마크 모양의 **시작 페이지 표시**()를 클릭하여 연결 패널로 이동합니다.

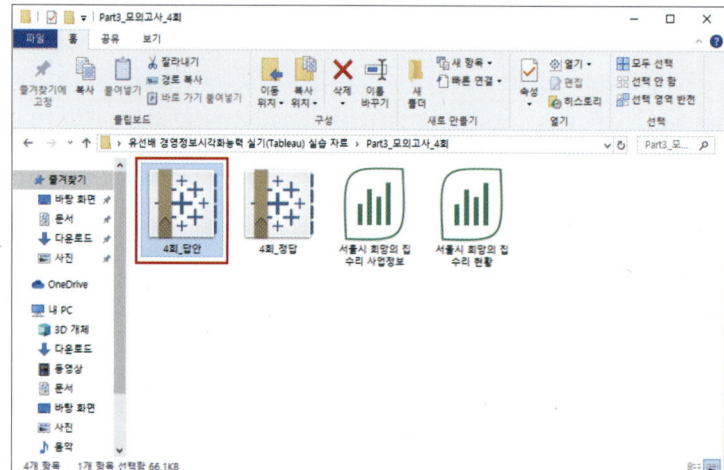

02 **연결**에서 **파일에 연결** > **Microsoft Excel**을 클릭한 후 파일 경로 위치는 **바탕 화면** > **유선배 경영정보시각화능력 실기(Tableau) 실습 자료** > **Part3_모의고사_4회** > **서울시 희망의 집수리 사업정보.xlsx**를 선택한 후 **열기**를 클릭합니다.

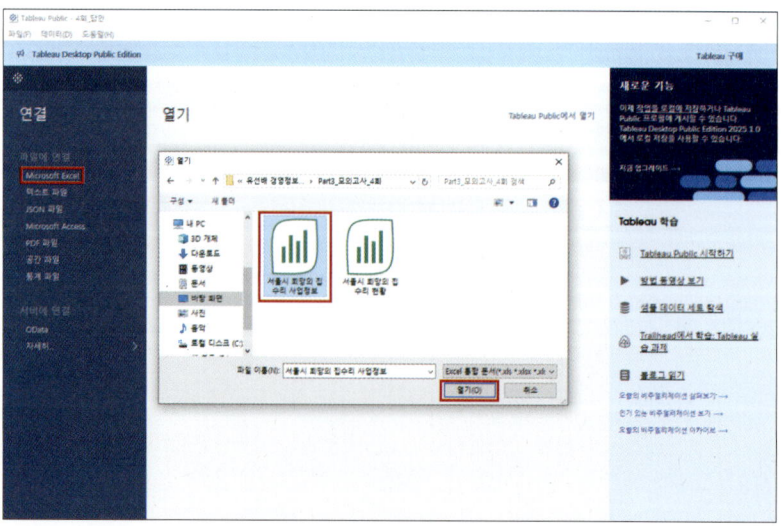

② 데이터 원본 편집 창에서 〈2022년〉, 〈2023년〉, 〈2024년〉, 〈준공항목〉 테이블을 결합하시오.

01 **새 유니온**을 캔버스로 **드래그 앤 드롭**하여 **2022년 시트**와 **2023년 시트**, **2024년 시트**를 **유니온 팝업 창**에 차례대로 **드래그 앤 드롭**한 후 **확인**을 눌러 마무리합니다.

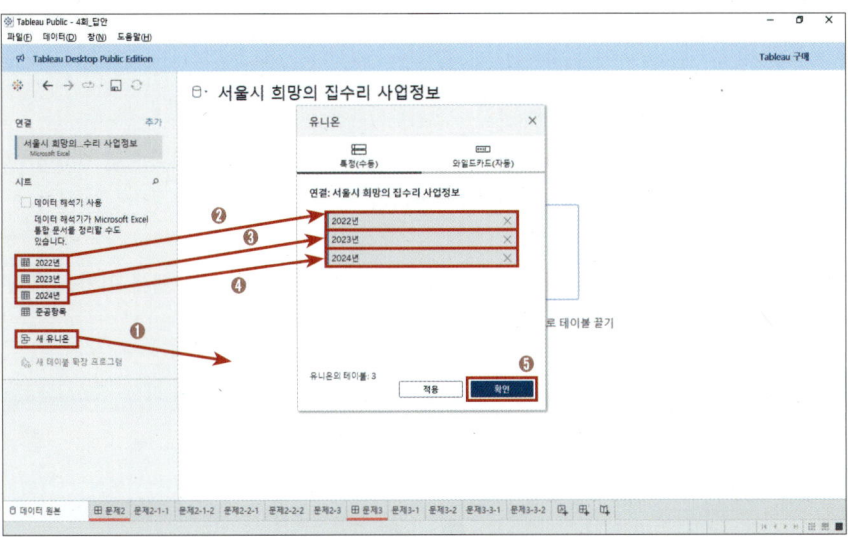

02 결합한 **논리적 테이블 유니온**을 **더블클릭**한 후 **준공항목**을 유니온 창의 **빈 곳**으로 **드래그 앤 드롭**합니다.

03 왼쪽 조인(LEFT JOIN)으로 변경하기 위해 **벤 다이어그램**을 클릭하고 내부에서 **왼쪽**으로 변경합니다. 하단의 **데이터 원본**에는 **준공코드**, **준공항목**에는 **준공코드 (준공항목)**으로 맞게 설정되어 있는지 확인합니다. 조인 팝업 창의 오른쪽 상단 ⊠을 눌러 창을 닫습니다.

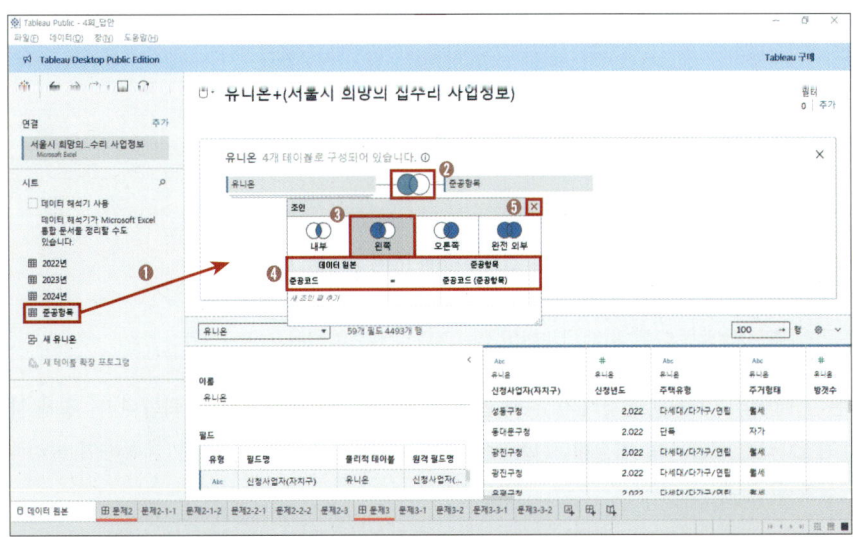

준공항목을 유니온 창으로 불러오는 과정에서 기존에 데이터 원본에 대응하는 필드를 판단하여 자동으로 연결되는 것을 볼 수 있습니다. 다만, 이 연결이 정상적으로 입력되었는지 확인하고 다르게 입력되었다면 맞는 형태로 조인 절을 수정합니다.

③ [ks2급 백색]부터 [환풍기]까지의 44개 필드를 피벗(Pivot)하시오.

01 데이터 그리드에 있는 **[Ks2급 백색]** 필드의 머리글을 클릭합니다. 오른쪽으로 이동한 후 **Shift**를 누른 상태에서 **[환풍기]** 필드의 머리글을 클릭합니다.

02 음영이 나타난 필드의 머리글을 **마우스 우클릭**합니다. 나타난 팝업 메뉴에서 **피벗**을 클릭합니다.

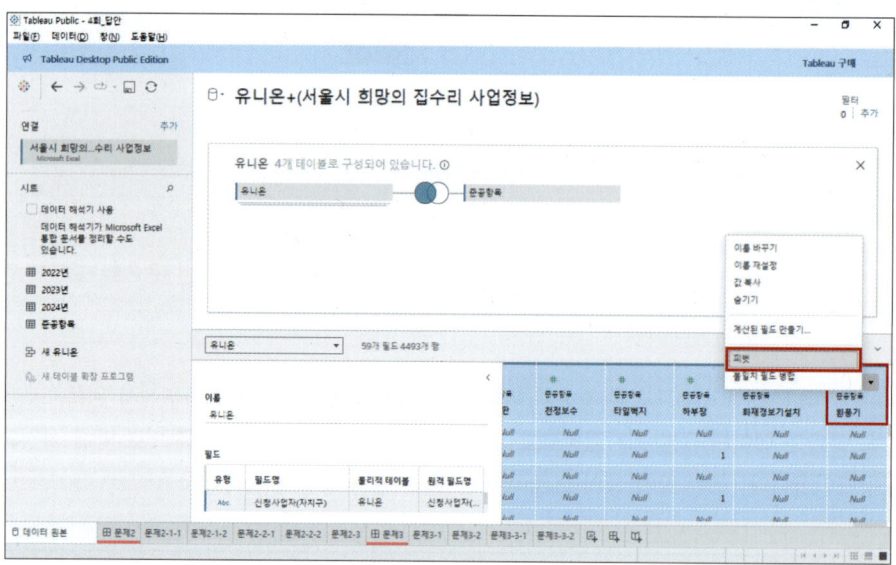

음영 처리된 필드 중 아무 필드에서나 머리글을 마우스 우클릭하여도 피벗이 가능합니다.

2 세부문제1에서 모델링한 데이터를 아래 지시사항에 따라 편집하시오.

① 데이터 원본 편집 창에서 다음의 지시사항에 따라 데이터를 편집하시오.

01 유니온한 데이터 이름을 변경하기 위해 **물리적 테이블 유니온**을 **더블클릭**합니다. 전체 내용을 삭제한 뒤 **연도별_현황**으로 변경하고 **Enter**를 누릅니다. 우측 상단의 ☒를 클릭하여 물리적 테이블 편집 창을 닫습니다.

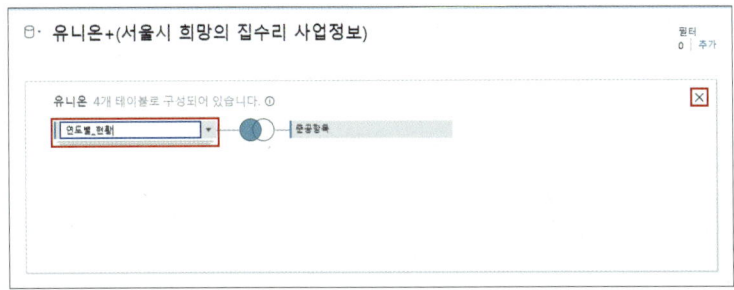

02 논리적 테이블 유니온을 마우스 우클릭합니다. 나타난 팝업 메뉴에서 **이름 바꾸기**를 클릭합니다. **서울시_희망의_집수리_현황**으로 변경하고 **Enter**를 누릅니다.

03 데이터 원본 이름을 변경하기 위해 데이터 원본 페이지 상단 **제목**을 **클릭**합니다. 전체 내용을 삭제한 뒤 **서울시_희망의_집수리_사업정보**로 변경하고 **Enter**를 누릅니다.

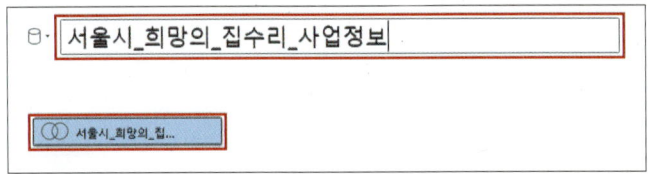

② [방갯수], [거실유무], [화장실유무] 필드를 이용하여 계산된 필드를 추가하시오.

01 데이터 그리드의 **[방갯수] 필드**의 머리글을 **마우스 우클릭**합니다. 나타난 팝업 메뉴에서 **계산된 필드 만들기**를 클릭합니다.

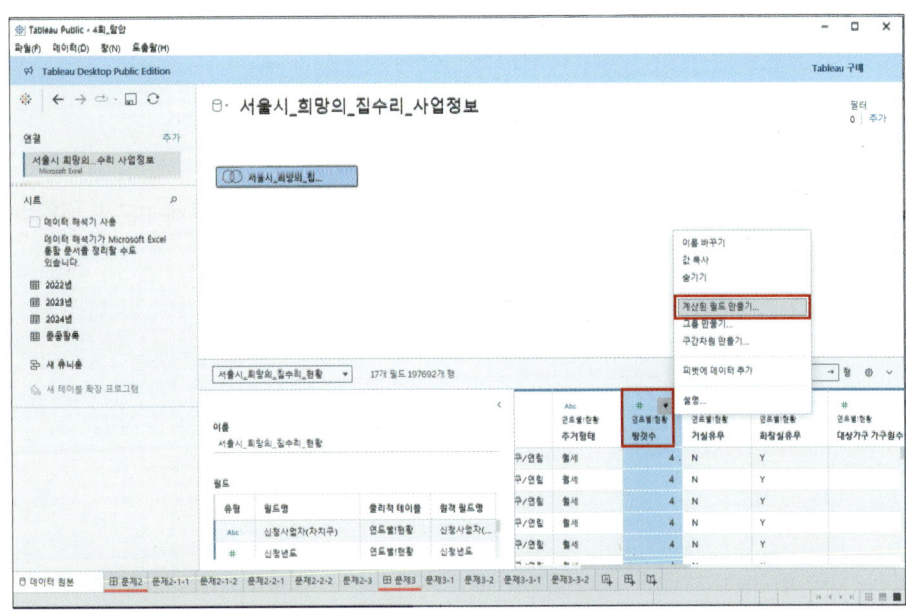

02 나타난 **계산된 필드 만들기 팝업 창**에서 상단의 필드 **이름**을 **원룸여부**로 입력합니다.

03 [원룸여부] 필드는 방 개수에 따라 2개 이상일 경우 투룸이상, 1개인 경우에는 원룸을 반환하기 위해 **IF문**을 사용하여 다음 수식을 입력하고 **확인**을 클릭합니다.

```
IF [방갯수]>=2 THEN '투룸이상' ELSE '원룸' END
```

04 데이터 그리드의 [거실유무] 필드의 머리글을 **마우스 우클릭**합니다. 나타난 팝업 메뉴에서 **계산된 필드 만들기**를 클릭합니다.

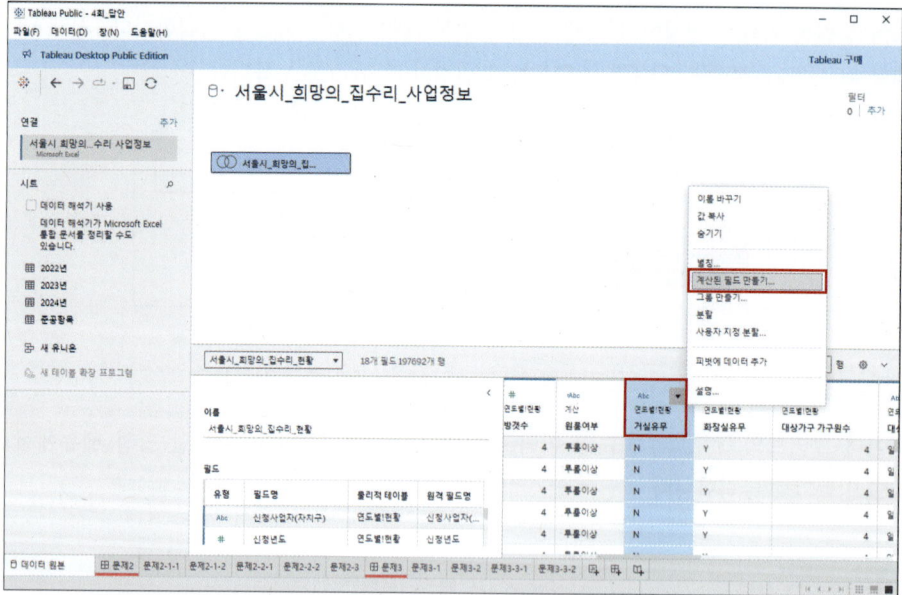

05 나타난 계산된 필드 만들기 팝업 창에서 **이름**을 **거실여부**로 입력합니다.

06 [거실여부] 필드는 거실유무에 따라 거실_유 또는 거실_무로 반환하기 위해 **IF문**을 사용하여 다음 수식을 입력하고 **확인**을 클릭합니다.

```
IF [거실유무] = 'Y' THEN '거실_유' ELSE '거실_무' END
```

07 데이터 그리드의 [화장실유무] 필드의 머리글을 마우스 우클릭합니다. 나타난 팝업 메뉴에서 **계산된 필드 만들기**를 클릭합니다.

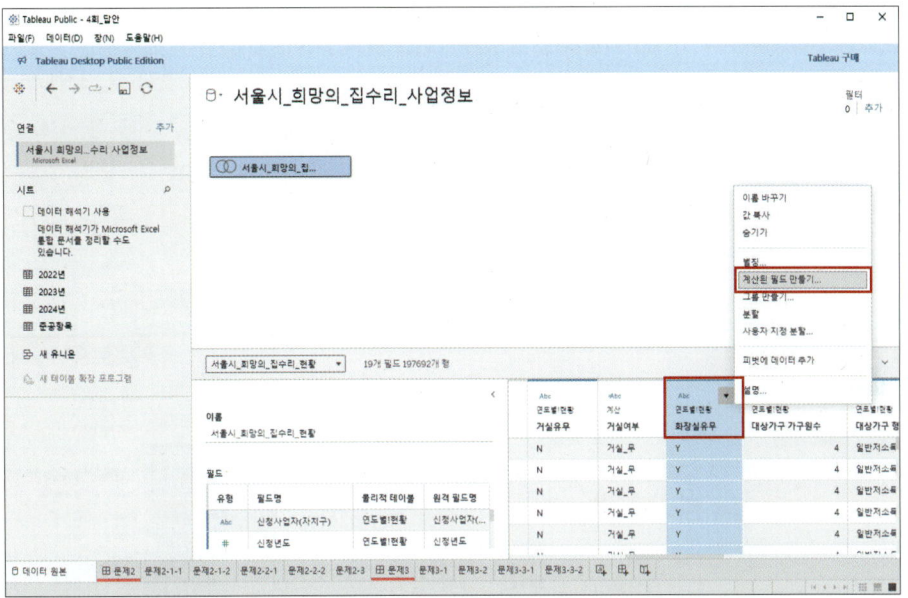

08 나타난 **계산된 필드 만들기 팝업 창**에서 **이름**을 화장실여부로 입력합니다.

09 [화장실여부] 필드는 화장실유무에 따라 화장실_유 또는 화장실_무로 반환하기 위해 **IF문**을 사용하여 다음 수식을 입력하고 **확인**을 클릭합니다.

> IF [화장실유무] = 'Y' THEN '화장실_유' ELSE '화장실_무' END

③ [준공코드]와 [피벗 필드 값] 필드를 이용하여 계산된 필드를 추가하시오.

01 데이터 그리드의 [준공코드] 필드의 머리글을 **마우스 우클릭**합니다. 나타난 팝업 메뉴에서 **계산된 필드 만들기**를 클릭합니다.

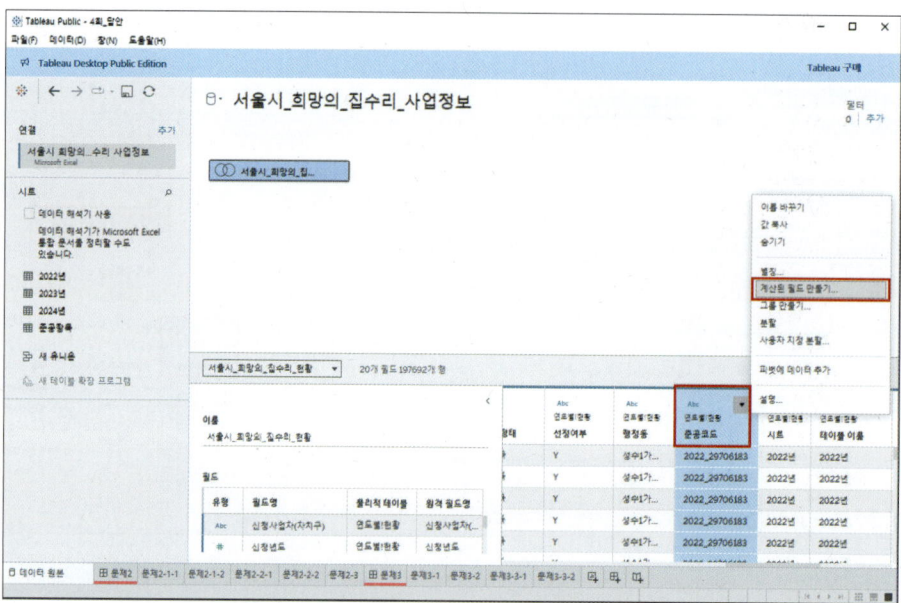

02 나타난 **계산된 필드 만들기 팝업 창**에서 **이름**을 **준공횟수**로 입력합니다.

03 [준공횟수] 필드는 준공코드를 활용하여 고유건수를 반환하기 위해 **COUNTD 함수**를 사용하여 다음 수식을 입력하고 **확인**을 클릭합니다.

```
COUNTD([준공코드])
```

04 데이터 그리드의 [피벗 필드 값] 필드의 머리글을 **마우스 우클릭**합니다. 나타난 팝업 메뉴에서 **계산된 필드 만들기**를 클릭합니다.

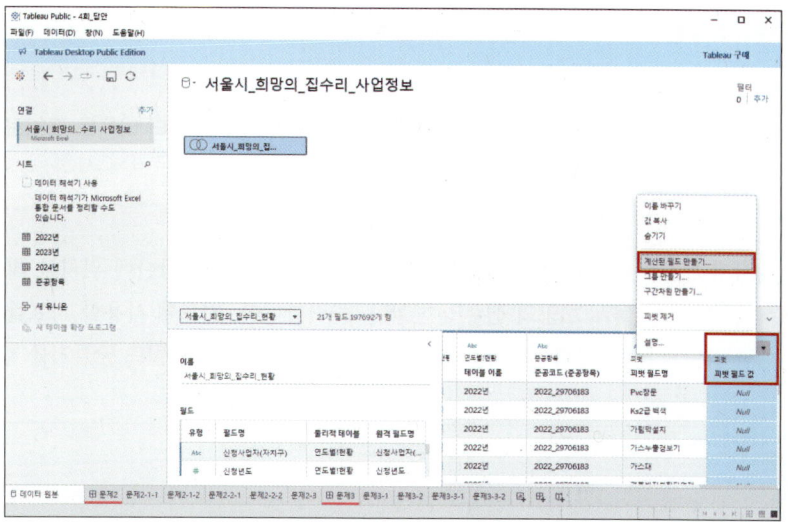

05 나타난 **계산된 필드 만들기 팝업 창**에서 **이름**을 **집수리횟수**로 입력합니다.

06 [집수리횟수] 필드는 [피벗 필드 값] 필드가 NULL이 아닌 경우 피벗 필드 값을 반환하고 아닐 경우 0으로 반환하기 위해 **IF문**을 사용하여 다음 수식을 입력하고 **확인**을 클릭합니다.

```
IF ISNULL([피벗 필드 값]) THEN 0 ELSE [피벗 필드 값] END
```

07 메타 데이터 그리드에 필드가 문제의 지시대로 입력된 것을 확인할 수 있습니다.

| 풀이 2 | 단순요소 구현 | 30점 |

1 '문제2-1-1'과 '문제2-1-2' 시트에서 다음의 작업을 수행하여 카드와 필터 버튼을 구현하시오.

① '문제2-1-1' 시트에 카드와 필터 버튼을 구현하시오.

01 하단 탭에서 **문제2-1-1**을 클릭하여 해당 시트로 이동합니다. 좌측 상단에 위치한 데이터 원본 목록 중에서 **수리현황(서울시 희망의 집수리 현황)**을 클릭합니다. 카드에 사용할 지표를 만들기 위해 데이터 패널 상단의 ▼을 클릭합니다. 나타난 팝업 메뉴에서 **계산된 필드 만들기**를 클릭합니다.

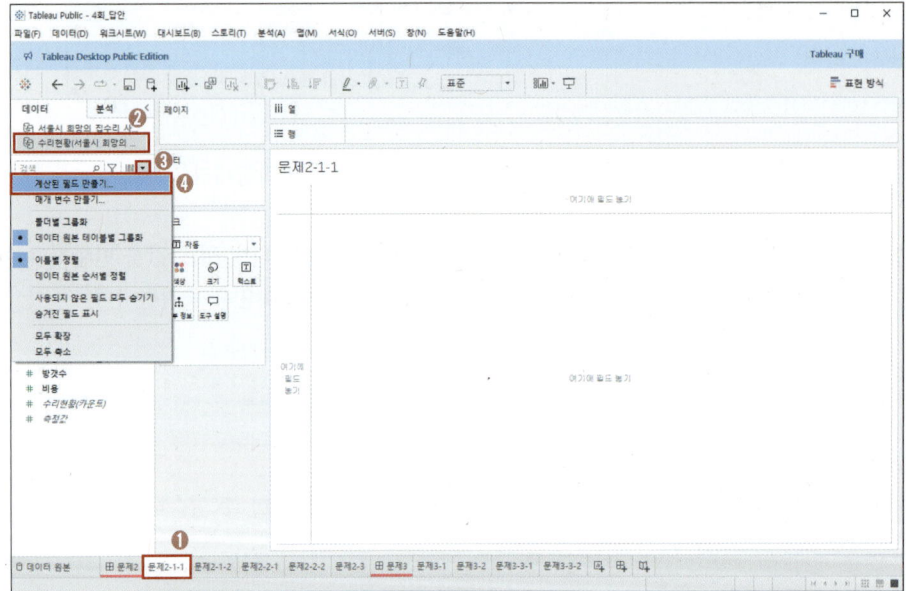

02 나타난 **계산된 필드 만들기 팝업 창**에서 상단에 필드 **이름**을 **신청가구수**로 입력합니다.

03 [신청가구수] 필드는 [선정여부] 필드와 관계없이 건수를 반환하기 위해 **1**을 입력하고 **확인**을 클릭합니다.

04 [선정가구수] 필드를 만들기 위해 데이터 패널 상단의 ▼을 클릭합니다. 나타난 팝업 메뉴에서 **계산된 필드 만들기**를 클릭합니다.

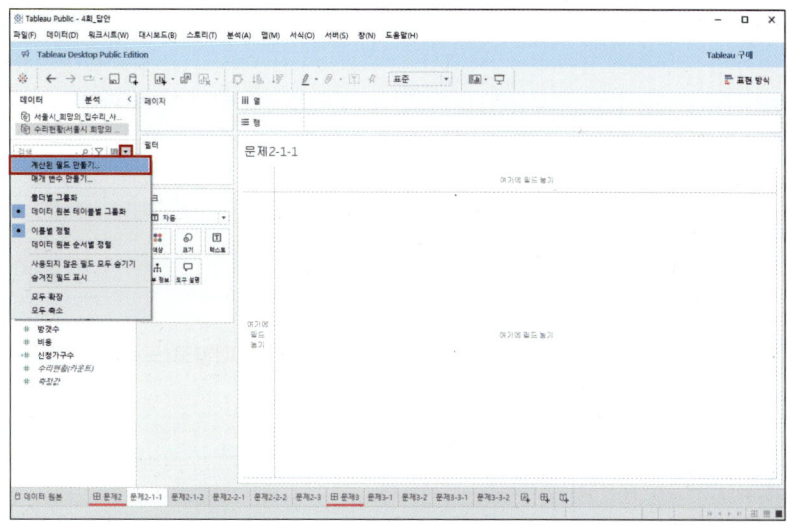

05 나타난 **계산된 필드 만들기 팝업 창**에서 상단에 필드 **이름**을 **선정가구수**로 입력합니다.

06 [선정가구수] 필드는 [선정여부] 필드가 Y일 때 건수를 반환하기 위해 **IF문**을 사용하여 다음 수식을 입력하고 **확인**을 클릭합니다.

> IF [선정여부] = 'Y' THEN 1 END

07 [미선정가구수] 필드를 만들기 위해 데이터 패널 상단의 ▼을 클릭합니다. 나타난 팝업 메뉴에서 **계산된 필드 만들기**를 클릭합니다.

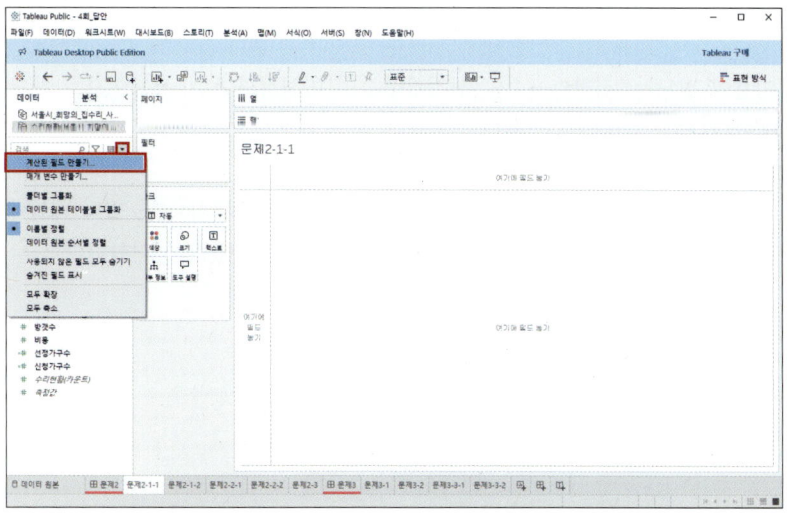

08 나타난 **계산된 필드 만들기 팝업 창**에서 상단에 필드 **이름**을 **미선정가구수**로 입력합니다.

09 [미선정가구수] 필드는 [선정여부] 필드가 N일 때 건수를 반환하기 위해 **IF문**을 사용하여 다음 수식을 입력하고 **확인**을 클릭합니다.

> IF [선정여부] = 'N' THEN 1 END

10 카드를 완성하기 위해 데이터 패널에 [**측정값 이름**] 필드를 **열 패널로 드래그 앤 드롭**하고 [**측정값**] 필드를 마크 패널의 **텍스트로 드래그 앤 드롭**합니다.

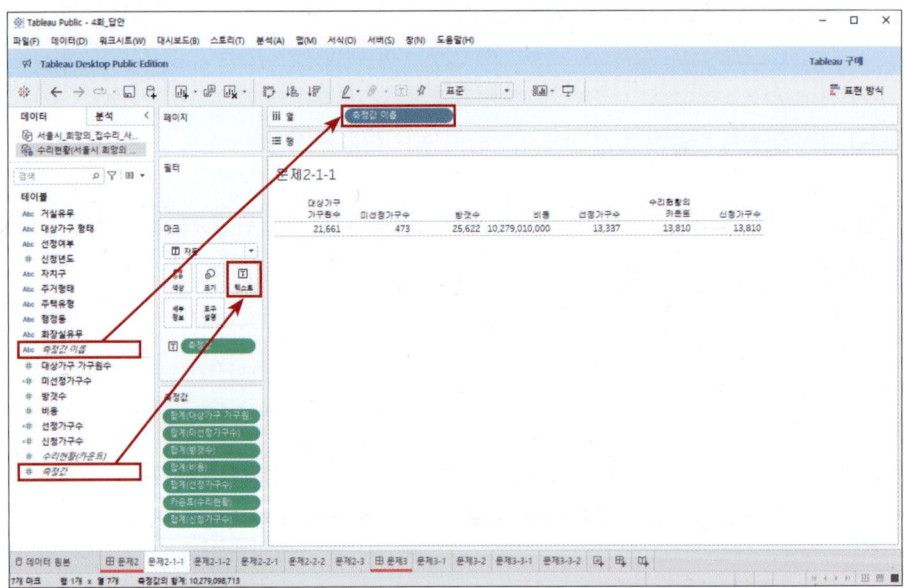

11 카드로 사용할 필드는 [신청가구수], [선정가구수], [미선정가구수] 필드이므로 해당 필드만을 필터링해야 합니다.

12 데이터 패널의 [**측정값 이름**] 필드를 **필터 패널로 드래그 앤 드롭**합니다. 필터 패널에 추가된 **측정값 이름**을 **마우스 우클릭**합니다. 나타난 팝업 메뉴에서 **필터 편집**을 클릭합니다.

13 나타난 **필터 [측정값 이름] 팝업 창**에서 **없음(O)**을 클릭한 후 **미선정가구수**와 **선정가구수, 신청가구수**만 **체크**하고 **확인**을 클릭하여 필터링을 수행합니다.

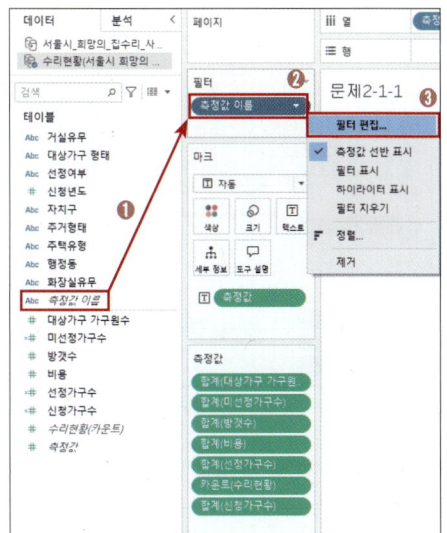

14 카드 형식으로 표현하기 위해 **머리글**을 마우스 우클릭하여 **서식**을 클릭합니다. **측정값 이름 서식 창**에서 **머리글** 탭의 **기본값 > 글꼴 박스**를 클릭하여 나타난 팝업 창에서 크기를 **12**로 지정합니다. 빈 곳을 클릭하여 팝업 창을 닫은 후 **맞춤 박스**를 클릭하여 **가로 > ≡**을 클릭합니다. 빈 곳을 클릭하여 팝업 창을 닫고, 서식 창의 우측 상단 ⊠를 클릭하여 서식 창도 닫습니다.

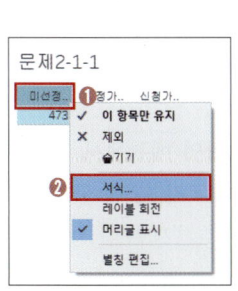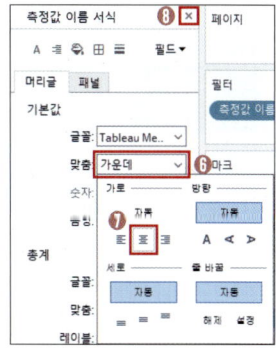

시트에 위치한 3개의 데이터 중 어떤 데이터의 머리글을 마우스 우클릭하여 서식을 누르더라도 같은 서식 창으로 이동합니다.

15 상단 툴바 우측의 **맞춤**을 표준에서 **전체 보기**로 변경합니다. 시트에 각 건수를 편집하기 위해 **마크 패널**의 **텍스트**를 클릭합니다. 나타난 팝업 창에서 **맞춤 박스**를 클릭하여 **가로** > 를 클릭합니다.

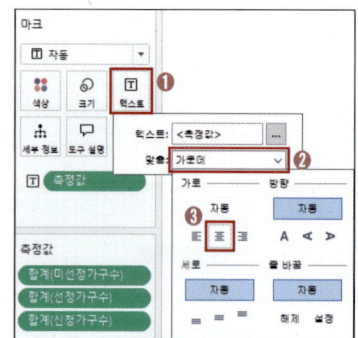

16 텍스트 팝업 창에서 을 클릭합니다. 나타난 **레이블 편집 팝업 창**에서 입력되어 있는 **〈측정값〉** 전체를 드래그하고 **글꼴 크기**를 **20, 굵게** 설정한 후 **확인**을 누릅니다. 빈 곳을 클릭하여 팝업 창을 닫습니다.

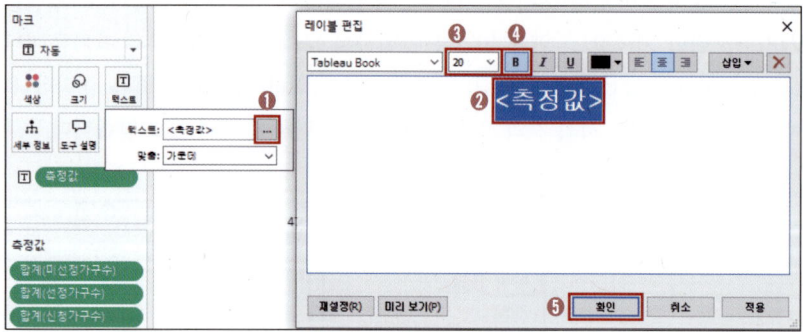

17 구분선을 제거하기 위해 시트의 **셀**을 **마우스 우클릭**하여 나타난 팝업 메뉴에서 **서식**을 클릭합니다. 왼쪽 사이드 바에 나타난 **글꼴 서식 창**에서 네 번째 아이콘인 **테두리(田)**를 클릭합니다.

Tip

시트에 위치한 3개의 데이터 중 어떤 데이터의 셀을 마우스 우클릭하여 서식을 누르더라도 같은 서식 창으로 이동합니다.

18 **시트** 탭의 **행 구분선** > **패널 박스**를 클릭하여 실선에서 **없음**으로 변경합니다. 빈 곳을 클릭하여 팝업 창을 닫습니다. 행 구분선의 머리글도 자동으로 없음으로 변경되며 시트에 선이 안보이도록 처리됩니다. 서식 창의 우측 상단 ⊠를 클릭하여 서식 창을 닫습니다.

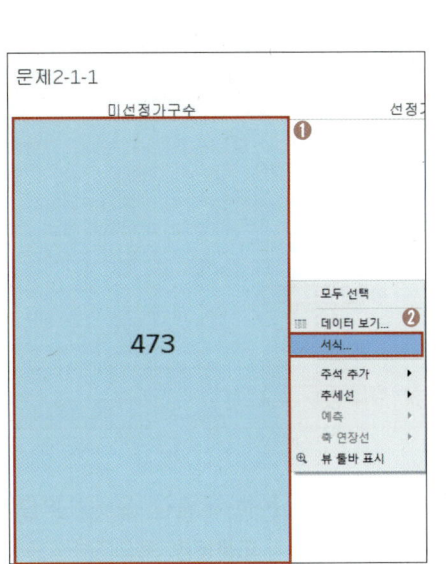 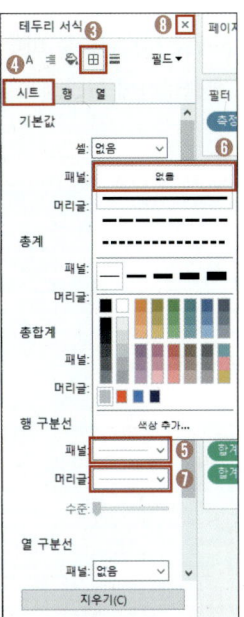

19 차트가 문제의 지시대로 완성된 것을 확인할 수 있습니다.

문제2-1-1		
미선정가구수	선정가구수	신청가구수
473	13,337	13,810

② '문제2-1-2' 시트에 [신청년도] 필드를 사용하여 필터 버튼을 구현하시오.

01 하단 탭에서 **문제2-1-2**를 클릭하여 해당 시트로 이동합니다. 필터 버튼을 구성하기 위해 데이터 패널의 [신청년도] 필드를 **열 패널**로 **드래그 앤 드롭**합니다.

02 열 패널에 추가된 **신청년도**를 **마우스 우클릭**합니다. 나타난 팝업 메뉴에서 **불연속형**을 클릭하고 다시 **마우스 우클릭**하여 **머리글 표시**를 클릭해 체크 해제합니다.

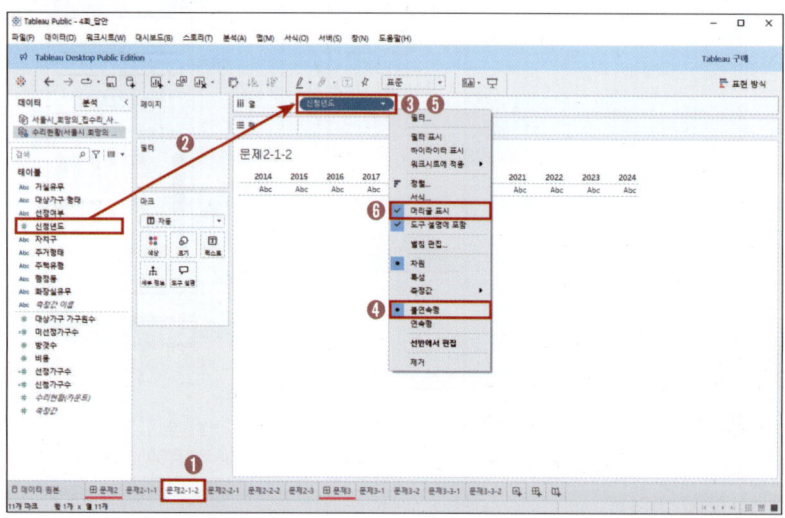

03 상단 툴바 우측의 **맞춤**을 표준에서 **전체 보기**로 변경합니다. 2022년부터 2024년만 필터링하기 위해 데이터 패널의 [신청년도] 필드를 **필터 패널**로 **드래그 앤 드롭**합니다. 나타난 필터 [신청년도] **팝업 창**에서 **값 범위**의 **왼쪽 박스**에 **2022**를 입력하고 **확인**을 눌러 설정을 적용합니다.

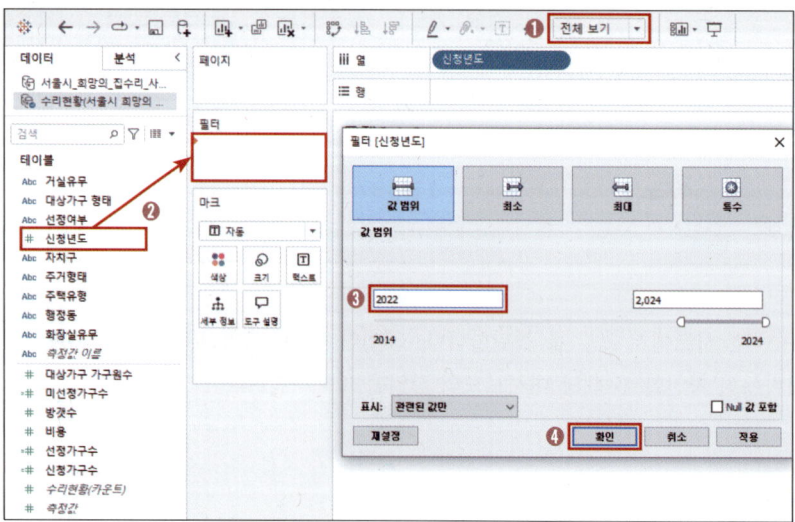

04 데이터 패널의 [신청년도] 필드를 마크 패널의 **텍스트**로 **드래그 앤 드롭**합니다. 마크 패널의 **텍스트**를 클릭하여 나타난 팝업 창에서 **맞춤 박스**를 클릭하고 **가로** > 를 클릭합니다. 빈 곳을 클릭하여 팝업 창을 닫습니다.

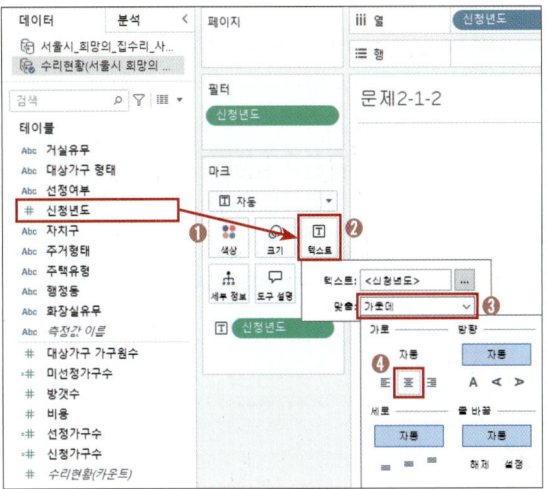

05 버튼처럼 테두리를 만들기 위해 **셀**을 **마우스 우클릭**합니다. 나타난 팝업 메뉴에서 **서식**을 클릭하고 왼쪽 사이드 바에 나타난 **글꼴 서식 창**에서 네 번째 아이콘인 **테두리(▦)**를 클릭하여 **테두리 서식**으로 이동합니다.

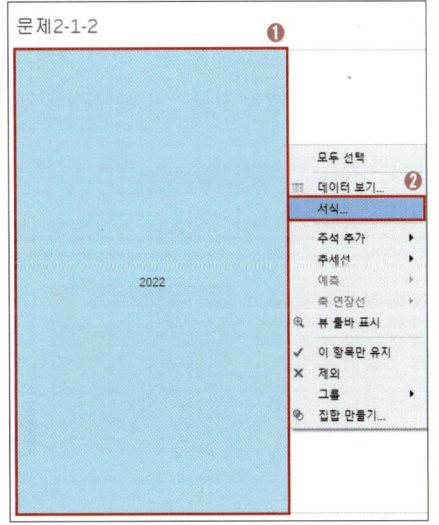
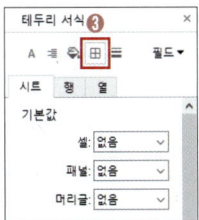

시트에 위치한 3개의 데이터 중 어떤 데이터의 셀을 마우스 우클릭하여 서식을 누르더라도 같은 서식 창으로 이동합니다.

06 테두리 서식에서 **시트** 탭의 **행 구분선**에 있는 **패널 박스**를 클릭합니다. **색상 추가**를 클릭하여 나타난 팝업 창에서 HTML(H) 옆에 색상 코드 **#D4D4D4**를 입력하고 **확인**을 클릭합니다. 빈 곳을 클릭하여 팝업 창을 닫으면 행 구분선 머리글의 서식도 함께 변경된 것을 확인할 수 있습니다.

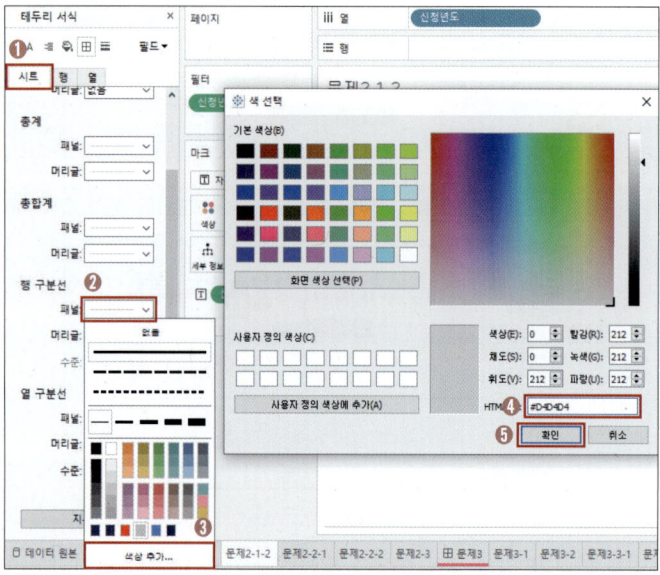

07 이어서 **열 구분선**에 있는 **패널 박스**를 클릭합니다. 먼저 실선을 클릭하고 **색상 추가**를 클릭하여 나타난 팝업 창에서 HTML(H) 옆에 색상 코드 **#D4D4D4**를 입력한 후 **확인**을 클릭합니다. 빈 곳을 클릭하여 팝업 창을 닫으면 열 구분선 머리글의 서식도 함께 변경된 것을 확인할 수 있습니다. **열 구분선 > 수준**의 **슬라이더**를 **오른쪽**으로 옮기면 세분화된 열 구분선이 표시되며 나누어 그릴 수 있습니다. 모두 완료되었다면 서식 창의 우측 상단 ☒을 클릭하여 서식 창도 닫습니다.

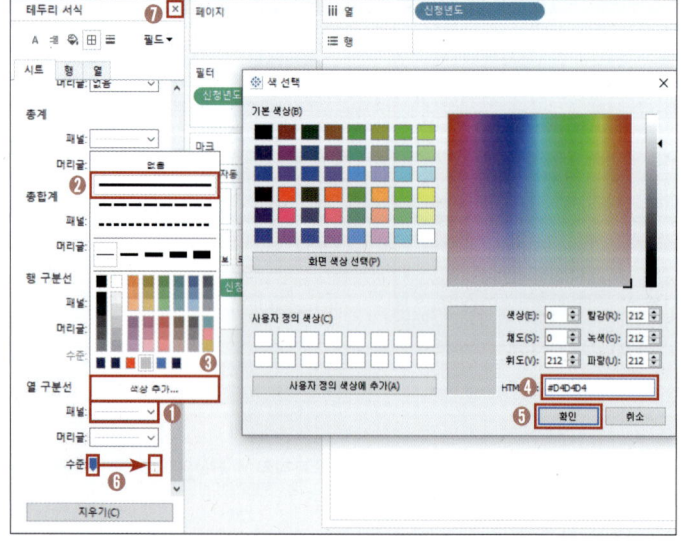

08 차트가 문제의 지시대로 완성된 것을 확인할 수 있습니다.

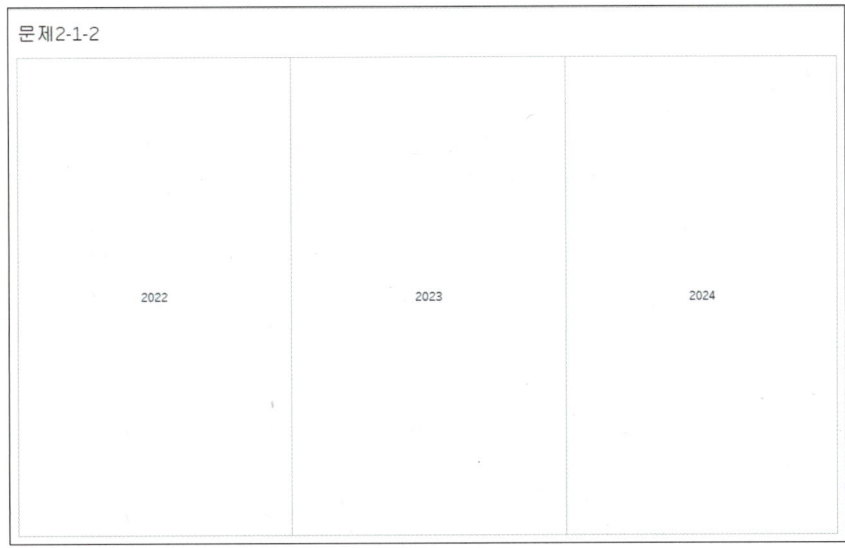

③ '문제2-1-2'가 '문제2' 대시보드에서 필터로 작동하도록 동작 기능을 구현하시오.

01 하단 탭에서 **문제2**를 클릭하여 해당 대시보드로 이동합니다. 문제2-1-2 시트를 클릭했을 때 필터 동작을 구현하기 위해 상단 메뉴의 **대시보드(B) > 동작(I)**을 클릭합니다.

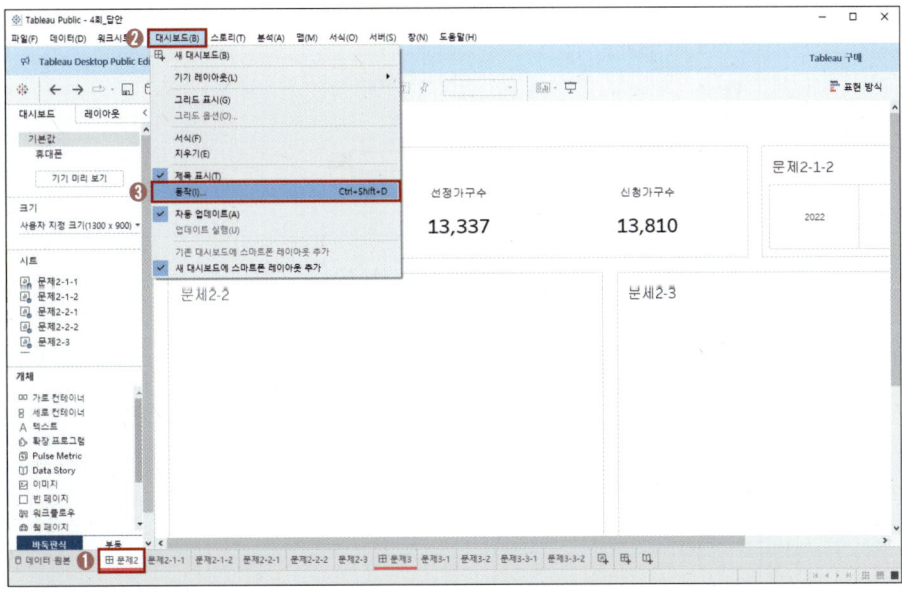

CHAPTER 04 | 실전 모의고사 4회   231

02 나타난 동작 팝업 창에서 **동작 추가 > 필터**를 클릭합니다. 나타난 필터 동작 추가 팝업 창에서 **이름**을 **연도별_필터**로 정의합니다.

03 **원본 시트**에 문제2-1-2만 남기고 문제2-3까지 모두 **체크 해제**하고 **동작 실행 조건**을 **선택**으로 설정합니다. 이때 **대상 시트**는 문제2-1-2만 체크 해제합니다. 단, **선택을 해제할 경우의 결과**는 필터링된 값이 유지될 수 있도록 **필터링된 값 유지**가 클릭되어 있는지 확인하고 **확인**을 클릭합니다. 동작 팝업 창의 **확인**을 클릭하여 설정을 마무리합니다.

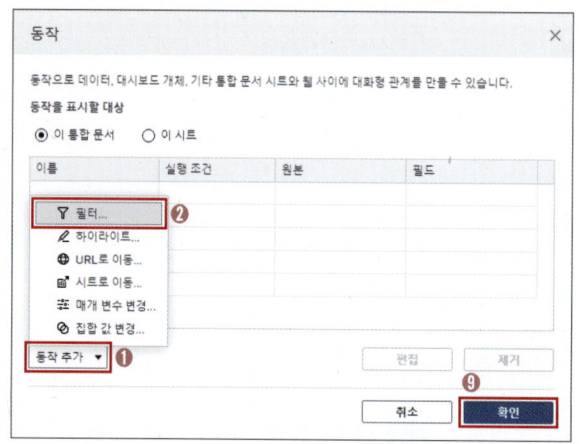

2 '문제2-2-1' 시트에 나비 차트(Butterfly Chart)를 구현하시오.

① [대상가구_형태수정] 필드를 생성하시오.

01 하단 탭에서 **문제2-2-1**을 클릭하여 해당 시트로 이동합니다. [대상가구_형태수정] 필드를 만들기 위해 데이터 패널 상단의 ▼을 클릭합니다. 나타난 팝업 메뉴에서 **계산된 필드 만들기**를 클릭합니다.

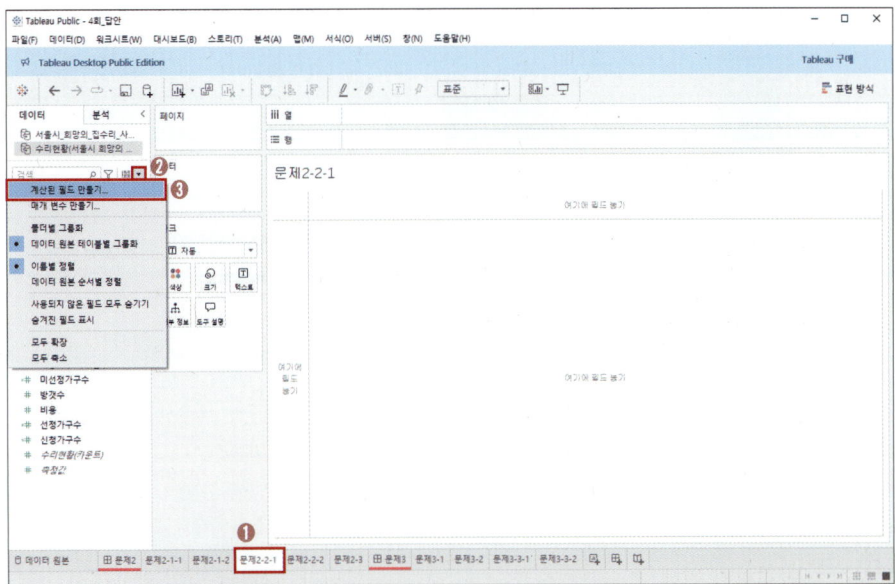

02 나타난 **계산된 필드 만들기 팝업 창**에서 상단에 필드 **이름**을 **대상가구_형태수정**으로 입력합니다.

03 [대상가구_형태수정] 필드는 대상가구 형태가 NULL일 때 기타를 반환하고 아닌 경우 [대상가구 형태] 필드 값으로 반환하기 위해 **IIF, ISNULL 함수**를 사용하여 다음 수식을 입력하고 **확인**을 클릭합니다.

IIF(ISNULL([대상가구 형태]), '기타', [대상가구 형태])

② '문제2-2-1' 시트에 [대상가구_형태수정] 필드와 [선정가구수] 필드를 추가하시오.

01 나비 차트를 구성하기 위해 데이터 패널의 [선정가구수] 필드를 **열 패널**로 **드래그 앤 드롭**하고 [대상가구_형태수정] 필드를 **행 패널**로 **드래그 앤 드롭**합니다.

02 나비 차트에 색상을 적용하기 위해 데이터 패널의 [측정값 이름] 필드를 마크 패널의 **색상**으로 **드래그 앤 드롭**합니다.

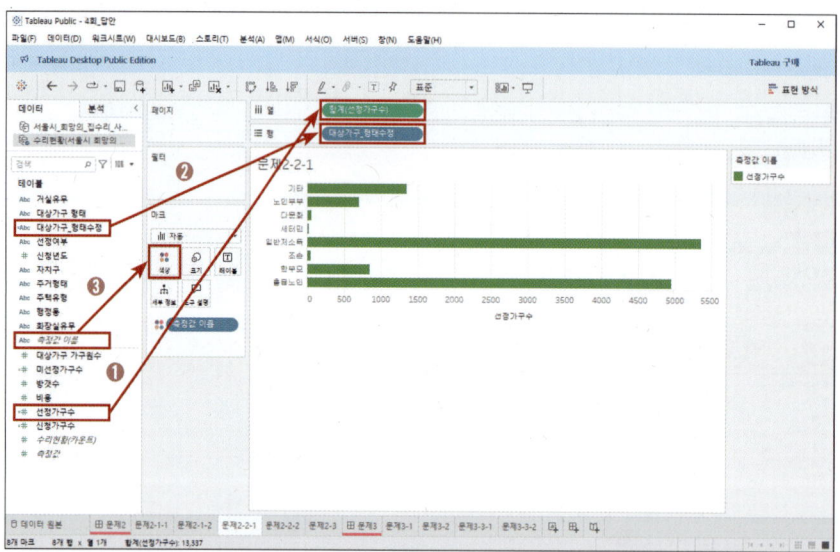

03 마크 패널의 **색상**을 클릭하고 나타난 팝업 창에서 **색상 편집**을 실행합니다. **색상 편집 [측정값 이름] 팝업** 창의 **데이터 항목 선택**에서 **선정가구수**를 더블클릭합니다. 나타난 팝업 창에서 HTML(H) 옆에 **#66CCFF**를 입력하고 **확인**을 누릅니다. 색상 편집 팝업 창에서 **확인**을 한 번 더 눌러 설정을 마무리합니다.

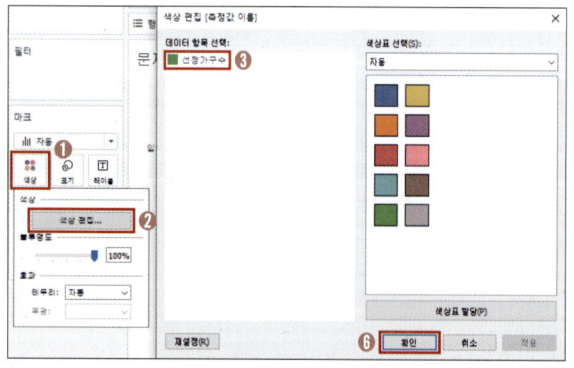
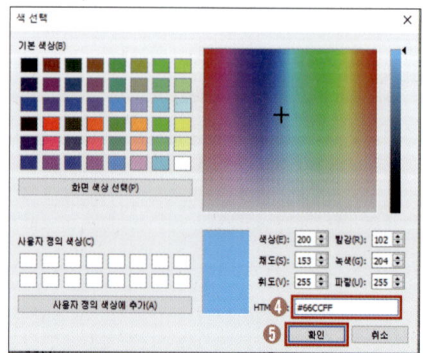

04 막대 한쪽에 레이블을 표시하기 위해 데이터 패널의 [선정가구수] 필드를 마크 패널의 **레이블**에 **드래그 앤 드롭**합니다.

05 나비 차트는 두 시트를 활용해서 만들어야 하기 때문에 축이 고정되어 있지 않으면 잘못된 비교를 할 수 있습니다. 하단의 **가로축을 마우스 우클릭**하고 나타난 팝업 메뉴에서 **축 편집**을 클릭합니다.

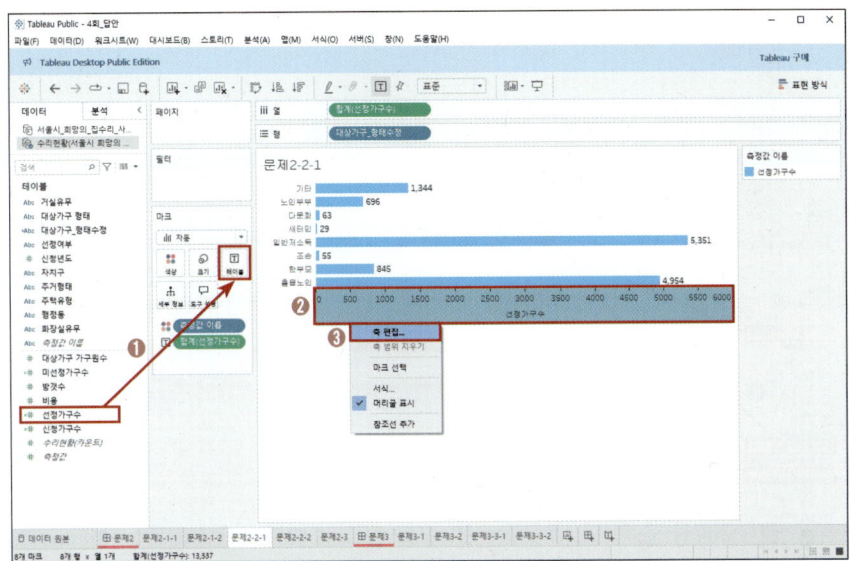

06 축 편집 [선정가구수] 팝업 창에서 **범위를 사용자 지정**으로 체크하고 **고정된 시작 0**부터 **고정된 끝 1,000**으로 설정합니다. 우측 상단 ☒를 눌러 팝업 창을 닫습니다. 빈 곳을 클릭하여 축에 클릭되어 있는 것을 해제합니다. 차트가 문제의 지시대로 완성된 것을 확인할 수 있습니다.

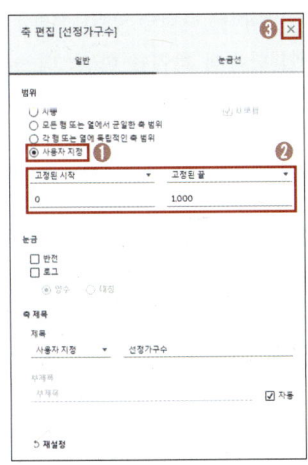 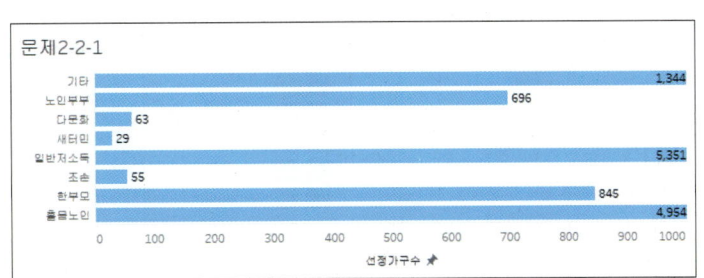

③ '문제2-2-2' 시트에 [대상가구_형태수정]와 [미선정가구수] 필드를 추가하시오.

01 하단 탭에서 **문제2-2-2**를 클릭하여 해당 시트로 이동합니다. 나비 차트를 구성하기 위해 데이터 패널의 [미선정가구수] 필드를 열 패널로 **드래그 앤 드롭**하고 [대상가구_형태수정] 필드를 행 패널로 **드래그 앤 드롭**합니다.

02 나비 차트에 색상을 적용하기 위해 데이터 패널의 [측정값 이름] 필드를 마크 패널의 **색상**으로 **드래그 앤 드롭**합니다. 차트에 생성된 **1개의 NULL**을 마우스 우클릭하여 **표시기 숨기기**를 클릭합니다.

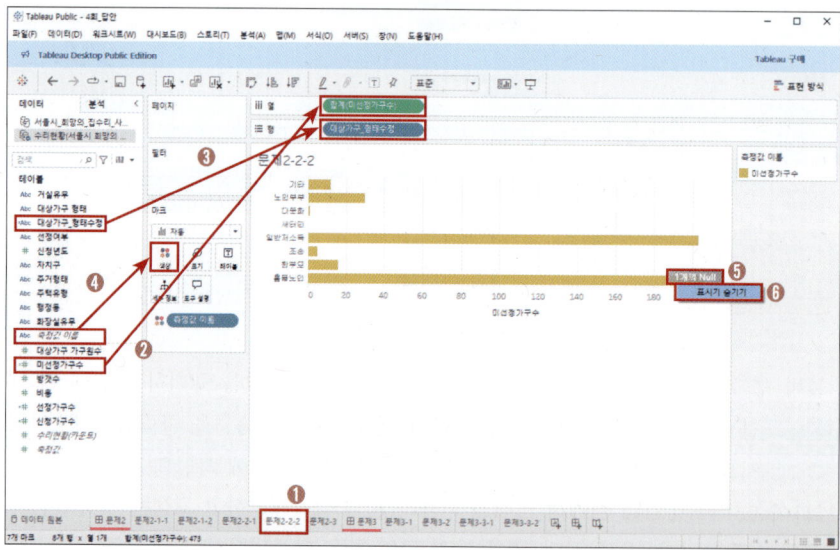

03 마크 패널의 **색상**을 클릭하고 나타난 팝업 창에서 **색상 편집**을 실행합니다. 나타난 **색상 편집 [측정값 이름]** 팝업 창의 데이터 항목 선택에서 **미선정가구수**를 더블클릭합니다. 나타난 팝업 창에서 HTML(H) 옆에 **#008FF7**을 입력하고 **확인**을 누릅니다. 색상 편집 팝업 창에서 **확인**을 한 번 더 눌러 설정을 마무리합니다.

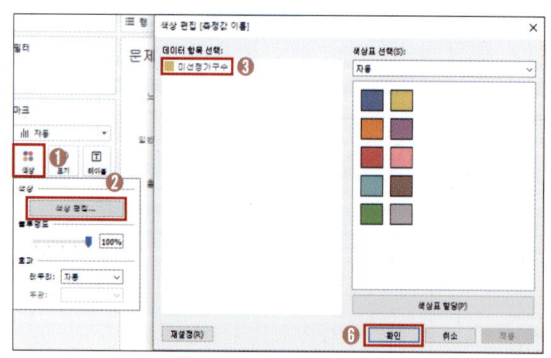 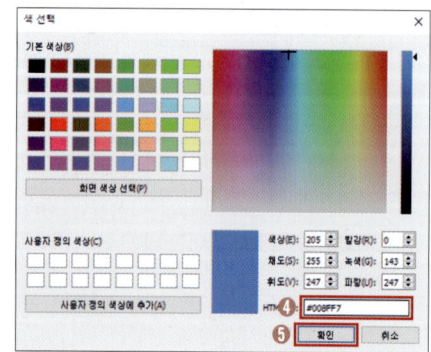

04 막대 한쪽에 레이블을 표시하기 위해 데이터 패널의 **[미선정가구수] 필드**를 마크 패널의 **레이블**에 **드래그 앤 드롭**합니다.

05 나비 차트는 두 시트를 활용해서 만들어야 하기 때문에 축이 고정되어 있지 않으면 잘못된 비교를 할 수 있습니다. 하단의 **가로축**을 **마우스 우클릭**하고 나타난 팝업 메뉴에서 **축 편집**을 클릭합니다.

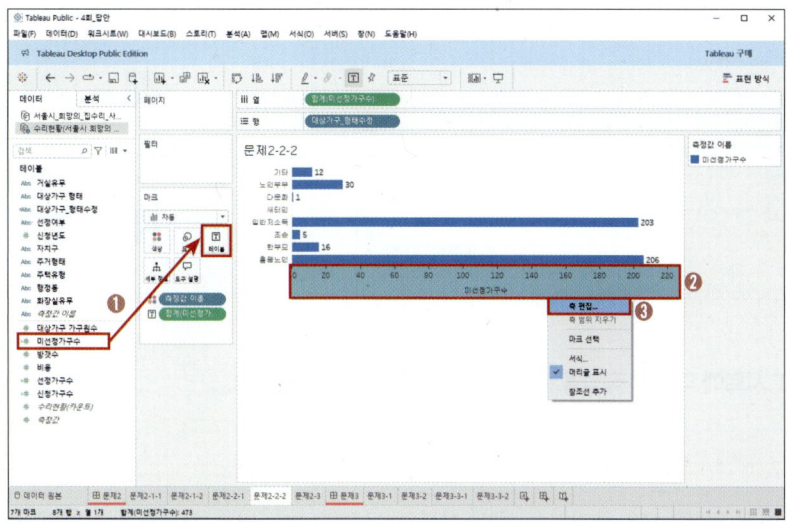

06 축 편집 [미선정가구수] 팝업 창에서 **범위**를 **사용자 지정**으로 체크하고 **고정된 시작** 0부터 **고정된 끝** 1,000으로 설정합니다. 선정가구수를 배치한 문제2-2-1 시트와 대칭이 되도록 좌우 반전을 하기 위해 **눈금**에서 **반전**을 체크합니다. 우측 상단 ⊠를 눌러 팝업 창을 닫습니다.

07 **왼쪽 세로축**을 **마우스 우클릭**하여 **머리글 표시**를 체크 해제합니다.

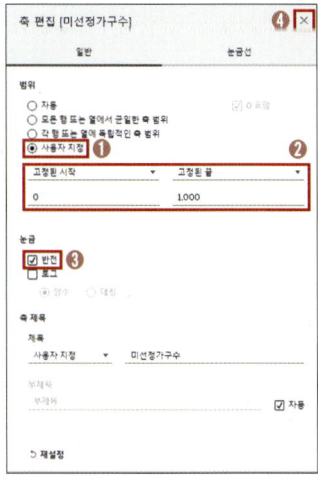 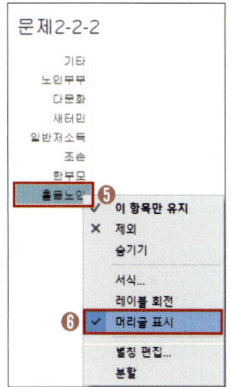

08 차트가 문제의 지시대로 완성된 것을 확인할 수 있습니다. 하단 탭에서 **문제2**를 클릭하여 해당 대시보드로 이동합니다. **문제2-2 시트**에 나비 차트가 완성된 것을 확인할 수 있습니다.

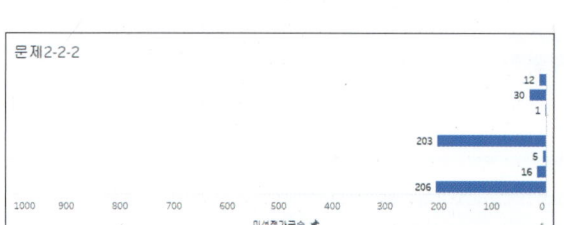
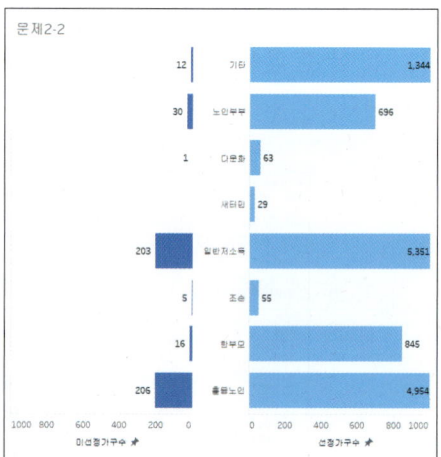

3 '문제2-3' 시트에 다음의 작업을 수행하여 버블 차트를 구현하시오.

① '문제2-3' 시트에 버블 차트를 생성하시오.

01 하단 탭에서 **문제2-3**을 클릭하여 해당 시트로 이동합니다. 버블 차트를 생성하기 위해 마크 패널의 **표현 방식**을 **원**으로 변경합니다.

02 버블의 크기를 결정하기 위해 데이터 패널의 **[선정가구수]** 필드를 마크 패널의 **크기**로 드래그 앤 드롭합니다.

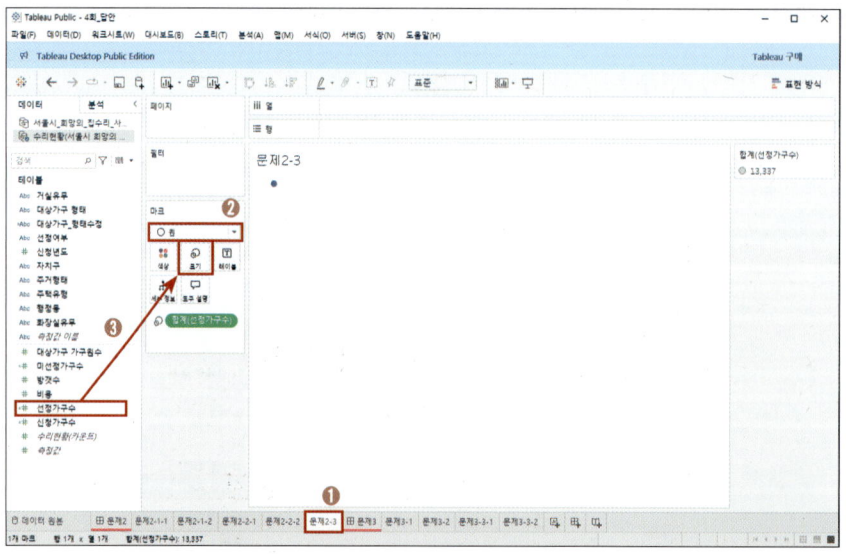

② 레이블, 색상을 설정하시오.

01 레이블에 주택유형과 가구수를 표현하기 위해 데이터 패널의 **[선정가구수]** 필드와 **[주택유형]** 필드를 마크 패널의 **레이블**에 차례대로 **드래그 앤 드롭**합니다.

02 마크 패널의 **레이블**을 클릭하고 나타난 팝업 창에서 **옵션 > 레이블이 다른 마크와 겹치도록 허용**이 체크되어 있는지 확인합니다.

03 이어서 팝업 창의 ⋯을 클릭합니다. 나타난 레이블 편집 팝업 창에서 첫 번째 줄에 **<주택유형>**이 입력된 것을 확인하고 두 번째 줄에 **<합계(선정가구수)>**의 오른쪽에 이어서 **가구**를 입력합니다. 입력한 전체 텍스트가 가운데 정렬되어 있는지 확인한 후 **확인**을 클릭합니다. 빈 곳을 클릭하여 팝업 창을 닫습니다.

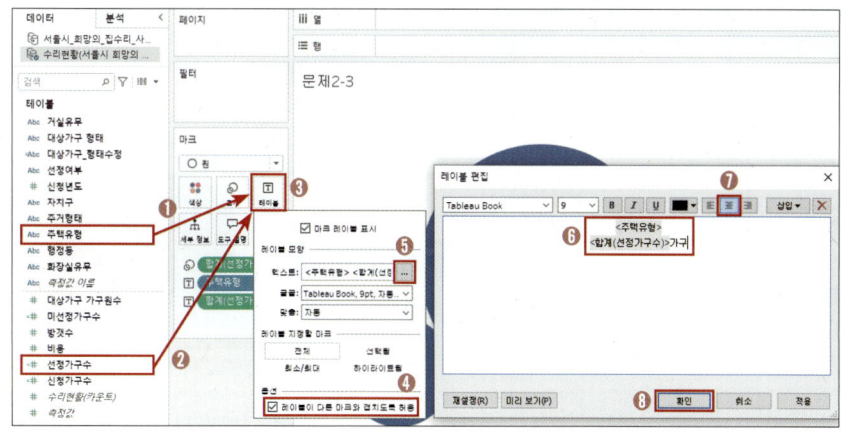

04 색상을 설정하기 위해 데이터 패널의 **[주택유형]** 필드를 마크 패널의 **색상**으로 **드래그 앤 드롭**합니다. 차트가 문제의 지시대로 완성된 것을 확인할 수 있습니다.

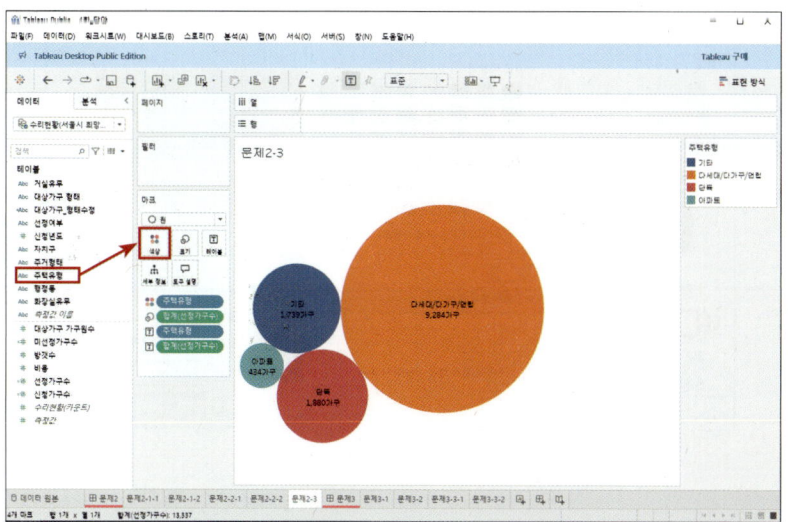

4 **통합 문서 및 '문제2' 대시보드의 서식을 설정하시오.**

① 전체 통합 문서의 서식을 변경하시오.

01 하단 탭에서 **문제2**를 클릭하여 해당 대시보드로 이동합니다. 통합 문서의 서식을 변경하기 위해 상단 메뉴의 **서식(O) > 통합 문서(W)**를 클릭합니다.

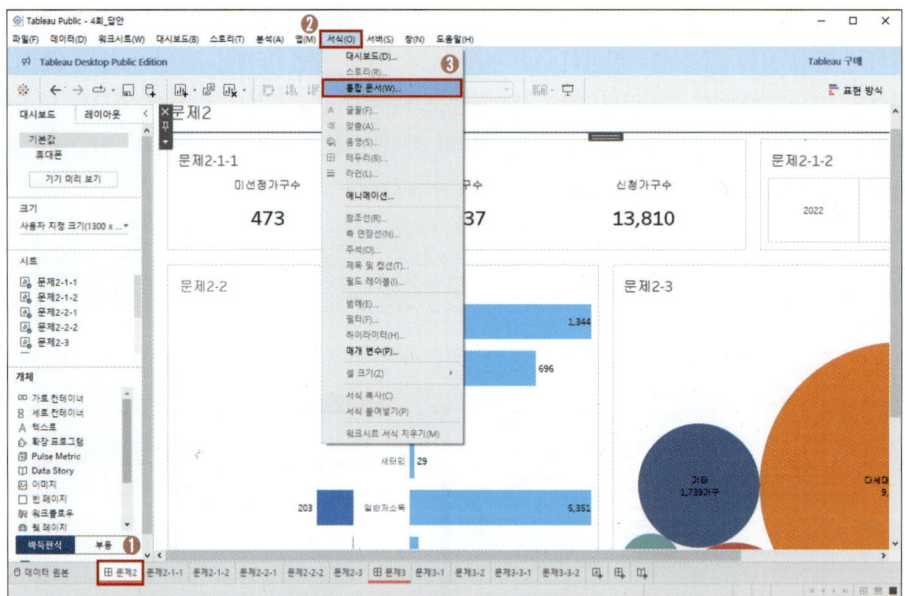

02 나타난 **통합 문서 서식 창**에서 **글꼴 > 전체 박스**를 클릭하여 나타나는 팝업 창에서 ▼을 클릭합니다. **맑은 고딕**으로 변경하고 하단의 **색상 추가**를 클릭합니다. 이때 나타난 팝업 창에서 **HTML(H)** 옆에 색상 코드 **#000000**을 입력하고 **확인**을 클릭합니다. 빈 곳을 클릭하여 팝업 창을 닫고, 서식 창의 우측 상단 ⊠를 클릭하여 서식 창도 닫습니다.

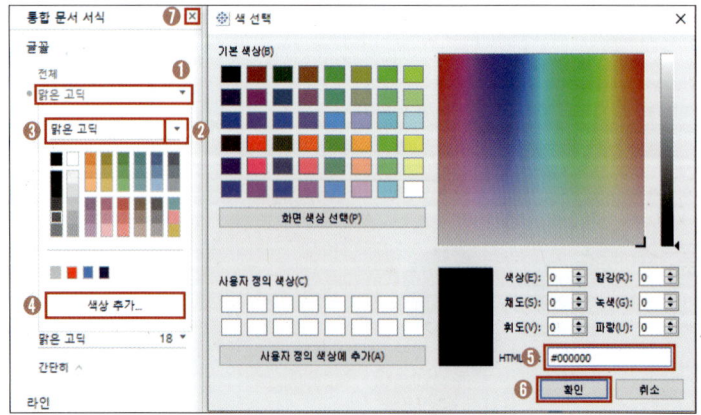

② '문제2' 대시보드의 백그라운드 색상과 제목의 레이아웃을 변경하시오.

01 사이드 바에 있는 **레이아웃** 탭을 클릭하여 하단에 **항목 계층 > 바둑판식**을 클릭합니다. **백그라운드 우측 원형**을 클릭하여 나타난 팝업 창에서 **색상 추가**를 클릭합니다. **HTML(H) 옆**에 색상 코드 **#F5F5F5**를 입력하고 **확인**을 클릭합니다.

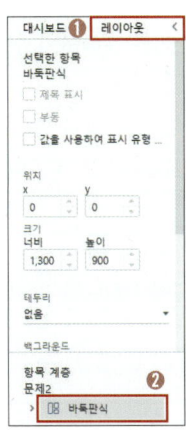 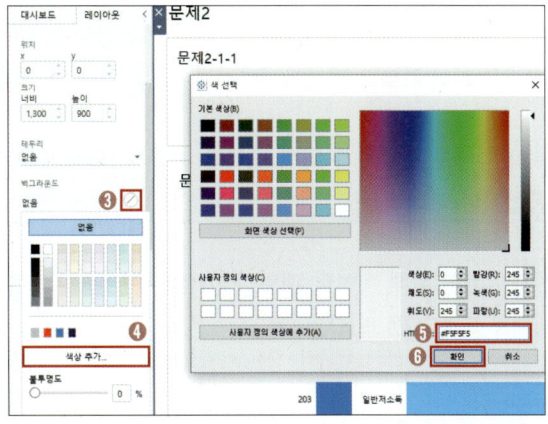

02 대시보드 상단의 **제목**을 **더블클릭**하여 나타나는 **제목 편집 팝업 창**에서 제목을 **2024년 서울시 희망의 집수리 신청현황**으로 변경하고 **확인**을 클릭합니다. 대시보드의 제목이 선택된 상태에서 **레이아웃** 탭 중앙에 위치한 **바깥쪽 여백의 숫자**를 클릭합니다. **모든 변이 동일**이 체크되어 있는 상태에서 **위쪽**을 **10**으로 변경합니다. 바깥쪽 여백의 숫자를 다시 클릭하여 팝업 창을 닫습니다.

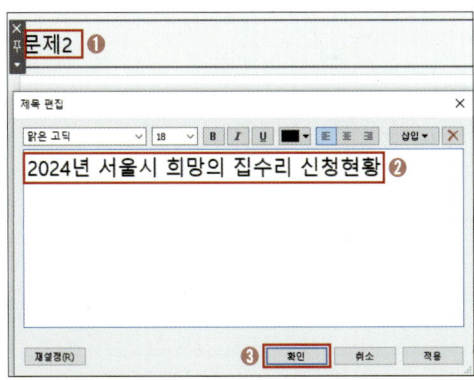 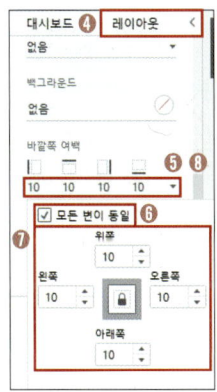

03 문제2-1-2 시트에서 **2024**를 클릭합니다. 작업한 대시보드가 문제2의 시각화 완성화면(208p)과 일치하는지 확인한 후 해당 대시보드의 작업을 마무리합니다.

실제 시험에서는 기본 선택으로 지정한 내용이 반영되어 있는 채로 저장해야 합니다.

| 풀이 3 | 복합요소 구현 | 40점 |

1 '문제3-1' 시트에 다음의 작업을 수행하여 파이 차트를 구현하시오.

① '문제3-1' 시트에 [거실유무] 필드를 이용하여 파이 차트를 구현하시오.

01 하단 탭에서 **문제3-1**을 클릭하여 해당 시트로 이동합니다. 파이 차트를 구현하기 위해 마크 패널의 **표현 방식**을 **파이 차트**로 변경합니다.

02 파이 차트의 각도를 조정하기 위해 데이터 패널의 [신청가구수] 필드를 마크 패널의 **각도**로 **드래그 앤 드롭**합니다.

03 레이블을 표현하기 위해 데이터 패널의 [거실유무] 필드와 [신청가구수] 필드를 마크 패널의 **레이블**로 차례대로 **드래그 앤 드롭**합니다.

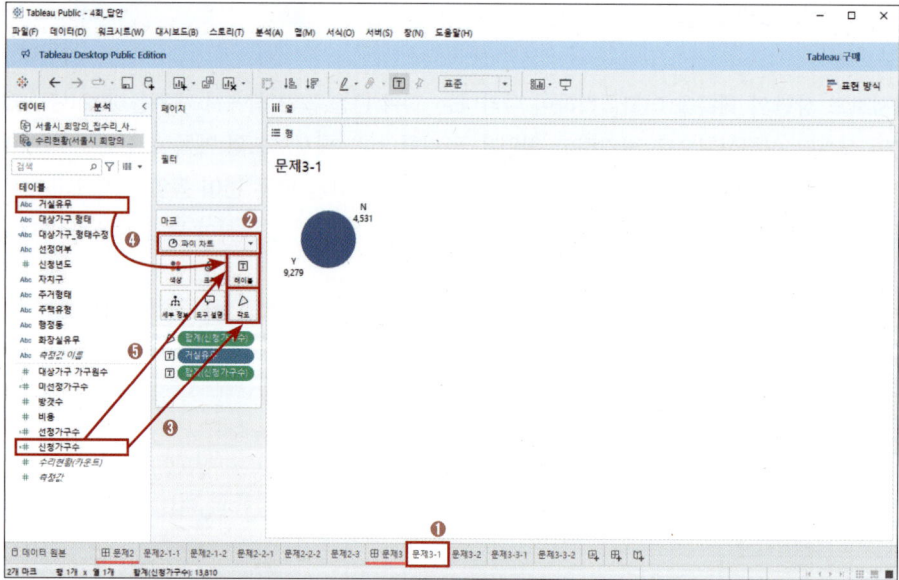

04 마크 패널의 **레이블**을 클릭하고 나타난 팝업 창에서 ....을 클릭합니다. **레이블 편집 팝업 창**에서 첫 번째 줄에 **〈거실유무〉**, 두 번째 줄에 **〈합계(신청가구수)〉**가 맞게 입력되어 있는지 확인합니다. **확인**을 클릭하여 입력을 마무리하고 빈 곳을 클릭하여 팝업 창을 닫습니다.

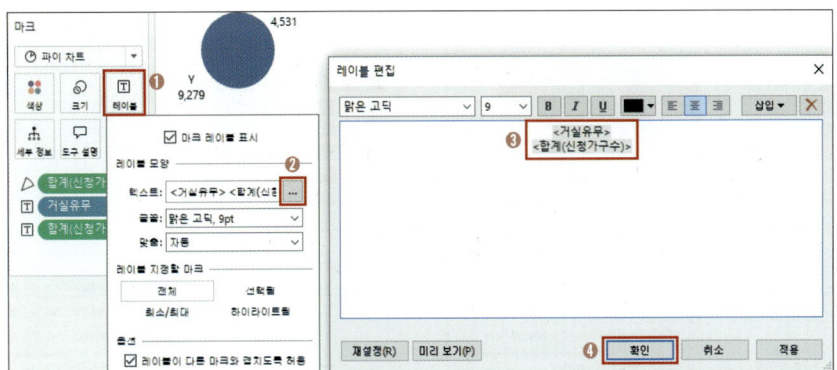

간혹 차트에는 맞는 순서로 보이지만 레이블 편집 창에서는 반대로 입력되어 있는 경우가 있습니다. 반대로 되어 있다면 레이블 편집 창에서 다시 맞게 입력하고, 정렬과 글자 크기 등이 문제의 지시와 맞는지 확인한 후 다음 실습을 진행합니다.

② 차트의 색상을 설정하시오.

01 파이 차트의 색상을 설정하기 위해 데이터 패널의 [거실유무] 필드를 마크 패널의 **색상**으로 **드래그 앤 드롭**합니다.

02 마크 패널의 **색상**을 클릭하고 나타난 팝업 창에서 **색상 편집**을 실행합니다. 나타난 **색상 편집 [거실유무] 팝업 창**의 데이터 항목 선택에서 **N**을 **더블클릭**합니다.

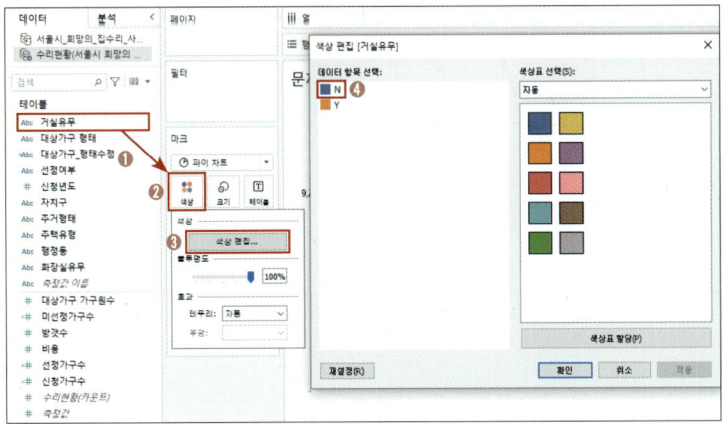

03 나타난 팝업 창에서 **HTML(H)** 옆에 **#BAB0AC**를 입력하고 **확인**을 누릅니다. **데이터 항목 선택**에서 **Y**를 **더블클릭**합니다. 나타난 팝업 창에서 **HTML(H)** 옆에 **#008FF7**을 입력하고 **확인**을 누릅니다. 색상 편집 팝업 창에서 **확인**을 한 번 더 눌러 설정을 마무리합니다.

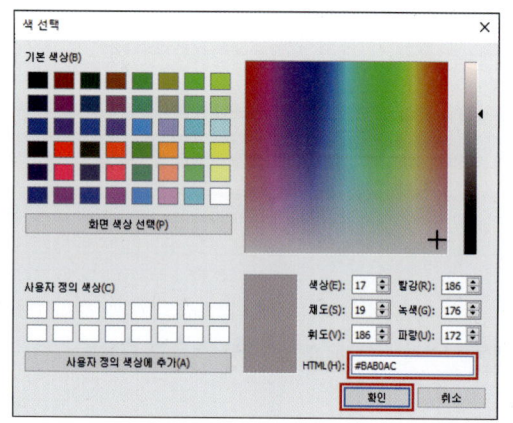 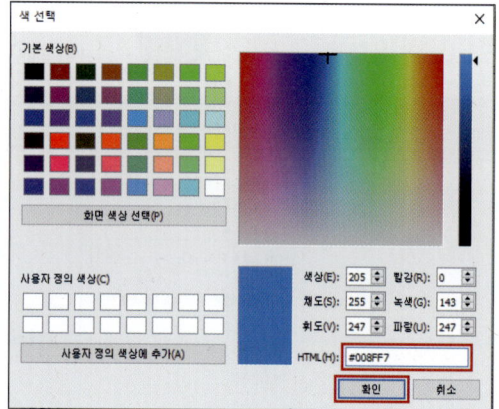

04 상단 툴바 우측의 **맞춤**을 표준에서 **전체 보기**로 변경합니다. 차트가 문제의 지시대로 완성된 것을 확인할 수 있습니다.

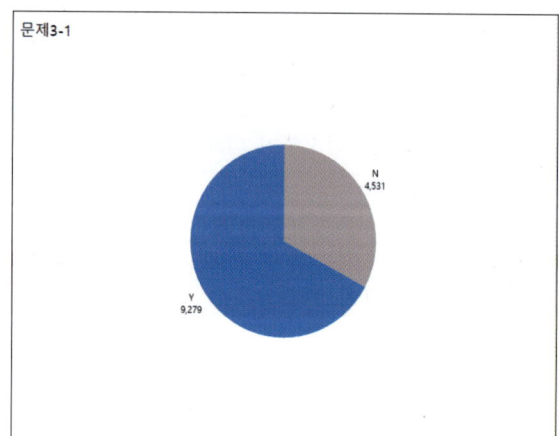

2 '문제3-2' 시트에 파이 차트를 구현하시오.

① '문제3-2' 시트에 [화장실유무] 필드를 이용하여 파이 차트를 구현하시오.

01 하단 탭에서 **문제3-2**를 클릭하여 해당 시트로 이동합니다. 파이 차트를 구현하기 위해 마크 패널의 **표현 방식**을 **파이 차트**로 변경합니다.

02 파이 차트의 각도를 조정하기 위해 데이터 패널의 [신청가구수] 필드를 마크 패널의 **각도**로 **드래그 앤 드롭**합니다.

03 레이블을 표현하기 위해 데이터 패널의 [화장실유무] 필드와 [신청가구수] 필드를 마크 패널의 **레이블**로 차례대로 **드래그 앤 드롭**합니다.

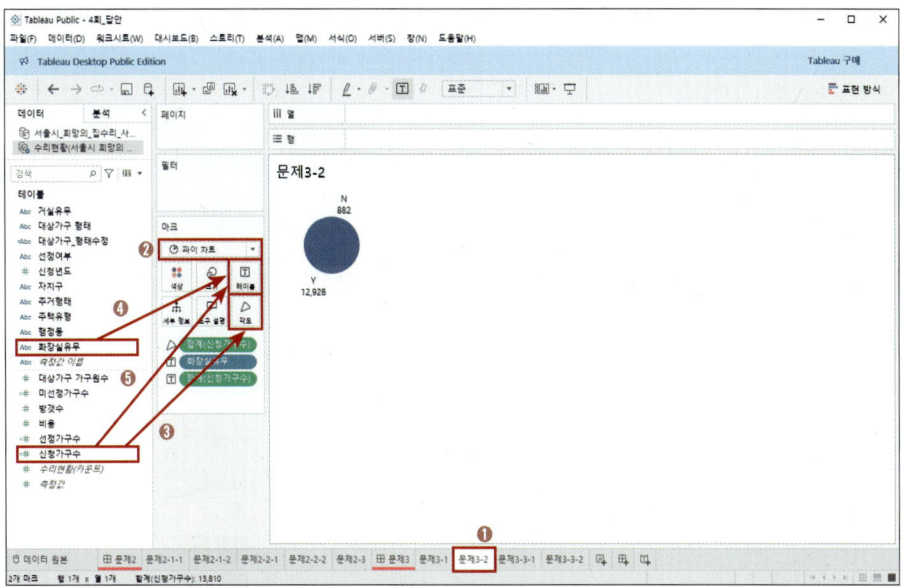

04 마크 패널의 **레이블**을 클릭하고 나타난 팝업 창에서 **...**을 클릭합니다. **레이블 편집 팝업 창**에서 첫 번째 줄에 **〈화장실유무〉**, 두 번째 줄에 **〈합계(신청가구수)〉**가 맞게 입력되어 있는지 확인합니다. **확인**을 클릭하여 입력을 마무리하고 빈 곳을 클릭하여 팝업 창을 닫습니다.

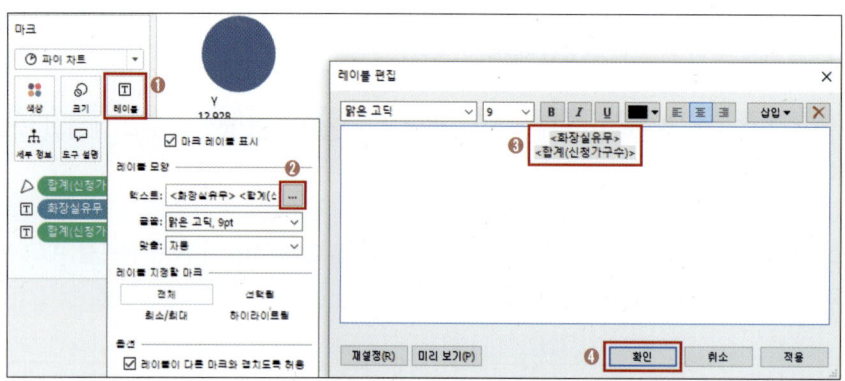

② 차트의 색상을 설정하시오.

01 파이 차트의 색상을 설정하기 위해 데이터 패널의 **[화장실유무] 필드**를 마크 패널의 **색상**으로 **드 래그 앤 드롭**합니다.

02 마크 패널의 **색상**을 클릭하고 나타난 팝업 창에서 **색상 편집**을 실행합니다. 나타난 **색상 편집 [화 장실유무] 팝업 창**의 **데이터 항목 선택**에서 **N**을 **더블클릭**합니다.

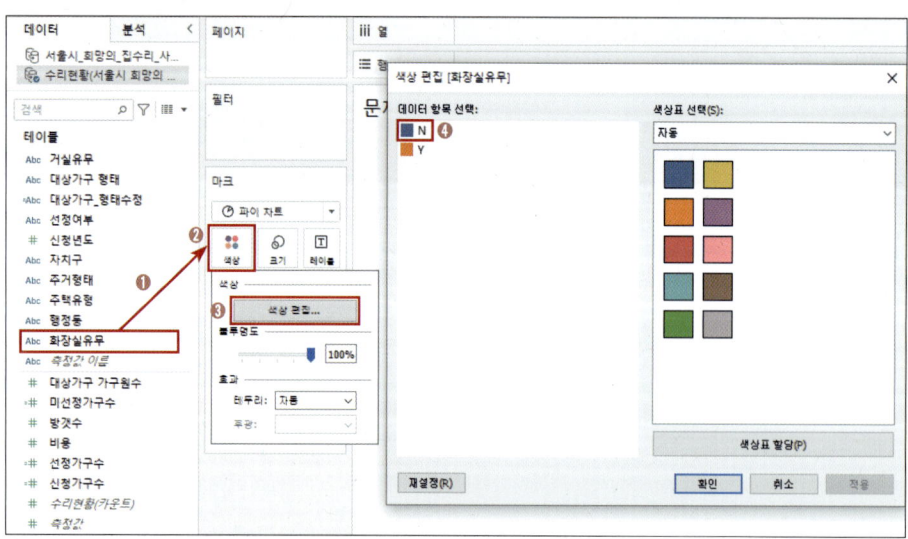

03 나타난 팝업 창에서 **HTML(H) 옆**에 **#BAB0AC**를 입력하고 **확인**을 누릅니다. **데이터 항목 선택**에서 **Y**를 **더블클릭**합니다. 나타난 팝업 창에서 **HTML(H) 옆**에 **#008FF7**을 입력하고 **확인**을 누릅니다. **색상 편집 팝업 창**에서 **확인**을 한 번 더 눌러 설정을 마무리합니다.

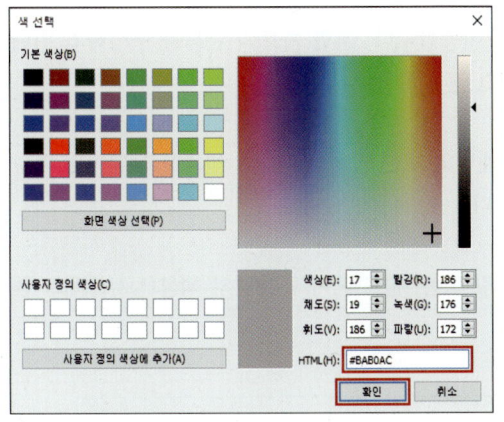 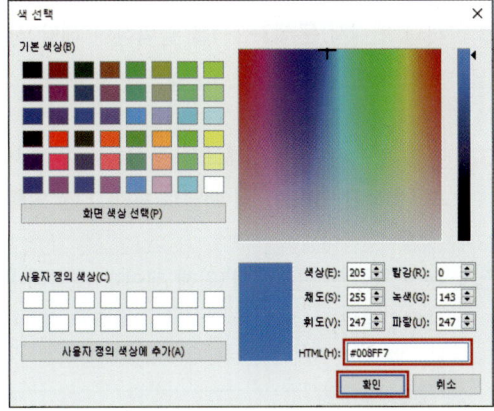

04 상단 툴바 우측의 **맞춤**을 표준에서 **전체 보기**로 변경합니다. 차트가 문제의 지시대로 완성된 것을 확인할 수 있습니다.

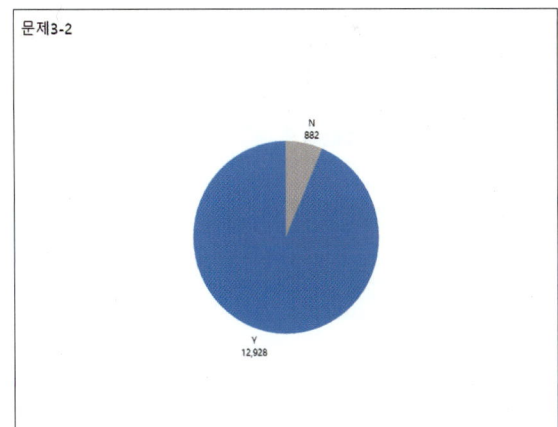

3 '문제3-3-1' 시트와 '문제3-3-2' 시트에 다음의 작업을 수행하여 차트를 구현하고, '문제3' 대시보드에 다음의 설정을 완료하시오.

① '문제3-3-1' 시트에 혼합 차트를 생성하시오.

01 하단 탭에서 **문제3-3-1**을 클릭하여 해당 시트로 이동합니다. 혼합 차트의 년도를 구성하기 위해 데이터 패널의 [신청년도] 필드를 **열 패널**로 **드래그 앤 드롭**합니다.

02 혼합 차트의 누적 그래프를 구성하기 위해 마크 패널의 **표현 방식**을 **막대**로 변경하고 데이터 패널의 [측정값] 필드를 **행 패널**로 **드래그 앤 드롭**합니다.

03 누적 형태로 변경하기 위해 데이터 패널의 [측정값 이름] 필드를 마크 패널의 **색상**으로 **드래그 앤 드롭**합니다.

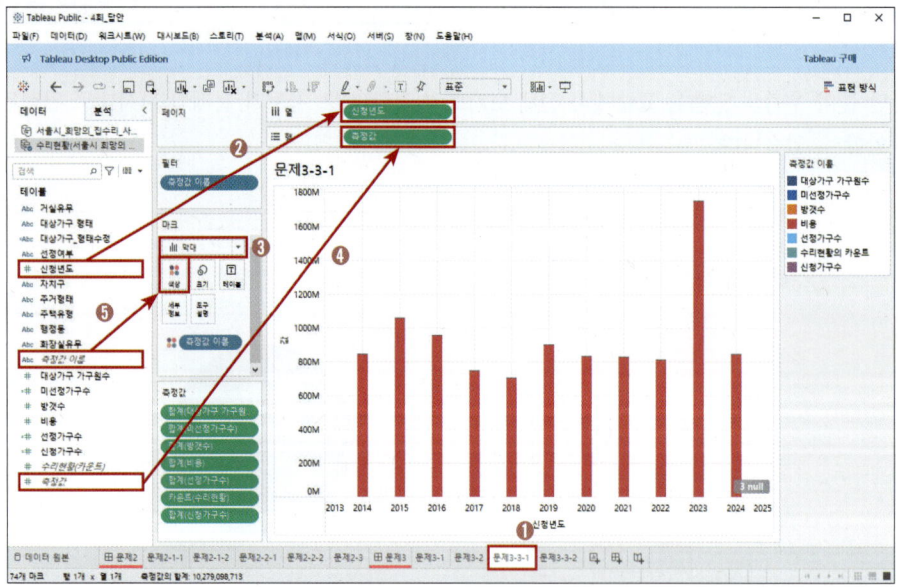

248 PART 3 | 모의고사 파헤치기

04 행 패널에 [측정값] 필드를 배치할 경우 모든 측정값이 배치되기 때문에 [측정값 이름] 필드를 기준으로 필터링해야 합니다. 필터 패널에 추가된 **측정값 이름**을 **마우스 우클릭**합니다. 나타난 팝업 메뉴에서 **필터 편집**을 클릭합니다. **필터 [측정값 이름] 팝업 창**에서 **없음(O)**을 클릭한 다음 **미선정가구수**와 **선정가구수**만 체크하고 **확인**을 클릭하여 필터링을 수행합니다.

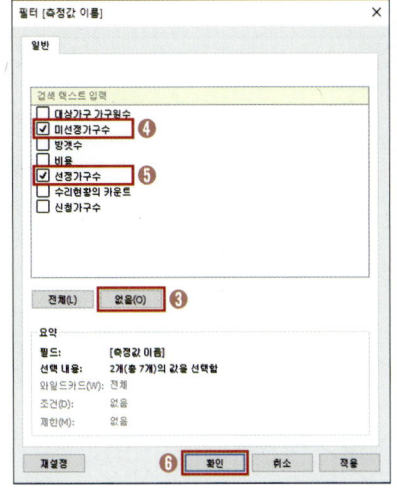

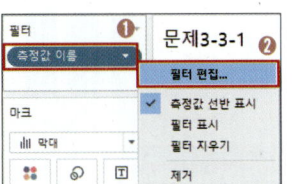

05 상단 툴바 우측의 **맞춤**을 표준에서 **전체 보기**로 변경합니다. 값을 표현하기 위해 열 패널에 추가된 **신청년도**를 **마우스 우클릭**하여 나타난 팝업 메뉴에서 **불연속형**을 클릭합니다. 신청년도는 문제3-3-2 시트의 텍스트 테이블에도 중복으로 사용되기 때문에 하단의 **가로축 머리글**을 **마우스 우클릭**하여 **머리글 표시**를 클릭해 **체크 해제**합니다.

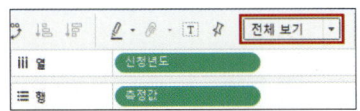

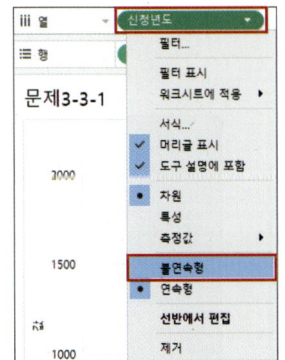

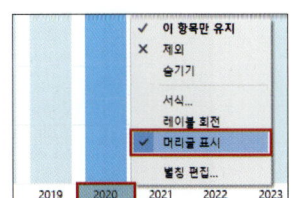

시트에 위치한 가로축의 어떤 데이터 셀을 마우스 우클릭하여 머리글 표시를 체크 해제하더라도 적용되는 결과는 같습니다.

06 혼합 차트의 선 그래프를 그리기 위해 데이터 패널의 [신청가구수] 필드를 행 패널의 **측정값** 오른쪽 빈 공간으로 배치합니다.

07 마크 패널의 **합계(신청가구수)**를 클릭한 후 **표현 방식**을 막대에서 **라인**으로 변경합니다. 행 패널에 추가된 **합계(신청가구수)**를 **마우스 우클릭**합니다. 나타난 팝업 메뉴에서 **이중 축**을 클릭합니다.

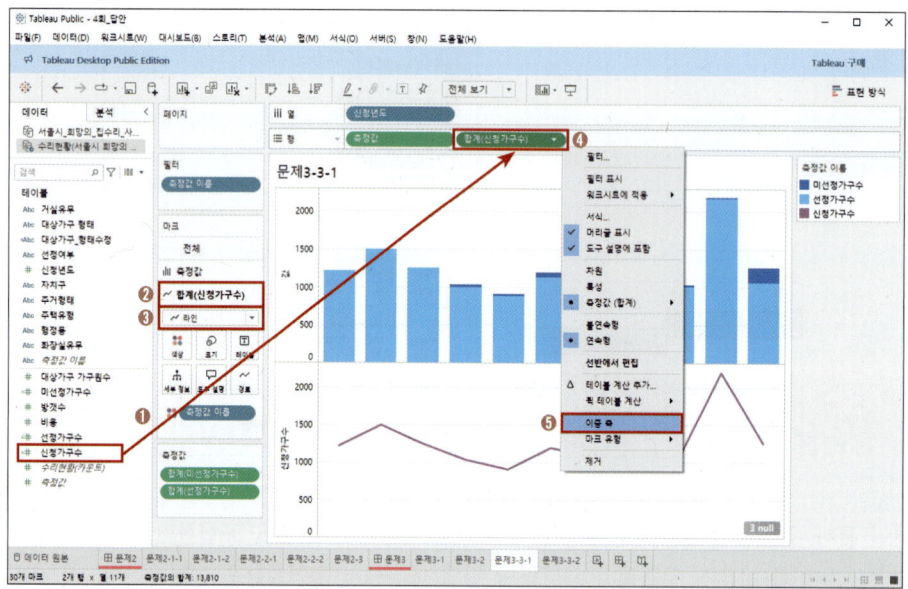

08 이중 축으로 표현된 혼합 차트 **오른쪽 세로축**을 **마우스 우클릭**하여 **축 동기화**를 클릭합니다. **오른쪽 세로축**을 다시 **마우스 우클릭**하여 **머리글 표시**를 클릭해 **체크 해제**합니다. 차트에 생성된 **3 NULL**을 **마우스 우클릭**하여 **표시기 숨기기**를 클릭합니다.

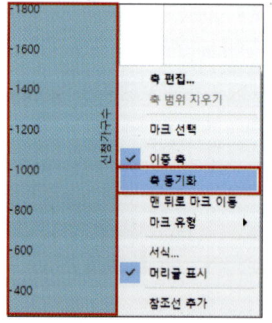 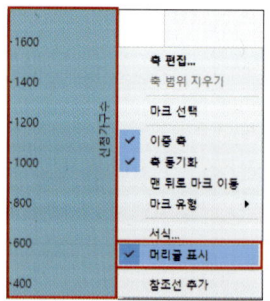 

09 마크 패널의 합계(신청가구수)가 선택된 상태에서 **색상**을 클릭하여 나타난 팝업 창의 **색상 편집**을 클릭합니다. 문제2-2 시트를 작업할 때 미선정가구수와 선정가구수 색을 이미 지정하였으므로 신청가구수의 색상만 변경합니다. **색상 편집 [측정값 이름] 팝업 창**에서 **신청가구수**를 더블클릭합니다.

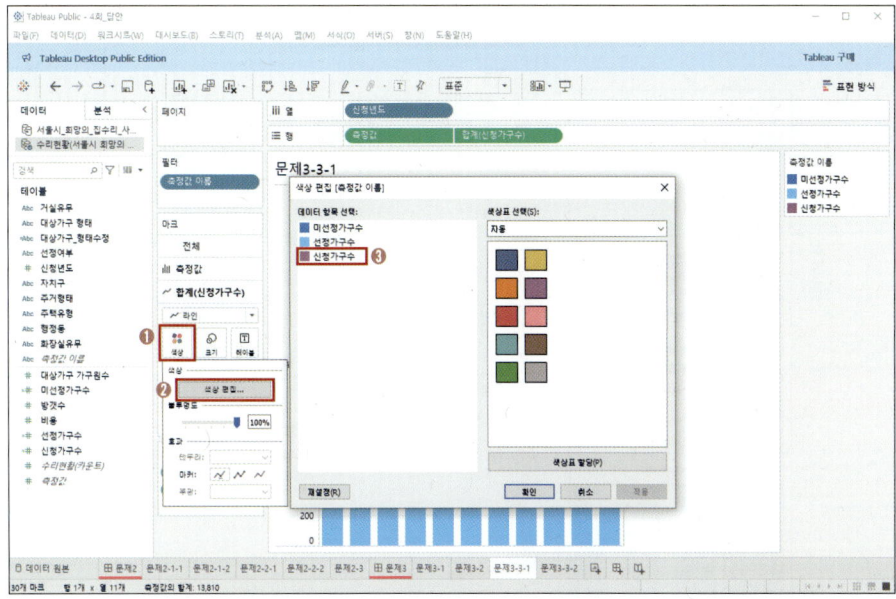

10 나타난 팝업 창에서 HTML(H) **옆**에 **#999999**를 입력하고 **확인**을 누릅니다. 색상 편집 [측정값 이름] 팝업 창에서 **확인**을 한 번 더 눌러 설정을 마무리합니다.

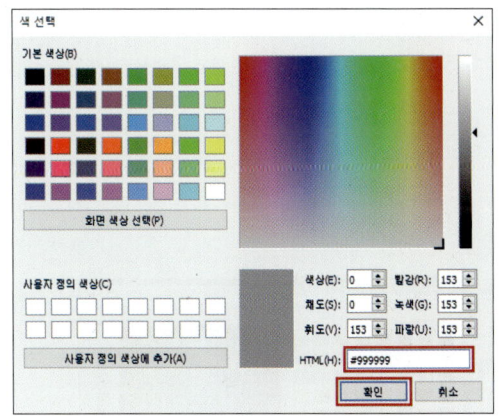 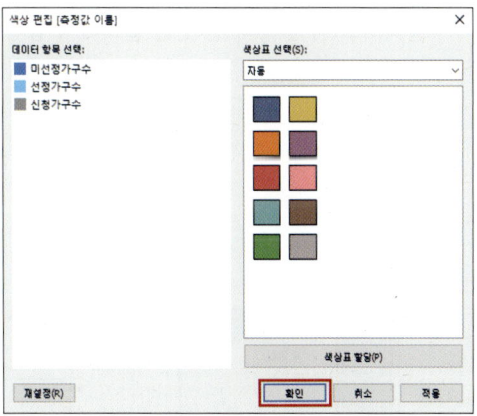

11 왼쪽 세로축의 축 제목을 제거하기 위해 **왼쪽 세로축**을 **마우스 우클릭**합니다. 나타난 팝업 메뉴에서 **축 편집**을 클릭합니다. 나타난 **축 편집 [측정값] 팝업 창**에서 **축 제목**에 있는 **값**을 **삭제**하고 우측 상단 ⊠을 클릭합니다.

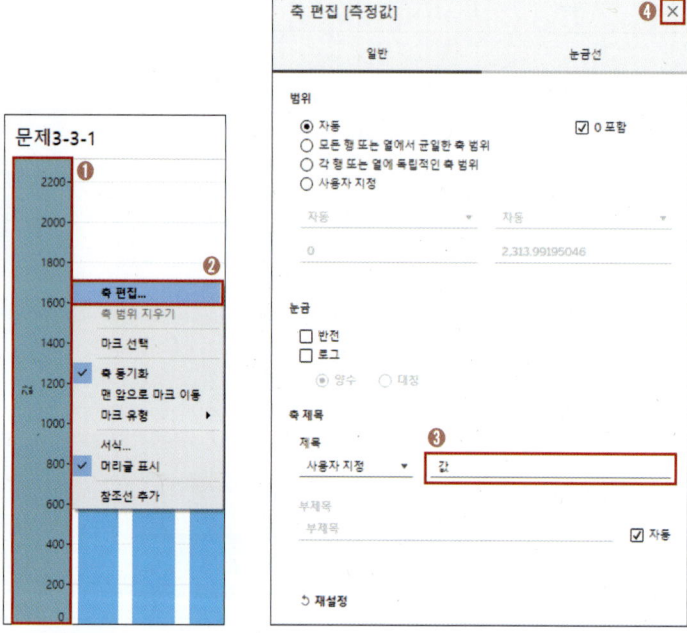

12 축 서식을 변경하기 위해 **왼쪽 세로축**을 **마우스 우클릭**합니다. 나타난 팝업 메뉴에서 **서식**을 클릭합니다. **측정값 서식 창**에서 **축** 탭의 **기본값 > 음영 박스**를 클릭합니다. 나타난 팝업 창에서 **색상 추가**를 클릭하고 **색 선택 팝업 창**에서 HTML(H) 옆에 색상 코드 **#F5F5F5**를 입력합니다. **확인**을 클릭하고 서식 창의 빈 곳을 클릭하여 팝업 창을 닫습니다.

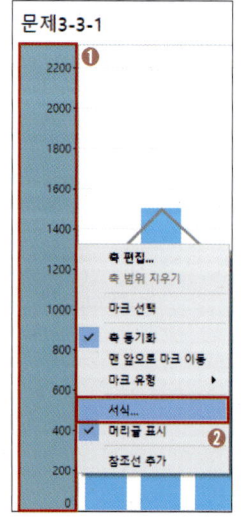
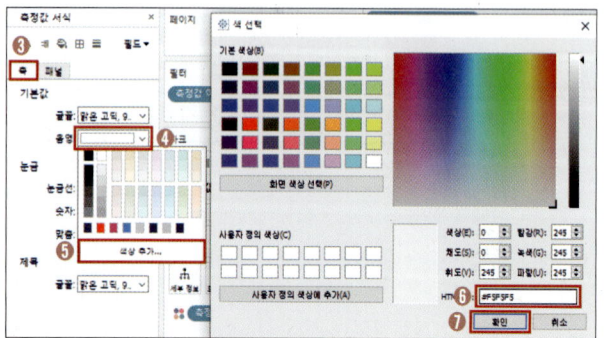

13 테두리 서식을 변경하기 위해 ⊞를 클릭합니다. 테두리 서식 창에서 **시트** 탭의 **기본값** > **셀 박스**를 클릭하여 **색상 추가**를 클릭합니다. 나타난 **색 선택 팝업 창**에서 HTML(H) 옆에 색상 코드 **#B0B0B0**을 입력합니다. 확인을 클릭하고 서식 창의 빈 곳을 클릭하여 팝업 창을 닫습니다. 같은 방식으로 **패널 박스** > **색상 추가** > **#B0B0B0**를 입력합니다. 확인을 클릭하고 서식 창의 빈 곳을 클릭하여 팝업 창을 닫습니다. 이어서 **머리글 박스** > **색상 추가** > **#B0B0B0**를 입력합니다. **확인**을 클릭하고 서식 창의 빈 곳을 클릭하여 팝업 창을 닫습니다. ⊠을 클릭하여 서식 창도 닫습니다.

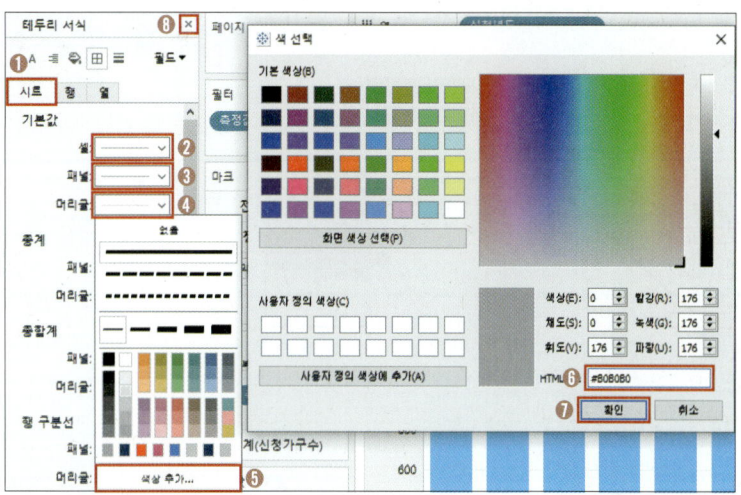

14 차트가 문제의 지시대로 완성된 것을 확인할 수 있습니다.

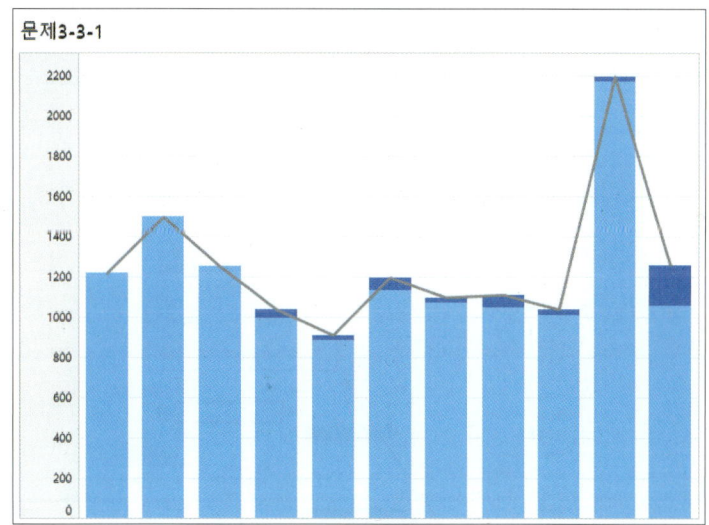

② '문제3-3-2' 시트에 텍스트 테이블을 구현하시오.

01 하단 탭에서 **문제3-3-2**를 클릭하여 해당 시트로 이동합니다. 텍스트 테이블을 구성하기 위해 데이터 패널의 [신청년도] 필드를 **열 패널**로 **드래그 앤 드롭**합니다. [측정값 이름] 필드는 **행 패널**로 **드래그 앤 드롭**합니다. 값을 표현하기 위해 열 패널에 추가된 **신청년도**를 **마우스 우클릭**하여 나타난 팝업 메뉴에서 **불연속형**을 클릭합니다.

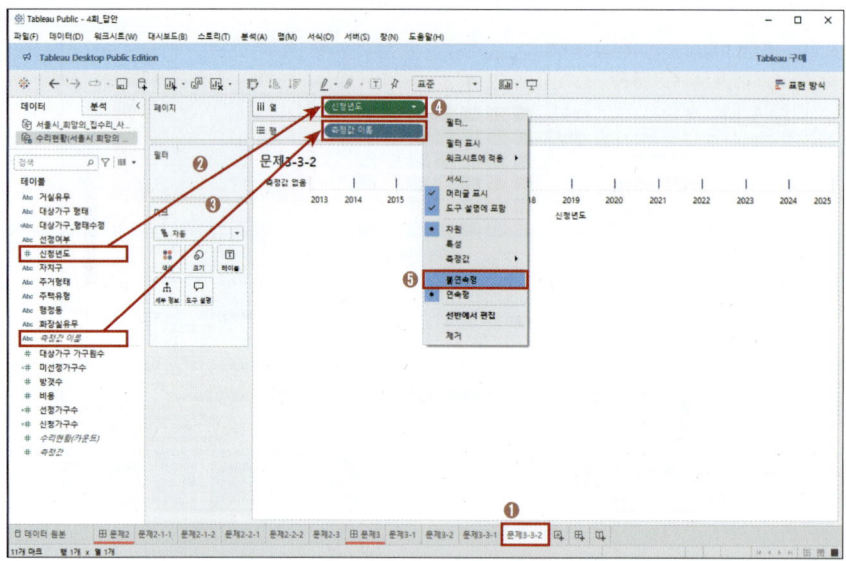

02 데이터 패널의 [측정값] 필드를 마크 패널의 **텍스트**로 **드래그 앤 드롭**합니다. 마크 패널의 **텍스트**를 클릭하고 나타나는 팝업 창에서 **맞춤 박스**를 클릭하여 **가로** > 를 클릭합니다. 빈 곳을 클릭하여 팝업 창을 닫습니다.

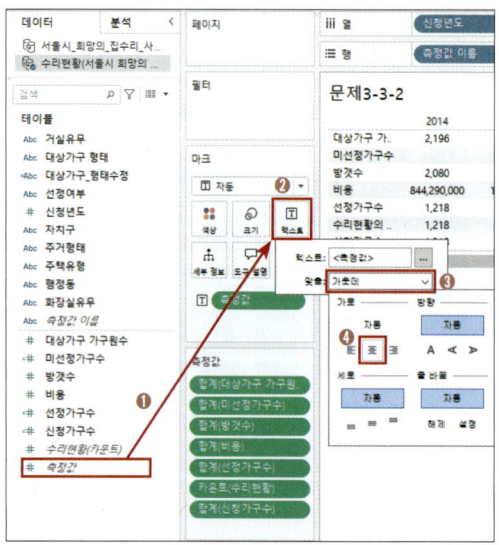

03 측정값 중 [미선정가구수], [선정가구수], [신청가구수] 필드만 사용하기 위해 데이터 패널의 **[측정값 이름]** 필드를 **필터 패널**로 **드래그 앤 드롭**합니다. 필터 패널에 추가된 **측정값 이름**을 **마우스 우클릭**하여 나타난 팝업 메뉴에서 **필터 편집**을 클릭합니다.

04 **필터 [측정값 이름] 팝업 창**에서 **없음(O)**을 클릭한 후 **미선정가구수, 선정가구수, 신청가구수**만 체크하고 **확인**을 클릭하여 필터링을 수행합니다.

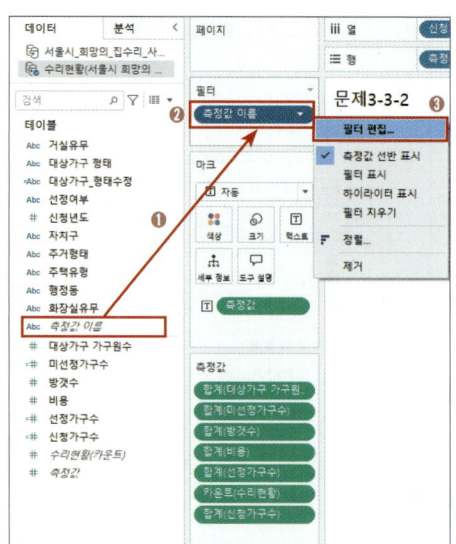
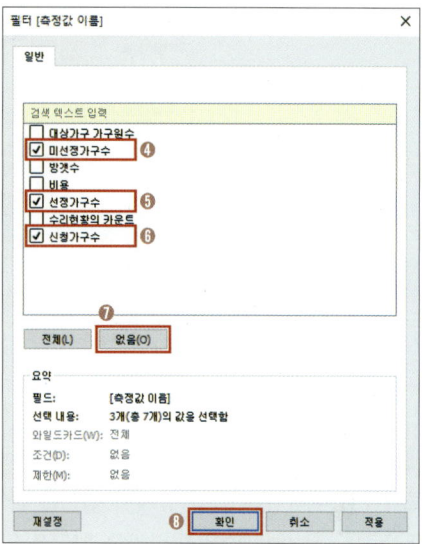

05 서식을 설정하기 위해 시트의 **셀**을 **마우스 우클릭**합니다. 나타난 팝업 메뉴에서 **서식**을 클릭합니다.

어떤 셀을 마우스 우클릭하더라도 같은 서식 창이 팝업됩니다.

06 텍스트 테이블에 행마다 교차되는 색상을 제거하기 위해 사이드 바에 서식 창에서 을 클릭합니다. **시트** 탭의 **행 색상 교차**에서 **패널 박스**를 클릭하고 **없음**을 클릭합니다. 빈 곳을 클릭하여 팝업 창을 닫고 **행 색상 교차**의 **머리글 박스**를 클릭하여 **없음**으로 변경합니다. 빈 곳을 클릭하여 팝업 창을 닫습니다.

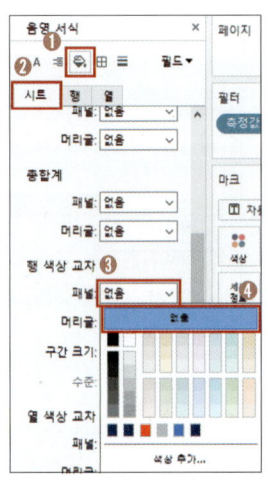 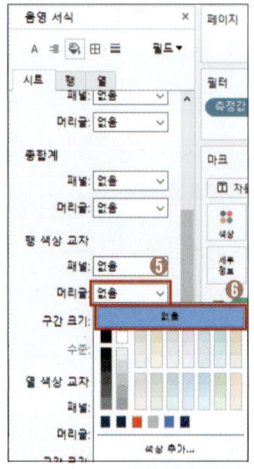

07 테두리에 선을 그리기 위해 서식 창 상단에서 을 클릭합니다. **시트** 탭의 **기본값**에서 **셀 박스**를 클릭하여 나타나는 팝업 창에서 **실선**을 클릭합니다. 하단의 **색상 추가**를 클릭하여 **HTML(H)** 옆에 색상 코드 **#D0D0D0**을 입력하고 **확인**을 클릭합니다. 빈 곳을 클릭하여 팝업 창을 닫습니다. 기본값의 **패널 박스**를 클릭하여 **실선** > **색상 추가** > **#D0D0D0** > **확인**을 클릭하고 빈 곳을 클릭하여 팝업 창을 닫습니다. 마지막으로 기본값의 **머리글 박스**를 클릭하여 **실선** > **색상 추가** > **#D0D0D0** > **확인**을 클릭하고 빈 곳을 클릭하여 팝업 창을 닫습니다.

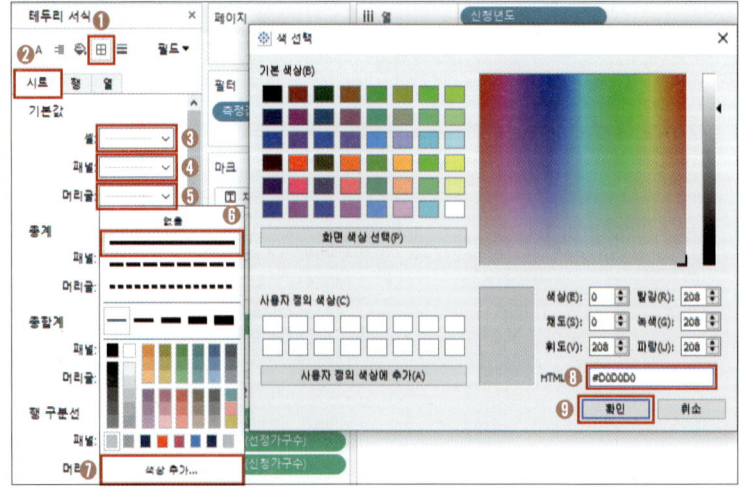

08 시각화 완성화면과 동일하게 측정값 이름 머리글에 음영을 지정하기 위해 텍스트 테이블의 **왼쪽 머리글을 마우스 우클릭**합니다. 나타난 팝업 메뉴에서 **서식**을 클릭합니다. 머리글의 음영 서식을 변경하기 위해 측정값 이름 서식 창에서 **머리글** 탭의 **기본값** > **음영 박스**를 클릭합니다. 나타난 팝업 창에서 **색상 추가**를 클릭하면 정확한 색상 변경이 가능합니다. **색 선택 팝업 창**에서 HTML(H) 옆에 색상 코드 **#F5F5F5**를 입력한 후 **확인**을 클릭합니다. 빈 곳을 클릭하여 팝업 창을 닫습니다.

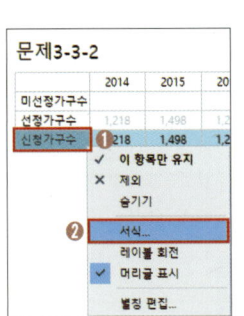
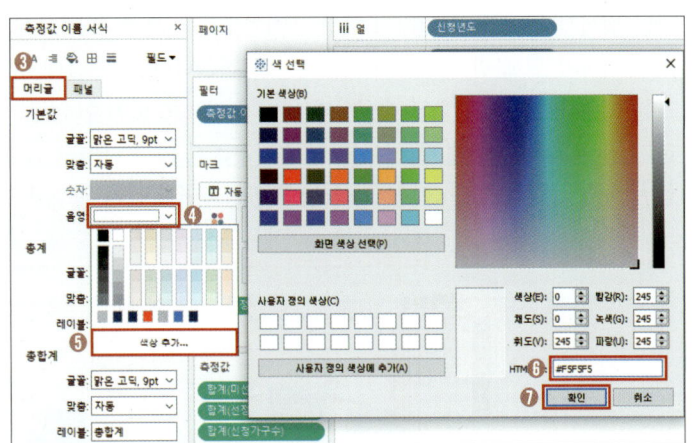

09 필드 레이블에 음영 서식을 변경하기 위해 **신청년도 머리글과 측정값 이름 머리글이 만나는 빈 공간을 마우스 우클릭**합니다. 나타난 팝업 메뉴에서 **서식**을 클릭합니다. 필드 레이블 음영 색을 변경하기 위해 **기본값** > **음영 박스**를 클릭합니다. 나타난 팝업 창에서 **색상 추가**를 클릭하면 정확한 색상 변경이 가능합니다. **색 선택 팝업 창**에서 HTML(H) 옆에 색상 코드 **#F5F5F5**를 입력한 후 **확인**을 클릭합니다. 빈 곳을 클릭하여 팝업 창을 닫고 우측 상단 ⨯을 클릭하여 서식 창을 닫습니다.

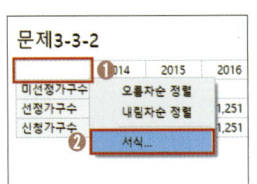
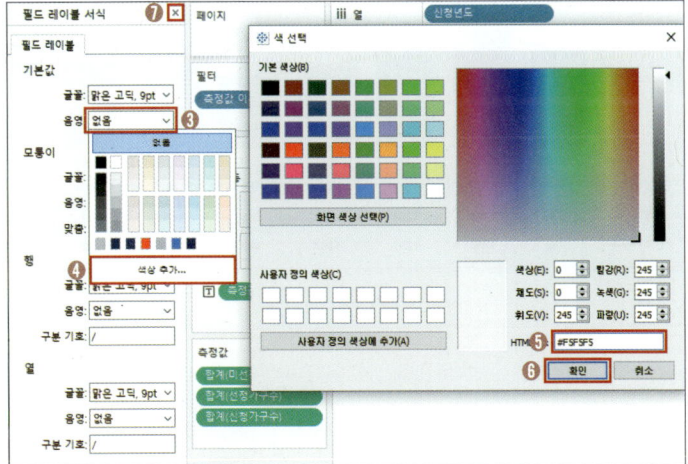

10 차트가 문제의 지시대로 완성된 것을 확인할 수 있습니다.

문제3-3-2	2014	2015	2016	2017	2018	2019	2020	2021	2022	2023	2024
미선정가구수				44	24	64	26	62	28	26	199
선정가구수	1,218	1,498	1,251	993	886	1,132	1,071	1,048	1,010	2,171	1,059
신청가구수	1,218	1,498	1,251	1,037	910	1,196	1,097	1,110	1,038	2,197	1,258

11 하단 탭에서 **문제3**을 클릭하여 해당 대시보드로 이동합니다. 문제3-3 시트에서 차트를 보기 좋게 배치하기 위해 먼저 차트의 가로축을 넓혀줍니다. 가로축에 마우스를 얹고 나타난 좌우 화살표를 이용하여 아래 텍스트 테이블과 너비가 같도록 넓혀줍니다. 이어서 **신청년도 행의 너비**를 넓히기 위해 2014와 아래 셀 사이 라인에 마우스를 얹고 나타난 **상하 화살표**를 이용하여 **아래**로 조금 당겨줍니다. 문제3-3 시트가 시각화 완성화면과 같게 완성된 것을 확인할 수 있습니다.

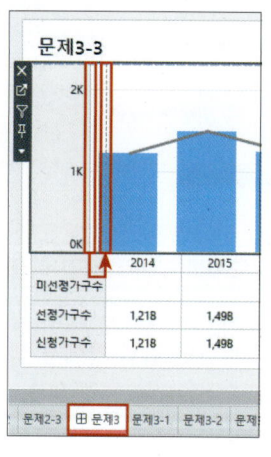 

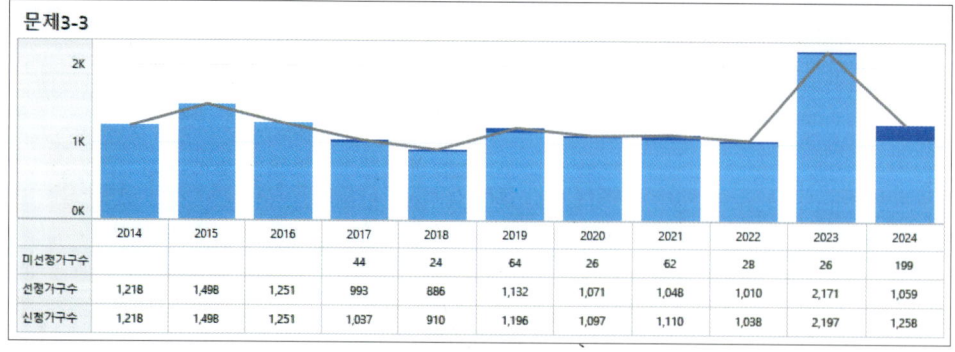

4 '문제3' 대시보드에 다음의 작업을 수행하여 동적(Interactive) 대시보드를 구현하시오.

① '문제2' 대시보드로 이동하는 "버튼"을 구현하시오.

01 문제3 대시보드의 왼쪽 사이드 바에서 **대시보드 탭**을 클릭합니다. 하단에 위치한 **개체**에서 **탐색**을 클릭하여 제목 아래의 빈 레이아웃 가장 오른쪽으로 **드래그 앤 드롭**합니다.

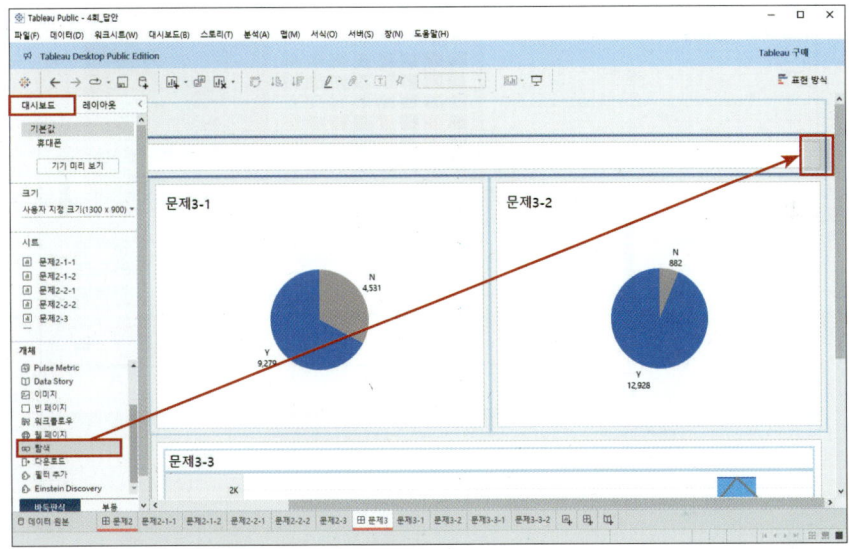

02 배치한 탐색 개체를 **마우스 우클릭**합니다. 나타난 팝업 메뉴에서 **편집 단추**를 클릭합니다. 편집 단추 팝업 창에서 **이동할 위치**를 **문제2**로 설정하고 **제목**에 **문제2 이동**을 입력합니다. **글꼴**은 ▼을 클릭하여 나타나는 팝업 창에서 한 번 더 ▼을 클릭하여 **맑은 고딕**으로 변경합니다. 글자 색은 색 상표의 **첫 번째 검은색**을 클릭하고 팝업 창 내의 빈 곳을 클릭하여 팝업 창을 닫습니다.

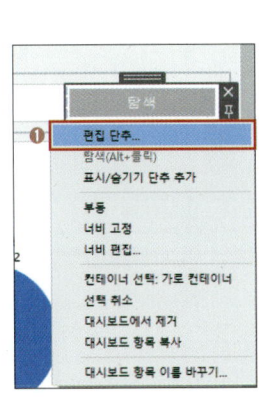 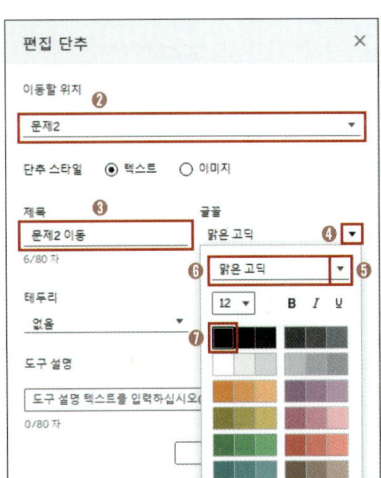

03 **백그라운드**의 ▼을 클릭하여 나타난 팝업 창에서 **색상 추가**를 클릭합니다. **색 선택 팝업 창**에서 HTML(H) 옆에 **#E6E6E6**을 입력한 후 **확인**을 클릭합니다. 팝업 창 내의 빈 곳을 클릭하고 편집 단추 창의 **확인**을 클릭하여 단추 생성을 마무리합니다.

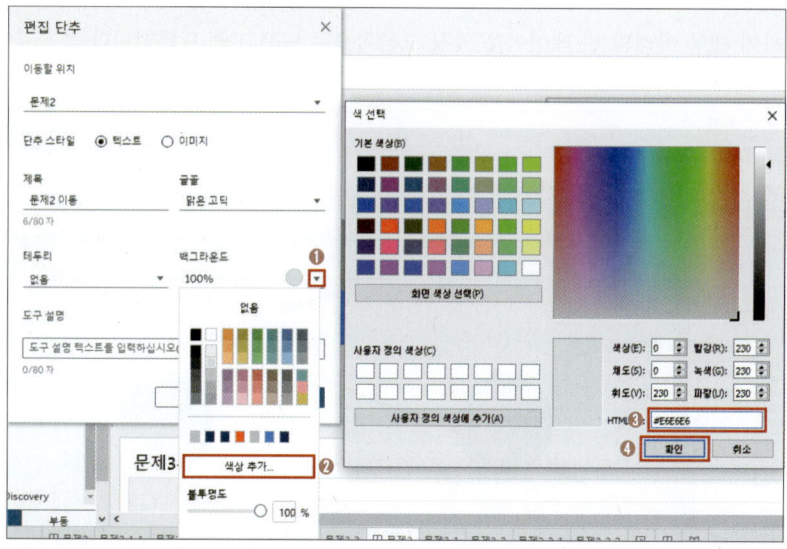

② 대시보드 상단에 '자치구'와 '행정동' 필터를 생성하시오.

01 하단 탭에서 **문제3-1**을 클릭하여 해당 시트로 이동합니다. 워크시트에 [자치구] 필드와 [행정동] 필드가 필터 패널에 없을 경우 작업이 불가능하기 때문에 먼저 데이터 패널의 **[자치구] 필드를 필터 패널에 드래그 앤 드롭**합니다. 나타나는 **필터 [자치구] 팝업 창**에서 **일반 탭 > 모두 사용(U)**에 체크합니다. **확인**을 눌러 마무리합니다.

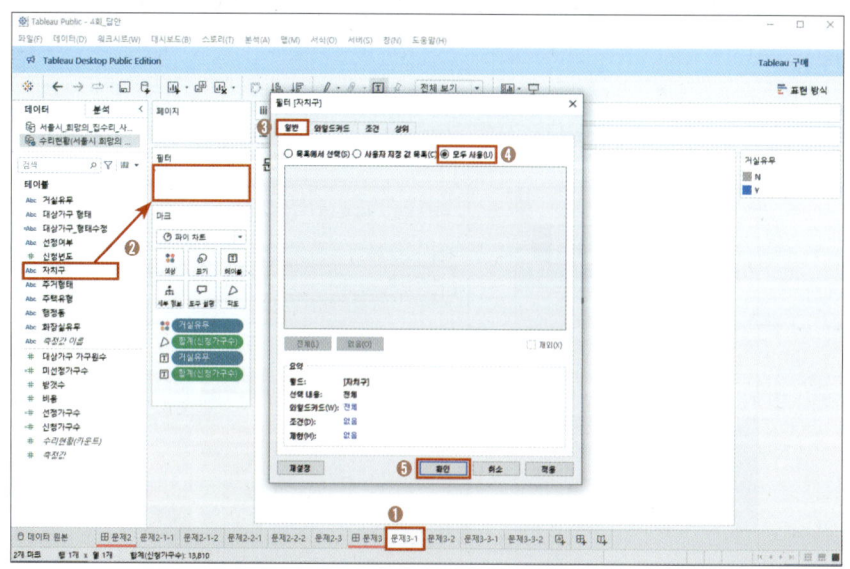

02 데이터 패널의 **[행정동] 필드**를 **필터 패널**에 **자치구 아래**로 **드래그 앤 드롭**합니다. 나타나는 **필터 [행정동] 팝업 창**에서 **일반 탭 > 모두 사용(U)**에 체크합니다. **확인**을 눌러 마무리합니다.

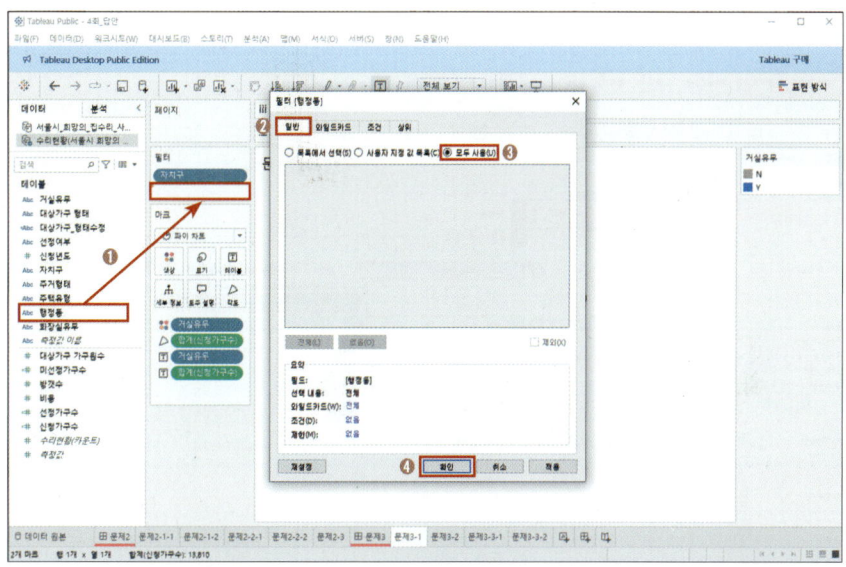

03 하단 탭에서 **문제3**을 클릭하여 해당 대시보드로 이동합니다. **문제3-1 시트**의 빈 공간을 클릭하고 상단 메뉴의 **분석(A) > 필터(I) > 자치구**를 클릭합니다. 생성된 [자치구] 필터의 빈 공간을 클릭하여 나타난 ▬을 클릭한 후 **자치구 텍스트의 오른쪽**으로 **드래그 앤 드롭**하여 배치합니다.

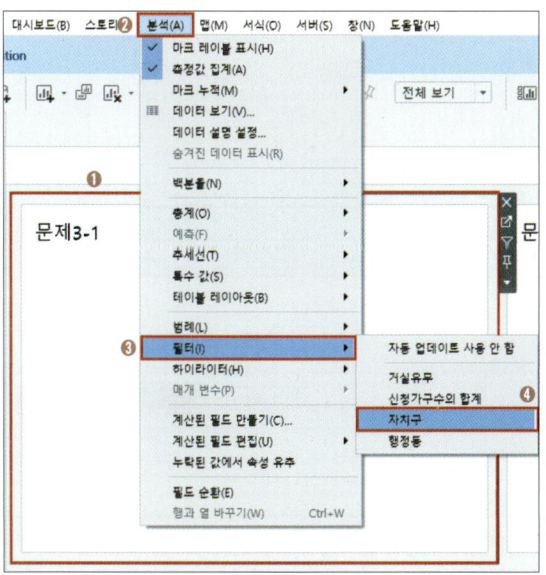
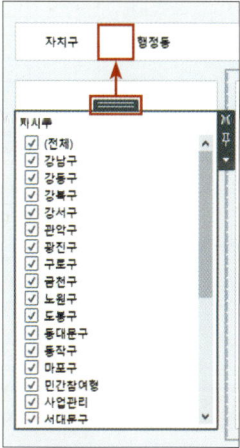

04 [자치구] 필터에서 ▼을 클릭합니다. 나타난 팝업 메뉴에서 **제목**을 클릭하여 체크 해제합니다. 다시 ▼을 클릭하여 나타난 팝업 메뉴에서 **단일 값(드롭다운)**을 클릭합니다. 다시 ▼을 클릭하여 나타난 팝업 메뉴에서 **워크시트에 적용 > 선택한 워크시트**를 클릭합니다.

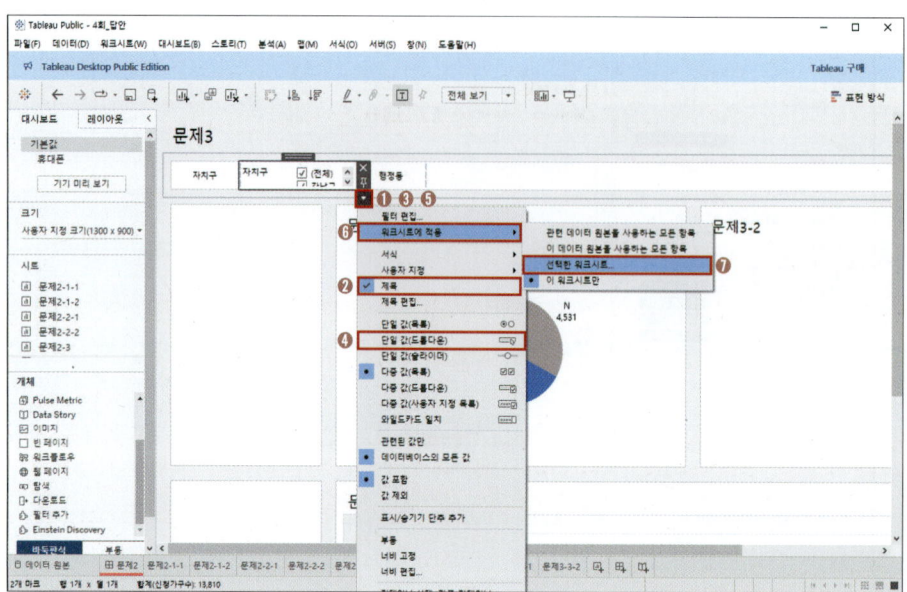

05 나타난 워크시트 [자치구]에 필터 적용 팝업 창에서 문제3-2, 문제3-3-1, 문제3-3-2에 체크하고 **확인**을 클릭합니다.

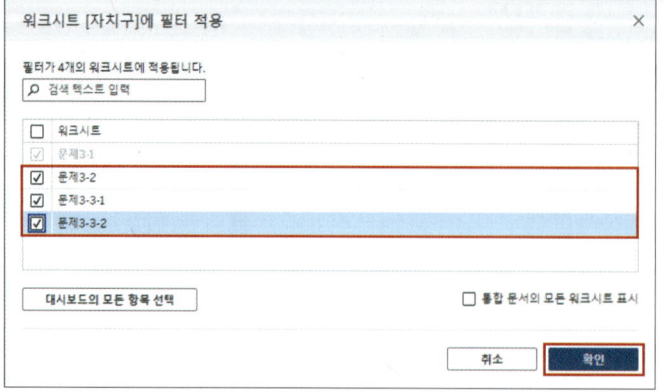

모든 항목을 선택하는 경우 대시보드의 모든 항목 선택 버튼을 클릭해 작업을 진행해도 됩니다.

06 대시보드에서 **문제3-1 시트**의 빈 공간을 클릭하고 상단 메뉴의 **분석(A) > 필터(I) > 행정동**을 클릭합니다. 생성된 행정동 필터의 빈 공간을 클릭하여 나타난 ▭을 클릭한 후 **행정동 텍스트의 오른쪽**으로 **드래그 앤 드롭**하여 배치합니다.

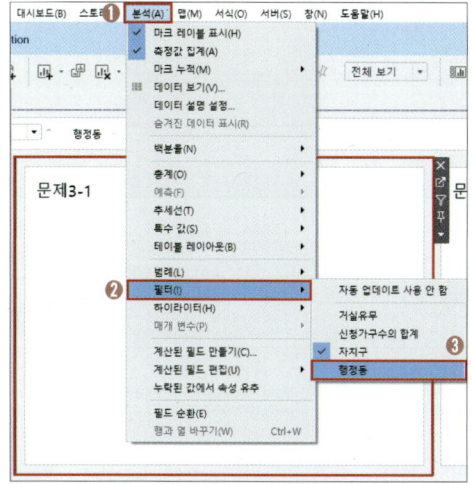

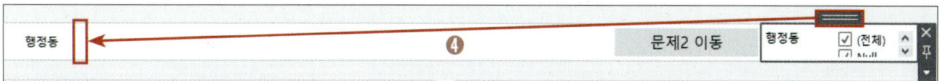

07 [행정동] 필터에서 ▼을 클릭합니다. 나타난 팝업 메뉴에서 **제목**을 클릭하여 체크 해제합니다. 다시 ▼을 클릭하여 나타난 팝업 메뉴에서 **단일 값(드롭다운)**을 클릭합니다. 다시 ▼을 클릭하여 나타난 팝업 메뉴에서 **워크시트에 적용 > 선택한 워크시트**를 클릭합니다.

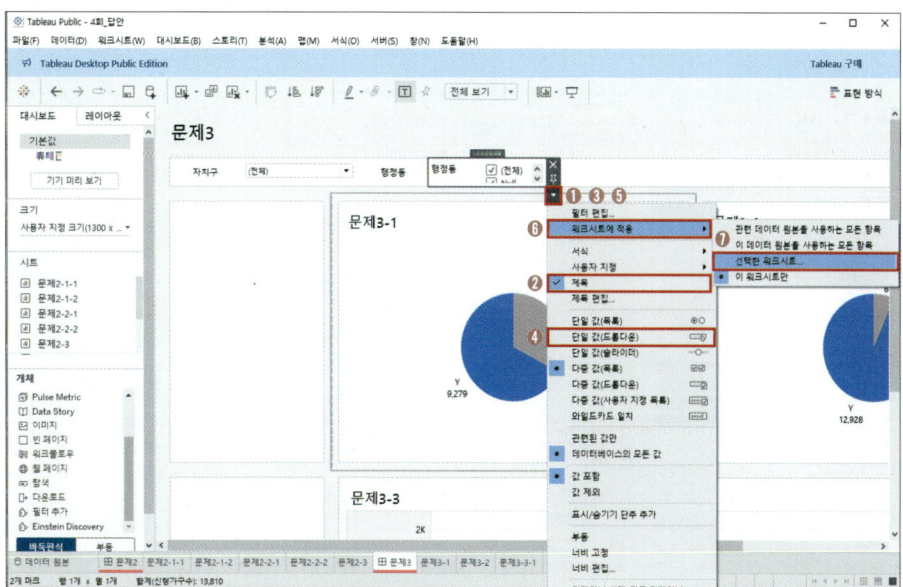

08 나타난 **워크시트 [행정동]에 필터 적용 팝업 창**에서 **문제3-2, 문제3-3-1, 문제3-3-2**에 체크하고 **확인**을 클릭합니다.

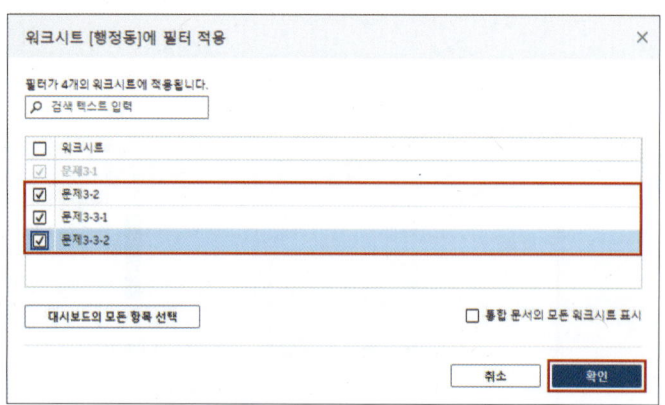

모든 항목을 선택하는 경우 대시보드의 모든 항목 선택 버튼을 클릭해 작업을 진행해도 됩니다.

③ 대시보드 왼쪽에 '주거형태'와 '주택유형' 필터를 생성하시오.

01 하단 탭에서 **문제3-1**을 클릭하여 해당 시트로 이동합니다. 워크시트에 [주거형태] 필드와 [주택유형] 필드가 필터에 없을 경우 작업이 불가능하기 때문에 데이터 패널의 **[주거형태] 필드**를 **필터 패널**에 **행정동 아래**로 **드래그 앤 드롭**합니다. 나타나는 **필터 [주거형태] 팝업 창**에서 **일반 탭 > 모두 사용(U)**에 체크합니다. **확인**을 눌러 마무리합니다.

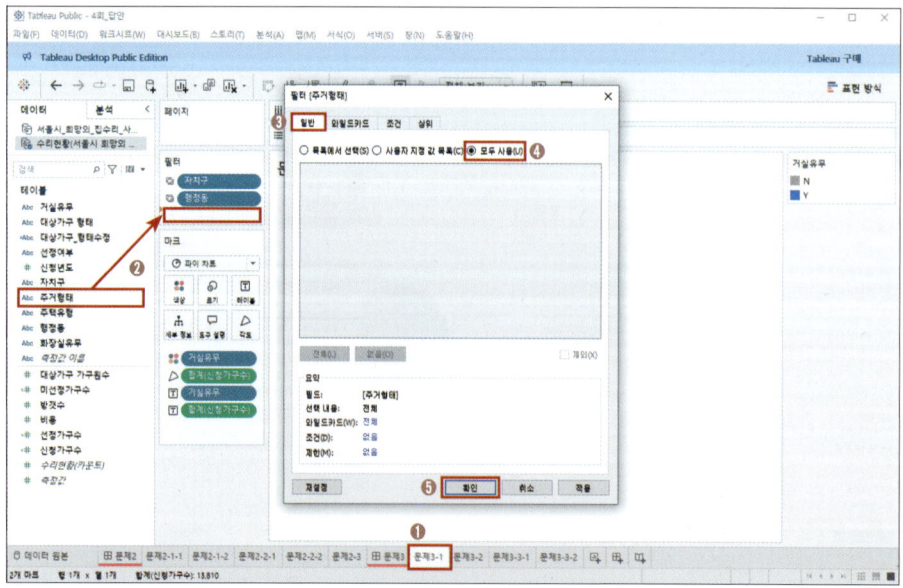

02 하단 탭에서 **문제3-3-1**을 클릭하여 해당 시트로 이동합니다. 데이터 패널의 **[주택유형] 필드**를 **필터 패널**에 **행정동 아래**로 **드래그 앤 드롭**합니다. 나타나는 **필터 [주택유형] 팝업 창**에서 **일반 탭 > 모두 사용(U)**에 체크합니다. **확인**을 눌러 마무리합니다.

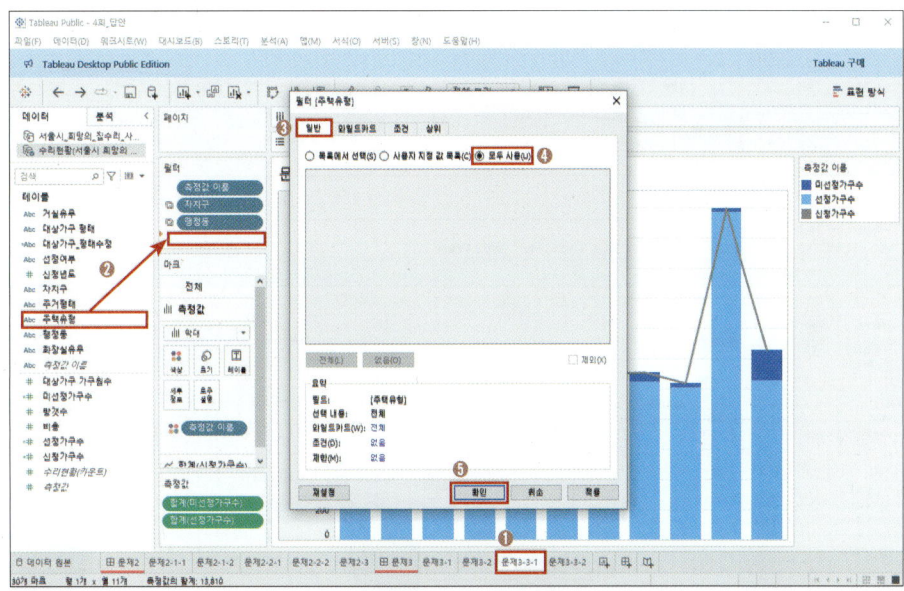

03 하단 탭에서 **문제3**을 클릭하여 해당 대시보드로 이동합니다. 대시보드에서 **문제3-1 시트**를 클릭하고 상단 메뉴의 **분석(A) > 필터(I) > 주거형태**를 클릭합니다.

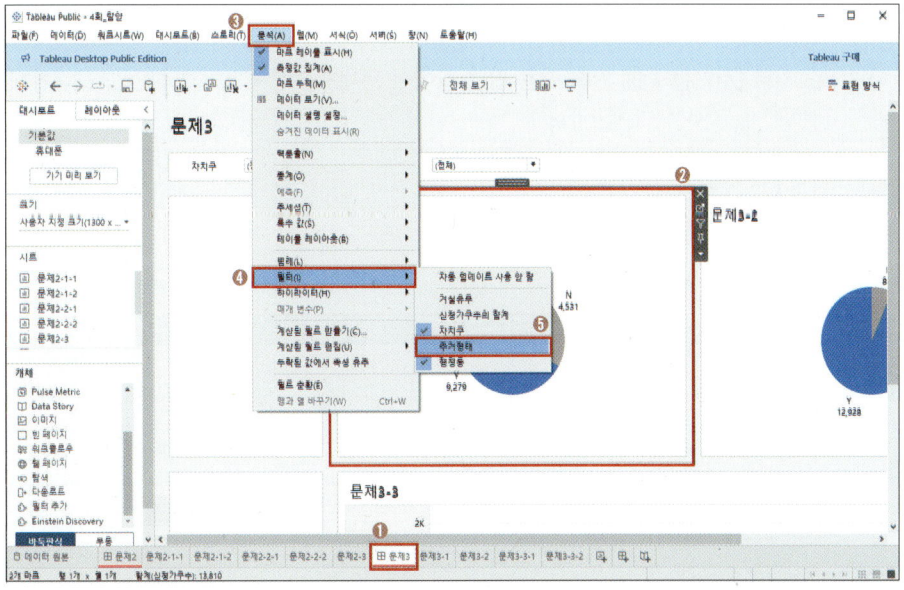

04 [주거형태] 필터의 빈 공간을 클릭하여 나타난 ▬을 클릭하고 문제3-1 시트 왼쪽 빈 컨테이너 상단에 **드래그 앤 드롭**해 배치합니다. [주거형태] 필터에서 ▼을 클릭합니다. 나타난 팝업 메뉴에서 **단일 값(목록)**을 선택합니다. 다시 한 번 ▼을 클릭합니다. 나타난 팝업 메뉴에서 **워크시트에 적용 > 선택한 워크시트**를 클릭합니다.

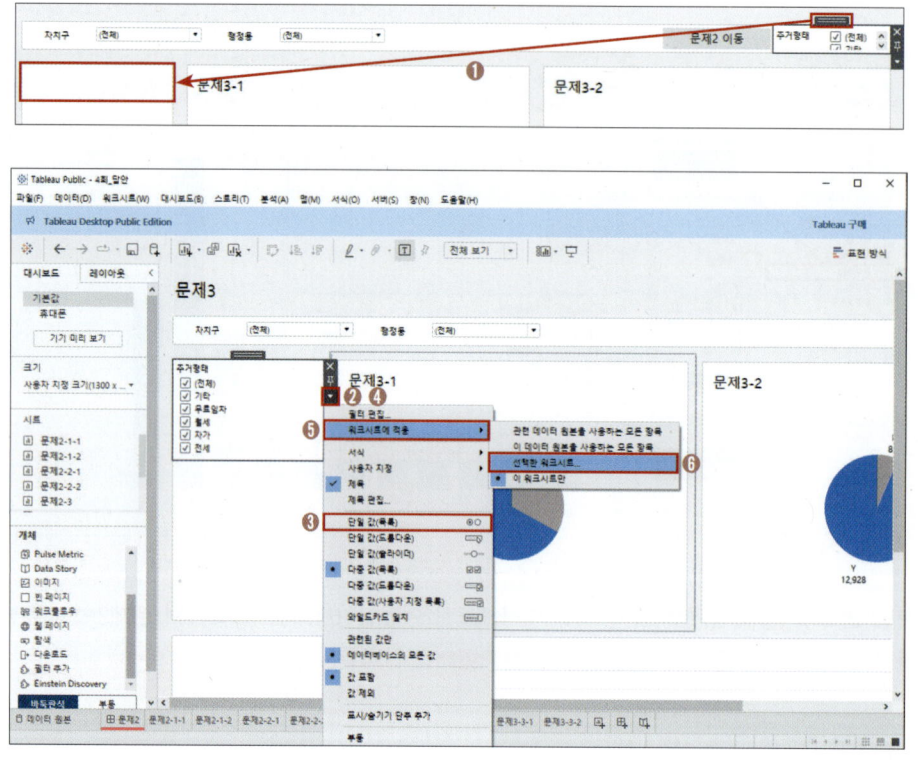

05 나타난 **워크시트 [주거형태]에 필터 적용 팝업 창**에서 **문제3-2**에 체크하고 **확인**을 클릭합니다.

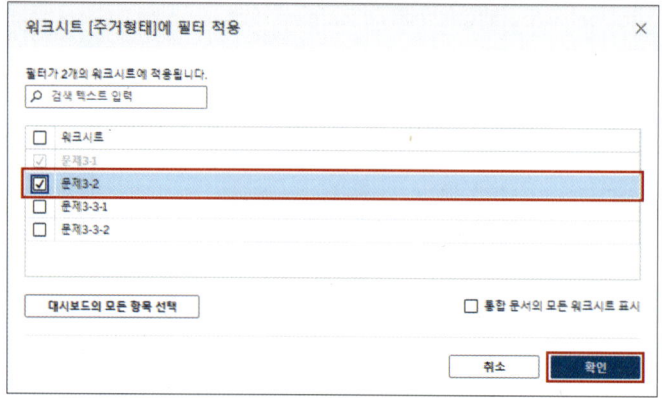

06 대시보드에서 문제3-3 시트 안에 위치한 **문제3-3-1 시트**의 빈 공간을 클릭하고 상단 메뉴의 **분석(A) > 필터(I) > 주택유형**을 클릭합니다.

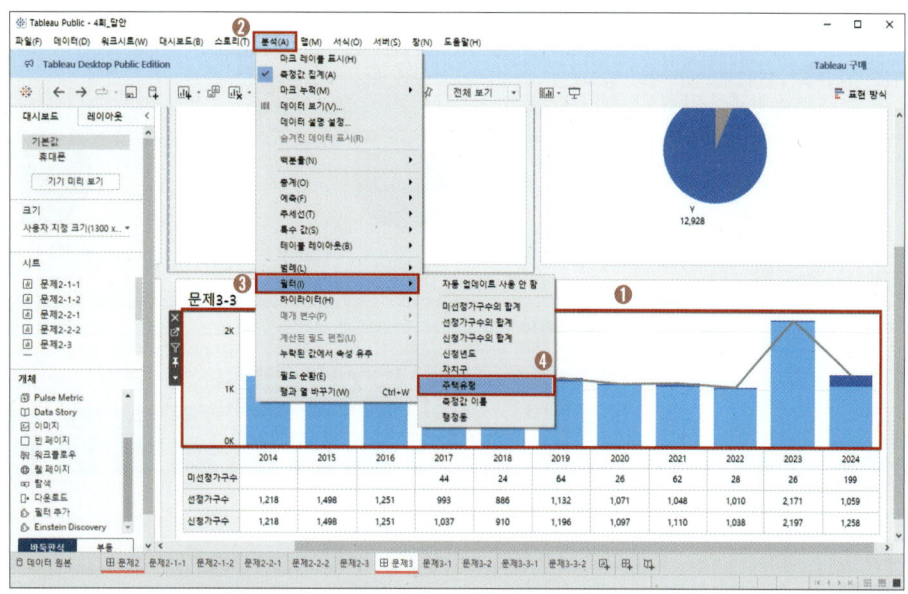

07 [주택유형] 필터의 빈 공간을 클릭하여 나타난 ▬을 클릭하고 문제3-3 시트 왼쪽 빈 컨테이너 상단에 **드래그 앤 드롭**해 배치합니다.

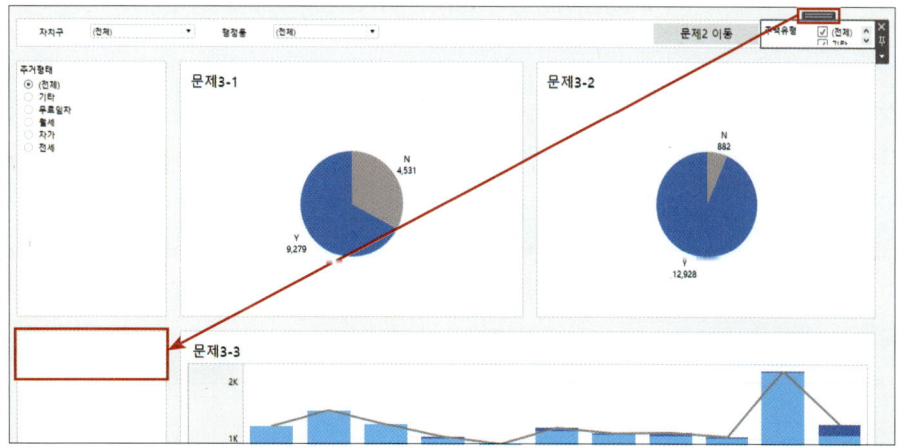

08 [주택유형] 필터에서 ▼을 클릭합니다. 나타난 팝업 메뉴에서 **단일 값(목록)**을 선택합니다. 다시 한 번 ▼을 클릭합니다. 나타난 팝업 메뉴에서 **워크시트에 적용 > 선택한 워크시트**를 클릭합니다.

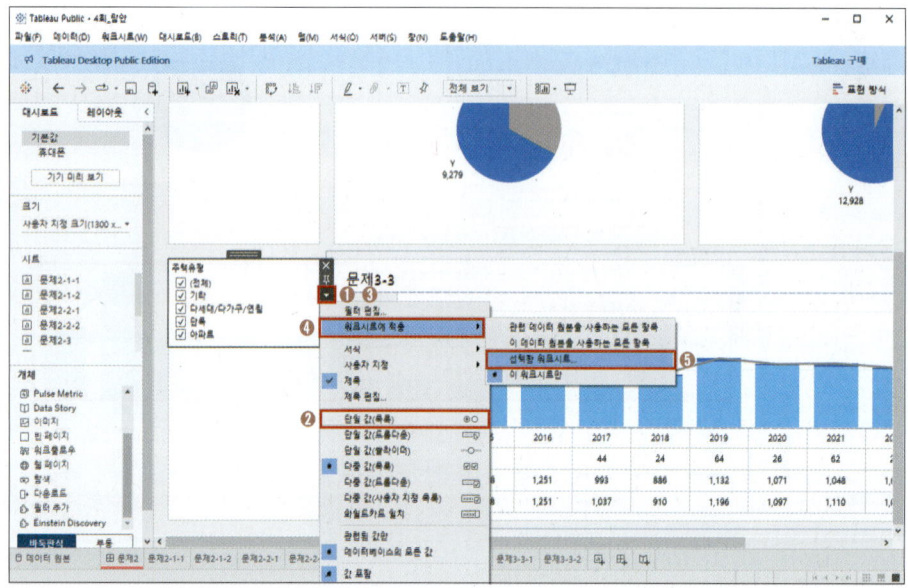

09 나타난 워크시트 [주택유형]에 필터 적용 팝업 창에서 **문제3-3-2**에 체크하고 **확인**을 클릭합니다.

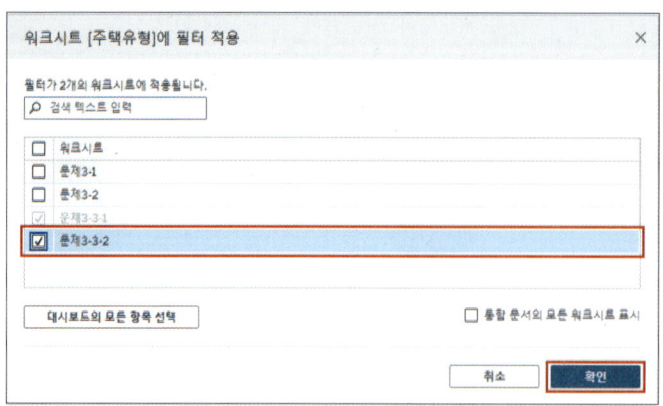

10 작업한 대시보드가 문제3의 시각화 완성화면(211p)과 일치하는지 확인한 후 해당 대시보드의 작업을 마무리합니다.

CHAPTER 05

실전 모의고사 5회

※ 본서는 이미지 화질 향상을 위하여 태블로 작업 화면을 축소하여 풀이를 진행하였으므로 작업 시 보이는 필드 및 차트의 크기 등에 차이가 있을 수 있습니다. 제공되는 정답 파일과 비교하여 작업하는 것을 권장합니다.

국 가 기 술 자 격 검 정

경영정보시각화능력 실기 모의문제

프로그램명	제한시간
태블로 데스크톱	70분

수험번호	
성 명	

단일	모의고사 5회

※ 시험지를 받으시면
1~2페이지의 '유의사항'과
'문제 및 데이터 안내'를
확인하시기 바랍니다.

대 한 상 공 회 의 소

―― 〈유의사항〉 ――

- '유의사항', '문제 및 데이터 안내'에 따라 시험에 응시하여야 하며, 이를 소홀히 하여 발생한 불이익과 책임은 수험자 본인에게 있습니다.
- 시험이 시작되면 즉시 문제 데이터 파일 존재여부와 답안 파일의 문제3-4 대시보드에 차트, 표, 데이터가 보이는지 확인하시기 바랍니다.
  - 문제 데이터 파일 위치 : [문제1] C:₩TB₩문제1_데이터 폴더 / [문제2, 3] C:₩TB₩문제2,3_데이터 폴더
  - 문제 데이터 파일은 존재여부만 확인하며 엑셀 등으로 열어보면 실격 처리
  - 답안 파일 위치 : C:₩TB₩수험자번호.twbx
  - 화면에 띄워진 답안 파일의 문제3-4 대시보드 확인
- 시험 중 인터넷 통신 오류 팝업 메세지가 발생할 경우 엑스(☒)를 클릭하여 팝업 메시지 창을 닫고 진행하시기 바랍니다.
- 아래는 답안의 저장 및 시험종료 관련 안내입니다.
  - 메뉴 '파일'-'저장'으로 저장(툴바 저장 아이콘(🖫) 또는 'Ctrl+S' 사용금지)
  - 엑셀 데이터 추출 확인 메시지 창이 나올 경우 반드시 '추출 만들기' 버튼 누름
  - 시험 진행 중 답안은 수시로 저장
  - 시험종료 전 반드시 메뉴 '파일'-'저장'으로 저장하고 프로그램을 종료해야 합니다. 이외 방법으로 시험종료하여 발생하는 문제[오류발생/저장불가]에 대한 책임은 수험자에게 있습니다.
- 별도의 지시사항이 없는 경우, 다음과 같이 처리할 때 [실격 처리]됩니다.
  - 제시된 파일, 페이지/대시보드, 데이터 원본의 이름, 차원/측정값 속성을 임의로 변경한 경우
  - 제시된 파일, 데이터 원본을 임의로 삭제, 추가, 변경한 경우
  - 시트/워크시트/대시보드를 임의로 삭제, 추가하거나 명칭을 변경한 경우
  - 제시된 답안 파일의 경로 또는 파일명을 변경한 경우
  - 문제 데이터를 시험 시작 전에 열어보는 경우
  - 실기시험 프로그램 이외의 프로그램(엑셀 등)으로 데이터를 열어보는 경우
- 반드시 답안작성은 문제에서 지시한 위치에 작업해야 하며 다음과 같이 처리 시 해당 작업 또는 그 작업에 영향을 미치는 문제, 개체, 시트 등은 [오답 처리]됩니다.
  - 제시된 함수가 있으면 제시된 함수만을 사용해야 하며 그 외 함수를 사용해 풀이한 경우
  - 지시하지 않은 차트, 컨테이너, 매개변수 등을 임의로 이동, 수정(변경), 삭제 등으로 인해 위치 및 내용이 변경된 경우
  - 임의로 기본 설정값(Default)을 변경한 경우
  - 숫자데이터를 임의로 문자화하여 처리한 경우
  - 개체가 해당 영역을 벗어난 경우
  - 작업한 개체가 너무 작아 정보 확인이 어려울 경우
  - 지시사항과 띄어쓰기, 대소문자 등이 다르게 작업한 경우(계산식 제외)

- 문제지에 제시된 [완성화면] 그림 관련입니다.
  - 문제 상단에 있는 [완성화면] 그림은 각 문제의 세부문제 전체를 풀이했을 때 도출되는 것으로 개별 세부문제를 풀이한 후의 [완성화면] 그림과 다를 수 있음
  - 문제풀이 순서 또는 시각적 개체 작성 순서, PC 환경 등의 이유로 수험자가 작성한 개체의 모니터 화면과 모양, 색상 등이 다를 수 있음
- 본 문제와 용어는 태블로 데스크톱 퍼블릭 에디션(Tableau Desktop Public Edition) 2024.3.0. 버전을 기준으로 작성되었습니다.

문제 및 데이터 안내

1. 수험자가 작성할 답안 파일은 1개입니다. 문제1, 문제2, 문제3의 답을 하나의 답안 파일(.pbix)로 저장하십시오.
2. 문제1, 문제2, 문제3은 각각 독립적으로 구성되어 앞 문제를 풀지 않아도 다음 문제 풀이가 가능합니다.
3. 문제1은 데이터 불러오기를 통해 문제를 풀이하고, 문제2와 문제3은 답안에 이미 데이터가 포함되어 있어 다시 데이터를 불러오지 말고 바로 문제 풀이를 하십시오.
   - 데이터 파일은 문제1을 위한 데이터 파일과 문제2, 3을 위한 데이터 파일로 구성되어 있습니다.
4. 문제2와 문제3 풀이를 위해 필요한 일부 측정값, 필터가 답안 파일에 미리 적용되어 있을 수 있습니다.
   - 지시사항에 제시되지 않은 것은 변경하지 마십시오.
   - 사전에 적용된 필터 등이 삭제되지 않도록 '시트 지우기' 기능을 절대 사용하지 마십시오.
5. 문제는 문제(문제1~3) – 세부문제(1~4) – 지시사항(①~③) – 세부지시사항(▶, -) 단위로 구성됩니다.
6. 지시사항(①, ②, ③)별로 점수가 부여되며, 지시사항의 전체 세부지시사항(▶, -)을 작업하지 않을 경우 점수가 부여되지 않습니다. ※ 부분 점수 없음
7. 본 시험에서 사용되는 데이터 파일 수와 데이터명은 아래와 같습니다.
   - [문제1] 데이터 파일 수 : 1개 / '여행지_3개년_판매수량.xlsx'

파일명	여행지_3개년_판매수량.xlsx													
테이블	구조													
2022년 ~ 2024년	상품ID	시도	시군구	1-22	2-22	3-22	4-22	5-22	6-22	7-22	8-22	9-22	10-22	11-22	12-22
	P001	제주특별자치도	제주시	140	130	150	170	200	230	250	270	230	210	190	220
	상품ID	시도	시군구	1-23	2-23	3-23	4-23	5-23	6-23	7-23	8-23	9-23	10-23	11-23	12-23
	P001	제주특별자치도	제주시	154	143	165	187	220	253	275	297	253	231	209	242
	상품ID	시도	시군구	1-24	2-24	3-24	4-24	5-24	6-24	7-24	8-24	9-24	10-24	11-24	
	P001	제주특별자치도	제주시	156	145	168	190	224	257	280	302	257	235	212	
여행상품	상품ID	상품명		상품 가격			여행지					여행 테마			
	P001	제주도 올레길 투어		300,000원			제주특별자치도 제주시					자연 탐방			

   - [문제2, 3] 데이터 파일 수 : 1개 / '제주도_여행상품_3개년_판매량.xlsx'

파일명	제주도_여행상품_3개년_판매량.xlsx							
테이블	구조							
연월별 판매량 (필드8개)	상품ID	상품명	상품가격	여행일정	여행지	여행 테마	판매연월	판매량
	P001	제주 올레길 힐링 투어	300,000원	2박 3일	제주시	자연 탐방	202201	144

문제1 작업준비(30점)

1. **답안 파일을 열고 다음의 지시사항에 따라 작업을 수행하시오. (15점)**
   ① 연결 패널을 이용하여 데이터 파일을 추가하시오. (5점)
   ▶ 데이터 추가 : '여행지_3개년_판매수량.xlsx' 파일의 〈2022년〉, 〈2023년〉, 〈2024년〉, 〈여행상품〉 테이블
   ② 데이터 원본 편집 창에서 〈2022년〉, 〈2023년〉, 〈2024년〉, 〈여행상품〉 테이블을 결합하시오. (5점)
   ▶ 〈2022년〉, 〈2023년〉, 〈2024년〉을 유니온(UNION)으로 결합
   ▶ 결합한 유니온(UNION)을 기준으로 〈여행상품〉 테이블을 왼쪽 조인(LEFT JOIN)하여 물리적 테이블 생성
   　- 유니온(UNION)의 [상품ID] 컬럼과 〈여행상품〉 테이블의 [상품ID] 컬럼을 왼쪽 조인
   ③ [1월]부터 [12월]까지의 12개 필드를 피벗(Pivot)하시오. (5점)

2. **세부문제1에서 모델링한 데이터를 아래 지시사항에 따라 편집하시오. (15점)**
   ① 데이터 원본 편집 창에서 다음의 지시사항에 따라 데이터를 편집하시오. (5점)
   ▶ 모델링한 논리적 테이블 이름 변경 : 3개년_판매현황
   ▶ 유니온(UNION)으로 결합한 물리적 테이블 이름 변경 : 연도별_현황
   ▶ 데이터 원본 이름 변경 : 전국_여행상품_판매현황
   ② [기준년월], [기준년월_날짜] 필드를 이용하여 계산된 필드를 추가하시오. (5점)
   ▶ 계산된 필드 추가 : 기준년월
   　- [테이블 이름] 필드와 [피벗 필드명] 필드 결합
   　- 데이터 유형 : 문자형
   ▶ 계산된 필드 추가 : 기준년월_날짜
   　- [기준년월] 필드를 날짜 형식으로 변경
   　- 사용 함수 : DATE, DATEPARSE
   　- 데이터 유형 : 문자형
   ③ [상품 가격]과 [피벗 필드 값] 필드를 이용하여 계산된 필드를 추가하시오. (5점)
   ▶ 계산된 필드 추가 : 상품가격_원제거
   　- [상품 가격] 필드의 단위를 제거
   　- 사용 함수 : REPLACE, INT
   　- 데이터 유형 : 숫자형
   ▶ 계산된 필드 추가 : 매출액
   　- [피벗 필드 값] 필드와 [상품가격_원제거] 필드를 활용
   　- 데이터 유형 : 숫자형

문제2 단순요소 구현(30점)

| 시각화 완성화면 |

각 세부문제 풀이 후 아래와 같은 결과가 도출되어야 합니다.

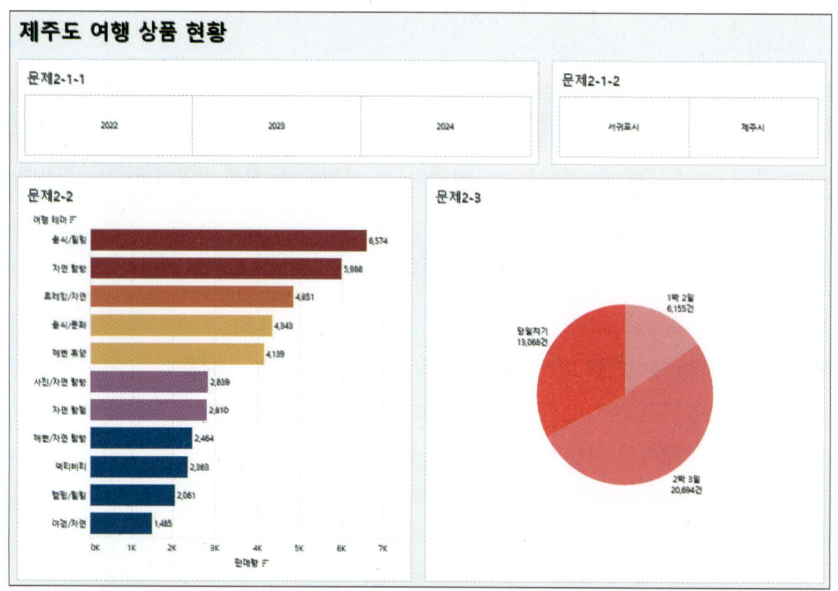

1. '문제2-1-1'과 '문제2-1-2' 시트에서 다음의 작업을 수행하여 필터 버튼을 구현하시오. (10점)

    ① '문제2-1-1' 시트에 [판매연월_날짜] 필드를 생성하고 필터 버튼을 구현하시오. (3점)

    ▶ 필드 이름 : 판매연월_날짜
      - 의미 : 숫자형으로 들어온 [판매연월] 필드를 날짜 데이터로 변환
      - 사용 함수 : STR, DATEPARSE, DATE
      - 데이터 유형 : 날짜

    ▶ [판매연월_날짜] 필드의 연도를 기준으로 필터 버튼 구현
      - 연도가 '가로 방향'으로 배치되도록 구현

    ▶ 서식 설정
      - 머리글 표시 해제
      - 맞춤 : 가로 '가운데'
      - 테두리 : 구분선 추가
      - 테두리 색상 : #D4D4D4

문제2-1-1		
2022	2023	2024

② '문제2-1-2' 시트에 [시군구] 필드를 사용하여 필터 버튼을 구현하시오. (3점)
- ▶ [시군구] 필드를 기준으로 필터 버튼 구현
  - 시군구가 '가로 방향'으로 배치되도록 구현
- ▶ 서식 설정
  - 머리글 표시 해제
  - 맞춤 : 가로 '가운데'
  - 테두리 : 구분선 추가
  - 테두리 색상 : #D4D4D4

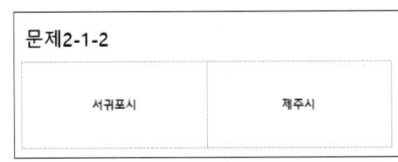

③ '문제2-1-1'과 '문제2-1-2'가 '문제2' 대시보드에서 필터로 작동하도록 동작 기능을 구현하시오. (4점)
- ▶ 동작 : '문제2-1-1'과 '문제2-1-2'에서 생성한 필터 버튼을 필터로 사용
  - '문제2-1-1'과 '문제2-1-2' 외에 다른 시트가 필터로 적용되어서는 안 됨
- ▶ 동작 이름 : 연도별/시별_필터
- ▶ 동작 실행 조건 : 선택
- ▶ 선택을 해제할 경우의 결과 : 필터링된 값 유지
- ▶ 기본 선택 : 대시보드 '문제2'에서 2024년과 제주시를 기본 선택

2. '문제2-2' 시트에 가로 막대 차트(Bar Chart)를 구현하시오. (10점)
   ① '문제2-2' 시트에 [여행 테마]와 [판매량] 필드를 이용하여 막대 차트를 구현하시오. (5점)
   - ▶ 가로축 : [판매량] 필드
   - ▶ 세로축 : [여행 테마] 필드
   ② '문제2-2' 시트에 색상과 레이블을 추가하시오. (5점)
   - ▶ 레이블
     - [판매량] 필드를 이용
   - ▶ 색상
     - [판매량] 필드를 기준으로 색상 구분
     - 색상표의 '일출-일몰 다중'을 선택
     - 단계별 색상을 5단계로 지정
   - ▶ 정렬
     - [판매량] 필드를 기준으로 내림차순 정렬

3. '문제2-3' 시트에 다음의 작업을 수행하여 파이 차트(Pie Chart)를 구현하시오. (5점)
   ① '문제2-3' 시트에 파이 차트를 생성하시오. (2점)
      ▶ 표시 설정 : 파이 차트
      ▶ 각도 : [판매량] 필드
         – [여행일정] 필드를 기준으로 파이 차트 구현
   ② 레이블, 색상을 설정하시오. (3점)
      ▶ 레이블
         – 서식 : 여행일정을 표현하고 줄바꿈한 후 000건으로 표현
         – 글자색을 자동으로 설정
         – '레이블이 다른 마크와 겹치도록 허용' 옵션을 허용
      ▶ 색상 : [여행일정] 필드의 합계를 색상표 선택의 "번개 치는 수박"으로 구분

4. 통합 문서 및 '문제2' 대시보드의 서식을 설정하시오. (5점)
   ① 전체 통합 문서의 서식을 변경하시오. (2점)
      ▶ 통합 문서 서식 변경
         – 전체 글꼴 : '맑은 고딕'
         – 전체 글꼴 색상 : #000000
   ② '문제2' 대시보드의 백그라운드 색상과 제목의 레이아웃을 변경하시오. (3점)
      ▶ '문제2' 대시보드의 항목 계층 중 '바둑판식' 항목의 백그라운드 색상을 "#F5F5F5"로 변경
      ▶ 대시보드의 제목("제주도 여행 상품 현황") 개체(텍스트)의 레이아웃
         – 개체 이름 작성 : "제주도 여행 상품 현황"
         – 바깥쪽 여백을 위쪽 '10', 왼쪽 '10', 아래쪽 '10', 오른쪽 '10'으로 변경
         – 안쪽 여백을 모두 '0'으로 변경

문제3 복합요소 구현(50점)

| 시각화 완성화면 |

각 세부문제 풀이 후 아래와 같은 결과가 도출되어야 합니다.

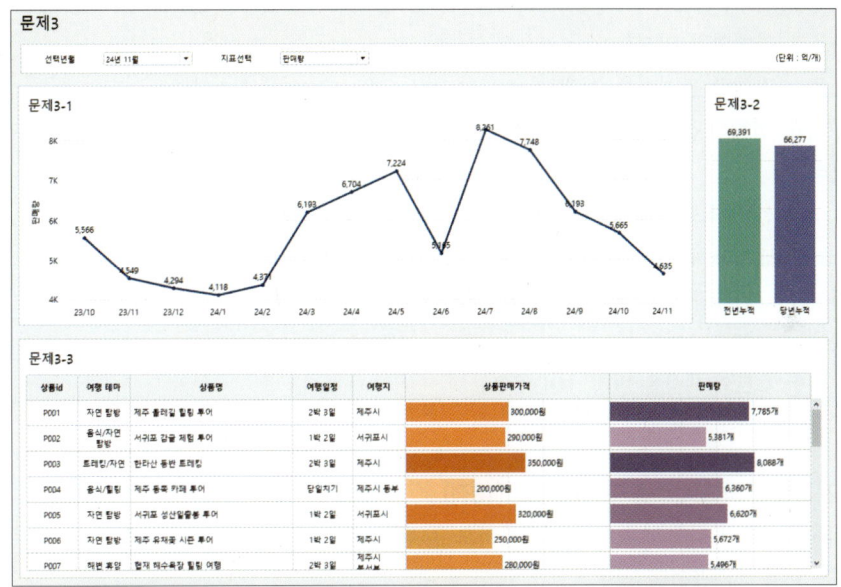

1. '문제3-1' 시트에 다음의 작업을 수행하여 라인 차트(Line Chart)를 구현하시오. (10점)

   ① '문제3-1' 시트에 다음의 매개 변수와 필드를 생성하시오. (4점)

   ▶ 매개 변수 이름 : 지표_선택
   - 데이터 유형 : 문자열
   - 허용 가능한 값 : 목록
   - 목록 : 판매매출, 판매량
   - 현재 값 : 판매량

   ▶ 필드 이름 : 판매량/판매매출_선택
   - 의미 : [지표구분] 매개 변수가 판매량일 때 [판매량] 필드를 반환하고 판매매출일 때 [판매매출] 필드를 억으로 표시하기 위해 환산(단, 판매매출의 경우 소수점 1자리까지 표현)
   - 사용 함수 : ROUND, IF문
   - 데이터 유형 : 숫자형

   ▶ 매개 변수 이름 : 선택연월_선택
   - 표시 형식 : 00년 00월로 표현
   - 데이터 유형 : 날짜
   - 허용 가능한 값 : 목록
   - 목록 : 통합 문서가 열릴 때 연월별 판매량(제주도_여행상품_3개년_판매량)의 판매연월_날짜
   - 현재 값 : 2024-11-01

▶ 필드 이름 : 기간선택_최근13개월
  – 의미 : [선택연월_선택]을 기준으로 최근 13개월
  – 사용 함수 : AND, DATEADD
  – 데이터 유형 : 부울형(T|F)
② [판매연월_날짜] 필드와 [판매량/판매매출_선택] 필드를 이용하여 라인 차트를 구성하시오. (3점)
  ▶ 가로 : [판매연월_날짜]
  ▶ 세로 : [판매량/판매매출_선택]
    – 지표_선택의 값을 사용하여 축 제목 편집
  ▶ 필터
    – [기간선택_최근13개월] 필드를 기준으로 라인 차트 구성
③ '문제3-1' 시트의 색상과 레이블을 설정하시오. (3점)
  ▶ 레이블 : [판매량/판매매출_선택] 필드를 기준으로 구현
  ▶ 색상
    – 라인 차트의 색상을 변경, #0D3B66
    – 마커를 자동에서 전체로 변경

2. '문제3-2' 시트에 막대 차트를 구현하시오. (10점)
  ① '문제3-2' 시트에 다음의 필드를 생성하시오. (4점)
    ▶ 필드 이름 : 기간선택_당년
      – 의미 : [선택연월_선택] 매개 변수를 기준으로 해당하는 당년 전체
      – 사용 함수 : DATETRUNC
      – 데이터 유형 : 부울형(T|F)
    ▶ 필드 이름 : 당년_판매량/판매매출
      – 의미 : [기간선택_당년] 필드를 기준으로 참인 경우 [판매량/판매매출_선택] 필드 반환
      – 사용 함수 : IF문
      – 데이터 유형 : 숫자형
    ▶ 필드 이름 : 기간선택_전년
      – 의미 : [선택연월_선택] 매개 변수를 기준으로 해당하는 전년 전체
      – 사용 함수 : DATETRUNC, DATEADD
      – 데이터 유형 : 부울형(T|F)
    ▶ 필드 이름 : 전년_판매량/판매매출
      – 의미 : [기간선택_전년] 필드를 기준으로 참인 경우 [판매량/판매매출_선택] 필드 반환
      – 사용 함수 : IF문
      – 데이터 유형 : 숫자형

② '문제3-2' 시트에 막대 차트를 구성하시오. (3점)
- ▶ 가로 : [측정값 이름] 필드
- ▶ 세로
  - [측정값] 필드를 사용
  - 측정값 목록에는 [전년_판매량/판매매출] 필드와 [당년_판매량/판매매출] 필드 사용

③ '문제3-2' 시트의 색상과 레이블을 설정하시오. (3점)
- ▶ 레이블 : [측정값] 필드 사용
- ▶ 머리글
  - 전년_판매량/판매매출을 전년누적으로 정의
  - 당년_판매량/판매매출을 당년누적으로 정의
- ▶ 색상
  - [측정값 이름] 필드를 기준으로 색상 부여
  - 색상표 선택에서 '천사의 돌'로 색상표 할당
- ▶ 정렬 : [전년누적] 필드를 [당년누적] 필드 왼쪽에 배치하여 전년 > 당년순으로 배치

3. '문제3-3' 시트에 다음의 작업을 수행하여 차트를 구현하고, '문제3' 대시보드에 다음의 설정을 완료하시오. (10점)

① '문제3-3' 시트에 필드를 생성하시오. (3점)
- ▶ 필드 이름 : 상품판매가격
  - 의미 : [판매가격] 필드를 기준으로 단일 상품 가격을 정의
  - 사용 함수 : SUM, AVG, MAX, MIN 중 하나 사용
  - 데이터 유형 : 숫자형

② '문제3-3' 시트에 텍스트 테이블 속의 막대 차트를 생성하시오. (3점)
- ▶ 가로 : [측정값 이름], [측정값]
- ▶ 세로 : [상품id], [여행 테마], [상품명], [여행일정], [여행지]
  - [측정값] 필드에는 [상품판매가격] 필드와 [판매량] 필드 활용
  - 각각의 [상품판매가격] 필드와 [판매량] 필드는 막대 차트로 표현
- ▶ 레이블 : [측정값] 필드 사용
  - 상품판매가격의 경우 00원으로 표현
  - 판매량의 경우 00개로 표현
- ▶ 머리글 서식
  - 글꼴 : 맑은 고딕, 9포인트, 굵게
  - 음영 : 색상(#F5F5F5)
  - 테두리 : 구분선 추가(#D4D4D4)
  - 맞춤 : 가운데
  - [상품id], [여행 테마], [여행일정] 필드의 맞춤은 가운데
  - [상품명], [여행지] 필드의 맞춤은 왼쪽

▶ 색상
- [측정값] 필드를 기준으로 정의
- [상품판매가격] 필드의 경우, 색상표의 '주황색'을 지정
- [판매량] 필드의 경우, 색상표의 '자주색'을 지정

③ '문제3' 대시보드에 필터와 텍스트를 구현하시오. (4점)
▶ [선택연월_선택] 매개 변수
- 제목 표시 제거 후 텍스트로 '선택년월' 배치(단, 텍스트는 가운데 정렬)
  텍스트로 표시한 매개 변수 제목은 너비를 120px로, [선택연월_선택] 매개 변수는 150px로 지정
- 위치 : 왼쪽 상단
- 유형 : 압축 목록
- 바깥쪽 여백 : 왼쪽 4, 위쪽 8, 오른쪽 4, 아래쪽 4
- 안쪽 여백 : 전체 0
▶ [지표_선택] 매개 변수
- 제목 표시 제거 후 텍스트로 '지표선택' 배치(단, 텍스트는 가운데 정렬)
  텍스트로 표시한 매개 변수 제목은 너비를 120px로, [지표_선택] 매개 변수는 150px로 지정
- 위치 : 왼쪽 상단
- 유형 : 압축 목록
- 바깥쪽 여백 : 왼쪽 4, 위쪽 8, 오른쪽 4, 아래쪽 4
- 안쪽 여백 : 전체 0
▶ 텍스트 : '(단위 : 억/개)' 입력 및 오른쪽 정렬 후 오른쪽 상단에 배치

4. '문제3-4' 대시보드에서 다음의 작업을 수행하여 동적(Interactive) 대시보드를 구현하시오. (10점)

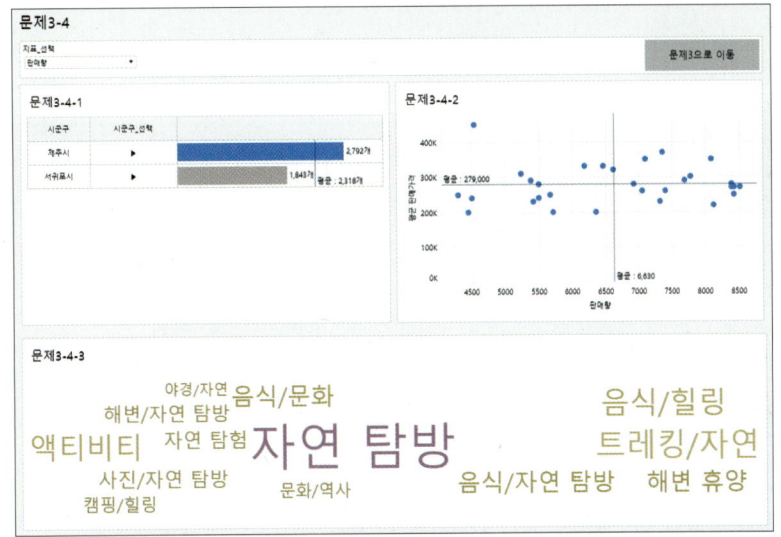

① '문제3' 대시보드로 이동하는 "버튼"을 구현하시오. (4점)
  ▶ 버튼 내용 : "문제3으로 이동"
    - 글꼴 : 맑은 고딕, 12포인트, 검정색(#000000)
    - 백그라운드 : #C0C0C0
    - 너비 : 200px로 고정
  ▶ 위치 : 상단 빈 레이아웃의 가장 오른쪽
② '문제3-4' 대시보드에서 '문제3-4-1' 막대 차트 클릭 시 [시군구] 값에 따라 값이 변경되도록 구현하시오. (6점)
  ▶ 집합 동작 설정
    - 동작 이름 : 시군구_집합
    - 동작 : 집합 동작
    - 집합 동작을 시작하는 시트가 '문제3-4-1' 이외에 존재해서는 안 됨
    - 동작 실행 조건 : 선택
    - 선택을 해제할 경우의 결과 : 집합에서 모든 값 제거
    - [시군구 집합] 필드 값에만 동작하는 집합 동작
  ▶ 필터 동작 설정
    - 동작 이름 : 시군구_필터
    - 동작 : 필터 동작
    - '문제3-4-2' 시트와 '문제3-4-3' 시트에 동작
    - 동작 실행 조건 : 선택
    - 선택을 해제할 경우의 결과 : 집합에서 모든 값 제거
    - 필터 : [시군구] 필드만 전달

> **풀이 1**　**작업준비**　　　　　　　　　　　　　　　　　　　　**30점**

1 답안 파일을 열고 다음의 지시사항에 따라 작업을 수행하시오.

① 연결 패널을 이용하여 데이터 파일을 추가하시오.

01 **바탕 화면** > **유선배 경영정보시각화능력 실기(Tableau) 실습 자료** > **Part3_모의고사_5회** > **5회 _답안.twbx**를 더블클릭하여 답안 파일을 실행합니다. 상단에 태블로 마크 모양의 **시작 페이지 표시(　)**를 클릭하여 연결 패널로 이동합니다.

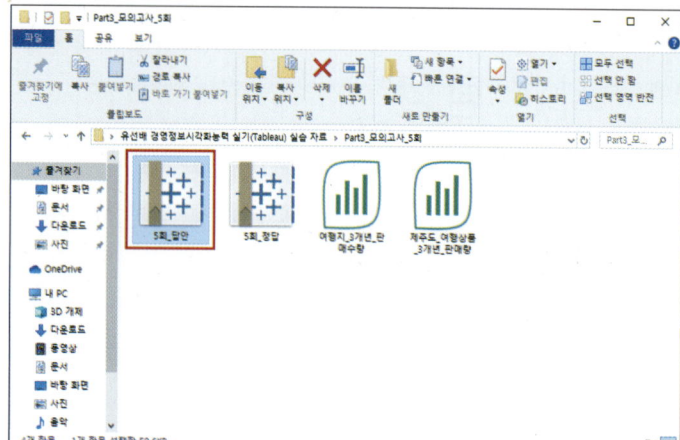

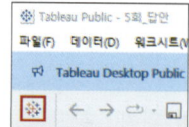

02 **연결**에서 **파일에 연결** > **Microsoft Excel**을 클릭한 후 파일 경로 위치는 **바탕 화면** > **유선배 경영정보시각화능력 실기(Tableau) 실습 자료** > **Part3_모의고사_5회** > **여행지_3개년_판매수량.xlsx**를 선택한 후 **열기**를 클릭합니다.

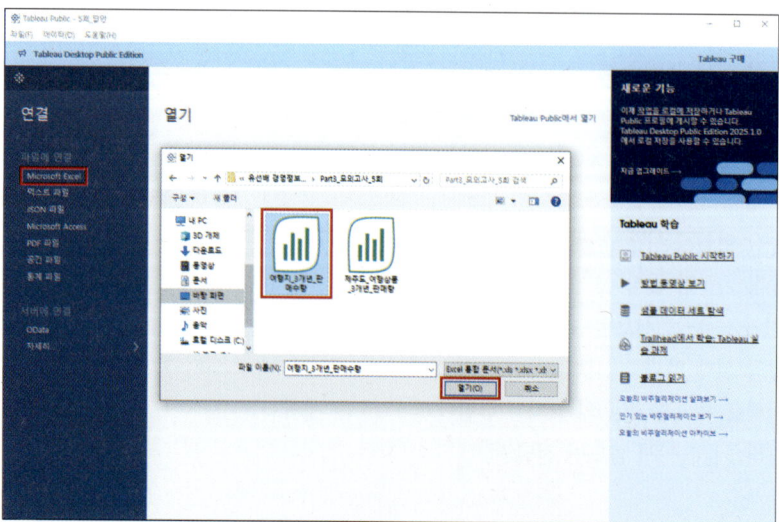

② 데이터 원본 편집 창에서 〈2022년〉, 〈2023년〉, 〈2024년〉, 〈여행상품〉 테이블을 결합하시오.

01 **새 유니온**을 캔버스로 **드래그 앤 드롭**하여 2022년 시트와 2023년 시트, 2024년 시트를 유니온 팝업 창에 차례대로 **드래그 앤 드롭**한 후 **확인**을 눌러 마무리합니다.

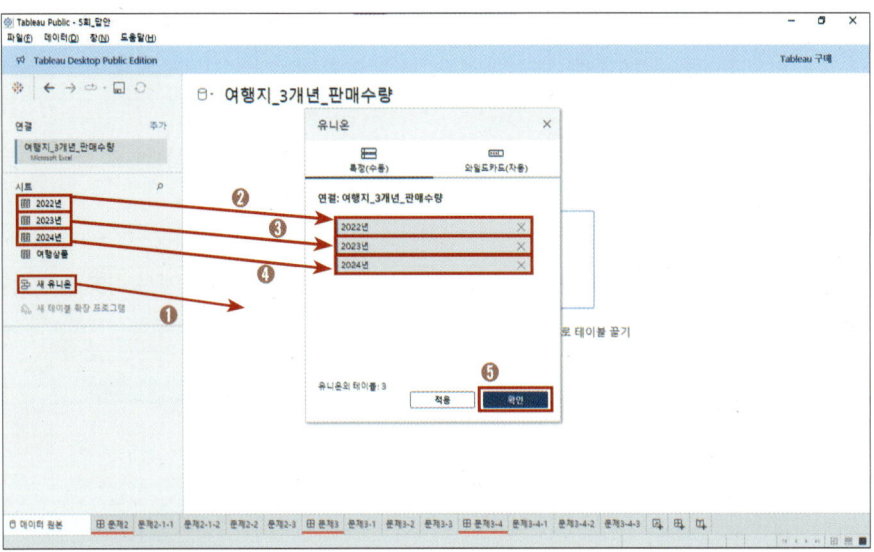

02 결합한 **논리적 테이블 유니온**을 **더블클릭**한 후 **여행상품**을 유니온 창의 **빈 곳**으로 **드래그 앤 드롭**합니다.

03 왼쪽 조인(LEFT JOIN)으로 변경하기 위해 **벤 다이어그램**을 클릭하고 내부에서 **왼쪽**으로 변경합니다. 하단의 **데이터 원본**에는 **상품ID**, **여행상품**에는 **상품id (여행상품)**으로 맞게 설정되어 있는지 확인합니다. 조인 팝업 창의 오른쪽 상단 ☒을 눌러 창을 닫습니다.

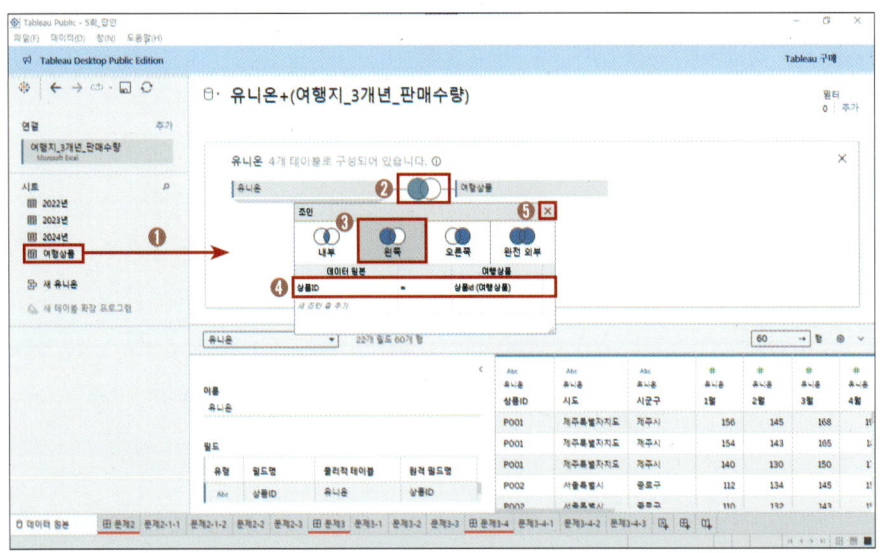

여행상품을 유니온 창으로 불러오는 과정에서 기존에 데이터 원본에 대응하는 필드를 판단하여 자동으로 연결되는 것을 볼 수 있습니다. 다만, 이 연결이 정상적으로 입력되었는지 확인하고 다르게 입력되었다면 맞는 형태로 조인 절을 수정합니다.

③ [1월]부터 [12월]까지의 12개 필드를 피벗(Pivot)하시오.

01 데이터 그리드에 있는 **[1월] 필드**의 머리글을 클릭합니다. 오른쪽으로 이동한 후 **Shift**를 누른 상태에서 **[12월] 필드**의 머리글을 클릭합니다.

02 음영이 나타난 필드의 머리글을 **마우스 우클릭**합니다. 나타난 팝업 메뉴에서 **피벗**을 클릭합니다.

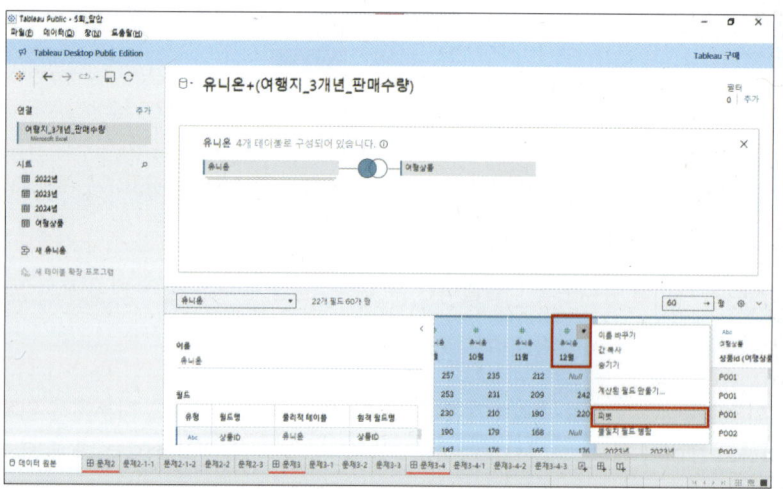

음영 처리된 필드 중 아무 필드에서나 머리글을 마우스 우클릭하여도 피벗이 가능합니다.

2 세부문제1에서 모델링한 데이터를 아래 지시사항에 따라 편집하시오.

① 데이터 원본 편집 창에서 다음의 지시사항에 따라 데이터를 편집하시오.

01 유니온한 데이터 이름을 변경하기 위해 물리적 테이블 **유니온**을 **더블클릭**합니다. 전체 내용을 삭제한 뒤 **연도별_현황**으로 변경하고 Enter를 누릅니다. 우측 상단의 ☒를 클릭하여 물리적 테이블 편집 창을 닫습니다.

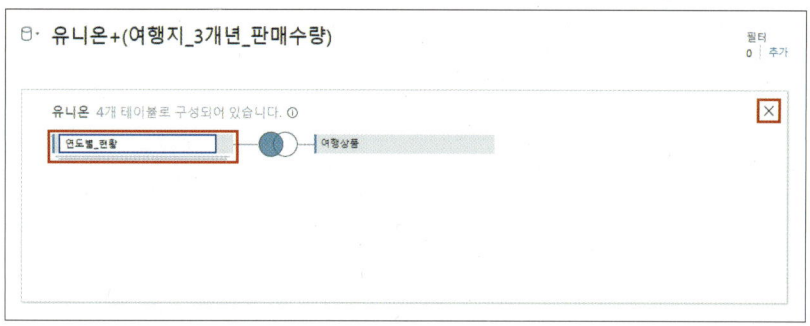

02 논리적 테이블 유니온을 **마우스 우클릭**합니다. 나타난 팝업 메뉴에서 **이름 바꾸기**를 클릭합니다. **3개년_판매현황**으로 변경하고 Enter를 누릅니다.

03 데이터 원본 이름을 변경하기 위해 데이터 원본 페이지 상단 제목을 **클릭**합니다. 커서가 깜빡일 때 전체 내용을 삭제한 뒤 **전국_여행상품_판매현황**으로 변경하고 Enter를 누릅니다.

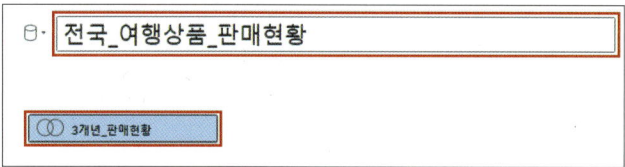

② [기준년월], [기준년월_날짜] 필드를 이용하여 계산된 필드를 추가하시오.

01 데이터 그리드에서 [테이블 이름] 필드의 머리글을 **마우스 우클릭**합니다. 나타난 팝업 메뉴에서 **계산된 필드 만들기**를 클릭합니다.

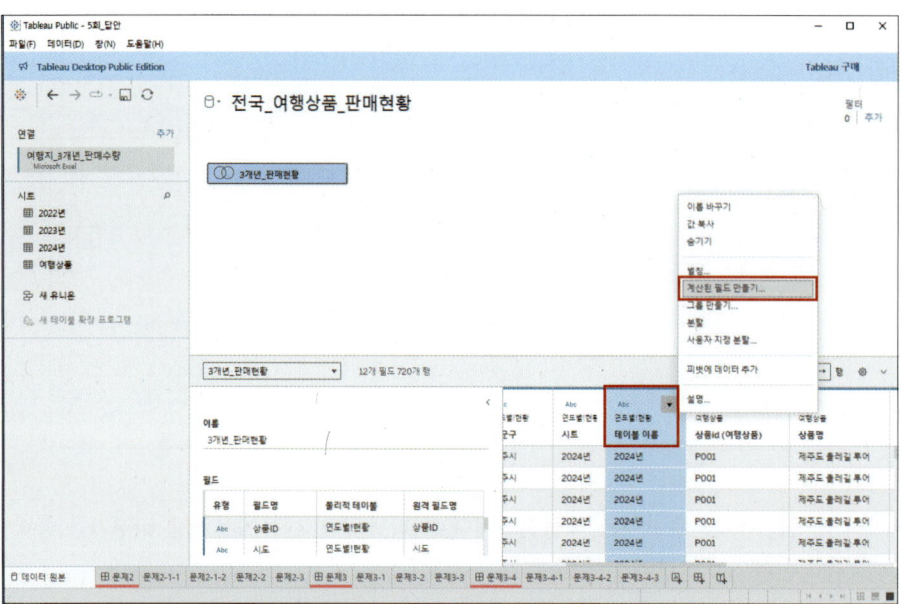

02 나타난 **계산된 필드 만들기 팝업 창**에서 **이름**을 **기준년월**로 입력합니다.

03 [기준년월] 필드는 [테이블 이름] 필드와 [피벗 필드명] 필드를 결합하기 위해 **+**를 사용하여 다음 수식을 입력하고 **확인**을 클릭합니다.

[테이블 이름]+[피벗 필드명]

04 데이터 그리드의 [기준년월] 필드의 머리글을 **마우스 우클릭**합니다. 나타난 팝업 메뉴에서 **계산된 필드 만들기**를 클릭합니다.

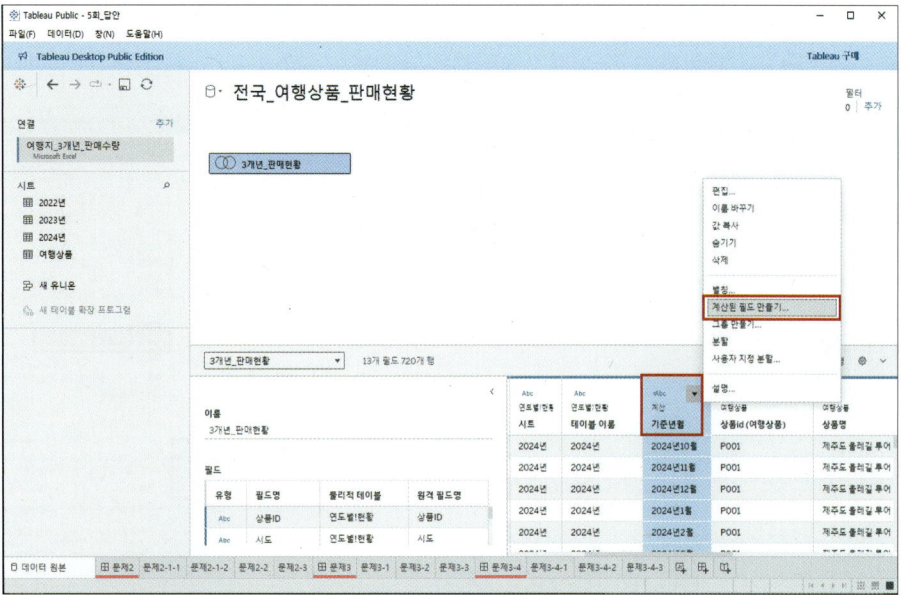

05 나타난 **계산된 필드 만들기 팝업 창**에서 **이름**을 **기준년월_날짜**로 입력합니다.

06 [기준년월_날짜] 필드는 [기준년월] 필드를 날짜형으로 변환하기 위해 **DATE, DATEPARSE 함수**를 사용하여 다음 수식을 입력하고 **확인**을 클릭합니다.

DATE(DATEPARSE('yyyy년M월', [기준년월]))

③ [상품 가격]과 [피벗 필드 값] 필드를 이용하여 계산된 필드를 추가하시오.

01 데이터 그리드의 [상품 가격] 필드의 머리글을 **마우스 우클릭**합니다. 나타난 팝업 메뉴에서 **계산된 필드 만들기**를 클릭합니다.

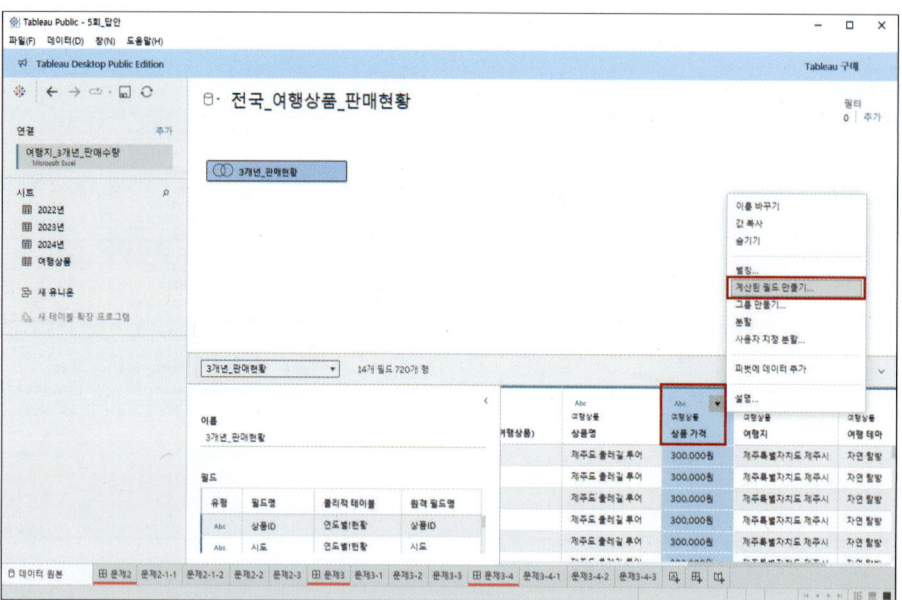

02 나타난 계산된 필드 만들기 팝업 창에서 **이름**을 **상품가격_원제거**로 입력합니다.

03 [상품가격_원제거] 필드는 [상품 가격] 필드의 원을 제거하고 가격만 남기기 위해 **INT, REPLACE 함수**를 사용하여 다음 수식을 입력하고 **확인**을 클릭합니다.

INT(REPLACE([상품 가격], "원" , ""))

04 데이터 그리드의 [피벗 필드 값] 필드의 머리글을 마우스 우클릭합니다. 나타난 팝업 메뉴에서 계산된 필드 만들기를 클릭합니다.

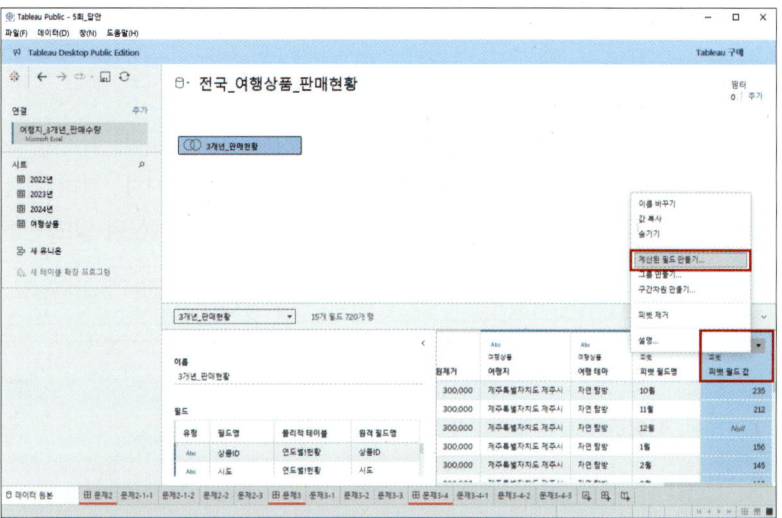

05 나타난 계산된 필드 만들기 팝업 창에서 이름을 매출액으로 입력합니다.

06 [매출액] 필드는 [피벗 필드 값] 필드에 [상품가격] 필드를 곱하여 매출액을 반환하기 위해 다음 수식을 입력하고 확인을 클릭합니다.

[피벗 필드 값] * [상품가격_원제거]

07 메타 데이터 그리드에 필드가 문제의 지시대로 입력된 것을 확인할 수 있습니다.

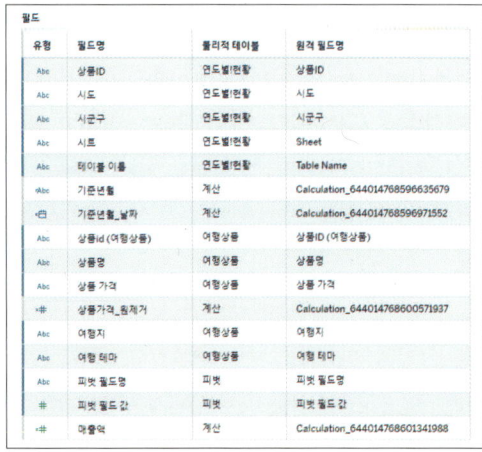

풀이 2 단순요소 구현 [30점]

1 '문제2-1-1과' '문제2-1-2' 시트에서 다음의 작업을 수행하여 필터 버튼을 구현하시오.

① '문제2-1-1' 시트에 [판매연월_날짜] 필드를 생성하고 필터 버튼을 구현하시오.

01 하단 탭에서 **문제2-1-1**을 클릭하여 해당 시트로 이동합니다. 좌측 상단에 위치한 데이터 원본 목록 중에서 **연월별 판매량(제주도_여행상품_3개년_판매량)**을 클릭합니다. 필터 버튼을 구성하기 위해 데이터 패널 상단의 ▼을 클릭합니다. 나타난 팝업 메뉴에서 **계산된 필드 만들기**를 클릭합니다.

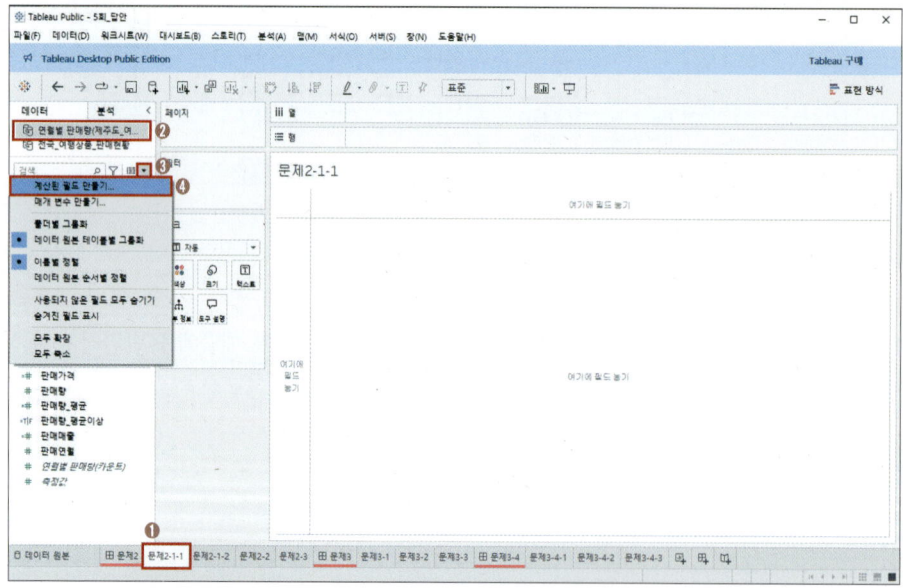

02 나타난 **계산된 필드 만들기 팝업 창**에서 상단에 필드 **이름**을 **판매연월_날짜**로 입력합니다.

03 [판매연월_날짜] 필드는 숫자형으로 들어온 [판매연월] 필드를 날짜 데이터로 변환하기 위해 **DATE, DATEPARSE, STR 함수**를 사용하여 다음 수식을 입력하고 **확인**을 클릭합니다.

```
DATE(DATEPARSE('yyyyMM', STR([판매연월])))
```

04 데이터 패널에 생성한 **[판매연월_날짜]** 필드를 **열 패널**로 **드래그 앤 드롭**합니다. 열 패널에 추가된 **년(판매연월_날짜)**를 **마우스 우클릭**하여 나타난 팝업 메뉴에서 **머리글 표시**를 클릭해 체크 해제합니다.

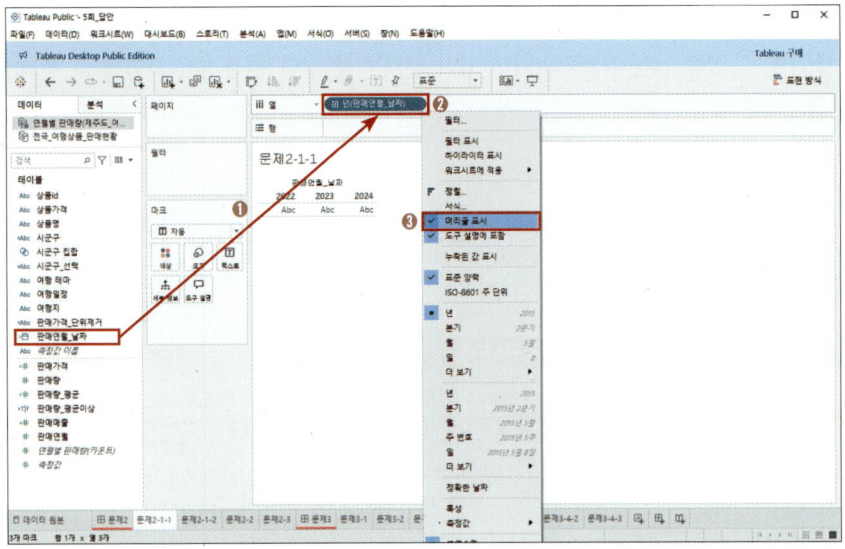

05 데이터 패널의 **[판매연월_날짜]** 필드를 마크 패널의 **텍스트**로 **드래그 앤 드롭**합니다. 마크 패널의 **텍스트**를 클릭하여 나타난 팝업 창에서 **맞춤 박스**를 클릭합니다. **가로** > ▤을 클릭하고 빈 곳을 클릭하여 팝업 창을 닫습니다. 버튼처럼 테두리를 만들기 위해 시트의 **셀**을 **마우스 우클릭**합니다. 나타난 팝업 메뉴에서 **서식**을 클릭합니다.

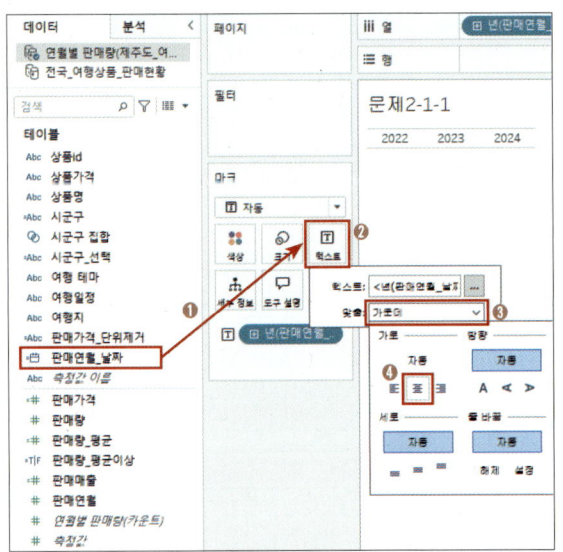
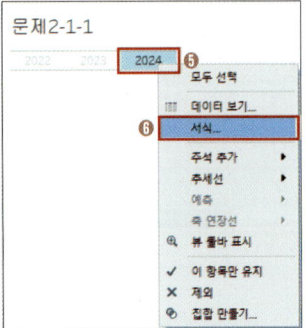

06 글꼴 서식 창에서 ⊞을 클릭하여 **테두리 서식**으로 이동합니다. **시트** 탭의 **행 구분선**에 있는 **패널 박스**를 클릭하고 **색상 추가**를 클릭합니다. 나타난 팝업 창에서 HTML(H) 옆에 색상 코드 **#D4D4D4**를 입력하고 **확인**을 클릭합니다. 빈 곳을 클릭하여 팝업 창을 닫고 **열 구분선**의 **패널 박스** > **실선** > **색상 추가** > **#D4D4D4** > **확인**을 클릭한 후 빈 곳을 클릭하여 팝업 창을 닫습니다. 마지막으로 **열 구분선** > **수준**의 **슬라이더**를 **오른쪽**으로 옮기면 세분화된 열 구분선이 표시되며 나누어 그릴 수 있습니다. 완료되었다면 서식 창의 우측 상단 ⊠를 클릭하여 서식 창도 닫습니다.

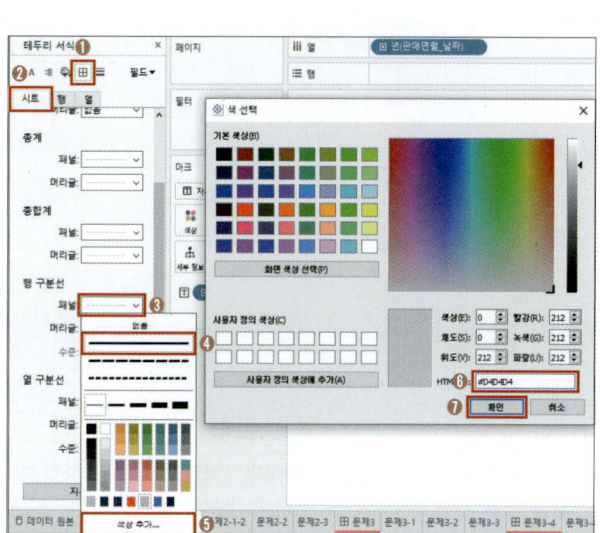
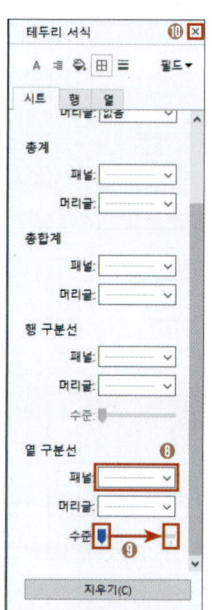

07 상단 툴바 우측의 **맞춤**을 표준에서 **전체 보기**로 변경합니다. 차트가 문제의 지시대로 완성된 것을 확인할 수 있습니다.

② '문제2-1-2' 시트에 [시군구] 필드를 사용하여 필터 버튼을 구현하시오.

01 하단 탭에서 **문제2-1-2**를 클릭하여 해당 시트로 이동합니다. 필터 버튼을 구성하기 위해 데이터 패널의 **[시군구]** 필드를 **열 패널**로 **드래그 앤 드롭**합니다.

02 열 패널에 추가된 **시군구**를 **마우스 우클릭**합니다. 나타난 팝업 메뉴에서 **머리글 표시**를 클릭해 체크 해제합니다.

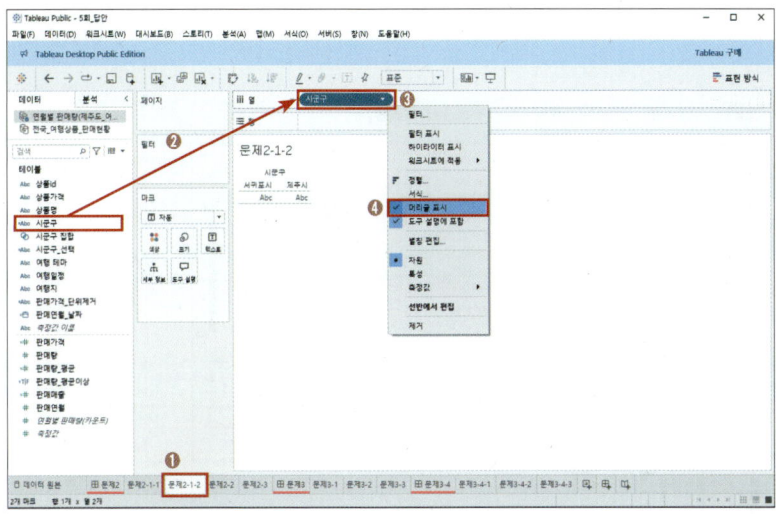

03 버튼을 만들기 위해 데이터 패널의 **[시군구]** 필드를 마크 패널의 **텍스트**로 **드래그 앤 드롭**합니다. 마크 패널의 **텍스트**를 클릭하여 나타난 팝업 창에서 **맞춤 박스**를 클릭합니다. **가로** > ▤을 클릭하고 빈 곳을 클릭하여 팝업 창을 닫습니다. 버튼처럼 테두리를 만들기 위해 시트의 **셀**을 **마우스 우클릭**합니다. 나타난 팝업 메뉴에서 **서식**을 클릭합니다.

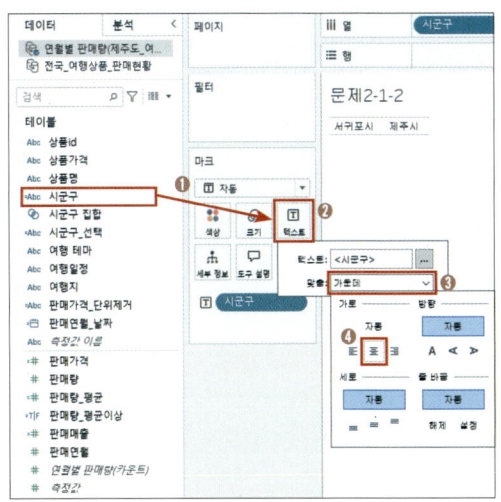 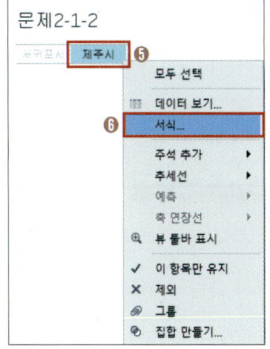

04 글꼴 서식 창에서 ⊞을 클릭하여 **테두리 서식**으로 이동합니다. **시트** 탭의 **행 구분선**에 있는 **패널 박스**를 클릭하고 **색상 추가**를 클릭합니다. 나타난 팝업 창에서 **HTML(H) 옆**에 색상 코드 **#D4D4D4**를 입력하고 **확인**을 클릭합니다. 빈 곳을 클릭하여 팝업 창을 닫고 **열 구분선**의 **패널 박스 > 실선 > 색상 추가 > #D4D4D4 > 확인**을 클릭한 후 빈 곳을 클릭하여 팝업 창을 닫습니다. 마지막으로 **열 구분선 > 수준**의 **슬라이더**를 오른쪽으로 옮기면 세분화된 열 구분선이 표시되며 나누어 그릴 수 있습니다. 완료되었다면 서식 창의 우측 상단 ⊠를 클릭하여 서식 창도 닫습니다.

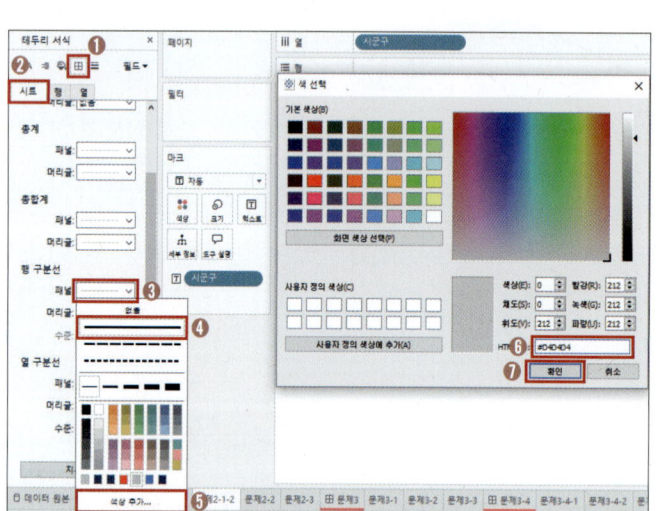
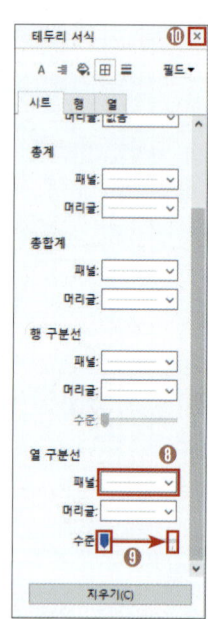

05 상단 툴바 우측의 **맞춤**을 표준에서 **전체 보기**로 변경합니다. 차트가 문제의 지시대로 완성된 것을 확인할 수 있습니다.

③ '문제2-1-1'과 '문제2-1-2'가 '문제2' 대시보드에서 필터로 작동하도록 동작 기능을 구현하시오.

01 하단 탭에서 **문제2**를 클릭하여 해당 대시보드로 이동합니다. 문제2-1-1 시트와 문제2-1-2 시트를 클릭했을 때 필터 동작을 구현하기 위해 상단 메뉴의 **대시보드(B)** > **동작(I)**을 클릭합니다.

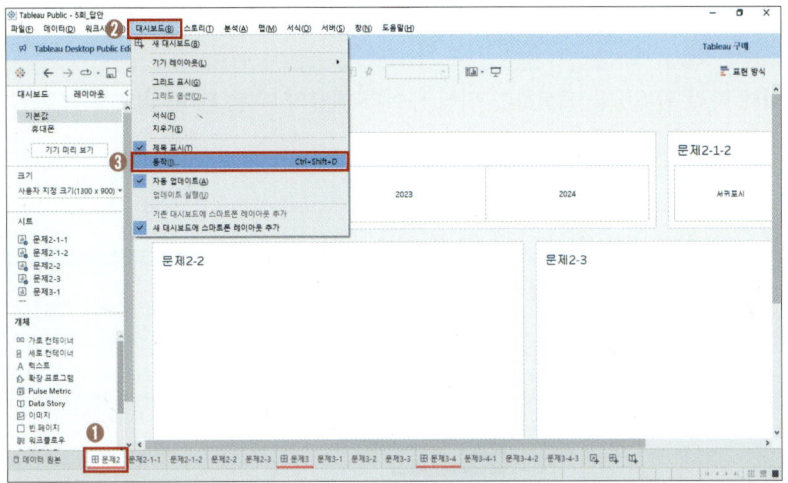

02 나타난 **동작 팝업 창**에서 **동작 추가** > **필터**를 클릭합니다. 나타난 **필터 동작 추가 팝업 창**에서 **이름**을 **연도별/시별_필터**로 정의합니다.

03 **원본 시트**에 문제2-1-1과 문제2-1-2만 남기고 **체크 해제**하고 **동작 실행 조건**을 **선택**으로 설정합니다. 이때 **대상 시트**는 문제2-2와 문제2-3만 남기고 **체크 해제**합니다. 단, **선택을 해제할 경우의 결과**는 필터링된 값이 유지될 수 있도록 **필터링된 값 유지**가 클릭되어 있는지 확인하고 **확인**을 클릭합니다. 동작 팝업 창에서도 **확인**을 클릭하여 설정을 마무리합니다.

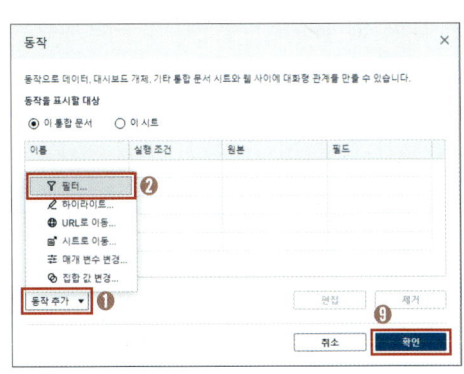
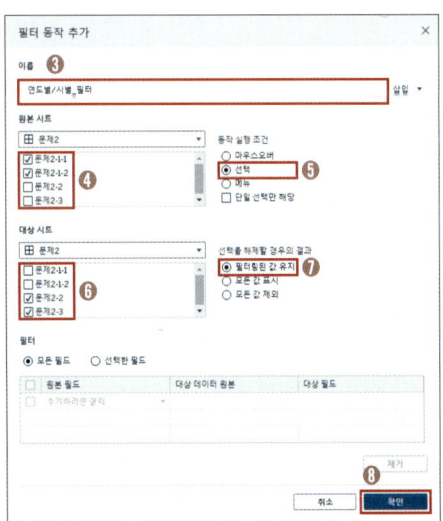

2 '문제2-2' 시트에 가로 막대 차트(Bar Chart)를 구현하시오.

① '문제2-2' 시트에 [여행 테마]와 [판매량] 필드를 이용하여 막대 차트를 구현하시오.

01 하단 탭에서 **문제2-2**를 클릭하여 해당 시트로 이동합니다. 막대 차트를 구현하기 위해 데이터 패널의 **[판매량] 필드**를 **열 패널**로 **드래그 앤 드롭**합니다.

02 여행 테마에 따라 판매량을 표현하기 위해 데이터 패널의 **[여행 테마] 필드**를 **행 패널**로 **드래그 앤 드롭**합니다.

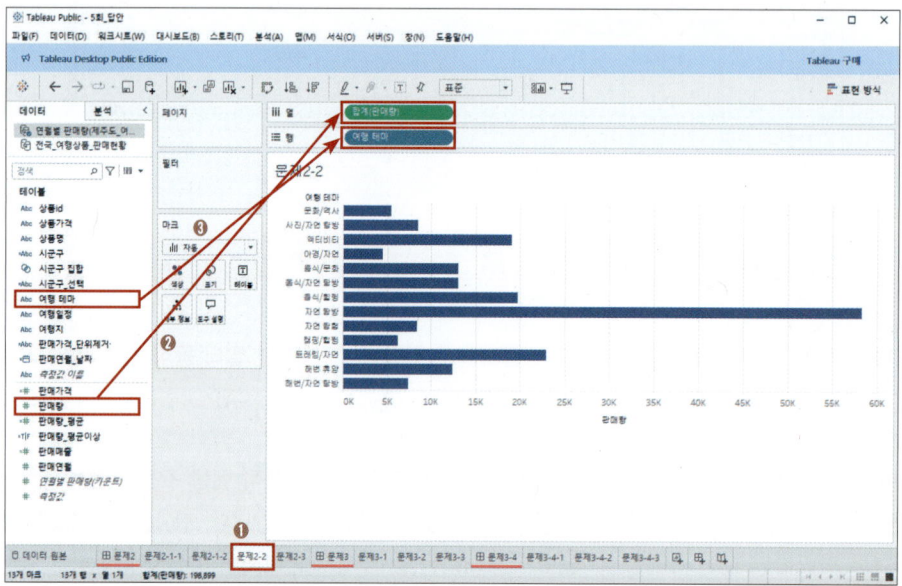

② '문제2-2' 시트에 색상과 레이블을 추가하시오.

01 레이블을 추가하기 위해 데이터 패널의 **[판매량] 필드**를 마크 패널의 **레이블**로 **드래그 앤 드롭**합니다.

02 막대 차트의 색상을 적용하기 위해 데이터 패널의 **[판매량] 필드**를 마크 패널의 **색상**으로 **드래그 앤 드롭**합니다.

03 마크 패널의 **색상**을 클릭하고 나타나는 팝업 창에서 **색상 편집**을 클릭합니다. **색상 편집 [판매량] 팝업 창**의 **색상표(P)**에서 **일출-일몰 다중**을 선택하고 **단계별 색상**을 체크하여 **5단계**로 설정합니다. **확인**을 클릭하여 색상 적용을 마무리합니다.

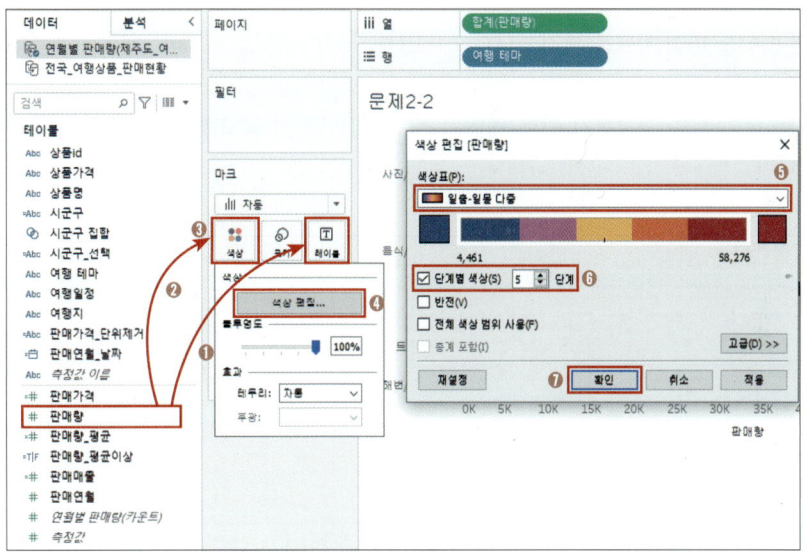

04 상단 툴바 우측의 아이콘을 클릭하여 판매량이 높은 여행 테마부터 낮은 테마순으로 정렬하고 **맞춤**은 표준에서 **전체 보기**로 변경합니다. 차트가 문제의 지시대로 완성된 것을 확인할 수 있습니다.

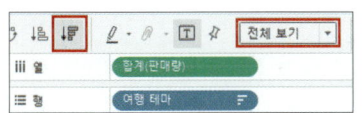
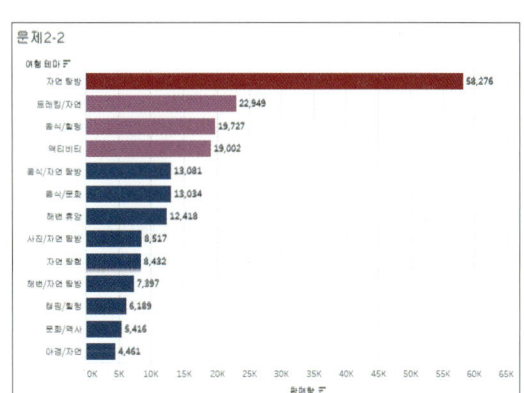

3 '문제2-3' 시트에 다음의 작업을 수행하여 파이 차트(Pie Chart)를 구현하시오.

① '문제2-3' 시트에 파이 차트를 생성하시오.

01 하단 탭에서 **문제2-3**을 클릭하여 해당 시트로 이동합니다. 파이 차트를 생성하기 위해 마크 패널의 **표현 방식**을 **파이 차트**로 변경합니다.

02 파이 차트의 각도를 결정하기 위해 데이터 패널의 **[판매량]** 필드를 마크 패널의 **각도**로 **드래그 앤 드롭**합니다.

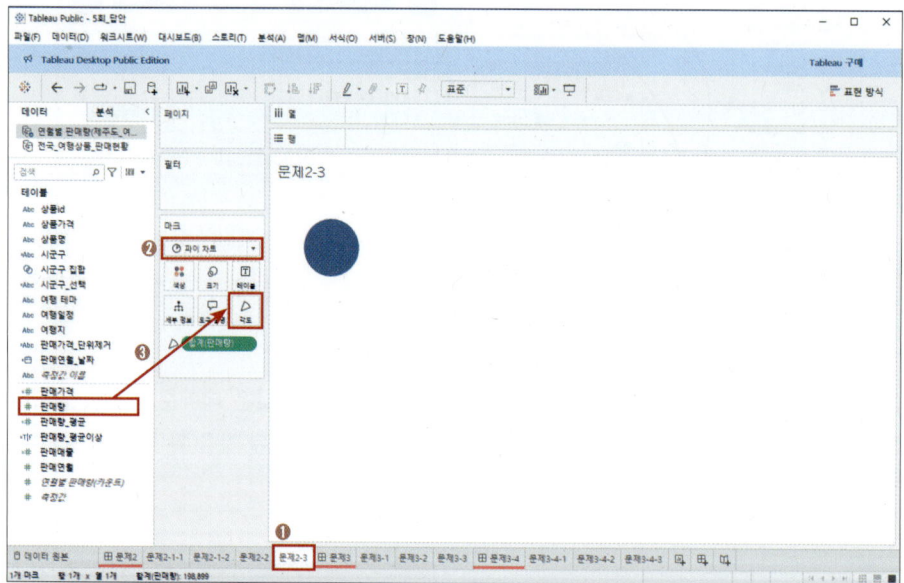

② 레이블, 색상을 설정하시오.

01 파이 차트의 레이블을 설정하기 위해 데이터 패널의 **[여행일정]** 필드와 **[판매량]** 필드를 마크 패널의 **레이블**에 차례대로 **드래그 앤 드롭**합니다.

02 레이블 편집을 위해 마크 패널의 **레이블**을 클릭하고 나타난 팝업 창에서 ▦을 클릭합니다.

03 나타난 레이블 편집 팝업 창에서 첫 번째 줄에 **〈여행일정〉**이 입력되어 있는지 확인하고 두 번째 줄에 **〈합계(판매량)〉**의 오른쪽에 이어서 **건**을 입력합니다. **확인**을 클릭하여 레이블 편집을 마무리합니다.

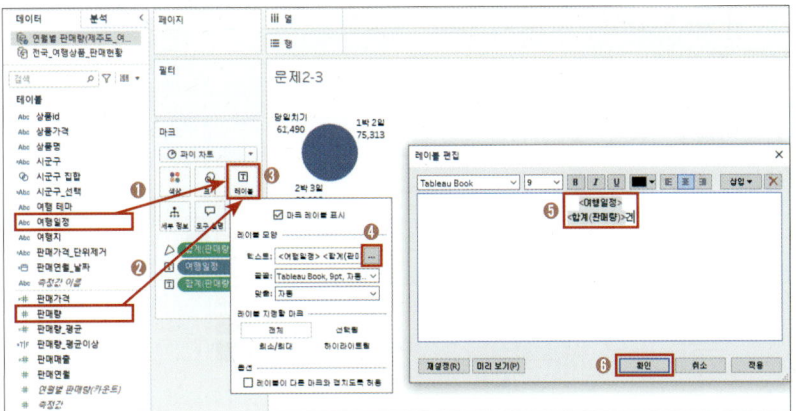

 Tip

레이블 편집 팝업 창에 글자를 입력하면 일시적으로 글자가 안 보이는 현상이 있을 수 있습니다. 팝업 창의 빈 곳을 클릭하면 글자가 보이게 되며 잘 입력되어 있는 것을 확인할 수 있습니다.

04 **레이블 팝업 창**에서 **글꼴 박스**를 클릭합니다. **자동** 옵션이 선택되어 있는 것을 확인하고 **글꼴 박스**를 다시 클릭하여 닫습니다. 아래의 **레이블이 다른 마크와 겹치도록 허용** 옵션을 **체크**하고 시트의 빈 곳을 클릭하여 팝업 창을 닫습니다.

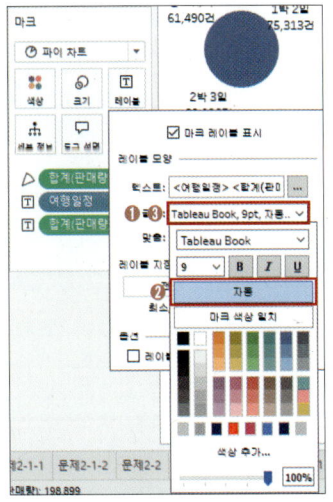
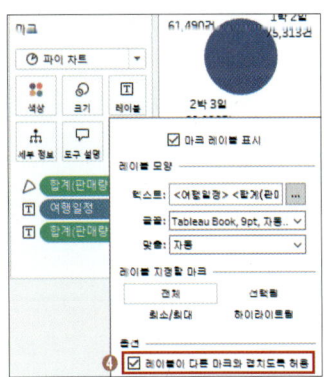

05 파이 차트의 색상을 결정하기 위해 데이터 패널의 **[여행일정] 필드**를 마크 패널의 **색상**으로 **드래그 앤 드롭**합니다.

06 마크 패널의 **색상**을 클릭하고 나타난 팝업 창에서 **색상 편집**을 클릭합니다. **색상 편집 [여행일정] 팝업 창**의 **색상표 선택(S)**에서 **번개 치는 수박**을 선택하고 **색상표 할당(P)**을 클릭합니다. **확인**을 눌러 설정을 마칩니다.

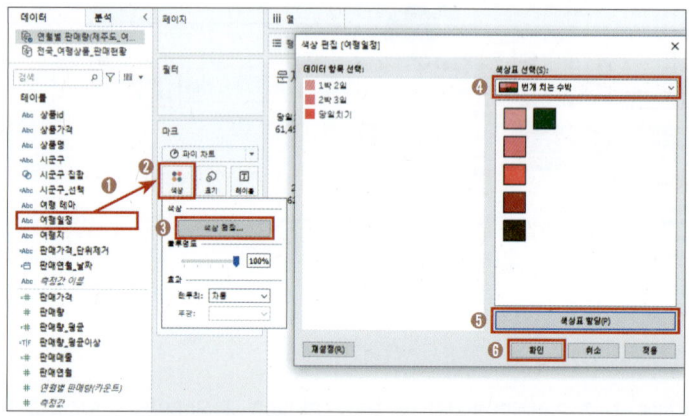

07 상단 툴바 우측의 **맞춤**을 표준에서 **전체 보기**로 변경합니다. 차트가 문제의 지시대로 완성된 것을 확인할 수 있습니다.

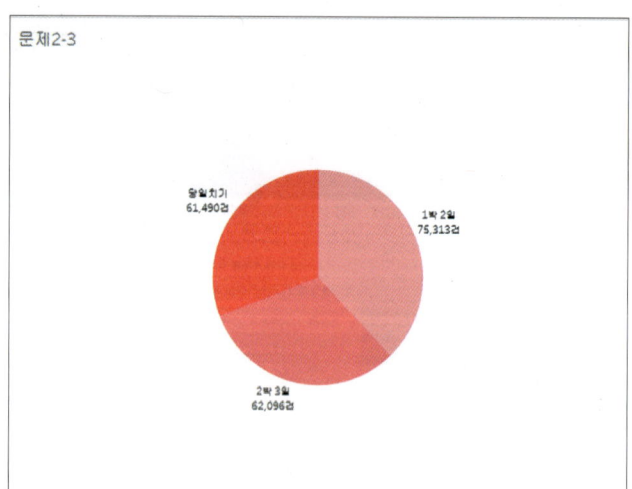

4 통합 문서 및 '문제2' 대시보드의 서식을 설정하시오.

① 전체 통합 문서의 서식을 변경하시오.

01 하단 탭에서 **문제2**를 클릭하여 해당 대시보드로 이동합니다. 통합 문서의 서식을 변경하기 위해 상단 메뉴의 **서식(O) > 통합 문서(W)**를 클릭합니다.

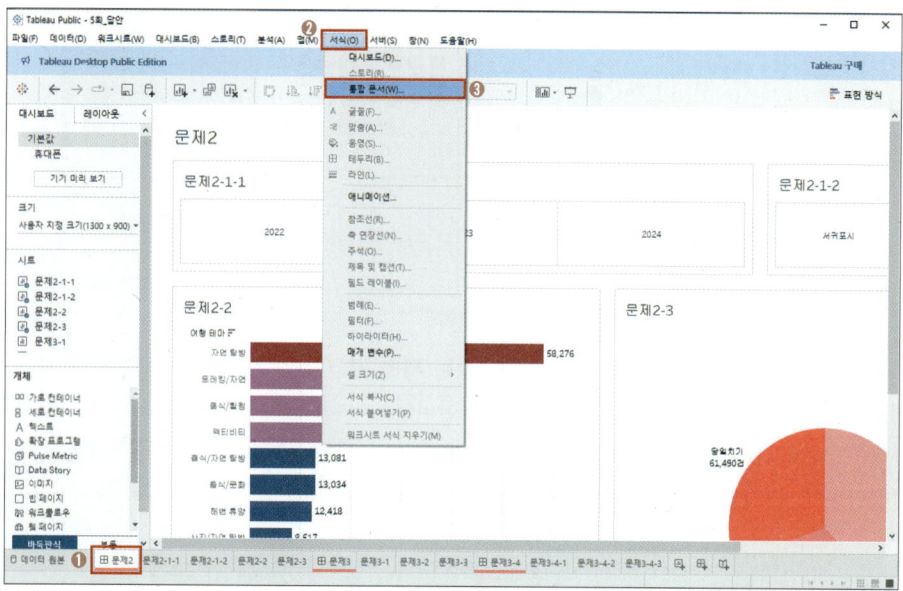

02 나타난 **통합 문서 서식** 창에서 **글꼴 > 전체 박스**를 클릭하여 나타나는 팝업 창에서 ▼을 클릭합니다. **맑은 고딕**으로 변경하고 하단의 **색상 추가**를 클릭합니다. 이때 나타난 팝업 창에서 **HTML(H)** 옆에 색상 코드 **#000000**을 입력하고 **확인**을 클릭합니다. 빈 곳을 클릭하여 팝업 창을 닫고, 서식 창의 우측 상단 ⊠를 클릭하여 서식 창도 닫습니다.

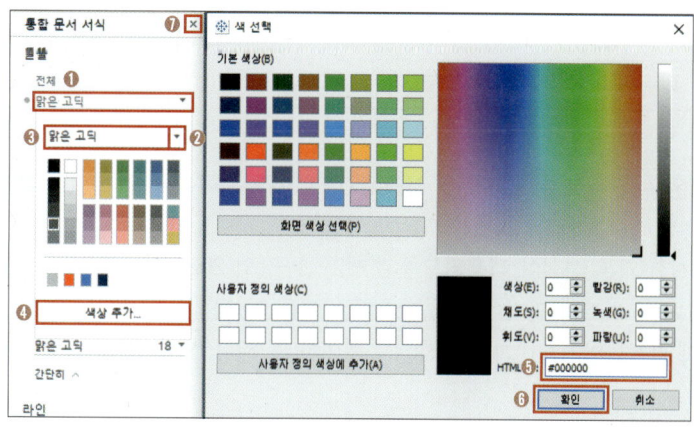

② '문제2' 대시보드의 백그라운드 색상과 제목의 레이아웃을 변경하시오.

01 **레이아웃** 탭을 클릭하여 하단에 **항목 계층 > 바둑판식**을 클릭합니다. **백그라운드 우측 원형 > 색상 추가**를 클릭합니다. **HTML(H) 옆**에 색상 코드 **#F5F5F5**를 입력하고 확인을 클릭합니다.

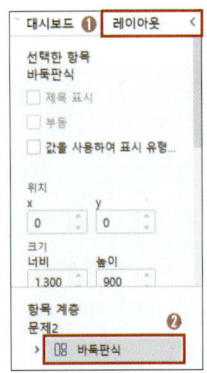
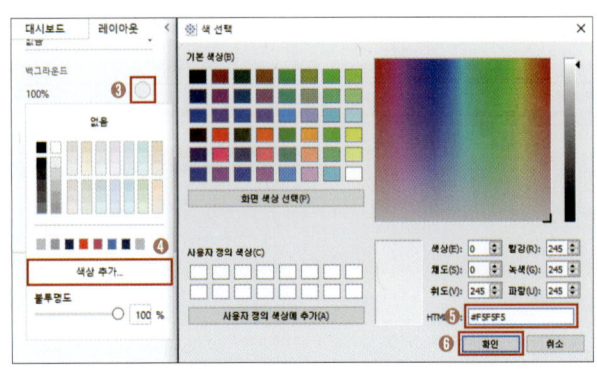

02 대시보드 상단의 **제목**을 **더블클릭**하여 나타나는 **제목 편집 팝업 창**에서 제목을 모두 지우고 **제주도 여행 상품 현황**으로 변경한 후 **확인**을 클릭합니다. 대시보드의 제목이 선택된 상태에서 레이아웃 탭 중앙에 위치한 **바깥쪽 여백**의 **숫자**를 클릭합니다. **왼쪽 10, 위쪽 10, 오른쪽 10, 아래 10**으로 설정합니다. 숫자를 다시 클릭하여 팝업 창을 닫습니다.

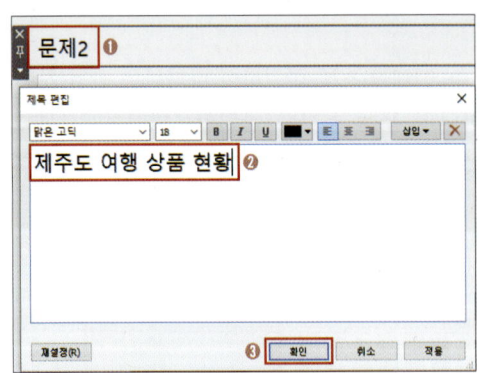
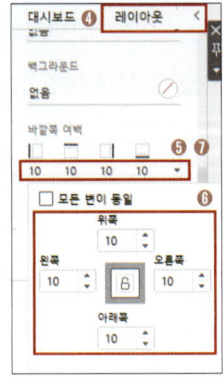

03 **안쪽 여백**은 **왼쪽 0, 위쪽 0, 오른쪽 0, 아래쪽 0**으로 설정되어 있음을 확인합니다.

04 문제에서 지시한 기본 선택이 적용되도록 문제2-1-1의 **2024**와 문제2-1-2의 **제주시**를 각각 **두 번 클릭**합니다. 차트가 필터에 맞춰 변경되는 것을 확인할 수 있습니다. 작업한 대시보드가 문제2의 시각화 완성화면(274p)과 일치하는지 확인한 후 해당 대시보드의 작업을 마무리합니다.

실제 시험에서는 기본 선택으로 지정한 내용이 반영되어 있는 채로 저장해야 합니다.

풀이 3 복합요소 구현 (40점)

1 '문제3-1' 시트에 다음의 작업을 수행하여 라인 차트(Line Chart)를 구현하시오.

① '문제3-1' 시트에 다음의 매개 변수와 필드를 생성하시오.

01 하단 탭에서 **문제3-1**을 클릭하여 해당 시트로 이동합니다. [지표_선택] 매개 변수를 생성하기 위해 데이터 패널 상단의 ▼을 클릭합니다. 나타난 팝업 메뉴에서 **매개 변수 만들기**를 클릭합니다.

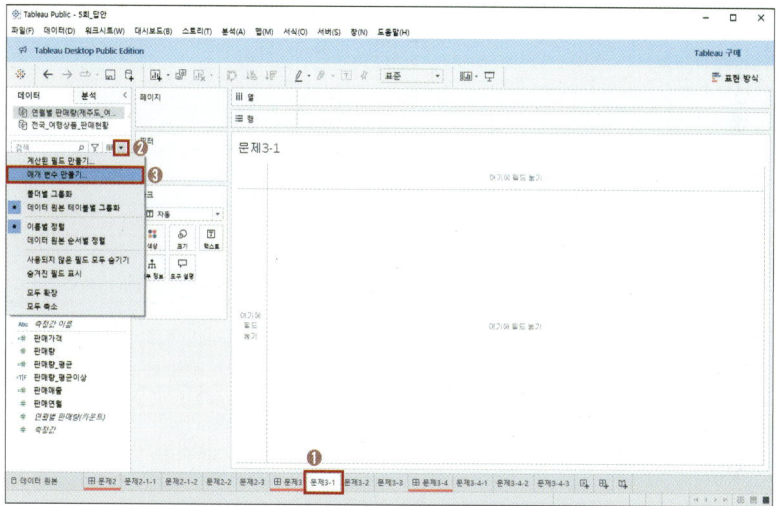

02 나타난 **매개 변수 만들기 팝업 창**에서 **이름**을 **지표_선택**으로 정의하고 **데이터 유형**을 **문자열**로 정의합니다. 매개 변수의 **허용 가능한 값**을 **목록**으로 설정하고 아래의 **값 > 추가하려면 클릭**을 클릭하여 **판매매출**을 입력합니다. 입력 후에는 Enter를 눌러 **판매량**을 입력한 후 다시 Enter를 클릭합니다. **현재 값**은 **판매량**을 선택한 후 **확인**을 클릭하여 매개 변수 생성을 마무리합니다.

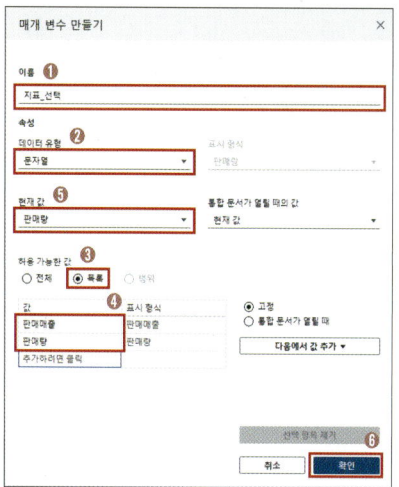

03 매개 변수는 단독으로 움직일 수 없기 때문에 계산된 필드를 이용하여 매개 변수를 제어해야 합니다. [판매량/판매매출_선택] 필드를 생성하기 위해 데이터 패널 상단의 ▼을 클릭하고 나타난 팝업 메뉴에서 **계산된 필드 만들기**를 클릭합니다.

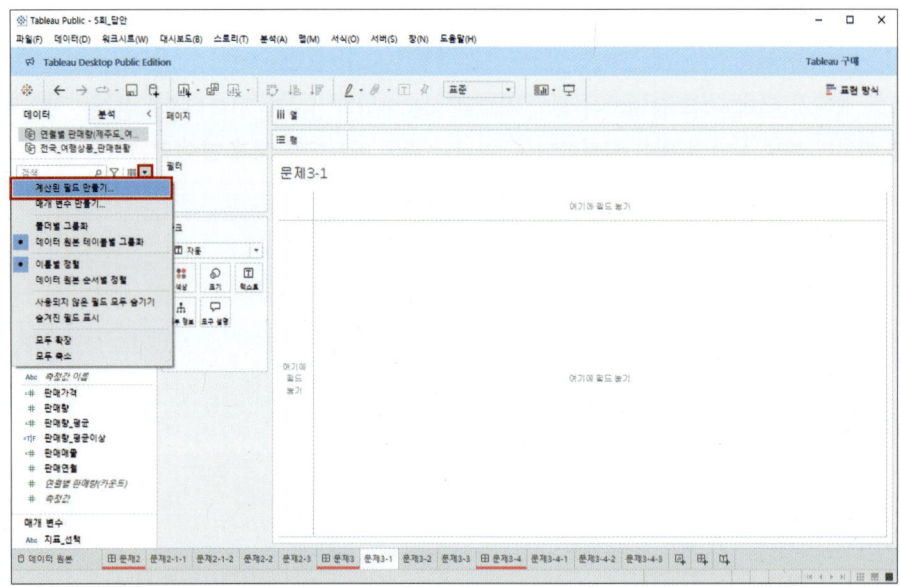

04 나타난 **계산된 필드 만들기 팝업 창**에서 상단에 필드 **이름**을 **판매량/판매매출_선택**으로 입력합니다.

05 [판매량/판매매출_선택] 필드는 [지표_선택] 매개 변수가 판매량일 때 [판매량] 필드를 반환하고, 판매매출일 때 [판매매출] 필드를 반환하기 위해 **ROUND 함수, IF문**을 사용하여 다음 수식을 입력하고 **확인**을 클릭합니다.

IF [지표_선택] = '판매량' THEN [판매량] ELSE ROUND([판매매출]/10^8,1) END

06 [선택연월_선택] 매개 변수를 생성하기 위해 데이터 패널 상단의 ▼을 클릭합니다. 나타난 팝업 메뉴에서 **매개 변수 만들기**를 클릭합니다.

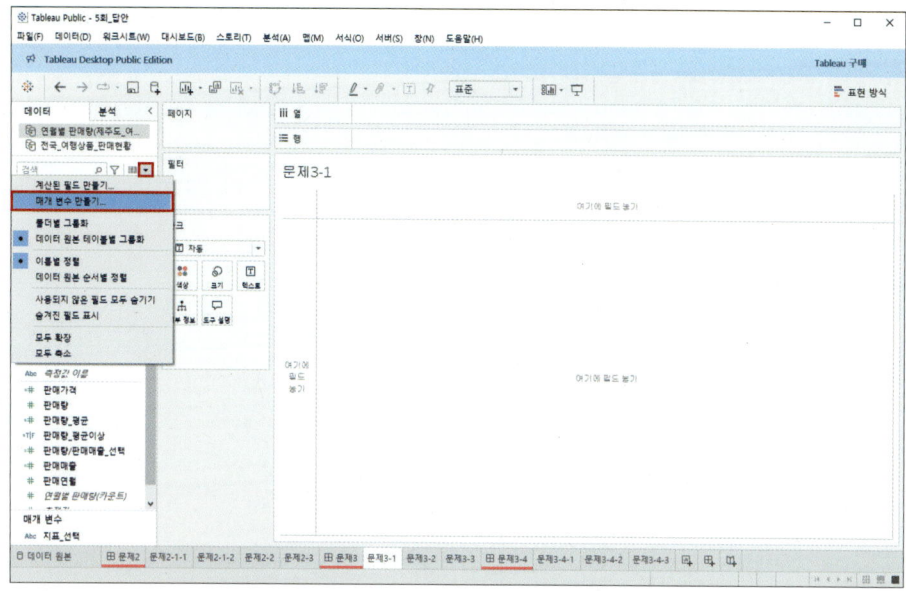

07 나타난 **매개 변수 만들기 팝업 창**에서 이름을 **선택연월_선택**으로 정의하고 **데이터 유형**을 **날짜**로 정의합니다. 매개 변수의 **허용 가능한 값**을 **목록**으로 설정하고 목록에는 **통합 문서가 열릴 때를** 체크하여 **연월별 판매량(제주도_여행상품_3개년_판매량) > 판매연월_날짜**를 클릭합니다. 현재 값을 **2024-11-01**로 지정한 후 **표시 형식**은 **사용자 지정**을 클릭합니다. 하단의 **서식**에는 **yy년 MM월**을 입력하고 **확인**을 클릭하여 매개 변수 생성을 마무리합니다.

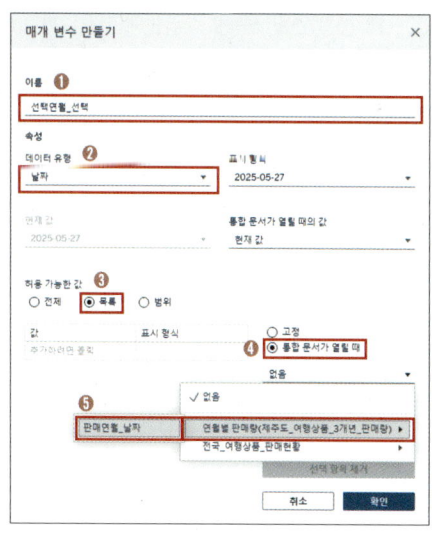 

08 [선택연월_날짜] 매개 변수에 따라 차트를 제어할 수 있도록 [기간선택_최근13개월] 필드를 생성하기 위해 데이터 패널 상단의 ▼을 클릭하고 나타난 팝업 메뉴에서 **계산된 필드 만들기**를 클릭합니다.

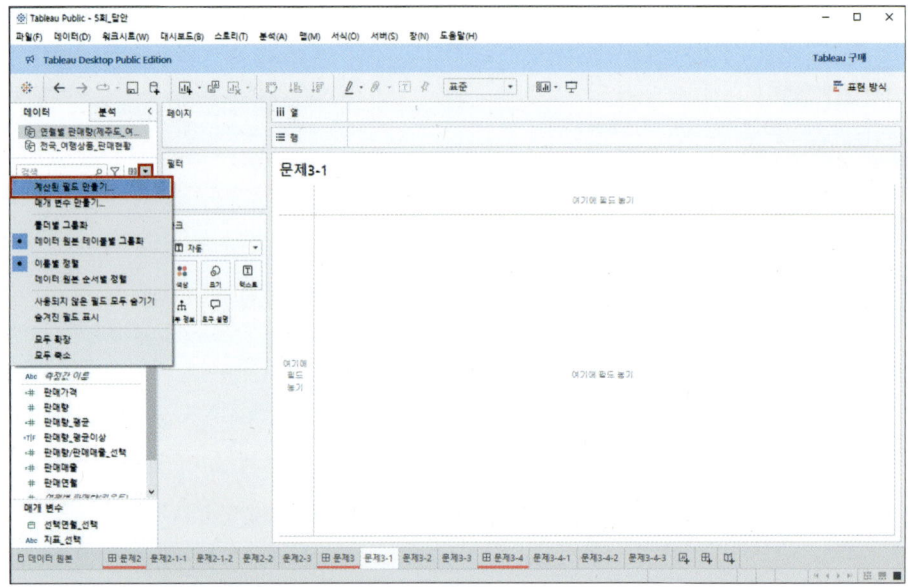

09 나타난 계산된 필드 만들기 팝업 창에서 상단에 필드 **이름**을 **기간선택_최근13개월**로 입력합니다.

10 [기간선택_최근13개월] 필드는 [선택연월_선택]을 기준으로 최근 13개월을 반환하기 위해 **AND, DATEADD 함수**를 사용하여 다음 수식을 입력하고 **확인**을 클릭합니다.

[선택연월_선택] >= [판매연월_날짜] AND DATEADD('month', -13, [선택연월_선택]) <= [판매연월_날짜]

② [판매연월_날짜] 필드와 [판매량/판매매출_선택] 필드를 이용하여 라인 차트를 구성하시오.

01 라인 차트를 구성하기 위해 데이터 패널의 **[판매연월_날짜] 필드**를 **열 패널**로 **드래그 앤 드롭**합니다. 열 패널에 추가된 **년(판매연월_날짜)**는 연도로 되어 있기 때문에 **마우스 우클릭**하여 **연속형 월 (월 2015년 5월)**로 변경합니다.

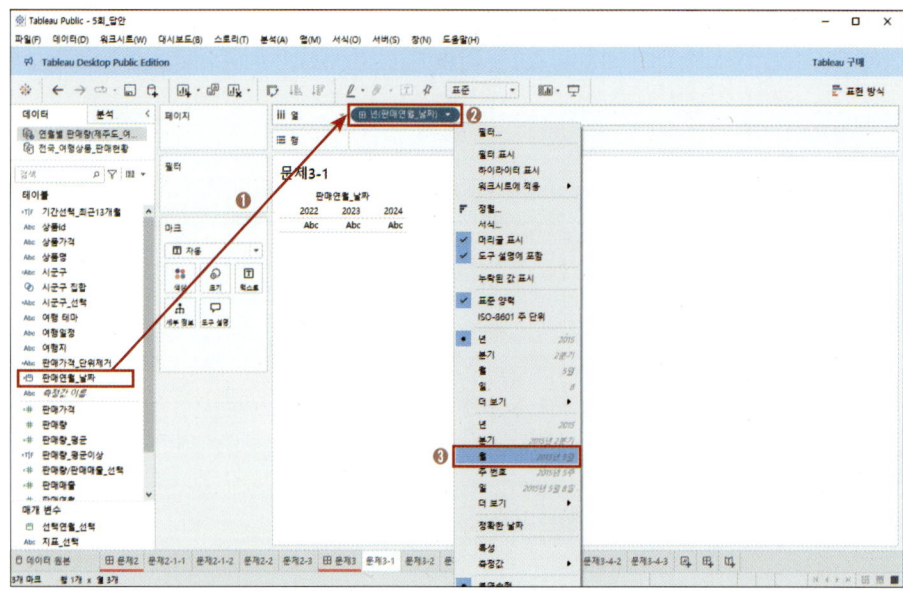

02 불연속형으로 변경하여 라인 차트의 달마다 표현될 수 있도록 **월(판매연월_날짜)**를 **마우스 우클릭** 하여 연속형에서 **불연속형**으로 변경합니다.

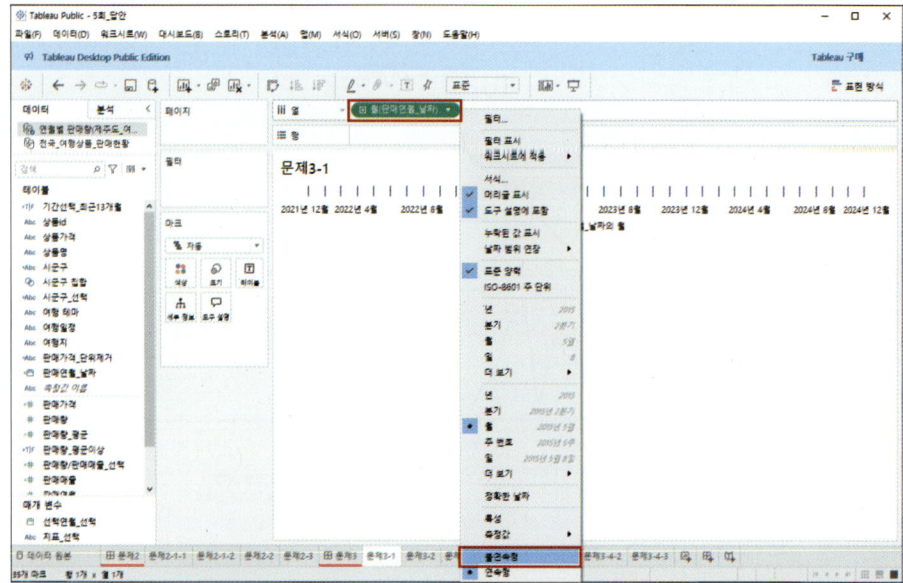

03 연월이 적혀있는 **가로축을 마우스 우클릭**하여 나타난 팝업 메뉴에서 **서식**을 클릭합니다. 왼쪽 사이드 바에 나타난 **월(판매연월_날짜) 서식**에서 **머리글** 탭의 **기본값 > 날짜 박스**를 클릭하여 하단의 **사용자 지정**을 클릭한 후 **서식(F)**에 **yy/m**을 입력하여 연도/월로 표현합니다. 빈 곳을 클릭하여 팝업 창을 닫고, 서식 창의 우측 상단 를 클릭하여 서식 창도 닫습니다.

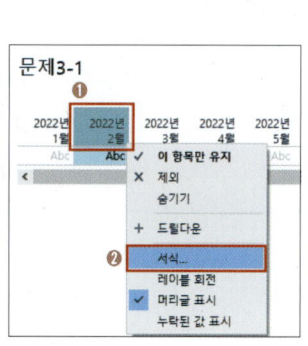
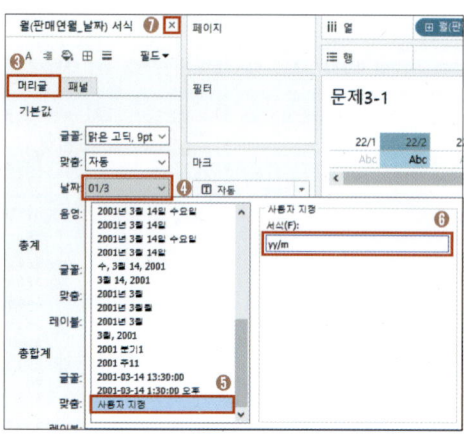

> **Tip** ✓
> 가로축의 어떤 셀을 마우스 우클릭하더라도 같은 서식 창이 팝업됩니다.

04 라인 차트의 높이를 표현하기 위해 데이터 패널의 **[판매량/판매매출_선택]** 필드를 **행** 패널로 **드래그 앤 드롭**합니다. 최근 13개월만 표현하기 위해 데이터 패널의 **[기간선택_최근13개월]** 필드를 **필터** 패널로 **드래그 앤 드롭**합니다. 나타난 **필터 [기간선택_최근13개월]** 팝업 창에서 **참**에 체크하고 **확인**을 클릭합니다.

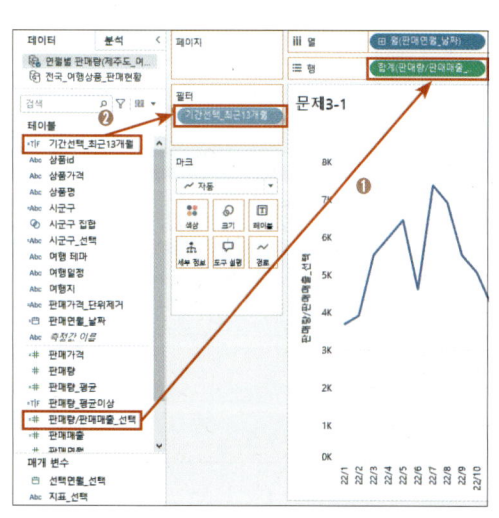
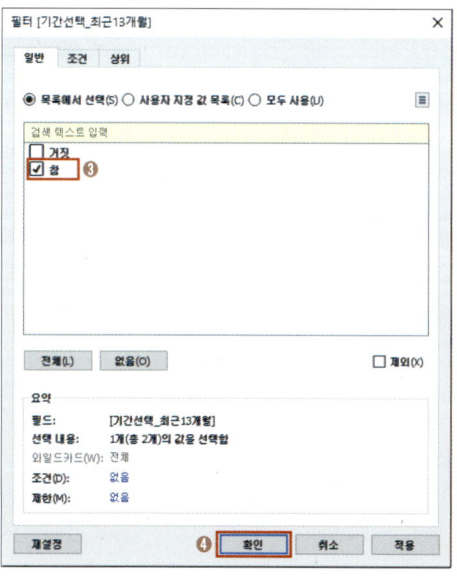

③ '문제3-1' 시트의 색상과 레이블을 설정하시오.

01 라인 차트의 레이블을 표현하기 위해 데이터 패널의 [**판매량/판매매출_선택**] 필드를 마크 패널의 **레이블**로 **드래그 앤 드롭**합니다.

02 마크 패널에서 **레이블**을 클릭하여 **레이블 모양**에 있는 **맞춤 박스**를 클릭하고 **가로** > ▤, **세로** > ▤을 클릭합니다. 빈 곳을 클릭하여 팝업 창을 닫습니다.

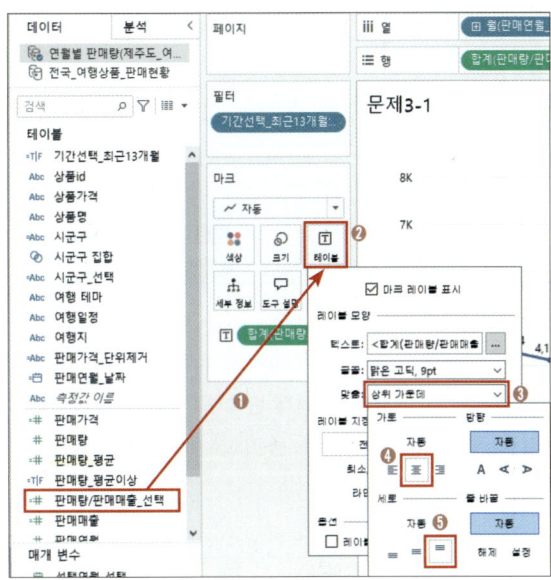

03 색상을 변경하기 위해 마크 패널의 **색상**을 클릭하고 나타난 팝업 창에서 **색상 추가**를 클릭합니다. 나타난 색 선택 팝업 창에서 HTML(H) 옆에 색상 코드 **#0D3B66**를 입력하고 **확인**을 클릭합니다.

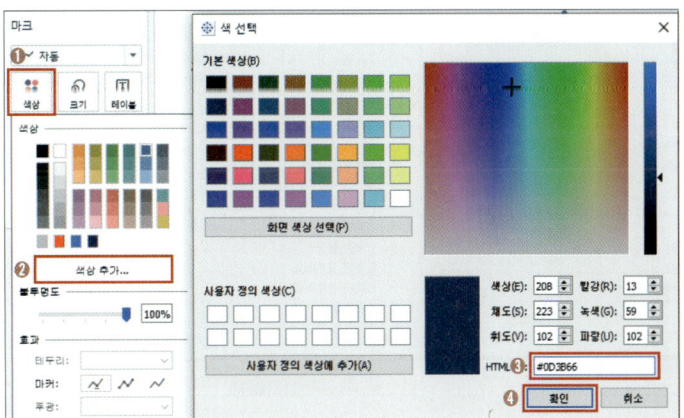

04 라인 차트 중간에 위치한 꼭짓점에 마커를 표현하기 위해 색상 팝업 창에서 **효과**에 있는 **마커**를 첫 번째 아이콘인 자동에서 두 번째 아이콘인 **전체**()로 변경합니다. 빈 곳을 클릭하여 팝업 창을 닫고, 상단 툴바 우측의 **맞춤**을 표준에서 **전체 보기**로 변경합니다.

05 시트의 오른쪽에 매개 변수를 표시하기 위해 데이터 패널 하단의 **[선택연월_선택] 매개 변수**를 마우스 우클릭합니다. 나타난 팝업 메뉴에서 **매개 변수 표시**를 클릭합니다. 이어서 **[지표_선택] 매개 변수**도 **마우스 우클릭 > 매개 변수 표시**를 클릭합니다. 시트의 오른쪽에 매개 변수가 표시됩니다.

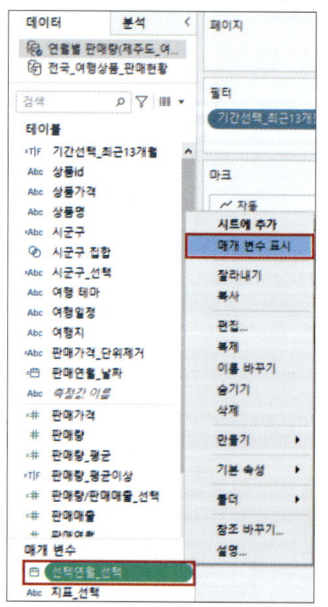 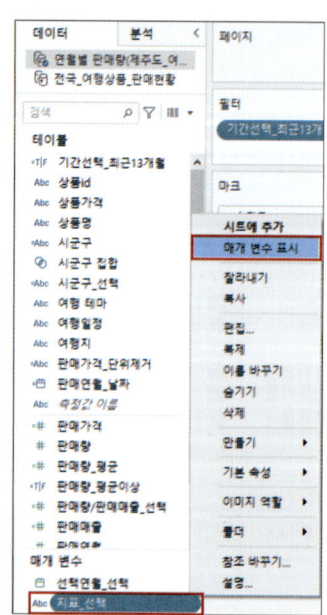 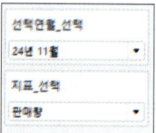

06 차트의 **세로축**을 편집하기 위해 **마우스 우클릭**합니다. 나타난 팝업 메뉴에서 **축 편집**을 클릭합니다. 축 편집 [판매량/판매매출_선택] 팝업 창에서 **범위 > 0 포함**은 체크 해제합니다. **축 제목 > 제목**은 **사용자 지정** 옆 ▼을 클릭하고 **값 사용 > 지표_선택**을 클릭합니다. 우측 상단 ☒을 클릭하여 팝업 창을 닫습니다.

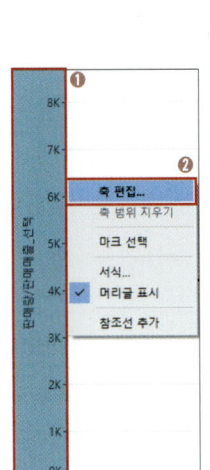
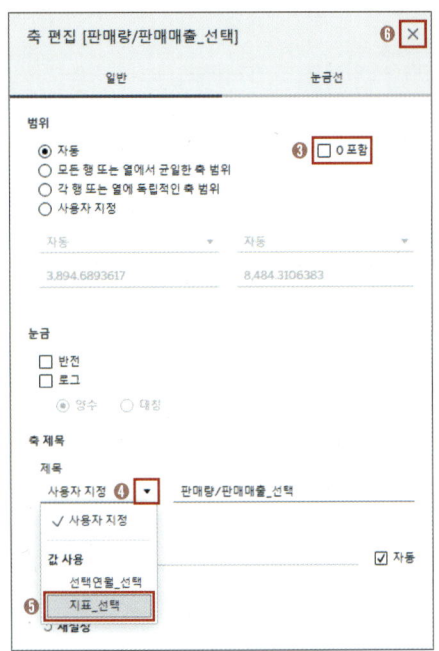

07 필드 레이블을 숨기기 위해 차트 상단의 **판매연월_날짜의 월**을 **마우스 우클릭**합니다. 나타난 팝업 메뉴에서 **열에 대한 필드 레이블 숨기기**를 클릭합니다. 차트가 문제의 지시대로 완성된 것을 확인할 수 있습니다.

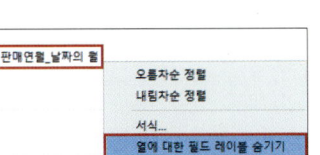
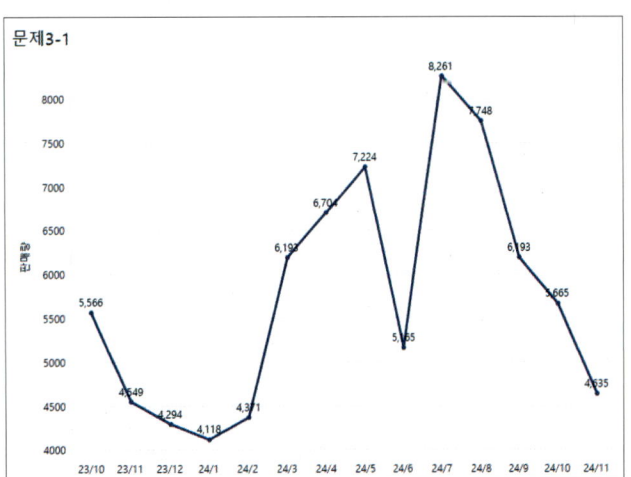

2 '문제3-2' 시트에 막대 차트를 구현하시오.

① '문제3-2' 시트에 다음의 필드를 생성하시오.

01 하단 탭에서 **문제3-2**를 클릭하여 해당 시트로 이동합니다. [기간선택_당년] 필드를 생성하기 위해 데이터 패널 상단의 ▼을 클릭하고 나타난 팝업 메뉴에서 **계산된 필드 만들기**를 클릭합니다.

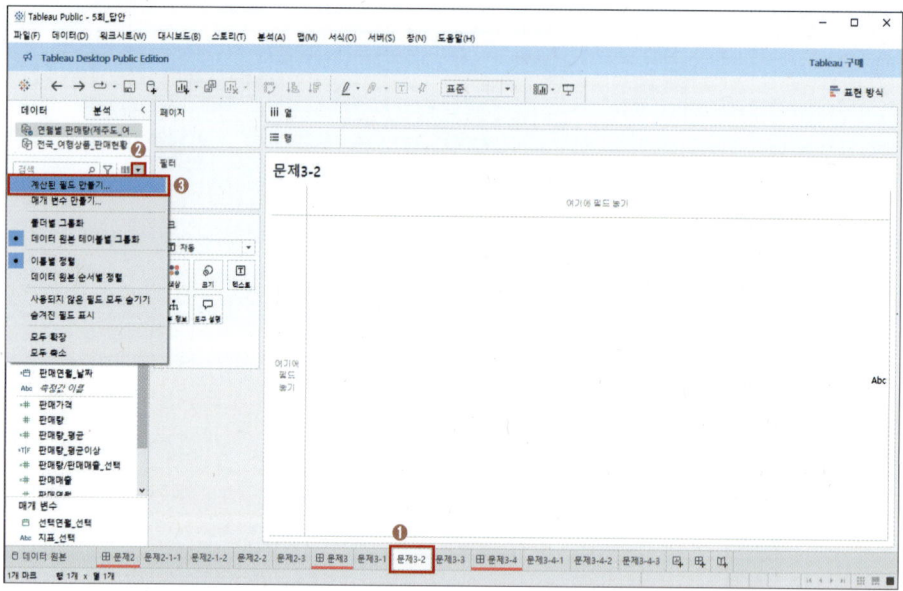

02 나타난 **계산된 필드 만들기 팝업 창**에서 상단에 필드 **이름**을 **기간선택_당년**으로 입력합니다.

03 [기간선택_당년] 필드는 [선택연월_선택] 매개 변수를 기준으로 해당하는 당년 전체를 반환하기 위해 **DATETRUNC 함수**를 사용하여 다음 수식을 입력하고 **확인**을 클릭합니다.

DATETRUNC('year', [선택연월_선택]) = DATETRUNC('year', [판매연월_날짜])

04 [당년_판매량/판매매출] 필드를 생성하기 위해 데이터 패널 상단의 ▼을 클릭하고 나타난 팝업 메뉴에서 **계산된 필드 만들기**를 클릭합니다.

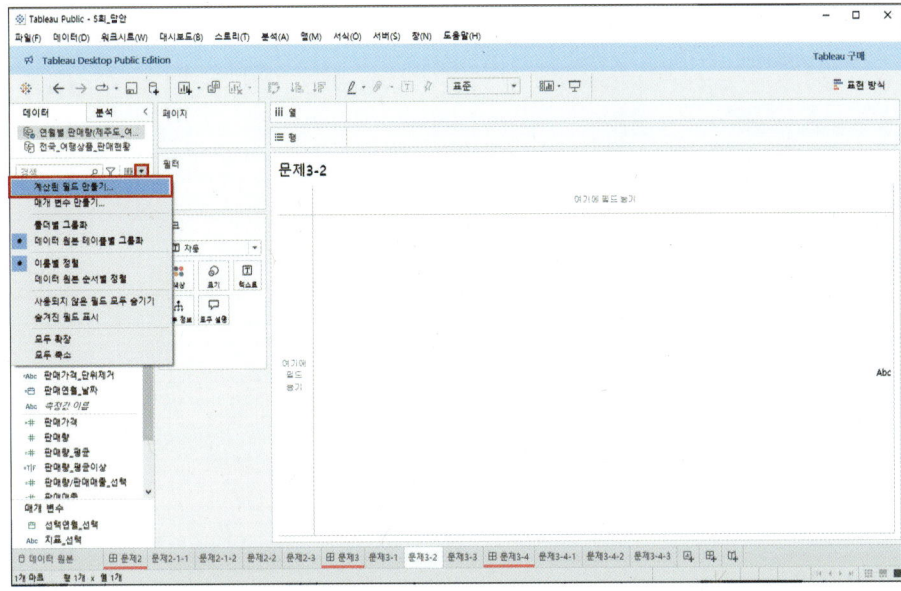

05 나타난 **계산된 필드 만들기 팝업 창**에서 상단에 필드 이름을 **당년_판매량/판매매출**로 입력합니다.

06 [당년_판매량/판매매출] 필드는 [기간선택_당년] 필드를 기준으로 참인 경우 [판매량/판매매출_선택] 필드를 반환하기 위해 **IF문**을 사용하여 다음 수식을 입력하고 **확인**을 클릭합니다.

```
IF [기간선택_당년] THEN [판매량/판매매출_선택] END
```

07 [기간선택_전년] 필드를 생성하기 위해 데이터 패널 상단의 ▼을 클릭하고 나타난 팝업 메뉴에서 **계산된 필드 만들기**를 클릭합니다.

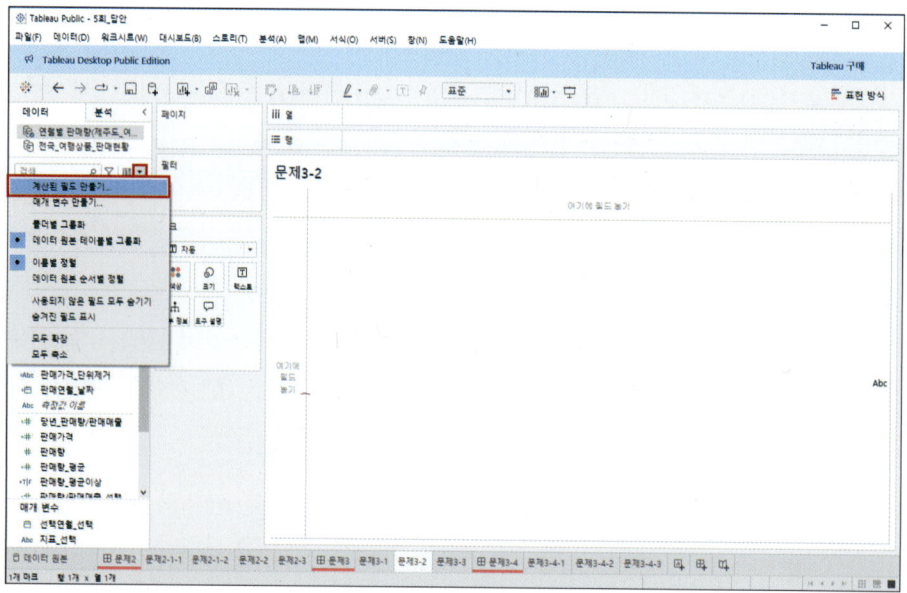

08 나타난 **계산된 필드 만들기 팝업 창**에서 상단에 필드 **이름**을 **기간선택_전년**으로 입력합니다.

09 [기간선택_전년] 필드는 [선택연월_선택] 매개 변수를 기준으로 해당하는 당년 전체를 반환하기 위해 **DATETRUNC, DATEADD 함수**를 사용하여 다음 수식을 입력하고 **확인**을 클릭합니다.

DATETRUNC('year', DATEADD('year', -1, [선택연월_선택])) = DATETRUNC('year', [판매연월_날짜])

10 [전년_판매량/판매매출] 필드를 생성하기 위해 데이터 패널 상단의 ▼을 클릭하고 나타난 팝업 메뉴에서 **계산된 필드 만들기**를 클릭합니다.

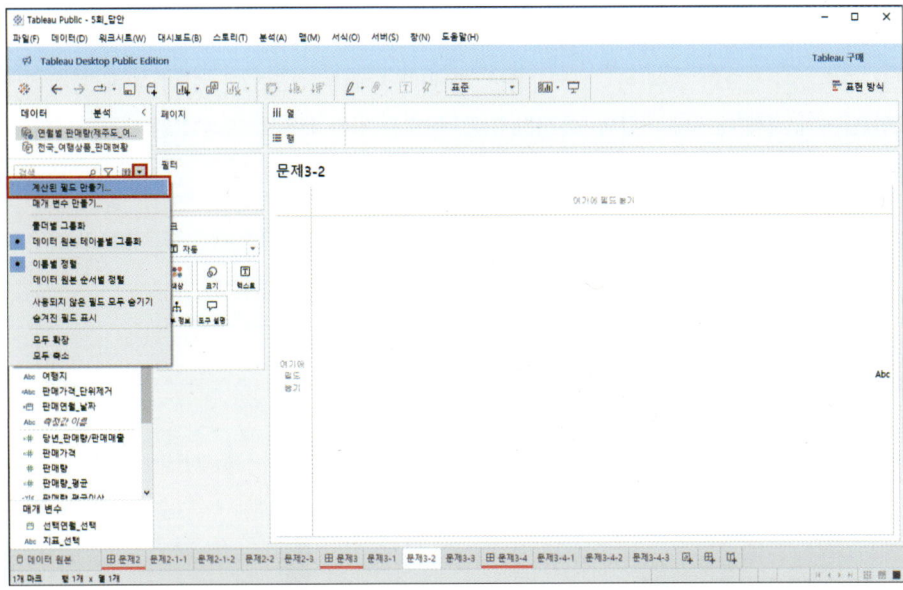

11 나타난 **계산된 필드 만들기 팝업 창**에서 상단에 필드 **이름**을 **전년_판매량/판매매출**로 입력합니다.

12 [전년_판매량/판매매출] 필드는 [기간선택_전년] 필드를 기준으로 참인 경우 [판매량/판매매출_선택] 필드를 반환하기 위해 **IF문**을 사용하여 다음 수식을 입력하고 **확인**을 클릭합니다.

IF [기간선택_전년] THEN [판매량/판매매출_선택] END

② '문제3-2' 시트에 막대 차트를 구성하시오.

01 막대 차트를 구성하기 위해 데이터 패널의 [측정값 이름] 필드를 열 패널로 드래그 앤 드롭하고 [측정값] 필드는 행 패널로 드래그 앤 드롭합니다.

02 모든 측정값이 필요한 것이 아니므로 [전년_판매량/판매매출] 필드와 [당년_판매량/판매매출] 필드만 남기기 위해 데이터 패널의 [측정값 이름] 필드를 필터 패널로 드래그 앤 드롭합니다.

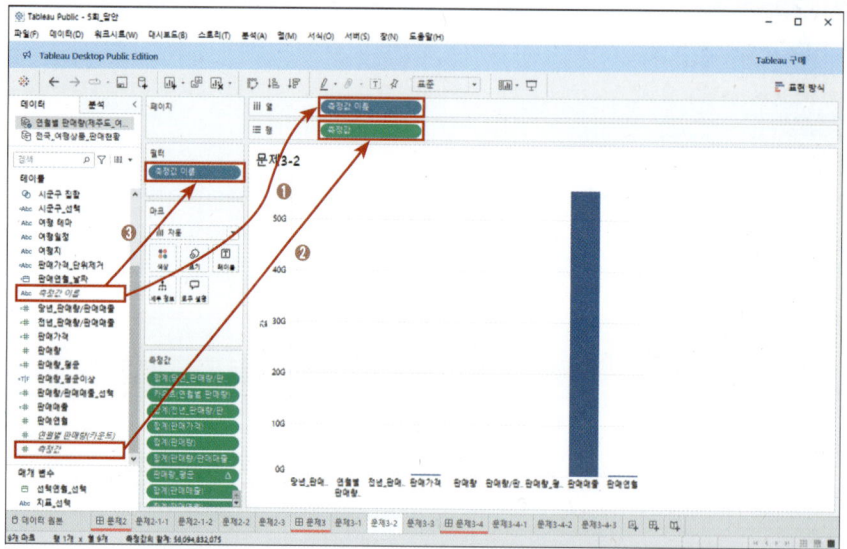

03 필터 패널에 추가된 측정값 이름을 더블클릭합니다. 나타난 필터 [측정값 이름] 팝업 창에서 없음(O)을 클릭한 후 당년_판매량/판매매출과 전년_판매량/판매매출을 체크하고 확인을 클릭합니다.

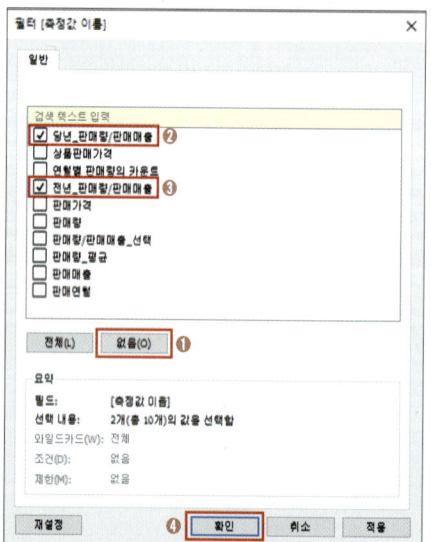

04 막대 차트의 축을 제거하기 위해 **세로축**을 마우스 **우클릭**하고 나타난 팝업 메뉴에서 **머리글 표시**를 클릭하여 체크 해제합니다.

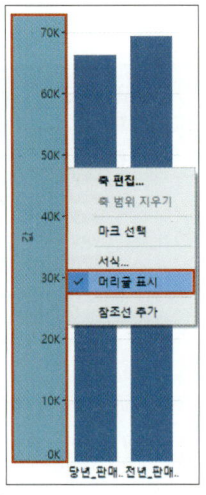

③ '문제3-2' 시트의 색상과 레이블을 설정하시오.

01 막대 차트의 레이블을 표현하기 위해 데이터 패널의 **[측정값]** 필드를 마크 패널의 **레이블**로 **드래그 앤 드롭**합니다.

02 막대 그래프의 머리글이 길어 간소화하기 위해 열 패널에 추가된 **측정값 이름**을 마우스 **우클릭**합니다. 나타난 팝업 메뉴에서 **별칭 편집**을 클릭합니다.

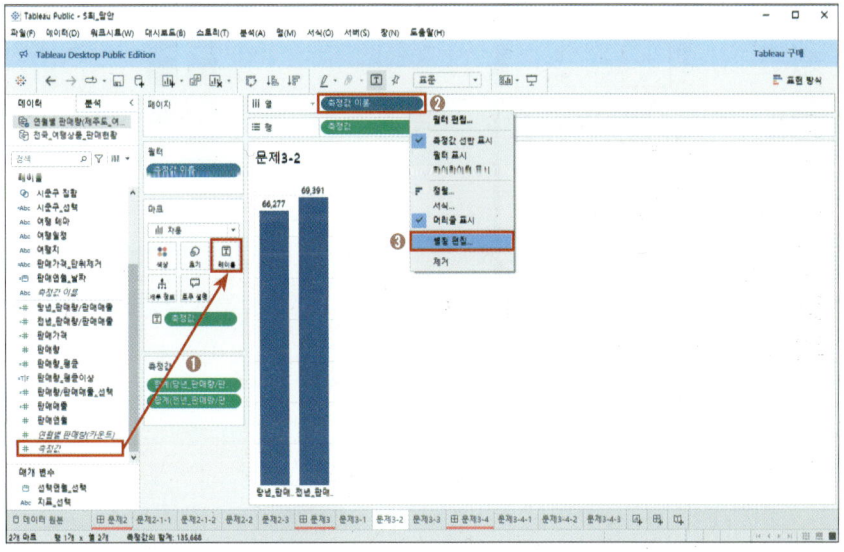

03 별칭 편집 [측정값 이름] 팝업 창에서 당년_판매량/판매매출의 **값(별칭)**을 클릭하여 **당년누적**으로 변경하고 Enter를 누릅니다. 이어서 전년_판매량/판매매출의 **값(별칭)**을 클릭하여 **전년누적**으로 변경하고 Enter를 누릅니다. **확인**을 클릭하여 편집을 마무리합니다.

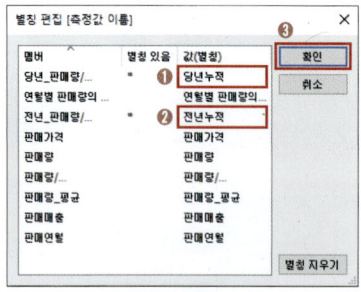

04 막대 차트의 색상을 변경하기 위해 데이터 패널의 **[측정값 이름]** 필드를 마크 패널의 **색상**으로 드래그 앤 드롭합니다. 이어서 마크 패널의 **색상**을 클릭하고 나타난 팝업 창에서 **색상 편집**을 클릭합니다.

05 색상 편집 [측정값 이름] 팝업 창의 색상표 선택(S)에서 **천사의 돌**을 선택하고 **색상표 할당(P)**을 클릭합니다. **확인**을 눌러 설정을 마칩니다.

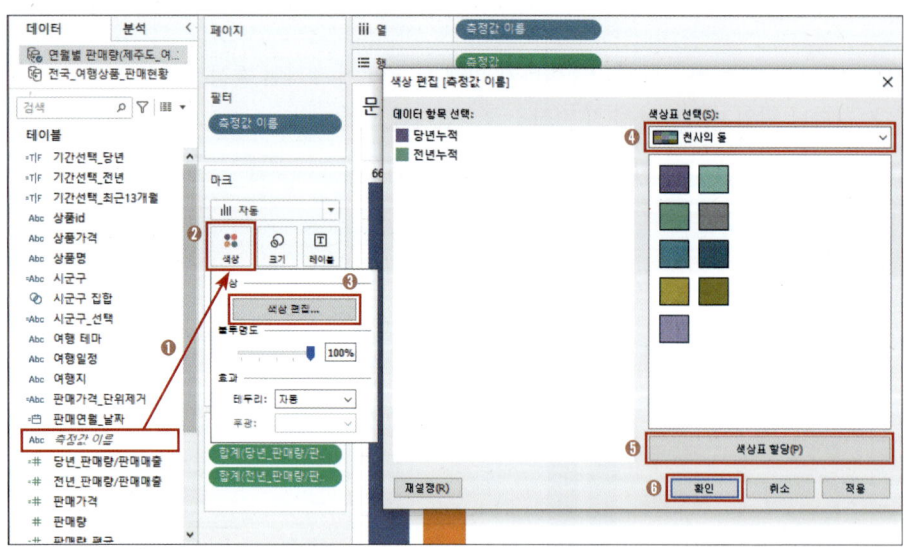

06 전년누적, 당년누적 순으로 정렬하기 위해 열 패널에 추가된 **측정값 이름**을 **마우스 우클릭**합니다. 나타난 팝업 메뉴에서 **정렬**을 클릭합니다. 나타난 **정렬 [측정값 이름] 팝업 창**에서 **정렬 기준**을 **수동으로** 변경합니다. 이때, 배치된 측정값 목록이 나타나는데 **당년누적**을 클릭하고 을 클릭합니다. 우측 상단 ☒을 클릭하여 창을 닫습니다.

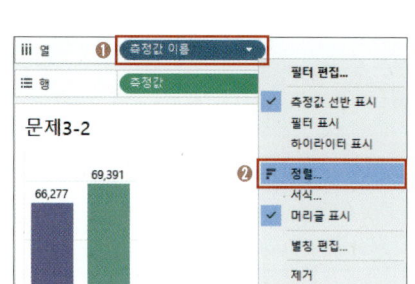
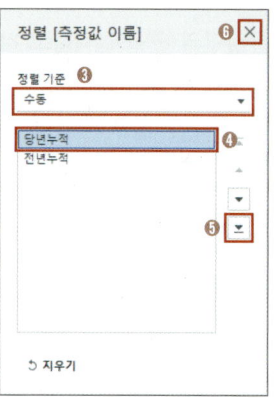

> **Tip**
> 시트 하단의 가로축에서 전년누적을 당년누적의 왼쪽으로 직접 드래그 앤 드롭하는 것도 가능합니다.

07 상단 툴바 우측의 **맞춤**을 표준에서 **전체 보기**로 변경합니다. 차트가 문제의 지시대로 완성된 것을 확인할 수 있습니다.

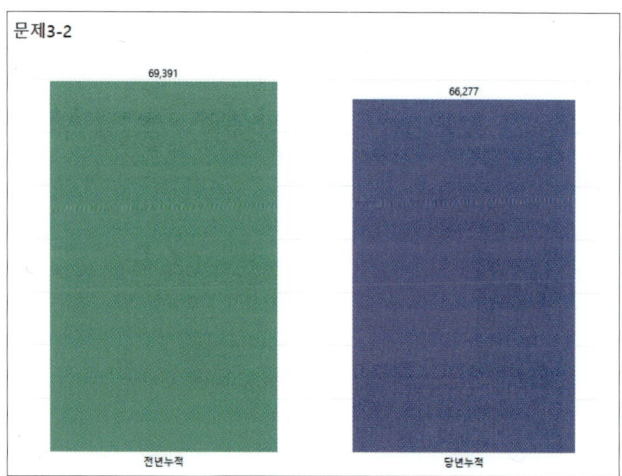

3 '문제3-3' 시트에 다음의 작업을 수행하여 차트를 구현하고, '문제3' 대시보드에 다음의 설정을 완료하시오.

① '문제3-3' 시트에 필드를 생성하시오.

01 하단 탭에서 **문제3-3**을 클릭하여 해당 시트로 이동합니다. [상품판매가격] 필드를 생성하기 위해 데이터 패널 상단의 ▼을 클릭하고 나타난 팝업 메뉴에서 **계산된 필드 만들기**를 클릭합니다.

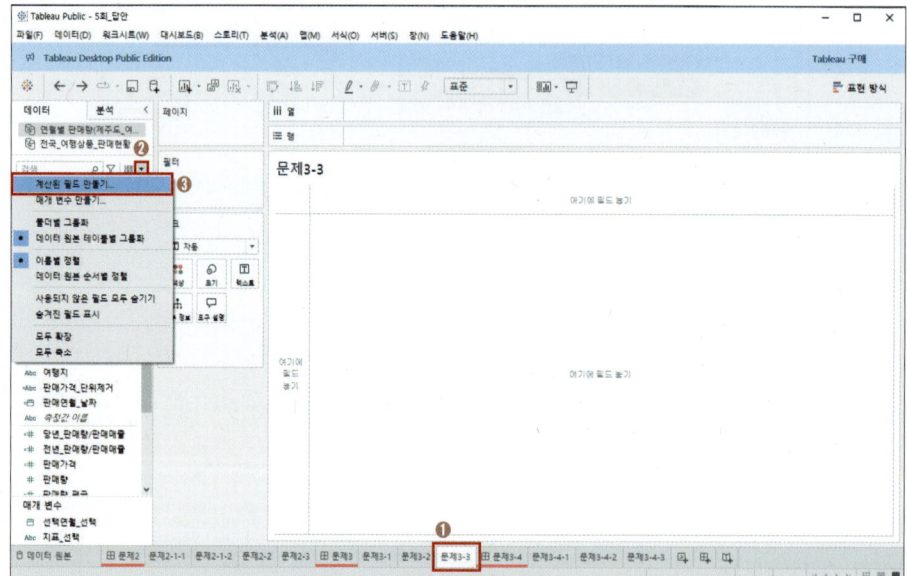

02 나타난 **계산된 필드 만들기 팝업 창**에서 상단에 필드 **이름**을 **상품판매가격**으로 정의합니다.

03 [상품판매가격] 필드는 [판매가격] 필드를 기준으로 단일 상품 가격을 정의하기 위해 **AVG 함수**를 사용하여 다음 수식을 입력하고 확인을 클릭합니다.

```
AVG([판매가격])
```

② '문제3-3' 시트에 텍스트 테이블 속의 막대 차트를 생성하시오.

01 텍스트 테이블 안에 막대 차트를 생성하기 위해 데이터 패널의 [측정값 이름] 필드와 [측정값] 필드를 열 패널에 차례대로 드래그 앤 드롭합니다. [상품판매가격] 필드와 [판매량] 필드만 표현하기 위해 데이터 패널의 [측정값 이름] 필드를 필터 패널로 드래그 앤 드롭합니다.

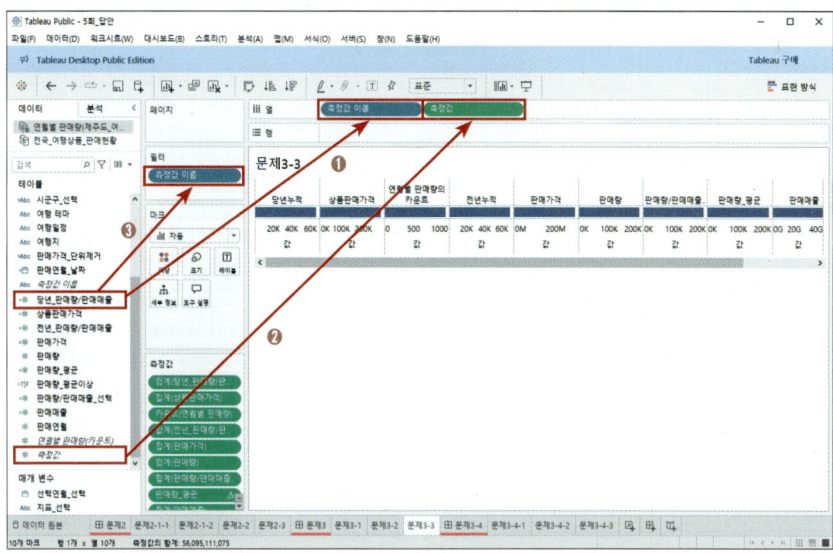

02 필터 패널에 추가된 측정값 이름을 마우스 우클릭하여 나타난 팝업 메뉴에서 필터 편집을 클릭합니다. 필터 [측정값 이름] 팝업 창에서 없음(O)을 클릭한 뒤 상품판매가격과 판매량에 체크하고 확인을 클릭하여 필터를 적용합니다.

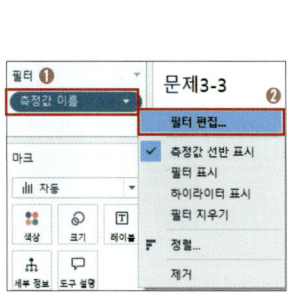

03 텍스트 테이블을 완성하기 위해 데이터 패널의 [상품id], [여행 테마], [상품명], [여행일정], [여행지] 필드를 **행 패널**에 **드래그 앤 드롭**합니다. 순서대로 보여질 수 있도록 행 패널의 오른쪽 빈 공간으로 하나씩 드래그 앤 드롭합니다.

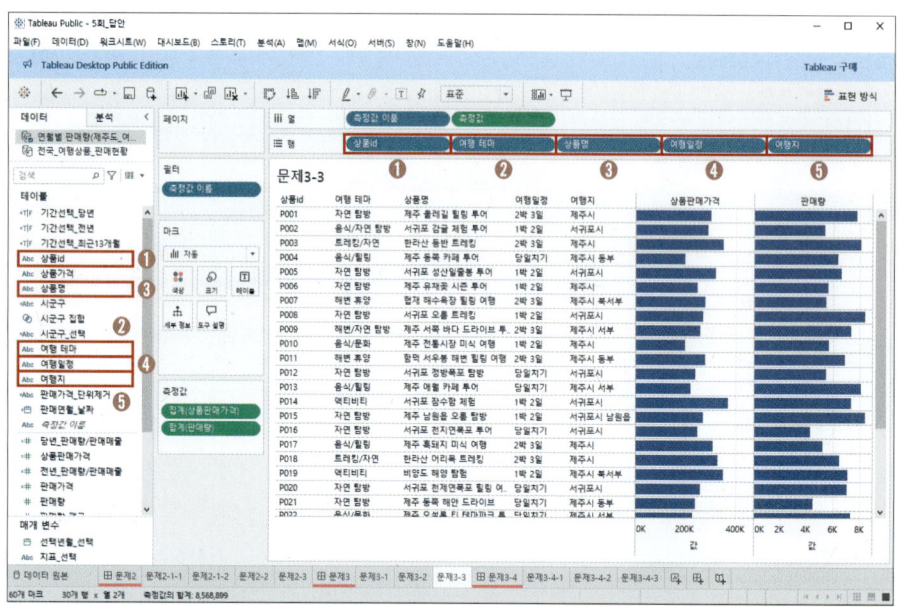

04 막대 차트에 레이블을 추가하기 위해 데이터 패널의 [측정값] 필드를 마크 패널의 **레이블**로 드래그 앤 드롭합니다. 측정값을 배치하여 생긴 축을 제거하기 위해 열 패널에 추가된 **측정값**을 **마우스 우클릭**하여 나타나는 팝업 메뉴에서 **머리글 표시**를 클릭해 체크 해제합니다.

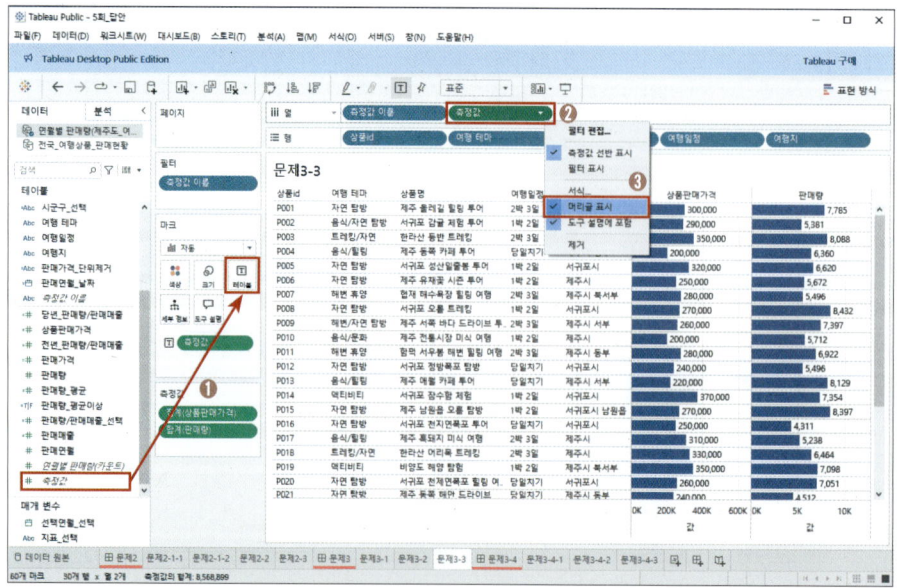

05 측정값에 따라 단위가 다르기 때문에 측정값 패널에 추가된 **집계(상품판매가격)**를 **마우스 우클릭**하여 **서식**을 클릭합니다. 왼쪽 사이드 바에 나타난 **집계(상품판매가격) 서식 창**에서 **패널** 탭을 클릭하고 **기본값 > 숫자** 박스를 클릭합니다. 숫자 표현 방식을 **숫자(사용자 지정)**로 선택한 후 **소수 자릿수(E)**는 0, **접두사/접미사(P)**의 오른쪽 박스에는 **원**을 입력합니다. 서식 창의 빈 곳을 클릭하여 팝업 창을 닫습니다.

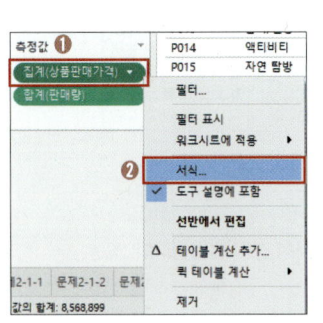
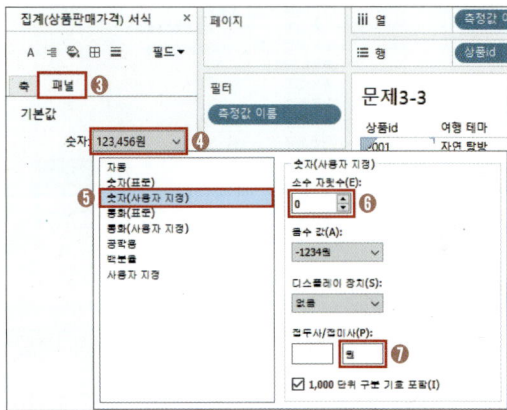

06 이어서 측정값 패널의 **합계(판매량)**를 **마우스 우클릭**하여 **서식**을 클릭합니다. 나타난 **합계(판매량) 서식 창**에서 **패널** 탭을 클릭하고 **기본값 > 숫자** 박스를 클릭합니다. 숫자 표현 방식을 **숫자(사용자 지정)**로 선택한 후 **소수 자릿수(E)**는 0, **접두사/접미사(P)**의 오른쪽 박스에는 **개**를 입력합니다. 서식 창의 빈 곳을 클릭하여 팝업 창을 닫습니다.

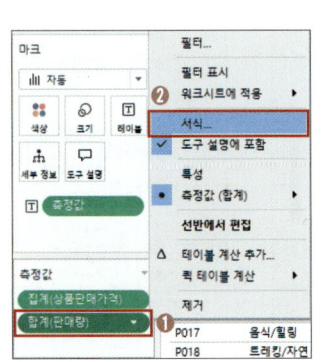
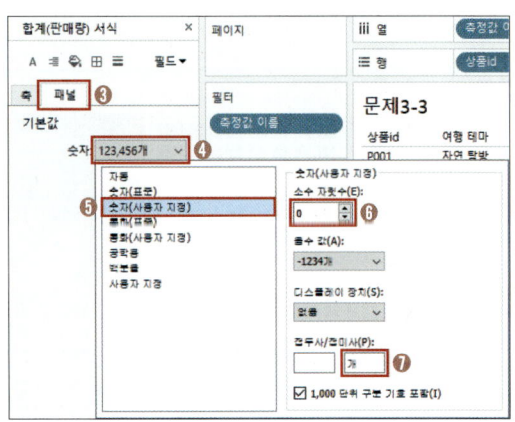

07 머리글 서식을 변경하기 위해 **여행 테마 머리글**을 **마우스 우클릭**하여 **서식**을 클릭합니다. 왼쪽 사이드 바에 나타난 **필드 레이블 서식 창**에서 **기본값** > **글꼴 박스**를 클릭하여 **굵게**를 클릭한 후 서식 창의 빈 곳을 클릭하여 팝업 창을 닫습니다.

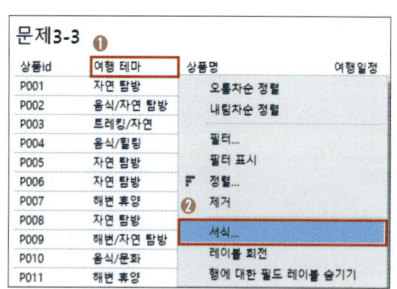 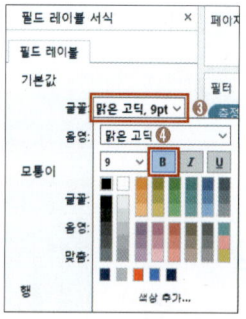

상품id, 상품명, 여행일정, 여행지 머리글을 마우스 우클릭하더라도 같은 서식 창이 팝업됩니다.

08 이어서 **기본값** > **음영 박스**를 클릭하여 **색상 추가**를 클릭한 후 **HTML(H) 옆**에 색상 코드 **#F5F5F5**를 입력하고 **확인**을 클릭합니다. 서식 창의 빈 곳을 클릭하여 팝업 창을 닫고 마지막으로 하단의 **모퉁이** > **맞춤 박스**를 클릭하여 **가로** > 를 클릭합니다. 서식 창의 빈 곳을 클릭하여 팝업 창을 닫습니다.

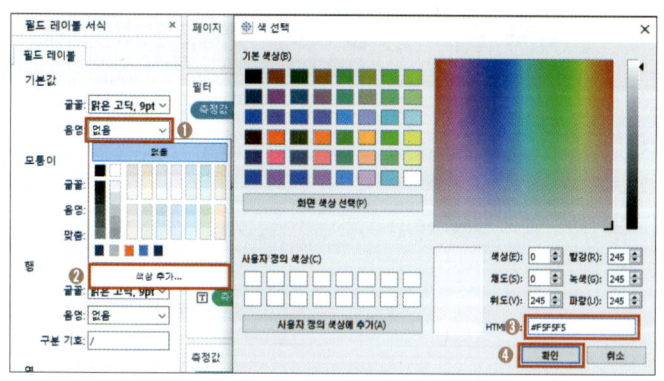 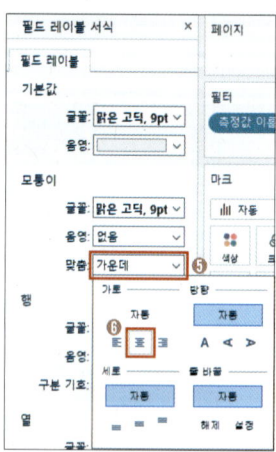

09 텍스트 테이블에 있는 막대 차트 상단에 위치한 **상품판매가격 머리글**을 **마우스 우클릭**하여 나타난 팝업 메뉴에서 **서식**을 클릭합니다. 측정값 이름 서식 창에서 **머리글** 탭의 **기본값** > **글꼴 박스**를 클릭하여 **굵게**를 클릭하고, 서식 창의 빈 곳을 클릭합니다.

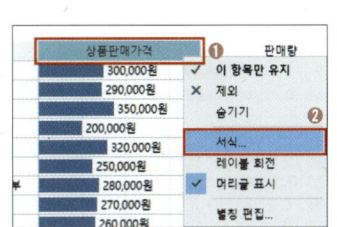

판매량 머리글을 마우스 우클릭하더라도 같은 서식 창이 팝업됩니다.

10 하단의 **맞춤 박스**를 클릭하여 **가로** > ≡을 클릭한 뒤 서식 창의 빈 곳을 클릭합니다. 하단의 **음영 박스**를 클릭하여 **색상 추가**를 클릭한 후 HTML(H) 옆에 색상 코드 **#F5F5F5**를 입력하고 **확인**을 클릭합니다. 서식 창의 빈 곳을 클릭하여 팝업 창을 닫습니다.

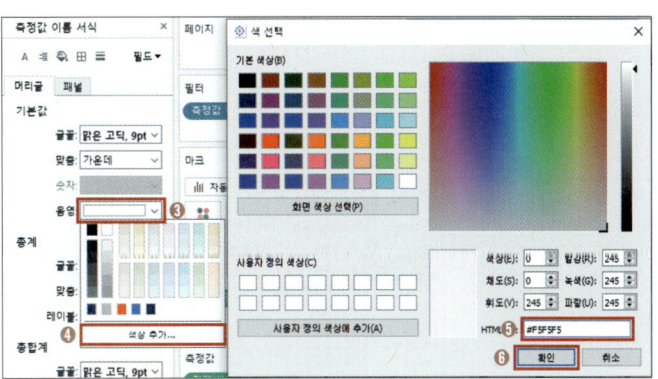

11 왼쪽 사이드 바의 **측정값 이름 서식 창** 상단에서 ⊞을 클릭하여 **테두리 서식**을 열고 **시트** 탭의 **기본값** > **셀 박스**를 클릭합니다. **실선**을 클릭하고 하단의 **색상 추가**를 클릭합니다. **HTML(H)** 옆에 색상 코드 **#D4D4D4**를 입력하고 **확인**을 클릭한 후 서식 창의 빈 곳을 클릭하여 팝업 창을 닫습니다. 이어서 하단 **패널 박스** > **실선** > **색상 추가** > **#D4D4D4** > **확인**을 클릭한 후 서식 창의 빈 곳을 클릭하여 팝업 창을 닫습니다. 마지막으로 하단 **머리글 박스** > **실선** > **색상 추가** > **#D4D4D4** > **확인**을 클릭한 후 서식 창의 빈 곳을 클릭하여 팝업 창을 닫고 우측 상단 ⊠를 클릭하여 서식 창도 닫습니다.

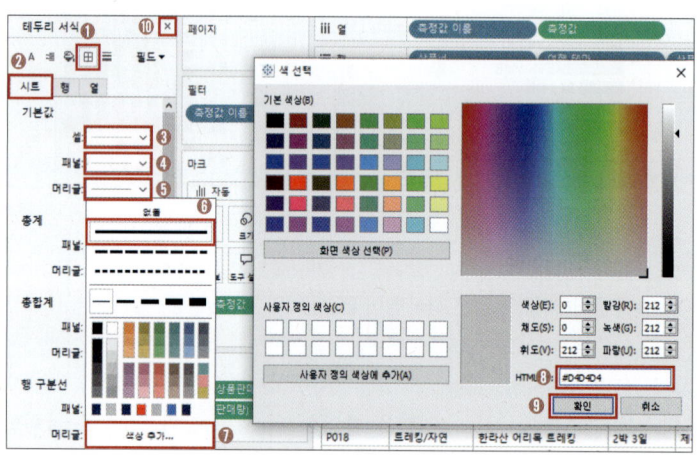

12 가운데 정렬이 필요한 [**상품id**] 필드의 셀을 **마우스 우클릭**합니다. 나타난 팝업 메뉴에서 **서식**을 클릭합니다. 나타난 **상품id 서식 창**에서 **머리글** 탭의 **기본값** > **맞춤 박스**를 클릭합니다. 나타난 팝업 창에서 **가로** > ≡을 클릭합니다. 빈 곳을 클릭하여 팝업 창을 닫습니다.

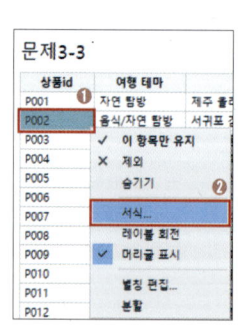 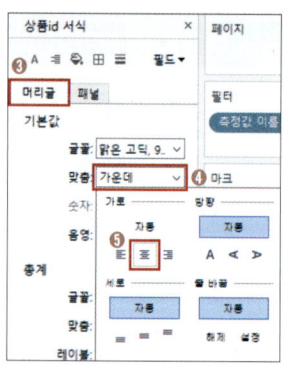

해당 필드의 어떤 셀을 마우스 우클릭하더라도 같은 서식 창이 팝업됩니다.

13 같은 방식으로 [여행 테마]와 [여행일정] 필드를 가운데 정렬하기 위해 텍스트 테이블에서 **여행 테마**의 **셀**을 클릭합니다. 나타난 **여행 테마 서식 창**에서 **머리글 > 기본값 > 맞춤 박스 > 가로 >** 을 클릭합니다. 빈 곳을 클릭하여 팝업 창을 닫습니다. 이어서 **여행일정의 셀**을 클릭합니다. 나타난 **여행 일정 서식 창**에서 **머리글 > 기본값 > 맞춤 박스 > 가로 >** 을 클릭합니다. 빈 곳을 클릭하여 팝업 창을 닫습니다.

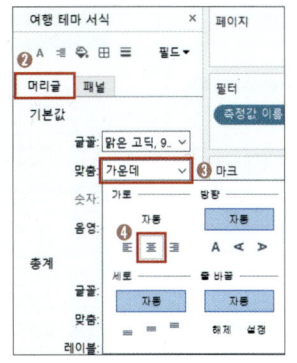

Tip

서식 창이 팝업되어 있는 상태에서 서식을 변경하고 싶은 필드의 셀을 클릭하면 해당 필드의 서식 창으로 이동합니다.

14 [상품명]과 [여행지] 필드를 왼쪽 정렬하기 위해 텍스트 테이블에서 **상품명의 셀**을 클릭합니다. 나타난 **상품명 서식 창**에서 **머리글 > 기본값 > 맞춤 박스 > 가로 >** 을 클릭합니다. 빈 곳을 클릭하여 팝업 창을 닫습니다. 이어서 **여행지의 셀**을 클릭합니다. 나타난 **여행지 서식 창**에서 **머리글 > 기본값 > 맞춤 박스 > 가로 >** 을 클릭합니다. 빈 곳을 클릭하여 팝업 창을 닫고 ⊠을 클릭하여 서식 창을 닫습니다.

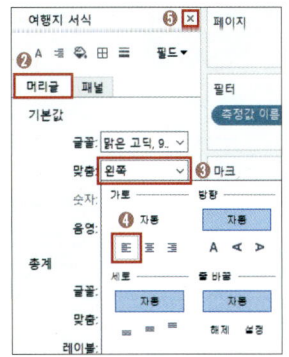

15 막대 차트의 색상을 적용하기 위해 데이터 패널의 [측정값] 필드를 마크 패널의 **색상**으로 **드래그 앤 드롭**합니다. 마크 패널에 색상으로 추가된 **측정값**을 **마우스 우클릭**하여 나타난 팝업 메뉴에서 **별도의 범례 사용**을 클릭합니다.

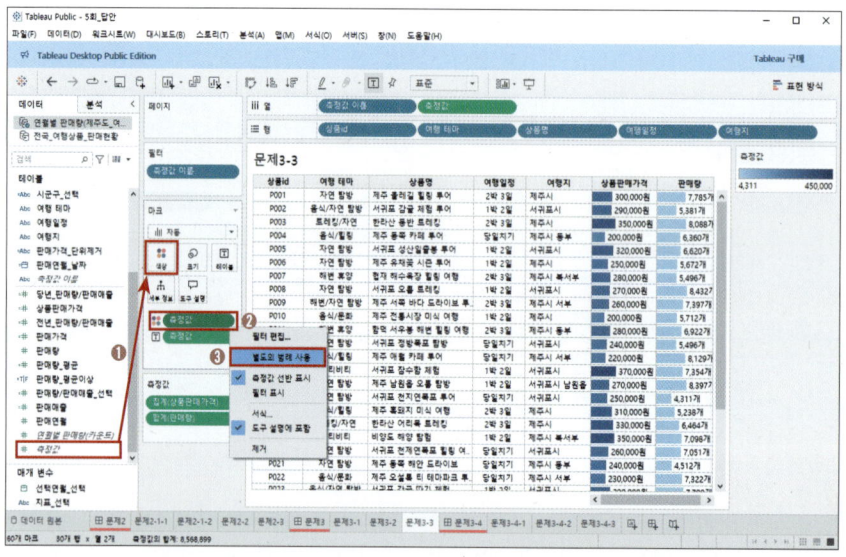

16 오른쪽 사이드 바에 별도로 나타난 색상 범례에서 **집계(상품판매가격)** 범례의 **색상 박스**를 **마우스 우클릭**하여 나타난 팝업 메뉴에서 **색상 편집**을 클릭합니다. **색상표(P)**에서 **주황색**을 지정한 후 **확인**을 클릭합니다. **합계(판매량)** 범례의 **색상 박스**를 **마우스 우클릭**하여 나타난 팝업 메뉴에서 **색상 편집**을 클릭합니다. **색상표(P)**에서 **자주색**을 지정한 후 **확인**을 클릭합니다.

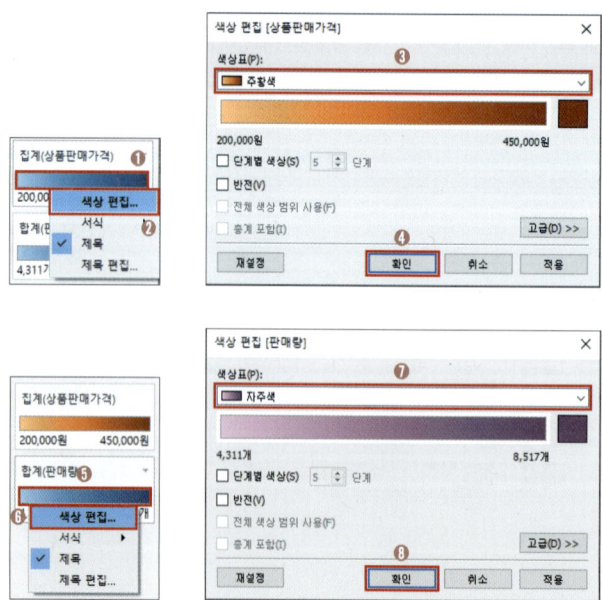

17 상단 툴바 우측의 **맞춤**을 표준에서 **너비 맞추기**로 변경합니다. 차트가 문제의 지시대로 완성된 것을 확인할 수 있습니다.

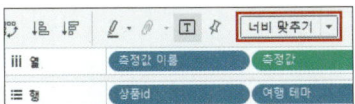
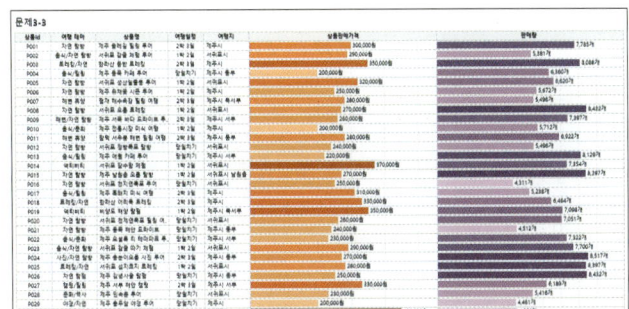

18 문제3의 시각화 완성화면과 비슷하게 셀 너비를 조정하기 위해 하단 탭에서 **문제3**을 클릭하여 해당 대시보드로 이동합니다. **문제3-3 시트**의 셀 사이 라인에 마우스를 얹고 나타난 **상하 화살표**와 **좌우 화살표**를 이용하여 높이와 너비를 조정합니다. 시각화 완성화면의 텍스트 테이블과 같게 완성된 것을 확인할 수 있습니다.

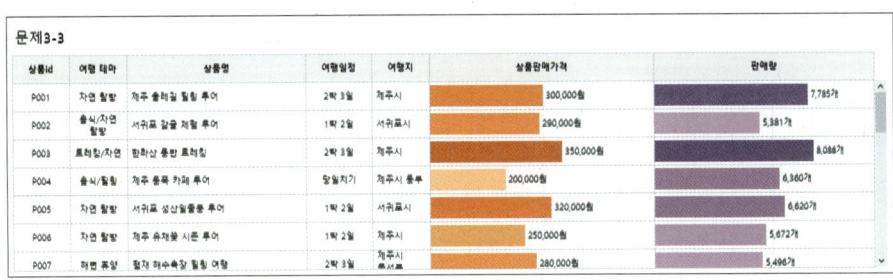

③ '문제3' 대시보드에 필터와 텍스트를 구현하시오.

01 **문제3-1 시트**를 클릭한 후 상단 메뉴의 **분석(A) > 매개 변수(P) > 선택연월_선택**을 클릭하여 [선택연월_선택] 매개 변수를 대시보드에 나타내고 **문제3-1 시트**가 클릭된 상태에서 상단 메뉴의 **분석(A) > 매개 변수(P) > 지표_선택**을 클릭하여 [지표_선택] 매개 변수도 나타냅니다.

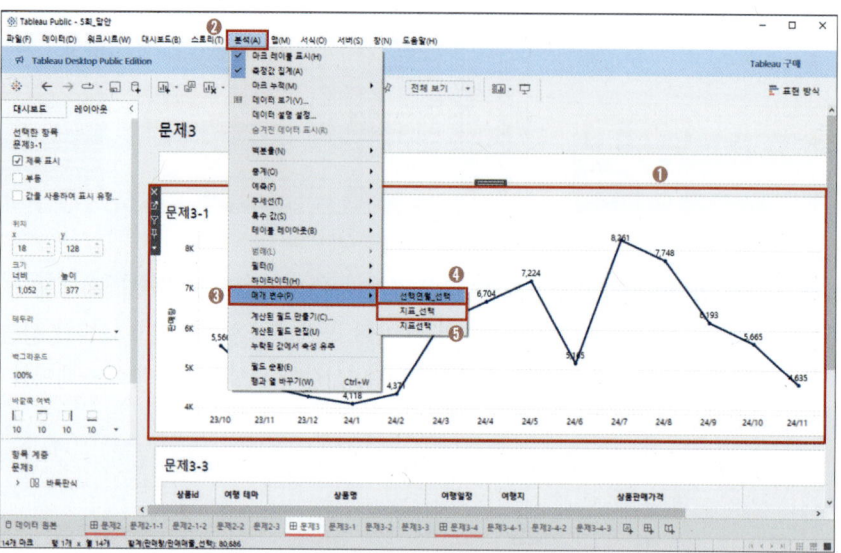

02 왼쪽 사이드 바에서 **대시보드** 탭으로 이동한 후 하단에 위치한 **개체**에서 **텍스트**를 클릭하여 제목 아래의 **빈 컨테이너** 가장 **왼쪽**으로 **드래그 앤 드롭**합니다. 먼저 ≡을 클릭한 후 **선택년월**을 입력하고 **확인**을 클릭합니다.

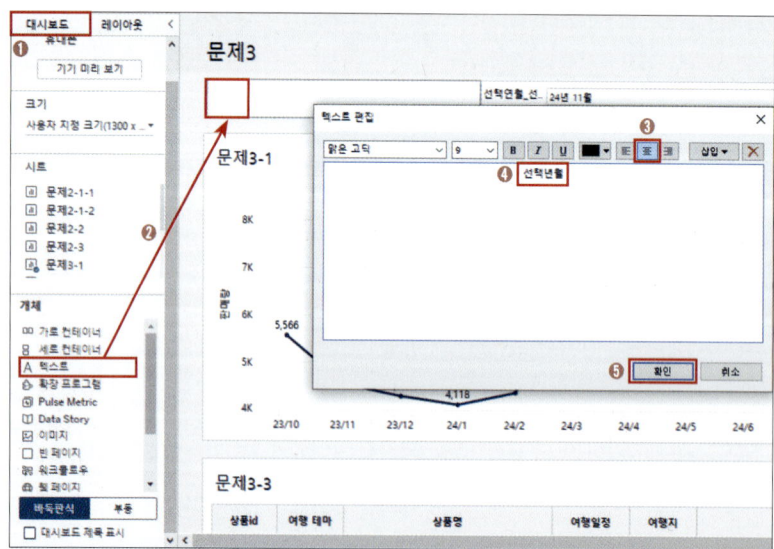

03 텍스트로 입력한 **선택년월**의 ▼을 클릭하여 나타나는 팝업 메뉴에서 **너비 편집**을 클릭합니다. 나타난 **너비 설정(픽셀) 팝업 창**에서 120을 입력하고 **확인**을 클릭하여 너비를 고정합니다.

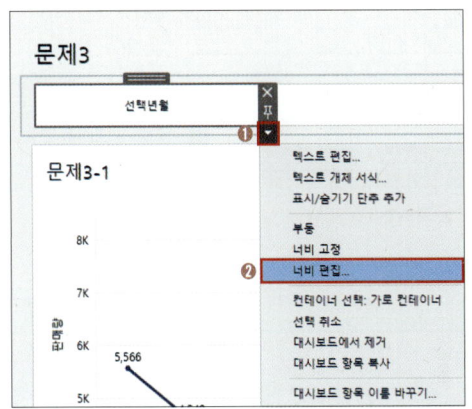
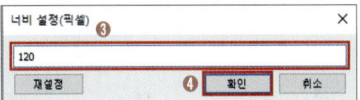

04 [선택연월_선택] 매개 변수의 빈 공간을 클릭하고 ▬을 클릭하여 **선택년월 텍스트의 오른쪽**에 배치합니다. [선택연월_선택] 매개 변수에서 ▼을 클릭하여 나타난 팝업 메뉴에서 **제목 표시**를 선택하여 체크 해제합니다. 다시 ▼을 클릭하여 **너비 편집**을 클릭합니다. 나타난 **너비 설정(픽셀) 팝업 창**에서 150을 입력하고 **확인**을 클릭하여 너비를 고정합니다.

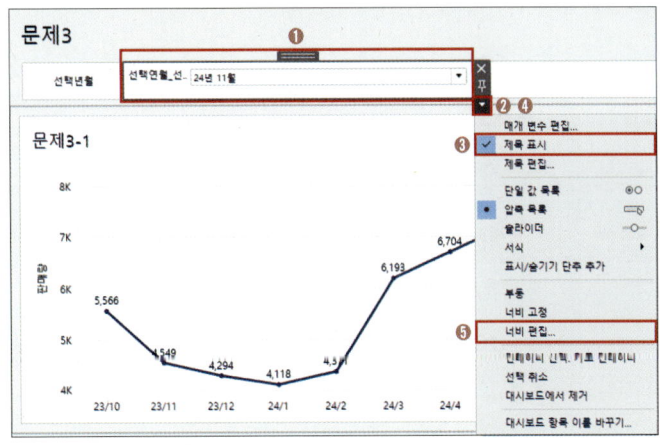
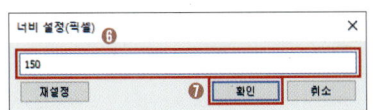

05 [선택년월_선택] 매개 변수가 선택된 상태에서 왼쪽 사이드 바의 **레이아웃** 탭으로 이동합니다. **바깥쪽 여백**의 **숫자**를 클릭하고 **모든 변이 동일**을 **체크 해제**합니다. **위쪽**을 **8**로 변경하고 바깥쪽 여백의 숫자를 다시 클릭하여 창을 닫습니다.

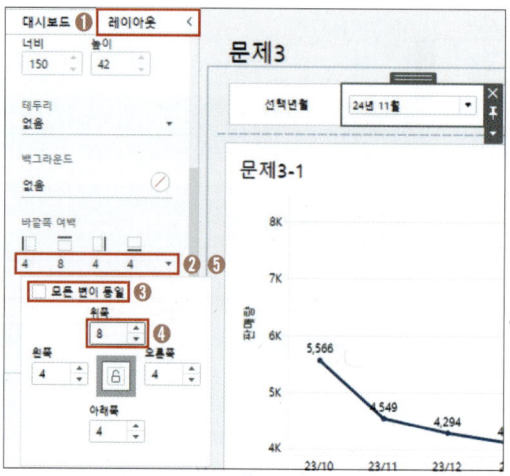

06 왼쪽 사이드 바에서 **대시보드** 탭으로 이동한 후 하단에 위치한 **개체**에서 **텍스트**를 클릭하여 [선택연월_선택] 매개 변수의 바로 오른쪽으로 **드래그 앤 드롭**합니다. 먼저 ▤을 클릭한 후 **지표선택**을 입력하고 **확인**을 클릭합니다.

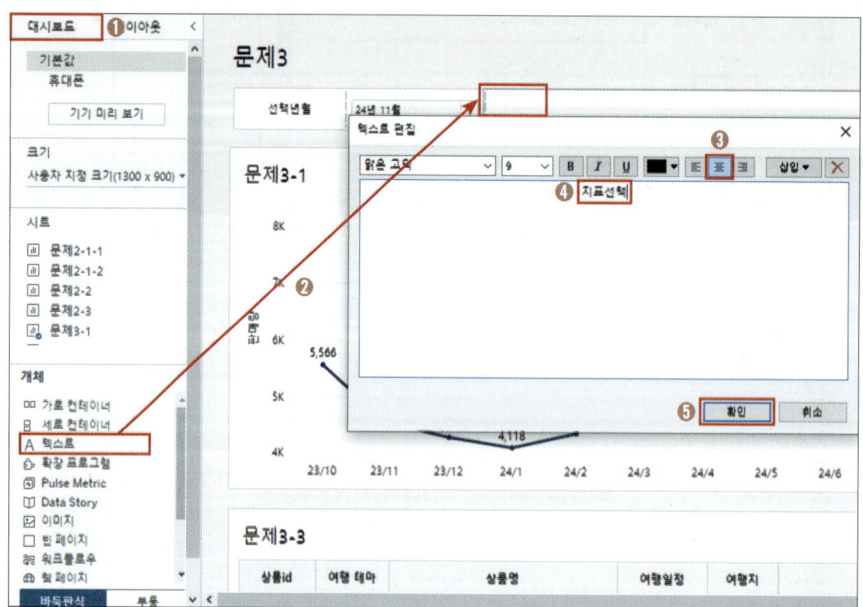

07 텍스트로 입력한 **지표선택**의 ▼을 클릭하여 나타나는 팝업 메뉴에서 **너비 편집**을 클릭합니다. 나타난 **너비 설정(픽셀) 팝업 창**에서 120을 입력하고 **확인**을 클릭하여 너비를 고정합니다.

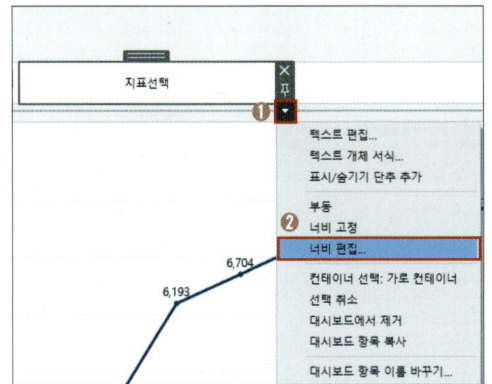
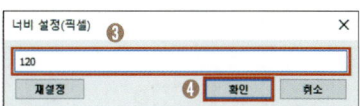

08 [지표_선택] 매개 변수의 빈 공간을 클릭하고 ▬을 클릭하여 **지표선택 텍스트의 오른쪽**에 배치합니다. [지표_선택] 매개 변수에서 ▼을 클릭하여 나타난 팝업 메뉴에서 **제목 표시**를 선택하여 체크 해제합니다. 다시 ▼을 클릭하여 **너비 편집**을 클릭합니다. 나타난 **너비 설정(픽셀) 팝업 창**에서 150을 입력하고 **확인**을 클릭하여 너비를 고정합니다.

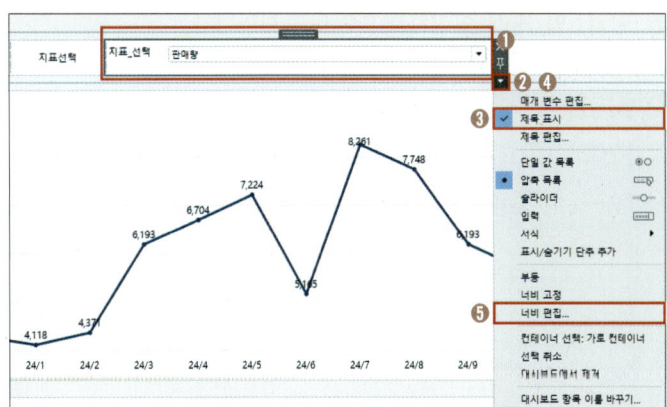
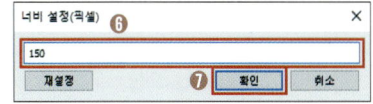

09 [지표_선택] 매개 변수가 선택된 상태에서 왼쪽 사이드 바의 **레이아웃** 탭으로 이동합니다. **바깥쪽 여백**의 **숫자**를 클릭하고 **모든 변이 동일**을 체크 해제합니다. **위쪽**을 8로 변경하고 바깥쪽 여백의 숫자를 다시 클릭하여 창을 닫습니다.

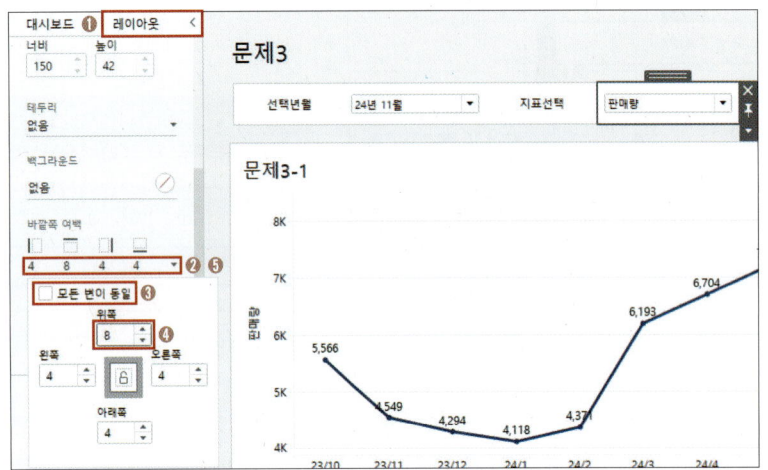

10 대시보드의 단위를 표시하기 위해 왼쪽 사이드 바에서 **대시보드** 탭으로 이동한 후 하단에 위치한 **개체**에서 **텍스트**를 클릭하여 제목 아래의 레이아웃 가장 **오른쪽**으로 **드래그 앤 드롭**합니다. 먼저 ▤을 클릭한 후 **(단위 : 억/개)**를 입력하고 **확인**을 클릭합니다.

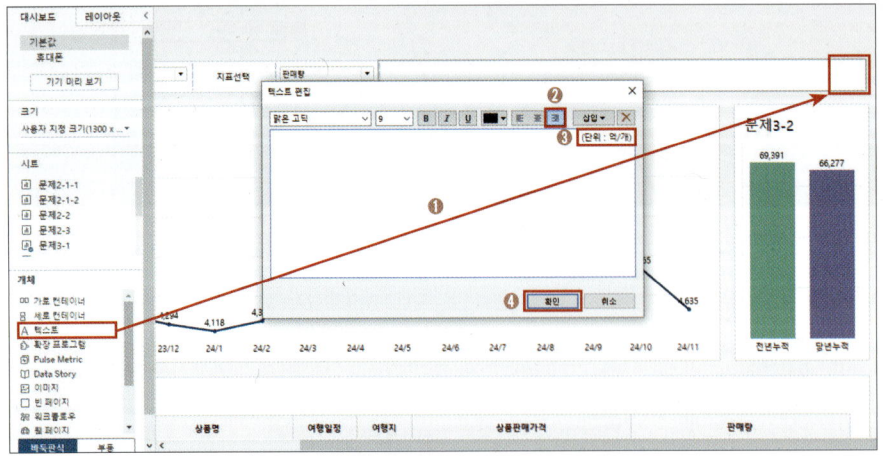

11 작업한 대시보드가 문제3의 시각화 완성화면(277p)과 일치하는지 확인한 후 해당 대시보드의 작업을 마무리합니다.

4 '문제3-4' 대시보드에서 다음의 작업을 수행하여 동적(Interactive) 대시보드를 구현하시오.

① '문제3' 대시보드로 이동하는 "버튼"을 구현하시오.

01 하단 탭에서 **문제3-4**를 클릭하여 해당 대시보드로 이동합니다. 대시보드 탭 하단에 위치한 **개체** 에서 **탐색**을 클릭하여 제목 아래의 빈 레이아웃 가장 **오른쪽**으로 **드래그 앤 드롭**합니다.

02 **탐색 개체**의 ▼을 클릭하여 나타난 팝업 메뉴에서 **너비 편집**을 클릭합니다. 나타난 **너비 설정(픽 셀) 팝업 창**에서 **200**을 입력하고 **확인**을 클릭합니다.

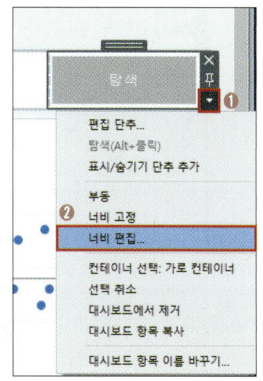
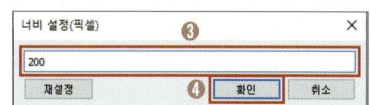

03 배치한 **탐색 개체**를 더블클릭합니다. 편집 단추 팝업 창에서 **이동할 위치**를 **문제3**으로 설정하고 **제목**에 **문제3으로 이동**이라고 입력합니다. **글꼴**은 ▼을 클릭하여 나타나는 팝업 창에서 ▼을 클릭하여 **맑은 고딕**으로 변경합니다. **색상**은 **첫 번째 검정색**을 선택한 후 편집 단추 팝업 창의 빈 곳을 클릭하여 글꼴 팝업 창을 닫고 하단의 **백그라운드 박스**를 클릭합니다. 나타난 팝업 창에서 **색 상 추가**를 클릭한 후 **HTML(H)** 옆에 색상 코드 **#C0C0C0**을 입력하고 **확인**을 클릭합니다. 빈 곳을 클릭하여 팝업 창을 닫은 후 편집 단추 창의 **확인**을 눌러 설정을 마무리합니다.

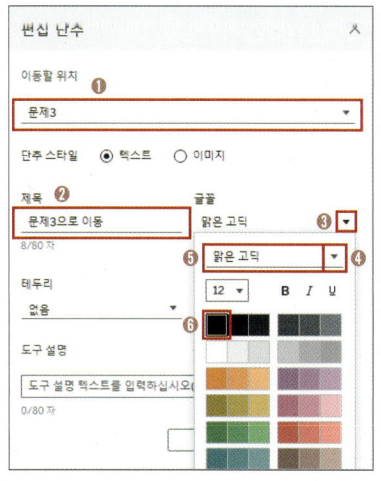
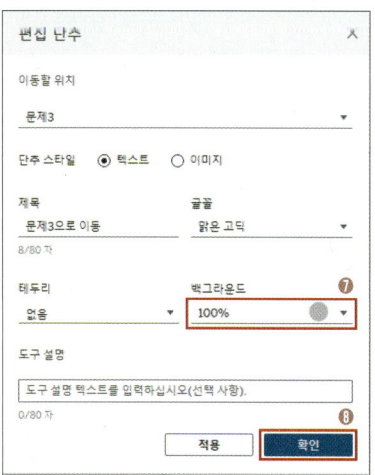

② '문제3-4' 대시보드에서 '문제3-4-1' 막대 차트 클릭 시 [시군구]에 따라 값이 변경되도록 구현하시오.

01 문제3-4-1 시트의 시군구를 클릭하면 문제3-4-1 시트의 시군구_선택이 펼쳐질 수 있도록 동작을 적용하기 위해 **문제3-4-1 시트**를 선택합니다. 상단 메뉴의 **대시보드(B) > 동작(I)**을 클릭하면 동작 팝업 창이 나타납니다.

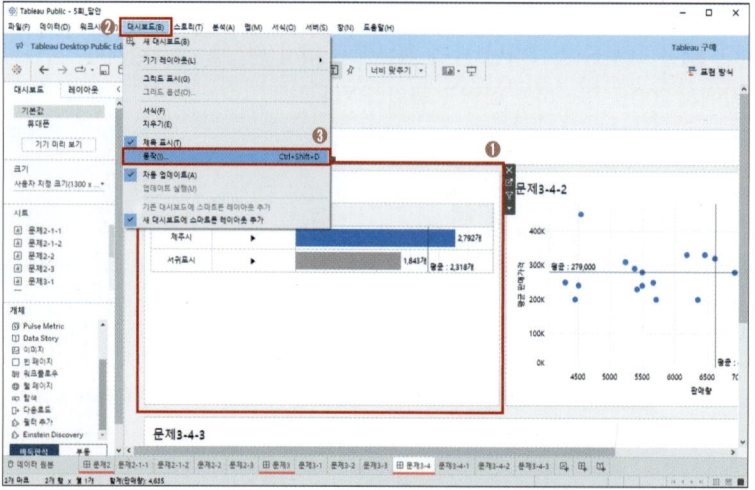

02 나타난 **동작 팝업 창**에서 **동작 추가 > 집합 값 변경**을 클릭합니다. 집합 동작 추가 팝업 창에서 이름을 **시군구_집합**으로 변경한 후 **원본 시트**에 문제3-4-1만 남기고 **체크 해제**하고 **동작 실행 조건**은 **선택**을 유지합니다.

03 이때 동작이 적용되는 **대상 집합**을 **연월별 판매량(제주도_여행상품_3개년_판매량) > 시군구 집합**으로 선택한 후 **동작 실행 결과**는 **집합에 값 할당**을 유지합니다. **선택을 해제할 경우의 결과**는 **집합에서 모든 값 제거**를 선택하고 확인을 클릭합니다.

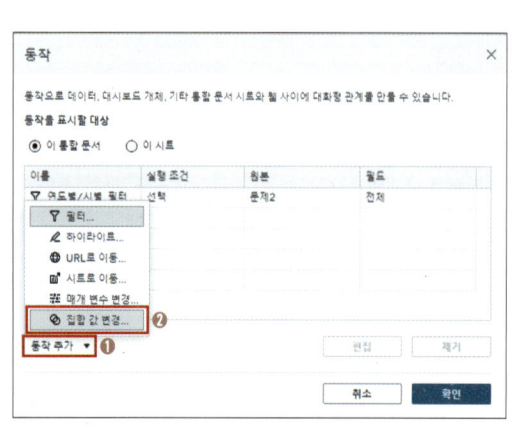
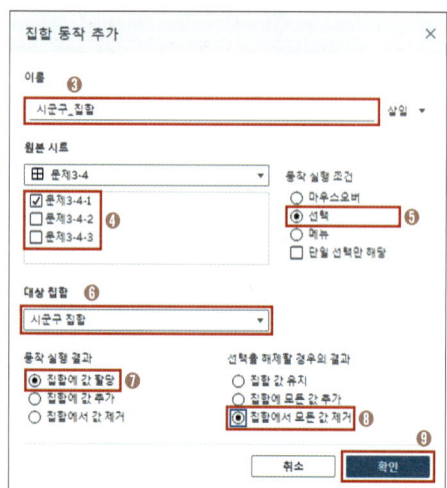

04 동작 팝업 창에서 **동작 추가 > 필터**를 클릭합니다. 나타난 **필터 동작 추가 팝업 창**에서 **이름**을 **시군구_필터**로 변경한 후 **원본 시트**에 문제3-4-1만 남기고 **체크 해제**하고 **동작 실행 조건**을 **선택**으로 설정합니다.

05 동작이 적용되는 **대상 시트**에는 문제3-4-1을 **체크 해제**하고 **선택을 해제할 경우의 결과**는 **모든 값 표시**로 설정합니다.

06 필터 동작 시 모든 필드를 전달하는 것이 아니라 시군구 필드만 전달해야 하기 때문에 **필터 > 선택한 필드**를 클릭합니다. **원본 필드 > 추가하려면 클릭**을 클릭하여 **시군구**를 선택하고 **확인**을 클릭하여 동작 추가를 마칩니다. 동작 팝업 창에서 다시 **확인**을 클릭하여 설정을 마무리합니다.

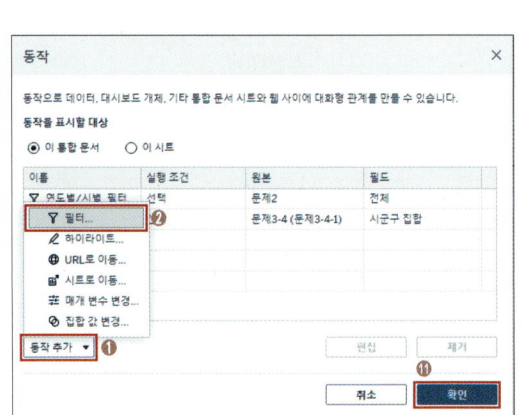
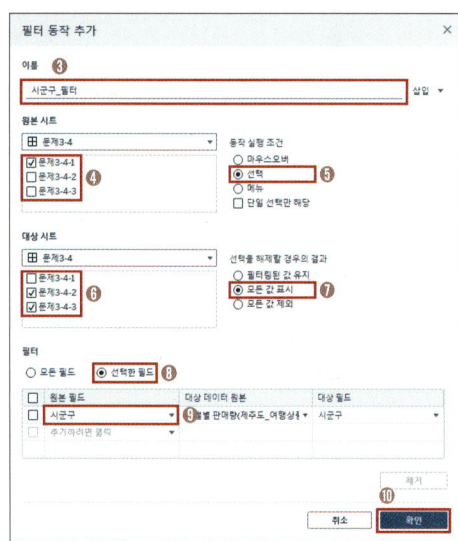

07 작업한 대시보드가 문제3-4의 시각화 완성화면(281p)과 일치하는지 확인한 후 해당 대시보드의 작업을 마무리합니다.

CHAPTER 06 실전 모의고사 6회

※ 본서는 이미지 화질 향상을 위하여 태블로 작업 화면을 축소하여 풀이를 진행하였으므로 작업 시 보이는 필드 및 차트의 크기 등에 차이가 있을 수 있습니다. 제공되는 정답 파일과 비교하여 작업하는 것을 권장합니다.

국 가 기 술 자 격 검 정
경영정보시각화능력 실기 모의문제

프로그램명	제한시간		수험번호	
태블로 데스크톱	70분		성 명	

단일	모의고사 6회

※ 시험지를 받으시면
1~2페이지의 '유의사항'과
'문제 및 데이터 안내'를
확인하시기 바랍니다.

대 한 상 공 회 의 소

― 〈유의사항〉 ―

- '유의사항', '문제 및 데이터 안내'에 따라 시험에 응시하여야 하며, 이를 소홀히 하여 발생한 불이익과 책임은 수험자 본인에게 있습니다.
- 시험이 시작되면 즉시 문제 데이터 파일 존재여부와 답안 파일의 문제3-4 대시보드에 차트, 표, 데이터가 보이는지 확인하시기 바랍니다.
  - 문제 데이터 파일 위치 : [문제1] C:\TB\문제1_데이터 폴더 / [문제2, 3] C:\TB\문제2,3_데이터 폴더
  - 문제 데이터 파일은 존재여부만 확인하며 엑셀 등으로 열어보면 실격 처리
  - 답안 파일 위치 : C:\TB\수험자번호.twbx
  - 화면에 띄워진 답안 파일의 문제3-4 대시보드 확인
- 시험 중 인터넷 통신 오류 팝업 메세지가 발생할 경우 엑스(☒)를 클릭하여 팝업 메시지 창을 닫고 진행하시기 바랍니다.
- 아래는 답안의 저장 및 시험종료 관련 안내입니다.
  - 메뉴 '파일'-'저장'으로 저장(툴바 저장 아이콘(🖫) 또는 'Ctrl+S' 사용금지)
  - 엑셀 데이터 추출 확인 메시지 창이 나올 경우 반드시 '추출 만들기' 버튼 누름
  - 시험 진행 중 답안은 수시로 저장
  - 시험종료 전 반드시 메뉴 '파일'-'저장'으로 저장하고 프로그램을 종료해야 합니다. 이외 방법으로 시험종료하여 발생하는 문제[오류발생/저장불가]에 대한 책임은 수험자에게 있습니다.
- 별도의 지시사항이 없는 경우, 다음과 같이 처리할 때 [실격 처리]됩니다.
  - 제시된 파일, 페이지/대시보드, 데이터 원본의 이름, 차원/측정값 속성을 임의로 변경한 경우
  - 제시된 파일, 데이터 원본을 임의로 삭제, 추가, 변경한 경우
  - 시트/워크시트/대시보드를 임의로 삭제, 추가하거나 명칭을 변경한 경우
  - 제시된 답안 파일의 경로 또는 파일명을 변경한 경우
  - 문제 데이터를 시험 시작 전에 열어보는 경우
  - 실기시험 프로그램 이외의 프로그램(엑셀 등)으로 데이터를 열어보는 경우
- 반드시 답안작성은 문제에서 지시한 위치에 작업해야 하며 다음과 같이 처리 시 해당 작업 또는 그 작업에 영향을 미치는 문제, 개체, 시트 등은 [오답 처리]됩니다.
  - 제시된 함수가 있으면 제시된 함수만을 사용해야 하며 그 외 함수를 사용해 풀이한 경우
  - 지시하지 않은 차트, 컨테이너, 매개변수 등을 임의로 이동, 수정(변경), 삭제 등으로 인해 위치 및 내용이 변경된 경우
  - 임의로 기본 설정값(Default)을 변경한 경우
  - 숫자데이터를 임의로 문자화하여 처리한 경우
  - 개체가 해당 영역을 벗어난 경우
  - 작업한 개체가 너무 작아 정보 확인이 어려울 경우
  - 지시사항과 띄어쓰기, 대소문자 등이 다르게 작업한 경우(계산식 제외)

- 문제지에 제시된 [완성화면] 그림 관련입니다.
  - 문제 상단에 있는 [완성화면] 그림은 각 문제의 세부문제 전체를 풀이했을 때 도출되는 것으로 개별 세부문제를 풀이한 후의 [완성화면] 그림과 다를 수 있음
  - 문제풀이 순서 또는 시각적 개체 작성 순서, PC 환경 등의 이유로 수험자가 작성한 개체의 모니터 화면과 모양, 색상 등이 다를 수 있음
- 본 문제와 용어는 태블로 데스크톱 퍼블릭 에디션(Tableau Desktop Public Edition) 2024.3.0. 버전을 기준으로 작성되었습니다.

문제 및 데이터 안내

1. 수험자가 작성할 답안 파일은 1개입니다. 문제1, 문제2, 문제3의 답을 하나의 답안 파일(.pbix)로 저장하십시오.
2. 문제1, 문제2, 문제3은 각각 독립적으로 구성되어 앞 문제를 풀지 않아도 다음 문제 풀이가 가능합니다.
3. 문제1은 데이터 불러오기를 통해 문제를 풀이하고, 문제2와 문제3은 답안에 이미 데이터가 포함되어 있어 다시 데이터를 불러오지 말고 바로 문제 풀이를 하십시오.
    - 데이터 파일은 문제1을 위한 데이터 파일과 문제2, 3을 위한 데이터 파일로 구성되어 있습니다.
4. 문제2와 문제3 풀이를 위해 필요한 일부 측정값, 필터가 답안 파일에 미리 적용되어 있을 수 있습니다.
    - 지시사항에 제시되지 않은 것은 변경하지 마십시오.
    - 사전에 적용된 필터 등이 삭제되지 않도록 '시트 지우기' 기능을 절대 사용하지 마십시오.
5. 문제는 문제(문제1~3) – 세부문제(1~4) – 지시사항(①~③) – 세부지시사항(▶, -) 단위로 구성됩니다.
6. 지시사항(①, ②, ③)별로 점수가 부여되며, 지시사항의 전체 세부지시사항(▶, -)을 작업하지 않을 경우 점수가 부여되지 않습니다. ※ 부분 점수 없음
7. 본 시험에서 사용되는 데이터 파일 수와 데이터명은 아래와 같습니다.
    - [문제1] 데이터 파일 수 : 1개 / '화훼유통정보.xlsx'

파일명	화훼유통정보.xlsx				
테이블	구조				
aT화훼공판장 ~ 부산화훼공판장	화훼유통공판장	년도	월별	난거래량(만단)	난경매금액(백만원)
	aT화훼공판장	2020년	1	35	2,518
	절화거래량(만단)	절화경매금액(백만원)		관엽거래량(만단)	관엽경매금액(백만원)
	131	6,422		36	950
공판장 정보	화훼유통공판장	주소	연락처	공판장시작시간	공판장종료시간
	aT화훼공판장	서울 서초구 강남대로 27	02-579-8100	8:00	18:00

- [문제2, 3] 데이터 파일 수 : 1개 / '일일화훼경매정보.xlsx'

파일명	일일화훼경매정보.xlsx								
테이블	구조								
경매 정산통계 (필드8개)	공판장	부류	품목	품종	날짜	총수량	총금액	최대금액	최저금액	평균금액
	aT화훼공판장	관엽	가자니아	가자니아	2022-01	40	36000	900	900	900

문제1 작업준비(30점)

1. 답안 파일을 열고 다음의 지시사항에 따라 작업을 수행하시오. (15점)

① 연결 패널을 이용하여 데이터 파일을 추가하시오. (5점)
- ▶ 데이터 추가 : '화훼유통정보.xlsx' 파일의 〈aT화훼공판장〉, 〈부산화훼공판장〉, 〈공판장정보〉 테이블

② 데이터 원본 편집 창에서 〈aT화훼공판장〉, 〈부산화훼공판장〉, 〈공판장정보〉 테이블을 결합하시오. (5점)
- ▶ 〈aT화훼공판장〉, 〈부산화훼공판장〉을 유니온(UNION)으로 결합
- ▶ 결합한 유니온(UNION)을 기준으로 〈공판장정보〉 테이블을 왼쪽 조인(LEFT JOIN)하여 물리적 테이블 생성
  - 유니온(UNION)의 [화훼유통공판장] 컬럼과 〈공판장정보〉 테이블의 [화훼유통공판장] 컬럼을 왼쪽 조인

③ [난거래량(만단)]부터 [관엽경매금액(백만원)]까지의 6개 필드를 피벗(Pivot)하시오. (5점)

2. 세부문제1에서 모델링한 데이터를 아래 지시사항에 따라 편집하시오. (15점)

① 데이터 원본 편집 창에서 다음의 지시사항에 따라 데이터를 편집하시오. (5점)
- ▶ 모델링한 논리적 테이블 이름 변경 : 화훼_유통정보_현황
- ▶ 유니온(UNION)으로 결합한 물리적 테이블 이름 변경 : 공판장별_유통현황
- ▶ 데이터 원본 이름 변경 : 공판장별_화훼_유통정보_현황

② [공판장시작시간], [공판장종료시간] 필드를 이용하여 계산된 필드를 추가하시오. (5점)
- ▶ 계산된 필드 추가 : [시작시간], [종료시간]
  - [공판장시작시간] 필드를 이용하여 '시작시간'을 정의
  - [공판장종료시간] 필드를 이용하여 '종료시간'을 정의
  - 사용 함수 : DATEPART
  - 데이터 유형 : 숫자형

③ [피벗 필드명]과 [피벗 필드 값] 필드를 이용하여 계산된 필드를 추가하시오. (5점)
- ▶ 계산된 필드 추가 : 지표
  - [피벗 필드명] 필드를 이용하여 지표명만 반환
  - 사용 함수 : SPLIT
  - 데이터 유형 : 문자형
- ▶ 계산된 필드 추가 : 단위
  - [피벗 필드명] 필드가 '만단' 일 경우 '10000'이고 '백만원' 일 때 '1000000'으로 정의
  - 사용 함수 : CONTAINS, IF문
  - 데이터 유형 : 숫자형
- ▶ 계산된 필드 추가 : 환산_지표
  - 단위를 반영한 [피벗 필드 값]의 환산 값
  - 데이터 유형 : 숫자형

문제2 단순요소 구현(30점)

| 시각화 완성화면 |
각 세부문제 풀이 후 아래와 같은 결과가 도출되어야 합니다.

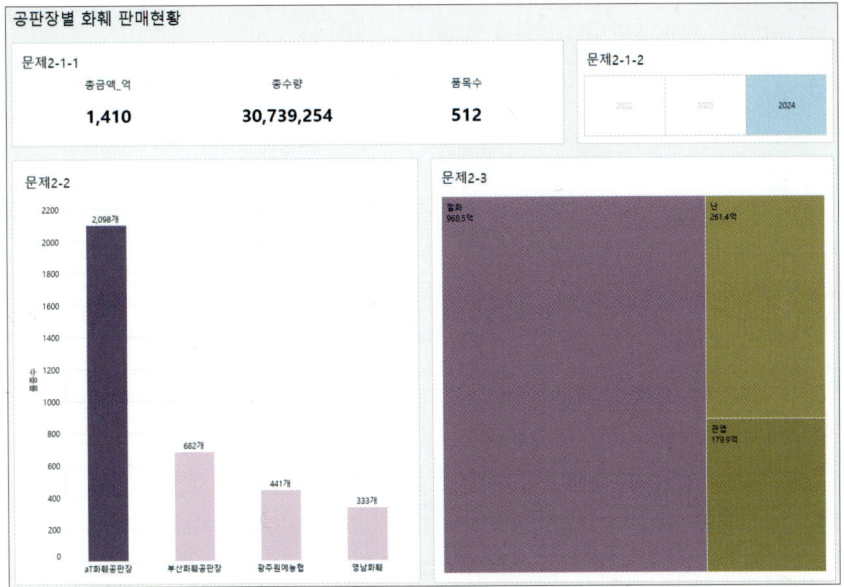

1. '문제2-1-1'과 '문제2-1-2' 시트에서 다음의 작업을 수행하여 카드와 필터 버튼을 구현하시오. (10점)
   ① '문제2-1-1' 시트에 카드와 필터 버튼을 구현하시오. (4점)
   ▶ 다음의 필드를 활용하여 측정값 생성
   – [총금액] 필드를 1억으로 나눠 [총금액_억] 생성
   [품목] 필드의 고유 항목을 반환하기 위해 COUNTD 함수를 사용하여 [품목수] 생성
   ▶ 서식 설정
   – 머리글 : 글꼴 크기 '12', 정렬 '가운데'
   – 값 : 글꼴 크기 '20', '굵게', 정렬 '가운데'
   – 맞춤 : 가로 맞춤 '가운데'
   – 테두리 : 행 구분선을 모두 '없음'으로 변경

문제2-1-1		
총금액_억	총수량	품목수
4,963	107,350,169	567

② '문제2-1-2' 시트에 [날짜_변경] 필드를 사용하여 필터 버튼을 구현하시오. (3점)
  ▶ '날짜' 필드를 이용하여 [날짜_변경] 필드를 생성
    – 사용 함수 : DATE, DATEPARSE
    – 데이터 유형 : 날짜
  ▶ [날짜_변경] 필드의 연도를 기준으로 필터 버튼 구현
    – 연도가 '가로 방향'으로 배치되도록 구현
  ▶ 서식
    – 머리글 표시 해제
    – 맞춤 : 가로 '가운데'
    – 테두리 : 구분선을 추가하고 테두리 색상을 #D4D4D4로 정의
③ '문제2-1-2'가 '문제2' 대시보드에서 필터로 작동하도록 동작 기능을 구현하시오. (3점)
  ▶ 동작 : '문제2-1-2'에서 생성한 필터 버튼을 필터로 사용
    – '문제2-1-2' 외에 다른 시트가 필터로 적용되어서는 안 됨
  ▶ 동작 이름 : 연도별_필터
  ▶ 동작 실행 조건 : 선택
  ▶ 선택을 해제할 경우의 결과 : 모든 값 표시
  ▶ 기본 선택 : 2024년(대시보드 '문제2' 화면에서 설정)

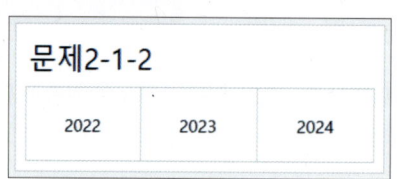

2. '문제2-2' 시트에 막대 차트(Bar Chart)를 구현하시오. (10점)
  ① [품종수] 필드를 생성하시오. (3점)
    ▶ 필드 이름 : 품종수
    ▶ 사용 함수 : SUM, AVG, COUNT, COUNTD 중 하나 사용
      – [품종] 필드 활용
    ▶ 데이터 유형 : 숫자형
  ② '문제2-2' 시트에 [공판장]과 [품종수] 필드를 추가하시오. (3점)
    ▶ 가로축 : [공판장] 필드
      – 정렬 : [품종수] 필드를 기준으로 내림차순
    ▶ 세로축 : [품종수] 필드
  ③ 레이블과 색상을 설정하시오. (4점)
    ▶ 레이블 : [품종수] 필드를 사용하여 000개로 표현
    ▶ 색상
      – [품종수] 필드를 기준으로 색상 구분
      – 색상표에서 '자주색' 선택
      – 단계별 색상을 4단계로 설정

3. '문제2-3' 시트에 다음의 작업을 수행하여 트리맵(Tree Map) 차트를 구현하시오. (5점)
　① '문제2-3' 시트에 트리맵을 생성하시오. (2점)
　　▶ [부류] 필드와 [총금액_억] 필드를 이용
　　　- 데이터 유형 : 문자열, 숫자형
　　▶ 표시 설정 : 사각형
　　▶ 크기 : [총금액] 필드
　② 레이블, 색상을 설정하시오. (3점)
　　▶ 레이블
　　　- 서식 : 부류를 표현하고 줄바꿈한 후 000억으로 표현
　　　- 글자색을 자동으로 설정
　　▶ 색상 : [총금액] 필드 기준으로 색상 구분
　　　- 색상표에서 금색-자주색 다중 선택

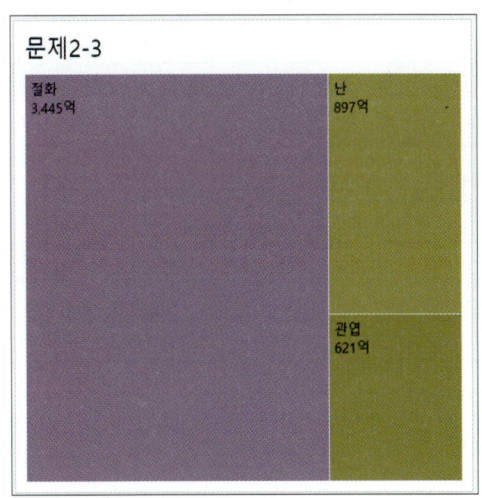

4. 통합 문서 및 '문제2' 대시보드의 서식을 설정하시오. (5점)
　① 전체 통합 문서의 서식을 변경하시오. (2점)
　　▶ 통합 문서 서식 변경
　　　- 전체 글꼴 : '맑은 고딕'
　　　- 전체 글꼴 색상 : #000000
　② '문제2' 대시보드의 백그라운드 색상과 제목의 레이아웃을 변경하시오. (3점)
　　▶ '문제2' 대시보드의 항목 계층 중 '바둑판식' 항목의 백그라운드 색상을 "#F5F5F5"로 변경
　　▶ 대시보드의 제목("공판장별 화훼 판매현황") 개체(텍스트)의 레이아웃
　　　- 개체 이름 작성 : "공판장별 화훼 판매현황"
　　　- 바깥쪽 여백을 위쪽 '10', 왼쪽 '10', 아래쪽 '10', 오른쪽 '10'으로 변경
　　　- 안쪽 여백을 모두 '0'으로 변경

문제3 복합요소 구현(40점)

| 시각화 완성화면 |

각 세부문제 풀이 후 아래와 같은 결과가 도출되어야 합니다.

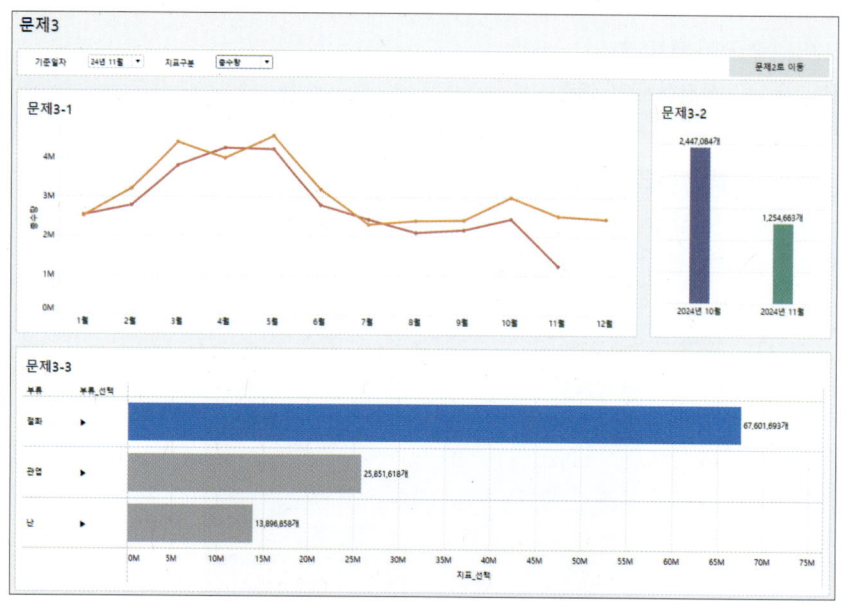

1. '문제3-1' 시트에 다음의 작업을 수행하여 라인 차트를 구현하시오. (10점)

    ① '문제3-1' 시트에 다음의 매개 변수와 필드를 생성하시오. (4점)

    ▶ 매개 변수 이름 : 지표구분
      - 데이터 유형 : 문자열
      - 허용 가능한 값 : 목록
      - 목록 : 총수량, 총금액, 품목수, 평균금액
    ▶ 필드 이름 : 지표_선택
      - 의미 : [지표구분] 매개 변수가 총금액일 때 [총금액_억] 필드를 반환하고 총수량일 때 [총수량], 품목수일 때 [품목수], 평균금액일 때 [평균금액] 반환
      - 사용 함수 : SUM, IF문
      - 데이터 유형 : 숫자형
    ▶ 매개 변수 이름 : 기준날짜
      - 데이터 유형 : 날짜
      - 현재 값 : 2024-11-01
      - 허용 가능한 값 : 목록
      - 목록 : 통합 문서가 열릴 때 [날짜_변경] 필드 활용
      - 표현 방식 : 년월까지만 표시

▶ 필드 이름 : 날짜_2개년
  - 의미 : [기준날짜] 선택에 따라 최근 2개년 데이터만 필터링
  - 사용 함수 : DATETRUNC, DATEADD, AND
  - 데이터 유형 : 부울(T|F)

② '문제3-1' 시트에 [날짜_변경], [지표_선택] 필드를 이용하여 라인 차트를 구현하시오. (3점)
  ▶ 가로축 : [날짜_변경] 필드
  ▶ 세로축 : [지표_선택] 필드
  ▶ 필터
    - [날짜_2개년] 필드가 참인 경우

③ 차트의 색상을 설정하시오. (3점)
  ▶ [날짜_변경] 필드를 기준
    - 2024년일 때 색상 : #E15759
    - 2023년일 때 색상 : #F28E2B
  ▶ 마커 설정 : 전체

2. '문제3-2' 시트에 막대 차트를 구현하시오. (10점)
  ① '문제3-2' 시트에 다음의 필드를 생성하시오. (4점)
    ▶ 필드 이름 : 지표_선택_단위
      - 의미 : [지표구분] 매개 변수가 총금액일 때 '억'을 반환하고 총수량일 때 '개', 품목수일 때 '개', 평균금액일 때 '원' 반환
      - 사용 함수 : IF문
      - 데이터 유형 : 문자형
    ▶ 필드 이름 : 날짜_2개월
      - 의미 : [기준날짜] 매개 변수 선택에 따라 최근 2개월 데이터만 필터링
      - 사용 함수 : DATEADD, AND
      - 데이터 유형 : 부울(T|F)
    ▶ 필드 이름 : 날짜_당월
        의미 : [기준날짜] 매개 변수의 [날짜_변경] 필드의 동일한 데이터만 필터링
      - 데이터 유형 : 부울(T|F)

  ② '문제3-2' 시트에 [날짜_변경] 필드와 [지표_선택] 필드를 이용하여 막대 차트를 구현하시오. (3점)
    ▶ [날짜_변경] 필드와 [지표_선택] 필드를 이용하여 막대 차트로 구현
      - [기준날짜] 매개 변수의 날짜를 선택했을 때 선택한 달과 전달 표현
    ▶ 필터
      - [날짜_2개월] 필드가 참인 경우

③ 차트의 색상과 레이블을 설정하시오. (3점)
- ▶ 색상
  - [날짜_당월] 필드를 기준
  - 색상표의 '천사의 돌' 할당
- ▶ 레이블
  - [지표_선택] 필드와 [지표_선택_단위] 필드를 이용

3. '문제3-3' 시트에 다음의 작업을 수행하여 차트를 구현하시오. (10점)

① [지표_선택_평균] 필드와 [평균대비지표] 필드를 생성하시오. (4점)
- ▶ 필드 이름 : 지표_선택_평균
  - [지표_선택] 필드의 평균값
  - 사용 함수 : WINDOW_AVG
  - 데이터 유형 : 숫자형
- ▶ 필드 이름 : 평균대비지표
  - [지표_선택] 필드와 [지표_선택_평균]과 비교
  - 데이터 유형 : 부울(T|F)

② [지표_선택] 필드와 [부류] 필드를 사용하여 가로 막대 차트를 구현하시오. (3점)
- ▶ 세로축 : [부류] 필드
- ▶ 가로축 : [지표_선택] 필드
- ▶ 레이블 : [지표_선택] 필드와 [지표_선택_단위] 필드를 이용
- ▶ 색상 : [평균대비지표] 필드를 기준으로 색상 구분
  - [평균대비지표] 필드가 참일 경우 #3296ED
  - [평균대비지표] 필드가 거짓일 경우 #B7B7B7

③ [부류 집합] 집합 필드를 생성하고, 이에 대한 조건을 설정하는 [부류_선택] 필드를 추가하시오. (3점)
- ▶ 필드 이름 : 부류 집합
  - [부류] 필드를 기준으로 생성
- ▶ 필드 이름 : 부류_선택
  - 값이 [부류 집합] 집합 필드면 [품목] 필드를 반환하고, 아닐 경우 "▶"를 반환하는 필드
  - 사용 함수 : IF문
  - 데이터 유형 : 문자열
- ▶ [부류_선택] 필드를 [부류] 필드의 오른쪽에 추가
- ▶ [부류] 필드와 [부류_선택] 필드를 [지표_선택] 필드의 합계 내림차순으로 정렬

4. '문제3' 대시보드에 다음의 작업을 수행하여 동적(Interactive) 대시보드를 구현하시오. (10점)

  ① '문제2' 대시보드로 이동하는 "버튼"을 구현하시오. (3점)
    ▶ 버튼 내용 : "문제2로 이동"
    ▶ 글꼴 : 맑은 고딕, 10포인트, 검정색(#000000)
    ▶ 배경 색상 : #E6E6E6
    ▶ 위치 : 상단 빈 레이아웃의 가장 오른쪽
  ② 대시보드 상단에 '기준날짜'와 '지표구분' 매개 변수를 배치하시오. (4점)
    ▶ [기준날짜] 매개 변수
      - 매개 변수의 제목을 제거
      - 텍스트 개체를 활용하여 '기준일자'로 정의
      - 텍스트로 생성한 '기준일자'와 [기준날짜] 매개 변수의 너비는 100px로 고정
      - 위치 : 상단 왼쪽
    ▶ [지표구분] 매개 변수
      - 매개 변수의 제목을 제거
      - 텍스트 개체를 활용하여 '지표구분'으로 정의
      - 텍스트로 생성한 '지표구분'과 [지표구분] 매개 변수의 너비는 100px로 고정
      - 위치 : 상단 '기준날짜' 매개 변수 오른쪽
  ③ [부류 집합] 집합에 값을 할당하는 대시보드 동작을 생성하시오. (3점)
    ▶ 동작 이름 : 부류_집합
      - 동작 실행 조건 : 선택
      - 동작 실행 결과 : [부류 집합] 집합 필드에 값 할당
      - 선택 해제할 경우의 결과 : 집합에서 모든 값 제거

풀이 1 작업준비   30점

1 답안 파일을 열고 다음의 지시사항에 따라 작업을 수행하시오.

① 연결 패널을 이용하여 데이터 파일을 추가하시오.

01 **바탕 화면** > **유선배 경영정보시각화능력 실기(Tableau) 실습 자료** > **Part3_모의고사_6회** > **6회 _답안.twbx**를 **더블클릭**하여 답안 파일을 실행합니다. 상단에 태블로 마크 모양의 **시작 페이지 표시( )**를 클릭하여 연결 패널로 이동합니다.

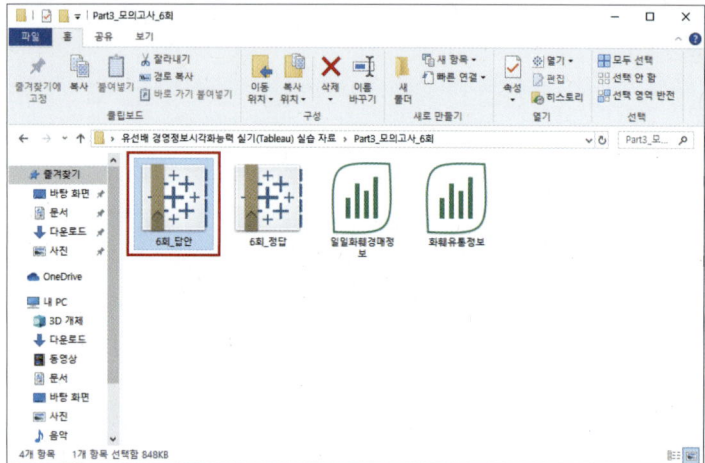
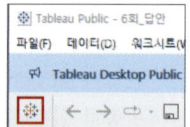

02 **연결**에서 **파일에 연결** > **Microsoft Excel**을 클릭한 후 파일 경로 위치는 **바탕 화면** > **유선배 경영정보시각화능력 실기(Tableau) 실습 자료** > **Part3_모의고사_6회** > **화훼유통정보.xlsx**를 선택한 후 **열기**를 클릭합니다.

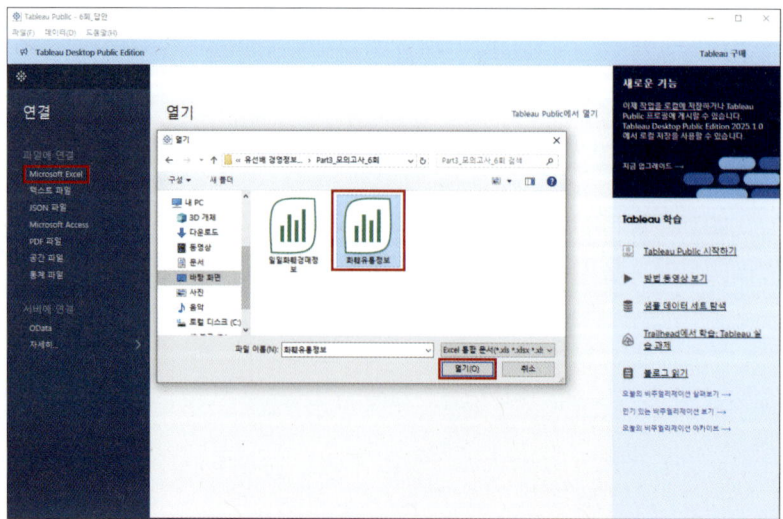

② 데이터 원본 편집 창에서 〈aT화훼공판장〉, 〈부산화훼공판장〉, 〈공판장정보〉 테이블을 결합하시오.

01 **새 유니온**을 캔버스로 **드래그 앤 드롭**한 후 **aT화훼공판장** 시트와 **부산화훼공판장** 시트를 **유니온 팝업 창**에 차례대로 **드래그 앤 드롭**하고 **확인**을 눌러 마무리합니다.

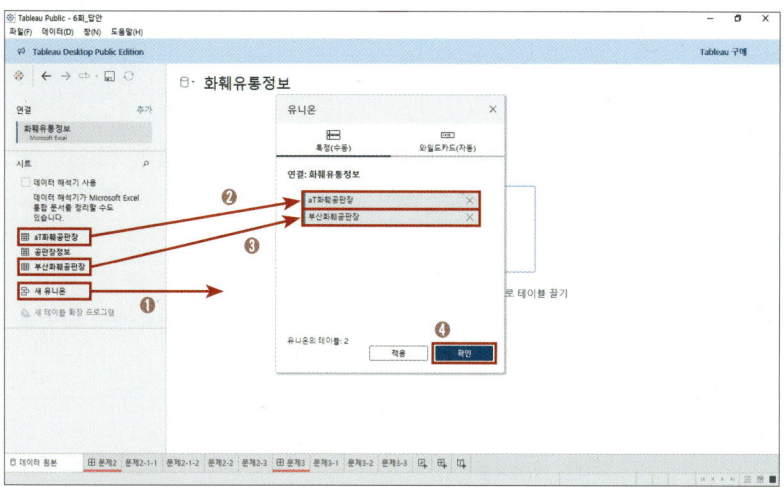

02 결합한 **논리적 테이블 유니온**을 **더블클릭**한 후 **공판장정보**를 유니온 창의 **빈 곳**으로 **드래그 앤 드롭**합니다.

03 왼쪽 조인(LEFT JOIN)으로 변경하기 위해 **벤 다이어그램**을 클릭하고 내부에서 **왼쪽**으로 변경합니다.

04 하단의 **데이터 원본**에는 **화훼유통공판장**, **공판장정보**에는 **화훼유통공판장 (공판장정보)**으로 맞게 설정되어 있는지 확인합니다. 조인 팝업 창의 오른쪽 상단 ☒을 눌러 창을 닫습니다.

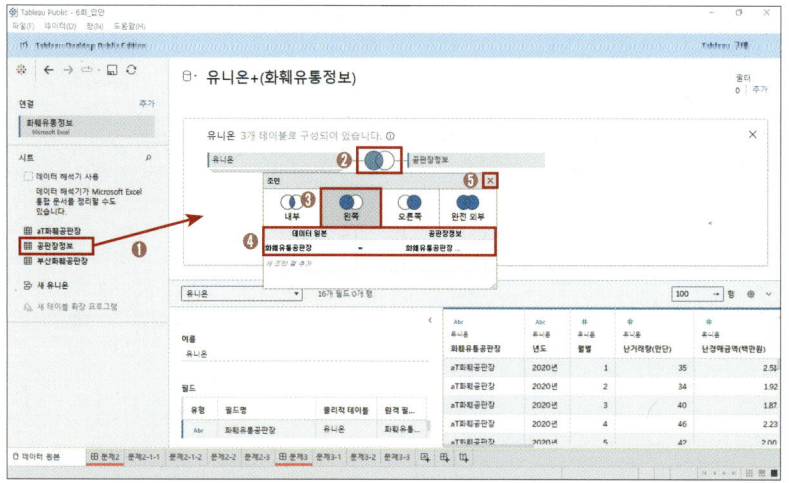

공판장정보를 유니온 창으로 불러오는 과정에서 기존에 데이터 원본에 대응하는 필드를 판단하여 자동으로 연결되는 것을 볼 수 있습니다. 다만, 이 연결이 정상적으로 입력되었는지 확인하고 다르게 입력되었다면 맞는 형태로 조인 절을 수정합니다.

③ [난거래량(만단)]부터 [관엽경매금액(백만원)]까지의 6개 필드를 피벗(Pivot)하시오.

01 총 6개의 연속된 필드를 피벗하기 위해 데이터 그리드에 있는 **[난거래량(만단)]** 필드의 머리글을 클릭합니다. 오른쪽으로 이동한 후 **Shift**를 누른 상태에서 **[관엽경매금액(백만원)]** 필드의 머리글을 클릭합니다.

02 음영이 나타난 필드의 머리글을 **마우스 우클릭**합니다. 나타난 팝업 메뉴에서 **피벗**을 클릭합니다.

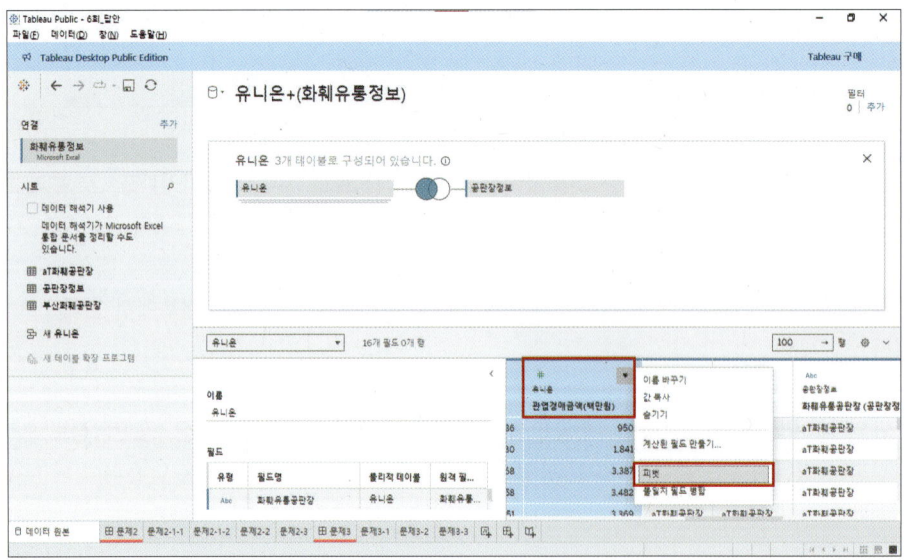

음영 처리된 필드 중 아무 필드에서나 머리글을 마우스 우클릭하여도 피벗이 가능합니다.

2 세부문제1에서 모델링한 데이터를 아래 지시사항에 따라 편집하시오.

① 데이터 원본 편집 창에서 다음의 지시사항에 따라 데이터를 편집하시오.

01 유니온한 데이터 이름을 변경하기 위해 물리적 테이블 **유니온**을 **더블클릭**합니다. 전체 내용을 삭제한 뒤 **공판장별_유통현황**으로 변경하고 **Enter**를 누릅니다. 우측 상단의 ⊠를 클릭하여 물리적 테이블 편집 창을 닫습니다.

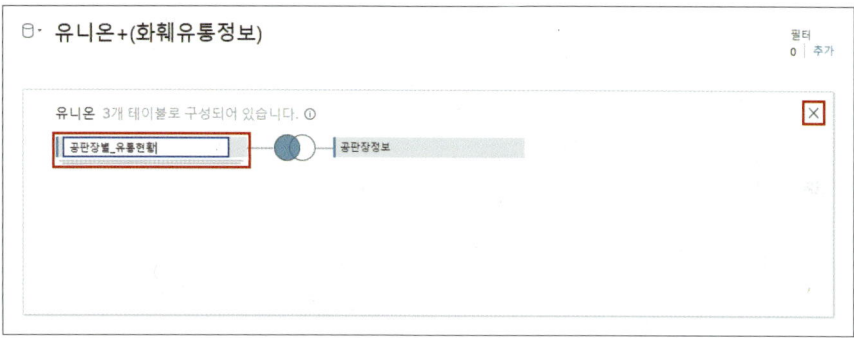

02 논리적 테이블 유니온을 **마우스 우클릭**합니다. 나타난 팝업 메뉴에서 **이름 바꾸기**를 클릭합니다. **화훼_유통정보_현황**으로 변경하고 **Enter**를 누릅니다.

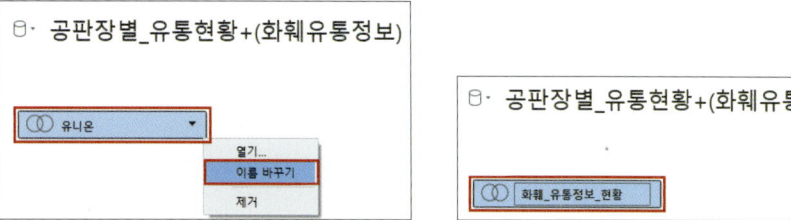

03 데이터 원본 이름을 변경하기 위해 데이터 원본 페이지 상단 **제목**을 **클릭**합니다 커서가 깜빡일 때 전체 내용을 삭제한 뒤 **공판장별_화훼_유통정보_현황**으로 변경하고 **Enter**를 누릅니다.

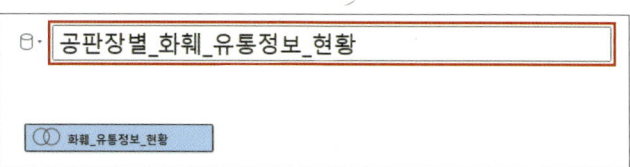

② [공판장시작시간], [공판장종료시간] 필드를 이용하여 계산된 필드를 추가하시오.

01 데이터 그리드의 **[공판장시작시간] 필드**의 머리글을 **마우스 우클릭**합니다. 나타난 팝업 메뉴에서 **계산된 필드 만들기**를 클릭합니다.

02 나타난 **계산된 필드 만들기 팝업 창**에서 **이름**을 **시작시간**으로 입력합니다.

03 [시작시간] 필드는 [공판장시작시간] 필드의 시간을 반환하기 위해 **DATEPART 함수**를 사용하여 다음 수식을 입력하고 **확인**을 클릭합니다.

DATEPART('hour', [공판장시작시간])

04 데이터 그리드의 [공판장종료시간] 필드의 머리글을 **마우스 우클릭**합니다. 나타난 팝업 메뉴에서 **계산된 필드 만들기**를 클릭합니다.

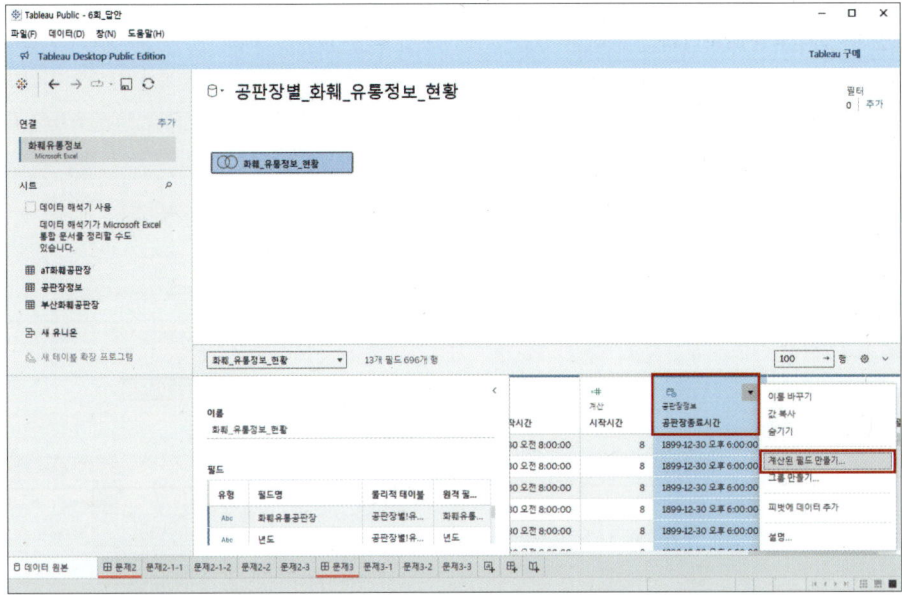

05 나타난 **계산된 필드 만들기 팝업 창**에서 **이름**을 **종료시간**으로 입력합니다.

06 [종료시간] 필드는 [공판장종료시간] 필드의 시간을 반환하기 위해 **DATEPART 함수**를 사용하여 다음 수식을 입력하고 **확인**을 클릭합니다.

```
DATEPART('hour', [공판장종료시간])
```

③ [피벗 필드명]과 [피벗 필드 값] 필드를 이용하여 계산된 필드를 추가하시오.

01 [피벗 필드명] 필드에는 지표 이름과 숫자의 단위가 포함되어 있습니다. 이를 분리하기 위해 데이터 그리드의 [피벗 필드명] 필드의 머리글을 **마우스 우클릭**합니다. 나타난 팝업 메뉴에서 **계산된 필드 만들기**를 클릭합니다.

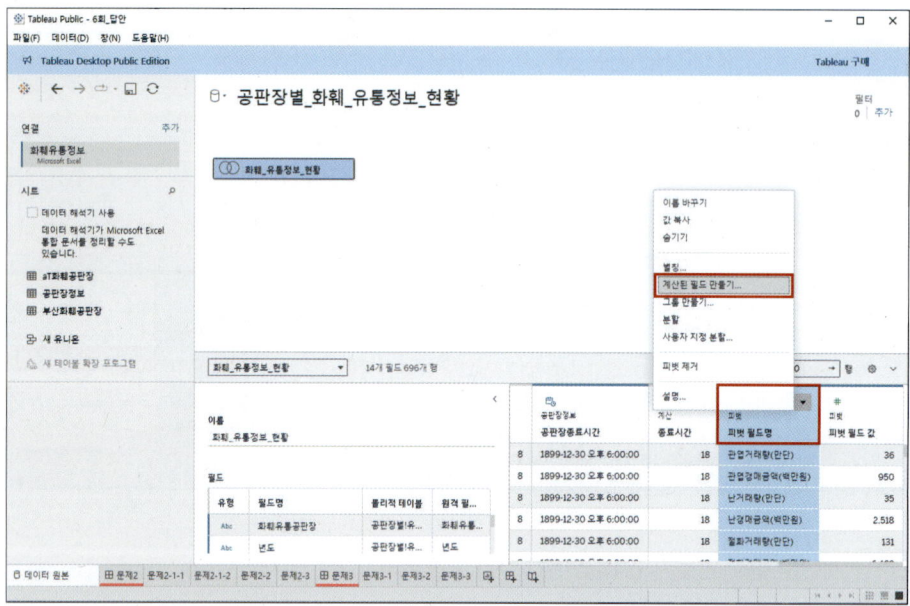

02 나타난 **계산된 필드 만들기 팝업 창**에서 **이름**을 **지표**로 입력합니다.

03 [지표] 필드는 [피벗 필드명] 필드 내에 지표명만 반환하기 위해 **SPLIT 함수**를 사용하여 다음 수식을 입력하고 **확인**을 클릭합니다.

SPLIT([피벗 필드명], "(", 1)

04 [피벗 필드명] 필드에서 단위만 도출하기 위해 데이터 그리드의 [피벗 필드명] 필드의 머리글을 **마우스 우클릭**합니다. 나타난 팝업 메뉴에서 **계산된 필드 만들기**를 클릭합니다.

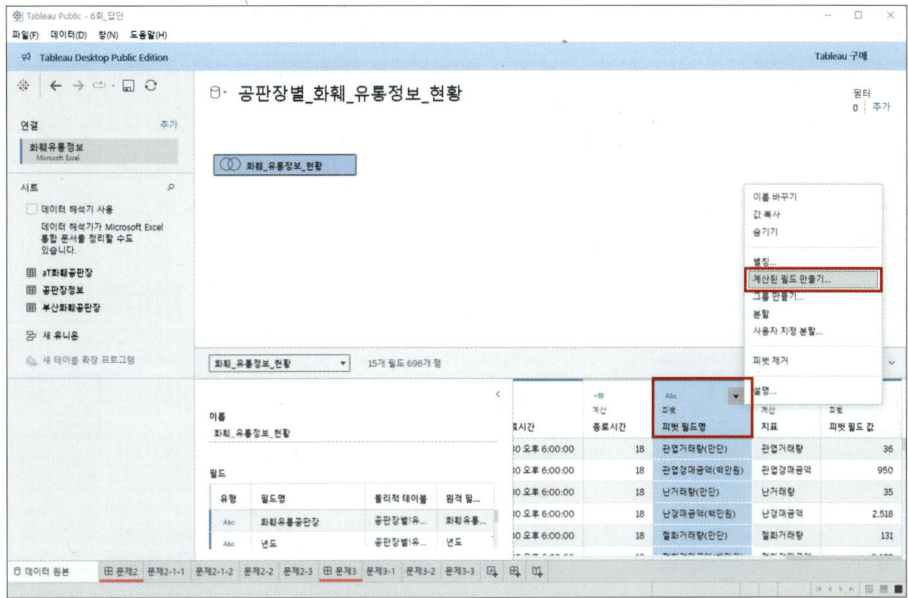

05 나타난 **계산된 필드 만들기 팝업 창**에서 **이름**을 **단위**로 입력합니다.

06 [단위] 필드는 [피벗 필드명] 필드가 만단일 경우 10000이고 백만원일 때 1000000으로 반환하기 위해 **CONTAINS 함수, IF문**을 사용하여 다음 수식을 입력하고 **확인**을 클릭합니다.

IF CONTAINS([피벗 필드명], '만단') THEN 10000 ELSE 1000000 END

07 데이터 그리드의 [피벗 필드 값] 필드의 머리글을 **마우스 우클릭**합니다. 나타난 팝업 메뉴에서 **계산된 필드 만들기**를 클릭합니다.

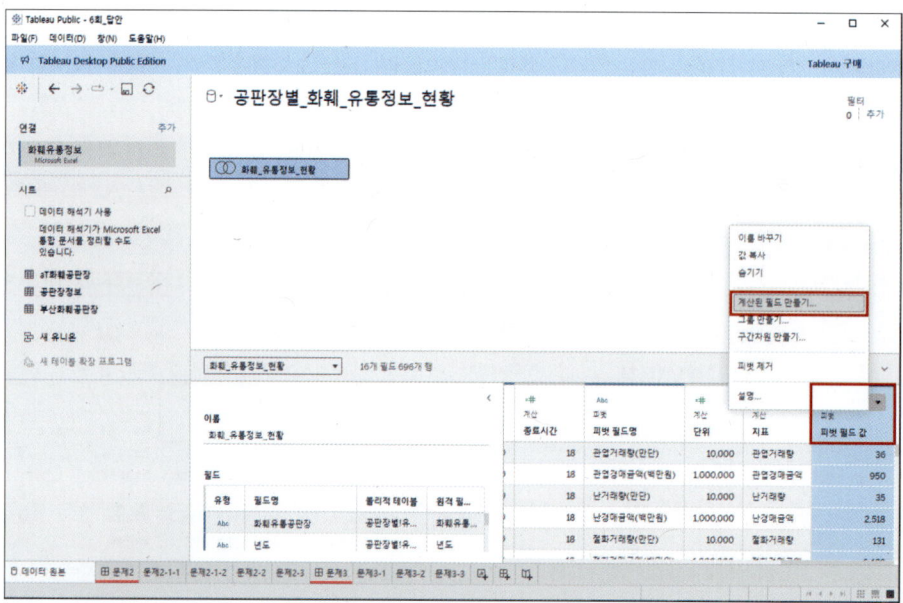

08 나타난 **계산된 필드 만들기 팝업 창**에서 **이름**을 **환산_지표**로 입력합니다.

09 [환산_지표] 필드는 단위를 반영한 [피벗 필드 값] 필드의 환산 값을 반환하기 위해 다음 수식을 입력하고 **확인**을 클릭합니다.

[단위] * [피벗 필드 값]

10 메타 데이터 그리드에 필드가 문제의 지시대로 입력된 것을 확인할 수 있습니다.

풀이 2 ▶ 단순요소 구현   30점

1 '문제2-1-1'과 '문제2-1-2' 시트에서 다음의 작업을 수행하여 카드와 필터 버튼을 구현하시오.

① '문제2-1-1' 시트에 카드와 필터 버튼을 구현하시오.

01 하단 탭에서 **문제2-1-1**을 클릭하여 해당 시트로 이동합니다. 좌측 상단에 위치한 데이터 원본 목록 중에서 **경매정산통계(일일화훼경매정보)**를 클릭합니다. 카드에 사용할 지표를 만들기 위해 데이터 패널 상단의 ▼을 클릭합니다. 나타난 팝업 메뉴에서 **계산된 필드 만들기**를 클릭합니다.

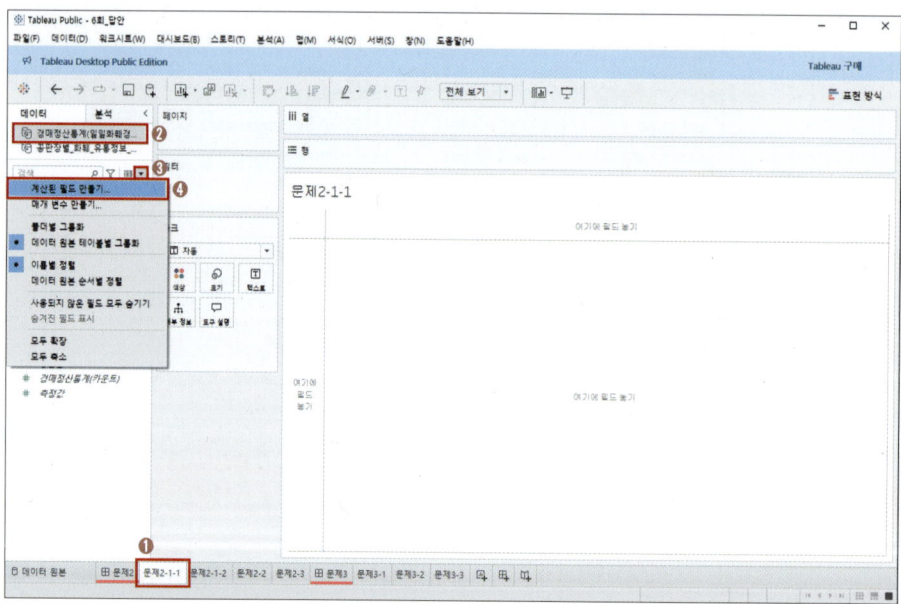

02 나타난 **계산된 필드 만들기 팝업 창**에서 상단에 필드 **이름**을 **총금액_억**으로 입력합니다.

03 [총금액_억] 필드는 [총금액] 필드를 1억으로 나눈 값을 반환하기 위해 다음 수식을 입력하고 **확인**을 클릭합니다.

[총금액]/10^8

04 카드에 사용할 두 번째 지표를 만들기 위해 데이터 패널 상단의 ▼을 클릭합니다. 나타난 팝업 메뉴에서 **계산된 필드 만들기**를 클릭합니다.

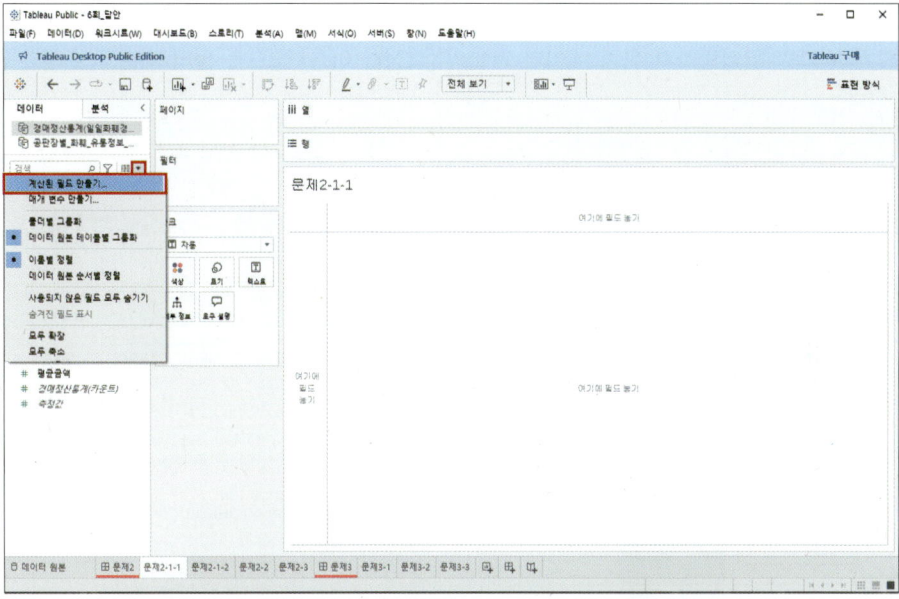

05 나타난 **계산된 필드 만들기 팝업 창**에서 상단에 필드 **이름**을 **품목수**로 정의합니다.

06 [품목수] 필드는 [품목] 필드의 고유 항목수를 반환하기 위해 **COUNTD 함수**를 사용하여 다음 수식을 입력하고 **확인**을 클릭합니다.

```
COUNTD([품목])
```

07 카드를 완성하기 위해 데이터 패널에 [**측정값 이름**] 필드를 **열 패널로 드래그 앤 드롭**하고 [**측정값**] **필드**를 마크 패널의 **텍스트로 드래그 앤 드롭**합니다.

08 카드로 사용할 필드는 [총금액_억], [총수량], [품목수] 필드이므로 해당 필드만 필터링해야 합니다. 세 필드만 필터링하기 위해 데이터 패널의 [**측정값 이름**] **필드**를 **필터 패널로 드래그 앤 드롭**합니다.

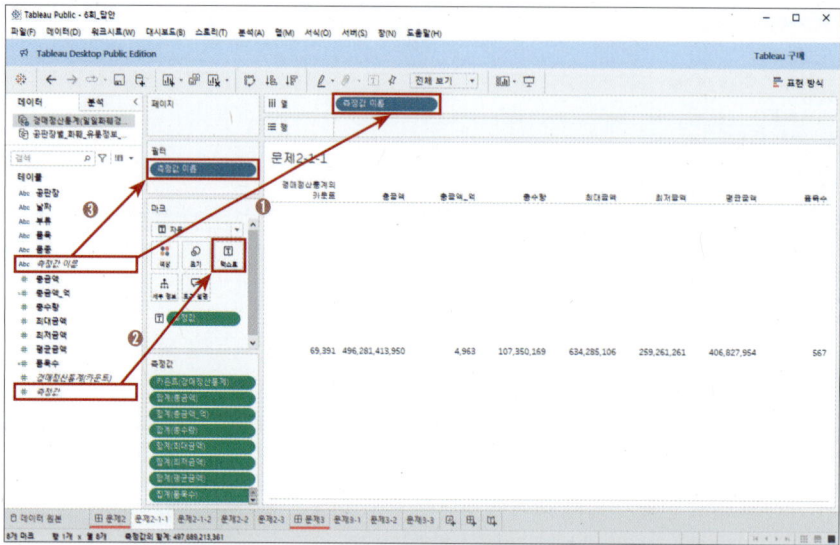

09 필터 패널에 추가된 **측정값 이름**을 **마우스 우클릭**합니다. 나타난 팝업 메뉴에 **필터 편집**을 클릭합니다.

10 나타난 **필터 [측정값 이름] 팝업 창**에서 **없음(O)**을 클릭한 후 **총금액_억, 총수량, 품목수**만 **체크**하고 **확인**을 클릭하여 필터링을 수행합니다.

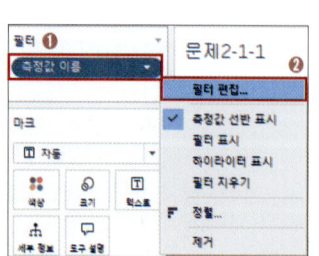
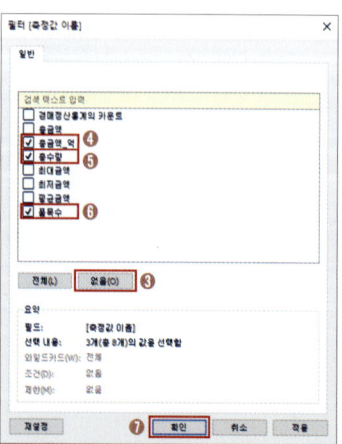

11 카드 형식으로 표현하기 위해 **머리글**을 **마우스 우클릭**하여 **서식**을 클릭합니다. 나타난 **측정값 이름 서식**에서 머리글 탭의 **기본값** > **글꼴 박스**를 클릭하여 **글꼴 크기**를 12로 지정하고, 서식 창의 빈 곳을 클릭한 후 **기본값** > **맞춤 박스**를 클릭하여 **가로** > ▤을 클릭합니다. 빈 곳을 클릭하여 팝업 창을 닫고, 서식 창의 우측 상단 ☒를 클릭하여 서식 창도 닫습니다.

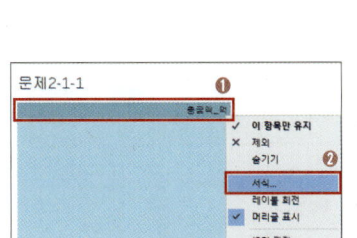  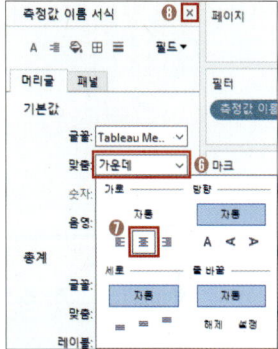

12 시트에 각 건수를 편집하기 위해 마크 패널의 **텍스트**를 클릭합니다. 나타난 팝업 창에서 **맞춤 박스**를 클릭하여 **가로** > ▤을 클릭합니다.

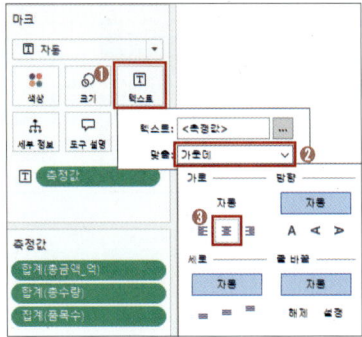

13 마크 패널의 **텍스트 팝업 창**에서 ···을 클릭합니다. 나타난 **레이블 편집 팝업 창**에서 입력되어 있는 **〈측정값〉**을 드래그하고 **글꼴**을 **크기 20, 굵게** 설정합니다. **확인**을 클릭하고 빈 곳을 클릭하여 팝업 창을 닫습니다.

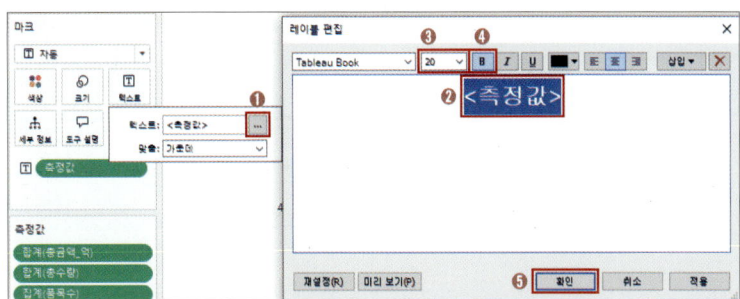

14 구분선을 제거하기 위해 시트의 **셀**을 **마우스 우클릭**하여 나타난 팝업 메뉴에서 **서식**을 클릭합니다. 왼쪽 사이드 바에 나타난 글꼴 서식에서 네 번째 아이콘인 **테두리**(⊞)를 클릭합니다.

15 테두리 서식에서 **시트 탭**의 **행 구분선**에 있는 **패널 박스**를 클릭하여 **없음**을 클릭합니다. 빈 곳을 클릭하여 팝업 창을 닫고 **행 구분선**의 **머리글 박스**도 클릭하여 **없음**으로 설정합니다. 빈 곳을 클릭하여 팝업 창을 닫고, 서식 창의 우측 상단 ⊠를 클릭하여 서식 창도 닫습니다.

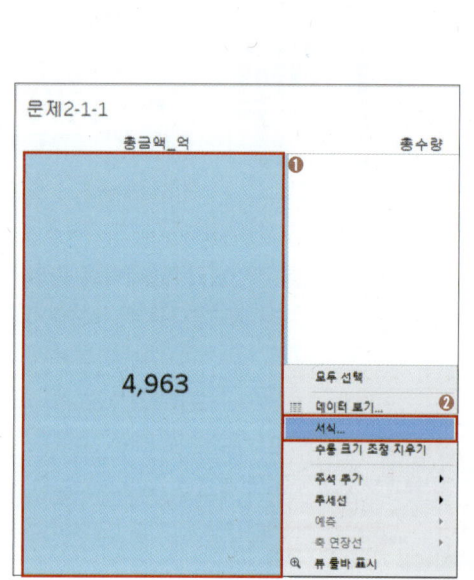
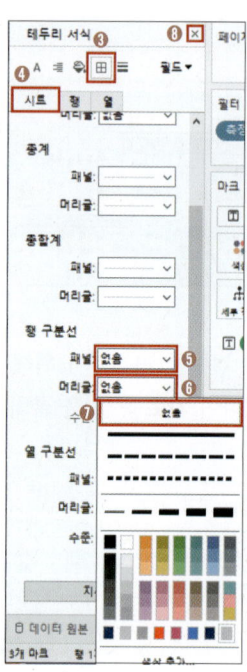

16 차트가 문제의 지시대로 완성된 것을 확인할 수 있습니다.

② '문제2-1-2' 시트에 [날짜_변경] 필드를 사용하여 필터 버튼을 구현하시오.

01 하단 탭에서 **문제2-1-2**를 클릭하여 해당 시트로 이동합니다. 필터 버튼을 구성하기 위해 데이터 패널 상단의 ▼을 클릭합니다. 나타난 팝업 메뉴에서 **계산된 필드 만들기**를 클릭합니다.

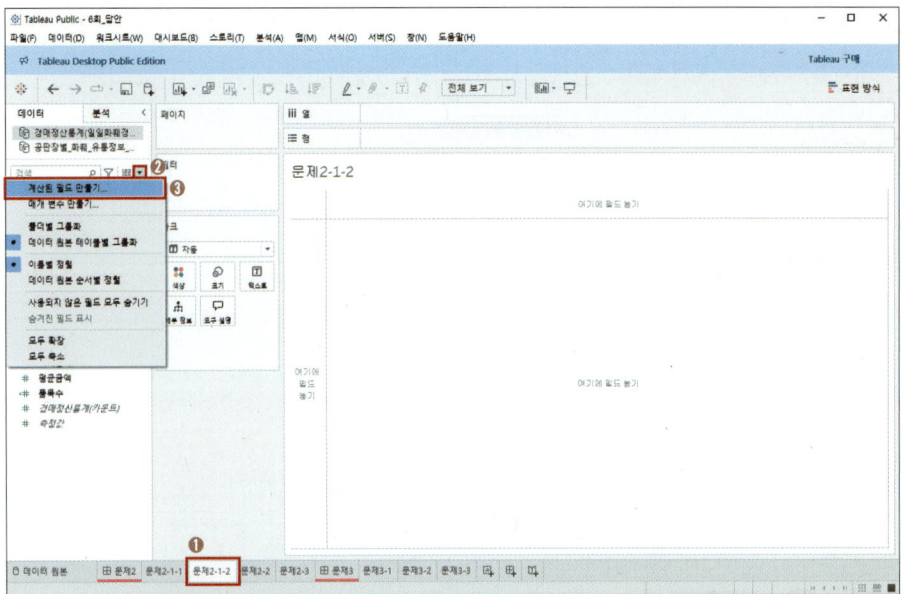

02 나타난 **계산된 필드 만들기 팝업 창**에서 상단에 필드 **이름**을 **날짜_변경**으로 입력합니다.

03 [날짜_변경] 필드는 [날짜] 필드를 날짜 형식으로 반환하기 위해 **DATE, DATEPARSE 함수**를 사용하여 다음 수식을 입력하고 **확인**을 클릭합니다.

DATE(DATEPARSE('yyyy-MM', [날짜]))

04 데이터 패널에 생성한 **[날짜_변경]** 필드를 **열** 패널로 **드래그 앤 드롭**합니다. 열 패널에 추가된 **년 (날짜_변경)**을 **마우스 우클릭**합니다.

05 나타난 팝업 메뉴에서 **머리글 표시**를 클릭하여 체크 해제하면 머리글이 제거됩니다.

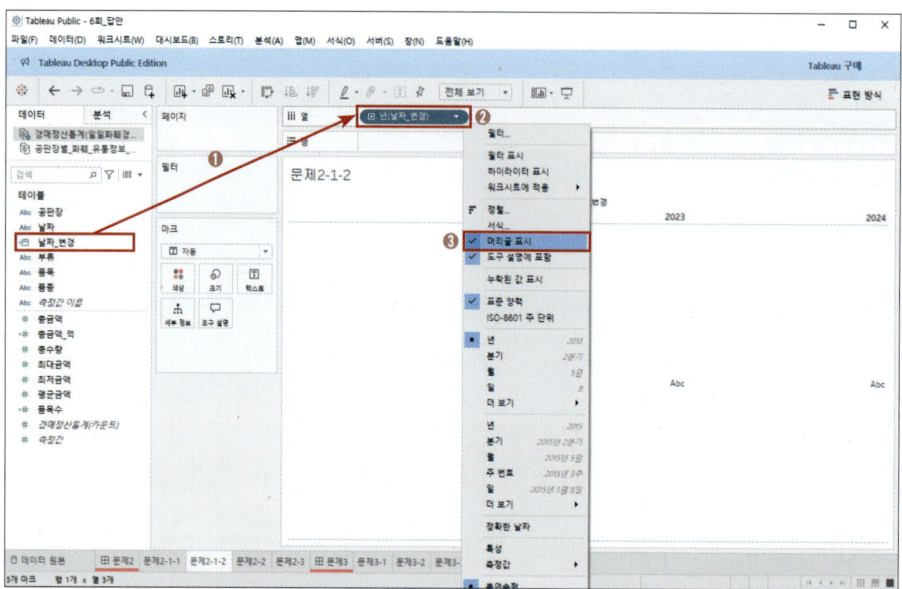

06 버튼을 만들기 위해 데이터 패널의 **[날짜_변경]** 필드를 마크 패널의 **텍스트**로 **드래그 앤 드롭**합니다. 마크 패널의 **텍스트**를 클릭하여 나타난 팝업 창에서 **맞춤 박스**를 클릭하여 **가로** > 를 클릭합니다. 빈 곳을 클릭하여 팝업 창을 닫습니다.

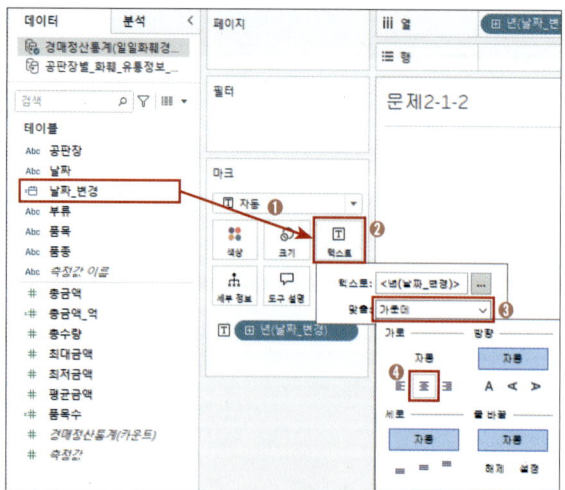

07 버튼처럼 테두리를 만들기 위해 시트의 **셀**을 **마우스 우클릭**합니다. 나타난 팝업 메뉴에서 **서식**을 클릭하고 왼쪽 사이드 바에 나타난 **글꼴 서식 창**에서 네 번째 아이콘인 **테두리**(⊞)를 클릭하여 **테두리 서식**으로 이동합니다.

08 테두리 서식에서 **시트** 탭의 **행 구분선** > **패널 박스** > **색상 추가**를 클릭하여 나타난 팝업 창에서 **HTML(H) 옆**에 색상 코드 **#D4D4D4**를 입력하고 **확인**을 클릭합니다. 빈 곳을 클릭하여 팝업 창을 닫고 **열 구분선** > **패널 박스** > **실선** > **색상 추가** > **#D4D4D4** > **확인**을 클릭합니다.

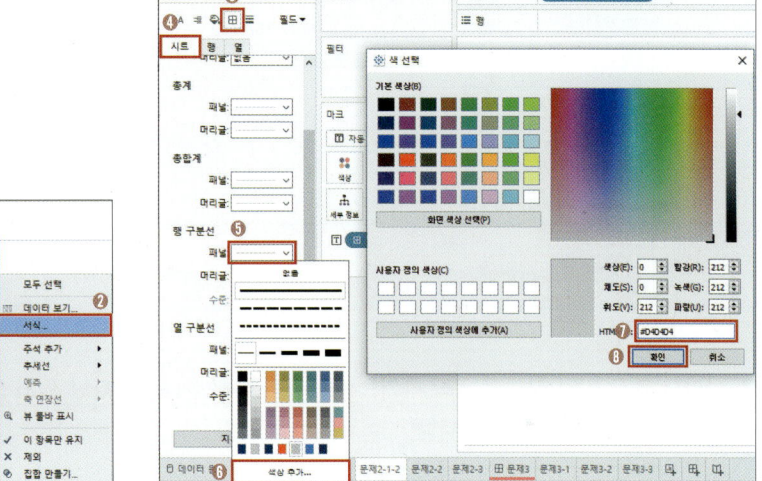

09 이어서 **열 구분선** > **수준**의 **슬라이더**를 **오른쪽**으로 옮기면 세분화된 열 구분선이 표시되며 나누어 그릴 수 있습니다. 완료되었다면 서식 창의 우측 상단 ☒를 클릭하여 서식 창도 닫습니다. 차트가 문제의 지시대로 완성된 것을 확인할 수 있습니다.

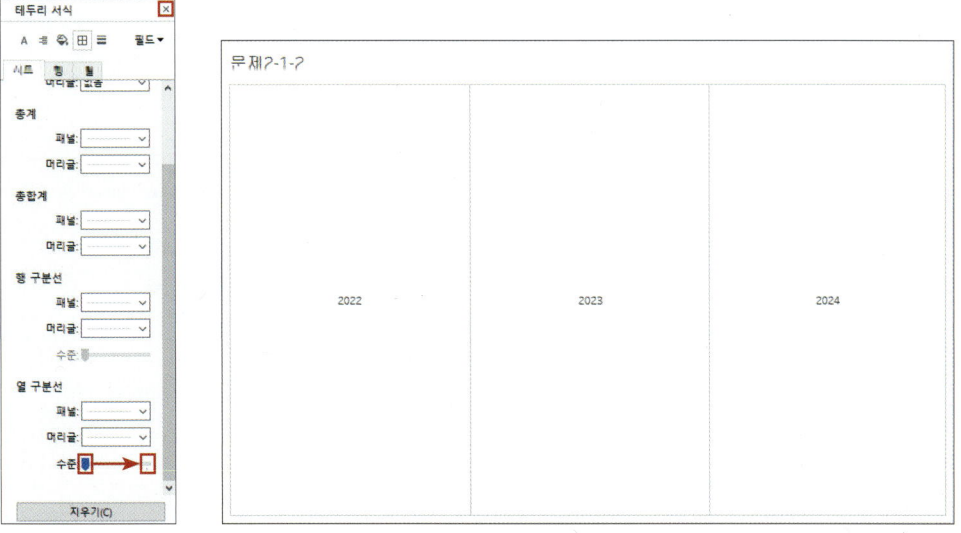

③ '문제2-1-2'가 '문제2' 대시보드에서 필터로 작동하도록 동작 기능을 구현하시오.

01 하단 탭에서 **문제2**를 클릭하여 해당 대시보드로 이동합니다. 문제2-1-2 시트를 클릭했을 때 필터 동작을 구현하기 위해 상단 메뉴의 **대시보드(B) > 동작(I)**을 클릭합니다.

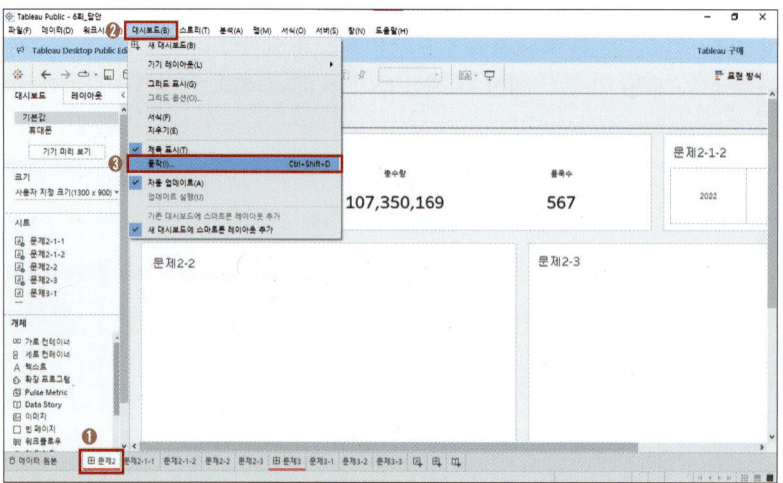

02 나타난 **동작 팝업 창**에서 **동작 추가 > 필터**를 클릭합니다. 나타난 **필터 동작 추가 팝업 창**에서 **이름**을 **연도별_필터**로 변경합니다.

03 **원본 시트**에 **문제2-1-2**만 남기고 모두 **체크 해제**하고 **동작 실행 조건**을 **선택**으로 설정합니다. 이때 **대상 시트**는 문제2-1-2만 **체크 해제**합니다. 단, **선택을 해제할 경우의 결과**는 필터링 되기 전 전체 값이 나타날 수 있도록 **모든 값 표시**를 클릭하고 **확인**을 클릭합니다. 동작 팝업 창에서 **확인**을 클릭하여 설정을 마무리합니다.

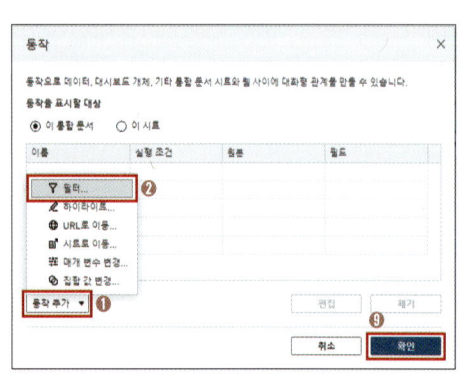
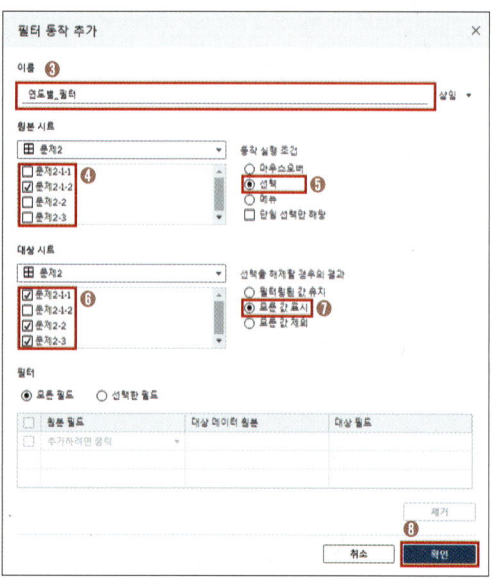

2 '문제2-2' 시트에 막대 차트(Bar Chart)를 구현하시오.

① [품종수] 필드를 생성하시오

01 하단 탭에서 **문제2-2**를 클릭하여 해당 시트로 이동합니다. [품종수] 필드를 만들기 위해 데이터 패널 상단의 ▼을 클릭합니다. 나타난 팝업 메뉴에서 **계산된 필드 만들기**를 클릭합니다.

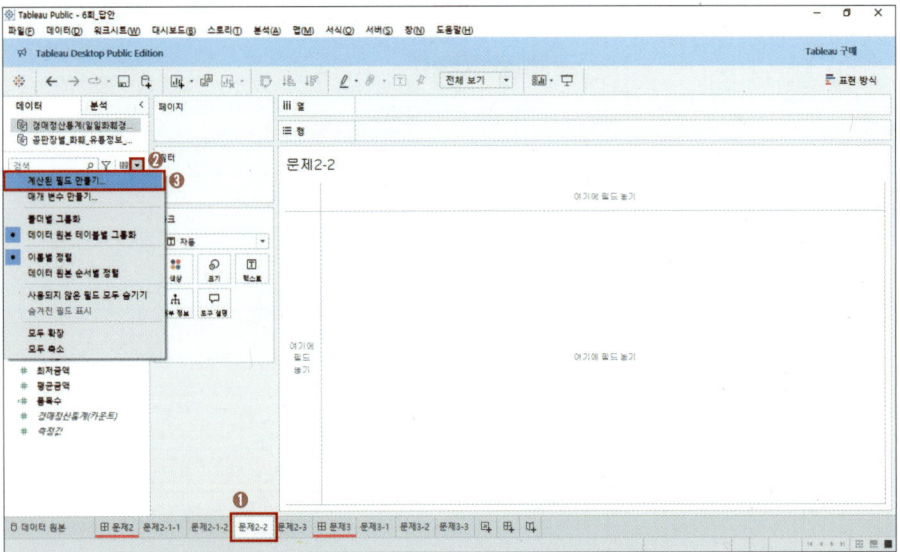

02 나타난 **계산된 필드 만들기 팝업 창**에서 상단에 필드 **이름**을 **품종수**로 입력합니다.

03 [품종수] 필드는 [품종] 필드의 건수를 반환하기 위해 **COUNTD 함수**를 사용하여 다음 수식을 입력하고 **확인**을 클릭합니다.

COUNTD([품종])

② '문제2-2' 시트에 [공판장]과 [품종수] 필드를 추가하시오.

01 막대 차트를 구현하기 위해 데이터 패널의 **[공판장]** 필드를 **열 패널**로 **드래그 앤 드롭**합니다.

02 열 패널에 추가된 **공판장**을 **마우스 우클릭**합니다. 나타난 팝업 메뉴에서 **정렬**을 클릭합니다.

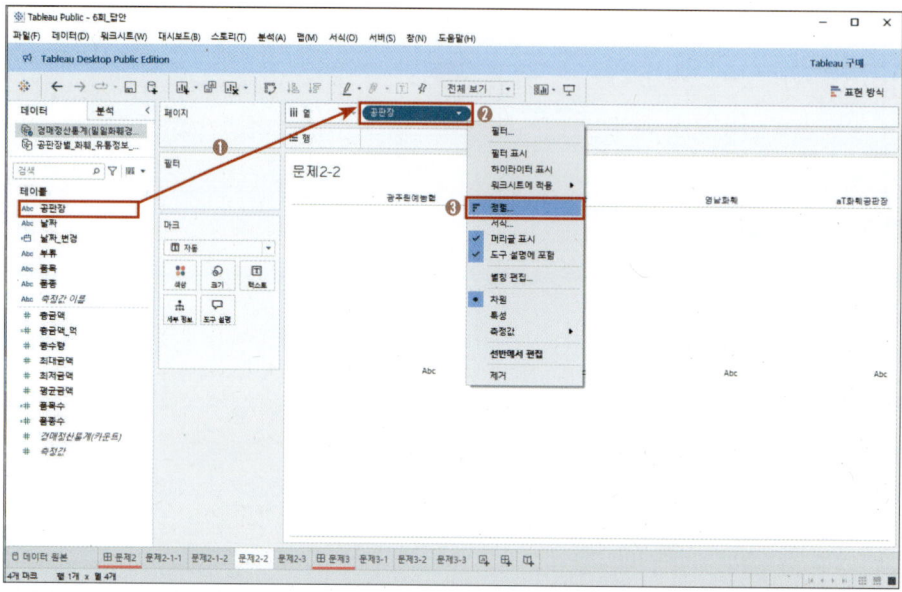

03 나타난 **정렬 [공판장] 팝업 창**에서 **정렬 기준**을 **필드**로 선택한 후 **정렬 순서**를 **내림차순**으로 선택합니다. 이때 **필드명**은 **품종수**를 선택하여 품종수에 따라 정렬될 수 있도록 선택합니다. 우측 상단 ⊠를 클릭하여 창을 닫습니다.

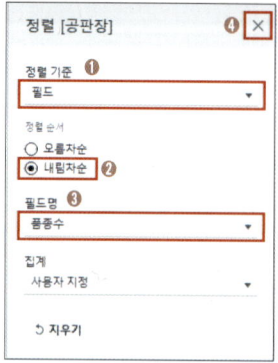

04 공판장별 품종수를 확인하기 위해 데이터 패널에 생성한 [품종수] 필드를 **행 패널**로 **드래그 앤 드롭**합니다.

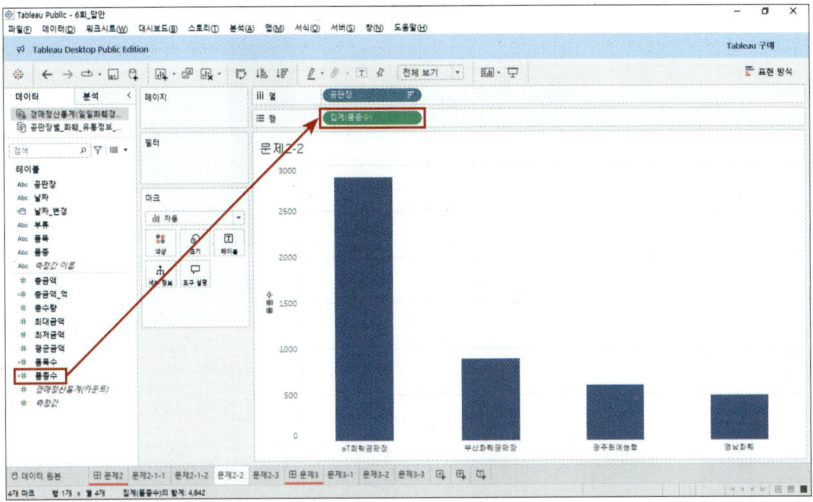

③ 레이블과 색상을 설정하시오.

01 막대 차트의 레이블을 추가하기 위해 데이터 패널의 [품종수] 필드를 마크 패널의 **레이블**로 **드래그 앤 드롭**합니다.

02 품종수의 단위를 추가하기 위해 마크 패널의 **레이블**을 클릭합니다. 나타난 팝업 창에서 ⋯을 클릭하여 레이블 편집 팝업 창을 실행합니다. 〈집계(품종수)〉의 오른쪽에 **개**를 입력하고 **확인**을 클릭합니다.

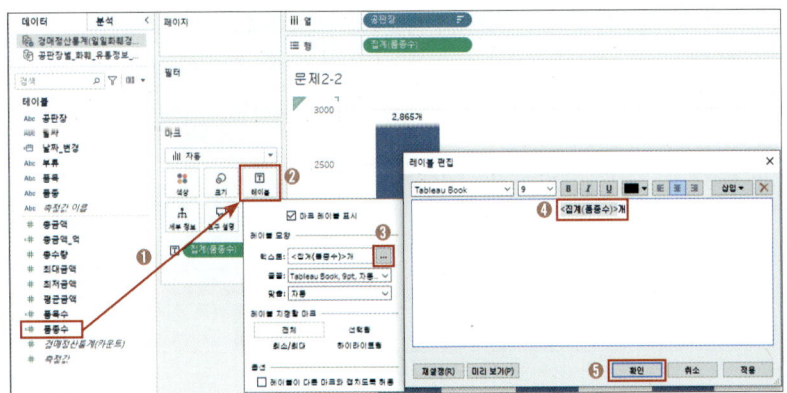

레이블 편집 팝업 창에 글자를 입력하면 일시적으로 글자가 안 보이는 현상이 있을 수 있습니다. 팝업 창의 빈 곳을 클릭하면 글자가 보이게 되며 잘 입력되어 있는 것을 확인할 수 있습니다.

03 레이블을 막대 가운데로 정렬하기 위해 **레이블 팝업 창**에서 **맞춤 박스**를 클릭하여 **가로** > 🔳을 클릭합니다. 빈 곳을 클릭하여 팝업 창을 닫습니다.

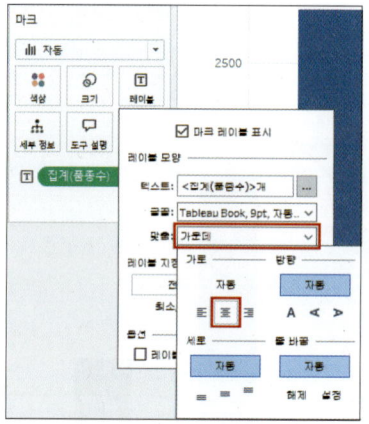

04 막대 차트의 색상을 적용하기 위해 데이터 패널의 **[품종수]** 필드를 마크 패널의 **색상**으로 **드래그 앤 드롭**합니다.

05 마크 패널의 **색상**을 클릭하여 나타난 팝업 창에서 **색상 편집**을 클릭합니다. 나타난 **색상 편집 [품종수] 팝업 창**의 **색상표(P)**에서 **자주색**을 지정한 후 하단 **단계별 색상**을 체크하여 **4단계**로 적용하고 **확인**을 클릭합니다.

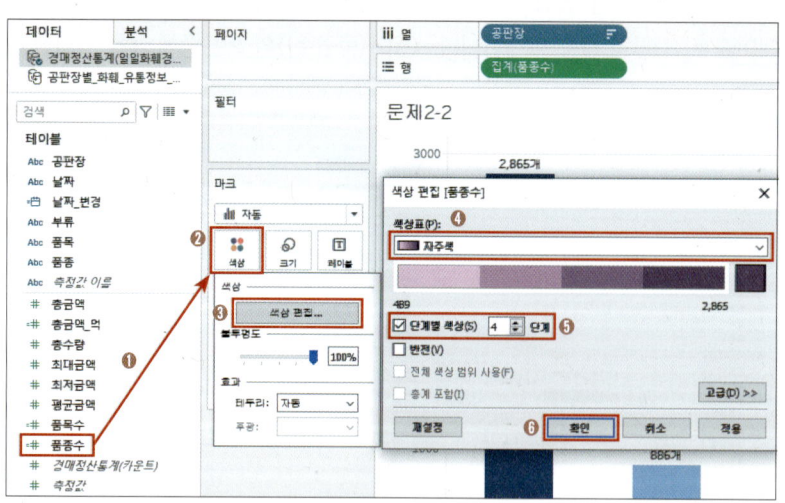

06 차트가 문제의 지시대로 완성된 것을 확인할 수 있습니다.

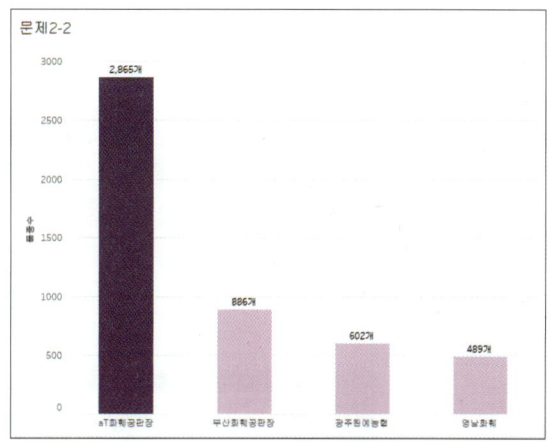

3 '문제2-3' 시트에 다음의 작업을 수행하여 트리맵(Tree Map) 차트를 구현하시오.

① '문제2-3' 시트에 트리맵을 생성하시오.

01 하단 탭에서 **문제2-3**을 클릭하여 해당 시트로 이동합니다. 트리맵을 구현하기 위해 마크 패널의 **표현 방식**을 **사각형**으로 변경합니다.

02 트리맵의 크기는 총금액에 따라 달라지므로 비교를 위해 데이터 패널의 [**총금액**] 필드를 마크 패널의 **크기**로 **드래그 앤 드롭**합니다.

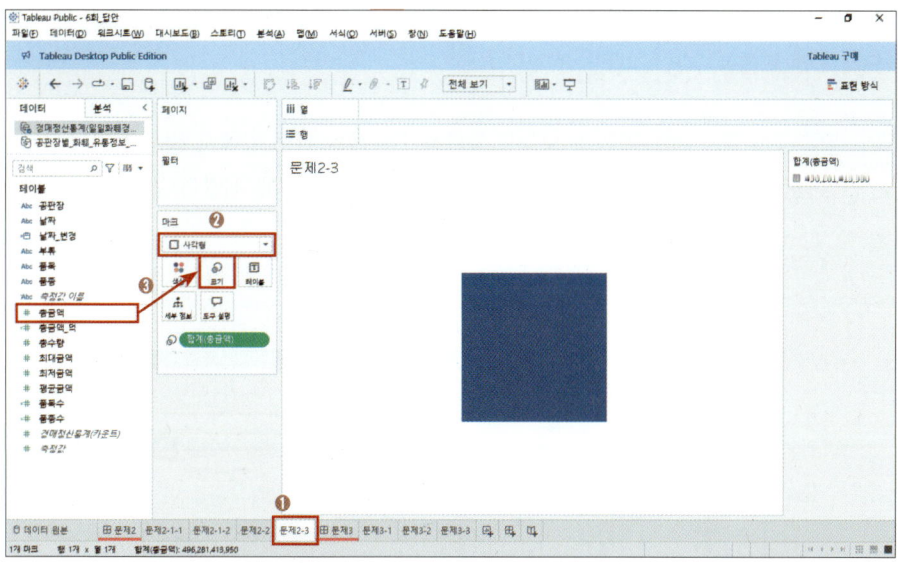

CHAPTER 06 | 실전 모의고사 6회 373

② 레이블, 색상을 설정하시오.

01 트리맵에 레이블을 반영하기 위해 데이터 패널의 [부류] 필드와 [총금액_억] 필드를 마크 패널의 **레이블**에 차례대로 **드래그 앤 드롭**합니다.

02 레이블을 수정하기 위해 마크 패널의 **레이블**을 클릭하고 나타난 팝업 창에서 ⋯을 클릭합니다. **레이블 편집 팝업 창**에서 첫 번째 줄에는 <부류>, 두 번째 줄에는 <합계(총금액_억)>의 오른쪽에 **억**을 입력합니다. **확인**을 클릭하고 빈 곳을 클릭하여 팝업 창도 닫습니다.

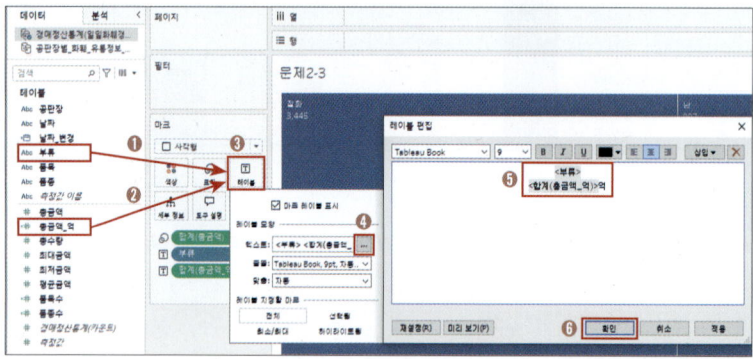

레이블 편집 팝업 창에 글자를 입력하면 일시적으로 글자가 안 보이는 현상이 있을 수 있습니다. 팝업 창의 빈 곳을 클릭하면 글자가 보이게 되며 잘 입력되어 있는 것을 확인할 수 있습니다.

03 부류에 따라 트리맵의 색상을 변경하기 위해 데이터 패널의 [총금액] 필드를 마크 패널의 **색상**으로 **드래그 앤 드롭**합니다.

04 색상을 적용하기 위해 마크 패널의 **색상**을 클릭하고 나타난 팝업 창에서 **색상 편집**을 클릭합니다. **색상 편집 [총금액] 팝업 창**의 **색상표(P)**에서 **금색-자주색 다중**으로 지정한 후 **확인**을 클릭합니다.

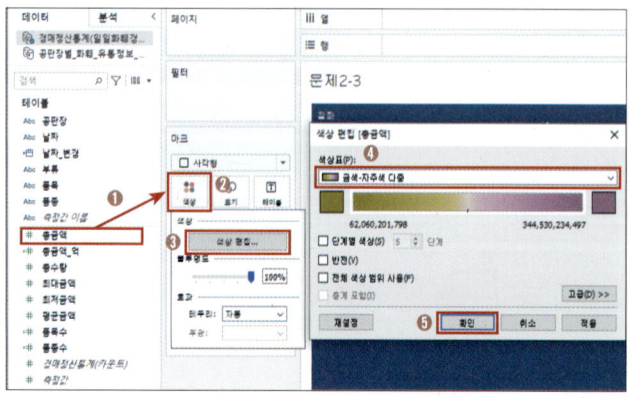

05 차트가 문제의 지시대로 완성된 것을 확인할 수 있습니다.

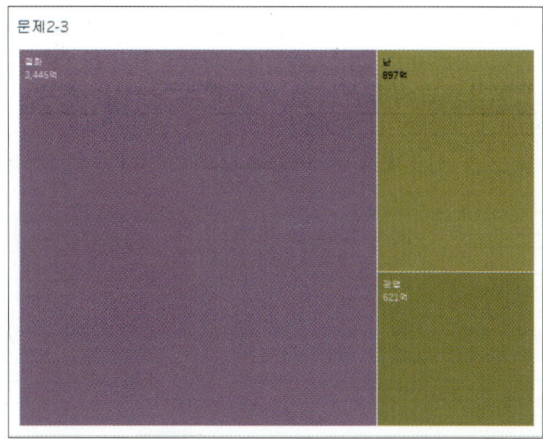

4 통합 문서 및 '문제2' 대시보드의 서식을 설정하시오.

① 전체 통합 문서의 서식을 변경하시오.

01 하단 탭에서 **문제2**를 클릭하여 해당 대시보드로 이동합니다. 통합 문서의 서식을 변경하기 위해 상단 메뉴의 **서식(O)** > **통합 문서(W)**를 클릭합니다.

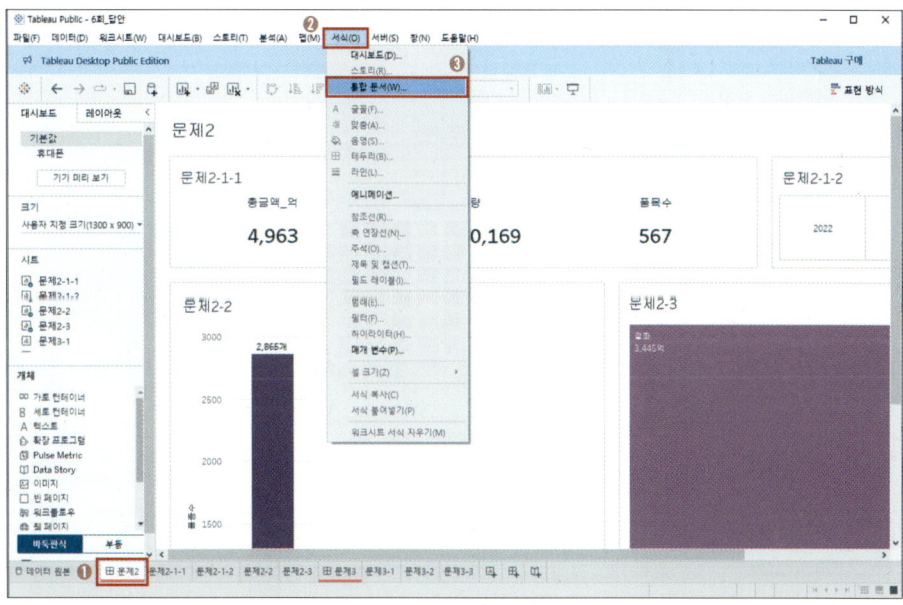

02 나타난 **통합 문서 서식**에서 **글꼴 > 전체 박스**를 클릭하여 나타나는 팝업 창에서 ▼을 클릭합니다. **맑은 고딕**으로 변경하고 하단의 **색상 추가**를 클릭합니다. 이때 나타난 팝업 창에서 HTML(H) 옆에 색상 코드 **#000000**을 입력하고 **확인**을 클릭합니다. 빈 곳을 클릭하여 팝업 창을 닫고, 서식 창의 우측 상단 ⊠를 클릭하여 서식 창도 닫습니다.

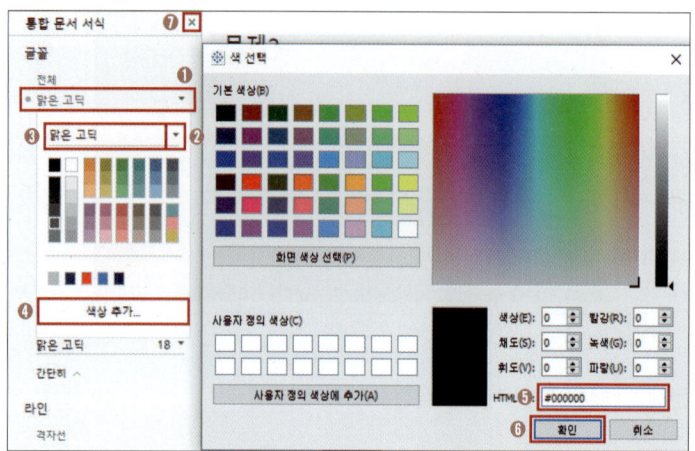

② '문제2' 대시보드의 백그라운드 색상과 제목의 레이아웃을 변경하시오.

01 사이드 바에 있는 **레이아웃** 탭을 클릭하여 하단에 **항목 계층 > 바둑판식**을 클릭합니다. **백그라운드 우측 원형**을 클릭하여 나타난 팝업 창에서 **색상 추가**를 클릭합니다. HTML(H) 옆에 색상 코드 **#F5F5F5**를 입력하고 **확인**을 클릭합니다.

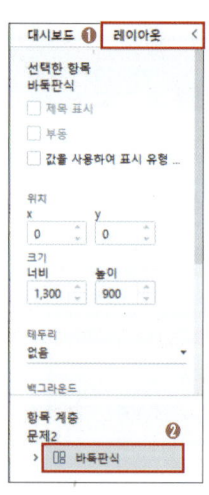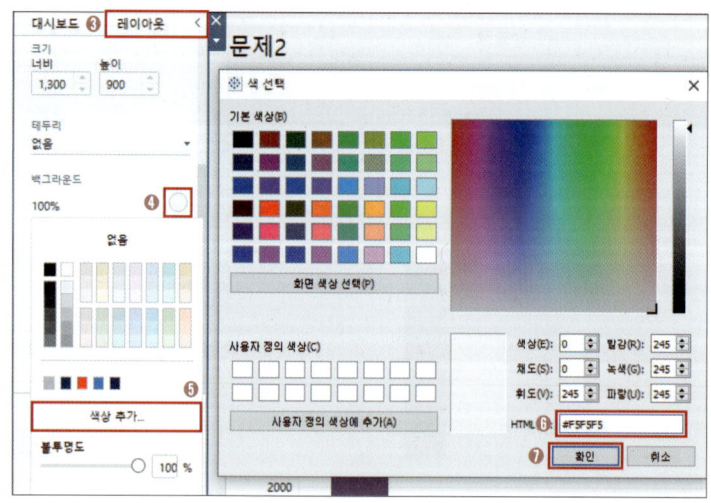

02 대시보드 상단의 **제목**을 **더블클릭**하여 나타나는 **제목 편집 팝업 창**에서 제목을 **공판장별 화훼 판매현황**으로 변경하고 **확인**을 클릭합니다. 대시보드의 제목이 선택된 상태에서 레이아웃 탭 중앙에 위치한 **바깥쪽 여백**의 **숫자**를 클릭합니다. **모든 변이 동일**이 체크된 상태에서 **왼쪽 10, 위쪽 10, 오른쪽 10, 아래 10**으로 설정합니다. 숫자를 다시 클릭하여 팝업 창을 닫습니다.

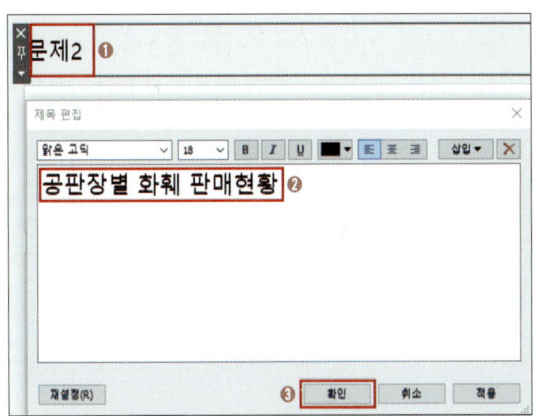 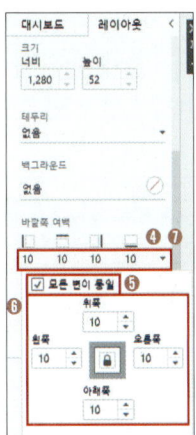

03 **안쪽 여백**의 **숫자**를 클릭합니다. **모든 변이 동일**이 체크된 상태에서 **왼쪽 0, 위쪽 0, 오른쪽 0, 아래쪽 0**으로 설정하고 숫자를 다시 클릭하여 팝업 창을 닫습니다.

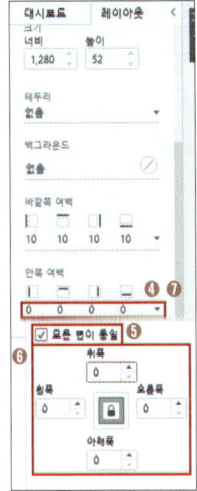

04 **문제2-1-2 시트**의 **2024**를 클릭하여 동작이 잘 작동되는지 확인합니다. 작업한 대시보드가 문제 2의 시각화 완성화면(343p)과 일치하는지 확인한 후 해당 대시보드의 작업을 마무리합니다.

실제 시험에서는 기본 선택으로 지정한 내용이 반영되어 있는 채로 저장해야 합니다.

풀이 3 복합요소 구현   40점

1 '문제3-1' 시트에 다음의 작업을 수행하여 라인 차트를 구현하시오.

① '문제3-1' 시트에 다음의 매개 변수와 필드를 생성하시오.

01 하단 탭에서 **문제3-1**을 클릭하여 해당 시트로 이동합니다. [지표구분] 매개 변수를 생성하기 위해 데이터 패널 상단의 ▼을 클릭합니다. 나타난 팝업 메뉴에서 **매개 변수 만들기**를 클릭합니다.

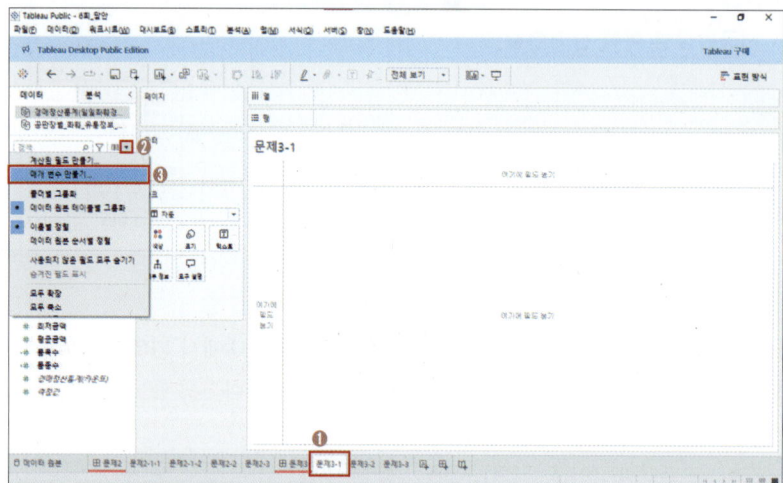

02 매개 변수 만들기 팝업 창에서 **이름**을 **지표구분**으로 입력하고 **데이터 유형**을 **문자열**로 선택합니다. **허용 가능한 값**은 **목록**으로 설정하고 **값 > 추가하려면 클릭**을 클릭하여 **총수량**을 입력합니다. Enter를 눌러 **총금액**을 입력하고 다시 Enter를 눌러 **품목수**를 입력하고, 다시 Enter를 눌러 **평균금액**을 입력합니다. Enter를 누르고 **확인**을 클릭하여 매개 변수 생성을 마무리합니다.

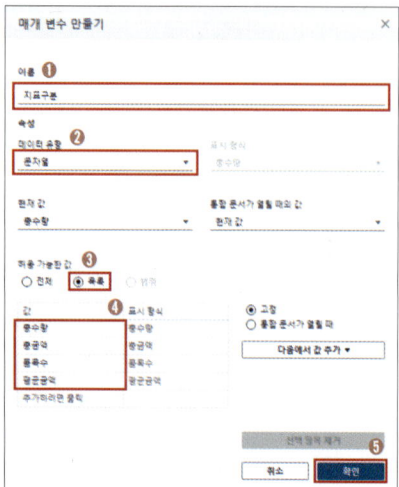

03 매개 변수는 단독으로 움직일 수 없기 때문에 계산된 필드를 이용하여 매개 변수를 제어해야 합니다. [지표_선택] 필드를 생성하기 위해 데이터 패널 상단의 ▼을 클릭하고 나타난 팝업 메뉴에서 **계산된 필드 만들기**를 클릭합니다.

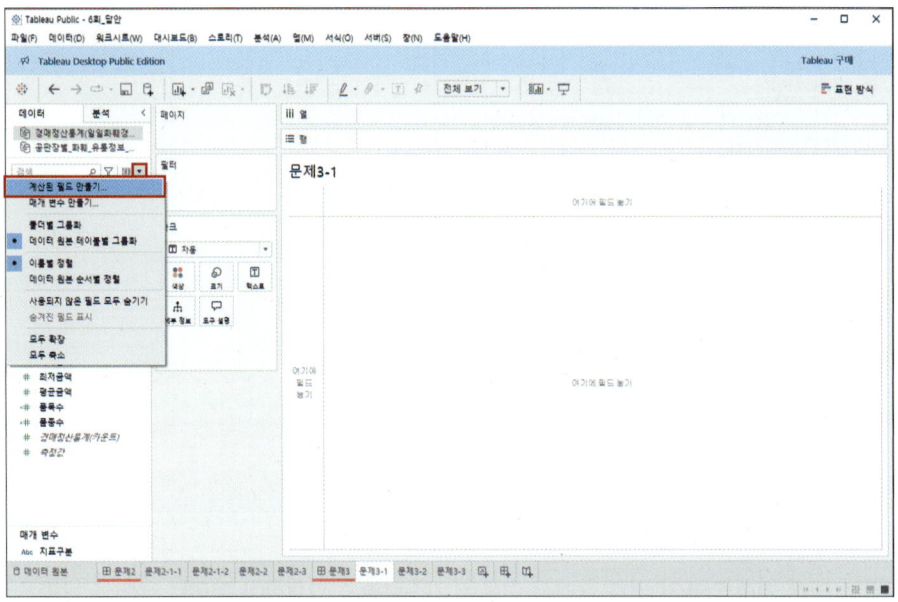

04 나타난 **계산된 필드 만들기 팝업 창**에서 상단에 필드 **이름**을 **지표_선택**으로 입력합니다.

05 [지표_선택] 필드는 [지표구분] 매개 변수가 총금액일 때 [총금액_억] 필드를 반환하고 총수량일 때 [총수량] 필드, 품목수일 때 [품목수] 필드, 평균금액일 때 [평균금액] 필드를 반환하기 위해 **SUM 함수, IF문**을 사용하여 다음 수식을 입력하고 **확인**을 클릭합니다.

```
IF [지표구분] = '총금액' THEN SUM([총금액_억])
ELSEIF [지표구분] = '총수량' THEN SUM([총수량])
ELSEIF [지표구분] = '품목수' THEN [품목수]
ELSEIF [지표구분] = '평균금액' THEN SUM([평균금액])
END
```

06 [기준날짜] 매개 변수를 생성하기 위해 데이터 패널 상단의 ▼을 클릭합니다. 나타난 팝업 메뉴에서 **매개 변수 만들기**를 클릭합니다.

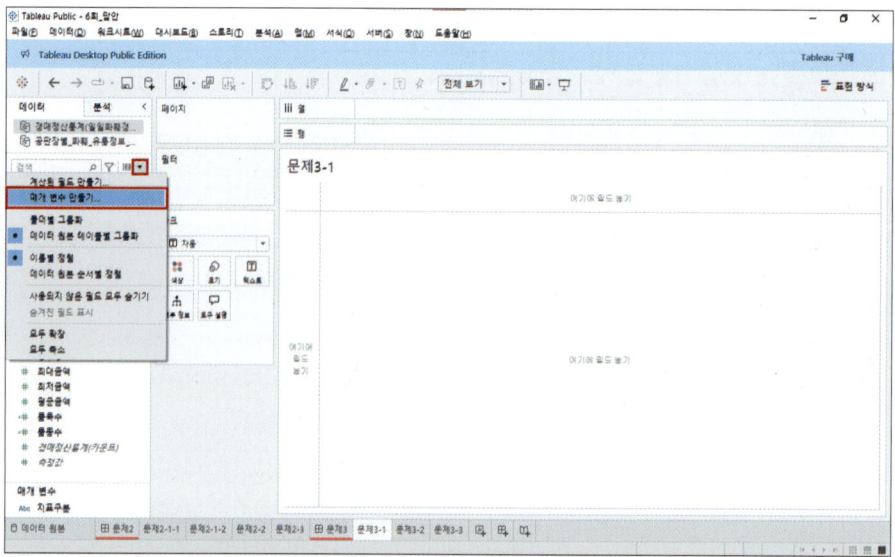

07 나타난 **매개 변수 만들기 팝업 창**에서 이름을 **기준날짜**로 입력하고 데이터 유형을 **날짜**로 정의합니다. [기준날짜] 매개 변수의 **허용 가능한 값**을 **목록**으로 설정하고 목록에는 **통합 문서가 열릴 때**를 체크하여 **날짜_변경**을 선택합니다. 단, **현재 값**은 2024-11-01을 선택하고 날짜는 년월까지만 표시하도록 **표시 형식 > 사용자 지정 > 서식**에 yy년 M월을 입력합니다. **확인**을 클릭하여 매개 변수 생성을 마무리합니다.

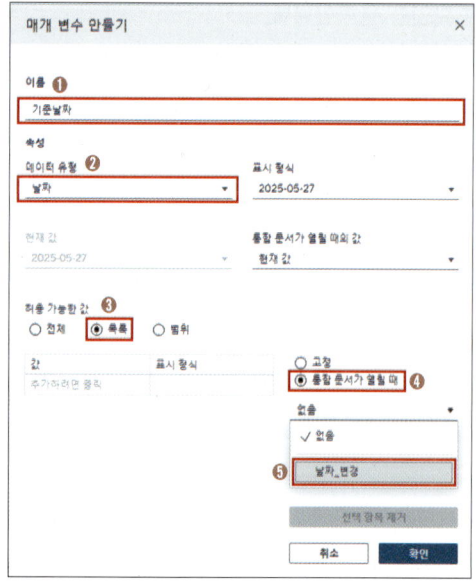 

08 매개 변수는 단독으로 움직일 수 없기 때문에 계산된 필드를 이용하여 매개 변수를 제어해야 합니다. [날짜_2개년] 필드를 생성하기 위해 데이터 패널 상단의 ▼을 클릭하고 나타난 팝업 메뉴에서 **계산된 필드 만들기**를 클릭합니다.

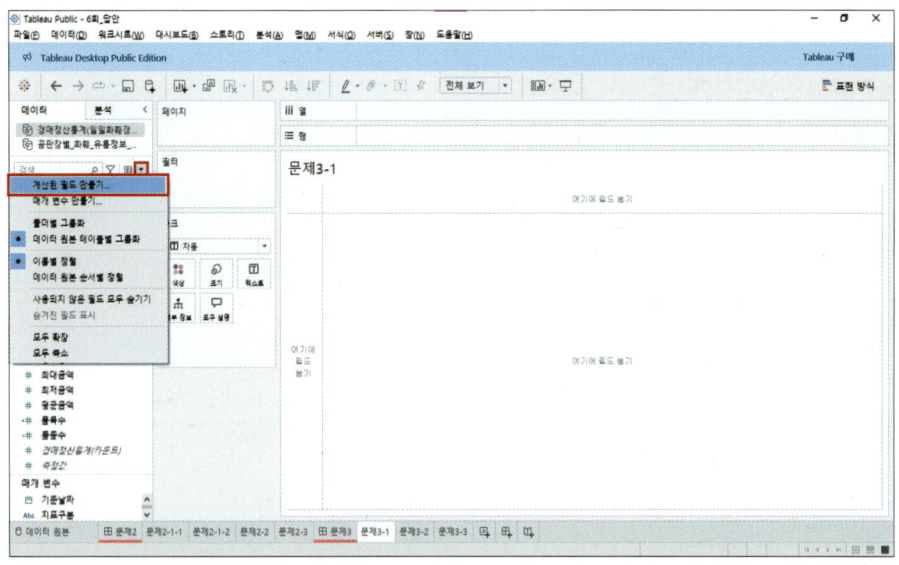

09 나타난 **계산된 필드 만들기 팝업 창**에서 상단에 필드 **이름**을 **날짜_2개년**으로 입력합니다.

10 [날짜_2개년] 필드는 [기준날짜] 매개 변수 선택에 따라 최근 2개년 데이터만 필터링하기 위해 **AND, DATETRUNC, DATEADD 함수**를 사용하여 다음 수식을 입력하고 **확인**을 클릭합니다.

[기준날짜]>= [날짜_변경] AND DATETRUNC('year', DATEADD('year', -1, [기준날짜]))<= DATETRUNC('year', [날짜_변경])

② '문제3-1' 시트에 [날짜_변경], [지표_선택] 필드를 이용하여 라인 차트를 구현하시오.

01 라인 차트를 만들기 위해 데이터 패널의 **[날짜_변경]** 필드를 **열 패널로 드래그 앤 드롭**하고 **[지표_선택]** 필드를 **행 패널로 드래그 앤 드롭**합니다.

02 열 패널에 추가된 **년(날짜_변경)**은 년도가 아닌 월별로 보기 위해 **마우스 우클릭**하여 **불연속형 월 (월 5월)**로 변경합니다.

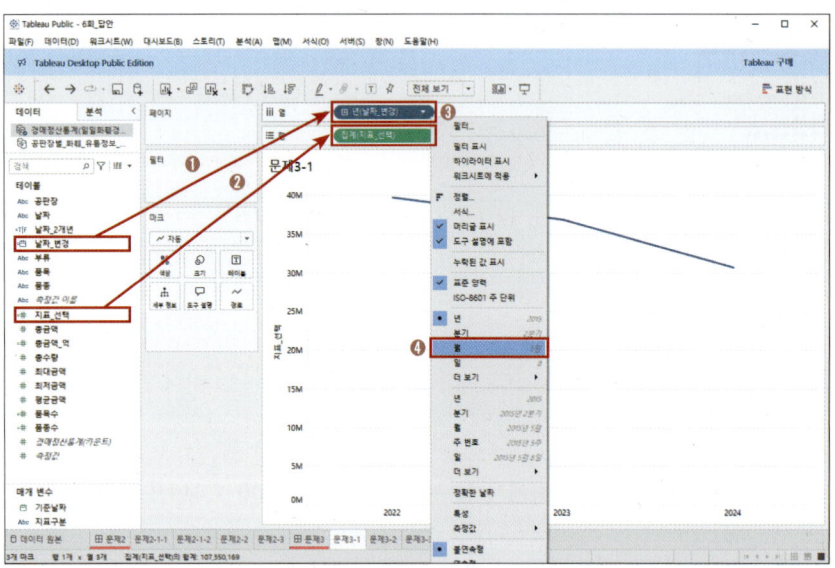

03 2개 년도만 표현하기 위해 데이터 패널에 생성한 **[날짜_2개년]** 필드를 **필터 패널로 드래그 앤 드롭** 합니다. **필터 [날짜_2개년] 팝업 창**에서 **참**을 체크하고 **확인**을 클릭하여 필터를 적용합니다.

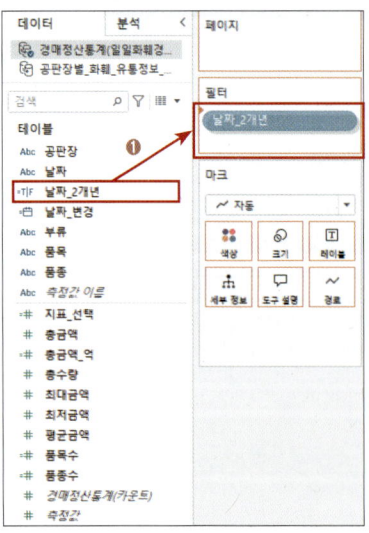
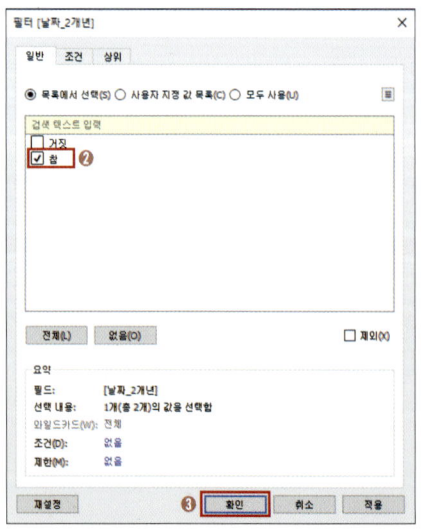

③ 차트의 색상을 설정하시오.

01 차트의 색상을 적용하기 위해 데이터 패널의 **[날짜_변경] 필드**를 마크 패널의 **색상**으로 **드래그 앤 드롭**합니다. 라인 차트에 마커를 추가하기 위해 마크 패널의 **색상**을 클릭하고 나타난 팝업 창에서 **마커**를 두 번째 아이콘인 **전체(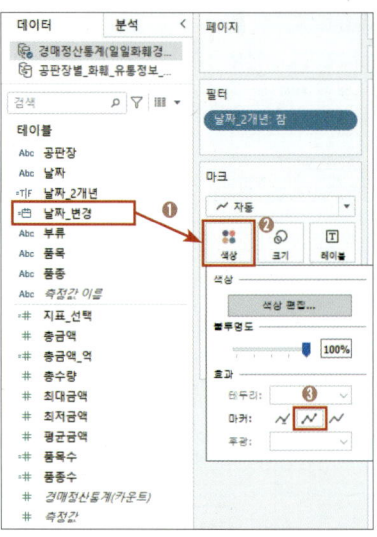)**로 설정합니다.

02 2023년과 2024년의 색을 다르게 적용하기 위해 마크 패널의 색상 팝업 창에서 **색상 편집**을 클릭합니다.

03 **색상 편집 [날짜_변경의 연도]** 팝업 창의 **데이터 항목 선택**에서 2023을 **더블클릭**합니다. 나타난 **색 선택 팝업 창**에서 HTML(H) 옆에 **#F28E2B**를 입력하고 **확인**을 누릅니다. 이어서 **2024**를 **더블클릭**하고 나타난 팝업 창에서 HTML(H) 옆에 **#E15759**를 입력하고 **확인**을 누릅니다. **확인**을 한 번 더 눌러 설정을 마무리합니다.

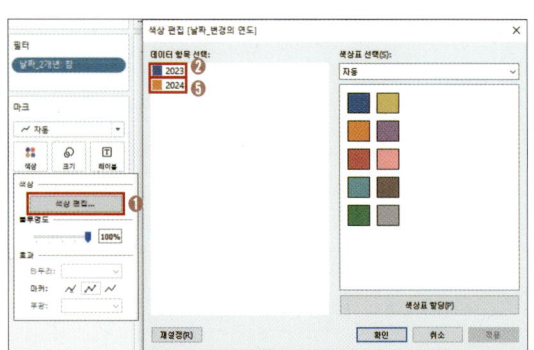
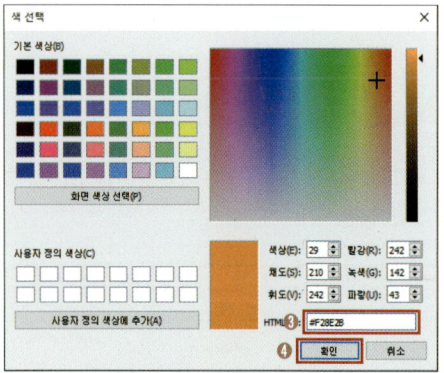

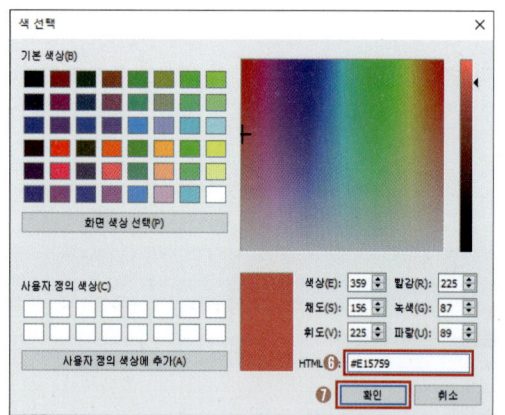
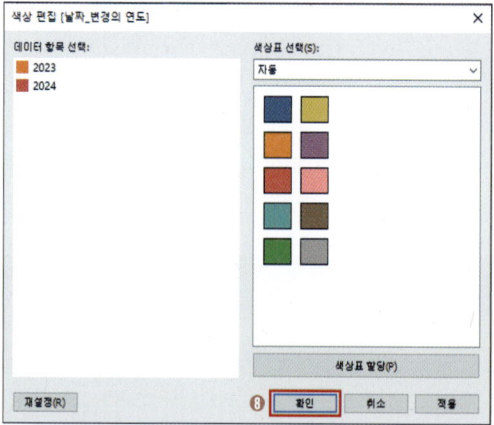

04 세로축 제목이 [지표구분] 매개 변수에 따라 변하도록 **세로축**을 **마우스 우클릭**하고 **축 편집**을 선택합니다. 나타난 **축 편집 [지표_선택] 팝업 창**에서 하단 **축 제목 > 사용자 지정 > 지표구분**을 클릭한 후 ⊠을 클릭하여 팝업 창을 닫습니다.

05 차트가 문제의 지시대로 완성된 것을 확인할 수 있습니다.

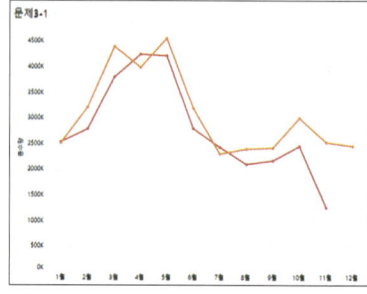

2 '문제3-2' 시트에 막대 차트를 구현하시오.

① '문제3-2' 시트에 다음의 필드를 생성하시오.

01 하단 탭에서 **문제3-2**를 클릭하여 해당 시트로 이동합니다. [지표_선택_단위] 필드를 만들기 위해 데이터 패널 상단의 ▼을 클릭합니다. 나타난 팝업 메뉴에서 **계산된 필드 만들기**를 클릭합니다.

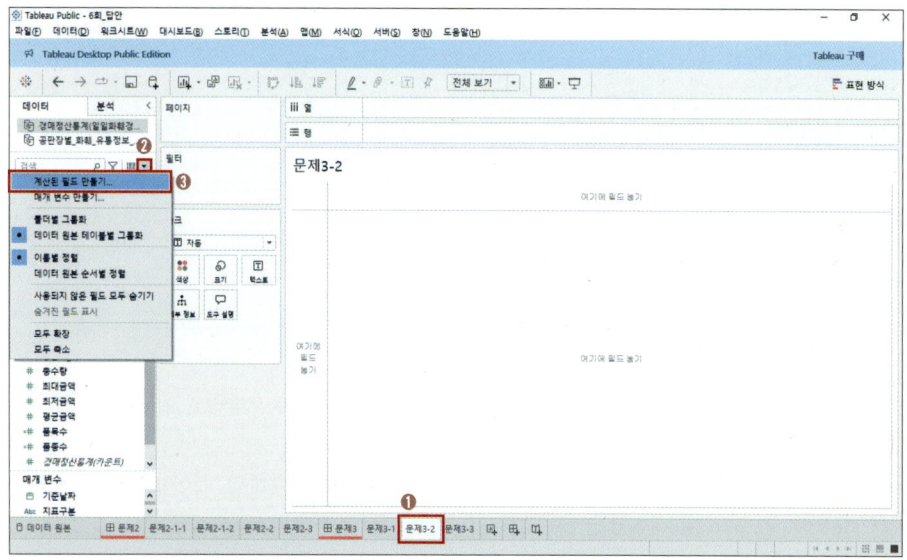

02 나타난 **계산된 필드 만들기 팝업 창**에서 상단에 필드 **이름**을 **지표_선택_단위**로 입력합니다.

03 [지표_선택_단위] 필드는 [지표구분] 매개 변수가 총금액일 때 억을 반환하고 총수량일 때 개, 품목수일 때 개, 평균금액일 때 원을 반환하기 위해 **IF문**을 사용하여 다음 수식을 입력하고 **확인**을 클릭합니다.

```
IF [지표구분] = '총금액' THEN '억'
ELSEIF [지표구분] = '총수량' THEN '개'
ELSEIF [지표구분] = '품목수' THEN '개'
ELSEIF [지표구분] = '평균금액' THEN '원'
END
```

04 [날짜_2개월] 필드를 만들기 위해 데이터 패널 상단의 ▼을 클릭합니다. 나타난 팝업 메뉴에서 **계산된 필드 만들기**를 클릭합니다.

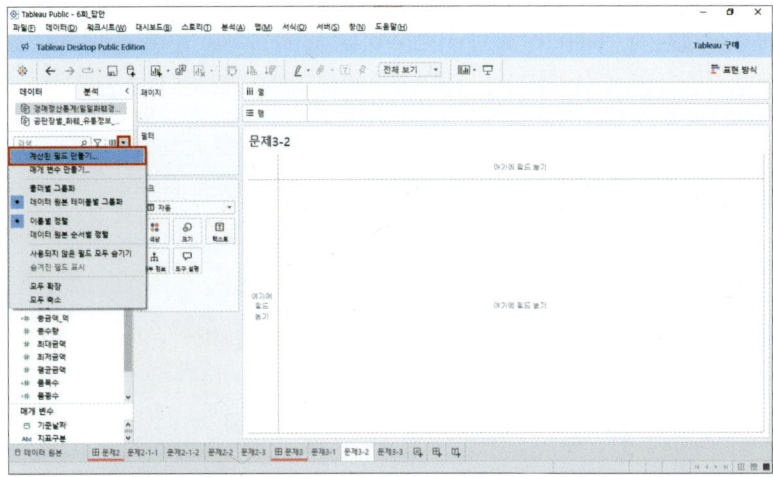

05 나타난 **계산된 필드 만들기 팝업 창**에서 상단에 필드 **이름**을 **날짜_2개월**로 입력합니다.

06 [날짜_2개월] 필드는 [기준날짜] 매개 변수 선택에 따라 최근 2개월 데이터만 필터링하기 위해 **AND, DATEADD 함수**를 사용하여 다음 수식을 입력하고 **확인**을 클릭합니다.

```
[기준날짜]>= [날짜_변경] AND DATEADD('month', -1, [기준날짜])<= [날짜_변경]
```

07 [날짜_당월] 필드를 만들기 위해 데이터 패널 상단의 ▼을 클릭합니다. 나타난 팝업 메뉴에서 **계산된 필드 만들기**를 클릭합니다.

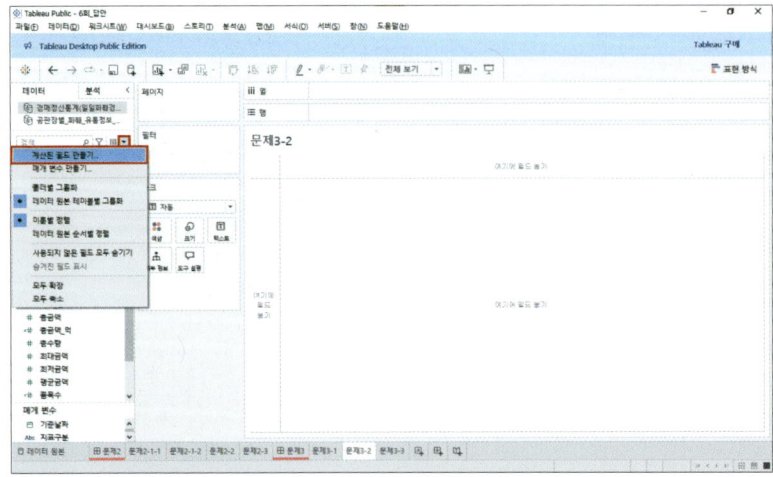

08 나타난 **계산된 필드 만들기 팝업 창**에서 상단에 필드 **이름**을 **날짜_당월**로 입력합니다.

09 [날짜_당월] 필드는 [기준날짜] 매개 변수와 [날짜_변경] 필드의 동일한 데이터만 필터링하기 위해 다음 수식을 입력하고 **확인**을 클릭합니다.

> [기준날짜] = [날짜_변경]

② '문제3-2' 시트에 [날짜_변경] 필드와 [지표_선택] 필드를 이용하여 막대 차트를 구현하시오.

01 막대 차트를 구현하기 위해 마크 패널의 **표현 방식**을 자동에서 **막대**로 변경합니다. 데이터 패널의 **[날짜_변경]** 필드를 **열** 패널로 드래그 앤 드롭하고 **[지표_선택]** 필드를 **행** 패널로 드래그 앤 드롭합니다.

02 월로 변경하기 위해 열 패널에 추가된 **년(날짜_변경)**을 **마우스 우클릭**하고 나타난 팝업 메뉴에서 **연속형 월(월 2015년 5월)**을 선택합니다.

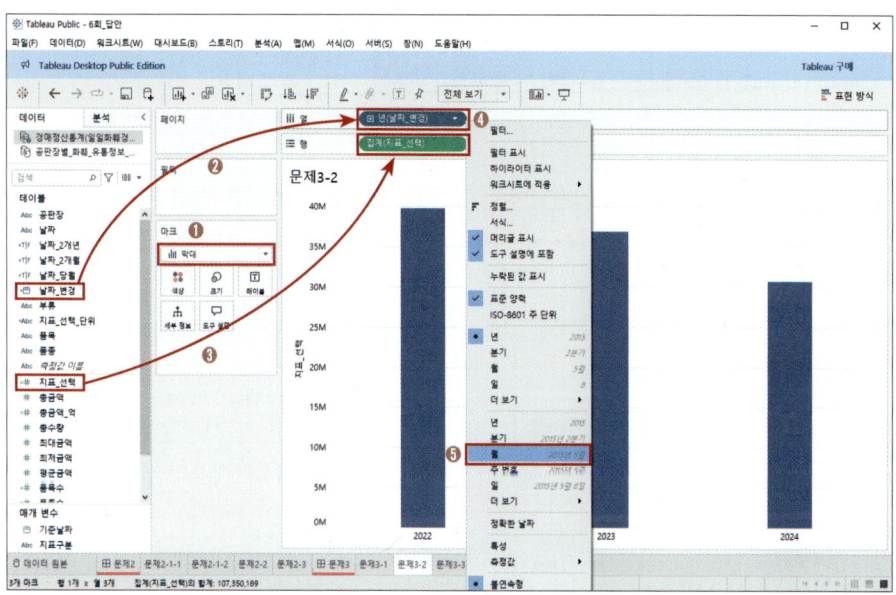

03 연속형으로 변경된 **월(날짜_변경)**을 **마우스 우클릭**하여 나타난 팝업 메뉴에서 **불연속형**으로 클릭하여 변경합니다. 차트의 **세로축**을 마우스 우클릭한 후 머리글 표시를 클릭하여 **체크 해제**합니다.

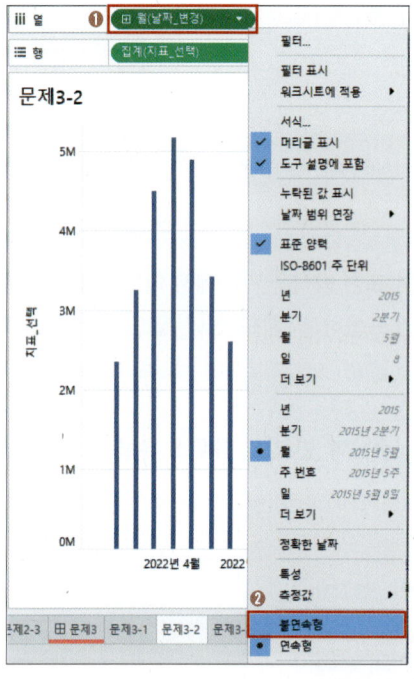
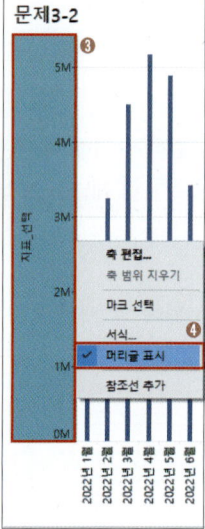

04 2개월만 필터링하기 위해 데이터 패널에 생성한 **[날짜_2개월] 필드**를 **필터 패널로 드래그 앤 드롭**합니다. **필터 [날짜_2개월] 팝업 창**에서 **참**에 체크하고 **확인**을 클릭하여 필터를 적용합니다.

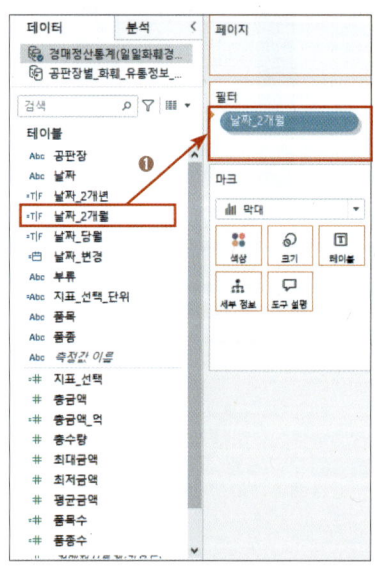

③ 차트의 색상과 레이블을 설정하시오.

01 차트에 색상을 적용하기 위해 데이터 패널의 **[날짜_당월] 필드**를 마크 패널의 **색상**으로 **드래그 앤 드롭**합니다.

02 마크 패널의 **색상**을 클릭하여 나타난 팝업 창에서 **색상 편집**을 클릭합니다. **색상 편집 [날짜_당월] 팝업 창**의 **색상표 선택(S)**에서 **천사의 돌**을 선택하고 **색상표 할당(P)**를 클릭합니다. **확인**을 눌러 설정을 마칩니다.

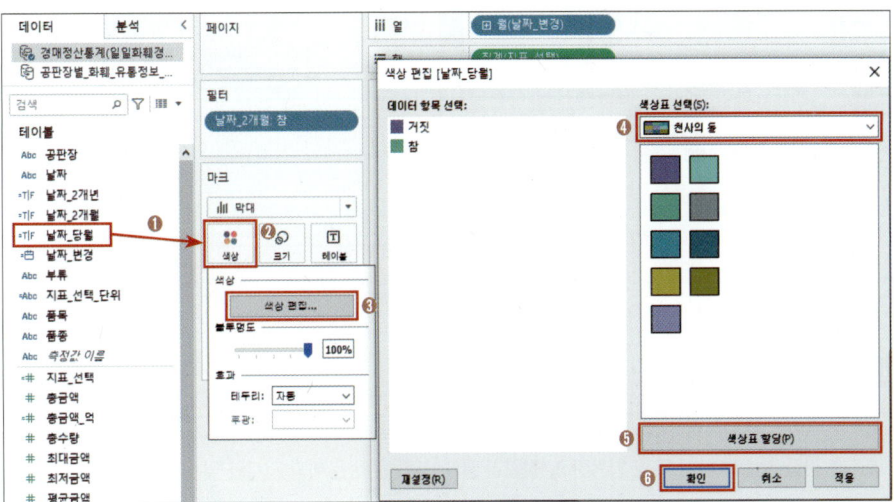

03 지표와 단위를 레이블에 적용하기 위해 데이터 패널의 **[지표_선택] 필드**와 **[지표_선택_단위] 필드**를 마크 패널의 **레이블**에 차례대로 **드래그 앤 드롭**합니다. 레이블을 편집하기 위해 마크 패널의 **레이블**을 클릭하고 나타난 팝업 창에서 ⋯을 클릭합니다.

04 나타난 **레이블 편집 팝업 창**에서 〈집계(지표_선택)〉의 오른쪽에 〈지표_선택_단위〉가 나란히 올 수 있도록 줄을 넘기지 않고 한 줄로 변경합니다. **확인**을 클릭한 후 빈 곳을 클릭하여 팝업 창을 닫습니다.

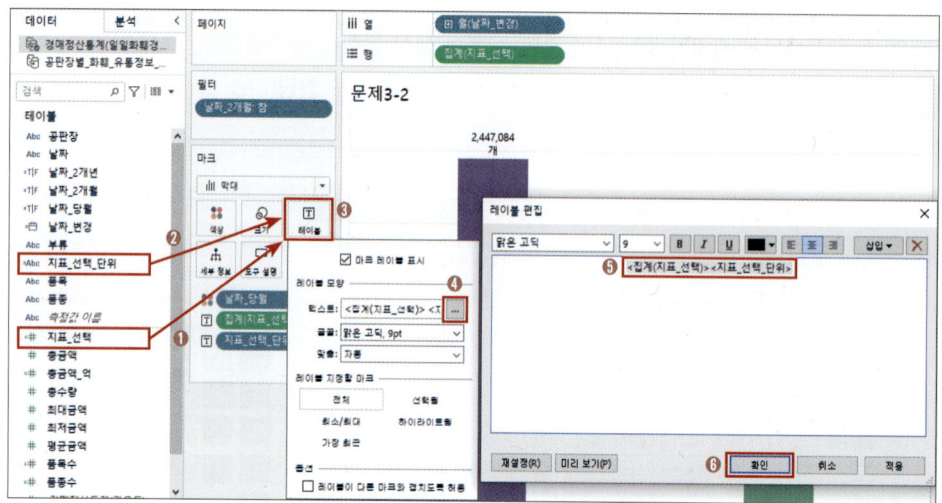

> **Tip** ✓
>
> 간혹 차트에는 맞는 순서로 보이지만 레이블 편집 창에서는 반대로 입력되어 있는 경우가 있습니다. 반대로 되어 있다면 레이블 편집 창에서 다시 맞게 입력하고, 정렬과 글자 크기 등이 문제의 지시와 맞는지 확인한 후 다음 실습을 진행합니다.

05 차트가 문제의 지시대로 완성된 것을 확인할 수 있습니다.

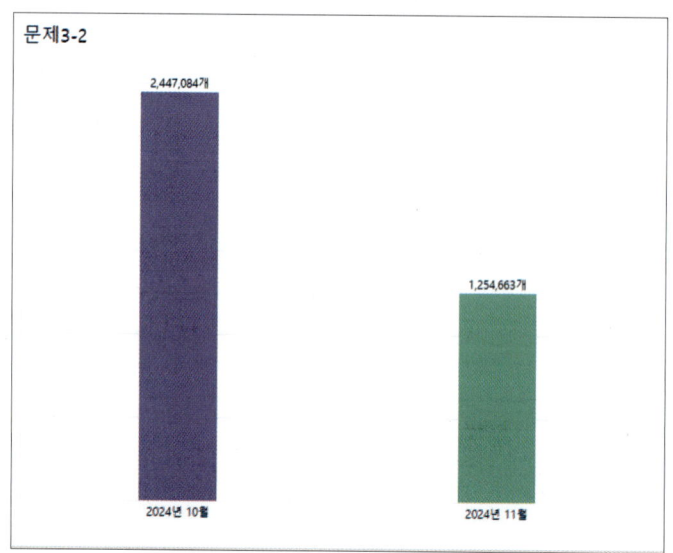

3 '문제3-3' 시트에 다음의 작업을 수행하여 차트를 구현하시오.

① [지표_선택_평균] 필드와 [평균대비지표] 필드를 생성하시오.

01 하단 탭에서 **문제3-3**을 클릭하여 해당 시트로 이동합니다. [지표_선택_평균] 필드를 만들기 위해 데이터 패널 상단의 ▼을 클릭합니다. 나타난 팝업 메뉴에서 **계산된 필드 만들기**를 클릭합니다.

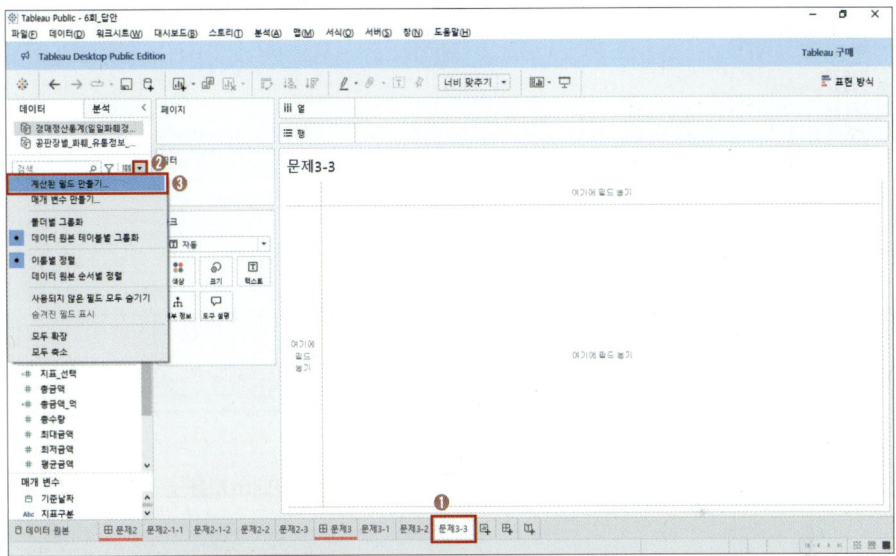

02 나타난 **계산된 필드 만들기 팝업 창**에서 상단에 필드 **이름**을 **지표_선택_평균**으로 입력합니다.

03 [지표_선택_평균] 필드는 [지표_선택] 필드의 평균값을 반환하기 위해 **WINDOW_AVG 함수**를 사용하여 다음 수식을 입력하고 **확인**을 클릭합니다.

> WINDOW_AVG([지표_선택])

04 [평균대비지표] 필드를 만들기 위해 데이터 패널 상단의 ▼을 클릭합니다. 나타난 팝업 메뉴에서 **계산된 필드 만들기**를 클릭합니다.

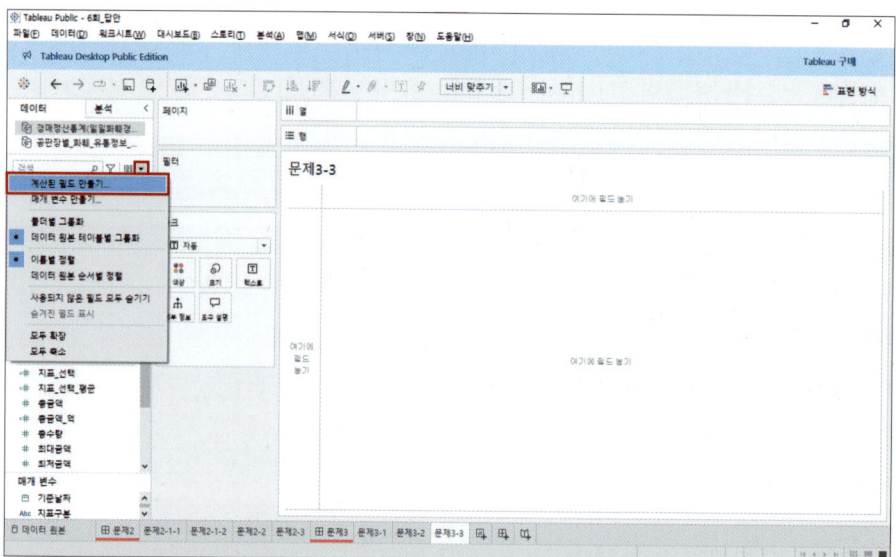

05 **나타난 계산된 필드 만들기 팝업 창**에서 상단에 필드 **이름**을 **평균대비지표**로 입력합니다.

06 [평균대비지표] 필드는 [지표_선택] 필드와 [지표_선택_평균] 필드를 비교하기 위해 다음 수식을 입력하고 **확인**을 클릭합니다.

[지표_선택]>[지표_선택_평균]

② [지표_선택] 필드와 [부류] 필드를 사용하여 가로 막대 차트를 구현하시오.

01 가로 막대 차트를 구현하기 위해 데이터 패널의 [지표_선택] 필드를 **열** 패널로 **드래그 앤 드롭**하고 [부류] 필드를 **행** 패널로 **드래그 앤 드롭**합니다.

02 레이블을 추가하기 위해 데이터 패널의 [지표_선택] 필드와 [지표_선택_단위] 필드를 마크 패널의 **레이블**로 **드래그 앤 드롭**합니다.

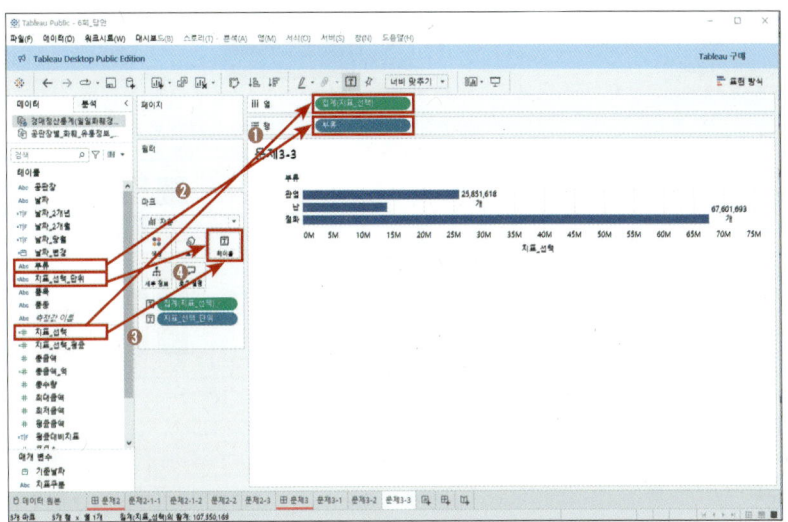

간혹 차트에는 맞는 순서로 보이지만 레이블 편집 창에서는 반대로 입력되어 있는 경우가 있습니다. 반대로 되어 있다면 레이블 편집 창에서 다시 맞게 입력하고, 정렬과 글자 크기 등이 문제의 지시와 맞는지 확인한 후 다음 실습을 진행합니다.

03 마크 패널의 **레이블**을 클릭하여 나타난 팝업 창에서 ⋯을 클릭합니다. 나타난 **레이블 편집 창**에서 〈집계(지표_선택)〉의 오른쪽에 〈지표_선택_단위〉가 나란히 올 수 있도록 줄을 넘기지 않고 한 줄로 변경합니다. **확인**을 클릭하고 빈 곳을 클릭하여 팝업 창도 닫습니다.

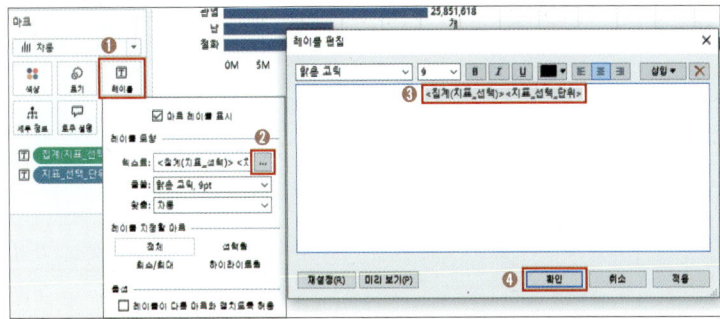

04 가로 막대 차트에 색상을 적용하기 위해 데이터 패널의 **[평균대비지표] 필드**를 마크 패널의 **색상**으로 **드래그 앤 드롭**합니다.

05 마크 패널의 **색상**을 클릭하여 나타난 팝업 창에서 **색상 편집**을 클릭합니다. **데이터 항목 선택**에서 **거짓**을 **더블클릭**합니다. 나타난 팝업 창에서 **HTML(H)** 옆에 **#B7B7B7**을 입력하고 **확인**을 누릅니다. 이어서 **참**을 **더블클릭**하고 나타난 팝업 창에서 **HTML(H)** 옆에 **#3296ED**를 입력하고 **확인**을 누릅니다. **색상 편집 팝업 창**에서 **확인**을 한 번 더 눌러 설정을 마무리합니다.

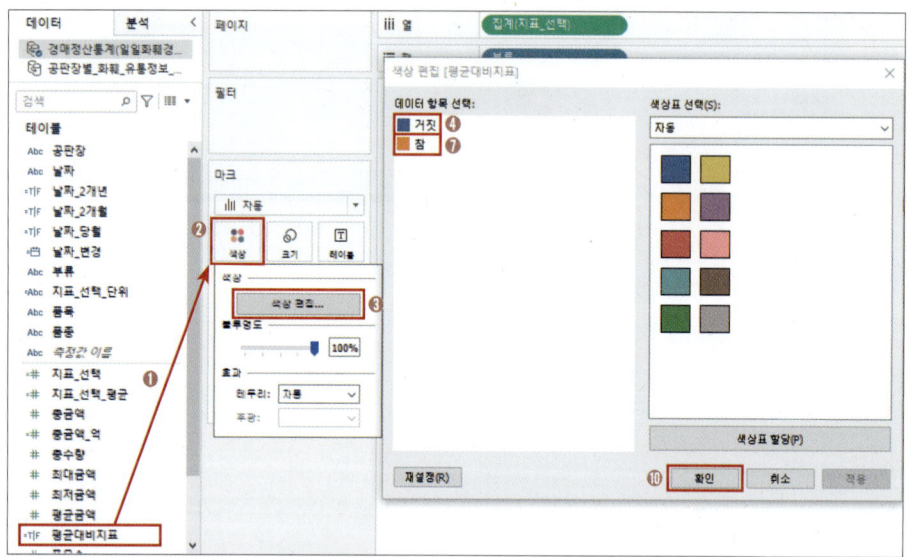

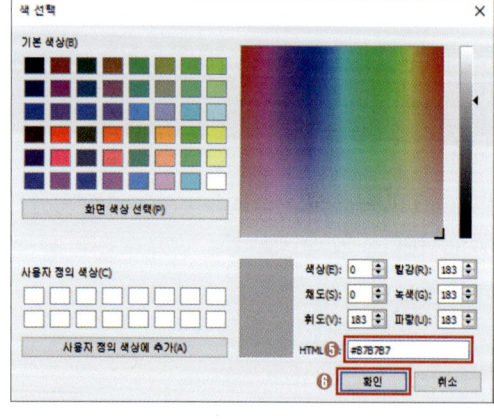
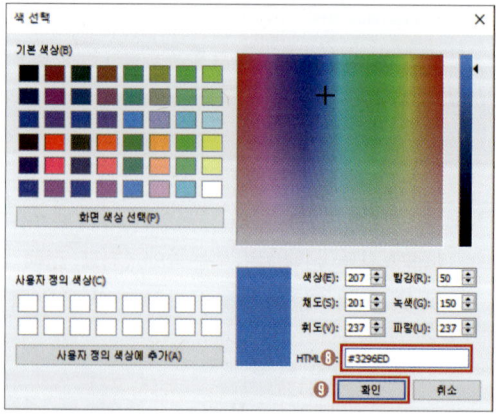

③ [부류 집합] 집합 필드를 생성하고, 이에 대한 조건을 설정하는 [부류_선택] 필드를 추가하시오.

01 [부류 집합] 집합 필드를 생성하기 위해 데이터 패널의 **[부류]** 필드를 **마우스 우클릭**합니다. 나타난 팝업 메뉴에서 **만들기** > **집합**을 클릭합니다. 나타난 **집합 만들기 팝업 창**에서 **이름**이 **부류 집합**으로 되어 있는 것을 확인하고 **확인**을 클릭합니다.

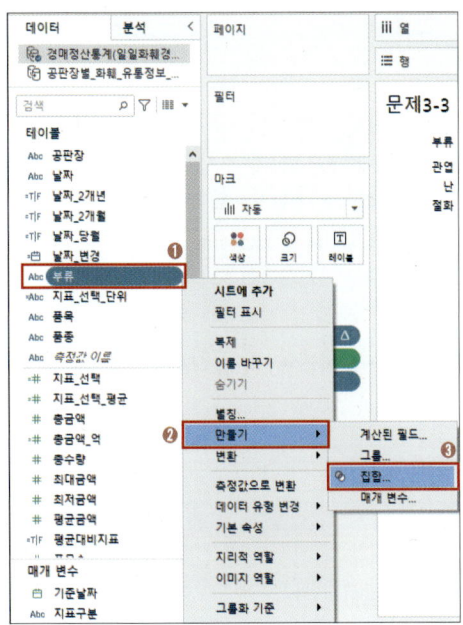
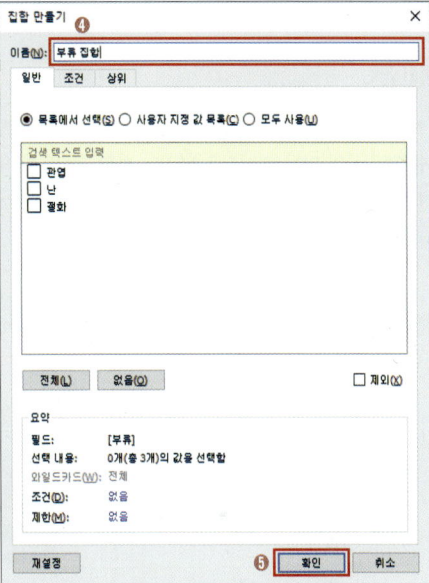

02 [부류_선택] 필드를 생성하기 위해 데이터 패널 상단의 ▼을 클릭합니다. 나타난 팝업 메뉴에서 **계산된 필드 만들기**를 클릭합니다.

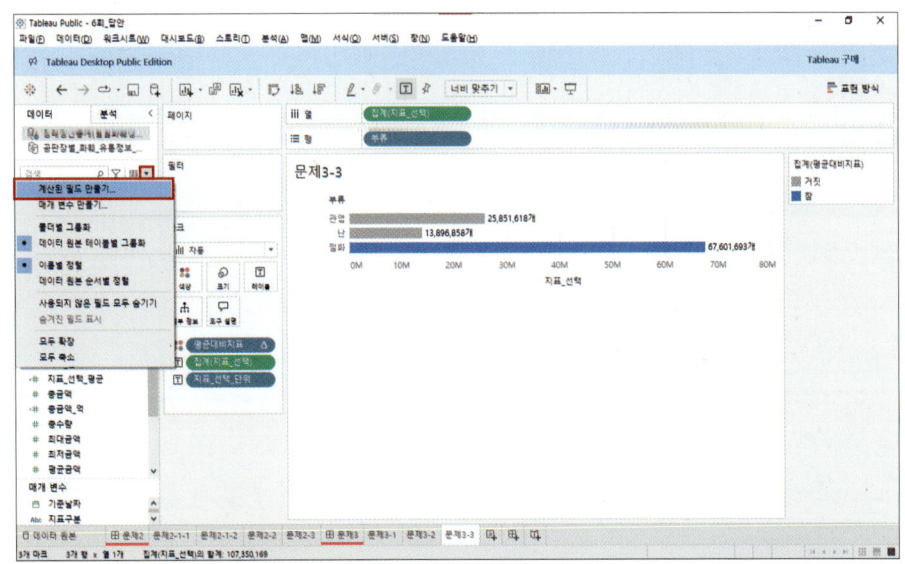

03 나타난 **계산된 필드 만들기 팝업 창**에서 상단에 필드 **이름**을 **부류_선택**으로 입력합니다.

04 [부류_선택] 필드는 부류 집합에 포함될 경우 [품목] 필드를 반환하고, 아닐 경우 ▶를 반환하기 위해 **IF문**을 사용하여 다음 수식을 입력하고 **확인**을 클릭합니다.

> IF [부류 집합] THEN [품목] ELSE '▶' END

> **Tip** ✓
> • ▶은 자음 ㅁ을 입력한 후 키보드의 한자를 클릭하면 나타나는 팝업 창에서 입력할 수 있습니다. 스크롤의 아래쪽을 클릭하여 다음 페이지로 넘기다 보면 4번째 페이지의 2번으로 나타나는 것을 확인할 수 있습니다.
> • 작업 환경에 따라 심볼 입력 팝업 창에서 페이지를 넘기지 않고 바로 입력할 수 있습니다.

05 데이터 패널에 생성한 **[부류_선택]** 필드를 행 패널의 **부류 오른쪽 빈 공간**으로 **드래그 앤 드롭**합니다.

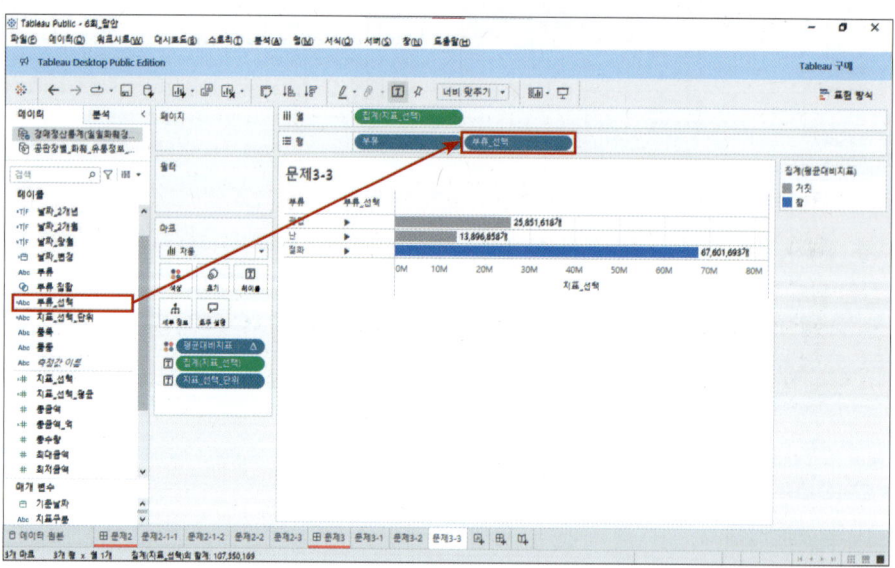

06 행 패널에 추가된 **부류**를 **마우스 우클릭**합니다. 나타난 팝업 메뉴에서 **정렬**을 클릭하면 나타나는 **정렬 [부류] 팝업 창**에서 **정렬 기준**을 **필드**로 설정합니다. 정렬에 사용하는 **필드명**은 **지표_선택**으로 선택하고 **정렬 순서**는 **내림차순**으로 정렬합니다. 우측 상단의 ☒를 클릭하여 팝업 창을 닫습니다.

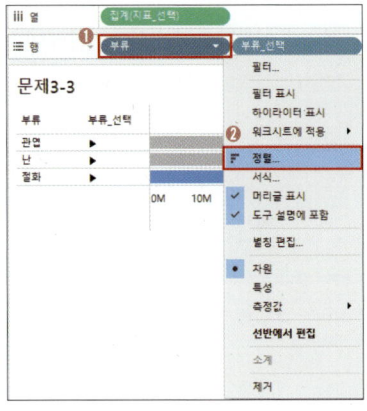 

07 행 패널의 **부류_선택** 역시 **마우스 우클릭 > 정렬**을 클릭하여 나타나는 **정렬 [부류_선택] 팝업 창**에서 **정렬 기준**은 **필드**, **필드명**은 **지표_선택**, **정렬 순서**는 **내림차순**을 선택합니다. 우측 상단의 ☒를 클릭하여 팝업 창을 닫습니다.

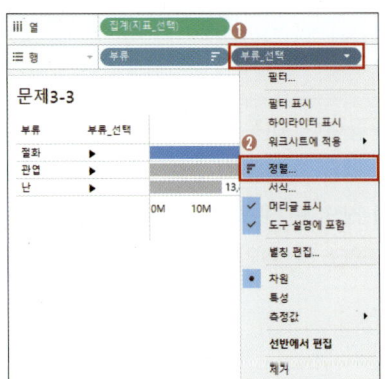 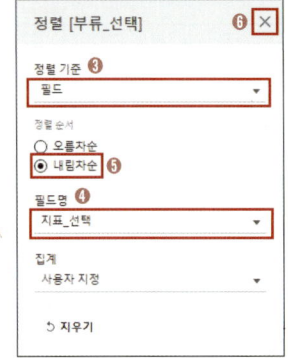

08 차트가 문제의 지시대로 완성된 것을 확인할 수 있습니다.

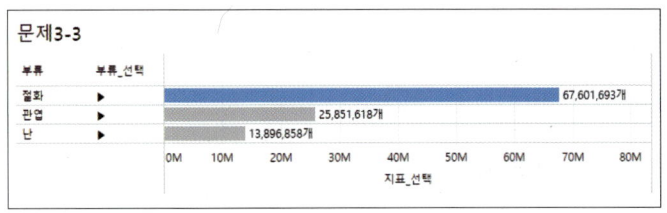

4 '문제3' 대시보드에 다음의 작업을 수행하여 동적(Interactive) 대시보드를 구현하시오.

① '문제2' 대시보드로 이동하는 "버튼"을 구현하시오.

01 하단 탭에서 **문제3**을 클릭하여 해당 대시보드로 이동합니다. 왼쪽 사이드 바에서 **대시보드** 탭으로 이동한 뒤 하단에 위치한 **개체**에서 **탐색**을 클릭하여 제목 아래의 빈 컨테이너 가장 오른쪽으로 **드래그 앤 드롭**합니다.

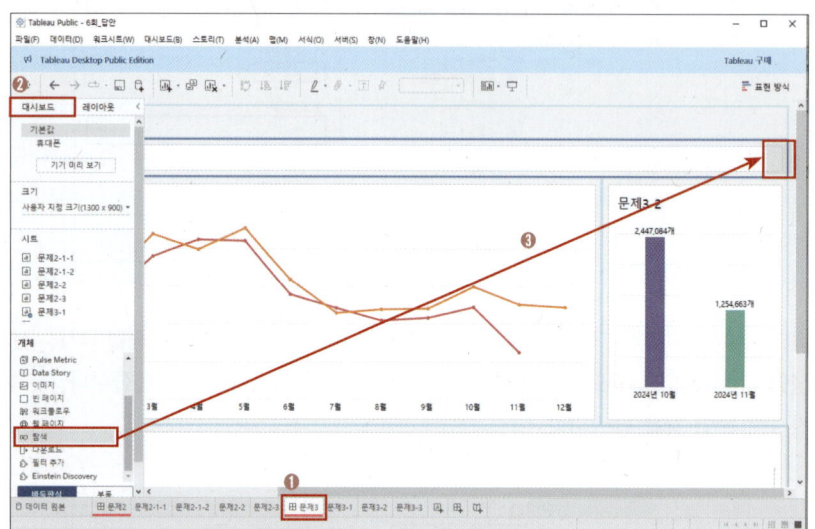

02 동작을 적용하기 위해 탐색 개체를 **더블클릭**합니다. 이동할 위치를 **문제2**로 설정하고 **제목**에 **문제2로 이동**을 입력합니다. **글꼴**은 ▼ > ▼ > **맑은 고딕**을 클릭합니다. **글자 크기**는 10으로 설정하고 색상은 **첫 번째 검정색**을 선택한 후 팝업 창의 빈 곳을 클릭하여 글꼴 팝업 창을 닫습니다. 하단의 **백그라운드**는 ▼ > **색상 추가** > **#E6E6E6** > **확인**을 클릭합니다. 편집 단추 창의 빈 곳을 클릭하고 **확인**을 눌러 설정을 마무리합니다.

 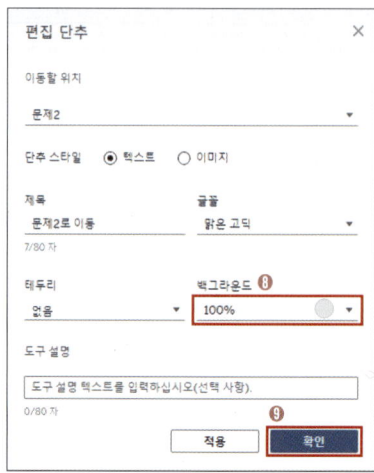

② 대시보드 상단에 '기준날짜'와 '지표구분' 매개 변수를 배치하시오.

01 왼쪽 사이드 바의 **대시보드** 탭 하단에 위치한 **개체**에서 **텍스트**를 클릭하여 제목 아래의 빈 레이아웃 가장 왼쪽으로 **드래그 앤 드롭**합니다.

02 **텍스트 편집 팝업 창**에서 먼저 ▤을 클릭한 후 **기준일자**를 입력하고 **확인**을 클릭합니다.

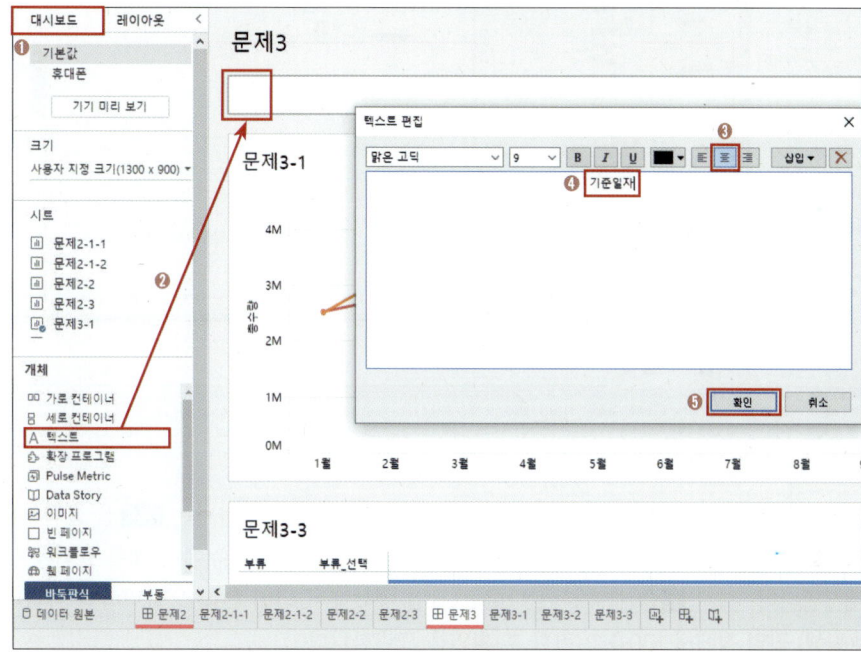

03 텍스트 개체의 ▼을 **클릭**하여 나타난 팝업 메뉴에서 **너비 편집**을 클릭합니다. 나타난 **너비 설정(픽셀) 팝업 창**에서 100을 입력하고 **확인**을 클릭합니다.

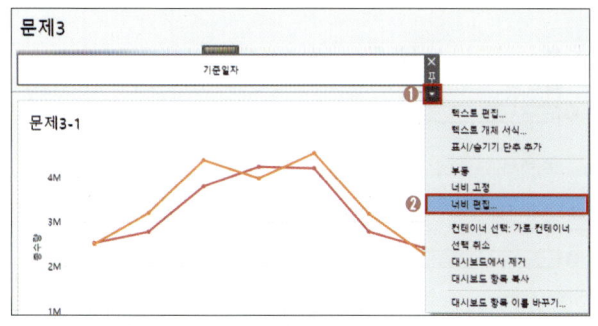
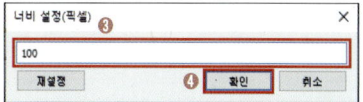

04 **문제3-1 시트**의 빈 공간을 클릭하고 상단 메뉴의 **분석(A)** > **매개 변수(P)** > **기준날짜**를 클릭하여 [기준날짜] 매개 변수를 불러옵니다.

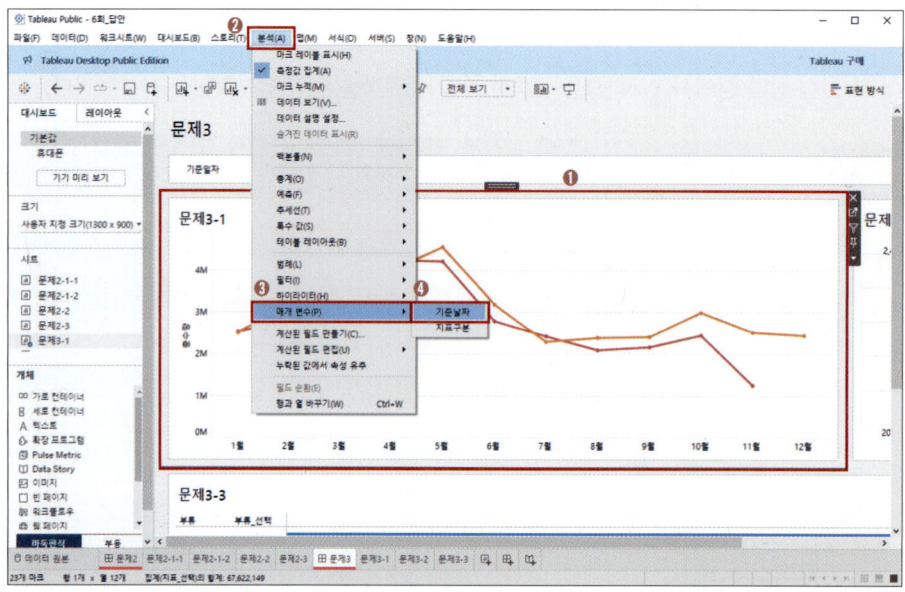

05 대시보드에 추가된 [기준날짜] 매개 변수의 빈 공간을 클릭하여 나타나는 ▬을 클릭하여 **기준날짜 텍스트의 오른쪽**에 배치합니다. ▼을 클릭한 후 나타난 팝업 메뉴에서 **제목 표시**를 클릭해 체크 해제합니다. 다시 ▼을 클릭하여 나타난 팝업 메뉴에서 **너비 편집**을 클릭하면 나타나는 **너비 설정(픽셀) 팝업 창**에서 100을 입력한 후 **확인**을 클릭합니다.

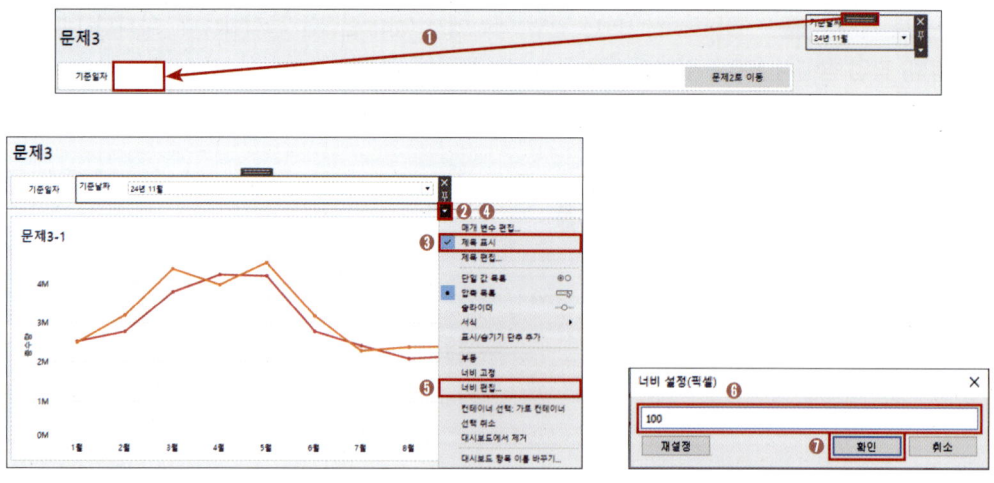

06 사이드 바에 있는 **개체**에서 **텍스트**를 클릭하여 제목 아래의 [기준날짜] 매개 변수의 바로 오른쪽에 **드래그 앤 드롭**합니다.

07 **텍스트 편집 팝업 창**에서 먼저 ▤을 클릭한 후 **지표구분**을 입력하고 **확인**을 클릭합니다.

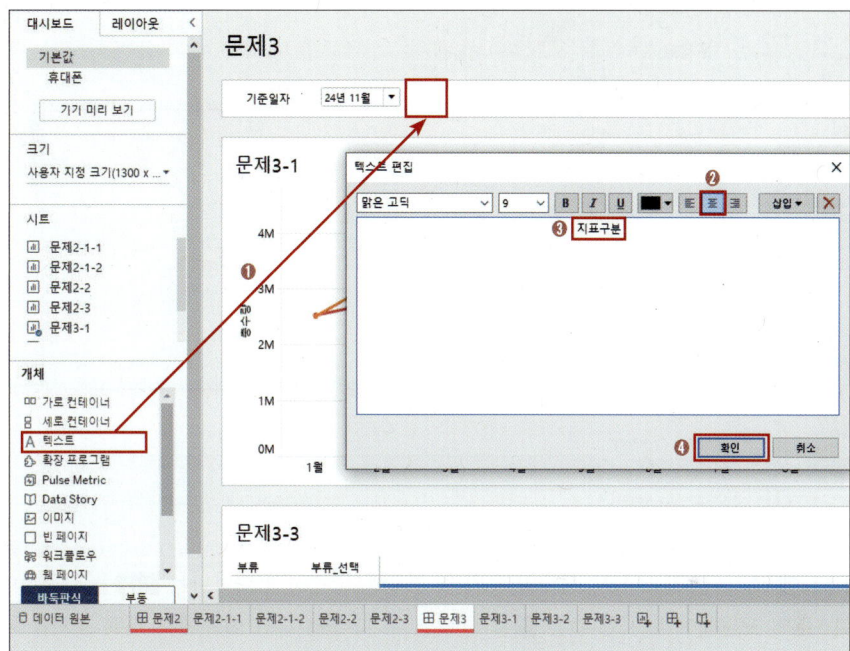

08 텍스트 개체의 ▼을 **클릭**하여 나타난 팝업 메뉴에서 **너비 편집**을 클릭합니다. 나타난 **너비 설정 (픽셀) 팝업 창**에서 100을 입력하고 **확인**을 클릭합니다.

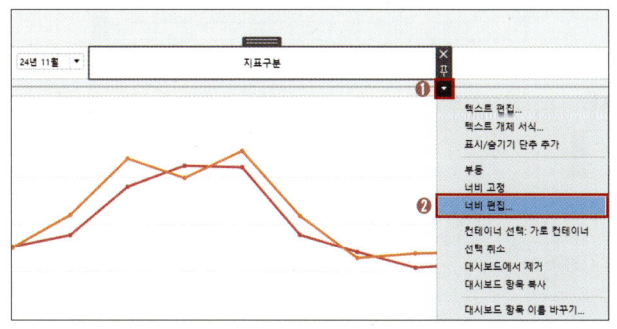
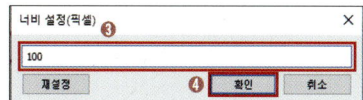

09 **문제3-1 시트**의 빈 공간을 클릭하고 상단 메뉴의 **분석(A) > 매개 변수(P) > 지표구분**을 클릭하여 [지표구분] 매개 변수도 나타냅니다.

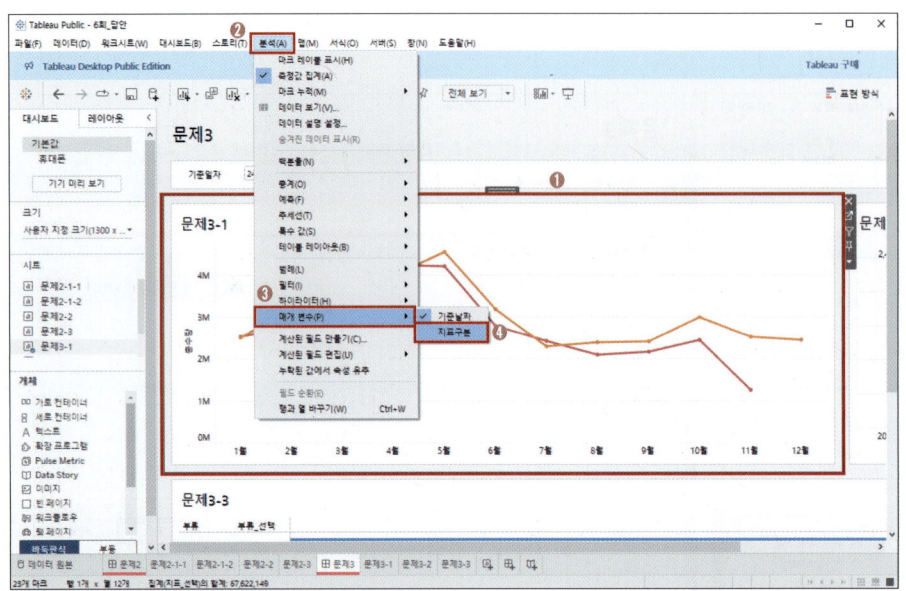

10 대시보드에 추가된 [지표구분] 매개 변수의 빈 공간을 클릭하여 나타나는 ▬을 클릭하여 **지표구분 텍스트의 오른쪽**에 배치합니다. ▼을 클릭한 후 나타난 팝업 메뉴에서 **제목 표시**를 클릭해 체크 해제합니다. 다시 ▼을 클릭하여 나타난 팝업 메뉴에서 **너비 편집**을 클릭하면 나타나는 **너비 설정(픽셀) 팝업 창**에서 100을 입력한 후 **확인**을 클릭합니다.

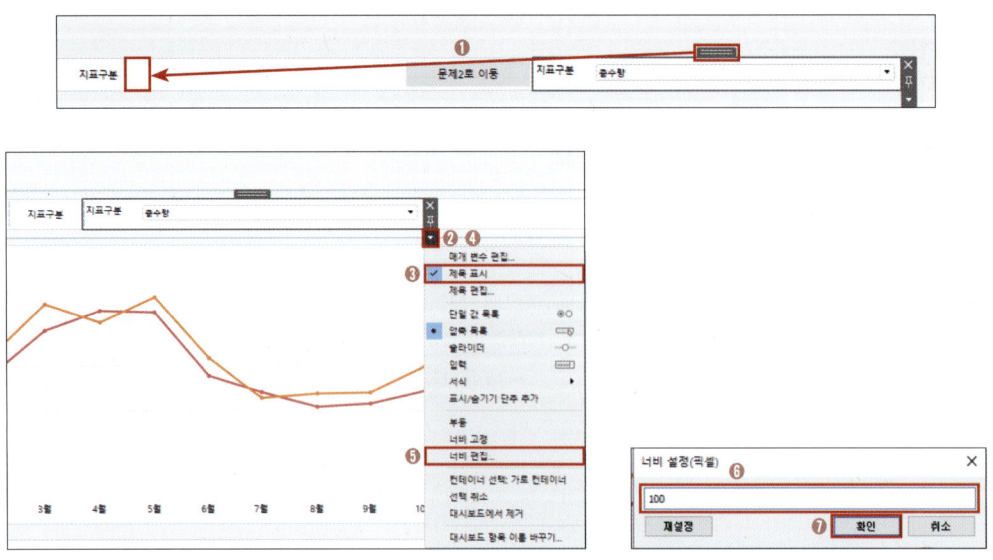

③ [부류 집합] 집합에 값을 할당하는 대시보드 동작을 생성하시오.

01 상단 메뉴의 **대시보드(B)** > **동작(I)**을 클릭합니다.

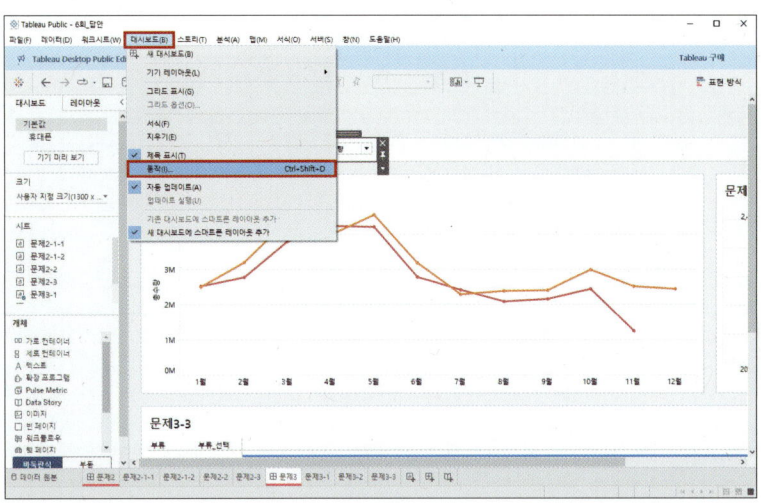

02 나타난 **동작 팝업 창**에서 **동작 추가** > **집합 값 변경**을 클릭합니다. 나타난 **집합 동작 추가 팝업 창**에서 **이름**을 **부류_집합**으로 정의하고 **원본 시트**에 **문제3-3**만 남기고 모두 **체크 해제**합니다. **동작 실행 조건**은 **선택**으로 유지한 후 **대상 집합**에서 **경매정산통계(일일화훼경매정보)** > **부류 집합**을 선택합니다. **동작 실행 결과**로 **집합에 값 할당**을 유지하고 **선택을 해제할 경우의 결과**는 **집합에서 모든 값 제거**를 선택한 후 **확인**을 클릭합니다. 다시 **확인**을 클릭하여 설정을 마무리합니다.

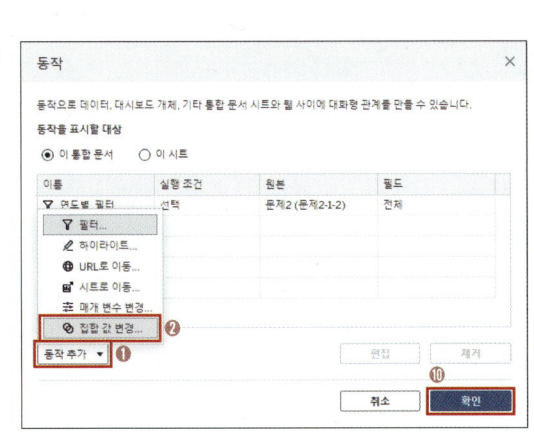 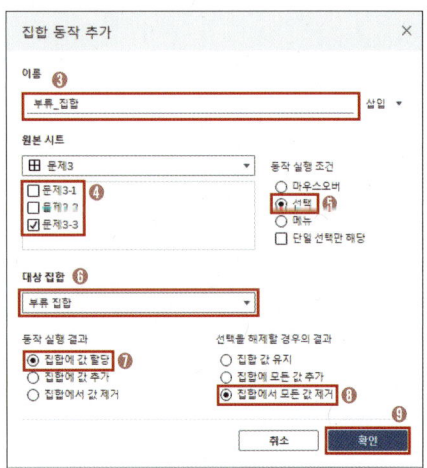

03 작업한 대시보드가 문제3의 시각화 완성화면(346p)과 일치하는지 확인한 후 해당 대시보드의 작업을 마무리합니다.

PART 4
기출문제 파헤치기

CHAPTER 01 2024년 1회 기출복원문제

 유선배 경영정보시각화능력 실기(Tableau) 합격노트
이 시대의 모든 합격! 무료 동영상 강의와 함께 합격하세요!
www.youtube.com ▶ '데이터이지(Dataeasy)' 검색 ▶ 구독

CHAPTER 01 2024년 1회 기출복원문제

※ 본서는 이미지 화질 향상을 위하여 태블로 작업 화면을 축소하여 풀이를 진행하였으므로 작업 시 보이는 필드 및 차트의 크기 등에 차이가 있을 수 있습니다. 제공되는 정답 파일과 비교하여 작업하는 것을 권장합니다.

국 가 기 술 자 격

2024년 제1회 경영정보시각화능력 실기시험

프로그램명	제한시간
태블로 데스크톱	70분

수험번호 :
성 명 :

단일	경영정보시각화 실무

※ 문제지를 받으면 다음 순서를 따라 주시기 바랍니다.

① 응시 프로그램 일치여부, 페이지 누락, 인쇄상태 불량 및 훼손 여부 확인 후 이상이 있을 경우 손을 들어 주십시오.
② 이상이 없을 경우 1페이지의 '유의사항'과 2페이지의 '문제 및 데이터 안내'를 확인하십시오.
③ 문제지 확인이 끝나면 문제지 우측 상단에 수험번호, 성명을 기재하여 주십시오.

대 한 상 공 회 의 소

─ 〈유의사항〉 ─

- '유의사항', '문제 및 데이터 안내'에 따라 시험에 응시하여야 하며, 이를 소홀히 하여 발생한 불이익과 책임은 수험자 본인에게 있습니다.
- 시험이 시작되면 즉시 문제 데이터 파일 존재여부와 답안 파일의 문제3-4 대시보드에 차트, 표, 데이터가 보이는지 확인하시기 바랍니다.
  - 문제 데이터 파일 위치 : [문제1] C:\TB\문제1_데이터 폴더 / [문제2, 3] C:\TB\문제2,3_데이터 폴더
  - 문제 데이터 파일은 존재여부만 확인하며 엑셀 등으로 열어보면 실격 처리
  - 답안 파일 위치 : C:\TB\수험자번호.twbx
  - 화면에 띄워진 답안 파일의 문제3-4 대시보드 확인
- 시험 중 인터넷 통신 오류 팝업 메세지가 발생할 경우 엑스(☒)를 클릭하여 팝업 메시지 창을 닫고 진행하시기 바랍니다.
- 아래는 답안의 저장 및 시험종료 관련 안내입니다.
  - 메뉴 '파일'-'저장'으로 저장(툴바 저장 아이콘(💾) 또는 'Ctrl+S' 사용금지)
  - 엑셀 데이터 추출 확인 메시지 창이 나올 경우 반드시 '추출 만들기' 버튼 누름
  - 시험 진행 중 답안은 수시로 저장
  - 시험종료 전 반드시 메뉴 '파일'-'저장'으로 저장하고 프로그램을 종료해야 합니다. 이외 방법으로 시험종료하여 발생하는 문제[오류발생/저장불가]에 대한 책임은 수험자에게 있습니다.
- 별도의 지시사항이 없는 경우, 다음과 같이 처리할 때 [실격 처리]됩니다.
  - 제시된 파일, 페이지/대시보드, 데이터 원본의 이름, 차원/측정값 속성을 임의로 변경한 경우
  - 제시된 파일, 데이터 원본을 임의로 삭제, 추가, 변경한 경우
  - 시트/워크시트/대시보드를 임의로 삭제, 추가하거나 명칭을 변경한 경우
  - 제시된 답안 파일의 경로 또는 파일명을 변경한 경우
  - 문제 데이터를 시험 시작 전에 열어보는 경우
  - 실기시험 프로그램 이외의 프로그램(엑셀 등)으로 데이터를 열어보는 경우
- 반드시 답안작성은 문제에서 지시한 위치에 작업해야 하며 다음과 같이 처리 시 해당 작업 또는 그 작업에 영향을 미치는 문제, 개체, 시트 등은 [오답 처리]됩니다.
  - 제시된 함수가 있으면 제시된 함수만을 사용해야 하며 그 외 함수를 사용해 풀이한 경우
  - 지시하지 않은 차트, 컨테이너, 매개변수 등을 임의로 이동, 수정(변경), 삭제 등으로 인해 위치 및 내용이 변경된 경우
  - 임의로 기본 설정값(Default)을 변경한 경우
  - 숫자데이터를 임의로 문자화하여 처리한 경우
  - 개체가 해당 영역을 벗어난 경우
  - 작업한 개체가 너무 작아 정보 확인이 어려울 경우
  - 지시사항과 띄어쓰기, 대소문자 등이 다르게 작업한 경우(계산식 제외)

- 문제지에 제시된 [완성화면] 그림 관련입니다.
  - 문제 상단에 있는 [완성화면] 그림은 각 문제의 세부문제 전체를 풀이했을 때 도출되는 것으로 개별 세부문제를 풀이한 후의 [완성화면] 그림과 다를 수 있음
  - 문제풀이 순서 또는 시각적 개체 작성 순서, PC 환경 등의 이유로 수험자가 작성한 개체의 모니터 화면과 모양, 색상 등이 다를 수 있음
- 본 문제와 용어는 태블로 데스크톱 퍼블릭 에디션(Tableau Desktop Public Edition) 2024.3.0. 버전을 기준으로 작성되었습니다.

문제 및 데이터 안내

1. 수험자가 작성할 답안 파일은 1개입니다. 문제1, 문제2, 문제3의 답을 하나의 답안 파일(.twbx)로 저장하십시오.
2. 문제1, 문제2, 문제3은 각각 독립적으로 구성되어 앞 문제를 풀지 않아도 다음 문제 풀이가 가능합니다.
3. 문제1은 데이터 불러오기를 통해 문제를 풀이하고, 문제2와 문제3은 답안에 이미 데이터가 포함되어 있어 다시 데이터를 불러오지 말고 바로 문제 풀이를 하십시오.
   – 데이터 파일은 문제1을 위한 데이터 파일과 문제2, 3을 위한 데이터 파일로 구성되어 있습니다.
4. 문제2와 문제3 풀이를 위해 필요한 일부 측정값, 필터가 답안 파일에 미리 적용되어 있을 수 있습니다.
   – 지시사항에 제시되지 않은 것은 변경하지 마십시오.
   – 사전에 적용된 필터 등이 삭제되지 않도록 '시트 지우기' 기능을 **절대** 사용하지 마십시오.
5. 문제는 문제(문제1~3) – 세부문제(1~4) – 지시사항(①~③) – 세부지시사항(▶, –) 단위로 구성됩니다.
6. 지시사항(①~③)별로 점수가 부여되며, 지시사항의 전체 세부지시사항(▶, –)을 작업하지 않을 경우 점수가 부여되지 않습니다. ※ **부분 점수 없음**
7. 본 시험에서 사용되는 데이터 파일 수와 데이터명은 아래와 같습니다.
   – [문제1] 데이터 파일 수 : 2개 / 데이터명 : '승차인원.xlsx', '하차인원.xlsx'

파일명	승차인원.xlsx							
테이블	구조							
2301_ 2401 승차인원	호선	역번호	역명	구분	2023년 1월	2023년 2월	2023년 3월	2023년 4월	2023년 5월
	1호선	150	서울역	승차	1399616	1438582	1472966	1550243	1604735
	2023년 6월	2023년 7월	2023년 8월	2023년 9월	2023년 10월	2024년 11월	2023년 12월	2024년 1월
	1567119	1568675	1540909	1499401	1642958	1664344	1654547	1592934
2402_ 2405 승차인원	호선	역번호	역명	구분	2024년 2월	2024년 3월	2024년 4월	2024년 5월
	1호선	150	서울역	승차	1522705	1674816	1669319	1715926

파일명	하차인원.xlsx					
테이블	구조					
2301_ 2401 하차인원	호선	역번호	역명	구분	인원	연월
	1호선	150	서울역	하차	1546587	2023년 10월
2402_ 2405 하차인원	호선	역번호	역명	구분	인원	연월
	1호선	150	서울역	하차	1467437	2024년 2월

- [문제2, 3] 데이터 파일 수 : 1개 / 데이터명 : '지역별매출데이터.xlsx'

파일명	지역별매출데이터.xlsx					
테이블	구조					
지역별 매출 데이터	기준일자	지역	구분	성별	지표	지표값
	2023-01	경기도	디지털/가전	남성	매출액	8830000

문제1 작업준비(20점)

| 필드 완성화면 |

각 세부문제 풀이 후 필드가 아래와 같이 구성되도록 하시오.

유형	필드명	물리적 테이블	원격 필드명
Abc	호선	승차인원	호선
#	역번호	승차인원	역번호
Abc	역명	승차인원	역명
=Abc	역명_수정	계산	Calculation_165...
Abc	구분	승차인원	구분
Abc	피벗 필드명	피벗	피벗 필드명
#	피벗 필드 값	피벗	피벗 필드 값
=Abc	승차하차_구분	계산	Calculation_165...
=#	승차하차_인원	계산	Calculation_165...
#	인원	하차인원	인원
Abc	연월	하차인원	연월

1. 답안 파일을 열고 다음의 지시사항에 따라 작업을 수행하시오. (10점)

① 연결 패널을 이용하여 데이터 파일을 열고 데이터 원본 편집 창에서 데이터를 편집하시오. (3점)
  ▶ 데이터 원본 추가 : '승차인원.xlsx'
  ▶ '승차인원.xlsx'의 〈2301_2401승차인원〉, 〈2402_2405승차인원〉 테이블을 유니온(UNION)으로 결합
    – 유니온으로 결합한 테이블 이름 변경 : 〈승차인원〉

② 유니온으로 결합한 〈승차인원〉 테이블의 [2023년 1월]부터 [2024년 5월]까지의 필드를 피벗(PIVOT)하시오. (3점)

③ 데이터 원본 편집 창에서 연결 추가를 이용하여 데이터 파일을 추가하시오. (4점)
  ▶ 데이터 추가 : '하차인원.xlsx'의 〈2301_2401하차인원〉, 〈2402_2405하차인원〉 테이블
  ▶ 〈2301_2401하차인원〉, 〈2402_2405하차인원〉 테이블을 유니온으로 결합하고 유니온으로 결합된 승차인원 테이블을 왼쪽 조인(LEFT JOIN)하여 물리적 테이블 생성
    – 조인 시 〈승차인원〉 테이블의 [호선], [역번호], [피벗 필드명] 필드와 〈하차인원〉 테이블의 [호선], [역번호], [연월] 필드 활용
    – 조인한 테이블의 물리적 테이블 이름 변경 : 〈승차_하차인원〉
    – 데이터 원본 이름 변경 : 지하철_승차_하차_인원

2. 세부문제1에서 모델링한 데이터를 아래 지시사항에 따라 편집하시오. (10점)

① 〈승차_하차인원〉에 [역명_수정] 필드를 생성하시오. (3점)
  ▶ 필드 이름 : 역명_수정
    – 〈승차_하차인원〉의 [역명] 필드 활용
    – 사용 함수 : SPLIT
    – 데이터 유형 : 문자열

② 〈승차_하차인원〉에 [승차하차_구분] 필드와 [승차하차_인원] 필드를 생성하시오. (4점)
  ▶ 필드 이름 : 승차하차_구분
    – [피벗 필드 값]이 NULL일 경우 '하차'로 정의하고 아닌 경우 '승차'로 정의
    – 사용 함수 : ISNULL, IF문
    – 데이터 유형 : 문자열
  ▶ 필드 이름 : 승차하차_인원
    – [승차하차_구분]이 승차일 경우 피벗 필드 값을 반환하고 하차인 경우 인원을 반환
    – 사용 함수 : CASE문
    – 데이터 유형 : 숫자형

③ 〈승차_하차인원〉에 필드를 처리하시오. (3점)
  ▶ 필드 숨기기
    – 필드 이름에 '유니온'이 담긴 필드 숨기기
    – [시트], [테이블 이름] 필드 숨기기

문제2 단순요소 구현(40점)

| 시각화 완성화면 |

각 세부문제 풀이 후 아래와 같은 결과가 도출되어야 합니다.

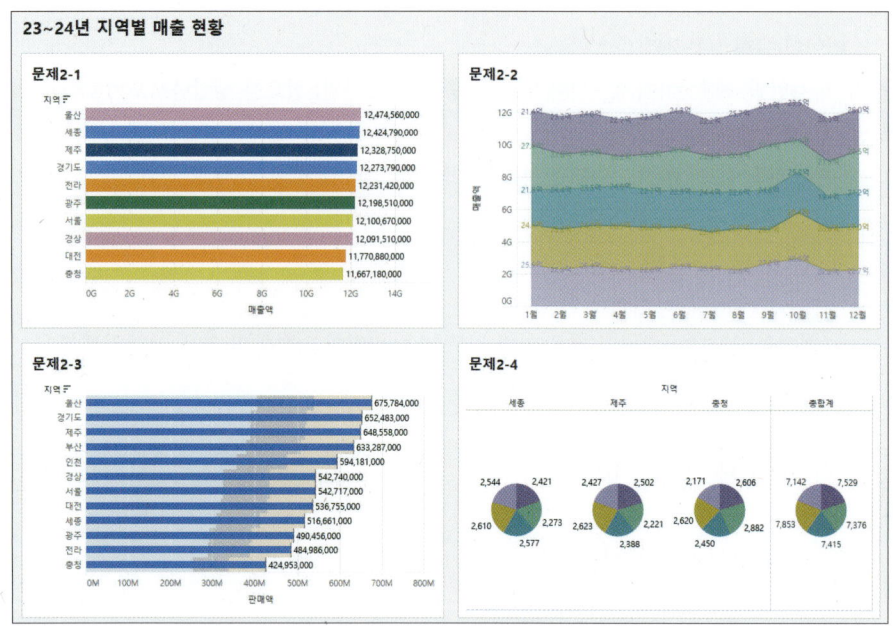

1. '문제2-1' 시트에 막대 차트를 구현하시오. (5점)

   ① '문제2-1' 시트에 [매출액] 필드와 [TOP10_선택] 필드를 생성하시오. (2점)

   ▶ 필드 이름 : 매출액
   - [지표] 필드를 이용하여 생성
   - 사용 함수 : IF문
   - 데이터 유형 : 숫자형

   ▶ 필드 이름 : TOP10_선택
   - [매출액] 필드를 이용하여 생성
   - 사용 함수 : RANK_UNIQUE, SUM
   - 데이터 유형 : 부울형(T|F)

   ② '문제2-1' 시트에 [매출액], [지역], [TOP10_선택] 필드를 이용하여 막대 차트(Bar Chart)를 구현하시오. (3점)

   ▶ 매출액이 높은 순으로 지역을 정렬하고 TOP10개 지역만 필터링
   ▶ 레이블 : [매출액] 필드 표시
   - 레이블이 다른 마크와 겹치도록 허용 옵션 설정
   ▶ 색상 : [지역] 필드 적용
   - 색상표 목록에서 '번개 색상 도표' 선택

2. '문제2-2' 시트에 영역 차트(Area Chart)를 구현하시오. (5점)
   ① '문제2-2' 시트에 [기준일자_날짜] 필드와 [매출액_단위] 필드를 생성하시오 (3점)
      ▶ 필드 이름 : 기준일자_날짜
        – [기준일자] 필드를 이용하여 생성
        – 사용 함수 : DATE, DATEPARSE
        – 데이터 유형 : 날짜형
      ▶ 필드 이름 : 매출액_단위
        – [매출액] 필드를 이용하여 생성
        – 데이터 유형 : 숫자형
   ② [기준일자_날짜]별 [매출액]을 보여주는 영역 차트를 구현하시오. (2점)
      ▶ 각 [구분] 필드가 월별 매출액이 얼마나 되는지 영역 차트로 표현
      ▶ 색상 : [구분] 필드에 따라 색상표의 "천사의 돌"로 구분
      ▶ 레이블 : [매출액_단위] 필드의 합계
        – 글꼴 : 맑은 고딕, 8포인트
        – 맞춤 : 가로 – 가운데, 세로 – 가운데
        – 서식 : 00.0억으로 표현

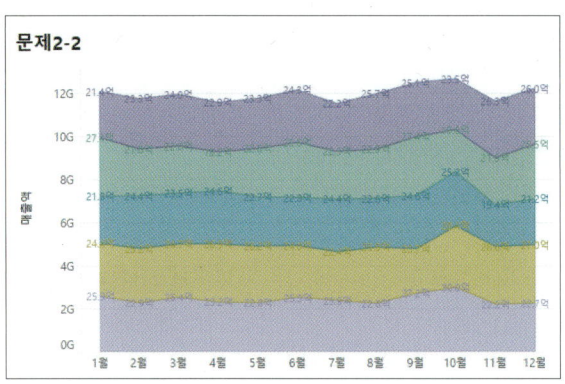

〈참고〉 워터폴 차트 색상

3. '문제2-3' 시트에 불릿 차트(Bullet Chart) 구현하시오. (10점)
   ① 차트 구현을 위한 [판매액] 필드를 생성하시오. (3점)
      ▶ 필드 이름 : 판매액
      ▶ 사용 함수 : IF문
      ▶ 데이터 유형: 숫자형
   ② '문제2-3' 시트에 불릿 차트를 구현하시오. (4점)
      ▶ [지역] 필드와 [판매액] 필드를 이용
        – [지역] 필드 정렬 시 [판매액] 필드 기준 내림차순
      ▶ [지역] 필드와 [판매액] 필드를 이용하여 불릿 차트를 표현

③ 색상 편집의 색상표를 이용하여 측정값의 색상을 설정하시오. (3점)
- ▶ 막대 차트의 색상을 #008FF7로 변경
- ▶ 60% 미만일 때 #E6ECF0, 60% 이상 80% 미만 #D4D4D4, 80% 이상 #F5EAD7

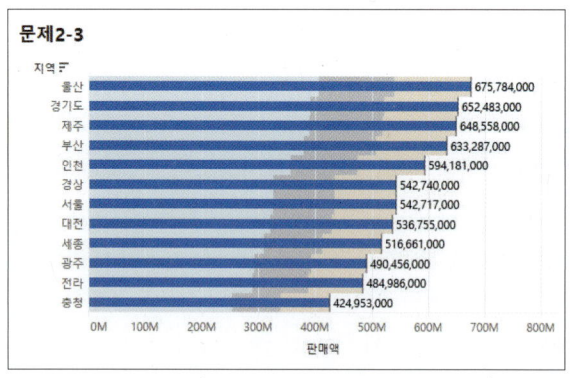

〈참고〉 측정값 색상

4. '문제2-4' 시트에 파이 차트(Pie Chart)를 구현하시오. (10점)

① 차트 구현을 위한 [판매수] 필드를 생성하시오. (3점)
- ▶ 필드 이름 : 판매수
- ▶ 사용 함수 : IF문
- ▶ 데이터 유형 : 숫자형

② '문제2-4' 시트에 파이 차트를 구현하시오. (4점)
- ▶ 지역별 판매 구성 현황을 파이 차트로 나타냄
- ▶ 판매수 기준으로 TOP3 지역만 필터링
- ▶ 지역별 전체 총합계 표현

③ 색상 편집의 색상표를 이용하여 측정값의 색상을 설정하시오. (3점)
- ▶ [구분] 필드를 기준으로 정의
    - 색상표 선택의 '천사의 돌'을 할당(단, 문제2-2에서 적용했을 경우 불필요)

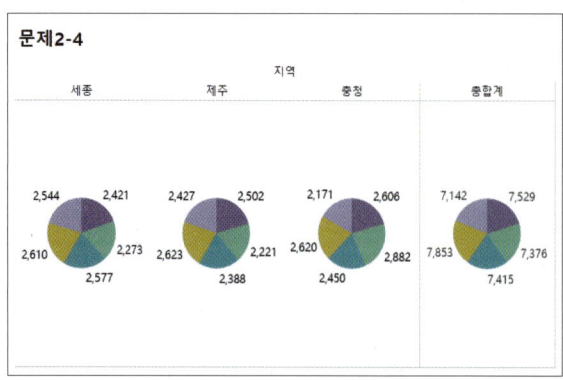

〈참고〉 '문제2-4' 색상과 레이블 참조

5. 통합 문서 및 '문제2' 대시보드의 서식을 설정하시오. (10점)

① 대시보드와 통합 문서의 서식을 변경하시오. (5점)
- ▶ 대시보드 제목
  - 전체 글꼴 : '맑은 고딕', 굵게, 18포인트
- ▶ 워크시트 제목
  - 전체 글꼴 : '맑은 고딕', 굵게, 15포인트
- ▶ 통합 문서 글꼴
  - 글꼴 : '맑은 고딕'

② '문제2' 대시보드의 백그라운드 색상과 제목의 레이아웃을 변경하시오. (5점)
- ▶ '문제2' 대시보드의 항목 계층 중 '바둑판식' 항목의 백그라운드 색상을 "#F5F5F5"로 변경
- ▶ 대시보드의 제목("23~24년 지역별 매출 현황") 개체(텍스트)의 레이아웃
  - 개체 이름 작성 : "23~24년 지역별 매출 현황"
  - 바깥쪽 여백을 위쪽 '10', 왼쪽 '10', 아래쪽 '10', 오른쪽 '10'으로 변경
  - 안쪽 여백을 모두 '0'으로 변경

문제3 복합요소 구현(40점)

| 시각화 완성화면 |

각 세부문제 풀이 후 아래와 같은 결과가 도출되어야 합니다.

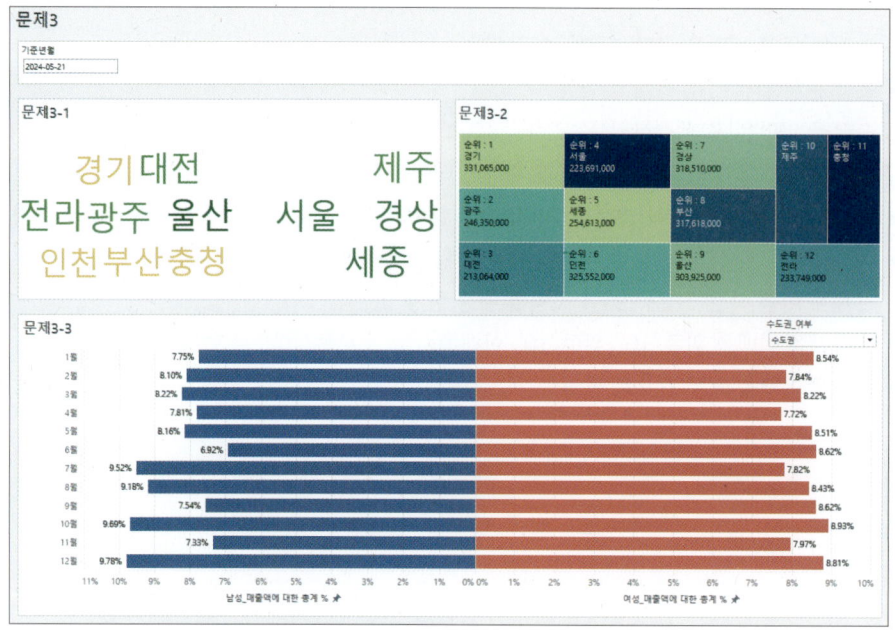

1. '문제3-1' 시트에 워드 클라우드(Word Cloud)를 구현하시오. (10점)

   ① 다음의 조건에 맞는 매개 변수와 필드를 생성하시오. (4점)

   ▶ 필드 이름 : 전년날짜
   - 오늘 기준으로 1년 전 날짜 반환
   - 사용 함수 : DATE, DATEADD, TODAY
   - 데이터 유형 : 날짜형

   ▶ 매개 변수 이름 : 기준년월
   - 통합 문서가 열릴 때 '전년날짜' 필드 조회
     (단, 대시보드를 작성하는 시점이 2025년 1월 1일 이후인 경우 현재 값에 '2024-05-21' 입력)
   - 데이터 유형 : 날짜

   ▶ 필드 이름 : 기준일자_선택
   - 선택한 '기준년월' 매개 변수와 동일한 '기준일자_날짜'와 비교
   - 사용 함수 : DATATRUNC
   - 데이터 유형 : 부울형(T|F)

② '문제3-1'에 [지역_편집] 필드를 생성하고 워드 클라우드를 생성하시오. (3점)
  ▶ 필드 이름 : 지역_편집
    – [지역] 필드의 두 글자만 반환
    – 사용 함수 : LEFT
  ▶ 생성한 [지역_편집] 필드와 [지표값] 필드를 이용하여 워드 클라우드 생성
  ▶ 필터
    – [기준일자_선택] 필드가 참인 경우
③ '문제3-1'에 색상을 설정하시오. (3점)
  ▶ [지표값] 필드를 기준
    – 색상표의 '녹색-금색'으로 정의
    – 단계별 색상을 5단계로 정의

〈참조〉 '문제3-1' 워드 클라우드와 색상 참조

2. '문제3-2' 시트에 트리맵(Tree Map)을 구현하시오. (10점)
  ① 다음의 조건에 맞는 필드를 생성하시오. (4점)
    ▶ 필드 이름 : 지표값_보정
      – [지표값] 필드의 부호를 판정하여 보정값으로 활용
      – 사용 함수 : SIGN
      – 데이터 유형 : 숫자형
    ▶ 필드 이름 : 지표_순위
      [지표값_보정] 필드의 합계를 기준으로 지역별 순위 반환
      – 사용 함수 : RANK_UNIQUE, SUM
      – 데이터 유형 : 숫자형
  ② '문제3-2' 시트에 트리맵을 구현하시오. (3점)
    ▶ [지역_편집] 필드와 [지표값_보정] 필드를 이용하여 트리맵을 구현
    ▶ [기준일자_선택] 필드를 이용하여 필터링
  ③ 레이블 및 색상을 설정하시오. (3점)
    ▶ 레이블
      – 첫 번째 줄에 순위 : 0
      – 두 번째 줄에 지역_편집
      – 세 번째 줄에 판매액 표시

▶ 색상
  - [지역_편집] 필드를 기준
  - 색상표의 '번개 치는 초원'을 할당

문제3-2				
순위 : 1 경기 331,065,000	순위 : 4 서울 223,691,000	순위 : 7 경상 318,510,000	순위 : 10 제주	순위 : 11 충청
순위 : 2 광주 246,350,000	순위 : 5 세종 254,613,000	순위 : 8 부산 317,618,000		
순위 : 3 대전 213,064,000	순위 : 6 인천 325,552,000	순위 : 9 울산 303,925,000	순위 : 12 전라 233,749,000	

〈참고〉 '문제3-2' 레이블 및 색상 참고

3. '문제3-3' 시트에 나비 차트(Butterfly Chart)를 구현하시오. (10점)
  ① 다음의 조건에 맞는 필드를 생성하시오. (4점)
    ▶ 필드 이름 : 남성_매출액
      - 성별이 남성일 때 매출액 반환
      - 사용 함수 : IF문
      - 데이터 유형 : 숫자형
    ▶ 필드 이름 : 여성_매출액
      - 성별이 여성일 때 매출액 반환
      - 사용 함수 : IF문
      - 데이터 유형 : 숫자형
    ▶ 매개 변수 이름 : 수도권_여부
      - 허용 가능한 값을 목록으로 정의
      - 목록 : 수도권, 비수도권
      - 데이터 유형 : 문자열
    ▶ 필드 이름 : 지역_수도권
      - 서울, 경기, 인천일 때 수도권으로 분류하고 그 외 지역을 비수도권으로 정의
      - 사용 함수 : IN, CASE문
      - 데이터 유형 : 문자열
    ▶ 필드 이름 : 수도권_선택
      - 선택한 '수도권_여부' 매개 변수와 동일한 '지역_수도권'과 비교
      - 데이터 유형 : 부울형(T|F)
  ② '문제3-3' 시트에 나비 차트를 구현하시오. (3점)
    ▶ 월별 매출액 구성을 성별에 따라 나비 차트로 표현
      - 축 범위를 0은 고정하고 한 쪽 끝은 자동으로 설정
    ▶ [남성_매출액] 필드를 축 반전으로 사용

③ 나비 차트의 색상과 레이블을 설정하시오. (3점)
- ▶ 색상 : 남성 – #4E79A7, 여성 – #E15759
- ▶ 레이블 : [남성_매출액] 필드와 [여성_매출액] 필드의 합계 구성비
  - 서식 : 숫자 서식 '소수점 2자리' 설정

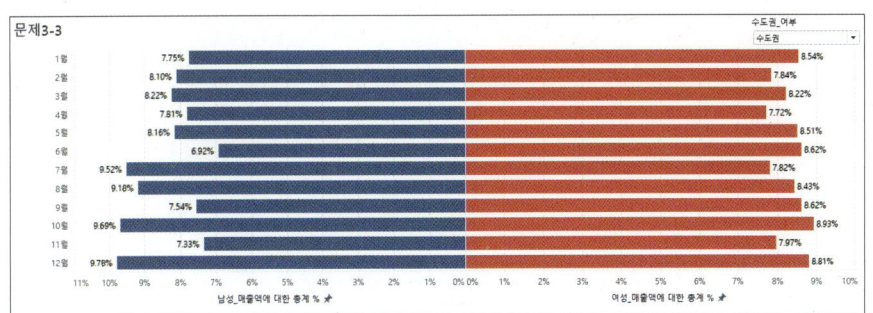

〈참고〉 '문제3-3' 색상과 레이블 참조

4. '문제3' 대시보드에 동작을 구현하시오. (10점)

① '문제3' 대시보드에서 '문제3-1'과 '문제3-2' 클릭 시 [지역_편집]에 따라 값이 변경되도록 구현하시오. (5점)
- ▶ '문제3-3'만 동작 할 수 있도록 구성
- ▶ 필터 동작 설정
  - 동작 이름 : 지역_선택_필터
  - 동작 : 필터 동작
  - 동작 실행 조건 : 선택
  - 선택을 해제할 경우의 결과 : 모든 값 표시

② '문제3' 대시보드에 매개 변수 및 필터를 배치하고 적용 범위를 설정하시오. (5점)
- ▶ [기준년월] 매개 변수
  - 위치 : 상단
  - [기준년월] 매개 변수의 너비는 150px로 고정
- ▶ [수도권_여부] 매개 변수
  - 위치 : '문제3-3' 오른쪽 상단(부동)
  - 유형 : 압축 목록

풀이 1 ▶ 작업준비   20점

1 답안 파일을 열고 다음의 지시사항에 따라 작업을 수행하시오.

① 연결 패널을 이용하여 데이터 파일을 열고 데이터 원본 편집 창에서 데이터를 편집하시오.

01 바탕 화면 > 유선배 경영정보시각화능력 실기(Tableau) 실습 자료 > Part4_기출복원문제_1회 > **1회_답안.twbx**를 **더블클릭**하여 답안 파일을 실행합니다. 상단에 태블로 마크 모양의 **시작 페이지 표시**(🔳)를 클릭하여 연결 패널로 이동합니다.

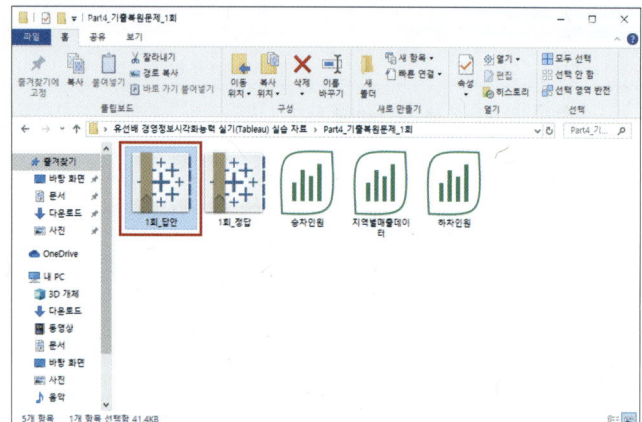

02 **연결**에서 **파일에 연결** > Microsoft Excel을 클릭한 후 파일 경로 위치는 **바탕 화면** > **유선배 경영정보시각화능력 실기(Tableau) 실습 자료** > **Part4_기출복원문제_1회** > **승차인원.xlsx**를 선택한 후 **열기**를 클릭합니다.

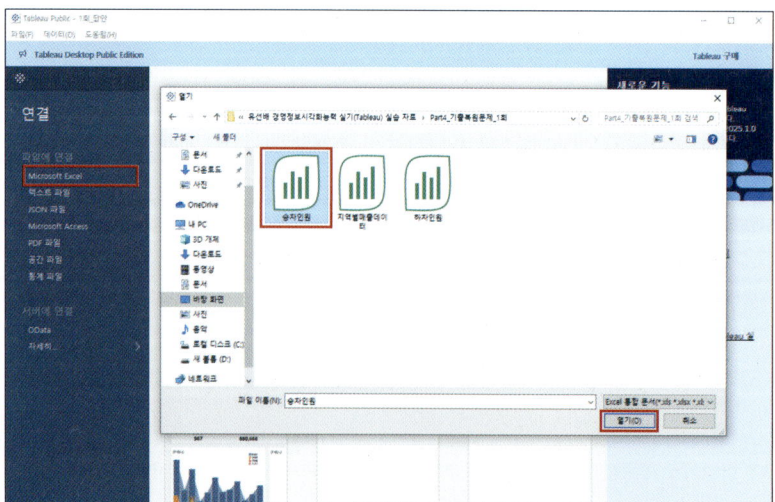

03 새 유니온을 캔버스로 드래그 앤 드롭하고 좌측의 2301_2401승차인원 시트와 2402_2405승차인원 시트를 유니온 팝업 창에 하나씩 드래그 앤 드롭한 후 확인을 눌러 마무리합니다.

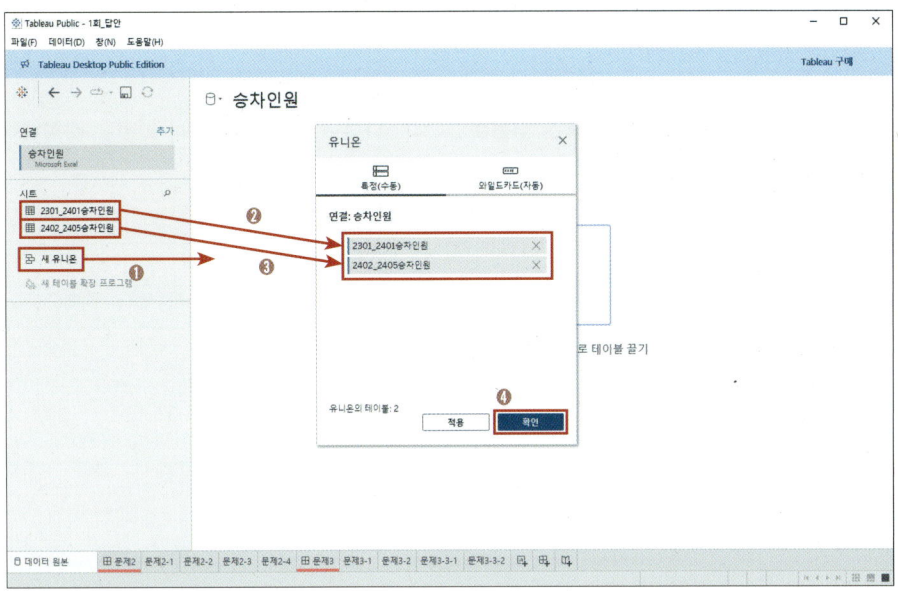

04 유니온으로 결합한 물리적 테이블의 이름을 변경하기 위해 논리적 테이블을 더블클릭한 후 물리적 테이블도 더블클릭합니다. 유니온에서 승차인원으로 변경하고 Enter를 누릅니다.

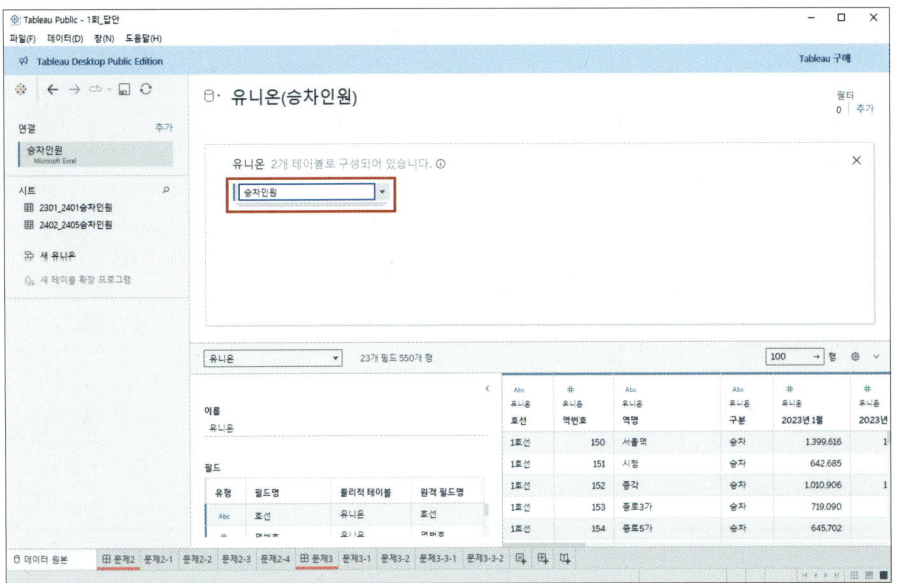

② 유니온으로 결합한 〈승차인원〉 테이블의 [2023년 1월]부터 [2024년 5월]까지의 필드를 피벗(PIVOT)하시오.

01 [2023년 1월] 필드의 머리글을 클릭하고 오른쪽으로 이동한 후 Shift를 누른 상태에서 [2024년 5월] 필드의 머리글을 클릭합니다.

02 음영 처리된 필드의 머리글을 **마우스 우클릭**합니다. 나타난 팝업 메뉴에서 **피벗**을 클릭하여 가장 오른쪽에 피벗 필드명과 피벗 필드 값이 나타난 것을 확인합니다.

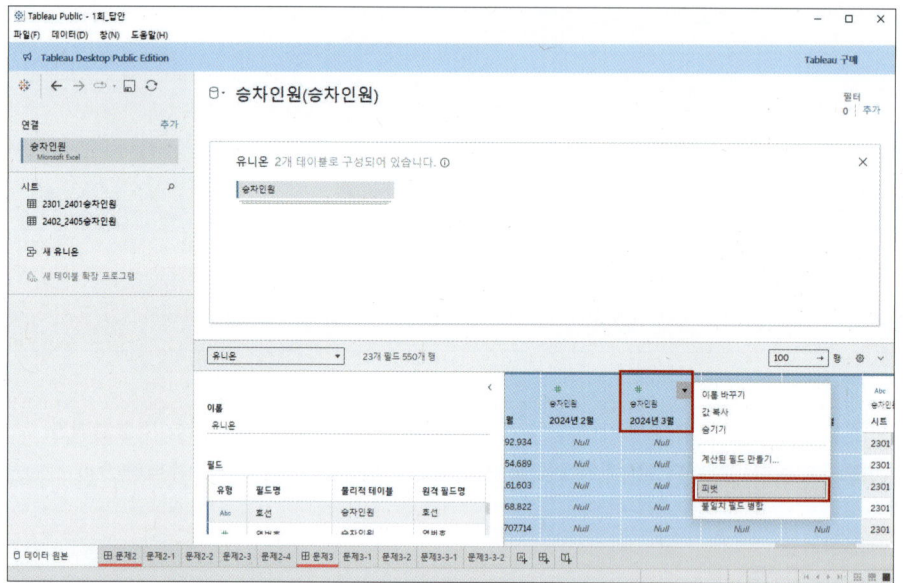

음영 처리된 필드 중 아무 필드에서나 머리글을 마우스 우클릭하여도 피벗이 가능합니다.

③ 데이터 원본 편집 창에서 연결 추가를 이용하여 데이터 파일을 추가하시오.

01 데이터 원본 페이지의 왼쪽 사이드 바에 위치한 **연결 > 추가**를 클릭하여 나타나는 연결 추가 창에서 **Microsoft Excel**을 클릭하고 **Part4_기출복원문제_1회 > 하차인원.xlsx > 열기**를 클릭합니다.

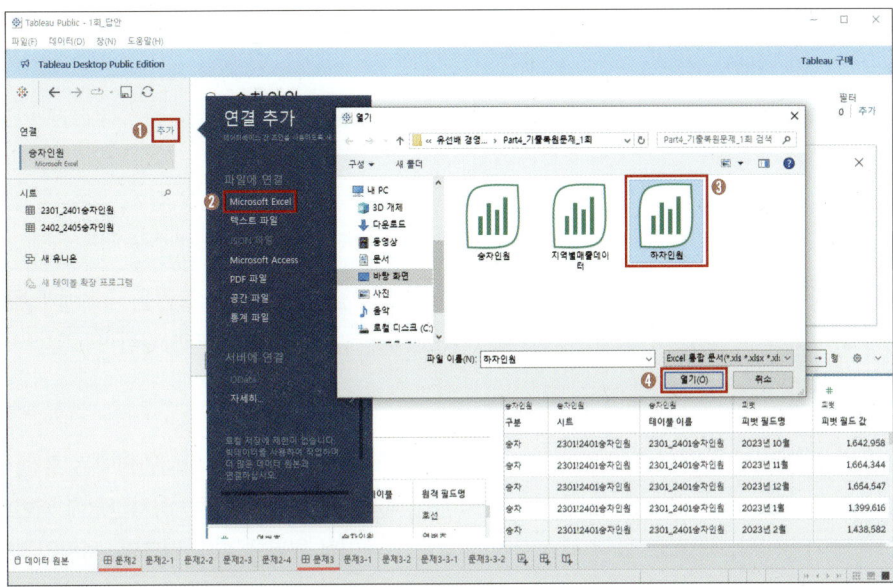

02 유니온으로 결합한 테이블과 기존에 옮겨둔 승차인원을 조인하기 위해 **새 유니온**을 캔버스에 있는 물리적 테이블로 **드래그 앤 드롭**합니다. 유니온 창에 **2301_2401하차인원** 시트와 **2402_2405 하차인원** 시트를 **드래그 앤 드롭**하고 **확인**을 눌러 마무리합니다.

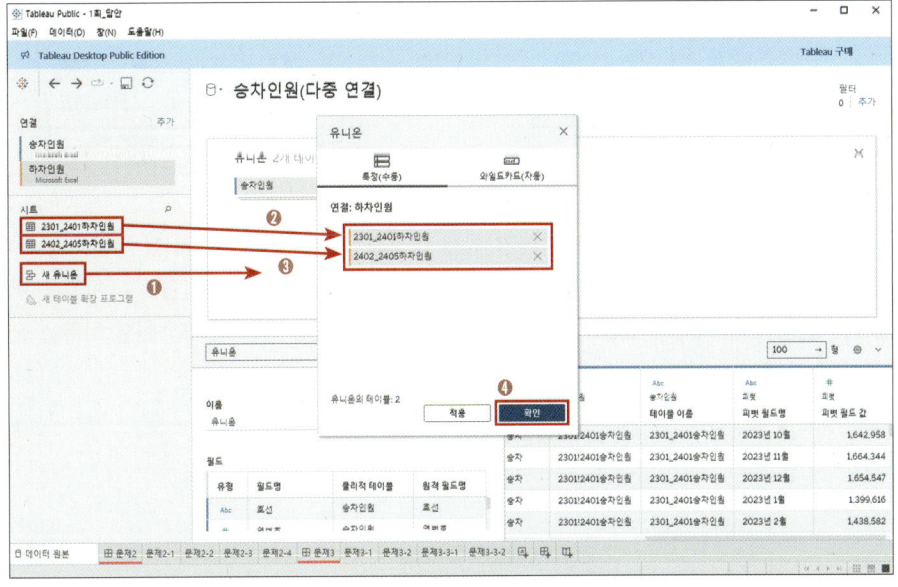

03 유니온으로 결합한 **물리적 테이블 이름**을 **더블클릭**하여 유니온에서 **하차인원**으로 변경하고 **Enter**를 누릅니다.

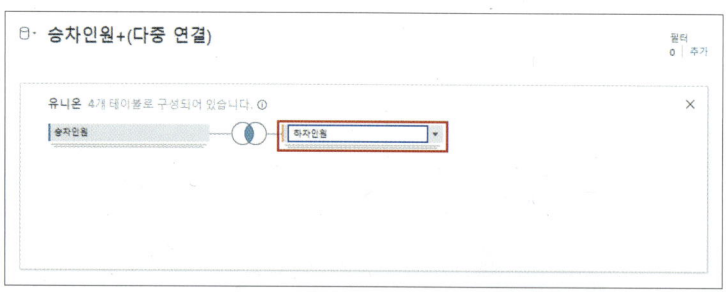

04 왼쪽 조인(LEFT JOIN)으로 변경하기 위해 **벤 다이어그램**을 클릭하고 **조인**을 내부에서 **왼쪽**으로 변경합니다. 조인 팝업 창에 이미 작성되어 있는 내용에 마우스를 얹으면 나타나는 ⊠을 클릭하여 삭제합니다.

05 연결 조건을 변경하기 위해 **데이터 원본**에 **호선**을 클릭하여 추가하고 **하차인원**에는 **호선(유니온)**을 추가합니다. 아래 **새 조인 절 추가**를 클릭하여 **데이터 원본**에 **역번호**, **하차인원**에 **역번호(유니온)**를 추가합니다. **새 조인 절 추가**를 다시 클릭하여 **데이터 원본**에 **피벗 필드명**, **하차인원**에 **연월**을 추가합니다. 선택이 끝났으면 우측 상단 ⊠를 클릭하여 창을 닫습니다. 유니온 창 우측 상단 ⊠도 클릭하여 유니온 창을 닫습니다.

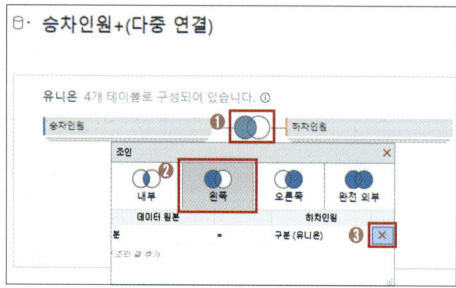 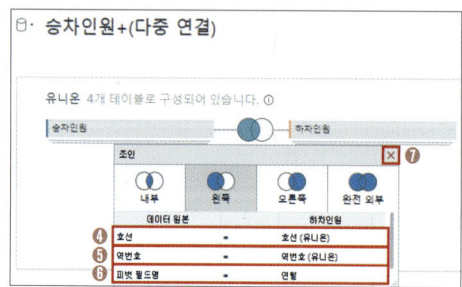

06 조인한 논리적 테이블의 이름을 변경하기 위해 캔버스에 있는 **논리적 테이블 유니온**을 **마우스 우클릭**합니다. 나타난 팝업 메뉴에서 **이름 바꾸기**를 클릭하여 **승차_하차인원**으로 이름을 변경하고 **Enter**를 누릅니다. 데이터 원본 이름을 변경하기 위해 상단에 있는 **데이터 원본 이름**을 클릭하여 **지하철_승차_하차_인원**으로 변경하고 **Enter**를 누릅니다.

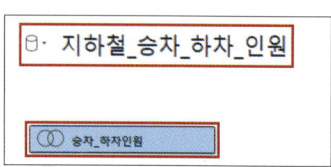

2 세부문제1에서 모델링한 데이터를 아래 지시사항에 따라 편집하시오.

① 〈승차_하차인원〉에 [역명_수정] 필드를 생성하시오.

01 [역명_수정] 필드를 생성하기 위해 **데이터 그리드**에 있는 **[역명] 필드**의 머리글을 **마우스 우클릭**합니다. 나타난 팝업 메뉴에서 **계산된 필드 만들기**를 클릭합니다.

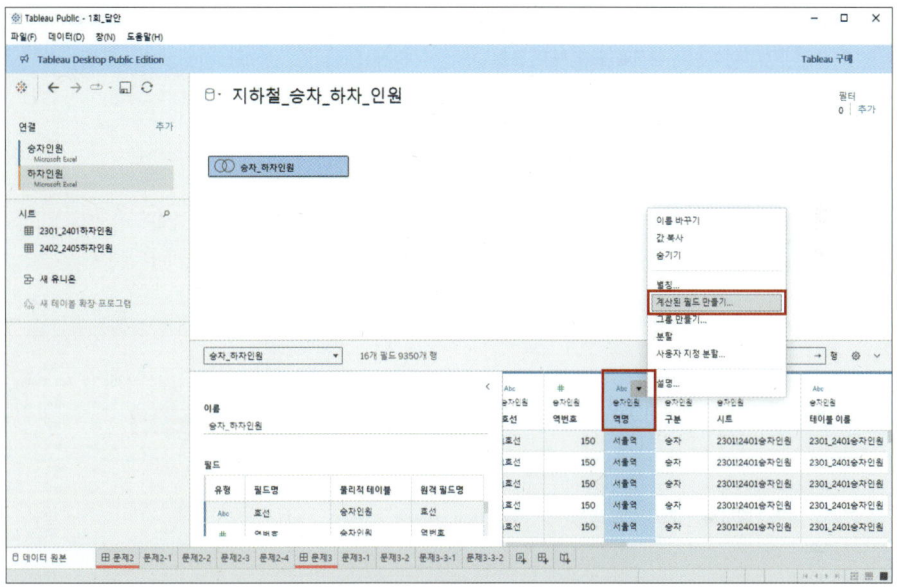

02 나타난 **계산된 필드 만들기 창** 상단에 필드 **이름**인 **역명_수정**을 입력합니다.

03 괄호 뒤에 있는 역명을 삭제하기 위해 **SPLIT 함수**를 사용하여 다음 수식을 입력하고 **확인**을 클릭합니다.

SPLIT([역명], "(", 1)

② 〈승차_하차인원〉에 [승차하차_구분] 필드와 [승차하차_인원] 필드를 생성하시오.

01 [승차하차_구분] 필드는 [피벗 필드 값] 필드의 NULL 여부에 따라 승/하차가 결정됩니다. 데이터 그리드에 있는 [피벗 필드 값] 필드의 머리글을 **마우스 우클릭**하여 나타난 팝업 메뉴에서 **계산된 필드 만들기**를 클릭합니다.

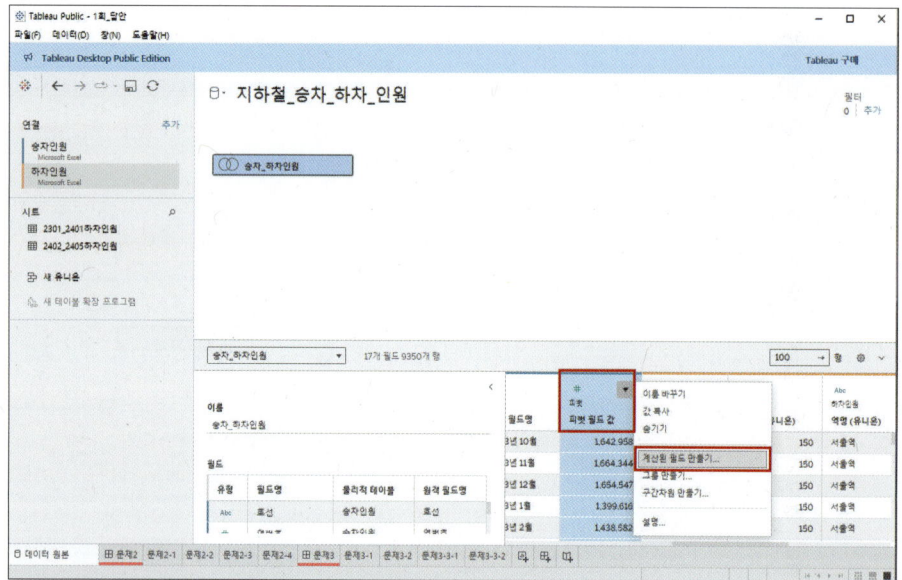

02 나타난 **계산된 필드 만들기 창** 상단에 필드 **이름**인 **승차하차_구분**을 입력합니다.

03 ISNULL **함수, IF문**을 사용하여 다음 수식을 입력하고 **확인**을 클릭합니다.

IF ISNULL([피벗 필드 값]) THEN "하차" ELSE "승차" END

04 [승차하차_인원] 필드는 [승차하차_구분] 필드가 승차일 때 피벗 필드 값을 반환하고 하차일 때는 인원을 반환해야 합니다. **[승차하차_구분]** 필드의 머리글을 **마우스 우클릭**하여 나타난 팝업 메뉴에서 **계산된 필드 만들기**를 클릭합니다.

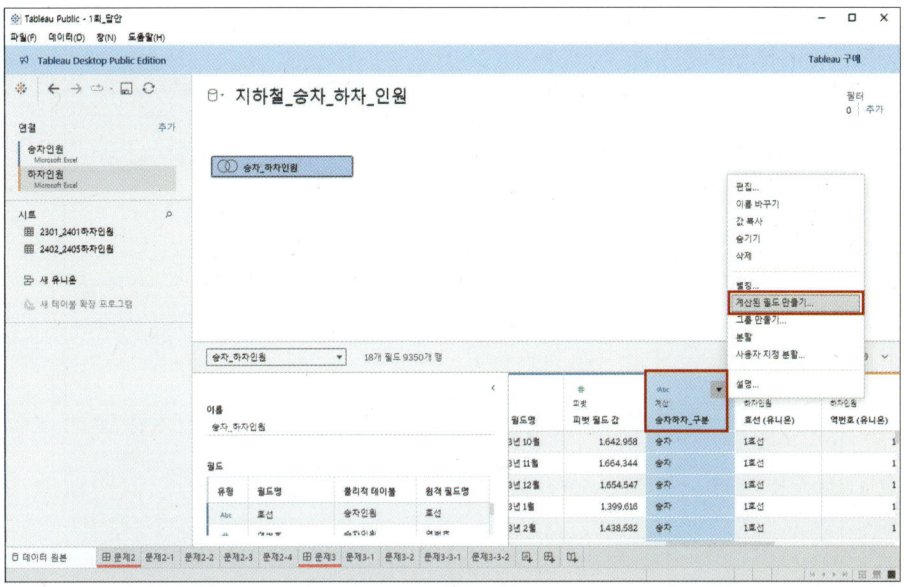

05 나타난 **계산된 필드 만들기 창** 상단에 필드 **이름**인 **승차하차_인원**을 입력합니다.

06 **CASE문**을 사용하여 다음 수식을 입력하고 **확인**을 클릭합니다.

CASE [승차하차_구분] WHEN "승차" THEN [피벗 필드 값] ELSE [인원] END

③ 〈승차_하차인원〉에 필드를 처리하시오.

01 데이터 그리드 목록에서 필드 이름에 유니온이 담긴 필드를 숨기기 위해 **[호선 (유니온)]**, **[역번호 (유니온)]**, **[역명 (유니온)]**, **[구분 (유니온)]** 필드의 머리글을 **Ctrl**을 누른 상태로 클릭합니다. 음영 처리된 필드의 머리글을 **마우스 우클릭**하거나 머리글에 마우스를 얹으면 생기는 ▼을 클릭합니다. 나타난 팝업 메뉴에서 **숨기기**를 클릭합니다.

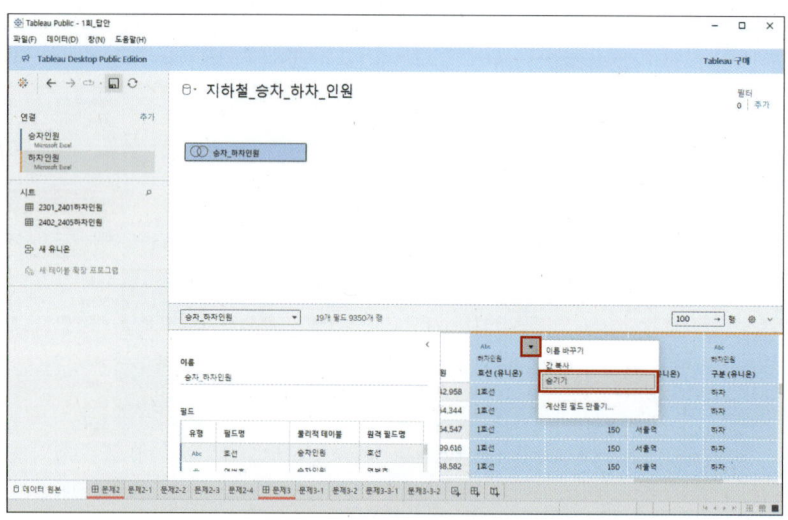

02 그 외에도 중복되거나 불필요한 필드를 제거하기 위해 〈승차인원〉 테이블의 **[시트]**, **[테이블 이름]** 필드와 〈하차인원〉 테이블의 **[시트]**, **[테이블 이름]** 필드의 머리글을 **Ctrl**을 누른 상태로 클릭합니다. 음영 처리된 필드의 머리글을 **마우스 우클릭**하거나 머리글에 마우스를 얹으면 생기는 ▼을 클릭합니다. 나타난 팝업 메뉴에서 **숨기기**를 선택합니다.

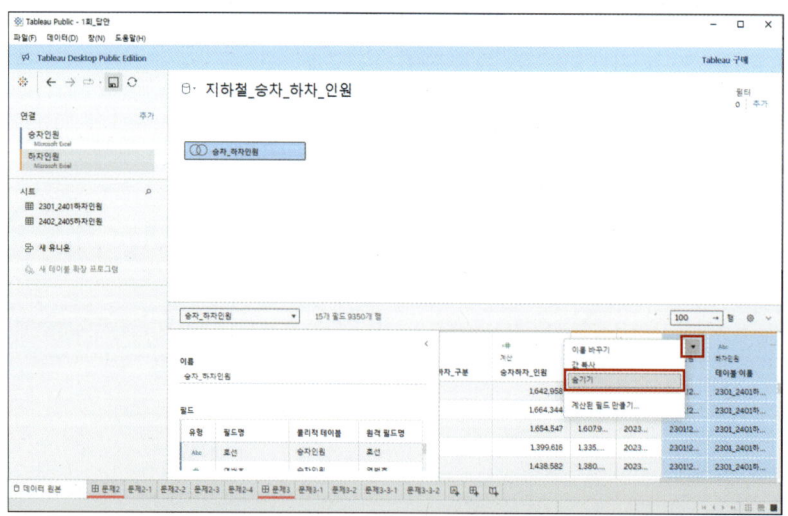

03 메타 데이터 그리드에 필드가 문제의 지시대로 입력된 것을 확인할 수 있습니다.

유형	필드명	물리적 테이블	원격 필드명
Abc	호선	승차인원	호선
#	역번호	승차인원	역번호
Abc	역명	승차인원	역명
=Abc	역명_수정	계산	Calculation_165...
Abc	구분	승차인원	구분
Abc	피벗 필드명	피벗	피벗 필드명
#	피벗 필드 값	피벗	피벗 필드 값
=Abc	승차하차_구분	계산	Calculation_165...
=#	승차하차_인원	계산	Calculation_165...
#	인원	하차인원	인원
Abc	연월	하차인원	연월

| 풀이 2 | 단순요소 구현 | 40점 |

1 '문제2-1' 시트에 막대 차트를 구현하시오.

① '문제2-1' 시트에 [매출액] 필드와 [TOP10_선택] 필드를 생성하시오.

01 하단 탭에서 **문제2-1**을 클릭하여 해당 시트로 이동합니다. 좌측 상단에 위치한 데이터 원본 목록 중에서 **지역별 매출 데이터(지역별매출데이터)**를 클릭합니다.

02 먼저, [매출액] 필드를 생성하기 위해 데이터 패널 상단의 ▼을 클릭합니다. 나타난 팝업 메뉴에서 **계산된 필드 만들기**를 클릭합니다.

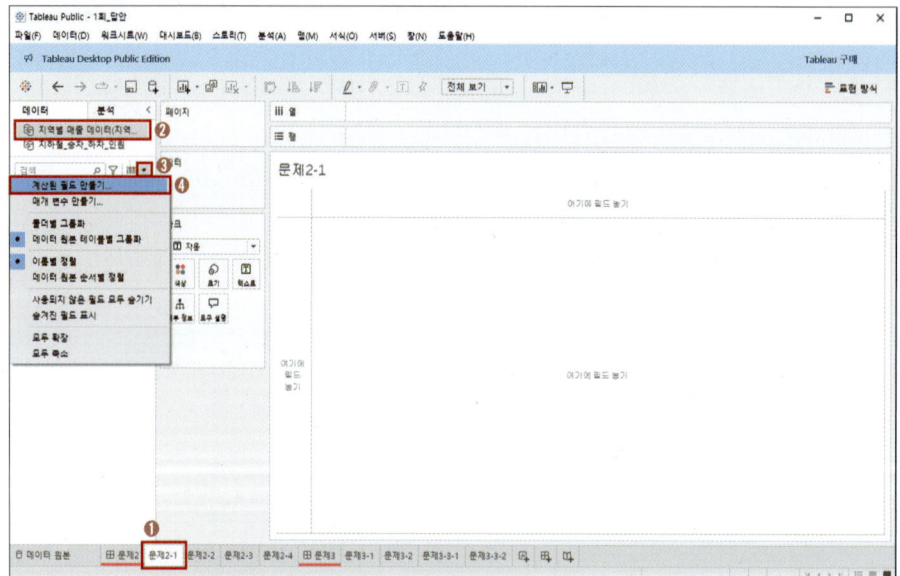

03 나타난 계산된 필드 만들기 팝업 창에서 상단에 필드 **이름**을 **매출액**으로 입력합니다.

04 [매출액] 필드는 지표가 매출액일 때 지표값을 반환해야 하므로 **IF문**을 사용하여 다음 수식을 입력하고 **확인**을 클릭합니다.

```
IF [지표] = '매출액' THEN [지표값] END
```

05 같은 방식으로 [TOP10_선택] 필드를 생성하기 위해 데이터 패널 상단의 ▼을 클릭합니다. 나타난 팝업 메뉴에서 **계산된 필드 만들기**를 클릭합니다.

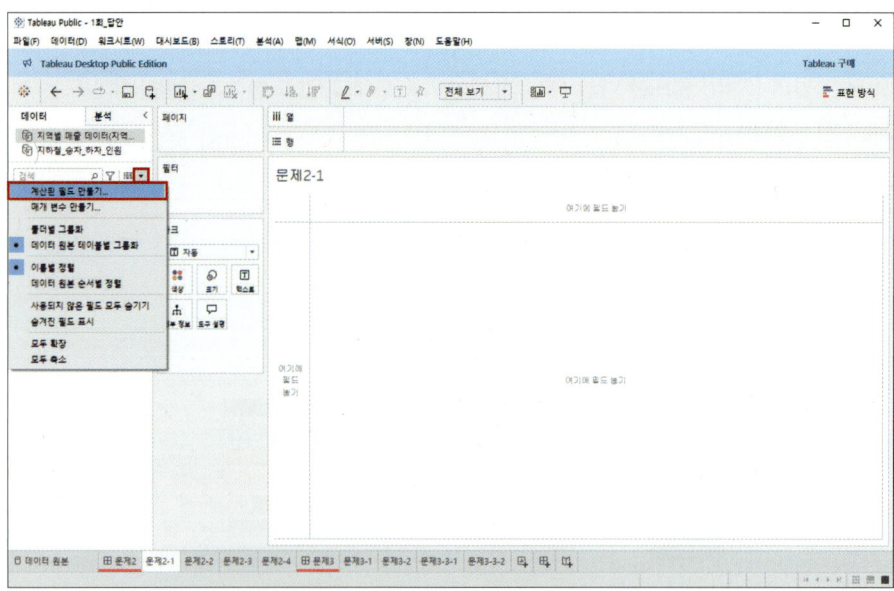

06 나타난 **계산된 필드 만들기 팝업 창** 상단에 필드 **이름**을 **TOP10_선택**으로 입력합니다.

07 매출액 기준으로 순위를 반환하기 위해 **RANK_UNIQUE, SUM 함수**를 사용하여 다음 수식을 입력하고 **확인**을 클릭합니다.

```
RANK_UNIQUE(SUM([매출액]))<=10
```

② '문제2-1' 시트에 [매출액], [지역], [TOP10_선택] 필드를 이용하여 막대 차트(Bar Chart)를 구현하시오.

01 데이터 패널에서 **[매출액]** 필드를 **열 패널**로 드래그 앤 드롭하고 **[지역]** 필드는 **행 패널**로 드래그 앤 드롭합니다.

02 데이터 패널의 **[지역]** 필드를 마크 패널의 **색상**으로 드래그 앤 드롭하고 **[매출액]** 필드는 레이블로 드래그 앤 드롭합니다.

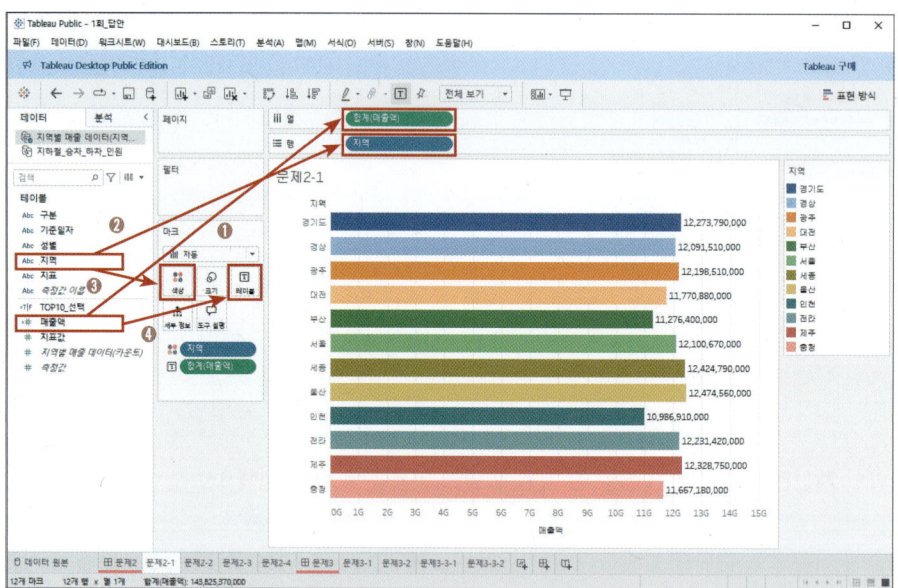

03 마크 패널의 **레이블**을 클릭하여 나타나는 팝업 창에서 하단에 **옵션 > 레이블이 다른 마크와 겹치도록 허용**에 체크합니다. 빈 곳을 클릭하여 팝업 창을 닫습니다.

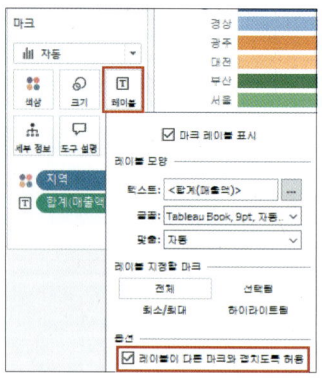

434 | PART 4 | 기출문제 파헤치기

04 마크 패널의 **색상**을 클릭하여 나타나는 팝업 창에서 **색상 편집**을 클릭합니다. **색상 편집 [지역] 팝업 창**의 **색상표 선택(S)**에서 **번개 색상 도표**를 선택하고 **색상표 할당(P)**을 클릭합니다. 색상 할당 항목이 색상표의 항목보다 많다는 알림 창이 뜨는데, **예(Y)**를 클릭하고 이어서 **확인**을 클릭하여 마무리합니다.

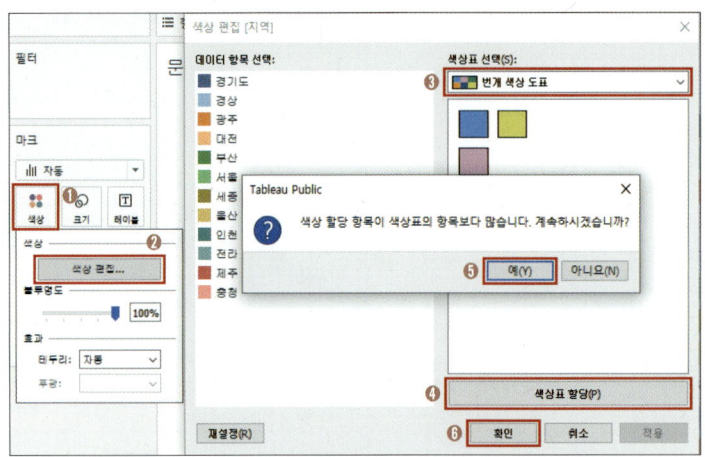

05 행 패널에 추가된 **지역**을 **마우스 우클릭**합니다. 나타난 팝업 메뉴에서 **정렬**을 클릭합니다. **정렬 기준**을 **필드**로 선택하고 **정렬 순서**를 **내림차순**으로 선택합니다. **필드명**은 **매출액**을 유지하고 상단의 ⊠를 클릭하여 창을 닫습니다.

 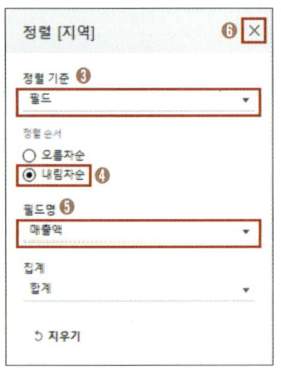

06 데이터 패널에 생성한 **[TOP10_선택] 필드**를 **필터 패널로 드래그 앤 드롭**하고, 나타난 **필터 [TOP10_선택] 팝업 창**에서 **참**을 선택한 후 **확인**을 클릭합니다.

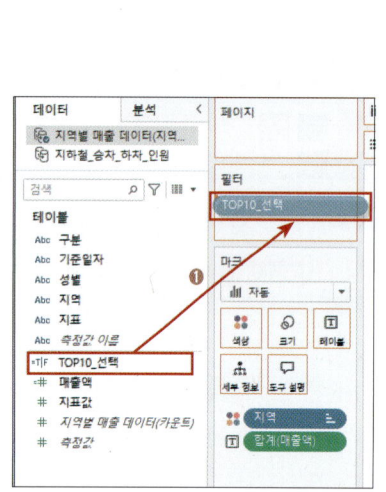

07 차트가 문제의 지시대로 완성된 것을 확인할 수 있습니다.

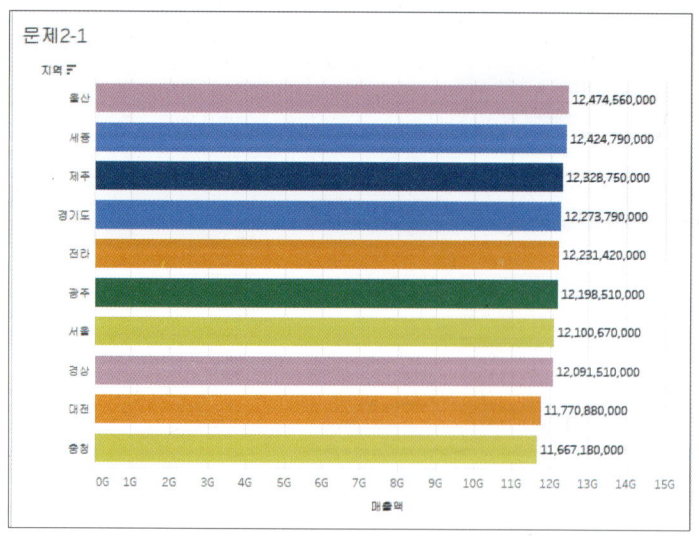

2 '문제2-2' 시트에 영역 차트(Area Chart)를 구현하시오.

① '문제2-2' 시트에 [기준일자_날짜] 필드와 [매출액_단위] 필드를 생성하시오.

01 하단 탭에서 **문제2-2**를 클릭하여 해당 시트로 이동합니다. [기준일자_날짜] 필드를 생성하기 위해 데이터 패널 상단의 ▼을 클릭합니다. 나타난 팝업 메뉴에서 **계산된 필드 만들기**를 클릭합니다.

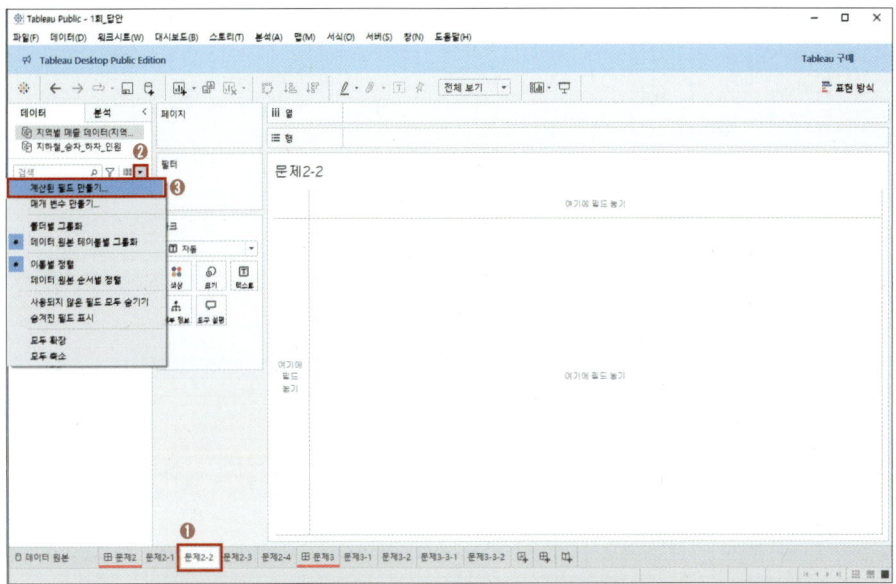

02 나타난 **계산된 필드 만들기 팝업 창**에서 상단에 필드 **이름**을 **기준일자_날짜**로 입력합니다.

03 [기준일자_날짜] 필드는 [기준일자] 필드를 날짜 형식으로 반환하기 위해 **DATE, DATEPARSE 함수**를 사용하여 다음 수식을 입력하고 **확인**을 클릭합니다.

DATE(DATEPARSE('yyyy-MM', [기준일자]))

04 같은 방식으로 [매출액_단위] 필드를 생성하기 위해 데이터 패널 상단의 ▼을 클릭합니다. 나타난 팝업 메뉴에서 **계산된 필드 만들기**를 클릭합니다.

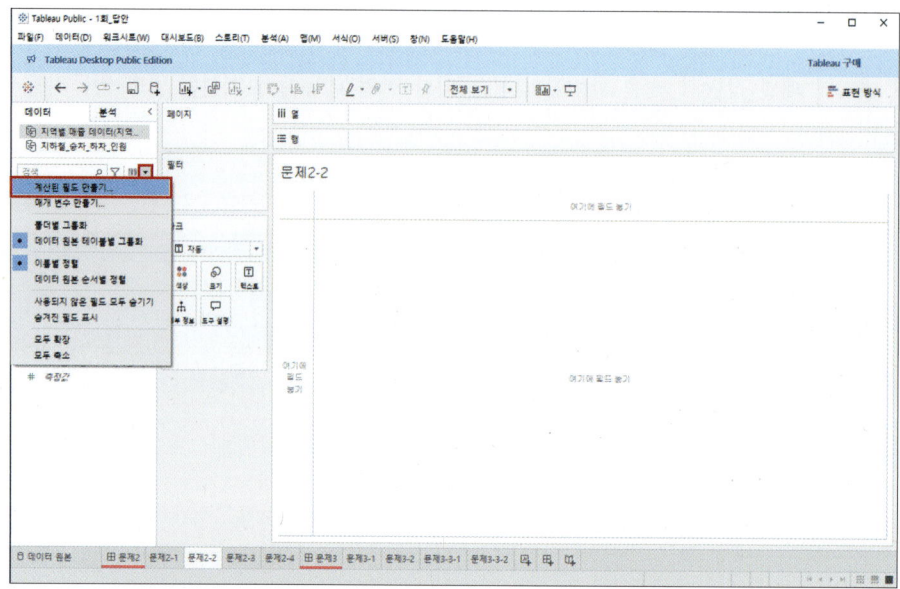

05 나타난 **계산된 필드 만들기 팝업 창** 상단에 필드 **이름**을 **매출액_단위**로 입력합니다.

06 [매출액_단위] 필드는 매출액을 1억으로 나누어 억 단위로 표시하기 위해 **/**를 사용하여 다음 수식을 입력하고 **확인**을 클릭합니다.

[매출액]/100000000

② [기준일자_날짜]별 [매출액]을 보여주는 영역 차트를 구현하시오.

01 마크 패널의 **표현 방식**을 자동에서 **영역**으로 변경합니다.

02 데이터 패널의 [기준일자_날짜] 필드를 **열 패널**로 **드래그 앤 드롭**하고 [매출액] 필드를 **행 패널**로 **드래그 앤 드롭**합니다.

03 레이블과 색상을 추가하기 위해 데이터 패널의 [구분] 필드를 마크 패널의 **색상**으로 **드래그 앤 드롭**하고 [매출액_단위] 필드를 레이블로 **드래그 앤 드롭**합니다.

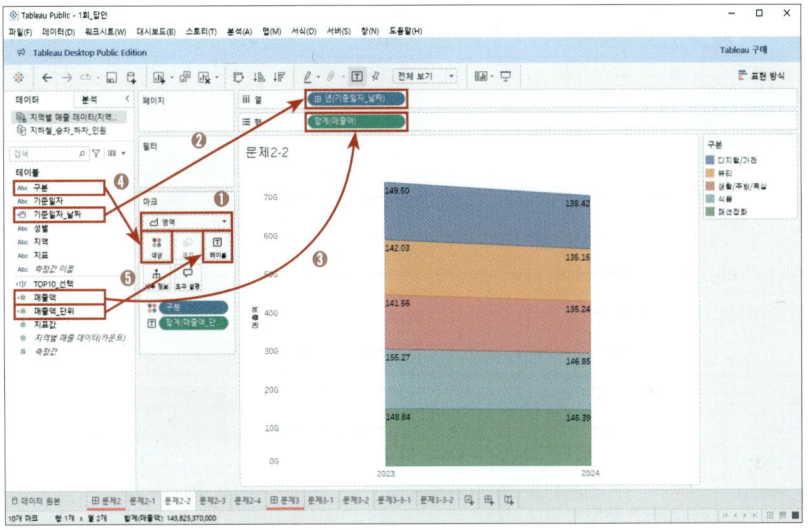

04 열 패널에 추가된 **년(기준일자_날짜)**을 마우스 우클릭합니다. 나타난 팝업 메뉴에서 **불연속형 월 (월 5월)**을 클릭합니다.

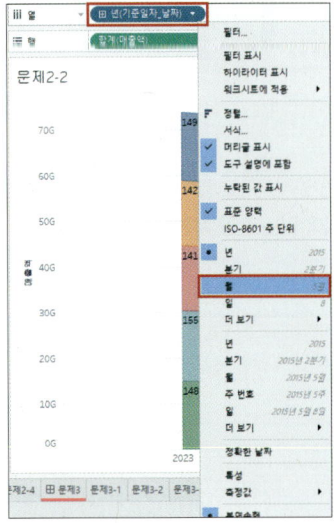

05 마크 패널의 **색상**을 클릭하여 나타난 팝업 창에서 **색상 편집**을 클릭합니다. 나타난 **색상 편집 [구분] 팝업 창**에서 **색상표 선택(S)**을 클릭하여 **천사의 돌**을 선택하고 **색상표 할당(P)**을 클릭합니다. 이어서 **확인**을 클릭하여 마무리합니다.

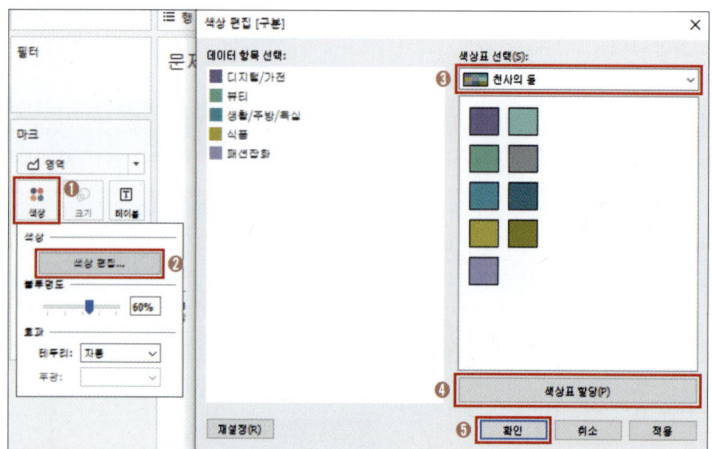

06 마크 패널의 **레이블**을 클릭하여 나타난 팝업 창에서 ⋯을 클릭하여 **〈합계(매출액_단위)〉**의 오른쪽에 **억**을 입력하고 **확인**을 클릭합니다.

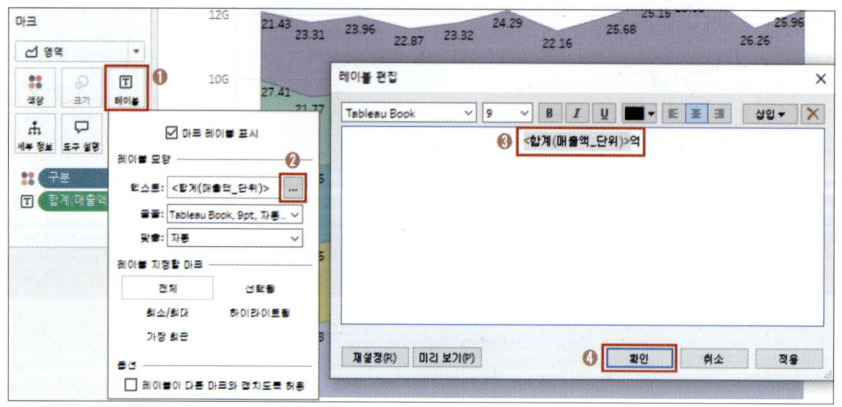

레이블 편집 팝업 창에 글자를 입력하면 일시적으로 글자가 안 보이는 현상이 있을 수 있습니다. 팝업 창의 빈 곳을 클릭하면 글자가 보이게 되며 잘 입력되어 있는 것을 확인할 수 있습니다.

07 팝업 창에서 **레이블 모양**의 **글꼴 박스**를 클릭한 후 글꼴을 **맑은 고딕**으로 변경합니다. 글자 크기는 **8**로 변경하고 **마크 색상 일치**를 클릭합니다. **글꼴 박스**를 다시 클릭하여 팝업 창을 닫습니다. 매출액_단위 정렬을 위해 **맞춤 박스**를 클릭하고 **가로** > ≡, **세로** > ≡을 클릭하여 가운데 정렬을 지정합니다. 빈 곳을 클릭하여 레이블 팝업 창을 닫습니다.

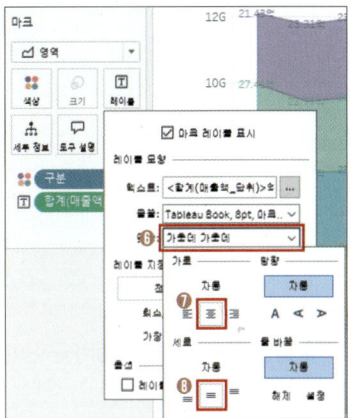

08 레이블로 표시된 [매출액_단위] 필드를 소수 첫째 자리까지 표현하기 위해 마크 패널에 레이블로 추가된 **합계(매출액_단위)**를 **마우스 우클릭**합니다. 나타난 팝업 메뉴에서 **서식**을 클릭합니다. 왼쪽 사이드 바에 나타난 **합계(매출액_단위) 서식 창**에서 **패널** > **기본값**의 **숫자 박스**를 클릭하여 숫자 표현 방식을 자동에서 **숫자(사용자 지정)**로 변경합니다. 이때 **소수 자릿수(E)**를 **1**로 변경합니다. 우측 상단 ⊠을 클릭하여 서식 창을 닫습니다.

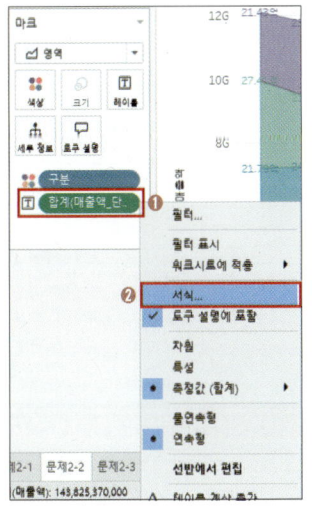
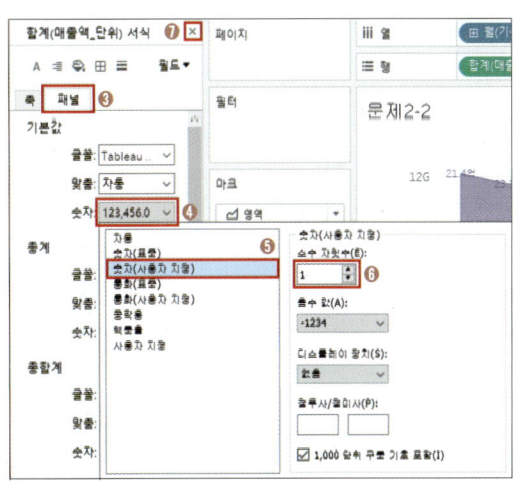

09 차트가 문제의 지시대로 완성된 것을 확인할 수 있습니다.

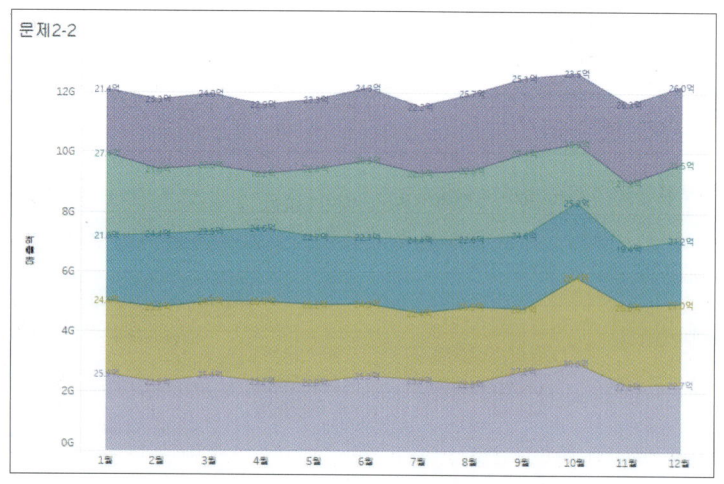

3 '문제2-3' 시트에 불릿 차트(Bullet Chart) 구현하시오.

① 차트 구현을 위한 [판매액] 필드를 생성하시오.

01 하단 탭에서 **문제2-3**을 클릭하여 해당 시트로 이동합니다. [판매액] 필드를 생성하기 위해 데이터 패널 상단의 ▼을 클릭합니다. 나타난 팝업 메뉴에서 **계산된 필드 만들기**를 클릭합니다.

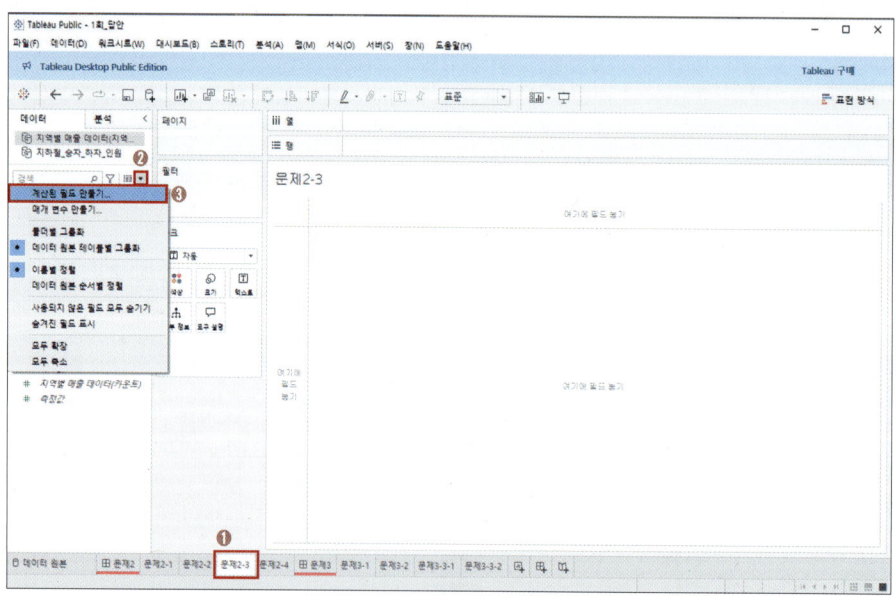

02 나타난 **계산된 필드 만들기 팝업 창**에서 상단에 필드 **이름**을 판매액으로 입력합니다.

03 [판매액] 필드는 지표가 판매액일 때 지표값을 반환해야 하므로 **IF문**을 사용하여 다음 수식을 입력하고 **확인**을 클릭합니다.

> IF [지표] = '판매액' THEN [지표값] END

② '문제2-3' 시트에 불릿 차트를 구현하시오.

01 데이터 패널에 생성한 [판매액] 필드를 **열 패널로 드래그 앤 드롭**하고 [지역] 필드를 **행 패널로 드래그 앤 드롭**합니다.

02 레이블을 표현하기 위해 데이터 패널의 [판매액] 필드를 마크 패널의 **레이블로 드래그 앤 드롭**합니다.

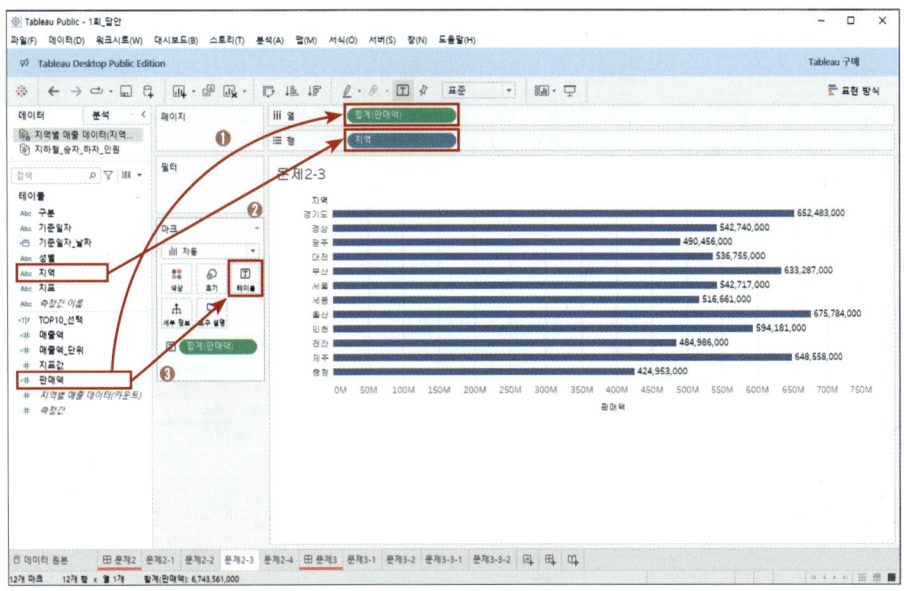

03 차트를 정렬하기 위해 행 패널에 추가된 **지역**을 **마우스 우클릭**합니다. 나타난 팝업 메뉴에서 **정렬**을 클릭합니다. **정렬 기준**을 **필드**로 선택하고 **정렬 순서**를 **내림차순**으로 정렬합니다. **필드명**은 **판매액**을 유지하고 상단의 ⊠를 클릭하여 닫습니다.

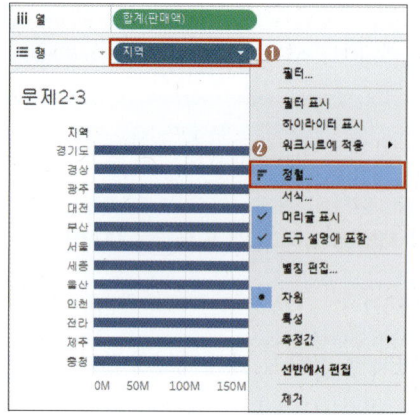 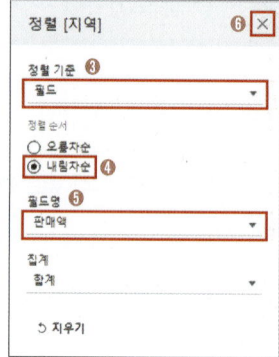

04 불릿 차트를 만들기 위해 좌측 사이드 바에서 상단의 **분석 패널**을 클릭합니다. 사용자 지정 아래에 있는 **참조선**을 클릭하여 **캔버스**로 **드래그**하고 활성화된 **참조선 팝업 창**의 **셀**에 **드롭**합니다. **참조선, 구간 또는 플롯 편집 팝업 창**에 **라인 > 레이블**이 **없음**으로 선택되어있는 것을 확인하고 창하단의 **확인**을 클릭하여 개별 지역별 값을 표시해 줍니다.

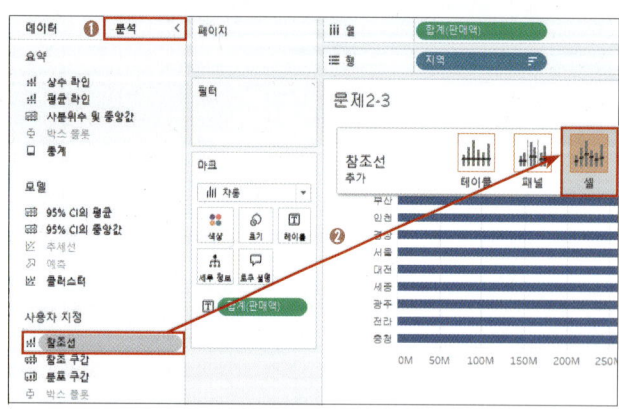 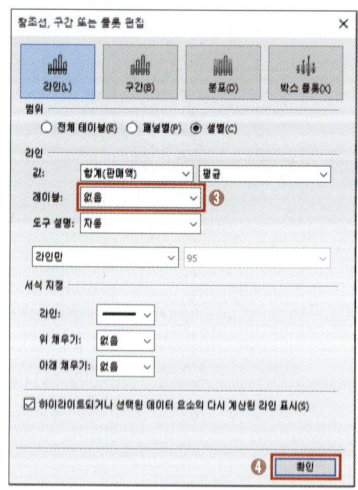

③ 색상 편집의 색상표를 이용하여 측정값의 색상을 설정하시오.

01 차트 색상을 편집하기 위해 마크 패널의 **색상**을 클릭합니다. 나타난 팝업 창에서 **색상 추가**를 클릭하여 **HTML(H) 옆**에 색상 코드 **#008FF7**을 입력하고 **확인**을 클릭합니다. 빈 곳을 클릭하여 팝업 창을 닫습니다.

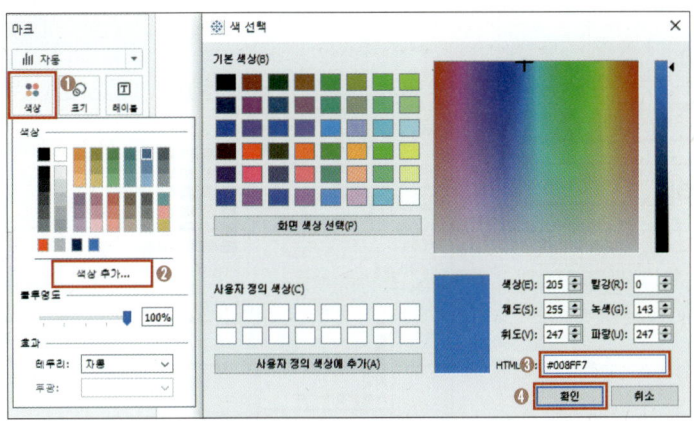

02 60% 미만, 60% 이상에서 80% 미만까지, 80% 이상일 때 각각 배경을 넣어주기 위해 사이드 바의 **분석 패널 > 사용자 지정 > 참조선**을 다시 클릭하여 **캔버스로 드래그**하고, 활성화된 **참조선 팝업 창**의 **셀**에 **드롭**합니다.

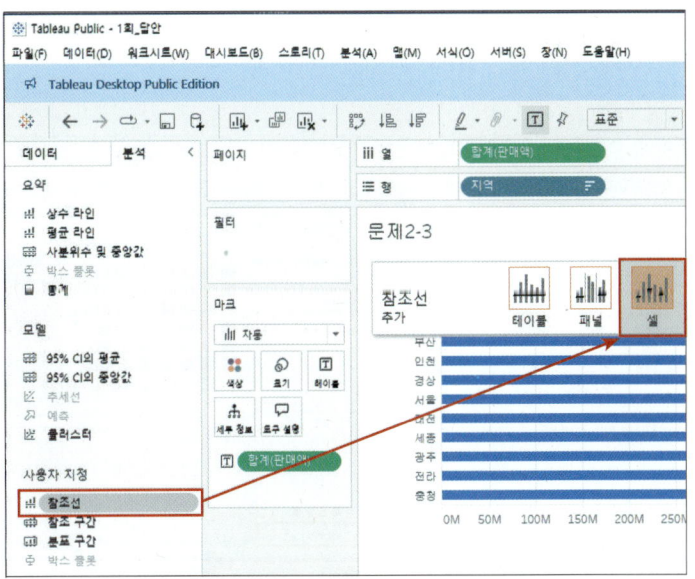

03 라인에서 **분포**로 변경한 뒤 **계산 > 값** 박스를 클릭하고 **비율(R)** 값은 **0,60**으로 입력한 후 팝업 창의 빈 곳을 클릭하여 값 팝업 창을 닫습니다. **레이블 박스**는 클릭하여 **없음**을 선택한 후 **서식 지정 > 채우기 박스 > 색상 추가**를 클릭합니다. HTML(H) 옆에 색상 코드 **#E6ECF0**를 입력하여 **확인**을 클릭하고, 다시 **확인**을 눌러 마무리합니다.

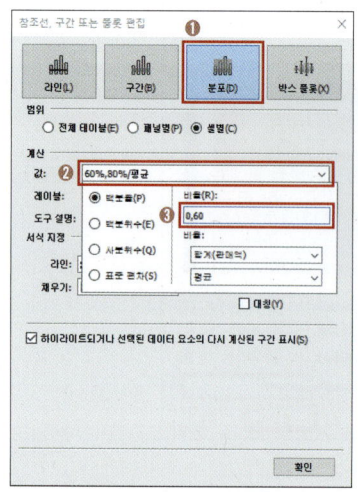
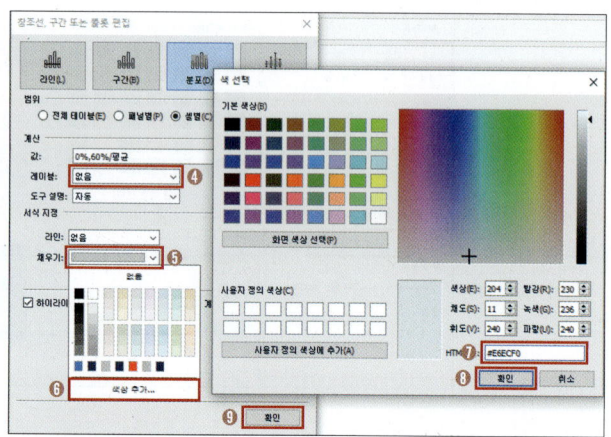

04 60% 이상 80% 미만일 때 막대 차트에 배경을 넣어주기 위해 **참조선**을 **캔버스로 드래그**하여 나타난 **참조선 팝업 창**의 셀에 **드롭**합니다. 이전과 동일한 방식으로 진행하기 위해 먼저 라인에서 **분포**로 변경합니다. **값 > 비율(R)**은 **60,80**, 레이블은 **없음**, **채우기 > 색상 추가 > #D4D4D4**로 설정하고 **확인**을 두 번 클릭합니다.

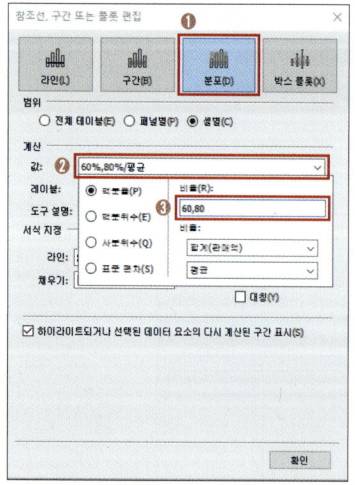
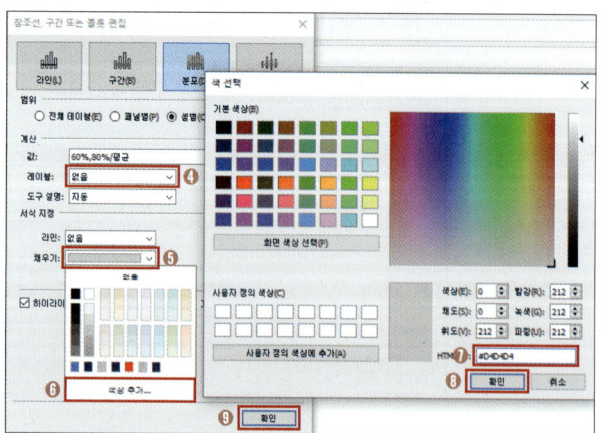

05 80% 이상일 때 막대 차트에 배경을 넣어주기 위해 **참조선**을 **캔버스**로 **드래그**하여 나타난 **참조선 팝업 창**의 **셀**에 **드롭**합니다. 이전과 동일한 방식으로 진행하기 위해 먼저 라인에서 **분포**로 변경합니다. **값** > **비율(R)**은 **80,100**, **레이블**은 **없음**, **채우기** > **색상 추가** > **#F5EAD7**로 설정하고 **확인**을 클릭하여 불릿 차트를 완성합니다.

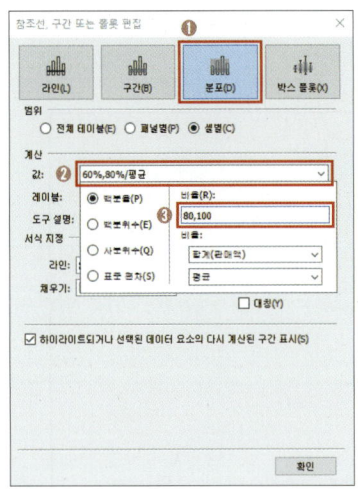
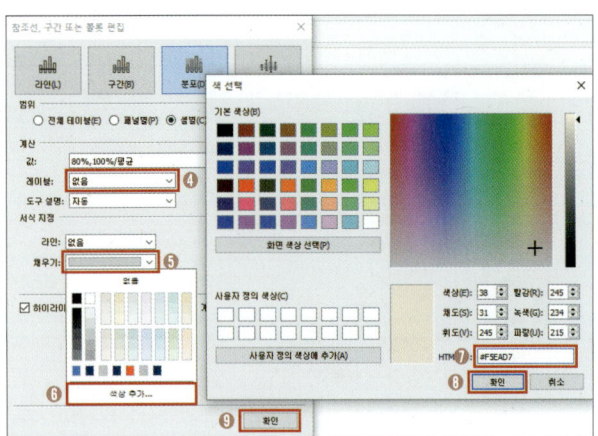

06 설정이 완료되었다면 사이드 바에서 **데이터 패널**을 클릭하여 다시 이동합니다. 차트가 문제의 지시대로 완성된 것을 확인할 수 있습니다.

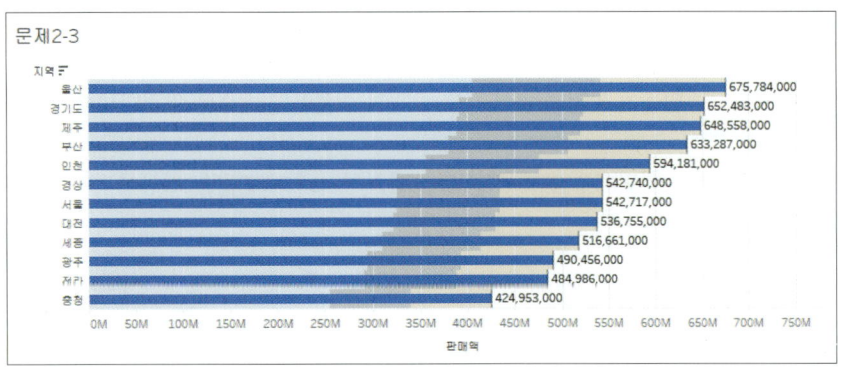

4 '문제2-4' 시트에 파이 차트(Pie Chart)를 구현하시오.

① 차트 구현을 위한 [판매수] 필드를 생성하시오.

01 하단 탭에서 **문제2-4**를 클릭하여 해당 시트로 이동합니다. [판매수] 필드를 생성하기 위해 데이터 패널로 이동한 후 상단의 ▼을 클릭합니다. 나타난 팝업 메뉴에서 **계산된 필드 만들기**를 클릭합니다.

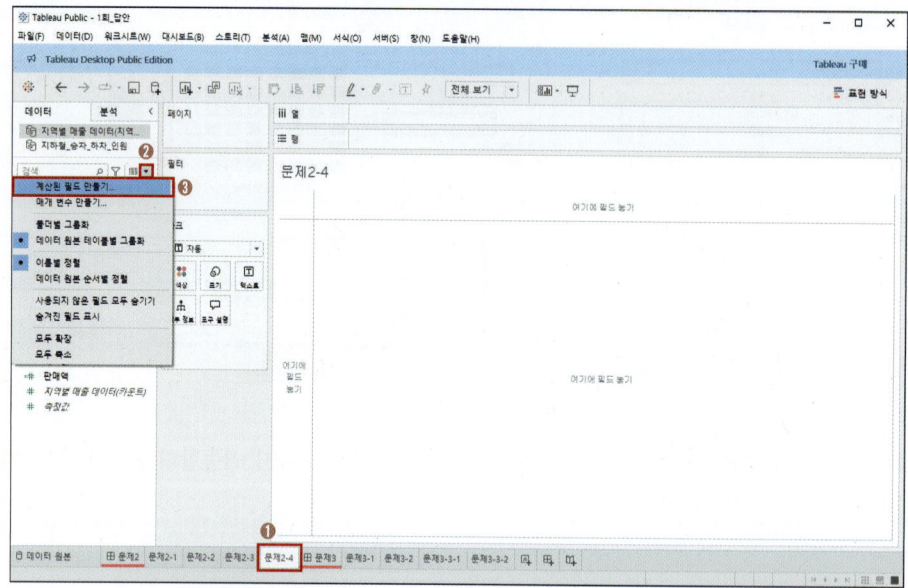

02 나타난 **계산된 필드 만들기 팝업 창**에서 상단에 필드 **이름**을 **판매수**로 입력합니다.

03 [판매수] 필드는 지표가 판매수일 때 지표값을 반환하기 위해 **IF문**을 사용하여 다음 수식을 입력하고 **확인**을 클릭합니다.

IF [지표] = '판매수' THEN [지표값] END

② '문제2-4' 시트에 파이 차트를 구현하시오.

01 파이 차트를 만들기 위해 마크 패널의 **표현 방식**을 자동에서 **파이 차트**로 변경합니다.

02 데이터 패널에서 **[지역]** 필드를 **열** 패널로 **드래그 앤 드롭**하고 **[판매수]** 필드를 마크 패널의 **각도**와 **레이블**에 **드래그 앤 드롭**합니다.

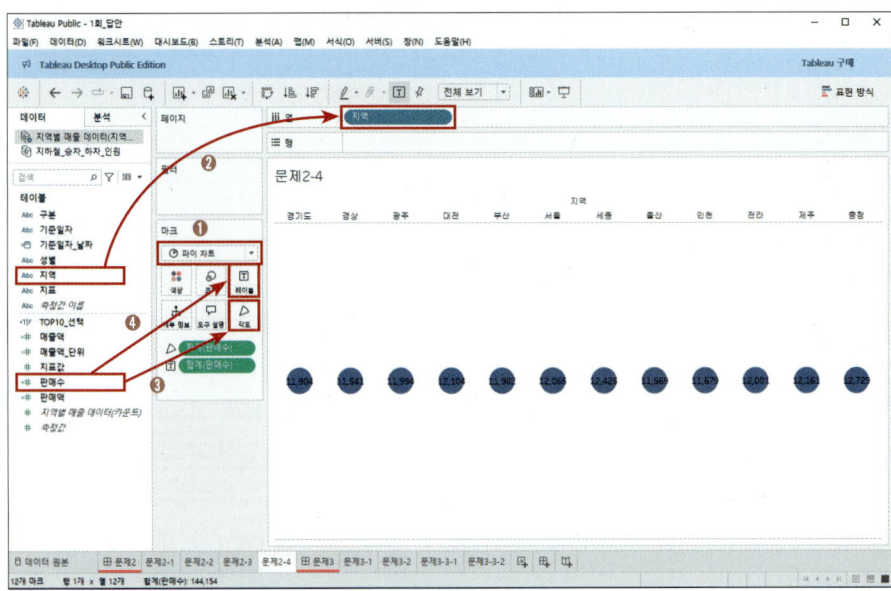

03 TOP3 지역만 표현하기 위해서 데이터 패널의 **[지역]** 필드를 **필터 패널**로 **드래그 앤 드롭**합니다.

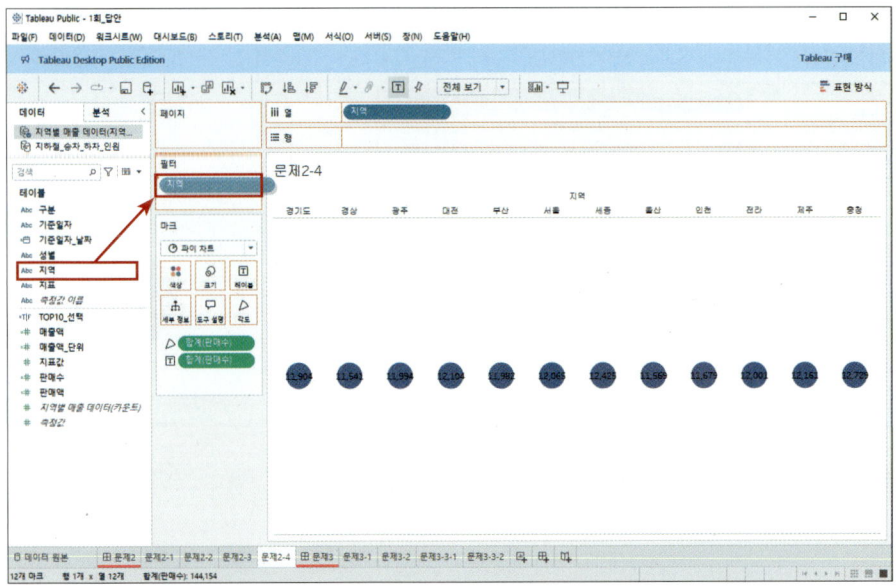

04 나타난 **필터 [지역] 팝업 창**에서 **일반 탭** 바로 아래의 우측 **모두 사용(U)**을 **체크**합니다. **상위 탭**을 클릭하여 **필드 기준(F)**에 체크하고 **상위 3 기준**으로 판매수를 지정한 후 **확인**을 클릭하여 상위 3개 지역을 필터링합니다.

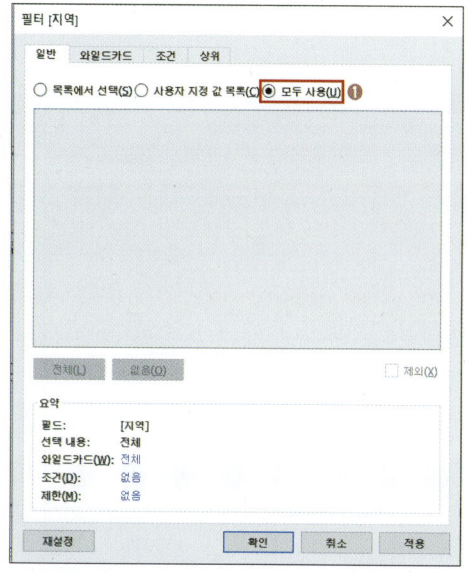
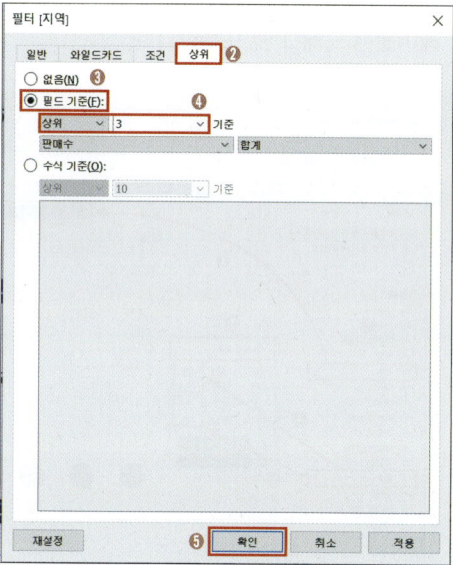

05 해당 지역의 총합계를 표현하기 위해 상단 메뉴의 **분석(A) > 총계(O) > 행 총합계 표시(G)**를 클릭합니다.

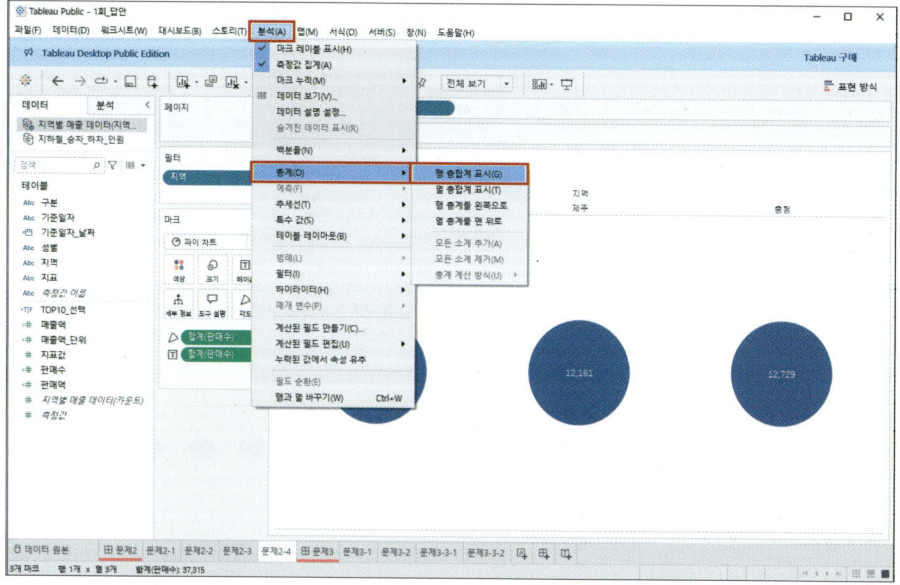

450   PART 4 | 기출문제 파헤치기

③ 색상 편집의 색상표를 이용하여 측정값의 색상을 설정하시오.

01 데이터 패널의 [구분] 필드를 마크 패널의 **색상**으로 **드래그 앤 드롭**합니다. 문제2-2 시트를 작업할 때 [구분] 필드의 색상을 이미 천사의 돌로 할당해 두었으므로 따로 작업할 필요가 없습니다.

02 차트가 문제의 지시대로 완성된 것을 확인할 수 있습니다.

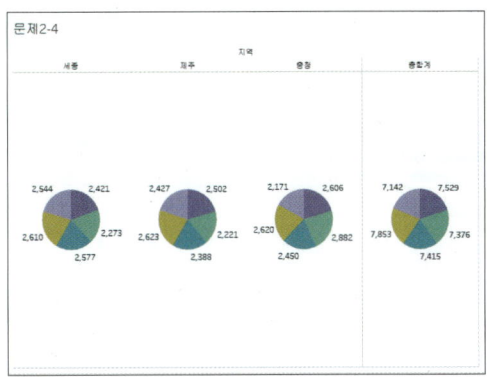

5 통합 문서 및 '문제2' 대시보드의 서식을 설정하시오.

① 대시보드와 통합 문서의 서식을 변경하시오.

01 하단 탭에서 **문제2**를 클릭하여 해당 대시보드로 이동합니다. 상단 메뉴의 **서식(O) > 대시보드(D)**를 클릭합니다.

02 나타난 **대시보드 서식 창**에서 **대시보드 제목 > 글꼴 박스**를 클릭하여 **맑은 고딕, 18, 굵게**를 설정합니다. 서식 창의 빈 곳을 클릭하여 팝업 창을 닫습니다. 이어서 **워크시트 제목 > 글꼴 박스**를 클릭하여 **맑은 고딕, 15, 굵게**를 설정합니다. 서식 창의 빈 곳을 클릭하여 팝업 창을 닫습니다.

 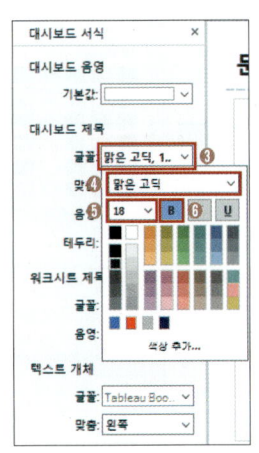 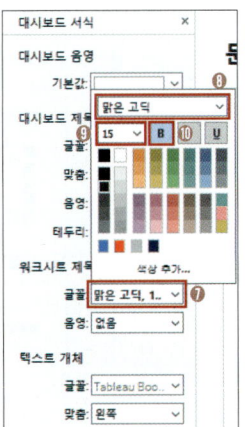

03 상단 메뉴의 **서식(O)** > **통합 문서(W)**를 클릭합니다. 나타난 **통합 문서 서식 창**에서 **글꼴** > **전체 박스**를 클릭하고 ▼을 클릭하여 **맑은 고딕**으로 변경합니다. 설정이 완료되었으면 서식 창의 우측 상단 ⊠를 클릭하여 창을 닫습니다.

> **Tip** ✓
> 직접 맑은 고딕을 입력하여 Enter를 눌러도 적용됩니다.

② '문제2' 대시보드의 백그라운드 색상과 제목의 레이아웃을 변경하시오.

01 **레이아웃** 탭의 하단 **항목 계층** > **바둑판식**을 클릭합니다. **백그라운드 우측 원형**을 클릭하여 나타난 팝업 창에서 **색상 추가**를 클릭합니다. **색 선택 팝업 창**에서 HTML(H) 옆에 색상 코드 **#F5F5F5**를 입력하고 **확인**을 클릭합니다.

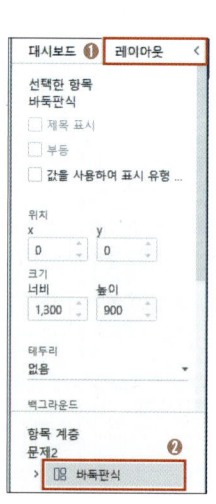 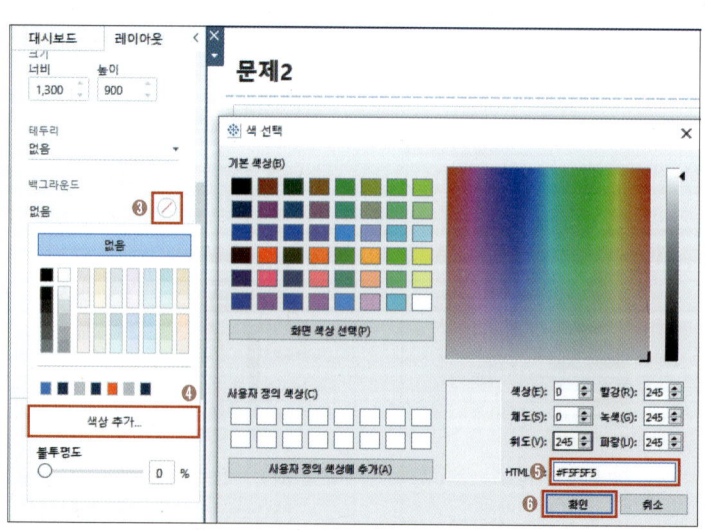

02 대시보드의 제목을 더블클릭하여 나타나는 제목 편집 팝업 창에서 시트 제목을 **23~24년 지역별 매출 현황**으로 변경하고 **확인**을 클릭합니다.

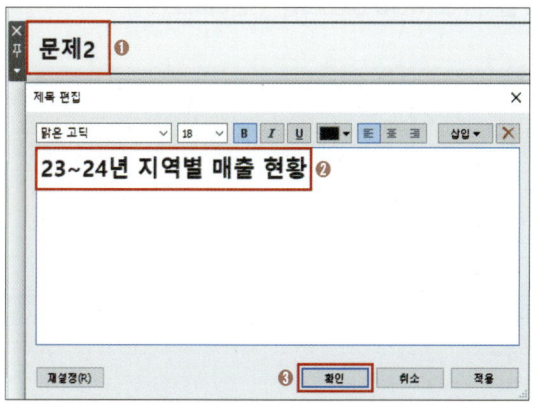

03 이때, 대시보드의 제목이 클릭된 상태에서 왼쪽 사이드 바의 **레이아웃** 탭을 클릭합니다. **바깥쪽 여백**은 모두 **10**으로, **안쪽 여백**은 모두 **0**으로 지정된 것을 확인합니다.

04 문제2-2 시트에서 작업할 때에는 차트의 레이블이 가로로 입력되어 있었으나 대시보드에서는 세로로 입력되어 있습니다. 시각화 완성화면에도 레이블은 가로로 위치해야 하므로 **문제2-2 시트**의 **레이블**을 **마우스 우클릭**합니다. 나타나는 팝업 메뉴에서 **레이블 회전**을 클릭하고 클릭되었던 머리글은 다시 클릭하여 선택을 해제함으로써 설정을 마무리합니다.

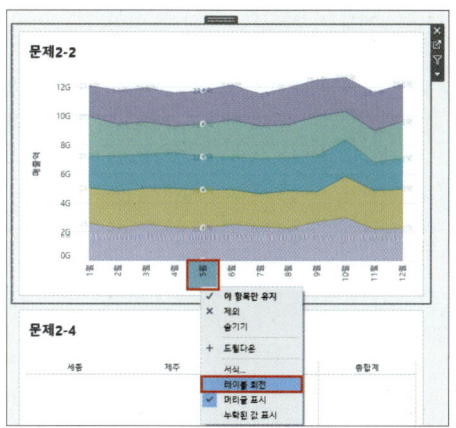

머리글에 대한 설정은 한 번에 적용되므로 어떤 값의 머리글을 마우스 우클릭해도 결과는 같습니다.

05 작업한 대시보드가 문제2의 시각화 완성화면(414p)과 일치하는지 확인한 후 해당 대시보드의 작업을 마무리합니다.

풀이 3   복합요소 구현   40점

1 '문제3-1' 시트에 워드 클라우드(Word Cloud)를 구현하시오.

① 다음의 조건에 맞는 매개 변수와 필드를 생성하시오.

01 하단 탭에서 **문제3-1**을 클릭하여 해당 시트로 이동합니다. [전년날짜] 필드를 생성하기 위해 데이터 패널 상단의 ▼을 클릭하고 나타난 팝업 메뉴에서 **계산된 필드 만들기**를 클릭합니다.

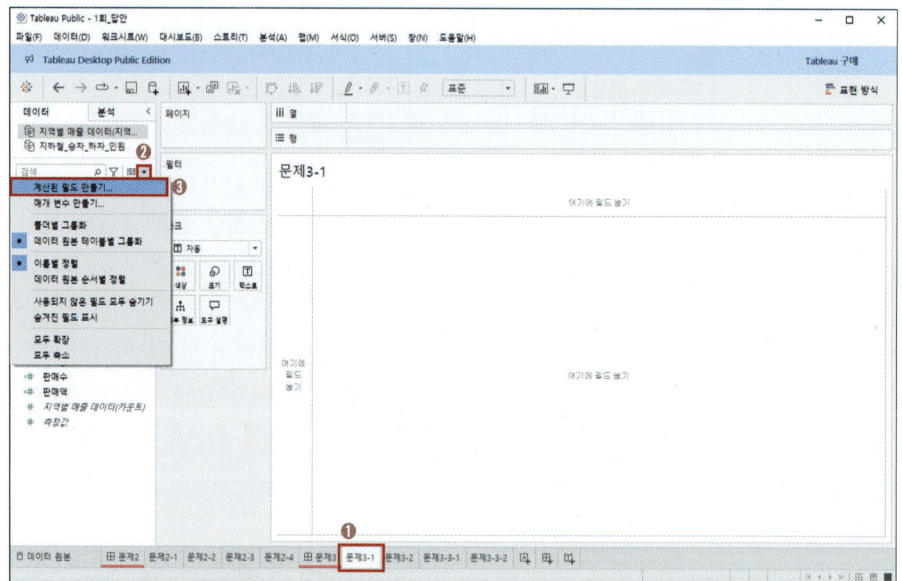

02 나타난 **계산된 필드 만들기 팝업 창**에서 상단에 필드 **이름**을 **전년날짜**로 입력합니다.

03 [전년날짜] 필드는 오늘 날짜를 기준으로 1년 전 날짜를 반환하기 위해 **DATE, DATEADD, TODAY 함수**를 사용하여 다음 수식을 입력하고 **확인**을 클릭합니다.

```
DATE(DATEADD('year', -1, TODAY()))
```

04 날짜를 선택할 수 있는 [기준년월] 매개 변수를 만들기 위해 데이터 패널 상단의 ▼을 클릭하고 나타난 팝업 메뉴에서 **매개 변수 만들기**를 클릭합니다.

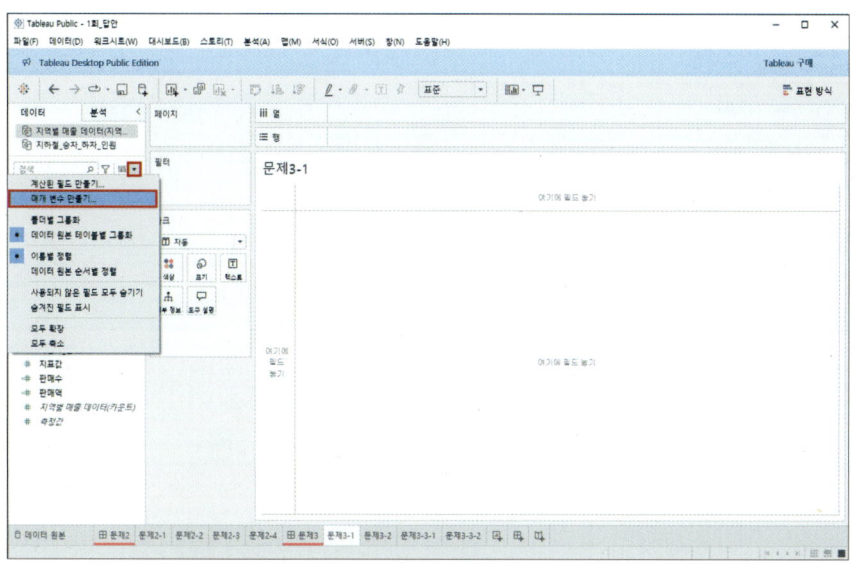

05 나타난 **매개 변수 만들기 팝업 창**에서 **이름**을 기준년월로 입력하고 **데이터 유형**을 **날짜**로 선택합니다. **통합 문서가 열릴 때의 값**은 **전년날짜**가 나타나도록 설정하고 **허용 가능한 값**이 **전체**인지 확인합니다. **현재 값**은 2024-05-21로 변경하고 **확인**을 클릭하여 매개 변수 생성을 마무리합니다.

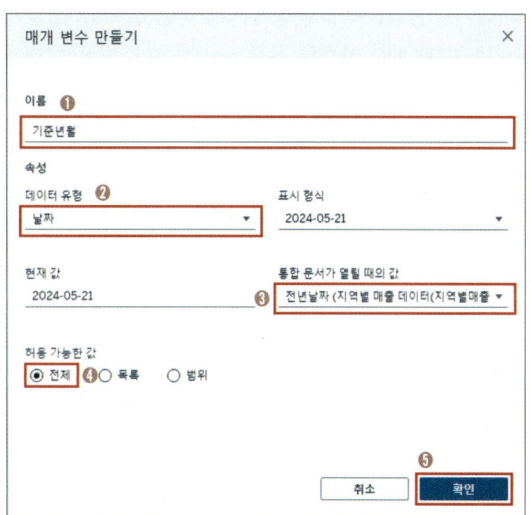

실제 시험에서는 현재 값을 지정할 필요 없이 시험 당일에 해당하는 날짜로 작업을 진행하였으나, 도서의 작업에서는 정답 파일과의 비교를 위하여 임의로 날짜를 지정해 진행하였습니다.

06 매개 변수는 단독으로 움직일 수 없기 때문에 계산된 필드를 이용하여 매개 변수를 제어해야 합니다. [기준일자_선택] 필드를 생성하기 위해 데이터 패널 상단의 ▼을 클릭하고 나타난 팝업 메뉴에서 **계산된 필드 만들기**를 클릭합니다.

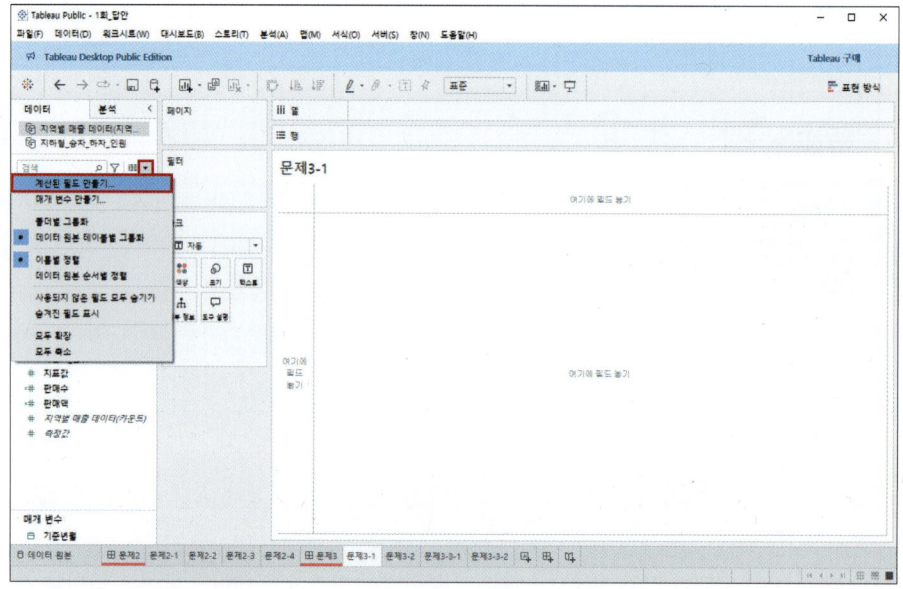

07 나타난 **계산된 필드 만들기 팝업 창**에서 상단에 필드 **이름**을 **기준일자_선택**으로 입력합니다.

08 [기준일자_선택] 필드는 [기준년월] 매개 변수에서 선택한 날짜와 동일한 년도를 [기준일자_날짜] 필드와 비교하기 위해 **DATETRUNC 함수**를 사용하여 다음 수식을 입력하고 **확인**을 클릭합니다.

DATETRUNC('year', [기준년월]) = DATETRUNC('year', [기준일자_날짜])

② '문제3-1'에 [지역_편집] 필드를 생성하고 워드 클라우드를 생성하시오.

01 [지역_편집] 필드를 생성하기 위해 데이터 패널 상단의 ▼을 클릭하고 나타난 팝업 메뉴에서 **계산된 필드 만들기**를 클릭합니다.

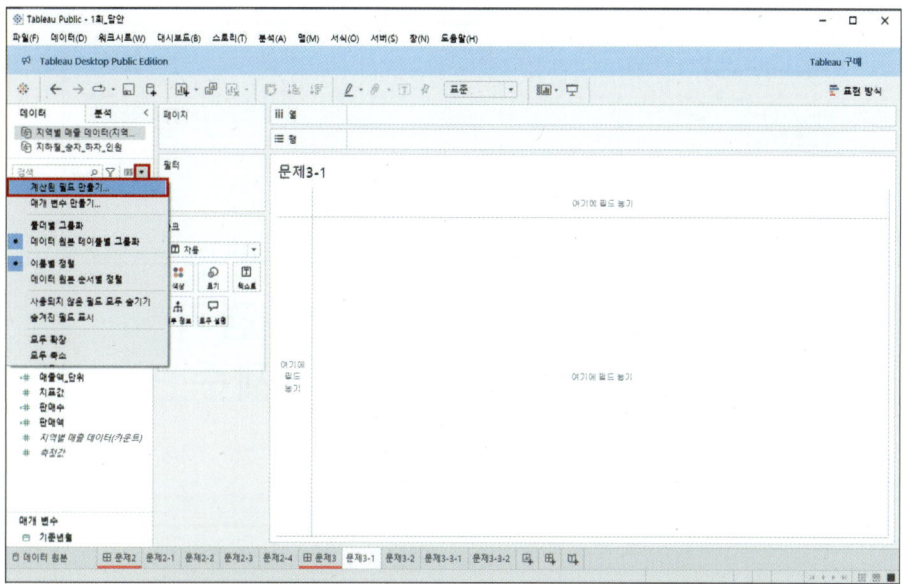

02 나타난 **계산된 필드 만들기 팝업 창**에서 상단에 필드 **이름**을 **지역_편집**으로 입력합니다.

03 [지역_편집] 필드는 [지역] 필드의 두 글자만 반환하기 위해 **LEFT 함수**를 사용하여 다음 수식을 입력하고 **확인**을 클릭합니다.

LEFT([지역], 2)

04 워드 클라우드를 만들기 위해 마크 패널의 **표현 방식**을 **텍스트**로 변경합니다.

05 데이터 패널에 생성한 **[지역_편집]** 필드를 마크 패널의 **텍스트**로 드래그 앤 드롭하고 데이터 필드의 **[지표값]** 필드를 마크 패널의 **색상**과 **크기**로 각각 드래그 앤 드롭합니다.

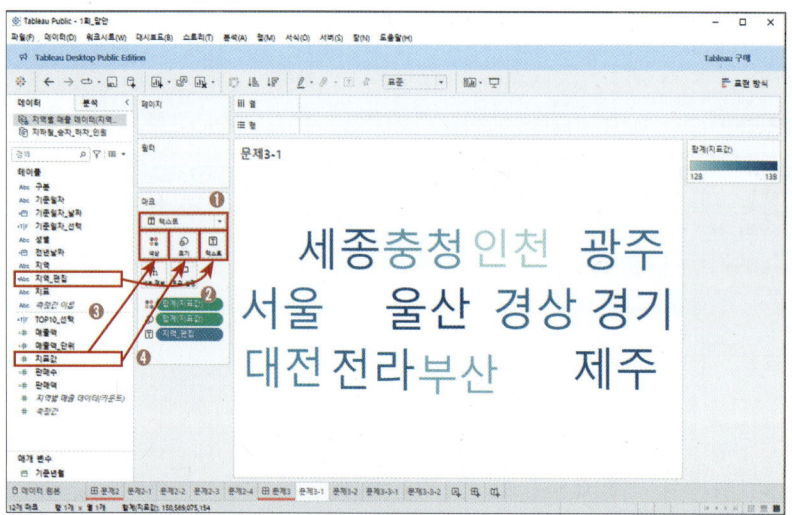

워드 클라우드는 화면의 크기에 따라 시트에 표현되는 값이 달라지므로 실제 작업 화면과 도서의 작업 화면이 다를 수 있습니다. 따라서 모든 과정을 마친 후 전체 화면으로 정답 파일과 비교하시기 바랍니다.

06 데이터 패널에 있는 **[기준일자_선택]** 필드를 **필터** 패널로 드래그 앤 드롭합니다. 나타난 필터 **[기준일자_선택]** 팝업 창에서 **참**을 선택하고 **확인**을 눌러 설정을 마무리합니다.

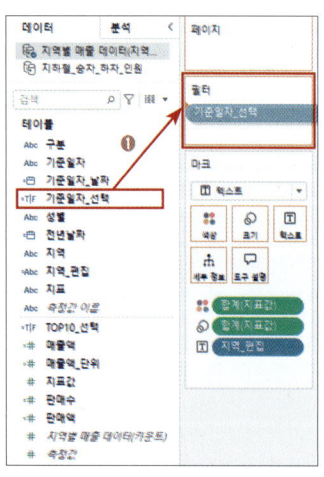
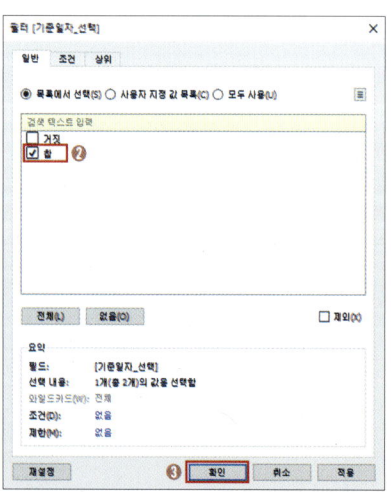

③ '문제3-1'에 색상을 설정하시오.

01 색상을 설정하기 위해 마크 패널의 **색상**을 클릭합니다. 나타난 팝업 창에서 **색상 편집**을 클릭합니다.

02 나타난 팝업 창에서 **색상표(P)**에 **녹색-금색**을 설정한 후 **단계별 색상**에서 **5단계**를 체크하여 설정해 줍니다. **확인**을 클릭하여 색상을 적용합니다.

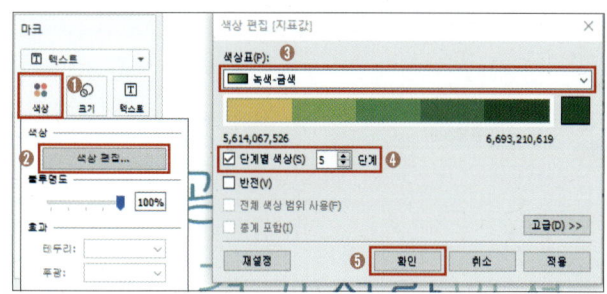

03 차트가 문제의 지시대로 완성된 것을 확인할 수 있습니다.

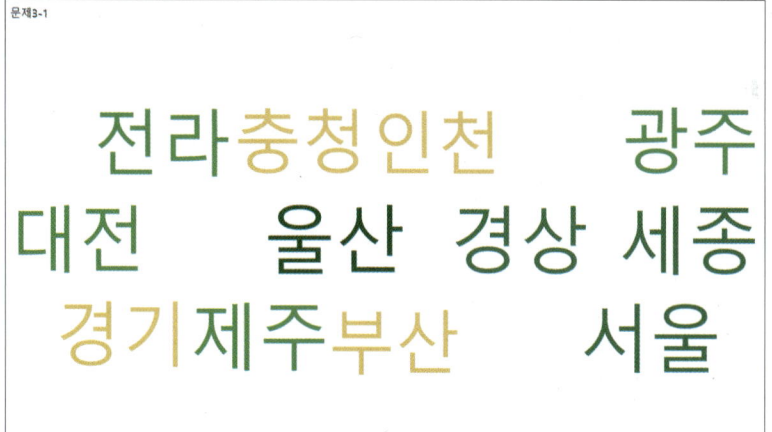

 Tip

워드 클라우드는 화면의 크기에 따라 시트에 표현되는 값이 달라지므로 실제 작업 화면과 도서의 작업 화면이 다를 수 있습니다. 따라서 전체 화면으로 정답 파일과 비교하시기 바랍니다.

2 '문제3-2' 시트에 트리맵(Tree Map)을 구현하시오.

① 다음의 조건에 맞는 필드를 생성하시오.

01 하단 탭에서 **문제3-2**를 클릭하여 해당 시트로 이동합니다. [지표값_보정] 필드를 생성하기 위해 데이터 패널 상단의 ▼을 클릭하고 나타난 팝업 메뉴에서 **계산된 필드 만들기**를 클릭합니다.

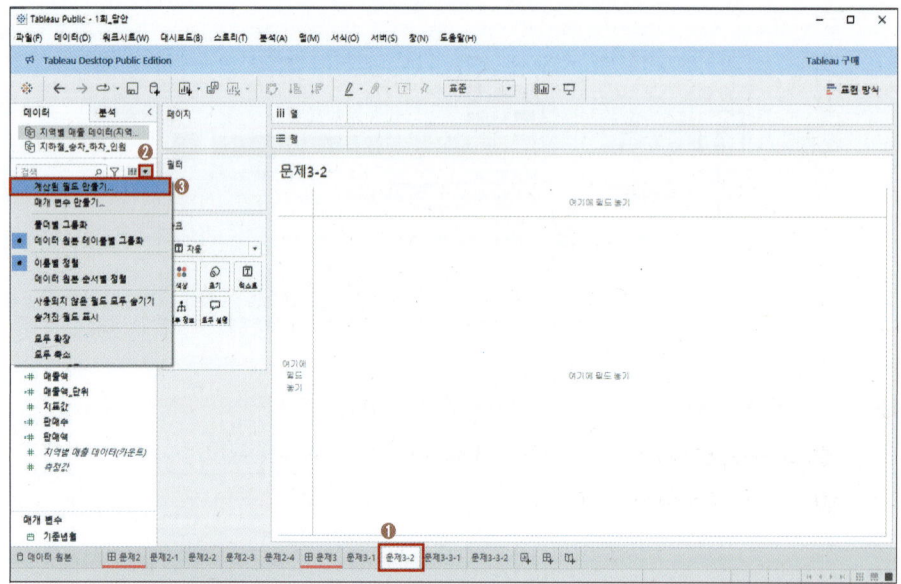

02 나타난 **계산된 필드 만들기 팝업 창**에서 상단에 필드 **이름**을 **지표값_보정**으로 입력합니다.

03 [지표값_보정] 필드는 [지표값] 필드의 부호를 판정하여 보정값으로 활용하기 위해 **SIGN 함수**를 사용하여 다음 수식을 입력하고 **확인**을 클릭합니다.

```
SIGN([지표값])
```

04 [지표_순위] 필드를 생성하기 위해 데이터 패널 상단의 ▼을 클릭하고 나타난 팝업 메뉴에서 **계산된 필드 만들기**를 클릭합니다.

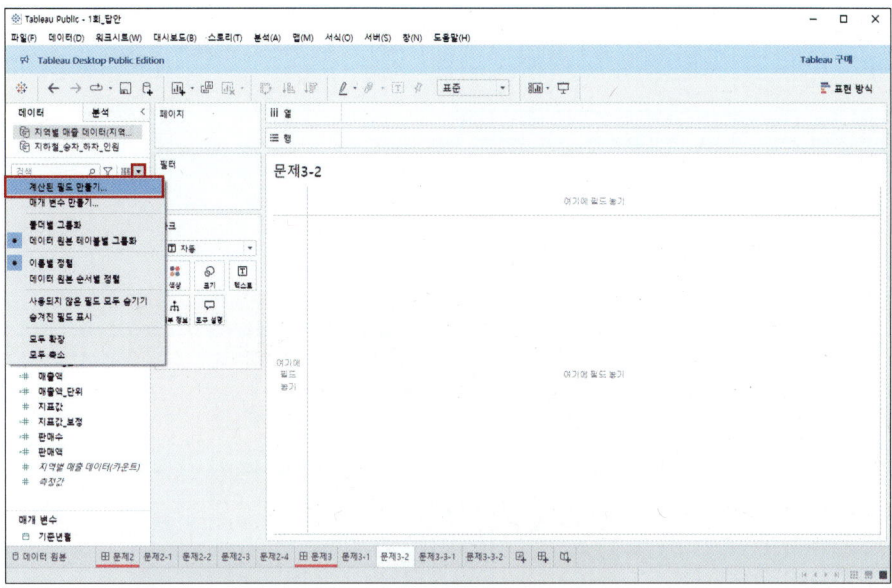

05 나타난 **계산된 필드 만들기 팝업 창**에서 상단에 필드 **이름**을 **지표_순위**로 입력합니다.

06 [지표_순위] 필드는 계산된 [지표값_보정] 필드의 합계를 기준으로 순위를 반환하기 위해 **RANK_UNIQUE, SUM 함수**를 사용하여 다음 수식을 입력하고 **확인**을 클릭합니다.

RANK_UNIQUE(SUM([지표값_보정]))

② '문제3-2' 시트에 트리맵을 구현하시오.

01 데이터 패널에 생성한 [지역_편집] 필드를 마크 패널의 **색상**으로 **드래그 앤 드롭**합니다.

02 데이터 패널에 [지표값_보정] 필드를 마크 패널의 **크기**로 드래그 앤 드롭합니다.

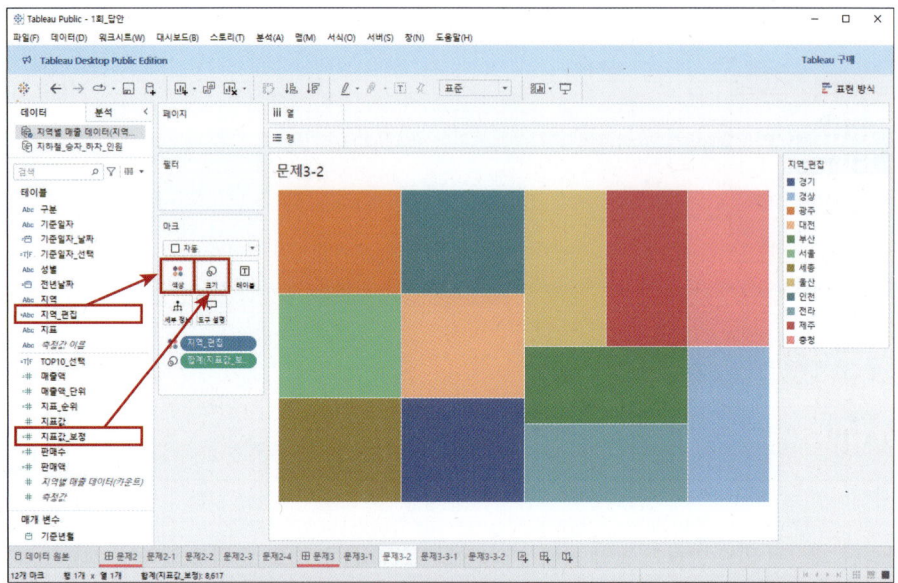

03 데이터 패널에 [기준일자_선택] 필드를 필터 패널로 드래그 앤 드롭합니다. 나타난 필터 [기준일자_선택] 팝업 창에서 **참**에 체크하고 **확인**을 클릭합니다.

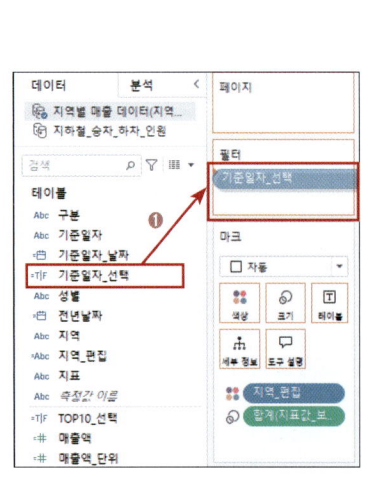
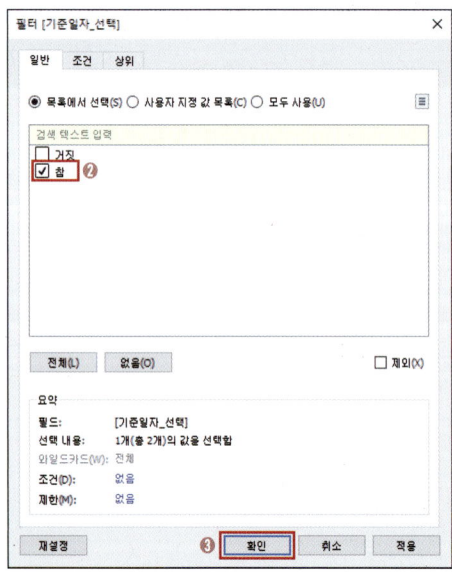

③ 레이블 및 색상을 설정하시오.

01 데이터 패널에 있는 [**지표_순위**] 필드와 [**지역_편집**] 필드, [**판매액**] 필드를 마크 패널의 **레이블**에 차례대로 **드래그 앤 드롭**합니다.

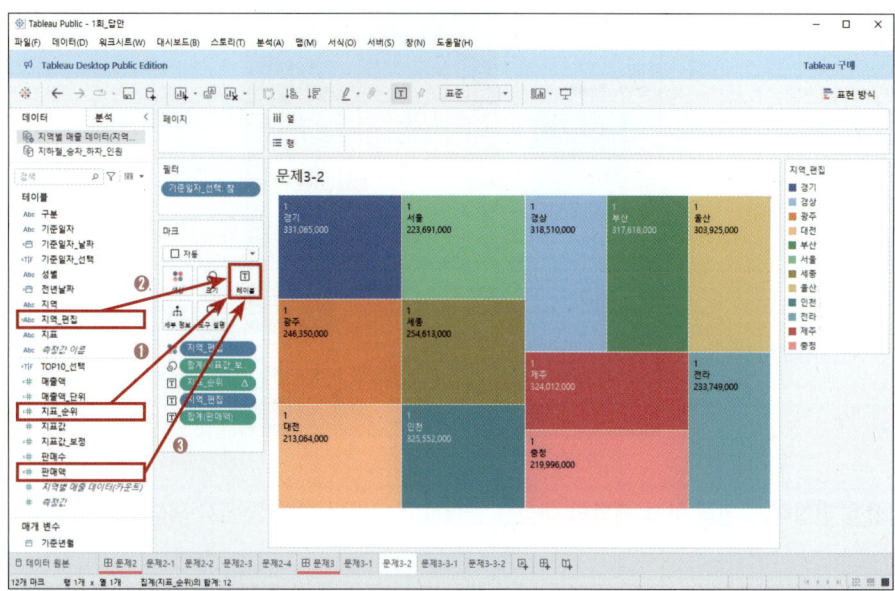

02 마크 패널의 **레이블**을 클릭하고 나타난 팝업 창에서 …을 클릭합니다. 나타난 **레이블 팝업 창**에서 〈집계(지표_순위)〉 앞에 **순위 :** 을 입력하여 **순위 : 〈집계(지표_순위)〉**로 보일 수 있도록 합니다. 〈지역_편집〉과 〈합계(판매액)〉이 입력되어 있는 것을 확인하고 **확인**을 클릭합니다. 빈 곳을 클릭하여 팝업 창을 닫습니다.

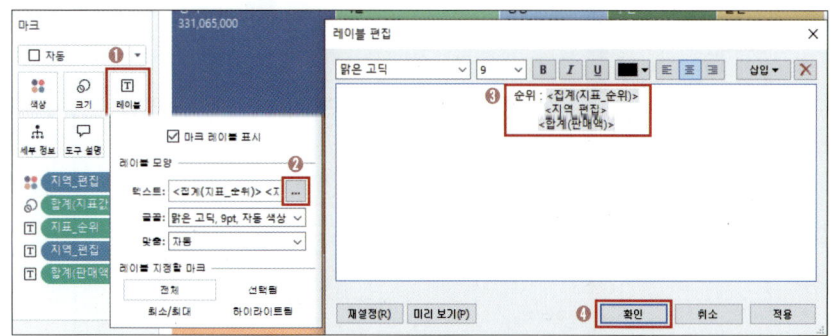

순위 : 〈집계(지표_순위)〉를 입력할 때 :의 양옆을 띄어야 함에 주의합니다.

03 마크 패널에 레이블로 추가된 **지표_순위**를 **마우스 우클릭**합니다. 나타난 팝업 메뉴에서 **계산 대상** > **지역_편집**을 클릭하여 지역별로 순위를 표시합니다.

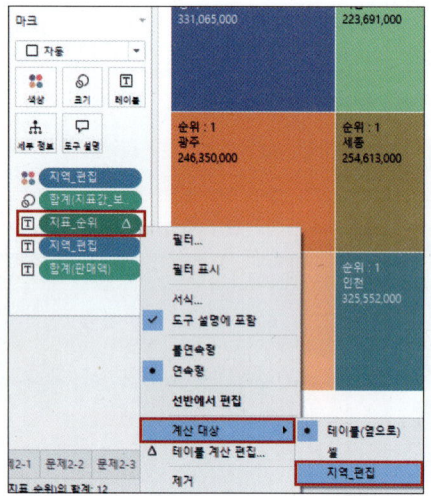

04 색상을 편집하기 위해 마크 패널의 **색상**을 클릭하고 나타난 팝업 창에서 **색상 편집**을 클릭합니다.

05 나타난 **색상 편집 [지역_편집] 팝업 창**에서 **색상표 선택(S)**에 **번개 치는 초원**을 찾아 클릭하고 **색상표 할당(P)**을 클릭합니다. 색상 할당 항목이 색상표의 항목보다 많다는 알림 창이 뜨는데, **예(Y)**를 눌러 진행합니다. **확인**을 클릭하여 창을 닫습니다.

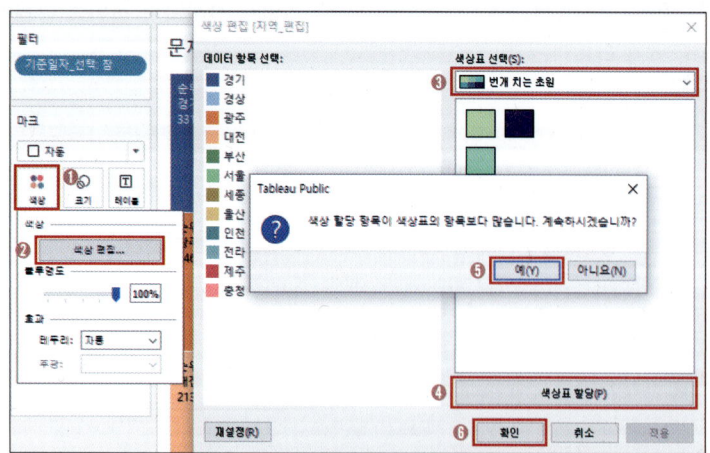

06 차트가 문제의 지시대로 완성된 것을 확인할 수 있습니다.

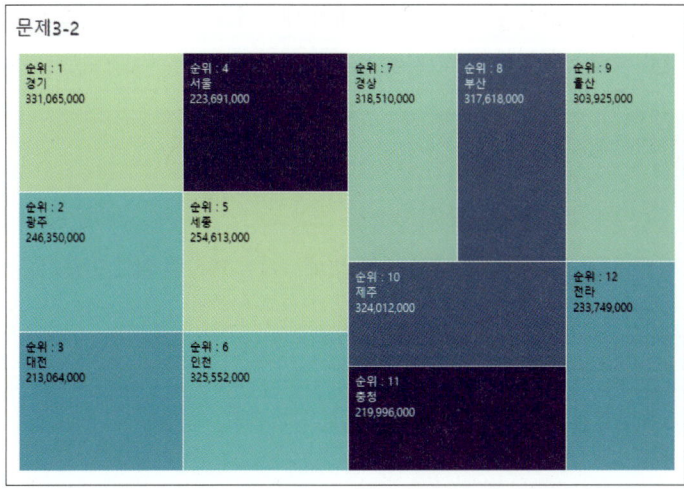

3 '문제3-3' 시트에 나비 차트(Butterfly Chart)를 구현하시오.

① 다음의 조건에 맞는 필드를 생성하시오.

01 하단 탭에서 **문제3-3-1**을 클릭하여 해당 시트로 이동합니다. [남성_매출액] 필드와 [여성_매출액] 필드를 생성하기 위해 데이터 패널 상단의 ▼을 클릭하고 나타난 팝업 메뉴에서 **계산된 필드 만들기**를 클릭합니다.

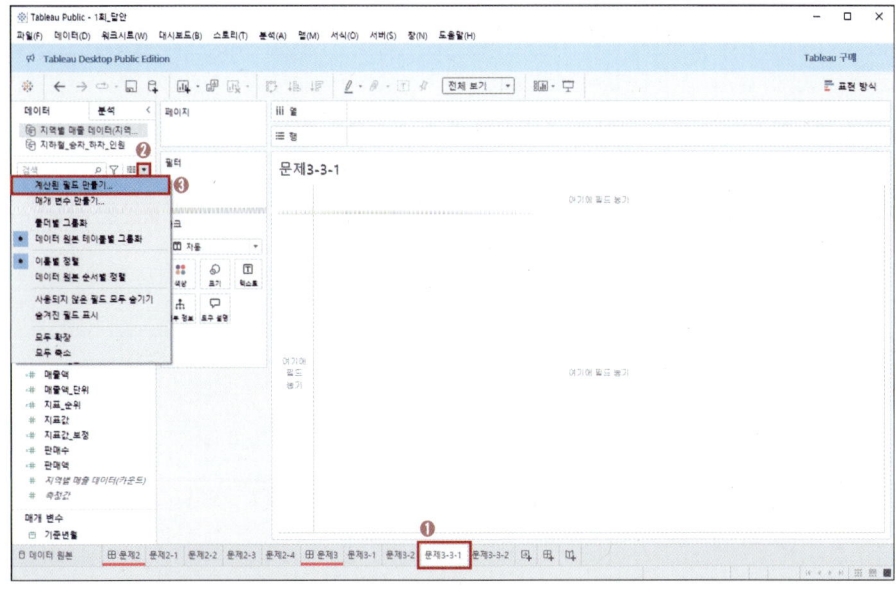

02 나타난 **계산된 필드 만들기 팝업 창**에서 상단에 필드 **이름**을 **남성_매출액**으로 입력합니다.

03 [남성_매출액] 필드는 [성별] 필드가 남성일 때의 매출액을 반환하기 위해 **IF문**을 사용하여 다음 수식을 입력하고 **확인**을 클릭합니다.

IF [성별] = '남성' THEN [매출액] END

04 데이터 패널 상단의 ▼을 클릭하고 나타난 팝업 메뉴에서 **계산된 필드 만들기**를 클릭합니다.

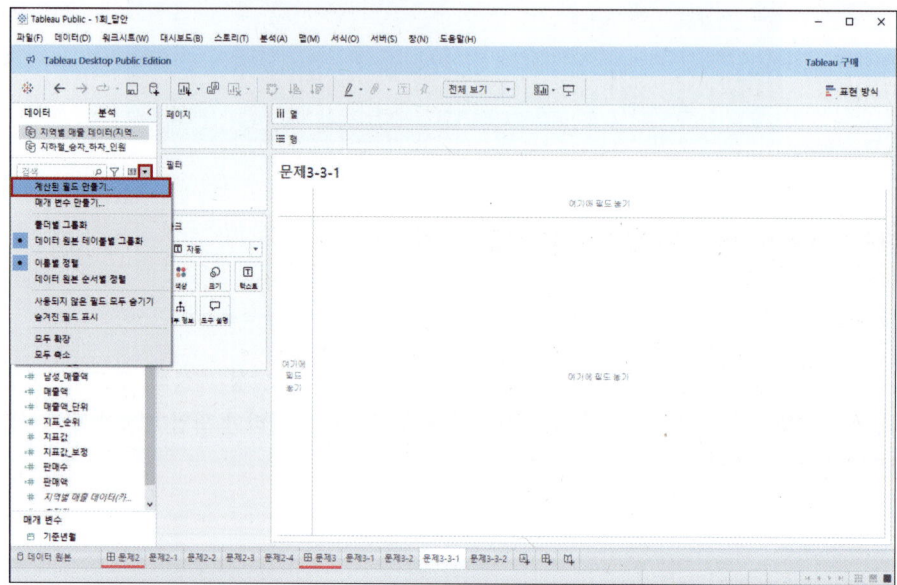

05 나타난 **계산된 필드 만들기 팝업 창**에서 상단에 필드 **이름**을 **여성_매출액**으로 입력합니다.

06 [여성_매출액] 필드는 [성별] 필드가 여성일 때의 매출액을 반환하기 위해 **IF문**을 사용하여 다음 수식을 입력하고 **확인**을 클릭합니다.

IF [성별] = '여성' THEN [매출액] END

07 수도권 여부를 선택하기 위한 매개 변수를 만들기 위해 데이터 패널 상단의 ▼을 클릭하고 나타난 팝업 메뉴에서 **매개 변수 만들기**를 클릭합니다.

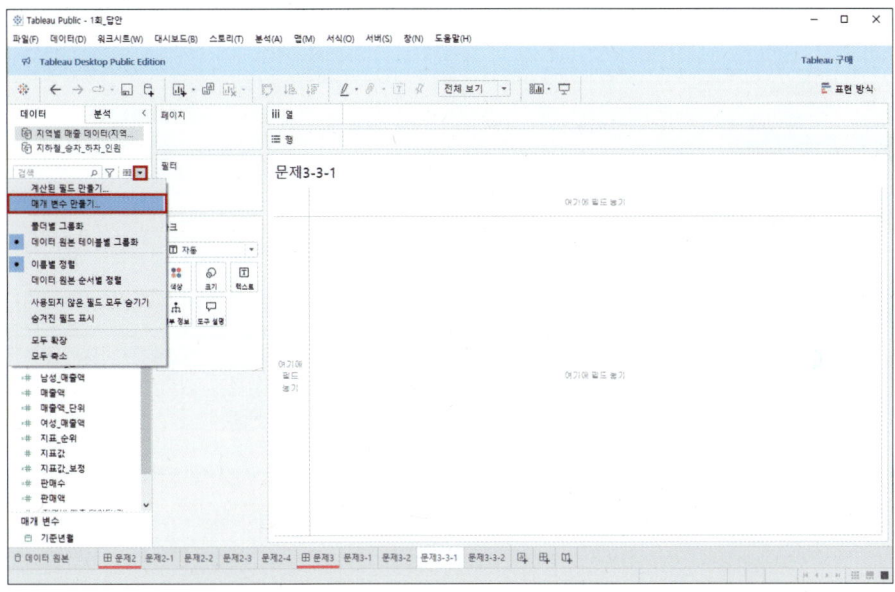

08 나타난 **매개 변수 만들기 팝업 창**에서 **이름**을 **수도권_여부**로 정의하고 **데이터 유형**은 **문자열**로 설정합니다. **허용 가능한 값**은 **목록**으로 선택하고 아래의 **값 > 추가하려면 클릭**을 클릭하여 **수도권**을 입력합니다. 입력 후에는 **Enter**를 누른 후 **비수도권**을 입력하여 다시 **Enter**를 누르고 **확인**을 클릭합니다.

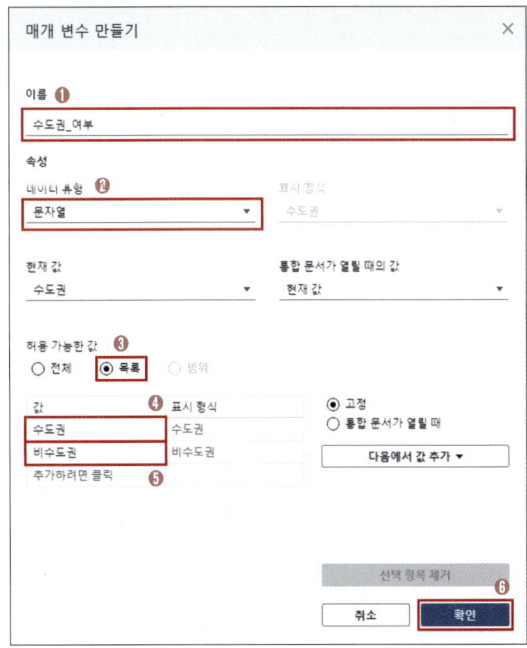

09 데이터 패널 상단의 ▼을 클릭하고 나타난 팝업 메뉴에서 **계산된 필드 만들기**를 클릭합니다.

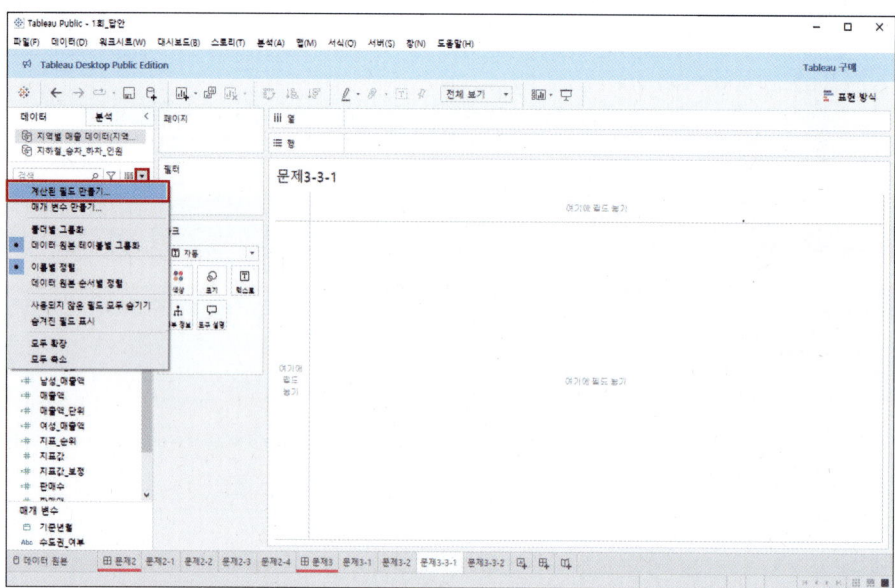

10 나타난 **계산된 필드 만들기 팝업 창**에서 **이름**은 **지역_수도권**을 입력합니다.

11 [지역_편집] 필드가 서울, 경기, 인천일 때 수도권을 반환하고 그 외일 때 비수도권을 반환하기 위해 **IN 함수, CASE문**을 사용하여 다음 수식을 입력하고 **확인**을 클릭합니다.

CASE [지역_편집] WHEN IN ('서울', '경기', '인천') THEN '수도권' ELSE '비수도권' END

12 매개 변수는 바로 활용이 어렵기 때문에 [수도권_여부] 매개 변수와 [지역_수도권] 필드가 동일한 데이터를 필터링해서 사용할 수 있게 새로운 계산된 필드를 만듭니다.

13 데이터 패널 상단의 ▼을 클릭하고 나타난 팝업 메뉴에서 **계산된 필드 만들기**를 클릭합니다.

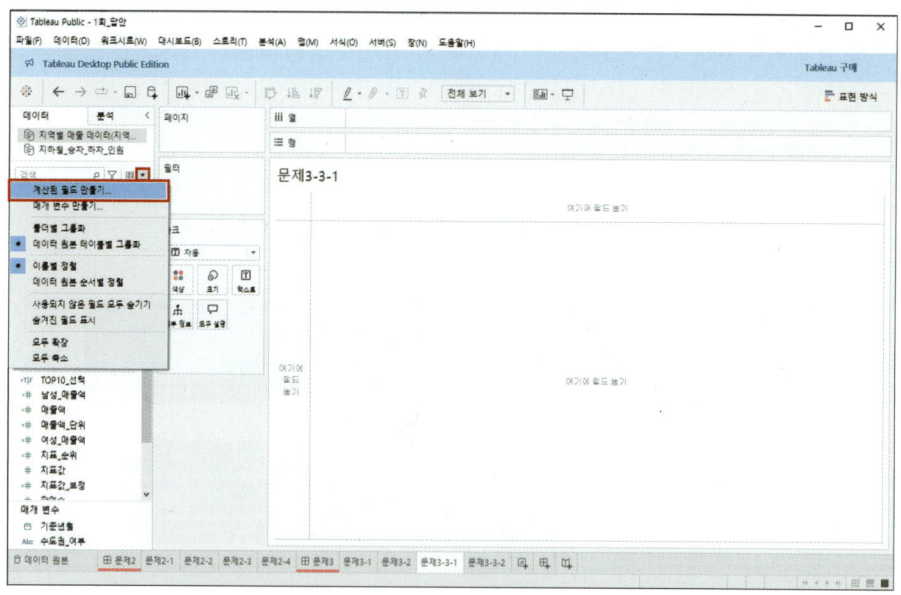

14 나타난 **계산된 필드 만들기 팝업 창**에서 상단에 필드 **이름**을 **수도권_선택**으로 입력합니다.

15 [수도권_선택] 필드는 [수도권_여부] 매개 변수와 동일한 [지역_수도권] 필드를 비교하기 위해 **=**를 사용하여 다음 수식을 입력하고 **확인**을 클릭합니다.

[지역_수도권] = [수도권_여부]

② '문제3-3' 시트에 나비 차트를 구현하시오.

01 나비 차트는 하나의 시트로 구현하기 어렵기 때문에 먼저 문제3-3-1 시트에 남성 매출액을 배치해야 합니다.

02 먼저, 마크 패널의 **표현 방식**을 자동에서 **막대**로 변경합니다. 데이터 패널에 위치한 [**남성_매출액**] 필드를 **열** 패널로 **드래그 앤 드롭**하고 [**기준일자_날짜**] 필드를 **행** 패널로 **드래그 앤 드롭**합니다.

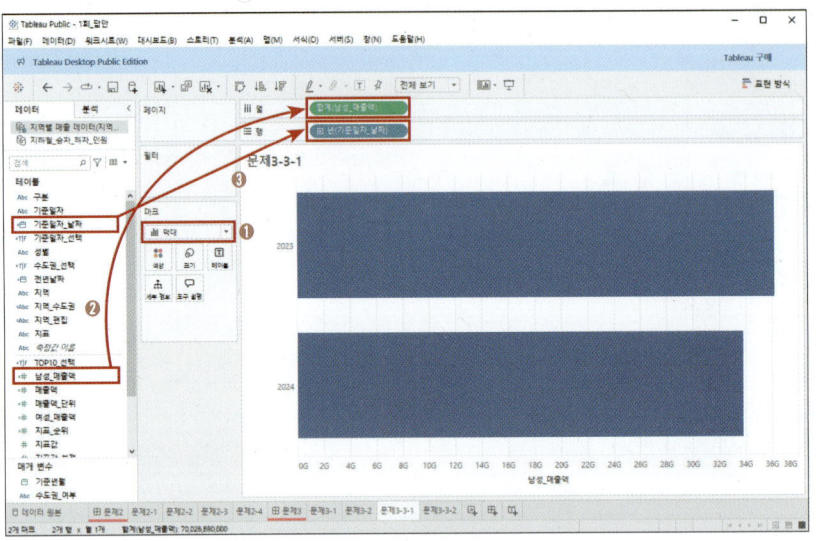

03 행 패널에 추가된 **년(기준일자_날짜)**을 **마우스 우클릭**합니다. 나타난 팝업 메뉴에서 **불연속형 월(월 5월)**을 클릭합니다. 이어서 열 패널에 추가된 **합계(남성_매출액)**를 **마우스 우클릭**합니다. 나타난 팝업 메뉴에서 **퀵 테이블 계산 > 구성 비율**을 클릭합니다.

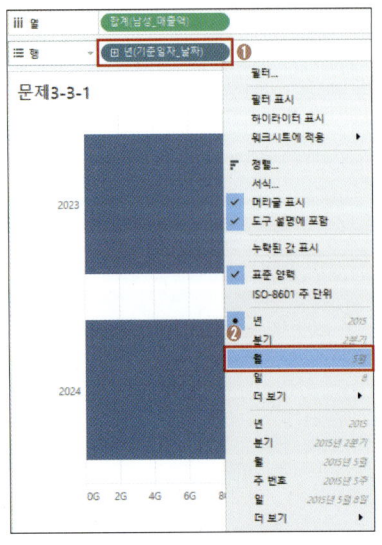
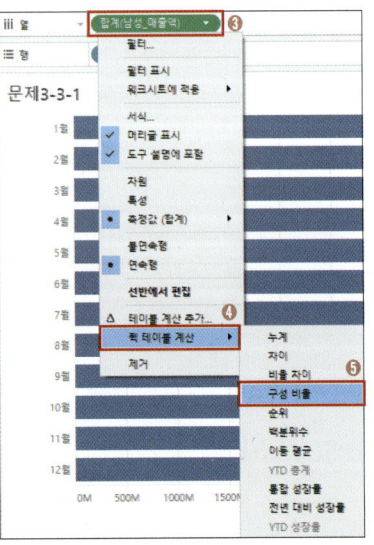

04 시트 하단의 **가로축**을 **마우스 우클릭**합니다. 나타난 팝업 메뉴에서 **축 편집**을 클릭합니다. 나타난 팝업 창에서 **범위**를 **사용자 지정**으로 클릭하고 좌측은 **고정된 시작** > **0**으로, 우측은 고정된 끝에서 **자동**으로 변경합니다. 남성 매출액을 나비 차트의 왼쪽에 표현하기 위해 **눈금**의 **반전** 옵션을 체크하고 오른쪽 상단의 ⊠를 눌러 닫습니다.

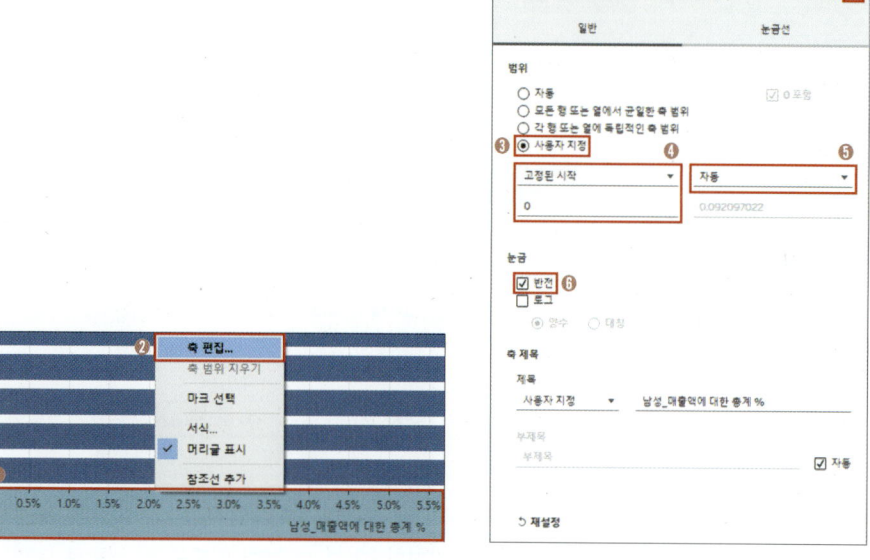

05 데이터 패널의 **[수도권_선택]** 필드를 **필터 패널**에 **드래그 앤 드롭**합니다. 나타나는 **필터 [수도권_선택] 팝업 창**에서 **참**에 체크하고 **확인**을 클릭합니다.

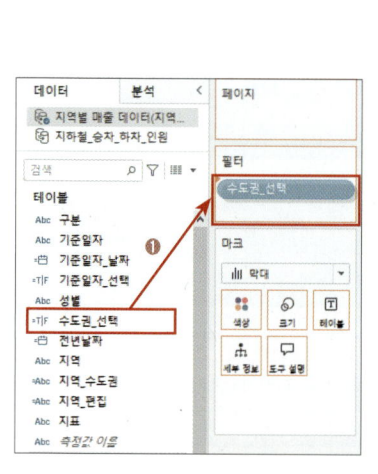
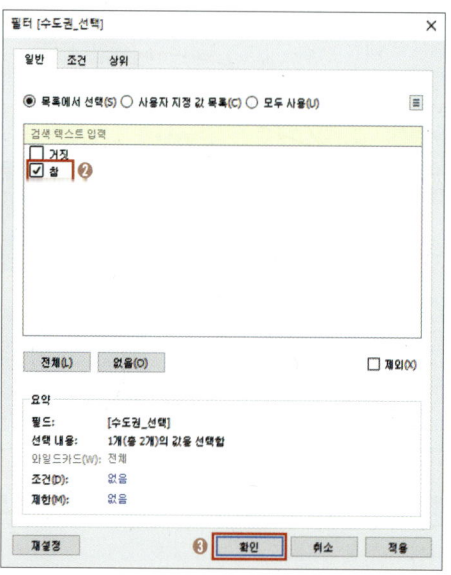

06 이어서 데이터 패널의 [기준일자_선택] 필드를 필터 패널의 **수도권_선택: 참 아래로 드래그 앤 드롭**합니다. 나타나는 **필터 [기준일자_선택] 팝업 창**에서 **참**에 체크하고 **확인**을 클릭합니다.

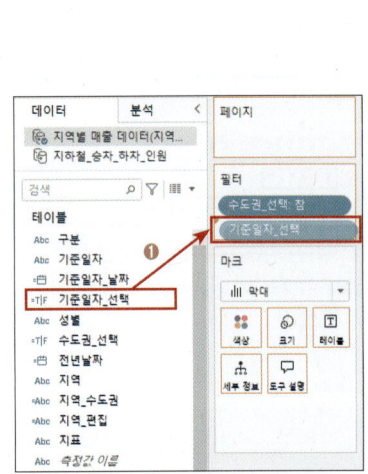
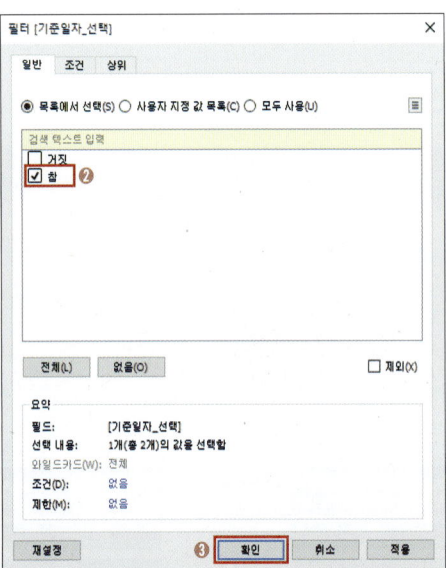

07 하단 탭에서 **문제3-3-2**를 클릭하여 해당 시트로 이동합니다. 먼저, 마크 패널의 **표현 방식**을 자동에서 **막대**로 변경합니다. 데이터 패널에 위치한 [여성_매출액] 필드를 **열 패널로 드래그 앤 드롭**하고 [기준일자_날짜] 필드를 **행 패널로 드래그 앤 드롭**합니다.

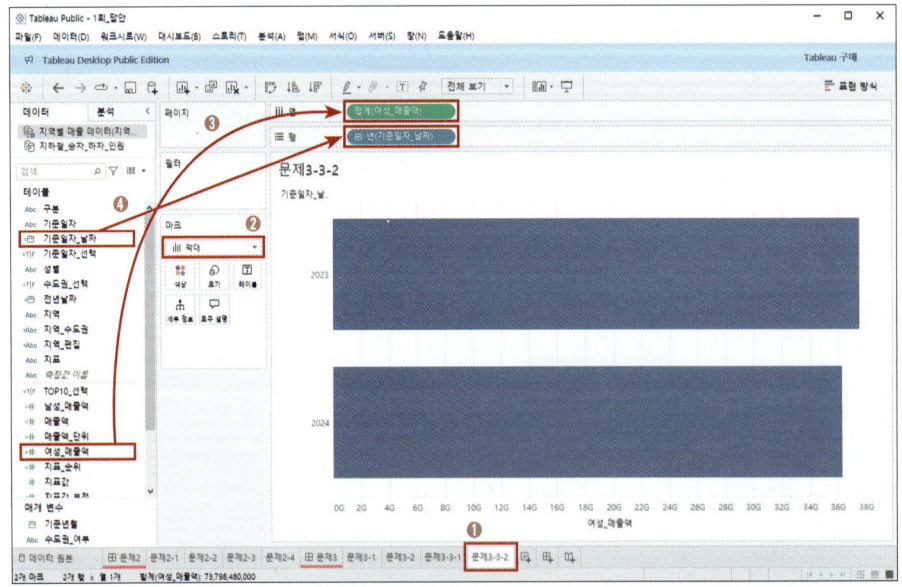

08 행 패널에 추가된 **년(기준일자_날짜)**를 **마우스 우클릭**합니다. 나타난 팝업 메뉴에서 **불연속형 월 (월 5월)**을 클릭합니다. 열 패널에 추가된 **합계(여성_매출액)**를 **마우스 우클릭**합니다. 나타난 팝업 메뉴에서 **퀵 테이블 계산 > 구성 비율**을 클릭합니다.

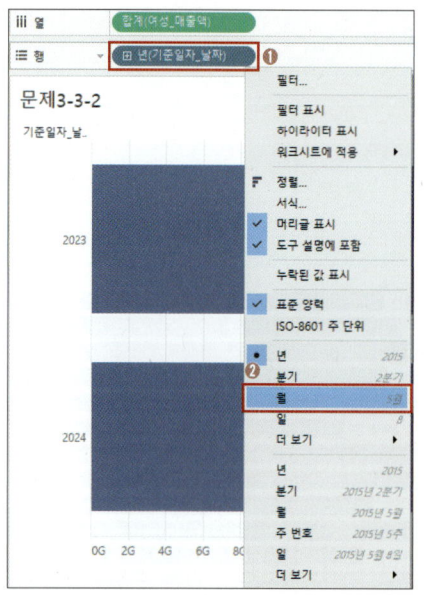
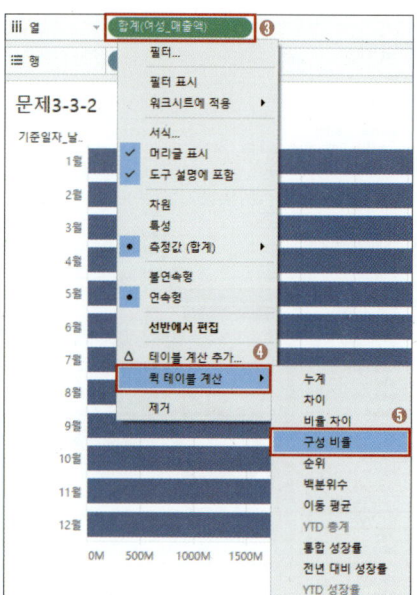

09 시트 하단의 **가로축**을 **마우스 우클릭**합니다. 나타난 팝업 메뉴에서 **축 편집**을 클릭합니다. 나타난 팝업 창에서 **범위**를 **사용자 지정**으로 클릭하고 좌측은 **고정된 시작 > 0**으로, 우측은 고정된 끝에서 **자동**으로 변경합니다. 오른쪽 상단 ☒를 클릭하여 창을 닫습니다.

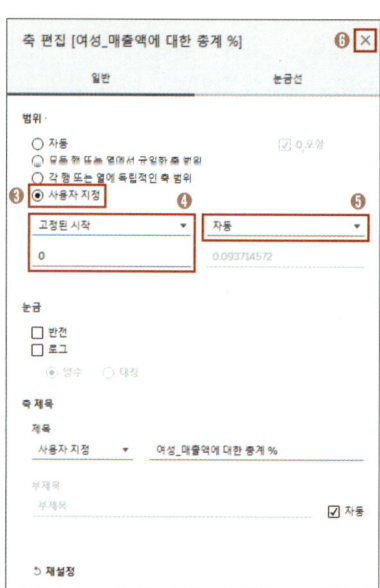
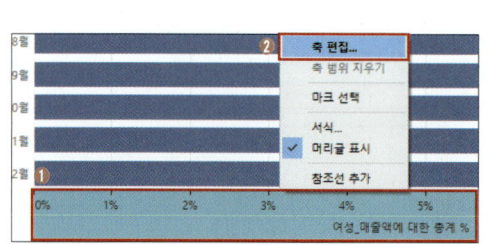

③ 나비 차트의 색상과 레이블을 설정하시오.

01 하단 탭에서 **문제3-3-1**을 클릭하여 레이블과 색상을 추가합니다. 먼저, 데이터 패널에 있는 [남성_매출액] 필드를 마크 패널의 **레이블**로 **드래그 앤 드롭**합니다. 마크 패널에 레이블로 추가된 **합계(남성_매출액)**를 **마우스 우클릭**합니다. 나타난 팝업 메뉴에서 **퀵 테이블 계산 > 구성 비율**을 클릭합니다.

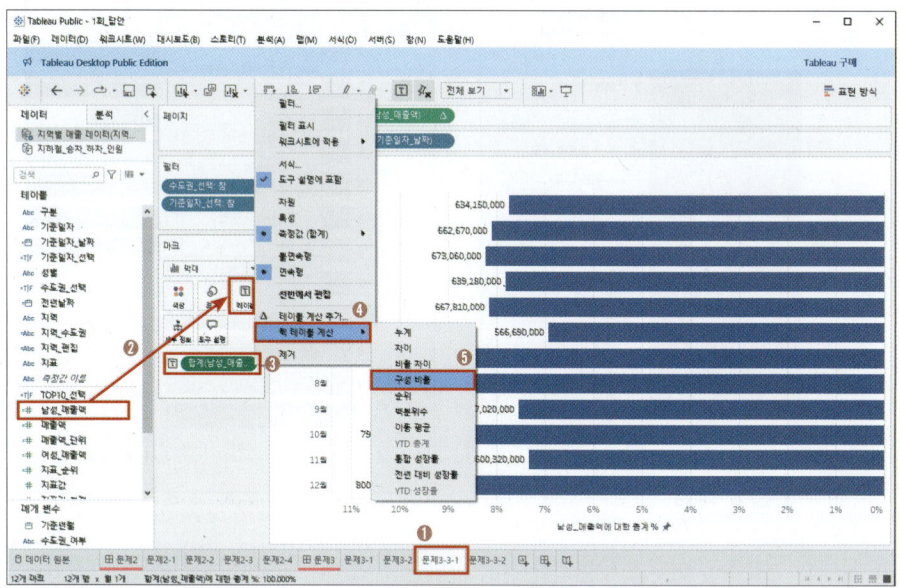

02 구성 비율의 소숫점 자릿수를 소수 둘째 자리로 수정하기 위해 마크 패널에 레이블로 추가된 **합계(남성_매출액)**를 **마우스 우클릭**하고 나타난 팝업 메뉴에서 **서식**을 클릭합니다. 서식 창에서 **패널** 탭의 **기본값 > 숫자 박스**를 클릭하여 숫자 표현 방식을 자동에서 **백분율**로 변경합니다. 이때 **소수 자릿수(E)**가 2인지 확인하고 아닐 경우 2로 변경합니다. 서식 창의 ⊠을 클릭하여 창을 닫습니다.

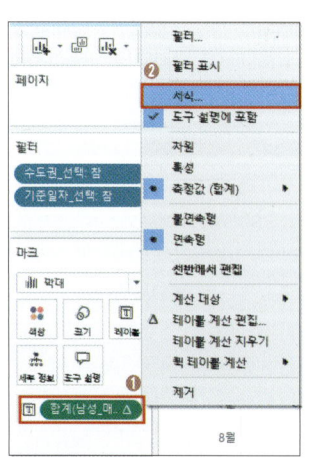
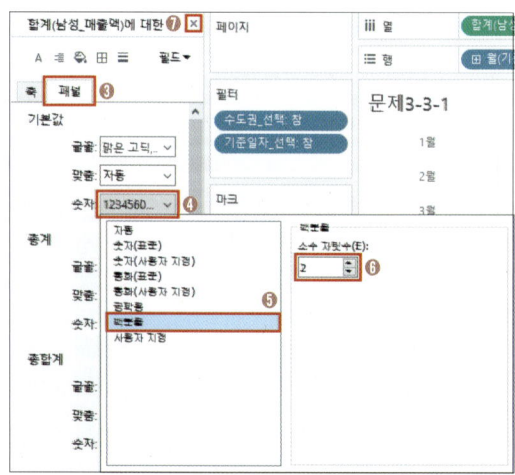

03 마크 패널의 **색상**을 클릭하고 나타난 팝업 창에서 **색상 추가**를 클릭합니다. 이때 나타난 팝업 창에서 **HTML(H) 옆**에 색상 코드 **#4e79a7**이 입력된 것을 확인하고 **확인**을 클릭합니다.

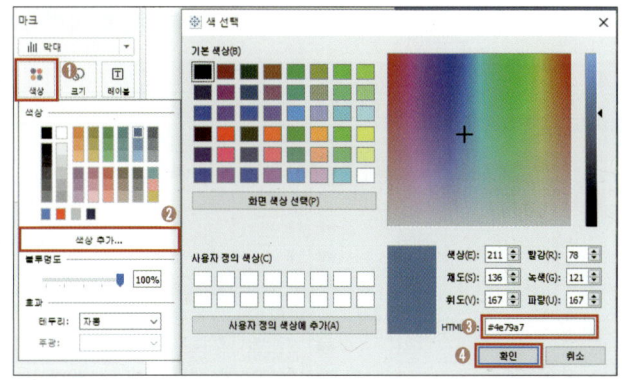

색상 코드는 대문자로 입력한 후 확인을 눌러도 기본적으로 소문자로 저장됩니다.

04 하단 탭에서 **문제3-3-2**를 클릭하여 레이블과 색상을 추가합니다. 먼저, 데이터 패널에 있는 [여성_매출액] 필드를 마크 패널의 **레이블**로 **드래그 앤 드롭**합니다. 마크 패널에 레이블로 추가된 **합계(여성_매출액)**를 **마우스 우클릭**합니다. 나타난 팝업 메뉴에서 **퀵 테이블 계산 > 구성 비율**을 클릭합니다.

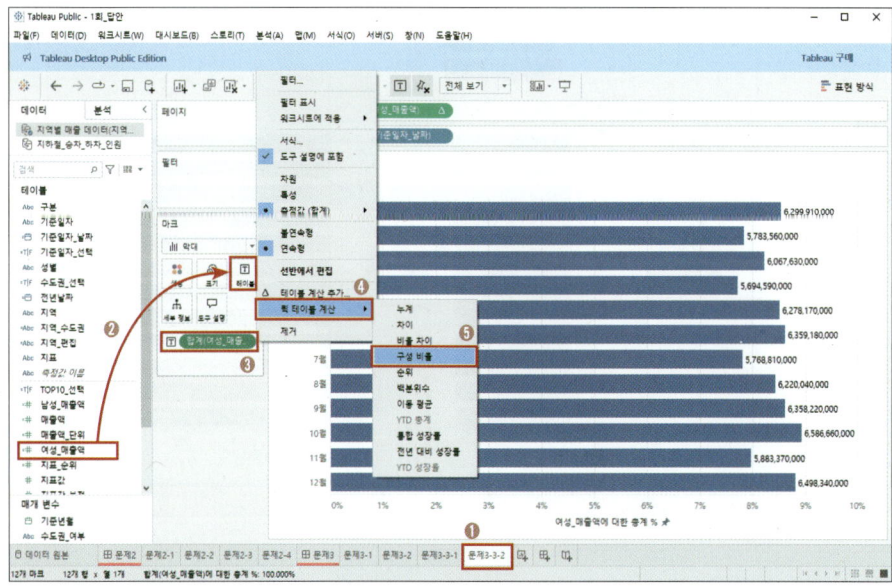

05 구성 비율의 소숫점 자릿수를 소수 둘째 자리로 수정하기 위해 마크 패널에 레이블로 추가된 **합계 (여성_매출액)**를 **마우스 우클릭**하고 나타난 팝업 메뉴에서 **서식**을 클릭합니다. 서식 창에서 **패널** 탭의 **기본값 > 숫자 박스**를 클릭하여 숫자 표현 방식을 자동에서 **백분율**로 변경합니다. 이때 **소수 자릿수(E)**가 2인지 확인하고 아닐 경우 2로 변경합니다. 서식 창의 ⊠을 클릭하여 창을 닫습니다.

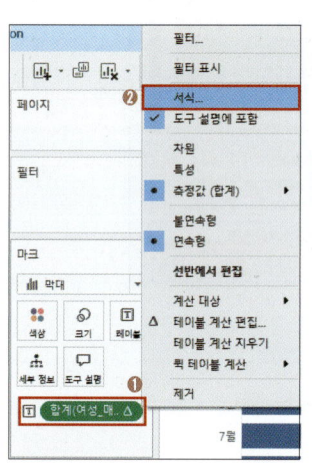
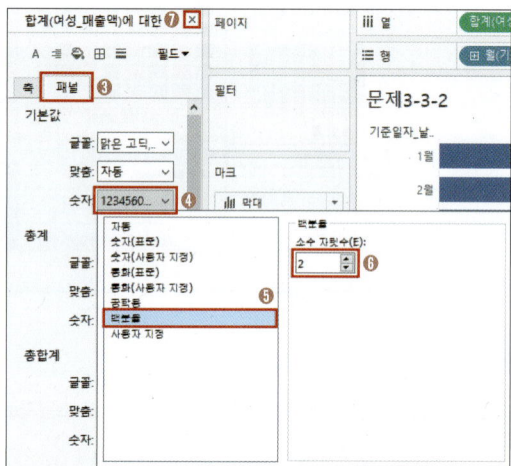

06 행 패널에 추가된 **월(기준일자_날짜)**을 **마우스 우클릭**합니다. 나타난 팝업 메뉴에서 **머리글 표시**를 클릭하여 머리글을 제거합니다.

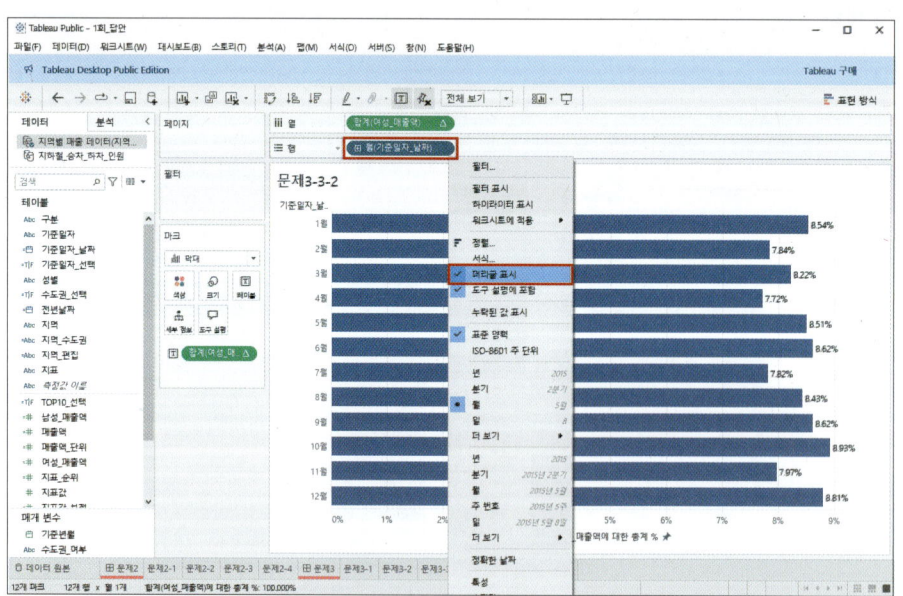

07 마크 패널의 **색상**을 클릭하고 나타난 팝업 창에서 **색상 추가**를 클릭합니다. 이때 나타난 팝업 창에서 **HTML(H) 옆**에 색상 코드 **#E15759**를 입력하고 **확인**을 클릭합니다.

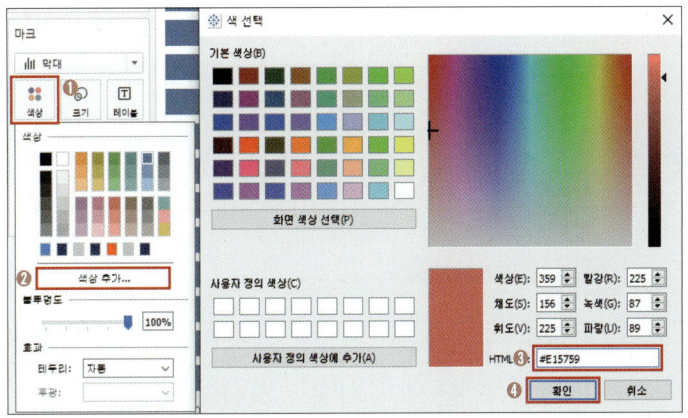

08 하단 탭에서 **문제3**을 클릭하여 해당 대시보드로 이동합니다. 문제3-3 시트에 차트가 문제의 지시대로 완성된 것을 확인할 수 있습니다.

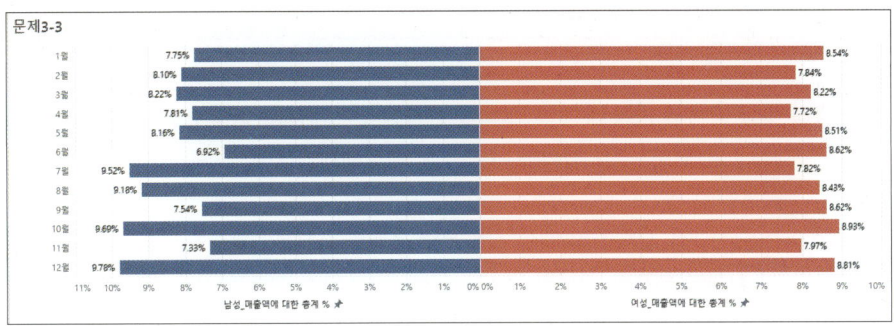

4 '문제3' 대시보드에 동작을 구현하시오.

① '문제3' 대시보드에서 '문제3-1'과 '문제3-2' 클릭 시 [지역_편집]에 따라 값이 변경되도록 구현하시오.

01 상단 메뉴의 **대시보드(B) > 동작(I)**을 클릭합니다.

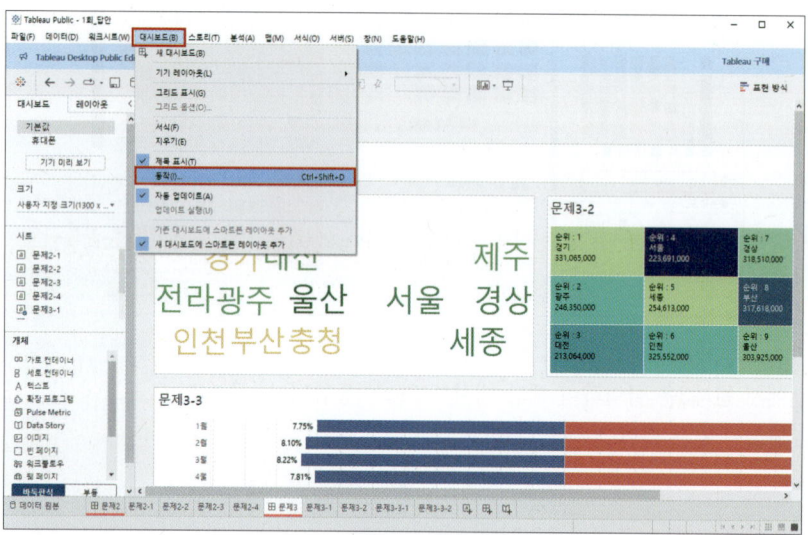

02 나타난 **동작 팝업 창**에서 **동작 추가 > 필터**를 클릭합니다. **이름**은 **지역_선택_필터**로 정의하고 **원본 시트**는 문제3-1과 문제3-2를 제외한 나머지를 **체크 해제**합니다.

03 동작 실행 조건은 **선택**을 클릭하고 **대상 시트**에는 문제3-3-1과 문제3-3-2를 제외한 나머지를 **체크 해제**합니다. 선택을 해제할 경우의 결과는 **모든 값 표시**로 체크합니다. **확인**을 클릭하여 동작 추가 설정을 마무리하고 동작 팝업 창에서도 **확인**을 클릭하여 설정을 마무리합니다.

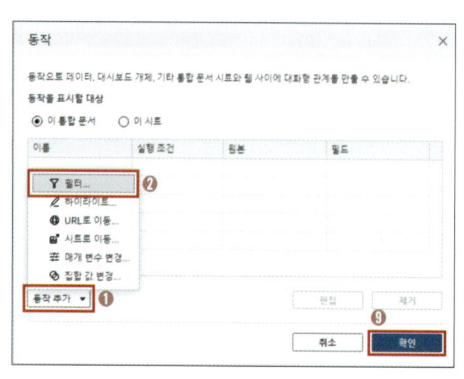
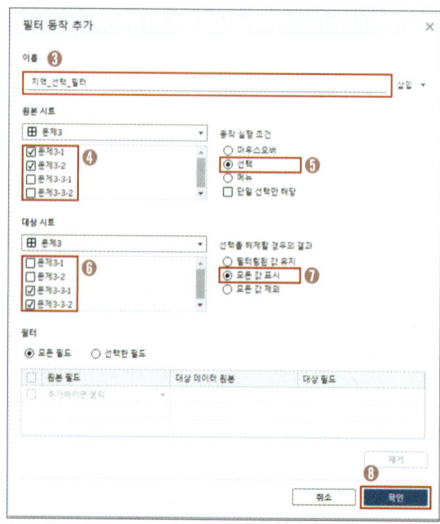

② '문제3' 대시보드에 매개 변수 및 필터를 배치하고 적용 범위를 설정하시오.

01 대시보드에 배치된 **문제3-1 시트**의 빈 공간을 클릭하고 상단 메뉴의 **분석(A) > 매개 변수(P) > 기준년월**을 클릭합니다.

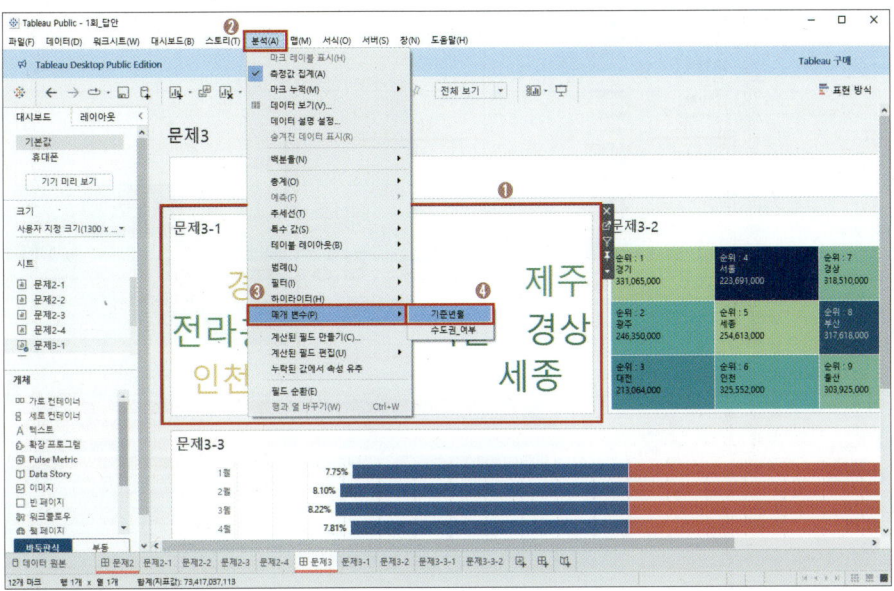

02 대시보드에 나타난 [기준년월] 매개 변수의 빈 공간을 클릭하고 나타난 ▬을 클릭하여 **문제3 대시보드 제목 아래로 드래그 앤 드롭**합니다. ▼을 클릭하여 나타난 팝업 메뉴에서 **너비 편집**을 클릭합니다. 나타난 **너비 설정(픽셀) 팝업 창**에서 **150**을 입력하고 **확인**을 클릭합니다.

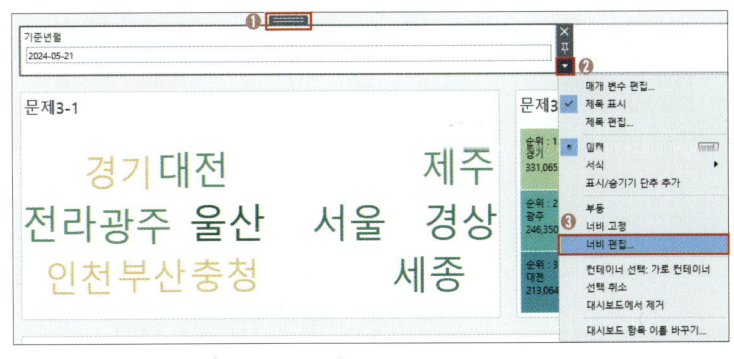

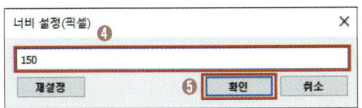

03 대시보드에 배치된 **문제3-1 시트**의 빈 공간을 다시 클릭하고 상단 메뉴의 **분석(A) > 매개 변수 (P) > 수도권_여부**를 클릭합니다.

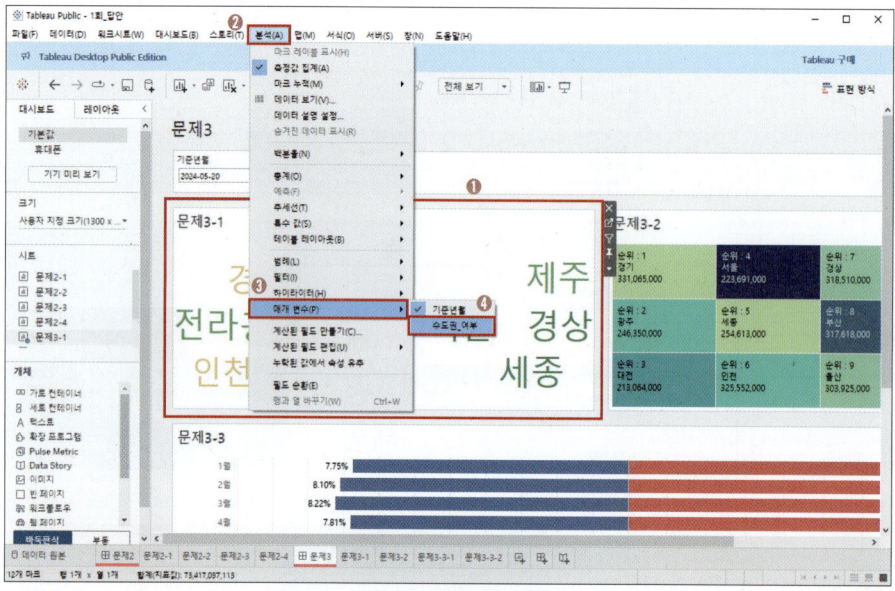

04 대시보드에 나타난 [수도권_여부] 매개 변수의 ▼을 클릭하여 나타난 팝업 메뉴에서 **부동**을 클릭합니다. [수도권_여부] 매개 변수의 ▬을 클릭하여 **문제3-3 시트 오른쪽 상단**에 배치합니다.

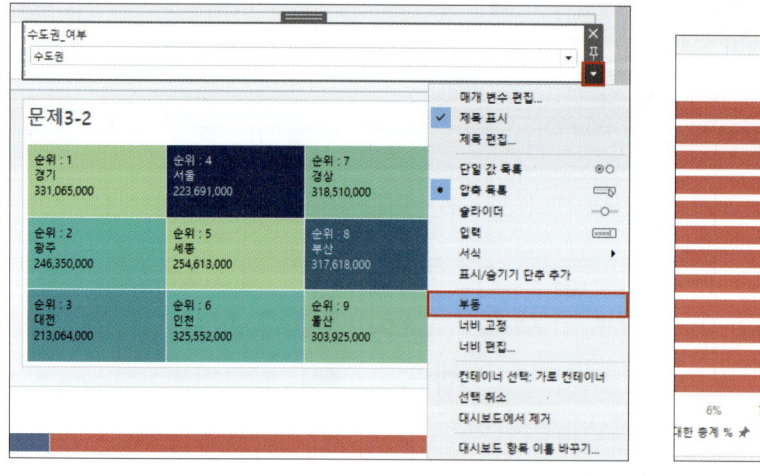
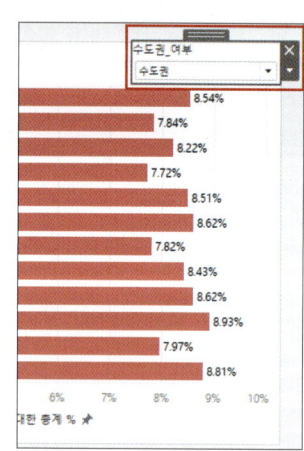

05 작업한 대시보드가 문제3의 시각화 완성화면(418p)과 일치하는지 확인한 후 해당 대시보드의 작업을 마무리합니다.

좋은 책을 만드는 길, 독자님과 함께 하겠습니다.

2025 시대에듀 유선배 경영정보시각화능력 실기(Tableau) 합격노트

초 판 발 행	2025년 07월 25일 (인쇄 2025년 05월 29일)
발 행 인	박영일
책 임 편 집	이해욱
저 자	정준영
편 집 진 행	노윤재 · 호은지
표지디자인	김도연
편집디자인	김예지　고현준
발 행 처	(주)시대고시기획
출 판 등 록	제10-1521호
주 소	서울시 마포구 큰우물로 75 [도화동 538 성지 B/D] 9F
전 화	1600-3600
팩 스	02-701-8823
홈 페 이 지	www.sdedu.co.kr

I S B N	979-11-383-9160-3(13000)
정 가	35,000원

※ 이 책은 저작권법의 보호를 받는 저작물이므로 동영상 제작 및 무단전재와 배포를 금합니다.
※ 잘못된 책은 구입하신 서점에서 바꾸어 드립니다.

유선배 과외!

자격증 다 덤벼!
나랑 한판 붙자

- ✓ 혼자 하기 어려운 공부, 도움이 필요한 학생들!
- ✓ 체계적인 커리큘럼으로 공부하고 싶은 학생들!
- ✓ 열심히는 하는데 성적이 오르지 않는 학생들!

유튜브 **무료 강의** 제공
핵심 내용만 쏙쏙! 개념 이해 수업

[자격증 합격은 유선배와 함께!]

맡겨주시면 결과로 보여드리겠습니다.

| SQL개발자 (SQLD) | 컴퓨터그래픽 기능사 | 웹디자인 개발기능사 | 정보통신기사 | GTQ 포토샵 / GTQ 일러스트 | 경영정보시각화 능력 |

유튜브 선생님에게 배우는
유·선·배 시리즈!

▶ **유튜브** 동영상 강의 무료 제공

체계적인 커리큘럼의 온라인 강의를
무료로 듣고 싶어!

혼자 하기는 좀 어려운데…
이해하기 쉽게 설명해줄 선생님이 없을까?

문제에 적용이 잘 안 되는데
머리에 때려 박아주는
친절한 문제집은 없을까?

그래서 시대에듀가 준비했습니다!

유·선·배 시리즈로
IT 자격증 대비를 함께!

▶ 유튜브 동영상 강의 무료 제공

비전공자라 막막했는데 무료 동영상 강의가 있어서 걱정 없겠어!

다음 자격증 시험도 유선배 시리즈로 공부할 거야!

시대에듀가 안내하는 IT 자격증 합격의 지름길!